新编西方经

编 委 会

总 策 划：张迺英

主　　编：顾雅君

副 主 编：滕雅琼　龙雨生

张正国　李月娥

参编人员：李品芳　同济大学副教授

蒋　诚　同济大学浙江学院讲师

唐　丹　同济大学浙江学院讲师

陈　灿　同济大学浙江学院讲师

虞铭明　同济大学浙江学院讲师

《应用型本科经管系列教材》

编审委员会

前　言

本书的撰写工作前后历时四年。

随着时间的演进，西方经济学新的内容和新的研究成果不断出现，本书不断地进行着调整和修改，力求将最新的知识内容和案例调研呈现在学生面前。同济大学浙江学院顾雅君副教授作为主编对教材进行了内容框架的设计，并作为主要执笔人对内容进行了撰写。同时，甘肃省科学技术情报研究所中级经济师滕雅琼、赣南医学院基础医学院龙雨生、同济大学经济管理学院副教授李月娥、张正国四位同志，作为副主编也参与了教材的编纂。为了便于学习，本书对一些难度较高的章节进行了加“*”号的处理，学生和读者可以根据自身的学习、研修情况自行安排。同时为了能够较好地掌握和验证学习成果，本教材还专门有配套习题集和参考答案，供辅助学习之用。

1. 本书加“*”的章节有：

第五章消费者行为理论——*5.9 不确定性分析；

*第九章策划与博弈；

*第十九章开放的宏观经济模型；

第二十一章经济增长与经济周期——*21.2 新古典增长理论；

第二十三章西方经济学与中国——*23.4 科学主义；

——*23.5 对意识形态问题的隐讳。

2. 本书主要作者撰写的内容如下：

顾雅君：第一章《经济学常识》；第二章《西方经济学概述》；第五章《消费者行为理论》；第八章《不完全竞争市场》；第十章《生产要素市场》；第十三章《国民收入的核算与循环》；第十四章《国民收入决定理论Ⅰ》；第十六章《国民收入决定理论Ⅱ——IS-LM 模型》；*第十九章《开放的宏观经济模型》；第二十二章《宏观经济学的相关背景知识》；第二十三章《西方经济学与中国》。

滕雅琼：第四章《弹性理论及其应用》；第六章《生产与成本》；第七章《完全竞争市场》；第十五章《货币市场的均衡——LM 模型》；第二十一章《经济增长与经济周期》。

龙雨生：本书全部的案例提供与遴选、图形绘制、公式编写、文字勘误等内容。

张正国：第十八章《国民收入的决定：总需求—总供给模型》。

李月娥：第二十章《失业与通货膨胀》。

李品芳：第十二章《市场失灵与微观经济政策》；第十七章《宏观经济政策》。

蒋诚、唐丹：第三章《需求、供给与价格》。

陈灿:第十一章《一般均衡论和福利经济学》。

虞铭明:* 第九章《策划与博弈》。

3. 本书特点

以经济学说史为开端,让学生了解经济学的源起及研究对象、研究方法等基本内容。

每章开篇均设计了"学习目标",提示学生应该掌握的主要内容。

导入案例:每章开篇之初提供一个与本章内容联系紧密的案例,以具体的经济现象导引场景,让学习由浅入深、学以致用。

经济学小资料:对于经济学发展史上具有非常突出贡献的经济学家和有影响的经济事件进行介绍和描述,拓宽知识面,了解解决问题产生的渊源。

本章小结:章节最后对本章学习的重点内容进行整合,言简意赅的说明核心知识点。

章节中设计"即问即答"或"思考"部分,提示学生应予关注的内容。

四大篇幅的划分,在每一篇幅开始之前,对本篇的内容进行全面的、基础性的解释和说明,方便学习者从宏观层面对学习内容进行把控。

配套习题集:限于教材篇幅及学习的便利性,教材专门撰写了与章节内容完全配套的复习资料和参考答案,供辅助之用。

囿于编写人员的知识水平及个人局限,本书的缺点和疏漏之处在所难免。在此,恳请使用本书的同志们能够向编写人员提出宝贵意见,促使我们更上一层楼。

不胜感激之至!

著者

2017 年 11 月

目 录

第一篇 经济学基础

第二篇 微观部分——价格理论

第三篇　宏观部分——收入理论

第四篇　西方经济学与中国

第一篇 经济学基础

学习目标：

1. 知道经济学的缘起。
2. 初步认识经济学的十三个基本原理。
3. 明白经济学研究的基本假设和经济学的局限性。
4. 掌握经济学的研究方法。
5. 了解经济学的基本理论体系。

导入案例：我们为什么要学习经济学？

在日常生活中，其实每个人都在自觉或不自觉地运用着经济学知识。比如：在自由市场里买东西，我们喜欢与小商小贩讨价还价；到银行存钱，我们要想好是存定期还是活期。经济学对日常生活到底有多大作用？我们借用下面一则经济学家和数学家的故事简单了解一下。

话说有三个经济学家和三个数学家一起乘火车去旅行。数学家讥笑经济学家没有真才实学，弄出的学问还摆了一堆诸如"人都是理性的"之类的假设条件；而经济学家则笑话数学家们过于迂腐，脑子不会拐弯，缺乏理性选择。最后经济学家和数学家打赌看谁完成旅行花的钱最少。三个数学家于是每个人买了一张票上车，而三个经济学家却只买了一张火车票。列车员来查票时，三个经济学家就躲到了厕所里，列车员敲厕所门查票时，经济学家们从门缝里递出一张票说，买了票了，就这样蒙混过关了。三个数学家一看经济学们这样就省了两张票钱，很不服气，于是在回程时也如法炮制，只买了一张票，可三个经济学家一张票也没有买就跟着上了车。数学家们心想，一张票也没买，看你们怎么混过去。等到列车员开始查票的时候，三个数学家也像经济学家们上次一样，躲到厕所里去了，而经济学家们却坐在座位上没动。过了一会儿，厕所门外响起了敲门声，并传来了查票的声音。数学家们乖乖地递出车票，却不见查票员把票递回来。原来是经济学家们冒充查票员，把数学家们的票骗走，躲到另外一个厕所去了。数学家们最后还是被列车员查到了，乖乖的补了三张票，而经济学家们却只掏了一张票的钱，就完成了这次往返旅行。

案例思考：

1. 这个故事要告诉我们什么经济学原理？

2. 经济学一定要与社会道德良俗、相关规定以及法律法规冲突吗？

3. 经济学是这样用的吗？

事实上，这个故事很容易被误读为“经济学就是投机取巧罢了”。而且，在多数人的认知中，经济学总是与“钱”形影不离，经济学的内容就是货币。可是在学习经济学的过程中，大多数人都知道：经济学既枯燥又乏味，充满了统计数字和专业术语，远没有这则故事生动有趣。真相究竟如何呢？

从内涵上讲，经济学真正的主题是选择，是人们在理性前提下采取行动、进行决策的事实；从约束条件上讲，经济学关于理性的假设是针对个人而不是组织或团体，经济学的起点是对个人行为的解释。该解释源自这样的假设：每个人不仅有自己的目标，而且还会主动地选择正确的方式来实现这些目标。这样的假设虽然未必总是正确，但很实用。在这样的假设下发展出来的经济学，不仅有实用价值，能够指导我们的日常生活，而且这样的学问本身也由于充满了理性而足以娱人心智，令人乐而忘返；从经济学的运用上讲，尽管在日常生活中我们会有意无意地使用到一些经济学知识，但实质上对经济学知识还是缺乏基本的了解。因此，容易在处理日常事务时理性不足，给自己的生活平添许多不必要的烦扰。比如，刚刚买来的家用型轿车，突然发现减税了；刚刚出售了房子的卖家，却发现自己错过了新一轮的房价上涨……大部分人遇到这种情况的时候都垂头丧气，心情郁闷。相反的，了解政策的一群却是兴高采烈的，买房子的也是开心。无论高兴与否，这些反应都符合人之常情。

如果我们应用经济学的角度进行分析的话，则会理性地说：如果价格没有改变、税费没有减免，决策者认为自己所做的选择一定是最佳的，这种愉悦会持续。然而价格变化后，这种“选择最佳”的基础则不复存在。因此，你的不愉快其实并不是因为你的决策有误，是因为外力因素的不可抗性导致的。

很多时候，似乎人人都是经济学家，“供给”、“需求”、“价格”、“效率”、“竞争”等大家耳熟能详的经济学词语，经常不经意的从人们口中蹦出。可以说，人们不敢随便在一个物理学家或数学家面前班门弄斧，但在一个经济学家面前，谁都可以就“车价跌了该高兴还是该郁闷”等实际问题随意发表自己的见解。其实，经济学中有许多并非显而易见的内容，并不是每个人想象的那么简单。在经济学领域，要想从“我听说过”进入到“我懂得”的境界并不是件轻而易举的事情。因此，掌握正确的经济学知识，将经济学思考问题的方法运用到日常生活中来，使我们能够更加理性地面对生活中的各种琐事，小到油盐酱醋，大到谈婚论嫁，就会减少生活中的诸多郁闷和不快，多一些开心，多一些欢笑。

经济学的理论告诉我们:资源是稀缺的,时间是有限的,选择是有代价的。我们要学会放弃一些眼前的利益,而选择机会,选择未来,坚持学习,不断地给自己充电,适应新的变化。如果你能多懂得一点经济学,就会多一点机遇,少一点风险。

案例思考的一句话点评:

1. 这个故事要告诉我们的是:如何使个人利益最大化。

2. 不能。经济活动要在社会道德良俗、法律法规以及相关规定允许的范围内进行。

3. 不是。经济学是对资源进行最优配置,而不是破坏游戏规则。

第1章 经济学常识

1.1 什么是经济？什么是经济学？

1.1.1 经济与经济学

(一) 经济,Economy,从词性上说是一个名词性动词,反映一个动态性的概念

简单地说,经济就是对物资的管理,是人们对生产、使用、处理和分配物质资产现象的总称。这一概念微观上指一个家庭的家务管理,宏观上指一个国家的经国济民。在这一动态整体中,包括人类的生产、储蓄、交换和分配的各项活动。生产是这一活动的基础和起点,分配是这一活动的结果和终点。

"经济"一词,最早出现于古希腊,"economy"源自古希腊语 οικονομα(家政术)。οικο 为家庭的意思,νομο 是方法或者习惯的意思。因此,其本义是指治理家庭财物的方法,到了近代扩大为治理国家的范围。可见,"经济"最初的含义是对家庭事务的管理,特别是指家庭收入的来源和管理。在《美国传统词典》中,"经济"一词有两个诠释:①对国家、社会、企业资源的管理;②资源管理、开发的体系。这两个诠释,都把"经济"说成是"资源管理",这种解释的片面性显而易见。在《美国韦氏词典》中,也有两个诠释:①事物运行的安排或方式;②一国、一地区、一个时期的经济生活结构。这两个诠释,前者过于泛化,后者则过于狭窄。在《新帕尔格雷夫经济大词典》中对于经济一词的描述则是:用尽可能少的支出,以取得所希望达到的目的的原理或方法。此种诠释把"经济"当成经济效果的同义语,而且更像是针对"经济学"的。在P·萨缪尔森的《经济学》中找不到对"经济"的诠释。萨氏对"经济生活"的诠释则是:"经济活动是由一系列活动所组成的复杂的集合,包括购买、销售、讨价还价、投资、劝说和威胁等。"

我国正式使用"经济"这一概念,据资料显示始于公元4世纪初的东晋时期。彼时,"经济"的基本内涵是"经邦"、"经国"和"济世"、"济民",以及"经世济民"等词的综合和简化,含有"治国平天下"的意思。"经济"在我国古代文化和古代文学中是一个非常巨大的概念,充满了丰富的人文思想和社会内涵。古代楹联文化中曾有名句:"文章西汉双司马,经济南阳一卧龙。"这里面的"经济"明显具有"经纶济世"的涵义。

同时我们还可以从其中看到,"经济"在古代还是知识分子的责任之一,能在评价中被冠以"经济"二字的人,必须是文能兴业安邦、武能定国御敌,特别是儒家学派的众人,更会按照《大学》中"三纲八目"的要求去做学问、做人,而"三纲八目"最高的要求就是做到"治国平天下"。这个就是我国古代"经济"一词最外向的意思表达。可见,“经济”是一个兼深度、广度、高度的词语。

至于现代,“经济”是我国引进日本对“economics”一词翻译的结果。在清朝末期,日本掀起了工业革命的浪潮,接受、吸收和宣传西方文化,大量翻译西方书籍。其中将“economics”一词译为“经济”。在新文化运动中,日本习得的西方文化向中国传播,故而经济一词亦被中国引用。后来“Economics”被马歇尔解释为“经济学”。

目前来看,曾经出现过的对“经济”的解释有:

1. 经济就是生产或生活上的节约、节俭,前者包括节约资金、物质资料和劳动等,归根结底是劳动时间的节约,即用尽可能少的劳动消耗生产出尽可能多的社会所需要的成果。后者指个人或家庭在生活消费上精打细算,用消耗较少的消费品来满足最大的需要。总之,经济就是用较少的人力、物力、财力、时间及空间获取较大的成果或收益。

2. 经济就是国家或企业、个人的收支状况,如国民生产总值、社会总产值、企业的产量与效益及个人的收入与支出等。

3. 经济就是经邦济世、经国济世或经世济民等词的综合和简化。如,“识局经济”(《晋书纪瞻》),“皆有经济之道而位不逢”(隋,王通《文中子中说》卷六)。它的含义包括国家如何理财,如何管理各种经济活动,如何处理政治、法律、军事和教育等方面的问题,即治理国家、拯救庶民的意思。

4. 经济就是家庭管理(见古希腊,色诺芬著:《经济论》)。

5. 经济就是一种谋生术,是取得生活所必要的并且对家庭和国家有用的具有使用价值的物品(见古希腊,亚里士多德著:《政治学》)。

其中,第1、2个解释反映了人们在日常生活中的习惯用法;第3个解释是我国古代对经济一词的用法;第4、5个解释是古希腊对经济一词的用法。

(二) 经济学

我们现在使用的“经济学”一词,同样源自希腊文——“oikonomos”,后来演化成英语中的Economics。在西学东渐的过程中,日本人神田孝平最早用汉文字翻译成“经济学”,而我国的翻译家、教育家严复则将其翻译成“生计学”。之后,民国创始人孙中山先生从日本将“经济学”一词引入中国,“经济学”即成为“Economics”的正式翻译用语。

从词汇学的角度来看,中国、西方对经济学一词的理解是有所不同的。在西方,经济学研究的是个人、家庭在社会的各种经济行为中,应该如何追求家庭、个人利益的最优化。尽管后来经济学的含义有所扩展,到了现代,经济学一词不仅包括微观层面的个人、企业,也包括宏观方面的政府、制度,但从总体上说,仍然是强调个人利益优先,从追求个人利益最大化的角度出发的。但在中国,经济的含义更多是指“经世济民”,主旨是治理国家、保持国家经济运行的繁荣与稳定,个人的利益只是属于从属地位,是从属于集体和国家利益的。这个区别一直到现在也没有太大的改变。

从前文可知,经济学最初的研究对象是对家庭财产进行管理的学问。在整个中世纪(历史学上指欧洲封建时代,一般指公元476年西罗马帝国灭亡到1640年英国资产阶级革命),经济学都只是一门关于个别家庭、个别庄园如何致富的学问。有关商业、货币流通、国家财政等涉及整个国家的问题,通常被放在政治学或伦理学中进行讨论。一直到15世纪末期,封建自然经济瓦解,商品货币关系建立,国内统一市场形成,才使得整个国家的致富问题、政府税收财政问题等日益重要起来。在这以后几代人的时间里,无数学者致力于这项专门研究,并冠以"政治经济学"的名称,以区别于研究家庭致富的经济学。需要注意的是,"政治经济学"中的"政治"一词也来源于古希腊文,原义是"社会的"、"城市的"、"国家的",所以,"政治经济学"就是"社会范围内的经济学"之义,并不是把政治活动作为其研究的对象。1890年,英国剑桥大学著名经济学家马歇尔出版了一本书,名叫《经济学原理》,用"经济学"一词取代"政治经济学",后来逐渐被广大西方经济学者所接受。至此,经济学正式成为这门学科的名称。

(三)西方经济学

西方经济学指产生于西方、分析并解释发达资本主义国家经济现象和经济行为的经济理论和政策主张。自18世纪以来,特别是19世纪70年代以后,西方经济学一直被认为是能够说明经济运行和国家调节的重要理论、概念、政策主张和分析方法,被称为"社会科学之王"。

西方经济学是运用西方线性非对称思维方式建立起来的经济学,属于片面反映经济发展规律的政治经济学。它以理性的"经济人"假设为出发点、以生产资料私有制为研究前提、以价格机制为研究核心、以利润最大化为微观经济的最终目标和以GDP经济规模最大化为宏观经济的最终目标,探讨经济发展的根本动力和经济主体的行为方式,以线性非对称思维方式和还原论思维方法为方法论,运用数量分析,在"实证化"分析的基础上把经济学的实证分析与规范分析结合起来,构造出西方经济学的基本模式、基本结构与基本用途。

西方经济学作为我国高等院校财经类和管理类专业必开的一门专业基础课,主要介绍了发达资本主义国家的经济理论与经济政策,既让我们了解了价格机制这只"看不见的手"的效率优势,也让我们看到了市场机制在不少领域资源配置上的诸多缺陷,同时还解析了政府对经济的调控。多角度的解释和说明,让我们能更好地汲取已有的市场经济建设的经验,为进一步进行社会主义市场经济建设寻求快捷的道路。

1.1.2 经济学研究对象的历史变迁

经济的发展必然受到生产力水平的直接影响,经济思想和学说还会受到研究者所处的历史时期、社会阶层、阶级立场等因素的影响,因而经济学的研究对象也必然随着历史时代的更迭而发生变化。在西方经济学的发展史上,经济学的研究对象概括起来主要有以下八种。

1. 管理说

财富管理说是一种年代最早、历史最长、持有人数最多的经济学对象理论。可以说从古希腊、古罗马时期的学者一直到新古典经济学以前，多数经济学家都持有这种经济思想。

古希腊罗马的思想家色诺芬的著作《经济论》，通篇都是研究家庭财富及其增长问题。16世纪中叶开始，17、18世纪兴盛的重商主义研究，更是对财富充满了热情。他们以财富为中心，研究了财富的表现形式——金银、财富的产生渠道——流通和财富的增长途径——金银开采及对外贸易等问题。

古典学派经济学家们的研究对象也多为财富。英国古典经济学家威廉·配第在其《赋税论》和《政治算数》等著作中，把如何增加国家税收、如何增加国家财富作为研究对象，并提出了“土地为财富之母，而劳动则为财富之父”的著名论断。古典经济学的集大成者亚当·斯密在《国富论》中等的主要观点，也是对国民财富的性质和原因以及财富增长之道进行研究的。之后的大卫·李嘉图继续遵循着斯密的财富对象理论，不过在其作品中提出了财富的分配问题，把“财富分配”作为政治经济学的研究对象。法国经济学家萨伊在1803年出版的《政治经济学概论》一书中也指出，政治经济学是“阐明财富怎样生产、分配与消费”的科学。据此，他把政治经济学分成生产、分配和消费三大部分加以论述，创立了三分法。詹姆士·穆勒在他的《政治经济学纲要》，继承和发挥了萨伊的三分法，提出了四分法对象论，即将经济学的研究对象归结为研究财富生产、分配、交换和消费的一般原理。

2. 历史或制度说

19世纪中叶在德国出现的历史学派，强调经济生活中的国民性和历史发展阶段性。作为古典经济学的主要反对者，在经济研究中始终将历史放到极端重要的地位，坚持以民族国家为中心来建立经济学。

德国历史学派的先驱李斯特提出了“国家经济学”与“世界主义经济学”相对立。他认为国家经济学是代表经济落后国家利益的经济学，其研究对象是落后国家的富强之道。世界主义经济学是代表经济上先进国家的利益的经济学，它的研究对象是世界经济。历史学派创始人罗雪尔指出，国民经济学或政治经济学是一门论述一个国家的经济发展诸规律的科学，经济学应与法律、国家、宗教等学科密切相关，并以它们为基础。希尔德布兰德声称，经济学应该产生一种文化史的经济史，并与历史的其他分支和统计学密切相关。新历史学派代表施穆勒进一步区分了国民经济学和国家经济学，认为国民经济学研究的对象是国民经济，国家经济学的研究对象是国家的组织结构及其经济职能。美国制度学派把制度当作社会经济发展变化的动力，并以注重制度研究为根本特征。美国制度学者凡勃仑认为，经济学应该研究制度的起源、演变对相应社会经济关系的作用。康芒斯则直接把自己的著作取名为《制度经济学》，认为制度经济学是一种关于集体行动（风俗、家庭、公司及国家等）在控制个人行动方面所起的作用的理论。

3. 人的欲望及其满足说

西斯蒙第和罗雪尔都曾提到过经济学研究的是“人”,但他们所讲的人的概念比较含糊。主观经济学派的先驱者马斯夏在《经济和谐》一文中明确指出,“政治经济学的对象是人”,并解释说,“欲望、努力、满足,这就是经济观点中的人”。

奥地利的门格尔则明确把政治经济学的研究对象规定为人的欲望及其满足。他把经济学分为应用经济学、历史统计经济学和理论经济学,他在《国民经济学原理》中指出,理论经济学研究的是人类为满足其欲望而展开其预筹活动的条件。庞巴维克和维塞尔依然都把人的欲望及其满足作为政治经济学的研究对象。杰文斯也指出,经济学为人快乐与痛苦的微积分学。

4. 人与财富综合说

英国著名经济学家马歇尔在经济学是财富科学的说法遭到异议,研究人的定义在难以自圆其说的情况下,综合了各种关于经济学研究对象,在其《经济学原理》一书中指出:经济学一方面是一种研究财富的科学,另一方面也是更重要的方面,是研究人的学科的一部分。

5. 人类选择行为说

1932 年,英国经济学家罗宾斯总结了许多经济学家关于经济学概念的共同实质,在《论经济科学的性质与意义》中,提出了一个经典性的经济学定义:“经济学是门研究目的与具有可供选择的用途的稀少手段之间关系的人类行为科学。”这就说明了,经济学的产生就在于人类无尽的欲望与物品稀少性的矛盾。

希克斯的《价值与资本》中,也更加明确地表现出政治经济学是研究人类行为选择的科学。美国当代著名经济学家保罗·萨缪尔森在其《经济学》中也指出,经济学是研究人和社会如何做出最终抉择的科学。

6. 宏观经济行为说

宏观经济行为说以英国著名经济学家凯恩斯为代表。凯恩斯革命以前的经济学多是分析微观经济行为,如研究单个消费品、个别市场或个别企业、个别行业的经济行为,多属微观经济学的内容。

而凯恩斯在经济学的研究对象上,从微观经济行为分析转向宏观经济行为分析,凯恩斯强调的是国民收入、总就业、总需求和总供给等总量研究,着重强调的“是整个经济体系,如何使该体系中之全部资源达到最适度就业”。

1936 年凯恩斯《就业、利息与货币通论》的出版标志着宏观经济学的产生。

7. 微观经济行为与宏观研究合流说

为弥补凯恩斯经济学只着重宏观经济分析,忽视微观经济分析的缺陷,当代一些经济学家把凯恩斯的宏观经济理论与新古典微观经济理论结合起来。他们以稀缺法则为起点.把经济学分为微观经济学和宏观经济学两部分。微观经济学以资源配置为研究对象,因为资源是稀缺的,要对稀缺的资源进行有效的配置;宏观经济学以资源利用为研究对象,因为在资源配置中会有资源的不合理利用,出现资源闲置或浪费问题，对稀缺资源的合理利用，就需要国家干预。而资源配置和利用又可以有不同的解决模式和方式，这就涉及经济体制问题。

当代不少经济学者主张建立混合经济体制。在这种体制中既有市场机制发挥作用的自由市场经济，又有国家对经济生活进行干预和宏观控制的经济。综上所述，经济学的定义应该是研究在一定经济体制下，稀缺资源配置和利用的科学。该定义涉及四个问题：一是稀缺资源，这是经济学产生的基础和研究的出发点；二是资源配置，属于微观经济学的研究对象；三是资源利用，属于宏观经济学的研究对象；四是经济体制，因为无论是微观经济学还是宏观经济学都会涉及经济体制问题。

8. 广义对象说

广义对象论有两种观点：

(1) 横向分析法。该观点认为经济学是一门研究经济理论、经济问题、经济政策的科学。它把经济学的研究对象规定为经济理论、经济问题、经济政策三个方面。

(2) 纵横分析法。该观点认为，经济学的研究对象包括六个方面，即渊源、流派、理论、方法、问题和政策。

1.1.3 具有普遍意义的现代经济学研究对象

1. 人类欲望的无限性

欲望(wants)是人们为了满足生理和心理上的需要而产生的渴求和愿望，是基于匮乏而形成的一种状态。因此，欲望既是一种客观需要，同时也是一种心理现象。

《渔夫和金鱼》的故事大家一定是耳熟能详了。老渔翁的夫人到底想要什么？她的诉求是这样渐次演变的：新木盆——小木屋——贵妇人——女皇——女霸王——金鱼侍候她——一无所有。从这个故事里我们看到了：

(1) 人类的需求层次具有多样性。当一个需求被满足之后，新的需求又诞生了，因而人的欲望是无穷无尽的。在一种欲望得到满足后(甚至还没有完全得到满足时)，新的欲望就会产生。(从衣食住行上升到私家车、旅行、教育、医疗保健安全……)

(2) 需求层次总是在原有的基础上持续上升的。从最基础的衣食住行，到满足虚荣奢侈的心里慰藉。可见，人类的欲望是无限的。

不过，这种递进式的需求是不是都能够得到满足呢？

2. 资源的稀缺性

想要满足需求必然需要客观的物质产品。

我们可以简单地把满足人们欲望的物质产品划分为：自由物品和经济物品。其中：

自由物品(Free goods/Free resource)——人类在零价格之下就可以获得的、并且可以自由取用的物品，如：阳光、空气、水；

经济物品(economic goods/economic resource)——指人类必须付出一定的代价

方可得到的产品，即必须通过生产和交换才能获得的物品。如：土地、矿产、劳动、资本和企业家才能等。

其中，经济物品的生产需要使用和消耗资源。

生产经济物品的资源不是取之不尽、用之不竭的，它是不足的、稀缺的。也就是说，经济资源具有稀缺性特征。所谓稀缺性是指社会所提供的物品，少于人们希望获得或拥有的，它是不足的。稀缺性本身具有绝对性和相对性的特征。

(1) 稀缺相对性：相对于人类社会的无限欲望而言，经济物品或者生产这些物品所需要的资源总是不足的，资源的这种相对有限性就是资源的稀缺性。

(2) 稀缺的绝对性：指相对于人类无限增长的需求而言，在一定时间和空间范围内资源总是有限的，或者说资源的总需求超过总供给，在总量上资源是绝对的不足的。

正是由于稀缺性的存在，才决定了人们在使用经济物品中不断做出选择，如决定利用有限的资源去生产什么，如何生产，为谁生产以及在稀缺的消费品中如何进行取舍和如何用来满足更多人的需求。也就是说，资源的稀缺性使得人类的经济及一切活动需要面临选择问题，经济学理论就是围绕这一问题提出观点和论证。

3. 选择的必要性：机会成本与生产可能性曲线

* 选择，这一问题可以表现为：

——为什么生产？(Why)
——生产什么？(What)
——生产多少？(How)　　　效率
——什么时候生产？(When)
——在哪生产？(Where)
——为谁生产？(Who)：公平

(1) 机会成本

定义：机会成本是指在资源有限条件下，当把一定资源用于某种产品生产时所放弃的用于其他用途可能得到的最大收益。

这是经济学原理中一个非常重要的概念。

前提条件：

· 资源是稀缺的

· 资源具有多种用途

假设条件：

· 资源已经得到充分利用

· 资源可以自由流动

释义：

· 这里的机会是指可选择的项目类型不具有唯一性。也就是说，对于决策者而言，机会成本所指的机会必须是决策者可选择的项目，否则就不是决策者的机会。

· 机会中所有的项目都是有收益的，放弃的机会中收益最高的项目才是机会成本，即机会成本不是放弃项目的收益总和。

· 机会成本是资源稀缺、进行选择之后的必然结果。在资源稀缺性的前提下，一项选择的决策也就是要放弃其他物品或劳务的价值。

(2) 生产可能性曲线(production possibilities curve)

资源的稀缺性决定了在一定社会的一定时期内，可以利用的资源是有限的，从而可以生产的产品数量也是有限的。生产可能性是指经济社会在既定资源和技术条件下，利用现有资源所能生产的各种商品最大数量的组合。这种可能性反映了资源的稀缺性与选择的可能性和必要性特征。

可以认为：研究生产可能性曲线就是考察一个国家怎样高效配置其相对稀缺的生产资源。我们知道，一国可利用的资源，主要用来生产资本品和消费品。因为资源的稀缺性特征，故而要多生产消费品就必须减少资本品的产量。那么，一个国家如何兼顾目前利益和长远利益，把有限的资源进行分配，既能够满足当期的消费又能够保证远期生产对资本品的需求？这是经济学必须回答的一个重要问题。

定义：生产可能性曲线是用来说明和描述在一定的资源与技术条件下，经济社会所能生产的各种商品最大数量组合的轨迹。它可以有无数种生产组合进行选择，见图 1-1。

· 对生产可能性曲线的理解：

假设条件：

——固定资源：在一定时期内，可用生产要素的数量是固定不变的；

——充分就业：在现有生产过程中，所有的生产要素均得到了充分使用，不存在着资源闲置；

——生产技术：在既定时间内，生产技术即指由投入转化为产出的能力，是固定不变的；

——两种产品：为了简化问题起见，通常假定某一经济社会仅生产两种产品。

曲线特征：

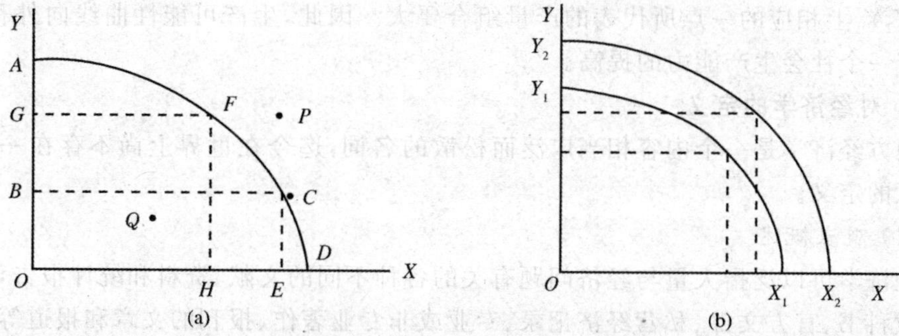

图 1-1　生产可能性曲线

从图 1-1 中(a)的内容可以看出：生产可能性曲线是一条斜率为负且凸向右侧的曲线，其经济含义可作如下解释。

第一，生产可能性曲线描述了稀缺的特征，说明任何经济都不可能无限量地生产。从图 1-1 中(a)图可见：曲线向右下方倾斜、斜率为负，说明两种产品 x、y 存在此消彼长现象。图中的点 F、C、D 便显示了这一特性。

基于此，生产可能性曲线还可以用来说明潜力与过度的问题。生产可能性曲线以内的任何一点(如 Q 点)，说明生产还是潜力，即还有资源未得到充分利用，存在资源闲置；而生产可能性之外的任何一点(如 P 点)，则是现有资源和技术条件所达不到的。只有生产可能性曲线之上的点，才是资源配置最有效率的点。因为它说明了一个社会的全部资源都得到了充分利用，不存在闲置资源和失业，社会经济达到了充分就业的状态。

第二，任何一个经济必须做出选择，且选择具有唯一性。即：经济社会不可能同时有二个不同点的选择。同时，决定了在生产可能性曲线上的某一点进行生产就意味着决定了资源的配置。

第三，选择就要付出代价，选择就有机会成本。在生产可能性曲线上任意点的斜率就代表着该产量水平上 X 的机会成本，其斜率为负表明要增加一种产品的生产势必要减少另一种产品的产量。

第四，凸向原点以远的生产可能性曲线反映了机会成本递增法则。它是指随着产品 x 的产量增加，每增加一个单位的产品 x 产量所需放弃的产品 y 产量呈递增的趋势，或者说，产品 x 的机会成本随其产量的增加而递增。

从图 1-1 中(b)可以看出：在资源数量和技术条件不变的条件下，一个社会现有资源可能生产的产品产量组合是既定的，但当资源数量变化和技术条件改变时，生产可能曲线会相应移动。随着资源数量的增加(比如人口)和技术的进步，生产可能性曲线会向右平行移动。如图 1-1(b)所示：在原来的技术水平和资源条件下，生产可能性曲线为 X_1Y_1。现假定资源数量增加了，或者技术进步，劳动生产率提高了，使生产可能性曲线向外平移至 X_2Y_2。在 X_2Y_2 上，每一点所代表的两种产品的产量组合都比 X_1Y_1 上相应的一点所代表的产量组合要大。因此，生产可能性曲线向外移动，代表着一个社会生产能力的提高。

4. 对经济学的定义

西方经济学是一个内容相当广泛而松散的名词，迄今在世界上尚不存在一个众所同意的定义。

(1) 观点概述

经济学可以泛指大量与经济问题有关的各种不同的文献、资料和统计报告，其中包括教科书、官方文件、私营经济记录、专业或非专业著作、报刊的文章和报道等。这些不同的文献、资料和统计报告一般说来至少应含有下列三种类别的内容：

第一，企事业的经营管理方法和经验。如行情研究、存货管理、产品质量控制及车间生产流程布局等。这类主题着重使用运筹学、数理统计和其他方法来研究经营企事业的有效手段和总结企事业的营运经验。例如，市场分析是使用经济计量学或其他的研究方法来对某一种商品市场（如棉花）或某一类市场（如金融）进行剖析，报道该市场的一般情况，估计进入该市场的困难程度和盈利的可能性；存货管理研究如何用最低的成本来储备最优数量的设备零件，生产原料和制成品或半成品，以便能随时满足有关部门的良好运行所需要的数量；产品质量控制则论述如何使用数理统计或其他的方法来检验和控制产品的质量以及各种控制方法的效益和成本，等等。这一类别的内容可以涉及现代西方经济理论，也可与它无关。是否牵涉或在多大的程度上牵涉经济理论，往往取决于被研究问题的性质。总之，这一方面的内容偏重于纯粹的企业管理技术，较少涉及与意识形态密切相关的经济理论。正是由于这一原因，同这一方面有关的课程和著作往往被认为是属于经济管理专业的范围。

第二，对一个经济部门或经济领域或经济问题的集中研究成果。如资源经济学、商业经济学、农业经济学和石油经济学等，以及对税收、财政、通货膨胀问题的论述等。它们的研究对象关系到经济生活中的某一特定部门或领域。由于研究对象性质的差异，在这一类别的西方经济学中，纯技术分析比第一方面少，经济理论的成分则比第一方面要大。对于一个部门或问题的全面研究不能局限于该部门或问题的纯技术的论述，而必须涉及它与整个社会经济的联系以及管理它的经济政策。例如：石油经济学不能单纯论述石油资源分布、石油开采等技术事项，还必须对国际石油市场、各国的石油政策作出理论的分析；而税收问题的研究往往牵涉各种赋税的利弊和税收政策。一旦牵涉利弊和效果，则又会牵涉对哪些人有利弊和有效果的问题，而判别利弊和政策的选择又往往需要理论依据。因此，有关第二种类别的西方经济学的课程和著作一般被放在经济学专业的领域之内，被当作这一专业的理论应用部分。

第三，经济理论的研究和考察，如微观经济学、宏观经济学、数理经济学、动态经济学、福利经济学和经济学说史等。这一方面的主要内容为：经济理论以及根据经济理论而制定的经济政策、有关问题的解决途径等。与前述第一种、第二种内容相比，第三种在理论上具有更大的比重，纯粹技术的成分则相对微小，仅限于一些概念的分析、方法和某些已经具体的论点，意识形态的成分较多；数理经济学和动态经济学的全部内容则都属于经济理论的范围，只有它们所使用的数学方法或某些概念以及个别论点才能被当作纯技术的部分。有关这一方面的课程和著作通常被看作经济学专业的基础和核心，是这一专业的最重要的组成部分。

上述三种类别不但没有明确的界限，而且缺乏统一的划分标准，它不过是一种粗略的区别方法。然而，从这种概括的划分方式中我们可以看到：按照第一种、第二种、第三种的顺序，纯技术的内容越来越少，经济理论即有关意识形态的成分越来越多。

(2) *经济学的“东西方”之说*

地域起源说。公认的西方经济学的诞生标志是1776年英国经济学家亚当·斯密《国民财富性质与原因的研究》（被我国清初思想家魏源翻译为《国富论》）的出版。

在此后两百多年的发展中,从亚当·斯密、大卫·李嘉图、萨伊、穆勒、马尔萨斯、马歇尔到凯恩斯、米尔顿·弗里德曼、萨谬尔森、卢卡斯、斯蒂格利茨等人,带来了西方经济学的不断创新和发展。辈出的西方经济学大师,其身份均源自英美等西方国家。因此,对他们研究的经济学成为"西方经济学"。

阶级范畴(或政治概念)说。20 世纪 50 年代,"两极化"的世界政治格局形成。世界被人为划分为以美国为首的北大西洋公约组织和以苏联为首的华沙条约组织。彼时,资本主义国家主要位于地球的西方,社会主义国家主要集中于地球的东方;资本主义国家是以生产资料私有制为基础的资产阶级国家,社会主义国家是以生产资料公有制为基础的无产阶级国家。按照资本主义(西方)和社会主义(东方)阵营的划分,社会主义国家信奉马克思主义,信奉的经济学也是以马克思政治经济学为核心的经济学,故而被称作"东方经济学";资本主义国家信奉的经济学就相应地被称作"西方经济学"。这种划分主要是针对研究主体的阶级性而言的。

(3) 具有代表性的定义

经济学是一门社会科学,它研究人和社会如何进行选择,来使用和配置具有多种用途的稀缺资源,并在现在或将来把商品分配给社会的各个成员或集团进行消费。

1.2 西方经济学的由来和演变

西方经济学与其他学科一样,有着自己的起源和发展过程。资产阶级经济思想是随着资本主义生产方式的产生和发展而相应地产生和发展起来的。

1. 重商主义阶段

对资本主义生产方式作最初的理论考察的是重商主义。重商主义是原始积累时期代表商业资本利益的经济学说。这种经济学说以粗浅的现实主义,总结了商业资本的实践经验。它对资本主义生产方式的研究局限于流通领域,没有深入到资本主义经济机体中寻找内部联系。

2. 资产阶级政治经济学阶段

重商主义以后的资产阶级政治经济学经历了两个历史阶段。第一阶段是古典政治经济学,第二阶段是庸俗经济学。

古典政治经济学是资本主义上升时期代表新兴资产阶级利益和要求的政治经济学。17 世纪中期至 19 世纪初期是古典政治经济学产生、发展和完成的时期。配第、斯密和李嘉图是英国古典政治经济学的主要代表,布阿吉尔贝尔、魁奈、杜尔哥是法国古典政治经济学的主要代表。古典政治经济学一方面力求研究资本主义经济制度的生理学,探讨资本主义经济关系的内部联系,从而得出一系列的科学见解和结论;另一方面又试图描述资本主义经济制度的外部现象,停留在竞争中颠倒地表现出来的外部联系上,从而在著作中留下了若干肤浅见解和论点。

庸俗经济学是在资本主义社会矛盾和阶级斗争发展时期代表资产阶级利益和要

求的政治经济学。还在古典经济学完成时期，庸俗经济学就已经产生。萨伊和马尔萨斯庸俗化了斯密的学说，詹姆斯·穆勒、麦克库洛赫庸俗化了李嘉图的经济学说。19 世纪 30 年代到 60 年代，它的主要代表有英国的西尼尔、美国的凯里、法国的巴斯夏和德国历史学派罗雪尔等人。19 世纪中叶，英国古典经济学的模仿者约翰·穆勒企图调和不能调和的东西，建立了一个混合主义和折中主义的经济理论体系。

古典经济学和庸俗经济学既有联系，又有区别。二者的联系主要在于它们都是资产阶级经济学，都认为资本主义生产方式是符合人的本性的、自然的生产方式，都把这一生产方式特有的经济范畴和经济规律当作永恒的经济范畴和经济规律。二者的联系还在于前者为后者提供了养料，后者从前者的庸俗成分和糟粕中寻觅自己的智慧之源。二者的区别主要在于，前者力求探索资本主义生产方式的内部联系，透过经济现象寻求客观经济规律，后者则满足于描绘资本主义生产方式的外在联系，抓住颠倒地表现出来的现象外表来否认现象背后的客观经济规律；前者从来没有只限于反映资本主义经济关系中生产和经营当事人的观念，而是力图寻求和这种当事人的观念不同的客观规律，后者则只是限于把资产阶级生产和经营当事人的观念加以系统化和学理化，并且宣布为永恒的真理；前者是批判的经济学，表现出科学上的诚实，敢于说出还具有进步性和革命性的资产阶级想说的话，后者是辩护的经济学，它不是无所畏惧地追求科学，而是使科学去迎合和适应资产阶级的私利。

3. 边际革命

19 世纪 70 年代是资产阶级经济学史上的又一重要界标。英国的杰文斯、奥地利的门格尔和法国的瓦尔拉斯各自提出了边际效用价值论，并在此基础上建立了各自的经济理论体系。这被西方学者称为“边际革命”。这场所谓边际革命，从价值理论开始，然后推进到生产理论和分配理论，最后推广到经济理论的各个方面。边际主义学派认为价值不取决于生产商品消耗的社会必要劳动量，而是取决于物品的效用和稀少性，取决于消费者主观心理上感觉到的边际效用；在生产理论方面，边际主义学派认为价值是各种生产要素共同创造的，每一要素在其中起的作用取决于要素的边际生产力；在分配理论方面，边际主义学派认为每一要素的报酬都等于该要素的边际生产力。边际主义学派还以边际效用论和边际生产力论为支柱，用商品市场和要素市场的需求和供给的均衡来说明商品和要素的价格决定。

马克思逝世后，恩格斯在 19 世纪 80 年代和 90 年代多次批判了正在流行的边际主义学派的经济理论，明确指出这种经济理论是庸俗经济学。恩格斯写道：“现在这里最时髦的理论是斯坦利·杰文斯的理论，按照这种理论，价值由效用决定，就是说，交换价值＝使用价值，另一方面，价值又由供给限度（即生产费用）决定，这不过是用混乱的说法转弯抹角地说，价值是需求和供给决定的。庸俗经济学真是比比皆是！”（注：《马克思恩格斯全集》第 37 卷，第 104 页。）恩格斯看得清楚，边际主义经济理论把矛头直接指向马克思主义。他在读了施米特批判边际主义经济理论的论文《近代政治经济学的心理学派》之后写道：“杰文斯和门格尔的拥护者们……简直是放肆到了极点。他们以极其轻蔑的神情傲慢地看待马克思,认为马克思早已过时。"(注:《马克思恩格斯全集》第38卷,第455页。)

4. 新古典经济学

现代西方学者称杰文斯、门格尔和瓦尔拉斯为边际主义学派第一代,称以马歇尔为首的剑桥学派为边际主义学派第二代。除马歇尔外,剑桥学派的代表还有庇古、埃奇沃思、罗伯逊等。由于马歇尔自诩是古典学派的继承者,因而剑桥学派又被称为新古典学派,这个学派的经济学又被称为新古典经济学。被归入边际主义学派第二代的还有奥地利的维塞尔和庞巴维克、意大利的帕累托、美国的克拉克等人。此外,从事货币经济学研究的瑞典的威克塞尔、美国的费雪、英国的霍特里等也被归入边际主义学派。在现代许多西方经济学论著中,边际主义学派第一代和第二代经常被统称为新古典学派,19世纪70年代至20世纪30年代西方国家的正统经济学经常被统称为新古典经济学。

马歇尔在1890年出版的《经济学原理》中建立了一个以均衡价格论为核心的完整的折衷主义经济理论体系。这个体系以资本主义自由竞争为前提、视垄断为例外,把古典经济学中的供求理论、成本理论、节欲论和资本生产力论等内容与边际效用理论、边际生产力理论等融合在一起,构筑出完整的新古典经济学理论体系。该理论在政策上主张经济自由主义,认为资本主义经济通过市场的自行调节可以达到充分就业的均衡,从而为私有制的企业制度规划出完美的预期。马歇尔的《经济学原理》对当时理论的总结和诠释,被誉为"划时代"的著作,从1890年到1920年累计出版八次。直到20世纪30年代,以马歇尔为代表的新古典经济学在西方经济学界仍占正统地位。

庇古是剑桥学派的另一个主要代表,他继马歇尔之后于1908年至1943年任剑桥大学政治经济学教授。庇古致力于传播和阐释马歇尔经济学,并建立福利经济学理论体系。在1933年的《失业理论》中,他还在证明资本主义经济通过市场机制的自动调节可以达到充分就业的均衡。

以马歇尔和庇古为代表的正统经济学在20世纪30年代得到了一些新的补充和发展。一方面,张伯伦和罗宾逊在1933年分别出版了《垄断竞争理论》和《不完全竞争经济学》,修改了传统的垄断例外论,为现代西方微观经济学的垄断竞争(不完全竞争)理论奠定了理论基础。另一方面,希克斯用边际效用序数论代替传统的边际效用基数论,用新福利经济学代替庇古的福利经济学,并推广了一般均衡论。

5. 凯恩斯主义诞生

1929年10月由美国开始的经济危机很快席卷各资本主义国家,成为震撼整个资本主义世界的历史上最严重的经济危机。在1929—1933年大危机之后,接着是长期的经济萧条,然后又爆发了1937—1938年经济危机。西方经济学家把1929年开始的这场持续了10年之久的经济危机叫作"30年代大萧条"。面对着历史上空前严重的经济危机,西方正统经济学在理论上无法解释,在实践上提不出任何对策。大萧条从根本上动摇了马歇尔、庇古为代表的新古典经济学在西方经济学界的正统地位，代之而起的是凯恩斯经济学。

1936 年，凯恩斯的《就业利息和货币通论》一书出版，它标志着凯恩斯主义的诞生。凯恩斯主义的产生被西方经济学家称为“凯恩斯革命”，是对古典经济学的“革命”。凯恩斯从需求管理的角度分析了经济危机的成因，承认非自愿失业的存在，认为只有通过的政府干预，才能实现充分就业。

凯恩斯宣称：资本主义的自发作用不能保证资源的使用达到充分就业的水平，因此，资本主义国家必须干预经济生活，以便解决失业和经济的周期性波动的问题。凯恩斯认为：只要资本主义国家采用干预经济生活的政策来解决失业问题，资本主义依然是经济学所颂扬的“理想的社会”。

这样，凯恩斯不但维护了传统的西方经济学对于资本主义的宣扬，而且也为西方国家干预经济生活的政策奠定了理论基础。

1939 年希克斯出版的《价值与资本》一书，代表着对传统西方经济学的第三次修改与补充。该书牵涉到两个方面的问题：价值论与一般均衡论。

第二次世界大战后，凯恩斯经济学在资本主义世界广为流行。西方学者觉察到，凯恩斯经济学和马歇尔、瓦尔拉斯等人为代表的传统的新古典经济学是矛盾的：后者研究个体经济行为及其结果，前者研究总体行为及其结果；后者认为资本主义市场经济可以通过自行调节使资源的利用达到充分就业的均衡，前者认为资本主义市场经济的自行调节使资源的利用处于低于充分就业的均衡；后者主张自由放任，反对政府干预经济，前者反对自由放任，主张政府干预经济。简单地说：

一方面，以前传统的西方经济学是以个量分析为主，据此主张实行自由放任、国家不干预经济生活的政策。另一方面，凯恩斯则偏重于分析总量变量，根据他所建立的涉及总量变量的理论，得出资本主义市场的各种因素不能自行协调来解决失业问题的结论，并据此而主张实行国家干预经济生活的政策。

这样，在西方经济理论体系内部，就产生了干预和反干预，以及由此而造成的矛盾和不调和之处。

6. 新古典综合派对经济学理论的一次总结

以萨缪尔森为首的一些西方经济学家尝试着把新古典经济学和凯恩斯经济学加以综合，组成一个统一的理论体系。他们还从凯恩斯的《通论》中找到了理论根据。凯恩斯说：“我们对于古典学派理论之批评，倒不在发现其分析有什么逻辑错误，而在指出该理论所根据的几个暗中假定很少或从未能满足，故不能用该理论来解决实际问题。假设实行管理以后，总产量与充分就业下之产量相差不远，则从这点开始，古典学派理论还是对的。”（注：凯恩斯：《就业、利息和货币通论》，322 页，商务印书馆，1963。）据此，西方经济学家认为，在接近或达到充分就业的情况下，新古典经济学将再度适用。

1948 年，萨缪尔森的《经济学》出版。这标志以萨缪尔森为代表的新古典综合派的形成。他们致力于新古典经济学和凯恩斯经济学的综合工作。对此,萨缪尔森在《经济学》第3版中说:"近年来,90%的美国经济学家已经不再是'凯恩斯主义经济学家'或'反凯恩斯主义经济学家'。相反,他们一直是在致力于某种综合工作,即把较早的经济学和现代的收入决定论中一切有价值的东西综合起来。这个结果可以称为新古典经济学,并在广泛的范围内被所有的(除了大约5%的极端左翼和极端右翼)经济学家所接受。"(注:萨缪尔森:《经济学》(第3版),212页,纽约,麦格劳-希尔,1955。)在《经济学》第8版中,萨缪尔森自称他们的经济学是"后凯恩斯主义经济学"。在《经济学》第12版中,萨缪尔森和诺德豪斯又自称他的经济学是"现代经济学"、"现代主流经济学"或"现代主流经济学的新综合"。迄今为止,新古典综合至少包括三个层次的综合:新古典微观经济理论和凯恩斯宏观经济理论的综合,新古典宏观经济理论和凯恩斯主义经济学的综合,宏观经济学各派理论的综合。

在西方经济学界,学派林立,学说纷繁。20世纪30年代以来,当以凯恩斯主义为代表的国家干预主义思潮正在兴起的时候,就出现了对立的新自由主义思潮。以米塞斯、哈耶克为代表的新奥地利学派,以坎南、罗宾斯等为代表的伦敦学派,以奈特、瓦依纳、西蒙斯等为代表的芝加哥学派,都是倡导自由市场经济的新自由主义的学派。

凯恩斯学派在第二次世界大战后逐渐分裂为两个长期论战的派别:一个是以萨缪尔森为首的新古典综合派,一个是以罗宾逊为首的新剑桥学派。罗宾逊的追随者在英国有卡尔多、帕西内蒂、斯拉法等,在美国有温特劳布、明斯基、戴维森等。现在西方经济学文献通常称罗宾逊及其英、美追随者的经济理论为后凯恩斯主义经济学。罗宾逊的理论基地在英国剑桥,萨缪尔森的理论基地在美国剑桥,因而凯恩斯学派中的上述两派之争被称为"两个剑桥之争"。

二次大战后,特别是20世纪50年代以来,新古典综合派的经济理论在西方经济学界居于统治地位,它的政策主张成为许多西方国家奉行的基本政策原则。60年代后期,新古典综合派的正统地位由于通货膨胀加剧而有所削弱。70年代,西方国家失业和通货膨胀并存的滞胀局面,给新古典综合派以沉重的打击,动摇了它的正统地位。西方经济学的许多学派纷纷抨击和责难新古典综合派,其中,除了以新剑桥学派为核心的后凯恩斯主义经济学,主要有货币学派、供给学派经济学和新古典宏观经济学。

7. 现代西方经济学的主要流派

当前,西方经济学界存在两个主要派别:新古典宏观经济学和新凯恩斯主义经济学。市场出清还是非市场出清,政策无效还是政策有效,这是新古典宏观经济学和新凯恩斯主义经济学的理论观点和政策主张分歧的关键所在。新古典宏观经济学相信市场经济有充分的自我调节或自我矫正的力量,市场能连续出清,经济能经常处于均衡状态。与此相反,新凯恩斯主义经济学认为市场经济缺乏充分的自我调节或自我矫正的力量,市场不能连续出清,经济有可能处于持续的非均衡状态。新古典宏观经济学既然相信市场经济能连续出清因而能经常处于均衡状态，就自然会得出反对政府干预的结论。它的政策无效性命题就是一个典型。虽然政策无效性命题后来被该派的不少经济学家所放弃，但是新古典宏观经济学的极端自由主义倾向是始终一贯的。与此相反，新凯恩斯主义既然不相信市场经济能连续出清因而能经常处于均衡状态，就必然会得出政府干预有效的结论。新凯恩斯主义者认为，如果没有政府干预，经济恢复均衡将是一个漫长的痛苦过程，失业和(或)通货膨胀将更为恶化。新凯恩斯主义经济学和新古典宏观经济学之争现在还在继续。这是国家干预主义和经济自由主义之争的新形式。

第 2 章 西方经济学概述

2.1 经济学的基本原理

在长期的社会发展中,经济学研究一直是各国大力倡导的研究工作之一。可以认为,在我们进行社会主义市场经济建设的今天,经济学理论知识对国家、企业以及个人的经济活动同样具有重要的指导意义。1998 年,美国德赖登出版社出版了著名经济学家格里高利·曼昆所著的《经济学原理》。该著作被评为最令人喜爱的经济学教科书,是当今世界上权威性很高的经济学著作,在经济学领域中占据重要的地位。其中作者所提出的十大经济学原理,以通俗易懂的语言和生动形象的案例诠释了经济学的基本原理,构成了《经济学原理》的基本框架,为经济学的研究做出了巨大的贡献。该原理从本质上对经济学进行了论述,对于现实的经济活动具有很重要的指导意义。

2.1.1 十大经济学原理

1. 人面临权衡取舍。
2. 某种东西的成本是为了得到它所放弃的东西。
3. 理性人考虑边际量。
4. 人们会对激励做出反应。
5. 贸易能使每个人的状况变好。
6. 市场通常是组织经济活动的一种好方法。
7. 政府有时可以改善市场结果。
8. 一国的生活水平取决于它生产物品和劳务的能力。
9. 当政府发行了过多的货币时,物价上升。
10. 社会面临通货膨胀与失业之间的短期权衡取舍。

2.1.2 十大经济学原理分析

1. 人们面临权衡取舍

由于资源具有稀缺性的特点,因此,人们在选择资源时必须通过自己的分析进行最优选择,这个选择的过程就是权衡取舍的过程。比如在日常消费的过程中,当消费者的无差异曲线和预算曲线相切时,由于消费者经济实力有限,所以就需要对多种商品进行权衡取舍。在选择过程中,消费者结合自己的喜好以及商品的价格进行选择,这是两种或者多种商品的边际替代率的主要表现。同时机会成本也是权衡取舍的一种表现形式。

2. 某种东西的成本是为了得到它所放弃的东西

人们在权衡取舍的过程中，需要对可以选择的方案的成本以及收益进行比较，最后做出选择，这就是通常所说的机会成本。在长期的人类经济活动中，机会成本是经常出现的，比如当我们在学习和睡觉中选择时，当选择学习而放弃睡觉时，这时候的机会成本就是选择睡觉给我们带来的效益。

3. 理性人考虑边际变量

边际效用是经济学中重要的经济学理论，对于边际最简单解释就是衡量自变量的变动所引起因变量变动的关系。比如在沙漠中一个人很口渴，当看到绿洲并且有大量的水喝时，他喝的第一口水可能是挽救了他的生命，因此第一口水给其带来的效用最大；当继续喝水时，水给他带来的效用逐渐降低，甚至出现身体不适，带来了负面效应，这就是经济学中的边际效用递减原理。因此一个理性的人需要考虑边际变量，当效用为零时停止活动，放弃选择。

4. 人们会对激励做出反应

一个人的行为受多种因素的影响，当成本或者收益发生改变时就会对人的行为产生影响。比如企业中对于员工采用奖金激励的手段，就会促使员工努力工作，提高了员工工作的积极性，给企业带来较高的收益；在当前销售工作就是采用低底薪和高提成的激励手段，激励销售人员做出更多的业绩。

5. 贸易能使每个人的状况更好

尽管在《国富论》中亚当·斯密提出了专业化和分工具有提高生产效率的好处，但是专业化和分工不能使每个人都享受到不同的产品与服务。比如面包师不能使用打铁匠生产出的铁器，打铁匠也不能享受到美味的面包，贸易的产生对这一问题进行了解决。通过对各种产品制定一个价格，进而拿到市场上与其他的商品进行买卖，这样就满足了人们的需求。当今世界的贸易也是如此，可见贸易可以使每个人享受到不同的服务和产品，改善了每个人的状况。

6. 市场通常是组织经济活动的一种好方法

市场经济体制的核心是利润、价格以及企业家。市场经济既具有好处也存在的弊端，市场经济就像一只无形的手对市场的经济活动进行调控，使市场经济具有很强的生命力。但是市场经济也有不足之处，因此需要政府对市场经济进行宏观调控，弥补市场经济的不足。总之，市场经济利大于弊。

7. 政府有时可以改善市场成果

市场经济指导的经济模式具有一定的缺陷，因此在市场经济体制下要借助政府的力量对于市场经济进行宏观调控。当市场经济中资源配置不均衡时，政府出面就可以调控资源，把市场经济带到正确的发展道路上，弥补市场经济的不足。

8. 一国的生活水平取决于它生产物品和劳务的能力

《国富论》中论述了一个国家人们的生活水平取决于该国家生产物品和劳动的能

力。一个国家只有人尽其才、物尽其用提高生产效率,不断满足人们对于物质的需求,创造大量的物品和劳务,才能提高人们的生活水平。

9. 当政府发行了过多的货币时,物价上升

当政府发行的货币超过实际需要的货币量时,就会出现通货膨胀,导致物价上涨。货币是一种物质交换的媒介,货币量的发行应当与国家实际的经济实力相符合,这样才不会导致通货膨胀,物价上涨。

10. 社会面临通货膨胀与失业之间的短期权衡取舍

有效解决失业的主要手段是政府加大投资或者促进私人企业扩大生产,这样企业就会增加对劳动力的需求,降低失业率。但是在这一期间要做好失业率和通货膨胀之间的权衡取舍,在保证不发生通货膨胀的前提下有效降低失业率。

2.1.3 补充的经济学原理

近年来,随着经济学理论研究的进一步深入,以后的经济学家对曼昆的理论进行了补充和完善。从经济学理论对现实经济活动的影响,从成功学的角度探讨并增加了三部分的内容。

1. 勇于探索,善于发现

这是当今十分珍贵的一种精神,我们需要这种精神来充实自身,于平凡中发现奇迹、用探索去营造创新的能力。

在经济学研究历程中,探索与发现始终结伴而行。探索,需要拥有良好的心态,要保持冷静客观的态度,不宜急于求成,否则最终将会一事无成。子夏曾做莒父总管,问政于孔子。子曰:“无欲速,无见小利。欲速则不达,见小利则大事不成。”简单地说就是:“不要求快,不要贪求小利。求快反而达不到目的,贪求小利就做不成大事。”因此,一味追求速度,急功近利,贪图小利,就达不到目的,成不了大事。发现,需要掌握正确的方法,当一种方法不实用时要及时改变方法,这样才能更有效率地达到目的。毕竟“条条大路通罗马”嘛!而且,发现需要经受种种的挫折。只有当我们能够以平和的心态面对失败时,我们才会慢慢靠近成功。

2. 注重终端

经济学认为:社会化大生产中产业资本运行需要经历货币资本、生产资本、商品资本三种形态。这三种形态存在时间上的继起性和空间上的并存性特征。从其继起性特征而言,商品资本处在最后一环,却是货币重现的一环,马克思称之为“从商品或服务到货币的惊险一跃”。因而在早期的重商主义阶段,始终认为商品环节才是唯一的经济环节。由此即可看出销售终端的重要性。

现代市场经济更是有“销售为王”这样的说法。

商品终端是最终产品离开流通领域的唯一通道。市场主体通过销售方式进行交易,交易双方各取所需,彼此感到满意,形成一种双赢的局面。所以,对终端经营的成败对企业而言是投资成果,卖出产品,进而扩大再生产;对消费者而言是满足需求,提高自身福利。但是，如果产品卖不出，一切都是空谈。

3. 木桶定律

木桶定律是由美国管理学家彼得提出的。

当每个人创业或者策划一个大的经济项目时，必须反复考虑项目的各个环节。如果其中的一个环节失败，就会导致整个项目的完全的全部的失败。就像木桶的一块木板坏掉了，整个木桶内的水都会漏掉。

虽然木桶定律是管理学的范畴，但它在经济学之中的重要性，远远大于他在管理学中的作用。它在管理学的作用只是局部的，而经济学之中的作用则是全局性的，关系到全局的成功或失败。因此，尝试和木桶定律，是你今后创业或者其他各项事业取得成功的关键。

2.1.4 对经济学原理的归纳

即使是最复杂的经济分析，也是用上述的经济学原理构建的。在这里，对前述十三个内容进行了简单的归纳整理，把经济学原理划分为：决策、交易、运行和成功四个部分，方便同学进一步的理解和学习，见表 2-1。

表 2-1 十三个经济学原理

决策原理	1. 人们面临交替关系
	2. 某些东西的成本是为了得到它所放弃的东西
	3. 理性人考虑边际量
	4. 人们会对激励作出反应
交易原理	5. 贸易能使每个人状况更好
	6. 市场通常是组织经济活动的一种好方法
	7. 政府有时可以改善市场结果
运行原理	8. 一国的生活水平，取决于它生产物品与劳务的能力
	9. 当政府发行了过多货币时，物价上升
	10. 社会面临通货膨胀与失业之间的短期交替关系
成功的过程	11. 勇于探索，善于发现
	12. 注重终端
	13. 木桶定律

2.2 经济学的研究方法

2.2.1 实证经济学和规范经济学

人们在研究经济学时，会有两种态度和方法，一是只考察经济现象是什么（what it is），即经济现状如何，为何会如此，其发展趋势如何，至于这种经济现象好不好，该不该如此,则不作评价。这种研究称为实证经济学(positive economics)分析。另一种则是对经济现状及变化要作出好不好的评价,或该不该如此的判断。这种研究称为规范经济学(normative economics)分析。例如,我国改革开放以来,人们收入差距有所扩大,对此问题的研究有两种不同分析方法:一是分析收入差距现状如何,变动趋势如何,造成差别扩大原因是什么等,这就是实证分析;二是研究收入差距扩大好不好,该不该,公平不公平等,这就是规范分析。

实证分析要求,一种理论或假说涉及的有关变量之间的因果关系,不仅要能够反映或解释已经观察到的事实,而且要能够对有关现象将来出现的情况作出正确的预测,也就是要能经受将来发生的事件的检验。例如,一种理论认为,央行提高银行利率,会引起股票价格下降,反之则反是。对此理论作实证分析,就要看事实是否如此。当然,如果人们普遍预期利率即将上升,提前消化了股市上利空消息,一旦利率果真上升但未达预期升幅时,股市不降反升,仍实证了此理论成立。因此,实证经济学具有客观性,即实证命题有正确和错误之分,其检验标准是客观事实,与客观事实相符者为真,否则就是谬误。所以西方经济学家常把实证经济学定义为研究经济实际是怎样运行的经济学。

规范经济学以一定的价值判断作为出发点,提出行为的标准,并研究如何才能符合这些标准。它力求回答:应该是什么(what ought to be)的问题,即为什么要作这样的选择,而不作另外的选择?它涉及是非善恶,应该与否,合理与否的问题。由于人们的立场、观点、伦理道德标准不同,对同一个经济事物,就会有截然不同的看法。例如,房价持续大幅上升时,多数人认为是有关方面操纵结果,危害极大,但有关方面特别是开发商们认为,房价升降仍为市场供求规律作用使然,说不上公平与危害与否,这就属规范分析。因此,规范经济学不具有客观性,即规范命题没有正误之分,不同的经济学家会得出不同的结论。所以西方经济学家常把规范经济学定义为研究经济应该是怎样运行的经济学。

由上可以看出,实证经济学研究经济运行规律,不涉及评价问题,规范经济学则对经济运行进行评价。在西方经济学家中,少数人坚持认为经济学只应该是一门实证科学,大多数人则坚持认为经济学既像自然科学一样是一门实证科学,又像一般社会科学一样是一门规范科学。这是因为,为什么对经济问题进行研究,应采取什么研究方法,强调哪些因素,实际上涉及研究者个人的价值判断。而且一个经济学家之所以提出某一种经济理论,在大多数场合是为他所主张的政策提供理论依据。而政策主张之所以不同,一方面是由于实证分析的结论不同,另一方面则是由于各人不同的价值判断。

实际上,无论是实证经济学还是规范经济学,都与经济目标相关。经济目标是分层次的,目标的层次越低,越与经济运行联系密切,因而研究越具有实证性;目标层次越高,越需要对经济运行进行评价,研究越具有规范性。所以从这个意义上来说,就像微观经济学和宏观经济学是从不同角度来研究经济问题并不矛盾一样,实证经济学和规范经济学是在经济目标的不同层次上进行研究,同样具有相互补充、功效各异、构成整体的效果。例如,对于8%的年经济增长率目标,实证经济学就要研究在哪些因素作用下可以达到这个目标,并且可以检验这个结论是否正确;规范经济学就要研究,该目标假定本身是否正确,它能不能成为目标,实现这样一个目标对社会产生的后果是好是坏等。所以,对任何一个经济现象进行研究时,不仅要对经济过程本身进行研究,而且要对经济过程做出价值判断,方能说明经济过程的全貌,而不至于走向片面。

思考回答:实证经济学与规范经济学的区别是什么?

2.2.2 个体分析、总体分析与边际分析

宏观经济学和微观经济学在对象上以资源利用和资源配置相区别,在方法上则以总量分析与个量分析相区别。总量分析称为宏观经济分析方法,个量分析称为微观经济分析方法。

西方经济学在运用总量分析与个量分析方法对经济问题进行考察时,首先假定制度是已知、既定的,在这个前提下来对经济的总体和个体进行分析。这并不是西方经济学家认为制度对经济不起作用因而不重要,而是认为,不管制度对经济活动会产生什么样的影响,制度本身或制度变动的原因和后果不是微观经济分析和宏观经济分析能够解决的,所以在分析研究时,可把它作为既定的条件而不予讨论。

微观经济学采用个量分析方法,宏观经济学采用总量分析方法,都是由它们的研究对象的特点决定的。

如前所述,微观经济学以个体的经济活动为对象,它就必须要分析单个厂商如何在生产经营中获得最大利润,单个居民户如何在消费中得到最大的满足。与此相应,在数量分析上,它还必须研究单个商品的效用、供求量、价格等如何决定;单个企业的各种生产要素的投入量、产出量、成本、收益和利润等如何决定;以及这些个量之间的相互关系。

宏观经济学以总体经济活动为对象,它必须描绘社会经济活动的总图景,分析影响就业与经济增长的总量因素及其相互关系。在数量分析上,它必须研究社会总供求、均衡的国民收入、总就业量、物价水平及经济增长率等如何决定;总消费、总储蓄、总投资、货币供求量、利息率和汇率等如何决定;以及它们的相互依存关系。

个体分析和总体分析,作为一种数量分析的具体形式,都广泛采用边际增量分析方法。所谓边际增量分析,是指分析自变量每增加或减少的最后一单位的量值会如何影响和决定因变量。比如微观经济学中收益、边际成本等,宏观经济学中的边际消费倾向、资本边际效率等,都属于边际增量分析之列。现代西方经济学的产生和发展,是与边际分析方法的广泛应用分不开的。正是边际增量分析方法的深入应用,使得完整的微观经济学体系在20世纪30年代建立起来。可以说,没有边际增量分析方法,便没有现代西方经济学。

宏观经济学在进行总量分析时，还把相关的经济变量区分为流量和存量。存量是在一定时点上变量的大小；流量是在一定时期内变量的变动量。存量与流量之间有着密切的关系。流量来自存量，流量又归于存量之中。比如人口总数是个存量，它表示某一时点的人口数，而人口出生数则是个流量，它表示某一个时期内新出生的人口数；国民财富是个存量，它表示某一个时点的国民财富总值，而国民收入则是个流量，它表示某一个时期内所创造的国民收入。一定的人口出生数来自一定的人口数，而新出生的人口数又计入人口总数中；一定的国民收入来自一定的国民财富，而新创造的国民收入又计入国民财富之中。流量分析是指对一定时间内有关经济总量的产出、投入（或收入、支出）的变动及其对其他经济总量的影响进行分析。存量分析是指对一定时点上已有的经济总量的数值对其他有关经济变量的影响进行分析。

2.2.3 局部均衡分析与一般均衡分析

均衡（equilibrium）原本是物理学中的名词，是指方向相反、大小相等的两个力所形成的一种相对静止的状态。英国经济学家马歇尔把这一概念引入经济学中。

在经济学中，均衡一般是指经济体系中变动着的各种力量处于平衡，因而变动的净趋向为零的状态。

在西方经济学中，均衡是一个被广泛运用的概念。均衡的最一般意义指经济事物中有关的变量在一定条件的相互作用下所达到的相对静止的状态。

均衡可以分为局部均衡（partial equilibrium）与一般均衡（general equilibrium）。局部均衡是假定在其他条件不变的情况下来分析某一时间、某一市场的某种商品（或生产要素）的供给与需求达到均衡时的价格决定。这里讲的其他条件不变，是指这一市场的某一商品的供求和价格等对这一市场其他商品的供求和价格等不发生影响，而这一市场其他商品的供求和价格以及其他所有市场的商品供求及价格等对这一市场的该商品的供求和价格等也不发生作用。它把研究范围只局限于某一市场或某一经济单位的某种商品或某种经济活动，并假定这一商品市场或经济单位与其他市场或经济单位互不影响，所以称为局部均衡分析。比如马歇尔的均衡价格论，就是假定某一商品或生产要素的价格只取决于该商品或生产要素本身的供求状况，而不受其他商品价格和供求等因素的影响。这就是典型的局部均衡分析。

一般均衡分析在分析某种商品价格决定时，是在各种商品和生产要素的供给、需求、价格相互影响的条件下来分析所有商品和生产要素的供给和需求同时达到均衡时所有商品和要素的价格如何被决定。所以，一般均衡分析把整个经济体系视为一个整体，从市场上所有商品的价格、供给和需求是互相影响、互相依存的前提出发，考察各种商品的价格、供给和需求同时达到均衡状态下的价格决定。也就是说，一种商品的价格不仅取决于它本身的供给和需求状况，也受到其他商品的价格和供求状况的影响，因而一种商品的价格和供求的均衡，只有在所有商品的价格和供求都达到均衡时才能决定。一般均衡分析方法，是法国经济学家瓦尔拉斯首创的。它重视不同市场中的商品的产量和价格的关系，强调经济体系中各部门、各市场的相互作用，认为影响某种商品的价格或供求数量的因素的任何变化，都会影响其他商品的均衡价格和均衡数量。因此，一般均衡分析是关于整个经济体系的价格和产量结构的一种研究方法，是一种比较周到和全面的分析方法。但由于一般均衡分析涉及市场或经济活动的方方面面，而这些又是错综复杂和瞬息万变的，因而这种分析实际上非常复杂。所以在西方经济学中，传统上大多采用局部均衡分析。局部均衡分析对所需结果给出一个初始值，所研究的市场与经济的其余部分联系越弱，这种近似就越好，从而局部均衡分析就越有用。

2.2.4　静态分析、比较静态分析、动态分析

与均衡分析密切相关的是静态分析、比较静态分析和动态分析方法。宏观经济学和微观经济学所采用的分析方法，从一个角度看是均衡分析，从另一个角度看就是静态、比较静态和动态分析。所以，实际上它们是密不可分的整体。

静态分析就是分析经济现象的均衡状态以及有关的经济变量达到均衡状态所需要具备的条件，它完全抽掉了时间因素和具体变动的过程，是一种静止地孤立地考察某些经济现象的方法。例如考察市场价格时，它研究的是价格随供求关系上下波动的趋势或者是供求决定的均衡价格。也就是说，这种分析只考察任一时点上的均衡状态，注重的是经济变量对经济体系发生影响的最后结果。

比较静态分析就是分析在已知条件发生变化以后经济现象均衡状态的相应变化，以及有关的经济总量在达到新的均衡状态时的相应变化，即对经济现象有关经济变量一次变动（而不是连续变动）的前后进行比较。也就是比较一个经济变动过程的起点和终点，而不涉及转变期间和具体变动过程本身的情况，实际上只是对两种既定的自变量和它们各自相应的因变量的均衡值加以比较。例如，已知某种商品的供求状况，可以考察其供求达到均衡时的价格和产量。这就是静态分析。现在如果由于消费者的收入增加而导致对该商品的需求增加，从而产生新的均衡，则价格和产量都较前提高。这里，只把新的均衡所达到的价格和产量与原均衡的价格和产量进行比较。这便是比较静态分析。

动态分析则对经济变动的实际过程进行分析，其中包括分析有关变量在一定时间过程中的变动。这些经济变量在变动过程中的相互影响和彼此制约的关系，以及它们在每一时点上变动的速率等。这种分析考察时间因素的影响，并把经济现象的变化当作一个连续的过程来看待。

在微观经济学中，无论是个别市场的供求均衡分析，还是个别厂商的价格、产量均衡分析，都采用静态和比较静态分析方法。动态分析方法在本书中举例不多，该方法在蛛网定理及其用于"生猪一玉米循环"的研究中，在局部均衡的基础上被采用。在宏观经济学中，则主要采用的是比较静态和动态分析方法。凯恩斯在《就业、利息和货币通论》一书中采用的主要是比较静态分析方法。例如在讨论社会对消费品的

需求将随着国民收入的增加而增加时，他主要对两种经济现象进行比较，即比较由国民收入变动而产生的前后两个不同的总量消费需求，而不分析社会对消费品需求的变化过程，不说明前一时期的收入、本期收入对本期消费是如何制约的，也不研究收入和消费在每一点上变动的速率。凯恩斯的后继者们在发展凯恩斯经济理论方面的贡献，主要是长期化和动态化方面的研究，如经济增长理论和经济周期理论。瑞典学派的宏观经济分析中的“事前”“事后”分析所涉及的过程分析或期间分析也都是动态经济分析。

2.2.5 经济模型

经济模型(economic model)也是一种分析经济问题的方法，是指用来描述与研究的对象有关的经济变量之间的依存关系的理论结构。简单地说，把经济理论用变量的函数关系来表示就叫作经济模型。因此一个经济模型可用文字说明(叙述法)，也可用数学方程式表达(代数法)，还可用几何图形式表达(几何法、画图法)。

宏观经济学和微观经济学在进行模型分析时，把经济变量区分为内生变量(内在变量)和外生变量(外在变量)。内生变量是指由经济模型内部结构决定的变量；外生变量是指不是由经济模型中的变量决定，而是由外部因素(如政治、自然)决定的变量。例如，假定人们消费支出水平和他们可支配收入正相关，那么，人们收入增加，消费支出也增加，则收入在此就是内生变量。假定人们收入未变，但国际局势或国内局势忽然紧张，引起人们战争预期，人们于是打算节省些钱以备万一，这就会使消费支出水平下降。这种引起消费下降的因素，就是外生变量。

除此之外，经济模型分析还进一步的把影响研究对象的因素，按照其重要程度区分为主要变量和次要变量。如果在研究中把所有的变量都考虑进去，就会使得实际研究成为不可能。所以任何经济模型都是在一些假定前提下，舍掉若干次要因素或变量，把复杂现象简化和抽象为为数不多的主要变量，然后按照一定函数关系把这些变量编成单一的方程或联立的方程组。根据建立模型的目的不同，以及要探讨模型所涉及的变量的相互关系不同，对同一个经济问题的研究可以建立多个不同的模型，并且把模型涉及的变量区分为内生变量和外生变量。借助这些经济模型，人们可以预测经济变化的结果。例如第三章阐述的均衡价格模型就是这样一个经济模型。

这个模型表明了某种商品的买者与卖者的行为情况：价格越高，买者愿意购买量越小，卖者愿意出售量越大；当愿意购买的商品量与愿意出售的商品量相等时，价格便不再变动，换句话说，当价格不再变动时，成交的商品量便被决定下来。这个模型还可以帮助人们预期：一切倾向于减少供给的行为，都会引起物价的提高和交易量的减少；一切倾向于减少需求的行为，都会引起物价的降低和交易量的减少。

2.3　经济学的基本假设

2.3.1　理性人假设

理性人的假定，是西方经济学在经济分析中和由此得出的经济理论中关于人类经济行为的一个基本假定。

西方经济学的诸多命题都是在一定的假设条件下推演出来的。作为经济主体的居民、厂商和政府，尽管在经济生活中作用不同，各具特点，但由于理论抽象需要，在理论分析中一般都被视为理性人。它意指作为经济决策的主体（居民户、厂商、政府）都充满理智，既不会感情用事，也不会轻信盲从，而是精于判断和计算，其行为符合始终如一的偏好原则。

这种理性人，实际上就是英国古典经济学家亚当·斯密在《国富论》中所讲的“经济人”，但斯密的“经济人”是指“人”，主要指资本家，而理性人假定则包括经济活动的所有参与者，既有资本家和工人、生产者和消费者，也包括政府，即理性人假定把政府也人格化了。

理性人假定中，经济主体行为的基本动力是利益最大化，从而行为准则是既定目标的最优化。当然，这并不意味着经济活动主体在行动中就一定能实现最优目标，也不意味着这一目标一定是好的。

在现实经济生活中，人们在做出某项决策时，并不总是能深思熟虑；人们在许多场合，往往是按习惯办事，受骗上当也是难免的；人们在进行经济决策时，除了经济利益外，还受到社会的、政治的以及道德等方面的影响或制约。

西方经济学家认为，经济分析之所以要作这样的假定，无非是要在影响人们经济行为的众多复杂因素中，抽出主要的基本因素。在此前提下，可以得出一些重要的也是公认的经济原理，主要包括：①人们会对激励做出反应，有效的激励会鼓励人们刻苦研究，努力经营，积极工作。②人们做任何事情都会比较成本和收益，力求以最小的成本或者说代价获取最大的收益或满足。③分工和交易可改善人们的福利，专业化分工可提高人们经济活动的效率，但分工离不开交换，否则人们难以获得分工给自己带来的利益。④市场是联系和组织人类分工和交易的纽带，不仅给经济活动提供信息，还能使经济活动主体在市场竞争中增强活力。⑤制度是协调人们从事有序的市场经济活动必不可少的行为规则，符合理性人假定要求的制度，能有效规范人们的市场经济行为，减少交易中摩擦和成本，降低不确定性，增强预见性。⑥市场经济健康发展离不开政府的合理定位和适度干预。个人财产权的切实保护，市场经济制度的切实执行，社会经济的平稳健康运行，经济发展计划的制订和落实，都需要政府来起作用。政府要用好的制度来引导和规范人们的行为，以保障市场经济健康发展。

2.3.2 完全信息或信息对称性假设

所谓完全信息是指在市场经济条件下，交易双方针对交易对象所掌握的信息是对称的、完全一致的，这是实现公平交易的前提和基础。换句话说，倘若一方掌握的信息多，另一方掌握的信息少，二者不“对称”，交易可能无法完成；或者即使做成了，也很可能是不公平交易。

信息对称理论在现实中具有明显的意义。对商家而言，不管是 B to B 业务或者 B to C 业务，信息不对称就意味着交易双方对产品质量、性能等所拥有的信息是不一致的，通常认为产品的卖方对自己所生产或提供的产品拥有更多的信息，而产品的买方对所要购买的产品拥有更少的信息。这种信息的不对称会造成市场的失灵，会带来理论分析对复杂性和结论的不确定性。因此，西方经济学在研究时往往假设信息是完全或者对称的。

2.3.3 市场出清的假设

市场出清是经济学的一个重要概念。该假设是说：无论劳动市场上的工资还是产品市场上的价格都具有充分的灵活性，可以根据供求情况迅速进行调整。具体来说：市场出清是指在市场调节供给和需求的过程中，市场机制能够自动地消除超额供给（供给大于需求）或超额需求（供给小于需求），在短期内自发地趋于供给等于需求的均衡状态。在给定的价格(P)之下，市场上的意愿供给等于意愿需求。

在一般的经济分析中，常常假定通过价格机制，可以自动实现市场出清，即价格的波动决定了消费者的购买量和厂商的生产量，并使供给量与需求量相等。但是，在现实经济中，影响市场出清的有许多因素，例如，在不同的产业结构中，产品的同质性、需求和供给的变动性，存货量以及生产的计划性等有较大的差别，这导致不同产业中厂商行为的较大差别，这些都会对市场出清过程产生很大的影响。

市场出清商品价格具有充分的灵活性(flexible)，能使需求和供给迅速达到均衡的市场。在出清的市场上，没有定量配给、资源闲置，也没有超额供给或超额需求。在实际中，这一理论适用于许多商品市场和金融市场，但不适用于劳动市场或许多产品市场。

2.4 对西方经济学的认知

2.4.1 西方经济学企图解决的两个问题和根本特征

1. 西方经济学企图为资本主义解决两个问题

第一在主观上，庸俗经济学家致力于宣传资本主义制度的合理性和优越性，力图证明资本主义制度的不可替代性。

200多年以前，西方经济学的鼻祖亚当·斯密，就已经提出了著名的、被称之为“看不见的手”的原理，用以论证资本主义相对于封建社会的优越性。

他写道：“每人都在力图应用他的资本，来使其生产品能得到最大的价值。一般地说，他并不企图增进公共福利，也不知道他所增进的公共福利为多少。他所追求的仅仅是他个人的安乐，仅仅是他个人的利益。在这样做时，有一只看不见的手引导他去促进一种目标，而这种目标绝不是他所追求的东西。由于追逐他自己的利益，他经常促进了社会利益，其效果要比他真正想促进社会利益时所得到的效果为大。”

斯密虽然提出了“看不见的手”的原理，却仅以论断的方式把该原理陈述出来，并没有对它加以证明。有鉴于此，之后的西方经济学者纷纷致力于这一论证的工作，以便为这一论断建立一个出色的合乎逻辑的体系。

第二在客观上，西方经济学家也意识到资本主义制度的不足，全心全意地为资本主义制度所面临的经济问题提供政策建议，缓解不断激化的阶级矛盾。

资本主义制度具有它的内在和外在的矛盾和缺陷，如失业、垄断、萧条、劳资对立、通货膨胀及贫富悬殊等，这些问题有时会达到非常严重的程度，以致危及西方社会的存在。

为了解决以上经济问题，西方经济学必须对造成它的经济问题的市场机制进行研究。

西方经济学必须对市场经济运行的经验加以总结，以便根据总结出的经验来提出政策建议。并把经验提升为理论。

2. 现代西方经济学的根本特征

其一，辩护性。对资产阶级庸俗经济学家来说，要解决的问题不是说明原理的正确性，而是如何维护资产阶级利益，如何有利于资本主义发展。这种违背客观规律的做法，显然具有了“辩护”的特征；

其二，庸俗性。资产阶级庸俗经济学的研究仅限于现象，仅从经济现象得到似是而非的外在联系。正如马克思所指出的：庸俗经济学“只是在表面的联系内兜圈子，它为了对可以说最粗浅的现象做出似是而非的解释，为了适应资产阶级的日常需要，一再反复咀嚼科学的经济学早就提供的材料。在其他方面庸俗经济学则只限于把资产阶级当事人关于他们自己的最美好世界的陈腐而自负的看法加以系统化，赋以学究气味，并且宣布为永恒真理。”资产阶级经济学的辩护性和庸俗性是密切联系的，这二者既是传统的资产阶级庸俗经济学所固有的特性，也是当代西方经济学的根本特征。

2.4.2 学习西方经济学的意义

西方经济学作为一门社会科学，目前已经形成了涉及多学科、多流派的独立的研究体系，具有广泛的研究范围和多种多样的研究方法。对于这样一门学科，我们学习西方经济学的根本意义在于要学会运用西方经济学的理论进行思考、进行研究，而不是单纯地套用西方经济学的研究结论。

1. 正确对待当代西方经济学

一方面,必须对资产阶纯庸俗学派的基本理论采取否定的态度。对当代西方经济学首先要进行分析和鉴别,不盲目推崇才是学习西方经济学的态度;另一方面,我们还要认真学习资产阶级经济学在实际的专门研究中取得的成果,并加以合理利用,为我国社会主义市场经济建设服务。可以认为,在当代西方经济学的具体研究中,有着较多的科学因素,只要我们采取科学的、实事求是的态度,在批判和剔除了其中的庸俗部分之后,是可资参考和借鉴的。

2. 研究和学习当代西方经济学的意义

(1) 研究和学习当代西方经济学说,有助于理解西方资产阶级政府的经济政策、资本主义的社会经济制度和现实经济情况。西方资产阶级政府的政策是以一定的资产阶级经济学说为依据的、或者兼收并容,吸取各流派经济学说中为它所需要的因素。例如,要了解美国经济政策的依据和实质,而不研究供给经济学(还有凯恩斯主义、现代货币主义等);要了解英国经济政策的依据和实质,不研究现代货币主义是不行的。而且,要了解这些国家的现实经济情况,不研究以这些当代资产阶级经济学为指导而制定的经济政策,也是不可能的。甚至可以说,如果一点不懂当代西方经济学,就很难读懂有关西方经济动态的通讯和报道,很难正确评价西方经济形势,更谈不上预测西方的经济前景了。

(2) 研究和学习当代西方经济学,有利于进行对比和分析。俗话说"不怕不识货,就怕货比货",有比较才有鉴别。如果把资产阶级经济学说同马克思主义经济学说加以对比,就不难看出资产阶级经济学说的庸俗性、马克思主义经济学说的科学性。

(3) 研究和学习当代西方经济学,才有可能借鉴、参考、利用它的有益成分,加速我国社会主义市场经济建设。事实上,我国学习、运用西方经济学说来指导经济建设的时间并不长,对经济学的态度和认知还有待于进一步提高。在这样的背景下,要正确对待西方经济学以及研究和批判当代西方经济学,学习是不可或缺的途径。

(4) 改革开放的客观要求。随着改革开放的进展,我国与西方的交往日益频繁。为了交往的需要,我们必须了解西方的国情,特别是经济方面的情况。例如,有时会报道某个西方国家提高或降低贴现率的消息,贴现率便是西方经济学的一个术语。我们不但要理解贴现率的意义,而且还必须对改变贴现率的前因和后果做出全面的理解。

需要注意的是:西方经济学中某些可资借鉴的成分并不是在纯粹的形式上存在着,而是常常和庸俗的辩护性的东西共生,并紧紧结合在一起。这就决定了不能像器官移植那样把西方经济学的这个或那个部分直接移植到马克思主义经济学中来。这里且不说异种器官移植,即使是同种器官移植,也还可能出现排异问题。借鉴和吸收西方经济学中某些有用的东西,这本身是一项严肃的研究工作。只有通过认真的艰苦的研究，把可资借鉴的成分同庸俗的辩护性的东西分离开来，并经过改造，才能为我所用。例如，要借鉴西方经济学的生产函数中的有用成分，就必须把它的生产要素价值论基础抽掉，把资本同生产资料区别开来，把劳动这一不正确的用语改为劳动力，然后在马克思劳动价值学说的基础上建立一元的价值生产函数，在马克思使用价值学说的基础上建立多元的使用价值生产函数。这样才有可能达到为我所用的目的。

2.4.3　认识资本主义市场经济和社会主义市场经济的共同点

以市场经济这一点而论，资本主义和社会主义的市场经济具有相当多的共同之处。

作为资本主义市场经济的经验总结的西方经济学，对我国社会主义市场经济会具有很大的借鉴意义。

同时，由于当代资本主义的一个显著特点是大规模的社会化生产，我国社会主义市场经济，也会在不同的程度上涉及社会化大生产的各个方面。

《中共中央关于经济体制改革的决定》指出："必须吸收和借鉴当今世界各国，包括资本主义发达国家的一切反映现代社会化生产规律的先进经营管理方法。"因此，除了对市场经济的经验总结方面的考虑以外，我们还必须对西方经济学中含有的反映现代社会化生产规律的先进经营管理方法加以借鉴和吸收。

2.4.4　微观经济学与宏观经济学

以解决经济资源的配置和利用为对象来划分，现代西方经济学从总体上可以分为微观经济学和宏观经济学两大块。前者研究资源配置问题，后者研究资源利用问题。微观经济学（microeconomics）的"微观"，宏观经济学（macroeconomics）的"宏观"，本意是"微小"和"宏大"，原是物理学中的概念，后移用于经济学。

微观经济学以单个经济单位（居民户、厂商以及单个产品市场）为考察对象，研究单个经济单位的经济行为，以及相应经济变量如何决定。经济行为包括：家庭（居民户）如何取得和支配收入，怎样以有限的收入获得最大的效用和满足；单个企业（厂商）如何把有限的资源分配在各种商品的生产上以取得最大利润。单个经济变量包括：单个商品的产量、成本、利润和要素数量；单个商品的效用、供给量、需求量及价格等。微观经济学通过对这些单个经济行为和单个经济变量的分析，阐明它们之间的各种内在联系，从而确定和实现最优的经济目标。

归纳起来，微观经济学实际上是要解决两个问题：一是消费者对各种产品的需求与生产者对产品的供给，怎样决定着每种产品的产销量和价格；二是消费者作为生产要素的供给者与生产者，作为生产要素的需求者怎样决定着生产要素的使用量及价格（工资、利息、地租和正常利润）。它涉及的是市场经济中价格机制的运行问题。所以，微观经济学又称为市场均衡理论或价格理论。

宏观经济学以整个国民经济活动作为考察对象，研究社会总体经济问题以及相应的经济变量的总量是如何决定的及其相互关系。总体经济问题包括经济波动、经济增长、就业、通货膨胀、国家财政、进出口贸易和国际收支等。经济总量有国民收入、就业量、消费、储蓄、投资、物价水平、利息率、汇率及这些变量的变动率等。宏观经济学通过对这些总体经济问题及其经济总量的研究，来分析国民经济中几个根本问题：一是已经配置到各个生产部门和企业的经济资源总量的使用情况如何决定着一国的总产量(国民收入)或就业量；二是商品市场和货币市场的总供求如何决定着一国的国民收入水平和一般物价水平；三是国民收入水平和一般物价水平的变动与经济周期及经济增长的关系。其中国民收入(就业量)的决定和变动是一条主线，所以宏观经济学又称为国民收入决定论或收入理论。它研究的实际上是一国经济资源的利用现状怎样影响着国民经济总体，用什么手段来改善经济资源的利用，实现潜在的国民收入和经济的稳定增长。概言之，宏观经济学研究的是经济资源的利用问题。

宏观经济学一般包括国民收入决定理论、就业理论、通货膨胀理论、经济周期理论、经济增长理论及财政与货币政策理论等。

微观经济学和宏观经济学是西方经济学中互为前提、彼此补充的两个分支学科。西方经济学之所以有微宏之分，主要是因为经济目标与方法有着明显差异。微观经济学以经济资源的最佳配置为目标，采取个量分析方法，而假定资源利用已经解决；宏观经济学以经济资源的有效利用为目标，采取总量的分析方法，而假定资源配置已经解决。正由于分析问题的角度不同，故有些问题从微观看可行或有效，但从宏观看却不可行或无效，反过来也如此。好比人们在戏院里看戏，若一个长得较矮的人从座位上站起来看，也许可看清楚台上演戏，但会影响后座观众的视线。这时，若所有观众都站立起来，则第一个站起来的观众等于白站了。同样，在经济生活中，某厂商实行低工资，对该企业而言，成本低了，市场竞争力强了。但若所有厂商都降低工资，则原先实行低工资的厂商就失去了竞争力，而且职工整体收入也低了，不但影响了政府所得税，还影响了全社会的消费、储蓄和投资，影响了社会有效需求。再如，一个家庭或一个人实行节约，可增加家庭财富积累，但大家都节省，社会需求就降低了，生产和就业就要受到影响。所以宏观和微观经济学互相把对方所考察的对象作为自己的理论前提，互相把对方的理论前提作为自己的研究对象。一个经济社会，不仅有资源配置问题，也有资源利用问题，只有把这两方面的问题解决了，才能解决整个社会的经济问题。所以它们是各具功效、彼此补充、不可分离的整体。况且，宏观和微观经济学的界限实际上又不可能泾渭分明。例如，所有的经济总量均是由经济个量加总而成，孤立地考察就会只见树木不见森林；再如，对同一个经济现象，从一个角度看是宏观经济问题，从另一个角度看就是微观经济问题，全面考察才不至于偏颇。所以近年来，当代西方经济学出现了微观经济学宏观化，宏观经济学微观化的趋势。

还有一点值得注意，即微观经济学和宏观经济学不是仅从概念上就可简单加以区分的。例如，价格、产出、消费、投资、供给和需求等概念，在微观经济学和宏观经济学中都出现，但含义不一样。举例来说，价格这个概念，在微观经济学中指一个个产品的价格，比方说猪肉 500 克 8 元、大米 500 克 2 元、服装一套 300 元等；而在宏观经济学中，价格指价格水平或物价指数，若以 1990 年为基期，价格指数为 1，1999 年价格指数若为 1.3 或 130%，则表示与 1990 年相比，1999 年物价总水平上升了 30%。其他概念同样如此。在微观经济学中，这些概念都指个量，而在宏观经济学中，这些概念都指总量。

2.5　本篇小结

本篇作为经济学理论学习的第一部分，重点需要掌握和了解的知识点有如下内容：

一、基本概念

1. 资源的稀缺性——人类社会的基本经济问题

2. 解决资源稀缺问题的途径：选择——机会成本与生产可能性曲线

3. 西方经济学的定义与研究对象

二、西方经济学的主要内容

1. 微观经济学与宏观经济学

微观经济学（Microeconomics）：以单个经济单位为研究对象，通过研究单个经济单位的经济行为和相应的经济变量的单项数值的决定来说明在市场经济条件下，如何运用价格机制将稀缺的资源在各种用途上进行有效配置。

研究对象——单个经济单位（居民户、厂商）

解决的问题——资源配置

中心理论——价格理论

研究方法——个量分析（经济变量的单项数值）

主要内容：

均衡价格理论、消费者行为理论、生产者行为理论（生产理论、成本理论、市场理论）、分配理论（生产要素价格理论）和微观经济政策。

2. 宏观经济学

宏观经济学（Macroeconomics）：以整个国民经济为研究对象，通过研究社会经济中的有关总量的决定及其变化来说明在市场经济条件下如何充分利用资源的问题。

研究对象——整个经济

解决的问题——资源利用

中心理论——国民收入决定理论

研究方法——总量分析（经济变量的总量指标）

主要内容：

国民收入决定理论、失业与通货膨胀理论、经济周期与经济增长理论、开放经济理论和宏观经济政策。

3. 微观经济学与宏观经济学的关系

——微观经济学与宏观经济学的区别

研究对象不同、解决的问题不同、中心理论不同和研究方法不同

——微观经济学与宏观经济学的联系

研究目的相同，在理论上互为前提，互相补充，微观经济学是宏观经济学的基础，都采用实证分析为主的方法，都属于实证经济学的范畴

三、经济学的分析方法

1. 实证经济学与规范经济学

实证经济学：回答经济学“是什么”的问题。（客观性）

规范经济学：回答经济学“应该是什么”的问题。（主观性）

实证经济学与规范经济学的区别：是否以一定的价值判断为依据。

2. 边际分析

边际分析实际上是运用数学方法分析市场经济的运行规律，即运用边际数量分析经济变量的相互关系及其变化规律。

边际分析方法是一种决策方法，通过对增量的对比来决定是否采取或取消一种经济行为。

3. 均衡分析

均衡是指当一个物体受到方向相反的两个外力作用时，如果这两个力量恰好相等，则该物体处于均衡状态。（物理学定义）

局部均衡分析——研究范围只局限于某一市场或某一经济单位的某种商品或某种经济活动，假定与其他市场与经济活动互不影响。

一般均衡分析——将整个经济体系作为一个整体，从市场上所有商品的价格、供求是相互依存、相互影响的前提出发，考虑它们同时达均衡时的价格决定。

4. 静态分析，比较静态分析与动态分析

静态分析：在进行经济分析时，不考虑时间因素和具体变动过程，是一种静止的孤立地考察某些经济活动的方法。

比较静态分析：对经济现象有关经济变量一次变动（不是连续变动）的前后进行比较，即比较一个经济变动过程的起点和终点，而不涉及转变期间和具体变动过程本身。

动态分析：考虑时间变化，并将经济现象的变化看作一个连续过程。

5. 经济模型

运用函数变量的关系来表示的经济理论叫做经济模型。一个经济模型可用文字说明（叙述法），也可用数学方程式表达（代数法），还可用几何图形式表达（几何法、画图法）。模型分析涉及以下概念：

内生变量——由经济模型内部结构决定的变量

外生变量——由外部因素决定可以影响内生变量的变量

存量——一定时点上存在的变量的数值

流量——一定时间内发生的变量变动的数值

四、了解经济学的十三个经济学原理

五、了解经济学的基本理论体系

2.6 经济学小资料——

现代经济学之父:亚当·斯密

英国经济学家亚当·斯密(1723—1790),经济学的主要创立者。

1776年,亚当·斯密发表他的伟大著作《国民财富的性质与原因的研究》(简称《国富论》)。该书出版后引起大众广泛的讨论,影响所及除了英国本地,连欧洲大陆和美洲也为之疯狂,因此世人尊称亚当·斯密为“现代经济学之父”和“自由企业的守护神”。

准确地说,亚当·斯密并不是经济学说的最早开拓者,他的思想中有许多内容并非新颖独特。但他首次提出全面系统的经济学说,为该领域的发展打下了良好的基础。因此,完全可以说《国富论》是现代政治经济学研究的起点。该书的伟大成就之一是摒弃许多过去的错误概念。亚当·斯密驳斥旧的重商主义学说,这种学说片面强调国家贮备大量金币的重要性。他否定了重农主义者的“土地是价值的主要来源”的观点,提出劳动的重要性。亚当·斯密的分工理论重点强调劳动分工会引起生产的大量增长,抨击阻碍工业发展的一整套腐朽的、武断的政治限制。截止18世纪末,《国富论》已经出九个英文版本。人们以“一鸣惊人”来形容《国富论》的出版,并一致公认亚当·斯密是一门新学科——政治经济学的创始者。亚当·斯密因此而声名显赫,被誉为“知识渊博的苏格兰才子”。当时英国政要都以“亚当·斯密的弟子”为荣。国会进行辩论或讨论法律草案时,议员们常常征引《国富论》的文句,而且一经引证,反对者大多不再反驳。《国富论》发表之后,被译为多国文字传到国外,一些国家制定政策时都将《国富论》的基本观点作为依据。这本书不仅流传于学术界和政界,而且一度成为不少国家社交场合的热门话题。《国富论》远远不只是一部通常所认为的学术论著。虽然斯密也劝说放任自由,但他的论证却更多地是反对政府干预和反对垄断;虽然他赞扬贪欲的结果,却又几乎总是鄙视商人的行为和策略,也不认为商业制度本身是完全值得赞美的。在亚当·斯密那里,政治经济学已发展为某种整体,它所研究的范围已经在一定程度上形成。因此,斯密第一次对政治经济学的基本问题做出了系统的研究,创立了一个完整的理论体系,把英国资产阶级古典政治经济学提高到一个新的水平。

亚当·斯密的接班人，包括像马尔萨斯和李嘉图这样著名的经济学家，对他的经济思想体系进行了精心的充实和修正（没有改变基本纲要），今天被称为古典经济学体系。虽然现代经济学说又增加了新的概念和方法，但这些大体说来是古典经济学的自然产物。在一定意义上来说，甚至卡尔·马克思的经济学说都可以看作是经典经济学说的继续。

本篇课后同步思考题及参考答案

一、名词解释

1. 机会成本

机会成本是指在资源有限条件下，当把一定资源用于某种产品生产时所放弃的用于其他可能得到的最大收益。

2. 均衡与非均衡

经济学上，均衡是指相对静止的一种状态，说明其他情况不变，没有外来因素干扰情况下，经济行为或经济情况不再变动之意。均衡以外的情况就是非均衡。

3. 动态分析

动态分析是指考虑时间因素对所有均衡状态向新的均衡状态变动过程的分析。动态分又被称为过程分析，其中包括分析有关经济变量在一定时间内的变化、经济变量在变动过程中的相互关系和相互制约的关系以及它们在每一时点上变动的速率等等。

4. 静态分析和比较静态分析

静态分析就是分析经济现象的均衡状态以及有关经济变量处于均衡状态所必须具备的条件，但并不论及达到均衡状态的过程，即完全不考虑时间因素，是一种状态分析。

比较静态分析就是分析已知条件变化后经济现象均衡状态的相应变化，以及有关经济变量达到新的均衡状态时的相应变化。

5. 实证经济学与规范经济学

实证经济学是指描述、解释、预测经济行为的经济理论部分，是经济学的一种重要运用方式。从原则上说，实证经济学是独立于任何特殊的伦理观念的，不涉及价值判断，旨在回答“是什么”、“能不能做到”之类的实证问题。

规范经济学是指那些依据一定的价值判断，提出某些分析和处理经济问题的标准，并以此树立起经济理论的前提，作为经济政策制定的依据。

6. 理性人假设

是西方经济学在进行经济分析时的一个基本假设，也称为经济人。是经济生活中一般人的抽象。其本性被假设为是利己的，总是力图以最小的经济代价去追逐和获取自身的最大的经济利益。这样人们做出经济决策的出发点，就是私人利益，每个人都寻求个人利益极大化而不会做出于己无利的事。是西方经济学在进行经济分析时的一个基本假设，也称为理性人。

7. 稀缺

所谓稀缺性是指社会所提供的物品，少于人们希望获得或拥有的、它是不足的。稀缺性本身具有绝对性和相对性的特征。

二、简答题

1. 经济学中的均衡的含义是什么？

答："均衡"是经济学借用的物理学概念。经济学上均衡包含两种含义：其一是指相对静止的一种状态，说明其他情况不变，没有外来因素干扰情况下，经济行为或经济情况不再变动之意；其二是指个人利益最大化的一种状态。例如消费者的均衡是说明某特定时间，其他情况不变，预算和商品的价格已知，消费者获得最大满足而不再变更消费量的情况；厂商均衡则是指厂商获得最大化的利润。

2. 如果经济学家讨论的是"人们的收入差距大一点好还是小一点好"，试问这是属于实证经济学的问题还是规范经济学的问题？

答：①属于规范经济学，而不是实证经济学。

②实证经济学说明和回答的问题是经济现象"是什么"，而规范经济学就一定的价值判断为出发点，提出行为的标准，并研究如何才能符合这种标准。它力求回答的问题是：应该是什么。

③人们的收入差距大一点好还是小一点好，个人根据自己的价值标准，可能会有不同的回答。可见这个问题属于规范经济学范畴。

3. 稀缺性是产生经济问题的根源？

答：使用稀缺性的概念，是指资源的数量相对于人的欲望而言总是稀缺的，而稀缺性必定会产生资源有效配置的问题，这正是经济学需要解决的关键问题，所以说稀缺性是产生经济问题的根源。

三、分析题

1. 边际分析的特点及对经济学发展的作用是什么？

答：①特点：边际分析是马歇尔 200 多年前创立的，它告诉我们在做决策时，除了应用绝对量做决策参数外，更应该运用增量参数进行决策。这种方法有以下几个特点：

边际分析是一种数量分析，尤其是变量分析，边际分析是最优分析。
边际分析是现状分析。

② 作用

从平均分析进入到边际分析，是经济学分析方法的一个重大发展和转折，意义十分重大它表明数学对经济学的渗透迈出了重大一步。希克斯 1946 年的《价值与资本》与 1947 年萨缪尔逊的《经济分析基础》全面总结和发展了边际分析阶段的研究工作，使边际分析达到顶点，从而成为经济学史上的两部名著边际分析阶段，形成和发展了一大完整的微观经济活动行为理论，提出了一般经济均衡问题，建造了一般经济均衡的理论框架，创立了当今的消费者理论、生产者理论、垄断竞争理论及一般经济均衡理论的数学基础，因此边际革命的影响是深远的。

2. 案例解析：

许多人都有这样的经验，当你饥肠辘辘时，急着去街头买吃的。假设去买小油饼，由于饿得厉害，当你吃第一个油饼时，即使价钱贵一点，也不会挑剔什么，因为这时最饿，最需要，多花一点钱也愿意。而吃第二个油饼时，感觉就不太一样了，尽管也饿，但毕竟不像刚才那样迫切需要了。如果你的饭量是介于四到五个油饼之间，那么，当你吃完第四个油饼后，由于基本上已经吃饱，对油饼的需要已经不再迫切，第五个油饼就可以吃，也可以不吃了。由于油饼的价钱较贵，一般情况下，你是不会再买第五个了。请运用边际分析说明上述现象的成因。

答：这是因为人们考虑到自己的边际成本与边际收益。第五个油饼对消费者而言，边际成本已经超过了边际收益，那么理性的你自然会选择拒绝。

边际收益和边际成本的对比是经济学中非常重要的概念，是因为在现实的经济生活中会常常遇到与此相关的问题。从边际收益来看，存在一个随消费数量逐渐递增、边际收益递减的问题。

在上述关于油饼的例子中，第一个油饼的边际收益最大，因为那是你需要的，而第五个油饼的边际收益最小，因为那个时候你几乎已经饱了，它对你已经是可有可无的了。那么，每支出一个油饼的价钱所产生的效益，也就是你感觉花钱后所买来的价值，其实是从第一个向最后一个递减的。而油饼的价格是一个常数，相对于收益逐渐递减实际情况，油饼“显得”越来越贵了。于是，消费者也就越来越不愿意购买价格相同的油饼了。

3. 有人认为对收入征收累进税是公平的，是因为富人最后一元钱的边际效用小于穷人。

答：这个问题需要从两个方面进行分析。其一，税收从分配的公平性来看，是为了缩小贫富简单差距。因此，累进税可以更好地完成这一目标；其二，货币的边际效用是一个常数，并不会因为属于某个群体而有所不同。因此，累进税可以更好地实现社会公平，但不是因为货币边际效用的差异。

配套思考题及参考答案

1. 单项选择题

(1)“经济学”可定义为研究(　　)的一门学科。

A. 政府如何对经济进行干预　　B. 稀缺资源有效配置
C. 企业取得利润的活动　　D. 人们为获取收入而如何工作
(2) 经济学中“资源是稀缺的”指的是(　　)。
A. 世界上大多数人生活在贫困中　　B. 资源是短缺的,应留给下一代
C. 相对人们的需求资源总是不足的　　D. 世界上的资源终将会被消耗光
(3) 机会成本的经济含义是(　　)。
A. 使用一种资源的机会成本是放弃这种资源另外一种用途的收入
B. 使用一种资源的机会成本是放弃这种资源在其他用途中所能得到的最高收入
C. 使用一种资源的机会成本是放弃这种资源将其用于次优用途的收入
D. 使用一种资源的机会成本是放弃这种资源继续使用而必须支付的费用
(4) 人们在进行决策时,必须做出选择,这是因为(　　)。
A. 选择会导致短缺
B. 人们在决策时面临的资源是有限的
C. 人是自私的,所做出的选择会实现自身利益的最大化
D. 个人对市场的影响是微不足道
(5) 说“资源是稀缺的”是指(　　)。
A. 世界上大多数人生活在贫困中
B. 相对于资源的需求而言,资源总是不足的
C. 资源必须保留给下一代
D. 世界上资源最终将由于生产更多的物品和劳务而消耗光
(6) 如果为了选择了 A 而放弃了 B,那么机会成本是指(　　)。
A. 选择 A 而增加的成本　　B. 放弃 B 而减少的成本
C. 选择 A 而增加的收益　　D. 放弃 B 而减少的收益
(7) 西方经济学的开山鼻祖提出了著名的被称为“看不见的手”的原理,这位经济学家是(　　)。
A. 卡尔·马克思　　B. 大卫·李嘉图
C. 亚当·斯密　　D. 约翰·穆勒
(8) 经济学可定义为(　　)。
A. 研究政府如何对市场机制进行干预的科学
B. 消费者如何获取收入并进行消费的科学
C. 研究如何最合理的配置稀奇资源于诸多竞争性用途的科学
D. 企业取得利润的活动
(9) 微观经济学研究的是(　　)。
A. 资源利用　　B. 资源配置
C. 宏观经济总量　　D. 国民经济总体

(10) 下列命题中(　　)不是实证经济学的命题。

A. 所得税率对中等收入家庭不公平

B. 美联储把联邦基金利率降到4.5%

C. 2005年某国的失业率超过9%

D. 某市的平均工资达到3000元

答案:BCBBB　DCCBA

2. 案例分析题

(1) 现在上至国务院下至普通的老百姓非常关心我国的GDP和人均GDP。从实证角度看,这些数字的统计归纳过程就是实证分析的过程,具体数字是客观的,不涉及道德问题,只回答是什么。从规范分析的角度来研究,政府需要确定一个合理的经济增长率目标和一个反映人民生活水平的标准。这就涉及了一个标准问题。对于后者,有人认经济增长率提高是好事、也有人认为经济增长率太快是坏事,应停止经济增长。这些都是主观的好坏判断无法检验。讨论:实证经济学与规范经济学联系和区别。

参考答案:

实证经济学与规范经济学的根本区别是对价值判断的态度。经济学的道德与不道德就是否涉及价值判断,因为价值判断是道德问题的基础。实证经济学排斥价值判断,也就不涉及道德问题,实证分析只认识事实本身,研究经济本身的规律。实证经济学与规范经济学是有区别的,但也不难发现二者也有联系。实证分析数字结果,为国家制定和选择适度经济增长政策提供了依据;而适合的政策环境又是达到和保障经济数量指标的保证。因此说实证经济学是规范经济学基础;而实证经济学又离不开规范经济学的指导。也就是说,越具体的一些定量分析都属于实证分析。越高层次、定性、带有决策分析的问题是规范分析。

(2) 简述凯恩斯革命和凯恩斯主义对西方经济学的意义

参考答案:

① 凯恩斯革命:1936年,凯恩斯的《就业利息和货币通论》一书出版。它标志着凯恩斯主义的诞生。凯恩斯主义的产生被西方经济学家称为“凯恩斯革命”,是对古典经济学的“革命”。凯恩斯从需求管理的角度分析了经济危机的成因,承认非自愿失业的存在,认为只有通过的政府干预,才能实现充分就业。

② 意义:传统西方经济学是以个量分析为主,据此主张实行自由放任、国家不干预经济生活的政策。凯恩斯则偏重于分析总量变量,根据他所建立的涉及总量变量的理论,得出资本主义市场的各种因素不能自行协调来解决失业问题的结论,并据此而主张实行国家干预经济生活的政策。这样,在西方经济理论体系内部,就产生了干预和反干预,以及由此而造成的矛盾和不调和之处。

第二篇　微观部分——价格理论

一、微观经济学的研究对象

微观经济学的研究对象是个体经济单位。个体经济单位指:单个或者一群的——买者(消费者)、卖者(生产者)和市场等。

微观经济学对个体经济单位的考察,是在三个逐步深入的层次上进行的。

第一个层次是分析个体消费者和个体生产者的经济行为。个体消费者如何进行最优的消费决策以获得最大的效用,个体生产者如何进行最优的生产决策以获取最大的利润。

第二个层次是分析单个市场的均衡价格的决定。这种单个市场均衡价格的决定,是作为单个市场中所有的消费者和所有的生产者最优经济行为的相互作用的结果而出现的。

第三个层次是分析所有单个市场均衡价格的同时决定。这种决定是作为所有单个市场相互作用的结果而出现的,或者说,是作为由经济社会中全部市场上的全部消费者和全部生产者的最优经济行为的相互作用的结果而出现的。

微观经济分析所涉及的都是个量,从这个意义上,它才被称为微观经济学或个量或者个体分析。

二、微观经济学的理论体系

初学者需要对微观经济学的理论体系,有一个框架上的了解,为后面的进一步学习,提供一个初步的理论基础。因此,对下图需要进行大致的认识。图 3-1 的左、右两个方框为居民(家庭)和生产厂商(企业),表示微观经济学研究的两个市场主体;图的上、下分别为产品市场和生产要素市场,说明居民(家庭)和企业在产品市场和要素市场具有不同的身份角色:在产品市场上居民和企业分别以产品的需求者和产品的供给者的身份出现,在生产要素市场上,居民(家庭)和企业又分别以生产要素的供给者和以生产要素的需求者身份出现。

在图 3-1 的上半部,居民(家庭)对产品的需求和厂商对产品的供给,让他们相遇于产品市场,由此决定了每一种产品市场的均衡价格和均衡数量;

在图的下半部,居民(家庭)对生产要素(如劳动、土地)的供给,和厂商对生产要素(如劳动、土地)的需求,二者相遇于生产要素市场,决定了每一种生产要素(如劳

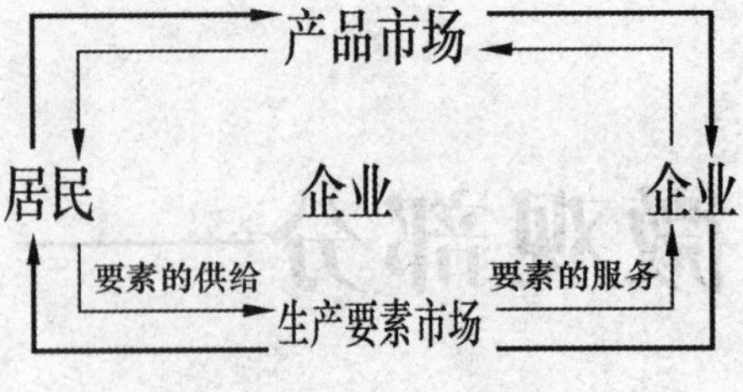

图 3-1　微观经济学理论体系之中的几个关键要素

动、土地)市场的均衡价格(如工资、地租)和均衡数量。

厂商购买生产要素所支付的总价格等于工资、利息、地租和利润的总和,这四部分分别构成生产要素劳动、资本、土地和企业家才能的提供者的报酬收入。

通过对图 3-1 的介绍可以清楚地看到:在完全竞争条件下,无论是在产品市场,还是在生产要素市场,单个居民(家庭)和单个厂商的经济活动都表现为在市场机制的作用下各自追求自身经济利益最大化的过程。正是在这一过程中,每个产品市场和每个生产要素市场,进而所有的市场,都实现了供求相等的均衡状态。

三、微观经济学的知识体系

我们用图 3-2 简单地说明微观经济学的内容及知识点之间的联系。

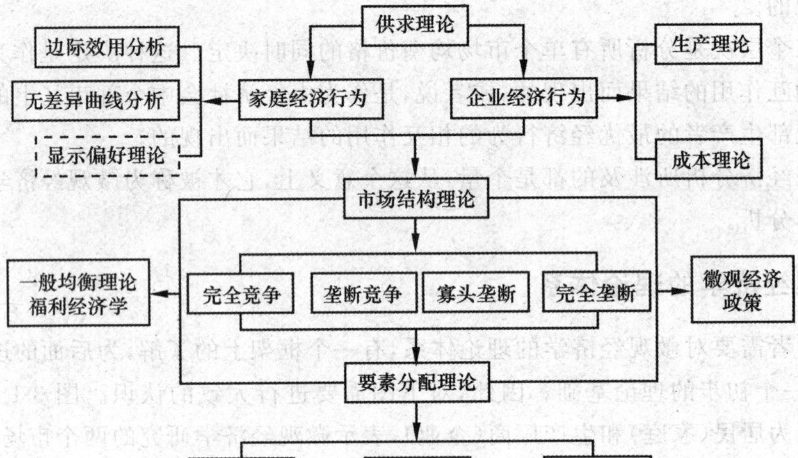

图 3-2　微观经济学的内容及知识点之间的关系

第 3 章　需求、供给与价格

本章学习目标：

1. 知道什么是市场、什么是竞争市场。
2. 懂得竞争市场中，一种物品的需求或者供给的决定因素。
3. 了解供给和需求，如何决定一种物品的价格与销售量。
4. 考虑市场经济中，价格在配置稀缺资源中的关键作用。

导入案例：鸦片战争后，英国洋布为什么不能进入中国市场

鸦片战争以后，英国商人为打开了中国这个广阔的市场而欣喜若狂。

当时英国棉纺织业中心曼彻斯特的商人估计，中国有 4 亿人，假如有 1 亿人晚上戴睡帽，每人每年用两顶，整个曼彻斯特的棉纺厂日夜加班也不够。于是他们把大量的洋布运到中国。结果与他们的梦想相反，中国人没有戴睡帽的习惯，衣服也用自产的丝绸或土布，洋布根本卖不出去。

按当时中国人的收入，并不是没有购买洋布的能力，起码许多上层社会人士的购买力还是相当强的。英国人的洋布为什么完全卖不出去呢？关键在于中国人没有购买洋布的欲望。

购买意愿或欲望在很大程度上是由当时的消费时尚所决定的。鸦片战争以后，中国仍然处于一种自给自足的封建经济，并在此基础上形成保守、封闭、甚至排外的社会习俗。鸦片战争打开了中国的大门，但并没有从根本上动摇中国自给自足的经济基础和保守封闭的意识形态，也没有改变在此基础上形成的消费时尚。当时，上层人士以穿丝绸为荣，一般群众以穿家织的土布为主。如果什么人标新立异要穿洋布，反而会受到众人指责。洋布和其他洋货受到冷落主要不在于价格高，也不在于人们收入太低，而在于没有购买欲望。这种购买欲望又是当时消费时尚以及抵制洋货心理的结果。可见购买意愿对需求的决定是极为重要的。

案例思考：哪些因素会影响需求？

3.1　市场

市场是经济行为发生和发展的地域，也是我们进行社会主义市场经济建设的地

域。市场起源于古代人类对于固定时段或地点进行交易的场所的称呼，它可以让人们在此提供货物以及买卖服务，方便人们寻找货物及接洽生意。当城市成长并且繁荣起来后，住在城市邻近区域的农夫、工匠、技工们就会开始互相交易并且对城市的经济产生贡献。当一个城市的市场变得庞大而且更开放时，城市的经济活力也相对会增长起来。

3.1.1 市场

狭义的市场是买卖双方进行商品交换的场所，广义的市场是指为了买和卖某些商品而与其他厂商和个人相联系的一群厂商和个人。市场由一切具有特定需求和欲望，并且愿意和能够通过交换的方式来满足需求和欲望的一群买者与卖者构成。

市场体系是由各类专业市场，如商品服务市场、金融市场、劳务市场、技术市场、信息市场、房地产市场、文化市场及旅游市场等组成的完整体系。同时，在市场体系中的各专业市场均有其特殊功能，它们互相依存、相互制约，共同作用于社会经济。

随着社会交往的网络虚拟化，市场不一定是真实的场所和地点，当今许多买卖是通过计算机网络来实现的，中国最大的电子商务网站淘宝网就是提供交换的虚拟市场。淘宝网，亚洲第一大网络零售商圈，由阿里巴巴集团于 2003 年 5 月 10 日投资创办。淘宝是一个巨大的网络虚拟化市场，有约 700 万商家入驻，在线商品数超过 8 亿件，它就像一个中国集市，大量小供货商在此出售从虎纹皮夹克到折纸装饰品等各种物品。天猫更像是传统的购物中心，汇集耐克和阿迪达斯等品牌的商店。买家逛淘宝是为了购买低价商品和寻找惊喜，上天猫则是出于对品牌的信任。

3.1.2 市场与竞争

市场不仅使消费者在商品的价格、品种、服务上能有更多的选择，也使企业在购买生产要素和销售产品时有更好的选择。

一个开放的市场，能使企业之间在更大的范围内和更高的层次上展开竞争与合作，促进经济发展。

竞争是指各经济主体为了维护和扩大自己的利益而采取的各种自我保护的行为和扩张行为，它们努力在产品质量、价格、服务和品种等方面创造优势。

充分的市场竞争，会使经济活动充满生机和活力。

要完善行政执法、行业自律、舆论监督和群众参与相结合的市场监管体系。市场有序性能保证平等竞争和公平交易，保护生产经营者和消费者的合法权益。

> 思考：什么是市场？市场竞争为什么会使经济活动充满生机和活力？

3.2 需求及需求曲线

市场经济发展到今天，我们意识到价格的作用是毋庸置疑的，价格不仅是经济参与者在相互交往过程中关系和信息传递的载体，而且价格也是我们实现资源优化配置的有效工具，资源的有限性使价格在资源配置方面的作用显得更为重要。既然价格在市场经济中扮演着如此重要的角色，那么，价格形成问题的讨论将是西方经济学最基本和最重要的课题。

在竞争市场中，消费者和厂商的相互联系表现为产品市场和生产要素市场供求关系的相互作用，而正是这种供求关系的相互作用形成了市场的均衡价格。

在竞争市场中，任何商品的价格都是由需求和供给两方面的因素共同决定的。因此，作为微观经济学分析的起点，我们首先在这一节讨论需求和需求曲线。

3.2.1 需求的概念

1. 需求量

对市场的研究从考察买者的行为开始，我们考虑什么因素决定任何一种物品的需求量，需求量是买者愿意而且能够购买的物品量。

2. 需求

经济学中的关于需求的概念的界定和我们日常生活中的需求是不一样的，我们生活中的需求更多地表现为自己对未满足的东西的一种主观愿望，而经济学中的需求通常被定义为在一定时期内，在某一既定的价格水平下，一个消费者愿意并且能够购买的物品或劳务的数量。个人需求需要具备两个条件：第一，个人具有购买意愿；第二，个人具有支付能力。

个人需求显示了在其他因素不变的情况下，随着价格的升降，某个人在每段时间内所愿意购买的某货物的数量。在某一价格下，消费者愿意购买的某一货物的总数量称为需求量。在不同价格下，需求量会不同。需求反映的是价格与需求量的关系。若以图像表示，便称为需求曲线。

3. 影响需求的决定因素

某种商品的需求数量是由许多因素共同作用来决定的。其中主要的因素有：该商品的价格、消费者的收入水平、相关商品的价格、消费者的偏好和消费者对该商品的价格预期。它们各自对商品的需求数量的影响如下：

第一，商品自身价格(price)的变化。一般说来，一种商品的价格越高，该商品的需求量就会越小。相反，价格越低，需求量就会越大。即：$P\uparrow, Q^d\downarrow$

第二，消费者的收入水平(income, money)的变化。对于大多数商品来说，当消费者的收入水平提高时，就会增加对商品的需求量。相反，当消费者的收入水平下降时，就会减少对商品的需求量。即：$I(M)\uparrow, Q^d\uparrow$(正常品)。

第三,相关商品的价格的变化。假设一种商品本身的价格保持不变,而与它相关的其他商品的价格发生变化时,这种商品本身的需求量也会发生变化。例如,在其他条件不变的前提下,当馒头的价格不变而花卷的价格上升时,人们往往就会增加对馒头的购买,从而使得馒头的需求量上升。

商品之间的关系准确来说有三种:替代品、互补品、无关商品。

一般来说,互为替代品的商品间会出现:某商品价格上涨,其替代品的需求量会增加的现象,即:$P_x\uparrow,Q_y^d\uparrow$;互为互补品的商品间会出现:某商品价格上涨,其互补品的需求量会减少的现象,即:$P_x\uparrow,Q_y^d\downarrow$;无关商品之间则有:$P_x\uparrow,Q_y^d=Q_y^d$。

第四,消费者的偏好(taste)。当消费者对某种商品的偏好程度增强时,该商品的需求量就会增加。相反,偏好程度减弱,需求量就会减少,即:$T\uparrow,Q^d\uparrow$。

第五,消费者对商品的预期(expectations)。

价格预期:当消费者预期某种商品的价格在未来一定时间内会上升时,就会增加对该商品的现期需求量;反之则减少,即:$\mathrm{P_E}\uparrow,\mathrm{Q^d}\uparrow$;

收入预期:当消费者预期个人收入在未来一定时间内会上升时,就会增加对该商品的现期需求量;反之则减少,即:$M_E\uparrow,Q_d\uparrow$。

个人对某种商品需求发生变化有可能是以上一种因素导致的,也有可能是以上几种因素共同作用的结果,所以,我们在分析影响个人需求变化的因素时一定要区分清楚。

第六,除上述因素之外,仍有其他因素会对商品需求产生影响。

* 性别
* 年龄
* 受教育程度
* 地域
* 季节
* 规则制定
* 消费者人数……

> 思考:什么是需求?影响需求的因素有哪些?你出行的时候,有时候选择汽车,有时候选择火车,有时候选择飞机,请说明你如何做出选择。

3.2.2 需求函数

需求函数表示一种商品的需求数量和影响该需求数量的各种因素之间的相互关系。简单地说,就是将影响需求数量的各个因素定义为自变量,需求数量定义为因变量。一种商品的需求数量是所有影响这种商品需求数量的因素的函数。可以用下式表示:

$$Q^d=f(P,M,P_x,T,F,\cdots) \tag{3-1}$$

式中，Q^d 为商品的需求量；P 为本商品的价格；M 消费者的收入水平；P_x 为相关商品的价格；T 为消费者的偏好；F 为消费者对商品价格的预期。

在处理这种复杂的多变量的问题时，通常可以将问题简化，即一次把注意力集中在一个影响因素上，而同时假定其他影响因素保持不变。在这里，由于一种商品的价格是决定需求量的最基本的因素，所以，我们假定其他因素保持不变，仅仅分析一种商品的价格对该商品需求量的影响，即把一种商品的需求量仅仅看成是这种商品的价格的函数，于是有：

需求函数：在其他因素不变的情况下，一种商品的需求数量与该商品本身的价格之间的相互关系的函数，即：

$$Q^d = f(P) \tag{3-2}$$

在不影响分析对象的形状、走向及特征的情况下，可以用简单的线性公式进行描述。因此有线性需求函数为：

$$Q^d = \alpha - \beta P \tag{3-3}$$

式中，Q^d 为商品的需求量；P 为本商品的价格；α，β 均为大于 0 的常数。

3.2.3 需求表与需求曲线

1. 需求表

用来表示一种商品的需求数量与影响该数量的价格因素之间的相互关系的数字序列表。见表 3-1。

表 3-1 表示在不同的鸡蛋价格时，某家庭每个月购买鸡蛋的数量。如果鸡蛋是免费的，王大妈家吃 12 个鸡蛋。在每个鸡蛋的价格为 0.5 元人民币时，某家庭买 10 个。随着价格继续上升，该家庭的需求越来越少。当价格达到 3 元时，该家庭根本不买鸡蛋。

表 3-1 某商品需求

鸡蛋的价格(元)	某家庭对鸡蛋的需求量(个)
0.00(只是假设)	12(只是假设)
0.50	10
1.50	6
2.50	2
3.00	0

2. 需求曲线

商品的需求曲线(demand curve)是根据需求表中商品不同的价格—需求量的组合而在平面坐标图上所绘制的一条曲线。图 3-3 所示的需求曲线，是根据表 3-2 画出的，我们还是以王大妈买鸡蛋为例，在图 3-3 中横轴表示鸡蛋的需求数量，纵轴表示鸡蛋的价格。图上所绘制的这条曲线表明鸡蛋的需求量如何随着它的价格变动而变动。由于价格下降,需求量增加,所以需求曲线向右下方倾斜。

根据习惯,我们把将价格与需求量联系在一起的向右下方倾斜的曲线称为需求曲线。需求曲线是以几何图形来表示商品的价格和需求量之间的函数关系的。

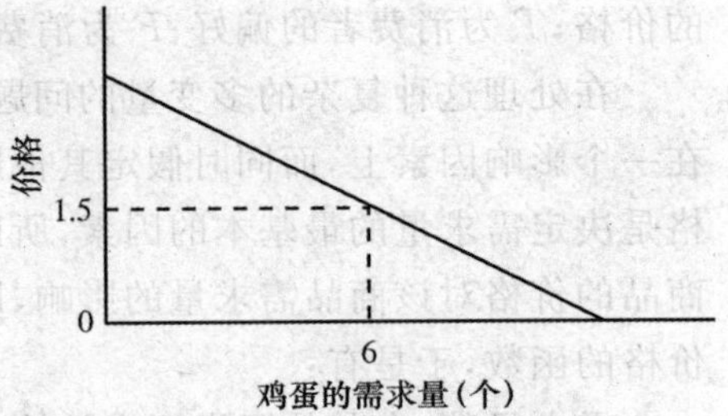

图 3-3 鸡蛋的需求曲线

实际上,需求曲线既可以是直线形也可以是曲线形的。当需求函数为线性函数时,相应的需求曲线是一条直线,直线上各点的斜率是相等的。当需求函数为非线性函数时,相应的需求曲线是一条曲线,曲线上各点的斜率是不相等的。

3. 需求规律及其例外

(1) 需求规律:从上述资料可以得出结论:在其他条件不变的情况下,一种商品的价格与其需求量呈反方向变动,即商品的需求量随本身价格的上升而减少,随其价格的下降而增加,我们把这一条规律称之为需求规律。

(2) 例外。

第一,某些低档商品。如:吉芬物品。

英国人吉芬发现1845年爱尔兰发生灾荒,土豆价格上升,但需求量却反而增加。在当时被称为"吉芬难题"或"吉芬之谜"。

原因:土豆涨价引起英国靠工资生活的低收入者生活更加贫困。尽管土豆价格相对上涨幅度较大,但是与其他同类商品相比,仍属于廉价商品,故而更加贫穷的大多数个人或家庭仍然选择购买土豆而不是其他替代品。

第二,某些炫耀性商品。某些为了彰显身份或炫耀某些特质的物品,在价格低时反而买得少,价格高时会买得多。

第三,某些投资性商品。例如股票市场上的"买涨不买跌"。

3.2.4 市场需求与个人需求

市场需求是某商品市场所有个人对该物品(或劳务)需求的总和。现在,为了研究的简单,我们假设市场上只有2个家庭。

表3-2表示两个家庭——张大妈家和李大妈家的鸡蛋需求表。在任何一种价格时,张大妈家的需求表告诉我们她购买多少鸡蛋,而李大妈家的需求表告诉我们她购买多少鸡蛋。市场需求是这两个家庭个人需求的总和。

由于市场需求是从个人需求推导出来的,所以,市场需求量取决于决定个别买者需求量的因素。市场需求量不仅取决于物品的价格,还取决于买者的情况,比如其收入、嗜好、预期等因素,还有相关物品的价格等。

市场需求是个人需求之和,张大妈家的需求+李大妈家的需求=市场需求,通过个人需求曲线可以得出市场需求曲线。

在价格为2元时,张大妈家需要4个鸡蛋,而李大妈家需要3个鸡蛋。在这种价格时,市场需求量是7个鸡蛋。

表 3-2　　**个人与市场需求表**

鸡蛋的价格(元)	张大妈家(个)	李大妈家(个)	市场(个)
0.00(只是假设)	12	7	19
0.50	10	6	16
1.00	8	5	13
1.50	6	4	10
2.00	4	3	7
2.50	2	2	4
3.30	0	1	1

图3-4表示与这些需求表相应的需求曲线。为了得出任何一种价格时的总需求量,我们把个人需求曲线上表示的个人需求量相加。由于我们关心的是市场如何运行,所以我们经常要使用市场需求曲线。市场需求曲线表示一种物品的总需求量如何随着该物品的价格变动而变动。

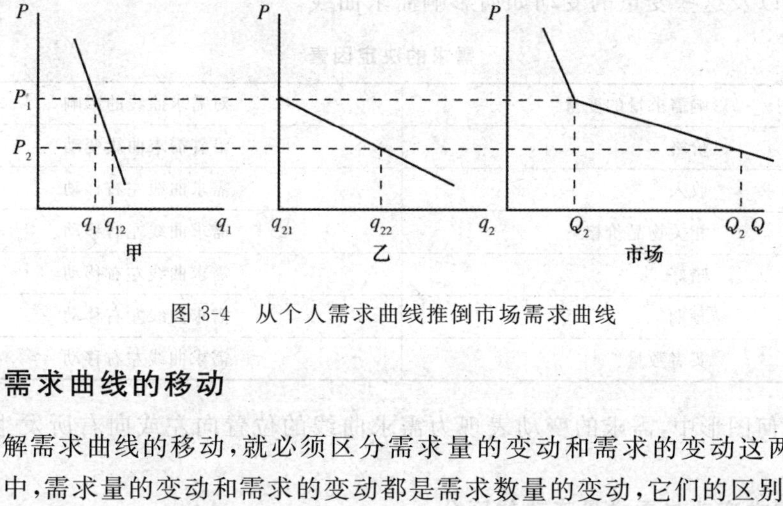

图 3-4　从个人需求曲线推倒市场需求曲线

3.2.5　需求曲线的移动

要了解需求曲线的移动,就必须区分需求量的变动和需求的变动这两个概念。在经济学中,需求量的变动和需求的变动都是需求数量的变动,它们的区别在于引起这两种变动的因素是不相同的,而且这两种变动在几何图形中的表示也是不相同的。在分析需求量的变动和需求的变动之前,我们先把影响需求变化的因素划分为两个大类:其一为价格类因素,其二为非价格类因素。

1. 需求量的变动

是指在其他条件不变时,由某商品的价格变动所引起的该商品的需求数量的变动。在几何图形中,需求量的变动表现为商品的价格—需求数量组合点沿着同一条既定的需求曲线的运动。即:描述价格因素的影响,见图 3-5 和图 3-6。

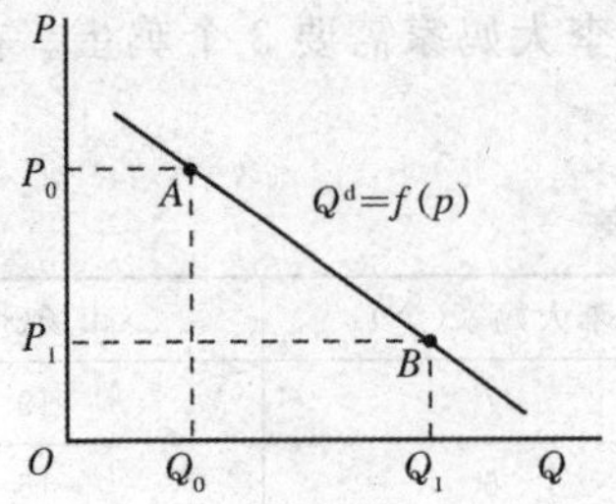

图 3-5　需求量的变动

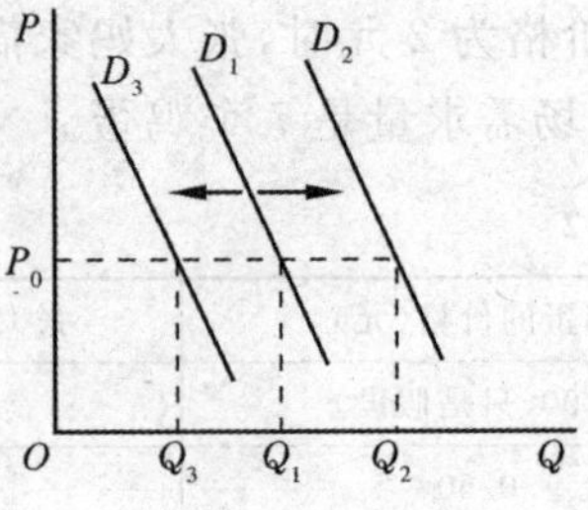

图 3-6　需求的变动

从上图可见,当商品价格从 P_0 下降到 P_1 时,需求曲线的变化显示为从 A 点沿着曲线移动到了 B 点,表现为在同一条需求曲线上"点的运动"。需求曲线本身的位置没有发生变化。

2. 需求的变动

表示在某商品价格不变的条件下,由于其他因素变动(收入变动、相关商品价格变动、消费者偏好变化和消费者对于商品价格预期变动)所引起的该商品的需求数量的变动。除了价格之外,其他任何一种决定需求的因素变动时,都会使需求曲线移动。可以认为描述的是非价格因素变化带来的影响。表 3-3 列出了决定市场上需求量的变量以及这些变量的变动如何影响需求曲线。

表 3-3　　**需求的决定因素**

影响需求量的变量	对需求曲线的影响
价格	沿着需求曲线变动
收入	需求曲线左右移动
相关物品价格	需求曲线左右移动
嗜好	需求曲线左右移动
预期	需求曲线左右移动
买者数量	需求曲线左右移动

在几何图形中,需求的变动表现为需求曲线的位置向左或向右所发生的移动。见图 3-6。

3. 需求变动与需求量变动的区分

(1) 定义上的区别。需求量是不同价格水平时的一组需求量;而需求是某一价格水平的特定的需求量。

(2) 假设条件上的区别。需求变动是价格既定时,影响需求其他因素变动所引起的一组需求量的变动;需求量变动是分析影响需求其他因素不变时,价格变动引起的相对应的需求量的变动。

(3) 表现形式上的区别。需求变动表现为整个曲线的移动,需求量的变动表现为沿着同一条需求曲线移动。

3.3　供给及供给曲线

现在我们转向市场的另一方——卖者或称之为“供给方”，并考察他们的行为。

任何一种物品的供给量，是卖者愿意并能够出售的数量。为了集中思考，我们仍然考虑鸡蛋市场，并观察决定鸡蛋供给量的因素。

3.3.1　什么是供给

西方经济学认为商品的供给，是指生产者在一定时期内在各种可能的价格下，愿意而且能够出售的该种商品的数量。根据上述定义，供给必须要同时具备两个因素：提供产品的愿望和能力，只有这样我们才能够认为是有效的供给。

3.3.2　个人供给的决定因素

什么因素决定生产者愿意生产并提供销售的鸡蛋呢？下面是一些可能的回答。

价格。鸡蛋的价格是供给量的一个决定因素。当鸡蛋价格高时，出售鸡蛋是有利可图的，因此，供给量也大。鸡蛋的卖者工作时间会更长，并雇佣许多工人。相反，当鸡蛋价格低时，对鸡蛋卖者的经营不太有利。在一个更低的价格时，鸡蛋卖者会选择停止营业，其供给量减少为零。

由于供给量随着价格上升而增加，随着价格下降而减少，所以我们说，某种物品的供给量与价格是正相关的。价格与供给量之间的这种关系被称为供给规律：在其他条件相同时，一种物品价格上升，该物品供给量就增加。

投入价格。当这些投入中的一种或几种价格上升时，生产鸡蛋就不太有利，企业提供的鸡蛋就较少。如果投入价格大幅度上升，鸡蛋卖者会关掉自己的企业，根本不提供鸡蛋。因此，一种物品的供给量与生产这种物品所投入的价格负相关。

技术把各种投入变为鸡蛋技术，也是供给量的另一个决定因素。技术进步通过减少企业的成本增加了鸡蛋的供给量。

预期生产者现在供给的鸡蛋量，还取决于其对未来的预期。例如，如果生产者预期未来鸡蛋的价格会上升，就会把其现在生产的一些鸡蛋贮存起来，并减少鸡蛋的市场供给。

3.3.3　影响供给因素的总结

一种商品的供给数量取决于多种因素的影响，其中主要的因素有：该商品的价格、生产的成本、生产的技术水平、相关商品的价格和生产者对未来的预期。它们各自对商品的供给量的影响如下：

第一，商品自身价格的变化。一般说来，一种商品的价格越高，生产者提供的产量就越大。反之就越小。

第二,生产成本的变化。在商品自身价格不变的条件下,生产成本上升会减少利润,从而使得商品的供给量减少。反之供给量增加。

第三,生产技术水平的变化。在一般的情况下,生产技术水平的提高可以降低生产成本,增加生产者的利润,生产者会提供更多的产量。

第四,相关商品价格的变化。在一种商品的价格不变,而其他相关商品的价格发生变化时,该商品的供给量会发生变化。例如,对某个生产小麦和玉米的农户来说,在玉米价格不变和小麦价格上升时,该农户就可能增加小麦的耕种面积而减少玉米的耕种面积。

第五,生产者对未来预期的变化。如果生产者对未来的预期看好,如预期商品的价格会上涨,生产者往往会扩大生产,增加产量供给。如果生产者对未来的预期是悲观的,如预期商品的价格会下降,生产者往往会缩减生产,减少产量供给。

> 思考:什么是供给? 供给的影响因素有哪些?

3.3.4 供给函数

一种商品的供给量是所有影响这种商品供给量的因素的函数。如果假定其他因素均不发生变化,即把一种商品的供给量只看成是这种商品价格的函数,则供给函数就可以表示为

$$Q^S = f(P) \tag{3-4}$$

式中,P 为商品的价格;Q^S 为商品的供给量。

常用的线性供给函数有:

$$Q^S = -\delta + \gamma P$$

式中,Q^d 为商品的需求量;P 为本商品的价格;$\delta, \gamma > 0$ 的常数。

3.3.5 供给表与供给曲线

对一种商品的供给是由许多变量决定的。假设除了价格之外,所有其他变量都不变的情况下,我们分析价格因素如何影响供给量的变化。表 3-4 是一个供给表,即表示一种物品价格与其供给量之间的关系。在表 3-4 中我们发现随着鸡蛋价格的不断上升,王大妈愿意售出的鸡蛋数量越来越多。

表 3-4　　关于鸡蛋的供给

鸡蛋的价格(元)	鸡蛋的供给量(个)
0.00(只是假设)	0
0.50	0
1.00	1
1.50	2
2.00	3
2.50	4
3.00	5

商品的供给曲线是根据供给表中商品不同的价格—需求量的组合而在平面坐标图上所绘制的一条曲线。图 3-7 中的供给曲线是根据表 3-4 画出的，我们还是以王大妈买鸡蛋为例，在图 3-7 中横轴表示鸡蛋的供给数量，纵轴表示鸡蛋的价格。上图所绘制的这条曲线表明，鸡蛋的供给量如何随着它的价格变动而变动。

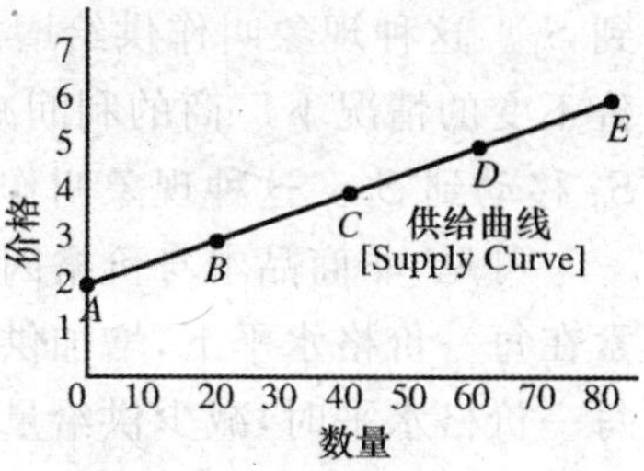

图 3-7　供给曲线

如同需求曲线一样，供给曲线可以是直线型，也可以是曲线型。如果供给函数是线性函数，则相应的供给曲线为直线型，如图 3-7 所示的供给曲线。如果供给函数是非线性函数，则相应的供给曲线就是曲线型的。直线型的供给曲线上的每点的斜率是相等的，曲线型的供给曲线上的每点的斜率则不相等。在微观经济分析中，使用较多的是线性供给函数。

3.3.6　供给曲线的移动

要了解供给曲线的移动，就必须区分供给量的变动和供给的变动这两个概念。在西方经济学理论中，二者的区别在于引起这两种变动的因素是不相同的，而且，这两种变动在几何图形中的表示也是不相同的。借助下面的例子来看看供给曲线是如何变动的。

1. 商品本身的价格因素。如图 3-8 所示。当商品的价格在 P_1 时，商品的供给量为 Q_1。

当商品价格上升为 P_2 时，供给量沿供给曲线 S_1 从 A 移动到 B，具体供给量增加为 Q_2。可见，单纯价格变动不会引起曲线位置的改变，只是供给曲线上点的移动。

2. 非商品的价格因素。如图 3-9 所示。此时 Q_s = 雪糕。现在我们假设糖的价格下降了，这种变动如何影响雪糕的供给呢？糖是生产雪糕的一种投入要素，所以糖的价格下降使销售雪糕更加有利可图。这就增加了雪糕的供给：在任何一种既定价格水平时，卖者现在愿意生产更多产量。因此，雪糕的供给曲线向右移动，由 S_0 移动

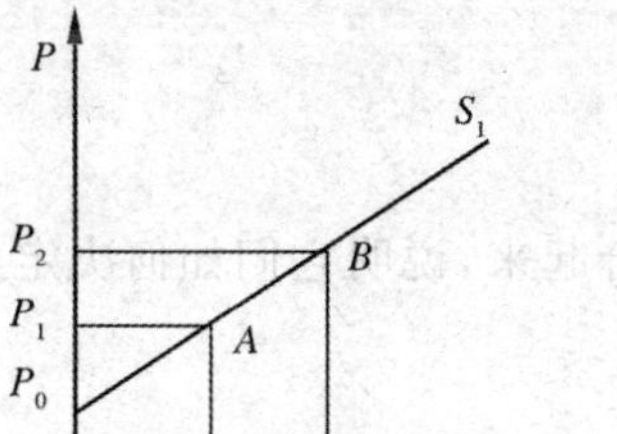

图 3-8　供给量的变动

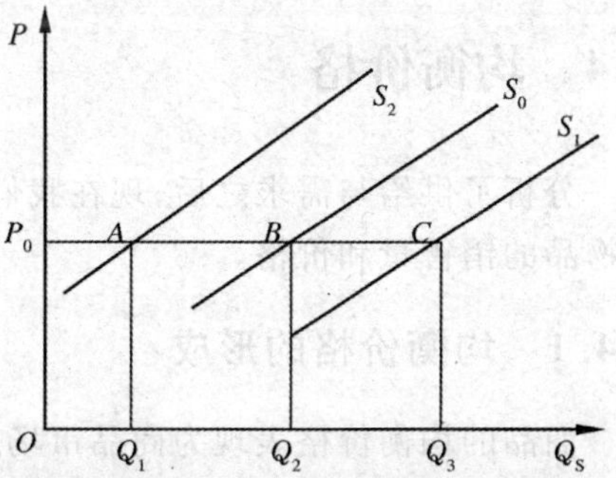

图 3-9　供给曲线的移动

到 S_1。这种现象叫作供给增加;当糖的价格上升,导致雪糕的生产成本也上升,在售价不变的情况下厂商的利润减少、从而使得雪糕的生产数量下降,雪糕的供给曲线由 S_0 移动到 S_2。这种现象叫作供给减少。

可见,非商品本身价格因素以外的任何因素变动,都会使供给曲线移动。任何因素在每一价格水平下,增加供给量的变动都使供给曲线向右移动。同样,任何因素在每一价格水平时,减少供给量的变动都使供给曲线向左移动。如 3-8 图。

3.3.7 经济实例分析:降低房价的两种方法

公共政策制定者要想降低房价,政策可以努力达到这一目标的方法有两种:增加房屋供应量和减少购房需求量。

1. 增加房屋供应量

给房地产公司松绑,鼓励他们多盖房、盖好房,把他们头上的上百个紧箍咒拿掉。同时政府多卖地,增加土地供应量。房屋供应量增加,房价就会跌。

2. 减少购买需求量

减少购买需求量的一种方法是使买房的需求曲线移动。

政府多盖低价出租房。同时颁布法律,禁止一个家庭买 2 套或者 2 套以上住房。颁布该法律之后,有 2 套或者 2 套以上住房者,如果再违法购买,一经查实,没收该住房。

同时,实行从紧的货币政策。钱不是万能的,没有钱是万万不能的。

法律可以规定:一个家庭买 1 套房,可以贷款。一个家庭如果买第 2 套房,就不准贷款。钱没了,房地产政策的威力就显现出来了。颁布该法律之后,对于违反以上政策的信贷人员,一经查实,立即下岗。对于在颁布该法律之后再违法贷款的购买者,一经查实,立即没收该住房。

以上这些都是旨在任何一种既定价格水平时,减少买房需求量的政策。如果成功了,这些政策就使买房的需求曲线向左移动。房屋购买需求量减少了,买房的人少了,房价就会跌。

3.4 均衡价格

分析了供给与需求之后,现在我们把二者结合起来,说明它们如何决定市场上一种物品的销售量和价格。

3.4.1 均衡价格的形成

商品的均衡价格表现为商品市场上需求和供给这两种相反的力量共同作用的结果,它是在市场供求力量的自发调节下形成的。当市场价格偏离均衡价格时,市场上会出现需求量和供给量不相等的非均衡状态。一般说来,在市场机制的作用下,这种供求不相等的非均衡状态会逐步消失，实际的市场价格会自动地回复到均衡价格水平。以下用表 3-5 来说明均衡价格的形成。

表 3-5　　鸡蛋均衡价格的决定

鸡蛋价格(元)	6	5	4(均衡)	3	2
需求量(斤)	20	30	40	50	60
供给量(斤)	80	60	40	20	0

如果某市场鸡蛋的实际价格高于均衡价格为 6 元人民币/斤时，那么该市场商品的需求量为 20 斤，供给量为 80 斤。此时，市场供给量大于需求量(商品过剩或超额供给)，会导致如下情况：一方面会使需求者压低价格来购买商品，另一方面又会使供给者减少商品的供给量。这样，该商品的价格必然下降，市场需求量与供给量也会随价格发生变化，最终市场价格下降到均衡价格 4 元/斤的水平，鸡蛋的需求量逐步地由 20 斤增加为 40 斤，商品的供给量逐步地由 80 斤减少为 40 斤，从而实现供求量相等的均衡数量 40 斤。

相反，如果鸡蛋的实际价格低于均衡价格为 3 元/斤时，鸡蛋的需求量为 50 斤，供给量为 20 斤。此情况是商品短缺或超额需求，会导致：一方面，需求者提高价格来得到其需要的鸡蛋量；另一方面，又使供给者增加鸡蛋的供给量。这样，该商品的价格必然上升到均衡价格 4 元/斤。鸡蛋的需求量由 50 斤减少为 40 斤，鸡蛋的供给量由 20 斤增加为 40 斤，最后达到均衡数量 40 斤。

所以，当商品的实际价格偏离均衡价格时，市场上总存在着变化的力量，最终达到市场的均衡，见图 3-10。

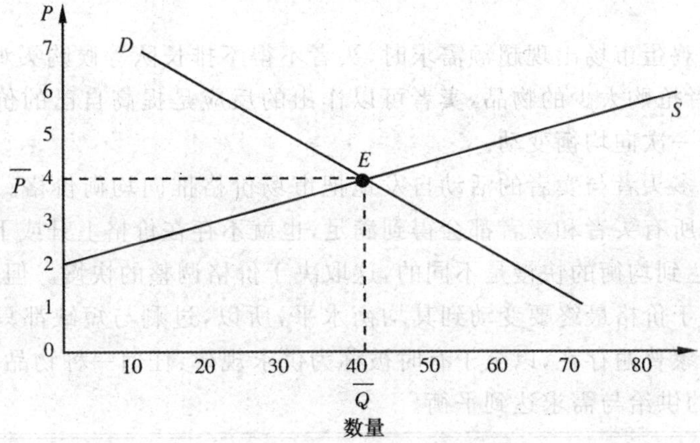

图 3-10　均衡价格的决定

由表 3-5 可见，鸡蛋的均衡价格为 4 元人民币/斤，鸡蛋的均衡数量为 40 斤。

把图 3-3 中的需求曲线和图 3-7 中的供给曲线组合，通过图 3-10 来说明鸡蛋的市场均衡价格的决定。

图 3-10 中,D 为需求曲线,S 为供给曲线。D 和 S 相交于 E 点,E 点为均衡点。在均衡点 E,均衡价格 $\bar{P}=4$ 元人民币/斤,均衡数量 $\bar{Q}=40$ 斤。在均衡价格 4 元的水平,消费者的购买量和生产者的销售量是相等的,都为 40 斤。即在均衡数量 40 斤的水平,消费者愿意支付的最高价格和生产者愿意接受的最低价格是相等的,都为 4 元。

3.4.2 商品的供求规律

供给和需求曲线相交于一点,这一点被称为市场的均衡点。这两条曲线相交时的价格被称为均衡价格,而相交时的数量被称为均衡数量。

在均衡价格时,买者愿意而且能够购买的数量正好与卖者愿意而且能够出售的数量相等。均衡价格有时也被称为市场出清价格,因为在这种价格时,市场上的每一个人都得到了满足:买者买到了他想买的所有东西,而卖者卖出了他想卖的所有东西。

买者与卖者的行动自然而然地使市场向供给与需求的均衡变动。为了说明原因,我们考虑当市场价格不等于均衡价格时会出现什么情况。

如果市场价格高于均衡价格,意味着在市场上存在物品过剩:在现行价格时卖者不能卖出他们想卖的所有物品。这种情况被称为超额供给。例如,当在鸡蛋市场上存在超额供给时,鸡蛋卖者发现,他们的仓库装满了他们想卖而卖不出去的鸡蛋,他们对超额供给的反应是降低其价格。价格要一直下降到市场达到均衡时为止。

如果现在市场价格低于均衡价格:在这种情况下,物品需求量超过了供给量,存在物品短缺;需求者不能按现行价格买到他们想买的一切。这种情况被称为超额需求。

例如,当鸡蛋市场出现超额需求时,买者不得不排长队等候购买鸡蛋的机会。由于太多的买者抢购太少的物品,卖者可以作出的反应是提高自己的价格。随着价格上升,市场又一次向均衡变动。

因此,许多买者与卖者的活动自发地把市场价格推向均衡价格。一旦市场达到其均衡价格,所有买者和卖者都会得到满足,也就不存在价格上升或下降的压力。在不同市场上达到均衡的快慢是不同的,这取决于价格调整的快慢。但是,在大多数自由市场上,由于价格最终要变动到其均衡水平,所以,过剩与短缺都只是暂时的。实际上,这种现象普遍存在,以至于有时被称为供求规律:任何一种物品价格的调整,都会使该物品的供给与需求达到平衡。

思考:什么是均衡?用图形说明其变动情况。

3.4.3 均衡的变动

上文说明了供给与需求如何共同决定市场均衡,市场均衡又决定了物品价格以及买者所购买和卖者所生产的该物品数量。当然，均衡价格和数量取决于供给和需求曲线的位置。当某些事件使这些曲线中的一种移动时，市场上的均衡就改变了。此种变动的分析被称为比较静态分析，因为它涉及原均衡与新均衡的比较。

当分析某个事件如何影响一个市场时，我们按三个步骤进行。第一，确定该事件是使供给曲线移动或需求曲线移动，还是使两种曲线都移动。第二，确定曲线是向右移动，还是向左移动。第三，用供求图来考察这种移动如何影响均衡价格和数量。

某种商品的均衡价格由该商品市场的需求曲线和供给曲线的交点决定。因此，均衡价格如果发生变动，必然是由均衡点变动造成的，而均衡点的变动又是由于需求曲线或供给曲线的位置移动造成的。下面首先介绍有关需求曲线和供给曲线的位置移动情况，然后再说明这两种移动对均衡价格和均衡数量的影响。

1. 需求变动的影响

如图 3-11 所示，若供给不变，需求的增加使需求曲线向右移动，使均衡价格和均衡数量都增加；需求的减少会使需求曲线向左移动，使得均衡价格和均衡数量都减少。图中，供给曲线 S 和最初的需求曲线 D_1 相交于 E_1 点。在均衡点 E_1 处，均衡价格为 P_1，均衡数量为 Q_1。需求增加使需求曲线向右平移至 D_2 曲线的位置，D_2 曲线与 S 曲线相交于 E_2 点。在均衡点 E_2 处，均衡价格上升为 P_2，均衡数量增加为 Q_2。相反，需求减少使需求曲线向左平移至 D_3 曲线的位置，D_3 曲线与 S 曲线相交于 E_3 点。在均衡点 E_3 处，均衡价格下降为 P_3，均衡数量减少为 Q_3。

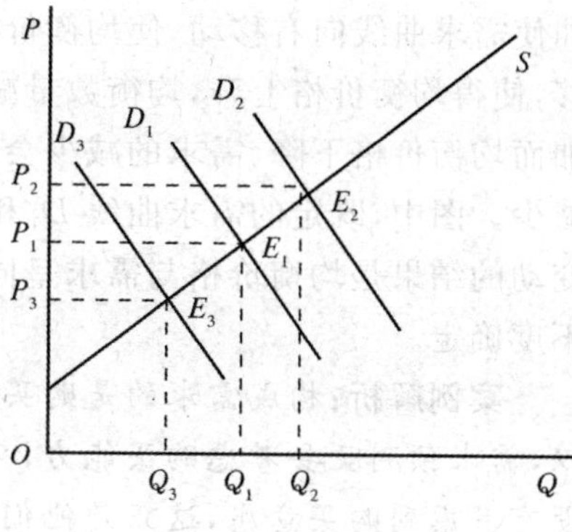

图 3-11　需求变动对均衡价格的影响

2. 供给变动的影响

如图 3-12 所示，若需求不变，供给的增加使供给曲线向右移动，使得数量增加而均衡价格下降；供给减少使供给曲线向左平移，使得均衡价格上升，均衡数量减少。图中，既定的需求曲线 D 和最初的供给曲线 S_1 相交于 E_1 点。在均衡点 E_1 的均衡价格和均衡数量分别为 P_1 和 Q_1。供给增加使供给曲线向右平移至 S_2 曲线的位置，并与 D 曲线相交于 E_2 点。在均衡点 E_2，均衡价格下降为 P_2，均衡数量增加为 Q_2. 相反，供给的减少使供给曲线向左平移至 S_3 曲线的位置，且与 D 曲线相交于 E_3 点。在均衡点 E_3，均衡价格上升为 P_3，均衡数量减少为 Q_3。

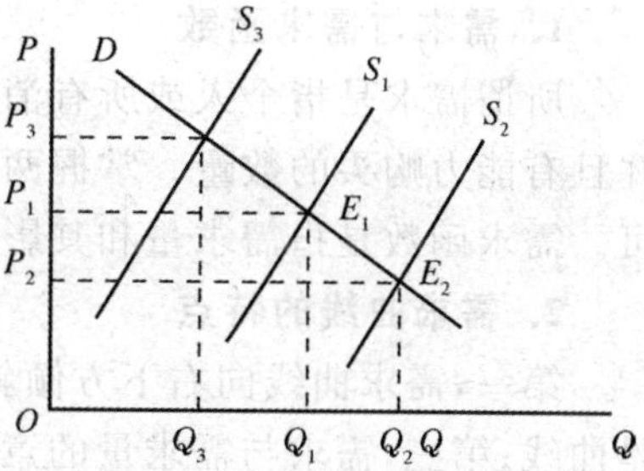

图 3-12　供给变动对均衡价格的影响

可以归纳出供求定理：在其他条件不变的情况下，需求变动引起均衡价格和数量同方向变动；供给变动引起均衡价格反方向变动，引起均衡数量同方向变动。

3. 需求与供给同时变动的影响

供求同时同方向变动：如图 3-13 所示，需求的增加使需求曲线向右移动，使均衡价格和均衡数量都增加；供给的增加使供给曲线向右移动，使得数量增加而均衡价格下降；需求的减少会使需求曲线向左移动，使得均衡价格和均衡数量都减少；供给减少使供给曲线向左平移，使得均衡价格上升，均衡数量减少。图中，既定的需求曲线 D_1 和最初的供给曲线 S_1 相交于 E_1 点。因此，同时增减的结果是均衡数量与供求呈同方向变动，而均衡价格变动不确定。

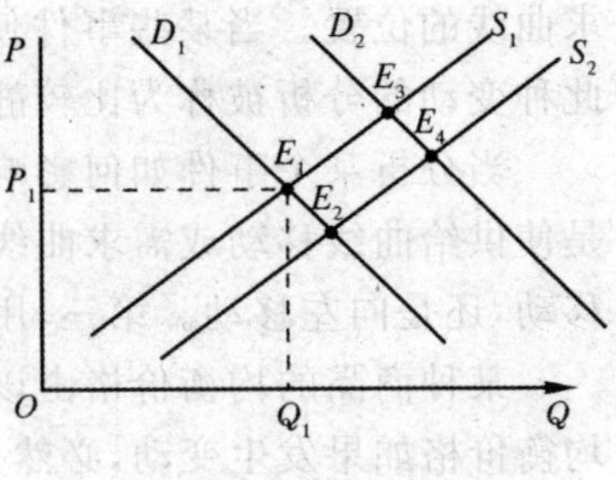

图 3-13　需求与供给同时变动对均衡价格的影响

供求同时反方向变动：如图 3-13 所示，需求的增加使需求曲线向右移动，使均衡价格和均衡数量都增加、供给减少使供给曲线向左平移，使得均衡价格上升，均衡数量减少；供给的增加使供给曲线向右移动，使得数量增加而均衡价格下降、需求的减少会使需求曲线向左移动，使得均衡价格和均衡数量都减少。图中，既定的需求曲线 D_1 和最初的供给曲线 S_1 相交于 E_1 点。因此，同时反向变动的结果是均衡价格与需求呈同方向变动、与供给呈反方向变动，而均衡数量变动不度确定。

案例解析：*构成需求的是购买意愿和购买能力，两者缺一都不能称其为需求。所以，需求预测既要考虑购买能力，又要考虑购买意愿。英国人仅考虑到购买能力，而没有考虑到购买意愿，这正是他们的洋布在中国没有市场的原因。*

3.5　本章小结

1. 需求与需求函数

所谓需求是指个人或所有消费者在某一时期内，在一定条件下，对某一商品愿意并且有能力购买的数量。掌握两个条件：一是购买欲望；二是购买能力，二者缺一不可。需求函数是指需求量和其影响因素的关系，其公式为：$Q^d = f(P, M, P_x, T, F)$。

2. 需求曲线的特点

第一，需求曲线向右下方倾斜，斜率为负；第二，需求曲线既可以是直线，也可以是曲线；第三，需求与需求量的意义不同。

在经济分析中，需求量是指在某一特定价格水平时，家庭计划购买的数量。在现实生活中，影响需求的各种因素如收入、消费者偏好等也影响需求量。但需求量主要是由价格决定的。需求的变动是指商品本身价格不变的情况下其他因素变动所引起的需求的变动，表现为整个需求曲线的移动，即需求增加，需求曲线向右上方移动，需求减少，需求曲线向左下方移动，每一条需求曲线代表一种需求，离原点越远，则需求越高；需求量的变动是指其他因素不变的情况下商品本身价格变动所引起的需求量的变动，表现为沿着同一条曲线上的移动，即需求增加，需求曲线上的点向右下方移动，需求减少，需求曲线上的点向左上方移动。

3. 需求定理

在其他因素不变条件下，商品价格提高，对该商品的需求量减少，反之，商品价格下降，则对该商品的需求量增加，这种需求数量和商品价格成反向变化的关系称为需求规律或需求定理。

4. 供给与供给函数

所谓供给是指个别厂商在一定时间内，在一定条件下，对某一商品愿意并且有商品出售的数量。掌握两个条件：一是厂商愿意出售；二是厂商有商品出售，二者缺一不可。供给函数是指供给量和其他影响因素之间的关系，其公式为：$Q^s=(P, P_r, C, N, t, \cdots)$

5. 供给曲线的特点

第一，供给曲线向右上方倾斜，斜率为正；第二，供给曲线既可以是直线，也可以是曲线；第三，供给与供给量的意义不同。

在经济分析中，供给量是指在某一特定价格水平时，厂商愿意或计划供给的数量。在现实中，影响供给的各种因素如成本、生产技术等也影响供给量；但供给量主要是由价格决定的。供给的变动是指商品本身价格不变的情况下其他因素变动所引起的供给的变动，表现为整个供给曲线的移动，即供给增加，供给曲线向右下方移动，供给减少，供给曲线向左上方移动，每一条供给曲线代表一种供给；供给量的变动是指其他因素不变的情况下商品本身价格变动所引起的供给量的变动，表现为沿着同一条曲线上的移动，即供给增加，需求曲线上的点向右上方移动，供给减少，供给曲线上的点向左下方移动。

6. 供给定理

在其他因素不变条件下，商品价格提高，对该商品的供给量增加，反之，商品价格下降，则对该商品的供给量减少，这种供给数量和商品价格呈同向变化的关系称为供给规律或供给定理。

7. 均衡价格与供求规律

均衡价格是指一种商品需求价格和供给价格相等，同时需求量和供给量相等的价格，是由需求曲线和供给曲线的交点决定的。在商品价格不变的情况下，需求增加，需求曲线右上方移动，需求减少，需求曲线左下方移动；在商品价格不变的情况下，供给增加，供给曲线右下方移动，供给减少，供给曲线左上方移动。

供求规律：当需求量大于供给量时，价格上升；当需求量小于供给量时，价格下降，这就是市场价格变化的具体规律。

8. 供求定理

供求定理是指在其他条件不变的情况下，需求变动分别引起均衡价格和均衡数量同方向变动；供给变动引起均衡价格的反方向变动和均衡数量的同方向变动。

本章课后同步思考题及参考答案

一、名词解释

1. 需求

所谓需求是指个人或所有消费者在某一时期内，在一定条件下，对某一商品愿意并且有能力购买的数量。

2. 供给

所谓供给是指个别厂商在一定时间内，在一定条件下，对某一商品愿意并且有商品出售的数量

3. 影响需求（供给）的因素

在现实生活中，影响需求的各种因素有：消费者偏好、个人收入、相关商品的价格、消费者预期等，但需求量主要是由价格决定的。

影响供给的各种因素有：要素价格、生产技术、劳动力的熟练程度、厂商的价格预期、相关商品的价格等，但供给量主要是由价格决定的。

4. 供求规律

供求规律是指在其他条件不变的情况下，需求变动分别引起均衡价格和均衡数量同方向变动；供给变动引起均衡价格的反方向变动和均衡数量的同方向变动。

二、简答题

1. 简述需求规律的含义及其特例。

答：一般说来，在其他条件不变的情况下，商品的价格越高，消费者愿意并且能够购买的该商品数量，即需求量越小；反之，商品的价格越低，需求量越大。在西方经济学中，这一特征被称为需求规律。满足需求规律的需求曲线向右下方倾斜。需求规律给出了消费者对商品需求的基本特征。但这并不意味着所有消费者的行为都严格服从这一规则。下面的三种情况可以作为需求规律的特例。

① 消费者需求某种商品的数量不受该商品价格的影响。此时，需求曲线是一条垂直于数量轴的直线。

② 消费者对商品价格的变动极其敏感，以至于价格升高时消费者的需求量为0，而价格降低时需求量趋于无穷大。此时，消费者的需求曲线是一条平行于数量轴的直线。

③ 消费者的需求量随着商品价格的提高而增加。此时，消费者的需求曲线向右上方倾斜，比如名贵字画、吉芬物品等。

2. 为什么劳动供给曲线向后弯曲？

答：劳动的价格即工资，同时也就是闲暇的机会成本。由于劳动者的时间供给为

常数，劳动与闲暇互为替代品。因此，当工资即劳动的价格上升时，说明劳动的效用增加，于是相对于劳动而言，闲暇的效用下降，劳动者选择以劳动替代闲暇，于是工资与劳动供给成正比，表现为劳动供给曲线向右上方倾斜。但是，随着劳动价格的提高，其边际效用在下降，闲暇商品的需求上升。但是，由于消费者的收入大部分可能来自劳动供给，因此当工资处于高水平的时候，消费者才有可能减少劳动供给。此时劳动供给减少、供给曲线向后弯曲。

三、案例分析题

粮食价格的提高对猪肉的供给曲线有何影响？猪肉价格的提高对猪肉销售量和猪肉供给曲线是否产发生影响？

答：粮食价格的提高将使猪肉的供给曲线向左移动。因为粮价提高将使猪的饲养成本上升，进而在任一价格水平下生产者愿意并且能够提供的猪肉量随之减少。

猪肉价格提高将增加猪肉的销售量。因为在其他因素不变的情况下，猪肉价格提高意味着增加猪肉这种商品的供应量将变得更加有利可图. 因此生产和销售者将提供更多的猪肉上市，这表现为猪肉供给曲线上点的位置的移动。但猪肉价格提高本身并不会对供给曲线的变动产生影响。

配套思考题及参考答案

一、单项选择题

1. 只有在何种情况发生时，存在供给小于需求？（　　）。
   A. 实际价格低于均衡价格　　B. 实际价格高于均衡价格
   C. 实际价格等于均衡价格　　D. 消除了稀缺性
2. 总需求曲线的一般形状是（　　）。
   A. 向右下方倾斜　　B. 向右上方倾斜
   C. 垂直　　D. 水平
3. 如果其他各种条件均保持不变，当X商品的互补品Y商品的价格上升时，X商品的需求（　　）。
   A. 增加　B. 减少　C. 不变　D. 无法确定
4. 在得出某棉花种植农户的供给曲线时，下列除（　　）外均保持常数。
   A. 土壤的肥沃程度　　B. 技术水平
   C. 棉花的种植面积　　D. 棉花的价格
5. 对一般的商品来说，当其供给不变时，如果其需求增加，则该商品的（　　）。
   A. 均衡价格上升和均衡数量减少
   B. 均衡价格上升和均衡数量增加
   C. 均衡价格下降和均衡数量减少

D. 均衡价格下降和均衡数量增加

6. 需求定理表明(　　)。

A. 随着汽油的价格提高,对小汽车的需求量将下降

B. 药品的价格上涨会使药品的质量得到提高

C. 计算机的价格下降会引起其需求量增加

D. 随着乒乓球价格下降,对球拍的需求量会增加

7. 在消费者收入与商品价格既定条件下,消费者所能购买到的两种商品数量的最大组合的线叫作(　　)。

A. 无差异曲线　　B. 消费可能线

C. 等产量线　　D. 企业预算线

8. 一种商品价格下降对其互补品最直接的影响是(　　)。

A. 互补品的需求曲线向左移动

B. 互补品的需求曲线向右移动

C. 互补品的供给曲线向右移动

D. 互补品的价格下降

9. 下列因素除哪一种外都会使需求曲线移动?(　　)

A. 消费者收入变化　　B. 商品价格变化

C. 消费者偏好变化　　D. 其他相关商品价格变化

10. 当价格高于均衡价格时(　　)。

A. 需求量大于供给量　　B. 需求量小于供给量

C. 需求量与供给量相等　　D. 需求量与供给量可能相等,也可能不等

11. 某月内,X 商品的替代品的价格上升和互补品的价格上升,分别引起 X 商品的需求变动量为 30 单位和 90 单位,则在它们共同作用下该月 X 商品需求数量(　　)。

A. 增加 60 单位　　B. 减少 60 单位

C. 增加 120 单位　　D. 减少 120 单位

12. 农产品市场上均衡价格下降,均衡数量增加的原因必定是(　　)。

A. 人们的收入增加　　B. 更多的土地被用于修建高速公路

C. 开发出了高产的新品种　　D. 农民大量流入城市工作

参考答案:AABDB　CBBBB　BC

二、判断题

1. 一场台风摧毁了某地区的荔枝树,市场上的荔枝少了,这称为供给减少(×)。

2. 若某产品需求曲线向右下方倾斜,则可判定它必为正常品(×)。

三、案例分析题

某歌星一场演唱会的出场费的收入是几十万元乃至上亿元人民币，是普通人几年或几十年的收入，老百姓难免有不平衡之感。讨论：歌星的高收入合理吗？为什么？

案例分析：

歌星的高收入是由歌星的供给和公众的需求决定的，这是市场机制作用的结果，既然对歌星的消费需求如此之大，而供给方又稀缺，也就是说在市场上少数著名歌星有完全垄断地位，因此他们的高收入不仅是合理的也是公正的，少数歌星是竞争出来的。当看到一夜走红的歌星收入高于我们这些十几年寒窗苦读的教授许多时，难免有不平衡之感，但从经济学的理性来看，歌星的高收入是市场供求关系决定的，因此歌星的高收入是合理的。

第4章 弹性理论及其应用

本章学习目标：

1. 知道弹性及其在商品定价中的应用
2. 熟悉商品需求与商品价格弹性的关系
3. 了解影响需求弹性的因素是什么
4. 熟悉供给弹性的含义
5. 知道影响供给弹性的因素是什么

导入案例：商品是怎么定价的？

作为一个经营者，商品的定价是一个难题，是薄利多销能提高商品销售收入，还是提高单价，获取单位商品的高额利润呢？这要具体分析不同商品的弹性。

商品价格变化后，所有商品的需求量和供给量变化的幅度会一样吗？自来水的价格上升50%，钻石的价格也上升50%，它们需求量的下降幅度肯定不同；粮食的价格上升50%，粉笔的价格也上升50%，它们供给量的上升幅度肯定也不同。这是为什么呢？是什么影响了不同商品需求量和供给量的变化呢？

回忆我们学过的供给、需求和价格，当一种商品的价格上升时，这种商品的需求量减少、供给量增加。但是，有时候我们需要一个精确的回答，其需求量会减少多少？供给量会增加多少？它引导我们更精确地分析供给、需求与价格的关系，将之前对供需的定性认识，深化到定量的分析，我们将要使用的工具是弹性。

学习了本章的内容后，我们再来逐一回答上述问题吧。

本章的弹性理论，可以解决我们生活中的很多现实经济问题。

4.1 需求弹性

某款手机的设计和款式让你心仪，但2000元人民币的价格，却让你觉得太贵而舍不得购买。但如果此时手机商场做活动——全场八折，一些原先狠不下心“出血”的人——或许也包括你就愿意花上1600元买下这款手机。因此，无论是我们的经验，还是需求规律都表明，其他因素不变条件下，一种商品的价格下降，可以使需求量增加。

4.1.1　弹性的概念

根据以上情形说明一种商品的价格降低，买者对该商品的需求量通常增大。由此，我们会很自然地想知道，当一种商品的价格下降 1%时，这种商品的需求量究竟会上升多少呢？

弹性告诉我们，当一个经济变量发生变动时(例如 1%)，由此引起的另一个经济变量变动的大小(例如 2%)。

即：弹性用来度量一个变量对另一个变量变化的敏感程度，该敏感程度用弹性系数的大小来表示：

$$\text{弹性系数}=\frac{\text{因变量的变动比例}}{\text{自变量的变动比例}} \tag{4-1}$$

具体到经济学中，自变量一般为价格，因变量一般为需求量或供给量，将式(4-1)表达成数学函数形式为：

$$e=\frac{\dfrac{\Delta Y}{Y}}{\dfrac{\Delta X}{X}}=\frac{\Delta Y}{\Delta X}\cdot\frac{X}{Y} \tag{4-2}$$

式中，e 为弹性系数；Δ 表示变化量；ΔX 为自变量 X 的变化量；X 为初始自变量；ΔY 为因变量 Y 的变化量；Y 为初始因变量。该式表示：当自变量 X 变化百分之一时，因变量 Y 变化百分之几。

经济学中还经常使自变量的变化趋于无穷小，式(4-2)中若 X 的变化量趋于无穷小，则弹性公式为式(4-3)，由于它跟数学上的导数公式十分相近，我们也可以把它写成导数的形式：

$$e=\lim_{\Delta X\to\infty}\frac{\dfrac{\Delta Y}{Y}}{\dfrac{\Delta X}{X}}=\frac{\dfrac{\mathrm{d}Y}{Y}}{\dfrac{\mathrm{d}X}{X}}=\frac{\mathrm{d}Y}{\mathrm{d}X}\cdot\frac{X}{Y} \tag{4-3}$$

经济学中通常将式(4-2)称为弧弹性公式，将式(4-3)称为点弹性公式。

本章将以需求的价格弹性为重点，考察与需求和供给有关的几个弹性概念，并把它们应用到经济实践之中。

4.1.2　需求价格弹性的计算

需求弹性包括价格弹性、需求的交叉价格弹性和需求的收入弹性，需求的价格弹性又叫需求弹性，下面我们详细学习需求的价格弹性。

经济学家用需求量变动的百分比除以价格变动的百分比来计算需求价格弹性。这就是：

$$\text{需求价格弹性系数}=\left|\frac{\text{需求量变动的百分比}}{\text{价格变动的百分比}}\right|\text{或}-\frac{\text{需求量变动的百分比}}{\text{价格变动的百分比}} \tag{4-4}$$

按照式(4-4),你会发现,无论你使用人民币还是美元作为单位计量价格,价格上升 10%,商品的需求价格弹性是一样大的,所以使用百分比衡量变动幅度就会使得弹性和计量单位无关。

例如,酸奶的价格从 2 元人上升到 2.4 元,使你购买的酸奶从每月 10 杯减少为 6 杯。价格变动百分比为:

价格变动百分比=(2.4-2)÷2.00×100%=20%。

需求量变动百分比为:

需求量变动百分比=(6-10)÷10×100%=-40%。

这时,需求价格弹性是:

需求价格弹性=-(-40%÷20%)=2。

在这个例子中,弹性是 2,反映了需求量变动的比例是价格变动比例的两倍,价格上升 20%,需求量却大幅度减少了 40%。如果把货币的计量单位换成美元,把酸奶的计量单位换成公斤,其实并不影响上述需求弹性的结果。

由于一种商品需求量变动的百分比与价格变动的百分比总是相反的。在上面的例子中,价格变动的百分比是+20%(反映了上升),而需求量变动的百分比是-40%(反映了减少)。因此,需求价格弹性一般为负数。在本书中我们遵循习惯性做法,去掉负号,把所有价格弹性规定为正数(数学上称这种数为绝对值),在比较弹性大小时就去掉了一些表述上的麻烦。根据这个习惯,需求价格弹性越大,意味着需求量对价格越敏感。举个例子,汽油的价格如果降了 10%,需求量能增长 50%,而萝卜价格下降 10%造成的需求量增长只有 30%,我们当然会说汽油的需求弹性更大。需求的价格弹性可以分为弧弹性和点弹性。以下我们分别说明。

4.1.3 需求价格弹性的影响因素

正如开篇所提,商品价格大幅度上升后,有的商品需求量减少的幅度有限,比如自来水;而有的商品需求量减少的幅度很大,比如钻石。那么,是什么因素决定了自来水的弹性小而钻石的弹性大呢?是什么原因让消费者对不同商品价格变动的反应不一样呢?我们可以总结出一些决定商品需求价格弹性的一般规律。

1. 必需品与奢侈品

必需品一般缺乏需求弹性,而奢侈品多富有弹性。

当蔬菜的价格整体上升时,尽管人们可能会比平常少买一点,但这个量不会改变太多,毕竟饭总是要吃,蔬菜也是必需的。这里,蔬菜就是一种必需品——价格怎样都要买蔬菜。

与之相比,当海参价格上升时,海参的需求量就会大幅度减少,原因是大多数人都把海参当作奢侈品。除了来客人或者商务宴请外,至少个人对海参的消费会有明显地减少。

事实上,一种商品是必需品还是奢侈品,并不绝对取决于商品的性质,而且取决于买者的偏好。因此，对一个人来说是奢侈品的东西，对另一个人可能只是必需品，对于“不差钱”的有钱人，海参涨价了也照旧购买。

2. 相近替代品的可获得性

相近替代品越多的商品越富有需求弹性。替代品多，消费者从这种商品转向购买其他商品较为容易，对商品的价格更敏感，需求弹性更大。例如，品牌 A 和品牌 B 的酸奶，口味和口感相近，很容易互相替代。假设品牌 A 的酸奶价格不变，品牌 B 的酸奶价格略有上涨，消费者就会大量购买品牌 A 的酸奶来代替品牌 B 的酸奶，反之也是如此。但是，很难找到替代品的商品，例如汽油，其需求弹性就小于酸奶。

3. 商品所划定范畴的大小

划定范畴小的商品需求弹性越大。食物是一个广泛的范畴，它的需求相当缺乏弹性，没有什么别的能作为食物的替代品。而蛋糕是一个较狭义的范畴，它的需求较富有弹性，人们可以用其他甜点来替代蛋糕，满足填饱肚子的需求。草莓蛋糕是一个更狭义的范畴，它的需求更富有弹性，其他任何口味的蛋糕在一定程度上均可以替代草莓蛋糕，甚至草莓本身、草莓糖、草莓果冻对于一些人来说，都可能是草莓蛋糕的有效替代品。

4. 时间的长短

时间越长，商品的需求越富有弹性。汽油价格上升，其需求量的变化在长期和短期会有何不同？答案是长期需求量的减少幅度更大。在最初的几个月中，人们可能只是节约汽油，使需求量略有减少。但是，随着时间的推移，人们可以想出更多的节油方法，例如购买更省油的汽车，转向公共交通，或迁移到离工作地点近的地方。长期来看，汽油的需求量会减少得更多。如果油价持续上涨，在更久的时间里（也许是三五年，也可能更久），人们会选择其他能源来完全取代汽油，而替代品的存在会显著提高商品的弹性（想想我们刚刚讲过的第 2 条）。因此，总体来说，任何一种商品，长期的需求弹性都会更大。

当然，还有许多其他的因素影响需求弹性的大小。比如消费者对商品价格的预期，我国的汽油价格经常会依据国际原油价格调整，在油价下降后，人们就会尽可能多地买低价汽油。如果知道第二天油价要提升了，人们还会不辞辛苦在凌晨排队试图买到最后的低价汽油，从而提升了低油价期间的汽油购买量。

> 思考：影响需求弹性的因素有哪些？现在，你可以根据学习到的影响弹性的因素举出。弹性特别大（或特别小）的商品的例子吗？

4.1.4 需求的价格弧弹性

需求的价格弧弹性，表示某商品需求曲线上两点之间的需求量的变动，对于价格变动的反应程度。简单地说，它表示需求曲线上两点之间的弹性。这个弧就是需求曲线上两点间的距离。需求价格弧弹性的计算公式及含义与我们前面所述的需求价格弹性的完全一致。

假定需求函数为

$$Q=f(P) \tag{4-5}$$

ΔQ 和 ΔP 分别表示需求的变动量和价格的变动量，以 e_d 表示需求的价格弹性系数，则需求的价格弧弹性的公式为

$$e_d=-\frac{\frac{\Delta Q}{Q}}{\frac{\Delta P}{P}}=-\frac{\Delta Q}{\Delta P}\cdot\frac{P}{Q} \tag{4-6}$$

同样，$\frac{\Delta Q}{\Delta P}$一般为负值，为了便于分析比较，在式(4-6)中加一个负号，实际上是取了绝对值，使需求的价格弧弹性系数 e_d 为正值。

1. 需求的价格弧弹性的四种类型

需求的价格弧弹性，是需求曲线上两点间的弹性，其大小和类型与需求曲线密切相关。

如图 4-1(a)所示，需求曲线是一条特殊的垂直于数量轴的直线，价格上升，需求量没有任何变化，即 $e_d=0$，称作完全无弹性的需求。需求量对价格的变化特别不敏感。生活中婚丧用品、特效药等商品接近于完全无弹性的需求。

如图 4-1(b)所示，需求曲线仍然比较陡峭，此时价格上升了 67%，需求量仅减少了 20%，即 $e_d<1$，称作缺乏弹性的需求。需求量对价格的变化不太敏感。生活中的食品等必需品接近于缺乏弹性的需求。

如图 4-1(c)所示，需求曲线此时比较平缓，价格上升了 67%，需求量却减少了 75%，即 $e_d>1$，称作富有弹性的需求。需求量对价格的变化很敏感。生活中的钻石、游艇等奢侈品接近于富有弹性的需求。

如图 4-1(d)所示，需求曲线是一条特殊的平行于数量轴的水平线，价格上升，需求量就会迅速从正无穷减少到 0，即 $e_d=\infty$，称作完全弹性的需求。需求量对价格的变化特别敏感。某些特别奢侈的商品可能比较接近于这样完全弹性的需求。

> 思考：除了这四类需求的价格弧弹性，还有一种比较特殊的类型，你能想出来是什么。吗？生活中什么商品比较接近这样的弧弹性类型？

2. 需求的价格弧弹性的计算实例

下图 4-2 是需求函数 $Q=160-40P$ 的几何图形。

图中需求曲线上 a、b 两点的价格分别为 3 和 2，相应的需求量分别为 40 和 80。根据式(4-6)，相应的弧弹性分别计算如下：

由 a 点到 b 点（即降价时）：

$$e_d=\frac{\Delta Q}{\Delta P}\cdot\frac{P}{Q}=-\frac{Q_b-Q_a}{P_b-P_a}\cdot\frac{P_a}{Q_a}=-\frac{80-40}{2-3}\cdot\frac{3}{40}=3。$$

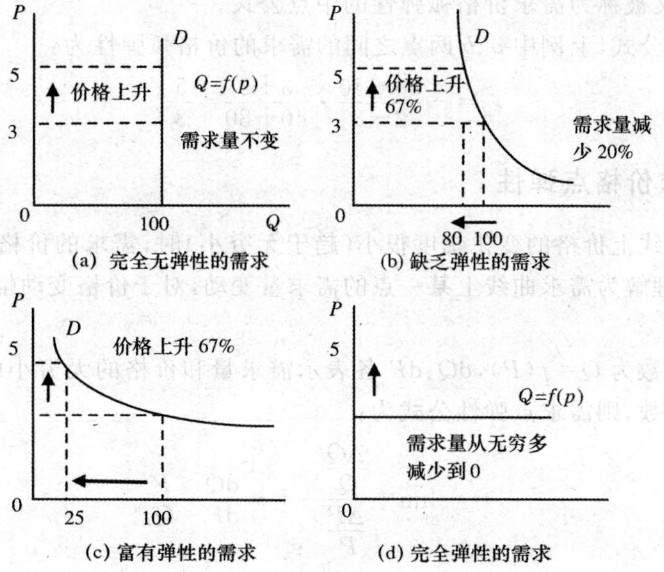

图 4-1　需求的价格弧弹性四种类型

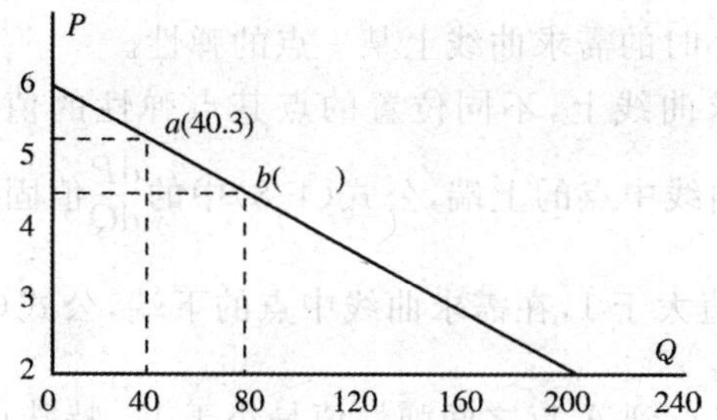

图 4-2　需求曲线

由 b 点到 a 点(即提价时):

$$e_d=-\frac{\Delta Q}{\Delta P}\cdot\frac{P}{Q}=-\frac{Q_a-Q_b}{P_a-P_b}\cdot\frac{P_b}{Q_b}=-\frac{40-80}{3-2}\cdot\frac{2}{80}=1。$$

问题是,同样一条需求曲线,价格同样是在 2 和 3 之间变化,需求价格弧弹性系数却不同。其原因在于:在上面的计算中,由于两个问题的起点和终点不同,导致在选取 P 和 Q 的基数时有差别,因此,两种计算的结果不相同。

在这种情况下,为了避免因起始点不同而导致弹性计算结果的差异,通常取两点之间的平均值(即中点)来代替公式中的 P 和 Q 的数值,即需求的价格弧弹性又可以根据下式来计算:

$$e_d=-\frac{\Delta Q}{\Delta P}\cdot\frac{\frac{P_1+P_2}{2}}{\frac{Q_1+Q_2}{2}}=-\frac{\Delta Q}{\Delta P}\cdot\frac{P_1+P_2}{Q_1+Q_2}。\qquad(4\text{-}7)$$

式(4-7)又被称为需求价格弧弹性的中点公式。

根据中点公式,上例中 a、b 两点之间的需求的价格弧弹性为:

$$e_d=-\frac{80-40}{2-3}\cdot\frac{3+2}{40+80}=\frac{5}{3}。$$

4.1.5 需求价格点弹性

当需求曲线上价格的变化幅度很小(趋于无穷小)时,需求的价格弹性用点弹性来表示,可以理解为需求曲线上某一点的需求量变动,对于价格变动幅度很小的反应程度。

设需求函数为 $Q=f(P)$,$\mathrm{d}Q$、$\mathrm{d}P$ 各表示需求量和价格的无穷小的变动量,e_d 表示需求弹性系数,则需求点弹性公式为:

$$e_d=-\lim_{\Delta P\to 0}\frac{\frac{\Delta Q}{Q}}{\frac{\Delta P}{P}}=-\frac{\mathrm{d}Q}{\mathrm{d}P}\cdot\frac{P}{Q}。\tag{4-8}$$

比较式(4-6)和式(4-8)可见,需求的价格弧弹性和点弹性的本质是相同的,它们的区别仅在于:前者表示价格变动量较大时的需求曲线上两点之间的弹性,而后者表示价格变动量无穷小时的需求曲线上某一点的弹性。

在同一条线性需求曲线上,不同位置的点其点弹性的值是有差异的,如图 4-3(a)所示,在这条需求曲线中点的上端,公式(4-8)中的 $\frac{\mathrm{d}P}{\mathrm{d}Q}$ 值固定,但 $\frac{P}{Q}$ 值大于 1,即 E 点到 C 点之间点弹性值大于 1,在需求曲线中点的下端,公式(4-8)中的 $\frac{\mathrm{d}P}{\mathrm{d}Q}$ 值依然不变,但 $\frac{P}{Q}$ 值小于 1,即 C 点到 A 点之间弹性值是小于 1。特殊点 E 点、C 点、A 点的弹性值分别为正无穷、1 和 0。

还有一种特殊的情况,如图 4-3(b)和(c)所示的特殊线性需求曲线上,不同位置的点,其点弹性值是相同的。如果需求曲线水平或者垂直,其需求曲线每一点上的点弹性值均为正无穷或 0。

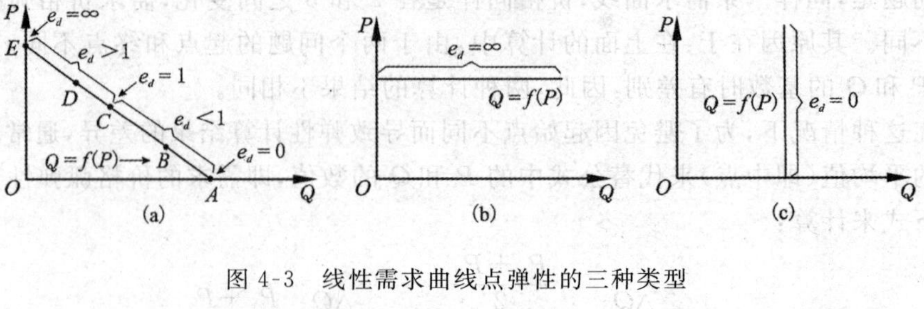

图 4-3 线性需求曲线点弹性的三种类型

1. 需求价格点弹性的几何意义

在图 4-4 中,需求曲线为线性的,分别与价格轴和数量轴相交于 A. B 两点,C 点为线性需求曲线上的任意一点,F 点和 G 点分别为通过 C 点向纵轴和横轴引垂线的交点,C 点的需求价格点弹性可以用几何的方法表示出来:

$$e_d=-\frac{dQ}{dP}\cdot\frac{P}{Q}=\frac{GB}{CG}\cdot\frac{CG}{OG}=\frac{GB}{OG}=\frac{CB}{AC}=\frac{FO}{AF} \quad (4\text{-}9)$$

由式(4-9)我们可以得出的结论是,线性需求曲线上的任何一点的弹性,均可以通过该点向价格轴或者数量轴引垂线,所形成的线段之间的比例求得。

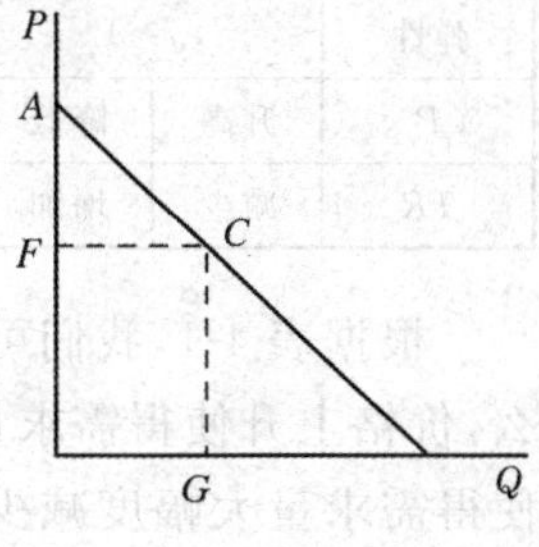

图 4-4 需求价格点弹性

通过线性需求曲线上的比例,我们可以得出线性需求曲线上点弹性的明显特征:在线性需求曲线上的点的位置越高,相应的点弹性数值就越大;相反,位置越低,相应的点弹性数值就越小。

在 A 点,$e_d=\infty$;在 B 点,$e_d=0$。可见,向右下方倾斜的线性需求曲线上每一点的弹性都是不相等的。若 C 点是需求曲线的中点,那么在 C 点,$e_d=1$;中点以下需求曲线上各点的弹性 $e_d<1$;中点以上需求曲线各点的弹性 $e_d>1$。

2. 需求价格点弹性的计算实例

假设某商品的需求函数为:$Q=30-5P$,计算点弹性数值。

∵ $dQ/dP=-5$,

∴ $e_d=|dQ/dP\times P/Q|=5P/(30-5P)$。

这表明点弹性 EP 是价格 P 的函数:

若 $P=2$,则 $Q=20e_d=0.5$;

若 $P=3$,则 $Q=15e_d=1.0$;

若 $P=4$,则 $Q=10e_d=2.0$。

结论:对一个既定的需求函数,不同的价格水平下会有不同的弹性值,价格越高,弹性越大,价格越低,弹性越小。

思考:为什么需求价格弹性不等于需求曲线的斜率?

4.1.6 理论联系实际:需求的价格弹性和厂商的定价

如果将单位商品的价格定高,则该商品的销售量就会下降。但是,此时经营者的销售收入(或称作总收益,记做:TR,是商品价格与销售量的乘积,可以表示为 $TR=P\times Q$)有可能增加也有可能减少。根据前面所学的弹性知识,你能想出为什么吗?

如果价格上升时,需求量大幅下降,则销售收入就会减少;如果价格上升时,需求量下降有限,则销售收入就会增加。因此,研究需求弹性大小和总收益的关系是很有实际意义的。需求价格弹性和销售收入的关系见表 4-1。

表 4-1　　需求价格弹性和销售收入的关系

弹性	$e_d>1$		$e_d=1$		$e_d<1$		$e_d=0$		$e_d=\infty$	
P	升高	降低	升高	降低	升高	降低	升高	降低	升高	不会降低
TR	减少	增加	不变	不变	增加	减少	增加	减少	减少为 0	

根据表 4-1,我们可以总结出不同商品的定价规律:如果需求是缺乏弹性的,那么,价格上升使得需求量减少的幅度较小,总收益增加;如果需求富有弹性,价格上升使得需求量大幅度减少,总收益减少。这就是说,价格上升,$P\times Q$ 减少是因为 Q 减少的比例大于 P 上升的比例。

当商品的需求价格弹性大于 1 时,价格 P 上升使总收益 $TR=P\times Q$ 减少,价格下降使总收益增加。

当商品的需求价格弹性等于 1 时,价格 P 的变动不影响总收益 TR。

当商品的需求价格弹性小于 1 时,价格 P 上升使总收益 TR 增加,价格下降使总收益减少。

思考:什么样的商品适合提价销售?什么样的商品适合降价销售?为什么?

4.1.7　需求的收入弹性

除了需求价格弹性,还有比较常见的需求的收入弹性和需求的交叉弹性。需求的收入弹性用来衡量需求对收入变动的反应程度。

需求的收入弹性的计算公式为

$$\text{需求的收入弹性}=\frac{\text{需求量变化百分比}}{\text{收入量变化百分比}} \tag{4-10}$$

假设其他因素不变,需求量仅仅受消费者收入水平 M 的影响,需求函数为 $Q=f(M)$,则需求的收入弹性系数 e_M 为

$$e_M=\frac{\frac{\Delta Q}{Q}}{\frac{\Delta M}{M}}=\frac{\Delta Q}{\Delta M}\cdot\frac{M}{Q}。$$

式中的,ΔQ 表示某种商品需求量的变化量;ΔM 表示消费者收入的变化量。

需求的收入弹性表示收入增加 1%以后,商品的需求会有多大的变化。根据需求收入弹性的正负,可以将商品分为正常品和劣等品。

正常品是指消费者收入增加时,其对商品的需求数量也增加。因此,正常品的需求收入弹性值为正。比如说,当你收入增加了,就会买更多的衣服和鞋子,衣服和鞋子就是正常品。

劣等品是指,消费者收入增加时,其对商品的需求数量反而下降。因此,劣等品的需求收入弹性值为负。比如说,当你收入增加了,自己开车出行,对公共交通的需

求数量减少，公共交通此时对你来说就是劣等品。经济学家有时还使用奢侈品的概念，奢侈品是指需求收入弹性大于 1 的商品，此时收入增加 1%，奢侈品需求的数量增加幅度大于 1%。相应的，需求收入弹性值大于 0 且小于 1 的商品，叫作必需品。

在需求收入弹性的基础上，如果需要具体研究消费者用于购买食物的支出对于消费者收入变动的反应程度，就可以使用食物支出的收入弹性概念。

西方经济学中的恩格尔定律指出：在一个家庭或在一个国家中，食物支出在收入中所占的比例，随着收入的增加而减少。用弹性概念来表述恩格尔定律：一个家庭或一个国家，富裕程度越高，则食物支出的收入弹性就越小；反之，则越大。很多国家和地区经济发展过程的统计资料表明恩格尔定律是成立的。

除了上述在西方经济学文献中经常出现的弹性概念外，根据所研究的具体经济问题的不同，经济学家也经常建立一些新的弹性关系。

4.1.8 需求的交叉弹性*

一种商品的需求还受到其相关商品价格的影响（所谓相关商品指替代品和互补品），我们运用需求交叉弹性分析价格变化和其相关商品需求变化之间的关系。需要注意的是，需求交叉弹性是迄今为止第一个涉及两种商品的弹性概念，它反映一种商品的价格变化导致另一种商品需求量变化的程度。

假定商品 X 的需求量 Q_X 是它的相关商品 Y 的价格 P_Y 的函数，即 $Q_X=f(P_Y)$，则商品 X 的需求交叉弧弹性公式为

$$e_{XY}=\frac{\frac{\Delta Q_X}{Q_X}}{\frac{\Delta P_Y}{P_Y}}=\frac{\Delta Q_X}{\Delta P_Y}\cdot\frac{P_Y}{Q_X} \tag{4-11}$$

式(4-11)中，ΔQ_X 为商品 X 需求的变化量；ΔP_Y 为相关商品 Y 的价格的变化量，e_{XY} 为 Y 商品价格变化时的 X 商品的需求交叉弹性系数。

> 思考：你能写出相关商品 Y 的价格变化时，商品 X 的需求交叉点弹性公式吗？需求交叉弹性的符号是正的还是负的？有什么意义？

4.2 供给弹性

实际上，供给与需求类似，也会涉及弹性的概念。当一种商品价格上升、或其成本下降、技术进步时，该商品的卖者会增加商品的供给数量，但是增加多少呢？这就涉及供给弹性的概念。

4.2.1 供给价格弹性及其决定因素

供给价格弹性衡量供给数量对价格变动的反应程度，它用供给量变动百分比除

以价格变动百分比来计算。其计算公式如下：

$$供给的价格弹性=\frac{供给量变动的百分比}{价格变动的百分比} \tag{4-12}$$

同理，如果供给量对价格变动的反应很大，就说这种商品的供给是富有弹性的。如果供给量对价格变动的反应很小，就说这种商品的供给是缺乏弹性的。

供给价格弹性取决于卖者改变所生产商品数量的能力。例如，土地供给缺乏弹性，因为土地的数量是固定有限的，不可能因价高了就多"生产"出一些土地。相反，书籍、电器这类商品的供给则富有弹性，厂商改变这些商品数量的能力较强。

供给价格弹性关键的决定因素是时间，供给在长期中的弹性通常大于短期。特别是一些生产周期长的商品，其供给价格弹性一般较小，例如：粮食，一些原材料易获得、流水线上能够不断生产的商品，其供给价格弹性就较大。

4.2.2 计算供给价格弹性

假设英文翻译的薪酬从每千字 50 元涨到了 60 元，翻译们就愿意多工作多挣钱，每周的产出从 1 万字增加到 1.5 万字，我们可以计算出：

价格变动百分比＝(60－50)/50×100％＝20％，

供给量变动百分比＝(1.5－1)/1×100％＝50％，

这时，供给价格弹性＝50％/20％＝2.5。

在这个例子中，弹性为 2.5，大于 1，它反映了供给量变动的比例大于价格变动的比例这一事实，翻译供给是富有弹性的。

4.2.3 供给价格弹性的分类

供给价格弹性的种类可以通过不同形式的供给曲线反映出来。

如图 4-5 所示，供给价格弹性可以分为五类：

1. 完全无弹性

弹性等于零。供给曲线为垂直线。无论市场价格怎么改变，供给量是一定的，见图 4-5(a)。

2. 缺乏弹性

弹性小于 1。供给曲线与数量轴相交，供给量变化对市场价格的变化不敏感，见图 4-5(b)。

3. 单位弹性

弹性等于 1。供给曲线与坐标原点相交，供给量的变化与市场价格变化同比例，见图 4-5(c)。

4. 富有弹性

弹性大于 1。供给曲线与价格轴相交，供给量变化对市场价格的变化很敏感，见图 4-5(d)。

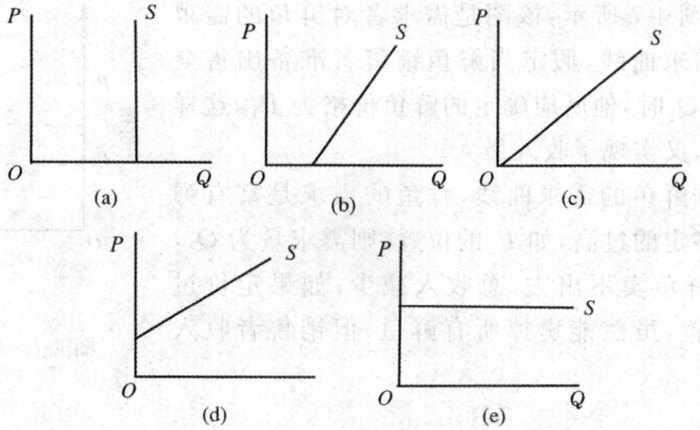

图 4-5　供给价格弹性

5. 完全有弹性

弹性等于无穷大。供给曲线为水平直线，价格改变一点点，也会对供应量产生巨大的影响，见图 4-5(e)。

在一些市场上，某行业的供给弹性并不是固定的，供给曲线也可能变动。如图 4-6 代表一个典型行业的供给曲线，在这个行业中企业的生产能力有限。在供给水平较低时，供给弹性高，表明企业对价格变动能做出相当大的反应。在这一范围内，企业存在未被利用的生产能力，例如全天或部分时间处于闲置状态的厂房和设备。价格少量增加使得企业利用这种闲置的生产能力可以增加供给。随着供给量增加，企业开始达到其生产能力。一旦生产能力完全得到利用，再增加生产就需要建立新工厂，企业要承受这种额外支出，价格就必须大幅度上升，因此，供给变得缺乏弹性。

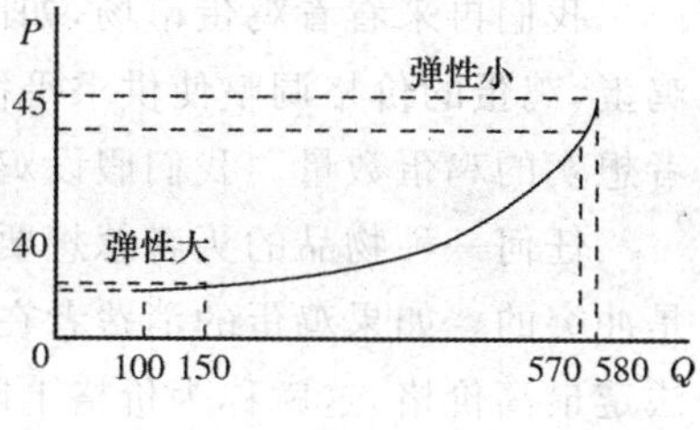

图 4-6　某行业的供给弹性示例

思考：你能分别举出供给价格弹性五种类型的实例吗？

4.3　供求曲线及弹性的实际应用

4.3.1　易腐商品的售卖

易腐商品指的是在短期内容易腐烂变质的商品，比如食品，易腐商品必须在短期内卖掉。易腐商品的销售者应该如何定价，才能使全部商品以最优的价格卖掉？

以夏天的鲜鱼为例。如果鲜鱼的销售者准确地知道消费者对其鲜鱼的需求曲线，便可以根据该需求曲线和准备出售的全部鲜鱼数量，来确定能使自己获得最高收入的价格。如图 4-7 所示：该图是需求者对鲜鱼的需求曲线，根据该需求曲线，假定当鲜鱼销售者准备出售全部鲜鱼数量为 Q_1 时，他所应确定的鲜鱼价格为 P_1，这样既卖掉了鲜鱼，又实现了收入最大。

因为，根据鲜鱼的需求曲线，鲜鱼的需求是富有弹性的，如果价格定的过高，如 P_2 的位置，则需求量为 Q_2，则有 Q_2Q_1 的鲜鱼卖不出去，总收入减少；如果定价过低，如 P_3 的位置，虽然能卖掉所有鲜鱼，但销售者收入减少了。

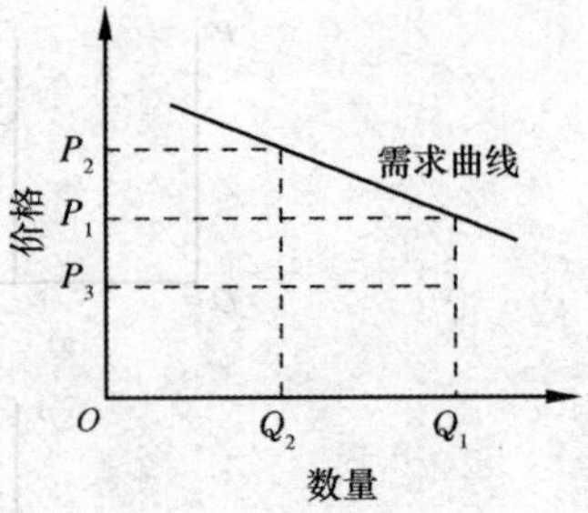

图 4-7　咸鱼的定价

4.3.2　政府的价格控制

当决策者认为一种物品或劳务的市场价格，对买者或卖者不公正时，通常会实施价格控制。

1. 价格控制

我们再来看看鸡蛋市场，如前所述，如果在一个没有政府管制的竞争市场上出售鸡蛋，鸡蛋的价格调整使供求平衡：在均衡价格时，买者想买的鸡蛋数量正好等于卖者想卖的鸡蛋数量。我们假设鸡蛋均衡价格是每斤 8 元。

任何一种物品的买者总想要低价格，而卖者总想要高价格，所以，这两方的利益是冲突的。如果鸡蛋的消费者在游说政府的过程中成功，政府就制定鸡蛋可以卖的法定最高价格，这就称为价格上限，它通常是低于均衡价格 8 元的。

如果鸡蛋的供货商在游说政府的过程中成功，政府就制定鸡蛋可以卖的法定最低价格，这就称为价格下限，它通常是高于均衡价格 8 元的。现在我们依次来考虑这些政策的影响。

2. 价格上限对市场的影响

价格上限是政府为了限制某些商品和要素价格上涨而规定的商品最高价格，这个最高价格一般是低于市场均衡价格的，其目的是保护消费者利益。如国家对关系国计民生的垄断部门——电力、水利、天然气部门的价格控制，就是价格上限的一种。长期的价格上限会产生什么样的问题呢？

当政府对市场实行限制性价格上限时，就产生了物品的短缺，卖者必须在大量潜在买者中配给稀缺物品。例如：每斤鸡蛋均衡价格为 8 元，政府实行每斤鸡蛋 6 元的价格上限，如图 4-8 所示。此时鸡蛋的供给量为 80 斤，而需求量为 120 斤，供不应求，鸡蛋在市场上短缺，出现消费者争相购买的场面，这时消费者在价格为 6 元时是买不到鸡蛋的，鸡蛋的价格上限 6 元受到限制性约束。鸡蛋市场的例子说明了一个一般规律：当政府对竞争市场实行限制性价格上限时，就产生了物品的短缺，造成排长队。

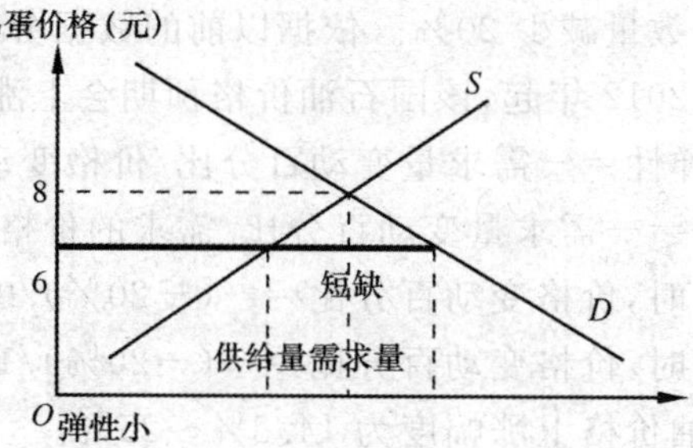

图 4-8 有限作用的价格上限

3. 价格下限对市场的影响

价格下限是政府为了扶植某一行业的发展而规定的该行业产品的最低价格,这个最低价格一般是高于市场均衡价格的,其目的是保护生产者利益。如国家对粮食等农产品实施的保护价收购政策就是价格下限的一种。长期的价格下限会产生什么样的问题呢?

当政府对市场实行限制性价格下限时,就产生了物品的过剩,卖者必须想办法将生产过剩的商品销售掉。例如:每斤鸡蛋均衡价格为 8 元,政府实行每斤鸡蛋 10 元的价格下限,如图 4-9 所示。

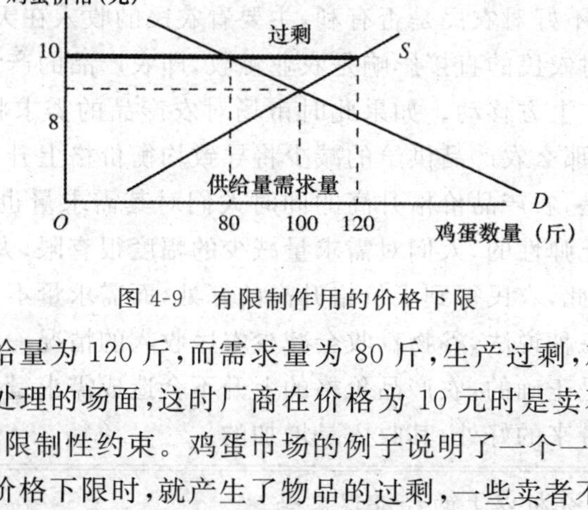

图 4-9 有限制作用的价格下限

此时鸡蛋的供给量为 120 斤,而需求量为 80 斤,生产过剩,鸡蛋在市场上滞销,出现厂商争相降价处理的场面,这时厂商在价格为 10 元时是卖不出鸡蛋的,鸡蛋的价格下限 10 元受到限制性约束。鸡蛋市场的例子说明了一个一般规律:当政府对竞争市场实行限制性价格下限时,就产生了物品的过剩,一些卖者不能卖出他们想卖的所有商品。

> 思考:价格上限和价格下限的含义是什么?什么引起了短缺?什么引起了过剩?请各举出一个例子。

4.3.3 供求曲线的其他运用

1. 用于价格和销售量的分析和估计

某国为了鼓励本国石油工业的发展,于 2012 年采取措施限制石油进口,估计这些措施将使进口的石油数量减少20%。依据以前的数据分析可知，石油的需求价格弹性在0.8～1.4，问从2012年起，该国石油价格预期会上涨多少？

解：∵需求的价格弹性＝－需求量变动百分比/价格变动百分比，

∴价格变动百分比＝－需求量变动百分比/需求的价格弹性。

当价格弹性为0.8时，价格变动百分比＝－(－20%)/0.8＝25%；

当价格弹性为1.4时，价格变动百分比＝－(－20%)/1.4＝14.3%。

所以，预计该国石油价格上涨幅度为14.3%～25%。

2. 用于决策分析

价格弹性对有些经济决策是很有用的。

例如，怎样给出口商品定价？如果出口的目的在于增加外汇收入，那么对价格弹性大的商品应制定较低的价格，而对弹性小的商品应制定较高的价格。

又例如，为了提高生产者的收入，人们往往对农产品采取提价的办法，对游艇、钻石、高档手表等高级消费品采取降价的办法，就是因为前者弹性小，后者弹性大。

3. 经济现象的分析

经济实例：有人说，天气不好对农民不利，因为谷物歉收，会减少农民的收入。但也有人说，天气不好反而对农民有利，因为农业歉收后谷物价格会上涨，农民因此而增加收入。试运用所学经济学原理对这两种说法给予评价。

分析：评价天气不好对农民是否有利，主要看农民的收入在天气不好的情况下如何变动。天气不好对农民的直接影响是农业歉收，即农产品的产量减少，这表现为农产品的供给曲线向左上方移动。如果此时市场对农产品的需求状况不发生变化，即需求曲线保持不变，那么农产品供给的减少将导致均衡价格上升，农民的收入水平提高。而实际的情况是，农产品价格升高的同时人们对其需求量也会减少，但是，由于农产品的需求是缺乏弹性的，人们对需求量减少的幅度很有限，大部分人不会因为农产品贵而不吃饭，因此，农民得到了价格升高的好处，而需求量不会大幅减少，其收入水平是上升的。第一种说法，谷物歉收会减少农民收入的情况一般是不存在的；而第二种说法在实际中是正确的，农产品价格的上升不会造成需求量的大幅度减少，因而农民会得到高价格带来的好处，其收入是增加的。

思考：你能作图分析以上的经济现象吗？

4.4 本章小结

1. 需求价格弹性衡量需求量对价格变动的反应程度

如果某种商品是奢侈品而不是必需品，如果可以得到相近的替代品，如果用途广泛，如果买者有相当长时间对价格变动做出反应，那么，这种商品就倾向于更富有弹性。

2. 可以用需求量变动百分比除以价格变动百分比来计算需求价格弹性

如果弹性小于1,就表示需求量变动比例小于价格变动的比例,需求是缺乏弹性的。如果弹性大于1,就表示需求量变动比例大于价格变动的比例,需求是富有弹性的。

3. 总收益(或销售收入)即对一种商品的总支付量,等于该商品的价格乘以销售量

对于缺乏弹性的商品,总收益随着价格的上升而增加。对于富有弹性的商品,总收益随着价格的上升而减少。

4. 需求收入弹性衡量需求对收入变动的反应程度

它被定义为需求变动百分比除以收入变动百分比。

5. 供给价格弹性衡量供给量对价格变动的反应程度

这种弹性往往取决于所考虑的时间长短。在大多数市场上,供给在长期比在短期中更富有弹性。

本章课后同步思考题及参考答案

一、名词解释

1. 弹性

弹性是一个物理学概念。在这里弹性的含义是:当一个经济变量发生变动时(例如1%),由此引起的另一个经济变量变动的大小(例如2%)。

2. 交叉弹性

是指商品的价格变动率与其相关商品需求量变动率之间的比值,反映了价格变化对相关商品需求变动之间的关系。

3. 供给弹性

供给价格弹性衡量供给数量对价格变动的反应程度,它用供给量变动百分比除以价格变动百分比来计算。

4. 收入弹性

需求的收入弹性表示收入变动率对商品需求量变动率的反应程度,它是用来衡量需求对收入变动的敏感程度。

二、简答题

1. 影响需求价格弹性的因素是什么?

答:(1)商品可替代的程度。商品的可替代程度越大,商品的弹性就大。

(2) 商品用途的广泛性。商品的用途广泛,需求的价格弹性就越大。反之,用途越狭窄,商品需求的价格弹性就可能越小。

(3) 商品对消费者生活的重要程度。基本的需求,其需求的价格弹性较小,而高级需求的价格弹性越大。

(4) 商品的消费支出在消费者预算支出中所占的比重。当一种商品在消费者预算支出中占有很小的一部分时,消费者可能不太会注意这种商品的价格变动,那么这种商品的弹性就比较小。

(5) 相应于价格变动,消费者调整需求量的时间也是一个重要因素。一般说来,消费者调整需求的时间越短,需求价格弹性就越小;相反,调整时间越长,需求价格弹性越大。

2. 比较某品牌笔记本电脑与台式电脑的需求价格弹性的大小,并说明原因。

答:替代品的可得性影响到商品需求价格弹性的大小。联想笔记本电脑的替代品包括其他品牌的笔记本电脑,以及所有的台式电脑;而台式电脑的替代品仅包括所有的笔记本电脑。因此,联想笔记本电脑较易获得替代品,其需求价格弹性较大。

3. 比较面包店里所有口味的蛋糕与巧克力蛋糕的供给价格弹性的大小,并说明原因。

答:巧克力蛋糕的替代品可以是其他口味的蛋糕,或者是所有口味的面包;而蛋糕的替代品只有面包。因而巧克力蛋糕较易获得替代品,其需求价格弹性较大。

4. 为什么粮食大丰收对农民而言不一定是件好事? 如果只是某户农民的粮食丰收,那么对这户农民来说,丰收还可能是件坏事吗?

答:由于对粮食的需求缺乏弹性,因此粮食大丰收导致供给增加后,粮食价格下跌幅度较大,但粮食需求量并没有增加太多,因此农民的收益很可能是下降的。但如果只是某户农民丰收,市场的总供给基本不变的情况下,粮食价格变化不大,该户农民收益一定是增加的。

三、计算题

1. 假定一定时期内汽车的需求状况为:

汽车价格(万元)	需求量(万辆)
12	40
10	50
8	70
6	100

试计算汽车价格在8万至10万元时需求的价格弹性。

答:$P_2-P_1=-2$(万元)

$(P_2+P_1)/2=9$(万元)

$Q_2-Q_1=20$(万辆)

$(Q_2+Q_1)/2=60$(万辆)

价格弹性 $E_d=-(20/60)/(-2/9)=1.5$

2. 小张决定今年春节花100元买连环画，但他在去书店前还不知道连环画的具体价格，也不知道今年春节他能拿到多少压岁钱。请你计算小张对连环画的需求价格弹性与需求收入弹性。

答：由于小张并不知道连环画的具体价格，也不知道他压岁钱的总数目，他只决定了在连环画上的支出为100元，因此，他对连环画的需求函数为：$Q=\frac{100}{P}$，

由这个需求函数，我们可以得到需求价格弹性：$|E|=-\frac{dQ}{dP}\cdot\frac{P}{Q}=\frac{100}{P}\cdot\frac{P^2}{100}=1$

小张对连环画的需求与他能拿到多少压岁钱无关，因此需求收入弹性为0。

四、分析论述题

1. 从2002年开始，我国铁路部门经价格听证后，全面实行春运票价上浮政策。然而该政策的效果却微乎其微：2002年全国铁路春运客流1.28亿人次，2003年为1.34亿，2004年为1.37亿，2005年达到1.4亿，2006年接近1.5亿，2007年达到1.56亿。请思考并回答以下问题。

(1) 在连续几年的春运涨价中，"涨价有利于'削峰填谷'"、"涨价可以让部分外出务工者就地过年"、"涨价可以分流客源，减轻铁路运输压力"是铁道部门的部分理由。结合本章的需求价格弹性分析，你认为这样的理由是否成立？

(2) 根据本章学过的弹性与收益之间的关系，我们能排除铁路部门的春运涨价有捞一把的嫌疑？

(3) 铁路部门在价格上是受管制的。连续几年的春运涨价备受争议，2007年铁路部门承诺"春运不涨价"让很多人松了口气，但从淡季降价到春运期间"恢复原价"的做法又让很多人大感失望。请你对此加以评论。

答：(1) 我国的城乡分割政策造成大量进城务工的农村劳动力很难在工作的城市中真正安家落户，而传统文化的影响以及亲情的联系，使得在春节期间回家团聚成为广大外出务工者一种强烈的需求。同时，对于大多数外出务工者而言，目前的航空票价相对过高，而长途公路运输在安全性与舒适性上也很难满足人们的需要。因此，春运期间人们对于铁路运输的需求是缺乏价格弹性的。事实也证明，铁路部门关于提价抑制需求的理由很难站住脚。

(2) 在需求价格弹性比较低时，提价将使得生产者收益增加。从这个角度来看，在春运期间的提价行为无疑增加了铁路部门的收入。

(3) 即便铁路部门在淡季确实下调了价格，也是有利于其收益的。因为在淡季，铁路运输的需求价格弹性相对较大，根据收益与弹性的关系，此时的降价行为有助于增加铁路部门的收益。而在春运期间"恢复原价"的行为无疑也有利于铁路部门的利益。应该看到，政府部门的目标并不一定总是社会福利的最大化，政府部门自身也是一个利益主体。

2. 某城市大量运输的需求价格弹性估计为1.6，城市管理者问你，为了增加大量运输的收入，运输价格应该增加还是应该降低，你应当怎样回答？

答：(1) 我国的城乡分割政策造成大量进城务工的农村劳动力很难在工作的城市中真正安家落户，而传统文化的影响以及亲情的联系，使得在春节期间回家团聚成为广大外出务工者一种强烈的需求。同时，对于大多数外出务工者而言，目前的航空票价相对过高，而长途公路运输在安全性与舒适性上也很难满足人们的需要。因此，春运期间人们对于铁路运输的需求是缺乏价格弹性的。事实也证明，铁路部门关于提价抑制需求的理由很难站住脚。

(2) 在需求价格弹性比较低时，提价将使得生产者收益增加。从这个角度来看，在春运期间的提价行为无疑增加了铁路部门的收入。

(3) 即便铁路部门在淡季确实下调了价格，也是有利于其收益的。因为在淡季，铁路运输的需求价格弹性相对较大，根据收益与弹性的关系，此时的降价行为有助于增加铁路部门的收益。而在春运期间"恢复原价"的行为无疑也有利于铁路部门的利益。应该看到，政府部门的目标并不一定总是社会福利的最大化，政府部门自身也是一个利益主体。

3. 如果考虑到提高生产者的收入，那么对农产品和电视机、录像机一类消费品应采取提价还是降价的办法？为什么？

答：对农产品应该采取提价的办法；对电视机、录像机一类高级消费品应采取降价的办法。根据需求的价格弹性与销售收入之间的关系，对需求富于弹性的商品来说，其销售收入与价格呈反方向变动，即它随价格的提高而减少，随价格的降低而增加；而对需求缺乏弹性的商品来说，其销售收入与价格成正方向变动，即它随价格的提高而增加，随价格的降低而减少。农产品属于缺乏需求价格弹性的商品，所以为了提高农民的收入应该采取提价的办法；而高档次电视机、录像机一类高级消费品属于富有弹性的商品，为了提高生产者的收入应该采取降价的办法。

配套思考题及参考答案

一、单项选择题

1. 如果价格上升10％能使买者的购买量减少1％，则该商品的需求价格弹性为(　　)。

A. 缺乏弹性　B. 富有弹性　C. 具有单位弹性　D. 完全无弹性

2. 如果某商品富有需求的价格弹性，则该商品价格上升，会使(　　)。

A. 会使品销售收益增加　B. 该商品销售收益不变

C. 会使该商品销售收益下降　D. 该商品销售收益可能增加也可能下降

3. 从图形上看，线性需求曲线越是接近垂直，并且越是靠近价格坐标轴的下端，就(　　)。

A. 越富有弹性　　B. 越缺乏弹性

C. 弹性为零　　D. 以上说法都不对

4. 劣等品的需求收入弹性(E_m)是(　　)。

A. $E_m<1$　　B. $E_m=0$　　C. $E_m<0$　　D. $E_m>0$

5. 某种商品的需求缺乏弹性而供给富有弹性，如果对该商品征税，那么税收(　　)。

A. 主要由生产者承担

B. 主要由消费者承担

C. 由生产者和消费者平均分摊

D. 全部由生产者承担

6. 对于价格需求弹性小于1的商品，商家的价格策略应该是(　　)。

A. 涨价　　B. 降价

C. 不调整价格　　D. 以上任何一种策略都可以

7. 低质量白酒的收入弹性应该是(　　)。

A. 大于1　　B. 小于1　　C. 大于0　　D. 小于0

8. 在下列价格弹性的表述中，正确的是(　　)。

A. 需求量变动对价格变动的反应程度

B. 价格变动的绝对值对需求量变动的绝对值的影响

C. 价格的变动量除以需求的变动量

D. 需求的变动量除以价格的变动量

9. 厂商在工资率下降的时候一般倾向于增雇工人，假如对工人的需求缺乏价格弹性，工资率的下降将导致工资总额(　　)。

A. 减少　　B. 不变　　C. 增加　　D. 无法确定

10. 如果价格下降10%能使买者总支出增加1%，则这种商品的需求量对价格(　　)。

A. 富有弹性　　B. 具有单位弹性

C. 缺乏弹性　　D. 其弹性不能确定

参考答案：ACBCB　ADDAA

二、案例分析题

1. 在市场上各商家之间"挥泪大甩卖"、"赔本跳楼价"的价格战让消费者觉得很开心。甚至有安全帽商家推出"旧帽换新帽，一律打八折"优惠活动。这一种促销方式让人觉得耳目一新。讨论题：如何理解薄利多销？

案例分析：

"挥泪大甩卖"、"赔本跳楼价"、"旧帽换新帽，一律打八折"其实针对的商品具有共同的商品属性：均属于非必需品，大多数消费者对该商品的需求没有迫切性。因此，这类的顾客需求曲线较平坦，弹性较大。因此，这类促销不仅不会使商家的营业收入减少，反而会吸引那些本不想购买的消费者前来购买，增加了销售收收益。可见，需求较大或者说富于弹性的商品，适合采用"薄利多销"的方式进行促销。

2. 用需求弹性理论解释：作为市场上常见的降价促销手段，为什么餐饮业常常使用而中小学教科书销售却不采用呢？

答：① 餐饮业属于需求富有弹性（有替代品），中小学教科书属于需求缺乏弹性（由教育部门指定，无替代品）；

② 对于需求富有弹性的商品而言，价格与总收益呈反方向变动，即降价可使总收益增加；对于需求缺乏弹性的商品而言，价格与总收益呈同方向变动，即降价会使总收益减少。

③ 需求富有弹性的商品可以降价促销，而需求缺乏弹性的商品不能降价促销。

第5章　消费者行为理论

本章学习目标：

1. 明白衡量和影响消费者满足感的指标；
2. 学习如何实现消费者个人利益最大化；
3. 了解不同理论对消费者利益最大化的两种解释；
4. 知道确定性分析与非确定性分析的特点和关联。

导入案例：亚马逊为什么会成功？

飞速发展的中国电商给我们最直接的感受是两件事：快速、廉价。然而亚马逊好像与这两项内容并不匹配：首先是物流慢得要死，还都是些不出名的快递；其次价格，与其他平台毫无竞争力。单纯从这两点看，亚马逊不仅生存空间不大，想要谋求高速发展更是不易。然而，众所周知的事情是盈利是亚马逊的常态。从2016年8月1日亚马逊发布的第二季度财报显示，净利润同比增长八倍，在该季度亚马逊获得的8.57亿美元净利润，创下了其历史上单季最高利润纪录。究竟是什么让亚马逊如此成功？这里我们简单地归纳一下：

首先是方便。以亚马逊的书籍销售为例。除了常规的标引、检索外，亚马逊还设计了独特的推荐中心(Recommendations Center)窗口，编辑筛选了一批图书供读者选择；以及畅销书(Bestsellers)窗口，专门用来查询最畅销的图书。同时，亚马逊还丰富了检索入口，在检索的入口位置增加了方便读者的设计和层次。

第二点是省时。亚马逊的快捷特征其一是搜索快速，亚马逊不断更新其技术设备，使用最先进的网络服务器，因此功能极为便利与快速。其结果是搜索速度快，时间效率高，明显改善了搜索速度。其二是订购快速，亚马逊有非常智能的推荐，完全可以实现“一键下单”的需求，甚至刷卡付费也可有网络系统代劳。

第三点是全面和安全。正如公司总裁贝索斯所说：“我们成功的诀窍很简单：即全面选择。”亚马逊的“全”体现在：

——评价的全面。亚马逊在商品评价上下了很大工夫，可以说形成了一大特色。它们对商品的评价来自制造商、消费者、甚至是第三方，从不同的角度、以不同的方式来撰写评语，以借此提供多角度的分析和评价。

——交易方式的全面。在付款方式上，顾客可选择信用卡、现金汇款或支票等方式。亚马逊不在互联网上公开顾客的卡号,卡号将被存入专门的机器保存。同时,还对网络安全交易作出了专门的“安全消费保证”:如果你在亚马逊中的消费得到了错误的索取,可以分文不付。另外,用户可在亚马逊中建一个账户,预支一定数额的钱,在每次订购后,亚马逊会自动结账。

——营销网络的全面。亚马逊目前已经成为电子商务的领头羊,但他们没有就此满足。在其主页下面写着一句:“我们计划以更多的语种在更多的国家出现。”亚马逊已不再满足于国内市场的成功,它开始将影响扩展到世界各地。目前,其经营的区域包括非洲、亚太地区、拉美、中东、北美和欧洲等六大板块;现有的非英文语种有法语、德语、日语等八种。

第四点是注重品牌的塑造。品牌成为网络信息服务企业最重要的无形资产。在国际市场上,网络信息服务企业和产品的品牌将占据越来越重要的地位,具有高附加值的名牌信息产品将具有更大的优势。而品牌的建立取决于该企业能够在短时期内创造全新的信息服务产品和机制,并且迅速地占领市场。而网上信息产品除了在质量和数量上占有优势以外,还应该在产品的特性上具有不可替代性。对于网上用户来说,对最新的服务往往情有独钟,一旦接受的信息服务,特别是好的信息服务,不会轻易放弃。强大的品牌效应可以提高公司的可信度。品牌的最主要价值在于,长期以来,消费者对产品和服务的评价,这种评价在消费者中具有广泛的影响力,也是增加品牌可信度的关键。为了扩大影响,亚马逊允许任何网址免费与亚马逊相连,并将这种“同志站点”带来的效益以5%～15%的比例返还。目前,亚马逊的“同志参政会”网址已经超过4万余个,使得网上到处都飘扬着亚马逊的旗帜,成为最好的品牌宣传。

亚马逊的成功不是偶然的,除了技术支撑和市场开拓因素之外,它所奉行的“顾客至上”原则在服务的细节中逐一体现,最终赢得了顾客。可以说,在亚马逊买到的不只是商品,还有放心。

(数据来源:腾讯科技,2016年8月1日,纪振宇)

从亚马逊的成功可以看出,围绕顾客的需求、保证顾客实现最大的满足,是一个企业保持盈利重要内容之一。那么,该如何界定顾客的满足呢?用哪种方法可以计量或者对比这种满足的感觉呢?经济学家针对这一问题提出了“效用”的概念,用以衡量消费者对商品的满意程度。在社会经济的发展过程中,先后出现了“基数效用论”和“序数效用论”两种解释效用的经济学理论。

我国目前拥有13.6亿人,是世界上最大需求主体的所在地。了解消费者的需求和满足是任何一个企业不可回避的任务。特别是我们在进行社会主义市场经济建设的今天,在改革开放的总体趋势之下,在世界经济一体化的发展格局之下,在市场竞争客观存在的现状之下,都要求企业必须从顾客感受出发来制作和销售产品,才能在残酷的市场环境中求得生存。

5.1 与效用相关的一组概念

5.1.1 效用(Utility)

5.1.1.1 效用的概念

效用是经济学中经常使用的概念之一。它是指商品满足人的欲望的能力,或者说,是指消费者在消费商品时所感受到的满足程度。任何一种物品的效用,不仅在于该物品本身具有的满足人们某种欲望的能力,即物品的有用性,或称之为商品的使用价值,而且还依存于消费者的主观感受。由此可知,一种商品对消费者是否具有效用,不仅取决于商品本身的用途,更要取决于消费者是否有消费这种商品的欲望。很明显,效用这一概念与人的欲望是联系在一起的,它是消费者对商品满足自己欲望的能力的一种主观心理评价。当消费主体对该种商品的主观需要非常强烈时,商品的效用就会变大;反正,则变小。

5.1.1.2 效用的特点

1. 效用是消费之后的结果。

2. 效用是主观的感受,会因人、因时、因地而异。

3. 效用会因偏好的改变而改变。

5.1.2 基数效用与序数效用

西方经济学家提出基数效用和序数效用的概念,用来表示消费者在消费商品时所感受到的满足程度,并在此基础上,形成了两种不同的理论:基数效用论和序数效用论。

基数和序数这两个术语来自数学。基数是指 1,2,3,…基数是可以加总求和的。例如,基数 3 加 9 等于 12,且 12 是 3 的 4 倍等。序数是指第一、第二、第三……序数表示顺序或等级,是不能加总求和的。例如,序数第一、第二和第三,可以是 10、20 和 50,也可以是 11、19 和 21。序数要表达的内涵是第一顺位优先于第二顺位,第二优于第三……以此类推。至于第一、第二和第三顺位本身具体的数量是多少,并不在考虑的范围之内。

5.1.3 基数效用论和序数效用论

19 世纪 50—70 年代之间,德国的经济学家戈森、英国的杰文斯、奥地利的门格尔以及法国的瓦尔拉斯等人差不多在同一时间,却又各自独立地发现了“边际效用递减规律”。边际效用学说建立在效用可以直接计量的假设之上,因此也被称为“基数效用论”。

基数效用论认为:效用是可以计量并可以加总求和的,其大小可以用基数(1,2,3,…)来表示。表示效用大小的计量单位被称为效用单位(Utility unit)。基数效用论采用的分析方法是边际效用分析。

序数效用论在 1934 年由希克斯和艾伦提出。他们认为：效用作为一种心理感受是无法计量的，效用的主观性特征导致无法确定一个统一的、单位效用量的具体值。因此，消费者在市场上所做的并不是权衡商品效用的大小而只是在不同的商品之间进行排序。这就是所谓的序数效用论。

序数效用论运用“无差异曲线”对效用进行了诠释，认为力图避免效用可以直接被计量这种尴尬的假设，并为经济学提供了一种新的分析方法，即无差异曲线分析。

5.2 基数效用论

5.2.1 效用的计量

1. 总效用(TotalUtility)，通常记作 TU，是指消费者在一定时间内从一定数量的商品消费中，所得到的效用量的总和。其一般函数式为

$$TU=f(Q_1, Q_2, Q_3, \cdots, Q_n)$$

其中，Q_n 表示所消费不同商品的数量($n=1,2,3,\cdots$)。

假定消费者对一种商品的消费数量为 Q，则总效用函数为

$$TU=f(Q)。$$

2. 边际效用(MarginalUtility)，通常记作 MU，是指消费者在一定时间内增加一单位商品的消费所得到的效用量的增量。边际效用函数为

$$MU=\Delta TU(Q)/\Delta Q$$

当商品的增加量 ΔQ 趋于无穷小，即 $\Delta Q\to 0$ 时则有：

$$MU=\lim_{\Delta Q\to 0}\Delta TU(Q)/\Delta Q=\mathrm{d}TU(Q)/\mathrm{d}Q$$

5.2.2 边际效用递减规律

5.2.2.1 效用表

表 5-1 为某商品的效用。通过效用表反映的内容可以理解总效用、边际效应以及两者间的关系，同时还可以说明边际效应递减规律。

表 5-1 某商品的效用(货币的边际效用 $=\lambda=2$)

商品数量	总效用 TU	边际效用 MU	价格
0	0		
1	10	10	5
2	18	8	4
3	24	6	3
4	28	4	2
5	30	2	1
6	30	0	0
7	28	-2	

根据表 5-1 可以绘制出总效用曲线和边际效用曲线，见图 5-1。

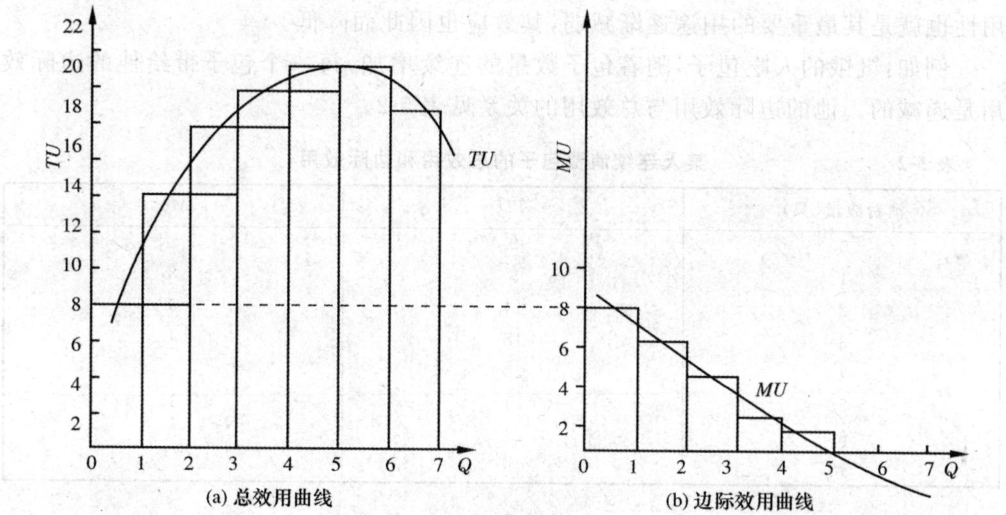

图 5-1　效用曲线

图 5-1 中的横轴表示商品的数量，纵轴分别表示总效用 *TU* 曲线和边际效用 *MU* 曲线。由于边际效用是指单位商品变化对消费者形成的效用变动，而数轴上的点是连续的。因此，依据表格内容绘制出的图形其实是离散的，是一个个不连续的点。为了便于分析，我们往往假设商品可以被无限细分。从图可以得到结论：

1. *MU* 曲线向右下方倾斜；*TU* 曲线以递减的速率先上升后下降。

2. *MU* 的值是 *TU* 曲线上相应点的斜率。

3. *MU* 为正数时，*TU* 总是呈上升趋势；*MU* 为零时，*TU* 达到最大值；*MU* 为负数时，*TU* 呈下降趋势。

MU 曲线明显表现出边际效用递减的特征。

5.2.2.2　边际效应递减规律

1. 内容

在一定时间内，在其他商品的消费量保持不变的条件下，随着消费者对某种商品消费量的增加，消费者从该商品连续增加的每一单位消费中得到的效用增量即边际效用是递减的。

2. 原因

第一，从心理角度看，随着相同商品数量的连续增加，人们每增加一单位该商品的消费，对该商品的匮乏感就会下降，从中得到的满足程度就会逐渐递减。

第二，从人们的生理角度来看，消费是为了满足需要而进行的购买活动。当某种商品的数量持续增加时，它所能满足人们需要的能力就在减弱，其效应就会逐渐降低。

第三，从商品本身的用途而言，任一种商品的用途往往不具有唯一性，消费者在购买时也总是针对该商品较为重要的用途。因此,伴随着消费数量的增加,商品的有用性也就是其最重要的用途逐渐减弱,其效应也因此而降低。

例如:饥饿的人吃包子,随着包子数量的连续增加,每一个包子带给他的边际效用是递减的。他的边际效用与总效用的关系见表 5-2。

表 5-2　某人连续消费包子的总效用和边际效用

消费数量(只)	*TU*	*MU*
0	0	
1	8	8
2	14	6
3	18	4
4	20	2
5	21	1
6	21	0
7	19	−2

3. 特点

(1) 边际效用的大小,与消费者消费的欲望成正比;

(2) 边际效用的大小,与消费者消费该商品的数量成反比;

(3) 边际效用的大小和递减趋势,同一商品会因人而异,同一人会因商品而异;

(4) 边际效用的大小和递减趋势,同一商品同一人会因时间的变化而变化;

(5) 边际效用在理论上存在负值,但在现实经济生活中一般为正值;

(6) 边际效用是决定商品需求价格的主观标准,商品需求价格与边际效用成正比。

4. 总效用与边际效用的关系

(1) 所消费任何数量商品的边际效用的总和,等于同一数量商品的总效用;

(2) 当边际效用等于零时,总效用最大;

(3) 边际效用为总效用函数的导数,总效用为边际效用函数的积分。

5.2.2.3　货币的边际效用

货币作为一种特殊的商品,本身也存在总效用和边际效用。货币的边际效用,是指单位货币增量所引起的总效用的增量。一些人认为,低收入者比高收入者每增加一单位的货币,会得到更多的效用或满足。因而,货币的边际效用也是递减的。但是我们在分析消费者行为时,通常假设货币的边际效用是不变的。这是因为:通常在一定时期内消费者的收入是给定的,单位商品的价格只占消费者总货币收入量中的很小部分,那么当消费者对某种商品的购买量发生很小的变化时,实际支出的货币额很小,其边际效用的变化也因此很小,故而忽略不计。所以,在使用基数效用论分析消费者的行为时一般认为货币的边际效用是一个常数,记作 λ。

5.2.3 消费者均衡

5.2.3.1 定义

消费者均衡是研究单个消费者在既定收入和价格约束下实现效用最大化的均衡条件。在基数效用论者那里,消费者实现效用最大化的均衡条件为:在消费者的货币收入和商品价格不变的情况下,消费者应该使自己所购买的各种商品的边际效用与价格之比相等,且都等于货币的边际效用。

这一均衡条件可以表示为

$$\sum_{i=1}^{n} P_i X_i = I \qquad i=1,2,3,\cdots,n \tag{5-1}$$

$$\frac{MU_1}{P_1}=\frac{MU_2}{P_2}=\cdots=\frac{MU_i}{P_i}=\lambda \tag{5-2}$$

式中,I 为消费者的收入;P_i、X_i 和 MU_i 分别为第 i 种商品的价格、消费量和边际效用,λ 为货币的边际效用。式(5-1)为限制条件,式(5-2)为在限制条件下消费者实现效用最大化的均衡条件。

5.2.3.2 均衡的形成

1. 当$\frac{MU_1}{P_1}<\frac{MU_2}{P_2}$时,

同样的一元钱购买商品 1 所得到的边际效用小于购买商品 2 所得到的边际效用,理性的消费者会减少商品 1 的购买量,增加商品 2 的购买量。

减少购买商品 1 的一元钱用来购买商品 2,商品 1 的边际效用减少量小于商品 2 的边际效用增加量,总效用是增加的。

在边际效用递减规律的作用下,商品 1 的边际效用随其购买量的减少而递增,商品 2 的边际效用随其购买量的增加而递减。最终,当商品 1 的边际效用等于商品 2 的边际效用时,总效用最大。

如果此时继续减少商品 1 的消费量,增加商品 2 的消费量,商品 1 的边际效用随其购买量的减少而递增,商品 2 的边际效用随其购买量的增加而递减。商品 1 的边际效减少量就会大于商品 2 的边际效用增加量,总效用将会减少。

2. 当$\frac{MU_1}{P_1}>\frac{MU_2}{P_2}$时,

同样的一元钱购买商品 1 所得到的边际效用大于购买商品 2 所得到的边际效用,理性的消费者会增加商品 1 的购买量,减少商品 2 的购买量。

减少购买商品 2 的一元钱用来购买商品 1,商品 2 的边际效用减少量小于商品 1 的边际效用增加量,总效用是增加的。

商品 2 的边际效用随其购买量的减少而递增,商品 1 的边际效用随其购买量的增加而递减。当商品 1 的边际效用等于商品 2 的边际效用时,总效用最大。

如果此时继续增加商品 1 的消费量，减少商品 2 的消费量，商品 1 的边际效用随其购买量的增加而递减，商品 2 的边际效用随其购买量的减少而递增。商品 1 的边际效增加量就会小于商品 2 的边际效用减少量，总效用将会减少。

3. 当$\frac{MU_i}{P_i}<\lambda$时，

消费者用一元钱购买第 i 种商品所得到的边际效用小于所付出的这一元钱的边际效用。

如果消费者购买商品 i 的数量过多，可以把购买商品 i 的一元钱用于至少能产生相等边际效用的其他商品上去，在边际效用递减规律的作用下，直至所购买的商品 i 的边际效用等于所付出的一元钱的边际效用。

4. 当$\frac{MU_1}{P_i}>\lambda$时，

消费者用一元钱购买第 i 种商品所得到的边际效用大于所付出的这一元钱的边际效用。

如果消费者购买商品 i 的数量过少，应继续购买商品 i，以获得更大的效用，在边际效用递减规律的作用下，直至所购买的商品 i 的边际效用等于所付出的一元钱的边际效用。

例：假设某消费者全部收入 8 元，$P_x=1$，$P_y=1$，那么此消费者最大效用的购买组合是什么？

表 5-3　　某消费者的边际效用表

商品数量(Q)	1	2	3	4	5	6	7	8
商品 X 的边际效用	11	10	9	8	7	6	5	4
商品 Y 的边际效用	19	17	15	13	12	10	8	6

在商品边际效用持续递减的情况下，消费者必然要使每一块钱购买所形成的效用最大，才能达到总效用的最大。从表可见，消费者的购买应该始于商品 Y 的第一单位，此时的一块钱得到的效用是 19 单位。同理，这种情况可以持续到商品 Y 的第五单位，该消费者用他的第 2、3、4、5 块钱分别购买 Y 商品的第二、三、四、五单位，依次获得 17、15、13、12 单位效用。对比第六单位的 Y 商品和第一单位的 X 商品，11>10，理性消费者第 6 块钱的购买一定是 X 商品的第一单位。剩下的第 7、8 块钱分别购买 X 商品的第二单位和 Y 商品的第六单位，各获得 10 单位效用。这时消费者最后一单位货币购买到的边际效用是相等的，均为 10 单位。此时消费者的收入 $I=8$ 元全部消费，最优购买组合是 2 单位的 X 商品和 6 单位的 Y 商品，总效用=107，实现了个人效用最大化。

5.2.3.3　需求曲线的推导

1. 个人需求曲线：基数效用论者以边际效用递减规律和建立在该规律上的消费

者效用最大化的均衡条件为基础推导消费者的需求曲线。

消费者愿意为商品支付的价格取决于商品的边际效用，商品的边际效用大则商品的需求价格就高，相反就越低。

由于边际效用递减规律的作用随着商品的消费量的增加，该商品的边际效用递减，则消费者为购买这种商品所愿意支付的价格就随着递减。

由于消费者为了达到效用最大，就必须使它的商品购买量符合效用最大化的均衡条件，即：$\frac{MU}{P}=\lambda$，假设货币的边际效用不变，则需求曲线可以通过边际效用曲线得到。

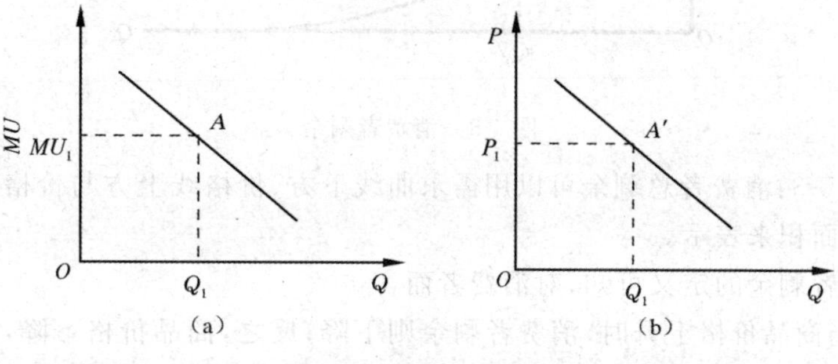

图 5-2　个人消费曲线

如图所示：在图 5-2(a)中，横坐标为某商品的消费量，纵坐标为商品的边际效用。图 5-2(b)中横坐标为商品的需求量，纵坐标为价格。在 A 点消费量为 Q_1，边际效用为 MU_1，则相对应在图 5-2(b)中得到 A'点，在 A'点，需求量为 Q_1，商品的价格为 $P_1=MU_1/\lambda$，按照此办法可以根据边际效用曲线得到向右下方倾斜的需求曲线，它表示商品的需求量随着商品的价格的上升而减少，随着商品价格的下降而增加。

2. 市场需求曲线：

单个消费者的需求曲线已经得到，我们就可以利用它来求得市场需求曲线。

假设：在两部门经济的情况下，市场上有 n 个消费者，每个消费者在购买商品时所愿意支付的价格取决于该商品的边际效用，

则有：$D=d_1+d_2+d_3+d_4+\cdots\cdots d_n=\sum^{n} d_i$。

5.2.3.4　消费者剩余

所谓消费者剩余(consumer surplus)，是指消费者购买一定量的某种商品或劳务，所愿意支付的最高价格与实际支付价格之间的差额。由于消费者愿意支付的商品最高价格取决于商品对消费者的边际效用，因而消费者剩余也可表述为：商品或劳务的边际效用与实际支付的货币额的边际效用的差额。

消费者剩余是衡量消费者福利的重要指标，被作为一种分析工具广泛的应用。从以上分析可知，在收入及其他情况既定的条件下，消费者剩余达到最大的条件是边际效用等于边际支出。

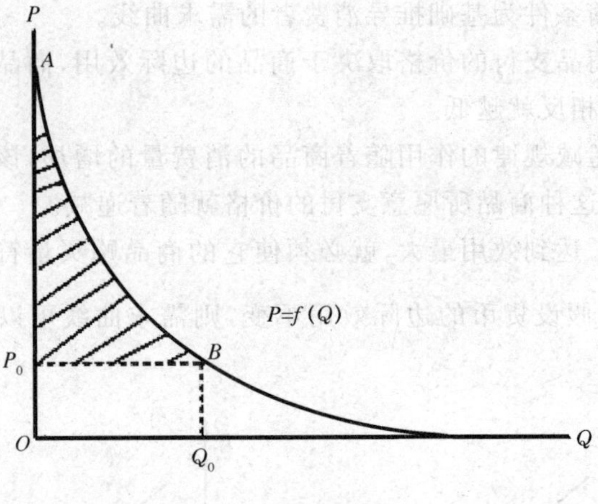

图 5-3　消费者剩余

根据图 5-3:消费者总剩余可以用需求曲线下方、价格线上方与价格轴围成的不规则三角形面积来表示。

由消费者剩余的定义可知,对消费者而言:

第一,当商品价格上升时,消费者剩余则下降;反之,商品价格下降,消费者剩余上升;

第二,当需求曲线为水平状态时,商品价格弹性趋于无穷大,$\Delta P=0$,商品价格既定,因此不存在消费者剩余;

第三,当需求曲线为垂直状态时,商品价格弹性趋于无穷大等于 0,$\Delta P\rightarrow\infty$,商品最高价格不可知,也不存在消费者剩余。

如何计算消费者剩余呢?如图 5-3 所示,该需求曲线的函数以反函数的形式给出,$P^d=f(Q)$。曲线分别与 X 轴相交于 A 点,可以认为这是消费者愿意支付的最高价格。假设此时该商品的购买价格为 P_0,购买量为 Q_0。据此,我们可以计算出在 0—Q_0 之间的消费者剩余。

消费者愿意支付的最高金额 $=SOABQ_0$,实际支付金额 $=SOP_0BQ_0$,两块面积的差即图中的阴影部分面积就是消费者剩余。用数学公式可以表达为:

当反需求函数为 $P^d=f(Q)$、商品价格 $=P_0$、购买量 $=Q_0$ 时,则消费者剩余为:

$$CS=\int_0^{Q_0} f(Q)\,\mathrm{d}Q-P_0Q_0$$

上式我们是利用单个消费者的需求曲线求得的某消费者得到的消费者剩余。由于该消费者不具有特殊属性,是任意选择的一般性个体,因此该结论可以扩展到整个市场,也就是说我们可以借此求出整个市场的消费者剩余。

市场的消费者剩余可以用市场需求曲线以下、市场价格线以上的面积来表示。如图 5-4 所示。图中阴影面积 $P_{X0}P_{X1}E$ 即为市场的消费者剩余。

消费者剩余与效用一样,都是消费者主观的心里评价,是通过消费者的购买行为所感受到的一种状态。

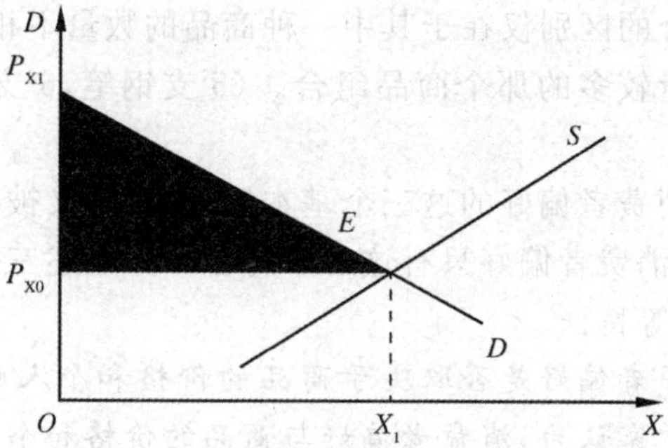

图 5-4 市场的消费者剩余

5.3 序数效用论

5.3.1 对消费者偏好的假设

序数效用论提出了用消费顺序的方式来表示效用大小的观点。为了对该理论进行诠释,序数效用论者提出了"消费者偏好"的假设。

5.3.1.1 消费者偏好

所谓偏好,就是爱好或喜欢的意思。这里的消费者偏好是指消费者对商品或商品组合的喜爱程度。消费者根据个人的需要、兴趣和嗜好对可供消费的商品或商品组合进行排序和心理上的取舍之后进行消费。

序数效用论者认为:对于各种不同的商品组合,消费者的偏好程度可以是有差别的,也可以是无差别的。基于偏好的这种性质,我们可以看出消费者对商品组合效用水平的评价。

5.3.1.2 消费者偏好的性质假定

序数效用理论通常对消费者偏好的性质,作如下假定。

1. 偏好具有完备性

消费者了解个人偏好,总是可以通过比较和排序的方式对不同商品组合的心理感受进行评价。即:对于任何两个商品组合 A 和 B,消费者总是可以作出,而且也只能作出以下三种判断中的一种:对 A 的偏好大于对 B 的偏好;对 B 的偏好大于对 A 的偏好;对 A 和 B 的偏好相同。

2. 偏好具有传递性

如果消费者对 A 的偏好大于 B,对 B 的偏好大于对 C 的偏好,那么,在 A,C 这两个组合中,必有对 A 的偏好大于 C。即:

当存在 $A>B$ 且 $B>C$ 时,则必然存在:$A>C$。

3. 偏好具有非饱和性

如果两个商品组合的区别仅在于其中一种商品的数量不相同，那么，消费者总是偏好含有这种商品数量较多的那个商品组合。（5支钢笔，6支铅笔）>（4支钢笔，6支铅笔）

序数效用论者对消费者偏好的这三个基本假设条件，又被称为消费者理论的“公理”。但这并不意味着消费者偏好只有这三个特征。除上述三个特征之外，消费者偏好还具有单调性、凸性等特征。

【争议】 关于消费者偏好是否取决于商品的价格和个人收入，目前有着一定范围的争论。有的经济学家认为，消费者偏好与商品的价格和个人收入无关，只取决于消费者对商品的喜爱与不喜爱的程度；也有人不认同这一观点。

5.3.2 无差异曲线及其特点

5.3.2.1 定义

无差异曲线（Indifference Curve）是指：在偏好、收入与商品价格既定的条件下，两种商品不同数量的组合对消费者提供相同效用的点的轨迹。即：在某一条无差异曲线上，任意点的商品组合给消费者带来的满足感都是相同的、无差异的。因此，无差异曲线也叫等效用线。相对应的效用函数为：$U=f(X_1,X_2)$，其中 X 和 X_2 分别表示商品的数量，见表5-4。

5.3.2.2 无差异曲线的特征

表5-4　某消费者的无差异表

商品组合	无差异表 $A—I_1$		无差异表 $B—I_2$		无差异表 $C—I_3$	
	X_1	X_2	X_1	X_2	X_1	X_2
A	20	90	30	110	40	120
B	30	60	40	80	50	90
C	40	48	50	65	60	84
D	50	39	60	55	70	70
E	60	35	70	48	80	60
F	70	30	80	44	90	55

1. 根据无差异表可以绘制出3条无差异曲线。

2. 根据上图，可以得到无差异曲线的五个基本特征：

(1) 同一平面图上可以有无数条无差异曲线，每一条无差异曲线都表示一个效用水平。同一条无差异曲线代表相同的效用水平，不同的无差异曲线代表的效用水平不同。

(2) 在图5-5的无差异曲线中，存在：$I_1<I_2<I_3$，说明与远点的距离可以反映出无差异曲线所代表的效用水平。图示可知：离原点越远的无差异曲线代表的效用水

平越高。

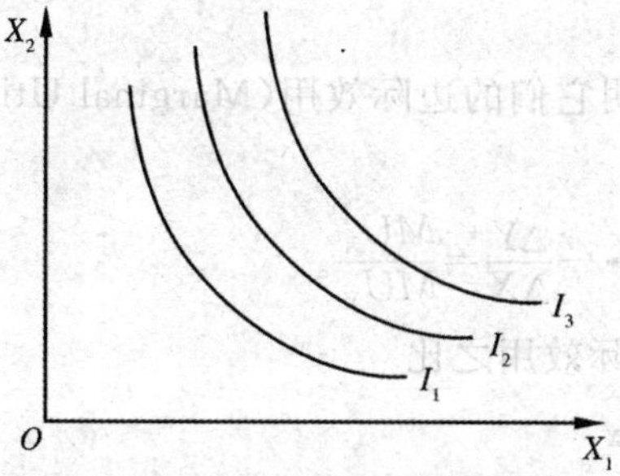

图 5-5　代表不同效用的无差异曲线

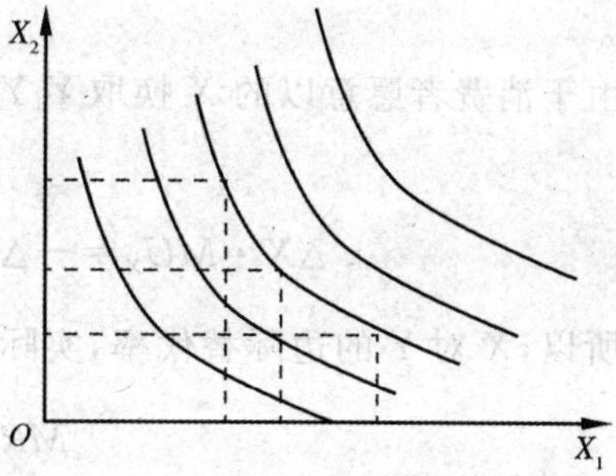

图 5-6　表示不同效用水平的无差异曲线

(3) 任何两条无差异曲线都不可能相交，即：无差异曲线相互平行，见图 5-6、图 5-7。

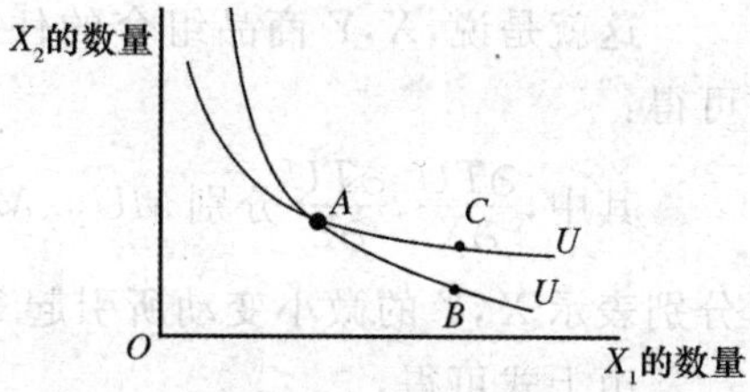

图 5-7　无差异曲线

我们可以用反证法来证明 A 点是不存在的。

证明：坐标(X_1,X_2)中存在两条代表不同效用水平的无差异曲线 U_1、U_2，即存在 $U_1 \neq U_2$，有 $B \in U_1$、$C \in U_2$，可得：$U_B = U_1$、$U_C = U_2$。

假设：U_1、U_2 相交于点 A，则有：$U_A \in U_1$、$U_A \in U_2$。

由假设可得：$U_A = U_B$、$U_A = U_C$，

∵ 消费者偏好具有传递性

∴ $U_A = U_B = U_C$，

∴ $U_1 = U_2$。

这与无差异曲线的基本定义不符。所以，A 点不存在。

(4) 无差异曲线斜率的绝对值是递减的，因而凸向原点。

(5) 无差异曲线斜率为负，向右下方倾斜。

5.3.3　边际替代率递减规律

5.3.3.1　边际替代率

在维持效用水平或满足程度不变的前提下，消费者增加 1 单位的某种商品的消费时所需放弃的另一种商品的消费数量。

用下图表示商品的边际替代率，横轴为商品 X 数量，纵轴为商品 Y 数量，I 为无差异曲线。X 对 Y 的边际替代率，为 X 的增加数与 Y 的减少数之比：

$$MRS_{XY} = \frac{Y_2 - Y_1}{X_2 - X_1} = -\frac{\Delta Y}{\Delta X}。$$

当点 A 沿着无异曲线 I 越接近点 B 时，$\frac{\Delta Y}{\Delta X}$越接近点 B 切线的斜率。因此，就点

B 附近的微小变动来说，X 对 Y 的边际替代率就是无差异曲线 I 在点 B 切线的斜率。

由于消费者愿意以的 X 换取 Y_1Y_2 的 Y，说明它们的边际效用(Marginal Utility)相等。

$$\Delta X \cdot MU_X = -\Delta Y \cdot MU_Y \rightarrow -\frac{\Delta Y}{\Delta X} = \frac{MU_X}{MU_Y}。$$

所以，X 对 Y 的边际替代率，实际上是其边际效用之比

$$MRS_{XY} = \frac{MU_X}{MU_Y}。$$

商品 X 对商品 Y 的边际替代率，也可以用微分法求得：就任何一条无异曲线来说，由于曲线上任何一点都代表同样的偏好，所以总效用函数可以表示为

$$TU = f(X,Y) = k$$

这就是说，X，Y 商品组合的任何变动都不会引起总效用的变动。对上式微分，可得：

其中，$\frac{\partial TU}{\partial X}$，$\frac{\partial TU}{\partial Y}$ 分别 MU_X、MU_Y，即商品 X，Y 的边际效用。$\frac{\partial TU}{\partial X}\mathrm{d}X$，$\frac{\partial TU}{\partial Y}\mathrm{d}Y$ 分别表示 X，Y 的微小变动所引起 TU 的变动。

由上式可得：

$$-\frac{\partial TU}{\partial Y}\mathrm{d}Y = \frac{\partial TU}{\partial X}\mathrm{d}X \quad \rightarrow \quad -\frac{\mathrm{d}Y}{\mathrm{d}X} = \frac{\frac{\partial TU}{\partial X}}{\frac{\partial TU}{\partial Y}} = \frac{MU_X}{MU_MY}$$

5.3.3.2 商品的边际替代率递减规律

1. 内容：在维持效用水平不变的前提下，随着一种商品消费量的连续增加，消费者为得到一单位的这种商品所需放弃的另一种商品的消费量是递减的，见图 5-8。

2. 原因：从消费者偏好出发，某一商品拥有数量较少时消费者对其偏爱程度较高；而拥有量较多时，偏爱程度则会降低。因此，随着消费该种商品数量的增加，偏爱程度越来越低，想要获得更多这种商品的愿望就会减少，另一种商品因数量不断减少消费者愿意放弃的意愿就会降低，数量也就会越来越少。

两商品的边际替代率递减，意味着无差异曲线斜率的绝对值越来越小，因此该曲线必定凸向圆点。

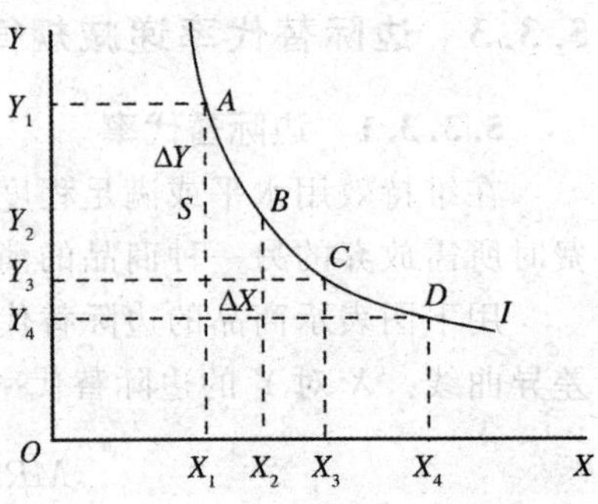

图 5-8 边际替代率递减规律

如果从边际效用递减规律进行分析的话，也会得到同样的结论：随着对某种商品消费量的增加，人们从该商品连续增加的消费单位中得到的满足程度也在下降。沿着无差异曲线向右对 X 商

品的消费量在增加，则由于边际效用递减规律，每增加一个单位 X 的消费，其满足程度就会下降，人们就不愿意用较多的 Y 来替代 X，即随着 X 商品边际效用的减少，人们准备放弃越来越少的 Y 商品来换取每一单位的商品 Y。因此，MRS_{XY} 递减。

5.3.4　边际效用、无差异曲线和边际替代率关系

边际效用是增加一个单位消费品的消耗所增加的效用，即所增加的满足程度。随着消费品的增加，边际效用是递减的。

正由于边际效用递减，边际替代率递减，从而导致无差异曲线凸向原点。

5.3.5　无差异曲线的特殊形状

1. 完全替代品：对于完全替代商品来说相应的无差异曲线为一条斜率不变的直线，见图 5-9。

2. 完全互补品：对完全互补的商品来说，相应的无差异曲线呈直角形状，见图 5-10。

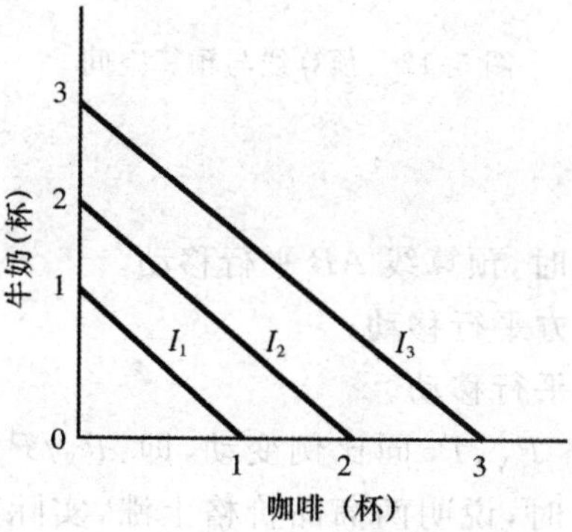

图 5-9　完全替代品的无差异曲线

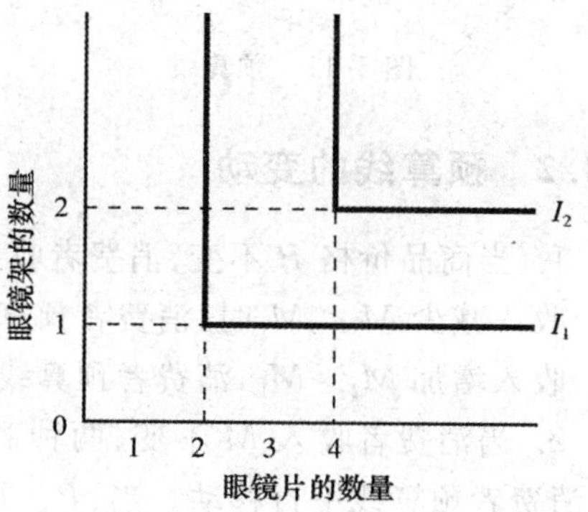

图 5-10　完全互补品的无差异曲线

5.4　预算线

5.4.1　含义

定义：预算线表示在消费者收入和商品价格的条件下，消费者的全部收入所能购买的两种商品的不同数量的各种组合。

1. 研究的假设前提

在一定的收入和价格约束下，消费者以效用最大化为目标，为实现效用最大化而进行消费决策。

2. 预算线与预算空间

从图 5-11 和 5-12 可以看到预算线和预算空间的状态。

商品 X、Y 的价格，即 P_X、P_Y一定，消费者收入一定且$=M$，则有：$P_X*X+P_Y*Y=M$，即预算线方程，斜率 $k=-P_X/P_Y$，在 X、Y 轴的截距分别是：$Q_X=M/P_X$、$Q_Y=M/P_Y$。这也是消费者购买 X、Y 商品数量最多的一种状态。因此，也有：$Q_X=\max Q_X=M/P_X$，$Q_Y=\max Q_Y=M/P_Y$。

在预算空间内能实现消费的各种不同数量的组合，消费者能够购买的最大数量的商品组合在预算线 AB 上。C(X,Y)是目前无法实现的组合，D(X,Y)则存在剩余。

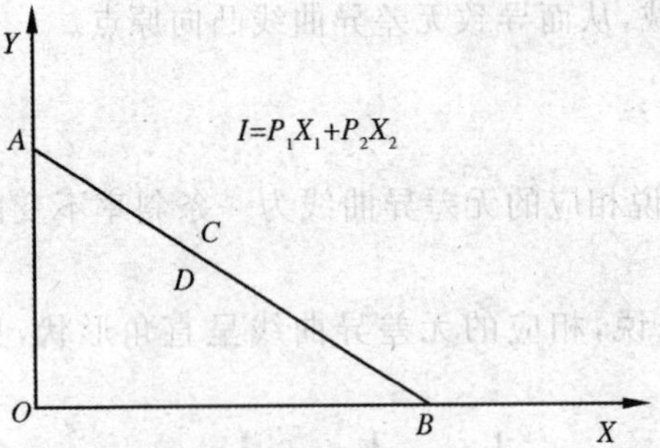

图 5-11　预算线

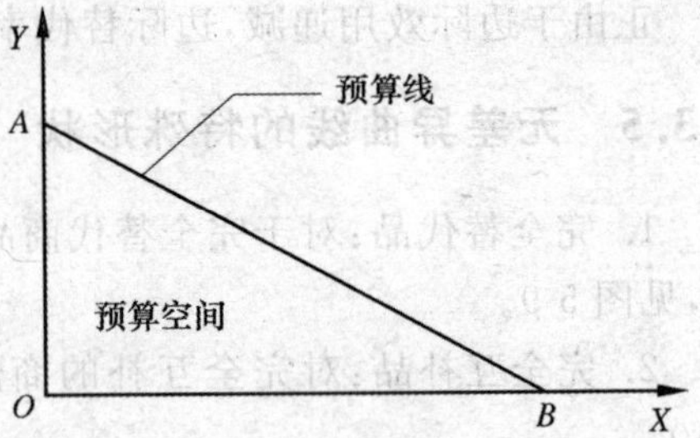

图 5-12　预算线与预算空间

5.4.2　预算线的变动

1. 当商品价格 P 不变、消费者收入 M 变动时，预算线 AB 平行移动。

收入减少 $M_3<M_1$时，消费者预算线向左下方平行移动；

收入增加 $M_2>M_1$，消费者预算线向右上方平行移动。

2. 当消费者收入 M 不变、两种商品的价格 P_X、P_Y同比例变动，即：$P_X/P_Y=a$时，消费者预算线平行移动。当：$P_X/P_Y=a>1$时，说明两商品价格上涨，实际购买力下降，预算线向左下方平行移动；$P_X/P_Y=a<1$时，说明两商品价格下降，实际购买力上升，消费者预算线向右上方平行移动，见图 5-13。

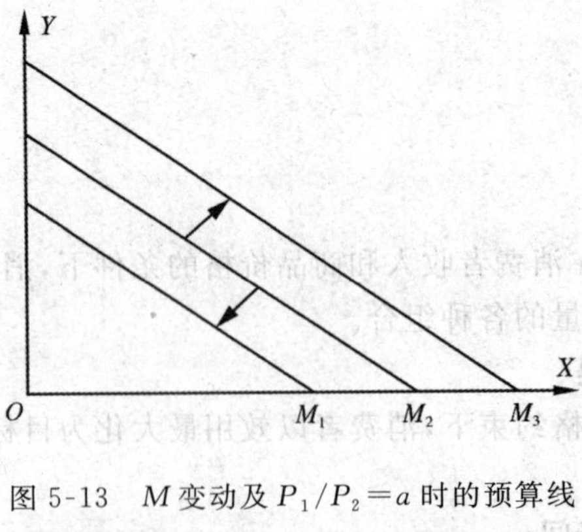

图 5-13　M 变动及 $P_1/P_2=a$ 时的预算线

3. 当消费者收入 M 不变、商品价格变化对预算线对影响，见图 5-14、图 5-15。

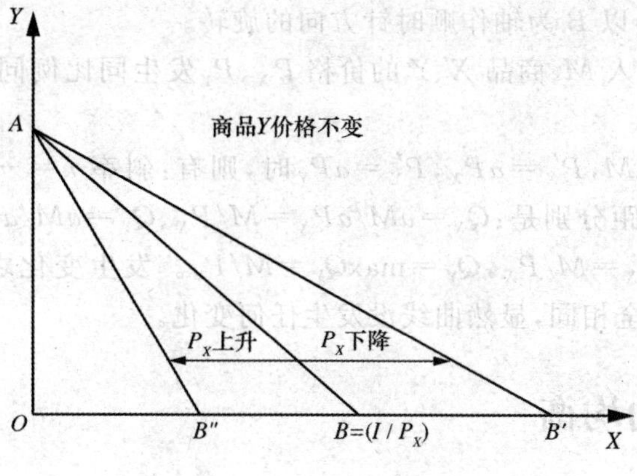

图 5-14　P_x 变动时的预算线

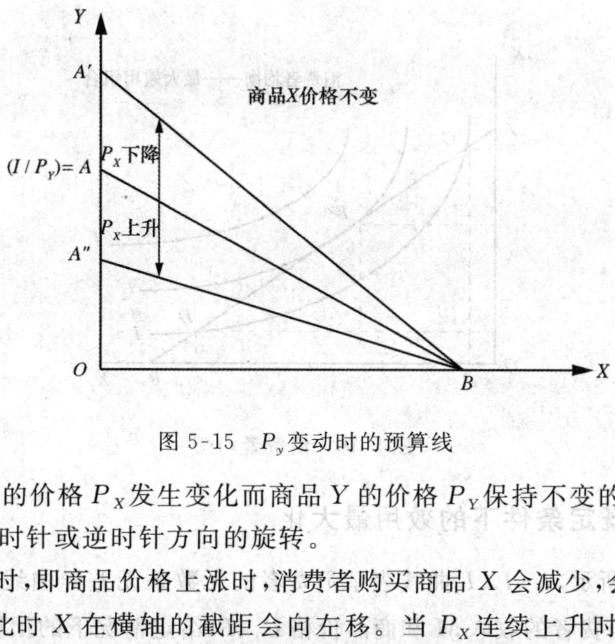

图 5-15　P_y 变动时的预算线

(1) 商品 X 的价格 P_X 发生变化而商品 Y 的价格 P_Y 保持不变的情况下，这时候会发生预算线顺时针或逆时针方向的旋转。

当 $P'_X > P_X$ 时，即商品价格上涨时，消费者购买商品 X 会减少，会出现：$M/P'_X < M/P_X$ 的现象。此时 X 在横轴的截距会向左移。当 P_X 连续上升时，预算线会以 A 为轴作顺时针方向的旋转；反之，当 $P'_X < P_X$ 时，即商品价格下降时，消费者购买商品 X 会增加，即出现：$M/P'_X > M/P_X$ 的现象。此时 X 在横轴的截距会向右移。当 P_X 连续下降时，预算线会以 A 为轴作逆时针方向的旋转。

(2) 当消费者收入 M 不变、商品 Y 的价格 P_Y 发生变化而商品 X 的价格 P_X 保持不变的情况下，这时候同样会发生预算线顺时针或逆时针方向的旋转。

当 $P'_Y > P_Y$ 时，即商品价格上涨时，消费者购买商品 Y 会减少，会出现：$M/P'_Y < M/P_Y$ 的现象。此时 Y 在纵轴的截距会向下移。当 P_Y 连续上升时，预算线会以 B 为轴作逆时针方向的旋转；反之，当 $P'_Y < P_Y$ 时，即商品价格下降时，消费者购买商品 X_2 会增加，即出现：$M/P'_Y > M/P_Y$ 的现象。此时 Y 在纵轴的截距会向上移。当 P_Y 连续下降时，预算线会以 B 为轴作顺时针方向的旋转。

4. 当消费者收入 M、商品 X、Y 的价格 P_X、P_Y 发生同比例同方向的变化。预算线仍在原来的位置。

当出现：$M'=aM$，$P'_X=aP_X$，$P'_Y=aP_Y$ 时，则有：斜率 $k=-aP_X/aP_Y=-P_X/P_Y$；在 X、Y 轴的截距分别是：$Q_X=aM/aP_X=M/P_X$、$Q_Y=aM/aP_Y=M/P_Y$。因此，同样有：$Q_X=\max Q_X=M/P_X$，$Q_Y=\max Q_Y=M/P_Y$。发生变化之后的曲线斜率、两轴截距与原曲线完全相同，显然曲线没发生任何变化。

5.5 消费者的均衡

序数效用论对消费者均衡的分析，是将无差异曲线和预算线结合起来进行考虑的，见图 5-16。

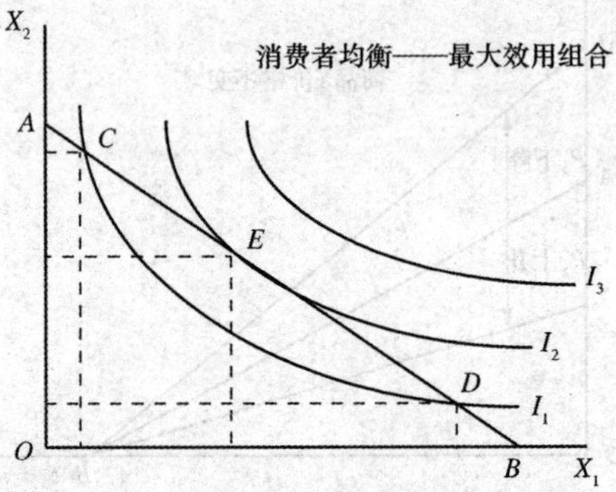

图 5-16 消费者均衡

5.5.1 收入既定条件下的效用最大化

如图 5-16 所示，I_1、I_2、I_3 曲线表示消费者的无数条无差异曲线中具有代表性的三条，AB 表示消费者的收入 M 和商品价格 P_1、P_2 给定情况下的预算线。现在，消费者应该如何选择两种商品的数量组合(X_1,X_2)，才能获得最大的效用水平呢？显然，只有预算线 AB 和无差异曲线 I_2 的相切点 E，才是消费者在给定的预算约束下能够获得最大效用的均衡点。

为什么只有 E 点才是消费者效用最大化的均衡点呢？下面我们分析一下：

1. 预算线与无差异曲线的相对位置关系存在三种情况：相离，以 I_3 为代表的无数条无差异曲线；相交，以 I_1 为代表的无数条无差异曲线；相切，无差异曲线 I_2，唯一的一条。

2. 从效用水平来看，I_3 代表的效用水平最高，但它与既定的预算线 AB 既无交点又无切点，这说明无差异曲线 I_3 上的商品组合所代表的效用水平在消费者的现有收入下是无法实现的；

无差异曲线 I_1，它与预算线 AB 相交于 C、D 两点，这表示消费者利用现有的收入可以购买 C、D 两点的商品组合。但是，这两点的效用水平明显低于无差异曲线 I_2。因此，理性的消费者不会用全部收入去购买无差异曲线 I_1 上 C、D 两点的商品组合。

无差异曲线 I_2，它所代表的效用水平大于无差异曲线 I_1 所代表的效用水平。但无差异曲线 I_2 上除 E 点之外的其他各点均在预算线的上方，也就是说，除 E 点之外，无差异曲线 I_2 上的所有其他点所对应的商品组合是消费者现有收入无法实现的。只有在既定的预算线 AB 和无差异曲线 I_2 相切的点 E，消费者才在既定的预算约束条件下获得了最大的满足。所以 E 点就是消费者实现效用最大化的均衡点。

在切点 E，无差异曲线和预算线两者的斜率是相等的。由以前的分析可知，无差异曲线的斜率的绝对值就是商品的边际替代率 MRS_{12}，预算线斜率的绝对值可以用两商品的价格之比来表示。在均衡点 E，相应的最优商品购买组合为(X_1, X_2)，满足均衡的条件是：$MRS_{12}=-\Delta X_2/\Delta X_1=P_1/P_2$，即：

$$MRS_{12}=\frac{P_1}{P_2}$$

这就是消费者效用最大化的均衡条件。它表示：在给定的收入和价格条件下，为了实现最大的效用，消费者应选择最优的商品组合，使得两种商品的边际替代率等于这两种商品的价格之比。也可理解为：在消费者的均衡点上，消费者愿意用一单位的某种商品去交换的另一种商品的数量，应该等于该消费者能够在市场上用一单位的这种商品去交换得到的另一种商品的数量。

3. 对 C、D 两点的进一步分析

第一种情况：最小支出。

C 点：$MRS_{12}=|-\Delta X_2/\Delta X_1|>P_1/P_2$，说明无差异曲线上 C 点斜率的绝对值大于预算线斜率的绝对值。就 C 点而言，据上式可得：$\Delta X_2\times P_2>\Delta X_1\times P_1$，说明在 C 点上消费者用于购买商品 X_2 的支出大于购买商品 X_1。

令：$\Delta X_2\times P_2=a$，$\Delta X_1\times P_1=b$，则有：

$\Delta X_2\times P_2-\Delta X_1\times P_1=c$ 或者 $\Delta X_2\times P_2=\Delta X_1\times P_1+c$。

在这种情况下，如果消费者想维持原有效用水平，就可以增加对商品 X_1 的购买、减少商品 X_2 的购买，同时还可以节约 c 这么多的货币。如图 5-17 所示：消费者会沿着无差异曲线向右下方运行，预算线的位置则从 I_3 下降至 I_3'，支出下降。持续如此调整，由于存在边际替代率递减规律，c 的额度逐渐降低，直至 C 点与 E 点重合，此时 $c=0$。

D 点的运行与 C 点刚好相反。

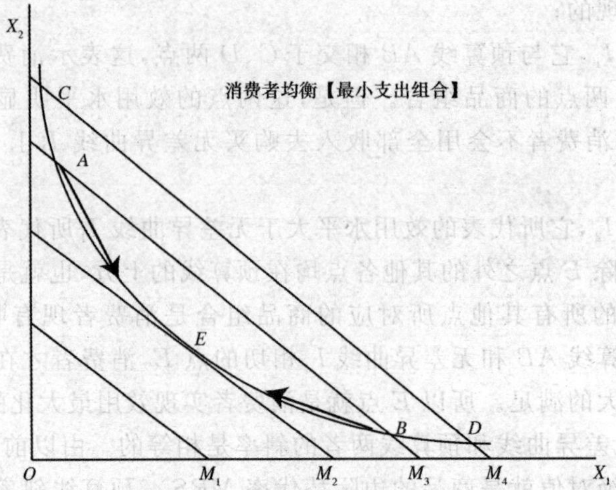

图 5-17　最小支出组合

5.5.2　效用既定条件下的支出最小化

在以上推导的结果之下，消费者选择使用剩余的货币 c 进行购买。根据消费者偏好的不饱和性特征可知：更多数量的商品可以带来更大的效用。此时消费者由于购买数量的增多可以提高个人效用水平。从 C 点的支出特性可知，商品的 X_1 的支出是小于商品 X_2 的，理性的消费者会选择增加 X_1 的购买而减少对商品 X_2 的购买。此时，消费者的购买行为会沿着预算线从 C 点向右下方移动，每次移动的结果都会使新的商品组合落在一条新的无差异曲线上。该曲线的位置较 I_1 而言距离原点更远，所表示的效用水平也就更高。可见，这样的调整会使消费者的效用增加。最终 C 点与 E 点重合。

从图 5-18 可以看出，消费者会沿着预算线向右下移动，直至与 E 点重合。

D 点：与 C 点相反，D 点存在：$MRS_{12}=|-\Delta X_2/\Delta X_1|<P_1/P_2$，说明无差异曲线上 D 点斜率的绝对值小于预算线斜率的绝对值。就 D 点而言，据上式可得：$\Delta X_2\times P_2<\Delta X_1\times P_1$，说明在 D 点上消费者用于购买商品 X_1 的支出大于购买商品 X_2。

令：$\Delta X_2\times P_2=a$，$\Delta X_1\times P_1=b$，则有：

$\Delta X_1\times P_1-\Delta X_2\times P_2=c$ 或者 $\Delta X_1\times P_1=\Delta X_2\times P_2+c$。

在这种情况下，理性的消费者会选择增加对商品的 X_2 购买而减少对 X_1 的购买。从图 5-18 看，就是消费者会沿着预算线向左上移动，移动后的 D 点会落在一条新的无差异曲线上，同样的该曲线的位置较 I_1 而言距离原点更远，所表示的效用水平也就更高。这样的调整同样会使消费者的效用增加。

根据边际替代率递减规律可知，随着商品消费数量的增加，消费者偏好减弱，它所能够替代的商品数量也越来越少，商品调整所带来 c 也越来越小，越来越趋近于

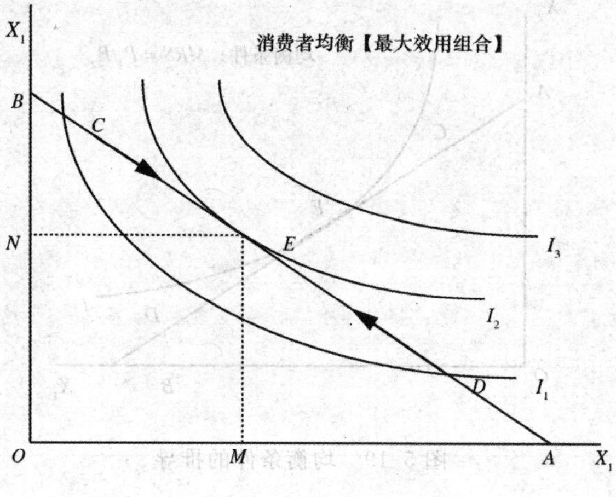

图 5-18　最大效用组合

零。从图 5-18 可见，当 C 点或 D 点与 E 点重合时，c 的增加量为零。此时，消费者效用最大。

需要注意的是，消费者偏好既定情况下的消费者均衡，反映的是一种消费者既不想增加也不想减少任何一种商品购买量相对稳定的状态。在这种状态下，消费者获得了最大的满足。

不管是基数效用论还是序数效用论，虽然它们各自使用不同的分析工具对消费者行为进行分析，但是所得的结果即消费者均衡的条件实际上是一样的。

基数效用论运用边际效用进行分析法，得到的均衡条件是：$MU_1/MU_2=P_1/P_2$；序数效用论运用无差异曲线进行分析，得到的均衡条件是：$MRS_{12}=P_1/P_2$。根据前面的学习内容可知：在无差异曲线上，每一点所表示的效用都是完全一样的，见图 5-19。因此，消费者增加一种商品的消费所带来的效用增量，和减少另一种商品数量所带来的效用减少量是相等的。当商品组合从 A 点移动到 B 点时，存在：

$$U=U_A=U_B\text{，即有：}U_A=U_B+(\Delta TU_1-\Delta TU_2)\text{，}$$

则必然存在：

$$\Delta TU_1-\Delta TU_2=0\text{，或 }\Delta TU_1=\Delta TU_2\text{。}$$

由边际效用公式可知：

$$MU_1=\Delta TU_1/\Delta X_1\text{，}MU_2=\Delta TU_2/\Delta X_2\text{，}$$

由此可得：

$$\Delta TU_2=MU_2\times\Delta X_2\text{，}\Delta TU_1=MU_1\times\Delta X_1\text{，}$$

即有：

$$MU_2\times\Delta X_2=MU_1\times\Delta X_1\text{，}$$

也可以写作：

$$\Delta X_2/\Delta X_1=MU_1/MU_2\text{。}$$

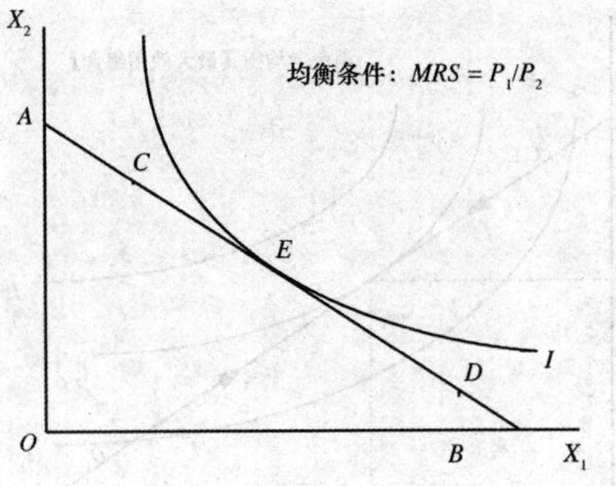

图 5-19　均衡条件的推导

$\because MRS_{12} = \Delta X_2 / \Delta X_1$，

$\therefore MRS_{12} = MU_1 / MU_2 = P_1 / P_2$。

∴ 均衡条件也可以表示为：

$$MRS_{12} = MU_1 / MU_2 = P_1 / P_2,$$

或者：

$$MU_1 / P_1 = MU_2 / P_2 = \lambda。$$

式中，λ 为货币的边际效用。这一结果与基数效用论对于消费者均衡的条件是完全相同的。

5.6　价格变化和收入变化对消费者均衡的影响

这一节我们仍然使用比较静态分析法，看看消费者收入发生连续变动和某一种商品的价格连续变动时的运行轨迹，并在此基础上推导出消费者的需求曲线和用于描述贫富标准的一个系数——恩格尔系数。

5.6.1　价格变化：价格——消费曲线

在其他条件均保持不变时，商品的价格的变化会使消费者效用最大化的均衡点的位置发生变动，并由此可以得到价格——消费曲线。

定义：价格——消费曲线是在消费者的偏好、收入以及其他商品价格不变的条件下，与某一种商品的不同价格水平相联系的消费者效用最大化的均衡点的轨迹。我们假设商品 X_2 的价格不变，商品 X_1 的价格连续发生变动。具体可以用图 5-20 来说明价格——消费曲线的形成过程。从图 5-20 可见：商品 X_1 的初始价格为 P_{11}，相应的预算线为 AB。它与无差异曲线 I_1 相切与效用最大化的均衡点 E_1。现在商品 X_1 的价格由 P_{11} 下降为 P_{12}，相应的预算线由 AB 移动到了 AB'。于是 AB' 就另一条位置较高的无差异曲线 I_2 相切与均衡点 E_2。如果商品 X_1 的价格继续由 P_{12} 下降到

P_{13}，相应的预算线 AB' 就会再一次移动到 AB''，于是会与代表更高效用水平的无差异曲线 I_3 相切于均衡点 E_2……以此类推，可以得到一系列类似 E_1、E_2、E_3 这样的均衡点。当商品 X_1 的价格出现连续下降时，就会形成一条连续的轨迹：价格—消费曲线。

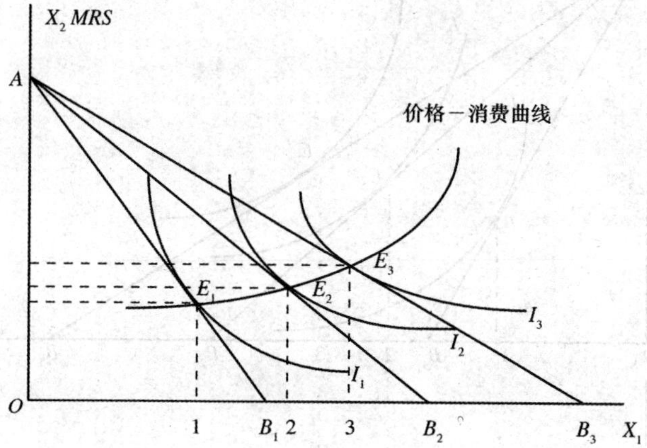

图 5-20　价格—消费曲线

5.6.2　消费者的需求曲线

由以上推导出的价格—消费曲线可以得到消费者的需求曲线。

根据图 5-20 可知：价格—消费曲线上的三个均衡点 E_1、E_2、E_3 的形成，是因为商品 X_1 的价格连续下降。可以看出，在每一个均衡点上都存在着商品 X_1 的价格与 X_1 的需求量之间的一一对应关系。从图可见：当商品 X_1 的价格为 P_1^1 时均衡点在 E_1，此时商品 X_1 的需求量为 1；当价格下降到 P_1^2 时均衡点在 E_2，此时商品 X_1 的需求量为 2；当价格下降到 P_1^3 时均衡点在 E_3，此时商品 X_1 的需求量为 3。根据商品 X_1 的价格和需求量之间的这种对应关系，把每一个 P_1 的数值和相对应的均衡点上商品 X_1 的数量绘制在商品的价格—数量坐标上，就可以清楚地看到某消费者的需求曲线了。

图 5-21 中的需求曲线 $X_1 = f(P_1)$ 就是反映商品 X_1 的数量与其价格之间一一对应的关系。图中横轴表示商品 X_1 的数量，纵轴表示商品 X_1 的价格。当商品 X_1 的价格连续变动时，就会出现与收入—消费曲线上 E_1、E_2、E_3 相对应的 A、B、C 点。当价格连续变动时类似于 A、B、C 之类的点就会连接成为需求曲线。

以上是我们学习的序数效用论者利用无差异曲线对消费者行为进行的分析，并进而推导出消费者需求曲线的过程。从图 5-19 可以看出：序数效用论得到的需求曲线是向右下方倾斜的，描述的是商品价格与需求量之间的反向关联，且需求曲线上每一点都是可以给消费者带来最大效用的均衡点。对比图 5-20 和图 5-21 还可以看出，基数效用论和序数效用论得到的需求曲线也是完全一致的。

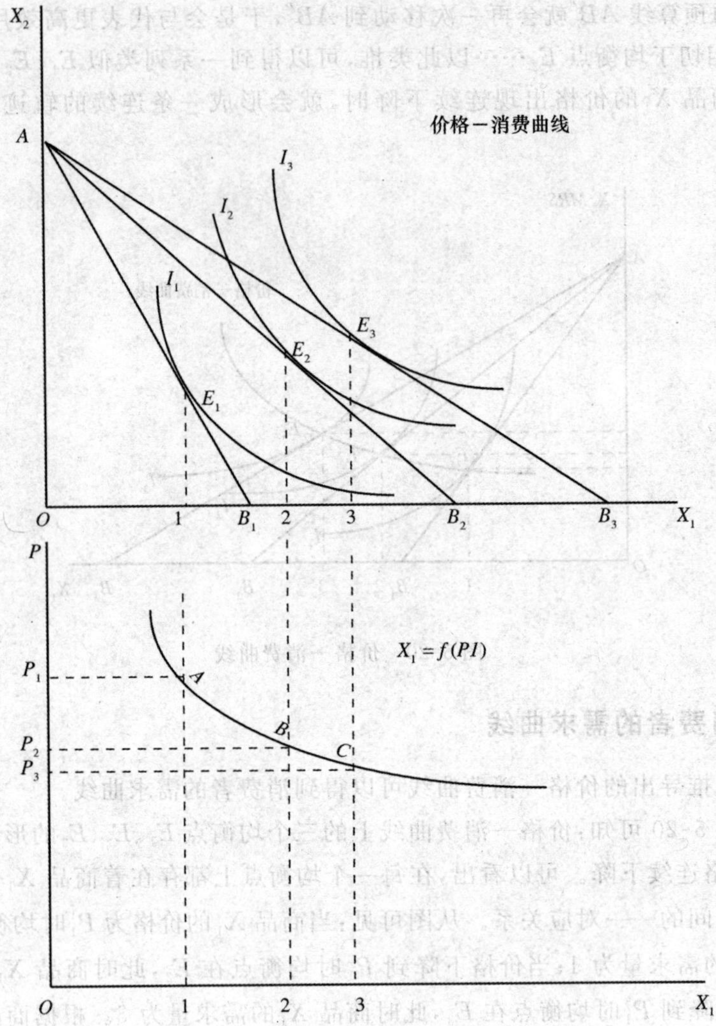

图 5-21　价格-消费曲线和消费者的需求曲线

5.6.3 收入变化：收入——消费曲线

在其他条件不变而只有消费者的收入水平发生变化时，也会改变消费者效用最大化的均衡量的位置，由此可以得到收入—消费曲线。

所谓收入—消费曲线是指在消费者的偏好和商品的价格不变的条件下，与消费者的不同收入水平相联系的消费者效用最大化的均衡点的轨迹。

下面我们用图 5-22 来说明收入—消费曲线的形成过程。

在图 5-22(a)中，伴随着消费者收入水平的不断增加，预算线持续向右上方移动，从 I_1 到 I_2 再到 I_3。不断移动的预算线和坐标内既定的无差异曲线分别相切于

E_1、E_2、E_3点，形成一系列消费者效用最大化的均衡点。如果我们假设收入水平的变化是连续的，则可以得到无数个类似 E_1、E_2、E_3这样的均衡点。这些均衡点形成的轨迹就是图(a)中的收入—消费曲线。它表示：随着收入水平的增加，消费者对商品 X_1和 X_2的需求量都是上升的。这种随收入上升而增加消费的商品可以称之为正常物品。而图 5-22(b)则不同。

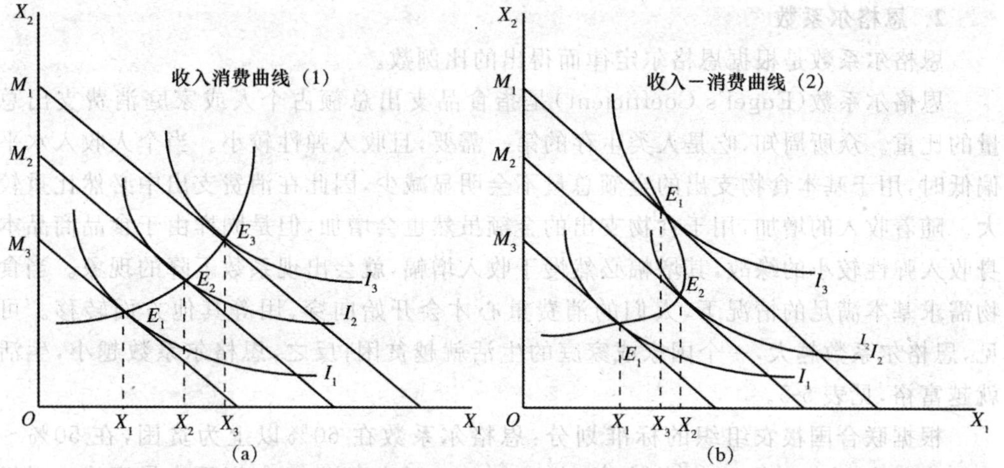

图 5-22　收入—消费曲线

在图 5-22(b)中，采用与图(a)类似的方法，可以描绘出另一条收入—消费曲线。明显的，图 5-22(b)中的收入—消费曲线是向后折弯的，说明：随着收入的增加，消费者对商品 X_1的需求量一开始是增加的。但是当收入上升到一定水平之后，消费者对商品 X_1的需求量反而减少了，商品 X_2的消费依然是与图(a)类似。可见，在一定的收入水平上，消费者认为商品 X_1已经有正常物品变成了劣等品。日常生活中此类案例随处可见。我们以土豆为例。对某些消费者而言，在收入水平较低时，土豆属于正常物品；而在收入水平较高时，土豆在他们的眼里就有可能变成劣等品。因此，在这个群体富裕以后，就有可能减少对土豆的消费量，增加肉蛋等其他食物的消费。据此，德国统计学家恩斯特·恩格尔提出了恩格尔曲线。

5.6.4　恩格尔曲线

由消费者的收入—消费曲线可以推导出消费者的恩格尔曲线。

恩格尔曲线表示消费者在每一收入水平对某商品的需求量。

1. 恩格尔定律

19 世纪中期，德国统计学家和经济学家恩格尔对比利时不同收入的家庭的消费情况进行了调查，研究了收入增加对消费需求支出构成的影响，提出了一个带有规律性的结论，该结论被命名为"恩格尔定律"。其主要内容是指：一个家庭或个人收入越少，用于购买基础性生存物资的食物支出在家庭或个人收入中所占的比重就越大。

对一个国家而言，一个国家越穷，每个国民的平均支出中用来购买食物的费用所占比例就越大。

恩格尔定律主要表述的是食品支出占总消费支出的比例随收入变化而变化的一定趋势，揭示了居民收入和食品支出之间的相关关系，用食品支出占消费总支出的比例来说明经济发展、收入增加对生活消费的影响程度。

2. 恩格尔系数

恩格尔系数是根据恩格尔定律而得出的比例数。

恩格尔系数(Engel's Coefficient)是指食品支出总额占个人或家庭消费支出总量的比重。众所周知，吃是人类生存的第一需要，且收入弹性较小。当个人收入水平偏低时，用于基本食物支出的金额总量不会明显减少，因此在消费支出中必然比重较大。随着收入的增加，用于食物支出的金额虽然也会增加，但是同样由于食品商品本身收入弹性较小的缘故，其增幅必然慢于收入增幅，就会出现系数下降的现象。当食物需求基本满足的情况下，人们的消费重心才会开始向穿、用等其他方面转移。可见，恩格尔系数越大，一个国家或家庭的生活就越贫困；反之，恩格尔系数越小，生活就越富裕，见表5-5。

根据联合国粮农组织的标准划分：恩格尔系数在60%以上为贫困，在50%～59%为温饱，在40%～49%为小康，在30%～39%为富裕，30%以下为最富裕。恩格尔系数达59%以上为贫困，50%～59%为温饱，40%～50%为小康，30%～40%为富裕，低于30%为最富裕。另有一说是：恩格尔系数在70%以上为赤贫。

表5-5　改革开放以来我国居民的恩格尔系数　(%)

指标	1978	1988	1998	2008	2010	2013	2014
城镇居民	57.5	51.4	44.5	36.3	35.7	35	36
农村居民	67.7	54	53.4	43.08	41.1	37.7	40

3. 计算公式

(1) 恩格尔系数：食物支出金额÷总支出金额×100%＝恩格尔系数。

除食物支出外，衣着、住房及日用必需品等的支出，也同样在不断增长的家庭收入或总支出中，所占比重上升一段时期后，呈递减趋势。改革开放以来，我国城镇和农村居民家庭恩格尔系数已由1978年的57.5%和67.7%分别下降到2010年的35.7%和41.1%。近几年恩格尔系数略有回升。

(2) 恩格尔定律的公式。

食物支出变动百分比÷总支出变动百分比×100%＝食物支出对总支出的比率(R_1)，

食物支出变动百分比÷收入变动百分比×100%＝食物支出对收入的比率(R_2)。

注意：R_2又称为食物支出的收入弹性。

恩格尔定律是根据经验数据提出的，它是在假定其他一切变量都是常数的前提下才适用的，因此在考察食物支出在收入中所占比例的变动问题时，还应当考虑城市化程度、食品加工、饮食业和食物本身结构变化等因素对于家庭食物支出增加的影响。只有达到相当高的平均食物消费水平时，收入的进一步增加才不对食物支出发生重要的影响。

4. 恩格尔曲线

(1) 恩格尔曲线的推导。

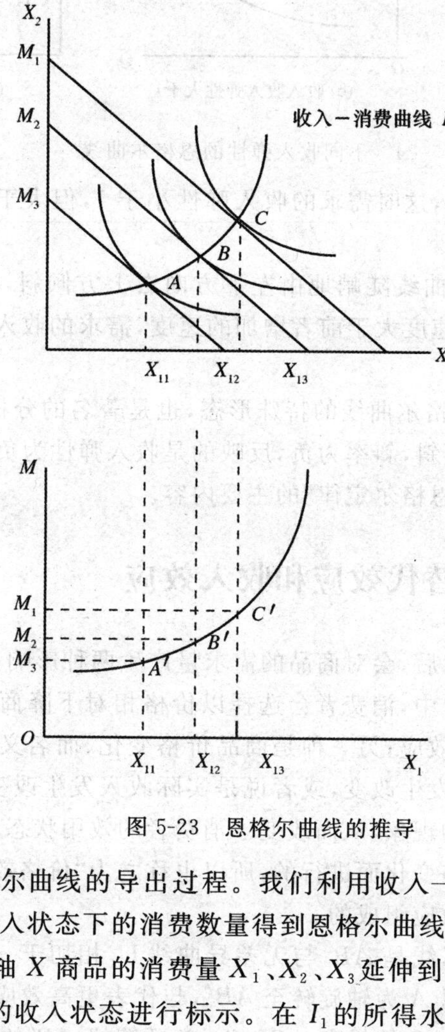

图 5-23　恩格尔曲线的推导

图 5-23 为恩格尔曲线的导出过程。我们利用收入—消费曲线(ICC 曲线)所得的商品 X 在不同收入状态下的消费数量得到恩格尔曲线。如图 5-24 所示.

我们将上图横轴 X 商品的消费量 X_1、X_2、X_3 延伸到下图的横轴，而下图的纵轴以预算线 I_1、I_2、I_3 的收入状态进行标示。在 I_1 的所得水准下，消费 X_1 数量的 X 商品，而在 I_2 所得下消费 X_2 数量的 X 商品，将 $A'B'C'$ 各点连接起来，就是 X 商品的恩格尔曲线。

(2) 恩格尔曲线的三种情况。

因商品收入弹性的差异性，现实经济生活中的恩格尔曲线并不是只有一种形状的。如图 5-24 所示：

图 5-24(a)表明商品 X 的购买量随收入的增加而增加，但是购买量增加的速度

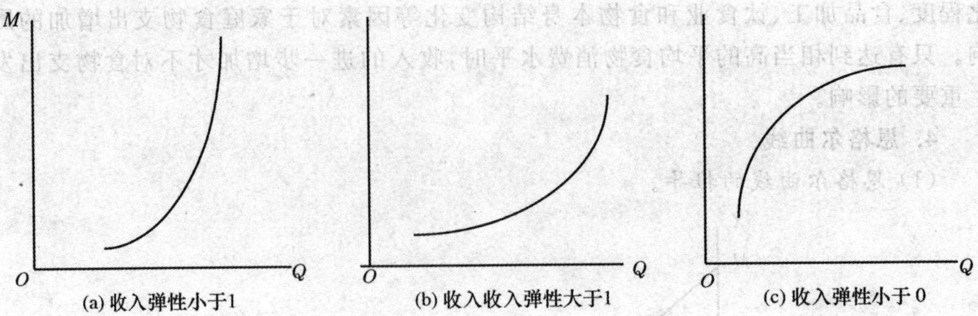

图 5-24　不同收入弹性的恩格尔曲线

越来越慢于收入的增加速度，这时需求的收入弹性小于 1，但大于 0。一般生活必需品都属于此类。

图 5-24(b)中的恩格尔曲线陡峭地由左下方向右上方倾斜，表示需求量随收入增加而增加，但后者的增加速度大于前者增加的速度，需求的收入弹性大于 1。一般奢侈品或劳务都属于此类。

图 5-24(c)反映的是恩格尔曲线的特殊形态，也是著名的分析工具，图中的恩格尔曲线自左上方向右下方倾斜，斜率为负，反映的是收入弹性为负的低档消费品的情况。该曲线的形状揭示了“恩格尔定律”的主要内容。

5.7　价格效应——替代效应和收入效应

某种商品价格发生变化后，会对商品的需求量产生两种影响：一种是商品价格变化而导致所购买的商品组合中，消费者会选择以价格相对下降商品去替代价格相对上涨商品的现象，称为替代效应；另一种是商品价格变化、而名义货币收入不变的条件下，消费者的实际购买力发生改变，或者说是实际收入发生改变，导致消费者所购商品的总量或增加或减少的现象，从而改变了消费者的效用状态，称为收入效应。由于该项分析是基于商品价格变化而进行的，所以也称之为“价格效应”。或者说，价格效应是由替代效应和收入效应组成的。

在图 5-25 中，初始预算线是 AB，与无差异曲线 U_1 相切于 a 点，即均衡点为 a。商品 X_1 价格下降，预算线以 A 为轴旋转至 AB'，与代表更高效应水平的无差异曲线 U_2 相切于 b。其中，预算线 AB 的斜率 $=P_1/P_2$，新预算线 AB' 的斜率 $=P'_1/P_2$。商品组合中 X_1 的数量从 X'_1 增加到 X'''_1。

$$\Delta X \quad = X'''_1 - X'_1,$$

发生变化的部分是由于商品 X 的价格下降带来的。可以认为是总的价格效应——总效应。

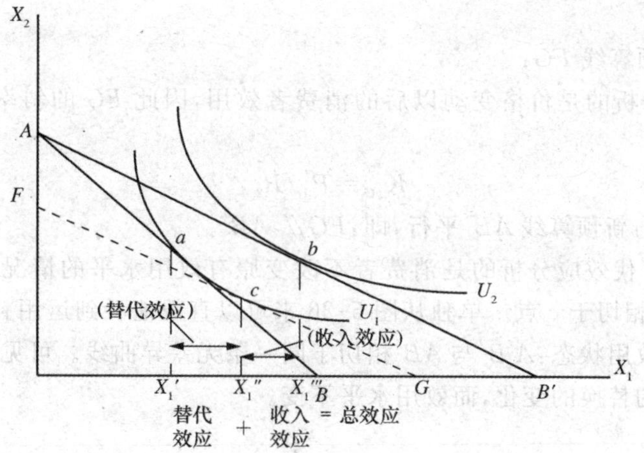

图 5-25　总效应(价格效应)＝替代效应＋收入效应

5.7.1　区分替代效应和收入效应

1. 替代效应(Substitution Effect):是指当某一种物品的价格发生变化时,消费者以购买更多的某一种物品来替代另一种物品的现象。

替代效应分析的是两种商品相对价格发生变化的情况。此时消费者的名义收入或货币收入不变。这里所说的实际收入不变是指消费者维持在原来的效用水平上,但又要用新的价格比率来度量这一不变的效用水平。当某一种商品降价后,为了使消费者效用水平不变,就必须画一条与新预算线相平行、且与原无差异曲线 U_1 相切的预算线,借以说明商品的替代。这条新的预算线所起的作用,与数学分析中的辅助线类似,西方经济学称之为:补偿预算线。

补偿预算线:当商品的价格发生变化引起消费者的实际收入水平发生变化时,补偿预算线是用来表示以假设的货币收入的增减来维持消费者的实际收入不变的一种分析工具。

具体地说,在商品价格下降引起消费者的实际收入水平提高时,假设可以取走消费者的一部分货币收入,以使消费者的实际收入水平维持原有的水平,则补偿预算线在此就可以用来表示使消费者的货币收入下降到只能维持原有的无差异曲线的效用水平(即原有的实际收入水平)这一情况。相反,在商品价格上升引起消费者的实际收入水平下降时,假设可以对消费者的损失给予一定的货币收入补偿,以使消费者的实际收入维持原有的水平,则补偿预算在此就可以用来表示使消费者的货币收入提高到得以维持原有的无差异曲线的效用水平(即原有的实际收入水平)。

在图 5-25 中,初始预算线是 AB,与无差异曲线 U_1 相切于 E_1 点,即均衡点为 a。商品 X_1 价格下降,消费者的实际收入增加,需要减去假设的货币收入增量,以维持消费者的实际收入不变,即维持原有的效应水平。于是,补偿预算线 FG 与无差异曲线

U_1相切于 c 点。

分析补偿预算线 FG：

* 斜率：分析的是价格变动以后的消费者效用，因此 FG 的斜率是新的商品价格的比值。

$$K_{FG}=P_1'/P_2。$$

显然，FG 与新预算线 AB'平行，即：$FG // AB'$。

* 切点：替代效应分析的是消费者不改变原有效用水平的情况，因此 FG 与原无差异曲线 U_1 相切于 c 点。单独从图 5-26 来可以直观地看到运用补偿预算线的分析替代效应的效用状态：$A'B'$与 AB 相切于同一条无差异曲线。可见，替代效应反映了个人所面临的替换的变化，而效用水平不变。

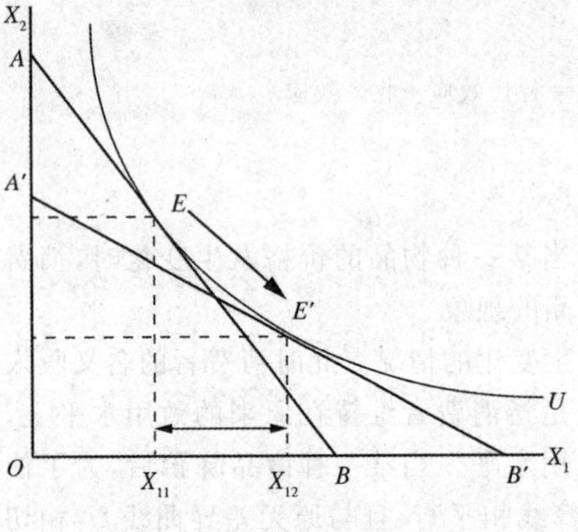

图 5-26　替代效应

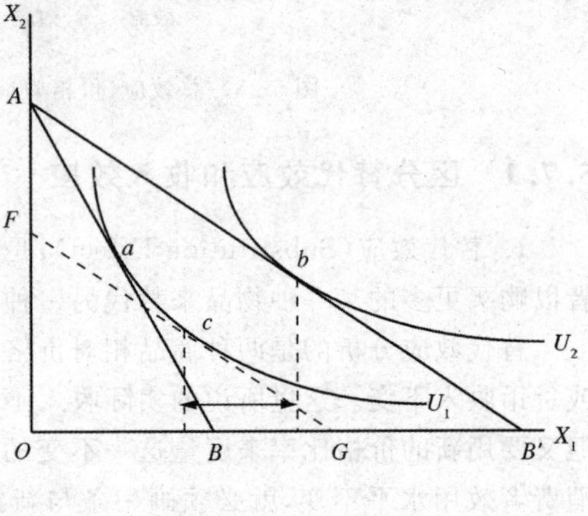

图 5-27　收入效应

2. 收入效应(Income Effect)：收入效应指由商品的价格变动所引起的实际收入水平变动，进而由实际收入水平变动所引起的商品需求量的变动。它表示消费者效用水平发生的变化。

具体来说就是当你在购买一种商品时，如果该种商品的价格下降了，对于你来说，你的名义货币收入是固定不变的，但是价格下降后，你的实际购买力增强了，你就可以买得更多的该种商品。这种实际货币收入的提高，会改变消费者对商品的购买量，从而达到更高的效用水平，这就是收入效应。

从图 5-27 可见，$c \sim b$ 的数量变化反映了价格变动引起消费者实际收入变动的情况。明显的，该变动完全是由于价格变化引起的，与名义货币量无关。图 5-27 中，$c \rightarrow b$ 同时还是 $U_1 \rightarrow U_2$，反映了消费者效用的改变。说明收入效应反映了个人生活水平的变化，效用水平提高了。

5.7.2　正常物品的价格效应：替代效应和收入效应

1. 正常物品

我们把需求量与收入呈同向变动商品视作正常物品。正常物品的需求曲线向右下方倾斜。

2. 正常物品的替代效应

在图5-28中，由于商品 X_1 的价格 P_1 下降，消费者的效用水平提高了，消费者的新的均衡点 E_3 并不在原来的无差异曲线 U_1 而是在更高的无差异曲线 U_2 上。为了区分替代效应和收入效应，必须剔除实际增加的收入，使消费者回到原来的无差异曲线 U_1 上去。要做到这一点，就需要使用补偿预算线。补偿预算线的意义就在于维持新价格下的消费者原有的效用状态。

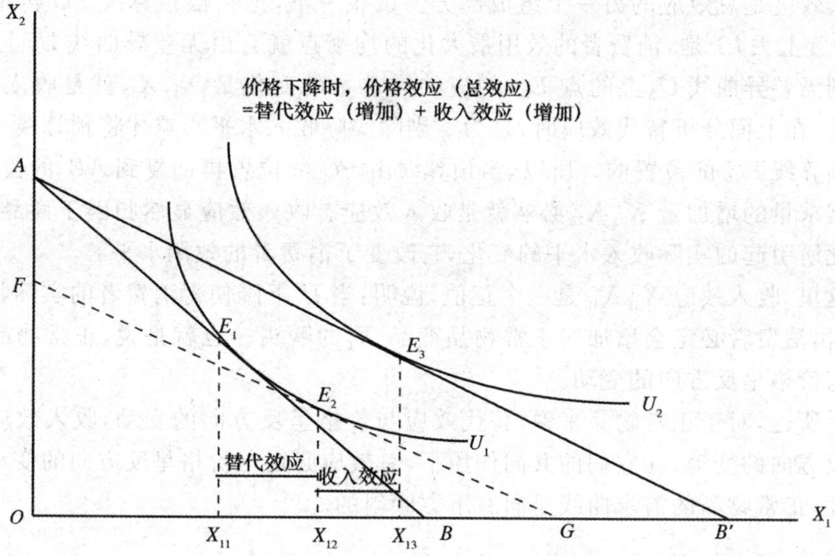

图5-28　正常物品的替代效应和收入效应

具体的做法是：作一条平行于预算线 AB' 且与无差曲线 U_1 相切的补偿预算线 FG。这种做法的含义是：补偿预算线 FG 与无差异曲线 U_1 相切，表示假设的货币收入的减少（预算线的位置由 AB' 向左平移到 FG 表示）刚好能使消费者回到原有的效用水平。补偿预算线 FG 与预算线 AB' 平行，则以这两条预算线具有相同的斜率，且都反映了价格的变化。

补偿预算线与无差异曲线 U_1 相切于均衡点 E_2，与原来的均衡点 E_1 相比，需求量的增加量为 $X_{11}X_{12}$，这个增加量就是在剔除了实际收入水平变化影响以后的替代效应。

进一步分析，就预算线 AB 和补偿预算线 FG 而言，它们分别与无差异曲线 U_1

相切于E_1、E_2两点，但斜率却是不相等的。预算线AB的斜率绝对值大于补偿预算线FG，由此可以推知，预算线AB所表示的两商品价格比大于补偿预算线FG表示的两商品价格比。显然，这是由于P_1下降而P_2不变所引起的。在这种情况下，当预算线由AB移至FG时，随着商品相对价格的变小，消费者为了维持原有的效用水平，必须会沿着既定的无差异曲线U_1由E_1点下滑到E_2点，增加对商品X_1的购买而减少对商品X_2的购买，即用商品X_1去替代商品X_2。于是，由E_1点到E_2点的商品X_1的需求量的增加量$X_{11}X_{12}$，便就是P_1下降的替代效应。它显然归因于商品相对价格的变化，而不改变消费者的效用水平。在这里，P_1下降所引起的需求量的增加量$X_{11}X_{12}$是一个正值，即替代效应的符号为正。也就是说，正常物品的替代效应与价格成反方向的变动。

3. 正常物品的收入效应

收入效应是总效应的另一个组成部分。设想一下，把补偿预算线FG再推回到AB'的位置上去，于是，消费者的效用最大化的均衡点就会由无差异曲线U_1上的E_2点回复到无差异曲线U_2上的点E_3，相应的需求量的变化量$X_{12}X_{13}$就是收入效应。这是因为，在上面分析替代效应时，是为了剔除实际收入水平影响才将预算线AB'移到补偿预算线FG的位置的。所以，当预算线由FG的位置再回复到AB'的位置时，相应的需求量的增加量$X_{12}X_{13}$必然就是收入效应。收入效应显然归因于商品X_1的价格变化所引起的实际收入水平的变化，它改变了消费者的效用水平。

在这里，收入效应$X_{12}X_{13}$是一个正值，说明：当P_1下降使得消费者的实际收入水平提高时，消费者必定会增加对正常物品商品X_1的购买。也就是说，正常物品的收入效应与价格呈反方向的变动。

综上所述，对于正常物品来说，替代效应与价格呈反方向的变动，收入效应也与价格呈反方向的变动，在它们的共同作用下，总效应必定与价格呈反方向的变动。正因为如此，正常物品的需求曲线是向右下方倾斜的。

5.7.3 低档物品的替代效应和收入效应

1. 低档物品

我们把需求量与收入呈反向变动商品视作低档物品。低档物品的需求曲线仍然是向右下方倾斜，见图5-29。

2. 低档物品的替代效应

在图5-29中，由于商品X_1的价格P_1下降，消费者的效用水平提高了，消费者的新的均衡点E_3并不在原来的无差异曲线U_1而是在更高的无差异曲线U_2上。同样，要剔除实际增加的收入，使消费者回到原来的无差异曲线U_1上去，仍然需要使用补偿预算线。

补偿预算线FG平行于AB'，且与无差曲线U_1相切于E_2点。与原来的均衡点E_1相比，需求量的增加量为$X_{11}X_{12}$，这个增加量就是在剔除了实际收入水平变化影

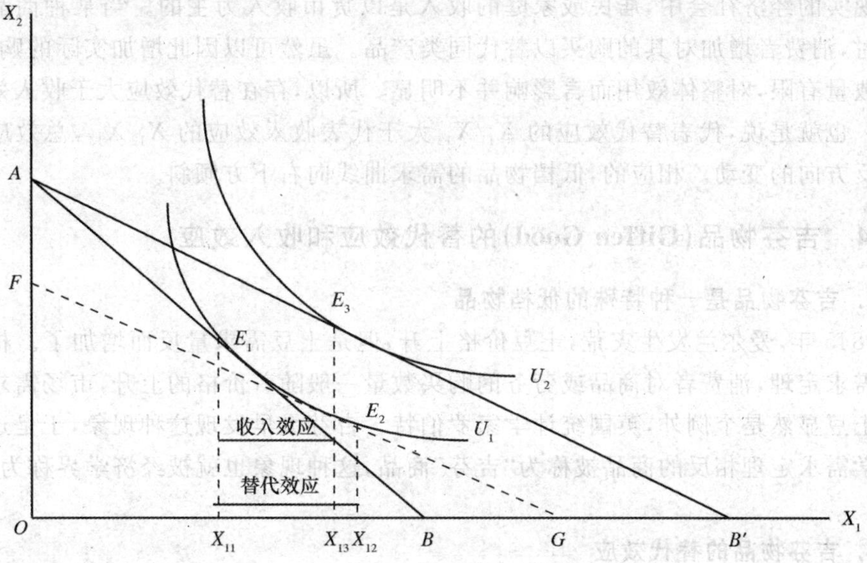

图 5-29 低档物品的替代效应和收入效应

响以后的替代效应。

同样由于 P_1 下降而 P_2 不变，当预算线由 AB 移至 AB' 时，随着商品相对价格的变小，消费者为了维持原有的效用水平，必须会沿着既定的无差异曲线 U_1 由 E_1 点下滑到 E_2 点，增加对商品 X_1 的购买而减少对商品 X_2 的购买，即用商品 X_1 去替代商品 X_2。于是，由 E_1 点到 E_2 点的商品 X_1 的需求量的增加量 $X_{11}X_{12}$，便就是 P_1 下降的替代效应。在这里，P_1 下降所引起的需求量的增加量 $X_{11}X_{12}$，是一个正值，即替代效应的符号为正。也就是说，低档物品的替代效应与价格呈反方向的变动。

3. 低档物品的收入效应

收入效应作为总效应的另一个组成部分，是通过把补偿预算线 FG' 再推回到 AB' 显示出来的。消费者的效用最大化的均衡点就会由无差异曲线 U_1 上的 E_2 点回复到无差异曲线 U_2 上的点 E_3，相应的需求量的变化量 $X_{12}X_{13}$ 就是收入效应。很明显，图 5-29 中 $X_{12}X_{13}$ 是负值。这一表现与低档物品的特征相吻合：数量与收入呈反向变动。

负值的收入效应 $X_{12}X_{13}$ 说明：当 P_1 下降使得消费者的实际收入水平提高时，消费者必定会减少对低档物品商品 X_1 的购买。也就是说，低档物品的收入效应与价格呈同方向的变动。

4. 对比低档物品的替代效应和收入效应

综上所述，对于低档物品来说，替代效应与价格呈反方向的变动，收入效应与价格呈同方向的变动，在它们的共同作用下，总效应究竟与价格呈怎样的关系？

对于低档物品来说，在大多数的场合，收入效应的作用小于替代效应的作用。因为在现实的经济社会中，居民或家庭的收入是以货币收入为主的。当某种商品价格下降时，消费者增加对其的购买以替代同类产品。虽然可以因此增加实际的购买力，但是数量有限，对整体效用而言影响并不明显。所以，存在替代效应大于收入效应的现象。也就是说，代表替代效应的 $X_{11}X_{12}$ 大于代表收入效应的 $X_{12}X_{13}$，总效应与价格呈反方向的变动。相应的，低档物品的需求曲线向右下方倾斜。

5.7.4 吉芬物品(Giffen Good)的替代效应和收入效应

1. 吉芬物品是一种特殊的低档物品

1845 年，爱尔兰发生灾荒，土豆价格上升，但是土豆需求量反而增加了。根据经济学需求定理，消费者对商品或劳务的购买数量一般随着价格的上升，市场需求将减少。土豆显然是个例外，英国统计学家罗伯特·吉芬最早发现这种现象，于是这种与经济学需求定理相反的商品被称为“吉芬”商品，这种现象也就被经济学界称为“吉芬之谜”。

2. 吉芬物品的替代效应

在图 5-30 中，由于商品 X_1 的价格 P_1 下降，消费者的效用水平提高了，消费者的新的均衡点 E_3 并不在原来的无差异曲线 U_1 而是在更高的无差异曲线 U_2 上。同样，要剔除实际增加的收入，使消费者回到原来的无差异曲线 U_1 上去，仍然需要使用补偿预算线。

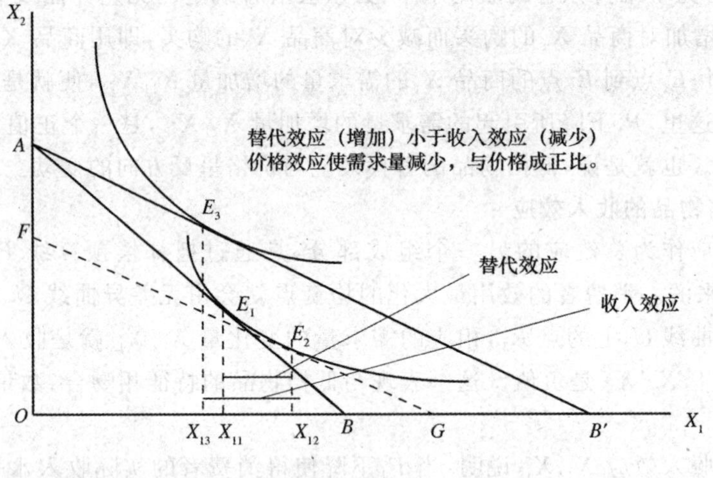

图 5-30　吉芬物品的替代效应和收入效应

补偿预算线 FG 平行于 AB'，且与无差曲线 U_1 相切于 E_2 点。与原来的均衡点 E_1 相比，需求量的增加量为 X_1X_2，这个增加量就是在剔除了实际收入水平变化影响以后的替代效应。

同样，由于 P_1 下降而 P_2 不变，当预算线由 AB 移至 AB' 时，随着商品相对价格的变小，消费者为了维持原有的效用水平，必须会沿着既定的无差异曲线 U_1 由 E_1 点下

滑到 E_2 点，增加对商品 X_1 的购买而减少对商品 X_2 的购买，即用商品 X_1 去替代商品 X_2。于是，由 E_1 点到 E_2 点的商品 X_1 的需求量的增加量为 $X_{11}X_{12}$，便就是 P_1 下降的替代效应。在这里，P_1 下降所引起的需求量的增加量 $X_{11}X_{12}$ 是一个正值，即替代效应的符号为正。也就是说，吉芬物品的替代效应与价格呈反方向的变动。

3. 吉芬物品的收入效应

收入效应作为总效应的另一个组成部分，是通过把补偿预算线 FG 再推回到 AB' 显示出来的。消费者的效用最大化的均衡点就会由无差异曲线 U_1 上的 E_2 点回复到无差异曲线 U_2 上的点 E_3，相应的需求量的变化量 $X_{12}X_{13}$ 就是收入效应。很明显，图 5-30 中 $X_{12}X_{13}$ 是负值。这一表现与低档物品的特征相吻合：数量与收入呈反向变动。

负值的收入效应 $X_{12}X_{13}$ 说明：当 P_1 下降使得消费者的实际收入水平提高时，消费者必定会减少对低档物品商品 X_1 的购买。也就是说，低档物品的收入效应与价格呈同方向的变动。

4. 对比吉芬物品的替代效应和收入效应

综上所述，对于吉芬物品来说，替代效应与价格呈反方向的变动，收入效应与价格呈同方向的变动，在它们的共同作用下，总效应究竟与价格呈怎样的关系？

对于吉芬物品来说，与其他低档物品不同的是它的收入效应的作用大于替代效应。也就是说，吉芬物品的收入效应作用很大，以至于超过了替代效应的作用，从而使总效应与价格呈同方向变动，进而导致吉芬物品的需求曲线呈现向右上方倾斜的现象。为什么会出现这样的现象呢？

首先必须明确的是吉芬物品是低档物品，并且具有可替代性，在无差异曲线上，可以与其他商品共同构成消费者意图购买的商品组合；

其次吉芬物品具有可替代性的同时还具有很高的必要性。特别是对于低收入家庭而言。以土豆为例，作为低收入家庭来说它是蔬菜的同时又是粮食。在这种情况下，单纯绝对价格的变化才是消费者更多考虑的因素；

再次，吉芬物品在无差异曲线上表现出的是相对价格的变动，相对于另外的商品而言其价格“显得”更低了，事实上在现实的经济社会中，居民或家庭对于实际价格的关注是高于相对价格的关注的，见图 5-31。

据此，吉芬物品才表现出了收入效应大于替代效应的现象。也就是说，代表替代效应的 $X_{11}X_{12}$ 小于代表收入效应的 $X_{12}X_{13}$，总效应与价格成同方向的变动。相应的，吉芬物品的需求曲线向右上方倾斜。

注意：不要混淆吉芬商品与低档物品。低档物品是从需求与收入的关系定义的，即指需求的收入弹性为负的商品；而吉芬商品是从需求量与价格的关系定义的，即需求量与价格同方向变化的商品。

争论：截至目前位置，经济学界仍然在争论到底有没有吉芬物品？

【案例】 2001 年美国“九一一”事件之后，美国经济一度沉沦，但人们惊奇地发

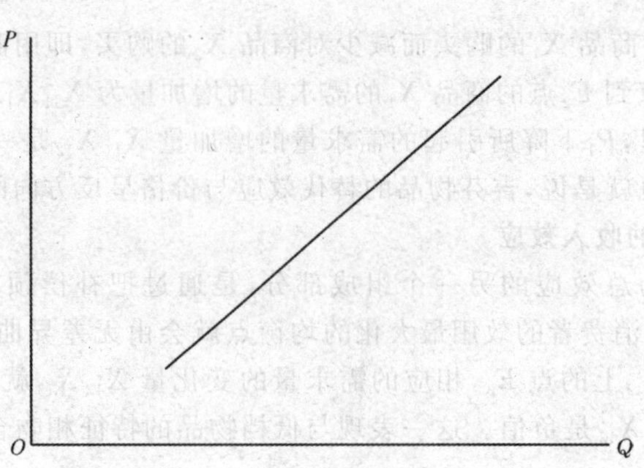

图 5-31　吉芬物品的需求曲线

现,口红销量大幅上扬。美国知名化妆品集团雅诗兰黛提出了一个"口红指数"概念,意指在经济萧条的时候,女人没有钱买其他昂贵的护肤品,但口红总还买得起。

经济学家们这样解释"口红指数":经济不景气导致消费低迷,女人更会收紧钱包,昂贵的化妆品自然先被砍掉。可"面子"又不能不顾,尤其是职场女性,素颜示人,颇为不雅。此时,一抹简单的口红,一抹得体的唇彩,照样能让女人颜面有光。即便囊中再羞涩,几支口红总还买得起。因此,经济越不景气,口红销量反而越大。

经济学家阿尔弗雷德·马歇尔(Alfred Marshall,1842—1924)在其第三版《经济学原理》(Principles of Economics,1895)一书中引入吉芬商品的概念。在更早期的版本中,马歇尔针对正常商品和劣等品讨论了收入效应和替代效应。在编写第三版时,马歇尔注意到了对商品进一步分类的可能性:即收入效应与替代效应效果相反而且收入效应大于替代效应的可能性。为了寻找到这类商品的例子,马歇尔声称从政府经济学家罗伯特·吉芬(Robert Giffen,1837—1910)的一份报告中找到线索,所以后来的经济学家称这种假定的现象为吉芬商品。后来学者们能够利用相当严谨的数学来证明吉芬商品存在的条件。但是证明吉芬商品存在的例子依然空白(尽管一些学者提供了为什么吉芬商品不可能被观察到的一些解释)。

关于吉芬商品的经验证据意味着吉芬商品不存在的结论,因为这些证据包含了不能找到任何具有向上倾斜的需求曲线的商品。尽管这不是说明吉芬商品不存在的结论性证据,但是有关这些探索吉芬商品存在事件的评论是富有启示性的。

在马歇尔最早介绍吉芬商品的时候,他认为面包是吉芬商品。后来在关于国际贸易的财政政策的一份备忘录(1908)中,马歇尔认为小麦是吉芬商品。对于这种不一致性,说明了马歇尔可能是记错了他阅读的吉芬报告的内容,或者马歇尔根本没有吉芬所写的那份报告。

回顾吉芬商品的研究历史,可以得出还没有证据说明有现实的吉芬商品存在的结论。尽管不能仅仅因为找不到事物存在的事例而理所当然地予以否认,而是应该认识到,支持吉芬商品存在的证据无非就是如果吉芬商品存在,它必须实现满足吉芬商品所罗列的条件。这些条件经过马歇尔的定义并且被后来的学者用数学重新表述，但无论是马歇尔还是后来的学者都没有给出吉芬商品的任何证据。

一个比较有说服力的解释："吉芬商品"争论的原因是混淆了"意图需求"和"实际需求"的区别

需求规律中的需求量是消费者的心理预期，是个"意图需求"，其数量大小在实际生活中是无法验证的，那么需求定律作为一个心理规律，也就无法验证真伪。一些经济学家通过实际观察，发现一些物品会出现价格上涨、需求增加的现象，如投机品、奢侈品、吉芬物品等，因而这些经济学家认为需求定律还有例外情况的存在，因此需求定律并不成立的争论也由此产生。事实上，他们不过是观察到了"实际需求"而已。

5.7.5 不同类型商品的替代效应与收入效应

表 5-6 商品价格变化所引起的替代效应和收入效应

商品类别	替代效应与价格的关系	收入效应与价格的关系	总效应与价格的关系	需求曲线的形状
正常物品	反方向变化	反方向变化	反方向变化	向右下方倾斜
低档物品	反方向变化	同方向变化	反方向变化	向右下方倾斜
吉芬物品	反方向变化	同方向变化	同方向变化	向右上方倾斜

5.8 从单个消费者的需求曲线到市场需求曲线

到现在为止我们一直讨论的是居民或者家庭对一种产品的需求。为了分析市场如何运行，我们需要确定市场需求。

5.8.1 市场需求(Market demand)

市场需求是指所有个人对某种物品或劳务需求的总和。在完全竞争的产品市场上，市场需求曲线可以由单个消费者的需求曲线简单地横向加总得到：

$$Q_D = Q_{d1} + Q_{d2} + \cdots + Q_{dn}$$

或者可以记作：$Q_i = f_i(P), i = 1, 2, \cdots, n$

$$Q_d = \sum_{i=1}^{n} Q_i = f_i(P) = F(P)。$$

5.8.2 市场需求曲线(Market demandcurve)

市场需求曲线表示在整个市场中产品的价格和它的需求量之间的关系，见图5-32。

5.8.3 市场内消费者的数量对市场需求曲线的影响

由于市场需求是从个人需求推导出来的，所以，市场需求量取决于决定个别买者

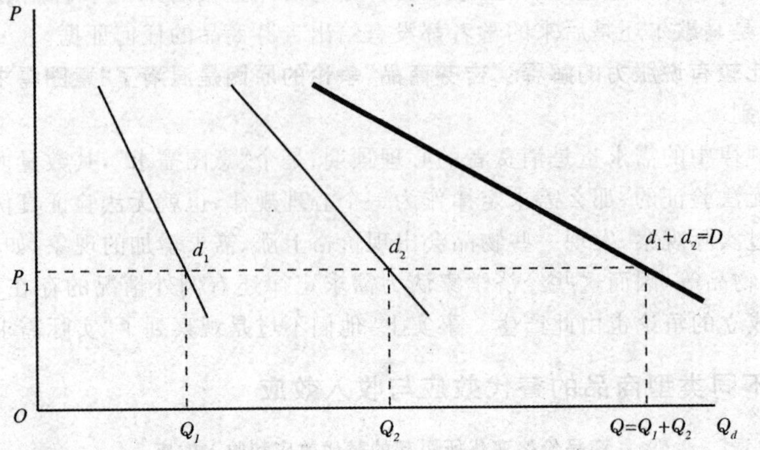

图 5-32　市场需求曲线

需求量的因素。因此，市场需求量不仅取决于一种物品的价格，而且还取决于买者的收入、嗜好、预期以及相关物品的价格。它也取决于买者的人数。需求表 5-7 即表示：当决定需求量的所有其他变量不变时，随着价格变动，需求量发生的变动。

表 5-7 表示两个消费者甲乙对某产品的需求。在任何一种价格时，甲的需求告诉我们他购买多少，乙的需求告诉我们他购买多少。市场需求是这两个个人需求的总和。

表 5-7　　个人需求与市场需求

某产品价格(元)	甲(个)	乙(个)	市场(个)
0.00	12	7	19
0.50	10	6	16
1.00	8	5	13
1.50	6	4	10
2.00	4	3	7
2.50	2	2	4
3.3	0	1	1

图 5-33 表示与这些需求相应的需求曲线。要注意的是，我们把个人需求曲线水平相加，得出了市场需求曲线。这就是说，为了得出任何一种价格时的总需求量，我们把个人需求曲线横轴上表示的个人需求量相加。由于我们关心的是分析市场如何运行，所以我们经常主要是用市场需求曲线。市场需求曲线表示一种物品的总需求量如何随着该物品的价格变动而变动。

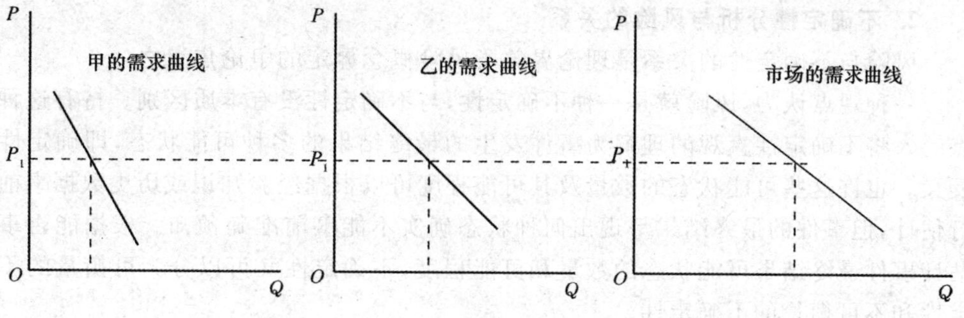

图 5-33 市场需求是个人需求之和

*5.9 不确定性分析

5.9.1 不确定性与风险

1. 基本定义

(1) 不确定性(Uncertainty)

不确定性并不是经济学的专属词语,它广泛地出现在哲学、统计学、经济学、金融学、保险学、心理学、社会学等领域。在经济学中,不确定性是指对于未来或预期所做的决策,其结果不具有唯一性,也就是说事先不能准确知道某个经济行为或经济决策的结果。反过来说,就是:当事件或决策的可能结果不止一种的时候,就会产生不确定性。

有不确定性就有风险。不过风险有大小。小而言之,可能影响某一个具体活动的成败;大而言之,则可能使决策者一蹶不振。总的来说,由于不确定性带来风险,畏惧风险则是每个人的普遍心态。美国投资奇才索罗斯就曾言:“我什么都不怕,只怕不确定性。”言下之意就是对风险的忧虑。当然,风险本身是一柄“双刃剑”。正是由于不确定性、模糊性和混沌性,才使得后来居上、脱颖而出成为可能;才使得超常规、跨越式发展成为现实。

以企业行为为例:企业在进行外部环境分析时,要充分考虑不确定性以及风险,尤其是战略风险。战略风险通常是指对企业的战略决策有重大影响的不确定性,对企业生死攸关的不确定性。因此,企业对此必须高度重视,认真研究,趋利避害。一方面,企业应该对可能造成严重伤害的不确定性,设法化解与超越,力争把损失减小到最低;另一方面,企业应该把握、利用甚或刻意创造不确定性,以期获得重大的战略机遇,实现战略性赶超。

(2) 不确定性分析

在一般情况下,不确定分析是分析不确定性因素对所要分析的评价指标的影响程度,并以此为依据计算承担不确定性的风险及能力,进而确定经济行为的可行性。

2. 不确定性分析与风险的关系

风险与不确定性的关系是理论界关于风险概念界定的争论焦点之一。

一种观点认为，风险就是一种不确定性，与不确定性没有本质区别。持有这种观点的人将不确定性直观的理解为事件发生的最终结果的多种可能状态，即确定性的反义。也许这些可能状态的数量及其可能程度可以根据经验知识或历史数据事前进行估计，但事件的最终结果呈现出何种状态确实不能事前准确预知。根据能否事前估计事件最终结果可能状态的数量和可能程度，不确定性又可以分为可衡量的不确定性和不可衡量的不确定性。

另外一种观点认为，尽管风险与不确定性有密切的联系，但二者有着本质的区别，不能将二者混为一谈。风险是指决策者面临的这样一种状态，即能够事先知道事件最终呈现的可能状态，并且可以根据经验知识或历史数据比较准确的预知可能状态出现的可能性的大小，即知道整个事件发生的概率分布。然而，在不确定性的状态下，决策者是不能预知事件发生最终结果的可能状态以及相应的可能性大小，即概率分布。根据这种观点，风险和不确定性的根本区别在于决策者能否预知事件发生最终结果的概率分布。

实践中，某一事件处于风险状态还是不确定性状态并不是完全由事件本身的性质决定的，有时很大程度上取决于决策者的认知能力和所拥有的信息量。随着决策者的认知能力的提高和所掌握的信息量的增加，不确定性决策也可能演化为风险决策。因此，风险和不确定性的区别是建立在投资者的主观认知能力和认知条件(主要是信息量的拥有状况)的基础上的，具有明显的主观色彩。这种区别对于在不同的主观认知能力和条件下进行决策的方法选择有一定的指导意义，但鉴于实践中区分这两种状态的困难和两种状态转换的可能性，许多对风险的讨论都采取了第一种观点，并不严格区分风险和不确定的差异，尤其是在很大程度上可以量化的金融风险的分析中。

5.9.2 不确定性分析

经济学分析的基本内容是研究稀缺资源的高效配置，反映的是人与自然的生存关系。这种关系可以用人与自然的博弈(game with nature)来描述。这种博弈通俗点说，很类似与赌博——人与自然的赌博。决策者选择行动(押赌)，而自然选择状态，人与自然的选择最终决定了决策者得到一个结果，不管这个结果是好是坏，也不管这个结果你想不想要。

1. 行动的要件

决策者选择的行动(或者行动的过程)，在实际运行中必然需要要件。

(1) 事件(events)：事件是自然界各种状态的集合，反映了决策者所面对的外部状态。决策者的任何行动都是由自然状态空间到结果空间的一个映射(function)。不同的行动就相当于不同的映射。

(2) 结果(Consequences):所有可能的行动共同作用之后的状态。

2. 行动过程

在这里,我们分别令:

$$S=\text{状态空间},C=\text{结果空间},A=\text{行动空间}。$$

则一个行动可以描述为一个函数:

$$C=f(A,S)。$$

从状态和结果之间关系的角度讲,决策者选择行动相当于在各种可能发生的事件上押赌结果,因此,一个行动相当于一种购买彩票的行为。

5.9.3　主观期望效用

以上述函数为基础,决策者可以通过期望效用最大化来做出个人认为最理性的(Rational)主观选择。这一决策的前提是决策者是具有完全理性的"经济人"。理论研究认为:

假设,存在效用函数$U(a)$、$U(b)$,且存在$a>b$时,认为存在$U(a)>U(b)$。其中,$U(a)$是行动a的期望效用,$U(b)$是行动b的期望效用。

此时,决策者至少有两种效用选择。消费者的风险偏好决定了消费者的行动偏好。如果我们使用数理模型进行分析,则可以利用概率和效用来探讨消费者的行动偏好。

1. 主观期望效用的假设

(1) 序假设:决策者对决策所需要知识的认知具有完全性(complete)和传递性(transitive),且这些知识之间具有相互推理的逻辑关系;

(2) 独立性假设:决策者在决策过程中具有客观性,即决策者的主观世界和客观世界是分离的,其决策过程和判断与决策者的主观偏好无关,完全取决于客观实际的状态;

(3) 空间假设:决策者在既定空间内,对可能发生的状态都进行预先判断的。例如:决策者选择购买彩票,对于购买后的结果是进行预判断的。

2. 结论

主观期望效用表述了决策者的理性决策原则和对事物的认知能力。基于对决策者完全理性的假设,可以认为决策者对决策结果有完全的认知。但是必须指出的是,决策者的完全理性并不意味着决策者在进行决策时,对需要进行决策的对象掌握完全信息。这是在理解完全理性时的一个误区。实际上,不确定条件下的决策在一定意义上就是不完全信息条件下的决策。从信息的角度讲,决策者具有完全理性是指决策者的决策在一定层次上具备了超越任何具体经验信息的"普遍性"或者"一般性"知识。了解完全理性的这种性质对了解不确定性分析的发展十分重要。

5.9.4 一般期望效用

不过，现实生活总是不能尽如人意。实际上，决策者的认知能力是有限的，并非如前描述中的"完全理性人"。因此，有限理性假设更符合实际的经济状态。

1. 一般期望效用的假设

(1) 对效用偏好和道德风险的假设：决策者在决策中的考虑是基于个人的效用偏好进行的，具有主观性而不是完全客观而理性的，而且在行动过程中会遭遇来自社会道德标准的度量；

(2) 对经验和时间偏好的假设：决策者基于经验总结进行的判断和决策，可能具有逆向方式，特别是近期类似事件的影响和参照，会影响决策者的态度；

(3) 对风险和态度假设：主观态度的参与导致决策者对风险态度的差异。

2. 结论

仍然以由状态到支付的彩票为例描述。

决策者进行选择的过程具有明显的层次性和过程性，对行动、策略、博弈以及决策是一种递进式状态。虽然不同决策层次和决策阶段可能出现在不同空间和时间范围，而且经验知识和逻知识在不同层次以及阶段选择中又会发挥不同的作用，所以即使是同一决策者的决策都不可能永恒不变。逻辑知识在时间、空间范围内通过新的经验会加以不断地调整。基于此，主观期望理论的完全理性并不适用于现实社会。

另外，加入了时间因素的动态决策，扩展了主观期望效用的内涵，提高了理论的实用性，对现实提供了更为切合实际的分析和解释，因此该结论被认为是具有一般性的期望效用分析产物。

5.9.5 状态—偏好和风险厌恶

前文提到了不确定性下的决策中，运用了"状态—偏好"及风险爱好的假设。

1. 状态—偏好：与期望效用不同的是，该假设不需要任何主观概率的计算，只是将偏好建立在既定的商品组合上。"状态—偏好"假设认为：商品的差异不仅表现在商品本身的物理性特征上，还表现在时间、空间上的不同，以及商品本身既定状态的差异性上。

基于状态—偏好假设，通过改变商品空间结构可以将不确定性下的决策问题转化为常规的选择问题。例如，下雨状态时的冰淇淋和天晴时的冰淇淋是不同的，对消费者来说会要求不同的价格。因此，相对于主观期望效用理论而言，经济中的决策者面对这样的优化问题：商品组合从其初始的禀赋向量，通过构造拉格朗日函数求得优化条件及风险承担的结果。

2. 风险偏好(Risk Preference or Risk appetite)：是指为了实现目标，决策者在承担风险的种类、大小等方面的基本态度。在这个涵义范畴下，风险就是一种不确定性。我们可以用风险偏好的概念解释人们为什么喜欢小概率大收益的赌博(买彩票)

的同时，又会购买某些保险。

不同的行为者对风险的态度是存在差异的，一部分人可能喜欢大得大失的刺激，另一部分人则可能更愿意“求稳”。根据决策者对风险的偏好将其分为风险回避者、风险爱好者和风险中立者。

(1) 风险回避

风险回避者进行决策的态度是：当预期收益率相同时，偏好于具有低风险的决策方案，而对于具有同样风险的决策，则钟情于具有高预期收益率的方案。

(2) 风险爱好

与风险回避者恰恰相反，风险爱好者通常主动追求风险，喜欢收益的动荡胜于喜欢收益的稳定。他们进行决策的原则是：当预期收益相同时，选择风险大的，因为这会给他们带来更大的效用。

(3) 风险中立

风险中立者通常既不回避风险，也不主动追求风险。他们进行决策的唯一标准是预期收益的大小，而不管风险状况如何。

5.9.6　不确定性分析的现实意义

现实经济社会通过交易组织经济活动，在其运行中流动着三种事物：产品和劳务、货币以及交易行为。传统经济学对交易的理解是产品和货币的交易，因此就有了供给和需求的传统定义。支付物品者是供给方，而支付货币者是需求方。供求理论也就构成了新古典经济学解释市场组织的基本工具。不确定性经济学在一定程度上提供了新的工具。

首先，客观存在的信息的不完全性。在交易的过程中必然存在着信息的交流，信息交流的本质是对不确定性和风险的处理。处理不确定性和风险同样是经济活动的目的。例如，一个病人到医院看医生，病人不知道自己为什么会不舒服，也不知道该如何处理，此时，他是不确定性的供给者；而医生则可以解决这个问题，此时，医生是不确定性的需求者。从信息的角度讲，病人是信息的需求者，医生是信息的供给者。进一步，一些不确定性可能是这个社会的任何专家都无法解决的，例如一个人的寿命，这个时候，就需要通过一种组织技术来加以解决，例如通过保险公司来分散个人的风险。这样，建立在交易基础上的经济活动的本质也可以看成是通过信息的交流来解决不确定性以及风险问题。这是现代经济学描述和分析经济活动的一个重要的方法。

其次，对价格分析的新内容。交易就需要货币。在经济学理论中，货币本身就是信息交流的工具，但是不同时期对货币的功能以及所表示的信息内容均带有明显的时代特征。例如：实物货币时期认为货币的基础是币材的稀缺性，但是信用货币时期货币的基础则是信用，信用本身即与不确定性以及风险有着本质的联系。如果我们在实物货币的基础下认识价格，势必会得出与信用货币完全不同的价格的涵义。可见,不确定性分析提供了关于价格的新的分析点。

再次,不确定性以及风险为分析经济社会的多样化的组织方式提供了一个基础。市场参与人可以利用市场来处理不确定性和风险。但是,完全竞争下的市场处理不确定性和风险的能力是不完全的,首先经济社会就很难构造一个完全竞争条件的产品市场和要素市场,其次市场参与人还需要通过一些非市场特征组织(不完全竞争的交易)来处理不确定性和风险,例如家庭和企业这些非市场特征的经济组织。

最后,分析风险是为了更好地规避风险。在人与自然的博弈中,消除风险(或者说得到确定的结果)一直是人类努力实现的目标。社会通过构建各种组织与制度来力图做到这一点。也就是说,人类努力的结果就是努力使得人类生活在一个风险更少的社会中,而不是一个风险更大的社会。正如熊彼特所言:预言船会沉没的人并不是真正的悲观主义者,而相信这个预言的人才是真正的悲观主义者。

5.10 本章小结

效用理论是研究消费者如何在各种商品和劳务之间分配他们的收入,以达到满足程度的最大化。这一理论解释的是为什么需求曲线向右下方倾斜,采用的分析工具或分析方法分别是:以基数效用论为基础的边际效用分析;以序数效用论为基础的无差异曲线分析。

消费者被假定为是理性的经济人,在外在环境既定的条件下,根据自身目标和有限资源做出最优选择。在这一过程中,消费者会受到两种相反力量的激励和制约:一方面,为了自身的满足,尽可能多地消费或拥有商品;另一方面,消费者的收入或者获取收入的手段是有限的。因此,消费者的最优选择就是要把有限的收入合理地用于不同的商品,以便从消费商品中获取的“利益”最大。所以,对消费者最优行为的理论考察要分析消费者获取商品的动机、收入约束及实现目标的条件。

效用是指消费者从消费某种物品中所得到的满足程度。

效用理论是消费者行为理论的核心。

效用理论按对效用的衡量方法分为基数效用论和序数效用论。

基数效用是指按 1,2,3,…等基数来衡量效用的大小,这是一种按绝对数衡量效用的方法。这种基数效用分析方法为边际效用分析方法。

(在经济学说史上,以效用基数衡量为基础而建立起来的效用理论被称为基数效用论。边际学派的创始人杰文斯、门格尔、瓦尔拉斯以及马歇尔等人的理论都采用了基数效用论来分析消费者的选择。尽管基数效用论的倡导者们对效用基数度量以及由此产生的效用大小在不同消费者之间比较的问题有所察觉,也反对将效用值的衡量与对享乐的心理感受的衡量混为一谈,但大都相信效用是一种心理上的客观存在,认可效用体现着心理感觉的数量效应。)

序数效用是指按第一、第二、第三等序数来反映效用的序数或等级,这是一种按偏好程度进行排列顺序的方法。基数效用采用的是边际效用分析法，序数效用采用的是无差异曲线分析法。

1. 重点内容

(1) 总效用与边际效用：总效用是指消费者在一定时期内，消费一种或几种商品所获得的效用总和。边际效用是指消费者在一定时间内增加单位商品所引起的总效用的增加量。总效用与边际效用的关系是：当边际效用为正数时，总效用是增加的；当边际效用为零时，总效用达到最大；当边际效用为负数时，总效用减少；总效用是边际效用之和。

(2) 边际效用递减规律和需求定理：边际效用递减规律决定需求定理，即需求量和价格呈反方向变化。因为消费者购买商品是为了取得效用，对边际效用大的商品，消费者就愿意支付较高价格，即消费者购买商品支付价格以边际效用为标准。按边际效用递减规律：购买商品越多，边际效用越小，商品价格越低；反之，购买商品越少，边际效用越大，商品价格越高。因此，商品需求量与价格呈反方向变化，这就是需求定理。

(3) 消费者均衡：消费者均衡是研究消费者把有限的货币收入用于购买何种商品、购买多少能达到效用最大，即研究消费者的最佳购买行为问题。

实现消费者均衡的条件：

限制条件：$P_1X_1+P_2X_2+\cdots+P_nX_n=M$；

均衡条件：$MU_1/P_1=MU_2/P_2+\cdots=MU_n/P_n$。

(4) 收入效应、替代效应、总效应：替代效应是指当消费者购买两种商品时，由于一种商品价格下降，一种商品价格不变，消费者会多购买价格便宜的商品，少买价格高的商品。收入效应是指当消费者购买两种商品时，由于一种商品名义价格下降，可使现有货币收入购买力增强，可以购买更多的商品达到更高的效应水平。总效应是指其他条件不变，某一种商品价格下降后(如 X)消费者从一个均衡点移到另一个均衡点时，对 X 商品数量的增加或减少。

总效应＝替代效应＋收入效应 $X_1X_2=X_1X_2+X_2X_3$

2. 消费者行为与需求定理

需求定理表明：一种商品的需求量与价格之间呈反方向变动。

结论：消费者购买各种物品是为了实现效用最大化，或者也可以说是为了消费者剩余最大。当某种物品价格既定时，消费者从这种物品中所得到的效用越大，即消费者对这种物品评价越高，消费者剩余越大。当消费者对某种物品的评价既定时，消费者支付的价格越低，消费者剩余越大。因此，消费者愿意支付的价格取决于他以这种价格所获得的物品能带来的效用大小。消费者为购买一定量某物品所愿意付出的货币价格取决于他从这一定量物品中所获得的效用，效用大，愿付出的价格高；效用小，愿付出的价格低。随着消费者购买的某物品数量的增加，该物品给消费者所带来的边际效用是递减的，而货币的边际效用是不变的。这样，随着物品的增加，消费者所愿付出的价格也在下降。因此，需求量与价格必然呈反方向变动。

5.11 相关知识

经济小资料:两种效用论的关系

基数效用论和序数效用论是解释消费者行为的两种不同理论。二者在分析消费者行为时有着明显的区别。具体表现如下。

一、区别

(1) 假设不同。基数效用论假设消费者商品所获得的效用是可以度量的,即效用的大小可以用基数大小来表示,并且每增加一个单位商品所带来的效用增加具有递减规律;序数效用论则认为,消费者商品所获得的效用水平只可以进行排序,只可以用序数来表示效用的高低,而效用的大小及特征表示在无差异曲线中。

(2) 使用的分析工具不同。基数效用论使用 MU 以及预算约束条件来分析效用最大化条件。而序数效用论则以无差异曲线和预算约束线为工具来分析消费者均衡。所以,二者所表述的消费者均衡的实现条件是不一样的。其中前者表述为 $MU_x/P_x=\lambda$,后者表述为 $MRS_{xy}=P_x/P_y$。以上分析方法上的区别,只是以不同的方式表达了消费者行为的一般规律。

除区别以外,二者有又许多相同之处。

二、联系

(1) 它们都是从市场的需求着手,通过推导需求曲线来说明需求,说明曲线是怎样表达消费者实现效用最大化规律的。

(2) 它们都是在假定收入水平和价格水平一定的基础上来分析效用最大化过程。

(3) 边际效用价值论是二者分析问题的基础,商品价格的高低是由边际效用大小决定的,而边际效用是递减的。所以,二者在反映需求特征上是完全一样的。

本章课后同步思考题及参考答案

一、名词解释

1. 预算线

指表示在既定收入和价格条件下,消费者可以购买的两种商品的各种可能的最大数量组合。

2. 边际效用

边际效用是指消费者在一定时间内增加单位商品所引起的总效用的增加量。

3. 替代效应

替代效应是指当消费者购买两种商品时,由于一种商品价格下降,一种商品价格不变，消费者会多购买价格便宜的商品，少买价格高的商品。

4. 边际效用递减规律

在一定时间内，在其他商品的消费数量保持不变的条件下，随着消费者对某种消费品的增加，消费者从连续增加的每一单位消费中得到的效用增量即边际效用是递减的。

5. 无差异曲线

无差异曲线是指用来表示给消费者带来相同效用水平或相同满足和谐的两种商品不同数量的组合。

6. 消费者均衡

研究单个消费者如何把有限的货币收入分配在各种商品的购买中以获得最大的效用。

7. 边际替代率递减

在维持效用水平不变的条件下，随着一种商品的消费数量的连续增加，消费者为得到每一单位的商品而愿意放弃另一种商品的消费数量的递减。

8. 总效用和边际效用

总效应是指其他条件不变，某一种商品价格下降后消费者从一个均衡点移到另一个均衡点时，对该商品数量的增加或减少。边际效用是指消费者在一定时间内增加单位商品所引起的总效用的增加量。

9. 吉芬物品

吉芬物品是一种特殊的低档物品。作为低档物品，吉芬物品的替代效应与价格呈反方向变动。吉芬物品的特殊性就在于，它的收入效应的作用很大，以至于超过了替代效应的作用，从而使总效应与价格呈同方向变动。这也就是吉芬物品的需求曲线呈现出向右上方倾斜的特殊情况的原因。

二、计算题

1. 已知 $P_x=20$ 元，$P_y=10$ 元，x、y 不同数量的边际效用如下表：

Q_x	MU_x	Q_y	MU_y
1	16	1	10
2	14	2	8
3	12	3	7.5
4	5	4	7
5	2	5	6.5
6	1	6	6
		7	5.5
		8	5
		9	4.5
		10	4

若消费者的收入为 80 元，均衡时所购买的 x、y 的数量是多少？此时货币的边际效用是多少？

答：由消费者效用最大化的均衡条件$\frac{MU_X}{P_X}=\frac{MU_Y}{P_Y}=q$，且满足 $I=P_X \cdot X+P_Y \cdot Y$

其中 q 为货币的边际效用。将表中数据带入验证，不难得出只有 $Q_X=2$ 与 $Q_Y=4$ 同时满足上面两个式子，所以求得此时货币的边际效用为 $q=0.7$。

2. 设某人效用函数 $U=X\times Y$，价格为 $P_X=2$，$P_Y=5$，收入 $I=100$，求消费者均衡时的 X、Y 购买量各是多少？

答：由效用函数 $U=X\cdot Y$ 得 $MU_X=\frac{\partial U}{\partial X}=Y$，同理得 $MU_Y=X$

又均衡时满足$\frac{MU_X}{P_X}=\frac{MU_Y}{P_Y}$，得$\frac{Y}{X}=\frac{2}{5}$

同时预算函数为 $2X+5Y=100$，可以求得 $X=25$，$Y=10$

3. 已知某消费者的效用函数为 $U=3X\times Y$，两种商品的价格分别为 $P_X=1$，$P_Y=2$，消费者的收入是 12，求均衡时消费者获得的最大效用。

答：由题意知，

那么效用函数 $U=3XY=3(12-2Y)=-6(Y-3)^2+54$

可得 $Y=3$ 时，$X=6$，$\max U=54$

4. 若某消费者对 X、Y 的效用函数如下：$U(x)=20X-X$，$U(y)=40Y-4Y$，且 $P_x=2$ 元，$P_y=4$ 元，现有收入 24 元，全部花完并获得最大效用，应购买 X、Y 各多少？

答：由效用函数 $U(X)=20X-X^2$ 得 $UX_X=20-2X$，同理得 $MU_Y=40-4Y$

又均衡时满足$\frac{MU_X}{P_X}=\frac{MU_Y}{P_Y}$，得 $X=2Y$

又预算函数为 $2X+4Y=24$，可以求得 $X=6$，$Y=3$

5. 已知某消费者每年用于商品 1 和商品 2 的收入为 540 元，两种商品的价格分别为 $P_x=20$ 元，$P_y=30$ 元，该消费者效用函数 $U=3XY$，求两种商品购买量各是多少？最大效用是多少？

答：由题意知，$MU_x=3y$，$MU_y=3x$

得$\frac{MU_x}{MU_y}=\frac{3y}{3x}=\frac{y}{x}=\frac{P_x}{P_y}=\frac{20}{30}$，即 $30y=20x$，又 $20x+30y=540$

解得 $x=13.5$，$y=9$，于是 $U=3xy=3\times 13.5\times 9=364.5$

三、简答题

1. 根据基数效用理论，边际效用与总效用的关系是怎样的？

答：当边际效用大于零时，总效用上升；当边际效用小于零时，总效用下降。当边际效用等于零时，总效用达到最大。总效用固定增加时，边际效用不变。

2. 用图形分析吉芬物品的替代效应和收入效应,并说明其需求曲线的特征。

答:

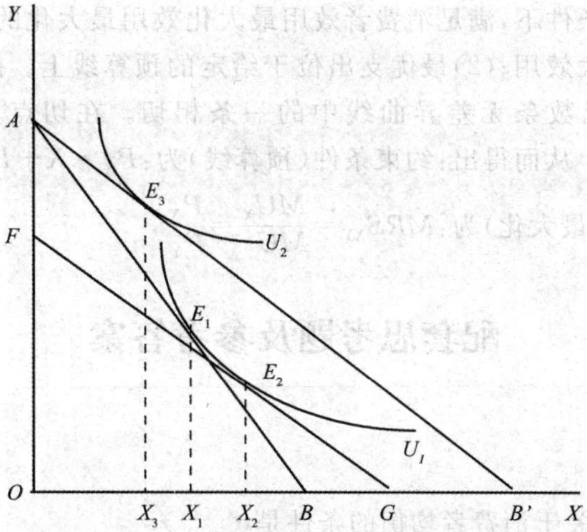

图 5-1　吉芬物品的替代效应和收入效应

吉芬商品价格下降后,对它的需求量由原来的 OX_1 减少为 OX_3,反过来,价格上升后,意味着消费者的实际收入下降,消费者在此情况下会增加对吉芬商品的购买、消费,即收入效应为正。即 X_1X_3(总效应)$=X_1X_2$(替代效应)$+X_2X_3$(收入效应),但同低档商品的情况相类似,实际上,X_1X_3(总效应)$=X_1X_2$(替代效应)$+X_2X_3$(收入效应为负)即 $X_1X_3=X_1X_2-X_2X_3$。而另一方面,价格上涨后,消费者会以价格未涨的商品来替代它,即替代效应为负,但收入效应的力度大于替代效应,总的结果仍是需求量增加。

需求曲线的特征:吉芬物品是一种特殊的低档物品。替代效应和价格呈反方向变动,收入效应和价格呈同方向变动,且收入效应大于替代效应,这也就是吉芬物品的需求曲线呈现出向右上方倾斜的特殊形状的原因。

四、论述题

1. 在三年自然灾害期间,一些农民将收入几乎全部用来购买红薯,而当红薯的价格降低时,其消费量却减少了,在这种情况下红薯是正常物品、低档物品还是吉芬物品?请结合图形解释你的理论。

答:(1)判断红薯是吉芬商品

(2)结合图形,说明价格下降时,负的收入效应大于正的替代效应其总效应是负值。

(3)结合图形,说明其需求曲线斜率为正,向右上方倾斜。

2. 序数效用论如何论证消费者效用最大化均衡的实现?

答：序数效用论者用无差异曲线分析方法来考察消费者行为，当无差异曲线与预算线相切时，消费者达到均衡。

在收入一定的条件下，满足消费者效用最大化效用最大化的购买行为：(1)商品组合必须能带来最大效用；(2)最优支出位于给定的预算线上。因而，收入既定的前提下，预算线必与无数条无差异曲线中的一条相切。在切点上实现了消费者均衡——效用最大化。从而得出：约束条件(预算线)为：$P_X \cdot X + P_Y Y = I$；

均衡条件(效用最大化)为：$MRS_{XY} = \frac{MU_X}{MU_Y} = \frac{P_X}{P_Y}$

配套思考题及参考答案

一、不定项选择题

1. 基数效用论关于消费者均衡的条件是(　　)

A. 无差异曲线与预算线相切　　B. $MRS_{xy} = P_x/P_y$

C. $MU_x/P_x = MU_y/P_y$　　D. $MU_x/MU_y = P_x/P_y$

2. MRS_{xy} 递减，意味着当 X 商品的消费量不断增加时，能代替的 Y 商品的数量(　　)

A. 越来越多　　B. 越来越少

C. 保持不变　　D. 以上均不正确

3. 设对某一消费者有 $MU_x/P_x < MU_y/P_y$，为使他得到的效用最大，他将(　　)

A. X、Y 的价格不变，增加 X 的购买量，减少 Y 的购买量

B. X、Y 的价格不变，增加 Y 的购买量，减少 X 的购买量

C. 仅当 X 的价格降低时，才有可能增加 X 的购买

D. 仅当 Y 的价格降低时，才有可能增加 Y 的购买

4. 当消费者对商品 X 的消费达到饱和点时，则边际效用 MU_x 为(　　)

A. 正值　　B. 负值　　C. 零　　D. 不确定

5. 基数效用论的基本假设条件有(　　)

A. 效用是可以衡量的　　B. MU 递减

C. MRS_{xy} 递减　　D. 货币边际效用不变

6. 在同一条无差异曲线上，若增加 1 个单位 X 商品的购买，需要减少 2 个单位的 Y 商品的消费，则有(　　)

A. $MRS_{xy} = 2$　　B. $MRS_{xy} = 1/2$

C. $MU_x/MU_y = 2$　　D. $MU_x/MU_y = 1/2$

7. 正常物品价格上升导致需求量减少的原因在于(　　)

A. 替代效应使需求量增加，收入效应使需求量减少

B. 替代效应使需求量增加,收入效应使需求量增加

C. 替代效应使需求量减少,收入效应使需求量减少

D. 替代效应使需求量减少,收入效应使需求量增加

8. 当只有商品价格变化时,连接消费者各均衡点的轨迹称作(　　)

A. 需求曲线　　B. 价格——消费曲线

C. 恩格尔曲线　　D. 收入——消费曲线

9. 某消费者消费更多的某种商品时(　　)

A. 消费者获得的总效用递增

B. 消费者获得的边际效用递增

C. 消费者获得的总效用递减

D. 消费者获得的边际效用递减

10. 商品价格变化引起的替代效应,表现为相应的消费者的均衡点(　　)

A. 沿着原有的无差异曲线移动

B. 运动到另一条无差异曲线上

C. 沿着原有的预算线移动

D. 不变

11. 低档物品价格下降,其需求量(　　)

A. 增加

B. 替代效应的效果大于收入效应的效果时增加

C. 减少

D. 替代效应的效果小于收入效应的效果时增加

12. 商品价格变化引起的收入效应,表现为相应的消费者的均衡点(　　)

A. 沿着原有的无差异曲线运动

B. 运动到另一条无差异曲线上

C. 不变

D. 不规则变动

13. $I=P_xX+P_yY$ 是消费者的(　　)

A. 需求函数　　B. 效用函数

C. 预算约束方程　　D. 不确定函数

14. 序数效用论对消费者偏好的假设包括(　　)

A. 边际效用递减　　B. 货币边际效用不变

C. 传递性　　D. 不饱和性

15. 当消费者处于均衡时(　　)

A. 每单位货币购买不同商品所增加的满足程度相等

B. 每种商品的总效用相等

C. 每种商品的替代效应等于收入效应

D. 所购买的商品的边际效用相等

16. 商品的边际替代率递减规律决定了无差异曲线( )

A. 凸向原点 B. 凹向原点

C. 垂直于横轴 D. 平行于横轴

参考答案：

1. CD 2. B 3. B 4. C 5. ABD 6. AC 7. C 8. B 9. D 10. A 11. B 12. SA 13. C 14. CD 15. A 16. A

二、判断题

1. 在同一条无差异曲线上，不同的消费者得到的效用水平是无差异的。(×)

2. 无差异曲线的斜率为固定常数时，表明两种商品是完全互补的。(×)

3. 当消费某种物品的边际效用为负时，则总效用达极大值。(√)

4. 当边际效用减少时，总效用也是减少的。(×)

5. 基数效用论的分析方法包括边际效用分析和无差异曲线分析方法。(×)

6. 吉芬物品和低档物品的需求曲线都向右上方倾斜。(×)

7. 所有吉芬物品都是低档物品。(√)

8. 正常物品的替代效应同价格呈同方向变动。(×)

9. 个人需求曲线上的任何一点都代表着消费者的最大满足状态。(√)

10. 吉芬物品是一种需求量与价格同方向变化的特殊商品。(√)

11. 商品价格变化引起的收入效应，表现为相应的消费者的均衡点沿原有的无差异曲线运动。(×)

12. 在同一条无差异曲线上，任意两点对应的两种商品不同数量组合所能带来的边际效用相等。(×)

13. 若某商品的价格变化，其替代效应小于收入效应，则该商品是低档品。(√)

14. 若 $MU_x/P_x > MU_y/P_y$，消费者应增加 X 商品的购买，减少 Y 商品的购买，最终可实现效用最大化。(√)

三、案例分析题

我国许多大城市由于水源不足，自来水供应紧张。请设计一种方案供政府来缓解或消除这一问题，并请回答如下问题。

(1) 这种措施对消费者剩余有何影响？

(2) 这种措施对生产资源的配置有何有利或不利的效应？

(3) 对于城市居民的收入分配有何影响？能否有什么补救的措施？

案例分析：

可用提高自来水价格的方法来缓解或消除这个问题。因为，提高自来水价格，一方面可抑制自来水消费量，另一方面可以刺激自来水的供给量。

(1) 提高自来水价格会使消费者剩余减少。如图 5-2，当价格从 P_1 提高到 P_2 时，消费者剩余从 ΔCP_1A 减少为 ΔCP_2B。

(2) 对生产资源配置的有利效应就是节约了用水，可使水资源得到更合理更有效的使用。但这样做，也许会造成其他资源的浪费。比如说，工厂里本来用自来水冷却产品，现在改用电来冷却，增加了对电和有关装置的要求。如果自来水价格提高过度，必然会带来更多其他资源的消耗。

(3) 如果城市居民的收入不变，自来水价格提高无异于居民实际收入降低。补救的办法，也许是给居民增加货币工资或予以价格补贴。

第6章 生产与成本

本章学习目标：

1. 知道如何使企业利润最大化。
2. 了解规模化企业的成本优势。
3. 初步知晓生产论和成本论。

导入案例：福特关闭澳工厂，汽车业重心转向低成本的新兴市场

福特汽车公司(Ford Motor Co.)计划于2016年之前关闭在澳大利亚的两家工厂，此举折射出汽车行业重心正在从传统生产国家，向中国等低成本的新兴市场转移这一总体趋势。

这家汽车制造商说，将于2016年10月结束在澳大利亚长达90年的汽车生产业务，这意味着裁撤1200个工作岗位。福特汽车公司的理由包括澳大利亚不可持续的高生产成本，并特别提到了工资方面的原因。

福特汽车澳大利亚首席执行长葛致诺(Bob Graziano)说，在澳大利亚的生产业务比不上别的地方，这里的成本是欧洲的两倍，是亚洲的将近四倍。

与此同时，福特汽车也在关闭在欧洲的工厂。欧洲对汽车生产商也不再具有吸引力，这同样是因为成本高企、经济停滞不前。福特汽车去年秋天表示，将关闭在比利时和英国的装配工厂。

与此同时，福特汽车和其他汽车制造商正努力在一些市场兴建工厂。这些市场的汽车销售正迅速扩大，且劳动力成本较低。未来几年，福特汽车将斥资50亿美元在中国与一家合资伙伴共同开设四家新工厂。

福特汽车还正在印度、泰国和俄罗斯扩大生产规模。

许多其他汽车制造商正在采取相同做法。通用汽车(General Motors Co.)和大众汽车(Volkswagen AG)将花费数十亿美元在中国兴建工厂。通用汽车将关闭在德国的一个汽车装配厂，以缩小在欧洲的生产规模。

上述行动是10年前开始的一个更广泛的全球汽车业版图重构过程的一部分。一个世纪以来，全世界大部分的汽车都是在美国、欧洲和日本生产的。澳大利亚曾经是福特汽车和通用汽车为满足国内市场需求而加大生产规模的第二个生产地。还有一些在澳大利亚生产的汽车被出口到了不那么发达的亚洲国家。

但是,中国和俄罗斯等新兴市场的出现,为汽车制造商提供了快速和可持续增长的机会,也触发了这次转变。随着新的汽车生产中心在这些新兴市场崛起,欧洲和日本等竞争力较弱的地区逐渐开始衰落。

中国已经超过美国,成为全世界以销量计最大的汽车市场。2012 年,中国生产了 1900 万辆汽车,比美国多出 900 万辆,是德国、法国和英国产量总和的两倍还多。

日本曾经是全球最大的汽车制造商,但是日本的汽车制造商一直在削减国内生产规模,因为日元走强让汽车出口难以盈利。日本日益老龄化和不断减少的人口也令日本的汽车销售连续几年呈下降趋势。

与欧洲和日本不同,美国在汽车业当前的变化中仍然保持着竞争力,其中一个原因是,在伴随 2008 年到 2009 年经济衰退而来的各种重组活动中,美国的劳动力成本已经下降。此后,丰田汽车(Toyota Motor Corp.)和本田汽车(Honda Motor Co.)一直在扩大在美国的生产规模,将汽车出口到亚洲、欧洲和中东市场。

(来源:华尔街日报,2013 年 05 月 24 日,作者:ENDA CURRAN)

经济是由成千上万家工厂或者公司组成的。

在前面我们用供给曲线总结了企业的生产决策。根据供给规律,当一种物品价格升高时,企业愿意生产并销售更多的这种物品。在分析许多问题时,供给规律是你了解企业行为所需要的一切。

在本章中,我们更详细地考察企业如何提升自身竞争力的行为。

所有企业,当它们生产所销售的物品与劳务时都会引起成本。企业成本是其生产和定价决策的关键性决定因素。我们不但要使企业利润最大化,同时还要使产品价格最低,这样企业才能在激烈的竞争之中,求得生存和发展。要使企业利润最大又要使产品价格最低,就必须分析和了解企业规模化生产的成本优势。

在 20 年之内,微波炉的价格由每台 3000 元以上,降到每台 300 元左右,下降了 90%以上。电脑能够由每台 2 万元,降到每台 1 千元,能够在全世界所有的家庭得以普及,这不能不说是中国企业对全世界所有消费者的巨大贡献。这就是企业规模化生产的成本优势。中国能够由世界上最大的贫穷国家,一跃跻身于世界强国的行列,就是基于这一原理。

6.1 企业的目标

在西方经济学中,生产者亦称企业或厂商(本书全部称为企业),它是指能够作出统一的生产决策的单个经济单位。在集中讨论生产者行为之前,有必要介绍一下企业这一概念。

6.1.1　企业的组织形式

根据市场经济的要求，现代企业的组织形式按照财产的组织形式和所承担的法律责任划分，国际上通常分为：独资企业、合伙企业和公司企业。

1. 独资企业

独资企业，西方也称“单人业主制”。它是由某个人出资创办的，有很大的自由度，只要不违法，爱怎么经营就怎么经营，要雇多少人，贷多少款，全由业主自己决定。赚了钱，交了税，一切听从业主的分配；赔了本，欠了债，全由业主的资产来抵偿。我国的个体户和私营企业很多属于此类企业。

2. 合伙企业

合伙企业是由几个人、几十人，甚至几百人联合起来共同出资创办的企业。它不同于所有权和管理权分离的公司企业。它通常是依据合同或协议组织起来的，结构较不稳定。合伙人对整个合伙企业所欠的债务负有无限的责任。合伙企业不如独资企业自由，决策通常要合伙人集体做出，但它具有一定的企业规模优势。

以上两类企业属自然人企业，出资者对企业承担无限责任。

3. 公司

公司企业是按所有权和管理权分离，出资者按出资额对公司承担有限责任创办的企业。主要包括有限责任公司和股份有限公司。

有限责任公司指不通过发行股票，而由为数不多的股东集资组建的公司（一般由2人以上50人以下股东共同出资设立），其资本无须划分为等额股份，股东在出让股权时受到一定的限制。在有限责任公司中，董事和高层经理人员往往具有股东身份，使所有权和管理权的分离程度不如股份有限公司那样高。有限责任公司的财务状况不必向社会披露，公司的设立和解散程序比较简单，管理机构也比较简单，比较适合中小型企业。

股份有限公司全部注册资本由等额股份构成并通过发行股票（或股权证）筹集资本，公司以其全部资产对公司债务承担有限责任的企业法人。其主要特征是：公司的资本总额平分为金额相等的股份；股东以其所认购股份对公司承担有限责任，公司以其全部资产对公司债务承担责任；每一股有一表决权，股东以其持有的股份享受权利、承担义务（其本质也是一种有限责任公司）。

在我国社会主义市场经济条件下，生产力的发展水平是多层次的，由此形成了三类基本的企业组织形式，即独资企业、合伙制企业和公司制企业（以有限责任公司和股份有限公司为主）。这三种企业都属于现代企业的范畴，体现了不同层次的生产力发展水平和行业的特点。

6.1.2　企业的本质

科斯最早建立了新制度经济学的企业理论，他认为，企业是价格机制的替代物。

阿尔奇安和德姆塞茨则不同意科斯的看法，他们认为企业是一种团队生产。

沿着科斯的思路，张五常提出，企业是合约选择的一种形式；威廉姆逊则认为，企业是一种科层组织。

20世纪70—80年代以后，经济学家们进一步分析了影响交易成本的具体因素，他们认为，企业是不完全合约的产物。这些研究使企业理论渐臻完善。

1937年罗纳德·科斯(R. H. Coase)发表开创性论著《企业的性质》，创造性地利用交易成本，分析了企业与市场的关系，阐述了企业存在的原因。

交易成本，简言之是为了交换活动而耗费的成本，即为了达成协议或完成交易所需耗费的经济资源。

在信息不完备的条件下，受主客观因素的影响，欲使交易符合双方当事人的利益，交易合同就变得十分复杂，为追求一个完备合约，势必增加相应的费用。于是，由于市场合同的高费用而使一些交易采用企业内部交易方式。市场和企业是资源配置的两种可互相替代的手段，两者之间的不同表现在：在市场上，资源的配置由价格机制完成；在企业内，资源的配置则通过企业管理当局的管理协调完成。从资源配置的效率出发，为了节约交易成本，有些交易通过市场完成，有些交易在企业内完成，选择在哪里完成，依赖于市场定价的成本与企业的组织成本之间的平衡关系。

综上，企业的显著标志在于：它是价格机制的替代物，是一种替代市场进行资源配置的组织。

6.1.3 企业的目标

企业或者企业的目标是多种多样的，但其中最重要、最基本的目标是利润最大化。

但是，在现实经济生活中，企业的决策有时会偏离最大利润的目标。比如，企业对产量变化所引起的生产成本的变化缺乏准确的了解，于是，企业长期生存的经验做法也许就是实现销售收入最大化或市场销售份额最大化，以此取代利润最大化的决策。

更为一般的情况是，在现代公司制企业组织中，企业的所有者往往并不是企业的真正经营者，企业的日常决策是由企业所有者的代理人经理做出的。所有者并不能完全监督和控制公司经理的行为，经理会在一定的程度上偏离企业的利润最大化的目标，而追求其他一些有利于自身利益目标。譬如，经理会追求自身效用最大化；他们也可能追求销售收入最大化和销售收入持续增长，一味扩大企业规模，以此来扩张自己的特权和增加自己的收入，提高自己的社会知名度；他们也可能只顾及企业的短期利益，而牺牲企业的长期利润目标，等等。

但如果经理经营不善，企业效率下降，董事会也有可能直接解雇经营不善的经理，而且被解雇的经理再寻找合适的工作，往往是很困难的。

但不管制定恰当的实现利润最大化的策略有多么困难，也不管经理的偏离利润最大化目标的动机有多么强烈，有一点是很清楚的：在长期，一个不以利润最大化为目标的企业终将被市场竞争所淘汰。所以，实现利润最大化，是一个企业在激烈的市场竞争之中，求得生存发展的基本准则。

从本章第二节起，我们将具体分析生产者行为。在以下的分析中，我们仍然使用企业生产的目标，即追求利润最大化。

6.2 企业的生产和利润

6.2.1 生产

从经济学角度来讲，生产的含义是十分广泛的，它不仅仅意味着制造了一台电脑或生产出一些钢材等，它还包括了各种各样的经济活动，比如：商场的经营，医生为病人看病等。这些活动都涉及某个人或经济实体提供的产品或服务。因此，简单地讲，任何创造价值的活动都是生产。

6.2.2 生产要素

在西方经济学中，生产要素一般被划分为劳动、资本、土地和企业家经营才能等四种类型。

1. 劳动：指人们在生产过程中提供的体力劳动和脑力劳动的总和。通常记作 L。

2. 资本：资本可以表现为实物形态或货币形态。资本的货币形态又称为货币资本；资本的实物形态又称资本品或投资品，如厂房、机器、原材料等。通常记作 K。

3. 土地：不仅指土地本身，还包括地上和地下的一切自然资源，如森林、江河湖泊、海洋和矿藏等。通常记作 E。

4. 企业家经营才能：指企业家组织建立和经营管理企业的才能。企业家才能是经营企业所需各种才能的组合。若想成为一名企业家，至少应具备以下这些才能：富有创业理想、具有高度的风险意识、经营灵活性和应变能力及善于指挥企业团队。这些才能并不是每个人都有的，也就是说，并非人人都能够成为一个企业家。企业家要率领和指挥一个企业团队，要面对市场的不确定性，要面对决策风险，要面对不确定性决策，这些不是每个人都能拥有的智慧和才能。通常记作 N。

6.2.3 成本的概念

在分析企业的利润之前，必须讨论成本。

我们用“新概念西点公司”来开始讨论成本。这家工厂的所有者“新概念西点公司”购买面粉、糖、香料和其他点心材料，同时还要购买烤箱，还要雇佣工人。然后还要把生产出来的点心卖给消费者。

“新概念西点公司”为购买原料及生产设备的投入（面粉、糖、烤箱等），以及所支付工人的工资，这些都是成本。

成本理论的形成是以资源的有限性与可选择性为基础的。提到成本，人们常常会联想到企业使用资源所支付的货币，事实上，企业的货币支出只是整个成本结构中的一部分，那么，到底什么是成本呢？

1. 成本：它是指商品生产活动中所使用的生产要素的价值。

2. 机会成本的经济学原理之一：某种东西的成本是你为了得到它所放弃的东西。一种东西的机会成本是指为了得到那种东西所必须放弃的所有东西。

企业生产的机会成本有时是明显的，而有时并不那么明显。

如果"新概念西点公司"的法人代表是一位老师，作为老师工作1小时可以赚10元。他在"新概念西点公司"每工作一个小时，她就要放弃10元收入，而且，这种放弃的收入也是她公司成本的一部分。

当该法人代表放弃了作为老师可以赚钱的机会时，他的会计并没有把这一点作为公司的经营成本。因为企业并没有为支付这种成本而花钱，它绝不会出现在会计师的财务报表上。

但是，一个经济学家将把放弃的收入作为成本，因为它会影响该法人代表的决策。例如，如果该法人代表作为老师的工资从每小时10元增加到50元，同时如果在公司无法赚到每小时50元时，她可能就会确定，经营西点的成本太高了，并选择关掉工厂，以便成为一个全职的老师。

3. 生产成本：生产成本是指企业经营过程中的费用支出。它有两种不同形态：

(1) 显成本：指企业经营活动的日常支出，如，雇佣工人需支付工资，购买原材料需支付的现金，银行贷款的利息等。

(2) 隐成本：指经营者利用自有资源的成本。例如，为了进行生产，一个工厂除了雇用一定数量的工人，从银行取得一定数量的贷款和租用一定数量的土地之外(这些均属于显成本支出)，还动用了自己的资金和土地，并亲自管理企业。西方经济学家指出，既然借用了他人的资本需付利息，租用了他人土地需付地租，聘用他人需付薪金，那么，同样道理，当企业使用了自有生产要素时，也应该支付报酬。所不同的是这时企业是自己向自己支付利息、地租和薪金。所以这笔价值就应计入成本之中。

4. 固定成本：指企业在短期内无法改变的那些固定投入要素所带来的成本，主要包括购置机器设备和厂房的费用、资金的利息、企业的各种保险费用等

5. 可变成本：指企业在短期内可以改变的那些可变投入要素所带来的成本，通常包括工人工资、原材料成本、日常运营费用等。

6.2.4 总收益、总成本和利润

总成本是指企业生产某种产品或提供某种劳务而发生的总耗费。即在一定时期内(财务、经济评价中按年计算)为生产和销售所有产品而花费的全部费用。

我们从"新概念西点公司"的企业目标开始。为了了解企业做出什么决策，我们

必须了解它们想做什么。"新概念西点公司"的企业目标是使她的企业利润尽量多。

我们把利润定义为企业总收益减其总成本。这就是：

利润＝总收益－总成本。

为了说明企业如何实现利润最大化，我们必须全面考虑如何衡量总收益和总成本。

总收益指企业销售一定数量的产品或劳务所获得的全部收入。它等于企业生产产品的产量乘以它卖出这些产品时的价格。

总收益＝价格×数量

如果"新概念西点公司"生产了1万盒西点，并以1盒200元的价格出售，那么，总收益是200万元。

总收益与该物品是否具有需求弹性有关，当需求缺乏弹性时，价格和总收益同方向变动；当需求富有弹性时，价格与总收益反方向变动；当需求是单位弹性时，价格变动，总收益不变。

6.2.5 生产的状态

1. 产量与成本的关系

当企业生产它们计划出售的物品与劳务时，就关联到了成本。我们又要考虑"新概念西点公司"。

我们假设"新概念西点公司"的规模是固定的，而且，企业只能通过改变工人数量来改变生产的西点数量。

从表6-1中可以看出，"新概念西点公司"每小时生产的西点量取决于工人的数量。如果工厂中没有工人，"新概念西点公司"生产不出点心。当有一个工人时，能够生产50盒西点。当2个工人时，能够生产90盒西点，等等。

表6-1 新概念西点公司的产量与成本

工人数(L)	产量(Q)	人均产量(AP_L)	边际产量(MP_L)	非人工成本(TFC)	人工成本(TVC)	总成本(STC)	每盒西点成本
0	0	0	—	300	0	300	
1	50	50	50	300	200	500	10
2	90	45	40	300	400	700	7.78
3	120	40	30	300	600	900	7.5
4	140	35	20	300	800	1100	7.86
5	150	30	10	300	1000	1300	8.67
6	150	25	0	300	1200	1500	10
7	140	20	-10	300	1400	1700	12.14

图 6-1 是由表 6-1 中第一栏和第二栏这两栏数字绘制的图形,横轴是工人的数量,纵轴是所生产的点心的数量。投入量(工人)与产量(西点)之间的这种关系被称为生产函数。可以写作:$Q_L = f(L)$。

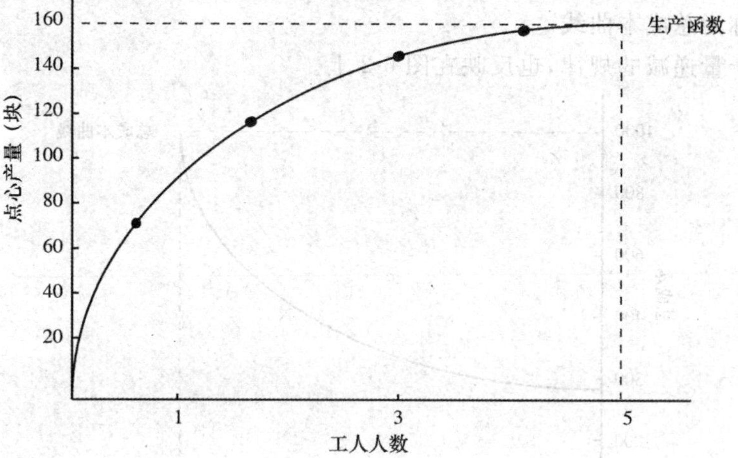

图 6-1　“新概念西点公司”的生产函数

当工人数量从 1 增加到 2 时,西点产量从 50 增加到 90,因此,第二个工人的边际产量是 40 盒西点。

当工人数量从 2 增加到 3 时,西点产量从 90 增加到 120,因此,第三个工人的边际产量是 30 盒西点。

这个原理是理解企业决定雇佣多少工人和生产多少产量的决策关键。

表 6-1 内的第三栏给出了一个工人的边际产量。任何一种生产投入的边际产量,是从那种投入增加一单位中所得到的产量的增加。

我们注意到,第二个工人的边际产量是 40 盒西点,第三个工人的边际产量是 30 盒西点,而第四个工人的边际产量是 20 盒西点。随着工人数量的增加,边际产量减少,这个规律被称为边际产量递减。

我们知道,当只雇佣少数工人时,他们更容易得到和利用公司的设备。随着工人数量增加,增加的工人与别人不得不共同使用设备,要在较为拥挤的条件下工作。因此,雇佣的工人越来越多时,每个增加的工人,对生产西点的贡献就会越来越小。

2. 从生产函数到总成本曲线

表 6-1 的后面几栏表示“新概念西点公司”生产西点的成本。

在这个例子中,“新概念西点公司”的固定成本是每小时 300 元,工人的成本是每小时 200 元。如果她雇佣一个工人,她的总成本是 500 元。如果她雇佣两个工人,她的总成本是 700 元,等等。

从上表可见,“新概念西点公司”雇佣的工人数量与所生产的西点量、与总生产成本相关。

我们的目的是要研究企业的生产和定价关系,以便做出产品定价决策。对于这个目的来说,表 6-1 中最重要的关系是产量(第二栏)和总成本(第七栏)之间的关系。

图 6-2 以横轴表示总产量,纵轴表示总成本,依据上述两栏的数据画出的图形。这个图被称为总成本曲线。

边际产量递减的规律,也反映在图 6-2 上。

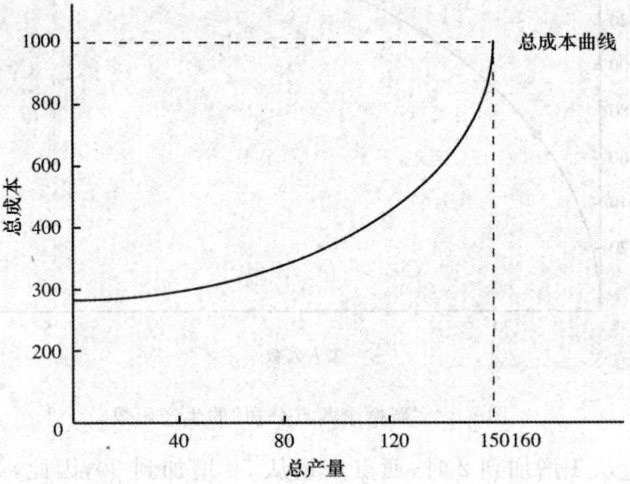

图 6-2　新概念西点公司的总成本曲线

因此,随着产量增加,总成本曲线越来越陡峭。这个图上总成本曲线的形状对应的是图 6-1 中生产函数的形状。

当西点公司的生产车间变得拥挤时,每个增加的工人增加的点心产量就少了;这种边际产量递减的特点表现为随着工人数量增加生产函数曲线变得平坦了。但现在把这个逻辑倒过来了:当生产的点心数量增加时,它必须雇佣许多工人。由于它的生产车间已经拥挤了,所以要多生产一块点心成本就很高了。因此,随着产量增加,总成本曲线变得较为陡峭了。

即问即答:生产函数的斜率衡量一个工人的边际产量。随着工人数量增加,边际产量减少,为什么生产函数越来越平坦?

6.3　生产函数

在这里,我们对企业及企业行为进行一个简单地归纳:

——厂商或企业[Firm]的界定:组织生产要素进行生产并销售产品和劳务,以取得利润的机构。

——企业的行为准则:运用有限的资本,通过他的生产经营活动来取得最大的利润。

——交易成本:“狭义上看,交易成本指的是一项交易所需花费的时间和精力。有时这种成本会很高,比如当一项交易涉及处于不同地点的几个交易参与者时。高交易成本会妨碍市场的运行,否则市场是会有效运行的。广义上看,交易成本指的是协商谈判和履行协议所需的各种资源的使用,包括制定谈判策略所需信息的成本,谈判所花的时间,以及防止谈判各方欺骗行为的成本[①]。”

——企业生产的原因:降低交易成本。R·H·科斯用决定市场价格的成本(交易成本),解释了厂商(组织)的出现。当测定各个工人各自的贡献和议定一个产品的各部件价格的困难,使交易成本很大时,工人就会选择在一个工厂(厂商)里工作;他通过合同支出了他的劳动使用权,自愿服从看得见的手的管理,而不是自己通过市场的看不见的手向消费者出卖他的服务或产品。因此可以说,厂商取代了市场[②]。

——企业规模的确定:交易成本等于组织成本。

交易成本>组织成本→企业规模扩大→组织成本增加;
交易成本<组织成本→企业规模缩小→组织成本减少;
交易成本=组织成本→企业规模不变→企业与市场的边界确定。

——对生产者行为进行经济分析的基本假定是:

利润最大化[Profit maximization]是企业从事生产经营的唯一目标。
利润最大化被认为是企业的理性行为。

基于此,我们对企业的生产活动进行进一步的分析。

6.3.1　生产函数

1. 生产函数的定义及分类

(1) 生产函数的定义:生产函数是指在一定的技术条件下,生产要素的投入量与它所能生产出来的最大产量之间的一种函数关系。其一般的数学表达式可以记为

$$Q=f(X_1, X_2, X_3, \cdots, X_n)$$

式中Q代表产出量,$X_1, X_2, \cdots, X_n$代表各种投入的生产要素。

(2) 不同类型的生产函数:

① 按照要素投入比例的状态,可以将生产函数划分为“固定投入比例生产函数和可变投入比例生产函数”。

*技术系数:要素投入比例也称为“技术系数”,是指:为了生产某一单位产品,需要把各种生产要素按照一定的配合比例投入到生产过程中去,这种不同生产要素的组合比例,叫作技术系数。技术系数可以分为固定技术系数和可变技术系数。

固定技术系数的生产函数:生产过程中各种要素投入量之间的比例是固定的。

---

① 罗伯特D·库特:《科斯定理》辞条。编辑引自《新帕尔格雷夫经济学大辞典》,经济科学出版社1992版。
② 约翰·伊特韦尔等编:《新帕尔格雷夫经济学大辞典》,经济科学出版社,1992。

可变技术系数的生产函数：生产过程中各种要素投入量之间的比例是可变的。

② 按照要素在生产中的权重，可用“柯布—道格拉斯生产函数”进行描述。

$$Q=A L^{\alpha} K^{\beta}$$

其中：L—劳动，K—资本，A—技术水平（参数），参数存在：$A>0$，$0<\alpha<1$，$0<\beta<1$。若 $\alpha+\beta=1$，该函数为线性齐次函数。α、β 分别代表劳动所得和资本所得在总产量中所占份额。

③ 按照可变要素的数量，可以将生产函数划分为一种可变要素的生产函数、两种可变要素的生产函数和多种可变要素的生产函数。

④ 按照生产过程中对可变要素调整的种类，对要素全部进行调整的生产函数定义为长期生产函数，对要素部分进行调整的生产函数定义为短期生产函数。

⑤ 里昂惕夫函数

里昂惕夫函数是常见的一种固定投入比例的生产函数。其表达式为

$$Q = Min(L/U, K/V)$$

其中，Q 表示一种产品的产量，L 和 K 分别表示劳动和资本的投入量，U 和 V 分别表示为固定的劳动和资本的技术系数，它们分别表示生产一单位产品所需要的固定的劳动投入量和资本投入量。该生产函数表示产量 Q 取决于两个比值 L/U 和 K/V 中较小的那一个。即使其中的一个比例数值较大，也不会提高产量。在这里，Q 的生产被假定为必须按照 L 和 K 之间的固定比例，当一种生产要素的数量不能变动时，另一种生产要素的数量再多，也不能增加产量。需要指出的是，在该生产函数中，一般通常假定生产要素投入量 L，K 都满足最小的要素投入组合的要求，所以有：

$$Q = L/U = K/V \text{，即：} K/L = V/U$$

上式清楚地体现了该生产函数的固定投入比例的性质，在这里，它等于两种要素的固定的生产技术系数之比。对于一个固定投入比例生产函数来说，当产量发生变化时，各要素的投入量以相同的比例发生变化，所以，各要素的投入量之间的比例维持不变。

⑥ 固定替代比例的生产函数

固定替代比例的生产函数也被称为线性生产函数，表示在每一产量水平上任何两种生产要素之间的替代比例都是固定的。假定生产过程中只使用劳动和资本两种要素，则固定替代比例的生产函数的通常形式为：$Q=aL+bK$

其中，Q 为产量，L 和 K 分别表示劳动和资本的投入量，常数 a、$b>0$。

2. 常用生产函数

在进行厂商行为分析过程中，我们依然沿用前面的原则，对生产要素的重要性进行考量，假设技术、土地、企业家才能等因素为常量，影响生产的因素只考虑劳动(L)和资本(K)的投入。因此，生产函数可以简单地表达为

$$Q = f(L, K)$$

这个方程显示了产出量与劳动和资本这两种投入要素之间的相互依存关系。

3. 衡量生产的具体指标

(1) 总产量(Total product):是指一定的生产要素投入量所提供的全部产量,即生产出来的用实物单位衡量的产出总量。记作:$TP=Q=f(L,K)$

(2) 平均产量(Average product):生产中每单位要素投入形成的产出,等于总产量或总产出除以某种要素的数量所得的值,即单位要素产出。记作:AP。可以用公式表示为

$$AP_L=TP_L/L$$

此时 L 为可变要素投入数量。也可以写作:

$$AP_K=TP_K/K$$

此时 K 为可变要素投入数量。

(3) 边际产量(Marginal product,简写为 MP):是指增加一单位生产要素投入所带来的总产量的增加量。MP_L=总产量的增加量 ΔTP_L/劳动的增加量 ΔL,或 MP_K=总产量的增加量 ΔTP_K/资本的增加量 ΔK。公式表示为

$$MP_L=\Delta TP_L/\Delta L \text{ 或 } MP_K=\Delta TP_K/\Delta K$$

当 ΔL 或 ΔK 存在:$\Delta L\to 0$、$\Delta K\to 0$ 时,则有:

$$MP_L=\mathrm{d}TP_L/\mathrm{d}L \quad \text{或 } MP_K=\mathrm{d}TP_K/\mathrm{d}K$$

6.3.2　短期生产函数

1. 短期生产函数的定义及内涵

(1) 短期生产函数:所谓短期,指的是至少无法改变一种要素投入量的生产时期。此处的短期和后篇提到的长期,均与时间长短无关,重点考虑的是要素是否全部进行了调整。短期生产函数研究的是部分调整生产要素的情况下,厂商如何组织并进行生产、形成最大产出或者最小成本的生产条件。

在短期中,可以根据要素是否可变,把所有投入要素分为两大类:固定要素和可变要素。

固定要素:在短期内投入量不随产出量的变动而变动的要素。

可变要素:在短期内投入量随产出量的变动而变动的要素。

这里所谓“不变”和“变”是相对而言的。

在研究对象只有两种生产要素的函数中,短期生产函数通常表示为

$$Q_L=TP_L=f(L,\overline{K})$$

其中:$\overline{K}$ 表示资本投入为常数,劳动 L 为可变生产要素。这种类型的生产函数表示的是劳动密集型的生产状态。

它也可以表示为

$$Q_K=f(\overline{L},K)$$

此时,$\overline{L}$ 表示劳动投入为常数,资本 K 为可变生产要素。这种类型的生产函数表示的是资本密集型的生产状态。

为了便于分析，我们使用 $Q_L = f(L, \overline{K})$ 作为分析产量的函数式。

（2）厂商预期

① 若生产要素的投入量不同，则商品的产出量也不同。一般来讲，厂商希望更多的投入可以得到更多的产出。

② 厂商采用的生产技术决定厂商生产函数的具体形式，生产技术与生产函数之间存在对应关系。

（3）生产函数的假设前提

① 假定厂商的生产技术具有单调性。

② 假定厂商的生产技术具有凸性。

③ 假定生产技术具有正则性。包含两层含义：

第一：生产可能集非空，即，至少有一种投入组合能生产出一定的产出；

第二：生产可能集是闭集，这意味着两个在数量上非常接近的投入组合所生产出来的产出也相差无几，生产可能集包含其边缘线。这就使分析整个集合的问题可以转化为分析边缘线（生产函数）。

2. 图解总产量、平均产量和边际产量

假设：有生产函数 $TP_L = 3L + 2L^2 - 0.1L^3$。厂商的投入和产出情况如表 6-2 所示。

表 6-2　　某厂商的投入—产出现状

不变要素	可变要素	总产量	平均产量	边际产量
$\overline{K}$	L	TP_L	AP_L	MP_L
1	0	0	0	0
1	1	4.9	4.9	6.7
1	2	13.2	6.6	9.8
1	3	24.3	8.1	12.3
1	4	37.6	9.4	14.2
1	5	52.5	10.5	15.5
1	6	68.4	11.4	16.2
1	7	84.7	12.1	16.3
1	8	100.8	12.8	15.8
1	9	116.1	12.9	14.7
1	10	130	13	13
1	11	141.9	12.9	10.7
1	12	151.2	12.6	7.8
1	13	157.3	12.1	4.3
1	14	159.6	11.4	0.2
1	15	157.5	10.5	−4.5
1	16	150.4	9.4	−9.8

根据表 6-2 的内容，可以绘制出总产量曲线、平均产量曲线和边际产量曲线。如图 6-3 所示。

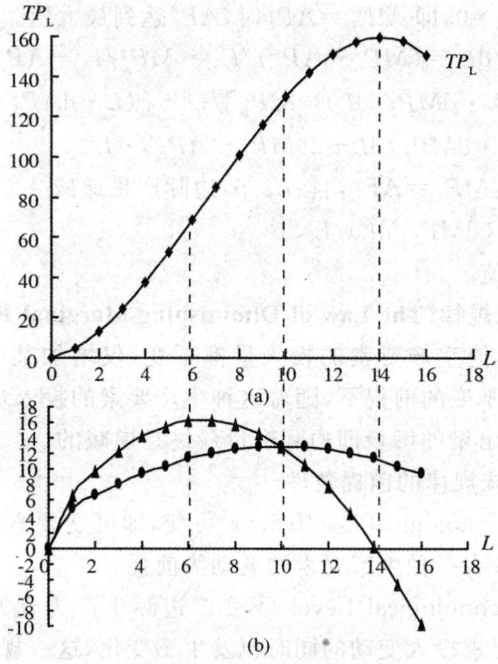

图 6-3　总产量曲线、平均产量曲线和边际产量曲线

我们一般可以用劳动的平均产量和边际产量来衡量劳动对生产过程的贡献。如图 6-3(a)所示。可以看出，产量先上升至最大值 159.6～157.5 之间，然后渐渐减少，从图中可知，在劳动超过 14—15 单位后，出现了技术上缺乏效率的情况。我们对技术的假设上有“富有效率”前提，这样就排除了边际产量为负的情况，因而在现实的生产中劳动超过 14 单位的情况基本不可逆出现。但是我们进行生产函数分析时，把它作为理论现象的部分而存在。图 6-3(b)是平均产量和边际产量曲线。在产量增加时，边际产量为正；产量下降时，边际产量为负。

(1) 当 $MP_L=0$ 时，TP_L达到最大值

证明：$Q_L = TP_L = f(L, \bar{K})$，$MP_L = \mathrm{d}TP_L/\mathrm{d}L$

一阶条件：令 $MP_L = \mathrm{d}TP_L/\mathrm{d}L = 0$，因此，当 $MP_L=0$ 时 $TP_L = Q_L$最大。

二阶条件：$d^2TP_L/\mathrm{d}L^2 = \mathrm{d}MP_L/\mathrm{d}L$

∵边际产量递减

∴$\mathrm{d}MP_L/\mathrm{d}L<0$

∴当 $MP_L= 0$ 时，TP_L达到最大值。

(2) 当 $MP_L=AP_L$时，AP_L达到最大值

证明：一阶条件：$Q_L = TP_L = f(L, \bar{K})$，$AP_L = TP_L/L$，$MP_L = \mathrm{d}TP_L/\mathrm{d}L$

令 $AP_L = TP_L/L = 0$，则：$dAP_L/dL = [(L \cdot dTP_L/dL) - TP_L]/L^2$

$= (L \cdot MP_L - L \cdot AP_L)/L^2 = (MP_L - AP_L)/L = 0$

∴当 $MP_L - AP_L = 0$，即 $MP_L = AP_L$ 时，AP_L 达到最大值。

二阶条件：$dAP_L/dL = (MP_L - AP_L)/L = MP_L/L - AP_L/L$

$d^2AP_L/dL^2 = [(L \cdot dMP_L/dL) - MP_L]/L^2 - [(L \cdot dAP_L/dL) - AP_L]/L^2$

$= [L \cdot dMP_L/dL - 2(MP_L - AP_L)]/L^2$

∵在极值点存在：$MP_L = AP_L$，且：$L > 0$，边际产量递减

∴ $d^2AP_L/dL^2 = (dMP_L/dL)/L < 0$

∴AP_L 达到极大值。

3. 边际产量递减规律(The Law of Diminishing Marginal Return)

(1) 内容：假定其他生产要素的投入量都不变，仅增加某一种生产要素的投入量，那么，在技术水平不变的前提下，随着这种生产要素的投入量的增加，每一单位该生产要素所带来的产出量的增量即边际产量最终是递减的。

(2) 边际报酬递减规律的前提条件

① 技术系数[Technological Coefficient]可变，即可变要素投入比例，即：以其他生产要素固定不变，只有一种生产要素的变动为前提。

② 技术水平[Technological Level]不变。边际生产力递减是以技术不变为前提，如果生产技术在要素投入变动的同时也发生了变化，这一规律也就会发生变化。

③ 所增加的生产要素的性能不变。即：假定所有的可变投入要素是同质的，所有劳动者的操作技术、劳动积极性等各个方面都没有差异。

④ 它是在可变要素增加到一定程度之后才出现。

(3) 原因：在生产技术没有发生重大变化的情况下，短期中的生产实质就是不断地把可变生产要素添加到固定生产要素之上。可变生产要素不断增加时，产量的变动表现为三种情况：起初随着可变生产要素增加，由于固定生产要素得到充分利用，边际产量(即增加的产量)出现递增，总产量以递增的速度增加。然后，随着固定生产要素接近于充分利用，可变生产要素增加引起的产量的增加仍可以是正数，但增长趋于缓慢、增长率递减，这时总产量仍在增加，但速度是递减的。最后，当生产要素得到充分利用时，可变生产要素的增加反而会出现无固定要素与之相匹配的问题，导致可变要素浪费，使边际产量小于零，总产量绝对减少。

4. 总产量、平均产量和边际产量之间的关系

(1) 总产量与边际产量的关系：

由公式可知：边际产量＝总产曲线的斜率。从图 6-4 可见：

当 $MP_L > 0$，TP_L 递增；$MP_L = 0$，TP_L 达到最大值；$MP_L < 0$，TP_L 递减。

事实上，在现实的经济生活中是不会出现“$MP_L < 0$，TP_L 递减”的现象的。对于厂商来说，增加投入即是为了增加利润或者产出。当投入增加反而引起产量下降时，厂商势必会调整投入以降低成本。

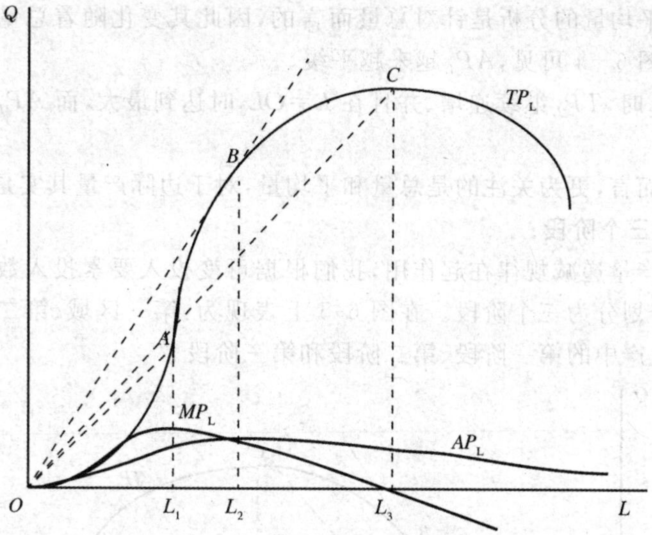

图 6-4 短期生产曲线及其相互关系

(2) 平均产量与边际产量的关系:劳动的平均产量是单位劳动的产出量,等于总产量曲线上对应点与原点连线的斜率;劳动的边际产量是增加一单位的劳动引致的总产量的变化量,等于总产量曲线在该点的切线的斜率。

当边际产量小于平均产量时,平均产量将下降,因为在平均产量的上升阶段,边际产量曲线处于平均产量曲线之上,在平均产量下降阶段,边际产量曲线处于平均产量曲线之下。因此,在平均产量达到极大值时,边际产量一定等于平均产量。而且,平均产量 AP_L 的变化速度总是慢于边际产量 MP_L。即:

$$\begin{cases} MP_L > AP_L,\ AP_L\text{递增;} \\ MP_L < AP_L,\ AP_L\text{递减;} \\ MP_L = AP_L,\ AP_L\text{达到最大值。} \end{cases}$$

值得注意的是边际产量和平均产量之间的几何关系。在 A 点,劳动的边际产量(总产量曲线的切线斜率)大于平均产量(OA 线的斜率),因此,在由 A 向 B 的移动过程中,劳动的平均产量上升。在 B 点,劳动的平均产量与边际产量相等——平均产量是 OB 线的斜率,而边际产量是总产量线在 B 点的切线斜率。最终,在由 B 点向 C 点的移动中,平均产量比边际产量大。可以检验,在 B 和 C 之间任何一点,总产量曲线的切线斜率比该点与原点连线的斜率小。

(3) 总产量与平均产量的关系:

平均产量等于总产量曲线与远点连线的斜率。总产量始终是大于 0 的,因此,平均产量也是始终大于 0 的。在生产初期,随着可变要素的投入不断增加,平均产量增幅较大。

当 $L \leqslant OL_2$ 时,TP_L 和 AP_L 均为递增,且 AP_L 达到了最大值;

但是由于平均量的分析是针对总量而言的，因此其变化随着总量的不断增大而渐渐趋缓。从图 6－4 可见，AP_L越来越平缓。

当 $L>OL_2$时，TP_L继续递增、并且在 $L=OL_3$时达到最大，而 AP_L在 $L=L_2$时即开始了递减。

对于厂商而言，更为关注的是总量和平均量，对于边际产量其实是无法看到的。

5. 生产的三个阶段：

基于边际产量递减规律在起作用，我们根据可变投入要素投入数量所形成的客观现象，把生产划分为三个阶段。在图 6-5 上表现为：第一区域、第二区域和第三区域，分别对应生产中的第一阶段、第二阶段和第三阶段。

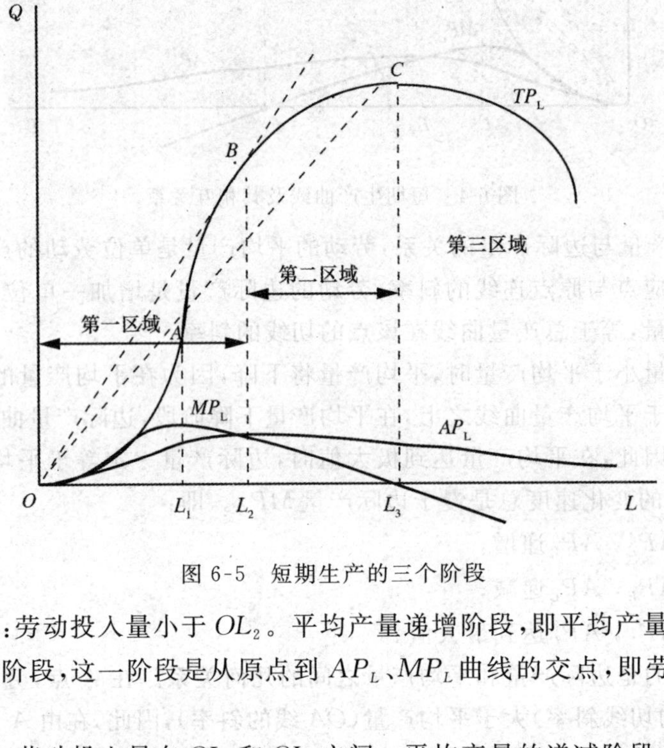

图 6-5　短期生产的三个阶段

第一阶段：劳动投入量小于 OL_2。平均产量递增阶段，即平均产量从 0 增加到平均产量最高的阶段，这一阶段是从原点到 AP_L、MP_L曲线的交点，即劳动投入量由 0 到 L_2的区间。

第二阶段，劳动投入量在 OL_2和 OL_3之间。平均产量的递减阶段，边际产量仍然大于 0，所以总产量仍然是递增的，直到总的产量达到最高点。这一阶段是从 AP_L、MP_L两曲线的交点到 MP_L曲线与横轴的交点，即劳动投入量由 L_2到 L_3的区间。

第三阶段，劳动投入量大于 OL_3。边际产量为负，总的产量也是递减的，这一阶段是 MP_L曲线和横轴的交点以后的阶段，即劳动投入量 L_3以后的区间。

6. 厂商的选择

从以上分析可见，理性的厂商总是会选择在第二阶段进行生产。这一区间为生产要素的合理使用区域，也称“经济区域”，其他区域都属于“不经济区域”。

但是在第二区间的厂商究竟选择投入多少可变要素，或者希望得到多少产量，在目前尚无法解决。因为这一问题的答案不仅取决于生产函数，还取决于成本函数。

6.3.3　长期生产函数

前文指出：此处的长期、短期的概念与时间没有必然的关联，而是指要素是否全部可变。在长期中，一切生产要素都是可以变动的，不仅劳动投入量、原材料的使用量可变，而且资本、设备量也可变。如果考虑时间因素的话，长期是指时间长到可以使厂商调整生产规模来达到调整产量的目的的全部时间。

长期生产函数的分析方法是运用等产量曲线和等成本线，解释厂商在长期的情况下形成生产者均衡的条件。

1. 长期生产函数的形式

在长期内，所有的生产要素的投入量都是可变的，多种可变生产要素的长期生产函数可以写为：$Q=f(X_1, X_2, \cdots, X_n)$。式中，$Q$ 为产量；$X_i (i=1,2,\cdots,n)$ 为第 i 种可变生产要素的投入数量。该生产函数表示：长期内在技术水平不变的条件下由 n 种可变生产要素投入量的一定组合所能生产的最大产量。

假定：生产者使用劳动和资本两种可变生产要素来生产一种产品，则两种可变生产要素的长期生产函数可以写为：$Q=f(L,K)$。式中，L 为可变要素劳动的投入量，K 为可变要素资本的投入数量，Q 为产量。

2. 等产量曲线的含义与性质

所谓等产量线就是产量相同的两种生产要素、不同数量组合点的轨迹。它表示在技术水平不变的条件下，为生产一定的产量所需投入的两种生产要素之间的所有不同数量组合的状态。以常数 Q^0 表示既定的产量水平，则与等产量曲线相对应的生产函数为 $Q=f(L,K)=Q^0$。

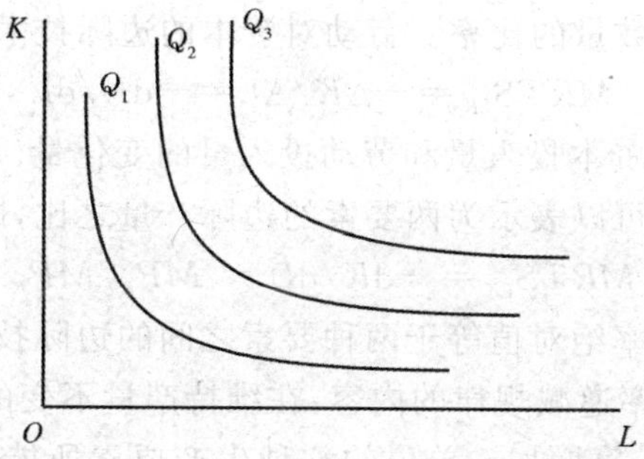

图 6-6　等产量曲线

等产量曲线有如下性质：

(1) 表示某一生产函数的等产量曲线图中，可以画出无数条等产量曲线，并且任何两条等产量曲线不能相交，即：等产量曲线之间是平行的。

(2) 等产量曲线上的任一点的斜率等于该点上以生产要素 L 代替生产要素 K 的边

际技术替代率,*MRTS* 不仅为负值,而且其绝对值是递减的,即等产量曲线凸向原点。

(3) 离原点越近的等产量曲线代表的产量越低,离原点越远的等产量曲线代表的产量越高。

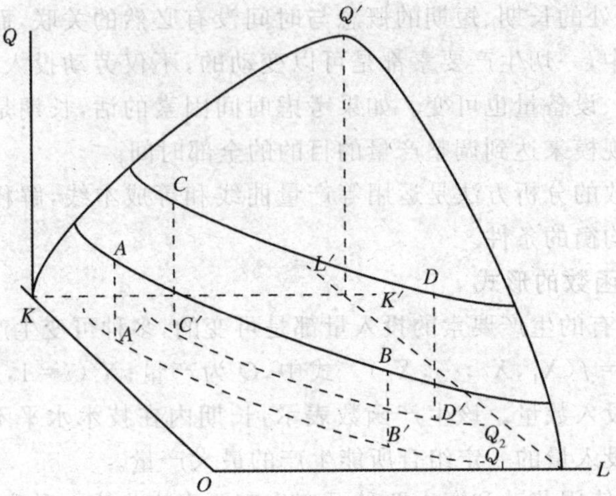

图 6-7　等产量曲线的推导

由于等产量曲线的几何特点与无差异曲线相似,它又被称为生产无差异曲线。但两者有区别,等产量曲线表示产量,无差异曲线表示效用;等产量曲线是客观的,无差异曲线是主观的。

3. 边际技术替代率及其递减规律

(1) 边际技术替代率

边际技术替代率,是指在产量不变的前提下,当某种生产要素增加一单位时,与另一生产要素所减少的数量的比率。劳动对资本的边际技术替代率的定义公式为

$$MRTS_{LK} = -\Delta K/\Delta L = -\mathrm{d}K/\mathrm{d}L$$

式中,ΔK 和 ΔL 分别为资本投入量和劳动投入量的变化量。

边际技术替代率还可以表示为两要素的边际产量之比,即:

$$MRTS_{LK} = -\mathrm{d}K/\mathrm{d}L = MP_L/MP_K$$

等产量曲线上的斜率绝对值等于两种要素之间的边际技术替代率。

(2) 边际技术替代率递减规律的内容:在维持产量不变的前提下,当一种生产要素的投入量不断增加时,每增加一单位的这种生产要素所能替代的另一种生产要素的数量是递减的。

(3) 边际技术替代率递减的主要原因在于:任何一种产品的生产技术都要求各要素投入之间有适当的比例,这意味着要素之间的替代是有限制的。边际技术替代率递减使得等产量曲线像无差异曲线一样向右下方倾斜,且凸向原点。

4. 等成本线

等成本线是在既定的成本和既定的要素价格条件下,生产者可以购买到的两种

要素、不同的最大数量组合的轨迹。也就是说，在资本总量和劳动、资本这两种生产要素价格给定的情况下，厂商花费定量总成本能够买到的、最多的（L 劳动，K 资本）组合。见图 6-8。

（1）图形解析

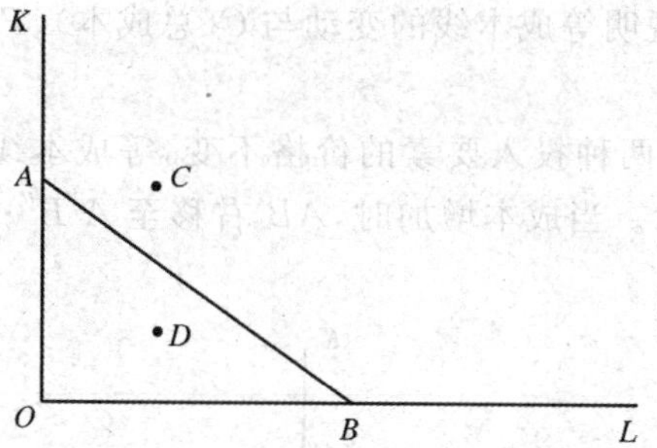

图 6-8　等成本线

前面的等产量曲线告诉我们：生产一定数量的某种产品可以采取多种要素组合方式。现在的等成本线告诉我们：生产一定数量产品的要素组合，还要受到生产者支付要素总预算的能力和要素价格的限制，即要受到总成本和要素价格的制约。因此，等成本线也叫企业预算线。图 6-8 表明了成本和要素价格对厂商行为的约束。

① 等成本线 AB 将坐标分为三个区域：AB 曲线本身、AB 曲线以左（如 D 点所代表的区域）、AB 曲线以右（如 C 点所代表的区域）。即它所购买生产要素所花的钱不能大于或小于所拥有的货币资本。大于货币成本无法实现的，小于货币成本则无法实现产量最大化和成本的充分利用。

② AB 本身反映了厂商对要素最大化的购买状态。

③ C 点所代表的区域，购买生产要素所需花费大于厂商拥有的成本，存在总额不足的问题；D 点所代表的区域，购买生产要素所需花费小于厂商拥有的成本，表现为成本剩余。

（2）等成本线的函数

假设：既定的成本为 C，已知的劳动（L）的价格即工资率为 P_L 或 W，已知的资本（K）的价格即利息率为 P_K 或 r，据此我们可以得到等成本线，如 6-8 图所示。可得成本方程为：

$$C = WL + rK，或\ C = P_L L + P_K K$$

$$K = C/r - WL/r，或\ K = C/P_K - P_L L/P_K$$

$$L = C/W - rK/W，或\ L = C/P_L - P_K K/P_L$$

由于成本方程式是线性的，所以等成本线必然是一条直线。图 6-8 中横轴上的截距点 $B(C/P_L, 0)$，表示既定的全部成本都用于购买劳动时的数量；纵轴上的截距点 $A(0, C/P_K)$，表示既定的全部成本都用于购买资本时的数量。连结这两点的线段就是等成本线。它表示既定的全部成本所能购买到劳动和资本最大数量的各种组合。

根据等成本线的截距可以得到等成本线的斜率。

$$K_{LK}=-(C/P_K)/(C/P_L)=-P_L/P_K\text{，或：}K_{LK}=-W/r$$

(3) 等成本线的移动

等成本线的斜率为$-P_L/P_K(-W/r)$，为两种生产要素的价格之比为负值；截距分别为C/P_L、C/P_K。说明等成本线的变动与C(总成本)、P_L(工资率)以及P_K(利息率)有关。

① 总成本C变动、两种投入要素的价格不变，等成本线AB向左或者向右平行移动。如图6-9(a)所示。当成本增加时，AB右移至$A''B''$；当成本减少时，AB左移至$A'B'$。

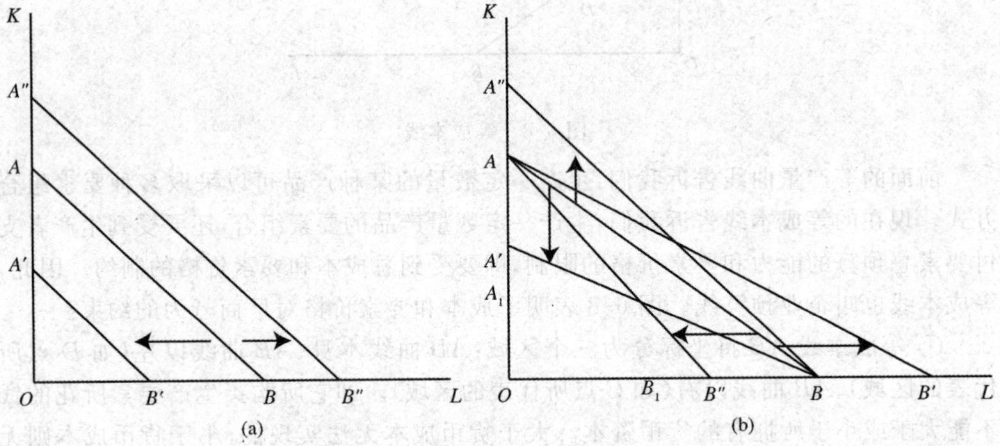

图 6-9 要素价格变化时的等成本线

② 总成本C不变、两种投入要素的价格发生变化，等成本线的变化：

当P_L、P_K发生同方向、同比例变动时，截距和斜率分别为：$A'(A'')=C/\alpha P_K$、$B'(B'')=C/\alpha P_L$、$K'_{LK}=-(C/\alpha P_K)/(C/\alpha P_L)=-P_L/P_K=K_{LK}$。此时，若：$\alpha>1$，说明要素价格上涨，$A'<A$、$B'<B$，曲线向左平移；$\alpha<1$，说明要素价格下降，$A''>A$、$B''>B$，曲线向右平移。

当P_L不变、P_K发生变动时，截距和斜率分别为：$A'(A'')=C/\alpha P_K$、$K'_{LK}=-(C/\alpha P_K)/(C/P_L)$。此时，若：$\alpha>1$，说明资本要素价格上涨，$A'<A$，曲线以$B$为轴做逆时针方向旋转；$\alpha<1$，说明资本要素价格下降，$A''>A$，曲线以$B$为轴做顺时针方向旋转。

当P_K不变、P_L发生变动时，截距和斜率分别为：$B'(B'')=C/\alpha P_L$、$K'_{LK}=-(C/P_K)/(C/\alpha P_L)$。此时，若：$\alpha>1$，说明劳动要素价格上涨，$B''<B$，曲线以$A$为轴做顺时针方向旋转；$\alpha<1$，说明劳动要素价格下降，$B'>B$，曲线以$A$为轴做逆时针方向旋转。

③ 总成本C、两种投入要素的价格发生同方向、同比例的变动，等成本线AB的位置不变。此时：$A'=\alpha C/\alpha P_K=C/P_K=A$、$B'=\alpha C/\alpha P_L=C/P_L=B$、$K'_{LK}=-(\alpha C/\alpha P_K)/(\alpha C/\alpha P_L)=-P_L/P_K=K_{LK}$。

5. 厂商均衡的条件:最优投入要素组合的确定

研究生产者行为知道,每一个厂商进行生产的准则只有一个——追求最大利润。以获得利润为行为的目标。但是任何厂商都不可能在无约束的情况下进行生产。根据前面的学习可以知道:厂商的约束条件是资本总量与投入要素的价格。因此,厂商必然是通过运用有限的资本、利用能购买到的一定数量的要素,进行生产经营活动并获取最大的利润。厂商的这一动机,在生产者均衡中表现为两种不同的行为模式:

(1) 成本既定情况下的产量最大化。在总成本和要素价格既定的条件下,如何生产出最大的产量?

① 约束条件:$C = P_L L + P_K K$

② 均衡条件:$MRTS_{LK} = P_L/P_K = MP_L/MP_K$,或:$MRTS_{LK} = MP_L/P_L = MP_K/P_K$。即:等成本曲线与等产量曲线相切的点 E 所代表的产量最大。在 E 点,等成本线的斜率和等产量线的斜率相等。或者说是单位货币购买到的边际产量相等。

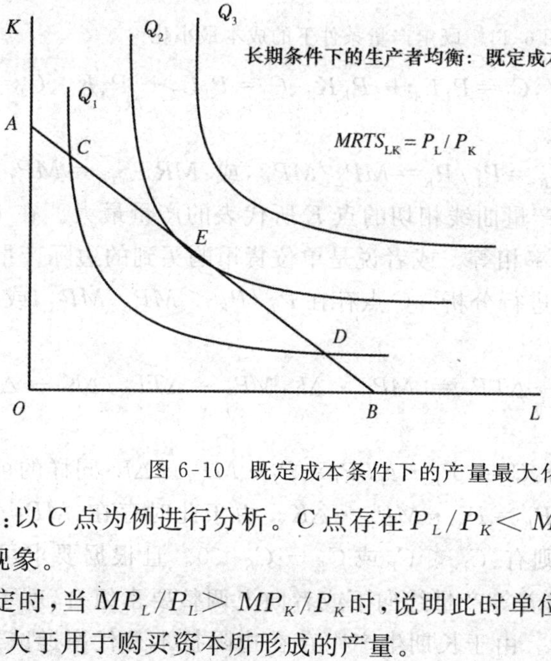

图 6-10　既定成本条件下的产量最大化

③ 说明:以 C 点为例进行分析。C 点存在 $P_L/P_K < MP_L/MP_K$,或:$MP_K/P_K < MP_L/P_L$的现象。

成本既定时,当 $MP_L/P_L > MP_K/P_K$时,说明此时单位货币用于购买量的 L 所形成的产量,大于用于购买资本所形成的产量。

分析:令 $P_L = P_K$且等于 1,由于存在 $MP_L/P_L > MP_K/P_K$,则有 $MP_L > MP_K$,可见:此时增加 L 带来的产量大于减少资本缩减的产量。即:$\Delta TP_L > \Delta TP_K$,$\Delta TP = \Delta TP_L + \Delta TP_K > 0$。显然,$C$ 点并不是产量最大化的要素组合。

同理可得 D 点亦不是最佳的要素购买组合。

由于成本固定,因此厂商可以沿着等成本线 AB 向下或者向上进行要素购买量的调整。只要调整后存在 $\Delta TP = \Delta TP_L + \Delta TP_K > 0$ 就会带来产量的增加。但是长期生产中存在边际技术替代率递减规律,必然导致 $\Delta TP = \Delta TP_L + \Delta TP_K \to 0$,等产量线与等成本线的斜率逐渐趋于相等。到达 E 点时,出现 $MRTS_{LK} = P_L/P_K =$

MP_L/MP_K，此时 $\Delta TP=\Delta TP_L+\Delta TP_K=0$，产量最大。

(2) 既定产量下的总成本最小化：厂商在产量既定的情况下如何使成本最小化？

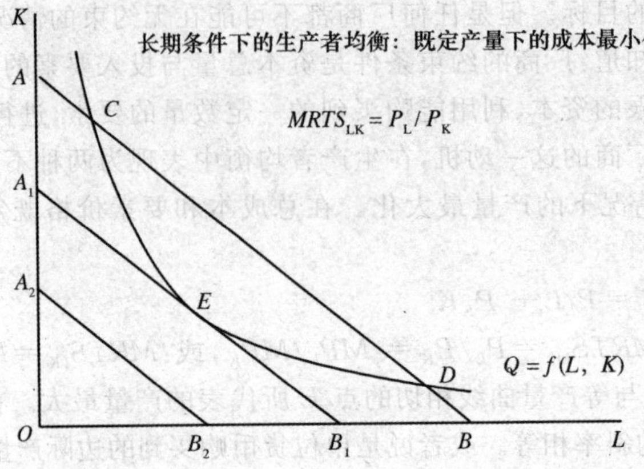

图 6-11　既定产量条件下的成本最小化

① 约束条件：$Q=Q^0$，$C_1=P_LL_1+P_KK_1$、$C_2=P_LL_2+P_KK_2$、$C_3=P_LL_3+P_KK_3$、…，$C_n=P_LL_n+P_KK_n$。

② 均衡条件：$MRTS_{LK}=P_L/P_K=MP_L/MP_K$，或：$MRTS_{LK}=MP_L/P_L=MP_K/P_K$。即：等成本曲线与等产量曲线相切的点 E 所代表的产量最大。在 E 点，等成本线的斜率和等产量线的斜率相等。或者说是单位货币购买到的边际产量相等。

③ 说明：以 C 点为例进行分析。C 点存在 $P_L/P_K<MP_L/MP_K$，或：$MP_K/P_K<MP_L/P_L$ 的现象。

$\because MP_L=\Delta TP_L/\Delta L\rightarrow\Delta TP_L=MP_L\cdot\Delta L$，$MP_K=\Delta TP_K/\Delta K\rightarrow\Delta TP_K=MP_K\cdot\Delta K$。

此时用于 L 的支出为：$C_L=P_L\cdot\Delta TP_L=P_L\cdot MP_L\cdot\Delta L$；同样的可以得到用于 K 的支出：$C_K=P_K\cdot\Delta TP_K=P_K\cdot MP_K\cdot\Delta K$。由于此时存在：$MP_K/P_K<MP_L/P_L$，令 $P_L=P_K$ 且等于 1，则有：$C_L<C_K$ 或 $C_L-C_K<0$。且根据要求可知：$\Delta TP_L=\Delta TP_K$。因此，此时只要沿着等产量线向下或者向上调整要素组合，就可以在维持产量不变的情况下降低成本。由于长期生产中存在边际技术替代率递减规律，必然导致 $(C_L-C_K)\rightarrow 0$，等产量线与等成本线的斜率逐渐趋于相等。到达 E 点时，出现 $MRTS_{LK}=P_L/P_K=MP_L/MP_K$，此时 $C_L=C_K$ 或 $C_L-C_K=0$，成本最小。

6. 生产要素价格变动的影响及特殊等产量曲线的均衡

(1) 上述分析是建立在投入要素的价格既定的情况下进行的。当投入要素的价格发生变化时，人们就会更多地使用比以前便宜的投入要素，少使用比以前贵的投入要素。

(2) 从图 6-6 可知，等产量曲线所研究的两种要素存在部分替代关系，因此厂商均衡可以用要素价格比等于要素边际产量比相等进行描述。

① 固定替代比例的生产函数：$Q=aL+bK$。其中，Q 为产量，L 和 K 分别表示

劳动和资本的投入量，常数 a、$b>0$。该函数存在：$MRTS_{LK}$ 为常数。

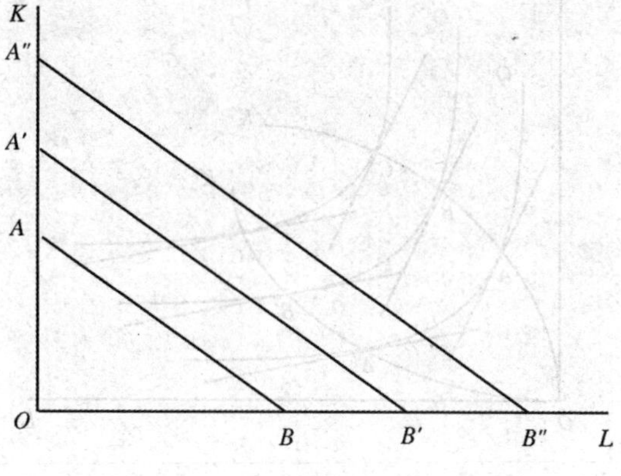

图 6-12 固定替代比例的生产函数

② 里昂惕夫函数：$Q = \mathrm{Min}(L/U, K/V)$

在该生产函数中，一般通常假定生产要素投入量 L、K 都满足最小的要素投入组合的要求，所以有：

$$Q = L/U = K/V \text{，即：} K/L = V/U$$

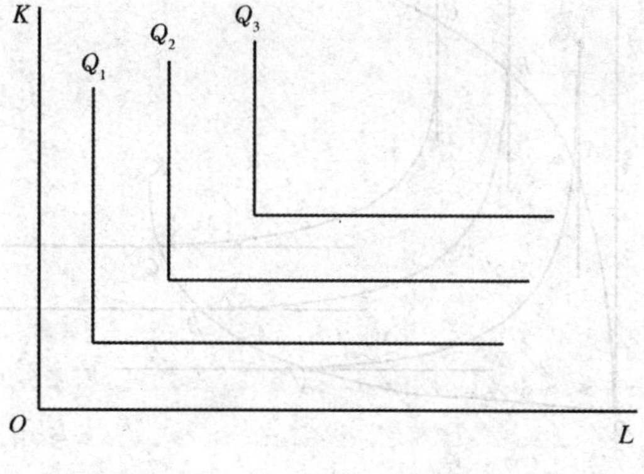

图 6-13 里昂惕夫函数

7. 等斜线、脊线与扩展线

(1) 等斜线：顾名思义，是指斜率相等的点的连线。这里的斜率指的是等产量曲线的斜率。因此，等斜线是一组等产量线 中两要素的边际技术替代率相等的点的轨迹。由于产量水平不同，可以得到无数条等产量曲线。等产量曲线是非线性曲线，有无数个斜率，因此也就有了无数条等斜线。等斜线的斜率为：$MRTS_{LK} = -\Delta K/\Delta L = -\mathrm{d}K/\mathrm{d}L$。

(2) 脊线

无数条等斜线中有两条特殊的等斜线存在。其斜率分别是 $MRTS_{LK} = 0$ 和 $MRTS_{LK} \to \infty$。即：等产量曲线图中一组等产量曲线上使其切线斜率为零或为无穷

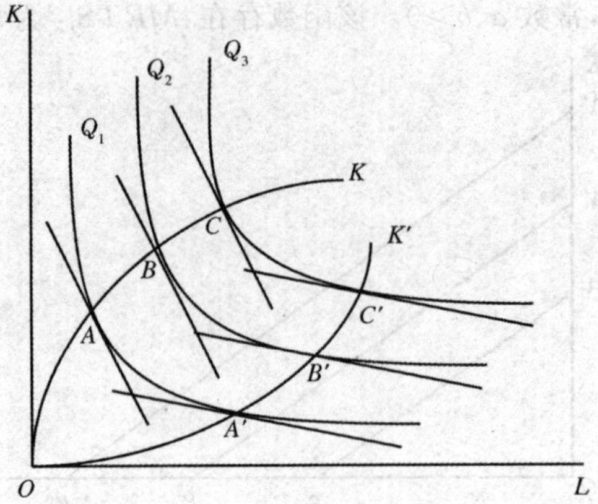

图 6-14　等斜线

的点的轨迹。这两条特殊的等斜线被称作“脊线”，脊线所围成的区域是厂商进行要素组合的选择区域，也称作长期生产条件下的经济区域。

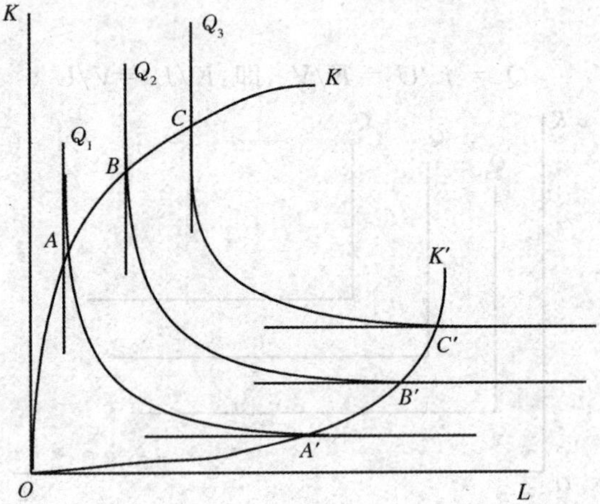

图 6-15　脊线

图 6-15 中，OK 曲线为一条脊线，在其上任一点处相应的　　　的切线斜率为无穷，即 L 对 K 的技术替代率为无穷（$MRTS_{LK}=\infty$）。OK' 曲线为另一条脊线，在其上任一点处相应的等产量曲线的切线斜率为零，即生产要素 L 替代生产要素 K 的技术替代率为零（$MRTS_{LK}=0$）。在脊线 OK 和 OK' 所包围的区域内，等产量曲线在其任一点处的切线斜率为负值，即 $MRTS_{LK}<0$ 。这表明当一种生产要素投入量增加时，为使特定产量水平不变，另一种生产要素投入量则必定减少。

同时，脊线范围内的区域是两种生产要素可以相互替代的区域，是厂商选择生产要素投入组合的区域。在脊线 OK' 以下或脊线 OK 以上的区域内，等产量曲线在其任一点处切线斜率为正。这说明在这两个区域厂商想要维持原有的产量，就必须同时增加两种要素，反映出在这两个区间内两种生产要素不能互相替代的特征，厂商不会在该区域内选择投入生产要素，并进行生产活动，因而此时的生产组合是无效的。

(3) 扩展线

在长期中，当要素价格不变，厂商增加投入的成本，则等成本线就会向远离原点的方向移动，它们和各等产量曲线会有一系列切点 A、B、C，…，其均衡的产量就会沿着这些切点逐步增加，把这些切点连接而成的线，就叫作生产扩展线。

生产扩展线有三种情况。第一种情况，产量随着要素投入的增加而增加，但两种要素的配合比例始终保持不变；第二种情况，产量随着要素投入的增加而增加，但两种要素的最优投入组合中，资本所占的比重越来越大，这时的生产扩展线又被称为资本密集型扩展线；第三种情况，产量随着要素投入的增加而增加，但两种要素的最优投入组合中，劳动所占的比重越来越大，这时的生产扩展线又被称为劳动密集型扩展线。

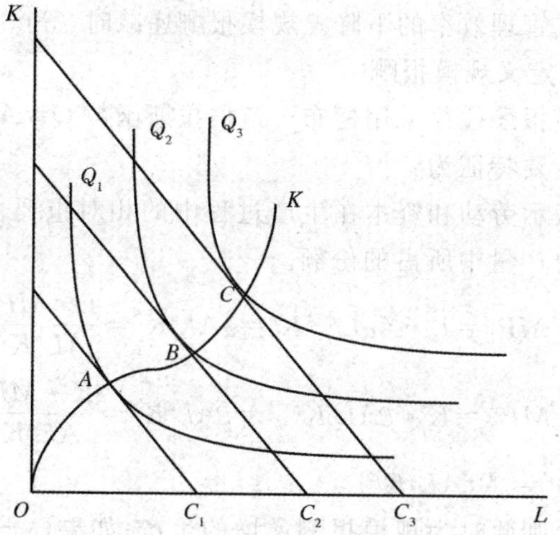

图 6-16 扩展线

(4) 扩展线与等斜线的关系

扩展线是一条等斜线，是等斜线的特例。扩展线一定是一条等斜线，等斜线不一定是扩展线。扩展线上任何一点都表示在某一产量水平下的要素投入最低成本组合。因此，当产量水平不同时，合理的要素配合应沿着扩展线发展。当等斜线的斜率为零，或为无穷大的等斜线称为脊线，水平脊线和垂直脊线之间的要素替代范围为合理的替代范围。

假定生产要素价格、生产技术和其他条件不变，厂商扩大产出与成本支出，生产要素的最佳投入组合点将服从于扩展线。扩展线是企业长期进行生产计划时必须遵循的路线。但如若是短期，企业则不遵循这一条路线。

8. 规模报酬变动规律

(1) 规模报酬的含义及其与要素报酬含义的区别

规模报酬与生产要素报酬是两个不同的概念。规模报酬所涉及的是企业的生产规模变化与所引起的产量变化之间的关系，而要素报酬是指要素投入的边际产量收益。前者是厂商根据经营规模设计不同的工厂，属长期分析；后者是在既定的生产规模中，增加可变要素时相应产量的变化，属短期分析。

(2) 规模报酬的三种类型

① 规模报酬递增，是指产量增加的比例大于各种生产要素增加的比例。原因：生产专业化程度提高；生产要素具有不可分的性质；管理更合理。规模报酬递增导致等产量曲线越来越紧密。

② 规模报酬不变，是指产量增加的比例等于各种生产要素增加的比例。原因：主要是由于规模报酬递增的因素吸收完毕，某种生产组合的调整受到了技术上的限制。规模报酬不变时，等产量曲线间距相等。

③ 规模报酬递减，是指产量增加的比例小于各种生产要素增加的比例。原因：主要是规模过大造成管理效率的下降。规模报酬递减时，等产量曲线间距越来越远。

(3) 用数学公式定义规模报酬

经济学分析规模报酬往往采用柯布—道格拉斯函数 $Q=A\,L^{\alpha}K^{\beta}$进行描述。

该生产函数的主要特征为：

① α 和 β 分别表示劳动和资本在生产过程中的相对重要性，或者说是表示劳动所得和资本所得在总产量中所占的份额。

$$L\cdot MP_L=L\cdot A\alpha L^{\alpha-1}K^{\beta}=\alpha AL^{\alpha}K^{\beta}\Rightarrow\frac{L\cdot MP_L}{AL^{\alpha}K^{\beta}}=\alpha$$

$$K\cdot MP_K=K\cdot \beta AL^{\alpha}K^{\beta-1}=\beta AL^{\alpha}K^{\beta}\Rightarrow\frac{K\cdot MP_K}{AL^{\alpha}K^{\beta}}=\beta$$

② $A(\lambda L)^{\alpha}(\lambda K)^{\beta}=\lambda^{\alpha+\beta}AL^{\alpha}K^{\beta}$

如果$(\alpha+\beta)>1$，则此时为规模报酬递增的生产；如果$(\alpha+\beta)=1$，则此时为规模报酬不变的生产；如果$(\alpha+\beta)<1$，则此时为规模报酬递减的生产。即：

如果 $f(\lambda L,\lambda K)>\lambda f(L,K)$其中，常数 $\lambda>0$，则生产函数 $Q=f(L,K)$具有规模报酬递增的性质。

如果 $f(\lambda L,\lambda K)=\lambda f(L,K)$其中，常数 $\lambda>0$，则生产函数 $Q=f(L,K)$具有规模报酬不变的性质。

如果 $f(\lambda L,\lambda K)<\lambda f(L,K)$其中，常数 $\lambda>0$，则生产函数 $Q=f(L,K)$具有规模报酬递减的性质。

(4) 规模报酬的规律

当企业从最初很小的生产规模开始逐步扩大的时候，企业面临的是规模报酬递增的阶段。在企业得到了由生产规模扩大所带来的产量递增的全部好处以后，一般会继续扩大生产规模，将生产保持在规模报酬不变的阶段。这个阶段有可能比较长。在这以后，企业若继续扩大生产规模，就会进入一个规模报酬递减的阶段。

(5) 规模报酬的成因

规模报酬递增的原因通常有三个方面:首先,生产专业化程度提高。当生产要素同时增加的时候,可以提高生产要素的专业化程度。其次,生产要素具有不可分割的性质。有些要素必须达到一定的生产水平,才能更有效率。这表明原有生产规模中含有扩大生产的潜力。再次,管理更合理。生产规模扩大时,容易实行现代化管理,而现代化管理又会造成一种新的生产力,更进一步充分发挥各要素的组合功能,带来更大的效益。

规模报酬递减基本上也是由于同样的原因引起的。一个组织的复杂性和规模过于庞大,必然带来管理上的困难,这就降低了资本和劳动的生产效率。由于信息沟通的不畅,管理者和工人之间的协调困难,工作场所变得更加杂乱无章。同时,由于规模过于庞大,原有的机器设备也已不合时宜,需要引进更加复杂化的机器和设备。这些都会导致规模报酬递减。

6.4　企业规模化生产的成本优势

6.4.1　全球每四个微波炉就有一台格兰仕

利润最大化是企业的目标,这一目标驱使企业调整生产规模,降低生产成本。

面临着越来越广阔的市场,每个企业都有两种战略选择:一是小规模,低市场占有率;二是大规模,高市场占有率。格兰仕选择的是后者,格兰仕微波炉在国内已达到70%的市场占有率;在国外已达到35%的市场占有率。

格兰仕成功地运用了规模经济的理论,即某种产品的生产只有达到一定的规模时,才能取得较好的效益。

微波炉生产的最小经济规模为100万台,早在1996—1997年间,格兰仕就达到了这一规模。随后,规模每上一个台阶,生产成本就下降一个台阶,这就为企业的产品降价提供了条件。

格兰仕的做法是,当生产规模达到100万台时,将出厂价定在规模80万台时企业的成本价以下;当规模达到400万台时,将出厂价又调到规模为200万台时企业的成本价以下;而现在规模达到1000万台以上时,又把出厂价降到规模为500万台时企业的成本价以下。

这种在成本下降的基础上所进行的降价,是一种合理的降价。降价的结果是将价格平衡点以下的企业一次又一次大规模淘汰,使行业的集中度不断提高,行业的规模经济水平不断提高,由此带动整个行业生产成本不断下降。

成本低,价格必然就低,降价最大的受益者是广大消费者。从1993年格兰仕进入微波炉行业到现在的近20年之内,微波炉的价格由每台3 000元以上降到每台300元左右,下降了90%以上,这不能不说是格兰仕的功劳,不能不说是格兰仕对中国广大消费者的巨大贡献。

这是一个典型的案例，但我们如何降低产品的平均成本(即每一台微波炉的平均生产成本)呢？这是每一个老板和企业管理者首先要考虑的问题，这一节我们来回答。

6.4.2 “新概念西点公司”每盒西点平均成本的启示

总成本除以产量称为平均成本。即：

总成本÷产量＝平均成本。

我们再看表 6-1 最右边的栏目，每个点心的平均成本：为 3～4 个工人时平均成本最低，只有 7.5 元。知道这个之后，你如果是一个精明的老板，你就会知道后面该如何做了。

即问即答：如果你是表 6-1 中的老板，你想赚更多的钱，你该怎么办？可以大家一起讨论。

1. 与成本有关的一些概念

(1) 利润

正常利润{企业所追求的(又称作超额利润)}：厂商对自己所提供的企业家才能的报酬支付。正常利润是厂商生产成本的一部分，以隐成本计入成本。

经济利润＝总收益－总成本(显成本－隐成本)

所以说：厂商的经济利润为零时，厂商仍然得到了全部的正常利润

(2) 增量成本与沉没成本

① 增量成本：执行一项管理决策而引起的总成本的增加量。它既可以是固定成本也可以是变动成本。

② 沉没成本：指过去已经支出的费用，或者根据协议将来必须支付的费用。它是非相关成本，不列入决策考虑因素。

注意：经济学家和企业家对待沉没成本基本态度是不一致的。企业进行面向未来决策时不应考虑沉没成本，沉没成本已经沉没(Sunk cost is? sunk)，“过去的就让它过去吧(Bygones should be bygones)”；而经济学家却认为沉没成本对总成本的构成产生影响，是成本的组成部分。

2. 短期成本与长期成本

(1) 短期(Short run)：在所分析的期间内，至少有一种投入要素的数量不能改变。所以，短期成本的衡量指标包括：短期总成本、短期固定成本、短期可变成本、短期边际成本以及由此衍生的短期平均成本、平均可变成本、平均固定成本；

① 短期总成本(Total Cost)：生产一定数量产品所支出的全部成本。

总成本(STC)＝总固定成本(Fixed cost)＋总可变成本(Variable Cost)。记作：$STC=TFC+TVC$

② 平均成本(Average cost)：生产单位产品所需要支出的成本。

平均总成本(SAC):单位产量的总成本=平均固定成本(AFC)+平均变动成本(AVC)。

$$SAC = STC/Q; AFC = TFC/Q; AVC = TVC/Q$$

SAC 还可以写作:$SAC = AFC + AVC$

③ 边际成本(*Marginal cost*):增加一单位产出所增加的成本。

$$SMC = \Delta STC/\Delta Q$$

当 $\Delta Q \to 0$ 时,则有:$SMC = \mathrm{d}STC/\mathrm{d}Q$

$\because STC = TFC + TVC$

$\therefore SMC = \mathrm{d}STC/\mathrm{d}Q = \mathrm{d}(TFC + TVC)/\mathrm{d}Q = \mathrm{d}TFC/\mathrm{d}Q + \mathrm{d}TVC/\mathrm{d}Q$

$\because TFC =$ 常数

$\therefore \mathrm{d}TFC/\mathrm{d}Q = 0$

$\therefore SMC = \mathrm{d}STC/\mathrm{d}Q = \mathrm{d}TVC/\mathrm{d}Q$;或:$SMC = \Delta STC/\Delta Q = \Delta TVC/\Delta Q$

(2) 长期(*long run*):在所分析的期间内,所有的投入要素的数量都可以改变,故而长期中不存在固定成本。所以,长期成本的衡量指标包括:长期总成本、长期边际成本以及由此衍生的长期平均成本。

① 长期总成本(LTC):厂商在长期内在各种产量水平下通过调整生产规模所能达到的最小总成本。长期总成本函数:$LTC = LTC(Q)$

② 长期平均成本(LAC):表示厂商在长期内按产量平均计算的总成本。长期平均成本函数可以写为:$LAC(Q) = LTC(Q)/Q$

③ 长期边际成本 LMC 表示在长期内增加一单位产量所引起的最低总成本的增量。$LMC(Q) = \mathrm{d}LTC(Q)/\mathrm{d}Q$

这里仍然需要提醒大家注意:此时的短期与长期反映的不是一个时间的范畴,而是对成本调整的范围,是部分的还是全部的。

6.4.3 各种成本的衡量

从企业总成本的资料中,我们可以得出几种相关的成本衡量。当我们在分析生产和定价决策时,回到这些成本衡量是有用的。

表 6-3 提供了老干妈辣椒酱厂成本的各种衡量。表的第一栏表示李老干妈辣椒酱厂可以生产的辣椒酱的瓶数,每小时从零到 10 瓶,第二栏表示老干妈辣椒酱厂生产辣椒酱的总成本。

图 6-17 画出老干妈辣椒酱厂的总成本曲线。辣椒酱的瓶数(根据第一栏)为横轴,总成本(根据第二栏)为纵轴。老干妈辣椒酱厂的总成本曲线形状与“新概念西点公司”的相似。它也是随着产量增加,而变得较为陡峭,这反映了(正如我们所讨论过的)边际产量递减。

表 6-3　　成本的衡量—老干妈辣椒酱厂(单位:人民币元)

每小时辣椒酱的瓶数	总成本	固定成本	可变成本	平均固定成本	平均可变成本	平均成本	边际成本
0	3.00	3.00	0.00	—	—	—	—
1	3.30	3.00	0.30	3.00	0.30	3.30	0.30
2	3.80	3.00	0.80	1.50	0.40	1.90	0.50
3	4.50	3.00	1.50	1.00	0.50	1.50	0.70
4	5.40	3.00	2.40	0.75	0.60	1.35	0.90
5	6.50	3.00	3.50	0.60	0.70	1.30	1.10
6	7.80	3.00	4.80	0.50	0.80	1.30	1.30
7	9.30	3.00	6.30	0.43	0.90	1.33	1.50
8	11.00	3.00	8.00	0.38	1.00	1.38	1.70
9	12.90	3.00	9.90	0.33	1.10	1.43	1.90
10	15.00	3.00	12.00	0.30	1.20	1.50	2.10

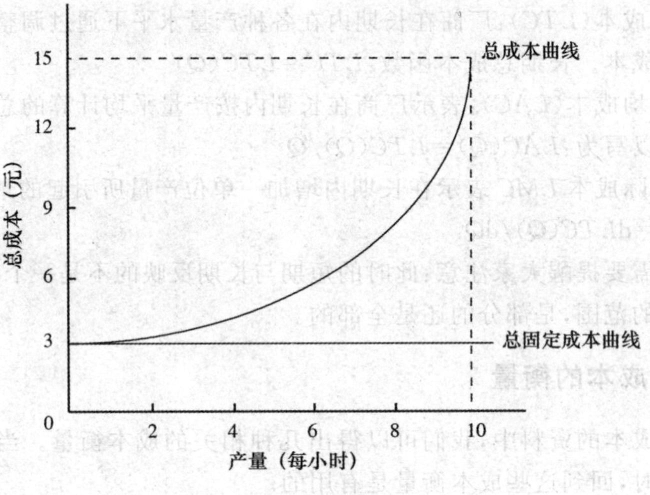

图 6-17　老干妈辣椒酱厂的总成本曲线

1. 短期成本及短期成本曲线

(1) 固定成本与可变成本

老干妈辣椒酱厂的总成本可以分为两类。

一些成本不随着生产的产量变动而变动,称为固定成本。老干妈辣椒酱厂的固定成本包括她所要支付的工厂办公室和厂房的租金,因为无论老干妈辣椒酱厂生产多少瓶椒酱,这种成本是相同的。同样,如果老干妈辣椒酱厂需要雇佣支付工资的全职人员,无论生产多少瓶椒酱,员工的薪水是固定成本。表 6-3 的第三栏表示老干妈辣椒酱厂的固定成本,在这个例子中是每小时 3 元。

企业的一些成本，随着企业改变产量而变动，称为可变成本。老干妈辣椒酱厂的可变成本包括：原料——瘦里脊肉、辣椒碎、花椒；配料——姜、白芝麻、食用油、盐、白糖、花雕酒和生抽。李老干妈辣椒酱厂制造的辣椒酱瓶数越多，她所需要购买的原料和配料就越多。同样，如果她必须多雇工人以便多生产辣椒酱，那么，这些工人的薪水就是可变成本。表的第四栏表示李老干妈辣椒酱厂的可变成本。如果她不生产，可变成本是零，如果生产一瓶辣椒酱，可变成本是 0.30 元，如果生产 2 瓶辣椒酱，可变成本是 0.80 元，等等。

企业总成本是固定成本与可变成本之和。在表 6-3 中，第二栏的总成本等于第三栏固定成本加第四栏可变成本。

作为企业老板，老干妈辣椒酱厂必须决定生产多少最为合适。

这种决策的关键部分是她的成本如何随着产量水平的变动而变动。在作出这种决策时，老干妈辣椒酱厂要问其生产主管下面两个关于生产成本的问题：

(1) 生产一瓶辣椒酱要多少成本？

(2) 增加生产一瓶辣椒酱要多少成本？

虽然乍一看这两个问题似乎有相同的答案，但它们并不相同。这两个答案对于了解企业如何作出生产决策十分重要。

前面已经讲解了，为了找出生产一单位产品的成本，我们把企业的成本除以它生产的产量。

例如，如果企业每小时生产 2 瓶辣椒酱，它的总成本是 3.8 元，因此，生产一瓶的成本是：

$$3.8\text{ 元} \div 2 = 1.9\text{ 元},$$

即总成本除以产量称为平均成本。平均成本告诉我们，如果总成本在所生产的所有单位中平均分摊时每一单位产量的成本。

由于总成本是固定成本与可变成本之和，所以平均成本可以表示为平均固定成本与平均可变成本之和。

平均固定成本是固定成本除以产量。

平均可变成本是可变成本除以产量。

表 6-3 的最后一栏表示当企业每增加一单位产量的生产时，总成本的增加量。这个量称为边际成本。边际成本告诉我们，生产额外一单位产量引起的总成本变化量。

例如，如果老干妈辣椒酱厂的生产从 2 瓶增加到 3 瓶，总成本从 3.8 元增加到 4.5 元，这样，第三瓶的边际成本是：

$$4.5\text{ 元} - 3.8\text{ 元} = 0.7\text{ 元}$$

用数学来表示这些定义是有用的。如果 Q 代表产量，TC 代表总成本，AC 代表平均成本，MC 代表边际成本，那么，我们可以写出：

$$AC = \text{总成本}/\text{产量} = TC/Q$$

以及

$$MC = 总成本变动量/产量变动量 = \Delta TC/\Delta Q \qquad (6\text{-}1)$$

这些公式表示如何从总成本中得出平均成本和边际成本。

正如我们将在下一章中更要充分说明的那样，我们的企业家老干妈将发现，在决定生产多少瓶辣椒酱时，平均成本和边际成本的概念是极其有用的。

但是要记住，这些概念实际上并没有给老干妈辣椒酱厂提供什么有关她的生产成本的新信息。平均成本和边际成本不过是用新方法表示了已经包含在她企业总成本中的信息。

(2) 成本曲线及其形状

当我们分析企业行为时，将发现平均成本与边际成本的图形是有用的。

图 6-18 是用表 6-3 的数据画出了老干妈辣椒酱厂的平均成本与边际成本曲线。横轴表示企业产量(每小时辣椒酱的瓶数)，纵轴表示边际成本和平均成本。图形中有四条曲线：平均成本(ATC)、平均固定成本(AFC)、平均可变成本(AVC)以及边际成本(SMC)。

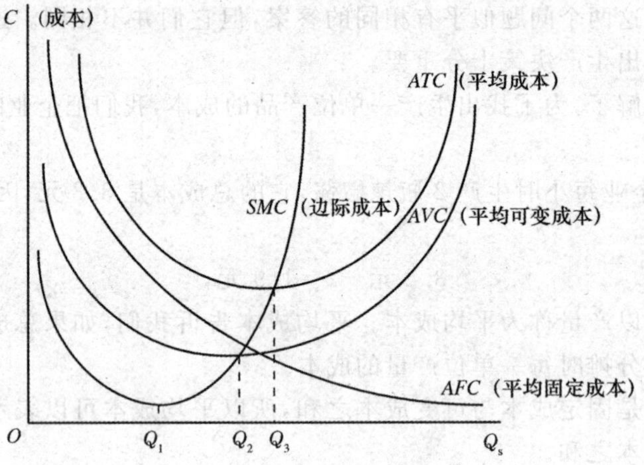

图 6-18　老干妈辣椒酱厂的成本曲线

这里所显示的李老干妈辣椒酱厂所具有的成本曲线的形状，与经济中许多企业的成本曲线是相同的。

我们要特别考察这些曲线的三个特点：边际成本的形状、平均总成本的形状以及边际成本与平均总成本之间的关系。

2. 短期成本曲线的形状及相互关系

短期成本曲线共 7 条，分别是总成本 TC 曲线、总可变成本 TVC 曲线、总固定成本 TFC 曲线以及相应的平均成本 AC 曲线、平均可变成本 AVC 曲线、平均可变成本 AFC 曲线和边际成本 MC 曲线。

(1) 形状：如图 6-19。

① 短期固定成本曲线：该曲线不随产量变动而变动，因而是一条平行于产量轴（横轴）的直线；

② 短期可变成本曲线：该曲线从原点出发，随着产量的增加而递增，递增速度先减后增；

③ 短期总成本曲线：总成本是不变成本与可变成本的加总，因而总成本曲线与可变成本曲线之间的距离为固定成本曲线，其形状及变动规律与可变成本曲线一样，即：总成本的变化与随着产量增加而递增的可变成本一样，二者斜率相等，因而表现出 $STC /\!/ AVC$ 的现象；

④ 短期边际成本曲线：该曲线随着产量增加先递减后增加，呈现 U 型。

⑤ 短期平均成本曲线：该曲线随着产量的增加先递减后增加，即呈现 U 型。短

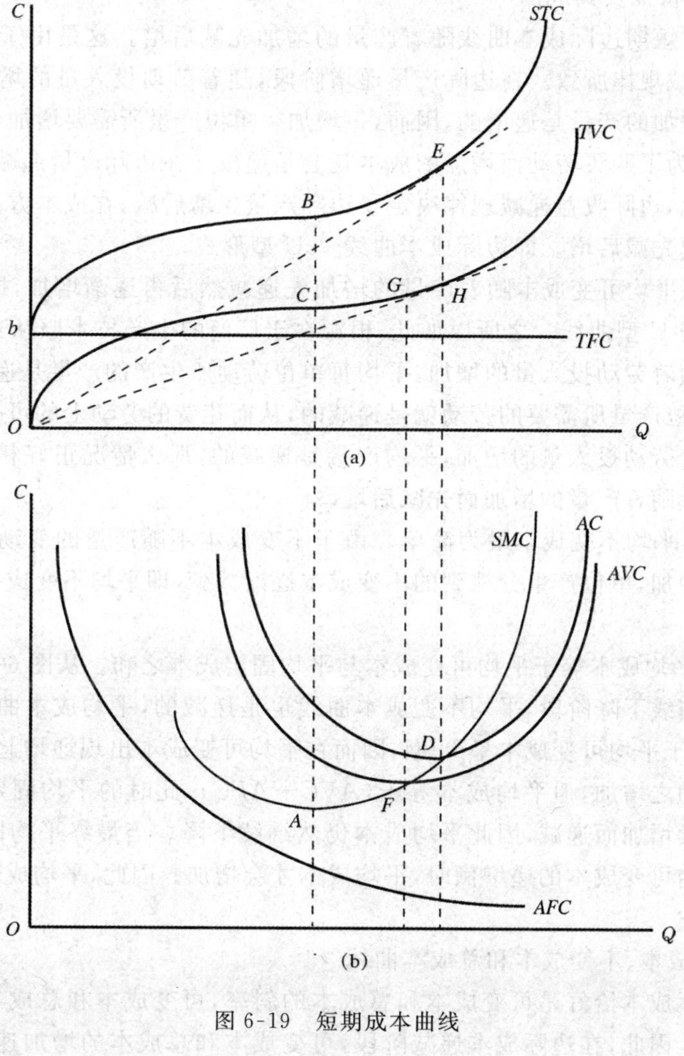

图 6-19　短期成本曲线

期边际成本曲线与平均成本曲线相交于平均成本曲线的最低点。

⑥ 短期平均可变成本曲线：该曲线随着产量的增加先递减后增加，即呈现 U 型。边际成本曲线与平均可变成本曲线相交于平均可变成本曲线的最低点。

⑦ 短期平均固定成本曲线：$AFC=TFC/Q=b/Q$，其中 b 为常数，因此 AFC 为一条直角双曲线，向两轴(C,Q)无限趋近。

短期成本曲线的形状特征关键取决于边际成本的性质，而边际成本曲线先下降后上升的性质被称之为边际成本递增规律：在生产中，随着可变投入的增加，边际成本在开始时是递减的，然而，随着可变投入的继续增加，边际成本最终会不断上升。事实上，短期成本曲线一般会随着产量的变动而变动，其中起到关键作用的仍然是边际收益递减规律。

(3) 曲线特征及其成因

① SMC：短期边际成本曲线随着产量的增加先减后增。这是由于边际收益(或边际产量)递减规律所致。在边际产量递增阶段，随着劳动投入量的增加，每增加一单位劳动所增加的产量是递增的，因而，每增加一单位产量所需要增加劳动就是递减的，从而厂商为了购买劳动而增加的成本就会是递减。在边际产量递减阶段，情况正好相反。因此，边际收益递减规律决定了边际产量先增后减，在成本方面可以表示为边际成本曲线先减后增。即边际成本曲线呈 U 型形式。

② AVC：平均可变成本随着产量的增加先递减然后再逐渐增加，即平均可变成本曲线是一条 U 型曲线。之所以如此，根源在于厂商的生产技术服从边际收益递减规律。如果随着劳动投入量的增加，平均每单位劳动所生产的产量是递增的，那么反过来说，每单位产量所需要的劳动就是递减的，从而花费的劳动上的可变成本就会越少。如果随着劳动投入量的增加，平均产量是递减的，那么情况正好相反。因此，平均可变成本就随着产量的增加而先减后增。

③ AFC：平均不变成本最为简单。由于不变成本不随产量的变动而变动，因而随着产量的增加，单位产量分摊到的不变成本逐渐减少，即平均不变成本是一条逐渐递减的曲线。

④ AC：平均成本等于平均可变成本与平均固定成本之和。从图 6-19 可见，在平均可变成本曲线下降阶段，平均不变成本曲线也是递减的，平均成本曲线是递减的；另一方面，由于平均可变成本呈 U 型，因而在平均可变成本出现递增趋势之后，尽管平均成本也随之增加，但平均成本等于($AVC+AFC$)，此时的平均固定成本却是随着产量的继续增加而递减，因此平均成本仍然继续下降。当最终平均固定成本的下降额小于平均可变成本的递增额时，平均成本才会增加。因此，平均成本曲线也呈 U 型形状。

⑤ 可变成本、不变成本和总成本曲线

由于边际成本恰好是可变成本和总成本的斜率，可变成本和总成本又随着产量增加而递增。因此，在边际成本递减阶段，可变成本和总成本的增加速度逐渐放慢；

而在边际成本递增阶段则增加速度相应地变快。可变成本与总成本曲线之间的距离恰好为不随产量变动而变动的不变成本。

（2）短期成本曲线间的关系

① STC 曲线、TVC 曲线和 MC 曲线之间的关系：每一产量点上的 SMC 值就是相应的 STC 曲线和 TVC 曲线的斜率。在边际报酬递减规律的作用下，当 SMC 曲线逐渐地由下降变为上升时，相应的，STC 曲线和 TVC 曲线的斜率也由增加的越来越慢变为增加的越来越快。当 SMC 曲线达到最低点时，TC 曲线和 TVC 曲线相应的各自存在一个拐点。

② AC 曲线、AVC 曲线和 MC 曲线之间的关系：U 型的 AC 曲线与 U 型的 SMC 曲线相交于 AC 曲线的最低点。在 AC 曲线的下降阶段，SMC 曲线在 AC 曲线的下方，在 AC 曲线的上升阶段，SMC 曲线在 AC 曲线的上方。U 型的 AVC 曲线与 U 型的 SMC 曲线相交于 AVC 曲线的最低点。在 AVC 曲线的下降阶段，SMC 曲线在 AVC 曲线的下方，在 AC 曲线的上升阶段，SMC 曲线在 AVC 曲线的上方。对于产量变化的反应，边际成本 SMC 要比平均成本 AC 和平均可变成本 AVC 敏感得多。反映在图 6－19 中，不管是上升还是下降，SMC 曲线的变动都快于 AC 曲线和 AVC 曲线。

③ 比较图中 AC 曲线和 SMC 曲线的交点 D 与 AVC 曲线和 MC 曲线的交点 F，可以发现，前者的出现慢于后者，并且前者的位置高于后者。也就是说，AVC 曲线降到最低点 F 时，AC 曲线的最小值大于 AVC 曲线的最小值。这是因为：在平均总成本中不仅包括平均可变成本还包括不变成本。正是由于平均不变成本的作用，才使得 AC 曲线的最低点 D 的出现既慢于、又高于 AVC 曲线的最低点 F。

3. 长期成本曲线的形状及相互关系

（1）形状：如图 6-20

① 长期总成本（LTC，Long-run TotalCost）曲线：长期内生产规模可以变动。由于各种要素数量都能够变动，因而每一产出水平都是在最优生产规模下进行的，也就可以最低成本生产，可见，由此而形成的总成本便是长期总成本。（或可以表述为：长期总成本是在规模可以变动的情况下的生产者均衡时的成本支出。）其函数式为：$LTC=f(Q)$；

② 长期平均成本（LAC，Long-run Average Cost）曲线：长期平均成本是长期中平均每一单位产品的成本，在数值上等于长期总成本除以产量。长期平均成本函数为：$LAC=LTC/Q$；

③ 长期边际成本（LMC，Long-run Marginal Cost）曲线：长期边际成本是长期中厂商每增加一单位产量所增加最少的短期总成本的增加量。其函数式为：$LMC=\Delta LTC/\Delta Q$；或：$LMC=\mathrm{d}LTC/\mathrm{d}Q$。

（2）用短期成本曲线推导长期成本曲线

① 用短期总成本曲线推导长期总成本曲线

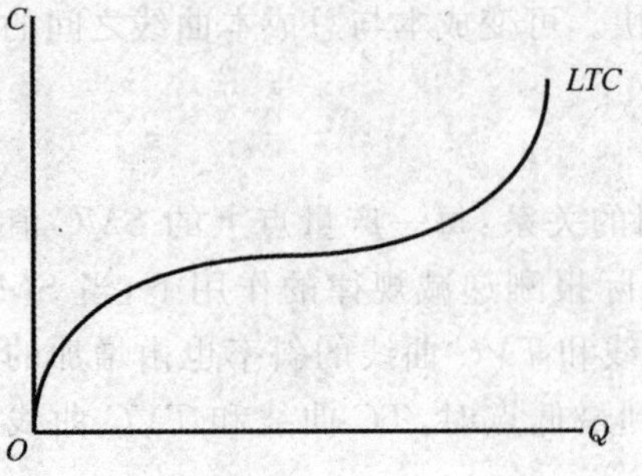

图 6-20 长期总成本曲线

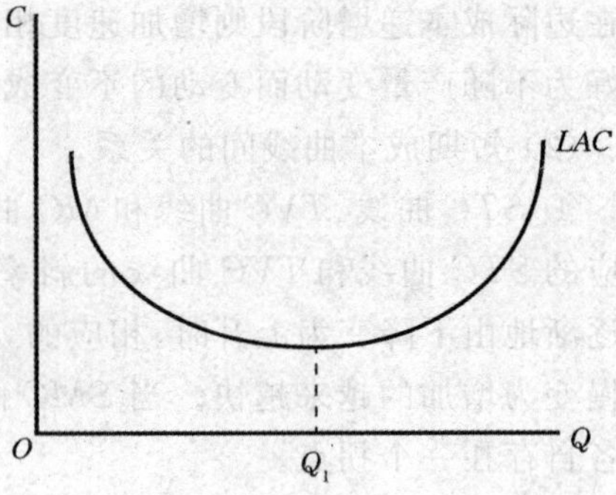

图 6-12 长期平均成本曲线

长期总成本曲线可由短期总成本曲线的包络线推出。长期总成本是无数条短期总成本曲线的包络线。在短期内,对于既定的产量而言,由于生产规模不能调整,厂商只能按较高的　　来生产既定的产量。但在长期内,厂商可以变动全部的生产要素投入量来调整生产,从而将总成本降至最低。从而长期总成本是无数条短期总成本曲线的包络线。

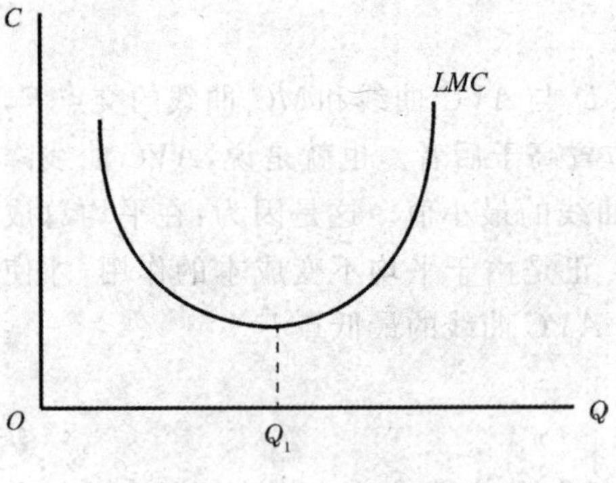

图 6-22 长期边际成本曲线

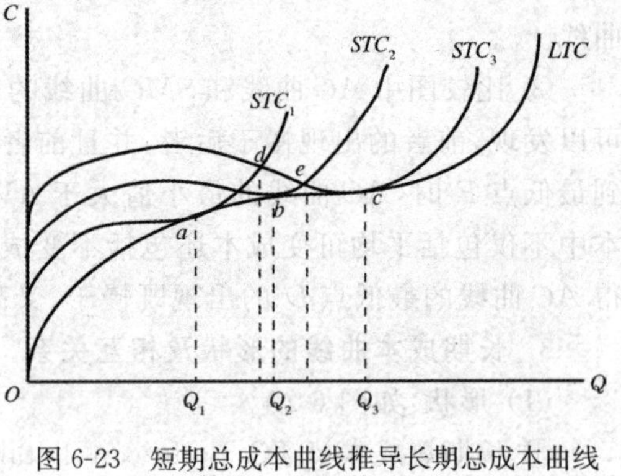

图 6-23 短期总成本曲线推导长期总成本曲线

如图所示,假设长期中只有三种可供选择的生产规模,分别由图中的三条 STC 曲线表示。这三条 STC 曲线都不是从原点出发,每条 STC 曲线在纵坐标上的截距也不同。从图中看,生产规模由小到大依次为 STC_1,STC_2,STC_3。现在假定生产 Q_2 的产量。厂商面临三种选择:第一种是在 STC_1 曲线所代表的较小生产规模下进行生产,相应的总成本在 d 点;第二种是在 STC_2 曲线代表的中等生产规模下生产,相应的总成本在 b 点;第三种是在 STC_3 所代表的较大生产规模下,相应的总成本在 e 点。长期中所有的要素都可以调整,因此厂商可以通过对要素的调整选择最优生产规模,以最低的总成本生产每一产量水平。在 d,b 和 e 三点中 b 点代表的成本水平最低,所以长期中厂商在 STC_2 曲线所代表的生产规模生产 Q_2 产量,故 b 点在 LTC 曲线上。这里 b 点是 LTC 曲线与 STC 曲线的切点,代表着生产 Q_2 产量的最优规模和最低成本。通过对每一产量水平进行相同的分析,可以找出长期中厂商在每一产量水平上的最优生产规模和最低长期总成本,也就是可以找出无数个类似的 b(如 a

和c)点，连接这些点即可得到长期总成本曲线。

② 用短期平均成本曲线推导长期平均成本曲线

长期平均成本曲线是短期平均成本曲线的包络线。长期平均成本 LAC 曲线表示：在长期内，厂商在每一个产量水平上都会选择最优的生产规模进行生产，从而将生产的平均成本降到最低水平。在这条包络线上，在连续变化的每一个产量水平，都存在 LAC 曲线和一条 SAC 曲线的相切点，该 SAC 曲线所代表的生产规模就是生产该产量的最佳生产规模，该切点所对应的平均成本就是相应的最低平均成本。当规模变动可以无限细分时，长期平均成本曲线就是短期平均成本曲线的下包络线。由于斜率不同，只有 LAC 曲线的最低点才与 SAC 曲线的最低点相切。在短期平均成本的下降段，长期平均成本与短期平均成本相切于短期平均成本的左侧；在短期平均成本的上升段，长期平均成本与短期平均成本相切于短期平均成本的右侧。

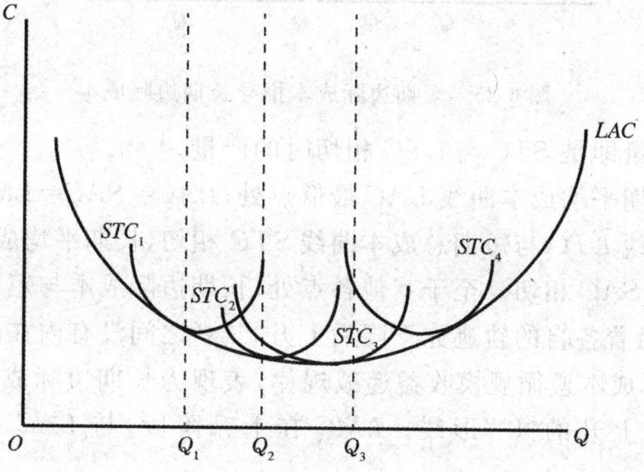

图 6-24 短期平均成本推导长期平均成本

③ 用短期边际成本曲线推导长期边际成本曲线

长期边际成本曲线可以从众多条短期边际成本曲线中推导出来。然而曲线不是短期边际成本曲线的包络线。首先，需要用短期平均成本曲线和长期平均成本的切点，确定既定生产规模下的最佳产量；其次，作切点到横轴的垂线，获得最佳产量 Q_1；最后，Q_1 与此时短期生产情况下的短期边际成本相交。这个交点就是此时该产量下的最小的短期边际成本。以此类推，可以得到很多类似的、反映边际成本的点。连接这些点就得到长期情况下最优边际成本点的轨迹，即长期比较成本。如图 6-25 所示。

4. 与短期成本曲线间的关系

(1) 短期边际成本曲线与长期边际成本曲线的关系

① 在 LMC 曲线与 SMC 曲线相交点的左边，SMC 曲线总是位于 LMC 曲线的下面；在相交点的右边，SMC 曲线总是位于 LMC 曲线的上面。

② 每条 SMC 曲线与 LMC 曲线只有一个交点，交点处 SMC 等于 LMC，并且交

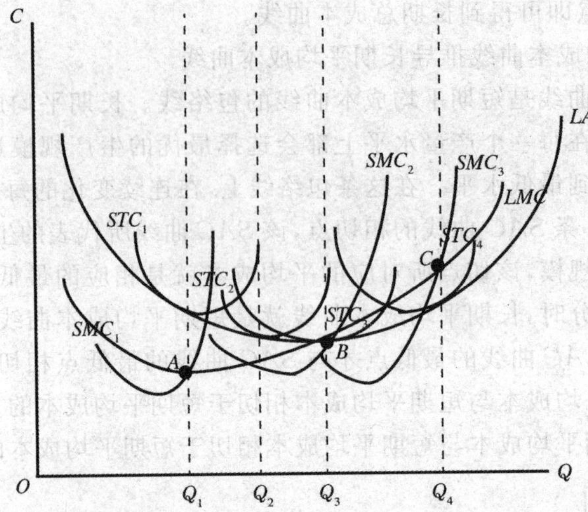

图 6-25 短期边际成本推导长期边际成本

点处所对应的产量即是 STC 与 LTC 相切时的产量。

③只有在长期平均成本曲线 LAC 最低点处，LAC＝SAC＝LMC＝SMC，并同时有长期总成本曲线 LTC 与短期总成本曲线 STC 相切，长期平均成本曲线 LAC 与短期平均成本曲线 SAC 相切。至于其他各点处，长期边际成本与短期边际成本分别遵循各自的规律，沿着各自的轨迹先下降后上升，二者之间没有内在的联系。

④ 长期边际成本遵循规模收益递减规律，表现为长期边际成本递增规律，LMC 曲线呈先下降后上升的"U"形线。LMC 在上升阶段，与 LAC 相交于 LAC 的最低点。

(2) 短期平均成本曲线与长期平均成本曲线的关系

① 长期平均成本曲线 LAC 也是一条先下降而后上升的"U"形曲线。与短期平均成本相同。

② 长期平均成本曲线无论在下降时还是上升时都比较平坦，说明在长期中平均成本无论是减少还是增加都变动较慢。这是由于在长期中全部生产要素可以随时调整，从规模收益递增到规模收益递减有一个较长的规模收益不变阶段，而在短期中，规模收益阶段很短，甚至没有。即：影响短期平均成本曲线与长期平均成本曲线为 U 形曲线因素不同，分别是：短期平均成本曲线是由边际报酬递减规律决定的，而长期平均成本曲线是由规模经济决定的。

③ 长期平均成本曲线是无数条短期平均成本曲线与之相切的切点的轨迹，是所有短期平均成本曲线的包络线。长期平均成本曲线上的每一点都表示生产相应产量水平的最低平均成本。

(3) 短期总成本曲线与长期总成本曲线的关系

① LTC 曲线表示厂商在长期内进行生产的最优生产规模和最低总成本。LTC

相切于与某一产量对应的最小的 STC 曲线，在切点之外，STC 都高于 STC。

② LTC 从原点开始，因不含固定成本。

③ LTC 曲线先递减上升，到一定点后以递增增长率上升。

④ LTC 曲线的斜率先递增速度增加；进而以递减速度增加，经拐点之后，又变为以递增的速度增加。这一特征与 STC 完全一致。但是二者形状的角度因素并不相同。LTC 曲线的形状主要是由规模经济因素决定的，LMC 曲线的形状则取决于边际报酬递减规律。

6.4.4　生产函数与成本函数之间的关系

1. 边际成本与边际产量成相反方向变动也可以用公式加以说明。假定在短期内只有一种生产要素比如劳动可以变动，而劳动的价格为 P_L。于是，根据定义：

$$SMC=\Delta TVC/\Delta Q=\Delta(P_L\cdot L)/\Delta Q=P_L/(\Delta Q/\Delta L)=P_L/MP_L$$

由此可见，厂商的边际成本与可变投入的边际产量之间呈反方向变动。

2. 平均可变成本曲线先减后增的原因可以由下面的关系式更直接地观察到。根据定义：

$$AVC=TVC/Q=P_L\cdot L/Q=P_L/(Q/L)=P_L/AP_L$$

由此可见，厂商的平均成本与可变投入的平均产量之间呈反方向变动。

即问即答：假设现代公司生产 5 辆汽车的总成本是 25 万美元，而生产 6 辆汽车的总成本是 28 万美元。生产 6 辆汽车的平均总成本是多少？第 6 辆汽车的边际成本是多少？同时，请画一个典型企业的边际成本曲线和平均总成本曲线，并解释这两条曲线为什么相交，在什么地方相交。

6.4.5　短期成本与长期成本的对比

前面我们学习了扩展线的概念。可以看出：扩展线本身就表示：对于既定的产量，使成本最小的两种生产要素最佳组合投入点的轨迹。而“两种生产要素最佳组合投入”就是一个长期的概念。所以，我们可以结合扩展线来切实对比一下短期成本与长期成本的差异。

图 6-26 中，等成本线 C_1、C_2、C_3 分别与等产量曲线 Q_1、Q_2、Q_3 相切于 A、B、C 点。此时的长期总成本(LTC)分别是：LTC_1、LTC_2、LTC_3。对应的，此时的短期成本分别是：C_1'、C_2'、C_3'。显然，C_1'、C_2'、C_3' 分别存在：$C_1'>LTC_1$、$C_2'>LTC_2$、$C_3'>LTC_3$ 的现象。

以图中 D 点为例进行分析。D 点生产的产量水平为 Q_1 单位，所应用的要素组合为 D 点所代表的劳动与资本的组合，这一组合在总成本线 C_1' 上，所以其成本 C_1' 所表示的成本水平。假设劳动价格为 P_L、资本的价格为 P_K，则 D 点的成本为 $STC_1=C_1'=L\cdot P_L+\overline{K}\cdot P_K$。而此时的均衡点在 A 点，说明最优要素组合由 A 点决定。因此，A 点的成本为最小成本，即 $C_1=\min C=LTC_1$。很明显，$STC_1>LTC_1$。

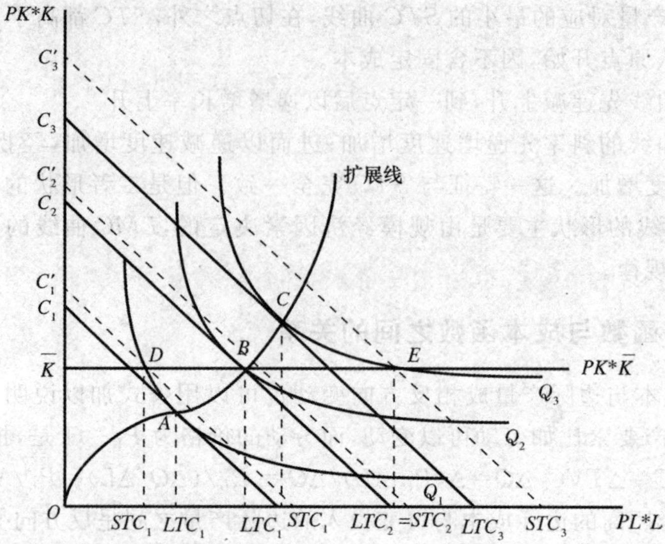

图 6-26 短期总成本与长期总成本

图中 E 点居于和 D 点类似的特征。可见,不论是产量多大还是产量过小,都会出现短期成本大于长期成本的现象。当然,不可否认,也存在很偶然的情况,就是短期成本与长期成本恰好相等,例如图中的产量的 Q_2 状态。此时恰巧长期生产中的要素资本 K 的投入,与短期成本中的 $\overline{K}$ 相等。这样计算出来的结果即有:$STC(L,\overline{K})=LTC(L,K)$。

即问即答:如果联想电脑公司每月生产 9000 台各种电脑,它的长期总成本是每月 1800 万元人民币。如果每月生产 10000 台各种电脑,它的长期总成本是 1900 万元。请问联想电脑公司表现出规模经济还是规模不经济?

6.4.6 规模经济与规模不经济

1. 规模经济(Economy of Scale)是指产量的增长率大于成本增长率的情况,如产量增加 2 倍成本只增加 1.5 倍。

规模不经济(Diseconomy of Scale)则指产量增长率小于成本增长率。

2. 规模经济与规模报酬的关系

(1) 规模经济与我们前面介绍的规模报酬概念有紧密的联系:

规模报酬递增表现为产量增加的速度大于投入要素增加的速度。在要素价格不变的条件下,这会导致 LAC 下降,出现规模经济;反之,规模报酬递减将引起规模不经济。而规模报酬不变时,若要素价格不变,则 LAC 保持不变,则既不存在规模经济,也不存在规模不经济。

(2) 规模经济与规模报酬的区别

① 规模经济与规模报酬递增(规模不经济与规模报酬递减)并不等价。

因为:规模报酬要求投入要素同时按相同的比例增加,而规模经济则允许企业在改变产量水平时改变投入要素组合的比例。规模报酬指的是生产函数的一种特性,因此隐含有生产技术水平不变的假设,而规模经济则没有这一假设。

② 规模经济应注意的问题:

第一,大企业与规模经济并非同义词;

第二,并非所有行业都存在规模经济;(经济学家通常认为,在规模经济不显著的行业中,应该鼓励小企业的发展)

第三,规模经济效益必须以足够大的市场为前提。

3. 递增的边际成本

老干妈辣椒酱厂的边际成本随着产量增加而上升。

这反映了边际产量递减的性质。当老干妈辣椒酱厂生产数量少时,她的工人少,而她没有得到利用的设备多。由于她可以轻而易举地把这些闲置的资源投入使用,增加产量时只增加了较小成本。

与此相比,当老干妈辣椒酱厂生产数量多时,她的工人多,工厂拥挤,而且大部分设备得到了充分利用。老干妈辣椒酱厂只有增加工人才能生产更多的辣椒酱,但新工人不得不在拥挤的条件下工作,而且可能不得不等待使用设备。因此,当产量已经相当高时,生产额外一瓶辣椒酱的成本更高。

6.5　本章小结

1. 主要概念:生产函数、总产量、平均产量、边际产量、边际报酬递减

等产量曲线、边际技术替代率、规模报酬、等成本线、机会成本、显性成本、隐性成本、会计成本、经济成本、会计利润、经济利润、短期成本、长期成本、总成本、固定成本、可变成本、平均成本、平均固定成本、平均可变成本和边际成本

2. 主要内容:

(1) 企业的目标是利润最大化,利润等于总收益减总成本。

(2) 生产函数考察在一定的技术条件下,各种不同要素投入量的变动与产量变动之间的联系。

(3) 一种可变生产要素的生产函数,反映了短期的生产规律和不同生产阶段的特点,得出边际报酬递减规律。

(4) 两种可变生产要素的生产函数,反映了生产要素组合与产量之间的关系,得出边际技术替代率递减规律。

(5) 企业在生产中实现最优生产要素组合的原则是两种要素的边际技术替代率等于两种要素的价格之比。

(6) 企业的生产成本包括生产的所有机会成本,有些是显性的,而有些是隐性的。

(7) 企业的成本反映其生产过程。企业的生产函数与企业的成本函数有对应关系,比如边际产量递减对应的是边际成本递增。

(8) 企业总成本可以分为不变成本和可变成本。不变成本是在企业改变生产量时固定不变的成本,可变成本是在企业改变生产量时改变的成本。

(9) 边际成本曲线总是与平均成本曲线相交于平均成本曲线的最低点。

(10) 一个企业的成本往往取决于所考虑的时间长短。特别是许多成本在短期中是固定的,但在长期中是可变的。结果,当企业改变其生产水平时,短期中平均总成本可以比长期中增加更快。

(11) 长期总成本是短期成本的包络线,长期平均成本是短期成本的包络线,长期边际成本不是短期边际成本的包络线,而是与短期边际成本曲线相交。

本章课后同步思考题及参考答案

一、名词解释

1. 边际报酬

是指在其他技术水平不变的条件下,连续不断地增加可变要素所带来的产量。它反映短期生产的特点。

2. 要素报酬递减和规模报酬递减

要素报酬递减又称边际收益递减规律,是指在其他技术水平不变的条件下,在连续等量地把一种可变要素增加到其他一种或几种数量不变的生产要素上去的过程中,当这种可变生产要素的投入量小于某一特定的值时,增加该要素投入所带来的边际产量是递增的;当这种可变要素的投入量连续增加并超过这个特定值时,增加该要素投入所带来的边际产量是递减。这就是经济学中著名的边际报酬递减规律。

规模报酬递减是指在其他条件不变的情况下,企业内部各种生产要素按相同比例变化时所带来的产量是递减的。

3. 经济利润(economicprofit)

是指厂商的收益与它的总成本之差。

二、简答题

1. 比较消费者行为理论和生产者行为理论。

答:(1) 消费者行为理论和生产者行为理论都假设行为者为理性的经济人,消费者追求最大效用,生产者追求最大利润。

(2) 消费者行为理论的目的是解释消费者行为,并把分析结果总结在需求曲线中,为供求论的使用奠定基础;而生产者行为理论的目的是解释生产者行为,并把分析结果总结在供给曲线中,也成为供求论研究价格决定的基础。

(3) 消费者行为理论中序数效用论使用的分析工具是无差异曲线和预算约束线,二者的切点即为消费者均衡点。生产者行为理论使用的分析工具有些也类似,如等产量线和等成本线,二者的切点即为生产者均衡点。

(4) 二者都是供求论的基石。

2. 说明平均产量与边际产量的关系(要求作图)

在图 6-27 中,我们可以看到 AP_L 曲线和 MP_L 曲线之间存在这样的关系:两条曲线相交于 AP_L 曲线的最高点 B。在 B 之前,MP_L 曲线高于 AP_L 曲线,MP_L 曲线将 AP_L 曲线向上拉;在 B 之后,MP_L 曲线低于 AP_L 曲线,MP_L 曲线将 AP_L 曲线向下拉。不管是上升还是下降,MP_L 曲线的变动都快于 AP_L 曲线的变动。

因此,当 $MP_L > AP_L$ 时,AP_L 曲线是上升的,当 $MP_L < AP_L$ 时,AP_L 曲线是下降的。又由于边际报酬递减规律作用下的 MP_L 曲线先升后降的,所以,当 MP_L 曲线和 AP_L 曲线相交时,AP_L 曲线必达到最大值。

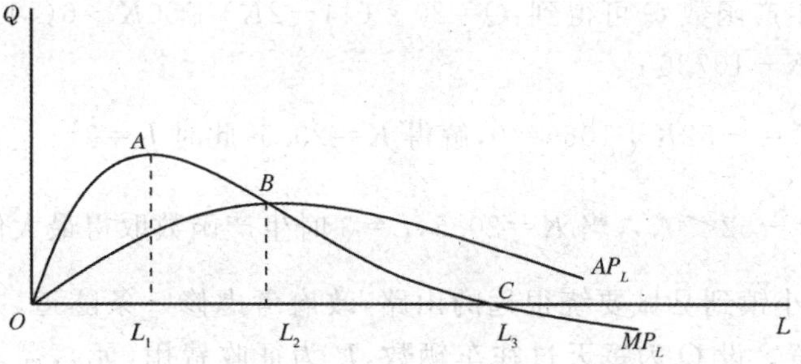

图 6-27　一种可变生产要素的生产函数的产量曲线

3.“规模报酬递增的企业不可能会面临报酬递减的现象”,这一命题是否正确?为什么?

答:这个命题是错误的。规模报酬和可变要素报酬是两个不同的概念。规模报酬问题讨论的是一座工厂本身规模发生变化时产量的变化,而可变要素报酬问题论及的则是厂房规模已经固定下来,增加可变要素时相应的产量变化。事实上,当厂商经营规模较大,在给定技术状况下投入要素的效率提高,即规模报酬递增的同时,随着可变要素投入增加到足以使固定要素得到最有效的利用后,继续增加可变要素,总产量的增加同样将会出现递减现象。所以规模报酬递增的厂商可能也会同时面临报酬递减现象。

4. 如何理解边际产量递减规律?

答:随着可变要素投入量的增加,可变要素投入量与固定要素投入量之间的比例在发生变化。在可变要素投入量增加的最初阶段,相对于固定要素来说,可变要素投入过少,因此,随着可变要素投入量的增加,其边际产量递增,当可变要素与固定要素的配合比例恰当时,边际产量达到最大。如果再继续增加可变要素投入量,由于其他要素的数量是固定的,可变要素就相对过多,于是边际产量就必然递减。

5. 如何理解显性成本与隐性成本？

答：(1) 显成本：指企业经营活动的日常支出，如：雇佣工人需支付工资，购买原材料需支付的现金，银行贷款的利息等。

(2) 隐成本：指经营者利用自有资源的成本。

(3) 二者共同构成了厂商的成本，但是显成本表现为会计成本，隐成本表现为正常利润。

三、计算题

1. 已知生产函数 $Q=20L+50K-6L^2-2K^2$，$PL=15$ 元，$PK=30$ 元，$TC=660$ 元，其中：Q 为产量，L 与 K 分别为不同的生产要素投入，P_L 与 P_K 分别为 L 和 K 的投入价格，TC 为生产总成本，试求最优的生产要素组合。

答：由题意可得，$15L+30K=600$，整理可得：$L=44-2K$；

将其代入生产函数 Q 可得到：$Q=20\cdot(44-2K)+50K-6(44-2K)^2-2K^2=-26K^2+1066K-10736$

于是有：$\dfrac{dQ}{dK}=-52K+1066=0$，解得 $K=20.5$，此时 $L=3$

由 $\because \dfrac{d^2Q}{dK^2}=-52<0$，$\therefore$ 当 $K=20.5$，$L=3$ 时生产函数取得最大值。

2. 从边远小镇到县城要绕很远的山路，政府考虑修一条隧道，并通过对行车征收费用收回投资。设 Q 为每天过往车辆数，P 为征收费用(元)，需求函数为 $P=25-0.5Q$。隧道建成后，每天分摊建设费用 500 元，不计维护费用。如果建设费用和征收费用都归承包商，有人愿意承包吗？若需要补贴，应如何补贴？

答：每天的征收费用为 $TR=PR=P(50-2P)=-2P^2+50P$

欲每天征收费用最多，则 $MR=-4P+50=0$，解得：$P=12.5$

此时征收费用为：$TR=-2\times12.5^2+50\times12.5=312.5<500$

显然如果建设费用和征收费用都归承包商，由于承包商平均每天的成本大于收益，所以没有人愿意承包。

政府需要给予承包商一定的补贴，补贴方式多样，可以免税、一次性财政补贴、分期财政补贴等，但无论哪种方式，都要使承包商分摊到的实际费用每天小于 312.5 元。

3. 假定企业的生产函数为 $Q=2K^{\frac{1}{2}}L^{\frac{1}{2}}$，如果资本存量固定在 9 个单位上($K=9$)，产品价格($P$)为每单位 6 元，工资率($w$)为每单位 2 元，请确定：

(1) 该企业的规模收益状态；

(2) 企业应雇用的最优的(能使利润最大的)劳动数量；

(3) 如果工资提高到每单位 3 元，最优的劳动数量是多少？

答：(1)当 K、L 同比例增加 λ 倍时，有：

$$F(\lambda K,\lambda L)=2(\lambda K)^{\frac{1}{2}}(\lambda L)^{\frac{1}{2}}=2\lambda K^{\frac{1}{2}}L^{\frac{1}{2}}=\lambda F(K,L)$$

因此该企业的规模报酬不变。

(2) 当企业利润最大时，企业处于均衡状态，满足均衡条件 $MRTS_{LK}=\frac{MP_L}{MP_K}=\frac{w}{r}$，又有 $MP_L=K^{\frac{1}{2}}L^{-\frac{1}{2}}$，$MP_K=K^{\frac{1}{2}}L^{-\frac{1}{2}}$ 可得 $\frac{K}{L}=\frac{w}{r}$，当 $w=2$，$K=9$ 时，可得 $r=\frac{2}{9}L$

成本 $TC=wL+rK=2L+9r$，生产函数 $Q=2K^{\frac{1}{2}}L^{\frac{1}{2}}=6L^{\frac{1}{2}}$

当 $P=6$ 时，可得利润 $\pi=PQ-2L-9r=6\cdot 6L^{\frac{1}{2}}-2L-9\cdot\frac{2}{9}L=36L^{\frac{1}{2}}-4L$

为使利润最大化，令 $\pi'=18L^{-\frac{1}{2}}-4=0$，则 $L=\frac{81}{4}$，即企业雇用是优的劳动数量为 $L=\frac{81}{4}$。

(3) 当工资提高到 $w=3$ 时，由 $\frac{K}{L}=\frac{w}{r}$，可得 $r=\frac{3}{9}L$

成本 $TC=wL+rK=2L+9r$

利润 $\pi=PR-3L-9r=6\cdot 6L^{\frac{1}{2}}-3L-9\cdot\frac{2}{9}L=36L^{\frac{1}{2}}-6L$

为使利润最大化，令 $\pi'=18L^{-\frac{1}{2}}-6=0$，则 $L=9$，即企业雇用最优的劳动数量为 $L=9$。

4. 假定某种产品的生产函数为 $Q=f(L,K)=LK^2$，单位资本的价格为 20 元，单位劳动的价格为 5 元。求：产量一定时成本最小化的资本与劳动的组合比例。

答：由题意可知：实际上是求 $\min Z=20K+5L$，且满足于 $Q=LK^2$

由 $Q=LK^2$，可得 $L=\frac{Q}{K^2}$，从而得出 $Z=20K+\frac{50}{K^2}$

令 $\frac{\mathrm{d}Z}{\mathrm{d}K}=20-\frac{10Q}{K^3}=0$ 时，Z 取得最小值

解得，$K=\sqrt[3]{Q/2}$

于是，$\frac{K}{L}=\frac{K}{Q/K^2}=\frac{K^3}{Q}=\frac{1}{2}$

因此在产量一定时成本最小化的资本与劳动的组合比例为 1/2。

5. 一项生产技术为 $Q=[\min(2L,2K)]^{1/2}$，资本和劳动的价格均为 1。某企业若购买此项专利技术，则在专利的有效期内可垄断该产品市场，有效期过后，任何企业还可以生产该产品。市场对该产品的需求函数为 $P=1000-1.5q$。

(1) 该产品的要素需求函数和成本函数。

(2) 该企业最多愿意出多少钱购买此项技术？

(3) 若政府对该产品征收 50% 的从价税，该企业愿意出多少钱购买此项技术？

(4) 为什么不少企业会不顾安全坚持生产？

(5) 如果政府对企业安全生产进行管制,其依据是什么?可能采取哪些管制措施?

(6) 你是否能够对安全与生产的协调提出一种建议思路?

① 由题中所给出的生产函数形式,可得厂商在最优生产时,

答:满足 $q=\sqrt{2L}=\sqrt{2k}$

$l=k=\frac{1}{2}q^2$,即为要素需求函数

所以成本函数为 $C=1\times\frac{1}{2}q^2+1\times\frac{1}{2}q^2=q^2$

② 厂商出钱买此技术必须至少不出现亏损,设专利技术费用为 T,得厂商购买此技术后其利润为 $\pi=pq-C-T=(1000-1.5q)q-q^2-T=-2.5q^2+1000q-T$,且 $\pi\geqslant0$

令 $\frac{\mathrm{d}\pi}{\mathrm{d}q}=-5q+1000=0$,得 $q^*=200$,此时 $C=q^2=40000$,$\pi=100000-T\geqslant0$

所以 $T\leqslant100000$,又因为 $T\geqslant0$,所以 $T_{\max}=100000$

所以厂商最大愿意支付100000用于购买此技术。

③ 如果政府征收50%的从价税,此时价格为 $1.5p$,市场需求变为 $q=\frac{1}{1.5}(1000-1.5p)$,仍设其购买专利技术费用为 T,此时厂商利润函数为 $\pi'=\left(\frac{1000}{1.5}-q\right)q-q^2-T$,且 $\pi'\geqslant0$

令 $\frac{\mathrm{d}\pi'}{\mathrm{d}q}=\frac{1000}{1.5}-4q=0$,得 $q^*=167$,此时 $\pi'\approx55555-T\geqslant0$

所以 $T\leqslant55555$,又因为 $T\geqslant0$,所以 $T_{\max}=55555$

所以在政府征收50%从价税的情况下,厂商最大愿意支付55555用于购买此技术。

四、论述题

1. 什么是规模经济?并以汽车工业为例,结合我国的情况来说明规模经济的重要性。

答:(1)规模经济指由于生产规模扩大而导致长期平均成本下降的情况。规模经济分为内在经济和外在经济。内在经济是厂商在生产规模扩大时从自身内部所引起的收益增加。外在经济是整个行业规模和产量扩大而使得个别厂商平均成本下降或收益增加。根据形成外在经济的原因可分为技术性外在经济和金融性外在经济。外在经济和内在经济一样都会改变厂商的成本,但是他们的前提条件、影响方式又是完全不同的。外在经济的前提条件是行业规模的扩大,而内在经济的前提条件是厂商本身规模的扩大;外在经济是行业中其他方面便利因素为个别厂商提供了效益,内在

经济则是厂商经营的个别企业内部因素的变化所致。因此，外在经济在成本上的体现是厂商整个平均成本曲线向下平移，而内在经济在成本上的体现是市场上平均成本曲线随厂商规模扩大而向下倾斜。

(2) 规模经济被称为汽车工业的灵魂。中国汽车工业近十年的发展表明：规模经济基本上都是成功的，没有规模经济的几乎没有一家是成功的。没有上海大众、一汽大众、神龙富康和天津夏利这些厂的规模经济也就没有悦达、奇瑞、吉利、英格尔这些所谓汽车新势力，它们利用规模经济获得了长足的发展。广州本田、风神汽车，利用的是合资外方在国外的规模经济，没有合资外方在国外工厂的规模经济就没有它们的快速盈利和快速发展。

(3) 现在对于中国汽车工业来说已经到了一个非常重要的关头.因此更要重提规模经济的必要性。同时，也要为汽车工业发展创造宽松的外部环境，让规模经济的内外优势结合起来，真正发挥中国汽车工业的制造能力，避免成为跨国汽车公司的“附庸”。

2. 如果你是本章第 2 节表 6-1 点心厂的老板，你想赚更多的钱，你该怎么办？

答：我会选择：采用扩大生产规模的方式，使用更加先进的机器设备；使用新型技术，进一步细化内部分工；提高管理人员的效率；对副产品进行综合利用；以更有利的价格、渠道等采购原材料和推销产品等。总的来说，采用内在规模经济的方式提高效益。

3. 安全与生产是一种两难选择。近年来，我国安全生产恶性事故频发，不少矿井、煤窑、交通设施在安全条件极为恶劣的条件下依然大量生产，给国家和人民生命财产带来的损失巨大，令人触目惊心。试使用经济学原理分析。

答：(1)不少企业会不顾安全坚持生产主要是为了追求利润的最大化。具体来讲：

① 厂商利润最大化的原则是边际收益等于边际成本，即 $MR=MC$。如果边际收益大于边际成本，即 $MR>MC$，表明厂商每多生产一个单位产品所增加的收益大于生产这一单位产品所增加的成本。这时，对厂商来说，还有潜在的利润没有得到，厂商增加生产是有利的。如果边际收益小于边际成本，即 $MR<MC$，表明厂商每多生产一个单位产品所增加的收益小于生产这一单位产品所增加的成本。这对厂商来说就会造成亏损，因此，厂商必须要减产。无论是边际收益大于边际成本还是小于边际成本，厂商都要调整其产量，说明这两种情况下都没有实现利润的最大化。只有在边际收益等于边际成本时，厂商才不调整产量，表明已把该赚的利润都赚到了，即实现了利润的最大化。

这一原则具有普遍的意义。它对任何厂商无论是在完全竞争市场，还是在不完全竞争市场都是适用的。

② 追求利润最大化的厂商会尽可能的缩减成本，增大利润。矿井、煤窑、交通设施在极为恶劣的安全条件下就大大较小了生产的成本。而且厂商带着侥幸心理，安全生产恶性事故不一定发生在自己的矿井或煤窑里。所以，不少企业会不顾安全坚

持生产。

(2) 依据是:市场自身的调节存在市场失灵,应该配合政府的宏观调控。政府的调控应该一个原则:使得企业私人成本(或利益)与社会成本(或利益)相一致。

政府可以采取以下管制措施:政府通过运用法律、法令,制定安全生产的技术标准、环境标准、防备标准、卫生标准,并通过强制性检查、罚款、责令停产整顿等措施,要求雇主加以执行。市场机制和事后工伤补偿制度通过增加雇主的相关生产成本,从而间接激发了雇主安全生产的经济动机,而政府管制则运用更为直接的方式可以实现同样的结果。

(3) 协调安全与生产的建议思路:①由于风险的知识有限,劳动力市场的缺少竞争性、工人缺乏流动性和风险津贴差异化失灵,而导致市场机制难以充分有效发挥作用,这可以通过政府管制,要求雇主记录和公布安全状况,对工人进行职业安全与健康的培训,克服妨碍市场机制发挥作用的因素。

② 工伤补偿措施在降低工人获取赔偿的交易成本的同时,又带来了新的交易成本,制约了其有效性。这可以通过要求工人的雇主共担安全风险造成的损失,以及建立有效的风险评定机制,将因道德风险造成的交易成本降低到最大限度,从而激发雇主和工人实现安全生产的动机。

③ 强制性政府管制虽然在短时间更直接有效,但是长期来看会带来资源配置效率的损失。因此,一方面,在标准的制定和推行上要适当考虑不同企业的实际情况,注意管制的成本和收益,同时要加强对高风险行业检查和监督的力度;另一方面,在资源有限的情况下,通过为企业提供安全与健康知识的培训服务、咨询服务、信息服务以及与企业建立战略伙伴关系,充分调动企业自身预防安全与健康问题发生的主动性、积极性。

因此,为了实现安全生产,降低工伤事故的社会成本,需要针对不同的情况,综合运用市场、保险和管制等多种措施。

配套思考题及参考答案

一、单项选择题

1. 短期成本的“短期”是指(　　)。

A. 3 年以内　　B. 5 年以内

C. 10 年以内　　D. 企业来不及调整全部生产要素数量的时期

2. 生产规模发生收益递减时,一定是(　　)。

A. 短期边际成本高于短期平均成本　　B. 短期边际成本低于短期平均成本

C. 长期边际成本高于长期平均成本　　D. 长期边际成本低于长期平均成本

3. 如果等成本曲线与等产量曲线没有交点,那么要生产等产量曲线所表示的产量,应该(　　)。

A. 增加投入　　B. 保持原投入不变

C. 减少投入　　D. 上述三者均不正确

4. 由企业购买或使用任何生产要素所发生的成本是指(　　)。

A. 显性成本　　B. 隐性成本

C. 变动成本　　D. 固定成本

5. 随着产量的增加,平均固定成本(　　)。

A. 开始时下降,然后趋于上升　　B. 开始时上升,然后趋于下降

C. 一直趋于上升　　D. 一直趋于下降

6. 如果 $MPL/MPK > w/r$,那就应该(　　)。

A. 用更多的劳动替代资本　　B. 用更多的资本替代劳动

C. 降低工资　　D. 降低利率

7. 一般来说,一种可变要素 L 的合理投入区域为(　　)。

A. 开始于 MPL 开始递减,结束于 MPL 为零

B. 开始于 MPL 与 APL 相等,结束于 MPL 为零

C. 开始于 MPL 最大,结束于 MPL 最大

D. 开始于 MPL 递增,结束于 MPL 与 APL 相等

参考答案:DCAAD　BB

二、判断题

1. 两种生产要素的最适组合之点就是等产量线与等成本线的交点。(×)

2. 经济利润不包括正常利润。(√)

3. 短期成本函数中的最低平均成本就是短期生产函数中的最高平均产量水平上的平均成本。(√)

三、简答题

说明短期成本函数中的最低平均成本对应的是短期生产函数中的最高平均产量水平下的平均成本。

参考答案:

短期成本函数中的最低平均成本意味着此时单位产品的成本最低,$AC = AVC + AFC$。从公式可知:随着产量的增加,AFC 持续下降,AVC 虽然已经出现了上升的现象,但是存在 $\Delta AVC < \Delta AFC$,此时 AC 持续下降。当 $\Delta AVC = \Delta AFC$ 时,$AC = \min AC$。对应的,此时的产量也随着可变要素投入的增加而持续增加,出现了 AP_L 逐渐递增的现象。当 $AP_L = \max AP_L$ 时,意味着要素价格不变情况下的既定投入可以获得最大的产量。如果用成本衡量的话,此时的每一单位产品投入的要素最少、成本最低。

第7章 完全竞争市场

本章学习目标：

1. 什么样的市场可以称作竞争市场。
2. 追求利润最大化的竞争企业如何决定其产量水平。
3. 什么时候竞争企业会决定要暂时停止生产。
4. 竞争企业如何决定进入或是退出市场。
5. 供给曲线背后的原因。

导入案例：恶性竞争市场之中的“农夫山泉有点甜”

夏日消费季刚开了个头，快消行业的争斗热情却已经提前点燃，农夫山泉跟华润怡宝之间悄然打起了“水仗”。

近几日，这场战争从对农夫山泉的单边进攻，演变成农夫山泉与怡宝之间互殴式的商战，他们互指对方放暗枪，互相抹黑对方。业界认为，在这场“水战”背后，是整个瓶装水行业的近乎白热化的市场竞争。价格战已经将行业的利润空间压缩到极低，也令大部分品牌陷入生存困境。这种商战似乎已经演化成了恶斗，最后恐怕会两败俱伤。

据了解，在2013年4月11日开始第一轮“口水战”之后，农夫山泉连发两次声明，就标准问题进行了详细解释。相关负责人向媒体回应称，公司没有再次声明，因为此前的声明清楚地表明了态度。过去一个月，农夫山泉“质量门”事件一波接一波，而最近的一起事件是，其又被曝广东生产瓶装水却采用要求较低的浙江标准，“农夫山泉产品标准不如自来水标准”的问题再度成为热点。

针对上述质疑，农夫山泉在“忍气吞声”了将近一个月的时间后，于4月11日在其微博公开回应称，农夫山泉饮用天然水的产品品质始终高于国家现有的任何饮用水标准，远远优于现行的自来水标准《生活饮用水卫生标准》GB5749。

上周末农夫山泉再次发表声明，直接列出其认为怡宝“蓄意策划”的三大证据，包括华润怡宝在3月22日广发宣传单页实物、华润怡宝制作的“中国饮用水之殇”网站以及怡宝在户外所做的关于环境污染的广告。农夫山泉认为，宣传单页以及专题网站均有“从大自然‘搬运’来的水你还敢喝吗”，正是直指以“大自然的搬运工”自称的农夫山泉。

一位行业分析师对《国际金融报》记者表示，恶性竞争虽然是市场上较为正常的现象。但作为食品饮料行业的农夫山泉,更应用事实数据为自己洗冤,而不是咬定是竞争对手的行为。

多名律师也向记者指出,这个时间点“打水仗”,也表明了当今中国食品安全问题的突出和各级机构监管职责的缺失。一种水有“N”种标准是不合理的,国家应该对这方面进行整理和改进。中国民族卫生协会健康饮水专业委员会秘书长马锦亚曾向媒体表示,“任何一个企业生产瓶装水,都应以国标GB5749《生活饮用水标准》为底线”。

上述分析师称,农夫山泉与怡宝“水战”的背后,实则是瓶装水行业竞争激烈的一大写照:随着市场的发展,饮料巨头都参与到瓶装水行业竞争中来,竞争激烈在所难免,而且毛利越来越低,在增量变小的情况下,就是你争我夺。

(来源:国际金融报 2013-04-16)

如果你们当地的农贸市场某个卖鸡蛋的商贩,把他的鸡蛋的价格提高10%,他的鸡蛋的销售量就会大幅度下降,甚至无人问津。他的顾客会很快转而去买其他商贩的鸡蛋。

相反,如果当地的天然气公司提高燃气价格10%,燃气的使用量只有微不足道的减少。

分析一下鸡蛋市场和天然气市场的差别:有许多商贩卖鸡蛋,但只有一家燃气公司。这种不同的结构差别,导致了其生产经营决策与定价决策的不同。

在这一章中我们将分析竞争企业的行为,例如你们当地的农贸市场。我们应该记得,如果每个买者和卖者在整个市场中是微不足道的,并且不能影响市场价格,那么这就是一个竞争性的市场;

反之,如果一个企业可以影响它出售的商品的市场价格,那么这个市场就存在有垄断因素。下一章我们再分析有垄断势力的企业的行为,例如石油行业。

我们在本章中对竞争性企业的分析,将说明竞争市场上供给曲线形成原因。要分析企业的供给曲线,企业的产品供给量,企业的产品的定价,我们就要分析企业的收益与成本之间的关系,之前我们介绍了企业的各种成本,总成本、可变成本、固定成本、平均成本和边际成本,这些成本都与企业的供给曲线密切相关。

本章的目的是分析完全竞争市场的供给决策与供给曲线,我们先从什么是竞争市场入手。

7.1 不同类型的市场

市场是指从事物品买卖的交易场所或接洽点。一个市场可以是一个有形的买卖物品的交易场所,也可以是利用现代化通信工具进行物品交易的接洽点。从本质上讲,市场是物品买卖双方相互作用并得以决定其交易价格和交易数量的一种组织形式或制度安排。

划分市场类型的主要因素有以下四个:第一,市场上企业的数目;第二,企业所生产的产品的差别程度；第三，单个企业对市场价格的控制程度；第四，企业进入或退出一个行业的难易程度。在经济分析中，根据不同的市场结构的特征将市场划分为完全竞争市场与不完全竞争市场，不完全竞争市场又根据竞争性、垄断性强弱细分为完全竞争市场、垄断竞争市场、寡头市场和垄断市场四种类型。

关于完全竞争市场、垄断竞争市场、寡头市场和垄断市场的划分及其相应的特征可以用表 7-1 来概括。

表 7-1 只是一个简单的说明，读者能从表中获得一个初步的印象就可以了。在以后对每一类市场进行考察时，我们会对每一类市场的特征作出详细的分析。

表 7-1　　市场类型的划分和特征

市场类型	企业数目	产品差异化	对价格的控制	进出的难易程度	类似市场
竞争	很多	完全无差别	没有	很容易	一些农业品
垄断竞争	很多	有差别	有一些	比较容易	轻工产品、零售业
寡头	几个	有或无差别	相当程度	比较困难	钢、汽车、石油
垄断	唯一	产品唯一，且无替代品	很大程度，但经常受到管制	很困难，几乎不可能	公用事业，如水、电

与市场这一概念相对应的另一个概念是行业。行业是指为同一个商品市场生产和提供商品的所有的企业的总体。市场和行业的类型是一致的，譬如，完全竞争市场对应的是完全竞争行业，垄断竞争市场对应的是垄断竞争行业，如此等等。

7.2　竞争企业的需求曲线和收益曲线

7.2.1　竞争市场的含义及特点

本章分析的是竞争市场中竞争企业的生产决策，我们先从竞争市场的含义开始。

完全竞争市场，也被称为竞争市场，是指有许多交易相同产品的买者与卖者，以至于每一个买者和卖者都是价格接受者的市场。

竞争市场有五个特点：

市场上有许许多多的买者和卖者。

每个卖者提供的产品都是完全相同的。

新的卖者进入市场、旧的卖者退出市场都是很容易的。

市场上的信息是完全畅通的。

每个卖者都不能控制价格，只是价格的接受者。

完全符合以上特点的市场是不存在的，只有农产品市场还比较接近完全竞争市场，例如大米市场、鸡蛋市场、小麦市场。

比如在鸡蛋市场中，没有任何一个买鸡蛋的人可以影响鸡蛋的价格，因为他购买的鸡蛋数量从整个市场的角度来看太少。同样,也没有任何一个卖鸡蛋的人可以影响鸡蛋的价格,因为对每个卖鸡蛋的人来说,他可以在现行的价格下卖出他所有的鸡蛋,他当然不会降价;相反如果涨价,那么就没有人再买他的鸡蛋。

所以在竞争市场上买者和卖者必须接受市场供求决定的价格,因而都是价格的接受者。

即问即答:某汽车企业认为汽车行业是一个完全竞争行业,因为他可以敏锐地察觉到他和其他企业之间的竞争性,从经济学的观点,这是完全竞争市场吗?

7.2.2 竞争企业收益的经济实例分析

竞争市场上的企业与经济中大多数其他企业一样,努力使利润最大化,利润等于总收益减总成本。为了说明如何做到这一点,我们首先考虑竞争企业的收益。为了使事情具体化,我们考虑一个特定企业:张三的家庭养鸡场。

我们首先从分析竞争企业的总收益开始。

总收益是指企业按一定价格出售一定量产品时所获得的全部收入。

$$TR(Q)=P\times Q$$

式中,P 为产品价格,Q 为产品数量。

张三的养鸡场的母鸡每天的产蛋量记为 Q,每公斤鸡蛋的售价记为 P,那么他每天卖鸡蛋可以得到的总收益就是 $P\times Q$。例如,如果每千克鸡蛋 8 元钱,张三今天总共卖出 1000 千克鸡蛋,那么,他今天的总收益就是 $8\times1000=8000$ 元。

由于张三的养鸡场与整个国家的鸡蛋市场相比是微不足道的,所以,他是市场价格的被动接受者。这意味着,鸡蛋的市场价格与张三卖出多少鸡蛋无关,即使张三扩大生产使其鸡蛋的产量增加一倍,鸡蛋的销售价格仍然是每千克 8 元,此时张三的总收益也增加一倍,为 $8\times2000=16000$ 元,所以总收益与产量是同比例变动的。

表 7-2 表示张三的养鸡场的收益情况。

第一列表示养鸡场生产的鸡蛋的产量,第二列表示鸡蛋的市场价格,第三列是养鸡场的总收益。该表假设鸡蛋的价格是每千克 8 元,因此,总收益就是第一列乘以第二列。

表 7-2　竞争企业的收益

Q	产品价格 P	总收益 $TR=PQ$	平均收益 $AR=TR/Q$	边际收益 $MR=\Delta TR/\Delta Q$
1	8	8	8	8
2	8	16	8	8
3	8	24	8	8
4	8	32	8	8
5	8	40	8	8
6	8	48	8	8
7	8	56	8	8
8	8	64	8	8

在上一章中我们说明成本时用到了两个概念“边际”和“平均”，这一章我们还是要用这两个词来说明问题。我们首先考虑这样两个问题：

养鸡场从 1 千克鸡蛋中得到了多少收益？

如果养鸡场增加 1 千克鸡蛋的生产，它能得到多少新增加的收益？

表 7-2 中的后两列回答了这两个问题。

平均收益是指企业在平均每一单位产品销售上所获得的收入。

$$AR=TR/Q$$

边际收益是指企业增加一单位产品的销售，所获得的总收入的增量。

$$MR=\Delta TR/\Delta Q$$

式中，ΔTR 为总收益的变化量；ΔQ 为产量变化量。

第四列表示平均收益，即表中第三列数字除以第一列数字。平均收益可以告诉我们养鸡场能从销售的一单位鸡蛋中得到多少收益。在表 7-2 中，你可以看出平均收益等于 8 元，即 1 千克鸡蛋的价格。这说明了一个适用于所有企业的结论，不仅包括完全竞争企业，而且也包括其他存在垄断因素的企业。总收益是价格乘以产量（$P\times Q$），而平均收益是总收益（$P\times Q$）除以产量（Q）。因此，对所有企业来说，平均收益等于产品的价格，即 $AR=P$。

第五列表示边际收益，在表 7-2 中，边际收益均为 8 元，即 1 千克鸡蛋的价格。这表明了一个只适用于完全竞争企业的结论。总收益 $TR=(P\times Q)$，而对于完全竞争企业来说他只是价格的被动接受者，不能影响，P 是固定不变的。因此，当 Q 增加 1 千克时，TR 增加 P 元。因此，对与完全竞争企业来说，边际收益等于产品的价格，即 $MR=P$。进一步地对于完全竞争企业来说，平均收益等于边际收益，即 $AR=P=MR$。

即问即答：当张三使自己的鸡蛋产量减少一半时，鸡蛋的销售价格和总收益会发生什么变化？平均收益永远等于边际收益吗？

7.2.3 竞争企业的需求曲线和收益曲线

在竞争市场的条件下，对整个行业来说，需求曲线是一条向右下方倾斜的曲线，供给曲线是一条向右上方倾斜的曲线，整个行业产品价格就由这种需求与供给决定，如图 7-1(a)所示。但对个别企业来说情况就不同了。当市场价格确定之后，对个别企业来说，这一价格就是既定的，无论它如何增加产量都不能影响市场价格。因此，企业的需求曲线是一条由既定的市场均衡价格水平出发的水平线，表示完全竞争企业只能被动地接受既定的市场价格，如图 7-1(b)所示。

在竞争市场上，企业需求曲线，又是平均收益曲线和边际收益曲线，三条线重合在一起，如图 7-1(b)所示。在各种类型的市场上，平均收益与价格都是相等的，即 $AR=P$。但只有在完全竞争市场上，对个别企业来说，平均收益、边际收益与价格才相等，即 $AR=P=MR$。

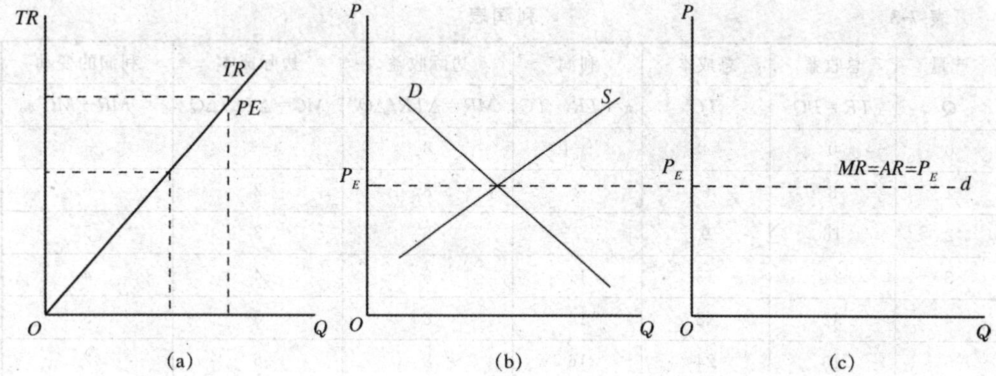

图 7-1 完全竞争企业的收益曲线

由于完全竞争企业面临的是由市场供求情况决定的均衡价格,企业的总收益曲线才为从原点出发的一条向右上方倾斜的直线。如图 7-1(c)所示,$TR=P \cdot Q$,P 为 TR 曲线的不变斜率。

7.3 竞争企业实现利润最大化的原则

企业进行生产的目的是为了追求最大化的利润,那么,企业实现利润最大化的原则是什么呢?或者说,什么是企业实现利润最大化的均衡条件呢?这是本节要说明的中心。我们在本节将以完全竞争企业的短期生产为例推导利润最大化的均衡条件。

利润(π)等于总收益(TR)减去总成本(TC),记为 $\pi=TR-TC$。

在上一章中,我们分析了企业的成本,刚刚我们又分析了企业的收益,现在我们就来分析企业如何达到利润最大化,并得出它的供给曲线。

7.3.1 企业实现利润最大化的实例

我们用表 7-3 的例子来分析企业的供给决策。

该表的第一列是张三的养鸡场生产的鸡蛋数量,第二列表示养鸡场的总收益,总收益为价格乘以销售量。第三列表示养鸡场的总成本,总成本包括固定成本和可变成本,固定成本在这个例子中是 4 元,可变成本取决于产量。

第四列表示养鸡场的利润,即总收益减去总成本。如果养鸡场没有产量,就亏损 4 元。如果生产 1 千克鸡蛋,就有 2 元利润。如果生产 2 千克鸡蛋,就有 7 元利润,等等。为了使利润最大化,张三的养鸡场选择使利润尽可能大的产量。在这个例子中,当养鸡场生产 6 或 7 千克鸡蛋时,实现了利润最大化,这时利润为 17 元。

表 7-3　　利润表

产量	总收益	总成本	利润	边际收益	边际成本	利润的变动
Q	$TR=PQ$	TC	$\pi=TR-TC$	$MR=\Delta TR/\Delta Q$	$MC=\Delta TC/\Delta Q$	$MR-MC$
0	0	4	−4	8	—	—
1	8	6	2	8	2	6
2	16	9	7	8	3	5
3	24	13	11	8	4	4
4	32	18	14	8	5	3
5	40	24	16	8	6	2
6	48	31	17	8	7	1
7	56	39	17	8	8	0
8	64	48	16	8	9	−1

分析张三养鸡场生产决策的另一种方法是:可以通过比较每增加一单位鸡蛋产量的边际收益和边际成本来找出利润最大化对应的产量。表 7-3 的第五列和第六列分别表示边际收益和边际成本。

养鸡场生产的第一千克鸡蛋的边际收益为 8 元,而边际成本为 2 元;因此,生产这一千克鸡蛋时利润增加了 6 元(从−4 元到 2 元)。生产的第二千克的鸡蛋边际收益为 8 元,而边际成本为 3 元。因此,这千克鸡蛋利润增加了 5 元。(从 2 元到 7 元)。只要边际收益大于边际成本,增加的产量就增加利润。

但是,一旦张三的养鸡场超过了 7 千克鸡蛋,情况就非常不同了。第 8 千克牛奶的边际收益为 8 元,而边际成本为 8 元,因此,生产它就会减少了 1 元利润。(从 17 元到 16 元)因此,张三的鸡蛋产量不会超过 7 千克。

理性人考虑边际量的经济学原理在这个利润最大化的例子中得到了体现,如果边际收益大于边际成本(当产量为 1、2、3、4、5、6 千克时)张三就将增加鸡蛋的生产。如果边际收益小于边际成本(当产量为 8 千克或更多时)张三就将减少鸡蛋的生产。在边际收益等于边际成本时(当产量为 7 千克时)对应着利润最大化的产量。如果张三利用边际产量来进行产量决策,那么他会很容易地找到获得最大利润的产量。

所以对于所有企业来说,实现利润最大化的均衡条件是 $MR=MC$。

结合前面的两个结论,第一,对于所有企业来说,实现利润最大化的均衡条件是 $MR=MC$,第二,对于竞争企业来说 $P=AR=MR$,可以得到,对于完全竞争企业来说要想获得最大利润,就要保证 $P=AR=MR=MC$。为了说明竞争企业的短期生产决策,我们借用前面的成本曲线来说明问题。

7.3.2　竞争企业实现利润最大化的均衡条件

企业的短期均衡与企业面对的需求曲线有直接的关系,前面我们刚刚讲过,单个企业是价格的接受者，它的需求曲线是一条由既定的市场均衡价格水平出发的水平线，企业只能通过对产量的调整来实现最大利润。那么，企业的均衡产量是多少呢？

要回答这个问题，我们首先强调是的企业的目标是利润最大化，而企业的利润(π)在数值上等于总收益(TR)减去总成本(TC)，即

$$\pi = TR - TC$$

利润最大化的必要条件是利润函数的一阶导数为零，即：

$$d\pi/dQ = dTR/dQ - dTC/dQ = 0$$

因为：　$dTR/dQ = MR, dTC/dQ = MC$

所以：　$MR = MC$

所以要实现利润最大，企业应把产量调整到 $MR = MC$，这一原则适用于所有市场结构中的企业。

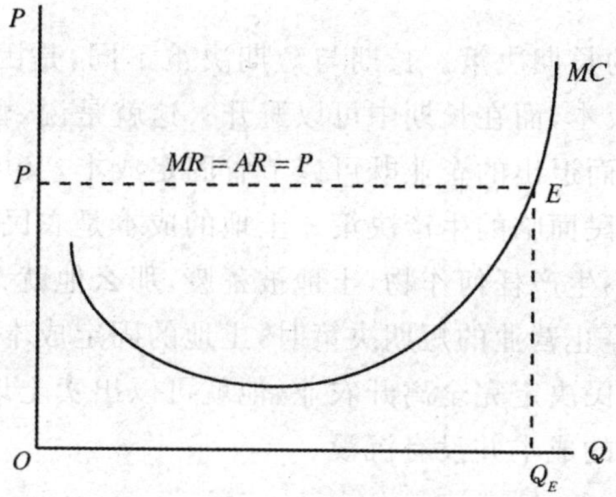

图 7-2　完全竞争企业短期均衡产量的决定

如图 7-2 所示，在 E 点有 $MR = MC$，由此决定的利润最大化的产量为 Q_e。

当产量小于 Q_e 时，$MR > MC$，说明增加下一个单位产量带来的收益大于成本；因此企业会在这一阶段上继续增加产量，以增加利润，直至到 E 点。

当产量大于 Q_e 时，$MR < MC$，此时企业每增加一单位产量所得到的收益小于成本，因此，在这一阶段上，企业会不断地减少产量，以增加利润，直至 E 点。

企业在 $MR = MC$ 的均衡点上获得了最大的利润，但并不是说，只要企业实现了 $MR = MC$ 的均衡条件，企业就一定能获得利润。具体来说：在 $MR = MC$ 的均衡点上，企业可能是盈利的，也可能是亏损的，如果企业是盈利的，这时的利润一定是相对最大的利润；如果企业是亏损的，这时的亏损就一定是相对最小的亏损。所以，不管是盈利还是亏损，在实现 $MR = MC$ 时，企业都处在由既定的收益曲线和成本曲线所能产生的最好的结果之中。

7.4 完全竞争企业的短期均衡和短期供给曲线

7.4.1 完全竞争企业停止营业和退出决策

到现在为止，我们一直在分析竞争企业愿意生产多少的问题。但是，在某些情况下，企业将决定停止营业，并根本不再生产。

这里我们应该区分企业暂时停止营业和企业长期退出市场。

这些，在前面的节之中，从理论上已经分析了，本节是把这些理论，应用到经济实践之中。

停止营业指在某个特殊时期，由于当前的市场条件而不生产任何东西的短期决策。

退出指离开市场的长期决策。长期与短期决策不同，是因为多数企业在短期中不能避开它们的固定成本，而在长期中可以避开。这就是说，暂时停止营业的企业仍然必须支付固定成本，而退出的企业既可以节省固定成本，又可以节省可变成本。

例如，考虑一个农民面临的生产决策。土地的成本是农民的固定成本之一，如果农民决定在一个季度不生产任何作物，土地被荒废，那么他就无法弥补这种成本。当作出是否在一个季度停止营业的短期决策时，土地的固定成本被称为沉没成本。

与此相比，如果农民决定完全离开农业，他就可以出卖土地。当作出是否退出市场的长期决策时，土地的成本并没有沉没。

7.4.2 完全竞争企业的短期停止营业决策

到现在为止，我们所有问题分析的前提都是完全竞争企业愿意生产，但是，也存在企业不愿意或不能生产，停止营业，甚至根本不再生产的情况。

这里我们应该区短期和长期，二者并不是以时间的长短作为划分依据，短期是指企业来不及调整所有生产要素，至少有一种生产要素固定不变的时期。

相反，长期是指企业可以调整所有生产要素的时期，即企业可以进入或退出一个行业的时期。这样我们也应该区分企业短期停止营业，即暂时停止经营，以及企业长期停止营业，即退出市场。短期停止营业是指由于某种状况下企业不生产任何东西的短期决策，长期停止营业是指退出该行业的长期决策。

短期决策与长期决策不同，因为大多数企业在短期中存在固定成本，而在长期中不存在，也就是说，短期停止营业的企业仍然要支付固定成本，而长期停止营业的企业既可以避开固定成本，又可以避开可变成本。还是以张三的养鸡场为例，鸡舍是张三的固定成本之一。如果张三决定在半年内不饲养蛋鸡，鸡舍处于空置状态，那么他就无法弥补这种成本。当作出是否在某段时间内停止营业的短期决策时，鸡舍的固定成本被称为沉没成本。类似的，如果张三决定完全离开鸡蛋市场，他就可以出卖鸡舍。当作出是否退出市场的长期决策时，鸡舍的成本并没有沉没。

现在我们来考虑短期内什么情况下，企业会做出停止营业的决策。

短期内停止营业的好处是企业可以节省生产产品的可变成本，例如面包生产者可以节省面粉、鸡蛋等原材料成本及工人工资成本，坏处是企业会失去出售产品的全部收益，并且还需支付固定成本，例如烤箱的成本。所以我们可以得出的结论是，如果生产能得到的总收益小于生产带来的可变成本，企业就停止营业。

例如销售面包的总收益小于原材料成本与工人工资成本的和，面包厂老板就会做出停止生产的决策。

我们用 TR 代表总收益，VC 代表可变成本，那么，企业的短期生产决策就可以写为：

如果 $TR<VC$，则停止营业。

进一步，我们把这个不等式的两边同时除以产量 Q，由于 $AR=TR/Q$，而 $AVC=VC/Q$。我们可以把 $TR<VC$ 改写为：

如果 $AR<AVC$，则停止营业。

而前面我们已经得到这样的结理论，任何一个企业的平均收益 AR 就是产品的价格 P，$AR=P$，所以最终我们得到短期内企业停止营业的标准是：

如果 $P<AVC$，则停止营业。

这就是说，在决定是否生产时，企业会比较销售一单位商品的销售价格与生产这一单位商品所带来的平均可变成本之间的关系，如果价格大于平均可变成本，那么可以生产；反之，如果价格小于平均可变成本，那么企业就应该完全停止生产。例如面包厂销售一个面包价格是 3 元，而生产这个面包所带来的平均可变成本（原材料和工人工资成本）是 3.5 元，那么企业就不应该生产这个面包，因为此时不仅亏损固定成本，就连可变成本也弥补不上。

综上所述，我们系统地分析了完全竞争企业的利润最大化问题，企业生产产品的产量确定为边际成本等于产品价格的水平上，这个产量水平就对应着企业利润最大化的产量，但是如果这个产量对应的价格小于平均可变成本，那么企业就应该停止生产。所以可以说，完全竞争企业短期供给曲线是边际成本曲线大于和等于平均可变成本最低点的部分。

7.4.3　企业的短期停止营业实例分析研究

你是否逛过生意冷清的服装商场，发现里面几乎没有人，你会想为什么不停业以减少损失呢？

在做出是否停业的决策时，服装店老板要区分固定成本与可变成本。固定成本包括服装店老板支付给商场的年租金、上交给国家的税收等，可变成本包括水电费、人员工资、衣架等。在短期中，固定成本是不能改变，不能收回的，也就是说只要他不退出这个商场就需要支付固定成本。当老板决定是否要停业时，他只会考虑销售衣服所得收入是否高于水电费、人员工资等可变成本。只有在销售收入低于可变成本时，才会停止营业。而且如果销售收入大于可变成本的部分也可以弥补一部分固定成本损失。

旅游淡季的景点附近的小旅店也面临着同样的问题，例如丽江、乌镇东栅附近的小旅店。由于旅游旺季客源不愁，所以什么时候停业、什么时候经营是旅游淡季所要决定的问题。由于旅游景点附近的小旅店有很多都是自有住房，所以固定成本不多，而可变成本主要包括水电费、人员工资、洗漱用品费用，所以只要营业收入高于可变成本，旅店老板一般不会停业。

7.4.4 完全竞争企业的短期均衡

由于在短期生产中，产品市场的价格是既定的，且企业只能用既定的生产规模进行生产，所以企业只能通过对产量的调整来实现 $MR=MC$ 的利润最大化的均衡条件，而企业的短期均衡的盈亏状况将直接受市场价格的影响，企业的短期均衡可以分五种情况，如图 7-3 和图 7-4。

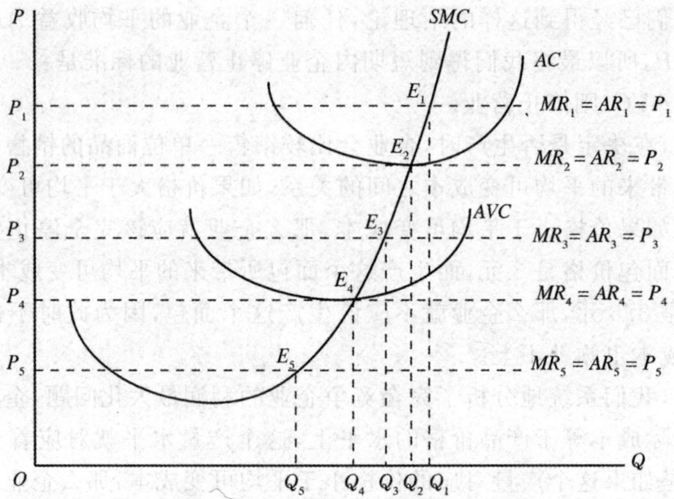

图 7-3 完全竞争企业的短期均衡

1. 第一种情况

盈亏平衡的短期均衡：$MR=MC$，$AR=AC$，企业获正常利润，如图 7-3 产量为 Q_1 时的情况。当供求平衡时，MC 与 MR 的交点也正好是与 AC 的交点，即 $MR=MC=AR=AC$，此时总收益 $TR=AR\cdot Q_1$，总成本 $TC=AC\cdot Q_1$，而 $AR=AC$，所以 $AR\cdot Q_1=AC\cdot Q_1$，即总收益＝总成本。此时，企业只能获得正常利润。在成本理论中说过，正常利润是总成本的一部分，此时现有企业不愿意离开这个行业，没有新的企业愿意加入这个行业。

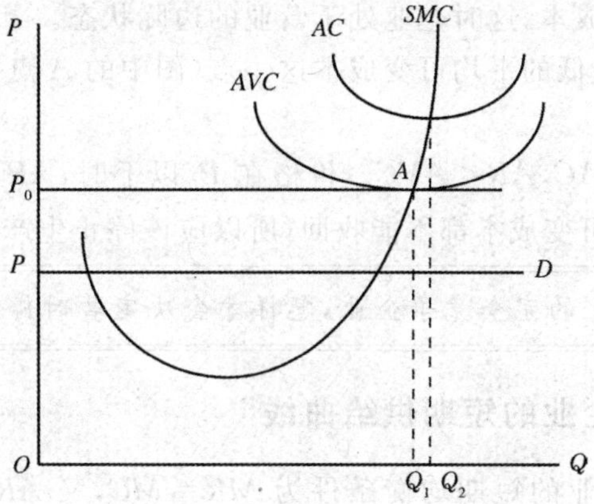

图 7-4　完全竞争企业的亏损均衡

2. 第二种情况

获得超额利润的短期均衡：$MR=MC$，$AR>AC$，即超过正常利润的利润，如图 7-3 产量为 Q_2 时的情况。当一种商品由于各种原因出现供不应求时，价格必定上涨。MC 与 $MR(=AR)$ 的交点在 MC 与 AC 的交点上方，从而 $AR>AC$，此时总收益 $TR=AR\cdot Q_2$，总成本 $TC=AC\cdot Q_2$，而 $AR>AC$，所以 $AR\cdot Q_2>AC\cdot Q_2$，即总收益>总成本，其值等于 $AR\cdot Q_2-AC\cdot Q_2=(AR-AC)Q_2$。由于这时新的企业不能参加进来，老的企业不能扩大工厂规模，因而，企业获超额利润。

3. 第三种情况

仍可生产的均衡：$MR=MC$，$AR<AC$，$AR>AVC$，如图 7-3 产量为 Q_3 时的情况。当一种商品由于各种原因出现供过于求时，价格必定下跌。MC 与 $MR(=AR)$ 的交点在 MC 与 AC 的交点下方，从而 $AR<AC$，此时总收益 $TR=AR\cdot Q_3$，总成本 $TC=AC\cdot Q_3$，而 $AR<AC$，所以 $AR\cdot Q_3<AC\cdot Q_3$，即总收益 TR<总成本 TC，其值等于 $AC\cdot Q_3-AR\cdot Q_3=(AC-AR)Q_3$。这时原有企业来不及缩小规模或退出该行业，因而，企业发生亏损。

上述三种情况可以用一个一般公式表示：$\pi=AR\cdot Q-AC\cdot Q=(AR-AC)Q$，而 $P=AR$，所以有：(1) $P=AC$ 时获得正常利润；(2) $P>AC$ 时获得超额利润；(3) $P<AC$ 时存在亏损。

企业存在亏损时又包括三种情况，仍可生产的亏损，停止营业，完全停止生产。

虽然企业由于 $TC=VC+FC$，即企业的成本既包括固定成本，又包括可变成本，当 $AR\cdot Q_3=TR>AVC\cdot Q_3=VC$ 时，生产产品虽然亏损，但是还是可以弥补固定成本的损失的，所以生产还是有利的，如果停止生产，固定成本将全部损失。

4. 停止营业点

停止营业的均衡：$MR=MC$，$AVC=AR<AC$。在 A 点，$AR\cdot Q=AVC\cdot Q$，$TR=VC$，企业从事生产和不从事生产所受的亏损是一样的，不能弥补固定成本的损失，

其亏损额都等于固定成本，这时企业处于营业的边际状态。

因此，价格等于最低的平均可变成本这一点（图中的 A 点）就叫作停止营业点。

5. 完全停止生产

$MR=MC$，$AR<AC$，$AR<AVC$。价格在 P_0 以下时，$AR \cdot Q<AVC \cdot Q$，$TR<VC$，企业生产产品连可变成本都不能收回，所以应该停止生产。

> 思考：利润最大化的完全竞争企业，怎样才会决定暂时停止营业？

7.4.5 完全竞争企业的短期供给曲线

因为完全竞争企业的短期均衡条件为 $MR=MC$，又 $AR=MR=P$，所以 $P=MC$。即：当商品的价格和边际成本相等时，完全竞争企业可获得短期的最大利润，从前面我们分析企业的短期均衡的五种情况可知，每一个均衡产量都对应着一种价格。而每一个商品价格都是由市场给定的，所以，价格与企业的最优产量之间存在着这样的一种函数关系：$Q^S=f(P)$，这就是完全竞争企业的短期供给函数。

根据 $P=MC$ 的利润最大化的短期均衡条件，企业所愿意提供的产量和商品的价格的组合都出现在 MC 曲线上高于 AVC 曲线最低点的部分（停止营业点的部分以上），如图 7-5 所示。

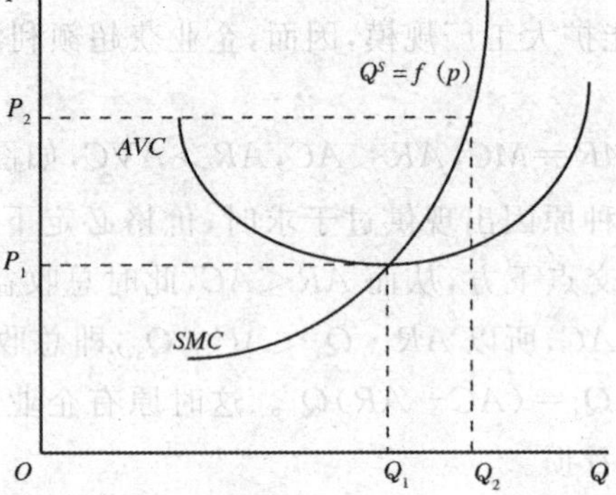

图 7-5 完全竞争企业的短期供给曲线

完全竞争行业的短期供给曲线，是由行业内所有企业的短期供给曲线的水平加总而构成的。

7.4.6 生产者剩余（生产者的会计利润）

1. 概念

生产者剩余是指企业卖出产品时实际接受的总支付和愿意接受的总支付之间的差额，就是市场价格线以下、企业的供给曲线以上的部分。

假如有 3 家电脑供应商，IBM 的成本是 7800 元，联想的成本是 7500 元，天想的成本是 7000 元(均以一单位产品计),如果都按照 8000 元的价格出卖,那么他们出售 1 台电脑将分别获得 200 元、500 元和 1000 元的生产者剩余。同时,如果这些企业采取新的技术和管理措施,使成本进一步下降,那他们可以获得更多的生产者剩余。

2. 生产者剩余图示

已知企业从事生产或经营,总是要追求利润最大化,而保证利润最大化的条件就是要使 $MR=MC$,只要 $MR>MC$,企业就是有利的。由于在完全竞争市场里,企业的需求曲线是一条水平直线,从而边际利润等于产品价格($MR=P$),因此只要价格 P 高于边际成本 MC,企业进行生产,就可以得到生产者剩余。此时企业实际接受的总价格或总支付就是价格线以下的总收益,而企业愿意接受的最小总价格或总支付便是边际成本线以下的总边际成本。用图形来表示,则价格直线和边际成本曲线所围成的面积即为生产者剩余,如图 7-6 中阴影部分的面积所示。

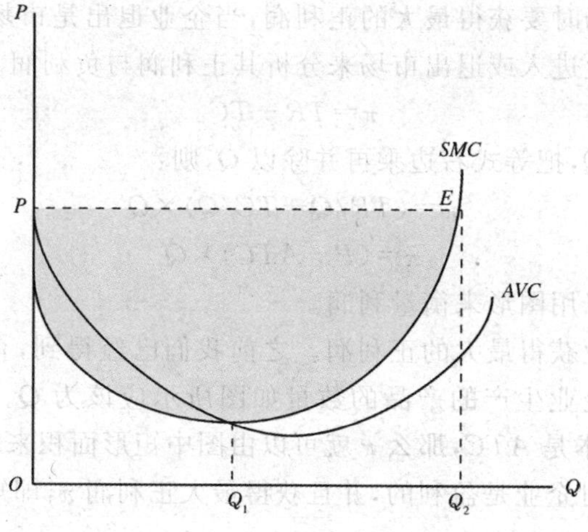

图 7-6　生产者剩余

生产者剩余与消费者剩余这两个概念在经济效率分析、财政政策分析、福利分析方面是十分实用的工具。

7.5　企业进入或退出市场

7.5.1　企业的进入和退出市场

现在我们再来考虑长期内什么情况下企业会做出退出市场的决策。

退出市场的好处是企业不但可以节省生产产品的可变成本,还可以节省固定成本,例如面包生产者不但可以节省原材料成本及工人工资成本,还可以节省烤箱的成本,坏处依然是企业会失去出售产品的全部收益。所以我们可以得出的结论是,如果生产能得到的总收益小于生产带来的总成本,企业就应停止营业而退出市场。

我们用 TR 代表总收益,TC 代表总成本,那么,企业的长生产决策就可以写为:

如果 $TR<TC$,则退出市场。

进一步,我们把这个不等式的两边同时除以产量 Q,那么上式就改写为:

如果 $TR/Q<TC/Q$,则退出市场。

我们已经知道 $P=AR=TR/Q$,并且 $ATC=TC/Q$,所以最终我们得到长期内企业停止营业的标准是:

如果 $P<ATC$,则退出市场。

这就是说,在决定是否进入某个市场时,企业会比较销售一单位商品的销售价格与生产这一单位商品所带来的平均总成本之间的关系,如果价格大于平均总成本,那么就可以进入市场;反之,如果价格小于平均总成本,那么企业就应该不进入市场或退出市场。

7.5.2　正利润与负利润

当企业进入市场时要获得最大的正利润,当企业退出是市场时要获得最小负利润。下面我们用企业进入或退出市场来分析其正利润与负利润。

$$\pi=TR-TC$$

我们还是利用 Q,把等式右边乘再并除以 Q,则:

$$\pi=(TR/Q-TC/Q)\times Q$$

因此,

$$\pi=(P-ATC)\times Q$$

这样我们就可以用图形来衡量利润。

图 7-7 表示企业获得最大的正利润。之前我们已经得到,企业利润最大化的条件是 $P=MC$,那么企业生产的产品的数量如图所示应该为 Q。此时对应的价格是 P,对应的平均总成本是 ATC,那么 π 就可以由图中矩形面积来表示,矩形的长是 Q,宽是 $P-ATC$。此时企业是盈利的,并且获得最大正利润 π,即矩形面积。

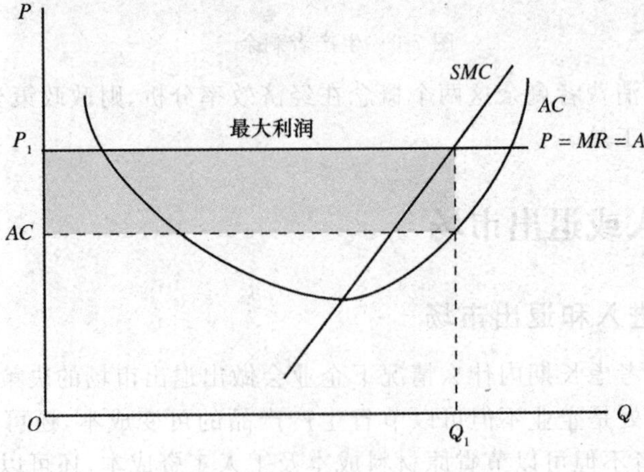

图 7-7　完全竞争企业的最大正利润

图 7-8 表示企业获得最小负利润,即亏损最少。同样,由 $P=MC$ 得企业产量应

该为Q。π还是由图中矩形面积来表示，但此时$P<ATC$，所以π为负值。此时企业是亏损的，并且获得最小亏损值π，企业会退出市场。

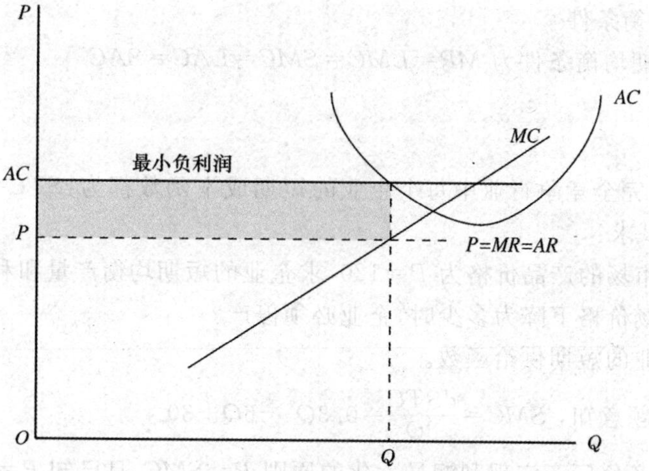

图 7-8　完全竞争企业的最小负利润

7.6　本章小结

1. 完全竞争市场的特点：市场上有许许多多的消费者和生产者、每个企业提供的产品都是同质的、进入壁垒与退出壁垒非常低、信息是完全通畅的

2. 完全竞争市场短期均衡的条件：$MR=MC$。

3. 完全竞争企业的供给曲线是短期边际成本曲线大于和等于平均可变成本曲线最低点的那部分。

4. 完全竞争行业的短期供给曲线是完全竞争企业供给曲线的水平加总。

5. 完全竞争企业长期均衡时利润刚好等于零。

本章课后同步思考题及参考答案

一、名词解释

1. 市场

狭义上的市场是买卖双方进行商品交换的场所。广义上的市场是指包括狭义市场在内的、一系列保证市场正常运行的机构和机制。

2. 市场的类型

按照市场上的竞争状况进行划分，市场可以分为：完全竞争市场、完全垄断市场、不完全竞争市场、寡头垄断市场。

3. 短期均衡条件

完全竞争厂商短期均衡的条件：$P=AR=MR=SMC$

4. 长期均衡条件

厂商的长期均衡条件为 $MR=LMC=SMC=LAC=SAC$

二、计算题

1. 已知某完全竞争行业中每个企业的短期成本函数都为：$STC=0。1Q^3-3Q^2+30Q+20$。试求：

(1) 假定市场的产品价格为 $P=120$，求企业的短期均衡产量和利润。

(2) 当市场价格下降为多少时，企业必须停产？

(3) 求企业的短期供给函数。

答：(1)由题意知，$SMC=\dfrac{dSTC}{dQ}=0.3Q^2-6Q+30$

根据完全竞争厂商实现利润最大化的原则 $P=SMC$，且已知 $P=120$

于是有 $0.3Q^2-6Q+30=120$，整理得 $0.3Q^2-6Q-90=0$，解得 $Q^*=30$

此时，$\pi=TR-STC=P\cdot Q-STC$

$=120\times30-(0.1\times30^3-3\times30^2+30\times30+30)$

$=3600-930$

$=2670$

即厂商短期均衡的产量 $Q^*=30$，利润 $\pi=2670$。

(2) 当市场价格下降为 P 小于平均可变成本 AVC 即 $P\leqslant AVC$ 时，厂商必须停产。

根据题意，有 $AVC=TVC/Q=(0.1Q^3-3Q^2+30Q)/Q=0.1Q^2-3Q+30$

令 $dAVC/dQ=0.2Q-3=0$，解得 $Q=15$

即 $Q=15$ 时，$AVC(Q)$达到最小值，最小值为 $AVC=0.1\times15^2-3\times15+30=7.5$

于是，当市场价格 $P<7.5$ 时，厂商必须停产。

(3) 根据完全竞争厂商短期实现利润最大化的原则 $P=SMC$

有 $P=SMC=0.3Q^2-6Q+30$

考虑到该厂商在短期只有在 $P\geqslant7.5$ 时才生产，而在 $P<7.5$ 时必定会停产，所以，该厂商的短期供给函数 $P=SMC=0.3Q^2-6Q+30$ ($P\geqslant7.5$ 或 $Q\geqslant15$)

三、分析思考题：泛美国际航空公司的倒闭

1991 年 12 月 4 日，世界著名的泛美国际航空公司关门倒闭。

这家公司自 1927 年投入飞行以来，曾经创造了辉煌的历史，其公司的白底蓝字标志是世界上最广为人知的企业标志之一。然而，对于熟悉内情的人来说，这家公司的倒闭是意料之中的事情，奇怪的是什么支撑了这个航空业巨子这么多年？因为整

个20世纪80年代中，除了一年以外，这家公司年年都在亏损，亏损总额将近20亿美元。1991年1月，该公司正式宣布破产，然而这个日子距离公司关闭的日子又将近一年。究竟是什么力量支持垂死的巨人又多活了一段时间，而且，在1980年出现首次亏损后，为什么不会马上停止该公司的业务？又是什么因素使得这家公司得以连续亏损经营12年之久？

答：我们知道，只要企业能够提出一个能够高于平均可变成本的价格并被顾客接受，那么尽管该价格低于总平均成本而使得企业亏损，企业的经营在弥补所有可变成本之余尚可弥补部分不变成本，企业的经营就还是有经济意义的，企业也会继续维持经营。然而，企业在亏损的状态下维持经营是要付出代价的。它必须通过出售其原有资产来弥补生产中的亏空。泛美公司在其辉煌时代积累下了巨大的财富，足够它出售很长时间。自80年代开始亏损之后，泛美公司先后已经多次变卖家产，包括以4亿美元的价格将泛美大厦卖给美国大都会人寿保险公司，将国际饭店子公司以5亿美元的价格出售，向美国联合航空公司出售太平洋和伦敦航线等等。到1991年底，泛美航空公司已经准备将自己缩减成以迈阿密为基地的小型航空公司，主要经营拉美地区的航线，而将其余的全部航线出售。换句话说，尽管泛美公司整个80年代仍在坚持运行，但是同时已经开始逐步退出国际航空市场。其实，在现实世界中，企业通常通过逐步缩减规模来退出某一行业。

配套思考题及参考答案

一、单项选择题

1. 在完全竞争市场上(　　)。
   A. 产品有差别　　B. 产品无差别
   C. 有的有差别，有的无差别　　D. 以上说法都对
2. 在完全竞争条件下，平均收益与边际收益的关系是(　　)。
   A. 大于　　B. 小于　　C. 等于　　D. 没有关系
3. 在完全竞争条件下，个别企业的需求曲线是一条(　　)。
   A. 与横轴平行的线　　B. 向右下方倾斜的曲线
   C. 向右上方倾斜的曲线　　D. 与横轴垂直的线
4. 价格等于平均成本的点，叫(　　)。
   A. 收支相抵点　　B. 亏损点
   C. 停止营业点　　D. 获取超额利润点
5. 在完全竞争市场上，企业短期均衡的条件是(　　)。
   A. $MR=SAC$　　B. $MR=STC$　　C. $MR=SMC$　　D. $AR=MC$
6. 在完全竞争条件下，企业达到长期均衡的条件是(　　)。

A. $P=MC$　B. $P=MC=AC$　C. $P=MR=MC$　D. $P=MR=AC$

7. 下列行业中哪一个行业最接近于完全竞争模式（　）。

A. 飞机　B. 卷烟　C. 种植业　D. 汽车

8. 已知某企业生产的商品价格为10元，平均成本为11元，平均可变成本为8元，则该企业在短期内（　）。

A. 停止生产且亏损　B. 继续生产且存在利润

C. 继续生产但亏损　D. 停止生产且不亏损

9. 某企业生产的商品价格为6元，平均成本为11元，平均可变成本为8元，则该企业在短期内（　）。

A. 停止生产且亏损　B. 继续生产且存在利润

C. 继续生产但亏损　D. 停止生产且不亏损

10. 当长期均衡时，完全竞争企业总是（　）。

A. 正常利润为零　B. 经济利润为零

C. 经济利润大于零　D. 利润多少不确定

参考答案：BCAAC　BCCAB

二、多项选择题

1. 在完全竞争条件下，与平均收益曲线重叠的是（　）。

A. 价格曲线　B. 需求曲线

C. 边际收益曲线　D. 总收益曲线

E. 边际成本曲线

2. 在亏损状态下，企业继续生产的条件是（　）。

A. $P=SAFC$　B. $P>SAVC$

C. $P<SAVC$　D. $P=SAVC$

E. $P<SAFC$

3. 在完全竞争市场上，企业短期均衡的条件是（　）。

A. $MR=MC$　B. $P=MC$

C. $AR=MC$　D. $AR=AC$

E. $TR=TC$

4. 按竞争与垄断的程度，我们将市场分为（　）。

A. 完全垄断市场　B. 垄断竞争市场

C. 寡头垄断市场　D. 完全竞争市场

E. 营销市场

5. 在完全竞争市场上，企业处于长期均衡时（　）。

A. $SMC=SMR=SAC=SAR$　B. $MR=LMC=SMC$

C. $MR=AR=MC=AC$　D. $MR=LMC=SMC=LAC=SAC$

E. $P=LMC=LAC=SMC=SAC$

参考答案:1. ABC　　2. BD　　3. AB　　4. ABCD　　5. BDE

三、判断题

1. 完全竞争企业只能被动地接受既定的市场价格。(√)

2. 企业获得经济利润则一定获得正常利润。(√)

3. 在完全竞争条件下,产品价格等于平均收益但不等于边际收益。(×)

4. 如果企业没有超额利润,就不应该生产。(×)

5. 在完全竞争市场上,当企业实现长期均衡时,也就实现了正常利润,且经济利润都为零。(√)

6. 在任何时候,只要商品价格高于平均变动成本,企业就应该生产。(√)

7. 短期中的供给曲线就是整条 MC 线。(×)

8. 长期供应曲线是长期边际成本线的一部分,并且比短期供应曲线平坦。(×)

四、简答题

1. 家电行业的制造商发现,为了占有市场份额,它们不得不采取一些竞争策略,包括广告、售后服务、产品外形设计等,其竞争是很激烈的。因此,家电行业被认为是完全竞争行业。这种说法对吗?

参考答案:这种认识是不准确的。判断一个市场是否完全竞争市场,并不是由其竞争的程度是否激烈而定。完全竞争行业要求行业中的厂商生产的商品是同质的,这里的同质既包括商品本身物理性能的相同,也包括售后服务和产品外形设计等。

2. 为什么完全竞争厂商的短期供给曲线是 SMC 曲线上等于以及高于 AVC 曲线最低点部分?

参考答案:完全竞争厂商的短期均衡条件是 $MR=SMC$,由于 $AR=MR=P$,所以该均衡条件也可写为 $P=SMC$,根据这一条件,商品的价格和厂商的最优产量的组合,都出现在厂商的边际成本 SMC 曲线上。更严格地说,商品的价格和厂商所愿意提供的(能使他获得最大利润或最小亏损的)产量的组合,都出现在 SMC 曲线上等于和高于停止营业点的部分,由此可得出结论:完全竞争厂商的 SMC 曲线上等于和高于 AVC 曲线最低点的部分,就是完全竞争厂商的短期供给曲线。

3. 简述消费者剩余和生产者剩余的含义及对经济分析的意义?

参考答案:(1)消费者剩余指消费者购买产品时,愿意支付超过实际支付的差额之和,可以度量消费者购买商品所获得的额外满足。当完全竞争市场形成均衡时,全体消费者所获得的总效用为需求曲线以下的面积。而消费者实际支付的价格,用均衡价格表示,所以消费者获得消费者剩余为需求曲线以下与均衡价格曲线围成的面积。

(2) 生产者剩余是指生产者从事生产时市场价格超过边际成本的差额之和,可以度量生产者从事生产所获额外收益。当完全竞争市场形成均衡时，全体生产者的总收益为价格水平线以下的面积，即 $TR = P \times Q$。而生产者愿意接受的价格，用供给曲线 S 所示，所以生产者得到的生产者剩余，即供给曲线 S 以上和价格曲线以下围成的面积。

（3）消费者剩余与生产者剩余主要用于资源配置效率的分析和社会福利的分析。

4. 简述完全竞争厂商的长期均衡条件，并说明厂商的获利情况。

参考答案：完全竞争厂商长期均衡的条件为边际收益、平均收益、长期边际成本和长期平均成本都相等。即：$MR=LMC=AR=LAC$ 表明，完全竞争厂商长期均衡时，既不盈利也不亏损，正好收支相抵，得到完全的正常利润。如果平均收益大于长期平均成本，厂商就获得利润。但获利的时间是极为短暂的，因为典型厂商所获得的利润将吸引新厂商迅速进入行业，导致市场供给曲线右移与产品价格的下降，最终使利润趋于消失。反过来，如果平均收益小于长期平均成本，厂商就会遭受亏损。但亏损的时间同样是短暂的，一些厂商将因亏损而退出行业，导致市场供给曲线左移与产品价格的上升，最终使亏损趋于消失。因此，在一个竞争性行业中，厂商的长期均衡是一种没有经济利润的均衡。

由于长期边际成本只有在长期平均成本曲线的最低点才与长期平均成本相等，因此，完全竞争厂商的长期均衡点一定位于长期平均成本曲线的最低点。长期平均成本曲线的最低点总与代表最优生产规模的一条短期平均成本曲线的最低点相切，而短期边际成本曲线总是交于短期平均成本曲线的最低点。

五、计算题

1. 某完全竞争的成本固定不变行业中，每家厂商的长期总成本函数为 $LTC=0.1q^3-4q^2+50q$（q 是厂商年产量）。产品的市场需求函数是 $Q=9000-100P$（Q 是该行业年销售量，P 是产品价格）。

（1）计算厂商长期均衡时的产量和销售价格；

（2）求该行业的长期均衡产量；

（3）该行业长期均衡时有多少家厂商

参考答案：(1)由题意知，$LTC=0.1q^3-4q^2+50q$，则 $LAC=\dfrac{LTC}{q}=0.1q^2-4q+50$

令 $LAC'=\dfrac{dLAC}{dq}=0.2q-4=0$，得 $q=20$

所以 $LC=0.1q^2-4q+50=10$，即长期均衡为 $P=LAC=10$。

(2) 由(1)知厂商长期平均成本最小时价格为 $P=10$，此价格即为行业长期均衡价格（因为只有行业长期均衡时产品价格才等于最低平均成本），则 $9000-100P=9000-100\times10=8000$。

(3) 由(1)(2)知单个厂商的均衡产量为 $q=20$,行业长期均衡产量为 $Q=8000$,该行业厂商数为 $Q/q=8000/20=400$(家)。

2. 假设某完全竞争行业有 100 个相同的厂商。每个厂商的成本函数为 $TC=0.1q^2+q+10$。求:

(1) 市场供给函数;

(2) 假设市场需求函数为 $Q_D=4000-400P$,求市场的均衡价格和产量;

(3) 假定对每单位产品征收 0.9 元的税,新的市场均衡价格和产量又为多少?厂商和消费者的税收负担各为多少

参考答案:(1) $AVC=\dfrac{TC-TFC}{q}=\dfrac{0.1q^2+q}{q}=0.1q+1$,$MC=\dfrac{dTC}{dQ}=0.2q+1$

则厂商短期供给函数为:$p=0.2q+1$

行业的短期供给函数为:$Q_S=500P-500(P\geqslant 1)$。

(2) 市场均衡时有 $Q_S=Q_D$,

于是 $500P-500=4000-400P$

得到 $P=5$, $Q_S=Q_D=2000$

(3) 新的市场均衡价格 $P=5.5$,新的市场均衡产量为 $Q=500(5.5-0.9)-500=1800$;因此,在 0.9 元的税收中,有 0.5 元通过价格转移到消费者身上,剩余的 0.4 元由厂商来承担。

六、论述题

1. 为什么说完全竞争市场是一种最有效的市场结构?

参考答案:(1)完全竞争,又称为纯粹竞争,指不存在任何阻碍和干扰因素的市场情况,亦即没有任何垄断因素的市场结构。完全竞争市场的主要特点:①市场上有无数的买者和卖者。他们都是价格接受者。②同一行业中的每一个厂商生产的产品是完全无差别的。产品具有完全相互替代性,消费者对购买哪一个生产者的商品不存在偏好,唯一影响消费者行为的因素是价格。③厂商进入或退出一个行业是完全自由的。④市场中的每一个买者和卖者掌握与自己的经济决策有关的商品和市场的全部信息,即信息是完全的。

(2) 完全竞争市场在纯理论形式上是一切可能的市场中最完美的,是一种最有效的市场结构。

从长期来看,厂商给社会提供的是尽可能低的价格和尽可能高的产量。商品价格等于生产商品的平均成本和边际成本,因而消费者只需支付最低价格;在长期中不存在超额利润,所有厂商的价格都等于平均成本最低点,资源得到最有效配置。

一般来说,完全竞争厂商实现均衡而具有以下两个方面的优势:第一,资源配置最优化。均衡点价格等于边际成本进行生产,意味着对产品价格的评价等于该产品的机会成本。如果 $P\geqslant MC$,则意味着对产品价格的评价大于该产品的机会成本,产

品生产资源配置不足，反之，如果 $P \leqslant MC$，意味着对产品价格的评价小于该产品的机会成本，产品生产资源配置过度。所以，当 $P=MC$ 时，资源配置最优。第二，社会福利最大化。简单来说，当价格高于均衡价格时，边际收益大于边际成本，意味着只要扩大产量就可以增加总收益，就会增加社会福利；反之，减少产量会增加总收益。在均衡点上，价格、边际收益与边际成本相等，实现社会福利最大化。只有在完全竞争市场中，均衡点达到生产者剩余与消费者剩余最大化，社会福利最大化。

2. 试述完全竞争市场长期均衡的实现过程和特点。

参考答案：完全竞争市场长期均衡的实现过程如下：市场的供给和需求决定市场的均衡价格和均衡产量。各厂商根据市场的均衡价格调整厂房设备规模，与此同时，不断有新的厂商进入和亏损厂商退出该行业，当该产品的供给量和需求量在某一价格水平上达到均衡时，如果这一价格水平等于厂商的最低的长期平均成本，则该产品的价格，产量和留存下来的厂商人数不再发生变化，因为每个厂商既没有超额利润（从而不再扩大产量，新厂商也不再加入该行业），也不亏损（从而不再缩小生产，原有厂商也不再退出该行业），于是该行业处于长期均衡状态。完全竞争市场长期均衡状态的特点是：第一，在行业达到长期均衡时生存下来的厂商都具有最高的经济效率，最低的成本。第二，在行业达到长期均衡时生存下来的厂商只能获得正常利润。如果有超额利润，新的厂商高会被吸引进来，造成整个市场的供给量扩大，使市场价格下降到各个厂商只能获得正常利润为止。第三，在行业达到长期均衡时，每个厂商提供的产量，不仅必然是其短期平均成本（*SAC*）曲线之最低点的产量，而且必然是其长期平均成本（*LAC*）曲线之最低点的产量。

第8章 不完全竞争市场

本章学习目标：

1. 了解完全垄断市场、寡头市场和垄断竞争市场的特点。
2. 知晓完全垄断市场、寡头市场和垄断竞争市场形成的原因。
3. 掌握三种市场中的企业如何决定生产量和收取的价格。
4. 说明垄断者为什么要对不同顾客收取不同的价格。
5. 考虑垄断竞争市场结果的合理性。

导入案例：海南蔬菜市场垄断16年 相关部门只能罚不敢关

海南一家蔬菜批发市场16年来一家独大，问题重重助涨菜价。这家本应被查封的菜霸市场，政府主管部门却因找不到"替身"只能罚款了事。近日，为解决菜价畸高十多年的民生"老大难"问题，海口市菜篮子集团今年拟建一个1000亩以上大型农副产品综合批发市场，争取9月30日前部分投入使用。

一斤菜最高的50元，最低的也要10多元。早在春节前夕，海南菜价就一路飙升。海南省紧急成立专案组，抽调300多名工商人员，对全省唯一的进岛蔬菜批发市场——海口南北蔬菜批发市场立案调查。

随着专案组调查的深入，这家市场的问题被一一揭开。工商部门称"蔬菜批发市场的管理混乱，加重了批发零售商的负担，成为蔬菜价格上涨的重要原因之一"。

2月27日，南北蔬菜批发市场有限公司因欺行霸市、商业贿赂、滥收费用等违法行为，被处以没收违法所得242.45万元、罚款60.865万元的行政处罚。海南省工商局有关负责人表示，由于海南仅有一家一级批发市场，出于保证市场供给考虑未对其予以取缔。

据记者了解，为了稳定菜价，海口借鉴上海、杭州等地农副产品批发市场项目的经验，准备建设1个用地1000亩以上的大型农副产品综合交易中心。该中心旨在搭建辐射全省、对接全国乃至东南亚的水果、农副产品的交易平台。项目一期占地756亩，总建设面积为50万平方米。

（来源：北京青年报，2015-04-04，责任编辑：向勤如）

市场均衡产量和价格的决定不仅取决于消费者和生产者的选择，还取决于市场参与者所处的市场结构。前面介绍了完全竞争市场，这章介绍不完全竞争市场。

在西方经济学中,不完全竞争市场是相对于完全竞争市场而言的,除完全竞争市场以外的所有的或多或少带有一定垄断因素的市场都被称为不完全竞争市场。

不完全竞争市场包括三个类型,分别是完全垄断市场、寡头市场和垄断竞争市场。

其中,完全垄断市场的垄断程度最高,寡头市场其次,垄断竞争市场最低。

本章将分别说明这三类市场的特点、价格和产量的决定,并对包括完全竞争市场在内的不同市场组织的经济效果进行比较。

8.1 生活之中的垄断

8.1.1 小故事:天下独一家

中国电信某局长回到当年插队的小镇看望老朋友,下了车他就住进了镇里的一家招待所。

他迫不及待想洗个热水澡,但招待所只有一个公用澡堂。

刚到澡堂门口,局长就被服务生拦住:“先生,请先交纳 15 元的初装费。我们将为您安装喷头一只。”局长心想招待所宰人！碍于身份没有发作,他交了钱刚想进去,又被服务生拦住:“对不起！为了便于管理,每只喷头都有编号,请先交纳 10 元选号费,选的号码只供您一人享用。”局长有些生气,但还是选了“8”号。

服务生立刻说:“您选的是吉利号码,还得交 8 元的特别号码附加费。”

局长压了压火,说:“我改成 4 号。4 不是吉利号码,总用不着交特别号码附加费吧?”

服务生说:“当然不用,4 号是普通号码,但您得交 5 元的改号费。”

局长只得交了钱:“我可以进去洗澡了吧?”

服务生笑着说:“您请!”局长瞪了他一眼,踱着步往里走。

没想到服务生突然想起来什么,补充说:“对不起！还得提醒您:您每次洗澡要按每 5 分钟 1 元的价格收费,由于 4 号喷头是您所选号码用,所以不管您是否来洗澡,每月还要交纳 7 元 5 角的月租费。另外,每月交费的时间是 20 日之前,如果您逾期未交,还要交纳一定的罚金……”

“我不洗了!”局长气坏了,扭头便走。

服务生正色问:“先生,您真的不洗了吗?”

局长声色俱厉地说:“对！我永远也不在你们这里洗澡了!”

服务生微笑道:“如果您不再使用 4 号喷头了,那您还得交 9 元 8 角的销号费,这样您以后才不用向我们交纳任何费用了。”

局长大怒,和服务生大吵了起来。招待所经理闻声赶来,了解了事情的经过后,笑着对局长说:“先生,对不起,洗澡业在我们这里是垄断经营,还好你没有泡池子,不然您还要缴纳漫游费呢!”

8.1.2　垄断小故事:垄断行业高工资

据报道,广东电力系统抄表工年薪15万元、浙江某烟草公司中层年薪达30万元,尽管国际油价下跌,中石油员工酬金成本仍增长三成多,达54亿元。电力企业的一般员工年薪8万到10万元,中层干部20万元以上,工资以外还有很多隐性收入,比如电话费、交通费、招待费和午餐费等,总额可能与工资差不多。

8.1.3　古代的垄断

在古代,人们在集市上做生意。许多行业是不止一个商人做的,但有些商人想包揽所有客人,就在集市上做高台,叫作“垄”,他们能居高临下地获得许多便利,这种行为称为垄断。

古代中国的盐、铁、茶是生活必需品,由于暴利之故,长期属于官府经营的垄断事业。

8.1.4　现代的垄断与反垄断

我国《反垄断法》规定,垄断行为是指:排除、限制竞争以及可能排除、限制竞争的行为。

而在资本主义经济里,垄断指少数资本主义大企业,凭借其控制的巨额资本,通过相互协议或联合,对一个或几个部门商品的生产、销售和价格进行操纵和控制,以获取高额利润。

垄断破坏了人类进步与生存的竞争机制。

由于缺少竞争压力、发展动力和有力的外部制约监督机制,垄断性行业经常会违背市场法则、侵犯消费者公平交易权和选择权,其服务质量往往难以令人满意。这些行业一般是与绝大多数人、行业息息相关的公共事业,例如自来水、电力、邮政、公交、烟草、石油、天然气、煤气、电信、铁路运输及航空等。这些行业渗透到社会的各方面,其服务价格的高低关系到整个社会成本。政府通常对这些行业实行垄断价格管制或者进入许可,但由于缺乏竞争者,服务质量一般不尽如人意。

“垄断”悄悄潜伏在百姓经济生活的每个角落,成为挥之不去的阴影。

比如,几大国有银行凭借垄断地位强行收取每笔0.3元“跨行查询费用”;商业银行则对ATM跨行取款、异地取款、借记卡年费等诸多服务收费;移动联通对用户收取“异地漫游费”、“月租费”;中国电信和中国网通的“宽带限时”,等等。

还有来自国外的垄断,例如,微软公司以高于美国市场零售价一倍以上的价格在中国销售Windows系统,凭借的就是其在个人电脑领域的垄断地位。

垄断已给国民生活造成巨大影响,为“反垄断”立法早已成为共识。我国于2007年8月30日通过、自2008年8月1日起施行的《反垄断法》,为反对垄断和保护竞争提供了法律依据，对生活中的“垄断”现象起到了一定的遏制作用。

8.2 完全垄断市场

8.2.1 产生垄断的原因

如果一个企业是其产品唯一的卖者，而且如果其产品并没有相近的替代品，这个企业就是垄断企业。

垄断的基本原因是市场准入壁垒，即垄断者能在其市场上保持唯一卖者的地位，而其他企业无法进入市场并与之竞争。

市场准入壁垒来源于：

(1) 资源垄断——关键资源由一家企业拥有。

(2) 政府特许——政府给予一家企业具有排他性地生产某种产品的权利。

(3) 自然垄断——由一家生产者生产将比由多个生产者生产更有效率，生产成本更低。

8.2.2 垄断资源

垄断产生的最简单方法是一个企业拥有一种关键的资源。

例如，某市有线电视公司。如果该市有十家有线电视公司，可以用竞争模型描述卖者的行为，每月的电视费价格被降到等于多安装一户的边际成本；如果只有一家有线电视公司，且从其他地方不可能得到有线电视节目，那么某市有线电视公司就垄断了有线电视行业。

毫不奇怪，垄断者比竞争市场上任何一家企业有大得多的市场势力。在提供电视服务这样的必需品的情况下，即使边际成本低，垄断者也可以规定极高的价格。北京每月只收 15 元有线电视费，而某市每月要收 25 元的有线电视费。

虽然关键资源的排他性所有权是垄断的潜在原因，但实际上垄断很少产生于这种原因。现实经济如此巨大，而且资源由许多人拥有。实际上，由于许多物品可以在国际上交易，市场范围往往很广泛，企业所拥有的没有相近替代品资源的例子很少。

8.2.3 政府创造的垄断

如果政府给予一个企业或一个人出售某种排他性的物品或劳务的权利，此时垄断便会产生。专利和版权法是政府为公共利益创造垄断的例子。如有一个研究生在皮革领域发明了一种新产品，可以向政府申请专利，如果政府认为其产品是原创性的，就会批准专利。此外还有版权，它是一种政府提供的保证，保护作者出售和印刷著作的权利，版权使作家成为其作品销售的垄断者。

专利与版权法制造了垄断者，允许垄断生产者收取较高价格并赚取较多利润，这主要是为了鼓励一些创造性的行为。允许研究生在皮革领域发明的新产品取得专利，是鼓励其继续从事研究；允许作者取得版权，是鼓励其写出更多的好作品。所以，专利和版权法既有收益也有成本，某种程度上垄断定价的成本抵消了收益。在本章中我们将要讨论这一问题。

8.2.4 自然垄断

当一个企业为整个市场提供一种劳务或物品时，其成本低于两个或更多企业干相同事的成本，这个行业就是自然垄断行业，自然垄断的基础是规模经济。规模经济企业的平均总成本见图 8-1。

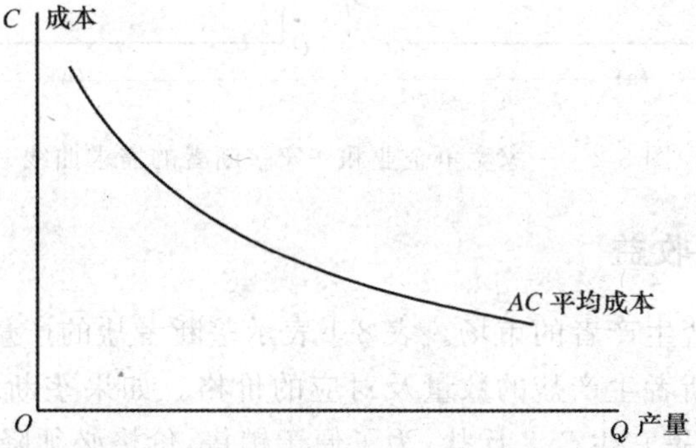

图 8-1 规模经济企业的平均总成本

供应天然气是自然垄断的一个例子。为了给镇上的居民供气，企业必须投资，铺设遍及全镇的气管网。如果很多企业参与这种服务竞争，每个企业都必须支付相关的建设成本。所以，如果一家企业为整个市场服务，能使天然气的平均总成本最低。

自然垄断企业如果没有关键资源的所有权或政府保护，不易维持垄断地位。垄断利润会吸引更多的企业进入市场，新企业的进入使市场具有竞争性。但是想进入者知道，他们无法达到垄断者所享有的低成本，进入之后，每个企业的市场份额都小了。

即问即答：市场上存在垄断的原因是什么？举出 3 个垄断的例子，并解释各自产生的原因。

8.2.5 垄断与竞争

通过企业对产品价格的控制能力，可以判断该企业的行为是垄断还是竞争。竞争企业对市场的影响力有限，只能接受市场价格。而垄断者是市场上产品和服务的唯一售卖者，可以根据自己的利益标准，高价少产或者低价多产。

竞争企业面临一条水平（富有弹性）的需求曲线，如图 8-2(a)所示。竞争企业出售的产品，其他企业也有完全替代品。

垄断者面临的需求曲线是向右下方倾斜的市场需求曲线，如图 8-2(b)所示。如果垄断者降低其物品价格，消费者就多买这种物品。反之如果垄断者想提高价格，就会减少销售量。

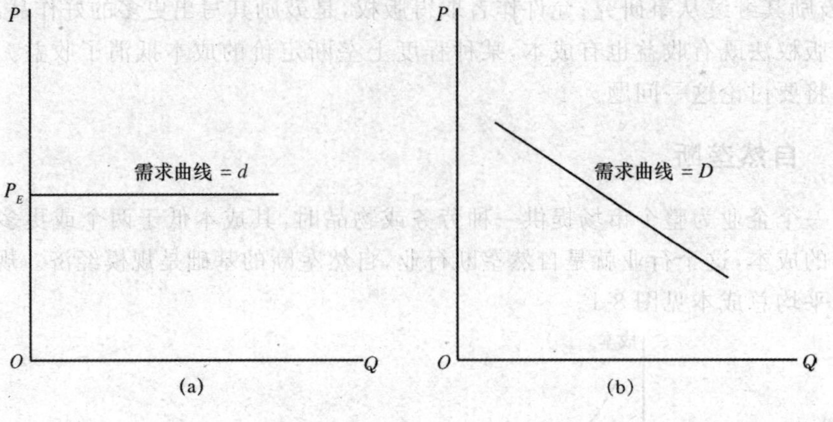

图 8-2　一家竞争企业和一家垄断者的需求曲线

8.2.6　垄断者的收益

考察只有一个盐生产者的市场。表 8-1 表示垄断者盐的产量对收益的影响。

前两栏表示垄断者生产盐的数量及对应的价格。如果垄断者只生产一斤盐，那么一斤盐卖 5 元；如果它生产 2 斤盐，为了便于销售，价格必须降为 4.5 元；如果生产 3 斤盐，价格降为 4 元，等等。把这两栏的数字标在坐标里，得到一个向右下方倾斜的需求曲线。第三栏代表垄断者的总收益。第四栏代表企业的平均收益，即用第三栏总收益的数字除以第一栏的产量。第五栏表示企业边际收益，当企业生产 4 斤盐时，它得到的总收益是 14 元。生产增加到 5 斤盐时，总收益增加到 15 元。因此，边际收益是 15－14＝1 元。

表 8-1 可以帮助我们理解垄断者行为：垄断者的边际收益总是小于其物品的价格。

表 8-1　　**垄断者的收益**　　单位：元

盐的数量(斤)(Q) (1)	价格(元) (P) (2)	总收益(元) (TR＝P×Q) (3)＝(1)×(2)	平均收益(元) (AR＝TR/Q) (4)＝(3)/(1)	边际收益(元) (MR＝ΔTR/ΔQ) (5)
0	5.5	0	—	—
1	5	5	5	5
2	4.5	9	4.5	4
3	4	12	4	3
4	3.5	14	3.5	2
5	3	15	3	1
6	2.5	15	2.5	0
7	2	14	2	－1
8	1.5	12	1.5	－2

例如，企业把盐的生产从 2 斤增加到 3 斤，以 4.5 元卖出，总收益也增加 3 元。对垄断者来说，边际收益小于价格是因为垄断者面临一条向右下方倾斜的需求曲线。为了增加销售量，垄断企业必须降低其商品的价格。

和竞争企业相比，垄断企业增加销售量时，对总收益（$P\times Q$）有两种效应。

(1) 产量效应：产量销售得越多，Q 越大。

(2) 价格效应：价格下降，P 降低。

由于竞争企业是价格的接受者，它的边际收益与物品的价格相等，所以没有价格效应。而垄断企业想多销售一单位产品时，就必须降低价格，由于价格下降减少了它已经销售的各单位的收益，所以垄断者的边际收益小于其商品价格。

图 8-3 为一个垄断企业的需求曲线与边际收益曲线图。因为企业商品的价格等于平均收益，所以需求曲线也是平均收益曲线。这两条曲线在纵轴上总是从同一点出发，如表 8-1 所示第一单位的边际收益等于物品价格。但是垄断者的边际收益小于物品的价格。因此，垄断者的需求曲线位于边际收益曲线之上。

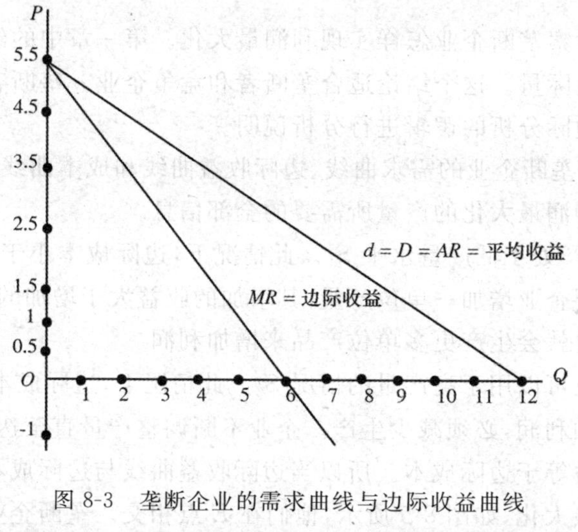

图 8-3　垄断企业的需求曲线与边际收益曲线

在图 8-3 以及表 8-1 中还能看到边际收益甚至可以是负的。当价格对收益的影响大于对产量的影响时，边际收益是负的。这样会引起企业总收益减少，实际中当边际效益为负时，企业不会再生产。

8.2.7　垄断者总收益曲线

企业的 TR 曲线是先上升，达到最高点以后再下降，如图 8-4 所示。因为在每一个销售量上的 MR 值都是相应的 TR 曲线的斜率，所以当 MR 为正，TR 上升；MR 为负，TR 下降；MR 为零，TR 达最大值点。

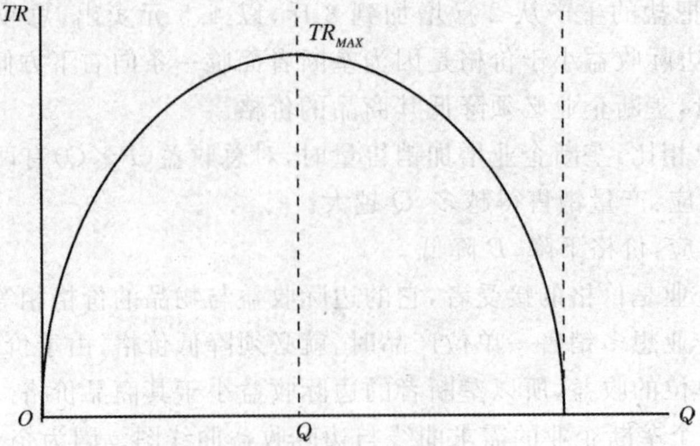

图 8-4　垄断企业的总收益曲线

8.2.8　垄断者的利润最大化

现在进一步考察垄断企业怎样实现利润最大化。第一章中的经济学十大原理之一是理性人考虑边际量。这个结论适合垄断者和竞争企业。垄断者怎样决定生产多少的问题可以用边际分析的逻辑进行分析说明。

图 8-5 为一个垄断企业的需求曲线、边际收益曲线和成本曲线图，这些曲线包含垄断者将选择使利润最大化的产量所需要的全部信息。

假设，企业生产处于低产量水平 S_1。此情况下，边际成本小于边际收益，鼓励企业继续生产。只要企业增加一单位产量，其增加的收益大于增加的成本(边际收益大于边际成本)，企业就会生产更多单位产品来增加利润。

同样的推理也可以用于高产量的情况 S_2。此情况下，边际成本大于边际收益。

企业为了增加利润，必须减少生产。企业不断调整产量直至达到 $S_{\max}$ 时为止，

此时边际收益等于边际成本。所以当边际收益曲线与边际成本曲线相交时垄断者的产量使利润最大化，如图 8-5 所示，他们在 E 点相交。垄断企业选择了使边际收益等于边际成本的产量之后，可以通过需求曲线找到与产量一致的价格。利润最大化的价格在 F 点上。

前面介绍过，边际收益等于边际成本的产量也是竞争企业选择的标准。竞争企业和垄断者在遵循利润最大化规则上是相似的。但是，两类企业之间有一个重要的差别：竞争企业的边际收益等于其价格，而垄断者的边际收益小于其价格。即：竞争企业：$P=MR=MC$，垄断企业：$P>MR=MC$。

同种产品的场合，垄断市场的价格高于竞争市场，而垄断市场的企业产量低于竞争市场的企业。竞争企业市场与垄断企业市场之间的关键差别是：在竞争市场上，价格等于边际成本。在垄断市场上，价格大于边际成本。此发现有助于理解垄断的社会成本。

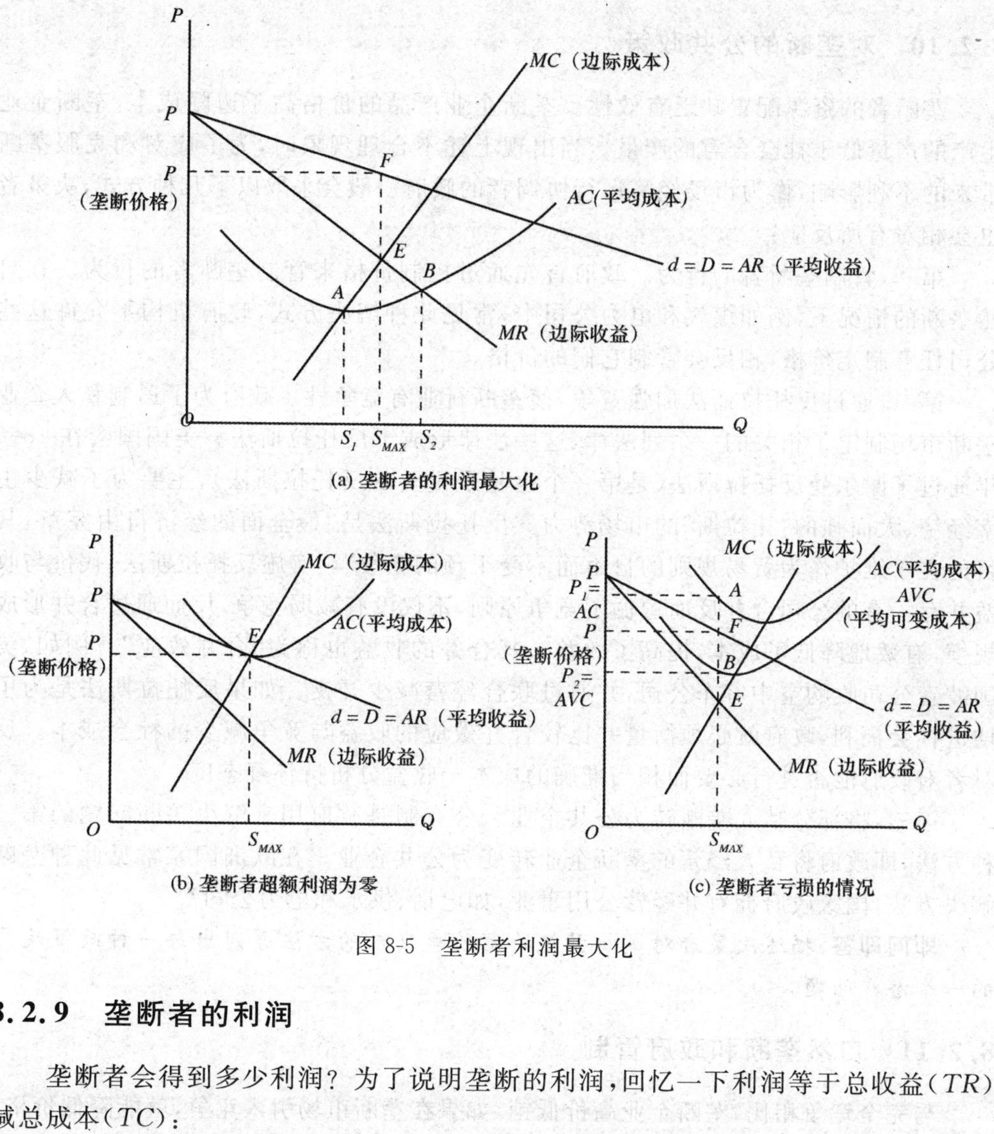

(a) 垄断者的利润最大化

(b) 垄断者超额利润为零

(c) 垄断者亏损的情况

图 8-5　垄断者利润最大化

8.2.9　垄断者的利润

垄断者会得到多少利润？为了说明垄断的利润，回忆一下利润等于总收益（TR）减总成本（TC）：

$$利润=TR-TC \tag{8-1}$$

我们可以把这个式子写为

$$利润=(TR/Q-TC/Q)\times Q \tag{8-2}$$

TR/Q 是平均收益，等于价格 P，而 TC/Q 是平均总成本（ATC）。因此，垄断者的利润为

$$利润=(P-ATC)\times Q \tag{8-3}$$

即问即答：如何比较垄断企业的产量与总剩余最大化的产量？

8.2.10 对垄断的公共政策

垄断者的资源配置缺乏有效性。垄断企业产品的价格高于边际成本，垄断企业生产的产量低于社会合意的产量。当出现上述不合理现象时，为了应对和克服垄断带来的不利影响，作为市场经济运行协调者的政府一般会采取以下几种方式，决策者也会相对有所反应：

第一，管制垄断者的行为。政府首先通过控制价格来管制垄断者的行为。在自然垄断的情况下，例如煤气和电力公司中，常见此种解决方式，政府机构不允许这些公司任意制定价格，相反会管制它们的价格。

第二，通过反托拉斯法加强竞争，使垄断行业有竞争性。政府为了遏制私人企业垄断市场制定了相关的一系列法律，这些法律形成了反托拉斯法。美国国会在1890年通过了谢尔曼反托拉斯法(是第一个也是最重要的反托拉斯法)，主要为了减少主宰经济、大而强的“托拉斯”的市场势力。反托拉斯法是“最全面的经济自由宪章，其目的在于维护作为贸易规则的自由而不受干预的竞争”。实施反托拉斯法，代价与收益并存。有的公司合并反而遵循了竞争原则，不仅没有减弱竞争，反而通过合并形成规模，有效地降低了成本，提高了效益。其合并的收益也称为“合并效应”。例如，美国波音公司收购空中客车公司，并通过联合经营减少开支。如果反托拉斯法是为了增进社会福利，政府就必须衡量并比较合并效应的收益与竞争减少的社会成本。反对者对政府能否进行必要而相当准确的成本一收益分析持怀疑态度。

第三，将部分私人垄断转为公共企业。公有制是政府用来解决垄断问题的第三种方法，即政府将私人经营的垄断企业转变为公共企业。在欧洲国家常见此种垄断解决方法，国家政府拥有并经营公用事业，如电话、供水和电力公司等。

即问即答：描述决策者对垄断引起的无效率反应的方法并列出每一种政策反应的一个潜在问题。

8.2.11 自然垄断和政府管制

与完全竞争相比，垄断企业高价低销，如果在垄断市场引入竞争，就能降低价格，增加产量。其实在某些情况下，一家企业更能节约成本，这就是自然垄断。自然垄断的基础是规模经济。其主要特征是企业的平均成本在很高的产量水平上随着产量的增加而递减，以致一家企业供应整个市场需求时的成本最低。在这样的行业里，大企业总能击败小企业，最后只剩下一家最大的企业。这主要是因为，这些行业的生产技术需要大量的固定设备，使得固定成本非常大，而可变成本相对很小，所以，平均成本曲线在很高的产量水平上仍是下降的。一般地说，供水行业、供电行业、通信行业等都具有这一特征。例如，发电厂需要大量的固定设备，一旦供电系统建成以后，每增加1千瓦电时所增加的可变成本很小。所以单位成本中的大部分分摊到固定成本中，产量越高，平均成本越低。

一方面,规模经济是自然垄断的基础,其经济效果要比几家企业同时经营时高。另一方面,自然垄断作为垄断的一种形式,由于缺乏竞争导致垄断企业的高价格、高利润以及低产出,造成经济效率的损失。所以,大多数西方国家的政府对具有自然垄断特征的公用事业、运输业和通信业等进行管制。政府对自然垄断的管制主要有以下两方面:

第一,边际成本定价法及其他定价法。垄断企业的价格高于边际成本。很多经济学家认为,垄断企业价格应该正确地反映生产的边际成本,由此,便有了边际成本定价法。边际成本定价法是在市场需求曲线和企业边际成本曲线给定的情况下,由两条曲线的交点来确定产品价格的方法,即价格等于边际成本。

在竞争市场上,由市场需求曲线和市场供给曲线形成的均衡价格等于企业的边际成本,从长期来看,也等于企业的最低平均成本。这样,边际成本定价一方面保证了企业获得最大收益,另一方面又保证了消费者能够获得低价,从而获得最大效用。但是,在自然垄断行业,由于企业是在平均成本下降阶段进行生产,根据边际成本下降拉动平均成本下降,边际成本上升促使平均成本上升理论,此时,边际成本曲线一定位于平均成本曲线的下方。也就是说,按边际成本决定的价格一定小于平均成本。因此,企业此时是亏损的,需要政府进行补贴,否则退出生产。

所以,可以用平均成本定价法和双重定价法来替代边际成本定价法,从而摆脱边际成本定价法的困境。平均成本定价法是使管制价格等于平均成本。此时,企业不再亏损,垄断企业赚取正常利润,企业会继续经营,相对而言,市场效率低于边际成本定价。

双重定价法类似于价格歧视的做法。具体而言,允许企业对一部分购买欲望较强的消费者收取较高的价格,从而企业获得利润。同时,企业对一部分购买欲望较弱的消费者仍按边际成本定价法收取较低的价格,从而企业是亏损的。此外,双重定价法还要求制订的价格计划应该使得企业由于收取较高价格所获得的利润能补偿由于收取较低价格所遭受的亏损。

第二,资本回报率管制。另一个管制自然垄断的做法是为垄断企业规定一个接近于"竞争的"或"公正的"资本回报率,它相当于等量的资本在相似技术、相似风险条件下所能得到的平均市场报酬。由于资本回报率被控制在平均水平,也就在一定程度上控制住了垄断企业的价格和利润。

思考:简述边际成本定价法的优点与不足。

8.2.12　价格歧视

有时,垄断企业会对同一种产品收取不同的价格,这种做法会增加垄断企业的利润。以不同价格销售同一种产品,或对同一消费者不同的购买量,分别以不同的价格收费,被称为价格差别或价格歧视。

例如在旅游风景点对外国游客和国内游客收取不同的门票，工业用电和生活用电的价格不同，电影院周二实行半价销售等，企业实行价格歧视，其目的是为了在一定条件下获得更高的利润。

1. 价格歧视的概念

价格歧视（价格差别）：同一商品，垄断企业向不同的购买者索取不同的价格。企业实行价格歧视的目的是获得更高的利润。价格歧视分三级。

一级价格歧视：指企业对它所销售的每一单位产品都索取最高的可能价格。我们称这种最高价为顾客的保留价格。在实践中，一级价格歧视是很少见的，实行一级价格歧视的难处在于，企业必须非常清楚地了解市场需求，了解每一个消费者的最高买价。比较近似的情况是艺术品拍卖市场，在这一市场中，当对所拍卖的艺术品有兴趣的消费者都在场的时候，通过消费者之间的相互竞价，每一件艺术品都可能按其最高价格出售。

二级价格歧视：指企业按照消费者购买商品的数量来确定价格，称为二级价格歧视。二级价格歧视较为普遍，典型例子是电力公司实行的分段定价。

三级价格歧视：指企业把市场划分成两个或多个不同的子市场，并将同一种商品在不同的子市场上按不同价格销售，称为三级价格歧视。

2. 实现价格歧视的条件

三级价格歧视在现实中较为常见，但企业要成功地实现价格歧视，有两个必不可少的条件：

第一，市场充分隔绝。消费者在不同的子市场之间被完全隔绝是成功实行价格歧视的必要条件。如果子市场之间未被隔绝，那么商品很容易被转卖。

第二，需求弹性不同。不同的消费者或不同的子市场具有不同的需求价格弹性是保证企业实现价格歧视获得更高利润的条件。企业可以根据消费者对某种商品需求弹性的大小制定不同的价格来销售产品，以获得最大利润。

第三，市场的消费者具有不同的偏好。比如，新产品进入市场时，可按产品进入市场时期的长短来区分市场。对任何一种新产品，消费者的偏好是不一样的。时装的销售是最典型的例子，在正当时令的季节，时装的价格令一般的消费者望而却步，而时令一过，大甩卖的广告到处都是。

8.2.13 结论：垄断的普遍性

垄断常见于现实中。许多企业有控制价格的能力。产品的差异性不能强迫它们按照市场价格销售产品，产量少的时候可以高价多销，产量多的时候可以低价多销。因为每一种产品都有向右下方倾斜的需求曲线，所以每个生产者都有一定程度的垄断力量。

但真正有强大垄断势力的企业很少。只有少数物品独一无二，大多数物品有相似的替代品。某一方稍微提高价格不会失去原有的市场，但如果大量提高价格，销售量则大大减少,消费者会流失,所以,垄断力量通常是有限的。

8.3　寡头市场

8.3.1　经济实例:2个航空公司老板的通话

下面是一段20世纪80年代两个航空公司经理之间的电话谈话。1983年2月24日的《纽约时报》报道了这段电话交谈内容。

罗伯特·克兰达尔(Robert Crandall)是美洲航空公司总裁,霍华德·帕特南(Howard Putnam)是布拉尼夫航空公司总裁。

克兰达尔:我觉得我们像基督说的罪过一样,在这里拼个你死我活,但一分钱也没赚到,是很愚蠢的。

帕特南:你有什么高见吗?

克兰达尔:有,我有个建议。提高你的机票价20%,明天一早我也提高我的。

帕特南:罗伯特,我们……

克兰达尔:你能赚更多的钱,我也是。

帕特南:我们不能谈定价问题!

克兰达尔:啊,霍华德。我们想谈什么就能谈什么。

美国反托拉斯法禁止相互竞争的企业经理谈固定价格问题。当帕特南把录音带交给司法部时,司法部立即起诉了克兰达尔。

寡头市场上企业有勾结起来以便减少产量,提高价格和增加利润的强烈欲望。亚当·斯密已经认识到这种潜在的市场失灵。在《国富论》中他写道:"同业者集会的结果是对付工人的合谋,或者某种提高价格的计谋。"

8.3.2　形成寡头市场的原因

寡头市场又称为寡头垄断市场。它是行业中只有少数几个销售者的市场结构,少数几家大企业控制整个市场的产品的生产和销售,大企业之间具有决策上的相互依赖性。现实中许多行业具有寡头垄断的特征,如移动通信、汽车、银行等,决策者在制定决策时必须考虑其他企业可能做出的反应。

如果二汽集团试图通过降低轿车价格扩大销售,就必须考虑上海汽车集团、一汽集团等企业的可能反应。其他企业为了维护市场份额,也会降价响应,结果各家市场份额不变,利润减少,二汽集团的降价决策未起到预计的效果。这就是寡头垄断市场众企业所面临的难题。

形成寡头市场的主要原因有:某些产品的生产必须在相当大的生产规模上运行才能达到最好的经济效益;行业中几家企业对生产所需的基本生产资源的供给的控制;政府的扶植和支持等。由此可见,寡头市场的成因和垄断市场是很相似的,只是在程度上有所差别而已。寡头市场是比较接近垄断市场的一种市场组织。

8.3.3 寡头垄断市场的特点

第一,寡头市场中只有少数几个企业。几个大规模的企业占据了整个行业或行业的大部分产出,生产的产品可能是同质的,如水泥、石油等行业,可能有差别,如家用电器、汽车制造等行业。

第二,存在进入壁垒。寡头市场存在较高的进入壁垒,这是少数企业占据大部分市场份额的必要条件。规模经济是进入壁垒的主要原因,由于大规模生产的优势,大企业不断壮大,使小企业无法生存,最后只剩几家势均力敌的少数企业竞争。另外由于特定的技术垄断和专利,企业需要投入巨额资金获得消费者认同或企业信誉方能立足时,导致新企业不敢贸然进入。有些企业还会采取策略性行动阻止新企业进入。如原有企业一旦知道新企业准备进入,就可能会向市场倾销并压低价格进行威胁,甚至还会制造过剩的生产能力。

第三,存在相互的依存关系。与其他三种市场结构相比较,寡头垄断市场最突出的特点是企业之间存在着相互依存关系。因为只有少数几个企业,每个寡头企业在决定自身经营决策时,都必须考虑竞争对手会有何反应。在完全竞争市场,企业的行为完全独立,不必考虑其他人的反应。在完全垄断市场,只有一家企业,不存在对手。在垄断竞争市场,虽然有一定的依存性,但企业众多,每家只占很小的市场份额,其他企业的反应可忽略不计。经营一个寡头企业很复杂,因为在定价、产量、投资和广告等方面都包含着策略性的考虑。决策上的相互依赖性可能导致寡头企业之间不同程度的竞争和合作,也可能导致企业制定决策的不确定性,所以很长时间一直难以用一个规范模型明确说明寡头企业的竞争行为,博弈论的发展和应用改变了这一状况。博弈论提供了一个统一的理论框架,适用于分析有关理性行动者之间的问题,即运用形式化的模型分析参与者之间竞争与合作的行为及其后果。

寡头行业可按不同方式分类。根据产品特征,可以分为纯粹寡头行业和差别寡头行业两类。在纯粹寡头行业中,企业之间生产的产品没有差别。例如,可以将钢铁、水泥等行业看成是纯粹寡头行业。在差别寡头行业中,企业之间生产的产品是有差别的。例如可以将汽车、冰箱等行业看成是差别寡头行业。此外,寡头行业还可按企业的行动方式,分为有勾结行为的(即合作的)和独立行动的(即不合作的)不同类型。

寡头企业的价格和产量决定是一个很复杂的问题。其主要原因在于:在寡头市场上,每个企业的产量都在全行业的总产量中占一个较大的份额,从而每个企业的产量和价格变动都会对其他竞争对手以至整个行业的产量和价格产生举足轻重的影响。正因为如此,每个寡头企业在采取某项行动之前,必须首先推测某一行动对其他企业的影响以及其他企业可能做出的反应,然后,才能考虑制定何种决策,采取哪种有利的行动。寡头垄断市场的企业具有串通、合谋的动机,即共同维持高价,大家境况会好些;同时也有竞争动机,即每家企业都想通过从其他企业处争夺市场份额,从而改善处境,因此每个寡头企业的决策是各企业相互作用的结果。寡头企业行为之间的这种复杂关系,使得寡头理论复杂化。因此,寡头企业具有不同的行为方式,相应的解释模型也有多种类型。本节主要分析若干种可能的行为方式,介绍典型的非合作型寡头垄断模式(古诺模型与斯威齐模型)和合作型寡头垄断模式(价格领导模型),应用博弈论分析寡头垄断企业之间的相互关系(这一部分内容在后面的章节中介绍)。

8.3.4 在垄断和完全竞争之间

前面分析了有许多竞争企业的市场和只有一个垄断企业的市场。在前面一章中,我们说明了,完全竞争市场的价格总是等于生产的边际成本。我们还说明了,在长期中进入与退出使经济利润为零,因此,价格也等于平均总成本。

完全竞争和垄断的情况说明了有关市场如何运行的一些重要思想。但是,经济中大部分市场包含这两种情况的成分,因此不能用这两种情况来全面地描述。经济中一般企业会面临竞争,但竞争并没有激烈到使企业完全像前面分析的价格接受企业那样。一般企业也有某种程度垄断,但它的市场势力还没有大到使企业可以完全像前面分析的垄断企业那样。换句话说,在我们的经济中,典型的市场是不完全竞争市场。

不完全竞争的市场有两种类型。寡头是只有少数几个卖者的市场,每个卖者都提供与其他企业相似或相同的产品。一个例子是世界石油市场:中东少数几个国家控制了世界大部分石油储藏。垄断竞争描述一个有许多出售相似但不相同产品的企业的市场结构。例如电影、CD和电脑游戏机市场。在垄断竞争的市场上,每家企业都垄断着自己生产的产品,但许多其他企业也生产争夺同样顾客的相似产品。

图 8-6 总结了市场结构的四种类型。关于任何市场所要提的第一个问题是有多少企业。如果只有一家企业,市场就是垄断的。如果只有几家企业,市场就是寡头。如果有许多企业,我们就需要问另一个问题:企业出售的是相同产品还是有差别的产品?如果许多企业出售有差别产品,市场就是垄断竞争。如果许多企业出售相同产品,市场就是完全竞争。

当然,现实决不像理论这样界限分明。研究产业组织的经济学家把市场分为四种类型——垄断、寡头、垄断竞争和完全竞争。但在某些情况下,你会发现,很难用哪种结构来描述一个市场。例如,当计算企业数量时,没有一个能区分“很少”和“很多”的魔法数字(现在有将近 12 家公司在美国出售汽车,这种汽车市场是寡头呢,还是更接近完全竞争或是垄断竞争?答案引起了争议)。同样,也没有一种确切的方法可以确定什么时候产品是有差别的,而什么时候又是相同的(不同品牌的牛奶实际上是相同的吗?答案又是有争论的)。在分析实际市场时,经济学家必须记住从研究各种市场结构类型中得出的结论,并在适合的时候运用每个结论。我们已经知道了经济学家如何定义市场结构的不同类型，现在我们就可以继续对市场结构进行分析了。

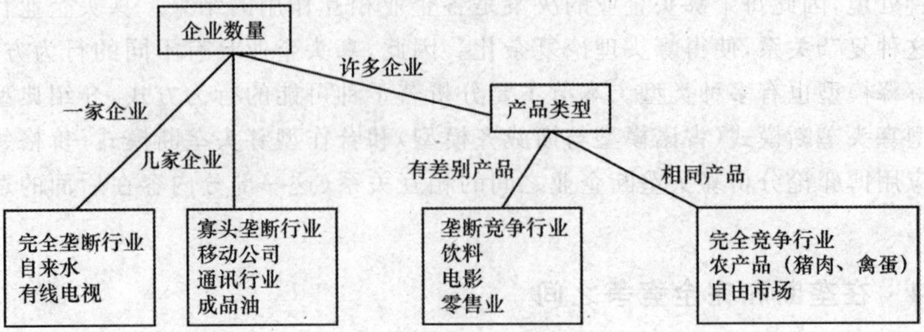

图 8-6　市场结构的四种类型

> 思考：简述寡头的定义，并举一个例子。

8.3.5　只有少数几个卖者的市场

因为寡头市场只有几个卖者，所以，寡头之间存在合作与利己之间的矛盾。由于决策的相互依赖性会导致寡头企业之间的竞争与合作。寡头集团会达成共谋协议并像一个垄断者那样行事，即制定高于边际成本的价格，生产少量产品，状况就会变好。但寡头更注重自己的利益，就会出现合久必分的局面，瓦解垄断组织。

双头垄断的例子。为了了解寡头的行为，简化起见只分析两家企业，即双头垄断。

假设某镇只有两家盐业公司 A 和 B 拥有能生产盐的盐井。每周末，A 和 B 决定提炼一定数量的盐，带到镇上，按照消费者能够承受的价格出售。为了便于理解，假设 A 和 B 可以不计成本无限地提炼盐，也就是说盐的边际成本为零。

表 8-2 反映了镇上盐的需求情况。第一栏表示盐的销售总量，第二栏表示销售价格。如果两个盐井的所有者总计销售 0 斤，价格为 13 元。如果他们总计出售 10 斤盐，价格下降到 12 元。以此类推。如果把这两栏的数字画成图形，将得到一个向右下方倾斜的需求曲线。

表 8-2 的第三栏表示销售盐得到的总收益。其等于销售量乘以价格。由于提炼盐的成本为零，所以两个生产者的总收益等于他们的总利润。

根据上述的情况我们探讨该镇盐行业的组织如何影响盐的价格和销售量。为此涉及竞争、垄断和卡特尔的相关概念。

在探讨 A 和 B 两个寡头的行为决策会引起的盐的价格和数量的变动之前，我们先简单讨论一下我们已经知道的市场结构：竞争和垄断。

试想如果在完全竞争市场中销售盐会产生何种情况。完全竞争市场中，企业制定决策遵循价格等于边际成本的原则。在盐的市场上，边际成本为零。所以在竞争条件下，盐的均衡价格将是零，而均衡数量将是 130 斤。盐的销售价格反映了生产它支出的边际成本，而且生产与消费量是有效率的盐的数量。

现在对垄断者行为进行探讨。表 8-2 表明，在产量为 60 斤或 70 斤和每斤价格分别为 7 元和 6 元时，总利润最大。垄断者的目的是利润最大化，所以垄断者将生产导致利润最大化的产量，并收取这种价格。垄断者制定价格遵循价格大于边际成本的原则。而社会有效率的产量是 120 斤，结果导致低效率或无效率。

如果是双头垄断，会有何种情况呢？一种可能是 A 和 B 合谋，在生产的盐量和收取的价格上达成一致，形成卡特尔。市场变成完全垄断市场。生产者从市场上得到的总利润最大化。两个生产者将总共生产 60 斤(虽然 70 斤的结果一样，但会选择低的产量)，并以 1 斤 7 元的价格出售。价格大于边际成本，因而，社会成本增大。

表 8-2　　**盐的需求**

数量(斤)(1)	价格(元)(2)	总收益(元)(3)＝(1)×(2)
0	13	0
10	12	120
20	11	220
30	10	300
40	9	360
50	8	400
60	7	420
70	6	420
80	5	400
90	4	360
100	3	300
110	2	220
120	1	120
130	0	0

卡特尔必须在总产量水平和每个成员的生产量方面达成一致，此例中，A 和 B 还要对垄断产量 60 斤盐的分配达成协议。卡特尔的每个成员都想有较大的市场份额，从而获得较大的利润。如果 A 和 B 同意平均划分市场，那么，每个公司将生产 30 斤，价格将是 1 斤 7 元，而且，每个公司可以得到 210 元的利润。

8.3.6　卡特尔——勾结

前面介绍的几种模型中寡头企业为获得更大利润，相互之间均采用达成协议或建立正式组织的形式，从而形成垄断市场。如果寡头企业相互勾结(串谋)，以期获得更大的利润，这就是卡特尔(Cartel)。

卡特尔是企业之间就有关价格、产量和瓜分市场销售区域等达到明确协议而建立的垄断组织。1960 年，阿拉伯主要产油国组成的石油输出国组织(The Organization of Petroleum Exporting Countries，OPEC，欧佩克)是典型的卡特尔，目的是限产保价。

石油输出国组织压缩产量，抬高价格，对世界石油市场有很大影响。卡特尔的价格和产量决定如下：

第一，制定统一价格的原则。整个卡特尔的利润最大化，$MR=MC$；与完全垄断市场一致，可以把卡特尔看作一个完全垄断企业。

第二，产量分配的原则。如果卡特尔组织的目的是整个行业获得最大利润，它会按照各个企业的边际成本都等于卡特尔的边际收益时各自的产量来分配，即 $MC_1=MC_2=MC=MR$。

从实际情况看，产量分配额主要根据成员企业过去的销售水平及其生产能力而确定。如果成员单独违约，偷偷扩产独享限产好处，会导致卡特尔的不稳定性。

8.3.7　寡头的均衡

寡头希望通过合谋形成卡特尔并获取垄断利润，却无法达到目的。正如我们在本章后面讨论的，反托拉斯法公共政策的重点就是禁止寡头之间的公开协议。有时卡特尔成员之间无法达成协议的另外一个原因是争夺和瓜分利润。因此，我们探讨如果 A 和 B 分别决定生产多少盐，会发生何种情况。

在没有限制性协议时，不可能出现垄断的结果。为了说明原因，设想 A 预计 B 只生产 30 斤盐(以 60 斤为例，垄断量的一半)。A 的推理如下：

我也可以生产 30 斤。此条件下，总共 60 斤盐将以 7 元一斤的价格销售。我的利润将是 210 元(30 斤×7 元/斤)。或者，我可以生产 50 斤。此情况下，80 斤总量以 5 元一斤的价格销售。我的利润将是 250 元(50 斤×5 元/斤)。虽然市场的总利润减少了，但我占有较大的市场份额，利润也增加了。

显然，B 也会同样推理。如果这样的话，A 和 B 将各带 50 斤盐到镇上销售。销售总量将为 100 斤，而价格将下降为 3 元。所以，如果双头垄断者制定生产决策时只考虑自己的私利，生产的总量大于合谋形成的垄断产量，产品的价格低于垄断价格，因而获取的总利润小于垄断利润。

谋私利使双头垄断产量的增加大于垄断水平，但不能使双头垄断达到竞争的结果。探讨当每个寡头生产 50 斤时会出现的情况。价格是 3 元，而且每个双头得到 150 元利润。此情况下，A 从利己的角度思考又得出了不同的结论：

“目前我的利润是 150 元。假设我把生产增加到 60 斤。此情况下，总计可以销售 110 斤盐，价格是 2 元一斤。这时我的利润只有 120 元。增加生产，价格反而下降，如果产量保持在 50 斤水平上，状况较好。”

看来 A 和 B 各生产 50 斤的结果像某种均衡，这种结果被称为纳什均衡(以纪念经济理论家约翰·纳什而命名)。纳什均衡是相互作用的经济主体,每个人在假定对手行为既定条件下,选择自己的最优战略。在这个例子中,在A生产50斤为既定时,B的最优战略是生产50斤。同样,在B生产50斤为既定时,A的最优战略是生产50斤。一旦他们达到了这种纳什均衡,A和B都没有做出不同决策的激励。

这个例子说明了合作和利己之间的冲突,合作并达到垄断的结果会使寡头的状况更好。但由于追求自己的私利,最后不能达到垄断结果,他们共同的利润无法达到最大化。当每一个寡头只为自己谋私利,增加生产并占有更大市场份额时,总产量增加,价格却下降了。

同时,自利也不能通过所有的途径驱使市场达到竞争的结果。和垄断者一样,寡头不会遵循竞争企业的规律,在价格等于边际成本的那个点上进行生产,因为随着产量的增加,产品的价格降低了。

总之,当寡头企业个别地选择利润最大化的产量时,它们生产的产量大于垄断的产量水平,但小于竞争的产量水平。寡头价格小于垄断价格,但大于竞争价格(竞争价格等于边际成本)。

8.3.8　寡头数量如何影响市场结果

我们利用双头垄断分析的结论讨论寡头数量怎样影响市场结果。假设C和D在他们的土地上突然发现了盐源,也加入市场供应商中。需求表见表8-2,但目前满足这种需求的生产者增多了。卖者从2个增加到4个,他们怎样影响镇里盐的数量和价格呢?

如果盐的卖者合谋形成一个卡特尔,可以通过生产垄断产量并收取垄断价格来获得利润最大化。与只有两个卖者时的情况相同,卡特尔成员需要针对每个成员的生产水平通过协商达成一致,并寻求某种实施协议的方法。但是,随着集团规模的扩大,由于私利的原因,很多寡头希望获得更多的利益,会破坏原有的协议,实施起来比较困难,无法达到原有协商一致的效果。

如果各寡头没有形成卡特尔,或者反托拉斯法禁止这种做法,他们就必须各自决定自己的产量。结合每个卖者面临的决策来说明卖者数量增加怎样影响结果,每个盐井拥有者在任何时候都有权选择增加生产1斤盐。盐井所有者在做出此决策时要权衡两种效应:

第一,价格效应。提高生产,增加总销售量,导致盐的价格降低并减少所销售的所有其他盐的利润。

第二,产量效应。因为价格高于边际成本,所以在现行价格时多销售1斤盐将增加利润。

如果价格效应大于产量效应,所有者将减少产量。如果产量效应大于价格效应,所有者将增加产量。每一个寡头都是在其他寡头的生产既定前提下进行决策的,并坚持增加生产,直到这两种边际效应完全平衡。

现在探讨行业中的企业数量怎样影响每个寡头的边际分析。卖者对市场价格是否有影响，取决于卖者的数量多少，数量越多，每个卖者越不关心自己对市场价格的影响。价格效应随着寡头数量增加而减少，寡头数量增加到极大时则完全消失，只剩下产量效应。在这种极端情况下，寡头市场的每个企业只要价格大于边际成本则增加产量。

我们可以看到，一个有着众多寡头的市场实际是一个竞争企业集团的市场。因为竞争企业是价格接受者，不存在价格效应。所以竞争企业在决定生产多少时只考虑产量效应。随着寡头市场上卖者数量增加，寡头市场与竞争市场就越来越像，价格与边际成本接近，生产量与社会有效率的水平接近。

8.3.9 贸易限制与反托拉斯法

一般而言，市场经济的一个基本部分是合约自由。通过合约可以进行有利的贸易往来，而履行合约依靠司法制度。但几百年来，美国和英国法官都认定竞争者之间的协议违背了公共利益，因为协议规定减少产量并提高价格，所以法官们拒绝执行此类协议。

1890 年的谢尔曼反托拉斯法把寡头之间的协议从一种无法实施的合约提升为有罪的合谋。1914 年的克莱顿法进一步加强了反托拉斯法，鼓励私人用法律诉讼去反对合谋的寡头。

如今，美国司法部和私人团体都有权提出法律诉讼来履行反托拉斯法。正如我们在第十四章中讨论的，这些法律被用于防止企业过分的市场势力的合并，也用于防止寡头以垄断的方式共同行事。

思考：为什么有些企业所达成的协议是非法的？

8.3.10 结论

寡头的利己使它的行为更接近竞争，但更愿意像垄断者那样做事。是垄断还是竞争取决于寡头市场上的企业数量及其合作方式。寡头之间的竞争性质使他们在行动时要考虑对方可能采取的决策，然后做出自认为最好的策略，但这样往往不如他们合作后的利润大。

寡头要使自己获得最大利润，可以利用卡特尔或垄断方式达到目的。如果寡头独立制定生产决策，其价格低于垄断结果，产量大于垄断的结果。寡头市场上企业数量越多，产量和价格越接近于完全竞争条件下的水平。

决策者采取反托拉斯法促使寡头增加竞争行为。这些法律的适用性是否合理，值得探讨。因为一些看起来垄断的行为，实际上有其合理的经营目的。

8.4　垄断竞争市场

可口可乐公司与百事可乐公司这两个竞争对手,一直处于激烈的竞争之中。

百事可乐与可口可乐都盯死了对方,只要对方一有新动作,另一方肯定也会有新花样。可口可乐早在20世纪20年代便在古巴用飞机在空中喷出烟雾,画出“COCA-COLA”字样,可惜因为缺少经验而失败,百事可乐在1940年更是一下租了8架飞机,飞了14.5万公里,在东西两海岸城市,以机尾喷雾,写下百事可乐的广告。可口可乐当然要及时反击,为强化国民第一饮料的形象,可口可乐赞助了1939年的纽约世界博览会,并请名人啜饮,将其照片刊在杂志封面。但相比之下,百事可乐的宣传广告方式更有创意。他们专门设计了一套卡通片,而且还创作了一首看似极普通却风靡全美的广告歌曲。两大巨头在竞争中可谓不遗余力,使出浑身解数来击败对手,但结果却是二者都有了长足的发展。

你漫步进入一家商店购买饮料时,在货架上你发现了王老吉、冰红茶、康师傅、娃哈哈、鲜橙多、红牛、可口可乐、健力宝和汇源,等等。当你挑选出一瓶并要买下时,你是在参与哪一种市场?

一方面,饮料市场看来是极富竞争性的。对每一位饮料企业的人来说,总有数以百计的人在争夺这一地位。很多企业为了吸引消费者不惜重金聘请明星做广告。统一鲜橙多2012年请当红韩流明星张根硕做代言人,其销量比往年增长了3到5倍,今年继续聘请其代言,因为张根硕在微博中的粉丝达到一千多万人次。2013年统一集团策划购买产品抠奖能取得与明星见面会的活动,又促使很多粉丝级的消费者购买其产品,可见明星的效应也是促销的一种手段,决定消费者的购买意向。另一方面,饮料的市场看来极有垄断性。因为每一种饮料品牌都是独一无二的,生产商在某种程度上可以选择所收取的价格。这个市场上的卖者是价格决定者,而不是价格接受者。而且实际上,饮料的价格大大超过了边际成本。

8.4.1　垄断竞争市场的特点

我们考察既有某些垄断特点又有某些竞争特点的市场,这种市场结构被称为垄断竞争。垄断竞争是许多出售相似而有差异的产品的企业的市场结构。垄断竞争市场有以下特征:

第一,许多卖者。有许多企业,争夺相同的消费群体。

第二,产品差别。每个企业生产的一种产品至少与其他企业生产的这种产品在某方面有所差异。所以每个企业不是价格接受者,而是面临一条向右下方倾斜的需求曲线。

第三,自由进入。企业可以无限制地进入(或退出)一个市场。因此,市场上企业的数量要一直调整到经济利润为零时为止。如,电影、电脑游戏、餐馆、钢琴课、点心及家具等市场属于此类特征。

垄断竞争和寡头一样,也是介于竞争和垄断这两种极端情况之间的一种市场结构,但垄断竞争和寡头也有很大不同。寡头市场上只有少数几个卖者,激烈竞争的可能性不大,企业之间存在极为重要的战略相关性。与此相比,在垄断竞争条件下,有很多卖者,其中每一个卖者的产量与市场需求量相比都很小,每个卖者都提供略有差异的产品。由上可知,寡头市场和垄断竞争市场均不同于完全竞争市场。

8.4.2 有差别产品的竞争

在垄断竞争中,我们仍然有很多卖家(如同在完全竞争条件下)。然而,现在他们不卖相同的产品,相反,他们卖的是差异化产品,产品可能实际上有所不同,或可能被消费者认为不同,即使他们起到类似的目的。这种不同可以表现为多个方面,例如质量、风格、便利、位置和品牌名称。有些人喜欢百事可乐,也有人喜欢可口可乐,即使这两种产品非常相似。但是,如果出现较大幅度的价格优惠呢?例如,如果有一个大的连锁超市促销可口可乐,一些喜欢百事可乐的消费者也可能会转而购买可口可乐(至少暂时如此)。

形成消费者主观上的产品差别。

不同的消费者偏好是产品差异存在的基础。有的情况下这种差异可能仅仅是消费者主观上的,但也会形成对某一品牌产品的黏性,使得这种产品在价格上涨时,并不会丧失所有顾客(而在完全竞争条件下,企业涨价就会丢掉全部市场)。

由上述的原因可看出,产品差别大致分为客观(真实)和主观(心理)两类形式,如产品的功效不同、质量不同导致的差别是真实的,而同种产品因为包装、外观、附着服务等方面的不同,导致消费者产生的不同感受是主观差别。另外广告也会促使消费者的偏好发生变化。如当某一品牌的洗发液企业通过广告,反复强调其特有的营养成分能使头发亮丽柔顺,爱美的消费者怎会不动心,从而影响到其选择行为。

一般说来,产品的差别越大,企业的垄断程度也就越高。由于有差别的产品相互之间又有替代性,即每一种产品都会遇到大量其他的相似产品的竞争,因此市场中也有竞争的因素,从而构成了垄断和竞争两因素并存的垄断竞争市场的特征。例如,不同品牌的电视机、香烟和糖果。

即问即答:假设你是一个服装企业的老板,你如何创造自己的产品差别?

8.4.3 垄断竞争市场的条件

完全竞争市场和垄断市场是理论分析中的两种极端的情况。在现实中,通常存在的是垄断竞争市场和寡头市场。垄断竞争市场与完全竞争市场比较相似。

垄断竞争市场中有许多企业生产和销售有差别的同种产品。根据这一基本特征,西方经济学家提出了生产集团的概念。因为,在完全竞争市场和垄断市场条件下,行业的含义是非常明确,它是指生产同一种无差别的产品的企业的总和。而在垄断竞争市场，产品差别这一重要特点使得上述意义上的行业不存在。为此，在垄断竞争市场理论中，把大量生产非常接近的同种产品的企业的总和称作生产集团。例如，汽车加油站集团、快餐食品集团、理发店集团等。

具体地说，垄断竞争市场的条件主要有以下三点：

第一，在生产集团中有大量的企业生产有差别的同种产品，产品之间都是非常接近的替代品。例如，不同品牌的牙膏具有较密切的替代性。

在这里，产品差别指的是同一类产品之间的主观或客观的区别。产品差别产生的原因主要有以下几方面：①产品之间的内在品质不同，如原材料、技术不同。②产品的规格和档次不同，如同一款轿车的不同质量。③产品的外观形状不同，如商标、包装不同形成的差别。④经济空间不同，如产品产地和销售地的区位不同形成的同类产品的差别。⑤产品附着的服务不同导致的差别，如不同企业的服务、广告、促销等方面的不同

第二，大量的买者和卖者，每个企业所占的市场份额极小。

第三，企业的生产规模比较小，可以自由地进入和退出某行业。企业完全由利润的驱使而进出该行业，在达到长期均衡时，行业内的经济利润为零。

第四，企业行为相互独立。由于行业内企业人数众多，企业不用考虑自己的行为对他人的影响。如理发行业和餐饮行业等。

在现实生活中，垄断竞争的市场组织在零售业和服务业中是很普遍的。例如修理、糖果零售业等。在垄断竞争生产集团中，各个企业的产品是有差别的，企业相互之间的成本曲线和需求曲线未必相同。但是在垄断竞争市场模型中，西方学者总是假定生产集团内的所有的企业都具有相同的成本曲线和需求曲线，并以代表性企业进行。

8.4.4　垄断竞争企业的需求曲线*

垄断竞争企业产品是有差别的，因此其需求曲线是一条向右下方倾斜的曲线；同时其产品之间又具有很强的替代性，因而其需求曲线是一条向下倾斜、相对平坦的曲线。垄断竞争企业所面临的需求曲线有两种：d、D 需求曲线，如图 8-7 所示。

(1) 当某企业降价时，它设想其他企业都不会采取降价措施，这样，该企业不仅可能增加对原有顾客的销售量，而且还能吸引其他企业的顾客，销售量可望有较大幅度的增加，用 d 来表示。d 较为平坦，表示需求曲线弹性较大，企业一旦降价，可以增加很大的销售量。例：P_0 降至 P_1，Q_0 增至 Q_1，由于 d 曲线出现的情况仅存在于企业的设想之中，称为“想象”需求曲线。

(2) 当某企业降价时，其他企业也会做出同样的反应。这样，就无法从其他企业那里吸引新的顾客，而只可能增加原有顾客的销售量，因此增加的销售量是十分有限的。反映在图中就是 D，D 较为陡峭，表示需求弹性较小，企业一旦降价，可以增加的销售量有限，在同样的降价幅度下，企业只能由 Q_0 增加到 Q_2，由于假定所有企业的

销售量都以同样幅度增加,因此,每个企业所占有的市场份额将不会改变,所以 D 曲线也被称为"市场份额"需求曲线。

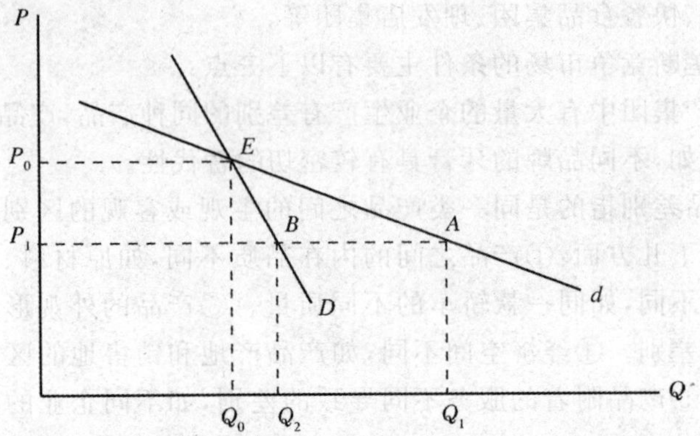

图 8-7　垄断竞争企业的需求曲线

> 思考:垄断竞争企业面临几条需求曲线

8.4.5　垄断竞争的多余生产能力

将垄断竞争企业和完全竞争企业进行一个简单的对比。在图 8-8 中,如果是完全竞争的市场,企业长期均衡时的产量等于长期平均成本最低时的产量,即均衡点为 C 点;如果是垄断竞争的市场,企业的长期均衡点为 A 点,所以垄断竞争企业的长期均衡产量 Q_A 低于完全竞争的长期均衡产量 Q_C。显然相对于垄断竞争企业来说,完全竞争市场所能达到的平均成本要低、而产量要高。基于此,我们常把完全竞争条件下,企业实现长期均衡的产量即平均成本最低时的产量称为理想的产量。显然,垄断竞争的市场无法达到理想的产量。把理想产量与实际产量之间的差额(即 Q_C-Q_A)称为多余的生产能力。

多余生产能力的存在说明了垄断竞争企业没有充分利用自身和社会资源。Q_AQ_B 表示垄断竞争企业在长期均衡点上没有在其生产规模($SACm$ 曲线)的最低平均总成本 B 点进行生产,意味着企业没有充分利用现有的生产设备。Q_BQ_C 表示垄断竞争企业在长期均衡点上没有建立一个能够产生最低平均总成本的生产规模,即 $SACp$ 曲线代表的生产规模,意味着垄断竞争企业没有更多地使用社会资源,以扩大生产规模,将生产的平均总成本降低到最低水平,即 LAC 曲线的最低点 C。

因此,有的经济学家认为垄断竞争行业是低效率的。但也有另一部分经济学家为垄断竞争辩护,他们认为:垄断竞争企业提供给市场的是多样化的商品,可以满足企业不同的偏好,而产品的多样性本身就是有价值的。多余的生产能力在一定程度上可以看作是消费者或社会为了得到产品多样性所必须付出的代价。

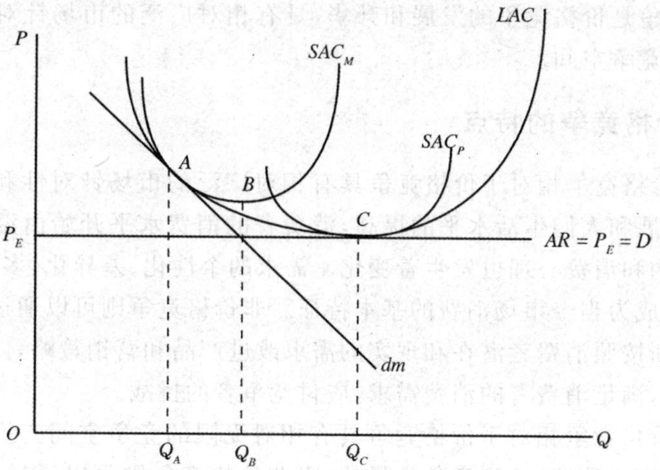

图 8-8　垄断竞争和多余生产能力

8.4.6　垄断竞争企业的供给曲线

垄断竞争企业所面临的需求曲线与垄断企业一样也是向右下方倾斜的，因此也是无法找到价格与产量之间一一对应的关系。因此在垄断竞争市场上，是不存在具有规律性的供给曲线。

8.4.7　对垄断竞争市场的评价

比较完全竞争长期均衡条件 $P=MR=AR=MC=AC$，两者都是 $P(AR)=AC$。差别是完全竞争下 $AC=MC, P(AR)=MR$，而垄断竞争市场 $AC>MC, P(AR)>MR$。这说明：①垄断竞争下成本较高，未能达到最低点，存在资源浪费。②垄断竞争下价格比较高，相应产量较低，对消费者不利。但也并不能由此得出完全竞争市场就优于垄断竞争市场的结论。因为尽管垄断竞争市场上平均成本与价格高，资源有浪费，但消费者可以得到有差别的产品，从而满足不同的需求。而且垄断竞争市场上的产量要高于完全垄断市场，价格却要低。特别是垄断竞争有利于鼓励进行创新。因此，许多经济学家认为，垄断竞争从总体上看还是利大于弊的。

8.5　价格竞争和非价格竞争

企业间价格方面的竞争大致可分为两类：价格竞争和非价格竞争。

价格竞争是通过降价来使顾客花更少的钱，却得到同样满足的一种竞争。

非价格竞争，即价值竞争，就是为顾客提供更好、更有特色，或者更能适合各自需求的产品和服务的一种竞争。在不完全竞争市场上，资源企业通过改变产品品质、营销策略、广告等非价格方式来最大化自己的利润。

非价格竞争是价格竞争的发展和升华，具有相对广泛的市场针对性和适应性以及相对无限的竞争空间。

8.5.1 非价格竞争的特点

第一，非价格竞争相对于价格竞争具有相对广泛的市场针对性和适应性。随着社会经济的发展和人们生活水平的提高，消费者的消费水平开始由温饱型向小康型转变，消费结构和消费心理也发生着变化。需求的个性化、差异化、多样化、层次化和动态化已逐步成为当今市场消费的基本特征。非价格竞争则可以通过了解消费者需求的变化，不断按照消费者潜在和现实的需求改进产品和营销策略，以丰富多彩的竞争手段和形式，满足消费者的消费需求，应付竞争者的挑战。

第二，非价格竞争相对于价格竞争具有相对无限的竞争空间。价格竞争仅通过价格的升降来刺激消费，达到竞争的目的，而非价格竞争则可以通过产品升级、技术革新、质量改良、品牌建树及超值服务等多种手段来吸引消费，达到扩大产销量的目的。

第三，非价格竞争相对于价格竞争更具有市场开拓创新能力。价格竞争对市场的开拓主要表现为对消费者求廉心理的满足，通过低价刺激消费者对产品的购买需求，最终实现产销量的增加。非价格竞争以其竞争手段的多样性，针对多样化的需求和消费质量的提高来开展市场竞争。因此，它对市场的开拓可以说是多点开拓，具有创造性。

第四，非价格竞争相对于价格竞争更突出了竞争的公平性和兼容性。价格永远是产品对消费者具有较强诱惑力和影响力的要素，但目前价格竞争却由于诸多原因而变成了一种恶性竞争。一味地盲目降价，对消费者、企业，乃至整个经济都是得不偿失。而非价格竞争，则通过增加科技投入、开发新产品、提高产品质量和提供优质服务等来满足消费者的不同需要。这样的竞争公平、公正、公开，有利于推进企业进步。同时，非价格竞争更容易使企业联合起来，互相兼容，形成良好的市场竞争环境，是社会经济发展和市场竞争发展的必然。

8.5.2 非价格竞争策略——产品创新策略

社会发展飞速前进，在知识经济时代，消费者对产品的要求越来越高，标准化产品、统一的营销方式和水准已经远远不能满足他们的需要，单一的产品品种无法满足消费者，价格因素在竞争中的作用越来越小。消费者开始关注产品的差异化还有其更新换代的速度，对产品进行各种形式的创新已经成为企业参与竞争的必然选择。

8.5.3 产品品牌个性化

每一种产品不同的质量、价格、外观、品位和内涵都会给客户带来不同的感受和理念，也会给客户带来不同程度的心理上的满足，这些都是影响客户购买产品的重要因素。现代生活水平在不断提高,高技术含量、高档次的产品在不断增加,产品的差异化、品牌的个性化倾向越来越显著。除了质量、价格、外观等理性方面,消费者越来越强调的是产品的文化内涵、个性等感性方面的影响因素,这种情感因素的增加也加宽了消费者对产品及品牌的理解和依赖。

8.5.4 产品服务竞争策略

美国著名市场营销学家莱维特曾说过:“未来企业竞争的焦点不再是企业能为消费者生产出具有什么使用价值的产品,而是企业能为消费者提供什么样的附加价值——服务。”因此,企业要想拥有竞争优势,就必须实施销售服务竞争策略。服务策略包括:服务个性化、服务精细化、服务互动化和服务知识化。

8.5.5 战略联盟

所谓战略联盟就是指两家或两家以上公司为了实现某些共同的战略目标而结成的一种网络式联盟,联盟成员各自发挥自己的竞争优势,相互合作,共担风险。在实现共同的战略目标后,这种联盟一般都会解散,其后为了新的战略目标,公司也可能与新的合作者结成新的联盟。战略联盟的理念体现了一种适应市场环境变化的新型竞争观念,它以一种合作的态度来对待竞争者,建立双方的信任关系,在合作中竞争,实现优势互补,借助对方来加强各自的竞争力,在合作的基础上展开竞争,从而不断提高竞争水平,促进社会经济和技术的不断发展进步。

8.5.6 广告策略

随着经济的不断发展进步,买方市场格局逐渐稳定,广告越来越显示出其不可替代的价值与作用。广告是以促进销售为目的,付出一定的费用,通过特定的媒体传播商品或劳务等经济信息的大众传播活动。广告宣传的基本功能在于向消费者传递商品的信息,沟通生产者与消费者之间的联系,以此促进商品销售。而广告之所以能在市场促销过程中起举足轻重的作用,是由于广告的功能所决定的。广告的功能特点是高度普及公开,渗透性强,富于表现力,广告促销既能树立企业形象,也能促进快速销售。当前,促销宣传不再是仅以某种优惠或变相优惠来吸引消费者购买,而是以妥善处理公共关系,树立产品和企业的良好形象,增强消费者和社会的信任为主要目的的一种商业方式。

8.6 不同市场模型的比较

8.6.1 比较不同市场模型的经济效益

经济效益是指有效地利用人力物力和财力,用最少的开支达到最佳收益。企业应利用最有效的生产方式或充分利用资源进行生产达到较高的经济效益。

西方经济学家通过对不同市场条件下企业的长期均衡状态的分析得出结论：完全竞争市场的经济效益最高，垄断竞争市场较高，寡头市场较低，完全垄断市场最低。可见，市场的竞争程度高低直接影响经济效益的高低，其具体分析如下。

完全竞争市场中，企业的需求曲线是一条水平线，完全竞争企业长期均衡时，水平的需求曲线相切于长期平均成本曲线 LAC 的最低点，产品的均衡价格最低，它等于最低的生产平均成本，企业的超额利润为零，但产品的均衡产量最高。

不完全竞争市场中，企业面临一条向右下方倾斜的需求曲线。企业的垄断程度越高，需求曲线越陡峭，价格需求弹性小；垄断程度越低，需求曲线越平坦，价格需求弹性大。在垄断竞争市场上，企业的长期均衡利润为零，垄断竞争企业长期均衡时，需求曲线向右下方倾斜；相对比较平坦的需求曲线相切于 LAC 曲线的最低点的左边；产品的均衡价格比较低，它等于生产的平均成本；产品的均衡产量比较高；企业生产能力过剩。但是生产能力过剩也许是为了生产多样化的产品所必须付出的代价，差别的产品可以满足消费者的不同需求，垄断竞争企业也可以通过非价格竞争的手段，赢得市场份额，如改进产品性能，精心设计包装，提供售后服务，采取广告策略等。

完全垄断市场中，长期均衡时企业依然有利可图。所以，在垄断企业的长期均衡时，向右下方倾斜的、相对比较陡峭的需求曲线与长期平均成本曲线 LAC 相交；产品的均衡价格大于生产的平均成本并且最高；但产品的均衡数量最低。与完全竞争市场相比，垄断导致消费者剩余和生产者剩余同时减少，导致福利损失。

寡头市场上，没有统一的寡头企业均衡模型。一般认为，寡头市场与完全垄断市场相似，达到长期均衡时，寡头企业可获得利润，其产品的均衡价格比较高，产品的均衡数量比较低。

另外，西方经济学家认为，判断一个行业是否实现了有效的资源配置的条件之一，就是看一个行业在长期均衡时是否实现了价格等于长期边际成本，即是否 $P=LMC$。一般而言，商品的市场价格常被看成商品的边际社会价值，商品的长期边际成本 LMC 通常被看成是商品的边际社会成本。当价格等于长期边际成本时，商品的边际社会价值与商品的边际社会成本相等，它表示在该行业中资源得到了最有效的配置。而当价格大于长期边际成本时，商品的边际社会成本小于边际社会价值，它表示商品的供给无法满足需求。如果要使商品的供给增加，价格下降，在商品生产中就应该充分利用更多的资源，使该商品的边际社会价值等于商品的边际社会成本，这样社会的境况就会改善。

完全竞争市场中，当企业达到长期均衡时，在 $P=LAC$ 的均衡点上，表明该行业资源得到了有效配置。不完全竞争市场中，在不同类型的企业的长期均衡点上都有 $P>LAC$，它表示在这些非竞争行业生产中资源的配置不足。尤其是垄断市场，独家企业所维持的低产高价，资源配置不足的现象更为突出。

不完全竞争与完全竞争相比在以下几方面有自己的特色和优势：

（1）技术进步和市场研究与开发。部分西方经济学家认为，垄断企业会阻碍技术进步。因为，垄断企业依靠自己的垄断就可以长期获得利润，所以往往缺乏技术创新的动力，甚至为了防止潜在竞争对手的新技术造成的威胁，还有可能通过各种方式去阻碍技术进步。但许多西方经济学家认为垄断有利于技术进步。因为，完全垄断和寡头市场的企业为了保持市场份额，获取更高的利润，会利用雄厚的经济实力进行技术创新，研制出新的产品，满足消费者的个性化需求。另外，垄断企业和寡头企业利用自己的垄断地位，在长期内保持由于技术进步而带来的更高的利润。

（2）规模经济。寡头市场和垄断市场条件下，行业通过规模经济进行大规模的生产，反而节约了社会成本，达到整体效益最优。如钢铁生产、铁路运输和船舶制造等必须通过规模经济才能达到较高的效率水平。

（3）有差别的产品。在完全竞争市场条件下，所有企业的产品是完全相同的，它无法满足消费者的各种偏好。在垄断竞争市场条件下，众多企业之间的产品是有差别的，多样化的产品使消费者有更多的选择自由，可满足不同的需要。但是，产品的一些虚假的非真实性的差别，也会给消费者带来损失，消费者在购买商品时应注意鉴别。

（4）广告的效用。垄断竞争市场和寡头市场的大量广告，一方面为消费者提供了信息，便于消费者选择，节约了“搜寻”商品的时间和成本；另一方面对企业而言，增加了潜在的顾客。

8.6.2　四种市场模型的比较

前面我们对完全竞争、完全垄断、垄断竞争和寡头竞争做了介绍，现在将四种市场模型进行简要比较（表 8-3）。

表 8-3　四种市场模型比较

类型	企业数目	产品差异程度	企业控制价格程度	企业进入难易程度	企业短期均衡	企业长期均衡
完全竞争	很多	无差别	没有	自由	盈利、持平、亏损	超额利润为零
完全垄断	一个	唯一产品	很大	不能	盈利、持平、亏损	有利可图
垄断竞争	很多	有差别	有些	自由	盈利、持平、亏损	超额利润为零
寡头竞争	几个	有或无	相当大	有限	有利可图	有超额利润

8.7　本章小结

1. 完全垄断、垄断竞争和寡头市场属于不完全竞争市场，企业按照边际成本等于边际收益的原则实现利润最大化。

2. 完全垄断和寡头市场都有进入壁垒，对市场都有不同程度的价格控制能力。

3. 垄断企业主要实行三个级别的价格歧视，相应的条件为：企业必须拥有一定的市场势力；知道不同消费者的保留价格；有能力阻止消费者转售。

4. 垄断竞争市场存在产品差异，导致一定的垄断性；同时，差异产品之间也具有替代性，意味着存在竞争。

5. 垄断竞争企业面临两条弹性不同的需求曲线。

6. 寡头垄断企业之间决策具有相互依赖性。

7. 若干个企业为垄断市场而结成同盟，协调各自的行动以实现共同的利润最大化，这样的组织称为卡特尔。

8. 寡头市场存在博弈。

不完全竞争商场与完全竞争市场相比，存在生产能力过剩和低效率的情况。但也要辩证看待。

本章课后同步思考题及参考答案

1. 河北承德避暑山庄的门票采取差别定价的政策，国内游客的入场票价是30元，外国游客的入场票价为50元，请用经济理论解释：

(1) 为什么采用差别定价

(2) 在怎样的条件下，实行这种政策才能更有效？

答：(1)我国是一个发展中国家，相对发达国家的人均GDP还比较低，采用差别价格政策能使该旅游胜地获得更多的利润。如果对外国游客也收取国内游客同样的价格，旅游收入就会减少。

(2) 要使该定价策略有效必须具备的条件是：第一，必须是完全垄断市场，避暑山庄全国仅此一家，即使收取更高的价格，外国旅客也不会放弃到此一游；第二，必须能够把不同市场或市场的各个部分有效地分割开来，避暑山庄可以根据国际、肤色、语言等不同来区分中国人和外国人，对他们实行差别价格；第三，各个市场必须有不同的需求弹性，中国游客与外国游客的需求弹性是不同的。对于旅游，外国旅客的需求弹性要比中国旅客小得多，因而门票顶高一点的价格是不会影响他们到避暑山庄游览。

2. 如何理解垄断竞争，垄断竞争形成的条件是什么？与完全竞争相比，垄断竞争条件下需求曲线如何？

答：(1)垄断竞争指一种既有垄断又有竞争，介于完全竞争和完全垄断之间的市场结构。它由许多家厂商构成，这些产品可互相替代，又有一定差别，因此这类市场有完全竞争和完全垄断的特点。产品需求曲线向下倾斜，但比完全垄断厂商的需求曲线平坦些。垄断竞争厂商的需求曲线可设想有两条，一条是厂商认为自己产品价格变动时别的厂商不会跟着行动所存在的需求曲线，可称为主观需求曲线，以dd表示；另一条是厂商变动产品价格时别的厂商会跟着行动从而实际上会有需求曲线，可称实际需求曲线,用 DD 表示。DD 要比 dd 曲线陡峭些。

(2) 垄断竞争市场具备三个条件:

① 厂商生产的产品之间存在差别,产品的差别使产品生产者成为自己产品的垄断者,差别程度越高,垄断程度越高。由于市场上的每种产品之间存在着差别,或者说,由于每种带有自身特点的产品都是唯一的,因此,每个厂商对自己的产品的价格都具有一定的垄断力量,从而使得市场中带有垄断的因素。一般来说,产品的差别越大,厂商的垄断程度也就越高,另一方面,由于有差别的产品相互之间又是很相似的替代品,或者说,第一种产品都会遇到大量的其他相似产品的竞争,因此,市场中又具有竞争的因素。如此,便构成了垄断因素和竞争因素并存的垄断竞争市场的基本特征。例如,不同品牌的香烟、饮料和方便面。

② 市场上有很多厂商,以至于每个厂商都认为自己的行为的影响很小,不会引起竞争对手的注意和反应,因而自己也不会受到竞争对手的任何报复措施的影响。例如,盒饭、理发行业。

③ 厂商的生产规模比较小,因此,厂商进出市场比较容易。在现实生活中,垄断竞争的市场组织在零售业和服务业中是很普遍的。例如,修理、糖果零售业等。

(3) 与完全竞争厂商的均衡相比,垄断竞争条件下的需求曲线与平均收益曲线重合,是一条向右下方倾斜的线,边际收益曲线在平均收益曲线的下方,$AR>MR$。而完全竞争条件下的都要求曲线与平均收益曲线、边际收益曲线重合,是一条与横轴平行的线,$AR=MR$。垄断竞争下的成本及价格高于完全竞争下的成本及价格,垄断竞争下的产量则低于完全竞争下的产量。但并不能由以上的对比得出完全竞争市场优于垄断竞争市场的结论。尽管垄断竞争市场上平均成本与价格较高,有资源浪费,但消费者可以得到有差别的产品,从而满足不同的需求。而且,垄断竞争市场上的产量高于完全垄断市场,其价格却比完全垄断市场低。

(4) 在分析垄断竞争市场时,还要注意两点:①垄断竞争鼓励创新;②垄断竞争之下会使销售成本,主要是广告成本增加。

3. 论述古诺模型的主要内容和结论。

答:古诺模型是一个只有两个寡头厂商的简单模型,该模型也被称为“双头模型”。古诺模型的结论可以很容易地推广到三个或三个以上的寡头厂商的情况中去。古诺模型假定一种产品市场只有两个卖者,并且相互间没有任何勾结行为,但相互间都知道对方将怎样行动,从而各自怎样确定最优的产量来实现利润最大化。因此,古诺模型又称为双头垄断理论。古诺模型分析的是两个出售相同产品的生产成本为零的寡头厂商的情况。

古诺模型的假定是:市场上只有 A、B 两个厂商生产和销售相同的产品,他们的生产成本为零;他们共同面临的市场的需求曲线是线性的,A、B 两个厂商都准确地了解市场的需求曲线;A、B 两个厂商都是在已知对方产量的情况下,各自确定能够给自己带来最大利润的产量,即每一个产商都是消极地以自己的产量去适应对方已确定的产量。

古诺模型中厂商的产量选择：A 厂商的均衡产量为：$OQ(1/2-1/8-1/32-\cdots\cdots)=1/3\ OQ$ 厂商行为的古诺模型

B 厂商的均衡产量为：$OQ(1/4+1/16+1/64+\cdots\cdots)=1/3\ OQ$ 行业的均衡总产量为：$1/3\ OQ+1/3\ OQ=2/3\ OQ$

4. 弯折的需求曲线模型是如何解释寡头市场上的价格刚性现象的？

答：斯威齐模型的基本假设条件是：如果一个寡头厂商提高价格，行业内的其他寡头厂商都不会跟着改变自己的价格；如果一个寡头厂商降低价格，行业中的其他寡头厂商会将价格下降到相同的水平。该模型说明，只要厂商边际成本曲线位置的变动不超出边际收益曲线的垂直间断范围，寡头厂商的均衡价格和均衡数量都不会发生变化。据此，该模型解释了寡头市场上较为普遍的价格刚性的现象。

5. 完全竞争厂商和垄断厂商都根据利润最大化原则 $MR=MC$ 对产品定价，请分析它们所决定的价格水平有什么区别？

答：$MR=MC$ 是利润的最高点。如果只有一家企业的话，他可以维持这个价位和产量.没人能和他竞争。但如果有更多的企业进入的话，完全可以打价格战。让出一部分利润，让价格降低，从而把消费者都吸引走。当然，企业是不可能做亏本买卖的。所以 $P=MC$ 是降价的极限了，再降价，就入不敷出亏本了。所有企业都想让 $MR=MC$。但只有垄断厂商才能控制这个价格。完全竞争的厂商会互相影响，最后只能维持 $P=MC$ 的最低水平。

配套思考题及参考答案

一、单项选择题

1. 下列哪一项不是进入一个垄断行业的壁垒（　　）。

A. 垄断利润　　B. 立法　　C. 专利权　　D. 资源控制

2. 完全竞争和不完全竞争的区别包括（　　）。

A. 如果在某一行业中存在许多企业，则这一市场是完全竞争的

B. 如果企业所面临的需求曲线是向下倾斜的，则这一市场是不完全竞争的

C. 如果行业中所有企业生产相同的产品，且企业的数目大于 1，则这个市场是不完全竞争的

D. 如果某一行业中不止一家企业，它们都生产相同的产品，都有相同的价格，则该市场是完全竞争的

3. 寡头垄断与垄断竞争之间的差别是（　　）。

A. 企业的广告开支不同

B. 非价格竞争的数量不同

C. 企业之间相互影响的程度不同

D. 以上都不对

4. 完全垄断市场中，企业在下列哪种情况下增加产量（　　）。

A. 价格低于边际成本　　B. 价格等于边际成本

C. 边际收益低于边际成本　　D. 边际收益高于边际成本

5. 垄断企业利润最大时有（　　）。

A. $P=MR=MC$　　B. $P>MR=AC$

C. $P>MR=MC$　　D. $P>MC=AC$

6. 完全垄断企业面临的最终约束是（　　）。

A. 生产技术　　B. 资源短缺

C. 政府管制　　D. 市场需求

7. 垄断竞争的主要原因是（　　）。

A. 行业中的企业数量　　B. 控制关键性资源

C. 产品差异　　D. 企业规模

8. 垄断竞争企业短期均衡时（　　）。

A. 企业一定获得利润

B. 企业不一定获得利润

C. 企业只能获得正常利润

D. 获得经济利润、正常利润以及亏损都有可能发生

9. 除了完全垄断市场的"自然性"进入壁垒外，寡头市场还有（　　）。

A. 专利壁垒　　B. 管制性壁垒

C. 策略性壁垒　　D. 差异化壁垒

10. 对寡头市场容易出现价格刚性给出解释的是（　　）。

A. 卡特尔模型　　B. 弯折需求曲线模型

C. 价格领导制模型　　D. 主导企业定价制模型

参考答案：ADCDC　DCDCB

二、判断题

1. 垄断企业的平均收益曲线与边际收益曲线是同一条曲线。（√）

2. 价格领导制定价方式与卡特尔定价方式的区别在于后者存在着完全的串谋。（×）

3. 寡头企业之间之所以能形成合谋，是因为可以扩大产量水平，获得最多的利润。（√）

4. 企业的垄断地位保证了该企业永远可以获得超额利润。不一定能永远获得垄断利润，因为受制于市场需求。（×）

三、证明题

证明完全垄断企业产品的最优价格高于边际成本，且与需求弹性负相关。

证明过程：(1)设完全垄断厂商面临的市场需求曲线为 $P=P(Q)$，

成本函数为 $C=C(Q)$，

则利润 $\pi=P\cdot Q-C(Q)=P(Q)\cdot Q-C(Q)$

一阶条件：$\dfrac{\partial\pi}{\partial Q}=P'(Q)\cdot Q+P(Q)-C'(Q)=0$

$\Rightarrow P(Q)=C'(Q)=P'(Q)\cdot Q>0$ ①

即最优价格高于边际成本。

(2) 需求弹性：$E_d=-\dfrac{\frac{dQ}{Q}}{\frac{dP}{P}}=-\dfrac{1}{P'(Q)}\cdot\dfrac{P(Q)}{Q}$

$\Rightarrow P'(Q)\cdot Q=-\dfrac{P(Q)}{E_d}$带入①中，得

$P(Q)=C'(Q)+\dfrac{P(Q)}{E_d}$

$\Rightarrow P(Q)=\dfrac{C'(Q)}{1-\dfrac{1}{E_d}}$

$E_d>0, E_d\uparrow\Rightarrow P(Q)\downarrow$

所以 E_d 与 P 负相关关系，即最优价格与需求弹性负相关。

四、计算题

1. 给定需求函数 $p(y)=2000-100y$，成本函数 $c(y)=1000+4y$

(1) 在垄断的市场下，价格、产量和利润分别为多少？

(2) 如果企业按照竞争市场定价，价格、产量、利润分别为多少？

答：(1)垄断企业的问题是：$\max\limits_{y}\{P(y)\cdot y-C(y)\}$

一阶条件：$P'(y)\cdot y+P(y)-C'(y)=0$ ①

把 $P(y)=2000-100y$，$P'(y)=-100$，$C'(y)=4$ 代入到①中，

$$-100y+2000-100y-4=0$$

解得：$y^*=9.98$

价格为：$P^*=2000-100y^*=2000-998=1002$

利润为：$\pi^*=P(y^*)\cdot y^*-C(y^*)=1002\times9.98-1000-4\times9.98=8960.04$

(2) 如果企业按照竞争市场定价，那么有：$P=C'(y)=4$

产量为：$y=20-\dfrac{P}{100}=19.96$

利润为：$\pi=P(y)\cdot y-C(y)=4\times19.96-1000-4\times19.96=-1000$

2. 假定某双头寡头垄断市场的需求函数为 $Q=a-p$。每个企业的边际成本均 c，c 为常数且 $a>c$。试比较完全竞争均衡、古诺均衡和串谋均衡时的市场产量、价格与利润情况。

答：(1)伯特兰均衡：$p_A=p_B=c$，故总产量为：$Q=a-c$，

两个厂商的产量均为总产量的一半，即：$Q_A=Q_B=\dfrac{a-c}{2}$，

均衡时的利润为：$\pi_A=\pi_B=0$。

(2) 完全竞争均衡：因为均衡时满足 $MR=MC=p$，故 $p=c$，

则总产量为：$Q=a-c$，利润为：$\pi_A=\pi_B=0$。

(3) 古诺均衡：厂商 A 决策，$Q=Q_A+Q_B=a-p$，

$TR_A=p\times Q_A=(a-Q_A-Q_B)\times Q_A$，

$MR_A=a-2Q_A-Q_B$，

由最优条件：$MR_A=MC_A$，可以得到厂商 A 的反应函数为：$Q_A=\dfrac{a-Q_B-c}{2}$；

同理解得，厂商 B 的反应函数为：$Q_B=\dfrac{a-Q_B-c}{2}$；

联立两式，又总产量 $Q=Q_A+Q_B$，解得 $Q=\dfrac{2(a-c)}{3}$，

于是厂商 A、B 的产量为：$Q_A=Q_B=\dfrac{a-c}{3}$，价格为：$p_A=p_B=\dfrac{a+2c}{3}$，

利润为：$\pi_A=\pi B=(p-c)\times Q_A=\dfrac{(a-c)^2}{9}$

(4) 串谋均衡：若两寡头串谋，则总收益 $TR=p\times Q=(a-q)\times Q$，

边际收益 $MR=a-2Q$，

由利润最大化条件：$MR=MC$，得：$c=a-2Q$，所以总产量 $Q=\dfrac{a-c}{2}$，

价格 $p=a-Q=\dfrac{a+c}{2}$，总利润为：$\pi=\dfrac{a-c}{2}\cdot\left(\dfrac{a+c}{2}-c\right)=\dfrac{(a-c)^2}{4}$，

若厂商平分利润，则 $\pi_A=\pi_B=\dfrac{(a-c)^2}{8}$

(5) 根据(1)～(4)的计算，可以得出下面结论：

产量：伯特兰＝完全竞争＞古诺＞串谋；

价格：伯特兰＝完全竞争＜古诺＜串谋；

利润：伯特兰＝完全竞争＜古诺＜串谋。

3. 假定企业面临的需求曲线为 $D1：P=4-0.05Q$，企业边际成本保持在 1 的水平上。

(1) 在需求曲线不变的条件下，企业利润最大化的产量是多少？此时产品的价

格定多高？

(2) 假定支付 10 元的广告费，使需求曲线移动到 $D2: P=6-0.1Q$。试问该企业做广告是否合算？

答：(1)厂商利润最大化的产量为 $MR=MC$

于是 $TR=P\cdot Q=(4-0.05Q)\cdot Q=4Q-0.05Q^2$

$MR=\dfrac{dTR}{dQ}=4-0.1Q=MC=1$

得 $Q=30, P=4-0.05\times30=2.5$

(2) 在需求曲线改变的情况下，厂商仍然会生产到最后一个产品的收益等于最后一个产品的成本为止。

同第一解法，$TR=6Q-0.1Q^2$，从而 $MR=6-0.2Q=MC=1$，得 $Q=25, P=3.5$

支付了 10 元广告费后的总收入为 $P\cdot Q=3.5\times25=87.5$

扣除广告费后的收入为 $87.5-10=77.5$

而支付广告费前的总收入为 $P\cdot Q=2.5\times30=75<77.5$，所以做广告是合算的。

*第9章　策划与博弈

本章学习目标：

1. 了解并掌握一些策划知识
2. 初步了解博弈的知识
3. 体会博弈在未来商战中的重大实际意义
4. 熟悉纳什均衡并能够找到博弈中的纳什均衡
5. 了解重复博弈和序贯博弈

导入案例：抢购小米手机——一个成功的商业策划

诺基亚倒闭了，但小米手机却要“抢购”，难道掏钱还不能买得到吗？

掏钱还真的不一定买得到，这里主要是因为小米手机和电信商合作，推出了0元购机活动的策划。

联通合约机：小米手机已经和联通公司合作，推出了0元购机活动，只需预存话费1999元，就可以免费获得小米手机1S，但是需要开通新的联通号码，随即返还399元话费，无使用限制，剩余预存款在合约期内按月返还。

电信合约机：购买价格1699元，你可以得到小米1S电信版手机1台，新的电信卡号和赠送的1699元话费，赠送规则：当月赠送话费金额＝上一个月用户的话费消费额×35%，累计赠送总额为1699元，有效期为三年。

根据Digitimes Research公布的最新研究数据，小米2014年手机出货量将突破2000万部。小米科技联合创始人雷军，也因此获得了2013年经济年度人物奖。

此外，继去年王健林与马云对赌后，董明珠、雷军今年10亿对赌小米能否超过格力电器。董明珠称，雷军在后台表示小米将在5年内超过格力，但她认为不可能，并下了10亿赌金，赌格力不会输给小米。

策划是大学生创业及其他所有事件的开始，也是他们成败的关键。如果你了解并掌握了策划知识，你今后成功的可能性就会增加很多，你离成功会更近了一步。

这些在你今后的人生之中，非常有实的策划知识，是我国著名策划专家成功的秘笈。

在微观经济学的学习中，博弈这一章和其他章节似乎联系并不那么紧密，但博弈论这一研究具有竞争性质现象的数学理论和方法的学科，会对经济学的学习起到积极影响,能使我们看问题更加明智而深刻。

当你学习过本章内容,在阅读课后案例时,一定能够深刻地体会到博弈论在经济学中、在未来商战之中的重大实际意义。我们首先明确一下博弈论的定义和类型,其次了解博弈论的类型。

博弈论(GameTheory),亦名"对策论"、"赛局理论",属应用数学的一个分支,博弈论已经成为经济学的标准分析工具之一。目前在生物学、经济学、国际关系、计算机科学、政治学、军事战略和其他很多学科都有广泛的应用。

博弈论主要用数学方法研究具有斗争或竞争性质现象的经济、社会现象,也是运筹学的一个重要学科。通过研究参与方的最优策略,预测和分析各方可能会采取的行为。

9.1 策划学

你看到本书扉页上有总策划的字样,实际上,策划是一门被忽视但又很重要的科学。

目前,其他经管类教科书中的章节里,很难找到他的影子。

策划是一个项目、工程及所有事件的开始,也是他们成败的关键!

9.1.1 策划的含义

策划又称策略方案和战术计划,是指人们为了达成某种特定的目标,借助一定的科学方法和艺术,为决策、计划而构思、设计、制作策划方案的过程。目前被运用于各个领域之中。

策划亦作谋划,意思是计划、打算,把步骤完整记录。

策最主要的意思是指计谋,如:决策、献策、下策、束手无策。

划指设计,工作计划、筹划、谋划。"划"意思为处置、安排、记录。

1. 专业释义

策划是以最低的投入或最小的代价达到预期目的。

策划是让策划对象赢得更高的社会效益或者经济效益的前提下,策划人为实现上述目标在科学调查研究的基础上,运用掌握的策划技能、新颖超前的创意和跨越式思维,对现有资源进行优化整合,并进行全面、细致的构思谋划,从而制定详细、可操作性强的,并在执行中可以进行完善的方案过程。

2. 其他定义

策划是通过实践活动获取更加效果的智慧,它是一种智慧创造行为。

策划是通过精心安排的宣传和手段,对事件的发生、发展进行操作。

策划是一种"无中生有"的精神活动。

策划是一种设计,一种安排,一种选择,或是一种决定,不如说是一张改变现状的规划蓝图。

策划是一种对未来采取的行为做决定的准备过程，是一种构思或理性思维程序。

3. 策划的目标

策划的目标就是为达到以最低的投入、最小的代价，让策划对象赢得更高的经济效益、社会效益的前提下，策划人为实现上述目标在科学调查研究的基础上，运用掌握的策划技能、新颖超前的创意和跨越式思维，对现有资源进行优化整合，并进行全面、细致的构思谋划，从而制定详细、可操作性强的，并在执行中可以进行完善的方案过程。

4. 相关经济策划战略

(1) 领导者战略：公司的相关产品在市场中占有最大的市场份额，它通常在价格变化、新产品引进创新、分销覆盖和促销强度上，对其他公司起着领导作用。

(2) 挑战者战略：在行业中占有第二、第三和以后的位置，它可以攻击市场领先者和其他竞争者，以夺取更多的市场份额，提升自己，有可能取代领导者的地位。

(3) 市场追随者战略：它们在市场上采取跟随领导者的策略，从产品、命名、宣传等都和领导者极为相似，利用领导者的资源分割市场。

(4) 利基者战略：他们只注重小块市场，并把它做深做透，从中投入较少的资源，获取较大的利润，成为小块市场的领先者，他们经常避免与大公司竞争。

9.1.2　策划的特点

(1) 策划的本质一种思维智慧的结晶。

(2) 策划具有目的性，不论什么策划方案，都是有一定的目的，不然策划就没意义了。

(3) 策划具有前瞻性、预测性，策划是人们在一定思考以及调查的基础之上进行的科学的预测，因此具有一定的前瞻性。

(4) 策划具有一定的不确定性、风险性。策划既然是一种预测或者筹划就一定具有不确定性或者风险。

(5) 策划具有一定的科学性。策划是人们在调查的基础之上进行总结、科学的预测，策划不是一种突然的想法、或者突发奇想的方法、它是建立在科学的基础之上进行的预测、筹划。

(6) 策划具有科学的创意，策划是人们思维智慧的结晶，策划是一种思维的革新，具有创意的策划，才是真正的策划，策划的灵魂就是创意。

(7) 策划具有可操作性，这是策划方案的前提，如果一个策划连最基本的可操作性就没有，那么这个策划方案，再有创意、再好也是一个失败的策划方案。

9.1.3　常见的策划

1. 广告策划

我国引入“广告策划”的概念，大约是在1984—1985年间。当时有部分学者撰文呼吁，要把现代广告策划引入中国的广告实践中，树立"以调查为先导，以策划为基础，以创意为灵魂"的现代广告运作观念。

广告策划应该让消费者感觉到：超值、证言、体验、流行和时尚等。

2. 图书策划

图书策划是一个出版社或图书公司的核心。

策划人员要有深厚的专业知识造诣，较宽的知识面，具有较强的市场调研、策划、设计、公关、谈判及组织管理能力，有经营头脑，掌握成本效益的分析能力，具备对整个出版过程全程策划和监控的能力，善于捕捉市场热点。

对行业状况以及不同层次读者对图书的需求有较准确的把握；拥有丰富的出版信息资源。

3. 活动策划

如国庆房产大联展以及首届广东企业家VS中国明星足球赛。

这些活动策划毋庸置疑也在提高报纸的品牌知名度，但主办方的初衷往往是以活动为引爆点，吸纳企业客户的广告投放和读者、目标消费者的门票资源。

中国南方汽车展单门票一项就为主办方带来了数十万元的收入，此外还有大量前期与后续的报纸广告收入，营销业绩令同行叹服。

此类型活动的主要特点是活动本身就是一块"磁场"，具有足够吸引客户热情和消费者眼球的魅力。

4. 营销及品牌策划

例如，为迎合目标消费群的心理需求，某公司推出了鲜橙、葡萄、苹果三种主流口味的果汁，并赋予产品一个极富内涵的名称：每日C——补充你每曰流失的维他命c，让你每天健康有活力。并顺应国际潮流，在国内率先采用长瓶套标包装，塑造品牌时尚。高档的形象：以高含量的维他命c及果汁含量（20%以上）来诉求其独特的产品利益点——自然健康每一天。以健康靓丽的明星为代言人，传递时尚、健康、充满活力的品牌内涵，让目标消费群认识到这就是属于自己的果汁饮料。

品牌形象与品牌不可分割，形象是品牌表现出来的特征，反映了品牌的实力与本质。品牌形象包括品名、包装、图案广告设计等。形象是品牌的根基，所以企业必须十分重视塑造品牌形象。

5. 政治事件策划及借助于政治的营销策划

这个世界上每天都在发生着很多与政治有关的事，大到总统竞选，小到某个政治法规的出台等。但，什么样的政治事件，什么样政治法规的问世，什么样政治人物的讲话，与企业的营销目标和对象相对接，这需要敏锐的政治嗅觉。

品牌政治营销的公益化即借助于政治法规、政治事件或政治人物的发言而策划和实施的公益活动。譬如，蒙牛的捐奶工程就是响应温总理"我有一个梦，让每个中国人，首先是孩子，每天都能喝上一斤奶"的讲话。

政治营销的公益化，看似很简单，不就是借助于政治来策划公益活动嘛。但这种看似简单的营销战术，其背后却包含着十分复杂的工作，无论是策划还是执行。

凡是借助于政治而展开的营销活动都具有双刃性，哪怕是公益的。因此，活动方案必须细致，执行时必须要严谨。

9.1.4　策划成功的秘笈

1. 实验和尝试：有好的点子，想两个月，想清楚之后，即可开始尝试和先试验。

2. 重视终端：以市场和需求为导向。

3. 木桶定律：一个环节出问题，会导致全局失败。

4. 个人良好的素养：

(1) 善于听取不同意见，并从中汲取经验教训；

(2) 善于辨别真伪，纠偏倚正；

(3) 善于学习，有能力获取新知识。

这三点个人素养，是一个人成功和失败的关键。

5. 对他人和社会要有贡献，要树一面旗帜，有号召力，决不能以坑人为目的，那都是短期行为。即使有再大收获，也会归零，而且还可能会受到法律的惩罚！

一定要先给社会贡献，社会必定会几倍回报给你。

6. 在后面的经济实践之中，形成品牌

9.2　博弈

9.2.1　斗鸡与博弈

试想有两只公鸡遇到一起，每只公鸡有两个行动选择：一是退下来，一是进攻。

如果自己退下来，而对方没有退下来，对方获得胜利，自己很丢面子；

如果对方也退下来，双方则打个平手；

如果自己没退下来，而对方退下来，自己则胜利，对方则失败；

如果两只公鸡都前进，那么则两败俱伤。

因此，对每只公鸡来说，最好的结果是，对方退下来，而自己不退。

两者如果均选择“前进”，结果是两败俱伤；如果一方“前进”，另外一方“后退”，前进的公鸡获得 1 的支付，赢得了面子，而后退的公鸡获得 −1 的支付，输掉了面子，但没有两者均“前进”受到的损失大；两者均“后退”，两者均输掉了面子，获得 −1 的支付。

这就是这两只“大公鸡”博弈的结果。

9.2.2　博弈与合作

博弈，词语解释是局戏、围棋、赌博。现代数学中有博弈论，亦名“对策论”、“赛局理论”，属应用数学的一个分支，表示在多决策主体之间行为具有相互作用时，各主体根据所掌握信息及对自身能力的认知，做出有利于自己的决策的一种行为理论。

正如我们已经说明的，在日常经济生活之中，寡头想达到垄断的结果，而这样做需要合作，但合作往往是难以维持的。

博弈论研究人们在各种战略下如何行事。我们说的“战略”这个词是指每个人在决定采取什么行动时，必须考虑其他人对这种行动会作出什么反应的状况。

在作出生产决策时，寡头市场上的每个企业都必须考虑到它的决策，会如何影响所有其他企业的生产决策。

9.2.3 寡头两难处境

可以认为，博弈就是采取策略行为的竞争活动。寡头在力图达到垄断结果时，是互相博弈。由于寡头市场上企业数量很少，每家企业都必须按战略行事。每个企业都知道，它的利润不仅取决于它生产多少，而且还取决于其他企业生产多少。在作出生产决策时，寡头市场上的每个企业都必须考虑到它的决策会如何影响所有其他企业的生产决策。

博弈论并不是说明竞争或垄断市场所必要的。在竞争市场上，相对于市场而言，每个企业如此之小，以至于相互之间的战略相关性无关紧要。在垄断市场上，由于市场只有一家企业，也没有战略相互作用。但是，正如我们将要说明的，博弈论对理解寡头的行为十分有用。

事实上，寡头在力图达到垄断结果时，就是一个互相博弈的过程。以石油市场为例。假设：石油市场是一个只有两个成员的寡头市场，两个寡头都出售原油。在公开的谈判之后，两寡头一致同意压低石油生产，以使石油价格维持在高水平。

在他们就生产水平达成协议后，每个寡头都要决定是合作并坚持这种协议，还是“且不管它”并生产更多石油。图 9-1 表示两寡头的利润如何取决于他们选择的战略。

		乙寡头的决策	
		高产量	低产量
甲寡头的决策	高产量	* 各得到 400 亿美元	* 乙寡头得到 200 亿美元 * 甲寡头得到 600 亿美元
	低产量	* 甲寡头得到 300 亿美元 * 乙寡头得到 600 亿美元	* 各得到 500 亿美元

图 9-1 寡头博弈

假设你是乙寡头。你的推理如下：“我可以像协议的那样保持低产量，也可以增加我的产量并在世界市场出售更多的石油。如果甲寡头坚持协议并保持低产量，那么，我在高产量时可赚利润 600 亿美元，而在低产量时赚利润 500 亿美元。在这种情况下，高产量使甲寡头状况更好。如果甲寡头不遵守协议并生产高产量，那么，我在高产量时可以赚 400 亿美元，而在低产量时只赚 300 亿美元。可见，不论怎样，高产量都比低产量状况更好。因此，无论甲寡头选择怎么做，我违背协议并生产高水平，状况会更好。”

在高水平生产是乙寡头的优势战略，当然，甲寡头的推理也同样。因此，两寡头都在高水平生产。最终的结果是，每个寡头都是低利润。垄断结果对寡头是共同理性，但每个寡头都有违背协议的激励。这个例子说明，为什么寡头维持垄断利润有困难：正如利己使囚犯两难处境中的囚犯坦白一样，利己也使寡头难以维持低产量、高价格和垄断利润的合作结果。

9.2.4　囚徒困境

这是一个众所周知的经典博弈模型，也称作："囚犯徒困境"。

1. 事件过程

有二名盗窃嫌疑犯，分别是嫌疑犯张三和嫌疑犯李四。警方虽然抓获了他们，但是苦于证据不足。于是，警方将他们单独看管、分别审讯。

		张三：坦白	张三：不坦白
李四	坦白	1. 有期徒刑 5 年	2. 张三：有期徒刑 7 年 李四：有期徒刑 1 年
李四	不坦白	3. 李四：有期徒刑 7 年 张三：有期徒刑 1 年	4. 有期徒刑 2 年

图 9-2　囚徒困境

在审讯过程中，警方向他们告知了相同的量刑原则：如果一人坦白了，另一人不坦白的话，则坦白者从宽判处有期徒刑 1 年，不坦白者则从重判处有期徒刑 7 年；如果二人都坦白了，则每人各判处刑期 5 年；如果二人都不坦白，则警方由于证据不足只能对每个人各处徒刑 2 年。

图 9-2 反映了囚徒困境的博弈内容。表格中我们清楚的看到了上方不同的合作态度所面临的后果。

对这二个囚徒个人而言，他们仿佛只有二个选择："说"亦或是"不说"。而让他们真正难以抉择的不是自己的选择，而是去判断对方的选择。从表可见，为了自己利益的最大化，都应该是选择坦白的。于是，博弈过程就开始了。

这一分析过程如下。

我们先看张三的决策：张三是否坦白，首先必须考虑李四会怎么办。也就是说，张三的选择是他在对李四的假设选择之下完成的。于是，张三的思考就如上表所示：要是李四坦白了，我也选择坦白，我们都获刑 5 年；要是李四不坦白、而我坦白了，他获刑7年，我获刑1年；要是李四和我都不坦白，我们都获刑2年；要是我不坦白、而李四坦白了，我获刑7年，他获刑1年。于是，总的结论是：李四坦白，我也会坦白，因为刑期5年少于7年；李四不坦白，我也会坦白，因为刑期1年少于7年。因此，不管李四怎么选择，我都应该选择“坦白”。即，张三的占优策略为：坦白。

同理，李四也会做出这样的判断。他的占优策略也是选择“坦白”。

最终，警察得到了他们想要的结果：证据，因为他们都坦白了。

可是这个结果真的是最好的吗？其实我们可以从表格中很清楚的看到，其实他们都不坦白的话，其结果才是最好的，因为他们只获刑2年。但是此举的关键是：警察把他们分别关押审讯，导致他们无法获得对方的信息。在这种情况下，任何人都会从最有利于自己的角度出发来进行判断和选择，于是他们都选择了坦白。这就说明在信息不完全的情况下，该博弈出现的必然结果就是第1项的内容组合：(坦白、坦白)，各被判处有期徒刑5年。

理论结论：在经济社会中，单纯从个人角度考虑所作出的判断，即占优策略选择，不如从合作的角度考虑策略的抉择。也可以这么说：从个人角度出发所做出的占优策略结局其实是从整体角度出发最差的结局。

从这一结论可知：囚徒困境的占优策略均衡实质上反映的是个人理性和团体理性的冲突。

如果我们将该模型所表述的合作的不稳定性及其后果运用到市场活动中去，就可以解释市场上厂商合作的不稳定性及相关的问题。

2. 囚徒困境模型在现实中的应用：企业合作的不稳定性

(1) 企业为什么要合作。

从囚徒困境的模型中可见，(合作、合作)策略明显优于(不合作、不合作)策略。这就说明企业间的联合，不仅能够共同谋求经济利益的最大化，也可以避免不合作策略所造成的损失和竞争所带来的两败俱伤。事实上，在现实的经济生活中企业间也常常会在一定时期内达成某种协议，以谋求整体利益最大化。

(2) 企业合作的结果。

显然，企业间的这种合作是非常松散的，没有什么不可抗拒的约束力。那么，在一方背信弃义时，策略组合就变为(合作、不合作)或(不合作、合作)。为什么会有企业做出这样的选择呢？很简单，企业的最终目的是为了自身利益的最大化。当背弃条约可以更多地获利的时候，达成合作协议的企业都有强烈的利己动机去主动地、悄悄地背离协议，最终(合作、合作)型策略会被(不合作、不合作)型策略取代。因此，一句俗话告诉我们：商场如战场；没有永远的敌人，也没有永远的朋友。形象生动地描述了企业间协定的不稳定。

9.2.5 支付矩阵

从以上案例可见，任何一个博弈都必须具有3个基本要素：参与者、策略和支付。

在每一个博弈中，都至少有两个参与者，每一个参与者都有一组可选择的策略。作为博弈的结局，每个参与者都得到各自的报酬，即各自得到一笔支付，其支付可以为正，也可以为负。每一个参与者所得到的支付都是所有参与者各自所选择的策略的共同作用的结果。

		乙：合作	乙：不合作
甲	合作	10,10	5,13
甲	不合作	13,5	8,8

图 9-3　支付矩阵

我们可以用一个支付矩阵(也称报酬矩阵，或者收益矩阵)来描述博弈的 3 个基本要素，并运用它来分析一个博弈。假定某寡头市场上有甲、乙两个厂商(即两个参与者)，都有两个可选择的策略，这两个策略都是合作与不合作。其支付矩阵如图 9-3 所示。

如图 9-3 所示这样的一个“格子图”就叫作“支付矩阵或者收益矩阵”，其中里面的数字就是玩家的“收益或者报酬”，玩家可能采取的行动被称作“策略”。

在图 9-3 中，甲的两种策略写在左边，乙的两种策略写在上边。图中的每一格表示对应于甲、乙的一个策略组合的一个支付组合，每格中的第一个数字表示甲的报酬(或者叫收益)，第二个数字表示乙的报酬(或者叫收益)。

例如，图中的第一格表示当甲采取合作策略，乙也采取合作策略时，甲的报酬是 10，乙的报酬也是 10。

仔细分析一下矩阵图可发现，如果甲、乙择合作的策略，则总报酬最大为 20，每个参与者均得 10；如果甲、乙两者中有一方选择合作，而另一方选择不合作，则选择不合作一方可得 13，而选择合作一方只得 5；如果甲、乙双方都选择不合作的策略，则总报酬最小为 16，每个参与者均得 8。

9.3　博弈策略

博弈策略是指每个博弈方在进行决策时可以选择的方法、作法等。

在我国传统文化中，包含有许多精妙的博弈策略。许多成语及成语典故，就是对博弈策略的令人叫绝的运用和归纳。如围魏救赵、背水一战、暗度陈仓、釜底抽薪、狡兔三窟、先发制人及借鸡生蛋，等等。当然，博弈策略的成功运用须依赖一定的环境、条件，在一定的博弈框架中进行。

博弈策略，有纯策略和混合策略之分。

(1) 纯策略是指参与人在博弈中可以选择采用的行动方案。

(2) 混合策略是在纯策略空间上的一种概率分布，表示参与人实际进行决策时，根据这种概率分布在纯策略中随机选择加以实施。

9.3.1 正确应用博弈策略

古语有云，世事如棋。生活中的每个人如同棋手，其每一个行为如同在一张看不见的棋盘上布一个子，精明慎重的棋手们相互揣摩、相互牵制，人人争赢，下出诸多精彩纷呈、变化多端的棋局。

在社会人生的博弈中，人与人之间的对立与斗争会淋漓尽致地呈现出来。博弈论的伟大之处正在于其通过规则、身份、信息、行动、效用和平衡等各种量化概念对人情世事进行了精妙的分析，清晰地揭示了当下社会中人们的各种互动行为、互动关系，为人们正确决策提供了指导。

如果将博弈论与下围棋联系在一起，那么博弈论就是研究棋手们出招时理性化、逻辑化的部分，并将其系统化为一门科学。博弈是智慧的较量，互为攻守却又相互制约。有人的地方就有竞争，有竞争的地方就有博弈。人生充满博弈，若想在现代社会做一个强者，就必须懂得博弈的策略运用。

不管怎么样，在处理人与人之间的时候，正确的策略原则应该为：害人之心不可有，防人之心不可无。

从本章的案例和经济热点之中，我们可以看出博弈策略在实践之中的具体运用。读者可以通过这些博弈实例，了解博弈论的来龙去脉，掌握博弈论的精义，开阔眼界，提高自己的博弈水平和决策能力，将博弈论的原理和规则运用到自己的人生实践中，面对问题作出理性选择，避免盲目行动，在人生博弈的大棋局中占据优势，获得事业的成功和人生的幸福。

9.3.2 条件策略和条件策略组合

对于条件策略和条件策略组合，也可以用图 9-1 进行分析和描述。

什么是条件策略？

从图 9-3 可见：对于甲方而言，如果乙方选择合作，则甲不会选择合作，因为不合作的利益大于合作的利益，13＞10。那么，不合作是甲方最好的选择，即它此时的最优策略是“不合作”。

在经济学上，这种决策，即：甲企业的最优策略是在乙企业选择合作条件下做出不合作的决策，这就是甲企业的条件优势策略（或相对优势策略），也简称为条件策略。

策略组合模式（不合作，合作）是与甲企业的条件策略相互联系的策略组合，即为甲企业的条件优势策略组合（或相对优势策略组合），简称条件策略组合。

在图 9-3 的模型中，甲企业可以有两个条件策略：在乙企业选择合作时选择不合作，在乙企业选择不合作时也选择不合作。与此相联系，甲企业有两个条件策略组合，即（不合作，合作）和（不合作，不合作）。

对于乙企业的决策，它可以在甲企业选择合作时选择合作，也可以在甲企业选择不合作时选择不合作，其条件策略组合分别是（合作，合作）、（不合作，不合作）。也就是说，乙企业的条件优势策略或条件策略可以是合作也可以是不合作。

9.3.3　零和博弈

零和博弈（有时称为：零和游戏）是博弈论的一个概念，属非合作博弈，指参与博弈的双方，在严格竞争下，一方的收益必然意味着另一方的损失，博弈各方的收益和损失相加的总和永远为“零”。双方不存在合作的可能。零和博弈的结果是一方吃掉另一方，一方的所得正是另一方的所失，整个社会的利益并不会因此而增加一分。

当你看到两位对弈者时，你就可以说他们正在玩“零和游戏”。因为在大多数情况下，总会有一个赢，一个输，如果我们把获胜计算为得 1 分，而输棋为－1 分，那么，这两人得分之和就是：1＋（－1）＝0。

这正是“零和游戏”的基本内容：游戏者有输有赢，一方所赢正是另一方所输，游戏的总成绩永远是零。零和游戏原理之所以广受关注，主要是因为人们发现在社会的方方面面都能发现与“零和游戏”类似的局面，胜利者的光荣后面往往隐藏着失败者的辛酸和苦涩。

从个人到国家，从政治到经济，似乎无不验证了世界正是一个巨大的“零和游戏”场。这种理论认为，世界是一个封闭的系统，财富、资源、机遇都是有限的，个别人、个别地区和个别国家财富的增加必然意味着对其他人、其他地区和国家的掠夺，这是一个“邪恶进化论”式的弱肉强食的世界。

但 20 世纪人类在经历了两次世界大战，经济的高速增长、科技进步、全球化以及日益严重的环境污染之后，“零和游戏”观念正逐渐被“双赢”观念所取代。

人们开始认识到“利己”不一定要建立在“损人”的基础上。通过有效合作，皆大欢喜的结局是可能出现的。但从“零和游戏”走向“双赢”，要求各方要有真诚合作的精神和勇气，在合作中不要耍小聪明，不要总想占别人的小便宜，要遵守游戏规则，否则“双赢”的局面就不可能出现，最终吃亏的还是自己。

零和游戏源于博弈论，现代博弈理论由匈牙利大数学家冯·诺伊曼于 20 世纪 20 年代开始创立，1944 年他与经济学家奥斯卡·摩根斯特恩合作出版的巨著《博弈论与经济行为》，标志着现代系统博弈理论的初步形成。

9.3.4　非零和博弈

非零和博弈是一种非合作下的博弈，博弈中各方的收益或损失的总和不是零值。它区别于零和博弈，在这种状况时，自己的所得并不与他人的所失的大小相等，连自己的幸福也未必建立在他人的痛苦之上，即使伤害他人也可能“损人不利己”，所以博弈双方存在“双赢”的可能，进而合作。

非零和博弈是一种合作性的博弈，博弈中各方的收益或损失的总和不是零值，在非零和博弈中，对局各方不再是完全对立的，一个局中人的所得并不一定意味着其他局中人要遭受同样数量的损失。也就是说，博弈参与者之间不存在"你之得即我之失"这样一种简单的关系。其中隐含的一个意思是，参与者之间可能存在某种共同的利益，蕴涵博弈参与才"双赢"或者"多赢"这一博弈论中非常重要的理念。

譬如，在恋爱中一方受伤的时候，对方并不是一定得到满足，也有可能双方一起能得精神的满足，也有可能双方一起受伤。通常，彼此精神的损益不是零和的。

非零和博弈既有可能是正和博弈，也有可能是负和博弈。

正和博弈：指博弈双方的利益都有所增加，或者至少是一方的利益增加，而另一方的利益不受损害，因而整体的利益有所增加。

负和博弈：指博弈双方都有损失。整体的利益有所减少

目前的中美关系，就并非"非此即彼"，而是可以合作双赢。

9.4 占优策略

博弈的最终目的，从经济学的角度而言是实现均衡，也就是参与博弈的各方都实现了利益最大化的要求。对此，西方经济学家提出了"博弈均衡"的概念。其中，两个主要的博弈均衡概念是占优策略均衡和纳什均衡。在这里，我们先分析一下占优策略均衡。

9.4.1 博弈均衡

指参加博弈的所有组织或个人都没有改变自己策略的意愿，从而形成的一种相对静止的状态。

9.4.2 占优策略均衡

对于占优策略均衡的分析，我们仍旧使用图 9-3 的支付矩阵来加以说明。此时，分析对象分别是参与者甲和参与者乙。

1. 分析参与者的策略选择

参与者甲：对于甲而言，乙如果选择合作策略，甲分别可以获得合作策略时 10 单位收益和不合作策略的 13 单位收益。毫无疑问，甲会选择不合作；如果乙选择不合作策略，甲分别可以获得合作策略时的 5 单位收益和不合作策略的 8 单位收益。那么甲仍然会选择不合作策略。

可见，不论乙采取任何策略，合作或者不合作，甲都会采取不合作策略。所以，对于甲来说"不合作策略"是甲的占优策略。

同样，我们也可以这样来分析乙。结论也和甲的类似，就是：不管甲选择合作还是不合作，乙都会选择不合作策略，所以，不合作策略也是乙的占优策略。

2. 据此分析,我们给出了占优策略的定义:

博弈参与者中,不论任何参与者采取什么策略,某参与者采取的唯一最优策略就是其占优策略。也就是说,如果某参与者已经有了占优策略,那么,无论其他参与者如何选择其策略,该参与者都会确信自己选择的唯一策略都是最优的。

在我们所分析的图 9-3 中,(不合作①、不合作②)这一对策略组合下的博弈状态,第一个不合作表示甲选择的策略,第二个不合作表示乙选择的策略,就是表示了这样一种均衡状态。在这个模型中,任何一方都不打算调整自己的不合作策略。在此均衡中,博弈双方甲、乙都选择自己的占优策略——即不合作,所以,该博弈均衡又被称为占优策略均衡。一般地说,由博弈中的所有参与者的占优策略组合所构成的均衡就是占优策略均衡。

我们可以通过在支付矩阵图中利用下划线的方法,寻找占优策略均衡。具体做法如下:

先看甲的策略选择。当乙采取合作策略时,甲会选择不合作策略,得报酬 13,则我们在报酬 13 下划一横线。当乙采取不合作策略时,甲仍会选择不合作策略,得报酬 8,则我们在报酬 8 下划一横线。类似地,再看乙的策略选择。甲选择合作或不合作策略时,乙都会选择不合作策略,则我们分别在相应的乙的报酬 13 和报酬 8 下各划一条横线。

最后,矩阵图中唯一的两个数字都被划上横线的那一格报酬组合(8、8)所对应的(不合作、不合作)的策略组合就是该博弈的占优策略均衡。

9.5　纳什均衡

9.5.1　经济学家纳什和纳什均衡

1. 经济学家纳什

1994 年诺贝尔经济学奖得主经济学家纳什(JohnNash),以其著名的"纳什均衡"描述了一种非合作的博弈状态。

约翰·福布斯·纳什(JohnForbesNashJr)1948 年作为年轻数学博士生进入普林斯顿大学。他对非合作博弈的最重要贡献是阐明了包含任意人数局中人和任意偏好的一种通用解概念,也就是不限于两人零和博弈。该解概念后来被称为纳什均衡。

2. 纳什均衡定义

假设有 n 个局中人参与博弈,给定其他人策略的条件下,每个局中人选择自己的最优策略(个人最优策略可能依赖于也可能不依赖于他人的战略),从而使自己利益最大化。所有局中人策略构成一个策略组合(StrategyProfile)。纳什均衡指的是这样一种战略组合,这种策略组合由所有参与人最优策略组成。即在给定别人策略的情况下,没有人有足够理由打破这种均衡。纳什均衡,从实质上说,是一种非合作博弈状态。

我们用图 9-4 进行简单的分析。该图中的支付矩阵表示参与者甲有两个策略 a 和 b，乙有两个策略 c 和 d。对于甲的策略选择而言，当乙选择 d 时，甲会选择 a(因为 7>6)；当乙选择 b 时，甲会选择 d(因为 8>3)。显然，甲没有占优策略，甲的最优策略随乙的策略的变化而变化。类似地，对于乙的策略选择而言，当甲选择 b 时，乙会选择 a(因为 10>5)；当甲选择 d 时，乙会选择 b(因为 9>8)。同样，乙也没有占优策略，乙的最优策略也随甲的策略的变化而变化。尽管如此，我们仍可注意到，在以上的博弈过程中，对于(a,b)策略组合而言，只要甲选择了 a，乙就不会改变；同样，只要乙选择了 a，甲也不会改变选择。从这个意义上讲，策略组合(a,b)也达到了一种均衡状况。

参与者甲

		a	b
参与者乙	c	7,10	3,5
	d	6,8	8,9

图 9-4　纳什均衡

由此，我们可以简化一下纳什均衡的定义：在一个纳什均衡里，任何一个参与者都不会改变自己的最优策略，如果其他参与者均不改变各自的最优策略。

根据这一定义，图 9-4 博弈中的(a,c)和(d,b)这两对策略组合都是纳什均衡。而另外两对策略组合(d,a)和(c,b)都不是纳什均衡。因为，以(d,a)的策略组合而言，当甲选择 d,时，乙就会改变策略，选择 b 而不是 a。所以，(d,a)策略组合不是均衡的。

由此可见，占优策略均衡是比纳什均衡更强的一个博弈均衡概念。占优策略均衡要求任何一个参与者对于其他参与者的任何策略选择来说，其最优策略都是唯一的。而纳什均衡只要求任何一个参与者在其他参与者的最优策略选择给定的条件下，其选择也是最优的。所以，占优策略均衡一定是纳什均衡，而纳什均衡不一定是最优策略均衡。在我们前面分析的例子中，图 9-1 的博弈均衡既是占优策略均衡，同时又是纳什均衡。图 9-4 中两组均衡的策略组合都是纳什均衡，但都不是占优策略均衡。

9.5.2　纳什均衡的另一个经典案例：性别战争

一个普通的家庭中，妻子希望去看歌剧(Opera)，丈夫则希望去看足球(football)，但是由于夫妻感情很好，比起两个人各干各的，他们还是希望和对方一起做些什么。于是，我们可以写出一个收益矩阵(图 9-5)所示。

其实，我们都能容易找到解决问题的最好方法，因为，当夫妻中的任何一个人决定做什么了以后，另一个人和他(她)在一起就是最好的策略。那就是两个人去看歌剧或者两个人去看足球。这样，我们就找到了这一博弈中的纳什均衡 $A(O,O)$ 和 $B(F,F)$。

如果给定 B 的选择，A 的选择为最优，而且给定 A 的选择，B 的选择也为最优，那么我们将 A 和 B 此时选择的策略称为一个纳什均衡(Nashequilibrium)，纳什均衡不一定是一个，也不是一定有。

表 9-3　　性别博弈

		丈夫	
		Opera	Football
妻子	Opera	2,1	0,0
	Football	0,0	1,2

这里有一个假设前提：当每个玩家在选择自己的策略时，都不知道对方选择哪一个策略。但是他可以猜测对方选择的策略。

一个纳什均衡可以看成一对预期选择，这样的选择要能使得一旦对方的选择展现后，玩家都不再改变自己的行为。

9.6　本章小结

1. 博弈的一种表示方法是，对选手的每个策略赋予相应收益。

2. 一个占优策略均衡是指一组选择，这组选择具有下列特征：不论对方选择何种策略，每个选手选择的策略都是最优的。

3. 一个纳什均衡是指一组选择，对于这组选择：给定其他选手的选择，每个选手的选择都是最优的。

4. 囚徒的两难是一种特殊的博弈，因为在该博弈中，选手选择的策略导致的是帕累托无效率的结果，而不是帕累托有效率的结果。

本章课后同步思考题及参考答案

1. 试述无限次重复博弈与有限重复博弈的区别。

答：(1)无限次重复博弈没有结束重复的确定时间。在有限次重复博弈中，存在最后一次重复正是破坏重复博弈中局中人利益和行为的相互制约关系，使重复博弈无法实现更高效率均衡的关键问题。

(2) 无限次重复博弈不能忽视不同时间得益的价值差异和贴现问题，必须考虑后一期得益的贴现系数，对局中人和博弈均衡的分析必须以平均得益或总得益的现值为根据。

(3) 无限次重复博弈与有限次重复博弈的共同点：试图“合作”和惩罚“不合作”

是实现理想均衡的关键，是构造高效率均衡战略的核心构件。

2. 请证明伯特兰模型中的价格博弈理论的纳什均衡解，说明什么是伯特兰悖论。

答：设市场上只有两家厂商，生产的产品完全相同（即成本函数完全一样：生产的边际成本＝单位成本＝c，设固定成本为零）。市场需求为：$Q^d=\alpha-\beta p$

从而企业1的利润函数为 $\pi_1(p_1,p_2)=\begin{cases}(p_1-c)(\alpha-\beta p_1)，如\ c_1<p_1<p_2\\ \dfrac{1}{2}(p_1-c)(\alpha-\beta p_1)，如\ c<p_1=p_2\\ 0，如\ c<p_2<p_1\end{cases}$

即企业1的定价若高于企业2则会失去整个市场；若低于企业2会得到整个市场；定价相同时平分市场（$p_i\geqslant c(i=1,2)$，生产否则利润为负，都不会生产）。

以下是证明：

首先，若两家企业进行价格竞争，因为低价会拥有整个市场而高价会丧失整个市场，所以每个企业总有动力去降价，直到 $p_i=c$ 为止。若 $p_i<c$，则会有负利润，这也不行，因此降价到 $p_i=c$ 为止。

其次，在 $p_i=c$ 时每个企业获 $\dfrac{1}{2}(p_1-c)(\alpha-\beta p_1)$ 的利润，即零利润。他们也不可能通过改变价格渠增加利润，因为若 $p_i\geqslant c$，当另一家企业 $p_j=c$ 时，i 会失去整个市场；若使 $p_i<c$，会有负利润。所以当另一家企业选择 $p=c$ 时，$p_i=c$ 实质上已使各个企业利润最大化了。

同理，不可能出现 $p_i=p_j>c$ 的情况。由以上证明过程可知，选择价格的策略是一个纳什均衡。

伯特兰均衡告诉我们，只要市场上有两个或两个以上生产同样产品的企业，则没有一个企业可以控制市场价格获取垄断利润，但事实是市场上企业间的价格竞争并没有使均衡价格降到等于边际成本这一水平上，而是高于边际成本，企业仍获得超额利润，这就是 Bertrand 悖论。

3. 什么是纳什均衡？纳什均衡一定是最优的吗？

答：第一，所谓纳什均衡是参与人的一种策略组合。在该策略组合上，任何参与人单独改变策略都不会得到好处；

第二，不一定。纳什均衡可能是最优的、也可能不是最优的、例如，在存在多个纳什均衡的情况下，其中有一些纳什均衡就不是最优的。即使在纳什均衡是唯一时，它也可能不是最优的。因为与它相对应的支付组合，可能会小于与其他策略组合相对应的支付组合。

4. 混合策略纳什均衡与纯策略纳什均衡有什么不同？

答：在纯策略博弈中，“纳什均衡是参与人的一种策略组合”。在该策略组合上“任何参与人单独改变其策略都不会得到好处”；而在混合策略博弈中，“纳什均衡是参与人的一种概率向量组合”。在该概率向量组合上,“任何参与人单独改变其概率向量都不会得到好处”。

5. 如果无论其他人选择什么策略,某个参与人都只选择某个策略,则该策略就是该参与人的绝对优势策略。试举一例说明某个参与人具有某个优势策略的情况。

答:例如:在如下的二人同时博弈中,无论参与人 B 是选择上策略还是选择下策略,参与人 A 总是选择左策略,因为他此时选择左策略的支付总是大于选择右策略。因此,在这一博弈中,左策略就是参与人 A 的绝对优势策略。

B 的策略

		左策略	右策略
A 的策略	上策略	5,6	1,6
	下策略	7.1	2,3

配套思考题及参考答案

一、单项选择题

1. 博弈论中,局中人从一个博弈中得到的结果常被称为(　　)。
   A. 效用　　B. 支付　　C. 决策　　D. 利润
2. 博弈中通常包括下面的内容,除了(　　)。
   A. 规则　　B. 占优战略均衡　　C. 策略　　D. 结局
3. 在具有占优战略均衡的囚徒困境博弈中(　　)。
   A. 只有一个囚徒会坦白　　B. 两个囚徒都没有坦白
   C. 两个囚徒都会坦白　　D. 任何坦白都被法庭否决了
4. 在多次重复的双头博弈中,每一个博弈者努力(　　)。
   A. 使行业的总利润达到最大
   B. 使另一个博弈者的利润最小
   C. 使其市场份额最大
   D. 使其利润最大
5. 一个博弈中,直接决定局中人支付的因素是(　　)。
   A. 策略组合　　B. 策略　　C. 信息　　D. 行动
6. 在什么时候,囚徒困境式博弈均衡最可能实现(　　)。
   A. 当一个垄断竞争行业是由一个主导企业控制时
   B. 当一个寡头行业面对的是重复博弈时
   C. 当一个垄断行业被迫重复地与一个寡头行业博弈时
   D. 当一个寡头行业进行一次博弈时
7. 一个企业采取的行为与另一个企业在前一阶段采取的行为一致,这种战略是一种(　　)。

A. 主导战略　　　　　　　　B. 激发战略

C. 一报还一报战略　　　　　D. 无用战略

8. 下面关于共同知识的说法,正确的是(　　)。

A. 每一个局中人都知道的事,就是共同知识

B. 一般地,假定支付为共同知识

C. 共同知识的假定要求局中人的计算能力不是很强

D. 纳什均衡不需要共同知识的假定

9. 导致价格战爆发的原因是(　　)。

A. 合作均衡

B. 使用一报还一报的战略的企业的出现,这一战略是其竞争者在前一阶段遵守联合协议时采取的

C. 进入该行业并立刻同意遵守联合协议的新企业的出现

D. 新企业进入一个行业后,所有企业发觉自己处在囚徒困境中

10. 动态博弈的核心问题是(　　)。

A. 谁先行动　　　　　　　　B. 承诺的置信性

C. 是否存在上策均衡　　　　D. 以上都是

参考答案:BBCDA　DCBDB

二、简答题

简要评论博弈论在微观经济学运用中的优缺点。

参考答案:

博弈论是一种数学分析方法,其本身的正确性是不容置疑的。它在微观经济学中的应用,特别是在寡头市场的应用已经取得了大量的成果,然而,这些成果基本上是在解释的方面,它对于怎样解决寡头的弊端这一问题却还未能提出有效的方案和对策,而研究经济学的目的在于提供解决问题的方案。因此,博弈论方法在微观经济学上应用所取得的真正有实效的成果可以说是有限的。

三、计算题

1. 找出下面博弈的纯策略纳什均衡:

		2: H	2: D
1	H	0,0	3,1
1	D	1,3	2,2

参考答案:

由划线法求得该博弈的纯策略纳什均衡点为(H,D)和(D,H)。

1 \ 2	H	D
H	0,0	$\underline{3}$,1
D	$\underline{1}$,$\underline{3}$	2,2

2. 运用占优策略找到下面博弈的均衡解：

1 \ 2	L	C	H
U	4,5	1,6	5,6
M	3,5	2,5	5,4
D	2,5	2,0	7,0

参考答案：

由划线法求得该博弈均衡点为(M,C)。

1 \ 2	L	C	H
U	$\underline{4}$,5	1,$\underline{6}$	5,$\underline{6}$
M	3,$\underline{5}$	$\underline{2}$,5	5,4
D	2,$\underline{5}$	$\underline{2}$,0	$\underline{7}$,0

第 10 章　生产要素市场

本章学习目标：

1. 知道企业为什么要购买、个人为什么要出卖生产要素
2. 了解企业购买和个人出卖要素的原则
3. 了解要素市场供求关系的基本形态
4. 分析不同市场条件下企业和个人怎样使自己的利益最大化
5. 了解生产要素的价格最终是如何形成的
6. 考虑利益最大化与社会公平是否一致

导入案例 1：一九九九年五月十三日，中国人民银行、教育部、财政部依据《中华人民共和国人民银行法》、《中华人民共和国商业银行法》、《中华人民共和国教育法》等法律的有关规定，联合出台了《关于国家助学贷款的管理规定(试行)》，就高等院校中经济确实困难的全日制本、专科学生实行国家助学贷款，开始了国家运用金融手段支持教育，资助经济困难学生完成学业的历程。

之后，上述三部门分别在 2001 年和 2004 年对助学贷款政策进行了二次修订和完善，使更多的贫困家庭和贫困学生可以在政府的扶持下完成自己的大学梦教育，也为落后地区的莘莘学子可以通过自己的努力完成人生梦想提供了条件。于是，在 2005 年以后，一个新的群体伴随着网络的推动，以一个新鲜的名词出现在我们的生活里：凤凰男。

即问即答：义务教育之后的高中课业是付费教育的开始，为什么此阶段没有助学贷款呢？

导入案例 2：自 2003 年我国再次进行高等院校扩大招生以来，越来越多的大学毕业生进入了求职大军。各个地区、乃至各行各业对从业人员的要求也水涨船高，基本要求必须是本科。但是就业现状却是：一方面企业大喊“用工难”，另一方面，大学生认为自身条件优越、不肯降低身价，抱怨着“就业难”。究竟是“就业难”还是“用工难”？

即问即答：企业对劳动力要素的需求与社会供给之间的矛盾是如何形成的？

10.1　要素与要素市场

10.1.1　生产要素与要素报酬

从马克思主义政治经济学的角度来看，对生产要素的理解与西方经济学有所不同。马克思认为：人们为了实现物质资料的生产而进行的劳动过程，必须具备三个简单的生产要素：劳动者的劳动、劳动资料和劳动对象。生产过程中的劳动资料和劳动对象的总和，就是生产资料，是进行物质资料生产必备的物质条件。生产要素的具体内容随着社会发展而发展。在生产过程中劳动力是创造财富的源泉；其他生产资料虽然参与生产，但是并没有形成新的价值，只是一次或分次完成了自身价值转移。

1. 生产要素的定义

西方经济学对要素的理解：生产要素(Factors of Production)是指进行物质生产所必需的一切要素及其环境条件。一般被划分为劳动、土地、资本和企业家才能这四种类型。劳动是指人类在生产过程中体力和智力的总和。土地不仅仅指一般意义上的土地，还包括地上和地下的一切自然资源，如江河湖泊森林海洋矿藏等。资本可以表示为实物形态和货币形态，实物形态又被称为投资品或资本品，如厂房、机器、动力燃料及原材料等；资本的货币形态通常称之为货币资本。企业家才能是个人拥有的、组织各类要素进行生产并创造效益的能力。

传统的生产要素认为要素只有劳动、土地、资本三大类，对企业家才能的认识相对晚于其他三要素，因此，本书延续前面的内容，重点介绍传统的"生产三要素"。

2. 要素报酬

在二部门经济的条件下，企业生产所需要的全部要素由个人或者家庭提供，个人或者家庭因提供要素而获得报酬，报酬与提供要素的数量、质量等关系密切。显然，要素报酬是以要素为核心进行分配的一种形式，即我们通常所说的按生产要素进行分配。

一般来说，在市场经济条件下，分配的基本原则就是按生产要素进行的，因而生产要素分配就决定了收入分配。

在市场经济中，任何人都占有一定数量的生产要素，也在使用生产要素，具有权利义务的对等性。但这种原始公平只是一个前提，还需要运行规则的公平。对于个问题的处理，集中表现在"效率优先，兼顾公平"还是"公平优先，兼顾效率"。

3. 关系

(1) 等量要素获得等量报酬，这是交换的基本原则。即等价交换原则。

(2) 不同要素有不同的计量方式。

(3) 要素使用具有不可分割性。

(4) 劳动力是价值增值的唯一源泉。

即问即答:教育与培训为什么会造成劳动力要素价格的差异性?

10.1.2 生产要素市场

1. 定义

市场经济要求生产要素商品化。狭义的说,各种生产要素以商品的形式在市场进行流通和配置,从而形成各种生产要素市场。广义的说,生产要素市场不仅包括狭义的要素市场,还包括保证要素合理流动的各种组织形式或制度安排。

2. 要素市场的种类

要素主要有劳动力市场、金融市场(资金市场)、房地产市场和生产资料市场等。

生产要素市场的培育和发展,是发挥市场在资源配置中的基础性作用的必要条件,是发展市场经济的必然要求。市场体系是一个不可分割的有机统一体,由各种相对独立的商品市场和生产要素市场形成。从静态角度看,完整的市场体系是商品市场和要素市场的总和,交易对象包括商品、资金、劳务和地产(房产)等内容;从动态角度看,市场体系还包括构成各类市场统一体运动、变化、发展的运行机制和管理调控机制。

3. 引致需求

在分析过程中,我们发现了这样的一个问题:在产品市场上,需求来自消费者。消费者为了直接满足自己的吃、穿、住、行等需要而购买产品。因此,对产品的需求是所谓的"直接"需求,产品不会再以任何方式进入流通。而在生产要素市场上,需求不是来自消费者,而是来自厂商。厂商购买生产要素不是为了自己的直接需要,而是为了生产和出售产品以获得收益。例如,购买一台机器并不能直接提高某个人的效用,而只能是增加生产的能力。因此,从这个意义上来说,对生产要素的需求不是直接需求,而是"间接"需求。这种派生的需求就称之为"引致需求"。

可见,产品市场上的需求和生产要素市场上的需求具有很不相同的性质。

事实上,引致需求的形成与产品市场消费者的行为不无联系。

厂商通过购买生产要素进行生产并从中获得收益,部分地要取决于消费者对其所生产的产品的需求。如果不存在消费者对产品的需求,则厂商就无法从生产和销售产品中获得收益,从而也不会去购买生产资料并生产产品。由此可见,厂商对生产要素的需求是从消费者对产品的直接需求中派生出来的。从这个意义上说,西方学者认为,生产要素的需求又是所谓"派生"需求或"引致"需求。具体来说:消费者购买面包,这是直接需求;消费者对面包的直接需求引致面包厂商购买生产要素(例如面粉和劳动等)去生产面包。面包厂商对面粉和劳动等的需求是派生或引致需求。

除此之外,厂商对生产要素的需求还有个特点,就是所谓"共同性",即对生产要素的需求是共同的、相互依赖的需求。这个特点是由于技术上的原因,即:生产要素往往不是单独发生作用的。这一特征在社会化大生产的今天尤为突出。单独的劳动者、单独的厂商甚至单独的市场都必须依赖于其他劳动者、厂商、市场而存在。

一个人赤手空拳不能生产任何东西；同样地，光有机器本身也无法创造产品。只有人与机器（以及原材料等）相互结合起来才能达到目的。对生产要素需求的这种共同性特点带来一个重要后果，即对某种生产要素的需求，不仅取决于该生产要素的价格，而且也取决于其他生产要素的价格。因此，严格来说，生产要素理论应当是关于多种生产要素共同使用的理论。但是，同时处理多种要素将使分析过于复杂。为了简单化起见，一般性的西方经济学教材往往孤立地分析某一种生产要素的使用情况。本书也采用相同的办法。

最后需要说明的是，从表面上看，企业在生产过程中似乎有两个不同的决策要做：第一，购买多少要素？这是所谓的"要素需求"问题——使用多少要素才能够使利润达到最大？第二，生产多少产量？这是所谓的"产品供给"问题——生产多少产量才能够使利润达到最大？

实际上，这两个问题是一回事。这是因为，在企业的要素需求和产品供给之间存在着一定的关系：如要减少对要素的需求，则产品供给常常就不得不减少；反之，如要增加对产品的供给，则要素的需求常常又不得不增加。二者之间的关系就是所谓的生产函数：$Q=Q(L)$。这里，L 为企业使用的要素数量（如劳动），Q 为使用要素 L 所生产的产品数量。它们通过生产函数而"一一对应"。正是通过生产函数，企业关于使用要素的决策和关于生产产量的决策就像一枚硬币的两面：一旦企业决定了购买多少要素，它也就同时决定了应当生产多少产量；同样，一旦企业决定了生产多少产量，它也就同时决定了应当购买多少要素。

即问即答：对比直接需求与引致需求。

10.2　生产要素内涵的扩展

随着生产力水平的提高，传统的"三要素"或者"四要素"也在不断地发展中。就目前的生产力状态来看，至少还应该有技术、信息、教育列入要素内容。

10.2.1　技术

技术是人类在实践基础上通过经验总结、科学研究和实验等方式创造和发明出来的可以直接地改进生产或改善生活的知识和技能。技术一般以知识形态存在，在生产上，技术具有创造性和单一性，在使用和消费上具有持续性，并能在使用和消费中得到改进。技术具有使用价值，也是人类劳动的成果。如果投入市场进行交换，也可以表现为商品形态。

技术成为生产要素，必须具备先进性、成熟性、适用性和经济性等条件：技术的先进性是指新技术必须优于原有技术；技术的成熟性是指新技术必须稳定和可靠；技术的适用性是指新技术能满足使用者的生产和市场需要，适应使用者的生产技术条件与环境，能为使用者消化掌握；技术的经济性是指技术的转让价格要合理，应用成本和投入为使用者所能承担。与其他要素不同的是，技术要素具有延续性和重复性以及可模仿性。

10.2.2 信息

可以认为：信息是人们对外界事物在既定范围内的了解和认知，并借以消除不确定认识的一种成果，以传播的方式完成这种认知的扩散。

经济信息是人类对社会生产、交换、分配和消费等活动特征和规律性的认识。这类认识的部分内容具有特殊的使用价值，可以作为生产要素进入产品的生产活动之中。

在市场经济中，作为要素的信息具有商业价值或经济功能。这类经济信息不仅可以作为生产要素而存在，其本身即具有现实的经济应用价值，能给掌握这种信息的经济活动主体带来实际的经济利益，提高其经济活动的效益水平。

信息要素与其他要素的不同在于：信息产品特别是有经济功能的信息产品，一般地说都是耗费了人类劳动而专门生产出来的，是人类劳动成果的一部分。对信息的收集、加工和创造是信息成为生产要素的前提。因此，信息要素本身即具有独创性。另外，其他要素一般表现为具体的形态，即使是技术要素也可以具体的技术产品的形式出现，而信息要素却是集无形性、传递性、保密性为一体的，不具备具体的物质形态。

关于“信息”一词，其概念还没有公认的定义。信息论创始人香农在《通信的数学理论》一书中认为，“信息是用于消除不确定的东西”；维纳在其《控制论》一书中认为，信息是“同外部世界进行交换的内容的名称”。

10.2.3 教育与培训

受教育程度的不同和从业后接受培训的差异，会导致从业人员的报酬千差万别。

以 2010 年为例：在上海市求职的本科毕业生要求的底薪是 2000～2500 元，硕士研究生则要求 3500～4500 元。显而易见，这种差距完全是受教育程度的不同带来的。而求职者在考虑薪酬的同时，还会参考从业后的培训机会。如果能够提供良好的职业培训，很多人从长远考虑还是愿意先接受低薪的。可见，要素报酬不仅仅是数量的问题，提供要素的质量日益影响着要素所有者的实际报酬。

案例 3：里昂惕夫之谜

根据 H-O 模型的理论预测，美国应出口资本密集型商品，进口劳动密集型商品。但是二战后美国经济学家里昂惕夫（W· Leontief，1906-）运用投入产出方法，对美国经济统计资料进行验证，得到了与 H-O 相悖的结果：美国出口商品含有较少的资本和较多的劳动，竞争性进口代替品中则含有较多的资本和较少的劳动。这说明美国出口的是劳动密集型商品，而进口的是资本密集型商品。随后一些经济学家仿效对一些发达国家的对外贸易状况进行验证发现，一些国家也存在这种谜。随后一些经济学家仿效对一些发达国家的对外贸易状况进行验证发现，不少国家也存在这种状态。这一结论被称作“里昂惕夫之谜”。

即问即答：你认为还有哪些内容可以作为新生产要素？

10.3　厂商行为对生产要素价格的决定—要素需求

10.3.1　完全竞争条件下厂商对生产要素的使用

（一）完全竞争厂商

在前面分析产品市场时，我们曾经给完全竞争市场和完全竞争厂商下过一个定义。完全竞争产品市场具有如下特点：大量的买者和卖者，交易对象是完全同质化的产品，交易双方对商品拥有对称的信息。此时的完全竞争厂商可以认为是“产品市场上的完全竞争厂商”。而从产品市场扩展到要素市场，仅仅是产品市场的完全竞争是不够的，必须要求要素市场也是完全竞争的。

从特征上来说，完全竞争要素市场与完全竞争的产品市场基本类似：供求双方人数都很多；提供的要素具有同质性；供求双方都具有对称信息；要素可以充分自由地流动。显然，完全满足这些要求的要素市场在现实生活中是不存在的。

这里的完全竞争厂商是指同时处于完全竞争产品市场和完全竞争要素市场中的厂商。按照这个划分方式，不完全竞争厂商包括如下三种情况：

第一，在产品市场上完全竞争，但在要素市场上不完全竞争；

第二，在要素市场上完全竞争，但在产品市场上不完全竞争；

第三，在产品市场和要素市场上都不完全竞争。

对于厂商行为的讨论，首先从完全竞争厂商的要素使用原则及对要素的需求开始，然后再分析不完全竞争条件下的厂商行为，特别是二个市场中垄断厂商的情况。

（二）完全竞争厂商使用要素的原则

1. 基本假设

完全竞争厂商只使用一种生产要素、生产单一产品、追求最大限度的利润。

2. 厂商目的

完全竞争厂商使用生产要素的基本要求是利润最大化

3. 均衡条件

要使厂商行为实现利润最大化的均衡条件是“边际收益”=“边际成本”。

在生产论中我们知道，厂商最佳产量必须满足的条件是：边际收益=边际成本。这一结论同样适用于要素使用的决定。不过在要素市场边际收益和边际成本有了不同含义，因而“边际收益”（或“边际成本”）又有了不同的名称。

4. 要素市场的“边际收益”和“边际成本”

首先考察厂商使用要素的“边际收益”。

(1) 使用要素的“边际收益”——边际产品价值(Value of marginal product)

在完全竞争产品中,最基本厂商的收益函数,等于产品产量与产品价格的乘积,用公式可表示为:

$$TR=R(Q)=Q\cdot P \tag{10-1}$$

式中,TR、Q 和 P 分别为厂商的总收益、产量和产品价格。在上述公式中,产品价格 P 是既定常数。其原因在于:完全竞争的市场条件下,产品买卖双方数目很多且产品毫无差别,任何厂商都必须被动地接受市场既定价格,任一厂商单独增加或减少其产量都不会影响产品价格。由于产品价格固定不变,厂商的收益只取决于另一个因素,即产量。因此,总收益 R 被看成是产量 Q 的函数。由收益函数求收益对产量的一阶导数即得所谓边际收益。边际收益表示厂商增加一单位产量所增加的收益。

在上述产品市场分析中,收益只被看成是产量的函数而与生产要素无关。而一旦转入要素市场,则应进一步看到,产量本身又是生产要素的函数。

设:完全竞争厂商使用的生产要素为劳动 L,则使用一定量的劳动要素将创造出一定量的产量。要素与产量之间的这种数量关系,我们知道就是所谓生产函数:

$$Q=Q(L) \tag{10-2}$$

该式是短期生产函数的简化形式。若将上式代人(10-1)式,则可以将收益看成生产要素的(复合)函数:

$$R(L)=Q(L)\cdot P \tag{10-3}$$

由于仍然是局限于讨论完全竞争的情况,上式中的产品价格仍然是固定不变的常数。

下面考虑收益函数的一阶导数。在产品市场理论中,收益是产量的函数。因此,收益可以对产量求导数。收益对产量的导数我们知道就是所谓产品的边际收益 MR。而在完全竞争条件下,这个边际收益等于产品的价格,即 $MR=P$。现在研究的是生产要素的使用问题。在要素市场理论中,收益成了要素的(复合)函数。因此,为了求得要素的边际收益,必须以要素为自变量求取导数。求得的导数是什么呢?根据(10-3)式可知,这个导数为 $MP\cdot P$。式中,第一个因子 MP 就是以前讨论过的要素的边际产品(或边际生产率),即:

$$MP=\frac{\mathrm{d}Q(L)}{\mathrm{d}L},$$

它表示增加使用一个单位要素所增加的产量。要素边际产品 MP 与既定产品价格 P 的乘积 $MP\cdot P$ 显然就表示增加使用一单位要素所增加的收益。这就是完全竞争厂商使用生产要素的“边际收益”。为了与前面的产品的边际收益概念相区别,通常把使用要素的“边际收益”叫作边际产品价值,并用 VMP 表示。

于是有:

$$VMP=MP\cdot P \tag{10-4}$$

它表示在完全竞争条件下,厂商增加使用一个单位要素所增加的收益。这里再次强调，应特别注意边际产品价值 VMP 与产品的边际收益 MR 的区别：产品的边际收益或者简称边际收益通常是对产量而言，故称为产品的边际收益；边际产品价值则是对要素而言，是要素的边际产品价值，见表 10-1。

由于要素的边际产品 MP 是产量对要素的导数，故它也是要素的函数。为了表示这层意思，有时也把它写成 $MP(L)$。根据所谓“边际生产力递减规律”，该函数曲线向右下方倾斜，即：随着要素使用量的增加，其边际产品将不断下降。更进一步，要素的边际产品价值 VMP 也是要素的函数，也可以写成 $VMP(L)$，并且，由于产品价格 P 为正的常数，边际产品价值曲线显然也与边际产品曲线一样向右下方倾斜。

表 10-1　　某厂商只使用劳动要素的边际产品价值的部分数据

要素数量 L	边际产品 MP	产品价格 P	边际产品价值 $VMP=MP\times P$
1	10	2	20
2	9	2	18
3	8	2	16
4	7	2	14
5	6	2	12
6	5	2	10
7	4	2	8
8	3	2	6
9	2	2	4
10	1	2	2

图 10-1 则是根据表 10-1 中这部分数据而绘制的。

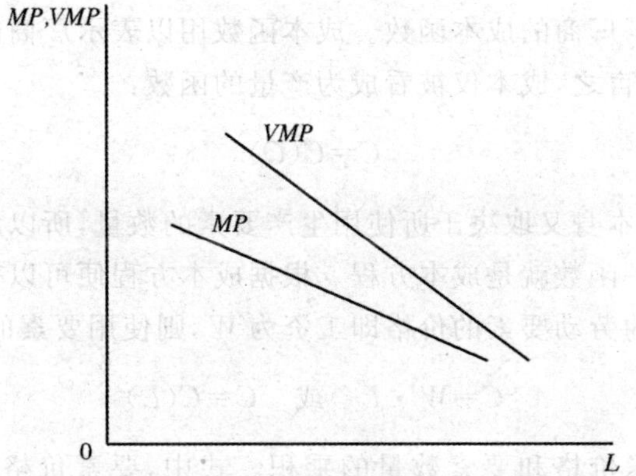

图 10-1　边际产品价值与边际产品

图中，横轴表示劳动要素的数量 L。纵轴表示边际产品 MP 和边际产品价值 VMP。由图可见，边际产品价值曲线与边际产品曲线一样均向右下方倾斜，但二者位置不同。一般来说，边际产品价值曲线的位置高低取决于两个因素，即要素的边际产品函数 $MP(L)$ 和产品价格 P。随着价格水平的上升或要素的边际产品函数上升，边际产品价值曲线将向右上方移动。反之则相反。边际产品价值函数与边际产品函数的相对位置关系则取决于产品价格是大于 1 还是小于或等于 1。如果产品价格大于 1（如上例中 $P=2$），则对于给定的某个要素数量，边际产品价值大于边际产品，因而整个边际产品价值曲线高于边际产品曲线。如果产品价格小于 1，则情况恰好相反，边际产品价值曲线将位于边际产品曲线的下方。特别是，产品价格恰好等于 1 时，边际产品价值退化为边际产品，两条曲线完全重合。

由以上内容可得：

定义——边际产品价值（VMP）是指在其他条件不变的前提下，厂商增加一单位要素投入所增加的产品的价值。它为一种投入品的边际产品（也就是额外一单位投入品所导致的额外产出）乘以产品的价格，即 $VMP=P\times MP$，表示在完全竞争条件下，厂商增加使用一个单位要素所增加的收益。

边际产品价值 VMP 与产品的边际收益 MR 的区别——MR 是对产量而言，VMP 则是对要素而言，是要素的边际产品价值。VMP 曲线的位置高低取决于 $MP(L)$ 和 P。随着价格水平的上升或要素的边际产品函数上升，VMP 曲线将向右上方移动，反之则向左下方移动，如图 10-1 所示。

$VMP(L)$ 与 $MP(L)$ 的关系——$VMP(L)$ 与 $MP(L)$ 相对位置关系取决于产品价格是大于 1，还是小于或等于 1。如果 $P>1$，则 $VMP>MP$，即 VMP 曲线高于 MP 曲线；如果 $P<1$，则 $VMP<MP$，即 VMP 曲线位于 MP 曲线下方；如果 $P=1$，则 $VMP=MP$，即 VMP 曲线与 MP 曲线重合。

(2) 使用要素的“边际成本”——要素价格

前面我们讨论了厂商的成本函数。成本函数用以表示厂商的成本与产量水平之间的各种关系，或简言之，成本仅被看成为产量的函数：

$$C=C(Q) \tag{10-5}$$

但是，由于产量本身又取决于所使用生产要素的数量，所以成本也可以表示为生产要素的函数。这一函数就是成本方程。根据成本方程便可以得到要素使用的成本概念。若设所使用的劳动要素的价格即工资为 W，则使用要素的成本就可表示为：

$$C=W\cdot L \quad 或 \quad C=C(L) \tag{10-6}$$

即成本等于要素价格和要素数量的乘积。式中，要素价格 W 是既定不变的常数。因为在完全竞争条件下，要素买卖双方数量很多且要素毫无区别，任何一家厂商单独增加或减少其要素购买量都不会影响要素价格。换句话说，要素价格与单个厂商的要素使用量没有关系。由于要素价格为既定常数，使用要素的“边际成本”即成本函数对要素的导数恰好就等于劳动价格：

$$\frac{dC(L)}{dL}=W \tag{10-7}$$

它表示完全竞争厂商增加使用一单位生产要素所增加的成本。

例如，设劳动价格为固定的每小时5元，则厂商每增加使用一小时劳动就需要且仅需要付出5元的成本。于是它所使用的要素的“边际成本”为5元。与边际产品价值的情况一样，这里应特别注意的是，本章使用的成本和边际成本概念不同于“成本论”中的相应概念。关键的区别在于：在论述产品市场的成本时，成本是作为产量的函数，而在论述要素市场的本章中，成本是作为要素的函数。正是由于这一不同，才引起边际成本在两种情况下的不同表现形式：“成本论”中边际成本是指增加一单位产品所增加的成本，是所谓产品的边际成本；“要素论”中是指增加一单位要素所增加的成本，是使用要素的边际成本。而在分析不完全竞争厂商的一般情况时，将会给予要素使用的“边际成本”一个新的术语以示区别。

由于使用要素的成本被看成是要素数量的函数，故它对要素的导数即使用要素的边际成本亦是要素数量的函数。不过在完全竞争条件下，这个函数采取了最为简单的形式：它实际上是一个常数。

5. 完全竞争厂商使用要素的原则

(1) 原则：厂商使用要素的一般原则是利润最大化。该原则在要素使用问题上的具体化，可以简单表述为：使用要素的“边际收益”与“边际成本”相等。根据上面的讨论，在完全竞争条件下，厂商使用要素的边际成本等于要素价格 W，而使用要素的边际收益是所谓边际产品价值 VMP，因此，完全竞争厂商使用要素的原则可以表示为：

$$VMP=W \tag{10-8}$$

或者

$$MP\cdot P=W \tag{10-9}$$

当上述原则或条件被满足时，完全竞争厂商达到了利润最大化，此时使用的要素数量为最优要素数量。

(2) 分析：如果 $VMP\neq W$，是否一定不是最佳状态呢？当 $VMP\neq W$ 时，必然表现为 $VMP>W$ 或 $VMP<W$。

如果 $VMP>W$，则增加使用一单位生产要素所带来的收益就会大于所引起的成本，于是厂商将决定增加要素的使用以提高利润。随着要素使用量的增加，要素的价格不变，而要素边际产品从而边际产品价值将下降，从而最终使 $VMP=W$。

如果 $VMP<W$，则减少使用一单位要素所损失的收益就会小于所节省的成本，因而厂商将决定减少要素的使用以提高利润。随着要素使用量的减少，要素的边际产品从而边际产品价值将上升，最终也将达到 $VMP=W$。

总之，不论是 VMP 大还是 W 大，只要二者不相等，厂商都未达到利润最大化，现有要素使用量都不是最优数量，厂商都将改变（增加或减少）要素使用量。只有当

$VMP=W$,即边际产品价值恰好等于要素价格时,厂商的要素使用量才使利润达到了最大。

如果用数学方法推导上述要素使用原则,可以假设π代表完全竞争厂商的利润,它是要素L的函数,则由利润的定义可有:

$$\pi(L)=P\cdot Q(L)=W\cdot L \tag{10-10}$$

为了达到利润最大化,必须使

$$\frac{\mathrm{d}\pi(L)}{\mathrm{d}L}=P\left[\frac{\mathrm{d}Q(L)}{\mathrm{d}L}\right]-W \quad 即 \quad P\left[\frac{\mathrm{d}Q(L)}{\mathrm{d}L}\right]=W,$$

而这便是:$VMP=W$。

案例 4:连锁店的差距

国际知名快餐连锁品牌肯德基 KFC,其加盟费据称高达 300 万元(一说 600 万元)人民币,而国人趋之若鹜,可以说是开一家火一家,如今在国内已是遍地开花,即使曾经的苏丹红事件、近期的速生鸡事件,也不曾撼动其在国人心中的地位。而曾经的北京马兰兰州牛肉面连锁店,也风靡一时,扩张迅速,甚至被冠以振兴民族快餐的巨大光环。但是,KFC 依然是 KFC,马兰(北京)兰州牛肉面早已不知所踪。据说当时的马兰兰州牛肉面也借鉴了国际快餐业的管理模式,提高了准入门槛,设有加盟费,但是额度很低,无法与肯德基相比。为什么在成本差异如此巨大的情况下,KFC 存在依旧、马兰牛肉面却不知所踪了呢?

即问即答:肯德基的加盟费是否反映了厂商的使用要素的原则?

(三) 完全竞争厂商的生产要素需求曲线

根据上述完全竞争厂商使用要素的原则可以得到完全竞争厂商的生产要素需求曲线。

在其他条件不变时,完全竞争厂商对要素L的需求量与要素价格W之间的关系反映了厂商对要素需求的状态。这个关系可以用要素需求表来表示。表 10-2 反映的是只使用一种生产要素的某个完全竞争厂商的要素需求表。该表与表 10-1 相比,增加了表示要素价格的最后一栏。其中,要素价格也与产品价格一样是既定不变的常数——不因要素数量的变化而变化。为了保证利润达到最大化,厂商使用的要素量必须使要素价格与要素的边际产品价值相等。因此,要素需求表 10-2 中最后一栏与倒数第二栏的数字完全一样。现在给定一个要素价格,例如为 100,为了使要素使用量达到最优,边际产品价值亦必须为 100,而与边际产品价值 100 相应的要素数量为 1。因此,要素价格为 100 时,要素需求量为 1。同样地,给定另外一个要素价格,例如为 50,由表 10-2 可以找到另外一个相应的要素需求量是 6。如此类推。表 10-2 的最后一栏和第一栏合起来就表示厂商的要素需求曲线。

表 10-2　　完全竞争厂商的要素需求表

要素数量 L	边际产品 MP	产品价格 P	边际产品价值 $VMP=MP\times P$	要素价格 W
1	10	10	100	100
2	9	10	90	90
3	8	10	80	80
4	7	10	70	70
5	6	10	60	60
6	5	10	50	50
7	4	10	40	40
8	3	10	30	30
9	2	10	20	20
10	1	10	10	10

要素需求函数还可以从(10-9)式中推导出来。为了更清楚地看出这一点，把(10-9)式稍稍改写如下：

$$P\cdot MP(L)=W \tag{10-11}$$

式中，$MP(L)$为边际产品，是要素的函数。由于产品价格 P 为既定常数，故上式显然确定了从要素价格 W 到要素使用量 L 的一个函数关系，即确定了完全竞争厂商对要素的一个需求函数。

为了说明这个函数的特点，假定一开始时，厂商使用的要素数量为最优数量，即(10.11)式已经满足。现在让要素价格 W 上升，于是有 $P\cdot MP(L)<W$。为了重新恢复均衡，厂商必须调整要素使用量 L，使 $MP(L)$从而 $P\cdot MP(L)$亦上升；而根据边际生产力递减这一性质，只有通过减少要素使用量才能达到这个目的。这样便得到了结论：随着要素价格的上升，厂商对要素的最佳使用量即需求量将下降。因此，完全竞争厂商的要素需求曲线与其边际产品价值曲线一样向右下方倾斜。更进一步，利用要素使用原则(10-11)式还可以说明，在完全竞争条件下，厂商对单一要素的需求曲线将与其边际产品价值曲线完全重合。参见图 10-2。

首先，(10-11)式左边边际产品价值已知是要素 L 的函数，它由图中向右下方仍斜的曲线 VMP 表示；其次，如果把公式右边的要素价格 W 也看成是L 的函数，则它的形状就是一条水平线，这是因为根据要素市场完全竞争的假定。无论单个厂商如何改变要素使用量，要素价格均不受影响。于是给定一个要素价格 W_0，就有一条水平直线(仍然用 W_0表示)；最后，要素使用原则 $VMP=W$ 在图形上的表示就是 VMP 曲线与 W_0曲线的交点 A 。A 点表明，当要素价格为 W_0时，要素需求量为 L_0。换句话说，边际产品价值曲线 $VMP\sim A$ 点亦是要素需求曲线上一点。同样地，如果给定另外一个要素价格，则有另外一条水平直线与 VMP 相交于另外一点。根据同样的

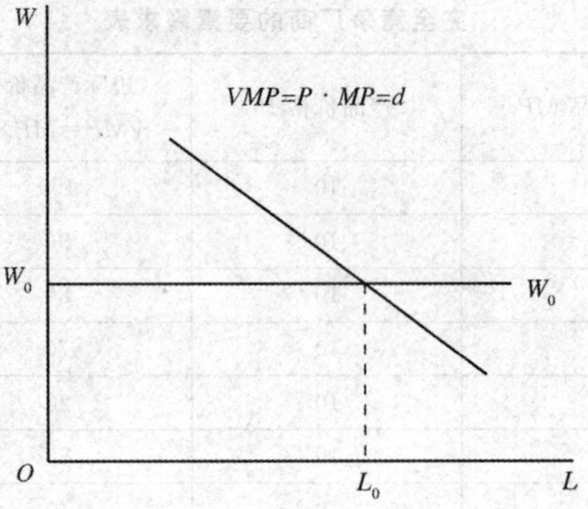

图 10-2　完全竞争厂商对生产要素的需求曲线

分析即知，新的交点也是需求曲线上一点。于是，在使用一个生产要素（以及不考虑其他厂商调整）的情况下，完全竞争厂商对要素的需求曲线与要素的边际产品价值曲线恰好重合。

应当指出的是，尽管要素的需求曲线与其边际产品价值重合为一条线，但这同一条线在这两个场合的含义却是截然不同的。首先，它包含的变量的含义不同。作为边际产品价值曲线，它的 L 表示要素使用量，而作为要素需求曲线，这个 L 却是表示最优要素使用量或要素需求量；其次，它反映的函数关系也不同：在边际产品价值曲线场合，自变量为要素使用量 L，边际产品价值是要素使用量的函数，而在要素需求曲线场合，自变量却是要素价格 W，要素需求 L 是要素价格的函数。

由于要素需求曲线与边际产品价值曲线重合，故前者也与后者一样，将由于产品价格和边际产品函数这两个因素的变动而变动。注意到这一点，有助于理解它们之所以重合的条件。要素需求曲线与要素的边际产品价值曲线重合意味着：当要素价格变化时，要素需求量是沿着一条既定的边际产品价值曲线而变化的（参见图 10-2）。这就要求，当要素价格变化时，要素的边际产品价值曲线不得随之改变；或者更进一步说，它的两个组成部分即要素的边际产品曲线和产品价格不得随之改变。否则，要素需求曲线必将"脱离"其边际产品价值曲线。例如，如果要素的边际产品曲线或产品价格随着要素价格的变化而变化，则给定一个要素价格 W_0，就有一条相应的边际产品价值曲线 VMP_0，而根据要素使用原则 $VMP_0=W_0$，可得到一要素需求量 L_0。显然，点（W_0，L_0）位于曲线 VMP_0 上。如果再给定另外一个要素价格 W_1，则有另外一条边际产品价值曲线 VMP_1 与之相应。再根据要素使用原则 $VMP_1=W_1$，又可得到一要素需求量 L_1。显然，新点对（W_1，L_1L_1）位于新的曲线 VMP_1 上，而非原来的 VMP_0 上。因此，要素需求曲线不再与某一条边际产品价值曲线重合。

可见，要素需求曲线等于边际产品价值曲线的结论实际上要依赖于两个"潜在假定"：

第一,要素的边际产品曲线不受要素价格变化的影响;

第二,产品价格不受要素价格变化的影响。

如果局限于讨论只有一种生产要素的情况(如文章所假定的那样),则第一个假定自然满足①;另一方面,如果局限于讨论只有一个厂商进行生产调整,但并不考虑其他厂商调整的情况,则第二个假定自然满足。但是一旦扩大到考虑使用多种生产要素或者多个厂商调整行为,则上述假定就不再合理,从而不能再用边际产品价值曲线代表要素需求曲线。换句话说,在考虑多要素共同使用以及多个厂商共同调整时,完全竞争厂商对要素 L 的需求曲线一般说来就不再等于该要素的边际产品价值曲线。由于本章假定只使用一种生产要素,下面只讨论多个厂商共同调整的情况对要素需求所造成的影响。

即问即答:市场上的百事可乐和可口可乐为什么同进退?

(四) 从厂商的需求曲线到市场的需求曲线

从前面的学习可知:完全竞争厂商的要素需求曲线与要素的边际产品价值曲线重合必须具备一定的条件。在这种情况下,是否可以通过简单加总市场上所有厂商的边际产品价值曲线而求得市场的要素需求曲线?这显然是行不通的。因为,要使单个完全竞争厂商的要素需求曲线等于其边际产品价值曲线必须具备的条件之一是假定其他厂商均不进行调整,否则,厂商的要素需求曲线将“脱离”边际产品价值曲线。那么,当研究整个市场时,这个条件就无法满足了,此时单个厂商的边际产品价值曲线也就不再是其要素需求曲线,也就不能简单加总来求得整个市场的要素需求曲线。

1. 多个使用同一种生产要素厂商同时调整要素需求的情况

(1) 单个厂商的行为:完全竞争厂商 M 调整要素需求时,如果不考虑其他厂商的行为,则要素价格变化就不会影响产品价格,也不会改变要素的边际产品价值曲线。因为如果要素价格发生变化,根据其他厂商均不调整的假定,这种变化只会引起 M 厂商要素需求量和使用量的变化,引起的也只是厂商 M 产品数量的变化。同时,厂商 M 处于完全竞争市场模式,其产量变化并不能改变产品的价格。

(2) 行业调整曲线:现在假设完全竞争厂商 M 调整要素需求时,其他厂商也同时进行调整。那么,要素价格变动不仅会引起厂商 M 调整要素的需求,也是其他所有厂商的共同需求,要素的需求量和使用量变动,进而会导致产量和价格的变动。因为在完全竞争条件下,虽然单个厂商的产量变化不影响价格,但全体厂商的产量都变化却可以改变价格。要素价格变化所引起的全体厂商的产量变动将改变产品的供给曲线,从而在产品市场需求量不变时,产品的市场价格发生变动。产品价格的改变反过来会使每一个厂商、包括厂商 M 调整要素需求的边际产品价值曲线发生改变。于是,厂商 M 的要素需求曲线也不再等于其边际产品价值曲线。这一过程可以利用图 10-3 来推导。

在图 10-4 中,横轴为要素数量,纵轴为要素价格。

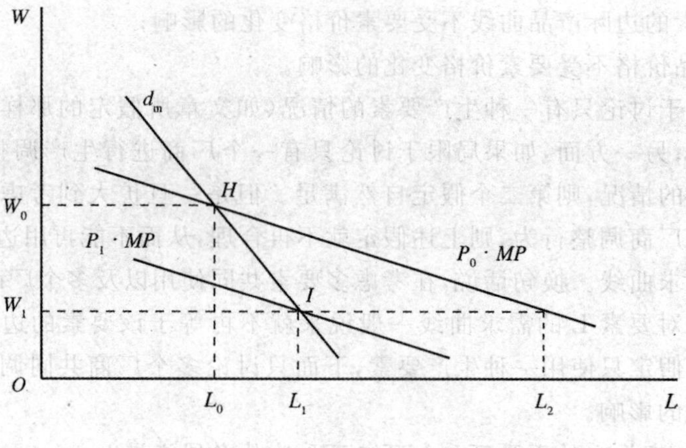

图 10-3　从厂商的需求曲线到市场的需求曲线

设：初始要素价格 $=W_0$，对应的产品价格 $=P_0$，即有一条边际产品价值曲线：$P_0 \cdot MP$，即此时的要素需求量 $=L_0$，点 $H(W_0, L_0)$ 即为所求需求曲线上一点。如果这时没有其他厂商的调整，则整条需求曲线就可以看成是 $P_0 \cdot MP$。假定让要素价格下降到 W_1，则要素需求量就应增加到上 L_2。

当其他厂商同时调整时，要素价格下降使 L 的边际产品价值曲线向左下方移动，例如移到 $P_1 \cdot MP$，从而在要素价格 W_1 下，L 的需求量不再是 L_2，而是稍稍更少一些的 L_1。于是又得到要素需求曲线上一点 $I(W_1, L_1)$。

重复上述过程，可以得到类似 H、I 的点。连接这些性质相同的点，即得到多个厂商调整情况下厂商 M 对要素 L 的需求曲线 d_m。

d_m 表示经过多个厂商相互作用的调整，即经过行业调整之后得到的第 m 个厂商的要素需求曲线，可简称为行业调整曲线。一般来说，d_m 曲线仍然是向右下方倾斜的，但比边际产品价值曲线要陡峭一些。

2. 市场需求曲线

尽管已经求得了行业调整曲线，但它仍然是完全竞争市场上单个厂商的要素需求曲线。不过，行业调整曲线是在考虑了行业调整情况下的单个厂商行为，因此我们可以利用行业调整曲线来推导市场要素需求曲线。

假定：完全竞争要素市场中厂商数目 $=n$，(n 是一个很大的数)；每个厂商的行业调整曲线分别为 d_1、d_2、…、d_n，

则有：$D = d_1 + d_2 + \cdots + d_n$，$D$ 是整个市场的要素需求曲线，是所有厂商要素需求曲线的简单相加。

即：
$$D = \sum_{m=1}^{n} d_m \tag{10-12}$$

特别是，如果假定这 n 个厂商的情况均一样的话，即：$d_1 = d_2 = \cdots = d_n$，

则市场的要素需求曲线就是：$D = \sum_{m=1}^{n} d_m = n \cdot d_m$。

式中，d_m可以是任何一个厂商的要素需求曲线。参见图 10-4。图 10-4 包括两个子图。图 10-4(a)是某个单个厂商的要素需求曲线 d_m，图 10-4(b)是市场的要素需拄曲线 D。当要素价格为 W_0时，该厂商的要素需求量为 L_0，整个市场的要素需求量为 $n \cdot L$(假定所有 n 个厂商的情况完全相同)。

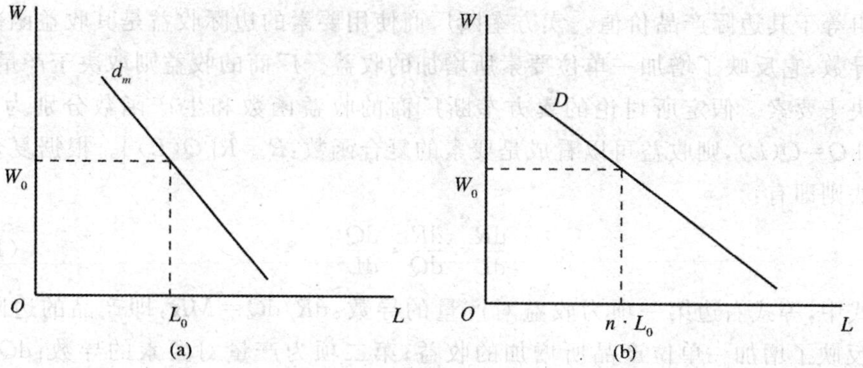

图 10-4　单个产商和整个市场的要素需求曲线

在上面推导市场的要素需求曲线的过程中，特别应当注意的是，被简单地水平相加的是每个厂商的“真正的”要素需求曲线，即是在考虑了多个厂商共同行动所引起的全部调整之后得到的行业调整曲线 d_m，而不能是边际产品价值曲线 $P \cdot MP$。

10.3.2　不完全竞争市场下生产要素的使用原则

在前面的市场理论中我们已经知道了不完全竞争市场的类型，包括完全垄断、寡头垄断和垄断竞争三种情况。为简单起见，这里主要分析完全垄断厂商的情况。和完全竞争厂商的单一性不同，完全垄断厂商可以分为三种类型：作为产品市场上的垄断卖方、作为要素市场上的垄断买方，以及作为产品市场上的垄断卖方并且作为要素市场上的垄断买方。其中重点是前两种；第三种情况是前两种情况的简单“综合”，不再赘述。

(一) 卖方垄断的情况

1. 卖方垄断的定义：这里的卖方垄断厂商是指：厂商在产品市场上(作为产品的卖方)是垄断者，但在要素市场上(作为要素的买方)是完全竞争者。在这种情况下，前面关于完全竞争厂商的要素使用原则在这里不再适用。

2. 卖方垄断的均衡条件：

(1) 要素市场：边际成本＝要素价格

通过前面的学习可知：任何厂商，无论性质如何，使用要素的原则都是要求要素的边际成本和边际收益相等。在完全竞争条件下，厂商使用要素的边际成本就等于要素价格，这一点在卖方垄断情况下仍然成立。由于卖方垄断厂商在要素市场上假定为完全竞者，所以要素价格仍然是既定常数，使用要素的“边际成本”不变，且等于要素价格。

(2) 产品市场:要素的边际收益=产品的边际收益和要素的边际产品的乘积

此时厂商在产品市场不再是完全竞争者,而是垄断者,产品价格不再是固定不变的常数,而是取决于产量和销售量的一个变量,因此卖方垄断厂商使用要素的边际收益不再等于其边际产品价值。卖方垄断厂商使用要素的边际收益是其收益函数对要素的导数,它反映了增加一单位要素所增加的收益。厂商的收益则取决于产量,产量又取决于要素。假定所讨论的卖方垄断厂商的收益函数和生产函数分别为 $R=R(Q)$ 和 $Q=Q(L)$,则收益可以看成是要素的复合函数:$R=R[Q(L)]$。根据复合函数求导法则即有:

$$\frac{\mathrm{d}R}{\mathrm{d}L}=\frac{\mathrm{d}R}{\mathrm{d}Q}\cdot\frac{\mathrm{d}Q}{\mathrm{d}L} \tag{10-13}$$

式中,等式右边第一项为收益对产量的导数:$\mathrm{d}R/\mathrm{d}Q=MR$,即产品的边际收益 MR,反映了增加一单位产品所增加的收益;第二项为产量对要素的导数:$\mathrm{d}Q/\mathrm{d}L=MP$,即所谓要素的边际产品 MP,反映了增加一单位要素所增加的产品。因此,在卖方垄断条件下,厂商使用要素的边际收益等于产品的边际收益 MR 和要素的边际产品 MP 的乘积 $MR\cdot MP$。这个乘积通常被称作要素的边际收益产品,并用 MRP 来表示,即:

$$MRP=MR\cdot MP \tag{10-14}$$

实际上,(10-14)式表达的不仅是卖方垄断厂商使用要素的边际收益,而且也是一般厂商(包括完全竞争和不完全竞争厂商)的使用要素的边际收益。在完全竞争条件下,由于产品价格为常数 P,产品边际收益 MR 等于产品价格,从而边际收益产品 MRP 等于边际产品价值 VMP;在不完全竞争条件下,产品价格不再是常数,而是根据产品的需求函数而得到的变动的价格,故产品的边际收益不再等于产品价格。厂商使用要素的边际收益不再等于边际产品价值 VMP,而是等于更加一般的边际收益产品 MRP。

(3) 边际收益产品 MRP 也可以用另一种方式推导。

厂商的收益等于其产品价格和产品数量的乘积,即:$R=P\cdot Q$。

若设厂商的需求函数和生产函数分别为 $P=P(Q)$ 和 $Q=Q(L)$,则厂商的收益函数可写成为:$R=P\cdot Q=P[Q(L)]\cdot Q(L)$。

式中,$P[Q(L)]$为产品价格,是要素数量的复合函数:产品价格是产品数量的函数,产品数量又是要素数量的函数。使用要素的边际收益是收益对要素的导数。于是:

$$MRP=\frac{\mathrm{d}P}{\mathrm{d}Q}\cdot\frac{\mathrm{d}Q}{\mathrm{d}L}\cdot Q+P\cdot\frac{\mathrm{d}Q}{\mathrm{d}L}=\left[Q\cdot\frac{\mathrm{d}P}{\mathrm{d}Q}+P\right]\cdot\frac{\mathrm{d}Q}{\mathrm{d}L}=MR\cdot MP \tag{10-15}$$

式中,$MR=Q(\mathrm{d}P/\mathrm{d}Q)+P$ 为产品(注意不是要素)的边际收益。这一点可以证明如下。为了求得产品的边际收益,将厂商的收益写成产品(而不是进一步的要素)

的函数：

$$R = PQ = P(Q) \cdot Q。$$

产品的边际收益等于收益对产品(不是要素)的导数。于是有：

$$MR = Q \cdot \frac{dP}{dQ} + P。$$

与前述一样，这里应当特别注意的是，产品的边际收益不同于要素的边际收益。前面已经说过，产品的边际收益是收益对产量的导数，反映了增加叶单位产品所增加的收益数量；而要素的边际收益则是收益对要素的导数，反映了增加一个单位生产要素所增加的收益数量。要素的边际收益的一般形式是边际收益产品；在完全竞争条件下，它简化为边际产品价值。

表 10-3 更加具体地表述了(10-14)式的意思。表中第一栏是要素 L 的不同使用量，第二栏和第三栏分别是从要素 L 的不同使用量中得到的边际产量和总产量。在卖方垄断条件下，厂商的价格将随着它的产量和销售量而变化。第四栏提供的是与第三栏各个不同产量水平相应的价格。第四栏的价格与第三栏的产量相乘得到第五栏，该栏表示从不同要素使用量中得到的总收益。最后，表中第六栏表示每增加一单位要素所带来的总收益的增加量，即要素的边际收益产品。

表 10-3　　要素的边际收益产品

要素数量 L	边际产品 MP	总产量	产品价格 P	总收益	边际收益产品
3	10	33	20.00	660.00	
4	9	42	19.50	819.00	159.00
5	8	50	19.00	950.00	131.00
6	7	57	18.50	1054.50	104.50
7	6	63	18.00	1134.00	79.50
8	5	68	17.50	1190.00	56.00
9	4	72	17.00	1224.00	34.00

图 10-5 是根据表 10-3 做出的要素边际收益产品曲线。由图可见，与完全竞争厂商的边际产品价值曲线一样，卖方垄断厂商的边际收益产品曲线也向右下方倾斜。不过，在这两个场合，两条曲线下降的原因并不完全一致。在完全竞争条件下，要素的边际产品价值曲线由于要素的边际产品曲线下降而下降，即由于要素的边际生产力递减而下降；而在卖方垄断条件下，边际收益产品曲线除了由于要素的边际产品原因之外，还由于产品的边际收益曲线下降而下降。

因此，一般而言，边际收益产品曲线要比边际产品价值曲线更加陡峭一些。

3. 卖方垄断厂商使用要素的原则

由于卖方垄断厂商使用要素的边际收益为要素的边际收益产品，使用要素的边际成本为要素价格，故卖方垄断厂商的要素使用原则可以表示为：

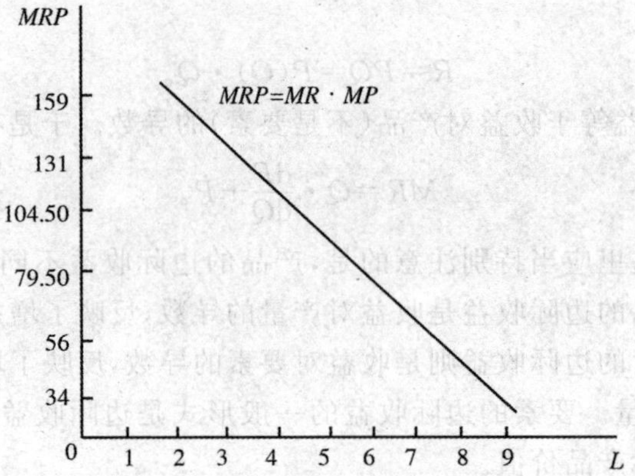

图 10-5　边际收益产品曲线

$$MRP=W \tag{10-16}$$

如果要素的边际收益产品大于要素价格，则增加使用要素带来的收益就大于支出的成本，于是厂商便倾向于扩大要素使用量。随着要素使用量的扩大，一方面要素的边际产品下降，另一方面产品的边际收益也下降，从而要素的边际收益产品将下降，最终下降到与要素价格相等；反之，如果要素的边际收益产品小于要素价格，则减少使用要素所损失的收益就小于所节省的成本，于是厂商便倾向于缩小要素使用量。随着要素使用量的缩小，一方面要素的边际产品将上升，另一方面产品的边际收益也上升，从而要素的边际收益产品将上升，最终上升到也与要素价格相等。

4. 卖方垄断对生产要素的需求曲线

(1) 卖方垄断厂商对要素的需求函数

由卖方垄断厂商的要素使用原则，容易推导其要素需求曲线。为此，将要素使用原则(10-16)式稍稍改写为：

$$MR \cdot MP(L)=W \tag{10-17}$$

式中，$MP(L)$为要素的边际产品，是要素的函数。由此可见，在给定产品的需求函数以及要素的生产函数，从而给定产品的边际收益函数 MR 以及要素的边际产品函数 MP 的情况下，式(10-17)确定了从要素价格 W 到要素使用量 L 的一个函数关系：给定一个要素价格 W 有唯一一个要素数量 L 使要素使用原则成立。换句话说，给定一个要素价格，有唯一一个满足要素使用原则的最优要素数量与之对应。这个最优要素数量就是要素需求量。因此，要素使用原则(10-17)式确定了卖方垄断厂商对要素的需求函数。

(2) 卖方垄断厂商的要素需求曲线

根据卖方垄断厂商对要素的需求函数可以得出卖方垄断厂商要素需求曲线的特点。

假设：当 $MR \cdot MP(L)=W$ 时，要素价格$=W$，要素数量$=L$。

① 当要素价格 W 下降时，即 $W_1 \angle W$：要素的边际收益产品 $MR \cdot MP(L)$ 随之下降，而要素的边际产品函数 MP 和产品的边际收益函数 MR 均不变化，则要素需求量 L 增加才能实现。于是，随着要素价格的下降，要素需求量将上升，$L \angle L_1$。由此得到向右下方倾斜的要素需求曲线。

② 在这种情况下，要素的需求曲线将与其边际收益产品曲线完全重合。参见图 10-6。图中，$MRP=MR \cdot MP$ 为边际收益产品曲线。要素的需求曲线与边际收益产品曲线完全重合。由此可得：卖方垄断厂商的要素需求曲线与其边际收益产品曲线一样，也由于边际生产力递减和产品的边际收益递减两个原因而下降。在同等情况下的完全竞争厂商，要素需求曲线与边际产品价值曲线重合，只是由于边际生产力递减一个原因而下降，而产品的边际收益在完全竞争条件下显然是不变的。

③ 多个厂商的共同调整。在多个厂商的共同调整下，某卖方垄断厂商（例如厂商 r）的要素需求曲线是否不等于其边际收益产品曲线，取决于多个厂商的调整是否会改变厂商 r 的边际收益产品曲线 MRP，也就是说：是否会改变厂商 r 的产品的边际收益曲线 MR。

由于厂商的产品的边际收益曲线完全由它所面临的产品需求曲线决定，故问题又可归结为要素价格变化是否会改变厂商 r 所面临的产品需求曲线。显然，回答一般是否定的。这是因为，尽管要素价格下降引起要素市场上所有厂商的要素需求量从而产量的扩大，但是由于（图 10-6）：

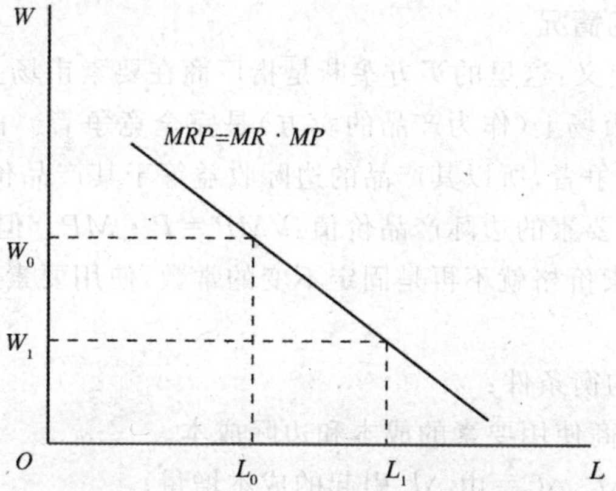

图 10-6　卖方垄断对生产要素的需求曲线

第一，卖方垄断厂商 r 自己的产量扩大不能改变它所面临的产品需求曲线；

第二，其余厂商的产品与厂商 r 的产品完全不同，故它们的产量扩大也不能改变厂商 r 面临的产品需求曲线。

由此可以得到结论：如果不考虑某些较小的间接影响，则要素价格的变化不能影响卖方垄断厂商的产品需求曲线，从而不能影响它的边际收益产品曲线。这就是说，如果假定只使用一种生产要素，则无论是否考虑多个厂商的调整，卖方垄断厂商的要素需求曲线都等于其边际收益产品曲线 MRP。

5. 卖方垄断市场的要素需求曲线

假定所讨论的要素市场包括 2 个厂商，即除了前面研究过的那个卖方垄断厂商 r 外，还有 $n-1$ 个厂商。如果这其余的 $n-1$ 个厂商与 r 一样，均是各自产品市场上的垄断者，则它们的行业调整曲线亦等于各自的边际收益产品曲线。于是，在这种场合，市场的要素需求曲线就是 n 个卖方垄断者的边际收益产品曲线的简单水平相加，即：

$$D=\sum_{r=1}^{n} MRP_r。$$

更为复杂一点的情况是，除了厂商 r 以外，其余 $n-1$ 个厂商并非全是卖方垄断者。其中有些可能是各自产品市场上的卖方垄断者，而另一些可能构成了某几个产品市场上的寡头结构，剩下的则是另外一些产品市场上的垄断竞争者。在这种情况下，整个要素市场的需求曲线不再等于所有厂商的边际收益产品曲线的简单水平相加。这是因为，有许多厂商（产品市场上的寡头或垄断竞争者）的边际收益产品曲线并不就是它们在行业调整下的要素需求曲线。为了得到市场的要素需求曲线，仍需要求得每一个厂商在各自行业调整情况下的要素需求曲线，然后再将它们相加。或者换个说法，仍要对于每一个要素价格分别求出每一个厂商的要素需求量，再将它们相加求和。

（二）买方垄断的情况

1. 买方垄断的定义：这里的买方垄断是指厂商在要素市场上（作为要素的买方）是垄断者，但在产品市场上（作为产品的卖方）是完全竞争者。由于买方垄断厂商在产品市场上是完全竞争者，所以其产品的边际收益等于其产品价格：$MR=P$，从而要素的边际收益就等于要素的边际产品价值：$VMP=P\cdot MP$。但是，此时厂商在要素市场上是垄断者，要素价格就不再是固定不变的常数，使用要素的边际成本亦不再等于要素价格。

2. 买方垄断的均衡条件：

(1) 买方垄断厂商使用要素的成本和边际成本。

设：要素增量$=\Delta L$，$\Delta C=$由 ΔL 引起的成本增量；

$\lim(\Delta C/\Delta L)=\mathrm{d}C/\mathrm{d}L=$边际要素成本$=MFC$。即：边际要素成本 MFC 是增加一单位要素使用所增加的成本。

则有：当存在 $C=L\cdot W(L)$，$W=W(L)$时，

于是，边际要素成本可写为：

$$MFC=W(L)+L\cdot\frac{\mathrm{d}W(L)}{\mathrm{d}L} \tag{10-18}$$

可以看出，边际要素成本由两个部分组成：一是要素价格 $W(L)$，表示厂商为增加使用要素而必须支付的新增要素的成本，说明要素增加引起了成本增加；二是乘积

项，其中 $\mathrm{d}W(L)/\mathrm{d}L$ 反映了要素增加而引起的要素价格变动，乘上所使用的要素数量 L，说明由于价格上涨而引起的成本增加。

(2) 买方垄断厂商的要素供给曲线。

在构成边际要素成本的两个部分中，$W(L)$ 是厂商所面临的要素供给曲线，它不同于市场的要素供给曲线。虽然在整个要素市场中，要素供给曲线通常是向右上方倾斜，但就要素市场中的某个厂商来说，不一定存在厂商的要素供给曲线 $W(L)$ 与市场供给曲线一致，甚至不一定像市场供给曲线那样向右上方倾斜。其具体形状要依赖于厂商所处的市场类型，即垄断还是完全竞争。

构成边际要素成本的第二部分 $L\cdot(\mathrm{d}W(L)/\mathrm{d}L)$ 明显取决于第一部分 $W(L)$。由于 $W(L)$ 随不同市场类型而不同，所以 $L\cdot(\mathrm{d}W(L)/\mathrm{d}L)$ 亦是如此。由此可得结论：边际要素成本函数 MFC 的形状不确定，要根据不同的市场类型分别研究。

① 如果厂商是要素市场上的完全竞争者，则它面临的要素供给曲线就是水平直线，要素市场的价格（对它而言）就是固定不变的常量，即 $W(L)=W$。它可以在不变的要素价格水平上雇用任意多的要素量，从而上面 MFC 的表达式中第二项就等于 0（因为 $\mathrm{d}W(L)/\mathrm{d}L=0$）。于是厂商的边际要素成本就等于要素价格：$MFC=W$（常数）。

② 如果厂商不是完全竞争者，而是要素市场上的垄断买方，它所面临的要素供给曲线 $W(L)$ 就是市场的要素供给曲线。市场的要素供给曲线总是向右上方倾斜，即要素的市场供给量随要素价格的上升而增加，于是，$W(L)$ 向右上方倾斜，从而其导数 $\mathrm{d}W(L)ML\geqslant 0$。再由 MFC 的表达式即知：$MFC\geqslant W$，即边际要素成本函数位于要素供给函数之上。

如果假定要素供给函数为线性的，即：$W(L)=a+bL$，（a、b 均为常数，且 $b>0$），则

$$MFC=W(L)+L\cdot\frac{\mathrm{d}W(L)}{\mathrm{d}L}=a+2bL.$$

因此，要素边际成本曲线与要素供给曲线的纵截距相等，均为 a，但前者斜率为 $2b$，是后者的两倍。图 10-7 说明了上述结果。

(3) 边际要素成本概念还可以用另一种方式给出。首先，形式地写出：

$$MFC=\frac{\mathrm{d}C}{\mathrm{d}L}=\frac{\mathrm{d}C}{\mathrm{d}Q}\cdot\frac{\mathrm{d}Q}{\mathrm{d}L}。$$

由于 $\mathrm{d}C/\mathrm{d}Q$ 是产品的边际成本 MC，$\mathrm{d}Q/\mathrm{d}L$ 是要素的边际产品 MP，所以：$MFC=MC\cdot MP$。

现在，边际要素成本表示成了两个因素的乘积。这里须特别注意的是，产品的边际成本 MC 是指增加一单位产品所增加的成本，它不同于要素的边际成本，后者指增加一单位要素所增加的成本。在一般情况下（例如在买方垄断情况下），要素的边际成本是所谓边际要素成本 MFC，它等于产品的边际成本和要素的边际产品二者之乘积；在完全竞争要素市场中，它简化为要素价格。

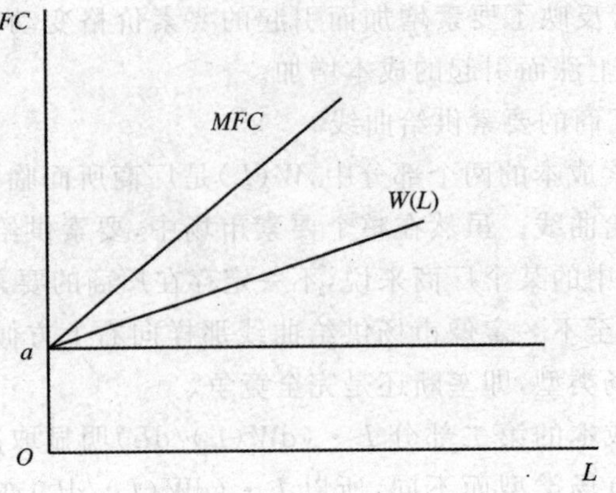

图 10-7　边际要素成本曲线和要素供给曲线

我们已经知道，买方垄断厂商使用要素的边际收益和边际成本分别等于要素的边际产品价值和边际要素成本。因此，买方垄断厂商的要素使用原则可以写成：$VMP=MFC$。它与完全竞争厂商的要素使用原则相比，差别仅仅在于：买方垄断厂商的边际要素成本 MFC 不再等于要素价格 W。当然，这也是它与卖方垄断厂商的差别之一。

即问即答：垄断对要素价格的影响会对商品价格有一些吗？

案例 5：出售海尔药业　海尔集团多元化崩盘之路

2008 年 7 月 8 日，中国生物制药（1177. *HK*）的一则公告宣告了海尔药业控股权从海尔集团转移到中国生物制药全资子公司正大永福的手中，这也是海尔集团自 1995 年提出多元化集团战略以来第一次对单一业务板块进行重大股权调整。对于从 2007 年 6 月拉开“1000 天流程创新”的海尔集团来说，海尔药业控股权的转让显然是个信号，那就是海尔集团将放弃缺乏竞争力和效益的产业。

事实上，从 2005 年起，海尔集团就开始清理这类产业。2005 年，将连续亏损的手机业务从香港上市的海尔电器中剥离，2007 年又将在与格兰仕、美的的竞争中缺乏成本和规模优势的微波炉放弃。据悉，目前海尔集团内部还有手机、*PC*、彩电等业务未能实现盈利。而始于 2001 年金融领域的扩张，除了鞍山信托投资失败外，其他都到了收获期。

按照海尔集团的规划，白电、金融和地产业务将是其今后发展的重点，海尔集团将逐步走上投资控股型企业集团的操作模式。

即问即答：企业战略扩张如何参照边际收益和边际成本相等的原则？

10.4　要素所有者对要素价格的决定—供给方面

上一节是从要素使用者的角度分析了要素的需求对要素价格的影响。现在从要素所有者方面来探讨要素的供给对价格的影响，并把二者结合起来，得出要素价格的最终决定理论，完成对要素市场的分析。

10.4.1　要素供给者的利益最大化要求

(一) 要素所有者、最大化行为和供给问题

由上一节可知：从要素使用者角度讨论要素需求，就是从要素使用者即生产者或厂商的利润最大化行为出发，研究他们对要素的需求是如何随要素价格的变化而变化的。类似的，对要素供给方的分析也可以认为是要素所有者效用最大化的行为，即要素所有者对要素的供给如何随要素价格的变化而变化。因此，在二部门经济中，要素由谁提供？要素供给者的效益最大化的标准时什么？

1. 要素的供给

在西方经济学的要素需求理论中，要素需求者身份比较单一，即生产者或厂商，其行为目标也具有唯一性，即追求利润的最大化。而要素供给方则要既可以是生产者或厂商，也可以是消费者。

(1) 中间产品或中间生产要素：由生产者生产提供，是中间要素的所有者，同时也是要素的使用者

(2) 原始生产要素：由消费者提供，如劳动、土地和资本等。他们是原始要素的所有者。

可见要素所有者的身份不同，其行为目的也不相同。按照西方学者的假定，生产者和消费者的行为目的分别是利润最大化和效用最大化。

(3) 分析方式：要素所有者行为目标的不一致影响了对要素供给的分析。首先要素供给原则会由于要素所有者的不同而不同，进而影响了诸如分析的方法、形式甚至结论等的差异。因此，从理论上来说，要素供给理论应分成两个并列的部分分别以讨论：根据生产者的利润最大化行为讨论其对中间要素的供给以及根据消费者（或资源所有者，如劳动、土地和资本等的所有者）的效用最大化行为讨论其对原始要素的供给。

2. 要素供给的主要内容

上述两部分的要素供给中，第一部分即中间要素的供给与一般产品的供给并无任何区别，因为中间要素即中间产品本身就是一般的产品，而关于一般产品的供给理论在市场理论中已经详细讨论过。因此，关于要素供给的讨论可以完全局限在第二部分，即要素所有者为消费者，其行为目的为效用最大化，也就是说，对要素供给的分析主要从消费者的效用最大化行为出发，建立要素供给量与要素价格之间的关系。

3. 限定范围的要素供给的基本特点

(1) 消费者拥有的要素数量（简称为资源）在一定时期内总是既定不变的。例如，工作必然以 24 小时/天为上限；土地的数量始终是一个常数。

(2) 资源分配的选择性。由于资源是既定的，消费者只能将其拥有的全部既定

资源的一部分作为生产要素提供给市场，剩下的部分可称为“保留自用”(或简称为“自用”)资源。因此，要素供给问题的实质是：消费者在一定的要素价格水平下，将全部既定资源在“要素供给”和“保留自用”两种用途上进行分配以获得最大效用。

(二) 要素供给原则

1. 效用最大化条件：要素供给的边际效用和保留自用的边际效用相等

怎样才能使效用达到最大呢？通过前面的学习已经知道：效用最大化的条件是二种消费对象的边际效用相等，且等于二者的价格。在这儿表现为：作为“要素供给”资源的边际效用与作为“保留自用”资源的边际效用相等。当要素供给的边际效用小于保留自用的边际效用，会导致要素供给的资源转移一单位到保留自用上去从而增大总的效用；反之，如果要素供给的边际效用大于保留自用的边际效用，要素所有者就会将原来用于保留自用的资源转移一单位到要素供给上去，以增大总效用。最后，由于边际效用递减规律的客观存在，上述调整过程可以最终实现均衡，即要素供给的边际效用和保留自用的边际效用相等。

2. 要素供给的边际效用

事实上，对消费者来说，提供生产要素供给市场本身并无任何效用，消费者之所以供给生产要素是为了获得收入。要素形成的收入具有效用。因此，要素供给的效用是所谓“间接效用”：要素供给通过收入而与效用相联系。

假设要素供给增量(例如劳动供给增量)为 ΔL，由此引起的收入增量为 Δy，而由收入增量所引起的效用增量为 ΔU，则：

$$\frac{\Delta U}{\Delta L}=\frac{\Delta U}{\Delta Y}\cdot\frac{\Delta Y}{\Delta L}\text{，取极限即得：}\quad\frac{dU}{dL}=\frac{dU}{dY}\cdot\frac{dY}{dL}\qquad(10\text{-}19)$$

式中：dU/dL 即为要素供给的边际效用，它表示要素供给量增加一单位所带来的消费者效用增量；dU/dY 和 dY/dL 则分别为收入的边际效用和要素供给的边际收入。因此，(10-19)式表示：要素供给的边际效用等于要素供给的边际收入与收入的边际效用的乘积。

一般来说，单个消费者不过是要素市场上众多要素所有者之一，即它是要素市场上的完全竞争者。它多提供或少提供一点要素供给量并不影响要素的市场价格。或者说，它所面临的要素需求曲线是一条水平线。在这种情况下，要素的边际收入显然就等于要素的价格，即

有：$\frac{dY}{dL}=W$，于是(10-19)式简化为：

$$\frac{dU}{dL}=\frac{dU}{dY}\cdot W\qquad(10\text{-}20)$$

这便是完全竞争条件下消费者要素供给的边际效用公式。

如果消费者不是要素市场上的完全竞争者，则要素供给的边际效用表达式当然仍然为一般形式的(10-19)式。

3. 自用资源的边际效用

与要素供给提供间接效用相比,自用资源的情况稍稍复杂一些:它既可带来间接效用,亦可带来直接效用,而且更为重要的是带来直接效用。例如,拿消费者拥有的时间资源来说,如果不把时间用于劳动(即不作为劳动要素去供给市场),则可以将它用来做家务、看电影或干脆休息。显然,自用时间在这里是通过不同的途径产生效用的。在第一种情况下,它节省了本来需请别人来帮忙做家务的昂贵开支,因而和要素供给一样,可以说是间接地带来了效用,即通过节约开支相对增加收入从而间接增加效用;在后两种情况下,它则直接地增加了消费者的效用,因为它直接地满足了消费者的娱乐和健康的需要。

为了分析的简单方便起见,以后假定自用资源的效用都是直接的,即不考虑类似于上述时间可以用来干家务这类现象。若用 L 表示自用资源数量,则自用资源的边际效用就是效用增量与自用资源增量之比的极限值 $\mathrm{d}U/\mathrm{d}L$,它表示一单位自用资源所带来的效用增量。

4. 要素供给原则

借助于上面指出的要素供给的间接效用和自用资源的直接效用概念,可以将效用最大化条件表示为:

$$\frac{\mathrm{d}U}{\mathrm{d}L}=\frac{\mathrm{d}U}{\mathrm{d}Y}\cdot W。$$

如果考虑有所谓"收入的价格"W_y,则显然有 $Wy=1$。于是可以将(10-20)式写成:

$$\frac{\mathrm{d}U/\mathrm{d}L}{\mathrm{d}U/\mathrm{d}L}=\frac{W}{Wy} \tag{10-21}$$

式左边为资源与收入的边际效用之比,右边则为资源和收入的价格之比。这个公式与产品市场分析中的效用最大化公式是完全一致的。

(三) 无差异曲线分析:$Y=f(L)$

与对消费者行为最大化的分析一样,关于要素供给原则的讨论也可以利用无差异曲线工具来进行说明。参见图 10-9。图中,横轴 L 表示自用资源的数量,纵轴 y 表示要素供给所带来的收入。因此,图中每一点均代表一个收入 Y 和自用资源 l 的组合。U_0、U_1、U_2 是消费者的三条无差异曲线。

1. 要素供给的无差异曲线特点

(1) 在同一条无差异曲线上,不同的点代表着相同的效用水平。

(2) 无差异曲线 U_0、U_1 和 U_2 为向右下方倾斜且向原点凸出的曲线,说明收入和自用资源都是"好商品",多多益善,并且它们的重要程度均随数量的增加而下降。

(3) 较高的无差异曲线代表着较高的效用,即:$U_2>U_1>U_0$。

(4) 同一坐标内的无差异曲线相互平行。

2. 无差异曲线分析

(1) 设:消费者初始拥有既定资源$=\bar{L}$ 单位(比如每天 24 小时),非要素收入$=\bar{Y}$

单位(例如为财产收入),即它处于图中 E 点的位置。则:

① 全部提供既定资源 $\bar{L}$ 时所形成的要素收入 $=\bar{L}\cdot W$,(W 为要素价格),全部收入为:$K=\bar{L}\cdot W+\bar{L}$。连接 E 点和纵轴上点 K 的直线显然就是该消费者的预算线。

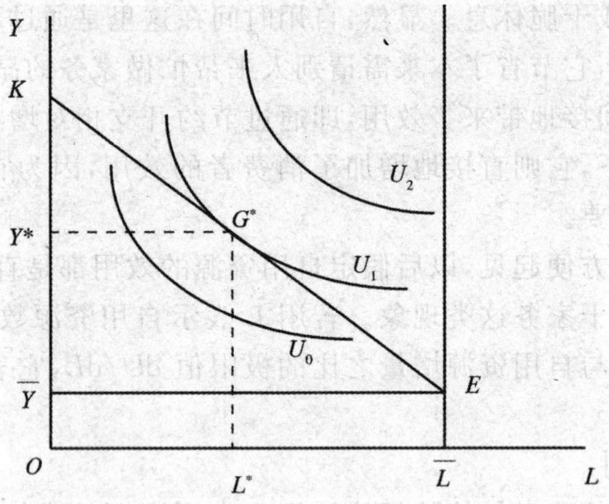

图 10-8　无差异曲线分析

② 如何实现预算约束之下的最优组合选择,即收入 Y 和自用资源 L 的组合。根据前面的学习可知,这个最优组合就是预算线与无差异曲线 U_1 的切点 G^*。消费者的效用最大化行为是在初始的全部资源 $\bar{L}$ 中,保留数量为 L^* 的资源自用,而将其余的 $(\bar{L}-L^*)$ 部分作为生产要素供给市场以获得收入,从而使自己的收入初始的 $\bar{Y}$ 增加到 Y^*。

(2) 图形分析:最优点 G^* 必须满足如下条件是无差异曲线的斜率等于预算线的斜率。

预算线的斜率容易推得,它等于:

$$-\frac{K-\bar{Y}}{\bar{L}}=-\bar{L}\ \frac{W}{\bar{L}}=-W \tag{10-22}$$

即预算线斜率是要素价格的相反数。

无差异曲线的斜率呢?从形式上看,无差异曲线[$Y=f(L)$]的斜率为收入增量与自用资源增量之比的极限值 $\mathrm{d}Y/\mathrm{d}l$,即收入对自用资源的导数。于是,最优点 G^* 的必要条件可以写成为:

$$\frac{\mathrm{d}Y}{\mathrm{d}}=-W \tag{10-23}$$

上式左边可称为资源供给的边际替代率 MUl,它表示:消费者为增加一单位自用资源所愿意减少的收入量;而右边的要素价格可以看成是消费者为增加一单位自用资源所必须放弃的收入量。因此,式(10-23)的含义是:消费者为增加一单位自用资源所愿意减少的收入量要等于必须减少的收入量。如果假定效用可以用基数来衡量，则资源供给的边际替代率 dY/dl 可以表示为自用资源和收入的边际效用之比：

$$-\frac{\mathrm{d}Y}{\mathrm{d}l}=\frac{MUl}{MUy} \tag{10-24}$$

代入(10-23)式即得到上一段在基数效用基础上得到的要素供给原则(10-24)式。

10.4.2　劳动供给曲线和工资率的决定

(一) 劳动和闲暇

1. 劳动供给的内涵：对既定时间资源的分配

劳动供给实际上就是消费者对其拥有的既定时间资源的分配。消费者拥有的时间资源可以认为具有两层含义：

(1) 时间总量为每天只有 24 小时，为一常数且不会改变的

(2) 在这固定的 24 小时之中，有一部分必须用于睡眠而不能挪为他用。虽然必须的睡眠时间不是绝对不变，但对于特定的时间供给者而言，短期内不会变化很大。如果将必须的睡眠时间挪作他用，则消费者的满足程度即效用以及劳动生产力都将受到很大的影响。为了方便起见，这里假定消费者每天必须睡眠 8 个小时。因此，消费者可以自由支配的时间资源每天为固定的 24－8＝16 小时，即：$L=MAX\ L=16$ 小时。说明消费者可能的劳动供给只能来自这 16 小时之中，且不能超过它。最大劳动供给量为 16 小时。

2. 时间分配方式：劳动和闲暇

(1) 闲暇时间包括除必须的睡眠时间和劳动供给之外的全部活动时间。闲暇的取值区间为(0,16)。例如，用于吃、喝、玩、乐即用于各种消费活动的时间。在现实生活中，闲暇时间也可用于非市场活动的“劳动”。例如干家务活。为简单起见，这里不考虑这种情况。

(2) 劳动供给量：若用 H 表示闲暇，则 16—H 就代表消费者的劳动供给量。因此，劳动供给问题就可以看成是消费者如何决定其固定的时间资源 16 小时中闲暇 H 所占的部分闲暇和劳动供给两种用途上的分配。

消费者选择一部分时间作为闲暇来享受，选择其余时间作为劳动供给。前者即闲暇直接增加了效用，后者则可以带来收入，通过收入用于消费再增加消费者的效用。因此，就实质而言，消费者并非是在闲暇和劳动二者之间进行选择，而是在闲暇和劳动收入之间进行选择。或者更一般地说，是在自用资源和收入之间进行选择。此时我们可以借鉴上一节的讨论模型来分析目前的问题。

(二) 劳动供给曲线

1. 见图 10-9 和图 10-10。

图 10-9 中横轴 H 表示闲暇，纵轴 Y 与以前一样表示收入。消费者的初始状态点 E 现在表示的是非劳动收入 $\bar{Y}$ 与时间资源总量 16 小时的组合。假定劳动价格即工资为 W_0，则最大可能的收入(劳动收入加非劳动收入)为 $K_0=16W_0+\bar{Y}$。于是消

费者在工资 W_0 条件下的预算线为连接初始状态点正与纵轴上点 K_0 的直线 EK_0。EK_0 与无差异曲线 U_0 相切，切点为 A。与点 A 对应的最优闲暇量为 H_0，从而劳动供给量为$(16-H_0)$。于是得到劳动供给曲线(图 10-10)上一点 $a(W_0, 16-H_0)$。

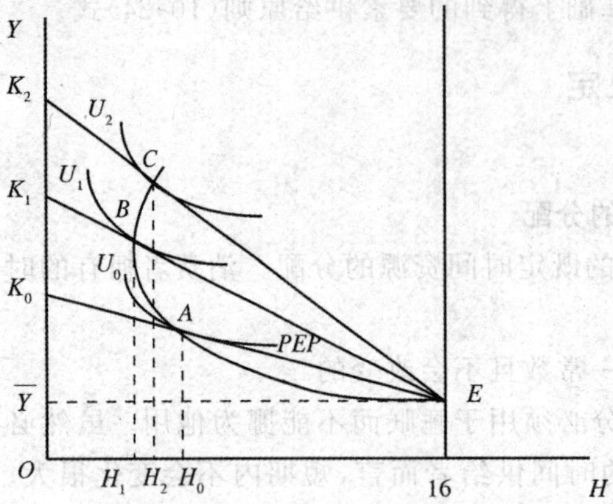

图 10-9　闲暇与劳动

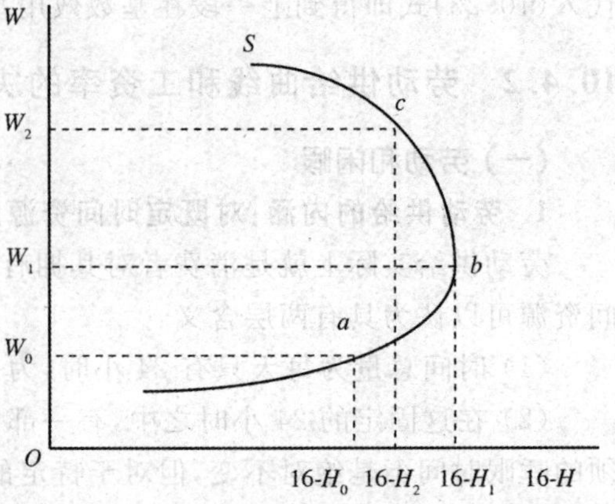

图 10-10　劳动供给曲线

再回到图 10-10。现在让劳动价格上升到 W_1，再上升到 W_2，则消费者的预算线将绕初始状态点正顺时针旋转到 EK_1 和 EK_2，其中 $K_1=16W_1+\overline{Y}$，$K_2=16W_2+\overline{Y}$。预算线 EK_1 和 EK_2 分别与无差异曲线 U_1 和 U_2 相切，切点分别为 B 和 C。均衡点 B 和 C 对应的最优闲暇量分别为 H_1 和 H_2，从而相应的劳动供给量一个为$(16-H_1)$，一个为$(16-H_2)$。现又得到劳动供给曲线(图 10-11)上两点：$b(W_1, 16-H_1)$、$c(W_2, 16-H_2)$。

重复上述过程，可得到图 10-10 中类似于 A、B 和 C 的其他点。这些点联结起来，即得到图 10-10 中的价格扩展线 PEP；相应地，在图 10-11 中可得到类似于 a、b 和 c 的其他点，将所有这些点联结起来，即得到消费者的劳动供给曲线 S。

2. 劳动供给曲线的特点

与一般的供给曲线不同，图 10-11 描绘的劳动供给曲线具有一个鲜明的特点，即它具有一段"向后弯曲"的部分。当工资较低时，随着工资的上升，消费者为较高的工资吸引将减少闲暇，增加劳动供给量。在这个阶段，劳动供给曲线向右上方倾斜。但是，工资上涨对劳动供给的吸引力是有限的。当工资涨到 W_1 时，消费者的劳动供给量达到最大。此时如果继续增加工资，劳动供给量非但不会增加，反而会减少。于是劳动供给曲线从工资 W_l 处起开始向后弯曲。

劳动供给曲线的这个特点也可以从图 10-10 中消费者随工资变化对闲暇需求量的变化中看出。由图可知，随着工资的上升，从而预算线在纵轴的截距上升，消费者闲暇需求量是先减后增，即从 H_0 减少到 H_1，然后又增加到 H_2。在时间资源总量为既定时，这当然意味着劳动供给量是先增后减，即从 $16-H_0$ 增加到 $16-H_1$，然后又减少到 $16-H_2$。

(三) 替代效应和收入效应

1. 劳动供给的"替代效应"和"收入效应"

(1) 分析方法:

① 明确劳动供给、劳动价格即工资以及它们之间关系。

首先,可以将劳动供给看成是闲暇需求的反面。因为在时间资源总量给定的条件下,劳动供给的增加就是闲暇需求的减少;反之亦然。二者之间存在反方向变化关系。

其次,劳动的价格即工资实际上就是闲暇的机会成本:增加一单位时间的闲暇,意味着失去本来可以得到的一单位劳动的收入,即工资。于是,亦可以将工资看成是闲暇的价格。

最后,在上述关于劳动供给及工资的重新解释的基础上,劳动供给量随工资而变化的关系即劳动供给曲线,便可以用闲暇需求量随闲暇价格而变化的关系即闲暇需求曲线来加以说明,只不过后者与前者正好相反而已。换句话说,解释劳动供给曲线向后弯曲现在变成了解释闲暇需求曲线为什么向前上斜。

② 确定分析工具:根据以上分析可知,我们在"消费者行为理论"中用"替代效应"和"收入效应"分析了一般商品需求曲线的形状,此时对于劳动供给也可以使用这一方法进行论证。

(2) 劳动和闲暇的"替代效应"与"收入效应"

在"消费者行为理论"中,我们知道:正常商品的需求曲线总是向右下方倾斜的,即需求量随价格的上升而下降。其原因有两个:一是替代效应,一是收入效应。其中:正常商品价格上涨后,由于替代效应,消费者转向相对便宜的其他替代品;由于收入效应,消费者相对"更穷"一些,以至减少对正常品的购买。而且存在"替代效应"明显大于"收入效应"的情况。所以,在"替代效应"和"收入效应"的共同作用下,一般正常商品的需求曲线向右下方倾斜。

① 分析"闲暇"这一商品的情况。对闲暇商品的需求亦受到替代效应和收入效应两方面的影响。

先看替代效应。假定闲暇的价格即工资上涨,于是,相对于其他商品而言,闲暇这个商品现在变得更加"昂贵"了(其机会成本上升了)。于是消费者减少对它的"购买",而转向其他替代商品。因此,由于替代效应,闲暇需求量与闲暇价格反方向变化。这一点与其他正常商品一样。

再来看收入效应。闲暇商品的收入效应完全与众不同。假定其他条件不变时,对于一般商品,价格上升意味着消费者实际收入下降,但闲暇价格的上升却相反,意味着实际收入的上升。因为消费者此时享有同样的闲暇即提供同样的劳动量可以获得更多的收入。随着收入的增加,消费者将增加对商品的消费,从而亦增加对闲暇商品的消费。结果,由于收入效应,闲暇需求量与闲暇价格的变化方向相同。这样一来,在一般正常商品场合在同一方向起作用的替代效应和收入效应,在闲暇商品场合却起着相反的作用。因此，随着闲暇价格的上升，闲暇需求量究竟是下降还是上升要取决于这两种效应的大小。如果替代效应大于收入效应，则闲暇需求量随其价格上升而下降；反之，如果收入效应大于替代效应，则闲暇需求量随其价格的上升而上升。这就意味着劳动供给曲线向后弯曲。

② 对比：闲暇商品的收入效应和超过替代效应。

我们通常把商品分为正常物品和低档物品。大多数的商品，包括全部正常品和一部分劣等品，收入效应通常小于替代效应。消费者消费的商品种类繁多，其中每一种消费支出仅占消费者预算的很小部分，而且每一种商品均具有很相近的替代品。因此，单种商品价格变动通常对消费者收入并不造成很大影响，但却非常容易引起消费者的替代行为。例外的情况仅是所谓的吉芬物品。

现在我们讨论的闲暇商品，情况却有所不同。消费者的收入的大部分可能是来自劳动供给（当然还有一部分非劳动收入）。假定其他因素不变，闲暇价格即工资的上升会大大增加消费者的收入水平。因此，闲暇价格变化的收入效应较大。如果原来的工资即闲暇价格较低，则此时工资稍稍上涨的收入效应不一定能抵消，当然更谈不上超过替代效应，因为此时的劳动供给量亦较小，从而由工资上涨引起的整个劳动收入增量（它等于工资增量与劳动供给量之乘积）并不很大；但如果工资已经处于较高水平（此时劳动供给量也相对较大），则工资上涨引起的整个劳动收入增量就很大，从而可以超过替代效应。于是劳动供给曲线在较高的工资水平上开始向后弯曲。

所有这一切，用一般的语言来说就是：当工资的提高使人们富足到一定的程度以后，人们会更加珍视闲暇。因此，当工资达到一定高度而又继续提高时，人们的劳动供给量不但不会增加，反而会减少。

2. 结论：劳动供给曲线为什么会向后弯曲？

当工资已经处于较高水平（此时劳动供给量也相对较大），则工资上涨引起的整个劳动收入增量就很大，从而导致收入效应可以超过替代效应。最终形成劳动供给曲线在较高的工资水平上开始向后弯曲的现象。

（四）劳动的市场供给曲线和均衡工资的决定

将所有单个消费者的劳动供给曲线水平相加，即得到整个市场的劳动供给曲线。尽管许多单个消费者的劳动供给曲线可能会向后弯曲，但劳动的市场供给曲线却不一定也是如此。在较高的工资水平上，现有的工人也许提供较少的劳动，但高工资也会吸引新的工人进来，因而总的市场劳动供给一般还是随着工资的上升而增加，从而市场劳动供给曲线仍然是向右上方倾斜的。

案例 6：2012 年中秋国庆长假全国实现旅游收入分析

全国假日旅游部际协调会议办公室 8 日发布报告显示，今年中秋节国庆节 8 天假日期间，全国共接待游客 4.25 亿人次，实现旅游收入 2105 亿元，游客人均花费支出 495 元。

按国家旅游局、国家统计局联合制定的《“黄金周”旅游信息统计调查制度》要求，全国31个省自治区、直辖市分别对辖区内中秋节国庆节假日的接待规模和效益进行了统计调查。经国家旅游局、国家统计局汇总，在今年中秋节国庆节8天假日期间，全国共接待游客4.25亿人次，比2011年“十一”黄金周增长40.9%(按可比口径，同比增长23.3%)；实现旅游收入2105亿元，比2011年“十一”黄金周增长44.4%(按可比口径，同比增长26.3%)。

据统计，在所实现的2105亿元旅游收入中，民航客运收入81.6亿元；铁路客运收入33.2亿元；39个重点旅游城市实现旅游收入786亿元；其他旅游城市和景区实现旅游收入1204亿元。纳入全国假日旅游统计预报体系的119个旅游景区(点)，中秋节国庆节假日期间共接待3425万人次，门票收入17.7亿元。

即问即答：
- 长假和休闲之间的关系。
- 花钱与挣钱的效用那个更大呢？

10.4.3 土地的供给曲线和地租的决定

案例7:荷兰 围海造田

荷兰人民是以筑坎排水、围海造田和与海水搏斗闻名于世的。众所周知，荷兰是一个地势低凹的国家，荷兰一词在荷兰语中就是“低地”的意思。这个国家有27%的土地在海平面以下，1/3的国土海拔高度仅为1米上下，其中首都阿姆斯特丹就建设在一个低于海平面5米的大湖之上。荷兰是个地势低凹、人多地少的国家，从公元13世纪起，荷兰围海造田的总面积达7000多平方千米，大约相当于全部国土面积的1/5。

1927年，修建须德海拦海堤坝开始动工，历时5年，一条被称为世界第一长堤的拦海大堤建成了，堤坝全长30公里，宽90米，高出海平面7米多，建有2座水闸。与堤坝同年动工的威林格尔围垦区，仅3年时间即告完成，围垦面积达2万公顷；东北围垦区工程花了6年时间完成，面积达4.8万公顷；随后又于1957年、1968年、1980年完工的东围垦区、南围垦区和马克瓦得围垦区，面积共达15.3万公顷。须德海从此在地图上消失了！而荷兰却多了一个新的省！再如规模宏大的“三角洲工程”所建造的4座大坝，总长16公里，把4个深入陆地的海湾变成了湖泊。

从13世纪以来，通过围海造田，荷兰共修建了总长达2400公里的拦海大堤，围垦了7100多平方公里的土地，这几乎相当于荷兰今天陆地面积的1/5。难怪荷兰人十分自豪地说：“荷兰是我们创造的！”

经济学上的土地，不是单纯的地理意义上的土地，而是泛指一切自然资源，包括：土壤、河流、矿产和水资源等一切内容。其基本特点被描述为“原始的和不可毁灭的”。“原始性”是指它不能被生产出来；“不可毁灭”性是指它在数量上不会减少。狭义的土地数量，指的是土地面积，它既不能增加也不能减少，因而是固定不变的。或者也可以认为，土地的“自然供给”是固定不变，是一个常数。

当然，如果土地价格合适的话，人们可以沿海岸造陆地、变沙漠为良田，从而“创造”出土地；另一方面，如果人们采用一种会破坏土壤肥力的方式耕种，则土地也有“毁灭”的可能。不过，为简单起见，这里不考察土地数量的这些变化，而明确假定它为既定不变，并在该假定下来考察土地的“市场供给”（注意不是自然供给）的情况。

（一）土地、土地供给和土地价格

在正式讨论土地（以及资本）的供给之前，有几个概念需要首先明确。

1. 生产服务源泉和生产服务本身

生产服务的源泉不同于生产服务本身。例如，劳动服务的源泉是人类或劳动者，但劳动服务却是“人一时”（或代表劳动者在某个特定时期工作的其他单位）；同样，土地是生产服务的源泉，但该生产服务本身却是用“公顷一年”（即使用1公顷土地1年）之类的单位来衡量的。类似的区别也适用于资本，比如，建筑物和机器作为源泉也不同于它们所提供的服务。

2. 源泉的供给（以及需求）和服务的供给（以及需求）

源泉的供求是指卖和买生产服务的“载体”；服务的供求则是指卖和买生产服务本身而非其“载体”。有些生产要素的源泉及其服务都可以在市场中交易，例如，土地和资本；有些生产要素则不能，例如劳动。劳动服务可以被买卖，但劳动服务的源泉（即人类自身）却不能被买卖，至少现在的文明社会是这样。

3. 源泉的价格和服务的价格

如果源泉和服务二者均可在市场上交易，则就有两个价格，即源泉价格和服务价格。例如，就土地而言，有一个“1公顷土地（即源泉）的价格”，还有一个“使用1公顷土地1年（即服务）的价格”。再如建筑物和机器，它们本身有一个市场价格（即源泉价格），还有一个使用它们一定时间的价格（即服务价格）。这两个价格显然不同，因而有加以区别的必要。生产要素源泉的价格，特别是资本物品（如机器）的价格，系由它们的市场供求曲线所决定，其过程与前面已经论述过的商品价格的决定大致相同，我们在分配论中不再重复。因此，分配论中所论述的是生产要素服务价格的决定，劳动是一个例外。由于只有劳动服务能够买卖，因此，只有一个价格，即劳动服务的价格。

4. 土地的价格的界定

为明确起见，假定下面讨论的土地、土地供给及土地价格（资本、资本供给及资本价格）均是指土地的服务、土地服务的供给及土地服务的价格（资本服务、资本服务的供给以及资本服务的价格）。其中，土地服务的价格称为地租（资本服务的价格称为利息）。

由于劳动是一个例外，只有劳动服务能够买卖，只存在劳动服务的价格即工资，故在上一节中，没有对劳动的源泉和劳动服务等也作类似上述的区分。在谈到劳动供给和劳动价格时，它必定是指劳动服务的供给和劳动服务的价格，不会引起任何误解。

（二）土地的供给曲线

前面说过，土地的自然供给即自然赋予的土地数量是（或者假定是）固定不变的：它不会随土地价格即地租的变化而变化。现在要考虑土地的市场供给情况：它是否也与土地价格没有关系呢？

假定土地所有者是消费者，从而其行为目的是效用最大化。它所用的土地数量在一定时期内也是既定的和有限的。和前面分析的劳动者一样，土地所有者现在要解决的是：如何将既定数量的土地资源在保留自用和供给市场这两种用途上进行分配以获得最大的效用。

与供给劳动的情况类似，供给土地本身不直接增加效用。土地所有者供给土地的目的是为了获得土地收入，而土地收入可以用于各种消费目的，从而增加效用。因此，土地所有者实际上是在土地供给所可能带来的收入与自用土地之间进行选择。于是土地所有者的效用函数可以写为：$U=U(Y,Q)$。式中，Y，Q 分别为土地收入和自用土地数量。

现在的问题是，自用土地是如何增加土地所有者的效用的呢？显然，如果不用来供给市场的话，则土地可以用来建造花园或高尔夫球场等。土地的这些消费性使用当然能增加土地所有者的效用，就像劳动者场合的闲暇的作用一样。不过一般来说，土地的消费性使用只占土地的一个很微小的部分，不像时间的消费性使用占去全部时间的一个较大的部分。如果假定不考虑土地消费性使用这个微小部分，即不考虑土地所有者自用土地的效用，则自用土地的边际效用等于 0，从而效用函数简化为：$U=U(Y)$。

换句话说，效用只取决于土地收入而与自用土地数量大小无关。在这种情况下，为了获得最大效用就必须使土地收入达到最大（因为效用总是收入的递增函数），而为了使土地收入最大又要求尽可能地多供给土地（假定土地价格总为正的）。由于土地所有者拥有的土地为既定的，例如为 $\bar{Q}$，故它将供给数量为 $\bar{Q}$ 的土地——无论土地价格 R 是多少。因此，土地供给将在 $\bar{Q}$ 的位置上垂直，见图 10-11。

同样的结论也可以通过无差异曲线分析方法得到，见图 10-12。图中，横轴 Q 表示自用土地数量，纵轴 Y 为土地收入。土地所有者的初始状态点 E 表明，它的非土地收入为 $\bar{Y}$，拥有的全部土地数量为 $\bar{Y}$。两条预算线 EK_0 和 EK_1 分别对应于土地价格为 R_0 和 R_1 的两种情况，即 $K_0=\bar{Q}\cdot R_0+\bar{Y}$，$K_1=\bar{Q}\cdot R_1+\bar{Y}$。图中真正特殊的地方是其无差异曲线：它们均为水平直线，例如 U_0 和 U_l。无差异曲线为水平直线表示土地所有者的效用只取决于土地收入，与自用土地数量无关。例如在水平直线 U_0 上，每一点的收入均相等，故它们是无差异的，尽管它们的自用土地数量不同。同样，高位的无差异曲线表示较高的效用，即 $U_1>U_0$，这是因为前者的收入大于后者。显然，无差异曲线簇的这种特殊形状就是式（10-7）效用函数的形象表示，或者说，是土地没有自用用途假定的形象表示。

水平的无差异曲线簇显然表明：无论土地价格如何变化，最优的自用土地数量总为 0，从而土地供给量总为面，即等于土地所有者拥有的全部土地资源。例如，设土地价格为 R_0，预算线为 EK_0，此时的最大效用组合或均衡点显然为 K_0，因为这是在预算约束 EK_0 条件下所能达到的最大效用 U_0 的点。与 K_0 相对应，最优自用资源为 0，从而土地供给量为 $\bar{Q}$；再设土地价格上升到 R_1，预算线变为 EK_1，最大效用组合为 K_1 点，但与 K_1 点相对应的最优自用资源仍然为 0，从而土地供给量仍然为 $\bar{Q}$。换句话说，土地供给量总是为 $\bar{Q}$，与土地价格的高低无关，于是土地供给曲线垂直。

值得注意的是，在上面的讨论中，之所以得到土地供给曲线垂直的结论，并不是因为自然赋予的土地数量是(或假定是)固定不变的，而是因为我们假定了土地只有一种用途即生产性用途，而没有自用用途。如果土地只有生产性用途，则它对该用途的供给曲线当然是垂直的。事实上，这个结论不仅适用于土地，同样也适用于任何其他要素。我们可以作出下面的一般性的陈述：任意一种资源，如果只能(或假定只能)用于某种用途，而无其他用处，则该资源对该种用途的供给曲线就一定是垂直的。借用机会成本的概念则可以这样说：任意一种资源，如果它在某种用途上的机会成本等于 0，则它对该种用途的供给曲线就垂直；即使该资源价格下降，它也不会转移到其他方面(因为无利可得)，即它的供给量不会减少。例如，考虑某些土地资源，如果它只能用来种玉米，则它对种玉米的供给曲线就垂直，种玉米土地的价格下降不会减少它的供给量；又例如，考虑某些高度专业化的劳动，如果这些劳动只适用于某个特殊的生产，则当劳动时间无自用价值时，它对该生产的供给曲线就垂直；当劳动时间有自用价值时，则供给曲线在劳动价格大于其自用价值之上时垂直。由此又可得到更加一般的结果：任意一种资源对其用途的供给曲线在其机会成本水平之上垂直。

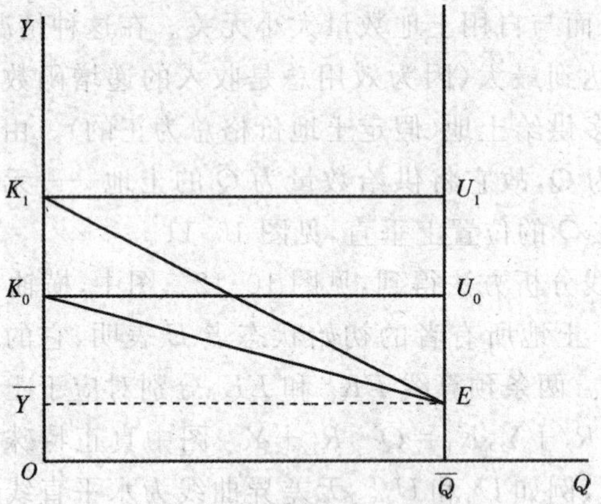

图 10-11　土地的供给曲线

图 10-12　土地供给的无差异曲线分析

由此可见，土地数量本身的固定不变并不能说明土地供给曲线垂直。要使(用于生产的)土地供给曲线垂直，必须假定土地没有自用用途，没有自用价值，或者说，假定土地在生产性使用上的机会成本等于 0。这个假定显然并不完全符合实际，因为土地对土地所有者确实有某些消费性用处，尽管这些用处相对于其拥有的全部土地数量来说也许很小。如果将土地的自用价值也考虑进来的话，则土地的供给曲线就可能不再是那么垂直，而是略微向右上方倾斜。此外，如果土地除了一种用途之外还有其他用途，比如，农业土地可以被用来盖厂房、修道路等，则农用土地的价格下降以后，用于种农产品的土地可能就会减少——一部分原来用于农业的土地会转移到现在相对而言更加有利可图的盖厂房或修道路上去。这样，具有多种用途的土地的供给曲线就会向右上方倾斜，甚至就会和一般商品的供给曲线没有差别。

当然，还有另一种办法也可以得到土地供给曲线垂直的结论，那就是，我们不是像上面那样考虑用于生产目的的土地供给，而是考虑所谓用于一切目的的土地供给，即既包括生产性使用，也包括消费性自用的土地供给，则在这种情况下，土地的供给就等于供给市场和"供给"给土地所有者自身的两部分之和。于是，它是真正固定不变的了，即土地价格的变化只能改变这两个部分的相对大小，但显然不能改变其总和。不过这样一来，我们也可以按同样的逻辑认为其他资源的供给曲线也是垂直的。例如，我们可以将闲暇也看成是劳动的一种方式，于是全部劳动供给分为供给市场的和自用的两部分。这样定义的劳动供给显然也是固定的，它不因劳动价格变化而变化。显而易见，这种解释对经济分析并无多大用处。

真正有意义的供给曲线总是指为市场目的而提供的供给，不包括自用部分。我们的分析将遵循这个"原则"。

（三）使用土地的价格和地租的决定

将所有单个土地所有者的土地供给曲线水平相加，即得到整个市场的土地供给曲线。再将向右下方倾斜的土地的市场需求曲线与土地供给曲线结合起来，即可决定使用土地的均衡价格。见图 10-13。图中土地需求曲线 D 与土地供给曲线 S 的交点是土地市场的均衡点。该均衡点决定了土地服务的均衡价格 R_0。特别是，如果假定土地没有自用价值，则单个土地所有者的土地供给曲线为垂直线，故市场的土地供给曲线亦为垂直线。

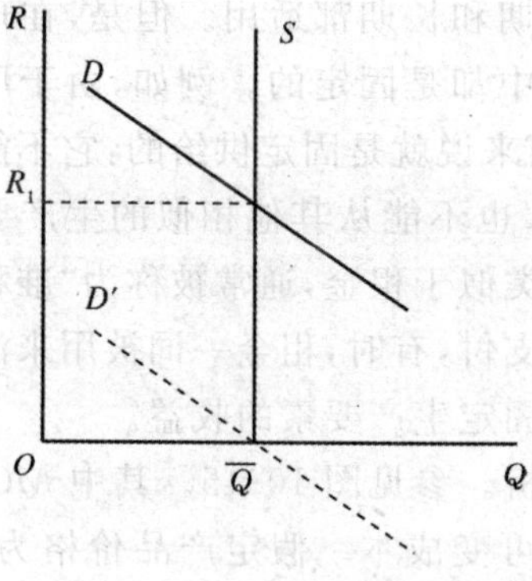

图 10-13　土地的价格

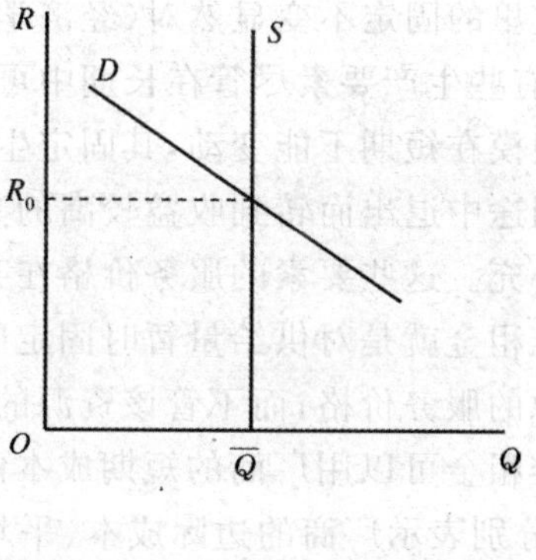

图 10-14　地租及其原因

当土地供给曲线垂直时，它与土地需求曲线的交点所决定的土地服务价格具有特殊意义：它常常被称为"地租"。参见图 10-10 中的 R_1。由于此时土地的供给曲线垂直且固定不变，故地租完全由土地的需求曲线决定，而与土地的供给曲线无关：它随着需求曲线的上升而上升，随着需求曲线的下降而下降。如果需求曲线下降到 D，则地租将消失，即等于 0。

根据上述地租决定理论，可以给出一个关于地租产生的解释。假设一开始时，土地供给量固定不变为面，对土地的需求曲线为 D'，从而地租为 0；现在由于技术进步使土地的边际生产力提高，或由于人口增加使粮食需求、从而粮食价格上涨，对土地的需求曲线便开始向右边移动，从而地租开始出现。因此，可以这样来说明地租产生的(技术)原因：地租产生的根本原因在于土地的稀少，供给不能增加；如果给定了不变的土地供给，则地租产生的直接原因就是土地需求曲线的右移。土地需求曲线右移是因为土地的边际生产力提高或土地产品(如粮食)的需求增加从而粮价提高。如果假定技术不变，则地租就由土地产品价格的上升而产生，且随着产品价格的上涨而不断上涨。

(四) 租金、准租金和经济租金

根据地租的概念，西方学者又对它从几个方向进一步发展。

1. 租金

按照上面的定义，地租是当土地供给固定时的土地服务价格，因而地租只与固定不变的土地有关。但在很多情况下，不仅土地可以被看成是固定不变的，而且有许多其他资源在某些情况下，也可以被看成是固定不变的。例如某些人的天赋才能，就很有些像土地一样，其供给是自然固定的。这些固定不变的资源也有相应的服务价格，这种服务价格显然与土地的地租非常类似。为与特殊的地租相区别，可以把这种供给数量同样固定不变的一般资源的服务价格叫作“租金”。换句话说，地租是当所考虑的资源为土地时的租金，而租金则是一般化的地租。

2. 准租金

现在进一步来分析租金。租金以及特殊的地租均与资源的供给固定不变相联系。这里的固定不变显然对(经济学意义上的)短期和长期都适用。但是，在现实生活中，有些生产要素尽管在长期中可变，但在短期中却是固定的。例如，由于厂商的生产规模在短期不能变动，其固定生产要素对厂商来说就是固定供给的：它不能从现有的用途中退出而转到收益较高的其他用途中去，也不能从其他相似的生产要素中得到补充。这些要素的服务价格在某种程度上也类似于租金，通常被称为“准租金”。所谓准租金就是对供给量暂时固定的生产要素的支付，有时，租金一词被用来泛指一般资源的服务价格，而不管该资源的供给如何，即固定生产要素的收益。

准租金可以用厂商的短期成本曲线来加以分析。参见图 10-15。其中 MC、AC、AVC 分别表示厂商的边际成本、平均成本和平均可变成本。假定产品价格为 P，则厂商将生产 Q_0。这时的可变总成本为面积 $OGBQ_0$，它代表了厂商对为生产 O_0 所需的可变生产要素量而必须做出的支付。固定要素得到的则是剩余部分 GP_0CB。这就是准租金。

如果从准租金 GP_0CB 中减去固定总成本 $GDEB$，则得到经济利润 DP_0CE。可

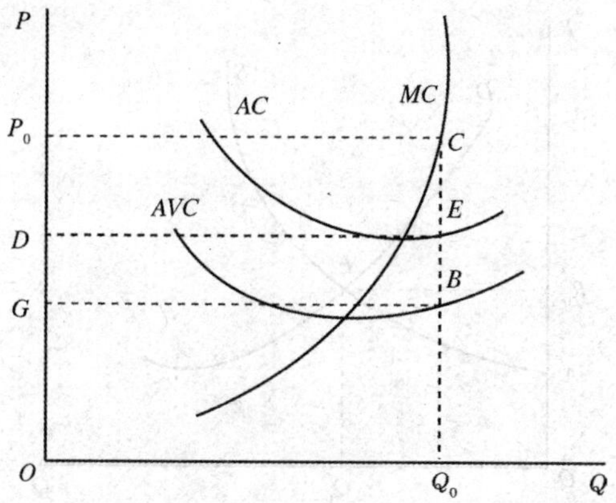

图 10-15　准租金

见，准租金为固定总成本与经济利润之和。当经济利润为 0 时，准租金便等于固定总成本。当然，准租金也可能小于固定总成本——当厂商有经济亏损时。

3. 经济租金

再回到租金是固定供给要素的服务价格这个定义上来。固定供给意味着，要素价格的下降不会减少该要素的供给量。或者更进一步，要素收入的减少不会减少该要素的供给量。据此，也可以将租金看成是这样一种要素收入：其数量的减少不会引起要素供给量的减少。有许多要素的收入尽管从整体上看不同于租金，但其收入的一部分却可能类似于租金，亦即如果从该要素的全部收入中减去这一部分并不会影响要素的供给。我们将这一部分要素收入叫作“经济租金”。

经济租金的几何解释类似于所谓的生产者剩余。参见图 10-16。图中要素供给曲线 S 以上、要素价格 R_0 以下的阴影区域 AR_0 正为经济租金，要素的全部收入为 OR_0EQ_0。但按照要素供给曲线，要素所有者为提供 Q_0 量要素所愿意接受的最低要素收入却是 $OAEQ_0$。因此，阴影部分 AR_0E 是要素的“超额”收益，即使去掉，也不会影响要素的供给量。

经济租金的大小显然取决于要素供给曲线的形状。供给曲线愈是陡峭，经济租金部分就越是大。特别是，当供给曲线垂直时，全部要素收入均变为经济租金，它恰好等于租金或地租（回忆租金及地租的定义）。由此可见，租金实际上是经济租金的一种特例，即当要素供给曲线垂直时的经济租金，而经济租金则是更为一般的概念，它不仅适用于供给曲线垂直的情况，也适用于不垂直的一般情况。在另一个极端上，如果供给曲线成为水平的，则经济租金便完全消失。

总之，经济租金是要素收入（或价格）的一个部分，该部分并非为获得该要素于当前使用中所必须，它代表着要素收入中超过其在其他场所可能得到的收入部分。简而言之，经济租金等于要素收入与其机会成本之差。

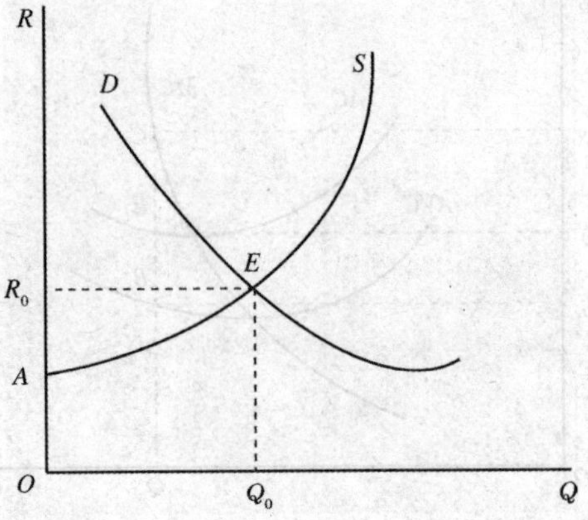

图 10-16　经济租金

10.4.4　资本的供给曲线和利息的决定

前面分别讨论了劳动和土地两种生产要素。现在考虑与它们并列的第三种生产要素，即所谓“资本”要素。资本这个词在不同的场合，因为不同的需要，被解释成不同的东西，从而又引导出不同的关于资本的理论。因此，有必要先来说明一下本节中所要分析的资本的含义。

(一) 资本

在日常生活中，资本常常被看成是一个包罗万象的东西：它代表着一个经济系统的所有有形资源，包括劳动人口以及一切有用之物。例如，消费品(住房、家具等)、生产资料(工厂、机器等)、甚至现金余额和自然资源如土地。显而易见，这个关于资本的“概念”并不适合我们在此分析的目的。如果以此作为定义，则资本不再是与劳动及土地并列的生产要素(因为它包括了后二者)，甚至也不再是生产要素(因为它包括了消费商品)。

作为与劳动和土地并列的一种生产要素，资本的独特特点可以概括如下：第一，它的数量是可以改变的，即它可以通过人们的经济活动生产出来；第二，它之所以被生产出来，其目的是为了以此而获得更多的商品和劳务；第三，它是作为投入要素，即通过用于生产过程来得到更多的商品和劳务的。

由于第一个特点，资本便与其他两个生产要素即土地和劳动区别开来了。因为土地和劳动均是“自然”给定的，不能由人们的经济活动生产出来；由于第二及第三个特点，资本便与一切非生产要素的东西区别开来了。例如，由于第二个特点，它不同于普通的消费商品，因为消费商品不能带来更多的商品和劳务，其价值仅等于自身而不能增值；再例如，由于第二及第三个特点，它甚至也不同于单纯的储蓄。因为在现代社会中，单纯的储蓄本身仅仅意味着可贷资金的增加。如果这些资金并不实际贷出，则不能增值；即使贷出去，从而增值，也可能不是被用于生产过程。

根据上述三个特点，可以将资本定义为：由经济制度本身生产出来并被用作投入要素以便进一步生产更多的商品和劳务的物品。

(二) 利息

作为生产服务的源泉，资本本身具有一个市场价格，即所谓资本价值。例如，一台机器、一幢建筑物在市场上可按一定价格出售；另一方面，资本也与土地和劳动等其他要素一样，可以在市场上被租借（注意不是出售）出去。因此，作为生产服务，资本也有一个价格，即使用资本（或资本服务）的价格，或者说，资本所有权所得到的价格。这个价格通常称为利率，并用/来表示。

例如，一台价值为1000元的机器被使用一年得到的收入为100元。用这个年收入来除以机器本身的价值即得到该机器每单位价值服务的年收入：100/1 000＝10%。这就是该机器服务的价格或(年)利率：$r=10\%$。

由此可见，资本服务的价格或利率等于资本服务的年收入与资本价值之比。用公式表示即为：$r=\dfrac{Z}{P}$，式中，Z 为资本服务的年收入；P 为资本价值。

如果在使用资本的这一年里，资本价值本身发生了变化（即资本增值或者贬值），例如，在上面的例子中，机器的市场价格在一年中上升或下降了，则在计算利率时应当将这个资本价值增量部分与资本服务的收入同样看待。因此，利率的决定公式应修改为：

$$r=\frac{Z+\Delta P}{P} \tag{10-25}$$

式中，ΔP 为资本价值增量，它可以大于、等于或小于0。

对于不同的资本来说，它们的价值或者年收入可能并不相同，但年收入与资本价值的比率却有趋向于相等的趋势。例如，设资本A具有较高的利息率，则人们将去购买它，从而它的市场价格即资本价值被抬高，于是根据公式(10-25)，它的利率将下降。这个过程将一直继续下去，直到A的利率与其他资本的利率相等时为止。

(三) 资本的供给

现在根据上面给出的资本定义来讨论资本的供给问题：以效用最大化为目的的资本所有者如何向市场供给资本要素？由资本的定义可知，资本与土地及劳动的一个根本区别在于：资本的数量是可以变化的，即它可以被人们的经济活动创造出来，而土地和劳动则是“自然给定”的。这个根本区别使得资本的供给问题完全不同于土地和劳动的供给问题。在有关土地和劳动的场合，所要研究的是资源所有者如何将既定的土地或劳动在要素供给和保留自用之间进行选择。尽管对单个人来说，他可以通过购买例如土地来增加其所拥有的土地数量，但这同时也意味着，其他人拥有的土地数量相应地减少了。因此，从整个社会来看，这种买卖行为并没有改变总的土地数量。除非买卖双方的土地自用价值有很大差别，土地所有权的转移本身并不会对土地的市场供给状况产生任何影响。

资本的情况则完全不同了:单个个人完全可以在不影响其他人资本拥有量的情况下来增加自己的资本资源。这就是"储蓄",即保留其收入的一部分不用于当前的消费。当一个人进行储蓄而非消费时,他就增加了自己拥有的资本数量。他可以自己生产新资本,例如孤岛上的鲁滨孙为织一张网而放弃某些当前消费;此外,他也可以去购买资本的所有权,如股票、债券等。后一种方式在现代社会中更为常见。当储蓄者购买股票或债券时,其他人则得到一笔所需要的资金去建造厂房和机器等新资本。无论如何,单个人的资本数量由于储蓄而增加,或者相反,由于负储蓄而减少。

因为资源所有者拥有的资本数量是可变的,故现在面临的不再是单一的既定资本的供给问题,而首先是如何确定最优的资本拥有量的问题。只有在确定了最优资本拥有量之后,才可以讨论这个既定最优量的供给问题。这后一个问题与土地及劳动的供给问题并无二致,均涉及既定资源在要素供给和自用用途之间的分配。如果假定资本的自用价值等于0(这个假定与土地自用价值为0相比并不更加不符合实际),则既定资本资源的供给也是固定的,其供给曲线为一条垂直线。至于前一个问题,即最优资本拥有量问题实际上就是确定最优储蓄量的问题。假定资源所有者原有资本存量为 K_0,最优资本量为 K^*,则当 $K_0 < K^*$ 时,资源所有者将通过储蓄来增加其资本拥有量,以达到最优水平;反之则进行负储蓄。因此,资源所有者的资本供给问题现在归结为如何将既定收入在消费和储蓄两方面进行分配的问题。

更进一步分析起来,资源所有者进行储蓄从而增加资本拥有量,其目的是什么呢?其目的与提供劳动和土地一样,当然也是为了将来能够得到更多的收入,从而有可能在将来进行更多的消费。这样一来,既定收入如何在消费和储蓄之间分配的问题,又可以看成是在现在 x 消费和未来消费之间的选择。于是我们面临的是所谓消费者的长期消费决策问题,见图 10-17。

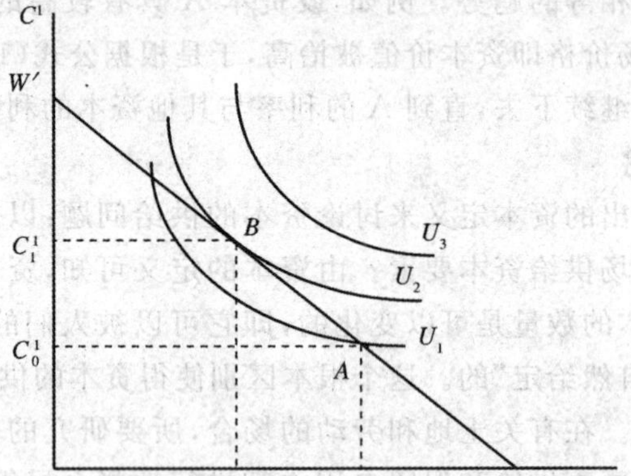

图 10-17 长期消费决策

长期消费决策与第三章讨论的同一时期在不同商品之间的选择并无多大区别。为分析的简单起见,假定只有一种商品、只有今年和明年两个时期、并且消费者可以将商品借出或借入。在这些假定之下，长期消费决策可以用图 10-18 来说明。图中，横轴 C^0 代表今年消费的商品量，纵轴 C^1 代表明年消费的商品量。U_1、U_2 和 U_3 是消费者的三条无差异曲线。无差异曲线在这里表示的是给消费者带来同等满足的今年消费的商品量和明年消费的商品量的各种组合，它与普通的无差异曲线一样，也是向右下方倾斜，且向原点凸出，并且较高位的无差异曲线代表较高的效用。无差异曲线向右下方倾斜表明，为了保证总的效用水平不变，减少今年的消费量就必须用增加明年的消费量来弥补，反之亦然。无差异曲线凸向原点表明，今年消费对明年消费的"边际替代率"递减，因为随着今年消费量的提高，从而明年消费量的下降，今年消费的"边际效用"就下降，而明年消费的"边际效用"则上升，于是今年消费替代明年消费的能力将下降。

再来看预算线 $W'W$。假定消费者今年得到的商品量（或收入）为 C_0^0，明年将得到的商品量（或收入）为 C_0^1。于是消费者的初始状态可以用图中的点 A 表示。显而易见，A 是预算线上一点。处于 A 点的消费者可以借出一部分他今年的商品，也可以借入一部分别人今年的商品。如果再假定他所面临的市场利率为 r，则他减少一单位商品的今年消费就可以增加 $(1+r)$ 个单位商品的明年消费。换句话说，预算线的斜率必为 $-(1+r)$，其中负号说明预算线是向右下方倾斜的。因此，预算线具备两个特点：第一，它必须经过初始状态 A 点；第二，它的倾斜程度由市场利率 r 完全确定，随着 r 的增加而愈加陡峭。将这两个特点综合在一起，即得如下结论：随着利率的上升，预算线将绕初始状态点 A 顺时针方向旋转；反之亦然。最后，如果消费者将明年的商品均提前到今年消费，则他今年可能有的最大消费就是：

$$W=C_0^0+\frac{C_0^1}{1+r},$$

它由预算线与横轴的交点表示。该点决定了预算线与纵轴之间水平方向的距离。

消费者的均衡位置当然是在预算线与无差异曲线 U_2 的切点 B，即他的长期最优消费决策是：今年消费 C_1^0，明年消费 C_1^1。将初始状态 A 与均衡状态 B 比较一下即知，处于点 A 的消费者尽管今年拥有的商品量为 C_0^0，但却决定只消费其中的一部分即 C_1^0，而将另一部分 $(C_0^0-C_1^0)$ 储蓄起来，并按利率 r 借出去，从而能够在明年将消费从 C_0^1 乱提高到 C_1^1。于是，由上分析，给定一个市场利率 r，消费者今年有一个最优的储蓄量从而贷出量。如果进一步令利率变化，例如，设市场利率提高，则预算线将绕初始点 A 顺时针旋转，从而将与另一无差异曲线相切，得到另一均衡点及另一个最优储蓄量和贷出量。将不同利率水平下消费者的最优储蓄量画在图 10-18 上，就得到一条储蓄或贷款供给曲线。

图中，横轴 S 表示储蓄或贷款供给。一般来说，随着利率的上升，人们的储蓄与贷款供给曲线会被诱使增加，从而曲线向右上方倾斜。但与劳动供给曲线时的情况相同，当利率处于很高水平之上时，贷款曲线亦可能出现向后弯曲的现象。

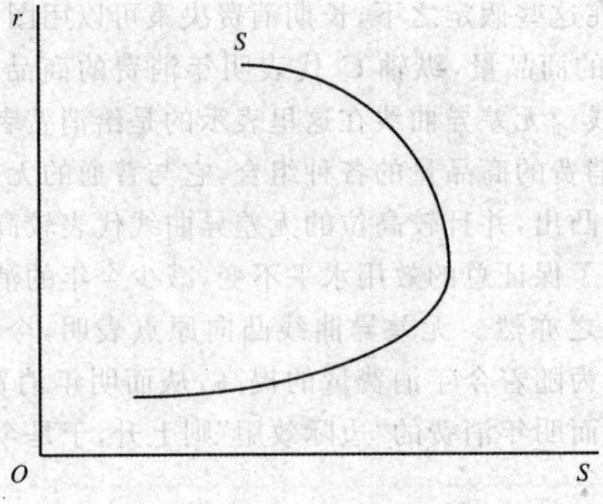

图 10-18　贷款供给曲线

(四) 资本市场的均衡

由以上讨论可知，资本数量的变化是储蓄的结果。但储蓄是一个“流量”，要通过储蓄来显著地改变资本“存量”通常需要相当的时间。如同涓涓细流不断流入一个大水库，须经过一段相当长的时间才能显著改变水库的水位。从短期来看，储蓄当然还是在增加资本，但增加的数量与原有的庞大资本存量相比可能微不足道。特别是，如果从一个非常短的时期，例如就从一个“时点”上来考察，则储蓄流量就趋向于零，而资本存量为固定不变。为分析的方便起见，我们假定单个消费者的借贷行为并不影响市场利率。另一些消费者可能进行负储蓄或借人，如果其初始状态在预算线中 B 点以上部分的话。储蓄在短期中对资本数量不发生影响，即短期中资本存量固定不变。

由于假定资本数量在短期中为既定，又由于以前已经假定了资本的自用价值为零，故资本的短期供给曲线是一条垂直线。例如，设一开始时，资本数量为 Q_1。于是，相应的短期资本供给曲线就是 S_1S_1，参见图 10-19。垂直的短期资本供给曲线表明，在短期中，资本供给 Q 与利率 r 的高低无关。资本的需求曲线 D 当然仍是向右下方倾斜。资本的需求曲线 D 和短期供给曲线 S_1S_1 的交点决定了短期均衡利率水平为 r_1，资本数量为 Q_1。

图 10-19 中的(r_1，Q_1)是资本市场的短期均衡状态。从长期来看，它可能均衡，也可能不均衡。这是因为，在短期均衡(r_1，Q_1)上，一方面，利率 r，决定了储蓄(从而投资)的数量，另一方面，短期资本存量 Q_1 决定了折旧的数量。如果由(r_1，Q_1)决定的储蓄和折旧并不相等，就会出现不等于零的净投资，从而资本存量就会随之发生变化。例如，在短期均衡状态(r_1，Q_1)上，如果储蓄大于折旧，则就存在正的净投资，正的净投资将导致资本存量从原来的 Q_1 水平上增加；反之，如果储蓄小于折旧，则就存在着负的净投资，负的净投资将导致资本存量从原来的 Q_1 水平上减少。由此可见，尽管 Q_1 在短期中是均衡的，但在长期中却可能并不均衡。只有当某个短期均衡的利率和资本存量所决定的储蓄和折旧正好相等时，这个短期均衡才同时也是长期均衡。

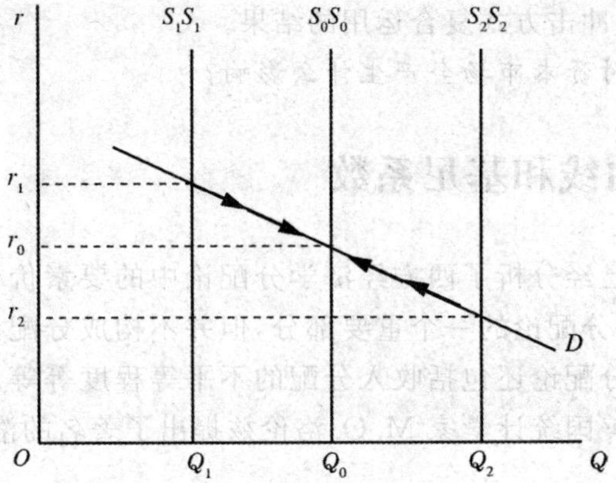

图 10-19 资本市场的均衡

现在来看资本市场是如何从短期均衡走向长期均衡的。假定在一开始时的短期均衡状态(r_1,Q_1)是利率相对较高而资本存量相对较低。相对较高的利率意味着相对较高的储蓄,相对较低的资本存量意味着相对较低的折旧。于是,在(r_1,Q_1)上,储蓄大于折旧,即净投资大于零。净投资大于零导致资本存量增加。这意味着,从长期来看,短期资本供给曲线将沿着资本的需求曲线 D 从原来的 S_1S_1 向右边移动(参见图中沿 D 曲线指向右下方的箭头)。随着短期资本供给曲线的向右移动,利率将下降而资本存量将增加,结果,储蓄相应下降而折旧相应增加,原先的储蓄与折旧的差距会缩小。这个过程将一直继续下去,直到储蓄与折旧之间的差距缩小到零,即二者趋于相等为止。设短期资本供给曲线右移到 S_0S_0 时,储蓄恰好等于折旧,则 S_0S_0 与资本需求曲线 D 的交点(r_0,Q_0)既表示资本市场的短期均衡,也表示它的长期均衡。在(r_0,Q_0)上,由于储蓄和折旧恰好相等,净投资为零,故资本存量将稳定在 Q_0 的水平上不再变化,资本市场达到了长期均衡。除非资本的需求曲线上移或者人们对未来消费偏好增强,利率 r_0 和资本数量 Q_0 将维持不变。

案例 8:国际游资的冲击

国际游资对一国经济的冲击有两种基本形态。一种是"吸引——逃离型"。当一国经济过热时,为抑制通货膨胀,货币管理当局实行高利率,在汇率保持不变或波幅很小情况下,吸引大量国际游资流入,从事套汇、套利或投资活动,迫使其货币升值,引发外贸逆差。与此同时,证券价格与房地产价格也节节上升,形成"泡沫化"经济。高估的市值和恶化的贸易形势,使外汇市场产生货币贬值的心理预期,引发资本(包括国际游资)外流,并使货币进一步贬值,形成恶性循环。货币贬值到一定程度,证券市场和房地产市场上的外资开始出逃,价格下跌,经济泡沫破裂。另一种是"蓄意投机型"。当国际游资发现某国汇市或证券市场上的获利机会时,便综合运用信贷、期货、现货等多种金融手段,调集大量资金,大肆进行投机活动。1992 年对英镑和里拉的冲击是蓄意投机型的典型案例;1994 年墨西哥金融危机及 1997 年东南亚金融危机则是国际游资两种冲击方式复合运用的结果。

即问即答:热钱对资本市场会产生什么影响?

10.5 洛伦兹曲线和基尼系数

到此为止,我们已经分析了西方经济学分配论中的要素价格决定理论。生产要素价格的决定理论是分配论的一个重要部分,但并不构成分配论的全部内容。除了要素价格决定之外,分配论还包括收入分配的不平等程度等等。为了研究国民收入在国民之间的分配,美国统计学家 M. O. 洛伦兹提出了著名的洛伦兹曲线。

10.5.1 定义:洛伦茨曲线(Lorenz curve)

1. 定义:美国统计学家 M. O. 洛伦兹对收入分配不平均的情况进行统计,并以图形表示,形成了著名的"洛伦茨曲线"。到目前为止,洛伦茨曲线(Lorenz curve)仍然是反映某一国家收入分配平均程度的重要曲线,如图 10-21 所示。

2. 绝对平均曲线:图中,*OM* 表示国民收入百分比,*OL* 表示人口百分比,连接两对角线的直线,是绝对平均曲线,因为该线上的任何一点到纵坐标和横坐标的距离都有是相等的,对角线上的任何一点都有表示:总人口中每一定百分比的人口所拥有的收入,在总收入中也占一定相同的百分比。如果社会收入是按这种情况分配,那就说明社会收入分配是绝对平均的。

3. 绝对不平均线:图中,*OPY* 线是绝对不平均线。这条线表示:社会的全部收入都有被一人所占有,其余的人的收入都有是零。

4. 实际收入分配线:图中介于上述两个极端之间的曲线则是实际收入分配线,即洛伦茨曲线。在这条曲线上,除了起点(*O* 点)与终点(*Y* 点)以外,任何一点到坐标两轴间的距离都有不相等。每一点都表明:占总人口的一定百分比的人口拥有的收入在总收入中所占的百分比。

5. 结论:从洛伦茨曲线的形状可看出:实际收入分配线越靠近对角线,则表示社会收入分配越接近平均;反之,实际收入分配线越远离对角线,则表示社会收入分配越不平均。

6. 本图内容说明:洛伦兹首先将一国总人口按收入由低到高排队,然后考虑收入最低的任意百分比人口所得到的收入百分比,例如,收入最低的 20%人口、40%人口等所得到的收入比例分别为 3%、7.5%等(表 10-4),最后,将这样得到的人口累计百分比和收入累计百分比的对应关系描绘在图形上,即得到洛伦兹曲线,参见图 10-20。图中横轴 *OH* 表示人口(按收入由低到高分组)的累计百分比,纵轴 *OM* 表示收入的累计百分比,*ODL* 为该图的洛伦兹曲线。由该曲线(或表 10-4)可知,在这个国家中,收入最低的 20%人口所得到的收入仅占总收入的大约 3%;而收入最低的 80%人口所得到的收入还不到总收入的一半!

表 10-4　　**收入分配资料**

收入分组		占人口的百分比		绝对平均的情况		不平均的情况	
		百分比	累计	占收入的百分比	累计	占收入的百分比	累计
低	1	20	20	20	20	4	4
	2	20	40	20	40	10	14
↓	3	20	60	20	60	20	34
高	4	20	80	20	80	26	60
	5	20	100	20	100	40	100

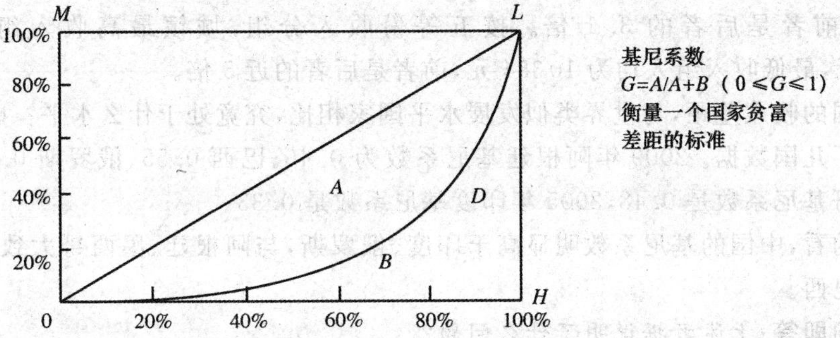

图 10-20　洛伦茨曲线

10.5.2　基尼系数

上述反映收入不平均的情况还有另一种表示方法，是由 20 世纪意大利经济学家基尼(G·Gini)于 1912 年首次采用的。他根据洛伦茨曲线图找出了判断收入分配平均程度的指标，这个指标被称为“基尼系数(Gini coefficient)”，也称为“洛伦茨系数”。

在图 10-21 中，A 表示实际收入分配曲线与绝对平均曲线之间的面积；B 表示实际收入分配曲线与绝对不平均曲线之间的面积，则

$$基尼系数=\frac{A}{A+B}$$

如果 $A=0$，基尼系数$=0$，则表示收入绝对平均；如果 $B=0$，基尼系数$=1$，收入绝对不平均。可见，事实上基尼系数在零和 1 之间。基尼系数数值越小，越接近于收入平均；基尼系数数值越大，则收入越不平均。

基尼系数被西方经济学家普遍公认为一种反映收入分配平等程度的方法。也被现代国际组织(如联合国)作为衡量各国收入分配的一个尺度。按国际上通用的标准，基尼系数小于 0.2 表示绝对平均，0.2～0.3 表示比较平均，0.3～0.4 表示基本合理，0.4～0.5 表示差距较大，0.5 以上表示收入差距悬殊。

案例 9：我国的基尼系数：2012 年 0.474

中国的基尼系数到底是多少众说纷纭，18 日国家统计局终于给出了官方数据。

2003 年 0.479、2006 年 0.487、2008 年 0.491、2009 年 0.490、2012 年 0.474——官方数据描绘出过去十年中，基尼系数先是逐步扩大，而后又略有缩小的走势。

官方基尼系数数据说明了什么？国家统计局局长马建堂表达了两点看法。第一，0.47 到 0.49 之间的基尼系数反映收入差距还是比较大的，说明了加快收入分配改革、缩小收入差距的紧迫性；第二，从 2008 年应对国际金融危机以后，随着各级政府采取惠民生的若干强有力措施，中国基尼系数逐步有所回落。

基尼系数用来反映收入分配的差异程度。根据联合国有关组织分析，基尼系数在 0.3 至 0.4 之间表示收入差距相对合理。

2012 年，中国城镇居民人均可支配收入为 24565 元，而农村居民人均纯收入为 7917元，前者是后者的 3.1 倍。按五等份收入分组，城镇最高收入组人均为 51456 元，最低收入组人均为 10354 元，前者是后者的近 5 倍。

中国的收入差距，与世界类似发展水平国家相比，究竟处于什么水平？国家统计局给出了几国数据。2009 年阿根廷基尼系数为 0.46、巴西 0.55、俄罗斯 0.40，2008 年墨西哥基尼系数是 0.48，2005 年印度基尼系数是 0.33。

总的看，中国的基尼系数明显高于印度、俄罗斯，与阿根廷、墨西哥大致相当，明显低于巴西。

即问即答：上述数据说明了什么问题？

10.5.3 洛伦兹曲线的意义

显而易见，洛伦兹曲线的弯曲程度具有重要意义。一般来说，它反映了收入分配的不平等程度。弯曲程度越大，收入分配程度越不平等；反之亦然。特别是，如果所有钱都集中在某一个人手中，而其余人口均一无所获时，收入分配达到完全不平等，洛伦兹曲线成为折线 OHL；另一方面，如果任一人口百分比均等于其收入百分比，从而人口累积百分比等于收入累积百分比，则收入分配就是完全平等的，洛伦兹曲线成为通过原点的 45°线 OL。

一般来说，一个国家的收入分配，既不是完全不平等，也不是完全平等，而是介于两者之间；相应的洛伦兹曲线，既不是折线 OHL，也不是 45°线 OL，而是像 ODL 那样向横轴凸出，尽管凸出的程度有所不同。收入分配越不平等，洛伦兹曲线就越是向横轴凸出，从而它与完全平等线 OL 之间的面积就越是大。因此，可以将洛伦兹曲线与 45°线之间的部分 A 叫作“不平等面积”；当收入分配达到完全不平等时，洛伦兹曲线成为折线 OHL，OHL 与 45°之间的面积 $A+B$ 是“完全不平等面积”。不平等面积与完全不平等面积之比，称为基尼系数，是衡量一个国家贫富差距的标准。若设 G 为基尼系数，则：

$G=\dfrac{A}{A+B}$。显然，基尼系数不会大于 1，也不会小于 0，即有 $0\leqslant G\leqslant 1$。

10.6 本章小结

早在古典经济学时期，关于生产要素的报酬源泉及其价格决定，已有许多精辟的见解，但却无法在一个统一的理论框架内得到解释。

20世纪初，边际生产力论从要素需求这一角度进行了分析，而马歇尔则更进一步从要素需求与供给两个方面对要素价格的决定进行了综合分析，从而将产品市场、要素市场的价格、数量决定问题纳入到统一的均衡价格论体系之中。本章内容就是以边际生产力论、均衡价格论为理论基础，对生产要素供求进行分析的。

生产要素的需求者是厂商。按照利润最大化原则，厂商的要素使用原则是使要素的边际收益产品（MRP）等于要素的边际成本。这一原则对所有的产品市场类型均成立。根据这一原则，假定要素市场是完全竞争的，要素的边际成本就等于要素价格；又由于边际报酬存在递减规律，因而要素的边际收益产品曲线向右下方倾斜，由此可以得到结论：厂商的要素需求曲线就是其边际收益产品曲线，并且向右下方倾斜。在产品市场完全竞争条件下，考虑到其他厂商的调整，厂商的要素需求曲线经调整后，变成行业调整曲线，将各厂商的行业调整曲线水平加总，可以得到要素市场的需求曲线，仍然具有向右下方倾斜的特征。另一方面，在卖方垄断下，假定所有厂商均为卖方垄断者，垄断厂商的要素需求曲线不须调整，直接加总就可得到要素市场的需求曲线，并向右下方倾斜。

要注意一个理想状态时的观点：假定产品市场，要素市场均为完全竞争，那么厂商使用要素的最优原则可以简化为：

$$P \cdot MP(L)=W,$$

左边表示劳动或资本的边际收益产品或要素贡献，右边表示要素的价格或要素报酬。因此上式又可解释为：要素报酬等于要素贡献。这正是西方经济学收入分配论的基本理念。西方经济学认为，按照这一原则进行收入分配，不仅在伦理上是“公平”的，而且在总产品的分配中恰好可以“分尽”。

生产要素的供给者是个人，个人拥有的资源具有多种用途，他提供的生产要素数量取决于资源的机会成本。因此，对生产要素的供给决策采用的是个人效用最大化原则：劳动量的提供取决于个人拥有的时间在“劳动”与“闲暇”之间的分配决策；个人对资本的供给，取决于个人在“当前消费”与“储蓄”的分配决策。如果忽略收入效应，只考虑替代效应，那么，劳动工资越高，意味着闲暇的机会成本增加，劳动供给将增加；利率越高，意味着当前消费的机会成本增加，个人将增加储蓄，从而资本供给将增加。因此，劳动供给曲线、资本供给曲线向右上方倾斜。如果同时考虑收入效应和替代效应，那么，个人劳动供给曲线和资本供给曲线可能向后“弯曲”。但一般来说，在完全竞争条件下，要素市场的供给曲线向右上方倾斜。

要素市场供给曲线的一种特殊情形，是要素总量固定不变。有些要素如土地资源，无论短期还是长期都固定不变，供给曲线是一条垂直线，要素提供者获得“地租”；有些要素如机器设备等，在短期固定不变，但在长期则可变，要素提供者可以获得“准租”。

要素价格由要素市场供求曲线的交点决定。即使在完全竞争条件下，要素提供者仍可获得“经济租”。

判断一个社会收入分配均等程度的方法有洛伦兹曲线和基尼系数。洛伦兹曲线越弯曲，或基尼系数越大，收入越不均等；反之，洛伦兹曲线平缓，或基尼系数越小，收入越均等。

10.7 相关知识

经济小资料：新要素理论

针对里昂惕夫之谜，西方经济学界的经济学家提出了许多解释，也提出不少比较新颖的理论，直接修正和发展了 H-O 学说。虽然经济学家的初衷是要运用生产要素差异来论述和解释国际贸易，但同时扩大了要素的范围，赋予要素新的含义，由此产生了新要素理论。

1. 人力技能说

该学说是从里昂惕夫的劳动熟练说发展来的。所谓人力技能是指人的劳动技术熟练程度，是通过储蓄和投资形成的，实际上也可以看成是人力投资。人们通过对劳动力进行投资（如教育、职业培训、保健等），可以提高劳动力的素质和技能，使劳动生产率得到提升，从而对一国参加国际分工的比较优势产生作用与影响。该学说认为：一个国家应该重视人力投资以提高人力技能，才可能产生新的比较优势。

2. R&D 学说（研究与发展学说）

该理论强调的是研究与发展作为一种新的生产要素对于国际贸易比较利益的重要作用。研究与发展要素是指经济发展过程中用于研究和开发各种新项目、新技术、新产品的投资，在实际衡量中多用开发经费占销售额的比重来计算。研究与发展的多少，可以改变一个国家在国际分工中的比较优势，而丰裕的资金、丰富的自然资源、高质量的人才是从事研究开发的条件，市场对新产品的需求是研究开发产业化的基础，研究与发展密集度高的产品就是知识密集型或技术密集型的产品，其变化可以产生新的比较利益。该学说强调了科技在国际贸易优势形成中的作用，符合国际贸易发展的趋势。

3. 技术进展论

这种理论认为技术是过去对研究与开发进行投资的结果，也可以作为一个独立的生产要素。技术进展同人力技能、研究与发展等要素一样，也决定着一国生产要素禀赋状况及其在国际贸易中的比较利益。由于该理论是在上述理论的基础上发展起来的，所以，强调技术进展对国际贸易比较优势的决定作用，实际上也是强调研究与发展要素的作用。

在此基础上，后来又有人进一步提出了技术差距论，认为由于各国技术投资和技术革新的进展不一致，因而存在着一定的技术差距。这样就使得技术资源相对丰裕或技术领先的国家，具有较强开发新产品和新工艺的能力，从而有可能暂时享有生产和出口某类高技术产品的比较优势。该理论补充了要素禀赋论，并根据创新活动的连续性使要素禀赋论动态化。

4. 信息贸易理论

信息是能够创造价值并进行交换的一种无形资源，是现代生产要素的组成部分。信息本身同时又是可以交换的商品，是一种软件要素，而且是一种无限的资源，占据信息意味着比较优势的改变，可以促进一国贸易格局的变化。目前该理论并不很完善，但它却代表着重要的发展方向。

关于以上这些新要素理论，虽然都未成系统，也不很完善，但提供了研究的新见解。

本章课后同步思考题及参考答案

1. 劳动的供给有何特殊规律？工会是如何影响工资的决定的？

答：所谓劳动的供给是指在其他条件不变的情况下，某一特定时期内劳动者在各种可能的工资率下愿意而且能够提供的劳动时间。就单个劳动者而言，一般情况下，在工资率较低的阶段，劳动供给随工资率的上升而上升，即劳动的供给曲线向右上方倾斜。但是，当工资率上升到一定阶段以后，工作较少的时间就可以维持较好的生活水平，劳动供给量随工资率的上升而下降，即劳动的供给曲线开始向左上方倾斜。所以，随着工资率的提高，单个劳动者的劳动供给曲线将呈现向后弯曲的形状。

工会是通过干预劳动者提供的劳动时间的长短来影响工资率的。

2. 什么是正常利润和超额利润？它们的来源是什么？利润在经济中的作用是什么？

答：正常利润(Normal profit)是指企业主如果把资源用于其他相同风险的事业所可能得到的收入，它属于机会成本性质。在西方经济学中，正常利润指厂商对自己所提供的企业家才能的报酬及支付，正常利润是隐性成本的一部分。正常利润通常是指厂商对自己所提供的企业家才能的报酬支付。从机会成本的角度说，它是厂商生产成本的一部分，以隐成本计入成本。

经济利润(Economic profit)是指厂商的收益与它的成本之差，后者包括从最有利的另外一种厂商资源的使用中可以获得的收益。经济利润$=TR-TC$，属于超过全部成本以外的收益。可以认为是单位产品大于商品价格的部分。即：$\pi=(P-AC)Q$。

3. 为什么不平等的收入分配是市场机制运行的必然结果？政府可以通过哪些措施来实现社会收入分配的均等化？

答：在社会主义市场经济中，市场机制在国家宏观调控中对资源配置起基础性作用，是价值规律调节商品生产和流通的主要形式。我国实行按劳分配为主体多种分配方式并存的分配制度，所以个人收入方式来源多样化，随着非公有制经济的发展，所以个人收入必然不平等。但必须注意收入差距过分扩大。在社会主义市场经济条件下，效率与公平具有一致性。一方面，效率是公平的物质前提。另一方面，公平是提高经济效率的保证。发展社会主义市场经济，初次分配和再分配都要处理好效率与公平的既要提高效率，又要促进公平。反对平均主义，又要防止收入差距悬殊，既要落实分配政策，又要提倡奉献精神，在鼓励人们创业致富的同时，又要倡导回报社会、以先富带动后富。

4. 规模报酬的递增、不变和递减这三种情况与可变比例生产函数的报酬递增、不变和递减的三种情况的区别何在？"规模报酬递增的厂商不可能也会面临要素报酬递减的现象"这个命题是否正确？为什么？

答：规模报酬是指厂商的规模本身发生变化（这假定为该厂的厂房、设备等固定要素和劳动、原材料等可变要素发生了同比例变化）相应的产量是不变、递增还是递减。或者说是厂商根据他的经营规模大小（产销量大小）设计不同的工厂规模；而可变比例生产函数所讨论的则是在该厂的规模已经固定下来，即厂房、设备等固定要素既定不变，可变要素的变化引起的产量（报酬）递增、递减及不变等三种情况。

"规模报酬递增的厂商不可能也会面临要素报酬递减的现象"这个命题是错误的。规模报酬和可变要素报酬是两个不同的概念。规模报酬问题讨论的是一座工厂本身规模发生变化时产量的变化，而可变要素报酬则是厂房规模已经固定下来，增加可变要素时相应的产量变化。事实上，当厂商经营规模较大，在给定技术状况下投入要素的效率提高，即规模报酬递增的同时，随着可变要素投入增加到足以使固定要素得到最有效的利用后，继续增加可变要素，总产量的增加同样将会出现递减现象。所以规模报酬递增的厂商可能也会同时面临报酬递减现象。

5. 一种意见是"土地价格的上涨导致房屋价格的上涨"；另一种意见是"房屋的价格上涨导致了土地价格的上涨"。你的观点如何？

答：土地价格一般由两部分组成：一部分是土地本身的经济关系引出的价格这部分价格可以叫土地资本化的价格或者称之为土地资源价格；另一部分是在土地开发过程中投入的活劳动和物化劳动形成的价值所决定的价格这部分叫土地资产或土地资本。土地本身的价格或称土地资源价格是地租的资本化是土地所有权在经济上实现的形式。这两部分价格之和便构成现实的土地价格。租金是支付给一种只有单一用途的生产要素的报酬。当土地只有一种用途时其供应就完全缺乏弹性。对土地的需求价格不论上升或下降都不会使土地供给增加或减少。由此可见是房屋的价格上涨导致了土地价格的上涨而不是土地价格的上涨导致了房屋价格的上涨。这个结论只适用于土地完全缺乏弹性的情况如果土地还有别的用途别的用途的需求也会把土地的租金提高从而使建造房屋必须支付更高的费用因此对房屋价格的上涨起到了推动的作用。

配套思考题及参考答案

一、单项选择题

1. 下列各项中不属于生产要素的是(　　)。

A. 企业管理者的管理才能　　B. 农民拥有的土地

C. 用于生产的机器厂房　　D. 在柜台上销售的服装

2. 完全竞争厂商对生产要素的需求曲线向右下方倾斜的原因在于(　　)。

A. 要素的边际成本递减　　B. 要素的边际产量递减

C. 要素生产的产品的边际效用递减　D. 要素参加生产的规模报酬递减

3. 在产品 X 市场和要素 K、L 的市场都是完全竞争市场的厂商,利润最大化的条件是(　　)。

A. $P_X=MC_X$,且 MC_X 上升　　B. $\dfrac{MP_L}{P_L}=\dfrac{MP_K}{P_K}$

C. $\dfrac{MP_L}{P_L}=\dfrac{MP_K}{P_K}=\dfrac{1}{MC_X}$　　D. $\dfrac{MP_L}{P_L}=\dfrac{MP_K}{P_K}=\dfrac{1}{MC_X}=\dfrac{1}{P_X}$

4. 对于一个垄断企业(其所处要素市场是完全竞争的),投入品 M 的价格为 20 元,边际产量为 5,产品价格是 4 元,则这个企业的产量(　　)。

A. 未达到利润最大化,应减少产量

B. 未达到利润最大化,应扩大产量

C. 生产出利润最大化,但是成本未达到最小化

D. 在成本最小条件下实现利润最大化产量

5. 市场中单个厂商对某种生产要素的需求曲线同全体厂商对该种生产要素的需求曲线之间的关系表现为(　　)。

A. 两者是重合在一起的　　B. 前者较后者平坦

C. 前者较后者陡峭　　D. 无法确定

6. 在一个完全竞争的市场中,追求利润最大化的厂商的产品价格上升时,将引起劳动的边际产品价值(　　),从而导致劳动的需求曲线(　　)。

A. 降低,右移　　B. 增加,左移

C. 增加,右移　　D. 降低,左移

7. 完全竞争产品市场与不完全竞争产品市场两种情况下的生产要素的需求曲线相比(　　)。

A. 前者比后者陡峭　　B. 前者与后者重合
C. 后者比前者平坦　　D. 均有可能

8. 假定生产要素 A、B、C 的边际产量分别是 20、16、8，它们的价格分别是 10、8、4，那么这一生产要素的组合（　　）。
A. 不是最小成本的组合
B. 是最小成本的组合
C. 是否为最小成本组合，视不同的要素市场而定
D. 是否为最小成本组合，视不同的产品市场和要素市场而定

9. 假定两种生产要素 X 和 Y 的价格为 30 元，18 元，产品的边际收益是 3 元，那么当这两种要素的边际产量为（　　）时，该生产商才能获得最大利润。
A. 7.5，3　　B. 10，6　　C. 30，18　　D. 10，8

10. 若劳动的边际产品价值大于工资率，则其属于下列哪种情况（　　）。
A. 产品市场的垄断　　B. 要素市场的垄断
C. 产品市场的竞争　　D. 产品市场垄断或要素市场垄断

参考答案：DBDAB　　CCCBD

二、计算题

1. 一个消费者要分配 24 小时给工作和休闲。她的效用来自于休闲时间 R 和收入 I，她工作一小时的工资率为 P_L，她一天的效用函数为 $U(R,I)=48R+RI-R^2$。

（1）给出这个消费者的劳动供给函数。

（2）她工作的时间会随着工资率的增加而增加吗？

（3）不管工资率有多高，她的工作时间有一个极限吗？

参考答案：

（1）消费者的目标是效用最大化，即：$\max Y(R,I)=48R+RI-R^2$

$$s.t.\ R=24-L,\ I=L\cdot P_L$$

所以，$U=48(24-L)+(24-L)L\cdot P_L-(24-L)^2=(24-L)(24+L+L\cdot P_L)$

令 $\dfrac{\partial U}{\partial L}=(1+P_L)(24-L)-(240+L+L\cdot P_L)=0$

得消费者的劳动供给函数为：$L=\dfrac{12\cdot P_L}{1+P_L}$

（2）因为 $\dfrac{\partial L}{\partial P_L}=\dfrac{12(1+P_L)-12P_L}{(1+P_L)^2}=\dfrac{12}{(1+P_L)^2}>0$

所以该消费者工作的时间会随着工资率的增加而增加。

（3）由 $L=\dfrac{12\cdot P_L}{1+P_L}=\dfrac{12}{\dfrac{1}{P_L}+1}<12$

可得，不管工资率有多高，她的工作时间不会超过 12 小时。

2. 工人或者具有高能力(H),或者具有低能力(L)。一项高质量的教育(e)能够提高工人的生产率(y):高能力的人受了此项教育后的生产率为:$y=H+de$;低能力的人受了此教育之后的生产率为:$y+L+de$。假定学费与质量无关,所以我们抽象掉学费。为了获得这项教育,低能力(L)的人要承受的非货币成本为:$C(e)=e$;而对高能力(H)的人来说,该成本为$C(e)=ke$,$0<d<k<1$。教育对工人的报酬为$W-C(e)$,而企业则获得:$y-W$。如果企业不知道工人们的生产率,只有工人知道自己的生产率,企业则只有把教育当作信号来辨别H或L。假定企业相信,只有H型的工人才会选择$e\geqslant e^*$的教育,而L型的工人则只会选择$e>e^*$的教育,那么,e^*值为多少才合适?

参考答案:

由题意可知:(1)企业制定e^*的目的是使企业自己能够凭这个e^*去识别谁是高能力的,谁是低能力的,即选择$e>e^*$的教育水平的是高能力的,而选择$e<e^*$的教育水平的人是低能力的。由题目中可以看出,公司对职员的工资水平是W固定不变,因而公司的收益就是$y-W$,这样公司则希望利用这个e^*招聘到高质量的员工。

(2) 工人面对e^*所作的决策是:是否选择接受e^*的教育水平,其选择与否的标准是:与不接受e^*的教育水平相比,如果接受e^*能给自己带来更多的收益,则接受e^*,反之,则不接受。由于企业只雇佣高能力的员工。即只对达到e^*教育的人支付W的工资。而对没有达到e^*的人则不支付任何工资。因此,要达到企业的目的,须使e^*对高能力的人来说:$W-C(e)\geqslant 0$,则对低能力的人来说$W-C(e)\leqslant 0$。即有下列不等式组:

$$\begin{cases} W-e^*\geqslant 0 & \text{(对于高能力劳动者来说)} \\ W-e^*\leqslant 0 & \text{(对于低能力劳动者来说)} \end{cases}$$

得 $W=e^*\leqslant\dfrac{W}{k}$

$\therefore e^*$为W时,对企业来说比较合适。

3. 已知某完全竞争厂商的生产函数为$Q=6L^{\frac{2}{3}}K^2$,其中L为劳动投入量,K为资本投入量。

(1) 如果生产要素的价格分别为$r_L=2$和$r_K=1$,求$K=9$时厂商的短期成本函数;

(2) 如果产品的价格为$P=10$,求$K=9$时厂商对劳动L的要素需求;

(3) 如果要素价格分别为$r_L=2$和$r_K=11$,求厂商的生产扩展曲线;

(4) 求(3)中对应的厂商的长期成本函数。

参考答案:

(1) 由题意知,$\begin{cases} Q=6L^{\frac{2}{3}}K^2 \\ C=2L+K \\ K=9 \end{cases}$,得$K=9$时厂商短期成本函数为:$C=\dfrac{\sqrt{6}}{13122}Q^{\frac{3}{2}}+9$

(2) 完全竞争条件下厂商使用生产要素的原则是：$VMP=MP\cdot P=W$

其中 $K=9$ 时，$MP=\frac{dQ}{dL}=324L^{-\frac{1}{3}}$，$P=10$，得 $W=3240L^{-\frac{1}{3}}$

(3) 由 $\frac{MP_L}{MP_K}=\frac{r_L}{r_K}=2$，且 $MP_L=4L^{-\frac{1}{3}}K^2$，$MP_K=12L^{\frac{2}{3}}K$

得厂商的生产扩展曲线为：$K-6L=0$

(4) $\begin{cases}Q=6L^{\frac{2}{3}}K^2\\ C=2L+K\\ \frac{MP_L}{MP_K}=2\end{cases}$，得厂商长期成本函数为：$C=1.066Q^{\frac{3}{8}}$

4. 有一家公司，其产出 Q 与熟练劳动和非熟练劳动的小时数之间的关系如下：$Q=300S+200F-0.2S^2-0.3F^2$，其中，$S$ 代表熟练劳动的小时数，F 代表非熟练劳动的小时数。熟练劳动的小时工资是 10 美元，非熟练劳动的小时工资是 5 美元。在这种工资率上，企业可以雇佣到它所需要的那么多的劳动力。

(1) 该公司的总工程师建议企业雇佣 400 小时的熟练劳动和 100 小时的非熟练劳动。请评价这个建议。

(2) 如果该公司决定一共花费 5000 美元去雇佣熟练劳动和非熟练劳动，每种劳动分别应当雇佣多少小时？

(3) 如果每单位产出的价格是 10 美元(并且它不随产出变动而变化)，该公司应当雇佣多少小时的非熟练劳动。

参考答案：

(1) 要评价该公司的总工程师的建议是否合理，只需看如果企业用 400 小时的熟练劳动和 100 小时的非熟练劳动，所花费的成本是否使产出达到最大化。若没有使产出达到最大化，则该工程师的建议不合理，反之，则合理。

按照该总工程师的建议，企业须花费 $400\times10+100\times5=4500$ 美元的支出来得到 $Q=300\times400+200\times100-0.2\times400^2-0.3\times100^2=105000$ 的产出。

下面我们只需看花费 4500 美元的支出时，最大化的产量是多少，就可以判断该工程师的建议是否合理：

$\max 300S+200F-0.2S^2-0.3F^2$

$s.t.\quad 10S+5F=4500$

于是，令 $L=Q+\lambda(4500-10S-5F)$

达到最大化的一阶条件为：$\begin{cases}300-0.4S=10\lambda\\ 200-0.6F=5\lambda\\ 10S+5F=4500\end{cases}$

得：$S=350$，$F=200$，此时产出为 $Q=108500>105000$

所以，该工程师的建议不合理。

(2) 此时的最大化问题变为：$\max 300S+200F-0.2S^2-0.3F^2$

$$s.t.\ 10S+5F=500$$

同理可求得达到最大化的一阶条件为：$\begin{cases}300-0.4S=10\lambda\\200-0.6F=5\lambda\\10S+5F=5000\end{cases}$

得：$S=393$，$F=214$，此时产出为 $Q=1160714$。

(3) 此时企业不存在支出的限制，所以企业利润的表达式为：

$$\pi=10(300S+200F-0.2S^2-0.3F^2)-10S-5F$$
$$=-2(S-747.5)^2-3(F-332.5)^2+1449181.25$$

所以：当 $S=747.5$，$F=332.5$ 时，企业利润达到最大化为 1449181.25 美元，即企业应雇佣 332.5 小时的非熟练工。

第 11 章 一般均衡论和福利经济学

本章学习目标：

1. 将相互联系的各个市场看成一个整体来研究市场均衡问题。
2. 考察判断经济效率的标准。
3. 学习三个实现最优状态的模型。
4. 知道最大社会福利的确定。
5. 考虑如何解决效率与公平之间的矛盾。

导入案例:奶粉市场竞争加剧　外资国产各有应对

本土企业的复苏、跨境电商的冲击,让外资奶粉企业在中国的日子也不再轻松。继雅培推高端菁智系列和超高端菁智有机系列、惠氏 S-26 推瑞士原装进口的铂臻系列、美素佳儿也上市了定位高端的新品后,美赞臣近日宣布 2016 年 5 月将在华首发采用欧盟奶源、荷兰原装原罐进口的蓝臻系列新品,选择升级配方的形式,在华推出高端产品。

由于添加了乳铁蛋白和乳磷脂,被美赞臣定位"继推出含有科学验证水平 DHA 配方后,又一划时代的原创性创新产品",因此业内猜测蓝臻必将定位高端。几乎所有在华外资奶粉企业都推出了欧洲原装进口的高端产品。对此业内称,此举可支撑业绩,如惠氏去年仅靠超高端品牌启赋便入账 60 亿元。

为了更好地掘金,各家纷纷在奶源或配方上着手。美赞臣已与澳大利亚最大乳业集团迈高签订合作协议,迈高将投资 3 亿澳元建立新奶粉工厂,工厂为美赞臣生产的奶粉主要销往亚洲。另据美赞臣婴幼儿营养品研发中心(中国)总监李永雄介绍,即将上市的蓝臻系列除了百分百原装原罐进口以外,还含有婴幼儿所需乳铁蛋白、MFGM 乳磷脂等,保护宝宝肠道和呼吸道健康和神经信号传输。

国内乳企亦瞄上高端奶粉市场。

眼看着外资抢食,伊利、蒙牛等本土企业也频频发力高端市场。2015 年 3 月初,雅士利与丹麦 Arla 乳品也共同推出了一款超高端有机婴幼儿配方奶粉;飞鹤则早已率先在奶粉配方中引入 OPO 结构脂,推出国内第一款全面母乳化的超高端产品星飞帆。去年成功推出合生元 SN-2 PLUS 亲和均衡配方奶粉的合生元,最近发布财报称,去年总收入为 48.18 亿元,同比增长 1.8%。根据独立市场研究公司尼尔森

(Nielsen)的调研报告,合生元全国整体婴幼儿配方奶粉市场的销售份额由 2014 年的 5.6%上升至 2015 的 5.9%,居全国第六位。

在内外资乳企齐齐发力时,美赞臣高级副总裁、大中华区总裁游佩瑜表示:“中国这么大,我们希望持续不断地在中国具有潜力的城市渗透。美赞臣在中国除了要关注年轻一代的需求、升级数字营销能力外,还将通过拓展创新产品组合及升级渠道管理能力,在快速发展的渠道上继续成长。”

(本文来源:金羊网-新快报责任编辑:黄欢,2016-04-05)

咖啡市场上发生某些变化,会影响其替代品茶市场的变化,也会影响其原料咖啡豆市场的变化等。

在前面的章节中,我们主要考察的是单个市场(产品或要素),在外部条件不变的情况下实现均衡的情况,即局部均衡分析。

而我们知道,在现实的市场经济中,所有参与者,包括企业和消费者之间都是相互作用和影响的,虽然个人的决策都是在独立和自由的状态下做出的,但某一个市场的均衡却取决于所有参与者的决策和行为,包括其他市场上的决策和行为。

为了得到更贴近于现实的市场经济中的均衡,本章将把所有相互联系的各个市场看成一个整体,考察在所有市场、市场参与者都相互作用的情况下,这些市场是如何同时达到均衡的,即一般均衡分析。

在一般均衡分析的基础上,我们还要继续探讨如果存在这样一种均衡,它又是否具有经济效率呢?实现了资源的最优配置,是否就是公平的配置呢?政府又是采用怎样的措施来改善不公平的配置呢?这些问题则属于福利经济学的内容

11.1 一般均衡理论

11.1.1 一般均衡的含义

在前面的章节中,我们进行的基本上是局部均衡分析,即分析在某一个产品或要素市场上均衡价格和产量的决定。在分析中,假定这一个市场是独立于其他市场的,也就是假定其他条件不变,孤立地考察产品市场或要素市场的均衡而不考虑它们之间的作用和影响。但局部均衡分析显然与现实有较大差距,现实中各个市场之间是相互联系、相互影响的,一个市场供求的变化会引起一系列相关的市场供求的连锁反应。我们构建了一个简化的市场经济环境。在该经济中,总共包括四个市场:钢材市场、汽车市场、汽油市场和劳动市场,见图 11-1。在刚开始时,四个市场都处于均衡状态,四个市场的供给曲线分别为 S_A、S_B、S_C、S_D,四个市场的需求曲线分别为 S_A、S_B、S_C、S_D,前三个市场的均衡产量分别为 Q_A、Q_B、Q_C,劳动市场的均衡劳动使用量为 L_D,四个市场的均衡价格分别为 P_A、P_B、P_C、W_D。

现在假设钢材的原材料铁矿石价格上涨,导致钢材的供给减少,即钢材的供给曲

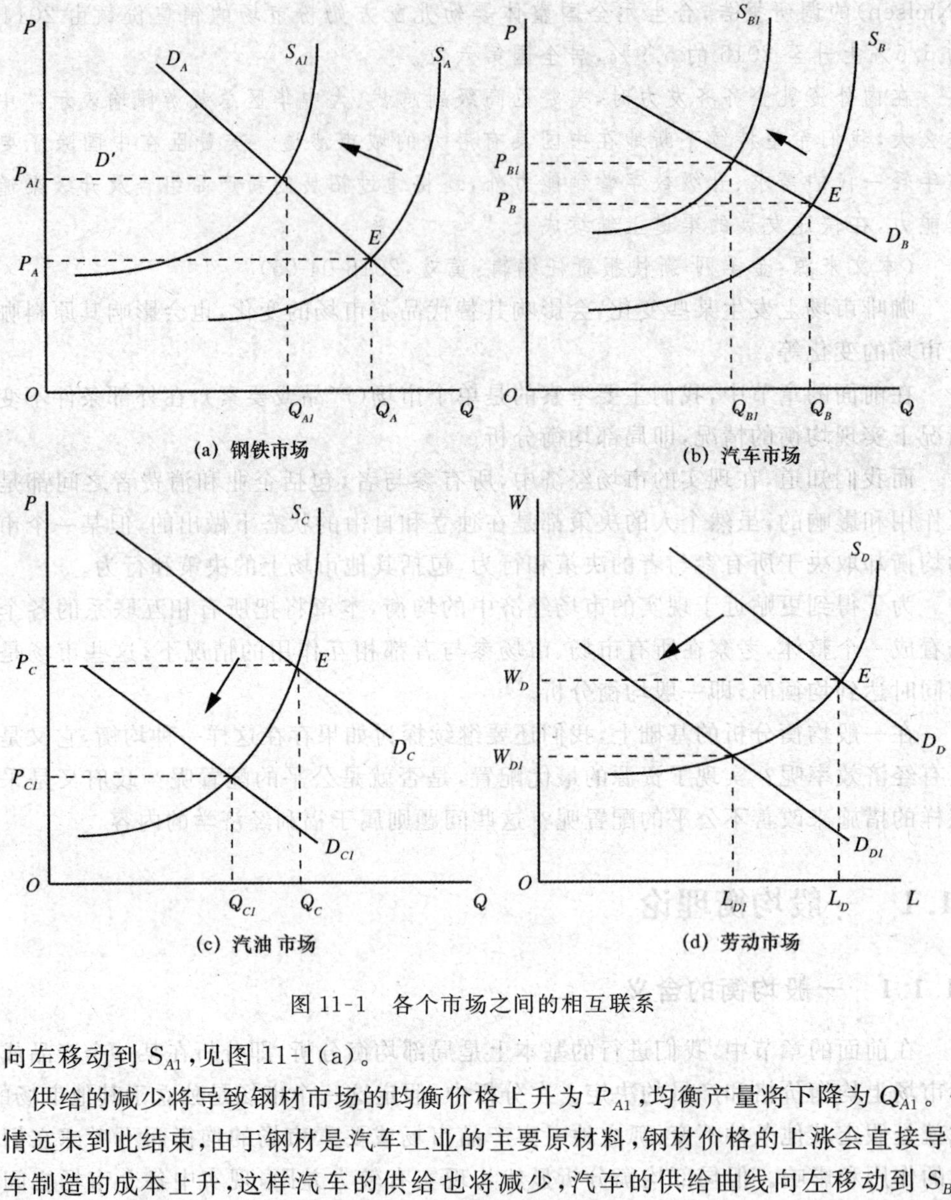

图 11-1 各个市场之间的相互联系

线向左移动到 S_{A1}，见图 11-1(a)。

供给的减少将导致钢材市场的均衡价格上升为 P_{A1}，均衡产量将下降为 Q_{A1}。但事情远未到此结束，由于钢材是汽车工业的主要原材料，钢材价格的上涨会直接导致汽车制造的成本上升，这样汽车的供给也将减少，汽车的供给曲线向左移动到 S_{B1}，从而汽车的均衡价格将上升至 P_{B1}，均衡产量将下降至 Q_{B1}，见图 11-1(b)。

由于汽车和汽油是互补品，从图 10-1(c)可以看出，汽车的需求量下降了，汽油的需求量将下降，汽油的需求曲线向左移动到 DC_1，从而汽油的均衡价格下降至 P_{C1}，均衡产量将下降至 Q_{C1}。

由于钢材、汽车、汽油等行业的产量都是下降的，在技术水平和其他因素不变的前提下，就会导致市场对劳动等要素的需求下降，从而影响到要素市场，见图 10-1(d)。

由于市场对劳动需求的下降，劳动的需求曲线向左移动到 D_{D1}，结果均衡的工资

水平就由 W_D 下降到 W_{D1}，均衡的劳动供给量也由 L_D 下降到 L_{D1}。

同时，要素市场的变化还会反过来影响产品市场。由于劳动的工资水平下降，企业的生产成本将下降，可能会增加生产数量，从而钢材、汽车、汽油等产品的供给还会有一定的上升，均衡价格也会有所下降，均衡产量还会有一定上升。可以看出，一个市场发生的变动，会引起其他市场一系列的变动，而其他市场的变动，又会反过来导致最初发生变动的市场再次发生变动。这种市场之间的相互作用，叫作反馈效应。下面看一个经济实例。

【经济实例 1】：可口可乐与百事可乐

假设由于客观原因可口可乐涨价，理性消费者会放弃购买可口可乐改为购买其替代品百事可乐，则百事可乐需求量增加；这样百事可乐市场出现供小于求，导致百事可乐涨价。此时，消费者会逐渐减少对百事可乐的购买量，部分又转回购买可口可乐，导致可口可乐需求量增加，其价格发生变化，后期可口可乐市场发生的变化就是反馈效应导致的。

从上面分析的一个最简单的市场相互作用模型可以看出，如果仅仅是局部均衡分析，在不少情况下很难得出精确的结果。要全面、准确地分析一个市场的变动，就要把所有的市场放到一起来进行研究，研究各个市场之间的相互作用和影响，研究某一变量在各种条件和因素作用下，如何实现均衡，从而得出所有市场的均衡价格与均衡产量的决定。这种分析方法，称为一般均衡分析方法。而所有市场都达到均衡的这种状态就称为一般均衡。

11.1.2 一般均衡的存在性

我们知道任何一种产品的供给和需求实际上不仅取决于该产品本身的价格高低，而且还取决于许多其他产品和要素的价格高低。所以，每一种产品的供求可以看作是所有产品的价格也就是整个价格体系的函数。因此，我们必须考虑是否存在一组这样的均衡价格，在该价格体系上，所有产品的供求均相等？即一般均衡的存在性问题。

19 世纪法国经济学家里昂·瓦尔拉斯运用数理分析的方法，考察了社会经济系统各部门间的相互依存关系，在边际效用的基础上建立了经济学上的第一个一般均衡模型，因此一般均衡理论也称为“瓦尔拉斯一般均衡”。尽管瓦尔拉斯最先认识到一般均衡问题的重要性，但他关于一般均衡存在性的证明却是错误的。按照瓦尔拉斯的看法，由于在所有市场的供给和需求都相等的均衡条件中，独立的方程数目与变量数目相等，故一般均衡的存在是有保证的。但他却忽略了方程无解和存在负数等情况，这些解在许多情况下都是没有经济意义的。故其证明一般均衡存在性的解方程组的方法在数学上是不能成立的。一般均衡存在性的严格证明是由法国经济学家德布鲁和美国经济学家阿罗给出的。他们利用集合论、拓扑学等数学方法证明：在极为严格的假定条件下，一般均衡是存在的。

＊ 反馈效应：由其他相关市场的价格和数量调整造成的某市场中的价格和数量的调整。

＊ 一般均衡：指在生产要素的供给函数与消费者的需求函数以及反映生产技术状况的生产函数既定条件下，通过生产要素市场和商品市场以及这两种市场互相之间的供给与需求力量的相互作用，每种商品和生产要素的供给量与需求量将各在某一价格下同时趋于相等，社会经济将达到全面均衡状态，这时商品和生产要素价格称为均衡价格，相应的供求数量称为均衡供求量。

思考：一般均衡的研究具有什么实际意义？

11.2 经济效率

11.2.1 实证经济学与规范经济学的基本含义

实证经济学研究实际经济体系是怎样运行的，它对经济行为做出有关的假设，根据假设分析和陈述经济行为及其后果，并试图对结论进行检验。简言之，所研究的是“是什么”的问题，或者说是人类所面临的实际经济问题“是如何解决”的问题。

规范经济学所研究的是“应该是什么”的问题，或者说是人类所面临的实际经济问题应该如何解决的问题。他们试图从一定的社会价值判断标准出发，根据这些标准，对一个经济体系的运行进行评价，并进一步说明一个经济体系应当怎样运行，以及为此提出相应的经济政策。

由此我们可以知道，前面讨论的相关知识点都属于实证经济学，例如在一定的假设条件下，某种经济行为可能导致的经济后果以及其原因。而后面我们要研究的福利经济学即为规范经济学。即按照一定的判断标准，对一个经济体系的运行进行评价，是“优”是“劣”。

【经济实例 2】：对 2012 年 9 月政府首次公布的一项法令“国庆七天对小型汽车免收高速公路费。”进行经济分析，通常会包括以下几个方面：

(1) 政策产生的效应。即这项法令将如何影响高速公路交通堵塞问题？对普通有车族家庭出游是起到积极作用还是消极作用？客运行业是否会受到影响？是否会严重影响政府的财政收入？哪些人受损？哪些人受益？

(2) 政府效应的大小。如法令实行后，国庆七日高速公路的小型汽车会增加多少？高速公路的拥堵会缓解还是增加？减少或增加了多少交通事故？新增的汽车量各地二级公路该如何疏通和管理？为各地增加了多少客流量，产生多少经济效益？等等。

(3) 政策的利弊得失。为各地新增的经济效益，同政府七日内高速路缺失的收入相比，哪个更大？高速路的拥堵是缓解了还是增加了，导致的交通事故是减少了还是增多了？新法令是利大于弊，还是弊大于利？

上面三组问题，第一组是判断政策的本质和带来的后果，第二组进一步确定政策效应在规模和数量上的大小。这些都属于实证经济学分析的范畴。第三组则是按照一定的价值判断标准，对这一法令进行评价，判断其优劣。属于规范经济学研究范畴。

11.2.2　经济效率的判断标准

我们知道，经济学是一门研究在资源稀缺的条件下，如何对有限资源进行最优配置的科学。那么，在此过程中如何判断各种不同资源的配置优劣呢？如何确定所有可能的资源配置中的最优资源配置呢？我们需要确定一个判断标准，并研究实现这个标准需要满足的条件。

意大利经济学家帕累托在分析社会资源配置问题时，论证了资源配置的最大效率问题。

帕累托认为，个人从消费商品和劳务中获得的效用是可以衡量的，而且不同个人所获得的效用量是可以相互比较的。对于 A、B 两种情况，如果至少有一人认为 A 优于 B，而所有人中没有人认为 A 劣于 B，则从社会的观点看 A 优于 B。这就是所谓的帕累托最优状态标准，即衡量社会福利能否被改善的标准。

有了帕累托最优状态标准，我们就可以轻松判断资源配置状态的任意变化是"好"是"坏"。如果从一个配置变化到另一个配置，至少使一个人的效用增加，而不使任何人的效用下降，则认为这种资源配置状态的变化是"好"的，这种以帕累托标准来衡量为"好"的状态改变称为帕累托改进。如果从一个配置变化到另一个配置，若不使某一些人的境况变糟就不能使另一些人的境况变好，从社会的角度看，这种配置就是帕累托最优，或称帕累托效率。满足帕累托最优状态就是具有经济效率的，资源得到了最优配置；反之，不满足帕累托最优状态就是缺乏经济效率的。

帕累托最优是指资源分配的一种理想状态，即假定固有的一群人和可分配的资源，从一种分配状态到另一种状态的变化中，在没有使任何人境况变坏的前提下，也不可能再使某些人的处境变好。换句话说，就是不可能再改善某些人的境况，而不使任何其他人受损。

帕累托改进就是一项政策，它能够至少有利于一个人，而不会对任何其他人造成损害。下面看一个经济实例。

帕累托改进实例：一条溪流之水终年不断，外来至此的人从溪流中取点水饮用，从正常供水的角度看对附近居民并无任何影响，那么，这种外来人员的取水饮用就是帕累托改进。

帕累托最优实例：一辆有 30 个座位的客车，有序地一次性安排满载运行。在没有满载之前，每增加一个乘客，即是一个帕累托改进。车辆达到 30 位乘客满载运行，即达到了帕累托最优。因为如果要再增加一位乘客 A，必然要在原 30 位乘客中减少

一位乘客 B,这样虽然乘客 A 受益了,却是建立在乘客 B 受损的基础上的。故满载时已达到帕累托最优。

> 思考:什么是经济效率?怎样理解经济效率与帕累托最优状态的关系?

11.3 交换的帕累托最优条件

上一节我们了解到什么是帕累托最优,可是我们还需要进一步知道实现帕累托最优的条件。就如我们知道"三好学生"是判断学校优异学生的标准,可是评选"三好学生"需要符合什么条件呢?或者说在什么条件下才能说明这个学生就是学校表现优异的学生呢?同理,我们也要进一步分析需要什么条件才能实现帕累托最优?

11.3.1 两部门的一般均衡模型

按照一般均衡原理,任何市场都依赖于经济中其他市场。为了说明这一原理,我们可以建立一个最简单的两部门经济模型,即在这个经济实体中,只有两种产品和两种投入要素。对于这个模型,我们可以做以下假设:

(1) 只有两个消费者 A 和 B,他们只消费两种商品 X 和 Y,消费者所有的收入都花在这两种商品上;

(2) 只有两种生产要素 L(劳动)和 K(资本),消费者均拥有这两种要素,并通过出卖劳动和资本来获取收入;

(3) 社会资源总量、价格以及生产技术既定;

(4) 消费者追求效用最大化,生产者追求利润最大化;

(5) 所有市场(产品市场和要素市场)都是完全竞争的,交易成本为零。

在这样一个简单的经济模型中,要达到一般均衡,必须实现六个市场的同时均衡:X 商品的 L(劳动)要素市场、X 商品的 K(资本)要素市场、Y 商品的 L(劳动)要素市场、Y 商品的 K(资本)要素市场、X 商品的产品市场、Y 商品的产品市场。

在完全竞争市场条件下,实现一般均衡需要满足以下三个条件:

(1) 交换的一般均衡,即商品在消费者之间的有效配置,称为交换的帕累托最优。

(2) 生产的一般均衡,即要素在生产者之间的有效配置,称为生产的帕累托最优。

(3) 生产和交换的一般均衡,即经济资源在整个社会的有效配置,称为交换与生产的帕累托最优。

那么,我们如何考察其实现最优的条件呢?19 世纪末 20 年代初英国一位经济学家弗朗西斯·西德罗·埃奇沃思(Francis Ysidro Edgeworth)采用了一种十分有效的以他的名字命名的分析工具——埃奇沃思盒状图(Edgeworth box),该盒状图是以序数效用和无差异曲线为基础来进行分析。

下面我们利用埃奇沃思盒状图分别来考察下这三个条件。

11.3.2 交换的帕累托最优条件

在分析交换的帕累托最优中，埃奇沃思盒状图表现为消费的盒状图。该盒状图由 A 商品的组合纵坐标平面图与 B 商品的组合坐标平面图旋转 180°啮合而成，如图 11-2 所示。

图中 O_A 和 O_B 分别为消费者 A 和 B 消费两种商品 X 和 Y 的消费起点。从 O_A 水平向右表示消费者 A 对商品 X 的消费量 X_A，垂直向上表示消费者 A 对商品 Y 的消费量 Y_A；从 O_B 水平向左表示消费者 B 对商品 X 的消费量 X_B，垂直向下表示消费者 B 对商品 Y 的消费量 Y_B。因此，盒中的每一个点都表示消费者 A 和 B 所消费的产品 X 和 Y 的组合，或者说也代表着一定量的 X 和 Y 在 A 和 B 之间的分配。

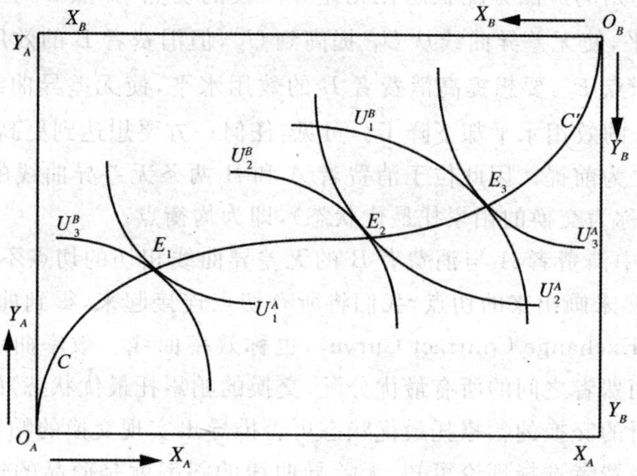

图 11-2 交换的埃奇沃思盒状图

为说明这两种产品在两个消费者之间的最优配置，需要加入消费者偏好的信息，即引入无差异曲线。图中，以 O_A 为原点的 U_1^A，U^IA_2，U_3^A，三条无差异曲线代表消费者 A 不同的满足水平，距原点越远的无差异曲线，意味着消费者 A 能得到更大程度的满足。将消费者 B 的三条无差异曲线在图中逆时针旋转了 180°后，形成了以 O_B 为原点的 U_1^B，U_2^B，U_3^B。

我们在埃奇沃思盒状图中任选一点 a，通过 a 点必然存在着两条无差异曲线（即该点对于消费者 A 有一条无差异曲线，对于消费者 B 也有一条无差异曲线）U_1^A 和 U_1^B，这两条无差异曲线在 a 点可能相交，可能相切。我们需要考察哪种情况才是交换的帕累托最优状态。

1. 相交的情况

不难看出，消费者 A 和 B 通过交易使得双方获利的机会还存在，即双方通过交易可以使得至少一方效用水平提高而不会同时降低另一方的效用水平。如果消费者 B 可以说服消费者 A 接受 E_2 的方案。从 a 点移动至 E_2 点，就可以使得消费者 A 的效用水平在没有降低的情况下（因为 a 与 E_2 对于消费者 A 来说，都在无差异曲线 U_2^A 上），消费者 B 的效用水平从 U_1^B 提高到 U_2^B。或者消费者 A 说服消费者 B 接受 E_3 的方案。从 a 点移动至 E_3 点，就可以使得消费者 B 的效用水平在没有降低的情况下（因为 a 点与 E_3 对于消费者 B 来说，都在无差异曲线 U_1^B 上），消费者 A 的效用水平从 U_2^A 提高到 U_3^A。因此，在交换的埃奇沃思盒状图中，如果任意一点处在消费者 A 和 B 的两条无差异曲线的交点时，则它就不是均衡点（即不是帕累托最优状态），因为在这种情况下，总可以通过改变该状态，使至少一个人状况变好而没有人状况变坏。

2. 相切的情况

我们假定初始的产品分配状态在无差异曲线的切点，如点 E_1 上，要想提高消费者 A 的效用水平，使无差异曲线从 U_1^A 提高到 U_2^A，但消费者 B 的效用水平却随之下降了；同理，对于点 E_3，要想提高消费者 B 的效用水平，使无差异曲线从 U_1^B 提高到 U_2^B，但消费者 A 的效用水平却下降了。可见，任何一方要想达到更高的水平，就必须以另一方的损失为前提。因此位于消费者 A 和 B 两条无差异曲线的切点实现了帕累托最优状态（称为交换的帕累托最优状态），即为均衡点。

在图 11-2 中消费者 A 与消费者 B 的无差异曲线相切的切点不止一个，分别是 E_1，E_2，E_3 等许多未画出来的切点，我们将所有切点连接起来，得到曲线 CC'，称为交换的契约曲线（Exchange Contract Curve），也称效率曲线。效率曲线 CC' 则表示两种产品在两个消费者之间的所有最优分配（交换的帕累托最优状态）的点的集合。

从以上分析的交换的帕累托最优状态可否推导出实现交换的帕累托最优状态的条件呢？根据消费者选择理论可知，无差异曲线的斜率就是商品的边际替代率。两条无差异曲线相切，则表示这两条无差异曲线在切点的斜率相同，即它们在切点的边际替代率相等。也就是说，交换的帕累托最优的条件就是两个消费者的两条无差异曲线的斜率相等，即两个消费者的边际替代率相等。

$$MRS_{XY}^A = MRS_{XY}^B \tag{11-1}$$

MRS_{XY}^A 表示消费者 A 消费产品 X 与 Y 的边际替代率；表 MRS_{XY}^B 示消费者 B 消费产品 X 与 Y 的边际替代率。

【经济实例 3】：两个消费者张涛和李娟，他们消费两种商品（食品和服装）。对于张涛，食品和服装的边际替代率为 2（MRS 张＝2），对于李娟食品和服装的边际替代率为 3（MRS 李＝3），则说明张涛愿意以 1 个单位的食品换取 2 个单位的服装，而李娟愿意用 3 个单位的服装换取 1 个单位的食品，这样李娟可以仅用 2 个单位的服装向李涛换取 1 个单位的食品，自己还可余下 1 个单位的服装，即在没有损害任何一方福利的情况下，总福利提高了，存在着帕累托改进，而不是帕累托最优状态。即当边际替代率不等时，产品的分配未达到帕累托最优。

例：设 a、b 两个消费者消费 x、y 两种产品。

两个消费者的效用函数均为 $u=xy$。

消费者 a 消费的 x 和 y 的数量分别用 x_a 和 y_a 表示，消费者 b 消费的 x 和 y 的数量分别用 x_b 和 y_b 表示。

$e(x_a=10, y_a=50, x_b=90, y_b=270)$ 是相应的埃奇沃思盒状图中的一点。试确定：点 e 是否满足交换的帕累托最优条件？

解：由效用函数可得，(x 的)边际替代率为 $MRS_{xy}=MU_x/MU_y=y/x$。

将消费者 a 的消费组合($x_a=10, y_a=50$)代入上述的边际替代率公式得：

$$MRS_{XY}^{B}=y_a/x_a=50/10=5,$$

其中，MRS_{XY}^{B} 代表消费者 a 的边际替代率。

将消费者 b 的消费组合($x_b=90, y_b=270$)代入边际替代率公式得：

$$MRS_{XY}^{B}=y_b/x_b=270/90=3,$$

其中，MRS_{XY}^{B} 代表消费者 b 的边际替代率。

由于 $MRS_{XY}^{B}=5\neq3=MRS_{XY}^{B}$，即在点 $e(x_a=10, y_a=50, x_b=90, y_b=270)$ 处，消费者 a 的边际替代率与消费者 b 的边际替代率不相等，故它不满足交换的帕累托最优条件。

11.4 生产的帕累托最优条件

与探讨交换的帕累托最优的原理相似，生产的帕累托最优研究的是对于两种既定数量的生产要素 L 和 K，两个生产者 C 和 D 如何选择以及这种选择之间的相互作用。我们同样运用埃奇沃思盒状图来表示要素 L 和 K 在生产者 C 和 D 之间的分配状况。如图 11-3 所示。

图中 O_C 和 O_D 分别为生产者 C 和 D 需投入要素 L 和 K 的生产起点。从 O_C 水平向右表示生产者 C 对要素 L 的生产消费量 L_C，垂直向上表示生产者 C 对要素 K 的生产消费量 K_C；从 O_D 水平向左表示生产者 D 对要素 L 的生产消费量 L_D，垂直向下表示生产者 D 对要素 K 的生产消费量 K_D。因此，盒中的每一个点都表示生产者 C 和 D 所生产消费的要素 L 和 K 的组合，或者说也代表着一定量的要素 L 和 K 在生产者 C 和 D 之间的分配。

为说明这两种要素在两个生产者之间的最优配置，我们还需要引入等产量曲线。如图 11-3，Q_1^C，Q_2^C，Q_3^C 三条等产量线代表以 O_C 为原点的生产者 C 的不同产量水平，距原点越远的等产量线，标志着生产者 C 的产量水平越高。Q_1^D，Q_2^D，Q_3^D 三条等产量线代表以 O_D 为原点的生产者 D 的不同产量水平，距 O_D 越远的等产量线，标志着生产者 D 的产量水平越高。即产量水平为 $Q_1^C<Q_2^C<Q_3^C$，$Q_1^D<Q_2^D<Q_3^D$。

在埃奇沃思盒状图中任选一点 b，通过 b 点必然存在着两条等产量线（即该点对于生产者 C 有一条等产量线 Q_2^C，对于生产者 D 也有一条等产量线 Q_1^D）这两条等产量线在 b 点可能出现两种情况，相交或相切。我们需要考察哪种情况才是生产的帕累托最优状态。

1. 相交的情况

如果相交时实现了帕累托最优，C、D 双方在不降低对方产量的前提下，就没有继续增加产量的可能了。而实际情况并非如此。

如图 11-3，虽然 Q_2^C、Q_1^D 相交于 b 点，但如果生产者 D 可以说服生产者 C 接受 E_2 的方案。从 b 点移动至 E_2 点，就可以使得生产者 C 的产量水平在没有降低的情况下（因为 b 与 E_2 对于生产者 C 来说，都在等产量线 Q_2^C 上），生产者 D 的产量水平从 Q_1^D 提高到 Q_2^D。或者生产者 C 说服生产者 D 接受 E_1 的方案。从 b 点移动至 E_1 点，就可以使得生产者 D 的产量水平在没有降低的情况下（因为 b 与 E_1 对于生产者 D 来说，都在等产量线 Q_1^D 上），生产者 C 的产量水平从 Q_2^C 提高到 Q_3^C。可见，在生产的埃奇沃思盒中，如果任意一点处在生产者 C 和 D 的两条等产量线的交点时，它都不是均衡点（即未能实现帕累托最优状态）。因为双方总可以通过交易，在不降低对方产量水平前提下，提高自身产量水平。

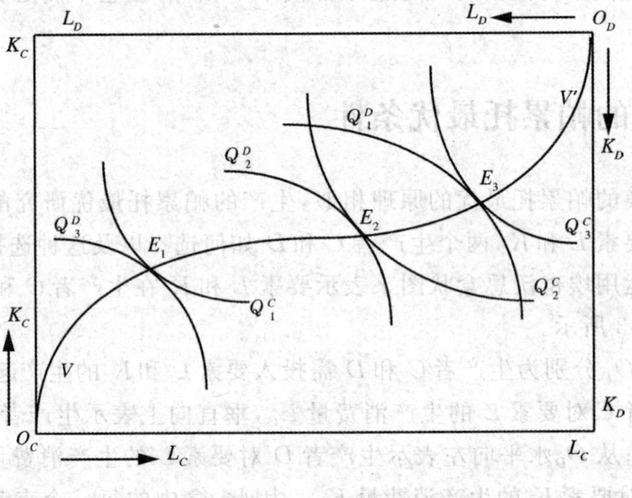

图 11-3　生产的埃奇沃思盒状图

2. 相切的情况

同理，如果相切实现了帕累托最优，C、D 双方就没有在不降低对方产量水平的前提下，继续增加产量的机会了。在图中，可以得到验证。如图 11-3，Q_1^C 和 Q_3^D 相切于 E_3 点，要想提高生产者 C 的产量水平，使等产量线从 Q_1^C 提高到 Q_2^C，必须同时降低生产者 D 的产量水平，即生产者 D 的等产量线从 Q_3^D 下降到 Q_2^D；同理，对于 E_1 点，要想提高生产者 D 的产量水平，使等产量线从 Q_1^D 提高到 Q_2^D，必须同时降低生产者 C

的产量水平，即生产者 C 的等产量线从 Q_3^C 下降到 Q_2^C。可见，在生产的埃奇沃思盒状图中，任意一点处在生产者 C 和 D 两条等产量线的切点时，它实现了帕累托最优，即为均衡点。因为，任何一方要想达到更高的水平，就必须以另一方的损失为前提。

在图 11-3 画出的生产者 C 与生产者 D 的等产量线相切的切点有三个，分别是 E_1,E_2,E_3，实还有许多未画出来的切点，我们将所有切点连接起来，得到曲线 VV'，称为生产的契约曲线，也称效率曲线。效率曲线 VV' 则表示两种要素在两个生产者之间的所有最优配置(生产的帕累托最优状态)的点的集合。

同理，根据图形的几何分析，可以推导出实现生产的帕累托最优状态的条件，即它的函数表达式。根据生产论可知，等产量线的斜率就是要素的边际技术替代率。两条等产量线相切，则表示这两条等产量线在切点的斜率相同，即它们在切点的边际技术替代率相等。也就是说，生产的帕累托最优的条件就是两个生产者的两条等产量线的斜率相等，即两个生产者的边际技术替代率相等。

$$MRTS_{LK}^{C}=MRTS_{LK}^{D} \tag{11-2}$$

$MRTS_{LK}^{C}$ 表示生产产品 C 的两种要素 L 和 K 的边际技术替代率；

$MRTS_{LK}^{D}$ 表示生产产品 D 的两种要素 L 和 K 的边际技术替代率。

11.5　交换和生产的帕累托最优条件

现在，我们将进一步研究交换和生产的一般均衡，即交换与生产同时达到均衡的情况(也称为生产与交换的帕累托最优状态)。值得注意的是，它并不是简单地把交换的最优条件与生产的最优条件合并起来。两者合并只能说明消费和生产分别可以达到最优，但不能说明将他们综合起来时也是最优。因此，我们要做进一步的论述。

假定整个经济中只包括两种产品分别为 X 和 Y，两个消费者分别为 A 和 B，两个生产者分别为 C 和 D，两种要素分别为劳动 L 和资本 K。同时，假定生产者 C 生产 X 商品，生产者 D 生产 Y 商品。我们先从生产方面开始讨论，再由生产过渡到消费，最后推导出交换与生产的帕累托最优条件。

11.5.1　生产可能性曲线

由生产的帕累托最优条件，我们知道，生产契约曲线上的每一点都对应着生产者 C 生产 X 和生产者 D 生产 Y 的一定的产量水平。如图 11-4 所示，点 E_1 对应着生产者 C 生产 X 的产量为 Q_3^C，生产者 D 生产 Y 的产量为 Q_1^D；在 E_2 点对应着生产者 C 生产 X 的产量为 Q_2^C，生产者 D 生产 Y 的产量为 Q_2^D；在 E_3 点对应着生产者 C 生产 X 的产量为 Q_1^C，生产者 D 生产 Y 的产量为 Q_3^D，等等。

如果将生产契约线上各点所表示的产量水平组合都描绘在另一个坐标系中，则可得到如图 11-4 所示的生产可能性曲线。

即横轴表示商品 X 的产量，纵轴表示商品 Y 的产量，我们便可以得到一条新的

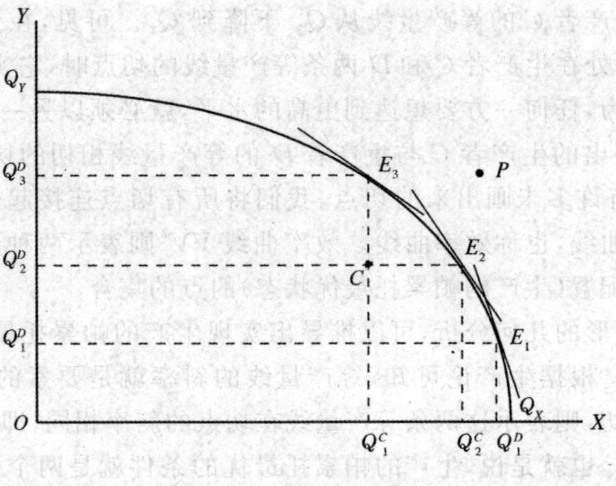

图 11-4　生产可能性曲线

曲线即生产可能性曲线(也称为生产可能性边界)。

由生产可能性曲线的构成可知,曲线上每一点均为生产的帕累托最优的点。生产可能性曲线就是在生产资源和技术水平既定条件下,社会所能生产的 X 和 Y 两种产品的最优产出量的组合的点的轨迹。生产可能性曲线以外的区域(如点 P)是“生产不可能区域”,即在现有的生产资源和技术条件下还不可能达到的产量水平;而生产可能性曲线以内(如点 C)的区域是“生产无效率区域”,如果一个经济处于该区域中,则还没有达到其可能有的最大产出,故为无效率的。

生产可能性曲线的特点:

① 曲线向右下方倾斜,即斜率为负。根据生产可能性曲线的构成可知,随着一种商品产出的增加,必然伴随着另一种商品产出的减少,两者的变化方向相反;

② 曲线凹向原点。由特点①我们知道两种商品最优产出之间是一种“转换”关系,即为增加 1 单位商品 X 的产出量,必须放弃的商品 Y 的产出量,这种比率即为生产可能性曲线上某点切线的斜率,该斜率的绝对值称之为边际转换率,用 MRT 表示。

$$MRT=\lim_{\Delta x\to 0}\left|\frac{\Delta Y}{\Delta X}\right|=\left|\frac{\mathrm{d}Y}{\mathrm{d}X}\right|。$$

从图 11-4 中可以观察到,边际转换率是递增的,即点 E_1 的边际转换率大于点 E_2 的边际转换率,点 E_2 的边际转换率又大于点 E_3 的边际转换率。其根本原因是边际收益递减规律所导致。

11.5.2　交换与生产的帕累托最优条件

通过前面的探讨得到了生产可能性曲线,那么如何将交换和生产结合起来探讨交换与生产的帕累托最优条件呢?

根据生产的最优条件,生产要素的分配应使其生产能力达到生产可能性曲线上

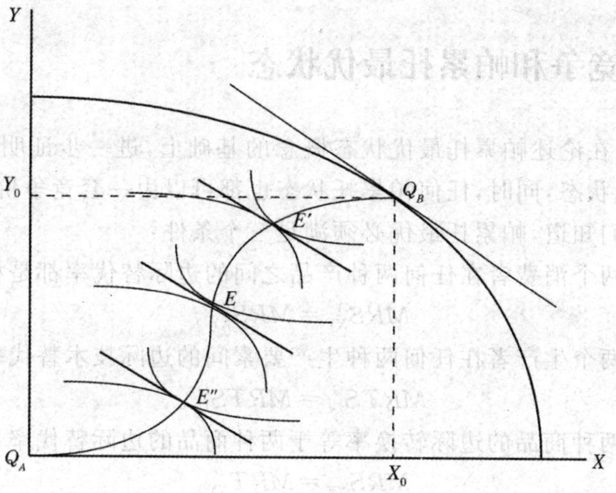

图 11-5 生产和交换的帕累托最优

的某一点。因此，如图 11-5 所示，我们在生产可能性曲线上任选一点，与该点相对应，X 产品的产出水平为 X_0，Y 产品的产出水平为 Y_0。这时则得到一个矩阵 $O_AX_0O_BY_0$。这个矩阵刚好就构成了一个我们前面所介绍的交易的埃奇沃思盒状图 $O_AX_0O_BY_0$。我们用 O_A 作为消费者 A 的坐标原点，O_B 作为消费者 B 的坐标原点，再加入两个消费者的无差异曲线，则可由这些无差异曲线的切点得到契约曲线，在契约曲线上的每一点都能够达到交换的帕累托最优状态。

究竟哪一点是交换和生产同时达到最优的点呢？通过分析，我们知道，当两种商品的边际替代率等于边际转换率即：

$$MRS_{XY}=MRT_{XY} \tag{11-3}$$

这时，生产和交换达到了最优，即在图中的 E 点，交换和生产同时实现了帕累托最优。那么，为什么 $MRS_{XY}=MRT_{XY}$ 是生产和交换同时达到均衡的最优条件呢？这是因为如果两者不等，通过调整生产要素和产品的重新分配能在不减少一个消费者效用的情况下，使其他人的效用增加从而增加社会总效用。

【经济实例 4】：假定边际替代率 $MRS=2$，边际转换率 $MRT=1$，则 $MRS=2$ 表明消费者愿意放弃 2 单位的 Y 商品而得到 1 单位的 X 商品，而 $MRT=1$ 表明生产者利用消费者放弃的 2 单位 Y 却可生产出 2 单位的 X，其中 1 单位 X 满足消费者需求，多余的 1 单位 X 就代表了社会福利的净增加，即存在着帕累托改进的余地，不是帕累托最优状态。

这就说明，只有两种商品的边际替代率等于它们的边际转换率时，生产和交换才能同时达到均衡，即实现生产和交换的帕累托最优状态，即

$$MRS_{XY}=MRT_{XY}。$$

11.6 完全竞争和帕累托最优状态

西方经济学在论述帕累托最优状态概念的基础上，进一步证明了任何竞争均衡都是帕累托最优状态，同时，任何帕累托状态也都可以由一套竞争价格来实现。通过前面的分析，我们知道，帕累托最优必须满足三个条件：

第一，任何两个消费者在任何两种产品之间的边际替代率都是相等的。

$$MRS_{XY}^{A}=MRS_{XY}^{B}。$$

第二，任何两个生产者在任何两种生产要素间的边际技术替代率都是相等的。

$$MRTS_{Dk}^{C}=MRTS_{Lk}^{D}。$$

第三，任何两种商品的边际转换率等于两种商品的边际替代率。

$$MRS_{XY}=MRT_{XY}。$$

当上述三个条件得到同时满足时，称整个经济达到了帕累托最优状态。

下面我们来考察在完全竞争的经济中，帕累托最优状态是如何实现的。

从消费资源来看，由于在完全竞争状态下，消费者效用最大化的条件是，任意两种商品的边际替代率等于这两种商品的价格之比，实现了交换的帕累托最优所需要的条件。

$$MRS_{XY}^{A}=\frac{P_X}{P_Y}=MRS_{XY}^{B}。$$

从生产资源来看，在完全竞争条件下，生产者利润最大化的条件是，任意两种要素间边际技术替代率等于要素价格之比，实现了生产的帕累托最优所需要的条件。

$$MRTS_{Lk}^{C}=\frac{P_L}{P_K}=MRTS_{Lk}^{D}。$$

从消费资源与生产资源的综合配置看，所谓边际转换率就是增加单位 X 商品生产所必须放弃的 Y 商品的生产量。即增加 ΔX 必须减少 ΔY，或者增加 ΔY 必须减少 ΔX。因此，ΔY 可以看成是 X 的边际成本；另一方面，ΔX 可以看成是 Y 的边际成本。如果用 MC_X 和 MC_Y 分别表示 X 和 Y 的边际成本，则 X 产品对 Y 产品的边际转换率可以写为两种产品的边际成本的比率：

$$MRT_{XY}=\frac{MC_X}{MC_Y}。$$

而在完全竞争的均衡条件下，生产者的任何两种产品的边际成本之比，等于其产品价格之比，即：

$$\frac{MC_X}{MC_Y}=\frac{P_X}{P_Y}。$$

因此，两种商品的边际转换率就等于两种商品价格之比，即

$$MRT_{XY}=\frac{MC_X}{MC_Y}=\frac{P_X}{P_Y}。$$

这与效用理论中说明的两种商品之间的边际替代率等于商品价格之比相一致，即：

$$MRT_{XY}=\frac{P_X}{P_Y}=MRS_{XY}。\qquad (11\text{-}4)$$

可见，在完全竞争条件下，商品的边际转换率与任何两种商品的边际替代率相等，实现了帕累托最优状态所需要的条件。即商品的均衡价格实现了生产和交换的帕累托最优状态。

> 思考：什么是边际产品转换率？当它与消费者对这两种产品和边际替代率不等时，市场将怎样调整？

11.7　社会福利最大化

福利经济学是经济学科体系中的一个重要组成部分，它是以研究社会经济资源的配置效率和国民收入分配的公平等问题为主题，以社会福利最大化为宗旨，对各种社会经济现象和经济活动展开规范分析的经济学分支。

11.7.1　社会福利的衡量

那么如何实现社会福利最大化呢？首先需要知道如何衡量社会总福利。一种可能的衡量指标是消费者和生产者剩余的总和，我们称之为总剩余。消费者剩余是买者从参与市场中得到的收益，而生产者剩余是卖者得到的收益。因此，把总剩余作为社会总福利的衡量指标是自然而然的。

通过前面的学习知道，消费者剩余定义为：

消费者剩余＝买者的评价－买者支付的量。

生产者剩余定义为：生产者剩余＝卖者得到的量－卖者的成本。

当我们把消费者和生产者剩余加在一起时，我们得出：

总剩余＝买者的评价－买者支付的量＋卖者得到的量－卖者的成本。

买者支付的量等于卖者得到的量。因此，这个公式中中间的两项相互抵消。结果，我们可以把总剩余写为：

总剩余＝买者的评价－卖者的成本＝社会总福利　　(11-5)

社会总福利，即市场的总剩余是用买者支付意愿衡量的买者对物品的总评价减去卖者生产这些物品的成本。当然，前提是市场上只有买者和卖者。若市场上还有政府，则：

社会总福利＝消费者剩余＋生产者剩余＋政府支出　　(11-6)

这里我们仅研究市场上只有买者和卖者的情况，后者在宏观经济学中会继续探讨。

11.7.2 市场效率与总剩余

如果资源配置使总剩余最大化，我们说，这种配置表现出效率。如果一种配置是无效率的，那么，买者和卖者之间交易的一些好处就还没有完全被实现。例如，如果一种物品不是由最低成本的卖者生产，配置就是无效率的。在这种情况下，将生产从高成本生产者转给低成本生产者就会降低卖者的总成本并增加总剩余。同样，如果一种物品不是由对这种物品评价最高的买者消费，配置也是无效率的。在这种情况下，使该物品的消费从评价低的买者转给评价高的买者就将增加总剩余。

11.7.3 市场均衡与社会福利最大化

图 11-6 表示当市场达到供求均衡时的消费者剩余与生产者剩余。A 点为均衡点，对应的 P^* 为均衡价格，Q^* 为均衡量。消费者剩余等于价格 P^* 以上和需求曲线以下的面积，而生产者剩余等于价格 P^* 以下和供给曲线以上的面积。因此，供给和需求曲线到均衡点之间的总面积 MAN 代表这种市场的总剩余。

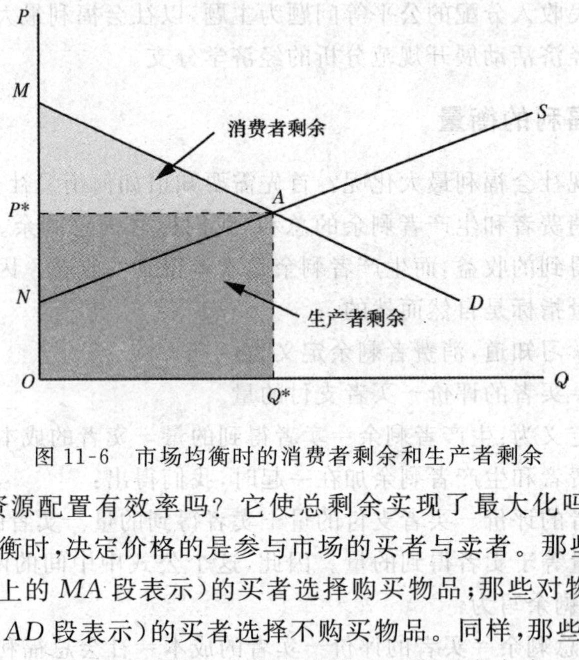

图 11-6　市场均衡时的消费者剩余和生产者剩余

这种均衡的资源配置有效率吗？它使总剩余实现了最大化吗？通过前面的分析，已知当市场均衡时，决定价格的是参与市场的买者与卖者。那些对物品评价大于价格（由需求曲线上的 MA 段表示）的买者选择购买物品；那些对物品评价小于价格（由需求曲线上的 AD 段表示）的买者选择不购买物品。同样，那些成本低于价格（由供给曲线 NA 段表示）的卖者选择生产并销售物品，那些成本大于价格（由供给曲线上 AS 段表示）的卖者选择不生产和销售物品。

通过这些观察可以得出两个关于市场结果的观点：

（1）自由竞争市场把物品的供给分配给对这些物品评价最高的买者，这种评价由他们的支付意愿来表示。

（2）自由竞争市场把物品的需求分配给可以以最低成本生产这些物品的卖者。

因此，在生产与销售达到市场均衡时，社会计划者不能通过改善买者之间的消费配置或卖者之间的生产配置来增加社会福利。但是，社会计划者也不可以通过增加或减少物品量来增加经济福利。主要原因正如关于市场结果的第三种观点。

(3) 自由竞争市场生产使消费者和生产者剩余总和最大化的产量。

如图 11-7 所示；我们知道，需求曲线反映了买者的评价，而供给曲线反映了卖者的成本。在低于均衡水平的数量 Q^* 时，买者的评价大于卖者的成本。在这个范围内，增加产量会增加总剩余，而且，这种情况要一直持续到产量达到均衡水平时为止；但是，超过均衡数量 Q^* 时，买者的评价小于卖者的成本。因此，产量大于均衡数量会减少总剩余。

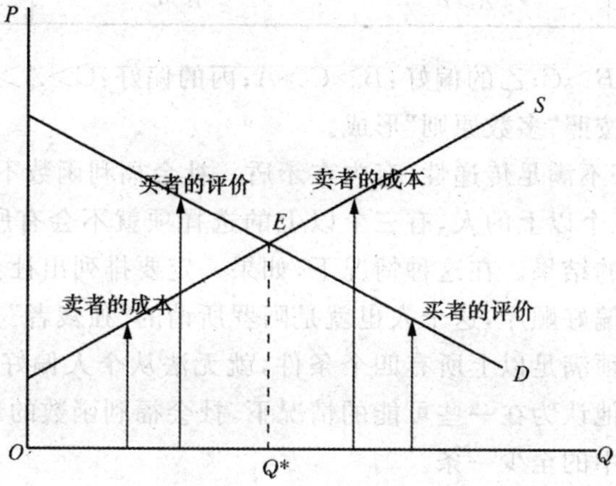

图 11-7 均衡下的效率

结论：市场均衡既是福利最大化的也是效率最高的。

> 思考：画出商品 A 的供给与需求。在均衡时，说明生产者与消费者剩余。为什么多生产一件商品 A 就会减少总剩余？

11.7.4 阿罗不可能性定理

社会福利函数是否存在？是否能从所有个人的偏好中合理地形成社会偏好呢？阿罗(1963)在相当宽松的条件下，证明了这是不可能的。阿罗认为，一个合理的社会福利函数起码必须满足如下四个要求证明。

1. 无限制选择：个人有权进行“自由选择”，而无论个人偏好如何，都应成为社会选择的基础。

2. 帕累托原则：若所有人认为 A 好于 B，那么社会偏好也应该是 A 好于 B。

3. 独立选择：对三件事 A、B、C 进行的选择与排序，不取决于是否存在另一些不相关的事件 D 或 E，也不取决于人们对 D 或 E 的态度。如对某人的崇拜、从众的心理等，都不能影响选择。

4. 不存在独裁：任何一个人的偏好不能自动地占据统治地位，成为社会偏好。

考虑假设有这样一个社会：有三个人甲、乙、丙，分别对 3 个备选方案 A、B、C 进行投票或选择。投票结果如表 11-1 所示.

表 11-1　　投票悖论

	A/B	B/C	A/C
甲	$A>B$	$B>C$	$A>C$
乙	$A<B$	$B>C$	$A<C$
丙	$A>B$	$B<C$	$A<C$
社会结果	$A>B$	$B>C$	$A<C$

甲的偏好：$A>B>C$；乙的偏好：$B>C>A$；丙的偏好：$C>A>B$。

假设社会偏好按照"多数原则"形成。

结果：社会偏好不满足传递性，有内在矛盾。社会福利函数不存在。

结论：只要有三个以上的人，有三个以上的选择项就不会有所谓的最优选择，不同的程序就有不同的结果。在这种情况下，如果一定要排列出社会偏好顺序，势必会等同于某一个人的偏好顺序，这个人也就是阿罗所谓的"独裁者"。阿罗证明，一个社会福利函数如果必须满足以上所有四个条件，就无法从个人偏好顺序出发推导出社会的排序；或者说，他认为在一些可能的情况下，社会福利函数的形成，必然意味着要违背以上四个条件中的至少一条。

> *思考：社会福利函数是否必须做出道德或价值的判断？*

11.8　效率与公平

11.8.1　效率与公平的矛盾统一

从前面的讨论中，我们已经知道，市场中"看不见的手"有效地配置资源，使得无论做任何改变都不能同时使一部分人受益而其余的人不受损的状态，则经济运行已达到高效率，也就是我们前面所提到的"帕累托最优状态"。

但除了效率之外，社会计划者还会关心平等——福利在各种买者与卖者之间分配的公平性。实际上市场交易的好处很像在市场参与者之间分割一块蛋糕，效率问题是能不能尽量把蛋糕做大，平等问题是能不能公平地分割蛋糕。诸如此类的公平问题，如：

(1) 受教育更多的人得到更高工资并不是因为教育提高了生产率，而是因为有更高天赋能力的工人把教育作为一种向雇主表示他们高能力的信号；

(2) 由于基于种族、性别或其他因素的歧视导致的收入差别；

(3) 一些无法解释的变动因素，如，天赋能力、努力和机遇导致的收入差别，等等。

那么公平与效率二者之间到底是什么关系呢？我们说公平和效率是矛盾的统一，二者既有相互矛盾、相互排斥的一面，又有相互统一、相互依存的一面。它们的统一性主要表现在：其一，效率是公平的基础。只有效率提高到一定的程度，产生了剩余物品之后，才出现公平问题。从各国经济发展的历史趋势来看，只有物质财富更加丰富时，公平才会增长，越是在不发达的阶段，收入分配就越不公平。也就是说，效率使公平建立在更雄厚的物质基础上，公平的最终实现要以效率的极大提高为基础。没有生产力的极大发展和效率的极大提高，是不可能实现全体人民的共同富裕的。其二，公平促进效率。收入分配是否公平，对经济效率有重大影响，分配公平合理能够充分发挥各个阶层劳动者的主动性、创造性和积极性，促使社会稳定发展，从而促进劳动效率的全面提高。相反，严重的分配不公，会降低劳动者的积极性，增加社会的不稳定因素甚至发生社会动荡，影响效率。

它们的矛盾性主要表现在：二者之间也存在此消彼长的一面。一方面，公平对效率具有一定的滞后性，效率开始提高了，旧的公平观仍居于主导地位，阻碍生产力的发展。另一方面，在一定时期内为了达到公平，要以牺牲一定的效率为代价；而为了促进效率，又要以牺牲一定的公平为代价。

10.8.2　效率优先和兼顾公平

许多经济学家认为，政府应该为了实现更大的平等而进行收入再分配。但当政府实施一些政策来使收入分配更平等时，它扭曲了激励，改变了行为，会使得资源配置效率降低。那么如何来兼顾"效率"和"公平"呢？西方学者们较为普遍的一个思路是"效率优先、兼顾公平"。即在决定收入分配的问题上，首先考虑效率，把效率当作决定收入分配的第一位因素。经济效率高了，所得的收入才会高，收入高了才能进一步解决公平的问题。

11.8.3　收入再分配的政治哲学

要实现收入分配的公平性，必须借助政府的力量。政府在收入再分配中的作用也是许多经济政策争论的中心，所以在这里我们也要来探讨一下收入再分配的政治哲学。主要包括以下三种观点。

1. 功利主义

功利主义的奠基人是英国哲学家杰瑞米·边沁和约翰·斯图亚特·穆勒。他们的观点是政府应选择使社会上所有人总效用最大化的政策，主要依据是根据边际效用递减的原则，额外一元给穷人带来的效用要大于给富人带来的效用。

2. 自由主义

自由主义最初是由哲学家约翰·罗尔斯(John Rawls)提出的。认为政府应制定公正的政策，这种公正要由一位在"无知面纱"背后的无偏见评论者来评论。这种公共政策要基于最大化准则，即应该使社会上状况最差的人的福利最大化。也就是说，不是使每个人效用的综合最大化，而是使最小效用最大化。这种思想使我们考虑把收入再分配作为社会保险的一种形式。

3. 自由意志主义

自由意志主义的观点是，政府应该惩治犯罪并实行自愿的协议，但不应该进行收入再分配。它认为机会平等比收入平等更重要。政府应该强调个人的权利，以确保每个人有同样使用自己才能并获得成功的机会。一旦建立了这些游戏规则，政府就没有理由改变所引起的收入分配。

11.9 本章小结

1. 一般均衡。一般均衡是指在一个经济体系中，所有市场的供给和需求同时达到均衡的状态。瓦尔拉斯的一般均衡理论认为经济社会是由相互联系的各个局部组成的体系，当消费者偏好、要素供给和生产函数为已知时，就能从数学上论证所有商品市场和要素市场可以同时达到均衡状态，即整个经济可以处于一般均衡状态。在这种状态下，所有商品和要素的价格和数量都有确定的量值，均衡条件是消费者的效用极大化和生产者的利润极大化，所有市场的供需总量相等。

2. 帕累托最优。帕累托最优状态，即任何改变都不可能使一个人的境况变好，而又不使别人的境况变坏。当经济系统达到帕累托最优状态时，经济运行是有效率的；反之，不满足帕累托最优状态的经济运行结果，就是缺乏效率的。福利经济学采用帕累托最优标准来衡量资源的最优配置。

如果对既定资源配置的状态予以改变，而这种改变使得至少有一个人的境况变好，同时其他人的境况没有因此变坏，则认为这种变化增加了社会福利，或称帕累托改进。

3. 帕累托最优条件。交换的帕累托最优条件：在交换方面，任何一对商品之间的边际替代率对任何使用这两种商品的个人来说都相等，即

$$MRS_{XY}^{A}=MRS_{XY}^{B}。$$

生产的帕累托最优条件：在生产方面，任何一对生产要素之间的边际技术替代率在用这两种投入要素生产的所有商品中都相等，即

$$MRTS_{LK}^{X}=MRTS_{LK}^{Y}。$$

交换和生产的帕累托最优条件：在生产与交换两者之间，任何一对商品间的生产的边际转换率等于消费这两种商品的每个个人的边际替代率，即

$$MRS_{XY}^{A}=MRS_{XY}^{B}=MRT_{XY}。$$

4. 生产可能性曲线。指在其他条件（如技术、要素供给等）不变情况下，生产产品 X 与 Y 所能达到的最大产量的组合。曲线上的每一点必会满足

$$MRTS_{LK}^{X}=MRTS_{LK}^{X}。$$

5．完全竞争市场与帕累托最优。在完全竞争市场下，通过市场机制的作用，可以导致生产资源和产品的分配实现帕累托最优状态，使得经济体系达到经济效率，即满足：①$MRS_{XY}^{A}=MRS_{XY}^{B}$，②$MRTS_{LK}^{X}=MRTS_{LK}^{Y}$，③$MRT_{XY}=MRS_{XY}$。

6．社会福利最大化。社会福利的衡量指标是消费者和生产者剩余的总和，即总剩余。如果资源配置使总剩余最大化，我们说，这种配置表现出效率。市场均衡既是福利最大化的也是效率最高的。

7．效率与公平的矛盾统一。公平和效率是矛盾的统一，二者既有相互矛盾、相互排斥的一面，又有相互统一、相互依存的一面。统一性主要表现在：效率是公平的基础，公平促进效率；矛盾性主要表现在：二者之间也存在此长彼消的一面。

以"效率优先、兼顾公平"来处理两者的关系，即在决定收入分配的问题上，首先考虑效率，把效率当作决定收入分配的第一位因素。

8．收入再分配的政治哲学及对应措施。功利主义者选择使社会每个人效用之和最大化的收入分配。自由主义者决定收入分配时，我们仿佛被置于"无知的面纱"之下，这使我们不了解我们的生活状况。自由意志主义者要求政府保护个人权利以保证一个公正的过程，但不用关注所引起的收入分配不平等。

有许多不同的政策旨在帮助贫困者——最低工资法、福利、负所得税以及实物转移支付。虽然这每一种政策都帮助了一些家庭脱贫，但它们也有意想不到的副作用。由于经济资助随收入增加而减少，所以，贫困者往往面临很高的实际边际税率。这种高实际税率不鼓励贫困家庭依靠自己的力量脱贫。

本章课后同步思考题及参考答案

1．假定某经济体处于一般均衡状态，如果某种原因使商品 X 的市场供给 S 增加，分析：

（1）X 商品的替代品市场和互补品市场有什么变化？

（2）生产要素市场上会有什么变化？

（3）收入分配会有什么变化？

答：(1)如果商品 x 的市场供给（S_x）增加，按局部均衡分析，则其价格 P_x 下降，需求量 Q_x 增加。由于实际生活中，各种部门、各种市场是相互依存、相互制约的，x 商品市场的变化会对经济的其余部分产生影响，这种影响越大，就约不适应局部均衡分析。因此，需要一般均衡分析来考虑 X 商品市场地变化与经济其他部门的相互影响。由于商品 x 的价格 P_x 下降，人们会提高对其互补品的需求。这样互补品的数量将上升，而替代品的价格和数量将下降。

（2）在商品市场上的上述变化也会影响到生产要素市场。因为它导致了生产 X 商品及其互补品的生产要素的需求增加，因此又引起生产商品 X 替代品的生产要素的价格和数量下降。这些变化被替代生产要素价格相对变化所削弱。

(3) 由于(2)中所述的变化,不同生产要素所有者所获取的收入也发生变化。商品 X 及其互补品地投入要素的所有者因对要素需求增加,其收入便随着要素价格的上升获得增加。商品 x 的替代品的投入要素的所有者因对其需求减少,其收入便随着要素价格的下降而减少。这些变化转而又或多或少地影响包括商品 X 在内的所有最终商品需求。这样所有要素的派生需求都受影响。这一过程一直持续到所有商品市场和生产要素市场又同时重新稳定。整个经济又一次进入全面均衡状态。

2. 试证明:在完全竞争的市场经济当中,存在满足生产和交换同时实现帕累托最优的条件。

答:证明:生产和交换的帕累托最优条件是 $MRT_{xy}=MRS_{xy}=MRS_{xy}$,即产品的边际替代率等于边际转换率。

在完全竞争条件下,对产品 X,Y 的消费者来说,效用最大化的条件是两种产品的边际替代率等于其价格比,即 $MRS_{XY}==P_X/P_Y$ 对消费者 B,C 等来说,也是 $MRS_{xy}=P_x/P_y,P_x/P_y=MRS_{xy}$ 因此,产品 X,Y 的均衡价格达到了交换的帕累托最优状态,即 $MRS_{xy}=MRS_{xy}=P_X/P_Y$ 在完全竞争条件下,对产品 X,Y 的生产者 A 来说,利润最大化的条件是投入要素 L,K 的边际技术替代率等于价格比,即 $MRTS_{LK}=w/r$,对生产者 B,C 等也是,$MRTS_{LK}=MRTS_{LK}=w/r$ 因此,要素 L,K 的均衡价格达到了生产的帕累托最优状态,即

$=MRTS_{LK}=MRTS_{LK}=w/r$

故生产的帕累托最优实现。生产可能性曲线,即产品转换率曲线上任何一点的边际转换率,是曲线在这一点切线的斜率,即 $MRT_{XY}=\mathrm{d}Y/\mathrm{d}X$。$\mathrm{d}Y\times PX/\mathrm{d}X\times PY=PX/PY=MRT_{XY}=MRS_{XY}$ 因此,产品 X,Y 的均衡价格达到了生产和交换的帕累托最优状态。

3. 试述微观经济学中的一般经济均衡的模型与意义。

答:(1)一般均衡是指在一个经济体系中,所有市场的供给和需求同时达到均衡的状态。一般均衡分析从微观经济主体行为的角度出发,考察每一种产品和每一个要素的供给和需求同时达到均衡状态所需具备的条件和相应的均衡价格以及均衡供销量应有的量值。根据一般均衡分析,某种商品的价格不仅取决于它本身的供给和需求状况,而且还受到其他商品的价格和供求状况的影响。因此,某种商品的价格和供求均衡,只有在所有商品的价格和供求都同时达到均衡时,才能实现。

(2) 一般均衡分析的意义在于一般均衡的存在性问题。

瓦尔拉斯最先认识到一般均衡问题的重要性,并证明了一般均衡的存在。瓦尔拉斯在其完全竞争市场的一般均衡理论体系中提出瓦尔拉斯定律,即:在完全竞争的市场体系中,在任何价格水平下,市场上对所有商品超额需求的总和为零。由该定律可以推出,经济体系中存在几个商品市场,若其中 $n-1$ 个商品市场处于均衡状态,那么,第 n 个市场也必然是均衡的。据此,瓦尔拉斯一般均衡理论断言,基于局部均衡

分析的一般均衡价格存在。事实上，瓦尔拉斯关于一般均衡存在性的证明逻辑是错误的。一般均衡体系只有在极其苛刻的假设条件下才存在均衡解。总之，在一定的假设条件全部得到满足时，一般均衡体系就有均衡解存在。而且均衡可以处于稳定的状态，以及均衡同时是满足帕累托最优条件的。

配套思考题及参考答案

一、单项选择题

1. 局部均衡分析是对下列哪一项的分析？（　　）

   A. 一个部门的变化对其他部门的影响

   B. 一个市场出现的情况，忽视其他市场

   C. 经济中所有的相互作用和相互依存关系

   D. 与供给相独立的需求的变化

2. 帕累托最优配置被定义为下列哪种情况下的资源配置？（　　）

   A. 效率　　B. 名义工资　　C. 实际工资　　D. 货币收入

3. 在甲和乙两个人、X 和 Y 两种商品的经济中，达到交换的全面均衡的条件为（　　）。

   A. 对甲和乙，$MRT_{XY}=MRS_{XY}$　　B. 对甲和乙，$MRS_{XY}=P_X/P_Y$

   C. (MRS_{XY})甲$=(MRS_{XY})$乙　　D. 上述所有条件

4. 在两种商品 X 和 Y，两种要素 L 和 K 的经济中，达到生产全面均衡的条件为（　　）。

   A. $MRTS_{LK}=P_L/P_K$　　B. $MRTS_{LK}=MRS_{XY}$

   C. $MRT_{XY}=MRS_{XY}$　　D. $(MRTS_{LK})X=(MRTS_{LK})Y$

5. 在甲和乙两个人，X 和 Y 两种经济中，达到生产和交换的全面均衡发生在（　　）。

   A. $MRT_{XY}=P_X/P_Y$　　B. 甲和乙的 $MRS_{XY}=P_X/P_Y$

   C. (MRS_{XY})甲$=(MRS_{XY})$乙　　D. $MRT_{XY}=(MRS_{XY})$甲$=(MRS_{XY})$乙

6. 一个社会要达到最高的经济效率，等于最大的经济福利，进入帕累托最优状态，必须（　　）。

   A. 满足交换的边际条件：(MRS_{XY})甲 =](MRS_{XY})乙

   B. 满足生产的边际条件：$(MRTS_{LK})X=(MRTS_{LK})Y$

   C. 满足替代的边际条件：$MRT_{XY}=MRS_{XY}$

   D. 同时满足上述三个条件。

7. 生产契约曲线上的点表示生产者（　　）。

   A. 获得了最大利润

   B. 支出了最小成本

C. 通过生产要素的重新配置提高了总产量

D. 以上均正确

8. 边际转换率是下列哪一条曲线的斜率？（ ）

A. 消费契约曲线　　B. 效用可能曲线

C. 社会福利曲线　　D. 生产可能曲线

9. 两种商品在两个人之间的分配，能被称为帕累托最优状态的条件为（　　）。

A. 不使其他个人受损失就不能使另一个人受益

B. 个人都处在其消费契约曲线上

C. 个人都处在他们的效用可能曲线上

D. 包括以上所有条件

10. 转换曲线是有下列哪条曲线导出的（　）

A. 消费契约曲线　　B. 生产契约曲线

C. 社会福利曲线　　D. 效用可能性曲线

参考答案：BADBD　DDBAD

二、计算题

1. 甲有 300 单位商品 X，乙有 200 单位商品 Y，二人的效用函数都是 $U(x,y)=xy$，推导出所有满足 Pareto 最优的状态。二人通过交换达到 Pareto 最优，求出社会的价格体系，并求出交换结果。

参考答案：

(1) 设甲乙两人的消费束为：甲(x_1, y_1)，乙(x_2, y_2)，题设的约束条件为：

$$\left.\begin{array}{l} x_1+x_2=300 \\ y_1+y_2=200 \end{array}\right\} \quad ①$$

帕累托有效配置的条件是：甲、乙两人的无差异曲线相切，$MRS_{x_1,y_1}=MRS_{x_1,y_2}$，

即：$MU_{x_1}/MU_{y_1}=MU_{x_2}/MU_{y_2}$

于是我们有：$y_1/x_1=y_2/x_{2/}$ ②

联立①②得：$y_1/x_1=(300-y_1)/(200-x_1)\to y_1=2/3x_1$

因此，所有满足 Pareto 最优的状态的契约线为：$y_1=2/3x_1$

(2) 令 x 价格为 1，y 的价格为 p，先求甲的效用最大化条件：

$\max U_1=(x_1, y_1)=x_1y_1$

$s.t.\ x_1+py_1=300$　　解得：$x_1=150$　　$y_1=150/p$

再求乙的效用最大化条件：

$\max U_2=(x_2, y_2)=x_2y_2$

$s.t.\ x_2+py_2=200p$　　解得：$x_2=100p$　　$y_2=100$

由第(1)问中解得的 Pareto 最优条件：$y_1=2/3\ x_1$

可求得：$p=1.5$

此时 $y_1=100\quad x_1=150, x_2=100\quad y_2=100$

也就是说，社会最终的价格体系为：X 的价格为 1，Y 的价格为 1.5；交换结果为：甲消费 150 单位的 X，消费 100 单位的 Y；乙也消费 150 单位的 X，消费 100 单位的 Y。

2. 假定小王(A)和小李(B)的效用函数分别为：$U_A=x_Ay_AU_B=x_B+y_B$

(1) 请针对两人分别写出 x 对 y 的边际替代率公式。

(2) 如果交易通过价格体系来实施，请写出均衡时的(可行的)价格比率。

(3) 假定共有 100 单位的 x 和 200 单位的 y。最初，小王有 25 单位的 x 和 75 单位的 y，而小李 75 单位的 x 和 125 单位的 y。请说明经过市场交易后，均衡时两人分别拥有的两种商品的数量。

(4) 画出这种情形的埃奇沃思盒状图。标出初始禀赋配置和所有的帕累托最优配置。

参考答案：

(1) 小王(A)的 x 对 y 的边际替代率公式为：$MRS_{xy}^A=\dfrac{MU_x^A}{MU_y^A}=\dfrac{y_A}{x_A}$

小李(B)的 x 对 y 的边际替代率公式为：$MRS_{xy}^B=\dfrac{MU_x^B}{MU_y^B}=\dfrac{1}{1}=1$

(2) 如果交易通过价格体系来实施，均衡时的(可行的)价格比率必须满足条件：

$$MRS_{xy}^A=\frac{y_A}{x_A}=MRS_{xy}^B=1=\frac{P_x}{P_y}$$

所以均衡时的价格比为：$P_x/\ P_y=1$

(3) 小王的初始禀赋配置为：$(w_x^A, w_y^A)=(25,75)$，小李的初始禀赋配置为：$(w_x^B, w_y^B)=(75,125)$。假设经过市场交易后，均衡时两人拥有的商品的数量组合分别为：(x_A^*, y_A^*)，(x_B^*, y_B^*)

均衡时，$(x_A^*, y_A^*)+(x_B^*, y_B^*)=(x_A^*+x_B^*, y_A^*+y_B^*)=(w_x, w_y)=(100,200)$

即：$x_A^*+x_B^*=100, y_A^*+y_B^*=200$ ①

由①可得，均衡时 $MRS_{xy}^A=\dfrac{y_A}{x_A}=1$，所以 $x_A^*=y_A^*$ ②

同时，小王和小李必须满足各自的预算约束：

$$P_x\cdot x_A^*+P_y\cdot y_A^*=P_x\cdot w_x^A+P_y\cdot w_y^A \quad ③$$

$$P_x\cdot x_B^*+P_y\cdot y_B^*=P_x\cdot w_x^B+P_y\cdot w_y^B \quad ④$$

由(2)得 $P_x/\ P_y=1$，所以③、④两式可化简为：

$$x_A^*+y_A^*=w_x^A+w_y^A=25+75 \quad ⑤$$

$$x_B^*+y_B^*=w_x^B+w_y^B=25+75=75+125=200 \quad ⑥$$

综合①、②、⑤、⑥四式可得均衡时两人分别拥有的商品数量为：

$$(x_A^*, y_A^*) = (50, 50); (x_B^*, y_B^*) = (50, 150)$$

（4）图略

第12章　市场失灵与微观经济政策

本章学习目标：

1. 掌握市场(经济)失灵的含义。
2. 知道寻租的原因及后果。
3. 了解垄断、外部性、公共物品和信息不对称等情况，是导致市场失灵的原因。
4. 理解政府如何在以上市场经济失灵时，进行政策干预。

导入案例：

1. 二手车市场上劣币对良币的驱逐

旧车市场有一批旧车要卖，同时还有一批要买这些数量的车的购买者。旧车中有一半是优质车，一半是劣质车。如果优质车主索价200元，劣质车主索价100元。而买主对优质车愿支付240元，对劣质车愿支付120元。如果信息是完全的，即买主知道哪些车是优质的，哪些是劣质的，则优质车会在200～240元之间成交，劣质车会100～120元之间成交。但买主事实上无法凭观察判断旧车质量。旧车主会隐瞒劣质车的问题，搞以次充好，鱼目混珠。买主只知道劣质车和优质车所占比重各半，但不知每一辆车究竟是优质还是劣质车。于是，他们的出价至多是120×0.5＋240×0.5＝180元。然而这样一来，优质车就不会以此价卖出。如果买主知道只能买到劣质车，则成交价格只能在100～120元之间，从而优质车被逐出市场，市场运转的有效性被破坏了。

2. 你买保险吗？

在保险市场上，如果保险公司和投保客户双方的信息是充分的，则根据大数法则所订费率足以保证保险市场的有效运转。问题是保险公司对客户的信息不可能充分掌握。拿健康医疗保险来说，哪些人身体好，哪些人身体差，保险公司无法充分了解。结果是身体差的人投保最多，事后保险公司才了解到实际发病率和死亡率大大高于预期的死亡率和发病率。这迫使保险公司按“最坏情况”的估计来制订保险费率，但这样会使费率上升，会使身体好的人不愿参加保险。尽管他们有获得保障的需求，但市场无法给他们提供保险。保险市场的有效性被破坏了。

上一章我们知道尽管市场的每个买者与卖者只关心他自己的福利，但他们共同被一只看不见的手指引到使买者与卖者总收益最大化的均衡。但这一切都是建立在一些经济假设下的：

第一，假设市场是完全竞争的。

但是，在世界上有时竞争是极不完全的。在一些市场上，只有一个买者或卖者（或一小群买者或卖者）可以控制市场价格。这种影响价格的能力被称为市场势力。市场势力可以使市场无效率，因为它会使价格和数量背离供求均衡。

第二，假设市场结果只与买者和卖者相关。

但在世界上，买者和卖者的决策，有时会影响到那些根本不参与市场的人。如，污染是影响不参与市场的人的市场结果的一个典型例子。它使市场福利还要取决于买者评价和卖者成本之外的其他因素。由于买者与卖者在决定消费和生产时，并没有考虑这种作用，所以，从整个社会的角度看，市场均衡可能是无效率的。

当资源不能实现有效配置，不能达到帕累托最优状态时，我们称这种情况为"市场经济失灵"，简称为"市场失灵"。

当市场失灵时，公共政策就有潜力解决这些问题并增加经济福利。

微观经济学家耗费许多精力去研究什么时候会发生市场失灵，以及哪种政策能最好地纠正市场失灵。这些，在本章中我们将重点讨论。

12.1 市场失灵概述

12.1.1 市场失灵的含义

下面看几个经济实例

(1) 吸烟，虽然满足了吸烟者的心理效用，却损害了周边人的健康；

(2) 垄断使得生产者追求利益极大化的同时，却严重影响了消费者的利益。

从上面的例子中可以看到，总是有一方的效用受损，这种现象我们称之为"市场失灵"。

传统自由经济学者认为，一个社会中的供给与需求可以构成完全竞争市场。而完全竞争的经济状态，是指生产者追求利益极大化，消费者追求效用极大化，资源分配获得最佳效率。价格像一双看不见的手，公平主导市场内的各种经济活动。但在现实世界中，因受到许多因素影响，使市场无法达到公平的、完全竞争的理想状态。

市场失灵(Market failure)：完全竞争的市场机制在很多场合下不能导致资源的有效配置，不能达到帕累托最优状态的情形。也称市场经济失败，或者市场经济失灵，简称市场失灵。

12.1.2 市场失灵的主要表现

市场失灵主要表现在垄断、公共产品、外部性问题、信息不对称等情形，下面分别介绍。

12.2　不完全竞争

12.2.1　垄断与低效率

在完全竞争的条件下,"看不见的手"才能充分起作用,然而有一些现实因素使某些行业无法达到完全竞争的市场结构。在前面的章节中我们了解了造成非完全竞争市场的主要因素:

(1) 技术进步;

(2) 市场扩大;

(3) 企业为获得规模效应而进行的兼并等。

比如,规模经济会带来自然垄断,企业可能通过控制产量来控制价格,价格信号就会受到干扰,它的资源配置功能就会"失真"。

我们也可以从图形上进行分析,如图 12-1 所示。

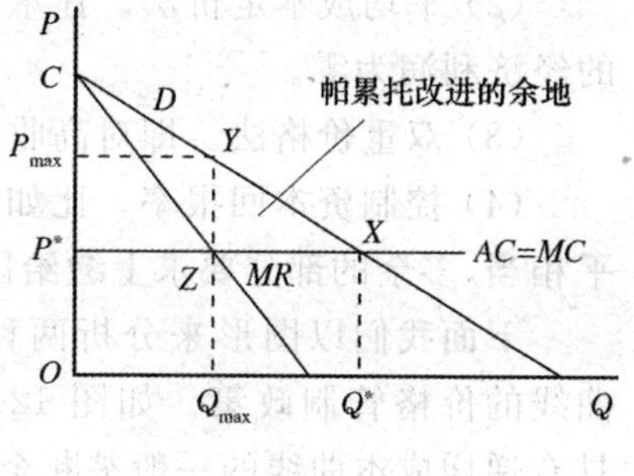

图 12-1　垄断和低效率

图中横轴 Q 表示产量,纵轴 P 表示价格,曲线 D 表示该企业的需求曲线,曲线 MR 表示该企业的收益曲线。为建立一个简单模型,假定平均成本等于边际成本,即 $AC=MC$,在图中表示为一水平直线。通过前面章节的学习,我们知道,垄断企业要实现利润最大化,必须边际成本等于边际收益,即 $MC=MR$。因此该垄断企业实现利润最大化所对应的垄断价格为 P_{max},这个价格明显高于边际成本 P^*,而产量为 Q_{max},明显低于实现帕累托最优状态时的产量 Q^*。此时,便造成了低效率的资源配置状态,损失社会福利。从图形上讲,若企业生产 Q^*,并在等于边际成本的价格 P^* 上出售产品,结果垄断企业的利润会下降 $(P_{max}-P^*)\cdot Q_{max}$。但由于价格下降给消费者带来的好处是全部的消费者剩余,即图中 $P_{max}YXP^*$ 围成的面积,这部分超过了垄断企业利润损失的那部分面积,超出的部分为面积 XYZ,因而存在了帕累托改进的余地。如果这个利益可以在企业和消费者之间进行适当分配,则双方的利益都得到增进。

那么,为什么垄断的市场结构中难以实现帕累托改进呢?理论上,消费者和企业可以通过协商,按一定标准降低价格,提高产量来分割面积 XYZ 部分,实现帕累托改进。但在现实环境中,垄断企业和消费者之间以及消费者本身之间难以达成相互满意的一致意见。如,企业和消费者之间在如何分配所增加的收益可能存在分歧,无法达成一致;又如,消费者本身之间在如何分摊弥补垄断企业利润损失的一系列支付问题上也不能达成一致意见;此外,也可能无法防止某些消费者不负担支付而享受低价格的好处等。基于上述种种原因,无法实现依靠市场机制调整无效率的垄断情况,或者说在垄断市场情况下，市场是失灵的。

12.2.2 对垄断的政府管制

垄断常常会导致效率低下、腐败与不公平。因此，为了提高效率，实现公平，达到帕累托最优状态，政府有必要对垄断进行干预，即“政府管制”。

政府管制：指政府制定条例和设计市场激励机制，控制市场上的价格、销售与生产决策，以提高资源的配置效率。政府管制分经济管制与社会管制。

经济管制：指对价格、市场进入和退出条件、特殊行业服务标准的控制。

社会管制：主要用来保护环境以及劳工和消费者的健康和安全。

政府对垄断企业采用的价格管制主要有以下几种：

(1) 边际成本定价法。即让产品价格下降至边际成本，这时企业将有可能出现亏损。为了避免垄断企业退出这一行业，政府通常会对垄断企业进行补助。

(2) 平均成本定价法。让垄断企业的产品价格降至平均成本。此时，垄断企业的经济利润为零。

(3) 双重价格法。即对高收入者制定高价，对低收入者制定低价。

(4) 控制资本回报率。比如让垄断企业的利润水平和社会中其他行业的平均水平相当，多余的部分要求上缴给国家或者回馈给消费者和其他企业。

下面我们以图形来分析两种不同情况的成本曲线的价格管制政策。如图 12-2 所示，反映的是具有递增成本曲线的一般垄断企业情况。

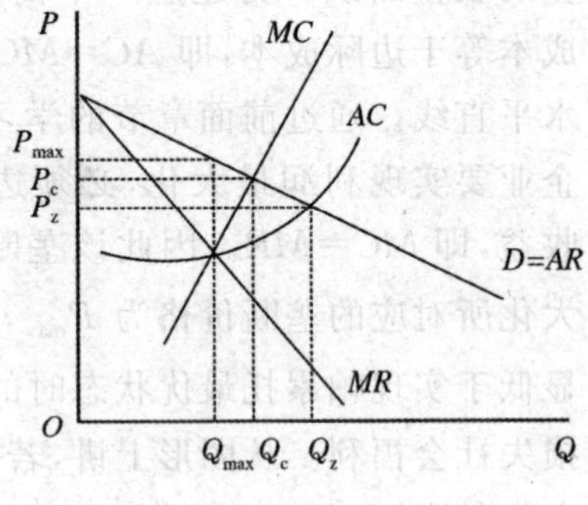

图 12-2 对具有递增成本曲线的垄断企业的价格管制

图中横轴 Q 表示产量，纵轴 P 表示价格，曲线 $D=AR$ 表示该企业的需求曲线（或平均收益曲线），曲线 MR 表示该企业的边际收益曲线，曲线 AC 和 MC 分别表示平均成本曲线和边际成本曲线。同时，由于是递增成本，其平均成本曲线 AC 具有向右上方倾斜的部分。

在未管制的情况下，该垄断企业生产其利润最大化产量 Q_{max}，垄断价格 P_{max}，此价格高于边际成本，可见是缺乏效率的。而在垄断产量 Q_{max} 上，垄断企业获得了超额垄断利润，即经济利润不等于 0，得到了在完全竞争市场上他本不该得到的利润，可见是不公平的。那么政府该如何定价来实现帕累托最优呢？

首先从提高效率的目的来看，政府应当将价格定为 P_c，此时 $P_c=AR=MC$，价格刚好等于边际成本，其最大化产量为 Q_c，实现了帕累托最优。同时垄断企业还可得到一部分经济利润，因为平均收益 $P_c=AR$ 大于平均成本 AC。

从满足公平的目的来看，为了去除垄断企业的经济利润，政府应当将价格定为 P_Z，此时平均收益 $P_Z=AR$ 刚好等于平均成本 AC，P_Z 可称为零经济利润价格，此时

对应的产量为 Q_Z。但是在零经济利润价格水平下，边际成本 MC 大于价格 P_Z，违背了帕累托最优的条件。

因此，在具有递增成本曲线的垄断情况下，从提高效率的角度来进行价格管制，会使得产量低、价格高；而从实现零经济利润的角度进行价格管制，又会使得价格低、产量高，见图 12-3。

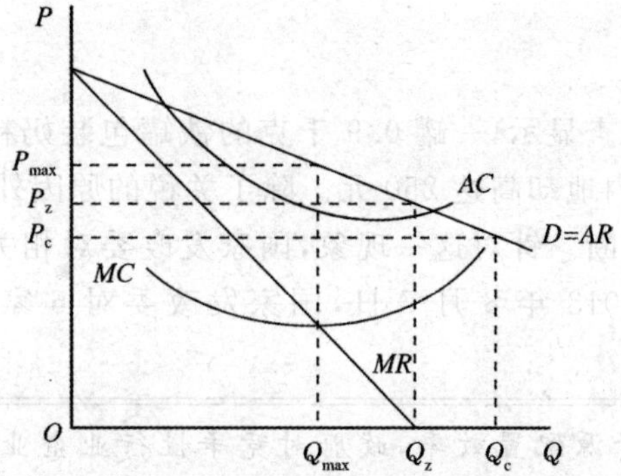

图 12-3　对具有递减成本曲线的垄断企业的价格管制

下面我们再来讨论下具有递减成本曲线的一般垄断企业的情况，即自然垄断情况，如图 12-3。其平均成本 AC 曲线具有向右下方倾斜的部分，故边际成本曲线 MC 总是位于其下方。在未管制时，垄断企业的垄断价格为 P_{max}，最大产量为 Q_{max}。分析同上图，当政府以价格 P_c 管制时，达到帕累托最优，此时 $MC=AR$，资源配置效率最优。但如图，在这自然垄断情况下，垄断企业的平均收益 $P_c=AR$ 小于平均成本 AC，出现了亏损。因此，政府必须补贴垄断企业出现的亏损。如果指定零经济利润的价格 P_Z，则如图，此时 P_Z 是大于 P_c 的。所以，可行的最佳选择是价格决定在平均成本 AC 与平均收益 AR 相等的水平上，企业既没有垄断利润，也利于产量尽可能大到正好使企业不至于退出经营。

12.2.3　反垄断法的制定和实施

反垄断法目前在中国还是一种全新的法律制度。但美国早在一百多年前就已经颁布了这种法律。1865 年美国南北战争结束后，随着全国铁路网的建立和扩大，全国大市场迅速形成。在推动美国经济的同时，也推动了垄断组织即托拉斯的产生与发展。1879 年美孚石油公司即美国石油业第一个托拉斯的建立，标志着美国历史上第一次企业兼并浪潮的开始，托拉斯从而在美国成为不受控制的经济势力。过度的经济集中使社会中下层人士饱受垄断组织滥用市场势力之苦。在这种背景下，1890 年美国颁布了《谢尔曼法》(Sherman Act)。谢尔曼法是世界上最早的反垄断法，从而也被称为世界各国反垄断法之母。

中国在 2007 年 8 月十届全国人大常委会第二十九次会议表决，通过了反垄断法。反垄断法于 2008 年 8 月 1 日起施行，共分为 8 章 57 条，包括：总则、垄断协议、滥用市场支配地位、经营者集中、滥用行政权力排除、限制竞争、对涉嫌垄断行为的调查、法律责任和附则。

反垄断法明确规定，禁止大型国企借控制地位损害消费者利益。针对国有经济占控制地位的、关系国民经济命脉和国家安全的行业，以及依法实行专营专卖的行业，国家对其经营者的经营行为及其商品和服务的价格依法实施监管和调控，从而维护消费者利益。

【经济实例1】：

一份关于乳业的调查显示，一罐0.9千克的铁罐包装奶粉，欧盟卖125元，澳大利亚卖175元，在中国内地却高达250元。除了关税的原因外，如此大的价格差还源于奶业巨头们的联手垄断。针对这一现象，国家发改委对相关乳粉企业展开了长达数月的反垄断调查。2013年8月7日，国家发改委对6家企业开出史上最高罚单——共计6.7亿元。

> 思考："为了提高资源配置效率，政府对竞争性行业企业的垄断行为应加以限制，而对自然垄断部门的垄断行为应加以管制"，这一说法是否正确？

12.3 寻　租

政府运用行政权力对企业和个人的经济活动进行干预和管制，妨碍了市场竞争的作用，从而创造了少数有特权者取得超额收入的机会。根据美国经济学家J.布坎南和A.克鲁格的论述，这种超额收入被称为"租金"。谋求这种权力以获得租金的活动，被称作"寻租活动"，俗称"寻租"。

柯兰道尔给寻租下的定义是：为了争夺人为的财富转移而浪费资源的活动。而克鲁格则认为寻租是为了取得许可证和配额以获得额外收益而进行的疏通活动。

垄断造成了寻租。因此，寻租是属于垄断的一种经济现象。反寻租的公共经济政策与反垄断的公共政策相同。

12.3.1 寻租的特点

寻租活动有合法与非法之分。企业向政府争取优惠待遇，利用特殊政策维护自身的独家垄断，就属于合法的寻租活动。行贿和走私就属于非法的寻租活动。

12.3.2 寻租的来源

在本质上政府规制的不完善为寻租留下了公共政策的空间。但一般来说，寻租大多出现在政府定价、政府订货、关税和配额及特许权等政府经济活动中。

1. 政府定价

有时，政府对价格实施行政管制，就会使受管制资源出现人为短缺的现象。在短缺的情况下，个人为了获得资源，就必须排队等候。这时有些人就会为了节约排队等候的时间而高价购买政府限价的资源。政府禁止高价倒卖，这种倒卖就会转入地下，形成黑市。不法分子为了安全且大量地攫取租金，就会向政府工作人员行贿。如果政府组织中有人经不起诱惑，就可能出现政府默许的地下经济，从而出现行政定价通过腐败和黑市转化成市场定价的现象。在这一转化过程中，市场定价和行政定价之差，就是不法分子和腐败分子可能得到的租金。

2. 政府特许权

政府特许权是指政府对某类商品发放的特别生产许可权和特别销售许可权。

3. 政府关税和进口配额

由于各国的生产要素和生产水平是各不相同的，为了充分地利用各国资源，每个国家必定有自己的进出口政策，其中进出口关税和配额是重要的影响因素。

4. 政府订货

在市场经济国家，由于政府能力和技术的限制，政府订货是经常的事情。如果政府订货的竞争不是市场化的，那么它就可能被某些有权势的利益集团所垄断。

5. 其他

如倒卖批文，争取出口许可证，走私贩私等寻租现象。

12.3.3　寻租的后果

寻租的后果是垄断和资源配置的扭曲。对消费者来说，寻租企业会把其寻租成本转化到产品成本中，从而最终转嫁给消费者；而对于其他企业，它们为了从政府政策中捞取好处，必然会展开寻租竞争，这样也会引发第三方资源配置的扭曲。

总之，寻租作为一种“直接的非生产性活动”，不仅降低了资源配置效率、影响了收入再分配的公平效应，而且破坏了政治秩序和政治发展。

12.4　外部性

12.4.1　外部性的定义和分类

以前我们讨论的微观经济理论总是基于一个前提假设：单个消费者或生产者的经济行为对社会上其他人的利益不构成影响，即不存在外部影响。

然而，在实际经济中这是不可能的，往往某些人（消费者或生产者）自己的一项经济活动会影响到社会上其他成员乃至整个社会的利益，这种情况我们称为外部性。如果这个微观经济单位的经济活动对其他微观经济单位产生的是有利的影响，我们称为外部经济，又称正外部性；如果产生的是不利的影响，我们称为外部不经济，又称负外部性。

外部性：又称为外部影响、外部效应、溢出效应或外差效应，是指某个企业或者居民的经济活动，对其他微观单位（企业或居民）所产生的非市场性的影响。

外部经济：根据经济活动的主体是生产者还是消费者，外部经济可以分为“生产的外部经济”和“消费的外部经济”；同理，对于外部不经济，根据经济活动的主体不同，也可以分为“生产的外部不经济”和“消费的外部不经济”。下面我们分别举例说明。

1. 生产的外部经济

企业培训合格的员工跳槽，作为生产者的企业培训了员工，给员工跳槽后的企业带来了有利的影响，自己却不能从中得到任何报酬，这就产生了生产的外部经济。

2. 消费的外部经济

人们注射预防针，不仅保证了自身的健康，也降低了其周围人群感染病毒的可能性，但自己却不能从他人获得的收益中获利，这就是消费的外部经济。

3. 生产的外部不经济

以前我们称的“五小企业”：小煤矿、小炼油、小水泥、小玻璃和小火电，这些企业排除的污染物使周边的人们乃至整个社会都遭受了损失，但这些企业却未给他们以补偿，这就产生了生产的外部不经济。

4. 消费的外部不经济

吸烟者的行为危害了被动吸烟者的身体健康，给他人的利益造成了损失，但并未给予补偿。

12.4.2 外部性导致市场失灵的原因分析

外部性本质上是因为私人成本与社会成本、私人利益和社会利益之间的差异。外部经济是私人利益＜社会利益，差异为外在利益，外部不经济是私人成本＜社会成本，差异为外在成本。

【经济实例2】：

钢铁厂向河中排放废物，这是私人成本＜社会成本，即外部不经济。

若整个钢铁市场的排放可以通过降低产量来减少，则是私人利益＜社会利益，即外部经济。

1. 外部不经济与市场失灵

设在完全竞争条件下，某竞争企业每增加一单位产量给他人造成的损失，用 MEC 表示，即边际外在成本；那么边际社会成本 MSC 就等于边际外在成本 MEC＋企业自身的边际成本 MC，即：

$$MSC = MC + MEC \tag{12-1}$$

如图12-4所示，在完全竞争条件下，该竞争企业的需求曲线和边际收益曲线为一条水平直线 $D=MR$，MC 为其边际成本曲线，MEC 为该竞争企业生产行为所产生的边际外在成本曲线，则该企业的边际社会成本曲线就为其自身的边际成本曲线与边际外在成本曲线的纵向加总。该竞争企业利润最大化时，应满足 $MR=MC$，两条

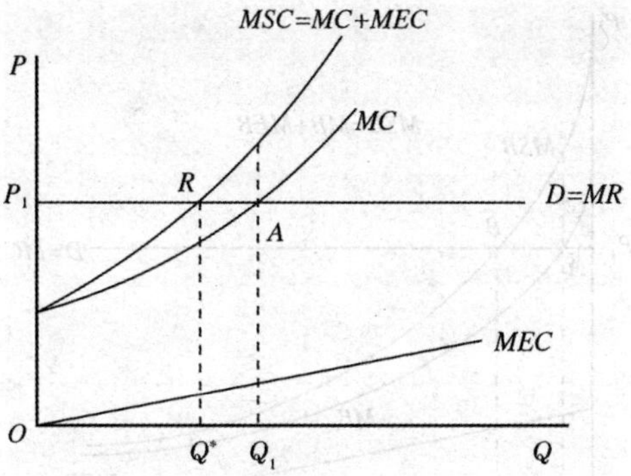

图 12-4　外部不经济和市场失灵

曲线交于 A 点，此时最大产量为 Q_1。而社会利益最大化时，应满足 $MR=MSC$，两条曲线交于 B 点，此时最大产量为 Q^*，显然 $Q_1>Q^*$。即竞争企业为了实现其自身的利润最大化，所生产的产量 Q_1 大于社会实现帕累托最优所需要的产量 Q^*。

那为什么存在外部不经济的情况下，不能进行帕累托改进呢？

(1) 交易费用过大，难以达成补偿协议，尤其是参与人数众多时，更难达成；

(2) 产权不明确，是工厂有污染权，还是居民有环境权，法律并不明确；

(3) 存在免费搭便车现象，跟排污者交涉是有成本的，某些受害者不付出成本，却想获得协商的收益；

(4) 势力不对称，污染者面对众多受害者时，就像一个垄断者，污染者可以自主决定是否补偿以及补偿多少。在这种情况下，即使污染者和居民达成协议，由外部性产生的行为也会破坏资源的最优配置。

2. 外部经济与市场失灵

设在完全竞争条件下，某个人每消费一单位商品给他人带来的收益，用 MEB 表示，即边际外在收益；那么边际社会收益 MSB 就等于边际外在收益 MEB + 个人自身的边际收益 MB，即：$MSB=MB+MEB$。

如图 12-5 所示，在完全竞争条件下，该消费者的需求曲线和边际成本曲线为一条水平直线 $D=MC$，MB 为其边际收益曲线，MEB 为该消费者消费行为所产生的边际外在收益曲线，则该消费者的边际社会收益曲线就为其自身的边际收益曲线与边际外在收益曲线的纵向加总。该消费者效用最大化时，应满足 $MB=MC$，两条曲线交于 A 点，此时最大需求量为 Q_1。而社会利益最大化时，应满足 $MSB=MC$，两条曲线交于 B 点，此时最大需求量为 Q^*，显然 $Q^*>Q_1$。即该消费者为了实现其自身的效用最大化，所需求的量 Q_1 小于社会实现帕累托最优所需要的量 Q^*，使得资源未能得到优化配置，故市场失灵。而不能进行帕累托改进的原因同上。

结论：在完全竞争条件下，外部性使得市场的资源配置偏离帕累托最优状态，即市场失灵。

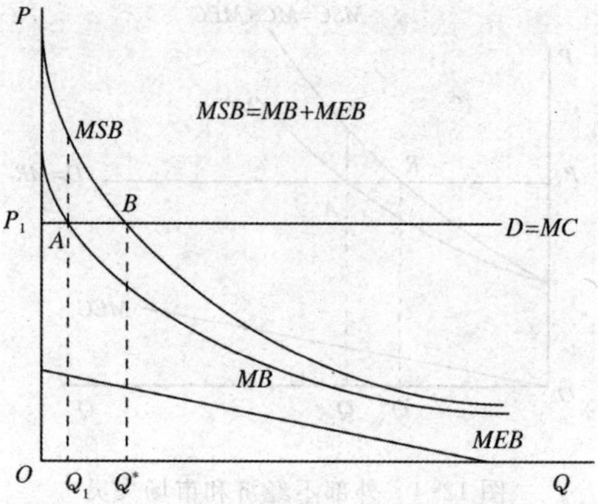

图 12-5 外部经济和市场失灵

思考:从外部性角度谈谈为什么我国要实行九年义务教育。

12.4.3 有关外部性的公共经济政策

1. 政府的经济措施税收和补贴

对外部不经济的企业征税,其数额等于造成的损失;对外部经济的企业给予补助,使得企业的私人成本和私人利益与相应的社会成本和社会利益相等,以达到资源配置的帕累托最优。

2. 政府的行政措施:管制与指导

如针对生产污染,政府可颁布排放标准或制定可转让排放许可证。

对于有污染物排放的外部不经济企业,政府可规定一个排放标准,通过经济惩罚或刑事惩罚来强制。这就增加了外部不经济企业的生产成本和进入行业的价格阈值。

制定可转让许可证则是管理当局决定一个排放水平和许可证的数量,由于该许可证可以上市,高成本企业将从低成本企业处购买许可证,这有助于形成竞争性的外部性市场。

【经济实例 3】:政府决定将排污控制在 2 个单位之内,因此出售的许可证允许 2 个单位的污染。每个企业都可以做出自己的选择,既可以选择购买许可证排污,也可以选择自己清除污染。

如果企业 A 没有购买许可证,它必须为第 1 单位的排污支付 4 元的清除费,为第 2 单位排污支付 6 元,总成本就为 10 元;企业 B 清除第 1 单位排污成本为 6 元,清除第 2 单位污染为 8 元,总成本为 14 元。

如果政府只出售一张允许排放 2 个单位污染的许可证并公开拍卖。企业 A 的出价不会高于 10 元,如果拍卖价格高于 10 元,A 退出(选择自己清除污染)。如果拍卖价格为 10 元或略高于 10 元，企业 B 购买(排污)。

排污总成本由原来的 24 元降为 20 元(或略高)，社会以最低成本实现了 2 个单位的污染。

3. 企业合并

将相互影响并产生外部经济与不经济的企业进行合并，使外部影响消失。比如造纸厂和下游渔场，可以通过企业合并使得外部性“内部化”，两企业合二为一，原来的外部性由合并后的企业内部解决。

4. 产权和科斯定理

如产权是明确的且能得到保障，则有些外部影响可能通过内部协商而解决。这就是我们所说的“科斯定理”。科斯定理由罗纳德·科斯在其论著《社会成本问题》中提出。

【经济实例 4】：假定一个工厂周围有 5 户居民户，工厂的烟囱排放的烟尘因为使居民晒在户外的衣物受到污染而使每户损失 75 美元，5 户居民总共损失 375 美元。解决此问题的办法有三种：一是在工厂的烟囱上安装一个除尘器，费用为 150 美元；二是每户购买一台烘干机，烘干机价格为 50 美元，总费用是 250 美元；第三种是每户居民户有 75 美元的损失补偿，补偿方是工厂或者是居民户自身。具体分析见表 12-1。

表 12-1　　**科斯定理实例分析一**　　**单位：美元**

	工厂费用	居民费用	社会总费用
无除尘器，无烘干机	0	75×5	375
装除尘器，无烘干机	150	0	150
无除尘器，装烘干机	0	50×5	250
装除尘器，装烘干机	150	250	400

假定 5 户居民户之间以及居民户与工厂之间达到某种约定的成本为零，即交易成本为零，在这种情况下，具体分析见表 12-2。

如果法律规定工厂享有排污权(这就是一种产权规定)，那么，居民户会选择每户出资 30 美元去共同购买一个除尘器安装在工厂的烟囱上，因为相对于每户拿出 50 美元买除尘器，或者自认了 75 美元的损失来说，这是一种最经济的办法。如果法律规定居民户享有清洁权(这也是一种产权规定)，那么，工厂也会选择出资 150 美元购买一个除尘器安装在工厂的烟囱上，因为相对于出资 250 美元给每户居民户配备一个烘干机，或者拿出 375 美元给每户居民户赔偿 75 美元的损失，购买除尘器也是最经济的办法。

因此，在交易成本为零时，无论法律是规定工厂享有排污权，还是居民户享有清洁权，最后解决烟尘污染衣物导致 375 美元损失的成本都是最低的，即 150 美元，这样的解决办法效率最高。

表 12-2　　科斯定理实例分析二　　单位:美元

	冒烟权	清洁空气权
不合作工厂的费用	0	150
居民费用 合作(讨价还价)	250 讨价还价使得双方境况都得以改善 ↓	0 境况不变 ↓
工厂的费用	0	150
居民的费用	150	0
	讨价还价形成了有效配置	

可见科斯定理的意义在于:

(1) 在定理的条件下,市场动力会使双方进行互惠互利的交易,从而使外部性内部化;

(2) 清楚界定的产权分配有益于促进经济效率;

(3) 外部性不必非由政府管制不可,政府所要做的就是界定产权。

但它的应用仍然有局限性:

(1) 如果交易成本过大,则无法实现市场均衡的效率;

(2) 参与方的数量不宜过大,否则达成协议需要的组织和谈判工作就会太多,增加成本;

(3) 若存在策略性行为,就不会出现科斯定理所说的那种帕累托理想状态。比如在城市里拆迁,经常碰到"钉子户",你不答应他的苛刻条件,他就是不搬迁,而这种策略性行为是普遍存在的;

(4) 最后,科斯定理忽视了收入分配的效应。分配产权势必会影响收入分配,由此可能引起收入分配不公平。

> 思考:为什么全世界每天消费大量的鸡,但没有人担心鸡会灭绝,相反没有多少人吃鲸肉,人们却时时刻刻担心鲸会灭绝?

12.5　公共物品和共有资源

12.5.1　排他性与竞争性

如果消费一个物品时,其他人能够被排除在外,就称这种物品为排他性物品;如果一个人对这种物品的消费减少了其他人的消费量,就称这种物品为竞争性物品。

竞争性：指增加一个消费者，会减少任何其他消费者对这种产品的消费。

排他性：指产品一旦生产出来，付费才可以使用。

12.5.2　公共物品

1. 公共物品的含义

在前面的章节中，我们所讨论的物品都同时具有这两种特性：排他性与竞争性，这种物品我们称为私人物品。

然而，在现实生活中，往往有些物品并不同时具备这两种特性，例如天气预报，不管我们是否向国家缴纳了赋税，我们都可以通过多种方式得知，还有国防、消防等。这些物品既不具有排他性也不具有竞争性，我们称其为公共物品。

私人物品：是具有竞争性和排他性的物品。

公共物品：与私人物品相对应的一个概念，消费具有非竞争性和非排他性特征，一般不能或不能有效通过市场机制由企业和个人来提供，主要由政府来提供。

那么介于私人物品与公共物品之间，只具备一种特性的物品又是什么呢？物品的划分见表 12-3。

表 12-3　物品的划分

	竞争性	非竞争性
排他性	私人物品（食品、服装、汽车等）	俱乐部物品（互联网、有线电视等）
非排他性	共有资源（公海的鱼、新鲜空气等）	公共物品（国防、灯塔等）

非竞争性，但有排他性的物品称为俱乐部物品，又称自然垄断性产品或集体产品。如有线电视不具有竞争性，多一台电视机接收有线电视节目并不会降低其他电视机的接收质量，也不会增加电视节目制作的成本。但是它具有排他性，不付费的人是无法接收有线电视节目的。

非排他性，但有竞争性的物品称为共有资源，又称公共资源。如公海的鱼，捕鱼的人增多，可供捕捞的鱼的数量就会减少，这无疑会增加每一个捕鱼者的成本（竞争性）。但公海是共有的，你不能排斥任何一个渔民在公海里捕鱼。

> 思考：市场能否提供纯粹的公共物品。

2. 私人物品和公共物品的最优数量

假设一个商品市场只有两个消费者 a 和 b，如图 12-6 所示。他们对商品的需求曲线分别是 D_a 和 D_b，商品市场供给曲线为 S，如果该商品是私人物品，根据前面的知识，我们知道该商品市场的需求曲线 D 是两个消费者需求曲线的横向加总。市场的需求曲线 D 与市场的供给曲线 S 相交于 H 点，形成的价格 P^* 与需求量 Q^* 就是该私人商品的社会最优价格和数量。

如果该商品是公共物品，它具有非竞争性，使得每个消费者消费的数量都是该商品的总量。故该商品的市场需求曲线 D 是个人需求曲线 D_a 和 D_b 的纵向加总，如图12-7 所示。D 与 S 的交点 A 形成的价格 P^* 和需求量 Q^* 就是该公共商品的社会最优价格和数量。

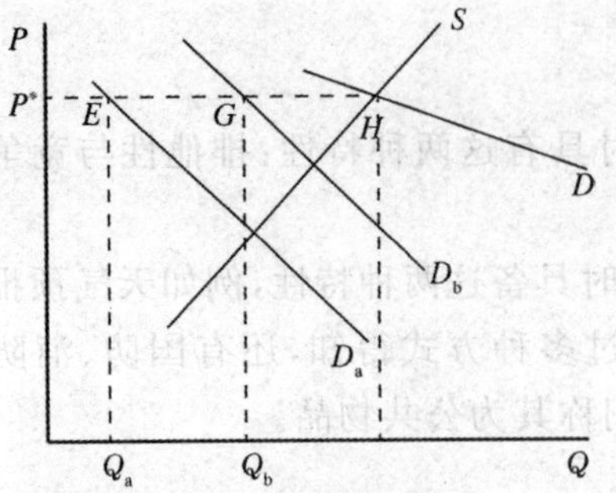

图 12-6 私人物品的决定

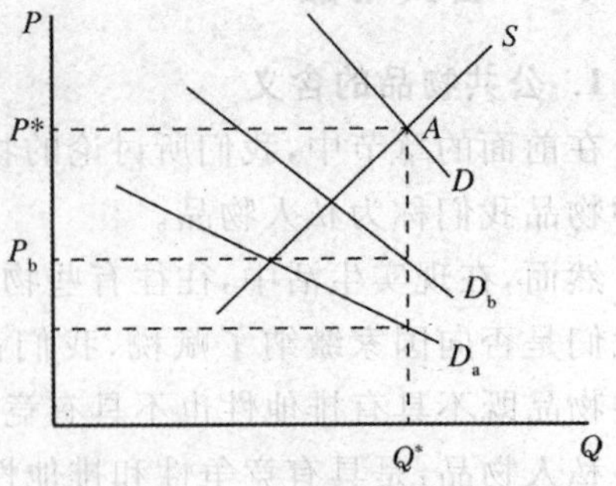

图 12-7 公共物品的决定

> 思考：能否认为公共物品不存在市场交换价格因而可以任意定价？

3. 市场失灵的原因

在现实的经济活动中，消费者通常是不清楚自己对公共商品的需求价格以及与价格相对应的需求量的。即便是了解，也没有人愿意说实话。因为公共物品具有非排他性和非竞争性，人们一般都不愿主动为公共物品付费，总想让别人生产后免费享用。在经济学中，这种问题称为免费搭车问题，这种人称为免费搭车者。

免费搭车产生的问题：①公共物品或服务的提供者没有办法不使每个人都受益；②免费搭车者知道产品或服务的价值，知道他们能够不付成本而坐享渔人之利，他们没有动力来为此付费。因此，公共物品的私人供给是效率低下的，以致市场失灵。

如果支付不足，那么谁来生产？谁来提供公共物品？此时必须由政府来承担起提供公共物品的任务，这也是政府的主要职能之一。

4. 公共物品和成本—收益分析

前面分析了公共物品由政府来供给较为有利，因为政府能够定出税或者费来支付其成本，供给公共物品是政府的主要职能之一。但是，在存在免费搭车者时，政府要决定提供多少公共物品是困难的，那么政府怎样确定哪些公共物品应该提供以及提供多少呢？在西方国家中，通常采用成本—收益分析的办法来决定资源在公共物品上的配置。

成本—收益分析是一种经济项目和非盈利项目评价的方法。主要方法是比较项目的成本和收益，若收益大于等于成本，就值得生产，否则，就不值得生产。然而，在实际工作中，评估一件公共物品的经济价值和成本要受到人们不同偏好的重要影响，因而是十分困难的。如果生产公共物品的成本将根据人们表示的利益评价程度按比例分摊一部分或全部，则这一分析方案的结局是不难预料的：为了避免多付钱，大家都会有意低估公共物品对自己的价值，最终无法生产该公共物品。例如，原来人们过河需要买船票乘渡船，现在政府决定建一座桥，需要每人如实报告这座桥对各人的价值，为了避免多付费，人人都会有意低估建桥对自己的价值，最终无法修建这座桥。

12.5.3 共有资源

【经济实例 5】：设想在一个小镇上，镇上的许多家庭有自己的羊群，并以出卖羊毛来养家。而各家庭的羊大部分时间在镇周围土地的草场上吃草，这块地被称为镇共有地。没有一个家庭拥有土地。相反，镇里的居民集体拥有这块土地，所有的居民被允许在这块地的草场上放羊。集体所有权很好地发挥作用，因为土地很大。只要每个人都可以得到他们想要的有良好草场的土地，镇共有地就不是一种竞争性物品，而且允许居民在草场上免费放羊也没有引起问题。镇上的每一个人都是幸福的。

时光流逝，镇上的人口在增加，镇共有地上的羊也在增加，由于羊的数量日益增加而土地是固定的，土地开始失去自我养护的能力。最后，土地变得寸草不生。由于共有地上没有草，养羊不可能了，而且，该镇曾经繁荣的羊毛业也消失了。许多家庭失去了生活来源。这就是经济学上著名的"公地的悲剧"现象。

1. 原因

什么原因引起这种悲剧？为什么牧羊人让羊繁殖得如此之多，以至于毁坏了镇的共有地呢？原因是社会与私人激励不同，避免草地破坏须依靠牧羊人的集体行动。如果牧羊人可以共同行动，他们就应该使羊群繁殖减少到共有地可以承受的规模。但没有一个家庭有减少羊群规模的激励，因为每家的羊群只是问题的一小部分。

实际上，公地悲剧的产生是因为外部性。当一个家庭的羊群在共有地上吃草时，它降低了其他家庭可以得到的土地质量。由于人们在决定自己有多少羊时并不考虑这种负外部性，结果羊的数量过多，公地由于过度放牧而日益衰落。公地的悲剧是所有共有资源面临的问题。

思考：为什么公家的电话费、电费都比较多？

2. 公共选择理论

公共选择，指在市场经济条件下，以个人利益最大化为内在动力，通过民主程序投票等实现的对公共经济的理性决策。投票表决是公共选择的一个重要选择方式，它表示了人们自己对某公共物品的偏好。

借助投票方式决定公共物品的生产，一般遵循的原则简单归纳如下：

(1) 一致同意规则，指的是一项决策或议案，须经全体投票人一致赞同才能通过的一项投票规则。实行的是一票否决制，能保证实现"帕累托最优"的规则。

(2) 多数规则，指获得投票人支持最多的决策方案获胜的一种决策方式。这个多数的比例视具体情况，可以是总数的 1/2，也可以是 2/3 等。

(3) 加权规则，指按照重要性的不同，给参与者的意愿"加权"，即分配选举的票数。

(4) 否决规则，将所有参与者自己提出的可供选择的方案加以汇总，每位参与者从汇总的所有方案中挑出自己最不喜欢的方案，剩下的未被否决的方案便成为参与者可以接受的方案。

公共选择理论，是一门介于经济学和政治学之间的新兴交叉学科，它的主要研究对象是集体决策的过程和政治个体（包括选民和政治家）的行为特征，其研究重点是经济政策的制定过程。

公共选择理论认为，人类社会由两个市场组成，一个是经济市场，另一个是政治市场。在经济市场上活动的主体是消费者（需求者）和企业（供给者），在政治市场上活动的主体是选民、利益集团（需求者）和政治家、官员（供给者）。在经济市场上，人们通过货币选票来选择能给其带来最大满足的私人物品；在政治市场上，人们通过政治选票来选择能给其带来最大利益的政治家、政策法案和法律制度。也就是说，政府以及政府官员在社会活动和市场交易过程中同样也反映出“经济人”理性的特征。政府及其公务人员也具有自身的利益目标，其中不但包括政府本身应当追求的公共利益，也包括政府内部工作人员的个人利益，此外还有以地方利益和部门利益为代表的小集团利益等。可见政府及其公务人员并不一定只代表公共利益。从另一个角度来说，即使政府基本上代表着公共利益，但由于公共利益本身有不同的范围和层次划分。因此中央政府与地方政府作为不同的利益主体，除了自身利益诉求之外，在公共利益的总体目标方面也有着不同的价值取向和偏好程度上的差异。

公共选择理论的主要贡献是它运用了经济学的分析方法来研究政治决策机制的运作，把经济学的研究对象拓展到政治学领域；把人类的经济行为和政治行为作为统一的研究对象，从实证分析的角度出发，以经济人为基本假定和前提，运用微观经济学的成本—效益分析方法，解释个人偏好与政府公共选择的关系，研究作为投票者的消费者如何对公共物品或服务的供给决定表达意愿。

> 思考：能否说政府提供的物品都是公共物品？举例说明。

3. 有关共有资源的公共经济政策

如果能预见到这种悲剧，镇里可以用各种方法解决这个问题。如：

(1) 征收羊头税，使得私人成本等于社会成本，即外部性内部化；

(2) 政府根据草场的承载力颁发牧羊许可证；

(3) 共有资源私有化，把公地划归私人名下，每个人会根据自有牧地的承载能力科学放牧，保证可持续性。

12.6 信息的不完全和不对称

12.6.1 信息不对称

在完全竞争市场上，我们假设供求双方都是具有完全信息的，即消费者能够零成本地知道有关商品的所有信息，比方质量、价格、产地、原材料、生产厂家、生产日期及生产环境等，消费者便可做出比较后的选择，做出性价比最高的决策，实现自己的最优解；生产商也是一样。最后，取优去劣，实现整个市场的帕累托最优。但实际经济中，信息往往是不完全的，或买卖双方所知晓的信息是不对等的，某一方要想获得更多的信息，需要付出相当的成本。这种情况我们称为信息不完全和信息不对称。

信息不完全，指市场参与者不拥有某种经济环境状态的全部知识。

信息不对称，指交易中的各人拥有的信息不同。

信息不完全、不对称造成了市场交易双方的利益失衡，影响社会的公平、公正的原则以及市场配置资源的效率。因为在市场经济活动中，各类人员对有关信息的了解是有差异的，掌握信息比较充分的人员，往往处于比较有利的地位，而信息贫乏的人员，则处于比较不利的地位。不对称的那部分信息反映不到价格上去，产生市场失灵。要想减少信息不完全和不对称对经济产生的危害，政府应在市场体系中发挥强有力的作用。

12.6.2　信息不完全导致市场失灵的原因

在双方交易（签约）前发生的信息不对称，我们称为事前信息不对称。相反，在双方交易（签约）后发生的信息不对称，我们称为事后信息不对称。

【经济实例 6】：

(1) 事前信息不对称

旧车市场，卖者对他要卖的车的质量了如指掌，而买者却一无所知；

牲畜市场，卖者了解牲畜的身体状况，而买者则知道得很少；

劳动力市场，一个雇员当然知道自己有多大的本事，生产率有多高，但雇主并不知道这些；

医疗保险市场，投保人知道自己的身体状况，但保险公司并不知道。

(2) 事后信息不对称

投保人与保险公司，投保人在投保财产险之后，可能会放松防范，从而使被盗窃的概率增加，这个变化是保险公司所不能观察到的；

股东与经理，股东在雇用了经理之后，经理是否能按照股东的利益努力工作，这是股东不甚了解的；

雇主与雇员，雇员的工作是否努力，这是雇主难以了解的。

1. 逆向选择

事前信息不对称，可能产生“逆向选择”问题。我们以几个不同类型的市场为例来说明“逆向选择”问题。

逆向选择，指市场交易的一方如果能够利用多于另一方的信息，使自己受益而对方受损时，信息劣势的一方便难以顺利地做出买卖决策，于是价格便随之扭曲，并失去了平衡供求、促成交易的作用，进而导致市场效率降低。

(1) 柠檬市场(也称次品市场)——以旧车市场为例。假设该旧车市场上信息是完全的,买者和卖者都可以区分高质量车和低质量车,这时,市场上将会有高质量车和低质量车两个区域市场,彼此按质论价。但实际经济中,旧车市场上的信息是不完全的、不对称的。卖者知道的旧车质量的信息多于买者,买者不能准确区分出高质量车和低质量车,卖者就会以次充好,而买者估计到卖者有这种受利益驱使的可能性时,由于他们不能了解旧车的真实质量,只知道车的平均质量,便只愿出旧车平均质量的中等价格,这样一来,那些高于中等价的上等旧车就可能退出市场。接下来的演绎是,由于上等车退出市场,买者会继续降低估价,次上等车会退出市场;演绎的最后结果是:市场上成了破烂车的展览馆,极端的情况是一辆车都不成交。现实的情况是,社会成交量小于实际均衡量,市场上不能产生互利的交易。这个过程就形成了逆向选择问题,最终市场资源得不到有效配置,导致市场失灵。

> 思考:为什么新汽车一旦在二手汽车成交就会很快贬值呢?为什么高档手表、高档服装不降价销售呢?

(2) 保险市场——以医疗保险为例。在医疗保险市场上,交易(签约)前,显然投保人比保险公司更了解受保人的情况。虽然保险公司也采取了一些措施以规避这种信息不对称的情况,如对受保人有年龄限制,年龄越高保费越高,或签约前要进行身体检查等。但卖方保险公司仍然无法全面了解受保人和投保人的情况。往往高风险人群购买医疗保险的积极性高于低风险人群,高风险人群购买得多,则保险公司为了自身利益会提高保费,而对于高保费,也只有高风险人愿意接受,这样恶性循环下去,最后只有高风险人群购买医疗保险,且保险公司无利可图,同样形成了逆向选择问题。

(3) 信贷市场。同前面两个市场类似,逆向选择的结果是交易(签约)前借方和贷方的信息不对称,只会导致只有高风险的借贷者才会寻求贷款的可能,最终贷方将无利可图。

【经济实例 7】:我们经常看到一对男女,男的不如女的漂亮,为什么呢?这也是信息不对称造成的逆向选择的结果。假设,某优秀的男生甲和另一男生乙共同追求美丽的女生。男生乙自知在相貌、品学和经济实力等诸方面均不如男生甲,所以追求攻势格外地猛烈;而优秀男生甲虽然也非常喜欢美丽的女生,但碍于面子,也由于自恃实力雄厚,追求美丽的女生内敛含蓄、不温不火。美丽的女生实际上喜欢甲要胜过乙,但女孩子的自尊心作怪,再加上信息不对称——她不知道甲是不是喜欢她,所以会显得很矜持。最后的结果是不如甲的乙追到了美丽的女生,而美丽的女生带着遗憾,心里想着甲却成为别人的新娘。这就是信息不对称造成的“逆向选择”,也叫作“劣币驱逐良币”。信息不对称造成的这种结果在我们的生活中是屡见不鲜的。

这个道理不知对正在谈婚论嫁的男女有什么启发。

2. 道德风险

事后信息不对称，可能产生“道德风险”问题，我们从以下几个方面说明。

道德风险，指交易协议签订后，其中一方利用多于另一方的信息，有目的地损害另一方的利益而增加自己利益的行为。

(1) 保险市场——以汽车盗抢险为例。前面我们分析了在签约前，保险市场因信息不对称可能发生的逆向选择问题，现在我们来讨论在签约后，保险市场可能发生的道德风险问题。如汽车的盗抢险：在没有购买汽车盗抢险以前，潜在的投保人总是小心谨慎，把自家汽车停放在安全可靠的地方以规避风险。因为在这种情况下，风险所造成的损失是完全由其个人承担；然而，当购买了汽车盗抢险后，投保人会放松警惕，甚至会变得粗心大意，汽车随意停放，增加了汽车发生盗抢的可能性(概率)，因为此时出现风险的损失已不再是由他个人全部承担，保险公司会为其承担相当一部分甚至全部。因此，当投保人的行动不能被观察时，赔偿事件发生的概率和保险公司支付的数量将受到影响，这改变了市场有效配置资源的能力，使得市场失灵。

(2) 劳动市场——委托—代理问题。委托代理关系即指某人的福利依赖于他人的行动。行动方为代理方，受行动影响的一方为委托方。在现实经济中处处可见，如股东与经理、雇主与雇员、公民与官员等。委托方的目的是依赖于代理方的行动来使得自己的利益最大化，而代理方的目的则是追求自身效用最大化。如果这两种利益不同，代理方的行动就会偏离委托方期望的方向，甚至相背离。如企业与工人，企业追求工厂生产的利润最大化，而工人只追求个人效用最大化。如果不通过一些方法把企业的利润与工人的效用统一起来，则可能出现工人“磨洋工”、“偷懒”等现象。由于信息不完全，订立合同时事后现象不可能都考虑进去，且企业不可能花大成本对工人的努力程度进行完美的监督，再加上劳动产品不可能单独计量(现代生产一般是团队生产)，因此也损失了社会的经济效率。

12.6.3　有关不完全信息的公共经济政策

那么如何解决信息不完全和不对称所导致的市场失灵问题呢？我们同样从事前信息不完全和事后信息不完全两个方面来讨论。

1. 事前信息不对称，产生“逆向选择”问题，解决办法是增强市场信号

比如通过提高信誉和设立标准化、设置保证和保证书等手段来实现。

(1) 信誉和标准化。例如，对于前文提到的商品市场(以旧车市场为例)，当不对称信息通过逆向选择将高质量产品驱逐出市场时，这些生产者怎样才能让别人知道他们提供的产品是高质量的呢？我们可以设置卖方企业和商品的商标，增强其信誉，使买方相信他所销售的商品是高质量的，值得信赖的，也就规避了逆向选择问题。又如麦当劳通过标准化(在一个国家任何地方，每一家麦当劳提供的配量和食品都是一样的)证明了他们的高质量。这个标准也可以由政府来核定，对供求双方都是有利的。如我们现在食品安全标准、环保标准、生产组织标准等。

（2）保证和保证书。生产高质量和可靠性产品的企业更愿意让消费者知道其产品的品质。而保证和保证书有效地显示了信号，以识别高质量和可靠性，是有效的决策工具，因为对低质量的生产者而言，保证的成本太高，不易模仿。

例如，企业雇佣工人是典型的信息不对称问题。企业在签约前怎么判断工人的生产效率呢？"受教育程度"可以作为一个信号显示，也是一个政府授予的"保证书"。一般认为，和生产率低的人相比，生产率高的人获得了更高水平的教育；"工作经历"也可以作为一个信号显示，一般认为，工作经历越丰富，获奖越多的人，生产率更高，其荣誉证书也可以认为是个"保证书"，等等。

思考：许多消费者把著名品牌的名称看作是质量的信号，并愿意为品牌产品多付钱。品牌能否成为更有用的质量信号？

2. 事后信息不对称，产生"道德风险"问题，解决办法是进行激励设计

例如，针对前文提到的委托代理问题（以股东和经理人为例），企业可以设立一个激励系统，使委托人（股东）和代理人（经理）的目标相一致，这样就避免了道德风险的产生。具体措施如奖励、股票、股票期权等。

12.7 本章小结

1. 市场失灵的含义。指完全竞争的市场机制在很多场合下不能导致资源的有效配置，不能达到帕累托最优状态的情形，也称市场失败，包括：垄断、外部性、公共物品及共有资源和不完全信息四种情况。

2. 垄断。垄断产生的原因主要是生产的物质技术条件、人为因素和自然条件。自由的市场经济不可避免地会产生垄断。垄断行业缺乏效率，垄断企业的产量低于社会最优产量，其市场价格高于成本。

针对垄断造成的市场失灵，政府可采取经济的、行政的和法律的手段限制垄断行为，其中包括行业的重新组合、经济和行政处罚以及实施反垄断法；也可以对垄断行业进行政府管制（包括价格管制、价格和数量同时管制以及直接经营）。

外部性。指某个微观经济单位（企业和居民）的经济活动对其他微观经济单位（企业和居民）所产生的非市场性的影响。

外部不经济导致私人成本远远小于社会付出的成本，浪费了资源；而外部经济，会导致个人或企业实现利益最大化的量远远小于社会需要的最大化的量，资源未实现有效配置。

解决外部性的微观经济对策主要包括：

（1）政府的经济措施——使用税收和补贴；

（2）政府的行政措施——管制与指导；

（3）企业合并；

(4) 明晰产权与科斯定理。

4. 公共物品及共有资源。同时具备非排他性和非竞争性的物品为公共物品;非竞争性,但有排他性的物品称为俱乐部物品;非排他性,但有竞争性的物品称为共有资源;既有排他性又有竞争性的物品称为私人物品。

私人物品的市场需求曲线由所有消费者的单个需求曲线横向加总得到。公共物品的市场需求曲线是由所有消费者的需求曲线纵向加总得到的,即对于既定的数量加总所有消费者愿意支付的价格。

因为公共物品具有非排他性和非竞争性,人们一般都不愿主动为公共物品付费,总想让别人生产后免费享用。即免费搭车问题。

公共物品的微观经济政策包括:

(1) 成本—收益分析,比较项目的成本和收益,若收益大于等于成本,就值得生产,否则,就不值得生产;

(2) 公共选择,由辖区公民采取辩论、协商、投票等形式,决定所属公共物品的分配、使用、转让等的处置方式。

共有资源导致市场失灵的表现是公地的悲剧。

5. 不完全信息。信息的不完全、不对称性指市场上的某些参与者拥有,但另一些参与者不拥有的信息;或指一方掌握的信息多一些,另一方所掌握的信息少一些。信息不完全、不对称造成了市场交易双方的利益失衡,影响社会的公平、公正的原则以及市场配置资源的效率,产生道德风险和逆向选择。

(1) 逆向选择指市场交易的一方如果能够利用多于另一方的信息使自己受益而对方受损时,信息劣势的一方便难以顺利地做出买卖决策,于是价格便随之扭曲,并失去了平衡供求、促成交易的作用,进而导致市场效率降低。解决逆向选择问题的方法主要有:政府对市场进行必要的干预和市场信号显示。

(2) 道德风险指交易协议签订后,其中一方利用多于另一方的信息,有目的地损害另一方的利益而增加自己利益的行为。道德风险分析的应用领域主要是保险市场,解决道德风险的主要方法是风险分担或激励设计。

本章课后同步思考题及参考答案

1. 有一个城镇,东部是居民住宅,而西部有几家企业驻扎。每家企业生产相同的产品,并在生产中排放有害气体,对社区居民产生了不利的影响。

(1) 为什么存在企业生产的外在性?

(2) 你认为私下讨价还价能够解决这一外在性问题吗?

(3) 社区可能怎样决定空气质量的有效水平?

答:(1) 厂商们在生产中排放有害气体,污染居民环境,自己却不承担由此造成的损害,显然厂商的活动产生了负的外部性。

(2) 不能。厂商有几家,居民也有很多,讨价还价的谈判很难达成一致的意见,这意味着交易成本太高。

(3) 社区可能会根据减少有害气体排放带来的收益和减少排放有害气体的成本的比较,来决定空气质量的有效水平,并据此制定一个合理的标准来控制有害气体的排放。

2. 试述你对"市场失灵"与"政府失灵"的认识。

答:市场失灵是指通过市场价值规律这个看不见的手无法实现资源最佳配置、效率最高的情况,是指市场机制在不少场合下会导致资源不适当配置,即导致无效率的一种状况。市场失灵是自由的市场均衡背离帕累托最优的一种情况。导致市场失灵的原因主要有:

(1) 个人自由和社会原则的矛盾。

① 基于个人效用最大化原则的帕累托最优概念与社会公平原则不一定一致。效率与平等是市场无法自行解决的一对矛盾。

② 市场无法解决个人价值与社会价值取向产生的矛盾。

(2) 现实中的经济运行不能满足完全竞争假定。如市场存在着的独占、垄断、过度竞争等,都会引起社会效率的损伤。

(3) 某些领域不适用一般竞争均衡分析,尤其是那些体现效率递增的经济活动,如研究与开发等。

(4) 完全市场假定不成立。如完全的风险保障市场是不存在的。

(5) 信息不完备或信息无关性的存在。主要表现为:①私人的信息获得是有限的;②信息在私人交易中会发生扭曲;③市场行为主体所掌握的信息是不对称的。

(6) 存在不完全均衡,资源不能被充分利用,如失业等。

(7) 存在外部效应。

(8) 公共物品是市场无法自行保证供给的。

政府失灵就是政府为了矫正和弥补市场机制的功能缺陷所采取的立法、行政管理以及各种经济政策手段,在实施过程中往往会出现各种事与愿违的结果,最终导致政府干预经济的效率低下和社会福利损失。目前我国现实生活中存在政府失灵,主要表现在以下两个方面:

(1) 无效调节导致政府失灵在那些本该由政府发挥作用的领域,却由于财力不足、制度不完善等原因,致使政府应该进入的领域而没有进入或没有完全进入,政府有心无力,调控手段缺乏力度,调控机制运转不灵,调控效果难以到位,从而造成了政府失灵。

(2) 过度干预导致政府失灵:在那些本该由市场发挥作用的领域,过多地使用行政手段来管理经济,政府应该退出的领域而没有退出或没有完全退出,权力集中,责任无限,结果不仅没能弥补市场的缺陷,反而扬短抑长,妨碍了市场机制正常发挥作用。政府过度干预导致政府失灵。

3. 运用信息不对称理论分析国有企业改革的难点，并说明固定工资、奖金和期权等报酬制度在激励效果上的差异。

答:(1) 国有企业改革取得了一定成效，但是也存在许多难点，如工资报酬问题的改革，本文拟运用信息不对称对此进行一番分析探讨。

(2) 信息不对称理论是指在市场经济活动中，各类人员对有关信息的了解是有差异的；掌握信息比较充分的人员，往往处于比较有利的地位，而信息贫乏的人员，则处于比较不利的地位。该理论认为:市场中卖方比买方更了解有关商品的各种信息；掌握更多信息的一方可以通过向信息贫乏的一方传递可靠信息而在市场中获益；买卖双方中拥有信息较少的一方会努力从另一方获取信息。

(3) 工人知道自己的工作能力，工作态度，但厂方不知道，这就存在信息不对称.在存在不对称的情况下，可能会导致逆向选择，即真正能干的人反而得到的工资报酬少，而偷懒使奸的人反而得到更多的报酬，导致因此挫伤工人的工作积极性，导致工作效率普遍下降。

(4) 对策建议:加强工作监管考核；实行计件工资等。

(5) 比较分析固定工资、奖金和期权等报酬制度上激励差异。固定工资，干好干坏一个样，缺乏激励；奖金，多劳多得，有一定激励效果，但助长短期心理；期权，有恒产者有恒心，有取得长期激励效果。

4. 请用信息经济学的理论解释:为什么保险公司要设计很多种类的保险项目呢?

答:信息经济学理论指信息及其特性对经济主体的行为与相互关系的影响，旨在借助信息以减少或消除不确定性因素所带来的影响。最根本的原因是市场信息的不对称。设计多种类的保险是为了区分获得客户之间不同的偏好需求如果只有一种保险，那么来投保的都会是那些风险偏好比较高的人这样下去，保险公司必然会亏损，接着便是提高保险费用，接着又是风险偏好更高的人来购买，便陷入了亏损的恶性循环设计多种类的保险，可以让保险公司区分不同保险人的偏好，对于不同的保险人制定不一样的费用标准。

5. 根据公共产品和私人产品的特性分析高等教育的特性；并联系政府的经济作用，谈谈政府在高等教育发展中的责任。

答:公共物品是指具有非排他性和非竞争性的商品。该类商品无法通过收费限制人们的使用。同时也不会因为使用人数的增加而减少使用者得到的效用。私人物品是指具有排他性和金整形的商品。该类商品一旦有由某人购买获得，便不可再为他人所得并带来效用。高等教育产品是结余公共物品和私人物品之间的一种商品，具有准公共物品的属性。

当前政府的职能应当体现在:

第一，通过直接拨款与政府支持，保证对公共教育的投入。这需要中央政府将财政经费从竞争性领域撤出，并减少行政开支，以增加教育投入。

第二，引导高等教育融资。主要是鼓励、引导和规范社会力量办学，培育资本市场并利用其对高教进行投资。可以委托私人部门经营高教的一些领域，中央政府的关键职责是以政策赋予企业或个人应有的获利机会，激活并规范和协调市场，提供和维护市场运行的法制化外部环境。我国的资本市场体系正在逐步形成与发展，通过资本市场进行高教融资已在一些地区或机构展开，如一些高校控股或参股的上市公司上市，民办大学的股份制改造，高校组建的教育基金等，中央考虑的是在全国的推广、深入及制定相关政策以规范。建立教育银行，利用国际银行组织进行贷款发展高教，则是中央政府直接承担责任的方面。

第三，对高教财政进行筹划和调控，协调资金配置，尽量维护高教领域的公平。完善学生资助体系是促进接受高教机会公平的重要手段，中央的责任是提供资金和政策框架。公平不仅在于接受高等教育的机会，还包括地区间、机构间，学科专业间的公平问题：在经费的投入上，对热门与冷门专业有不同投入，对二者的学生在奖、助学金上采取不同标准，毕业后的工资待遇也区别对待；地区上投资向西部适当倾斜，还可用一定的财税政策引导社会力量和外国教育服务提供商向我国急需或人才缺乏的高教领域投资。

第四，发挥宏观管理的职能，通过制度安排理顺高教财政的宏观运行环境。

配套思考题及参考答案

一、单项选择题

1. 不完全竞争市场中出现低效率的资源配置是因为产品价格(　　)边际成本。

A. 大于　　B. 小于　　C. 等于　　D. 可能不等于

2. 某一经济活动存在外部不经济是指该活动的(　　)。

A. 私人成本大于社会成本　　B. 私人成本小于社会成本

C. 私人利益大于社会利益　　D. 私人利益小于社会利益

3. 某人的吸烟行为属于(　　)。

A. 生产的外部经济　　B. 消费的外部经济

C. 生产的外部不经济　　D. 消费的外部不经济

4. 如果上游工厂污染了下游居民的饮水，按科斯定理，(　　)就可以妥善解决。

A. 不管产权是否明确，只要交易成本为零

B. 只要产权明确，且交易成本为零

C. 只要产权明确，不管交易成本有多大

D. 无论产权是否明确，交易成本是否为零

5. 某项生产活动，存在外部不经济时其产量(　　)帕累托最优产量。

A. 大于　　B. 小于　　C. 等于　　D. 都有可能

6. 公共物品的市场需求曲线是消费者个人需求曲线的(　　)。

A. 水平相加　　B. 垂直相加

C. 算术平均数　　D. 加权平均数

7. 政府提供的物品(　　)公共物品。

A. 一定是　　B. 都不是

C. 不都是　　D. 少部分是

8. 交易双方信息不对称,比方说买方不清楚卖方一些情况,是由于(　　)。

A. 卖方要故意隐瞒自己一些情况

B. 买方认识能力有限

C. 完全掌握情况所费成本太高

D. 以上三种情况都有可能

9. 在信息不对称的情况下,不能提供可靠信号的是(　　)。

A. 品牌　　B. 商标　　C. 建议　　D. 合格证

10. 以下哪个不是消减外在性的对策(　　)。

A. 免费搭便车　　B. 征税

C. 补贴　　D. 产权明晰

参考答案:ABDBA　BCDCA

二、计算题

1. 一家垄断的钢铁厂的成本函数为:$C(q)=q^2+60q+100$

该企业面临的需求曲线为:$P=200-q$

但是钢铁厂每生产出1单位的钢铁将产生0.1单位的污染物z,即$z=0.1q$。清理污染的成本函数为:污染总成本$=100+400z$,其中z为污染物数量。

(1) 如果企业可以自由排放污染,其产品价格和产出水平为多少?

(2) 假定生产者必须内部化其外部性,即它必须支付污染成本,则其产品价格和产出水平为多少?

(3) 上述计划能否消除污染?请分别算出(1)(2)两种情形下的污染物数量。

(4) 假定政府希望通过税收来减少企业的污染排放。如果政府希望企业减少的污染物排放量与(2)中相同,则应该怎样设计税收?

答:(1) $q=35$,市场价格$P=200-q=165$

(2) $q=25$,市场价格$P=175$

(3) 在(1)的情况下,污染物数量$z=0.1, q=3.5$;在(2)的情况下,污染物数量$z=0.1, q=2.5$

(4) 要使污染排放量为(2)中的$z=0.1, q=2.5, q=25$。

2. 市政府准备在淮河上建一座大桥,并对过往的汽车征收费用,估计汽车过桥的需求函数是:$P=25-0.5Q$,这里P是对通过的每辆汽车征收的费用(元),Q是每天通过的汽车数。若大桥建成后，分摊折合每天的固定成本是500元，而没有变动成本。政府打算让一家公司承包，建设费用和收益都归公司。问：

(1) 若没有政府的补贴，有公司愿意承包吗？

(2) 如政府根据每天通过的汽车数给承包公司补贴，每辆车至少要补贴多少？

(3) 若政府一年一次给承包公司固定财政补贴，数量与通过的汽车数无关，至少要补贴多少，才有公司愿意承包(一年计365天)？

答：(1)公司若承包，则其面临的决策为 $\max\pi=PQ-500=(25-0.5Q)Q-500$；对上式求导：$d\pi/dQ=25-Q=0$。从而得到最优的汽车数为：$Q^*=25$，最优的过桥费为：$P^*=12.5$ 但此时若有公司承包，其利润为 $\pi=-187.5$，所以没有公司愿意承包。

(2) 若政府根据每天通过的汽车数进行补贴，假设每辆汽车补贴 t，则承包公司面临的决策为：$\max\pi=PQ+tQ-500=(25-0.5Q+t)Q-500$。对上式求导：$d\pi/dQ=25-Q+t=0$。解得最优的汽车数为：$Q=25+t$，最优过桥费为：$P=(25-t)/2$；最大利润为：$\pi=(P+t)Q-500$。既要使补贴数最小又要公司愿意承包，所以最小的补贴额应该满足：$(25+t)2/2-500=0$。

(3) 若政府一年一次给承包公司固定补贴，补贴数与通过车辆无关时，承包公司按照本题第(1)问的方式来决策，因为每天亏损187.5，所以政府一年补贴的总数额应为：$187.5\times365=68437.5$ 元。

第三篇　宏观部分——收入理论

一、宏观经济学的研究对象

微观经济学：研究单个经济主体的行为，消费者如何实现效用最大化，厂商如何实现利润最大化，市场机制又如何把千百万的个体决策者的活动协调起来等。

宏观经济学：研究社会总体的经济行为及其后果（社会总体的经济运行状况），即研究如何使国民收入（社会总产出）稳定地（没有通胀和衰退）以合适的速度增长。

经济学的目的是实现社会经济福利的最大化，为了达到这一目的，在资源稀缺的情况下就要做到资源的有效配置和充分利用，宏观经济学以资源的有效配置为前提来研究资源的利用问题，因为社会总产出的多少直接关系到对资源的利用，所以宏观经济学研究社会总产出的增长。

二、简单的图示

1. 一个经济主体人民的福利——→经济福利（与经济学有关的）——→福利经济学（规范研究）

2. 资源稀缺（经济学存在的理由）

　　→ 资源的有效配置——→微观经济学

　　→ 资源的充分利用——→宏观经济学

因此，宏观经济学的研究主要涉及以下问题：

★ 短期内一个经济社会国民收入或社会总产出的决定因素有哪些，以及决定的状态、过程；

★ 长期内一个经济社会总产出的决定因素以及决定过程；

★ 经济（国民收入或社会总产出）在长期增长趋势的情况下，出现短期的波动的原因及结果，即分析某时期下的经济发展，出现高涨、萧条或衰退现象的描述和因素解析；

★ 对与经济短期波动相联系的就业、失业和价格水平、通货膨胀问题的解释；

★ 政府作为一个重要的经济主体应该如何促进国民收入（总产出）稳定地以适度的速度增长（认为政府应该而且能够运用财政货币政策促进经济稳定适度增长）。

三、宏观经济学的发展历程

“宏观经济学”（macroeconomics）这个术语，最早是挪威经济学家弗里希于 1933

年在《动态经济学中的传播问题与推动问题》中提出的。英国古典经济学家威廉·配第被认为是宏观经济问题的最早研究者，从时间顺序上看，宏观经济学经历了从威廉·配第到魁奈、亚当·斯密、大卫·李嘉图，再到凯恩斯、佛里德曼、卢卡斯、萨缪尔森等理论学说的演变过程。从经济学说史的角度看，宏观经济学大体上经历了以下四个发展时期：

1. 宏观经济学的萌芽时期(17 世纪中叶—19 世纪 70 年代)

英国古典经济学家威廉·配第被认为是宏观经济问题的最早研究者，他在 1662 年出版的《赋税论》一书被看作是西方经济学中第一部以宏观经济为研究对象的学术著作。英国古典经济学家威廉·配第在《赋税论》(1662 年)、《政治算术》(1676 年)、《货币略论》(1682 年)中，曾研究过国家经济政策、捐税的征收和滥造货币的经济后果。配第的这些研究，说明早期的经济学说已经关注宏观经济问题。法国重农主义经济学家弗朗索瓦·魁奈在《经济表》(1758 年)、《经济表分析》(1766 年)中，研究了生产阶级、不生产阶级之间的农业总产品的流通，富有创见地考察了社会总资本的再生产，第一次触及了宏观经济的运行。英国古典政治经济学的杰出代表亚当·斯密在《国民财富的性质和原因的研究》(1776 年)中，分析了社会总资本的再生产，研究了国家的财政收入和支出，并主张国际分工和自由贸易。英国古典政治经济学的完成者大卫·李京图在《政治经济学及赋税原理》(1817 年)中，研究了资本主义社会中社会产品在地主、资本家和工人之间的分配规律，论及了资本积累和再生产。

在第一阶段即早期宏观经济学阶段，古典学派和重农学派虽然已经把整个国民经济活动作为研究对象了，并且已经运用了总量概念，但是与 19 世纪晚期以后的各种宏观经济学相比，在理论上和方法上仍有一些重要区别。

2. 现代宏观经济学的准备时期(19 世纪 70 年代—20 世纪 30 年代)

从 19 世纪晚期开始，随着垄断资本主义阶段经济危机的频繁出现，宏观经济学主要集中于对经济周期波动的解释上，形成了许多种宏观经济学说，如瑞典经济学家的动态均衡理论，熊彼特的经济发展理论，英美经济学家的货币数量理论，美国经济学家密契尔等人对国民收入和经济周期的研究等，使宏观经济学进入了一个新的发展时期。

3. 现代宏观经济学的建立和发展时期(20 世纪 30 年代—70 年代)

随着 20 世纪 30 年代大危机的出现，以 1936 年凯恩斯《通论》的出版为标志，现代宏观经济学才真正产生了，宏观经济学进入了一个全新的发展阶段。现代宏观经济学与以前的宏观经济学相比，其显著的区别在于：它研究的是国民收入的变动及其与经济周期波动、失业、通货膨胀等的关系，因此被称作收入分析。它通过收入分析得出的论断是资本主义经济不可能自动调节以实现充分就业均衡，并且在通常情况下出现的是小于充分就业的均衡。

4. 现代宏观经济学的深化及其演变时期(20 世纪 30 年代—70 年代)

美国佛里德曼的货币主义学派；美国卢卡斯为首的理性预期学派；新凯恩斯主义学派(曼昆等人)等理论不断发展。

四、宏观经济学两个基本假设及源由

涉及宏观经济学两个基本假设：

第一，市场机制是不完善的。自市场经济产生以来，各市场经济国家的经济就是在繁荣与萧条的交替中发展，尤其是 20 世纪 30 年代经济大危机，经济学家认识到，只靠市场机制的自发调节，经济无法克服危机与失业，就会在资源稀缺的同时，又产生资源的浪费，无法实现资源的充分利用（即充分就业）。

第二，政府应该并且能够调节经济，纠正市场机制的缺点。相反，以萨伊定律为代表的古典经济学派认为供给能够创造自己的需求（生产者卖出自己的产品所得要么消费要么储蓄，消费就为另一种产品创造了需求，储蓄的部分从长期来看总会转化成消费即对另外一种产品的需求。当然，某一生产者可能会把某一种产品生产的过多，价格下降会消除这种过剩），不会出现普遍性的过剩和不足，也不可能出现长期的失业和萧条。政府只是"守夜人"，"管的越少的政府就是最好的政府"。

经济大危机后，凯恩斯于 1936 年发表《通论》认为短期内国民收入决定于有效需求。有效需求不足会产生失业和萧条。而资本主义经济不可能自动调节以实现充分就业均衡，并且在通常情况下出现的是小于充分就业的均衡。因此，政府应该干预经济（功能财政思想）。从理论上论证了政府干预经济的必要性和可行性。这种观点被称为凯恩斯革命。这次革命产生的凯恩斯主义，建立了以国民收入决定理论为中心，以国家干预为政策基调的现代宏观经济学体系。凯恩斯被称为现代宏观经济学之父。《通论》不仅改变了经济学的发展历程，而且产生了重大的现实影响。战后西方各国都加强了对经济生活的全面干预，凯恩斯主义得到广泛传播。尽管从长期来看，该理论的应用对经济产生了一些负面影响，因此其受到了许多其他经济学派的批评，但时至今日，各国为克服萧条和高涨，仍在广泛应用该理论。

"在 20 世纪，没有哪个经济学家像凯恩斯那样影响了政治家或左右了经济学发展的进程"。"如果罗纳德·里根带上一条亚当·斯密领带，那么从罗斯福到尼克松每一位总统就会匆匆带上凯恩斯领结，特别是肯尼迪和约翰逊"。

萨伊定律要成立有两个前提：

1. 古典经济学家认为，家庭收入分为消费和储蓄，如果消费者想要储蓄更多的话，对商品和服务的需求就会下降，但商人只会投资更多，消费的减少和投资的增加正好相互抵消。过程可以表现为：

储蓄增加——→银行可贷资金增加——→银行降低它向借款人索要的利率——→投资增加

因此，无论何时消费者增加储蓄和减少消费，都会引发生产者增加投资。在马歇尔式的壮丽篇章中，灵活的利率将投资和储蓄紧密联系起来。利率是资本的价格，资本的供给和需求决定利率。资本的供给就是储蓄，资本的需求是投资。利率上升，储蓄因为更有吸引力而增加，投资随利率上升而减少。古典学派认为利率是由商品市场均衡决定。

2. 灵活的工资与价格支持了萨伊定律。

当消费者增加储蓄时，生产者不能以足够快的速度进行投资来弥补减少的消费量，这将会导致轻微的经济衰退。但为了适应商品和服务需求的下降，价格和工资也会下降。由于工资下降，失业工人将会被重新雇佣，由于价格下降，过剩商品将会卖出去。经济衰退很快就会结束。

凯恩斯的反驳：

1. 否认储蓄和投资之间的自动连接。家庭储蓄和企业投资的原因是完全不同的。

家庭储蓄：习惯、或为某种特定的目的。

企业投资：政治、信心、技术、外汇汇率……

利率不一定会带来投资和储蓄的自动平衡。如果家庭储蓄超过企业投资，生产过剩就会出现，企业就会解雇员工，从而导致更少的消费。当收入下降时，储蓄也会下降到与投资相等的水平，但未必是充分就业的水平。（凯恩斯认为利率是使用货币的代价，由货币市场均衡决定）

2. 存在价格和工资的刚性

垄断者和联盟契约肯定会阻止价格调节。根据古典经济学理论，在衰退期间，物价水平下降，因此名义工资要下降，才能使实际工资下降。但工人通常会拒绝接受较低的名义工资（工人存在货币幻觉）。在衰退期企业会削减投资，储蓄最终会等于投资，不是因为投资增加了而是因为被解雇的员工没能力储蓄。此外，因为工资和价格要花很长时间才能进行调节，所以长期衰退有可能出现。

凯恩斯认为：当对产品和服务的总需求低于总收入水平时，萧条就会发生。家庭和企业对产品和服务的需求是不充足的。

家庭消费的决定性因素是收入。因为边际消费倾向递减，所以收入不会全部转化为消费，所以要靠投资来弥补缺口。

企业投资：固定资产和存货投资，投资比家庭消费更不稳定。预期、利率、信心和政治等都可以改变投资计划。投资天生就变化无端，强调许多投资都是由“心血来潮”所激发(animal spirits)，非理性的力量向前推动了企业家。因此，产量会超过销售量，存货增加，雇主会解雇员工。经济衰退的罪魁祸首便是储蓄。

政府可以往经济中注入消费，通过弥补产量和销售量之间的最初差距来发生乘数效应从而治愈衰退。

五、宏观经济学主要内容

1. 国民收入核算理论：国民收入用什么指标衡量，这些指标怎样核算。

2. 国民收入决定理论（短期）。

四大市场：产品市场　货币市场　劳动力市场　国际市场
产品市场──→简单国民收入决定模型
产品市场＋货币市场──→*IS-LM* 模型
产品市场＋货币市场＋国际市场──→*IS-LM-BP* 模型
产品市场＋货币市场＋国际市场＋劳动力市场──→*AS-AD* 模型

3．短期宏观经济政策：短期中经济的波动主要来自需求方面，宏观经济政策理论以及西方国家的实践。

4．经济增长理论：长期的国民收入决定问题，研究影响一个国家经济增长的因素。怎样的增长才是一种充分就业的增长。

5．经济周期理论：研究经济增长中的短期波动，什么是经济周期，经济周期的原因，内生的经济周期理论和外生的经济周期理论。

6．失业和通货膨胀理论。

六、宏观经济学的理论线索

宏观经济模型内的各个变量在特定的经济时期同时发挥作用，而且各种作用又相互交错在一起，因此必须把各个变量结合在一起作为一个整体进行分析和解释，宏观经济研究才是完整的、有现实意义的。然而，交织在一起的各种因素不仅相互作用且千头万绪。因此，为了避免研究中的混乱和遗漏，最为常见的方法是：剥离并分析模型变量中的因素，对其进行重要性和影响力的判断，择其中最为典型的因素进行研究。虽然这样选择的后果可能带来结论的非一般性特征，但是对于多数社会经济情况而言，该结论还是具有一定指导性意义的。

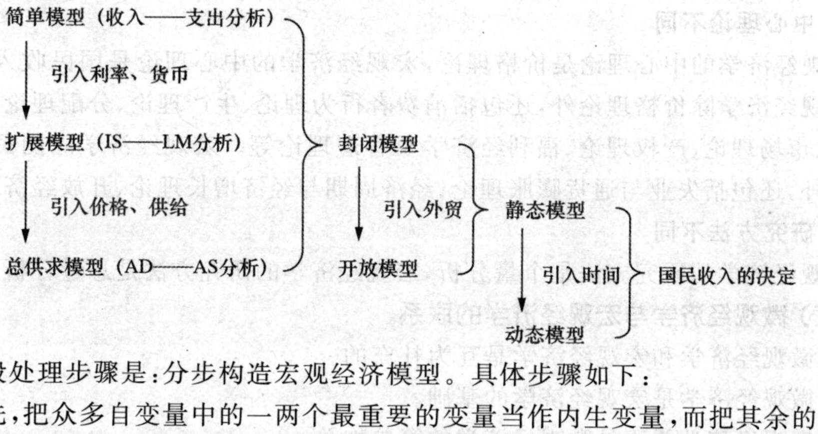

一般处理步骤是：分步构造宏观经济模型。具体步骤如下：

首先，把众多自变量中的一两个最重要的变量当作内生变量，而把其余的各种变量当作外生变量，使模型的叙述变得非常简单而清晰。

其次，完成基本变量要素研究之后，将原来的外生变量转化为内生变量继续进行研究，依次递进，直至将选定的各外生变量全部转化为内生变量。在整个研究过程中，模型的清晰性始终得到保持而模型中的各内生变量越来越多，内容变得越来越丰富和具体。

最后,整个模型由简到繁循序、清晰且完整说明了国民收入的决定,为政府制定经济政策提供理论依据。上图就是宏观经济模型构造的基本线索。

七、宏观经济学与微观经济学的区别与联系

(一) 微观经济学与宏观经济学的区别

1. 研究的对象不同

微观经济学的研究对象是单个经济单位,如家庭、厂商等。宏观经济学的研究对象则是整个经济,研究整个经济的运行方式与规律,从总量上分析经济问题。

2. 基本假设不同

微观经济学的基本假设是市场出清、完全理性、充分信息,认为"看不见的手"能自由调节实现资源配置的最优化。宏观经济学则假定市场机制是不完善的,政府可以而且有能力调节经济,通过"看得见的手"纠正市场机制的缺陷。

3. 解决的基本问题不同

微观经济学解决的问题是资源配置,宏观经济学解决的问题是资源利用。微观经济学是以单个经济单位为研究对象,通过研究单个经济单位的经济行为和相应的经济变量单项数值的决定来说明价格机制如何解决社会的资源配置问题。宏观经济学则是以整个国民经济为研究对象,通过研究经济总量的决定及其变化,来说明社会资源的充分利用问题。微观经济学要解决的是资源配置问题,即生产什么、如何生产和为谁生产的问题,以实现个体效益的最大化。宏观经济学则把资源配置作为既定的前提,研究社会范围内的资源利用问题,以实现社会福利的最大化。

4. 中心理论不同

微观经济学的中心理论是价格理论,宏观经济学的中心理论是国民收入决定理论。微观经济学除价格理论外,还包括消费者行为理论、生产理论、分配理论、一般均衡理论、市场理论、产权理论、福利经济学及管理理论等。宏观经济学除国民收入决定理论外,还包括失业与通货膨胀理论、经济周期与经济增长理论、开放经济理论等。

5. 研究方法不同

微观经济学的研究方法是个量分析,宏观经济学的研究方法是总量分析。

(二) 微观经济学与宏观经济学的联系

1. 微观经济学和宏观经济学是互为补充的。
2. 微观经济学是宏观经济学的基础。
3. 宏观经济学并不是微观经济学的简单加总。
4. 两者共同构成了西方经济学的整体。

第 13 章 国民收入的核算与循环

本章学习目标：

1. 掌握国内生产总值(GDP)及其核算方法和体系。
2. 重点掌握国内生产总值的含义及其计算方法。
3. 熟悉国民收入核算中五个总量的关系。
4. 对名义 GDP 和实际 GDP 能进行比较说明。
5. 了解国民经济循环流量图、各种收入恒等式。

导入案例：

案例 1：印度经济发展落后中国十年

中国和印度的经济增长表现非常抢眼，两国的飞速发展让世界感觉到了世界经济全球化在迅速推进。这两个国家成为世界上发展最快的经济体……以美元计算，在过去的五年里，中国和印度的名义 GDP 增长平均速度分别为 8.3%和 7.0%，而除了中国和印度外的世界其他地区的经济增长只有 4%。

中印两国在很多方面相似，但中国将把印度落得很远。

这两个亚洲国家的相似很多，包括超过了 10 亿的人口和多年来作为传统的贫穷的农业经济体系。在 1982 年，中国人均名义 GDP 以美元计算只有 2754 美元，稍稍低于印度的人均2800美元。然而 21 年之后，中国经济的增长速度远远超过了印度。在这段时期，中国实际 GDP 的增长率年平均超过了 9.7%，而印度只有 5.7%。在 2003 年，作为强劲增长的结果，中国的 GDP 总量达到 1.4 万亿美元，是印度5750亿美元 GDP 总量的 2.5 倍；中国的人均收入是 1087 美元，是印度人均收入的两倍。此外，如果以美元计算各国的名义 GDP，中国占据了世界 GDP 总额的 3.9%，而印度占据了 1.6%的份额；如果以购买力平价计算各国 GDP，中国是 12.6%，而印度为 5.7%。

案例 2：中国经济通货膨胀压力加大

中国央行在 2004 年初发布的《2003 年中国货币政策执行报告》发出警告："2004 年即使没有任何新的涨价，全年物价上涨也会达到 2.2%……通货膨胀压力加大，需要密切关注。”该报告指出，全面反映通货膨胀压力的GDP缩减指数变动率，在2003年高达4.5%，远高于2000年0.8%、2001年0%、2002年−1.2%的水平，且在一年内从2002年的−1.2%骤升至2003年的4.5%，表明通货膨胀的形势不容乐观。

我们知道，GDP是以本国货币为单位进行计算的。可是在进行GDP计算的过程中，必然要考虑两个因素：一是所生产的产品和劳务的数量的变动，二是产品和劳务的市场价格的变动。因此在计量时不可避免的就要对价格进行区分。而且，现实的经济生活中，商品的种类和数量何止千万，这就需要确定一个最佳的计算公式对一个国家或一个经济社会内的收入进行核算。

本章主要对GDP的计算公式和原理进行学习，并为下一步对经济政策的使用和效果进行分析奠定基础。

13.1 国内生产总值及其核算方法

宏观经济学的研究对象是国民经济中的总量经济关系。这些总量经济关系主要有：国民收入，物价水平，通货膨胀率，投资量，失业率，货币流通量等等。在国民经济的这些许多总量中，国民收入是最具代表性的经济总量。因此，研究国民收入的决定因素、国民收入的决定过程，研究国民收入的增长、波动的因素及其作用机制等问题，就构成了宏观经济学理论基本内容。均衡价格的决定是微观经济学理论的核心，因此微观经济学又叫价格理论。均衡国民收入的决定是宏观经济学理论的核心，所以，宏观经济学又叫国民收入决定理论。由于西方经济学理论是建立在一系列假设条件和概念基础上的，所以要研究宏观经济学运行关系，首先我们要详细了解国民收入的概念以及其他一些重要的宏观经济变量。

宏观经济学研究国民收入或总产出的决定。直观看，国民收入或总产出就是一定时期生产出来的各种物品和劳务，如汽车、衣服、食品、旅游、教育和服务等。生产出来的物品和劳务成千上万，如何度量它们的总量，常用的一个指标是国内生产总值。什么是国内生产总值以及如何核算国内生产总值？

13.1.1 国内生产总值GDP(Gross Domestic Products)的含义

1. 理解两个平衡关系

▲ 总产出等于价值增值

▲ 价值增值等于最终产品的价值

下面我们结合具体事例进行阐述。

例题1. 成衣的生产过程

假定：生产一件供消费者使用的上衣需经历五个阶段，同时假设棉花是当期新生产出来的价值，不考虑生产棉花所费的肥料、种子的价值，见表13-1。

表 13-1　　成衣的生产过程

Ⅰ	种棉花，棉花价值 15	当期新增加的价值为 15
Ⅱ	棉花纺成纱，纱价值 20	新增加的价值为 5
Ⅲ	纱织成布，布的价值 30	新增加的价值为 10
Ⅳ	布制成衣服，卖给售衣商，价值 45	新增加的价值为 15
Ⅴ	衣服卖给消费者，售价 50	新增加的价值为 5

(商品流通过程中也使用各种生产要素，因此流通过程也创造价值)

整个上衣生产过程中新增加的价值是多少呢？

$$15+5+10+15+5=50。$$

一个经济社会在一定时期内新生产出来的价值(新增加的价值)是一个经济社会在一定时期的总产出，即：总产出等于价值增值。

衣服出售给消费者之后，其不再进入流通领域，由最终使用者消费。我们把这种在一定时期内生产并由其最后使用者购买的产品和劳务称为最终产品。衣服作为最终产品其价值为 50，50 正好等于各环节中的价值增值。因此，价值增值等于最终产品的价值。

前面的例题是通过一件衣服的市场活动分析的。下面这题则是一个经济体当中全部的棉花从原材料变为最终商品的过程。

例 2：一个经济活动中，棉花的价值为 2000 万美元，棉花纺成棉纱后的价值为 5000 万美元，棉纱织成棉布后的售价为 10000 美元，棉布做成服装后的价值为 15000 万美元，这一过程为：

棉花 —— 棉纱 —— 棉布 —— 服装 —— 消费者 2 亿美元。

2000 万　　5000 万　　10000 万　　1.5 亿

在这一过程中，棉花、棉纱、棉布都为中间产品，服装为最终产品，那么 GDP 为 2.5 亿美元。

思考题：某农民去年收获稻谷 10000 斤，市场上稻谷价格为 1.00 元/斤。其中，3000斤稻谷被该农民留下自己家人吃，5000 斤稻谷被私人酒坊老板买去造酒销售，2000斤被市民买回家吃。那么该农民当年生产的 GDP 是多少呢？

2. GDP 含义

定义：经济社会(一国或一地区)在一定时期(通常是一个季度或一年)运用生产要素所生产的全部最终产品(物品和劳务)的市场价值。在理解 GDP 这个概念的时候需要注意：

(1) GDP 是一个市场价值的概念。

一个国家生产出来的东西成千上万，这些东西单位不同，显然不能直接相加，只有找一个共同单位相加，这个共同单位是价格。最终产品的市场价值等于其价格与产量的乘积，如果一个经济社会有 N 种最终产品，则：

$$\mathrm{GDP}=\sum_{i=1}^{N} P_i Q_i 。$$

可见，市场价格会影响GDP的大小，这是GDP在衡量总产出方面的不足，后面会讲到名义GDP和实际GDP。

(2) GDP只核算最终产品价值，中间产品价值不计入，否则会造成重复计算。

• 最终产品(final products)：在一定时期内生产的由最后使用者(企业、个人、政府)购买使用，而不是用于销售或用于深加工后再出售的产品。

• 中间产品(intermediate goods)：相对于最终产品而言，指用于再销售或进一步加工以生产别的产品后再出售的产品。

两者的根本区别在于购买者的动机和目的，用该产品直接再出售或深加工以后再出售，还是最终使用该产品。

上例中，最后卖给消费者的上衣是最终产品；而棉花、纱、布、卖给售衣商的衣服是中间产品。企业的机器、厂房、设备属于最终产品，因为它是企业最终使用的，而不是用于再加工或再出售的。

有时候一件产品是最终产品还是中间产品是不固定的，要根据实际使用情况来判断。

煤：家庭自己取暖用——最终产品

冶金行业做燃料——中间产品

GDP只统计最终产品，不统计中间产品，说到底，是因为GDP表示的是一个国家人民所享有的福利的可能性。能增加福利的产品，只能是最终产品，中间产品只有当它们最后变为最终产品时，才能增进实际的福利。

(3) GDP是一定时期内所生产出来的而不是所售卖掉的最终产品价值。

只要生产出来了，无论是否卖掉，都计入GDP。(宏观经济学研究资源的利用，只要产品生产出来了就消耗了资源，无论是否卖掉)

若一定时期经济社会生产100万美元最终产品，只卖掉80万美元，有20万美元剩余产品，这20万美元剩余产品可看做是企业自己买自己的产品，称为存货投资。

GDP是计算期内生产的最终产品价值，是流量而非存量。

流量：一定时期内发生的变量。

存量：某一时点上存在的变量。

本期所生产出来的最终产品价值应全部计入GDP，上期的不能计入。

(4) GDP一般仅指市场活动导致的价值。

家务劳动、自给自足生产等非市场活动不计入其中。

GDP是价值的和，因此，没有价格的东西不计入GDP。如家务劳动、自给自足生产不计入。

例：一位先生请了一个保姆，洗衣做饭、打扫房间，先生付给她报酬。这些报酬在统计上被计入GDP，日久生情，先生娶保姆为妻。妻子照样做那些家务活，先生却不用付给她报酬，她的劳动成果也不被反映在 GDP 里。

(5) GDP 只反映合法行为的价格，违法和犯罪行为不计入，比如贩毒、行贿受贿，以及地下经济活动，或者行为本身不违法，但是有偷逃税发生的活动，它们的价格也不计入 GDP。——GDP 只计算合法的，并且纳税的活动

以上两点是 GDP 缺陷之一，即不能计量一定时期所有劳动成果。

(6) GDP 不仅包括有形产品的价值，还包括无形产品即劳务的价值。旅游、教育、卫生、服务等行业所提供的劳务，按其所获报酬统计在内。

(7) GDP 是一国范围内生产的最终产品的市场价值，是一个地域概念。依据国土原则，把凡在本国境内的本国公民和外国公民所生产的最终产品价值都统计在内。不包括本国公民在外国境内所生产的最终产品价值。

3. GNP：国民生产总值，是一个国民概念，指某国国民所拥有的全部生产要素在一定时期内所生产的最终产品的市场价值。

4. 国民生产总值(GNP)和国内生产总值(GDP)两者的关系

简单地说，GNP 和 GDP 是相同的概念，只是二者考察的标准不同，或者说是"原则差异"。GNP 是以本国国民身份为标准进行计算，即依据"国民原则"。所谓"国民原则"是指：凡是本国居民生产的，不管生产在哪里进行，都计入产出总量；而不是本国居民生产的，即使是在本国国土上进行的，也不能计入产出总量。这一原则的重点是不考虑国民创造最终产品价值的来源，来自国内或国外都可以；而 GDP 则是以本国国境为标准，即依据"国土原则"。所谓"国土原则"是指：凡是在本国范围内生产的，不管生产者是谁，都计入产出总量；而不在本国范围内，即使是本国国民生产的，也不能计入产出总量。也就是说不管创造价值的主体身份是本国居民还是他国居民，只要是在本国境内实现的最终产品和劳务价值，都属于本国 GDP。

例如，中国诺基亚公司归芬兰人所有，该公司在中国经营得到的利润，虽是中国 GDP 一部分，但不被统计为中国 GNP，而应归入芬兰 GNP。中国海尔在美国工厂的利润，应作为美国 GDP 一部分，但应被统计为中国的 GNP。

从数量上看，一定时期内一国的国民生产总值 GNP 与国内生产总值 GDP 可能不相等。一国的国民生产总值小于国内生产总值，说明该国公民从外国取得的收入小于外国公民从该国取得的收入，见表 13-2。

表 13-2　　国民生产总值(GNP)和国内生产总值(GDP)两者的联系

本国	外国
本国国民生产的最终产品 A	本国国民在其境内生产的最终产品 C
外国国民生产的最终产品 B	
本国的 $GDP=A+B$ 本国的 $GNP=A+C$	

20 世纪 90 年代以后，西方国家开始普遍使用国内生产总值指标，美国经济学家多恩布什和费希尔在《宏观经济学》中提出三点理由：

- 大多数其他国家使用国内生产总值，容易进行国际间的比较。
- GDP 比 GNP 的数据获取更容易，GNP 涉及到外国的一些数据。
- GDP 能更好的衡量国内的就业潜力（利用外资解决的是国内的就业问题）。

5. GDP 的缺陷

通过计量 GDP 产出来反映福利水平，明显存在以下局限性：

(1) 无法反映全部经济活动，因而不反映总产出。具体包括：

① 非市场经济活动，如家务劳动、自给自足生产等没经过市场交易的部分，因其无价格，所以不计入 GDP。

② 非法行为以及不违法但未纳税的活动所导致的价值不计入。如地下经济：未申报的经济活动，黑市交易。

③ 总产出是衡量福利水平的一个重要方面，不全面反映总产出表明 GDP 没有全面衡量总体的物质福利。

(2) GDP 没有全面衡量以下几方面对福利的影响：福利包括物质和非物质两方面。

① 不反映闲暇给人们带来的福利，GDP 相同的两个国家，闲暇越多的国家人民的福利水平越高。

② GDP 不反映经济增长所付出的环境污染资源消耗等代价。

比如，只要采伐树木，GDP 就会增加，但过量采伐会造成森林资源的减少，GDP 却不考虑相应的代价。再比如，某些产品的生产会向空气中排放有害物质，GDP 无法表现这些损害。

生产伴随着污染，环境污染了，人们的生活水平下降了，需要付出代价才能恢复，作为反映人们福利的指标，GDP 不应只是把产值计入，还要把降低福利的东西排除掉，例如把污染的价格从 GDP 中减去，这样调整后的 GDP 更科学，这样调整后的 GDP 叫“绿色 GDP”。但把污染和环境破坏折算成价格非常困难，目前还没有好的解决办法。

(3) 不能反映经济结构对福利的影响。

经济结构包括产品结构和分配结构。

① GDP 中看不出产品结构，如军用品、民用品的比例等，产品结构对福利有影响。

② GDP 没反映产品分配结构即收入分配状况，因此不能准确反映个人福利状况，人均 GDP 会掩盖收入差距的扩大。

(4) 出口与国内消费无关，进口与国内消费有关，GDP 无法很好的衡量一国的消费水平。

6. 对 GDP 的修正

绿色 GDP 是目前提及较多的修正内容之一。通常认为绿色 GDP 是指一个国家或地区在考虑了自然资源（主要包括土地、森林、矿产和海洋）与环境因素（包括生态环境、自然环境和人文环境等）影响之后的经济活动的最终成果，即扣除了 GDP 中为经济所付出的资源耗减成本和环境降级成本后的净值。

13.1.2　国民收入核算中的基本平衡关系

为了进行 GDP 核算，在前述平衡关系的基础上我们得到了另外两个关键的平衡关系：

1. 总产出总是等于总收入，即 GDP(或 GNP)＝NI(国民收入)

总产出是最终产品价值或者说总产出等于新增价值。在每一个加工环节，要创造出新的价值都需要投入劳动、资本、土地和企业家才能等生产要素。这些生产要素共同创造了新价值。由于企业使用要素必须支付代价，劳动者要付工资，使用资本要付利息，使用土地要付租金，这些要素的报酬就等于这些要素在生产中做出的贡献。因而，新价值要转化为要素所有者的收入。也就说，企业在生产过程中要使用各种生产要素，如劳动、资本、土地和企业家才能等，产出是由各种要素共同创造的，要素使用数量的多少决定了要素报酬的多少。于是，最终产品的价值以等价交换的方式形成了各种要素所有者的收入，于是有：总产出等于总收入。

• 国民收入 NI(National Income)

NI 是指一国在一定时期内(通常为一年)为生产最终产品和劳务而投入的全部生产要素所获得的收入总和。

生产要素名称		要素报酬形式	
劳动	⟶	工资	＝NI
资本	⟶	利息(利润、股息)	
土地	⟶	租金	
企业家才能	⟶	正常利润	

即：NI＝工资＋利息＋租金＋正常利润。

2. 总产出总是等于总支出，即 GDP(或 GNP)＝AE(Aggregate Expenditure)

最终产品的销售收入，就是最终产品购买者的支出。购买者有多大支出就意味着消费者有多大需求。

从产出的角度来看，最终产品分为两部分：销售掉的最终产品的价值等于最终产品的购买者的支出，另一部分未销售掉的部分被看做是企业自己买自己的部分，称为存货投资支出；因此最终产品价值等于最终产品购买者的支出，总产出等于总支出。

同时，总产出又表示总供给，总支出又表示总需求，从而：总供给＝总需求。

• 总产出等于总支出
• 总产出等于总收入

→总支出＝总收入

13.1.3　国内生产总值 GDP 的核算方法

(一) 国民收入核算体系

1. 物质产品平衡表体系(简称 MPS 体系)

在 20 世纪 90 年代冷战结束之前，苏联、东欧和中国等计划经济国家均采用这种国民经济核算体系。该体系以马克思再生产理论为依据,将国民经济划分为物质生产领域和非物质生产领域,只核算物质生产领域的价值。其主要指标为社会总产值(包括工业总产值、农业总产值等)和国民收入(或社会净产值)。

2. 国民收入核算体系(简称SNA体系)

该体系以西方经济理论为依据,认为物质产品和非物质产品(服务)的活动都是创造价值的活动。其主要指标为国内生产总值(GDP)。它核算一个国家在一定经济时期内的全部生产活动(包括产品和劳务)的最终成果。SNA核算体系是目前大多数国家所采用的一种核算国民经济的方法,也是一种比较合理和科学的核算体系。

3. 对比SNA和MPS

MPS和SNA都是适应国家宏观经济管理需要而建立和发展起来的国民经济核算体系,但他们是不同的经济体制和经济运行机制下的产物,因而在核算范围、内容和方法上都有很大的差异。

(1) 核算范围的差异:MPS仅限于对物质产品的计算,把非物质市场性的服务很大排除在市场领域之外,而当前第三产业创造的价值所占比重越来越大,物质产品在整个经济中的地位已经相对下降,MPS核算的缺陷也就越来越突出了。SNA的核算范围覆盖了整个国民经济的各个部门,不受物质生产领域的局限,能够较为完整的反映出全社会对经济活动。

(2) 核算内容的差异。MPS主要核算的是物质产品的生产、交换和消费,采用对实物的具体的计量。在当前社会分工越来越细的情况下,重复计算的可能也越来越大。SNA除了核算商品和服务的实物流量外,还注重收入支出和金融交易等资金流量和资产负债存量的核算,能更好地反映社会化大生产中的实物运动与价值运动交织在一起的复杂的运动过程。

(3) 核算方法的差异。MPS主要采用平衡表法,侧重于每个平衡表内部门的平衡,但部门之间的平衡联系不够严谨。SNA主要采用复式记账法,通过账户体系把社会再生产的各环节与国民经济的各部门紧密连接起来,能更好地反映国民经济运行中的内在联系,提高了国民经济核算的科学水平。

(二) 核算方法:核算GDP可用生产法、支出法和收入法

1. 生产法(production approach):又称部门法(sector approach),依据提供产品与劳务各部门增加值计算GDP,从生产角度反映了GDP来源。政府部门劳务按其收入计算。我国核算GDP用部门法,把国民经济分为农业、采掘业、化学工业和金融保险业等17个部门进行生产或部门法统计。

2. 支出法核算GDP

通过核算在一定时期内整个社会购买最终产品的总支出来计量GDP的方法。

谁是最终产品购买者:居民户(消费者)、企业、政府和国外部门。

支出法主要包括项目:

(1) 居民个人消费支出耐用消费品支出:

电视机、小汽车等

非耐用消费品支出：食物、衣服

劳务方面支出：旅游、理发、教育

此处并未包括居民所有支出，如居民住宅建设支出（按投资算）。

（2）投资：增加或更换资本资产的支出

购买证券只是一种所有权的转移，不涉及最终产品，不算投资。

固定资产投资（fixed investment）：分居民住房投资和企业固定资产投资，指新厂房、新设备、新商业用房以及新住宅的增加。“固定”表示这类投资可以长期存在和使用。

存货投资（inventory investment）：它不代表产品和劳务实际支出，而是企业持有存货数量的增加或减少，年末存货可能大于或小于年初存货，因此存货投资可能是正值也可能是负值。

总投资包括重置投资（replacement investment）与净投资。重置投资用于补偿资本设备的损耗，即补偿折旧的部分。

（3）政府购买（government purchase）：政府购买的物品和劳务的支出

政府支出包括政府购买和转移支付。

政府购买——如政府花钱设立法院、提供国防、建筑道路及开办学校等支出——特点是有支出和物品劳务的双向流动——应计入 GDP。

政府转移支付——如残疾人救济金——只是简单地把收入转让给接受转移支付的人，没有相应的物品和劳务的流动——不计入 GDP。

（4）净出口（net exports）：出口减去进口得到的差额

① 本国的经济主体政府、居民和企业的支出不仅用于购买本国领土上生产出来的最终产品，而且用于购买外国的最终产品，而 GDP 仅核算本国领土生产出来的最终产品，因此要从 $C+I+G$ 中减去进口 M，因此就有 $C+I+G-M$。

② 本国领土上生产出来的最终产品除用于本国经济主体使用外还出口到本国领土以外的地方，因此，要核算本国的 GDP 应加上出口。所以就有：

$$\text{GDP}=C+I+G-M+X,$$

$$\text{GDP}=C+I+G+(X-M),$$

其中 $X-M$ 为净出口。

③ 出口主要统计三项。

本国生产并销售给国外的产品价值：货物出口；

本国向国外提供的劳务收入：服务出口；

本国在国外投资和贷款获得的利息和股息收入。

进口仍是以上三项，但方向相反。

3. 收入法核算 GDP

从收入角度计算 GDP，即用各种要素收入即企业生产成本核算 GDP。

理解要点:社会成员是谁？他们收入多少？

主要包括以下项目：

(1) 工资、利息、租金等生产要素所有者得到的报酬。工资是指税前工资,利息是指对企业产品收入分配有关的利息。租金收入是指出租固定生产要素得到的收入。

政府公债利息来自政府税收,与生产无直接关系,是对工资、利息、租金和利润的再分配。消费信贷利息是消费者支付给银行的,来自个人收入,此两者都不计入 GDP。

(2) 非公司企业主收入。

(3) 公司税前利润——企业经营者收入。

(4) 企业转移支付和企业间接税,其来自于新增价值,因此也计入。

① 企业转移支付

含义:企业把自己的收入转移到社会或其他经济主体。如企业慈善捐款,消费者呆账。

为何计入 GDP:来自于企业收入,企业收入是企业出售产品收入。

② 间接税

含义:由消费者在购买产品与劳务时支付的税收。通过企业抬高产品价格来实现。

为何计入 GDP:是消费者的购买支出,最终成为企业收入。

③ 资本折旧。是对资本损耗价值的度量。

含义:资本品由于损耗造成的价值减少。

为何计入:损耗后,要靠投资来补偿,包含于总投资中。

4. 我国依据收入法统计 GDP 分四项

(1) 劳动者报酬:包括货币工资、实物工资和社会保险费等三部分。

(2) 生产税净额:生产税费(因为从事生产活动使用生产要素如固定资产、土地、劳动力向政府缴纳的各种税金、附加费和规费)减去生产补贴后的差额。

(3) 固定资产折旧:为了弥补固定资产在生产过程中的价值损耗而提取的价值。

(4) 营业盈余:经济活动增加值在扣除了劳动者报酬,生产税净额和固定资产折旧之后的余额,主要指企业的营业利润。

理论上讲,收入法和支出法得到的 GDP 应该是相等的,但是在实际统计中存在误差。

5. 需要注意的事项

(1) 这里所说的工资,不仅包括所有对工作的酬金、津贴和福利费,也包括工资收入者必须缴纳的所得税及社会保险税。

(2) 利息在这里指人们向企业提供货币资金所得的利息收入,如银行存款利息、企业债券利息、股息等。但政府公债利息及消费信贷利息不包括在内,而只能当作转移支付。

(3) 租金也存在两方面的内涵:既包括出租土地、房屋等的租赁收入,也包括专利、版权等形成的收入。

13.1.4　GDP 统计的反思

日本经济学家青木昌彦在其《并非失落的十年——转型中的日本经济》一文中提出了颇具冲击力的新概念——GNC(Gross National Cool,国民生活快乐指数)。针对国际经济学界对日本经济的通常看法,青木认为日本经济运行中最大的变化之一,就是 GNC 正在事实上取代 GDP,成为日本经济运行的重要衡量指标。日本经济中最为活跃的企业,已经是一些着重开拓个人体验的商业领域的中小企业,这些企业生产的产品在传统的 GDP 增长指标之外,正在事实上改善日本人的福利状况。

大量统计数据表明,当前中国经济领域存在的最主要、最突出的矛盾是:较快的经济增长伴随明显的内需不足;较快的经济增长伴随偏低的物价水平;较快的经济增长伴随较高的失业率。而若从国家战略高度来考察这一系列不和谐音符,应该承认,它符合"转轨加新兴"这一基本国情但未必完全契合大国、强国起飞后的发展路径。

现行的国民收入核算体系无法确切地进行 GDP 的国际比较。

(1) 市场化程度的差异

各国经济发展水平差异首先表现在市场化程度差异,无法进行比较。

(2) 汇率的差异。

20 世纪 50 年代许多经济学家提出 GDP 调整尺度,调整后的叫经济福利尺度。

13.1.4　国民收入核算的其他指标

1. 国内生产净值 NDP:GDP－资本折旧

由于固定资产折旧不是新创造的价值,而是以前创造的价值在生产过程中发生的价值转移,因而,从理论上讲,与 GDP 相比,NDP 是更为可取的反映一定时期生产活动最终成果的总量指标。但在国民经济核算的过程中,折旧价值的准确估算是相当困难的:折旧代表着资产的实际损耗,这不仅包括使用损耗,而且包括自然损耗;不仅包括有形损耗,而且包括无形损耗。要准确地估算出资产的实际损耗,就必须了解资产的经济寿命和它的损耗速度,对这两个方面我们都难以给予准确的估计。这样,由于实际操作上的原因,国内生产净值并不一定能对国内产出水平做出更准确的测量。人们一般更为习惯采用 GDP 概念。

2. NI:狭义的国民收入,按要素报酬计算的国民收入

NI＝GDP－资本折旧－间接税－企业转移支付＋政府给企业的补助金。

(1) 减间接税:间接税是消费者替企业交税,虽然属于市场价值而计入 GDP,但不属于要素收入而不能计入 NI。

(2) 减去企业转移支付:企业转移支付的接受者(企业捐款接受者和赖账者)未

提供劳务，所以它不属于要素收入。

3. 个人收入 PI

含义：一国一年内个人得到的实际收入的总和。

在实际经济生活中，生产要素报酬意义上的国民收入并不会全部成为个人的收入，即：要素所有者个人不可能把其要素所创造的全部收入全部获得。国民收入必须扣除社会保险税、经营利润税和企业当下的利润部分之后才能分到要素所有者手中，同时还要加上政府给予个人的转移支付等内容。所以：

PI＝NI－公司未分配利润－公司所得税－社会保险税＋政府给个人的转移支付－公司未分配利润：公司未分配利润不成为个人收入。

减社会保险税：社会保险金交纳给政府，未到达个人手中。

加转移支付：补助金、退休金、抚恤金等实实在在是个人收入；企业转移支付也是个人收入。

这里需要注意的是：虽然我们在学习的过程中是把 NI 放在 PI 之前的，但是并不意味着必定存在 NI＞PI 的现象。事实上，在经济发展正常的年份，可能出现 NI＞PI。但是在经济萧条时期，由于经济停滞、收入减少等原因导致公司未分配利润、公司所得税及社会保险税等内容锐减，而政府转移支付大幅上涨，于是就会出现 NI＜PI 的现象。同时，这里的社会保险税和经营利润税均属于直接税。我们所要学习的宏观经济学中所说的税收主要也是指的直接税。

4. 个人可支配收入 DPI：个人可实际使用的全部收入，指个人收入中进行各项社会性扣除之后（如税收，养老保险等）剩下的部分。

DPI＝PI－个人所得税。

13.2 国民收入核算中的其他基本概念

1. 储蓄、投资和消费

(1) 储蓄 S(saving)：是指家庭没有用来购买商品、服务和纳税的那一部分收入。最普遍的家庭储蓄形式是将这部分收入存入银行，开立存款账户，或者购买债券和股票等。此外，清偿债务在经济学中也被视为储蓄的一种形式，因为这也是没有用于消费和纳税的家庭收入。清偿债务和其他储蓄形式一样，因为他们都是金融市场的资金来源。如果厂商归还借款，银行即可将这笔款子重新贷出。

(2) 投资 I(investment)：是指增加或更新资本性资产（包括厂房、住宅、机械设备和存货）的支出。投资包括固定资产投资和存货投资。固定资产投资指厂房、机器设备、商业用房及住宅的增加或更新，存货投资指企业掌握的存货价值的增加或减少[①]。

① 西方经济学所讲的投资 I 是指国内私人投资，政府投资不在这一概念内。

(3) 消费 C(consume):是指家庭用来购买商品和服务的那一部分收入。

2. 一般价格水平 P

一般价格水平是指产品市场上的物价总水平。在理论分析中,它是一个抽象的笼统的概念,用来概括种类繁多的产品价格。一般价格水平的变动泛指产品市场上物价的普遍变动趋势。

在实际国民经济统计中,物价总水平是由价格指数来反应的。价格指数是指以基期或报告期产量为权数计算的报告期价格与基期价格之比。西方经济学里一般用消费者(或零售)物价指数 CPI(consumer price index)来表示价格指数。

3. 一般利息率水平

在理论分析中,利息率也只是一个抽象的、笼统的一般利率水平。金融市场上的利息率因期限和风险不同而有很多种。

(1) 基础利率:期限最短,风险最小的利率称为基础利率(prime rate),其他利息率会根据期限的延长和风险的加大而相应提高。理论分析中的利息率可以近似地看作是基础利率。

(2) 贴现率

贴现:把未到期的证券按一定利率扣除从贴现日到证券到期日的利息,向贴现公司或银行换取现金的一种方式。

扣除利息时所依据的利息率称为贴现率。

(3) 市场利率和实际利率

在考察利息率的时候,还要区分市场利率和实际利率。

① 市场利率是指现实经济生活中的利息率或称名义利率。

② 实际利率=市场利率—通货膨胀率。

4. 总税收 T(Taxes):仅指直接税

$$T=社会保险税+经营利润税+个人所得税。$$

5. 政府购买支出 GP(Government Purchase)

政府购买支出 GP 是政府用来购买最终产品和劳务的支出。

6. 政府转移支出 GT(Government Transfer payments)

政府的总开支(用 G 表示)分为两部分:一部分是政府用来购买最终产品和劳务的支出,即 GP;另一部分是用来救济贫困家庭和支付社会保险费用的资金。由于这部分资金要流回家庭部门,因此称为政府转移支付,用 GT 表示。

则 $G=GP+GT$。

在不同的国家,GT 占政府总支出的比例高低不同,反映一个国家承担的社会保障的责任和义务不同。

7. 净税收 NT(net taxes)

在实际生活中,政府真正可以拿到的税收为 T－GT,我们将政府实际可以支配的税收称为净税收,用 NT 表示,则 $NT=T-GT$。

这样如果我们把企业未分配利润忽略不计的话，即认为企业未分配利＝0。则有 DI＝NI－T＋GT＝NI－NT＝PI—个人所得税＋GT。

13.3 国民收入的基本公式

下面我们对两部门经济、三部门经济、四部门经济分别进行分析，得到不同经济部门国民收入构成的基本公式，即储蓄—投资恒等式。

13.3.1 两部门经济国民收入的构成及储蓄——投资恒等式

1. 假设：①只有消费者和企业，不存在政府，因此，不存在各种税收和政府补助。

② 为简化分析，不计算折旧。因此，

$$GDP=NDP=NI \tag{13-1}$$

2. 恒等式

从支出角度看，国内生产总值等于消费加投资（企业库存的变动看做存货投资），即 $Y=C+I$。

从收入角度看，国民收入一部分用于消费，另一部分用于储蓄。因此，

国民收入＝工资＋利息＋租金＋利润＝消费＋储蓄，即 $Y=C+S$。

由于 $Y=C+I$，$Y=C+S$，所以就有 $I=S$。(13-2)

这一恒等式是指从国民收入会计角度看，事后的储蓄和投资总是相等。其并不表明经济是否处于充分就业，是否处于通货膨胀，是否处于均衡状态。在实际经济中，储蓄主要由居民户进行，投资主要由企业进行，个人储蓄动机和企业投资动机不同，这就会形成计划储蓄和计划投资的不一致，形成总供给和总需求的不均衡，引起经济的伸缩和扩张。

13.3.2 三部门经济国民收入的构成及储蓄——投资恒等式

1. 假设：社会经济中只有三个部门：居民户、厂商、政府。其中：

政府经济活动表现在，一方面政府主要通过向企业和居民征税；另一方面，政府对商品和劳务的购买以及政府转移支付。

2. 恒等式：

从支出角度，$Y=C+I+G$。

从收入角度看，有了政府以后，居民收入一方面要纳税，另一方面又得到政府转移支付收入，所以，$Y=C+S+(T_0-T_r)$。设 $T=T_0-T_r$ 是国民收入中被政府净拿走的部分。剩下的要么消费要么储蓄。

根据上面同样的道理，有 $C+I+G=C+S+T \rightarrow I+G=S+T \rightarrow I=S+(T-G)$，$(T-G)$ 为政府储蓄，即投资＝私人储蓄＋政府储蓄。因此 $I=S+(T-G)$ 也表示储蓄和投资的恒等。

13.3.3　四部门经济国民收入的构成及储蓄——投资恒等式

1. 假设：社会经济中有四个部门：居民户、厂商、政府和国外部门。

加进国外部门，由于有对外贸易，国民收入从支出角度看 $Y=C+I+G+(X-M)$；从收入角度看，国民收入构成公式为：$Y=C+S+T+K_r$，K_r 是本国居民对外国人的转移支付。

2. 恒等式

根据上面同样的道理，有 $C+I+G+(X-M)=C+S+T+K_r \rightarrow I+G+(X-M)=S+T+K_r \rightarrow I=S+(T-G)+(M-X+K_r)$。其中：

S 代表居民私人储蓄，$(T-G)$ 代表政府储蓄，而 $(M-X+K_r)$ 可代表外国对本国的储蓄。M（进口）代表其他国家出口商品，从而其他国家获得收入，K_r 是本国居民对外国人的转移支付，也代表其他国家从本国得到的收入，X（出口）代表其他国家从本国购买商品和劳务，从而这些国家需要支出。当 $M+K_r>X$ 时，外国对本国的收入大于支出，于是就有了外国对本国的储蓄；反之，则有负储蓄。因此，$I=S+(T-G)+(M-X+K_r)$，即投资＝私人储蓄＋政府储蓄＋国外储蓄，代表四部门经济中总储蓄和投资的恒等关系。

13.4　名义 GDP 和实际 GDP

一国 GDP 的变动由两因素造成：生产的物品和劳务数量的变动，以及物品和劳务的价格变动。为弄清 GDP 变动究竟是由价格还是由产量变动引起，需要区分名义 GDP 和实际 GDP。

13.4.1　基本概念

名义 GDP：以生产物品和劳务的当年销售价格计算的全部最终产品的市场价值。

实际 GDP：以从前某一年作为基期的价格计算出来的全部最终产品的市场价值。实际 GDP＝报告期产量×基期价格。选定某年为基期，用计算期同基期比较的物价指数的变动来剔除隐含在名义 GDP 里的物价变动，由此得出的 GDP 称为按基期货币计算的实际 GDP。

GDP 折算指数：也称作 GDP 平减指数，是指名义 GDP 和实际 GDP 的比率，反映了某个时期名义 GDP 与实际 GDP 之间的差别，说明了这一时期的商品价格与基期价格相比的变动程度。简单的，GDP 折算指数的公式可以写作：该指数＝名义 GDP÷实际 GDP。

名义

$$\text{GDP}=\sum_{i=t} P_t Q_t;$$

实际 $$\text{GDP}=\sum_{i=t-1} P_{t-1}Q_t;$$

$$\text{GDP 折算指数}=\frac{\text{当前名义 GDP}}{\text{当期实际 GDP}}=\frac{\sum \text{当期价格}\times\text{当期产量}}{\sum \text{基期价格}\times\text{当期产量}}。$$

由于价格的变动，名义 GDP 不反映实际产出的变动。所以教材中以后所讲的产出都是指实际 GDP。

13.4.2 名义 GDP 与实际 GDP 的关系

实际 GDP 和名义 GDP 通常是不等的，名义国内生产总值增长率等于实际国内生产总值增长率与通货膨胀率之和，由通货膨胀引发的价格变动，即使产量一直没有变动，名义 GDP 仍然会上升。

名义 GDP 更多强调现实我们观测到的数据，实际 GDP 则是剔除了物价变动等因素的影响，能够更多地反映一国的经济发展水平，相差一个通货膨胀率。

究其原因可知：一个经济社会的物价总是在变动，计算 GDP 时采用的是本年度的产品总量乘以其价格。如果数量没有变化的话，单纯只是价格上升，我们看到的 GDP 也是增加的，但是实际上该经济体的产能并没有扩大。此时的 GDP 显然没有反映出经济的实际状态。而使用实际 GDP 中的不变价格，就等于把今年的价格换算成了比较期的价格，使得 GDP 的增长主要是由于数量的增长引起的，见表 13-3。

表 13-3　　名义 GDP 与实际 GDP

产品名称	1996 年名义 GDP	2006 年名义 GDP	2006 年实际 GDP
香蕉	15 万单位×1 美元＝15 万美元	20 万单位×1.5 美元＝30 万美元	20 万单位×1 美元＝20 万美元
服装	5 万单位×40 美元＝200 万美元	6 万单位×50 美元＝300 万美元	6 万单位×40 美元＝240 万美元
合计	215 万美元	330 万美元	260 万美元

从表 13-3 可见，名义 GDP 等同于告诉我们该国一年内生产了多少钱的香蕉和服装，而实际 GDP 则告诉了我们本年度该国生产了多少只香蕉和多少套服装。前者的结果会因为通货膨胀的程度不同而不同，后者则不会。据此，我们可以得到二者之间的数量关系：

名义 GDP－通货膨胀率＝实际 GDP。

13.5　宏观经济结构与国民收入的循环

13.5.1　两部门、两市场的收入循环模型

与前文所述一致，这里的两部门指的是企业和家庭两个部门。企业部门指所有生产最终产品和劳务的企业的总和。家庭部门是指生产要素占有者的总和，也是所有消费者的总和，见图 13-1。两个市场分别是要素市场和产品市场。

1. 循环模型形成的假设条件：家庭将获得的要素收入之和(DPI)全部用来购买企业生产的最终产品和提供的劳务，即：GDP＝DPI。

2. 在最终产品市场上总供求相等的基本条件是：

GDP＝DPI＝AE(Aggregate Expenditure)。

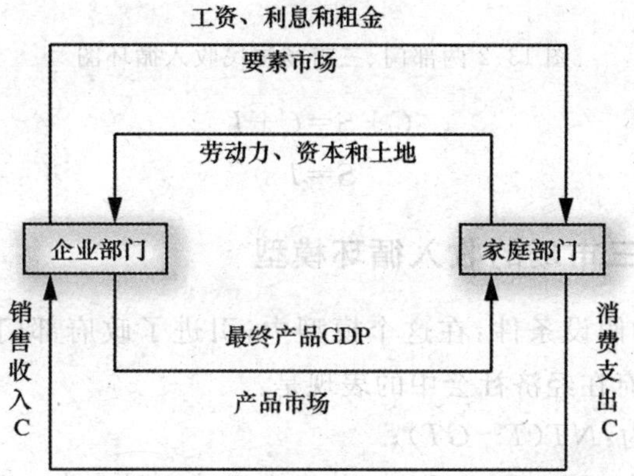

图 13-1　两部门、两市场的国民经济收入循环模型

13.5.2　两部门、三市场的收入循环模型

1. 循环模型形成的假设条件：两部门、两市场的国民收入循环模型是在假设家庭将其要素收入全部花光的前提下正常运行的。但实际经济生活中，这种假设是不符合现实的。实际生活中，家庭获得的要素收入中有一部分将会以储蓄的形式流出循环，这将导致企业生产的最终产品的一部分卖不出去，从而形成产品生产过剩的经济危机。要克服生产过剩，让企业生产的产品全部卖出去，就必须让家庭的储蓄返还给企业部门，使左边和右边重新相等。所以要建立一个金融市场，吸收家庭的储蓄 S，再形成对企业的投资 I。因此，两部门不变，两个市场增加了一个金融市场变为三个市场。下图即为两部门、三市场的收入循环模型(图 13-2)。

2. 均衡状态：在这个模型中，DPI 被分成 C 和 S。而最终产品市场上的总支出 AE 即总需求，也由 C 和 I 构成，即 $AE=C+I$。这样最终产品市场上的均衡公式 DPI＝AE 可写成：

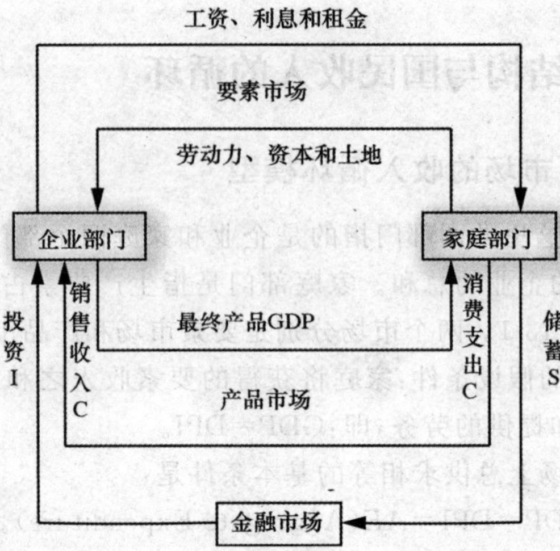

图 13-2 两部门、三市场国民收入循环图

$$C+S=C+I$$

即：
$$S=I$$

13.5.3 三部门、三市场的收入循环模型

循环模型形成的假设条件：在这个模型中，引进了政府部门。三部门分别是家庭、企业和政府。政府在经济社会中的表现是：

① 政府的收入为：$NT(T-GT)$；

② 政府的支出为：$GP(G-GT)$。$G=T$ 表示政府财政收支平衡。

加入政府部门后，国民收入的循环要顺利进行，仍然要遵循：漏出量＝注入量的原则。

因此当：$T=G, T=NT+GT, G=GP+GT$ 时，

必须存在：$NT=GP$

那么，总供求平衡的公式：右边 $\text{GDP}=C+S+NT$，

左边 $AE=C+I+GP$。

13.5.4 四部门的收入循环模型

在上述三部门模型中加入国外部门就成了四部门经济，见图 13-3。

一方面，国内企业生产的产品有一部分出口国外，得到出口产品的外贸收入，产品的出口使国外资金流入国内的国民收入循环流，因此出口被看作是国民收入的注入量。出口也表示国外部门对国内部门最终产品和劳务的购买支出，是对国内最终产品的需求。

另一方面，家庭部门也会购买外国的产品，即产品进口。这意味着国民收入中有一部分会因产品而流亡国外，因此，进口被看作国民收入的漏出量。

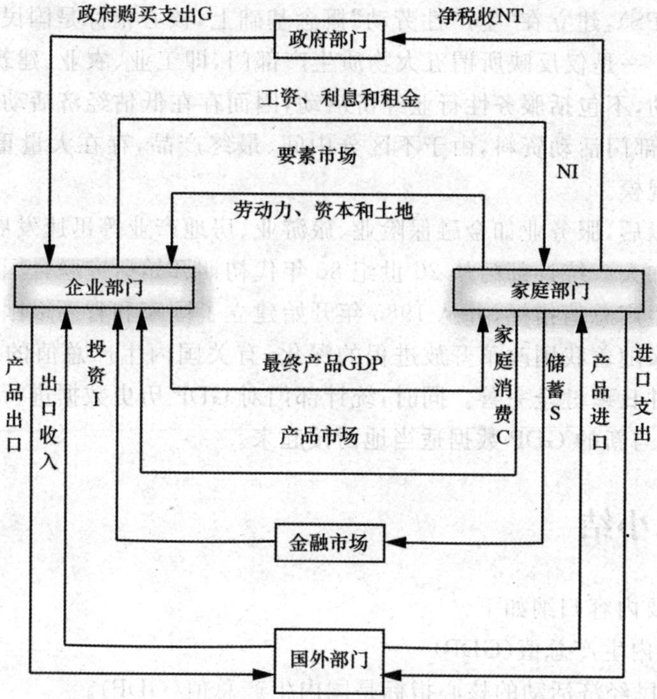

图 13-3 四部门、三市场的国民收入循环图

加入国外部门后，要使收入循环继续顺利进行下去，必须：

漏出量＝注入量

在这个模型中，最终产品和劳务的总需求由四部分构成：

$$AE=C+I+GP+EX$$

在这四项中，其中任何一个量的增加都会使总需求增加。

国民收入的构成为：$NI=C+S+NT+IM$。

由 $AE=NI$ 得：

$$C+I+GP+EX=C+S+NI+IM$$

这个总供求的均衡公式可写成 $C+S+NT=C+I+GP+(EX-IM)$，

由于净出口 $X=EX-IM$，这样总需求为：

$$AE=C+I+GP+X$$

13.6 宏观经济学小知识

我国国民经济核算的演变

中国在 20 世纪 50 年代建立了中央计划经济体系，国民经济核算采用物质产品平衡表系统(MPS),建立在“生产性劳动”概念基础上,核心指标是国民收入。

两个缺陷。一是仅反映所谓五大物质生产部门,即工业、农业、建筑、运输邮电和商业的经济活动,不包括服务性行业经济活动,因而存在低估经济活动规模。另一方面,对物质生产部门活动资料,由于不区分中间、最终产品,存在大量重复统计,从而高估经济活动规模。

改革开放以后,服务业如金融保险业、旅游业、房地产业等迅速发展,对这类经济部门信息需要加大。统计部门从 20 世纪 80 年代初期开始研究联合国国民经济核算体系中的国内生产总值指标,并从 1985 年开始建立了国家和省两级国内生产总值的核算制度。后来随着我国改革开放进程的深化,有关国内生产总值的统计制度和方法也不断改进并日臻健全完善。同时,统计部门对 GDP 历史数据进行了两次重大补充和调整,使之与新的 GDP 数据适当地衔接起来。

13.7 本章小结

本章的主要内容归纳如下:

一、理解国内生产总值(GDP)

1. 核算国民经济活动的核心指标是国内生产总值(GDP)。

2. 在一定时期内生产的并由其最后使用者购买的产品和劳务称为最终产品。

3. 用于在出售而提供生产别种产品用的产品称为中间产品。

4. (一国或一地区)在一定时期内运用生产要素所生产的全部最终产品(物品或劳务)的市场价值称为国内生产总值(GDP)。

5. GDP 是一个市场价值概念;GDP 测度的是最终产品的价值,中间产品的价值不计入 GDP,否则会造成重复计算;GDP 是一定时期内所生产的而不是所销售的最终产品价值;GDP 是计算期内生产的最终产品价值,因而是流量不是存量(流量是一定时期内发生的变量,存量是一定时点上的存在的变量);GDP 是一国范围内的生产的最终产品的市场价值,从而是一个地域概念;GDP 一般是指市场活动导致的价值。

6. 某国国民所拥有的全部生产要素在一定时期内所产出的最终产品的市场价值成为国民生产总值(GNP)。

二、与 GDP 有关的其他总量:从国内生产总值到个人可支配收入

1. 国内生产净值(NDP):从 GDP 中扣除资本折旧,就得到 NDP(总投资是指一定时期内的全部投资,净投资是指总投资中扣除资本消耗或折旧的投资部分);

2. 国民收入(NP):从国内生产净值中扣除间接税和企业转移支付加政府补助金,就得到一国生产要素在一定时期内提供生产性服务所得报酬,即工资、利息、利润、租金的总和意义上的国民收入;

3. 个人收入(PI):从国民收入中减去公司未分配利润、公司所得税及社会保险税,加上政府给个人的转移支付,大体上就得到了个人收入;

4. 个人可支配收入(DPI):税后的个人收入。

三、核算国民收入(GDP)的方法

1. 支出法:就是通过核算经济社会(一个国家或一个地区)一定时期内整个社会购买最终产品的总支出即最终产品的总卖价来计量 GDP(包括一定时期内消费、投资、政府购买以及出口的总和)。

$$GDP=C+I+G+(X-M)$$

2. 收入法:用要素收入亦即企业生产成本核算国内生产总值(包括间接税、折旧、公司未分配利润等)。

国民总收入=工资+利息+利润+租金+间接税+企业转移支付+折旧

四、名义 GDP 和实际 GDP

1. 名义 GDP(货币 GDP)是用生产物品和劳务的当年价格计算的全部最终产品的市场价值。

2. 实际 GDP 是用从前某一年作为基期价格计算出来的全部最终产品的市场价值。

3. GDP 平减指数:是指名义 GDP/实际 GDP。

4. 实际 GDP=名义 GDP/GDP 平减指数。

本章课后同步思考题及参考答案

一、名词解释

1. GDP

是指一个国家或者地区所有常驻单位在一定时期内生产的所有最终产品和劳务的市场价值。GDP 是国民经济核算的核心指标,也是衡量一个国家的总体经济状况重要指标。

2. 潜在的 GDP

指一国在一定时期内可供利用的经济资源在充分利用的条件下所能生产的最大产量,也就是该国在充分就业状态下所能生产的国内生产总值。

3. 名义 GDP

名义 GDP 也称货币 GDP,是用生产物品和劳务的当年价格计算的全部最终产品的市场价值。名义 GDP 的变动可以有两种原因:一种是实际产量的变动,另一种是价格的变动。也就是说,名义 GDP 的变动既反映了实际产量变动的情况,又反映了价格变动的情况。

4. 实际 GDP

实际 GDP,是用从前某一年作为基期的价格计算出来的当年全部最终产品的市场价值。它衡量在两个不同时期经济中的产品产量的变化,以不同的价格或不变金额来计算两个时期所产生的所有产品的价值。

5. 支出法

国内生产总值的常用计算方法，是从最终使用的角度反映一个国家一定时期内生产活动最终成果的计量方法。最终使用包括最终消费、资本形成总额及净出口三部分，计算公式为：

国内生产总值＝最终消费＋资本形成总额＋净出口，即：$GDP=C+I+G+(X-M)$

二、简答题

1. 为什么西方宏观经济学原来用GNP作为产量的主要测量值，而现在大多数用GDP？

答：1991年以前，美国一直用GNP作为产量的主要测量值，从1991年起改为GDP。国民生产总值(GNP)测量一国居民的收入，包括居民从国外取得的收入（工资、利润、利息），但要减去支付给国外的同类报酬。与GNP不同，GDP不考虑从国外获得的报酬和支付给国外的报酬。它是一国在国内实际生产的产品和劳务的测量值。GDP是大多数欧洲国家采用的产量标准计量，因为这些国家的对外贸易在传统上比在美国重要得多。由于国际贸易在美国变得越来越重要，因此，美国从1991年以后也开始用GDP。作为衡量产量的主要测量，这种转变也可以使美国对其他国家的经济比较更加容易些。一般说来，一个国家对外经济往来的开放度越大，用GDP作为测量收入的重要性也越大。此外，由于来自国外的要素收入的数据较难准确获得，而GDP的数据较易获得；由于相对GNP而言，GDP是经济中就业潜力的一个较好的测量指标，比方说，外国人到东遭国投资，解决的是东道国的就业问题，所有这些原因，都表明把GDP作为经济中产生的基本测量指标更合理一些。

2. 如果原来领取最低生活补助的下岗工人重新就业，GDP会发生什么变化？

答：GDP会增加。GDP衡量的是一国在一定时期内生产的全部最终产品和劳务的市场价值总和，下岗工人没有创造任何商品和劳务，这些人原来领取的补助金属于政府的转移支付，按支出法计算GDP不应把政府的转移支付计入GDP；而现在下岗工人重新就业，创造了商品和劳务，领取的工资要作为要素收入计入GDP。

3. 为什么居民购买住宅不被看作消费而被看作投资？

答：住宅建筑可以被人长期居住，长期提供服务，它比一般耐用消费品的使用期限更长，而且出租房屋或者自己居住取得的房租都应当计入GDP。因此购买住宅和购买普通消费品是不同的，在经济学上应当算作投资而不是消费。

4. 为什么购买公司债券得到的利息要计入GDP，而人们从政府得到的公债利息却不计入GDP？

答：公司债券的利息可以看作是资本这一要素提供生产性服务的报酬或收入，属于要素收入，是应当计入GDP的；而政府的公债利息往往被看作是转移支付，因为政府借的债不一定投入生产活动，往往用于弥补财政赤字。政府公债利息常被看作是从纳税人身上取得的收入加以支付的，因而习惯上被看作是转移支付。转移支付是不能计入 GDP 的。所以，从政府得到的公债利息不计入 GDP。

三、案例分析题

2017 年 8 月 8 日四川省北部阿坝州九寨沟县发生 7.0 级地震，万达集团通过四川省慈善总会向九寨沟县地震灾区捐款 1000 万元，帮助灾区抗震救灾、重建家园。广州王老吉集团捐赠 48000 罐凉茶，用于灾区紧急的救援工作。

上述情况中的捐款和捐赠该如何计入 GDP？为什么？

答：以企业转移支付计入 GDP。该项捐赠的产品属于企业存货投资。企业转移支付这部分资本的来源属于企业当年利润，是当年通过商品交换创造的价值的一部分，当然要算进 GDP。

配套思考题及参考答案

一、单项选择题

1. 下列哪一项不列入 GDP 的核算？（D　）
   A. 出口到国外的一批货物
   B. 政府给贫困家庭发放的一笔救济金
   C. 经纪人为一座旧房买卖收取的佣金
   D. 保险公司收到一笔家庭财产保险费
2. 一国的 GNP 小于 GDP，说明该国公民从国外取得的产值（　）外国公民从该国取得的产值。
   A. 大于　B. 小于　C. 等于　D. 可能大于也可能小于
3. “面粉是中间产品”这一命题（　）
   A. 对　B. 不对　C. 可能对也可能不对
4. 经济学上的投资是指（　）
   A. 企业增加一笔存货　B. 建造一座住宅
   C. 企业购买一台计算机　D. 以上都是
5. 下列哪一项不是公司间接税？（　）
   A. 销售税　B. 公司利润税　C. 货物税　D. 公司财产税
6. 下列项目中，（　）不是要素收入？
   A. 总统薪水　B. 股息
   C. 公司对灾区的捐献　D. 银行存款者取得的利息
7. 在下列项目中，（　）不属于政府购买？

A. 地方政府办三所中学

B. 政府给低收入者提供一笔住房补贴

C. 政府订购一批军火

D. 政府给公务人员增加薪水

8. 在统计中,社会保险税增加对(　　)有影响?

A. GDP　　B. NDP　　C. NI　　D. PI

9. 下列哪一项计入 GDP?(　　)

A. 购买一辆用过的旧自行车

B. 购买普通股票

C. 汽车制造厂买进 10 吨钢板

D. 银行向某企业收取一笔贷款利息

10. 下列第(　　)项不属于要素收入但被居民领到了?

A. 租金　　B. 银行存款利息

C. 红利　　D. 养老金

11. 已知某国年初资本品存量为 10000 亿美元,它在本年度生产了 2500 亿美元的资本品,资本消耗折旧是 2000 亿美元。则该国在本年度的总投资和净投资分别为(　　)

A. 2500 和 500　　B. 12500 和 10500

C. 2500 和 2000　　D. 7500 和 8000

12. 下列哪个命题不正确?(　　)

A. NDP 减去直接税等于 NI　　B. NDP 加上折旧等于 GDP

C. 总投资等于净投资加上折旧

参考答案:BBCDD　CBDDD　BA

二、简答题

1. 为什么存货被看作资本,存货变动被看作投资?

答:存货对厂商来说,就像机器设备一样,可以提供某种服务,正常的存货也是保证生产、流通的正常进行必不可少的,因此,在经济学上把它看成资本存量的一部分。GDP 计量的是一定时期内生产而不是销售的产品价值,如果不把存货的价值计入 GDP 中,可能计算的就只是销售额而不是生产额。所以,企业生产出来而未销售出去的产品也按其市场价值计入 GDP。在经济学上,我们把企业没有销售出去的产品看作是存货投资,即把它看作是企业自己购买自己的存货的投资支出来计入 GDP 的。因此,经济学上把存货的变动当作投资计入 GDP。

2. 政府购买在计入 GDP 时有何特点?

答:用支出法核算 GDP,GDP=消费支出+投资支出+政府购买+净出口。政府购买和消费支出及投资支出在计入 GDP 时,都是从支出角度计算的,但是计算方法并不完全相同，政府购买有其自己的特点。投资支出和消费支出都是根据购买这些物品时所花费的货币金额加以计算的。但是政府购买是政府花钱办事，如开办学校，设立法院，巩固国防，修建道路等等。政府通过雇请公务员，建造公共设施等为社会提供公共产品和服务，但是这些服务不是典型地卖给最终消费者，因此政府购买所提供的服务就没有一个明确的市场价格。所以，在计入 GDP 时，不是像消费和投资一样，根据购买政府提供服务所花费的货币支出来计算的，而是根据政府提供这些服务所花费的成本来计算的。这是政府购买在计入 GDP 时不同于其他项目的地方。

3. 为什么政府转移支付不计入 GDP?

答：政府的转移支付只是简单地通过税收（包括社会保险税）把收入从一个人或者一部分人转移到另一个人或另一部分人手中，这期间并没有相应的商品或劳务创造出来和发生交换，所以政府转移支付不能直接计入 GDP。而事实上，在消费支出当中，已经包括了由政府转移支付形成的个人可支配收入对应的消费支出部分，就不能再把转移支付单独作为一项计入 GDP 了。而同样属于政府支出的政府购买则不同，在政府购买发生时，有实在的商品、劳务的交换发生，所以政府购买应当计入 GDP，而政府转移支付不能计入 GDP。

4. 为什么计入 GDP 的只能是净出口而不能是总出口？

答：出口是本国生产的一部分，因而应当计入本国的 GDP；进口是国外生产的一部分，并不是本国生产的，GDP 核算的是本国生产的商品和劳务的价值，不应包括别国生产的价值，所以进口不能计入本国的 GDP。但是，在核算消费、投资和政府购买时，已经把进口的部分核算进去了，比如消费支出当中包括购买进口服装的支出，投资支出当中包括进口机器设备的支出，必须要扣除掉，否则就把别国生产的价值计入了我国的 GDP 中。所以，GDP 核算中必须从出口当中扣除进口即只计算净出口，而不能计算总出口，否则，就会多计算 GDP。

5. 为什么间接税应当计入 GDP?

答：间接税虽然表面上是由出售商品的厂商缴纳的，但厂商并不是税负的直接承担者。间接税是作为商品价格的组成部分由消费者负担的。间接税虽然没有形成要素收入，而是归于政府的收入，但它毕竟是消费支出的一部分，在用支出法核算 GDP 时包括了这一部分间接税的价值；因此，在用收入法计算 GDP 时，为了保证两种方法计算的 GDP 数值相等，也必须把间接税加到收入方面计入 GDP。

第 14 章 国民收入决定理论Ⅰ

本章学习目标：

1. 理解凯恩斯消费理论和乘数理论的一些基本概念和内容。
2. 掌握凯恩斯消费函数和储蓄函数的运用。
3. 不同经济部门下国民收入的决定。
4. 了解各种乘数的区别与作用。

导入案例：节俭悖论——把日元塞进抽屉里

生活总是听到大家说要节约，不能浪费，要节约。但是想一下，如果每个人都不浪费，那么工厂生产的许多产品将无法销售出去，那些高级的酒店也将无人问津，大街上也不再热闹，经济不再繁荣，不再发展甚至出现倒退，因为经济的发展需要消费的带动，如果美国人都节约了，就会减少消费，人们也不再有竞争，更不会有奋斗的目标，这个社会将一片死气沉沉。所以说节约不一定是好事，有时候看是浪费实际却是以偶中对经济的推动。

20 世纪 80 年代，当时日本被认为是经济强国而美国经济正处于不景气的状态，许多经济学家认为两国情况不同的最大原因在于储蓄：节俭的日本人有了大量资金进行未来投资，而胡乱花钱的美国人投资资金太少了。到了 20 世纪 90 年代的时候，普遍日本家庭将超过其收入的 13％用于储蓄，普通的美国家庭仅为 4％。然而此时的日本经济却陷入了困境，相反的美国经济正处于繁荣。难道储蓄已不再是一种经济美德而恣意浪费不再是罪恶了吗？现代宏观经济学理论又如何解释这个“节俭悖论”呢？

上一章我们讨论了国民收入如何进行核算，这一章我们分析国民收入是如何决定的。就像价格理论是微观经济学的核心理论，因而微观经济学又叫价格理论。国民收入决定理论也是凯恩斯宏观经济学的核心理论，因此，凯恩斯的宏观经济学又叫国民收入决定理论（或就业理论）。

凯恩斯主义的全部理论涉及四个市场：产品市场、货币市场、劳动市场和国际市场。本章首先研究的是关于产品市场均衡的理论，均衡模型称为 IS 模型。因为涉及的市场比较简单，因而在有些教科书中被称作是“简单的国民收入决定理论”。

14.1　均衡产出

14.1.1　最简单的经济关系(假设)

1. 两部门经济体系:经济社会中只有家庭和厂商两个经济部门,消费行为和储蓄行为都发生在家户部门,生产和投资行为都发生在企业部门。

2. 企业投资是自主投资,投资不随利率和产量而变动。

3. 经济社会存在闲置生产力,经济社会资源没有得到充分利用。

4. 价格水平不变,不论需求量为多少,经济制度均能以不变价格提供相应的供给量。

5. 折旧和公司未分配利润为零,GDP、NDP、NI 和 PI 就都相等。

14.1.2　均衡产出

1. 均衡产出的含义

和总需求相等的产出称为均衡产出。均衡是指一种不再变动的情况,当产出水平等于总需求水平时,企业生产就会稳定下来。

2. 均衡产出的公式

假设是二部门经济,总需求就只有居民消费和企业投资构成。于是,均衡产出可用公式表示为:$y=c+i$,公式中的 c 和 i 代表的是居民和企业实际想要有的消费和投资,即意愿消费和投资的数量,而不是国民收入构成公式中实际发生的消费和投资。在国民收入核算中,实际产出就等于计划支出(或称计划需求)加非计划存货投资。但在国民收入决定理论中,均衡产出是指和计划需求相一致的产出。

3. 经济均衡的条件

均衡产出是和总需求相一致的产出,也就是经济社会的收入正好等于全体居民和企业想要有的支出。假定企业生产 100 亿美元产品,居民和企业要购买产品的支出也是 100 亿美元,则此 100 亿美元的生产就是均衡产出即均衡收入。若用 E 代表支出,y 代表收入,则经济均衡的条件是 $E=y$,这个关系可用图 14-1(a)表示。在图中,纵轴表示支出,横轴表示收入,从原点出发的 45°线上的各点都表示支出和收入相等。例如,A 点表示支出和收入各为 100 亿美元。

均衡产出指与总需求相等的产出这一点,可在图(b)上得到表现。在图中,假定总支出(即总需求量)为 100 亿美元,则总产出(总收入)为 100 亿美元时就是均衡产出,B 为均衡点。同 B 点相对应的支出和收入都为 100 亿美元,说明生产数额正好等于需要支出(消费加投资)的数额。若产出大于 100 亿美元,非意愿存货投资 IU 就大于零,企业要削减生产。反之,企业会扩大生产。因此,经济总要趋于 100 亿美元产出水平。再假定总需求为 90 亿美元,则均衡产出必为 90 亿美元。若总需求为

110 亿美元,则均衡产出为 110 亿美元。

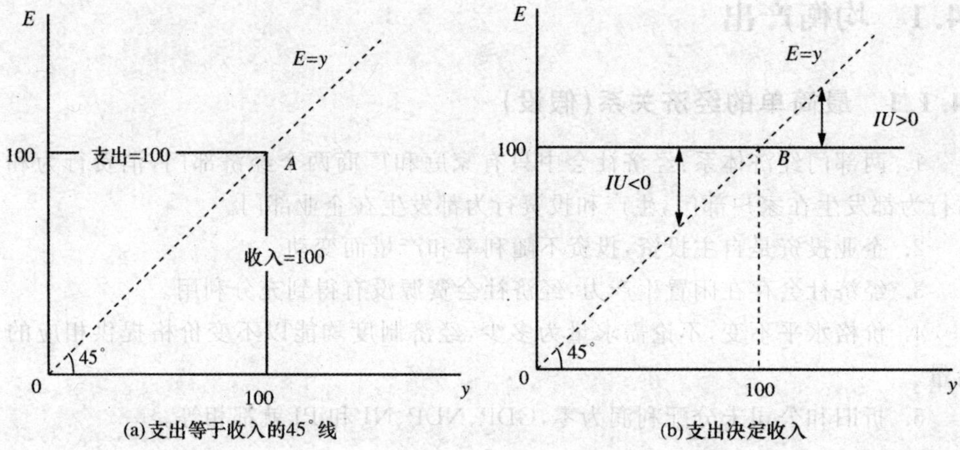

图 14-1 均衡产出

14.1.3 投资等于储蓄

均衡产出或收入的条件 $E=y$,也可用 $i=s$ 表示,因为这里的计划支出等于计划消费加投资,即 $E=c+i$。而生产创造的收入等于计划消费加计划储蓄,即 $y=c+s$,因此,$E=y$,就是 $c+i=c+s$,即 $i=s$。

投资等于储蓄,是指经济要达到均衡,计划投资必须等于计划储蓄,而国民收入核算中的 $I=S$,则是指实际发生的投资(包括计划和非计划存货投资在内)始终等于储蓄。前者为均衡的条件:即计划投资不一定等于计划储蓄,只有二者相等时,收入才处于均衡状态;而后者所指的实际投资和实际储蓄是根据定义而得到的实际数字,从而必然相等。

14.2 消费理论和消费函数

均衡产出既然是指与总需求相一致的产出,那么要分析均衡产出如何决定,就要分析总需求各个组成部分如何决定的。在这里,我们首先要分析消费如何决定,这不仅是因为消费是总需求中最主要的部分,还因为经济均衡的条件是计划投资等于计划储蓄。要找出储蓄量的大小,必须先找出消费量的大小,一旦知道了消费的数额,便可从国民收入中减掉这一数额求得储蓄量。

14.2.1 凯恩斯的消费函数(绝对收入理论)

在现实生活中,影响各个家户消费的因素很多,如收入水平、商品价格水平、利率水平、收入分配状况、消费者偏好、家庭财产状况、消费信贷状况、消费者年龄构成以及制度、风俗、习惯等。凯恩斯认为，这些因素中有决定意义的是家户收入。为此，可从诸多因素中抽出这一因素单独分析。

1. 消费函数的含义

消费函数是指消费随收入变动的关系。关于收入和消费的关系，凯恩斯认为，存在一条基本心理规律（边际消费倾向递减规律）；随着收入的增加，消费也会增加，但是消费的增加不及收入增加的多，消费和收入的这种关系称作消费函数或消费倾向，用公式表示是：$c=c(y)$。

假定某家庭的消费和收入之间具有表 14-1 所示关系。此表说明了家庭消费随收入增加不断增加的情况。

表 14-1　　某家庭消费表　　单位：美元

	收入(y)	消费(c)	边际消费倾向(MPC)	平均消费倾向(APC)
A	9000	9110		1.01
B	10000	10000	0.89	1.00
C	11000	10850	0.85	0.99
D	12000	11600	0.75	0.97
E	13000	12240	0.64	0.94
F	14000	12830	0.59	0.92
G	15000	13360	0.53	0.89

2. 边际消费倾向和平均消费倾向

由表 14-1 可发现，消费随着收入的增加而增加，但随着收入的增加消费增加得越来越少，也就是增加的消费与增加的收入比率不断减小。我们把增加的消费与增加的收入之间的比值称之为消费倾向，消费倾向主要有边际消费倾向和平均消费倾向。

(1) 边际消费倾向(MPC)

边际消费倾向(MPC)是指增加的消费与增加的收入之比率，即增加的 1 单位收入中用于增加的消费部分的比率。$MPC=\Delta c/\Delta y$ 或 $MPC=\mathrm{d}c/\mathrm{d}y$。

(2) 平均消费倾向(APC)

平均消费倾向(APC)是指任一收入水平上消费支出在收入中的比率。$APC=c/y$。

3. 消费曲线

我们将消费和收入之间的对应关系表示在坐标系中，就可得到消费曲线。在图 14-2 中，横轴表示收入 y，纵轴表示消费 c，45°线上任一点到纵横轴的垂直距离都相等，表示收入全部用于消费。$c=c(y)$ 曲线是消费曲线，表示消费和收入之间的函数关系。B 点是消费曲线和 45°线交点，表示这时候消费支出和收入相等。B 点左方，表示消费大于收入；B 点右方，表示消费小于收入。消费曲线主要有以下特点：

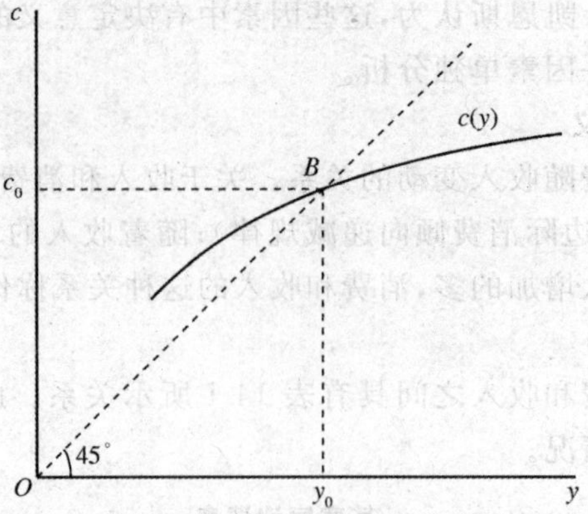

图 14-2 消费曲线

(1) 消费曲线与纵轴相交在原点以上(即消费总是大于零)。

(2) 消费曲线向右上方倾斜(即消费随收入的增加而增加)。

(3) 随着消费曲线向右延伸,这条曲线和 45°线的距离越来越大,表示消费随收入增加而增加,但增加的幅度越来越小于收入增加的幅度。

(4) 消费曲线上任一点的斜率,都是与这一点相对应的边际消费倾向,而消费曲线上任一点与原点相联而成的射线的斜率,则是与这一点相对应的平均消费倾向。

(5) 随着这条曲线向右延伸,曲线上各点的斜率越来越小,说明边际消费倾向递减。同时曲线上各点与原点的连线的斜率也越来越小,说明平均消费倾向也递减,但平均消费倾向始终大于边际消费倾向,即 $APC>MPC$。由于消费增量只是收入增量的一部分,因此边际消费倾向总大于零而小于 1,但平均消费倾向则可能大于、等于或小于 1,因为消费可能大于、等于或小于收入。

4. 线性消费曲线

表 14-1 所表示的是边际消费倾向递减的情况。如果消费和收入之间存在线性关系,则边际消费倾向为常数,这时消费函数可用下列方程表示:$c=\alpha+\beta y$ 式中,其中 α 和 β 都是大于零的常数,α 为自发消费部分,即收入为 0 时举债或动用过去的储蓄也必须要有的基本生活消费;β 为边际消费倾向;β 和 y 的乘积表示收入引致的消费。因此,$c=\alpha+\beta y$ 的经济含义是:消费等于自发消费与引致消费之和。

当消费函数为线性时,消费曲线可表示为图 14-3,$APC>MPC$ 这一点更易看清,因为消费函数上任一点与原点相连所成射线的斜率都大于消费曲线(这里是直线)的斜率。而且从公式看,$APC=c/y=\alpha\beta y/y=\alpha/y\beta$,在这里,$\beta$ 是 MPC,由于 α 和 y 都是正数,因此,$\alpha/y>0$,所以,$APC>MPC$。随着收入增加,α/y 之值越来越小,说明 APC 逐渐趋近于 MPC。

线性消费函数曲线的特征:

(1) 线性储蓄函数曲线与纵轴交于原点上(即消费总是大于零)。

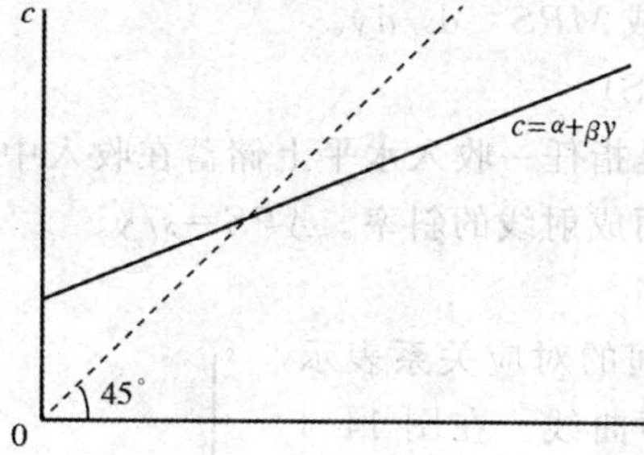

图 14-3 线性消费函数

(2) 线性储蓄函数曲线向右上方倾斜(即消费随收入的增加而增加)。

(3) 线性储蓄函数曲线的倾角小于 45°(即 $MPC<APC$)。

14.2.2 储蓄函数

1. 储蓄的含义

储蓄是指收入中未被消费的部分。

2. 凯恩斯的储蓄函数

储蓄函数是指储蓄随收入增加而增加的比率递增关系。公式为:$s=s(y)$。

假定某家庭的储蓄和收入之间具有表 14-2 所示关系,则此表说明了家庭储蓄随收入增加而不断增加的情况。

表 14-2 某家庭储蓄表 单位:美元

	收入(y)	消费(c)	储蓄(s)	边际储蓄倾向(MPS)	平均消费倾向(APS)
A	9000	9110	−110		−0.01
B	10000	10000	0	0.11	0
C	11000	10850	150	0.15	0.01
D	12000	11600	400	0.25	0.03
E	13000	12240	760	0.36	0.06
F	14000	12830	1170	0.41	0.08
G	15000	13360	1640	0.47	0.11

3. 边际消费倾向和平均消费倾向

由表 14-2 可发现,储蓄随着收入的增加而增加,且随着收入的增加储蓄增加得越来越多,也就是增加的储蓄与增加的收入比率不断增大。我们把增加的储蓄与增加的收入之间的比值称之为储蓄倾向,储蓄倾向主要有边际储蓄倾向和平均储蓄倾向。

(1) 边际储蓄倾向(MPS)

边际储蓄倾向(MPS)是储蓄增量与收入增量的比率。表示储蓄曲线上任意一点的斜率。$MPS=\Delta s/\Delta y$ 或 $MPS=ds/dy$。

(2) 平均储蓄倾向(APS)

平均储蓄倾向(APS)是指任一收入水平上储蓄在收入中所占的比率。表示储蓄曲线上任一点与原点相联而成射线的斜率。$APS=s/y$。

4. 储蓄曲线

我们将储蓄和收入之间的对应关系表示在坐标系中,就可得到储蓄曲线。在图 14-4 中,横轴表示收入 y,纵轴表示消费 s,$s=s(y)$ 曲线是储蓄曲线,表示储蓄和收入之间的函数关系。B 点是储蓄曲线和横轴收入的交点,表示这时候储蓄和收入相等。B 点下方表示储蓄小于收入,B 点上方表示储蓄大于收入。储蓄曲线主要有以下特点:

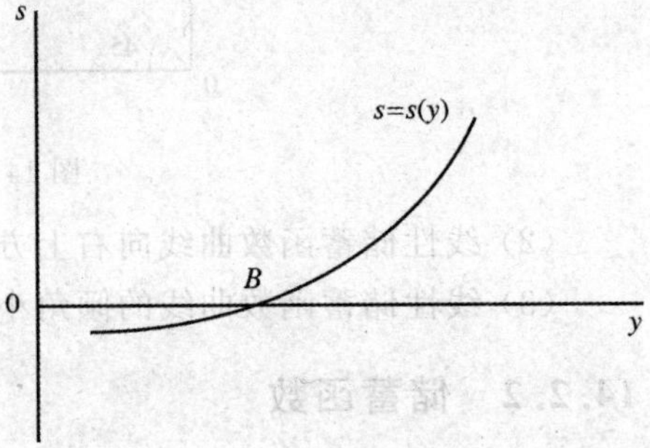

图 14-4　储蓄曲线

(1) 储蓄曲线与纵轴相交在原点以下(即储蓄可以小于于零)。

(2) 储蓄曲线向右上方倾斜(即储蓄随收入的增加而增加)。

(3) 随着储蓄曲线向右延伸,它和横轴的距离越来越大(表示储蓄随收入而增加,且增加的幅度越来越大)。

5. 线性储蓄曲线

表 14-2 所表示的是边际储蓄倾向递增的情况。如果储蓄和收入之间存在线性关系,则边际消费倾向为常数,这时储蓄函数可以表示为以下形式:$s=y-c=y-(\alpha+\beta y)=-\alpha+(1-\beta)y$,其中 $\beta\leqslant 1$。线性储蓄函数的图形如图 14-5 所示。

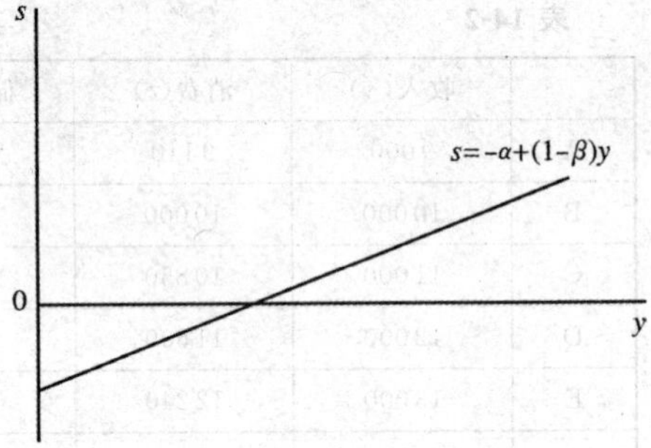

图 14-5　线性储蓄函数

线性储蓄曲线的特征:

(1) 储蓄曲线与纵轴相交在原点以下(即储蓄可以小于零)。

(2) 储蓄曲线向右上方倾斜(即储蓄随收入的增加而增加)。

(3) 随着储蓄曲线向右延伸,它和横轴的距离越来越大(表示储蓄随收入而增加,且增加的幅度越来越大)。

14.2.3　消费函数与储蓄函数的关系

消费函数和储蓄函数的关系可以从图 14-6 上表示出来。在图中,当收入为 y_0 时,消费支出等于收入,储蓄为零。当消费曲线 $c(y)$ 位于 45°线之上,表明消费大于收入，储蓄为负储，储蓄曲线 $s(y)$ 位于横轴下方；当消费曲线位于 45°线之下，表明消费小于收入，储蓄为正，储蓄曲线 $s(y)$ 位于横轴上方。

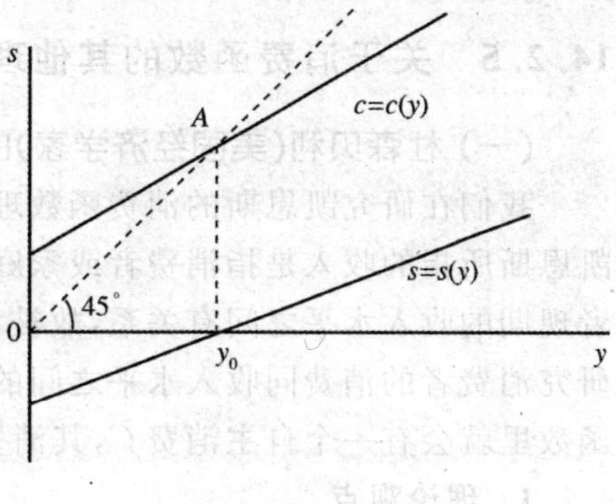

图 14-6　线性储蓄函数

1. 消费函数和收入函数互为补数，二者之和总等于收入，从公式上看，$c+s=\alpha+\beta y-\alpha+y-\beta y=y$。

2. 若 APC 和 MPC 随收入增加而递减，但 $APC>MPC$；则 APS 和 MPS 随收入增加而递增，但 $APS<MPS$。表示在 y_0 的右方储蓄曲线上任一点与原点连成的射线的斜率总小于储蓄曲线上该点的斜率。

3. $APC+APS=1$，$MPC+MPS=1$。

14.2.4　家户消费函数和社会消费函数

社会消费函数是家户消费函数的总和。然而，西方经济学家认为，社会消费函数并不是家户消费函数的简单加总。从家户消费函数求取社会消费函数时，还要考虑一系列限制条件。

1. 国民收入的分配。人们越是富有，越有能力储蓄，因此，不同收入阶层的边际消费倾向不同。富有者边际消费倾向较低，贫穷者边际消费倾向较高。因此，国民收入分配越不均等，社会消费曲线就越是向下移动，反之亦然。

2. 政府税收政策。如政府实行累进个人所得税，将富有者原来可能用于储蓄的一部分收入征收过来，以政府支出形式花费掉，而按西方经济学者说法，这些支出通常成为公众的收入，最终用于消费。这样，社会中消费数量增加，社会消费曲线会向上移动。

3. 公司未分配利润在利润中所占比例。公司未分配利润无形中是一种储蓄，如分给股东，则必定有一部分会被消费掉。因此，公司未分配利润在利润中所占比例大，消费就少，储蓄就多。反之，则消费就多，储蓄就少，即社会消费曲线就会向上移动。

影响社会消费函数的因素还有其他一些，因此，社会消费曲线并非家庭消费曲线的简单加总，但在考虑了种种限制条件后，社会消费曲线的基本形状仍和家庭消费曲线有很大的相似之处。

以上所述消费函数只是凯恩斯所提出的一种消费函数，它假定消费是人们收入水平的函数，这是西方消费函数最简单的形式，被称为凯恩斯的绝对收入消费理论。凯恩斯的《就业、利息和货币通论》出版以后，这一简单的消费函数得到了补充、修改，产生了其他一些理论，如杜森贝利的相对收入假说，弗里德曼的永久收入假说以及莫迪利安尼的生命周期假说等。

14.2.5　关于消费函数的其他理论：

（一）杜森贝利（美国经济学家）的相对收入论

我们在研究凯恩斯的消费函数理论时知道，凯恩斯认为消费是收入的函数，而且凯恩斯所指的收入是指消费者或家庭的现期收入，即凯恩斯认为，消费水平只与消费者现期的收入水平之间有关系，故被称为绝对收入理论。而且凯恩斯只是从短期来研究消费者的消费同收入水平之间的关系。由于以短期的角度分析，凯恩斯的消费函数里就会有一个自主消费 $\bar{C}$，其消费曲线就会有一个正截距。

1. 理论观点

相对收入消费理论由美国经济学家杜森贝利（J. S. Duesenβerry）所提出。他认为消费者会受自己过去的消费习惯以及周围消费水准的影响来决定消费，从而消费是相对地决定的，因此得名。按他的看法，消费与所得在长时期维持一固定比率，故长期消费函数系出自零点的直线，但短期消费函数则为有正截距的曲线。这不论从时间数列或从横断面观察都是如此。

杜森贝利理论的核心是消费者易于随收入的提高增加消费，但不易随收入之降低而减少消费，以致产生有正截距的短期消费函数。这种特点被称为"棘轮效应"，即上去容易下来难。总之，杜森贝利短期消费函数之所以有正截距，是由于消费者决定当期消费时，不能摆脱过去的消费习惯，使当期消费决定于当期收入及过去的消费支出水平。杜森贝利的相对收入消费理论的另一方面内容是指消费者的消费行为要受周围人们消费水准的影响，这就是所谓"示范效应"。就低收入家庭而言，它的收入虽低，但因顾及它在社会上的相对地位，不得不打肿脸充胖子提高自己的消费水平。这种心理会使短期消费函数随社会平均收入的提高而整个地向上移动。

杜森贝利认为：消费者的消费支出水平不仅受到自身收入影响，而且会受到自己过去消费习惯以及周围消费水准的影响。因此，消费者容易随着收入的提高增加消费，但不容易随收入降低而减少消费。消费者的消费水平受到这些相对因素的影响，故被称为相对收入理论。

2. 两个效应

（1）棘轮效应：是指消费者容易随着收入的提高增加消费，但不愿意随收入降低而减少消费。这是消费者进行纵向对比时形成的感受。

（2）示范效应：消费者的消费容易受到周围人们消费水准的影响，这是消费者进行横向对比时形成的感受。

3. 杜森贝利的消费函数

（1）长期消费函数

杜森贝利认为：从长期来讲，消费者的消费函数曲线没有正截距，而是一条从原点出发的直线：$Cl=MPC\times DI$。因为从长期来看，消费者如果长期没有收入，也就不可能有自主消费，其消费水平为 0。

(2) 短期消费函数

杜森贝利认为，虽然在短期内，消费者即使没有收入，也会借贷消费，维持最低消费水准 $\bar{C}$。但杜生贝利也认为，人们的消费存在着这样一种习惯，即增加消费容易，减少消费则很困难。因为一向过着相当高生活水准的人，即使收入降低，多半不会马上降低消费水准，而会继续维持相当高的消费水准。所以，消费固然会随收入的增加而增加。但不易随着收入的减少而减少，即使减少，也是有限的逐渐过程。

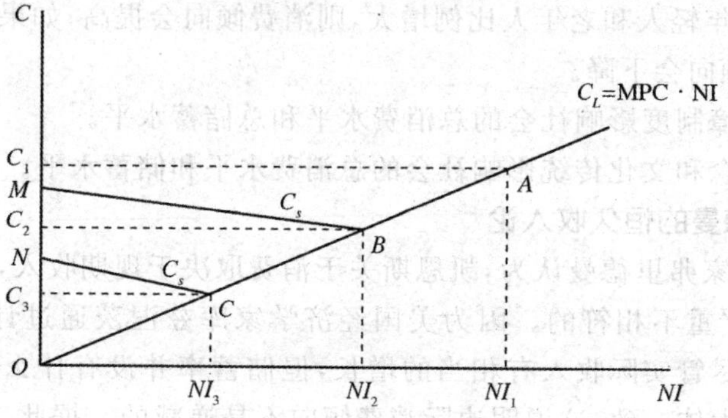

图 14-7　杜森贝利的消费函数

图 14-7 中，$C_L = MPC \times NI$ 为长期消费函数曲线，C_S 为短期消费函数曲线。当消费者的收入从 NI_1 降低到 NI_2 时，消费水平也应该从 C_1 相应地降低到 C_2。但由于消费者的消费水平不容易随收入的降低而降低(棘轮效应)，所以消费水平只从 C_1 降低到 M，从而形成短期消费函数曲线 C_S(BM)。同理，当收入进一步降低到 NI_3 时，消费水平也只降低到 N，而不是 C_3，从而形成短期消费函数曲线 CN。

(二) 莫迪利安尼(美国经济学家)的生命周期的消费理论

美国经济学家弗朗科·莫迪利安的生命周期的消费理论与凯恩斯消费理论的不同之处在于，后者假定人们在特定时期的消费是与他们在该时期的可支配收入相联系的，而前者强调人们会在更长时间范围内计划他们的生活消费开支，以达到他们在整个生命周期内消费的最佳配置。

根据生命周期的消费理论，如果社会上年轻人和老年人比例增大，则消费倾向会提高，如果社会上中年人比例增大，则消费倾向会下降。因此，总储蓄和总消费会部分地依赖于人口的年龄分布，当有更多人处于储蓄年龄时净储蓄就会上升。除了想使自己一生平稳消费这一点，还有一系列因素会影响消费和储蓄。例如，当有更多人想及时行乐的话，储蓄就会减少；当社会建立起健全的社会保障制度从而有更多人享受养老金待遇时，储蓄也会减少；当社会上有更多人想留一笔遗产给后代时，社会总储蓄率就会提高，但很高的遗产税率又会影响这种储蓄积极性。

1. 理论观点

莫迪利安尼认为，人一生可以按年龄分为三个不同的生命周期：青年时期，壮年时期，老年时期。而人们在不同的生命周期阶段，其收入水平是不同的，因此其消费也会受到生命周期的影响。年轻人家庭：收入偏低，消费会超过收入，形成负储蓄。壮年或中年时期，收入日益增加，收入会大于消费，不但可偿还青年时期的债务，更重要的是可以存钱防老。一旦进入老年时期，收入下降，消费又会超过收入，形成负储蓄。

2. 生命周期的现实意义

(1) 社会人口的年龄分布影响社会的总消费水平和总储蓄水平。

如果社会上年轻人和老年人比例增大，则消费倾向会提高；如果社会上中年人比例增大，则消费倾向会下降。

(2) 社会保障制度影响社会的总消费水平和总储蓄水平。

(3) 价值观念和文化传统影响社会的总消费水平和储蓄水平。

(三) 弗里德曼的恒久收入论

美国经济学家弗里德曼认为，凯恩斯关于消费取决于现期收入，边际消费倾向递减，这是和事实严重不相符的。因为美国经济学家库兹涅茨通过计算表明，美国在20世界前半期，尽管实际收入有相当的增长，但储蓄率并没有什么大的变化。在这50年里，储蓄率大体一致，这说明边际消费倾向不是递减的。据此，米尔顿·弗里德曼提出了“永久收入的消费理论”。该理论认为：消费者的消费支出主要不是由他的现期收入决定，而是由他的永久收入决定。所谓永久收入是指消费者可以预计到的长期收入。永久收入大致可以根据所观察到的若干年收入的数值之加权平均数计得，距现在的时间越近，权数越大；反之，则越小。短期边际消费倾向较低的原因是，当收入上升时，人们不能确信收入的增加是否会一直继续下去，因而不会马上充分调整其消费。相反，当收入下降时，人们也不能断定收入的下降是否就一直会如此。因此，消费也不会马上发生相应的下降。然而，如果收入变动最终证明是永久的，则人们就会在最终证明是较高或较低的永久收入水平上充分调整其消费支出。

按这种消费理论，一个有前途的大学生可能会在其暂时收入以外多花不少钱，这会使他欠不少债，但他相信自己将来收入会非常高。再如，当经济衰退时，虽然人们收入减少了，但消费者仍然按永久收入消费，故衰退期消费倾向高于长期的平均消费倾向；相反，经济繁荣时尽管收入水平提高了，但消费按永久收入消费，故这时消费倾向低于长期平均消费倾向。根据这种理论，政府想通过增减税收来影响总需求的政策是不能奏效的，因为人们减税而增加的收入，并不会立即用来增加消费。

1. 理论观点

弗里德曼用恒久收入来说明其消费函数。他认为：消费者的现期收入可分为2部分。一部分称为恒久收入，另一部分称为暂时收入。消费者这两部分收入很难区分，只能根据消费者行为推断。所以弗里德曼把决定人们收入的因素分为恒久因素和暂时因素。恒久因素的时间为3年以上，恒久因素所决定的收入为恒常收入，暂时因素所决定的因素为暂时收入。例如，人们拥有的能力就是恒久因素，人的能力所带来的收入就是恒久收入。经济波动是暂时因素，如价格突然上涨所带来的收入就是暂时收入。

弗里德曼认为,人们的消费支出取决于恒久收入,不受现期收入影响,而恒久收入是稳定的。因此,消费在经济周期中,不会因为现期收入波动的大小而出现剧烈的动荡。

2. 政策含义及结论

根据这种消费理论,政府想通过增减税收来影响总需求的政策是不能奏效的,因为人们因减税而增加的收入并不会立即用来增加消费。只有恒久税收变动,政策才会有明显效果。所以,凯恩斯的刺激需求的理论是无效的。

14.2.6 影响消费的其他因素

上面的分析,都强调收入是影响消费的最重要因素。但是,收入变动并非影响消费的全部原因。尤其在短期内,有时边际消费倾向可以为负数,即收入增加时反而消费减少,收入减少时消费增加,有时边际消费倾向会大于1,即消费增加大于收入增加额。

这些现象告诉我们,在日常生活中,除了收入,还有其他一些因素会影响消费行为。

1. 利率

传统的看法认为,提高利率可刺激储蓄,但现代西方经济学家认为,提高利率是否会增加储蓄,抑制当前消费,要根据利率变动对储蓄的替代效应和收入效应而定。

什么是利率的变动对储蓄产生替代效应及收入效应?当利率提高时,人们认为减少目前消费,增加将来消费比较有利,从而鼓励他增加储蓄。利率提高使储蓄增加是利率变动对储蓄的替代效应。另一方面,利率提高使他的将来利息收入增加,会使他认为自己较为富有,以致增加目前消费,从而可能反而会减少储蓄。这种储蓄的减少是利率对储蓄的收入效应。利率如何影响他的储蓄,须视替代效应与收入效应之总和而定。

就低收入者言,利率越高,主要会发生替代效应(因为他没有太多钱可放款收利息,利率提高也不会增加他将来的收入),故利率提高会增加储蓄。就高收入者而言,利率的提高,主要会发生收入效应,从而可能会减少储蓄。就全社会总体而言,利率的提高究竟会增加储蓄或减少储蓄,则由这些人的增加和减少储蓄的总和正负净额来决定。

2. 价格水平

影响消费的另一因素为价格水平。所谓的价格水平,是价格水平的变动,通过实际收入改变而影响消费。货币收入(名义收入)不变时,若物价上升,实际收入下降,若消费者要保持原有生活消费水平,则消费倾向(平均消费倾向)就会提高;反之,物价下跌时,平均消费倾向就会下降。

若物价与货币收入以相同比例提高,实际收入不变,照理不会影响消费,但假如消费者只注意到货币收入增加而忽略了物价上升，则会误以为实际收入增加，从而平均消费倾向也会上升，这种情况就是消费者存在“货币幻觉”。

3. 收入分配

高收入家庭消费倾向较小，低收入家庭消费倾向较大，因此，国民收入分配越是平均，全国性的平均消费倾向就会比较大，而收入分配越是不平均，全国性平均消费倾向就会较小。

14.3 两部门经济中国民收入的决定及变动

14.3.1 两部门经济中国民收入的决定

均衡收入指与计划总支出相等的收入，而计划支出由消费和投资构成，即 $y=c+i$。则均衡收入可使用消费函数和储蓄函数决定。

1. 使用消费函数决定收入($c+i$ 法或 45°线法)

为简化分析，在使用储蓄函数决定收入时的简单模型中，总是先假设计划净投资是一个给定量，不随利率和国民收入水平的变化而变化。根据这一假定，我们只要把收入恒等式和消费函数结合起就可求得均衡收入。

(1) 定义

使用储蓄函数决定收入的方法，就是把国民收入恒等式和消费函数结合起来求得均衡国民收入的方法。

(2) 使用消费函数决定均衡国民收入的公式

$$\left.\begin{array}{l} y=c+i\text{(收入恒等式)} \\ c=\alpha+\beta y\text{(消费函数)} \end{array}\right\} \xrightarrow{\text{解联立方程}} y=(\alpha+i)/(1-\beta) \tag{14-1}$$

(3) 用表说明均衡国民收入的决定

使用图标也可说明均衡收入的决定，表 14-3 显示了消费函数为 $c=1000+0.8y$ 及自发投资 $i=600$ 亿美元时的均衡收入的决定情况。

表 14-3 均衡收入的决定 单位：亿美元

(1)收入	(2)消费	(3)储蓄	(4)投资	备注
3000	3400	−400	600	
4000	4200	−200	600	$i>s$ ↓
5000	5000	0	600	
6000	5800	200	600	
7000	6600	400	600	均衡 $i=s$
8000	7400	600	600	↓
9000	8200	800	600	$i<s$
10000	9000	1000	600	

表 14-3 的数据说明，当 $y=8\,000$ 亿美元时，$c=7\,400$ 亿美元，$i=600$ 亿美元，此时 $y=c+i=8\,000$ 亿美元，说明 8 000 亿美元是均衡的收入。当收入小于 8 000 亿美元时，说明企业销售出去的产量大于它们生产的产量，存货出现意外的减少，这时扩大生产是有利可图的，于是企业将会扩大生产规模；当收入大于 8 000 亿美元时，说明企业生产出来的产量大于于它们销售量，存货出现意外的增加，于是企业便会减少生产，使收入逐渐向均衡收入靠拢。只有当收入达到均衡水平时，企业既没有非计划存货投资，也没有非计划存货负投资（存货意外的减少），产量正好等于销量，存货保持正常水平，这就是企业愿意保持的产量水平。

（4）用图 14-8 说明均衡国民收入的决定（$c+i$ 法或 45°线法）

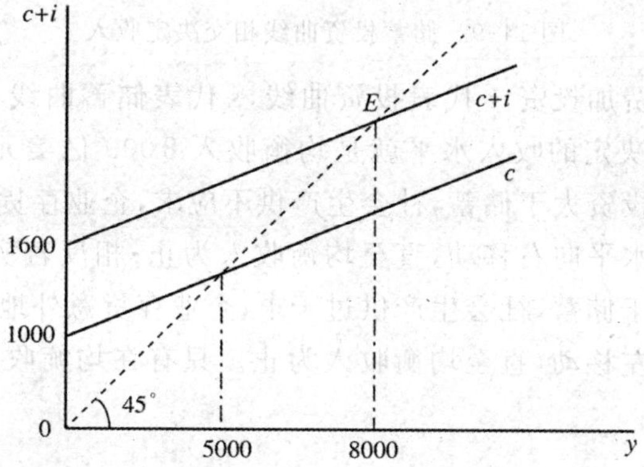

图 14-8　消费投资曲线和 45°线交决定收入

图中横轴表示收入，纵轴表示消费加投资，在消费曲线（c）上加投资曲线（i）得到消费投资曲线（$c+i$），这条曲线就是总支出曲线。总支出曲线与 45°线相交于 E 点，E 点决定的收入水平就是均衡收入 8 000 亿美元。此时，家庭部门想要有的消费支出和企业想要有的投资支出的总和，正好等于收入（产出）。如果经济离开了这个均衡点，企业部门销售额就会大于或小于它们的产出，从而被迫进行存货负投资或存货投资（出现意外的存货减少或增加），这就会引起生产的扩大或收缩，直到回到均衡点为止。

2. 使用储蓄函数决定均衡国民收入（$s=i$ 法）

（1）定义

使用储蓄函数决定均衡国民收入是指用计划投资等于计划储蓄的方法求得均衡国民收入的方法。

（2）使用储蓄函数决定均衡国民收入的公式

$$\left.\begin{array}{l} i=y-c\text{（收入恒等式）} \\ s=-\alpha+(1-\beta)y\text{（消费函数）} \end{array}\right\} \xrightarrow{\text{解联立方程}} y=(\alpha+i)/(1-\beta) \qquad (14\text{-}2)$$

（3）用图 14-8 说明均衡国民收入的决定（$s=i$ 法）

用计划投资等于计划储蓄的方法决定收入，也可用图 14-9 来表示。图中横轴表

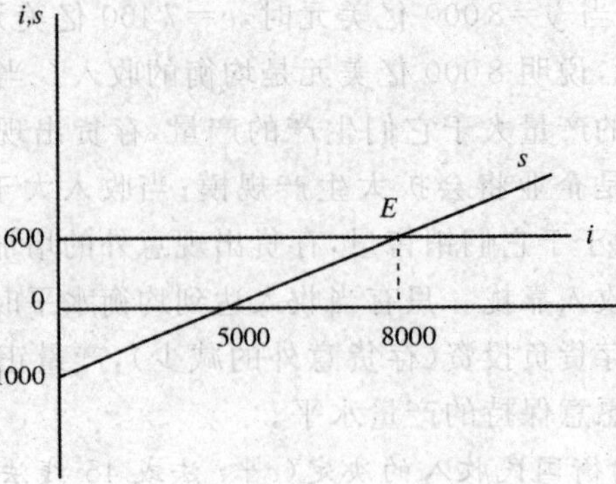

图 14-9　储蓄投资曲线相交决定收入

示收入，纵轴表示消费加投资，i 代表投资曲线，s 代表储蓄曲线，投资曲线和储蓄曲线相交于 E 点，E 点决定的收入水平就是均衡收入 8000 亿美元。若实际产量小于均衡收入水平，表明投资大于储蓄，社会生产供不应求，企业存货意外地减少，企业就会扩大生产，使收入水平向右移动，直至均衡收入为止；相反若实际产量大于均衡收入水平，表明投资小于储蓄，社会生产供过于求，企业存货意外地增加，企业就会减少生产，使收入水平向左移动，直至均衡收入为止。只有在均衡收入水平上，企业生产才会稳定下来。

14.3.2　投资乘数

若自发投资量从 600 亿美元增加到 700 亿美元，则均衡的国民收入从 8000 亿美元增加到 8500 亿美元。在这里，投资增加 100 亿美元，收入增加 500 亿美元，增加的收入是增加的投资的 5 倍。可见，当总投资增加时，收入的增量将是投资增量的数倍。如果以 k 代表倍数，这个 k 称为投资乘数。

1. 定义

投资乘数指均衡国民收入的变化与引起这种变化的投资支出的变化的比率。

$$k_i = \Delta y / \Delta i。$$

2. 投资乘数的作用过程

这是因为，增加 100 亿美元投资用来购买投资品时，实际上是用来购买制造投资品所需要的生产要素。因此，这 100 亿美元经工资、利息、利润和租金的形式流入生产要素的所有者手中，即居民手中，从而居民收入增加了 100 亿美元，这 100 亿美元是投资对国民收入的第一轮增加。

也许人们会说，100 亿美元投资怎么都会化为居民的收入呢？如果这 100 亿美元投资是购买机器设备，难道这些机器设备中不包含制造机器设备所需要的原材料价值吗？难道这些原材料价值也会转化为居民的收入吗？西方学者解释这一问题的关键是要记住这 100 亿美元投资购买的机器设备乃是最终产品，犹如消费者购买的上衣是最终产品一样。最终产品的价值是国民收入，也就是说，这批机器设备的价值等于为生产这批机器设备所需要全部生产要素(包括开采铁矿、炼钢铁、制造机器等整个生产序列中所需要的各种生产要素)所创造的价值，这些价值都被认为转化为工资、利息、利润和地租，因此，投资买 100 亿美元机器设备，就会使收入增加 100 亿美元。

假定该社会的边际消费倾向是 0.8。因此，增加的这 100 亿美元中会有 80 亿美元用于购买消费品。于是，这 80 亿美元又以工资、利息、利润和租金的形式流入生产消费品的生产要素所有者手中，从而使该社会居民收入又增加 80 亿美元，这是国民收入的第二轮增加。

同样，这些消费品生产者会把这 80 亿美元收入中的 64 亿美元($100\times0.8\times0.8=64$)用于消费，使社会总需求提高 64 亿美元，这个过程不断继续下去，最后使国民收入增加 500 亿美元，其过程是：

$$100+100\times0.8+100\times0.8\times0.8+\cdots+100\times0.8^{(n-1)}=100(1+0.8+0.8^2+\cdots+0.8^{(n-1)})$$

$$=1/(1-0.8)\cdot100=500(亿美元)。$$

此式表明，当投资增加 100 亿美元时，收入最终会增加 500 亿美元。因此，$ki=\Delta y/\Delta i=5$，$\Delta y=k\cdot\Delta i$，$ki=1/(1-\beta)=1/MPS$。

可见，乘数大小与边际消费倾向有关，边际消费倾向越大，或边际储蓄倾向越小，则乘数就越大。同时，乘数效应的发挥是两方面的。

3. 投资乘数的图形说明

乘数效应也可用图 14-10 来表示，图中 $c+i$ 代表原来的总支出线，$c+i+\Delta i$ 代表新的总支出线，E_0 和 E_1 表示原来的均衡收入和新的均衡收入，Δi 和 Δy 表示增加的投资和收入。由图可以看出投资一个较小的增加引起了均衡收入的大幅度增加，相当于上例中投资从 600 亿美元增加到 700 亿美元，投资增加 100 亿美元时，收入从 8000 亿元增加到 8500 亿元，均衡收入增加了 500 亿元，则投资乘数 $k=5$。

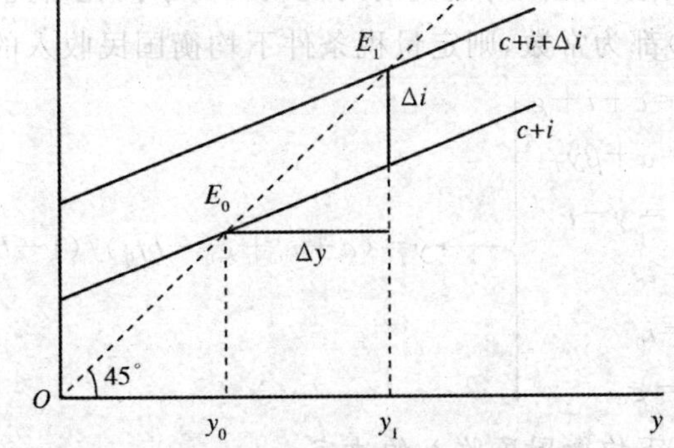

图 14-10　乘数效应

14.4 三部门经济中国民收入的决定及变动

前面的内容中我们讲了两部门经济国民收入的决定及变动，下面我们继续来学习三部门经济国民收入的决定及变动。

14.4.1 三部门经济中均衡国民收入的决定

在两部门经济中加入政府部门就构成了三部门经济社会体系，在加入政府部门之后，我们来看一看三部门经济的国民收入是如何来决定和变动的。

1. 三部门经济中均衡产出的条件

在第十三章中我们已经讲过，在有政府起作用的三部门经济中，国民收入从总支出的角度看，包括消费、投资和政府购买，而从总收入的角度看，则包括消费、储蓄和税收，其中税收为净税收。因此，加入政府部门后的均衡收入应是计划的消费、投资和政府购买的总和同计划的消费、储蓄和净税收的总和相等的收入，所以三部门经济中宏观均衡的条件为：

$$\left.\begin{array}{l} i+g=s+t \\ y=c+i+g \\ c+s+t=c+i+g \end{array}\right\} \rightarrow i+g=s+t$$

2. 两种税收条件下均衡国民收入的决定

在三部门经济国民收入的均衡条件中，税收(t)有两种情况，一种为定量税，即税收量不随收入而变动；另一种为比例税，即税收随收入的增加而增加，不同的税收对均衡国民收入具有不同的影响。下面我们来看看这两种税收条件下均衡国民收入的决定。

(1) 定量税条件下均衡国民收入的决定

定量税是指税收量不随收入而变动的税收。为了简化研究我们假设投资(i)、政府购买(g)和税收(t)都为常数，则定量税条件下均衡国民收入的决定公式为：

$$\left.\begin{array}{l} y=c+i+g \\ c=\alpha+\beta y_d \\ y_d=y-t \\ t=t_0 \\ i=i_0 \\ g=g_0 \end{array}\right\} \rightarrow y=(a+i_0+g_0-bt_0)/(1-b)。$$

(2) 比例税条件下均衡国民收入的决定

比例税是指税收量随收入增加而增加的税收。为了简化研究，我们依然假设投资(i)和政府购买(g)都为常数，则比例税条件下均衡国民收入的决定公式为：

$$\left.\begin{aligned}&y=c+i+g\\&c=\alpha+\beta y_d\\&y_d=y-t\\&t=t_y\\&i=i_0\\&g=g_0\end{aligned}\right\}\longrightarrow y=(a+i_0+g_0)/[1-b(1-t)]。\quad(14\text{-}3)$$

3. 两种税收条件下均衡国民收入的差异

在定量税条件下的均衡国民收入大于比例所得税条件下的均衡国民收入。

(1) 求取税收直接作用下的均衡国民收入时，若采用的是比例税，则税率的提高会提高 $s+ty$ 线的斜率，意味着收入增加 1 单位，就会有较多的部分作为储蓄和税收。

(2) 若采用的是定量税，则税收量的变动，只会使 $s+t$ 线平行移动，即改变 $s+t$ 线的截距，收入增加 1 单位，税收不随收入增加而增加，只有一部分作为储蓄。

14.4.2　三部门经济中各种乘数

西方学者认为，加入政府部门以后，不仅投资支出变动具有乘数效应，政府购买、税收和政府转移支付的变动同样具有乘数效应，因为政府购买性支出、税收和转移支付都会影响消费。

那么如何来计算这些乘数呢？为了便于研究，先假定采用的是定量税。则均衡国民收入为：$y=(\alpha+i+g-\beta t)/(1-\beta)$。

1. 政府购买支出乘数

(1) 定义：政府购买支出乘数是指均衡国民收入变动与引起这种变动的政府购买支出变动之间的比率。

(2) 公式：$y=(\alpha+i_0+g_0)/[1-b(1-t)]$

2. 税收乘数

(1) 定义：税收乘数是指均衡国民收入变动与引起这种变动的税收变动之间的比率。

(2) 公式：$y=(\alpha+i+g-\beta t)/(1-\beta)$

3. 政府转移支付乘数

(1) 定义：政府转移支付乘数是指均衡国民收入变动与引起这种变动的政府转移支付变动之间的比率。

(2) 公式

$$c=\alpha+\beta y_d$$

$$y_d=y-t+t_r$$

$$y=(\alpha+i+g+\beta t_r-\beta t)/(1-\beta) \tag{14-4}$$

$$k_{tr}=\frac{\Delta y}{\Delta t_r}=\frac{-\beta}{(1-\beta)}$$

4. 平衡预算乘数

(1) 定义：平衡预算乘数是指政府收入和支出同时以相等数量增加或减少时，均衡国民收入变动与引起这种变动的政府收支变动之间的比率。

(2) 计算公式

$$\Delta g=\Delta t$$

$$\Delta y=k_g\Delta g+k_t\Delta t=\Delta g=\Delta t$$

$$k_b=\frac{\Delta y}{\Delta t}=\frac{\Delta y}{\Delta g}=\frac{1-\beta}{(1-\beta)}=1$$

5. 四种乘数的进一步说明

(1) 比较 k_g, k_t, k_{tr}，可得 $k_g>k_t, k_g>k_{tr}$。因此，改变政府购买支出水平是财政政策中最有效的手段。

(2) 上述四种乘数，都要假设一个变量的变动不引起另一些变量的变动。

14.5 四部门经济中均衡国民收入的决定

14.5.1 四部门经济中的收入决定

1. 四部门经济中均衡的国民收入

当今世界各国的经济都是不同程度的开放经济，即与外国有贸易往来或其他经济往来的经济。在开放经济中，一国均衡的国民收入不仅取决于国内消费、投资和政府支出，还取决于净出口，即：

$$y=c+i+g+nx。$$

nx 为净出口，为出口和进口之差额：$nx=x-m$，它现在成了总需求的一部分，其中出口表示本国商品在外国的销售，代表着国外对本国商品的需求。在总需求中为什么要引入进口这一因素呢？这是因为 $c+i+g$ 虽然代表着家庭、企业和政府的全部支出，但并不意味着这些支出一定会全部花费在本国生产的商品上。企业可能会购买外国设备，政府可能购买外国武器，家庭可能购买外国的消费品。因此，应当从国内总支出$(c+i+g)$中扣除进口部分的支出，才是真正代表对本国产品的总支出或总需求，于是，$c+i+g+x-m$ 才成为对本国产品的真正需求。显然，进出口变动也会同其他变量（如消费、投资、政府购买、税收及储蓄等）一样，影响国民收入。

2. 进出口函数

在净出口 nx 中，当国民收入水平提高时，一般可假定 nx 会减少，而国民收入水平下降时，nx 会增加。这是因为，在 $nx=x-m$ 中，出口 m 是由外国的购买力和购买要求决定的，本国难以左右，因而一般假定是一个外生变量，即 $x=x_0$。反之，进口却会随本国收入提高而增加，因为本国收入提高后，人们对进口消费品和投资品（如机器设备、仪器等）的需求会增加。这样，可以把进口写成收入的一个函数：

$$m=m_0+\delta y$$

上式中 m_0 为自发性进口，即和收入没有关系或者说不取决于收入的进口部分。例如本国不能生产，但又为国计民生所必需的产品，不管收入水平如何，是必须进口的。δ 表示边际进口倾向，即收入增加 1 单位时进口会增加多少。

3. 四部门经济中均衡国民收入决定的模型

有了净出口以后，国民收入决定的模型可以表示如下：

$$\left.\begin{aligned}&y=c+i+g+x-m\\&c=\alpha+\beta y_d\\&y_d=y-t+t_r\\&t=t_0\\&i=i_0\\&g=g_0\\&t_r=t_{r0}\\&x=x_0\\&m=m_0+\delta y\end{aligned}\right\}\xrightarrow{\text{解联立方程}}y=\frac{1}{1-\beta+\delta}(\alpha-\beta t_0+\beta t_{r0}+i_0+g_0+x_0-m_0)$$

14.5.2　对外贸易乘数

1. 定义：对外贸易乘数是指均衡国民收入的变动与引起这种变动的出口变化之间的比率。

2. 计算公式

在封闭经济中，投资、政府购买支出增加，国民收入增加的倍数是 $\frac{1}{(1-\beta)}$，而在开放经济中却成了 $\frac{1}{(1-\beta+\delta)}$，乘数变小了，这主要是由于增加的收入的一部分现在要用到进口商品上去了。

14.6　本章小结

本章主要内容：

一、凯恩斯消费理论

1. 消费函数：

消费函数是指消费支出与决定消费的各种因素之间的依存关系。影响消费的因素很多,但收入是最主要的因素,一般来说,在其他条件不变的情况下,消费随收入的变动而呈现同方面的变动。但消费与收入并不一定按同一比例变动。

(1) 平均消费倾向 $APC=c/y$。

(2) 边际消费倾向 $MPC=\mathrm{d}c/\mathrm{d}y$。

(3) 平均储蓄倾向(APS)和边际储蓄倾向(MPS)的关系:$APC+APS=1$;$MPC+MPS=1$。

(4) 边际消费倾向递减规律:边际消费倾向随收入增加而递减。

(5) 线性消费函数 $c=\alpha+\beta y$,α 表示自主消费,β 表示引致消费。

2. 储蓄函数:

储蓄函数是指储蓄与决定储蓄大小的各种因素之间的依存关系,影响储蓄的因素很多,但收入是最主要的因素,在其他条件不变的情况下,储蓄随收入的变动而同方向变动。

(1) 平均储蓄倾向 $APS=s/y$。

(2) 边际储蓄倾向 $MPS=\mathrm{d}s/\mathrm{d}y$。

(3) 消费函数与储蓄函数之间的关系:$y=c+s$。全部收入可以分为消费与储蓄,全部收入增量可以分为消费的增量与储蓄增量,所以平均消费倾向与平均储蓄倾向之和恒等于1,边际消费倾向和边际储蓄倾向之和恒等于1。

二、其他消费函数

三、投资函数—投资与利息率之间的关系:投资是指增加实际资本的行为,表现为一定时期内增加新的建筑物、耐用设备以及增加或减少存货等,重置投资是指用来补偿损耗掉的资本设备的投资。

本章课后同步思考题及参考答案

1. 改革开放以前,中国许多企业普遍依赖专职采购员去购买本单位所需的产品。这些采购员不得不长年累月地在全国各地奔波,寻找从设备、原材料到生活必需品等产品,以维持本单位的生产和生活。自从引入市场机制以来,采购员这一职业逐渐被推销员所取代,现在众多企业都在想方设法推销自己的产品。由此,我们是否能够认为在市场经济中,实际总产出确实由需求所决定?

答:改革开放前,我国的商品采用统一定价。而且当时属于短缺经济情况,是典型的卖方市场,以总供给为导向。开放后,市场经济多为买方市场,产品价格由市场的供给和需求共同决定,而且市场机制使得资源配置更有效率。此时总需求起的作用更大。但是总供给方面仍然在 E 点上可以影响总产出。

2. 图中的 E 点表示由总支出所确定的均衡点。假如国民经济运行处于非均衡点(E 点之外)的状态,结果会是什么样子?

答:图中的 E 点表示由总支出所确定的均衡点。假如国民经济运行处于非均衡

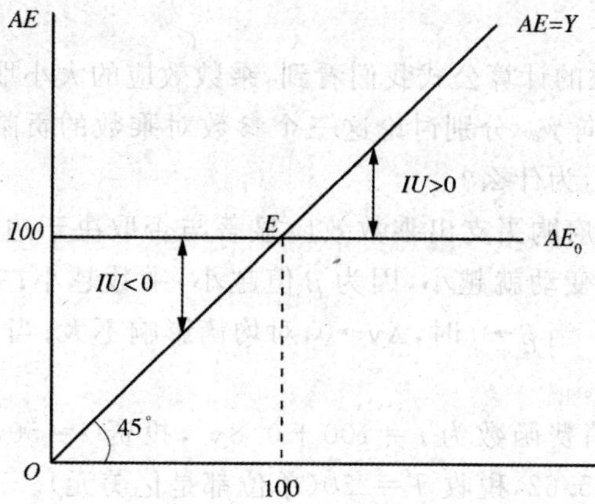

图 14-11　非均衡分析

点(E 点之外)的状态,如果收入大于 100(例如是 150),则生产出来的产量大于社会的需求量,从而产品卖不出去,企业存货增加,于是不得不减少产 100 量。反之,如果收入小于 100(例如 60),则生产出来的产量小于社会的需求量,从而产品不够卖,于是就要增加产量。只有在收入为 100 时,经济社会所生产出来的产量正好等于社会需求量,从而产量既不会再增加,也不会再减少,实现了均衡。

3. 在均衡产出水平上,是否计划存货投资和非计划存货投资都必然为零?

答:在均衡产出水平上,当处于均衡产出水平时,计划存货投资一般不为零,而非计划存货投资必然为零。这是因为计划存货投资是计划投资的一部分,而均衡产出就是等于消费加计划投资的产出,因此计划存货不一定是零。计划存货增加时,存货投资就大于零;计划存货减少时,存货投资就小于零。需要指出的是,存货是存量,存货投资是流量,存货投资是指存货的变动。在均衡产出水平上,计划存货投资是计划投资的一部分,它不一定是零,但是非计划存货投资一定是零,如果非计划存货投资不是零,那就不是均衡产出了。

4. 从消费函数我们知道边际消费倾向 β 是一个介于 0 和 1 之间的数。设想一个国家的 β 值非常小(接近 0),而另一国家的 β 值非常大(接近 1)。分别讨论在这两种极端情况下,均衡点应如何确定。

答:从公式可知,政府购买支出乘数效应显著与否取决于边际消费倾向 β。β 值越小对均衡收入带来的变动就越小,因为 β 值越小,乘数越小;β 值对均衡收入的影响越大,因为乘数越大。当 $\beta\to 0$ 时,$\Delta y\to 0$,对均衡影响不大;当 $\beta\to 1$ 时,$\Delta y=\Delta E^{*}(1/\beta)$,对均衡影响明显。

5. 能否说边际消费倾向和平均消费倾向都总是大于零而小于 1?

答:不能。边际消费倾向是指增加的收入中用于增加消费的部分,其取值区间必然是(0,1)之间。而平均消费倾向则不然,是指消费者消费支出在总收入中的比重。由于存在借贷行为,实际消费可能超过个人可支配收入,因此,平均消费倾向存在大于 1 的现象。

6. 从对外贸易乘数的计算公式我们看到，乘数效应的大小取决于边际消费倾向 β、税率 t 和边际进口倾向 γ。分别讨论这三个参数对乘数的贡献(是正还是负)。三个参数中哪一个最重要，为什么？

答：从公式可知，政府购买支出乘数效应显著与否取决于边际消费倾向 β。β 值越小对均衡收入带来的变动就越小，因为 β 值越小，乘数越小；β 值对均衡收入的影响越大，因为乘数越大。当 $\beta\to0$ 时，$\Delta y\to0$，对均衡影响不大；当 $\beta\to1$ 时，$\Delta y=\Delta E^{*}(1/\beta)$，对均衡影响明显。

7. 假设某经济的消费函数为 $c=100+0.8y_d$，投资 $i=50$，政府购买支出 $g=200$，政府转移支付 $tr=5.62$，税收 $T=250$(单位都是亿美元)。

(1)求均衡收入；

(2) 试求投资乘数、政府购买支出乘数、税收乘数、转移支付乘数、平衡预算乘数；

(3) 假定该社会达到充分就业所需要的国民收入为 1200，试问：①增加政府购买；②减少税收；③以同一数额增加政府购买和税收(以便预算平衡)实现充分就业，各需多少数额？

答：(1)可支配收入 $y_d=y-T+tr=y-250+62.5=y-187.5$

$c=100+0.8y=0.8y-50$ $y=c+i+g$，$y=1000$

(2) 投资乘数 $k_i=1/(1-\beta)=1/(1-0.8)=5$

政府购买支出乘数 $k_g=1/(1-\beta)=1/(1-0.8)=5$ 税收乘数 $k_T=-\beta/(1-\beta)=-0.8/(1-0.8)=-4$ 转移支付乘数 $k_{tr}=\beta/(1-\beta)=0.8/(1-0.8)=4$ 平衡预算乘数 $k_b=k_g+k_t=5-4=1$

(3)$\Delta y=1200-1000=200$

1) 增加政府购买 $\Delta g=\Delta y/k_g=200/5=40$

2) 减少税收 $\Delta t=\Delta y/|k_T|=200/|-4|=50$

3) 平衡预算乘数 $k_b=\Delta y/\Delta g=\Delta y/\Delta T=1$，$\Delta g=\Delta T=\Delta y=200$

配套思考题及参考答案

一、简答题

下图中，E 点表示总需求决定的均衡点。假若国民经济运行处于非均衡点的状态，国民经济将如何调整。

参考答案：

只要经济不处于均衡，企业就有存货的非计划变动，而这引起企业改变生产水平。生产的变动又影响总收入和支出，这就使经济向均衡方向运动。

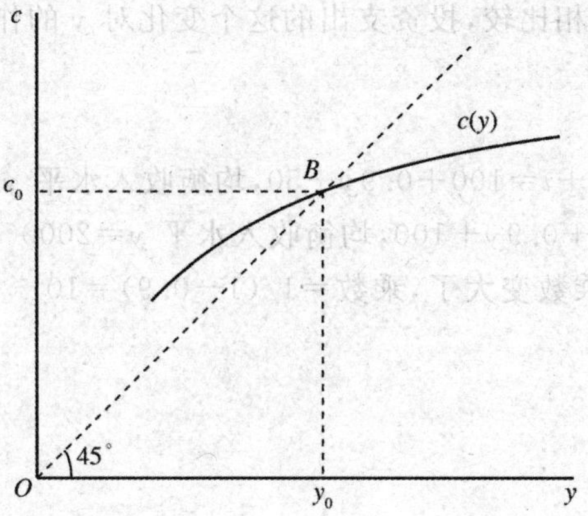

图 14-12　国民经济均衡状态

如果 GDP 大于均衡水平，计划支出小于生产，企业的销售小于生产。企业把卖不出去的产品加到它们的存货量中。这种存货的非计划增加引起企业解雇工人，并减少生产，这些行为又减少 GDP。这种非计划存货积累和收入下降的过程要一直持续到收入 Y 下降到均衡水平为止。

同样，如果 GDP 水平低于均衡水平，计划支出大于生产。企业要通过减少存货来满足高销售水平。但当企业看到自己的存货量在减少时，他们就雇用更过工人，并增加生产。GDP 增加，而且经济趋向均衡。

二、计算题

1. 假定 $G=NX=0$，消费函数为 $C=100+0.8y$ 时，投资 $i=50$。计算：

(1) 均衡收入水平

(2) 均衡时的储蓄水平

(3) 如果由于某种原因产出水平是 800，那么，什么是非自愿的存货积累水平？

(4) 如果 i 上升为 100，那么，这对均衡收入会产生什么影响？

(5) 此时的乘数是多少？

参考答案：

(1) $y=c+i=100+0.8y+50$，均衡收入水平 $y=750$

(2) $s=i=50$

(3) 非自愿存货累积水平 $=800-750=50$

(4) $y=c+i=100+0.8y+100$，均衡收入水平 $Y=1000$

(5) 乘数 $=1/(1-MPC)=1/(1-0.8)=5$

2. 在上题中的消费者行为发生了变化，$c=100+0.9y$，而 i 仍保持不变等于 50。

(1) 与上题(1)相比较，均衡收入水平是增加了，还是减少了？

(2) 现假定投资增加为 $i=100$。新的均衡收入为多少？

(3) 与上题的情况相比较，投资支出的这个变化对 y 的作用是比较大的，还是比较小的？为什么？

参考答案：

(1) 增加了。$y=c+i=100+0.9y+50$，均衡收入水平 $y=1500$

(2) $y=c+i=100+0.9y+100$，均衡收入水平 $y=2000$

(3) 比较大，因为乘数变大了，乘数 $=1/(1-0.9)=10$

第15章 货币市场的均衡:LM模型

本章学习目标:

1. 货币的需求。
2. 货币的供给。
3. 均衡利率的决定。
4. LM曲线的推导、斜率和变动。

导入案例:刺激经济:消费还是投资

短期总需求分析尽管有其不现实的假设条件(总供给不变等),但对我们认识宏观经济问题,实现经济稳定仍然是有意义的。我国政府近年来一直重视增加内需已说明需求成为经济稳定的一个重要因素。那么如何增加内需呢?学习宏观经济学可以为我们寻找增加内需的方法提供一个思路。我们知道,就内需而言,如果不考虑政府支出,重要的在于消费和投资。消费函数理论说明了消费的稳定性,这就告诉我们,要刺激消费是困难的。前些年内我们八次降息,但对内需的拉动有限,居民储蓄一直增加,这说明拉动消费不易。拉动内需的重点在于拉动投资。第一,我们要区分投资与消费的差别。例如,我们过去一直把居民购买住房作为消费就是一个误区。应该把居民购买住房作为一种投资,并用刺激投资的方法拉动这项投资。应该说,在我国人口多,而居住条件仍然较差的情况下,在未来几十年中,住房仍是投资的热点,只要政策得当,住房可以增加内需,带动经济。第二,在我国经济中,私人经济已有了长足的发展,成为经济的半壁江山。投资中的企业固定投资应该是以私人企业投资为主。这就要为私人企业投资创造更为宽松的环境。

上一章我们学习了消费、投资、政府支出和净出口这四方面的总支出水平如何决定经济社会的总产出即均衡的总收入水平,这种分析还只是讲了产品市场的均衡。而宏观经济学所涉及的市场不仅仅是产品市场,还有货币市场,而且这两个市场是相互影响,相互依存的。现在我们单独考察一下货币市场的状态,分析一下货币市场的均衡条件和均衡状态。

15.1 货币的定义与货币市场

什么是货币？它与其他金融资产的关系如何？什么是货币市场和金融市场？他们是怎样构成的？这些问题是了解西方货币市场运行机制的基础。

15.1.1 货币的定义

人们拥有的财产可分为两大类：

一是实际财产(real asset)或物质财产(physical asset)，包括房地产、各种机器设备、各种产品半成品及各种生活用品等一切有实际使用价值的物品.

二是金融资产(financial asset)，包括各种单纯以价值形式存在的财产，如现金、银行存款、各种债券及股票和其他有价证券等。

货币是一种金融资产，但金融资产却并不都是货币，只有具备四个职能(除世界货币职能外)的金融资产才是货币(价值尺度、流通手段、支付手段和储蓄手段)。

今天在西方国家(也包括我国)，在计算货币量的时候，把货币分成了三层含义的货币形式：M_1＝现金＋活期存款(或支票账户存款)。

这是狭义的货币定义，我们现在平常所说的货币就是这层含义的货币。

广义的货币 M_2：$M_2=M_1+$储蓄存款＋定期存款。

更广义的货币 M_3：$M_3=M_2+$政府债券＋其他货币近似物。

15.1.2 其他金融资产

1. 金融资产的定义

金融资产又称金融工具，或金融产品。什么叫金融工具呢？金融工具是指金融上用以表明资金需求者与供给者之间的债权债务或者所有权关系的凭证，也称金融证券。

2. 金融资产的种类

金融资产分为三类：

金融资产
- 货币(狭义的货币，即 M_1)
- 债券
  - 各类借据：本票、抵押借据等
  - 公司债券
  - 政府债券
  - 汇票：包括商业汇票、银行汇票。
- 股票
  - 普通股
  - 优先股

3. 金融资产的流动性(或灵活性)

金融资产的流通性(或灵活性)是指它的变现能力。金融资产的流动性越大，它就越安全，其获得的收益就越小。

货币是一种非常特殊的金融资产，它具有完全的流动性或灵活性。因此持有它没有收入或只有极少的收入。

货币的价值大小由什么决定呢？

货币的价值是它的购买力，即购买其他财产的能力。当单位货币能够购买的产品和服务的数量增加时，货币的价值就增加，反之就减少。因此，货币的价值取决于货币供给量（或流通量）与总产量（包括服务）的对比。

货币的成本（即机会成本）是什么呢？

货币的成本就是因持有货币而放弃的持有其他金融资产而应得到的收入，这个收入就是利息，所以，货币的成本就是利息率。

15.1.3　金融市场

金融市场是由货币资金的供需双方以金融工具为交易对象所形成的市场。金融市场按融资期限的长短分为两大类：货币市场和资本市场。

金融市场
- 货币市场（融资期限在一年以下）
- 资本市场
  - 长期信贷市场（融资期限在一年以上）
  - 股票市场

这里需要说明一下：凯恩斯认为的货币市场是整个金融市场。

15.1.4　利率的决定

古典学派萨伊认为，投资是利率的函数，储蓄也是利率的函数，那么市场利率就会自动地趋向一个合适的水平，从而会自动地使 $I=S$，即储蓄会自动地全部转化为投资。也就是说，利率由 I 和 S 决定。但凯恩斯认为投资是利率的函数，即 $I=I(r)$，而储蓄是收入的函数，即 $S=S(DI)$，利率 r 是由货币需求和货币供给决定的，而货币的名义供给量一般由国家控制，是一个外生变量。

15.2　利率的决定

15.2.1　货币的需求

利率决定投资，并进而影响国民收入，然而，利率本身又是怎样决定的呢？

1. 古典学派的观点

投资与储蓄都只与利率相关，投资是利率的减函数，储蓄是利率的增函数（即利率越高，人们越愿意储蓄，从而储蓄越多，当投资与储蓄相等时，利率就得以决定）。

2. 凯恩斯的观点

他认为，储蓄不仅决定于利率，更重要的是受收入水平的影响；收入是消费和储蓄的源泉，只有收入增加了，消费和储蓄才会增加；收入不增加，即使利率提高，储蓄也无从增加。如若不知道收入水平高低，就无法建立储蓄与利率的函数关系，而如果不能确定储蓄函数，也就不能确定利率，从而也不能确定投资水平和国民收入水平。凯恩斯提出，如果利率不是由投资和储蓄的对比关系决定，而是由别的因素决定，则投资和收入的决定问题就有可能得以解决。他认为，利率不是由储蓄与投资决定的，而是由货币的供给量和对货币的需求量所决定的。货币的实际供给量(用 m 表示)一般由国家加以控制，是一个外生变量，因此，决定利率的主要是货币的需求。

15.2.2 货币需求动机

1. 货币的需求

简单地说就是人们在不同条件下出于各种考虑对持有货币的需要。

西方学者认为，人们在一定时期所拥有的财富的数量总是有限的，他们都必须决定自己以何种形式来拥有财富。人们如果以货币形式拥有财富的比例越大，则他们以其他资产形式拥有财富的量就越少，拥有其他资产形式(如证券、实物资本等)预计能带来较高的收益，会使他们减少对货币的需要。因此，不管人们持有货币的动机多么强烈，都得仔细权衡以货币形式保存财富所花的成本。

2. 对于一个想借款的人来说，利息就是他为获得一定量货币所必须支付的价格，而对一个货币持有者来说，利息则表示他持有货币的机会成本，即持有货币就得不到的利息收入。

3. 货币需求的动机

既然持有货币就会失去利息收入，那么，人们为什么要把不能生息的货币持在手中呢？凯恩斯认为，人们需要货币是出于以下三类不同的动机。

(1) 交易动机

交易动机指个人和企业为了进行正常的交易活动而对货币的需要。由于收入和支出在时间上不是同步的，因而个人和企业必须有足够的货币资金来支付日常需要的开支。个人或企业出于这种交易动机所需要的货币量，决定于收入水平以及惯例和商业制度，而惯例和商业制度在短期内一般可假定为固定不变。于是，按凯恩斯的说法，出于交易动机的货币需求量主要决定于收入，收入越高，交易数量越大。交易数量越大，所交换的商品和劳务的价格越高，从而为应付日常开支所需的货币量就越大。

(2) 谨慎动机或称预防性动机

预防性动机指为预防意外支出而持有一部分货币的动机，如个人或企业为应付事故、失业、疾病等意外事件而需要事先持有一定数量货币，因此，如果说货币的交易需求产生于收入和支出间缺乏同步性，则货币的预防性需要产生于未来收入和支出的不确定性。西方经济学家认为，个人对货币的预防需求量主要决定于他对意外事件的看法，但从全社会来看，这一货币需求量大体上也和收入成正比，是收入的函数。

因此，如果用 L_1 表示交易动机和谨慎动机所产生的全部实际货币需求量，用 y 表示实际收入，则这种货币需求量和收入的关系可表示为：

$$L_1 = L_1(y),$$

或者

$$L_1 = ky。$$

式中 k 为出于上述二动机所需货币量同实际收入的比例关系；y 为具有不变购买力的实际收入。

(3) 投机动机

投机动机指人们为了抓住有利的购买有价证券的机会而持有一部分货币的动机。假定人们一时不用的财富只能用货币形式或债券形式来保存，债券能带来收益，而闲置货币则没有收益，那么人们为什么不全部购买债券而要在二者间作选择呢？原来是因为人们想利用利率水平或有价证券价格水平的变化进行投机。在实际生活中，债券价格高低以反比例关系表现利率的高低。可见，债券价格一般随利率变化而变化。由于债券市场价格是经常波动的，凡预计债券价格将上涨（即预期利率将下降）的人，就会用货币买进债券以备日后以更高价格卖出；反之，凡预计债券价格将下跌的人，就会卖出债券保存货币以备日后债券价格下跌时再买进。这种预计债券价格将下跌（即利率上升）而需要把货币保留在手中的情况，就是对货币的投机性需求。可见，有价证券价格的未来不确定性是对货币投机需求的必要前提，这一需求与利率成反方向变化。利率越高，即有价证券价格越低，人们若认为这一价格已降低到正常水平以下，预计很快会回升，就会抓住机会及时买进有价证券，于是，人们手中出于投机动机而持有的货币量就会减少。相反，利率越低，即有价证券价格越高，人们若认为这一价格已涨到正常水平以上，预计就要回跌，于是，人们就会抓住机会及时卖出有价证券。这样，人们手中出于投机动机而持有的货币量就会增加。

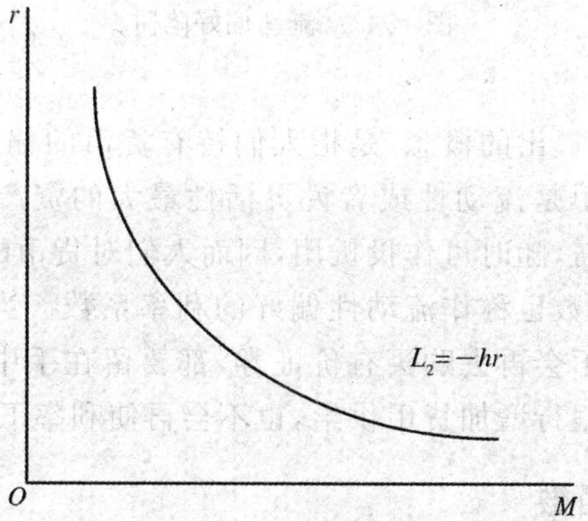

图 15-1　投机动机的货币需求曲线

图 15-1 反映了货币投机需求的状态。坐标纵轴 r 表示利率，横轴 M 表示货币需求量。总之，对货币的投机性需求取决于利率。如果用 L_2 表示货币的投机需求，

用 r 表示利率,则这一货币需求量和利率的关系可表示为:

$$L_2=L_2(r) \quad 或 \quad L_2=-hr。$$

h——货币需求关于利率的反应系数。

4. 流动偏好陷阱

(1) 对利率的预期是人们调节货币和债券配置比例的重要依据,利率越高,货币需求量越小。当利率极高时,这一需求量等于零,因为人们认为这时利率不大可能再上升,或者说有价证券价格不大可能再下降,因而将所持有的货币全部换成有价证券。

(2) 当利率极低,人们会认为这时利率不大可能再下降,或者说有价证券市场价格不大可能再上升而只会跌落,因而会将所持有的有价证券全部换成货币。人们有了货币也决不肯再去买有价证券,以免证券价格下跌时遭受损失。人们不管有多少货币都愿意持有手中,这种情况称为"凯恩斯陷阱"或"流动偏好陷阱",见图 15-2。

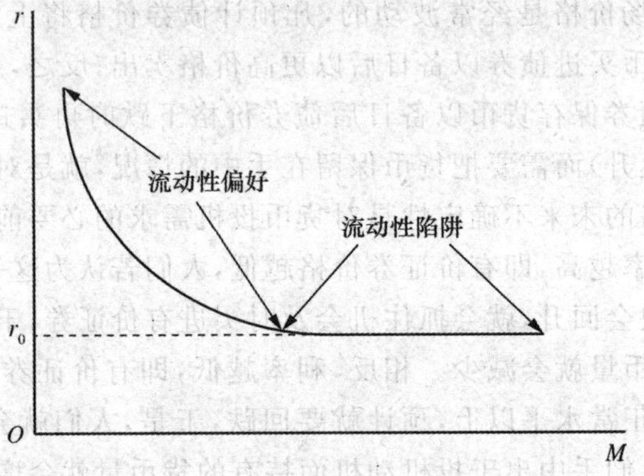

图 15-2 流动偏好陷阱

(3) 流动偏好

流动偏好是凯恩斯提出的概念,是指人们持有货币的偏好。人们之所以产生对货币的偏好,是由于货币是流动性或者说灵活性最大的资产,货币随时可做交易之用,随时可应付不测之需,随时可作投机用,因而人们对货币的偏好就称作流动偏好。货币需求关于利率的系数也称作流动性偏好的利率系数。当利率极低时,人们手中无论增加多少货币,都不会再去购买有价证券,都要留在手中,因而流动性偏好趋向于无限大;这时候即使银行增加货币供给,也不会再使利率下降。

15.2.3 货币需求函数

1. 货币需求函数

货币的总需求是人们对货币的交易需求、预防需求和投机需求的总和,货币的交易需求和预防需求决定于收入,而货币的投机需求决定于利率,因此,对货币的总需求函数可描述为:

$$L=L_1+L_2=L_1(y)+L_2(r)=ky-hr。$$

注意:有必要向读者说明,上式是一个不精确的表达方式。因为,根据该式 L_2 应该等于 $-hr$;这意味着,当 r 为正值时,L_2 均为负值,此种结果显然不符合现实。因此,即使在假设 L_2 与 r 之间存在线性关系的情况下,$L_2=A-hr$,其中的 A 是一个数值为正的常数。这样,$L=L_1+L_2=ky+A-hr$。然而,许多流行的西方教材仍然使用 $L=ky-hr$。其原因很可能是由于 ky 一般被认为是数值为正的量,从而可以避免上述 L_2 均为负值结果,所以作为教学用的简化公式,$L=ky-hr$ 被它们所采用。在此仍沿用西方教材的办法。

在式中的 L、L_1 和 L_2 都是代表对货币的实际需求,即具有不变购买力的实际货币需求量。名义货币量和实际货币量是有区别的,名义货币量是不问货币购买力如何而仅计算其票面值的货币量。把名义货币量折算成具有不变购买力的实际货币量,必须用价格指数加以调整。如用 M、m 和 P 依次代表名义货币量、实际货币量和价格指数,则,

$$m=M/P \quad 或 \quad M=mP$$

由于 $L=ky-hr$ 仅代表对货币的实际需求量或者说需要的实际货币量,因此,名义货币需求函数还应是实际货币需求函数乘以价格指数,即

$$L=(ky-hr)P$$

上式代表名义货币需求函数,式中 k 和 h 是常数。k 衡量收入增加时货币需求增加多少,这是货币需求关于收入变动的系数;h 衡量利率提高时货币需求增加多少,这是货币需求关于利率变动的系数。如果知道了 k、h、y、r 和 P 之值,就不难求得货币需求量。

2. 货币需求曲线

图 15-3 中,垂线 L_1 表示为满足交易动机和谨慎动机的货币需求曲线,它和利率无关,因而垂直于横轴。L_2 线表示满足投机动机的货币需求曲线,它起初向右下方倾斜,表示货币的投机需求量随利率下降而增加,最后为水平状,表示"流动偏好陷阱"。图中的 L 线则是包括 L_1 和 L_2 在内的全部货币需求曲线,其纵轴表示利率,横轴表示货币需求量。由于具有不变购买力的实际货币一般用 m 表示,因此横轴也可用 m 表示。

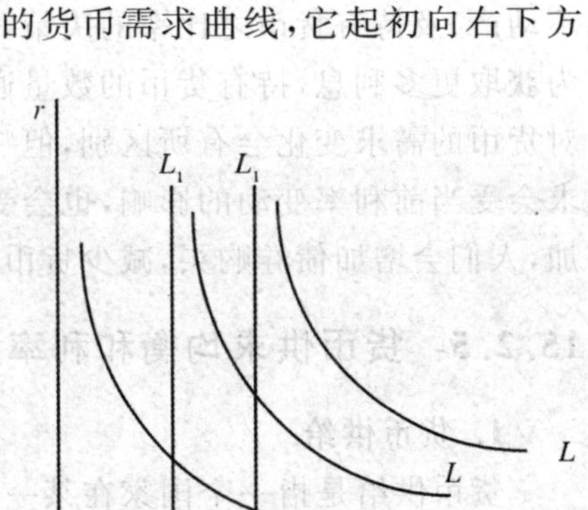

图 15-3　货币需求曲线

(1) L 曲线表示在一定收入水平上货币需求量和利率的关系,利率上升时,货币需求量减少;利率下降时,货币需求量增加。

(2)图中三条货币需求曲线分别代表收入水平为 y_1、y_2 和 y_3 时的三条货币需求曲线,可见,货币需求量与 $L_1=ky_1-hr$ 相等。

收入的正向变动关系是通过货币需求曲线向右上和左下移动来表示的,而货币需求量与利率的反向变动关系则是通过每一条需求曲线都是向右下方倾斜来表示的。

15.2.4 其他货币需求理论

在凯恩斯的货币需求理论出现以后,西方一些经济学家又提出了一些货币需求理论,丰富、完善和发展了凯恩斯的货币理论,这些货币需求理论主要有:

1. 货币需求的存货理论

这一理论由鲍莫·托宾提出,该理论认为人们持有货币犹如持有存货,一方面随收入增加,需要有更多的货币从事交易;但另一方面,随着利率的提高,持有货币的成本(放弃的利息收入)就上升。因此,货币的交易需求量会随收入增加而增加,随利率上升而减少,这就补充和发展了凯恩斯的交易需求理论(因为凯恩斯认为货币的交易需求只和收入有关)。货币需求的存货理论把人们最优的货币持有量用一个称之为货币需求的平方根公式表示:

$$M^{ж}=(t_c y/2r)^{1/2}$$

式中,t_c 为现金和债券之间的交易(转换)成本;y 为人们月初取得的收入(例如薪金);r 为利率。此式表示人们对货币的交易需求随收入增加而增加,随利率上升而减少。

2. 货币需求的投机理论

由美国经济学家托宾提出,认为人们会根据收益和风险的选择来安排其资产的组合,货币在不存在通胀情况下是最安全的资产,但没有利息收入。若购买债券或股票等有价证券,会有收益(利息、红利、股息及证券价格上升而得到的资产升值的收益),但又要承担亏损的风险,人们会根据对收益与风险的预期,作出购买证券(还有不动产)及持有货币之比率的决策,而持有货币是出于安全的考虑。当利率上升时,为获取更多利息,持有货币的数量通常会减少,虽然各人因为对风险的态度不同从而对货币的需求变化会有所区别,但一般说货币需求会随利率下降而增加,不仅货币需求会受当前利率变动的影响,也会受预期资本盈亏的影响,如认为未来资产收益会增加,人们会增加债券购买,减少货币持有。

15.2.5 货币供求均衡和利率的决定

1. 货币供给

货币供给是指一个国家在某一时点上所保持的不属政府和银行所有的硬币、纸币和银行存款的总和。货币供给有狭义的货币供给和广义的货币供给之分。

(1) 狭义的货币供给。是指硬币、纸币和银行活期存款的总和(一般用 M_1 表示)。活期存款可随时提取,并可当作货币在市面上流通,因而是狭义货币的一个组成部分。

(2) 广义的货币供给。狭义的货币供给上加上定期存款，便是广义的货币供给(一般用 M_2 表示)。

(3) 更广义的货币供给。在 M_2 的基础上再加上个人和企业所持有的政府债券等流动资产或"货币近似物"，便是意义更广泛的货币供给(一般用 M_3 表示)。

(4) 货币供给。是一个存量概念，它是一个国家在某一时点上所保持的不属政府和银行所有的硬币、纸币和银行存款的总和。西方经济学家认为，货币供给量是由国家用货币政策来调节的，因而是一个外生变量，其大小与利率高低无关。因此，货币供给曲线是一条垂直于横轴的直线，如图中的 m 直线。

2. 均衡利率的决定

垂直的货币供给曲线和货币需求曲线相交的点决定了利率的均衡水平，它表示，只有当货币供给等于货币需求时，货币市场才达到均衡状态。如果市场利率低于均衡利率(r_0)，$r*m=M$/则说明货币需求超过供给，这时人们感到手中持有的货币太少，就会卖出有价证券，证券价格就要下降，亦即利率要上升。对货币需求的减少，一直要持续到货币供求相等时为止。相反，当利率高于均衡利率(r_0)时，说明货币供给超过货币需求，这时人们感到手中持有的货币太多，就会把多余的货币买进有价证券。于是，证券价格要上升，亦即利率要下降。这种情况也一直要持续到货币供求相等时为止。只有当货币供求相等时，利率才不再变动，见图 15-4(a)。

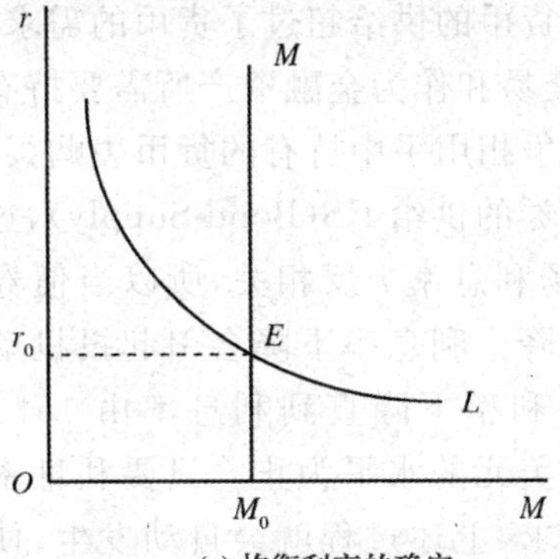

(a) 均衡利率的确定

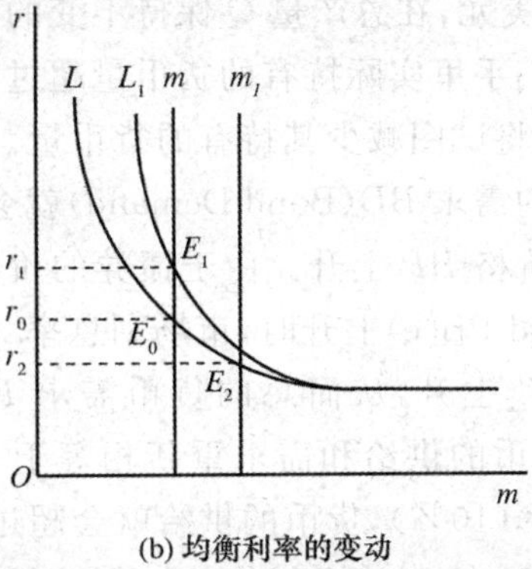

(b) 均衡利率的变动

图 15-4

3. 货币需求曲线和供给曲线会变动(均衡利率的变动)

(1) 当人们对货币的交易需求或投机需求增加时，货币需求曲线就会向右上方移动；当政府增加货币供给量时，货币供给曲线则会向右移动。在图 15-4(b)中，若货币供给不变，货币需求曲线从 L 移到 L_1 时，均衡利率就会从 r_0 上升到 r_1；相反，若货币需求 E 不变，货币供给曲线从 m 右移到 m_1 时，均衡利率则会从 r_0 下降到 r_2。

(2) 如果货币需求和供给同时变动时，利率就会受到二者的共同的影响，在移动后的需求曲线和供给曲线的交点上达到均衡。

从图中可以看到，当利率降低到一定程度(例如 2%)时，货币需求曲线呈接近于水平状态,这就是凯恩斯所说的“流动偏好陷阱”。这时,不管货币供给曲线向右移动多少即不管政府增加多少货币供给,都不可能再使利率下降。

15.2.6 货币市场实现均衡的过程

1. 均衡的形成

如图 15-5 所示,假定货币供给量由中央银行根据某种货币政策控制在 5000 亿美元的水平上。M 表示货币供给曲线,它是一条垂直于横轴的直线。L 表示货币需求曲线。

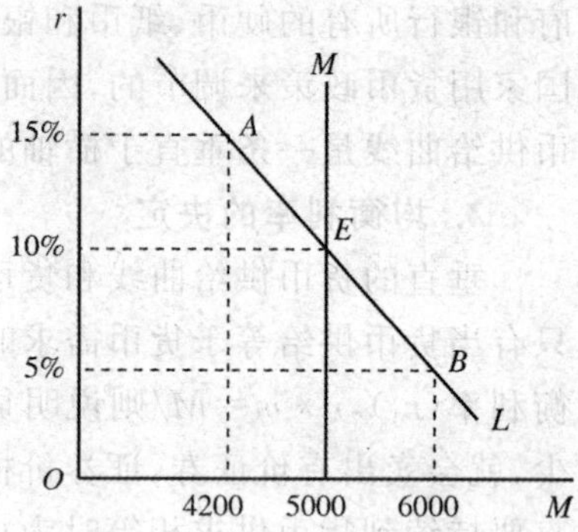

图 15-5 均衡利率的形成过程

货币的需求曲线 L 与货币供给曲线 M 共同决定均衡利率水平 $r=10\%$。即在 E 点,货币的需求量与货币供给量均为 5000 亿,这是一种均衡状态。

如果货币市场最初不处于利息率为 10%的均衡状态,货币的需求会自动调整,达到这一均衡状态。

假定最初利息率不是 10%,而是 15%,即 $r=15\%$。在利息率为 15%的情况下,货币的总需求为 4200 亿美元,而货币的供给却为 5000 亿美元,在总产量 Q 保持不变的情况下,货币的供给超过了货币的需求,这就意味着人们手里实际持有的货币量超过了其为交易和作为金融资产所需要持有的货币量,人们将试图减少其持有的货币量。人们会争相用手中持有的货币去购买债券,于是债券的需求 BD(Bond Demand)就会超过债券的供给 BS(Bond Supply),这将推动债券的价格 BP 上升。由于债券的价格与市场利息率 r 反相关,所以当债券的价格 BP(Bond Price)上升时,市场利息率 r 就会下降。利息率下降会引起投机动机的货币需要 L_2 上升,从而总的货币需求 L 上升。利率下降直到利息率由 15%下降到 10%,货币的供给和需求重新相等于 5000 亿美元的水平为止。只要利息率高于均衡利息率(10%),货币的供给就会超过货币需求,上述过程就会自动发生,使利息率下降,直到在 10%的利息率水平上达到均衡。上述的自动均衡机制可以使用符号概括如下:当 $r=15\%$ 时,$M>L$,$BD\uparrow$,$BD>BS$,$BP\uparrow$,$r\downarrow$,$L_2\uparrow$,$L\uparrow$,$L=M$。

结果:r 下降到 10%,$L=5000=M$。

假定最初的情况同上面相反,利息率低于均衡利息率为 5%。根据货币需求曲线,当利息率为 5%时,货币需求为 6000 亿美元,货币供给仍为中央银行控制的既定量 5000 亿美元。在总产量 Q 不变,从而交易的货币需求不变的情况下,货币的需求大于货币的供给,这意味着人们手中实际持有的货币量少于人们为交易和作为资产而希望持有的货币量,于是便会抛售手中的债券将其变为货币。这会引起债券市场的债券供给 BS 增加,导致债券的供给大于债券需求 BD,使债券价格 BP 下降,并推动利息率上升。利息率的上升会导致投机动机的货币需求 L_2 下降,直到利息率由

5%上升到10%的水平，使货币的总需求减少到5000亿美元。货币市场重新在10%的利息率水平上达到均衡状态。只要利息率低于均衡利息率水平(10%)，货币的需求就会大于其供给，债券的持有者就会减少债券的持有量增加货币的持有量，利息率就会上升，直到上升的利息率将货币需求重新调整到与货币供给相等为止。上述的自动均衡机制可概括如下：

当$r=5\%$时，$L>M$，$BS\uparrow$，$BS>BD$，$BP\downarrow$，$r\uparrow$，$L_2\downarrow$，$L\downarrow$，直到$L=M$。

结果：r上升到10%，$MD=5000=M$。

需要特别加以说明的是，上面涉及的货币供给和需求都是指实际货币供给和实际货币需求，利息率也不是市场名义利息率，而是指市场实际利息率。

2. 货币供给变动对货币市场均衡的影响

货币市场有自动趋于均衡的机制，利用这种机制可以有效地控制货币市场。货币的供给是由中央银行控制的，当中央银行改变货币供给量的时候，原有的均衡状态将会发生什么变化呢？

现在我们就来考虑分析货币供给变化对货币市场均衡产生影响的过程。

仍然建立以利率r为纵坐标，货币量M为横坐标的坐标如下图15-6所示。

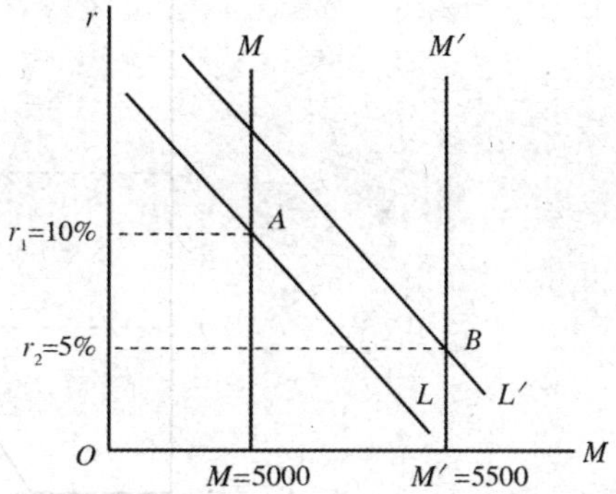

图15-6　货币供给对均衡的影响

假定货币市场最初处于均衡状态A点，均衡的利率$r_1=10\%$，并且$L=5000$亿美元$=M$。现在，假定中央银行将货币供给量增加到了5500亿美元，即$M'=5500$。如上图，货币的供给曲线由M移动到了M'。在利息率为原来均衡水平$r_1=10\%$的情况下，现在的货币供给大于货币需求($M'=5500$，$L=5000$)。当货币的供给大于需求时，货币市场的自动均衡机制就会起作用。货币的供给大于其需求，意味着人们实际持有的货币数量大于其为交易机制作为资产而愿意持有的货币量，人们感觉手里的货币多了，就会购买债券，导致债券市场上债券需求BD增加，并使债券价格BP上升。由于债券价格与利息率反相关，所以债券价格上升导致实际利息率r的下降。利息率的下降，一方面会使投机动机的货币需求L_2增加，从而导致总货币需求增加；另一方面，由于利息率下降，总投资I会增加，导致最终产品市场上的总需求AE增加，使产品市场总需求大于总供给，导致总产量Q的增加。由于总产量Q的增加，而交易的货币需求又是总产量的增函数，所以Q的增加会引起交易动机的货币需求L_1增加。L_1和L_2均增加导致货币总需求曲线向右移动，由L移到L'。结果，利息率由10%下降到r_2，投机动机的货币需求L_2和交易的货币需求L_1都增加了，直到$L_1+L_2=L=5500$亿美元，与增加后的货币供给量相等。

货币供给增加引起货币市场均衡状态发生变化的传导机制可以概括如下：

$M\uparrow: M>L, BD\uparrow, BD>BS, BP\uparrow, r\downarrow, L_2\uparrow$。

由于 $r\downarrow, I\uparrow, AE\uparrow, AD\uparrow, AD>AS, Q\uparrow, L_1\uparrow$，

$L_1\uparrow$ 和 $L_2\uparrow$，$L\uparrow$，结果：r 下降到 r_2，$L=5\,500$ 亿美元$=M$。

[注意] 如果 L_1 不增加，仅 L_2 增加，那么，货币总需求曲线 L 就不会发生位置移动。

15.3 货币市场的均衡：LM 曲线

15.3.1 货币市场的均衡

前已说过，利率是由货币市场上的供给和需求的均衡决定的，而货币的供给量是由货币当局所控制，即由代表政府的中央银行所控制，因而假定它是一个外生变量。在货币供给量既定情况下，货币市场的均衡只能通过调节对货币的需求来实现，见图 15-7。

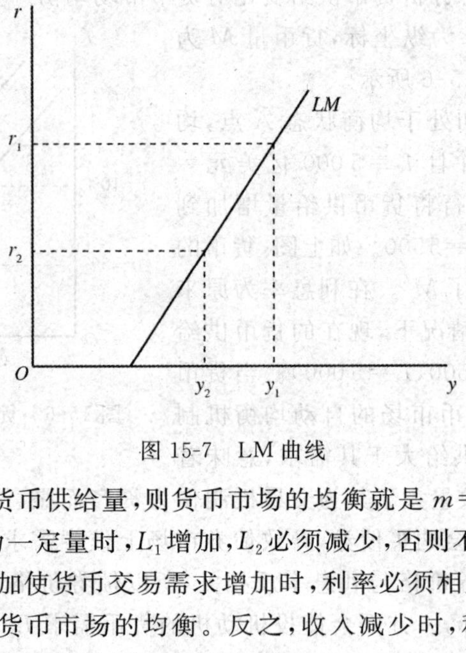

图 15-7 LM 曲线

假定 m 代表实际货币供给量，则货币市场的均衡就是 $m=L=L_1(y)+L_2(r)=ky-hr$。可见，当 m 为一定量时，L_1 增加，L_2 必须减少，否则不能保持货币市场的均衡。因此，国民收入增加使货币交易需求增加时，利率必须相应提高，从而使货币投机需求减少，才能维持货币市场的均衡。反之，收入减少时，利率必须相应下降，否则，货币市场就不能保持均衡。

15.3.2 LM 曲线的推导

1. LM 曲线：当 m 给定时，$m=ky-hr$ 的公式可表示为满足货币市场的均衡条件下的收入 y 与利率 r 的关系，这一关系的图形就被称为 LM 曲线。

2. 均衡条件：由于货币市场均衡时 $m=ky-hr$，因此

$$Y=(hr/k)+m/k$$

或　　　　　$r=(ky/h)-m/h$

这两个公式都可以表示LM曲线的代数表达式，由于该曲线图形的纵坐标表示的是利率，横坐标表示的是收入，因此一般用公式 $r=(ky/h)-m/h$ 代表LM曲线。

图中向右上方倾斜的曲线（在这里，此曲线代表的是线性方程，故是直线），之所以称为LM曲线，是因为此线上任一点都代表一定利率和收入的组合，在这样的组合下，货币需求与供给都是相等的，$L=m$，即货币市场是均衡的。

3. *LM* 曲线的推导（图 15-8）

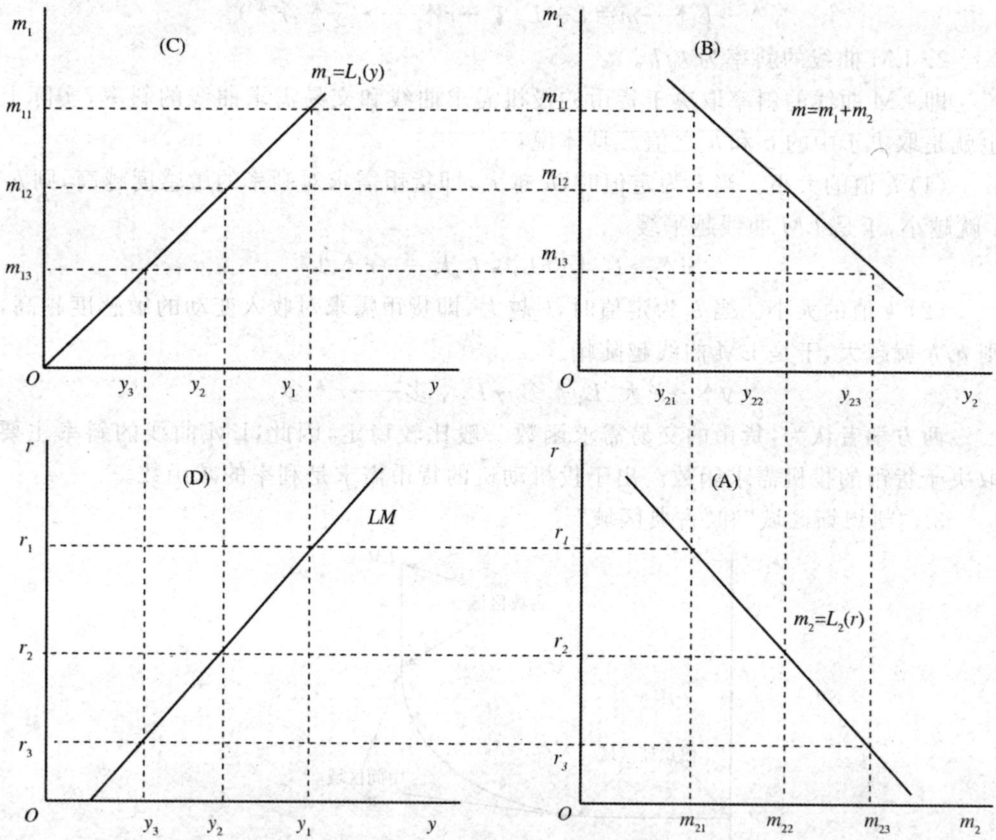

图 15-8　LM曲线的推导

(1) LM曲线是从货币的投机需求与利率的关系，货币的交易需求与收入的关系以及货币需求与供给相等的关系中，利用四个象限的图推导出来的。这个推导过程如下：

图中的象限(A)中向右下方倾斜的曲线是货币的投机需求函数 $m_2=L_2(r)$。

象限(B)则表示当货币供给为一定量时，应如何来划分用于交易需求的货币和投机需求的货币。由于 $m=m_1+m_2$，45°线表示这种关系。

象限(C)表示的曲线是货币的交易需求函数 $m_1=L_1(y)$。

象限(D)表示与货币市场均衡相一致的均衡利率与收入的一系列组合。

(2) 将一系列使货币均衡的利率和收入组合点连结起来,就描绘出一条称之为"LM"的曲线。它之所以叫 LM 曲线,是由于这条曲线上的任一点所指示的利率与所相应的国民收入都会使货币供给(M)等于货币需求(L)。

15.3.3 LM 曲线的斜率

1. LM 曲线向右上方倾斜,斜率为正。

$$y\uparrow \rightarrow L\uparrow \rightarrow m=L\rightarrow L_2\downarrow \rightarrow r\uparrow \longrightarrow (y\uparrow ,r\uparrow)。$$

2. LM 曲线的斜率为 k/h。

即 LM 曲线的斜率取决于货币的投机需求曲线和交易需求曲线的斜率,实际上也就是取决于中的 k 和 h 之值。具体说:

(1) h 值的大小。当 k 为定值时,h 越大,即货币需求对利率的敏感度越高,则 k/h 就越小,于是 LM 曲线越平缓。

$$y\uparrow \rightarrow L_1\uparrow \rightarrow L_2\downarrow h\text{ 大}\longrightarrow r\uparrow \text{少}$$

(2) k 值的大小。当 h 为定值时,k 越大,即货币需求对收入变动的敏感度越高,则 k/h 就越大,于是 LM 曲线越陡峭。

$$y\uparrow \rightarrow k\text{ 大、}L_1\uparrow \text{多}\rightarrow L_2\downarrow \text{多}\longrightarrow r\uparrow \text{多。}$$

西方学者认为,货币的交易需求函数一般比较稳定,因此,LM 曲线的斜率主要取决于货币的投机需求函数。出于投机动机的货币需求是利率的减函数。

3. "凯恩斯区域"和"古典区域"。

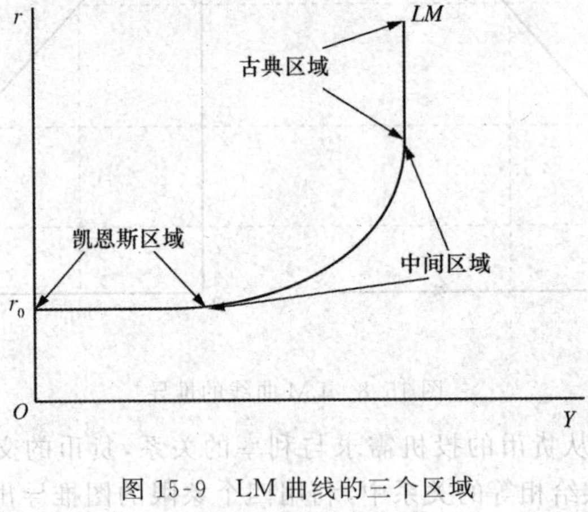

图 15-9 LM 曲线的三个区域

(1) "凯恩斯区域"

① 当利率降得很低时,货币的投机需求将成为无限的,这就是"凯恩斯陷阱"或"流动偏好陷阱"。由于在这一极低的利率水平上(比方说 2%)货币投机需求量已成为无限的,因此货币的投机需求曲线成为一条水平线,这会使 LM 也成为水平的。

② 在图 15-9 中,当利率降到 r_1 时,货币投机需求曲线成为一条水平线,因而

LM 曲线上也相应有一段水平状态的区域，这一区域称为“凯恩斯区域”，也称“萧条区域”。理由是，如果利率一旦降到很低的水平，政府实行扩张性货币政策，增加货币供给，不能降低利率，也不能增加收入，因而货币政策在这时无效。相反，扩张性财政政策，使 *IS* 曲线向右移动，收入水平会在利率不发生变化情况下提高，因而财政政策有很大效果。凯恩斯认为 20 世纪 30 年代大萧条时期西方国家的经济就是这种情况，因而 LM 曲线呈水平状这个区域称为“凯恩斯区域”或“萧条区域”。

(2) 古典区域

① 如果利率上升到很高水平时，货币的投机需求量将等于零，这时候人们除了为完成交易还必须持有一部分货币(即交易需求)，再不会为投机而持有货币。由于货币的投机需求等于零，因此，图 15-8 中的货币投机需求曲线表现为：与纵轴 r 交点以上的利率是一条与纵轴相重合的垂直线，不管利率再上升到交点以上多少，货币投机需求量都是零，人们手中持有的货币都是用于交易需求的数量。

② 在古典区域实行扩张性财政政策使 *IS* 曲线向右上移动，只会提高利率而不会使收入增加，但如果实行使 LM 曲线右移的扩张性货币政策，则不但会降低利率，还会提高收入水平。因此这时候财政政策无效而货币政策有效，这符合“古典学派”以及基本上以“古典学派”理论为基础的货币主义者的观点。因而 LM 曲线呈垂直状态的这一区域被称为“古典区域”。

(3) 中间区域

古典区域和凯恩斯区域之间的 LM 曲线是中间区域，LM 曲线的斜率在古典区域为无穷大，在凯恩斯区域为零，在中间区域则为正值。LM 曲线的斜率是 k/h，h 是货币需求关于利率变动的系数，当 $h=0$ 时，k/h 为无穷大。因此，LM 曲线在古典区域是一条垂直线，当 h 为无穷大时，k/h 为零。因此，LM 曲线在凯恩斯区域是一条水平线，而当 h 介于零和无穷大之间的任何值时，由于在一般总是正值，因此 h 为正。

15.3.4 LM 曲线的移动

货币投机需求、交易需求和货币供给量的变化，都会使 LM 曲线发生相应的变动。

1. 货币投机需求曲线移动，会使 LM 曲线发生方向相反的移动，即如果投机需求曲线右移(即投机需求增加)，而其他情况不变，则会使 LM 曲线左移。原因是同样利率水平上现在投机需求量增加了，交易需求量必减少，从而要求有的国民收入水平下降了。

2. 货币交易需求曲线移动，会使 LM 曲线发生方向相同的移动，即如果交易需求曲线右移(即交易需求减少)而其他情况不变，则会使 LM 曲线也右移。原因是完成同样的交易量所需要的货币量减少了，也就是，原来一笔货币现在能完成更多国民收入的交易了。即：如果国民收入水平不变，物价上涨，货币的交易需求增加，导致 LM 曲线向左上方平行移动；反之亦然，如图 15-10 所示。

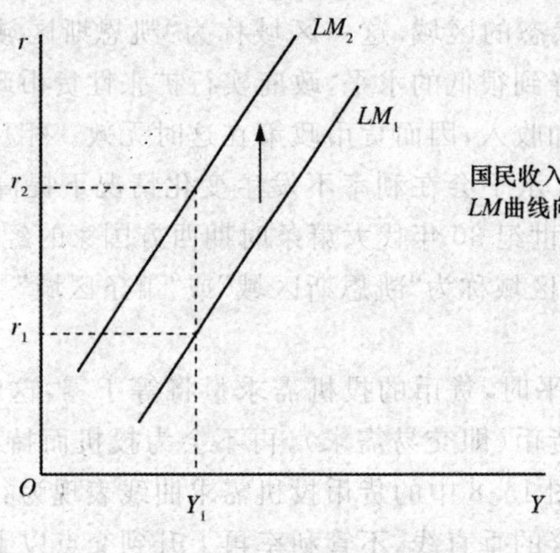

图 15-10 货币交易需求变动引起的 LM 曲线移动

3. 货币供给量不变时，如果利率不变，货币的投资需求增加，那么 LM 曲线向左上方平行移动；反之亦然，如图 15-11 所示。

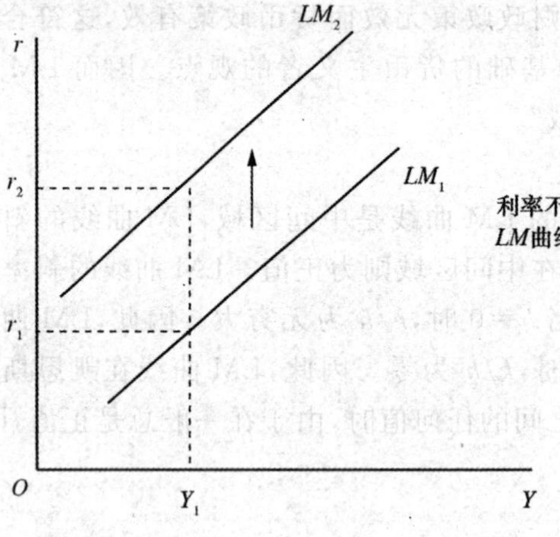

图 15-11 货币投资需求变动引起的 LM 曲线移动

注意：上述 LM 曲线的移动是在货币的投机需求曲线和交易需求曲线斜率不变时发生的，即 h 和 k 之值都不变时发生的。如果 h 和 k 变化，则会使 LM 曲线发生转动而不是移动，如 h 之值由小变大即货币需求对利率的敏感度逐渐增强，则会使 LM 曲线逐渐变得平缓，即发生顺时针方向转动；反之，则发生逆时针方向转动。如果 k 之值由小变大，即货币需求对收入的敏感度逐渐增强，则会使 LM 曲线逐渐变陡，发生逆时针方向转动；反之，则会发生顺时针方向转动。

3. 货币供给量变动将使 LM 曲线发生同方向变动，即货币供给增加，LM 曲线右移，原因是在货币需求不变时（包括投机需求和交易需求），货币供给增加必使利率下降，利率下降又刺激投资和消费，从而使国民收入增加。这种情况可用图来表示。

在图 15-12 中，当货币供给量从 m 增加到 m^{**} 时，LM 曲线从 LM_1 右移到 LM_2。

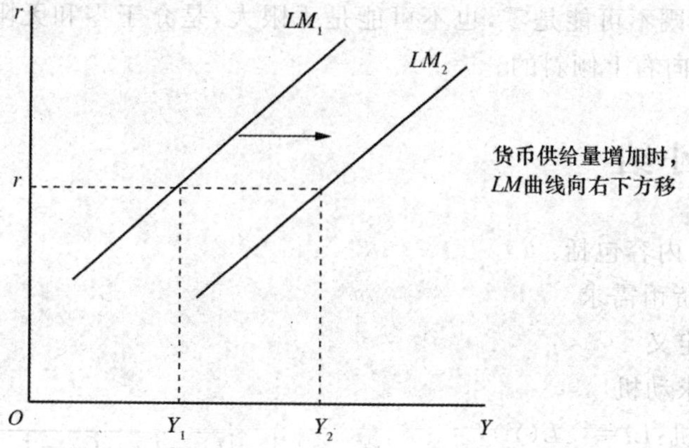

图 15-12　货币供给量变动引起的 LM 曲线的移动

使 LM 曲线移动的三个因素中，特别要重视货币供给量变动的因素。因为货币供给量是国家货币当局可以根据需要而调整的，通过这种调整来调节利率和国民收入，正是货币政策的内容。

注意：当价格水平 $P=1$ 时，或者说不变时，名义货币供给就可以代表实际货币供给，因为 $m=M/P=M$。可是，如果价格水平不等于 1，或者说变动时，名义货币供给就不能代表实际货币供给。$P>1$ 时，货币的实际供给小于名义供给，$P<1$ 时，货币的实际供给大于名义供给。因此，当名义货币供给量不变时，价格水平如果下降，意味着实际货币供给增加，这会使 LM 曲线向右移动。相反，如果价格水平上升，LM 曲线向左移动。认识这一点，对于认识总需求曲线的推导很有意义。

15.4　LM 曲线的特殊性

LM 曲线向右上倾斜的假定条件

LM 曲线向右上倾斜的假定条件是货币需求随利率上升而减少，随收入上升而增加. 如果这些条件成立，则当货币供给既定时，若利率上升，货币投机需求量减少(即人们认为债券价格下降时，购买债券从投机角度看风险变小，因而愿买进债券而少需要持币)，为保持货币市场上供求平衡，货币交易需求量必须相应增加，而货币交易需求又只有在收入增加时才会增加。于是，较高的利率必须和较高的收入相结合，才能使货币市场均衡。如果这些条件不成立，则 LM 曲线不可能向右上倾斜。例如，古典学派认为，人们需要货币，只是为了交易，并不存在投机需求，即货币投机需求为零，在这种情况下，LM 曲线就是一条垂直线。反之，凯恩斯认为，当利率下降到足够低的水平时，人们的货币投机需求将是无限大(即认为这时债券价格太高，只会下降，不会再升，从而买债券风险大，因而人们手头不管有多少货币，都再不愿去买债券),从而进入流动性陷阱,使 LM 曲线呈水平状。由于西方学者认为,人们对货币的投机需求一般既不可能是零,也不可能是无限大,是介于零和无限大之间,因此,LM 曲线一般是向右上倾斜的。

15.5 本章小结

本章的主要内容包括:

一、货币及货币需求

1. 货币的定义

2. 货币需求动机

(1)交易动机:$Lt = L(Y)$

(2) 谨慎动机或称预防性动机:$Lp = L(Y)$

} $L_1 = Lt + Lp = L_1(y)$

(3) 投机动机:$L_2 = L_2(r)$

3. 流动偏好陷阱:当 $r = \min r$ 时,$L_2 \to \infty$。

4. 货币需求函数:$L = L_1 + L_2 = L_1(y) + L_2(r) = ky - hr$。

5. 其他货币需求理论。

二、货币供给:$m = M / P$

三、均衡利率的决定

1. 均衡利率的决定:$m = L \longrightarrow m = L_1 + L_2 = L_1(y) + L_2(r) = ky - hr$。

2. 均衡利率的变动:货币需求和货币供给的变动均会引起均衡的变动。

3. 货币市场实现均衡的过程

四、LM 曲线

1. LM 曲线的推导:运用四象限法推导,得出向右上方倾斜的 LM 曲线。

2. LM 曲线的斜率:$K_{LM} = k/h$。

3. 水平的"凯恩斯区域"和垂直的"古典区域"。

本章课后同步思考题及参考答案

一、名词解释

1. 货币需求:

所谓货币需求,在凯恩斯看来,是指人们放弃流动性很差的金融资产而持有货币的需要。也就是说指经济主体(如居民、企业和单位等)在特定利率下能够并愿意持有的货币数量。

2. 流动性偏好:

所谓流动性是指金融资产使用的方便性。凯恩斯认为:最具有流动性的资产就是货币。因此，人们喜欢持有货币的偏好即为流动性偏好。

3. 凯恩斯陷阱：

流动性偏好陷阱或凯恩斯陷阱（Keynes trap）：当利率极低，人们会认为这种利率不大可能再降，或者说有价证券市场价格不大可能上升而只会跌落时，人们不管有多少货币都愿意持在手中，这种情况被称为"流动偏好陷阱"或"凯恩斯陷阱"。

4. LM 曲线：

表示在货币市场中，货币供给等于货币需求时，收入与利率的各种组合的点的轨迹。LM 曲线的数学表达式为 $m=ky-hr$，这一公式可表示为满足货币市场的均衡条件下的收入 y 与利率 r 的关系，这一关系的图形就被称为 LM 曲线。

5. 凯恩斯区域：

LM 曲线上的水平区域和垂直区域分别称为凯恩斯区域和古典区域。在水平阶段的 LM 曲线上，货币的需求曲线已处于水平状态，对货币的投机需求已达到利率下降的最低点"流动偏好陷阱"阶段，由于在这一极低的利率水平上，货币的投机需求为无限，因此货币的投机需求曲线为水平线，从而使 LM 曲线呈水平状态，由于这种分析是凯恩斯提出的，所以水平的 LM 区域称为凯恩斯区域。

6. 古典区域：

古典区域是总供给曲线的垂直部分，它表示经济处于充分就业的产出。

二、计算题

1. 已知货币需求 $Md=0.3y+100-15r$，货币供给 $Ms=1000$，$P=1$，请计算：当 Ms 增加到 1090 时，LM 曲线如何移动？移动多少？

当 Ms 增加到 1090 时，LM 曲线向右移动，平行移动 300 个单位。

答：货币供给 Ms＝货币需求 Md，联立方程

$1000=0.3y+100-15r$　$0.3y=900+15r$　$y=3000+150r$

$1090=0.3y^*+100-15r$　　$y^*=3300+150r$

$\therefore \Delta Y=300$

∴当 Ms 增加到 1090 时，LM 曲线向右移动，平行移动 300 个单位。

2. 假定在两部门经济中，名义货币供给 $M=2000$，物价水平为 $P=10$，货币需求函数为 $L=0.4y-10000r$。试求：LM 方程。

答：$m=M/p=2000/10=200$

$L=m, 200=0.4Y-10000r, y=500+25000r$

三、简答题

1. 什么是货币需求？人们持有货币的三种主要动机是什么？

答：货币需求（Money Demand）是指社会各部门在既定的收入或财富范围内能够而且愿意以货币形式持有的数量。

凯恩斯认为，人们对货币的需求出于三种动机：

1）交易动机：为从事日常的交易支付，人们必须持有货币。

2）预防动机：又称谨慎动机，持有货币以应付一些未曾预料的紧急支付。

3）投机动机：由于未来利息率的不确定，人们为避免资本损失或增加资本收益，及时调整资产结构而持有货币。

其中，由交易动机和谨慎动机而产生的货币需求称为交易性货币需求，记做：L_1。由投机动机而产生的货币需求称为投机性货币需求，记做：L_2。货币总需求（L）等于货币的交易需求（L_1）与投机需求（L_2）之和。货币需求函数就可写成：

$$L=L_1(Y)+L_2(i)=L(Y,i)$$

2. LM 曲线可划分为几个区域？其经济含义是什么？

答：LM 分凯恩斯区域，中间区域和古典区域。LM 方程一般为 $r=ky/h-m/h$。根据三个区域的曲线是水平、倾斜还是垂直，可得曲线斜率分别为：0、(0，∞)，∞。

其经济含义是：

(1) 凯恩斯区域：利率降到很低（r_1 水平），货币的投机需求趋于无限大，货币投机需求曲线会成为一条水平线，相对应的 LM 曲线上也有一段水平状态的区域。在凯恩斯区域中，因为较低的利率水平，政府会实行扩张性货币政策，增加货币供给，不能降低利率，也不能增加收入，因而货币政策在这时无效。相反，扩张性财政政策，可以使收入水平在利率不发生变化情况下提高，因而财政政策有很大的效果；

(2) 如果利率上升到很高水平时候（r_2 水平），货币的投机需求量将等于零，这时候人们除了为完成交易还必须持有一部分货币外，不会为投机而持有货币。货币投机需求曲线表现为 r_2 以上是一条与纵轴相重合的垂直线，LM 曲线也从利率为 r_2 开始成为一条垂直线。LM 曲线呈垂直状态的这一区域就被成为古典区域；

(3)古典区域和凯恩斯区域之间这段 LM 曲线是中间区域，LM 曲线的斜率在古典区域为无穷大，在凯恩斯区域为零，在中间区域为正值。

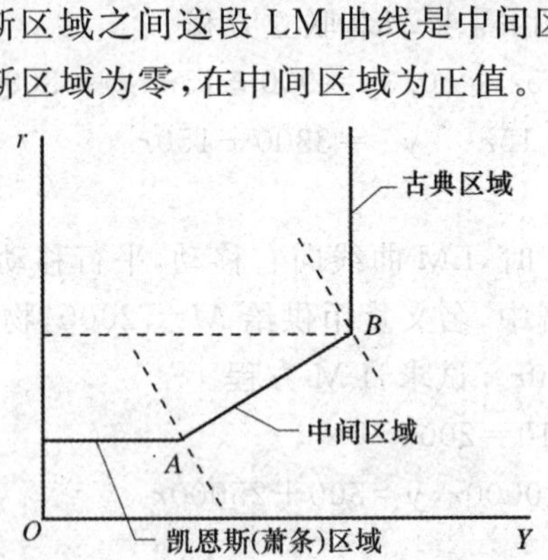

图 15-13　LM 曲线的三个区域

3. 不在 IS 曲线和 LM 曲线交点上的非均衡点，能否走向均衡？如何实现？

答：只要生产能随产品市场供求而变动，利率能随货币市场供求而变动，产品市场和货币市场中的非均衡就可以通过调整逐步走向均衡。例如，若利率和收入的组合点在 IS 曲线和 LM 曲线之上，则一方面表示这时储蓄大于投资；另一方面表示货币供给大于货币需求，在这种非均衡情况出现时，只要市场机制能充分起作用，则储蓄大于投资（即产品市场上供过于求）就会导致生产收缩，货币供给大于货币需求就会导致利率下降，经过多次调整，一定会使收入和利率趋向两个市场同时达到均衡。

4. IS 和 LM 两条曲线相交的均衡收入是否就是充分就业的国民收入？为什么？

答：两个市场同时均衡时的收入不一定就是充分就业的国民收入. 这是因为，IS 和 LM 都只是表示产品市场上供求相等和货币市场上供求相等的收入和利率的组合，因此，两条曲线的交点所形成的收入和利率也只表示两个市场同时达到均衡的利率和收入，它并没有说明这种收入一定是充分就业的收入. 当整个社会的有效需求严重不足时，即使利率甚低，企业投资意愿也较差，这也会使较低的收入和较低利率相结合达到产品市场的均衡，即 IS 曲线离 IS 曲线坐标图形上的原点 O 较近，当这样的 IS 和 LM 线相交时，交点上的收入往往就是非充分就业的均衡收入。

配套思考题及参考答案

一、单项选择题

1. 自发投资支出增加 10 亿美元，会使 IS 曲线（　　）。
   A. 右移 10 亿美元　　B. 左移 10 亿美元
   C. 右移支出乘数乘以 10 亿美元　　D. 左移支出乘数乘以 10 亿美元
2. 如果净税收增加 10 亿美元，会使 IS 曲线（　　）。
   A. 右移税收乘数乘以 10 亿美元　　B. 左移税收乘数乘以 10 亿美元
   C. 右移支出乘数乘以 10 亿美元　　D. 左移支出乘数乘以 10 亿美元
3. 货币供给量和价格水平不变，货币需求为收入和利率的函数，则收入增加时（　　）。
   A. 货币需求增加，利率上升　　B. 货币需求增加，利率下降
   C. 货币需求减少，利率上升　　D. 货币需求减少，利率下降
4. 假定货币需求为 $hrkyL$，货币供给增加 10 亿美元而其他条件不变，则会使 LM 曲线（　　）。
   A. 右移 10 亿美元　　B. 右移 k 乘以 10 亿美元
   C. 右移 10 亿美元除以 k　　D. 右移 k 除以 10 亿美元
5. 利率和收入的组合点出现在 IS 曲线的右上方，LM 曲线的左上方，则表示（　　）。
   A. 投资小于储蓄且货币需求小于货币供给
   B. 投资小于储蓄且货币需求大于货币供给
   C. 投资大于储蓄且货币需求小于货币供给

D. 投资大于储蓄且货币需求大于货币供给

参考答案：CBACA

二、计算题

1. 若投资函数为 $i=100-5r$，(1) 找出利率为 4%、5%、6%、7% 时的投资量；

(2) 若储蓄函数为 $s=-40+0.25y$，找出与上述投资相均衡的收入水平；

(3) 求 IS 曲线

答：

(1) 分别带入公式计算，可得：$i=80$、$i=75$、$i=70$、$i=65$

(2) $\because s=-40+0.25y \quad i=100-5r \quad i=s \quad -40+0.25y=100-5r$

$\therefore y=(140-5r)/0.25=(i+40)*4$，$y=560-20r$

$\therefore y=480$、$y=460$、$y=440$、$y=420$

(3) $y=560-20r$

2. 假定：① 消费函数为 $c=50+0.8y$，投资函数为 $i=100-5r$

② 消费函数为 $c=50+0.8y$，投资函数为 $i=100-10r$；

③ 消费函数为 $c=50+0.75y$，投资函数为 $i=100-10r$。

(1) 求①、②、③三种情况下的 *IS* 曲线；

(2) 比较①和②，说明投资对利率更敏感时，*IS* 曲线的斜率发生什么变化；

(3) 比较②和③，说明边际消费倾向变动时，*IS* 曲线的斜率发生什么变化。

答：

(1) 消费函数：$c=\alpha+\beta y$，投资函数：$i=e-dy$，均衡条件：$y=c+i$，$r=\frac{\alpha+e}{d}-\frac{1-\beta}{d}y$

① $r=(50+100)/5-(1-0.8)y/5=30-0.04y$

② $r=(50+100)/10-(1-0.8)y/10=15-0.02y$

③ $r=(50+100)/10-(1-0.75)y/10=15-0.025y$

(2) 投资对利率的敏感程度 d①＜d②，*IS* 曲线斜率的绝对值①＞②

投资对利率更敏感时(d 较大)，*IS* 曲线的斜率(绝对值)变小，曲线更平坦。

(3) 边际消费倾向 β：③＜②，*IS* 曲线斜率的绝对值 β③＞β②

边际消费倾向变小时(β 减小)，*IS* 曲线的斜率(绝对值)变大，曲线更陡峭。

3. 假定货币需求为 $L=0.2y-5r$。

(1) 画出利率为 10%、8% 和 6% 而收入为 800、900 和 1000 时的货币需求曲线；

(2) 若名义货币供给量 $150M$，价格水平 $1P$，找出货币需求与货币供给相均衡的收入与利率；

(3) 画出 LM 曲线，并说明什么是 LM 曲线；

(4) 若货币供给 $200M$，再画一条 LM 曲线，这条 LM 曲线与(3)中的 LM 曲线相比有何不同？

(5) 对于(4)中的这条 LM 曲线，若 $10r$，$1100y$，货币需求与货币供给是否均衡？若不均衡利率会怎样变动？

参考答案：

(1) $y=800$

$r=10, L=0.2*800-5*10=110$,

$r=8, L=0.2*800-5*8=120$, $r=6, L=0.2*800-5*6=130$ $y=900$

$r=10, L=0.2*900-5*10=130$,

$r=8, L=0.2*900-5*8=140$,

$r=6, L=0.2*900-5*6=150$ $y=1000$

$r=10, L=0.2*1000-5*10=150$, $r=8, L=0.2*1000-5*8=160$,

$r=6, L=0.2*1000-5*6=170$

见图 15-14。

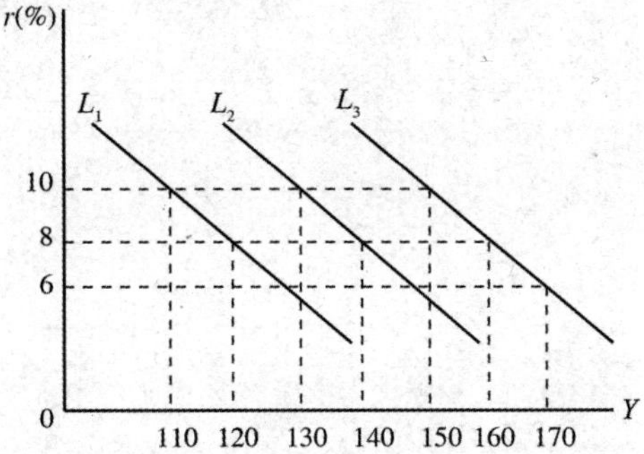

图 15-14　货币需求曲线

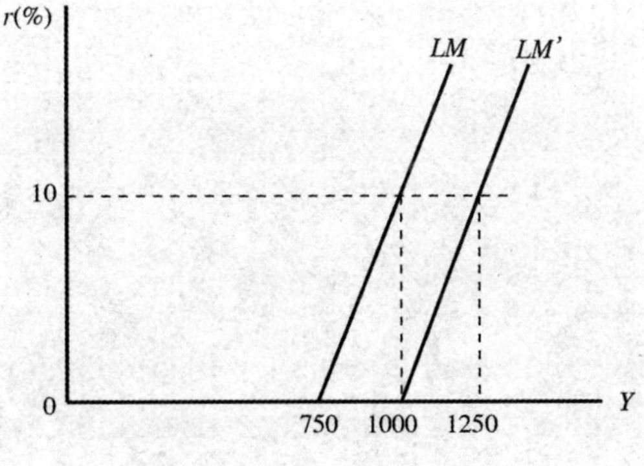

图 15-15　LM 曲线

(2) 货币需求与货币供给相均衡，

则 $m=M/P=L=0.2y-5r$，

$M=150$，$P=1$，

LM 方程：$r=-30+0.04y$

货币需求与货币供给相均衡时的收入与利率：

$y=1000, r=10$；$y=950, r=8$；$y=900, r=6$；$y=850, r=4$；

(3)LM 方程：$r=-30+0.04y$，曲线如图(LM)。LM 曲线表示在货币市场达到均衡，即货币需求等于货币供给(mL)时，利率与国民收入同方向变动的关系。

见图 15-15。

(4) $M'=200$，LM′方程：$r=-40+0.04y$，或 $y=1000+25r$。曲线如图(LM′)。

与(3)相比，向右平移 250 个单位。

(5) $r=10$，$y=110$，则货币需求量 $L=0.2y-5r=170<$ 货币供给量 $M'/P=200$，处于非均衡状态。利率会下降，直到重新实现均衡。

第16章 国民收入决定理论Ⅱ
——IS-LM模型

本章学习目标：

1. 投资的决定。
2. IS曲线的推导、斜率和变动。
3. IS-LM模型的推导以及均衡利率的决定。
4. 凯恩斯理论的框架。

导入案例：住房需求是投资

在许多人的观念中购买住房是一种消费，与购买冰箱、彩电、汽车一样。在经济学家看来，购买住房实际是一种投资行为，即投资于不动产。

为什么购买住房不是消费而是投资呢？我们先从这种购买行为的目的来看。消费是为了获得效用，例如，购买冰箱、彩电、汽车等都是为了使满足程度更大，消费不会增殖，但投资是为了获得利润，或称投资收益。在发达的市场经济中，人们购买房子不是为了住或得到享受(如果仅仅为了住可以租房子)，而是作为一种投资得到收益。住房的收益有两个来源。一是租金收入(自己住时所少交的房租也是自己的租金收入)，二是房产本身的增值。土地总是有限的，因此，从总趋势来看，房产是升值的。正因为这样，许多人把购买住房作为一种收益大而风险小的不动产投资。

把住房作为消费还是投资在经济学家看来是十分重要。因为决定消费与投资的因素不同。在各种决定消费的因素中最重要的是收入，但在决定投资的各种因素中最重要的是利率。因为利率影响净收益率。只有利率下降，收益率提高，人们才会投资，而且只要净收益率高，就愿意借钱投资，因此，要刺激投资就要降低利率。如果经济政策的目标是刺激人们购买住房，关键不是增加收入，而是降低利率。

宏观经济学中的产品市场与货币市场并存，说明这两个市场是相互影响、相互依存的。前面我们单独考察了货币市场的状态，分析了货币市场的均衡条件和均衡状态。下面我们需要先对产品市场进行局部均衡分析，之后再结合货币市场的均衡分析在产品市场和货币市场一般均衡状态下国民收入的决定。

一般来说，产品市场上总产出或总收入增加了，需要使用货币的交易量增加了，在利率不变时，货币需求会增加。如果货币供给量不变，利率会上升，而利率上升，会影响投资支出，从而对整个产品市场发生影响。产品市场上的国民收入和货币市场上的利率水平正是在这两个市场的相互影响过程中被共同决定的。凯恩斯经济学一个重要特点是说明产品市场和货币市场并非相互独立，货币对经济并非中性。反映产品市场和货币市场一般均衡的IS-LM模型，勾画出了凯恩斯主义的整个思想体系，并为分析经济政策效果提供一个工具。

16.1 投资的决定

关于国民收入决定的简单模式里，投资和消费及政府支出都已作为总需求的组成部分，但那时净投资只是作为一个既定的由模型之外的力量所决定的所谓外生变量参与总需求决定的。但现实生活中，投资并不是一个外生变量，而是一个应当放到模型中来分析的内生变量，因此，要研究国民收入如何决定，就必须研究投资本身如何决定。

16.1.1 投资

1. 投资的含义

在西方国家，人们购买证券、土地和其他财产，都被说成投资。但在经济学中，这些都不能算是投资，而只是资产权的转移。经济学中所讲的投资，是指资本的形成，即社会实际资本的增加，包括厂房、设备和存货的增加，新住宅的建筑等，其中主要是厂房、设备的增加。

投资从不同角度考察可以划分为不同的种类。按投资和资本存量关系，投资可分为重置投资、净投资与总投资；按引起投资原因不同，投资可分为自发投资与引致投资；按投资者是否参与经营，投资可分为直接投资与间接投资；按投资内容，投资可分为非住宅固定投资、住宅固定投资和存货投资。

2. 投资的分类

(1) 重置投资、净投资与总投资

重置投资是指用来补偿已耗费的资本设备的投资，即折旧，决定于原来资本量、使用期限及其构成。净投资是指为增加资本存量而进行的投资，就是净资本形成或实际资本的净增加，即厂房、设备与存货的净增加。净投资的大小决定于国民收入水平与变化情况。总投资等于重置投资与净投资之和。即：总投资＝重置投资＋净投资。从总投资角度看，投资就是对原有资本存量的追加或扩大，取得资本资产。

在现实经济活动中，重置投资与净投资在具体形态上总是结合在一起，但在性质上是不同的，这种区分在理论研究中有着重要意义。

(2) 自发投资与引致投资。

自发投资是由独立的非经济因素（或外生变量）所引起的投资，例如：新发明、新技术、人口、资源、心理、战争及政府政策等因素决定的投资，这种投资与国民收入或消费无关，投资会保持一定水平。引致投资是指由于国民收入或消费变化而引起的投资。引致投资与国民收入或消费水平存在依赖关系，国民收入或消费水平较高必将导致较多的投资。在理论上虽然区分为自发投资与引致投资，但在现实经济生活中很难严格区分开来。一般认为，政府投资多属自发投资，而私人投资多为引致投资。

(3) 直接投资与间接投资。

直接投资是指投资者自己直接建立某种企业所进行的投资活动。例如：建筑厂房、购置设备、建设一个新工厂或者直接购买一个新工厂，开办一个新商店等。间接投资是一种资本输出的形式。有两种方法：第一种：投资者用资本购买其他国家的政府或企业发行的各种债券，从中获取利息。其资金由其他国家的政府或企业运用支配，投资者并不过问。第二种：投资者把资本借贷给其他国家的政府或企业，仅按协议获得借贷利息，余者不问。在间接投资这两种方法中，投资者都对被投资者负有债权关系。

(4) 非住宅固定投资、住宅投资和存货投资。

三者之和为总投资。非住宅固定投资是指厂商建造厂房、购置设备的投资，占总投资比重大，相对稳定，随经济周期变化而波动。住宅投资是指建筑住宅和公寓的投资，受利率变动影响大，因经济衰退开始时利率上升，住宅投资萎缩要早于整体经济。存货投资是指已生产出而没销售的产品库存的增加，它在总投资中所占份额虽然最小，却具有特殊的易变特性，波动剧烈，影响社会经济稳定。

16.1.2　投资函数—实际利率与投资

决定投资的因素有很多，主要的因素有实际利率水平、预期收益率和投资风险等。

1. 凯恩斯认为，是否要对新的实物资本如机器、设备、厂房和仓库等进行投资，取决于这些新投资的预期利润率与为购买这些资产而必须借进的款项(借款筹资的方式可有多种多样)所要求的利率的比较。

2. 决定投资的诸因素中，利率是首要因素。这里的利率，是指实际利率。实际利率大致上等于名义利率减通货膨胀率。

3. 投资函数

在投资的预期利润率既定时，企业是否进行投资，首先就决定于实际利率的高低，利率上升时，投资需求量就会减少，利率下降时，投资需求量就会增加。总之，投资是利率的减函数。这是因为，企业用于投资的资金多半是借来的，利息是投资的成本。即使投资的资金是自有的，投资者也会把利息看成是投资的机会成本，从而把利息当作投资的成本。因此，利率上升时，投资者自然就会减少对投资物品(如机器设备等)的购买。投资与利率之间的这种关系称为投资函数，可写作：

$$i=i(r)。$$

线性投资函数为 $i=i(r)=e-\mathrm{d}r$，则式中 e 即表示利率，r 即使为零时能有的投资量，称自主投资，自主投资，d 是系数，表示利率每上升或下降一个百分点，投资会减少或增加的数量，可称为利率对投资需求的影响系数。$-dr$ 即投资需求中与利率有关的部分，投资与利率之间的这种函数关系可用图表示。图中的投资需求曲线，又称投资的边际效率曲线，投资的边际效率是从资本的边际效率曲线引申而来的。

16.1.3 资本边际效率的意义

1. 定义

资本边际效率是凯恩斯提出的一个概念，按照他的定义，资本边际效率（*MEC*）是一种贴现率，这种贴现率正好使一项资本物品的使用期内各预期收益的现值之和等于这项资本品的供给价格或者重置成本。

2. 贴现率和现值

下面举一例加以说明。

假定：本金为 $R_0=100$ 美元，年利率为 $r=5\%$，则

第 1 年本年和为：$R_1=100(1+5\%)=105$（美元）；

第 2 年为：$R_2=105(1+5\%)=100(1+5\%)^2=110.25$（美元）；

第 3 年本利和为：$110.25(1+5\%)=100(1+5\%)^3=115.70$（美元）。

则各年本利和为：$R_1=R_0(1+r)$，

$$R_2=R_1(1+r)=R_0(1+r)^2，$$

$$R_n=R_0(1+r)^n。$$

设：利率和本利和为已知，利用公式求本金，假定利率为 5%，1 年后本利和为 105 美元，利用公式 $R_n=R_0(1+r)^n$ 可求得本金：$R_0= R_1/(1+r)=105/(1+5\%)$。

这就是说，在利率为 5%时，1 年后 105 美元的现值是 100 美元，在同样利率下，2 年后 110.25 美元以及 3 年后 115.76 美元的现值也是 100 美元。一般说来，几年后的 R_n 现值是：$R_0=R_n/(1+r)^n$。

贴现即将未来收益折算成现值的方法。

3. 资本边际效率（MEC）

假定某企业投资 30000 美元购买 1 台机器，这台机器的使用期限是 3 年，3 年后全部耗损，再假定把人工、原材料以及其他所有成本（如能源、灯光等，但利息和机器成本除外）扣除以后，各年的预期收益是 11000 美元、12100 美元和 13310 美元，这也是这笔投资在各年的预期毛收益，三年合计为 36410 美元。

如果贴现率是 10%，那么 3 年内全部预期收益 36410 美元的现值正好是 30000 美元，即：$R_0=11000/(1+10\%)+12100/(1+10\%)^2+13310/(1+10\%)^3=10000+10000+10000=30000$（美元）。

由于这一贴现率（10%）使 3 年的全部预期收益（36410 美元）的现值（30000 美元）正好等于这项资本品（1 台机器）的供给价格（30000 美元），因此，这一贴现率就

是资本边际效率，它表明一个投资项目的收益应按何种比例增长才能达到预期的收益，因此，它也代表该投资项目的预期利润率。

假定资本物品（如机器）不是在 3 年中而是在几年中报废，并且在使用终了时还有残值，则资本边际效率的公式就是：

$$R = R_1/(1+r) + R_2/(1+r)^2 + R_3/(1+r)^3 + \cdots + R_n/(1+r)^n + J/(1+r)^N。$$

式中，R 为资本物品的供给价格；价格 $R_1, R_2, R_3, \cdots, R_n$ 为不同年份（或时期）的预期收益；J 代表该资本品在 n 年年末时的报废价值；r 代表资本边际效率。

16.1.4　资本边际效率曲线

1. 如果资本边际效率（r）大于市场利率（i），则此投资就值得，否则，就不值得。

r 的数值取决于资本物品供给价格和预期收益，预期收益既定时，供给价格越大，r 越小；而供给价格既定时，预期收益越大，r 越大。

2. 在实际生活中，每一个投资项目的资本边际效率是不一样的，每一个企业都会面临一些可供选择的投资项目，假定这些项目的资本边际效率为，见表 16-1。

表 16-1　　某企业的投资项目表

项目	投资	MEC
A	100	10%
B	50	8%
C	150	6%
D	100	4%

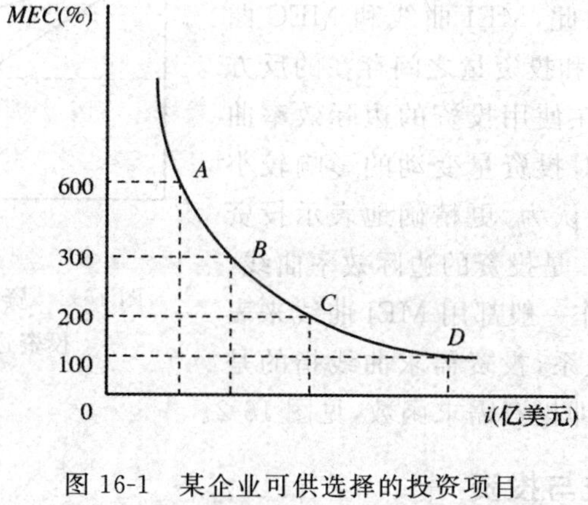

图 16-1　某企业可供选择的投资项目

上图 16-1，表示某企业有可供选择的 4 个投资项目，显然，如果市场利率为 10%，只有 A 项目值得投资；如果市场利率为 8%或稍低些，则 A 和 B 都值得投资，投资总额可达 150 万美元；如果市场利率降到 4%或 4%以下，则 D 也值得投资，投资总额可达 400 万美元。可见，对这个企业来说，利率愈低，投资需求量会越大。图中各个长方形顶端所形成的折线就是该企业的资本边际效率曲线。

3. 一个企业的资本边际效率曲线是阶梯形的，但经济社会中所有企业的资本边际效率曲线如果加总在一起，分阶梯的折线就会逐渐变成一条连续的曲线，因为总过程中所有起伏不平会彼此抵消而转为平滑，这条曲线就是凯恩斯所讲的资本边际效率曲线。如图中的 MEC 曲线。

MEC 曲线表明，投资量和利息率之间存在反方向变动关系。

16.1.5 投资边际效率曲线

1. 投资边际效率(MEI)

西方一些经济学家认为，MEC 曲线还不能准确代表企业的投资需求曲线，因为对各个企业的 MEC 曲线加总求和没有考虑到每个企业增加投资时对 MEC 即 r 的影响。当利率下降时，如果每个企业都增加投资，资本品的价格会上涨。就是说 R(资本品供给价格)要增加，在相同的预期收益情况下，r 必然缩小，否则，公式两边无法相等，即这一贴现率(资本边际效率)无法使未来收益折合成等于资本供给价格的现值。这样，由于 r 上升而被缩小了的 MEC 被称为投资的边际效率(MEI)。因此，在相同的预期收益下，投资的边际效率小于资本的边际效率。MEI 是指增加一单位投资品所需要的预期收益与购置该单位投资品的成本之比，它真正表示投资品所带来的好处。

2. 投资边际效率曲线(MEI 曲线)

由于投资的边际效率小于资本的边际效率，因此，投资边际效率曲线较资本边际效率曲线更为陡峭。尽管如此，MEI 曲线和 MEC 曲线一样也能表示利率和投资量之间存在的反方向变动的关系，只是在使用投资的边际效率曲线情况下，利率变动对投资量变动的影响较小一些而已。西方学者认为，更精确地表示投资和利率间关系的曲线，是投资的边际效率曲线。因此，西方经济学著作一般都用 MEI 曲线来表示利率与投资量的关系，投资需求曲线指的是 MEI 曲线，这条曲线即投资需求函数，见图 16-2。

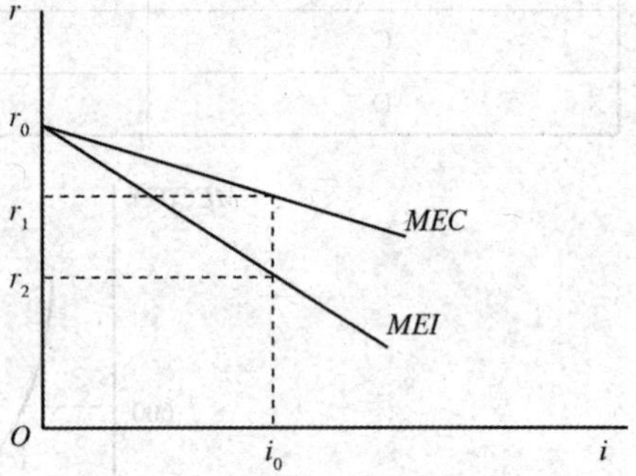

图 16-2 资本边际效率曲线与投资边际效率曲线

16.1.6 预期收益与投资

实际利率水平会影响投资需求，其实是从投资使用的资金成本角度分析投资需求。影响投资需求的另一个重要方面就是预期收益，即一个投资项目在未来各个时期估计可得到的收益，影响这种预期收益的因素主要有三点：

1. 对投资项目的产出的需求预期

企业决定对某项目是否投资及投资多少时，首先会考虑市场对该项目的产品在未来的需求情况，因为这种需求状况，不但会决定产品能否销掉，还会影响产品价格的走势。如果企业认为投资项目的产品的市场需求在未来会增加，就会增加投资。假设一定的产出量会要求有一定的资本设备量来提供，则预期市场需求增加多少，就会相应要求增加投资多少，产出增量与投资之间的关系可称加速数。说明产出变动和投资之间关系的理论称为加速原理，表明对产出的需求预期会影响投资的预期收益进而影响投资意愿。

2. 产品成本

投资的预期收益在很大程度上也取决于投资项目的产品的生产成本，尤其是劳动者的工资成本，因为工资成本是产品成本中最重要的构成部分，工资成本上升在其他条件不变时会降低企业利润，减少投资预期收益，尤其是对那些劳动密集型产品的投资项目而言，工资成本上升显然会降低投资需求。然而，对于那些可以用机器设备代替劳动力的投资项目，工资上升又意味着多用设备比多用劳动力更有利可图，因而实际工资的上升又等于是投资的预期收益增加从而会增加投资需求。可见，工资成本的变动对投资需求的影响具有不确定性。但就多数情况来说，随着劳动成本的上升，企业会越来越多地考虑采用新的机器设备，从而使投资需求增加。新古典经济学之所以认为投资需求会随工资的上升而上升，理由就在这里。

3. 投资税抵免

在一些国家，政府为鼓励企业投资，会采用一种投资税抵免的政策，即政府规定，投资的厂商可从它们的所得税单中扣除其投资总值的一定百分比。例如，假定某企业在某一年投资 1 亿元，若规定投资抵免率是 10%，则该企业就可少缴所得税 1000 万元，这 1000 万元等于是政府为企业支付的投资项目的成本。如果该企业在这一年的所得税不足 1000 万元，只有 600 万元，则所余 400 万元还可到来年甚至第 3 年再抵扣，这种投资抵免政策对投资的影响，在很大程度上取决于这种政策是临时的还是长期的。如果是临时性采取的，则此政策的效果也是临时的，过了政策期限，投资需求可能反而下降。比方说，政府为刺激经济如果宣布在某一年实行投资抵免，则该年的投资可能大幅度增加，甚至本来准备来年投资的项目也可能提前到该年进行投资，但来年投资需求会明显下降，或政策实行的前一年，企业会把一些项目推迟到有政策鼓励时进行投资。

16.1.7　风险与投资

投资需求还与企业对投资的风险考虑密切相关。这是因为，投资是现在的事，收益是未来的事，未来的结果究竟如何，总有不确定性。人们对未来的结局会有一个预测，企业正是根据这种预测进行投资决策的。然而，即使是最精明的企业家，也不可能完全准确无误地预测到将来的结果，因此，投资总有风险，并且高的投资收益往往伴随着高的投资风险。如果收益不足以补偿风险可能带来的损失，企业就不愿意投资，这里的所谓风险，包括未来的市场走势、产品价格变化、生产成本的变动、实际利率的变化及政府宏观经济政策变化等，都具有不确定性。一般说来，整个经济趋于繁荣时，企业对未来会看好，从而会认为投资风险较小；而经济呈下降趋势时，企业对未来看法会悲观，从而会感觉投资风险较大。因而凯恩斯认为，投资需求与投资者的乐观和悲观情绪大有关系，实际上，这说明投资需求会随人们承担风险的意愿和能力变化而变动。

16.1.8 托宾的“q”说

美国经济学家詹姆斯·托宾还提出了股票价格会影响企业投资的理论。按他的说法，企业的市场价值与其重置成本之比，可作为衡量要不要进行新投资的标准，他把此比率称为“q”。企业的市场价值就是这个企业的股票的市场价格总额，它等于每股的价格乘总股数之积。企业的重置成本指建造这个企业所需要的成本。因此，$q=$企业的股票市场价值/新建造企业的成本。如果企业的市场价值小于新建造成本时，$q<1$，说明买旧的企业比新建设便宜，于是就不会有投资；相反，$q>1$时，说明新建造企业比买旧企业要便宜，因此会有新投资。就是说，当q较高时，投资需求会较大。托宾这种“q”说，实际上是说，股票价格上升时，投资会增加。一些西方经济学家认为，股票价格与投资之间并不存在这种因果关系，相反，倒是由于厂商有较好的投资前景才引起该股票价格的上升。

下面根据凯恩斯的投资需求理论来说明国民收入决定的IS—LM模型。

16.2 产品市场的均衡：IS曲线

16.2.1 IS曲线及其推导

(一) 产品市场均衡的条件

1. 产品市场均衡

所谓产品市场的均衡；是指产品市场上总供给与总需求相等。

2. 产品市场均衡的条件

(1) 两部门经济中均衡的条件：$C+S=C+i$，即 $S=i$。

(2) 三部门经济中均衡的条件：$C+S+T=C+I+G$，即 $S+T=I+G$。

3. 根据消费—投资法(c-i 法)说明产品市场均衡国民收入的决定

消费函数：$c=c(y)=\alpha+\beta y$；

投资函数：$i=i(r)=e-\mathrm{d}r$；

均衡条件：$y=c(y)+i(r)$，

即　$y=(\alpha+e)/(1-b)-\mathrm{d}r/(1-\beta)$。

4. 根据储蓄—投资法(S-I 法)说明产品市场均衡国民收入的决定

储蓄函数:$s=s(y)=-\alpha+(1-\beta)y$;

投资函数:$i=i(r)=e-\mathrm{d}r$;

均衡条件:$s(y)=i(r)$,

即　$y=(\alpha+e)/(1-\beta)-\mathrm{d}r/(1-\beta)$。

5. 根据产品市场的均衡条件,可以得到利率和均衡国民收入之间的函数关系方程:

$$y=(\alpha+e)/(1-\beta)-\mathrm{d}r/(1-\beta)$$

或　$r=(\alpha+e)-(1-\beta)y/\mathrm{d}$。

该式表明,要使产品市场保持均衡,即储蓄等于投资,均衡的国民收入和利率之间存在着反方向变化的关系。

(二) IS 曲线的产生

1. IS 曲线的含义:根据产品市场均衡的条件,得到的一条反映利率和均衡国民收入之间相互关系的曲线。因这条曲线上任何一点都代表一定的利率和均衡收入的组合,在这样组合下,投资等于储蓄,即 $I=S$,从而产品市场是均衡的,因此这条曲线称为 IS 曲线。简单地说,IS 曲线就是一条反映产品市场均衡时利率与国民收入之间关系的曲线,见图 16-3。

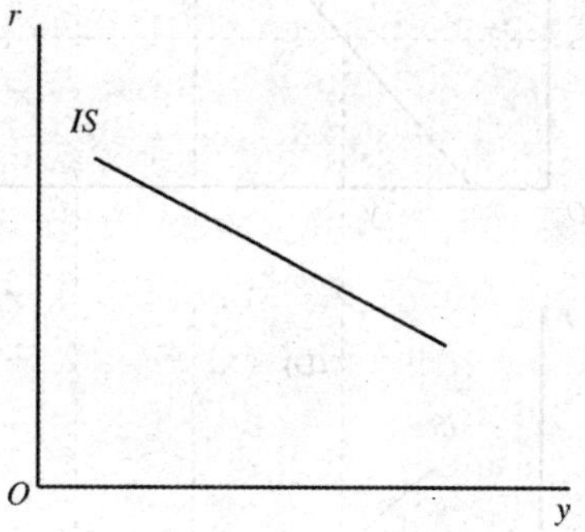

图 16-3　两部门经济下的 IS 曲线

2. IS 方程的建立:

(1) 两部门 IS 方程的建立:

$y=E=c+i$　或者　$s=i\rightarrow y=\dfrac{\alpha+i}{1-\beta}$　$i=e-\mathrm{d}r$　$y=\dfrac{\alpha+e}{1-\beta}-\dfrac{\mathrm{d}}{1-\beta}\cdot r$。

两部门 IS 曲线的推导图示:利用 $i=s$ 关系式

$$\left.\begin{array}{r}\text{假定已知}:s=-\alpha+(1-\beta)y,i=e-\mathrm{d}r\\ S=i\end{array}\right\}\rightarrow \boxed{e-\mathrm{d}r=-\alpha+(1-\beta)y}$$

$$\rightarrow r=\frac{\alpha+e}{d}-\frac{1-\beta}{d}y$$

(2) 三部门经济中的 IS 曲线方程的建立

$i+g=s+T$ $\longrightarrow$均衡条件,

$i=i(r)=e-\mathrm{d}r$ $\longrightarrow$投资函数,

$s=s(y)=-\alpha+(1-\beta)y_d$ $\longrightarrow$储蓄函数。

$y_d=y-T+TR$　　$g=g_0$

$T=T_0+Ty$

得到:$r=\dfrac{\alpha+e+g_0-\beta T_0+\beta TR}{d}-\dfrac{1-\beta(1-t)}{d}y$。

（三）IS 曲线的推导

IS 曲线是从投资与利率的关系（投资函数）、储蓄与收入的关系（储蓄函数）以及储蓄与投资的关系（储蓄等于投资）中，利用四个象限推导出来的。

图 16-4 中象限（A）的曲线表示，投资需求是利率的减函数，纵轴表示利率 r，横轴表示投资量 i。

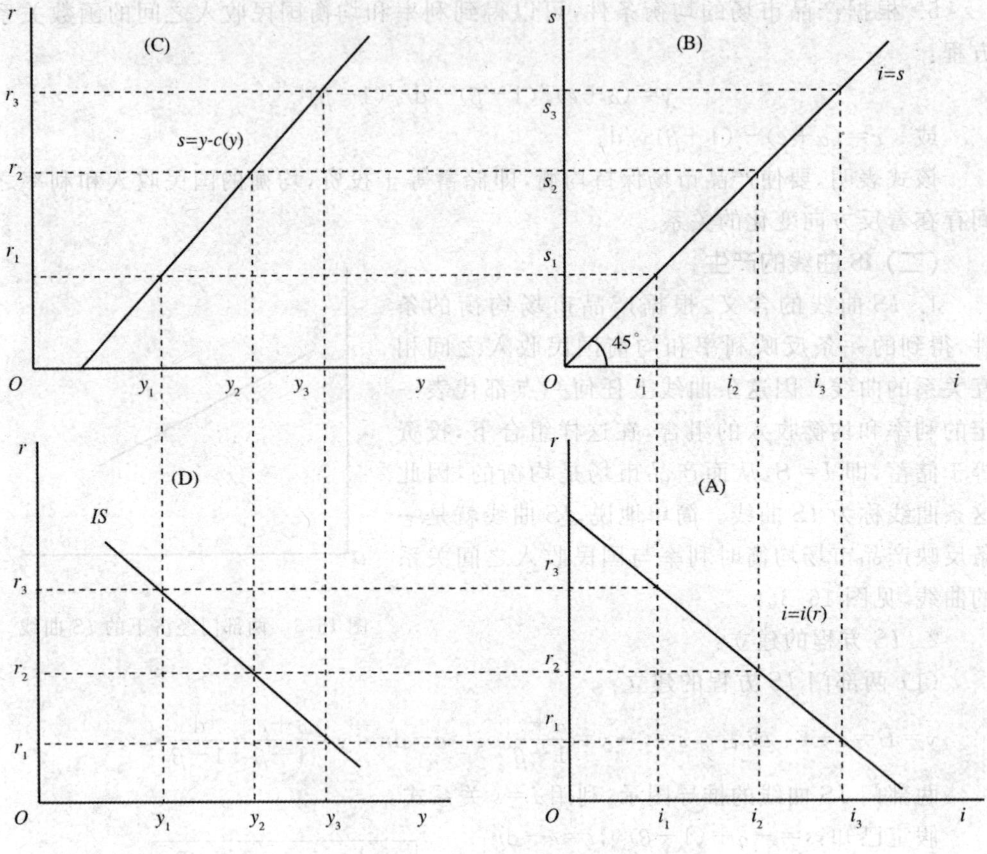

图 16-4　*IS* 曲线的推导

图中象限（B）表示投资和储蓄的均衡状态，纵轴表示储蓄 S，横轴仍表示投资 i，那条起自原点的 45°倾斜的直线表示投资始终等于储蓄的组合点的集合，利率下降时，投资增加，储蓄也相应增加，才达到均衡。

图中象限（C）的曲线表示储蓄是国民收入的增函数。

最后，图中象限（D），便得到了产品市场的均衡点。将满足产品市场均衡条件的利率和收入的各个组合点联结起来，就得到了 *IS* 曲线。

可见，*IS* 曲线是产品市场均衡状态的一幅简单图像，它表示的是：与任一给定的利率相对应的国民收入水平，在这样的水平上，投资恰好等于储蓄，因此这条曲线称 *IS* 曲线。由于利率下降意味着一个较高的投资水平，从而一个较高的储蓄和收入水平，因此，IS 曲线向右下方倾斜，斜率为负。

(四) 产品市场均衡实现的过程

在凯恩斯的理论中，利息率完全是货币市场中货币供给与需求决定的，利息率并不能调整储蓄与投资的平衡。因此收入水平必须变动，以使储蓄与投资保持平衡。凯恩斯理论中认为收入是个变量，在储蓄函数给定的情况下，投资水平将决定收入水平，主要是通过存货调节机制实现，这一点决定了在商品市场非均衡条件下的调整方向。

当投资大于储蓄时，$i>s$，产品市场会主动实现收入水平的上升，以使储蓄与投资保持平衡；当投资小于储蓄时，$i<s$，产品市场会主动实现收入水平下降，以实现均衡。

结论：如果某一点位处于 IS 曲线右边，表示 $i<s$，即现行的利率水平过高，从而导致投资规模小于储蓄规模。如果某一点位处于 IS 曲线的左边，表示 $i>s$，即现行的利率水平过低，从而导致投资规模大于储蓄规模。自动调整机制，使得它们回到均衡。

决定投资与储蓄平衡的不是利息率的变动，而是收入的变动，不是储蓄决定投资，而是投资通过收入水平的变动决定储蓄。

由于投资是利息的减函数，而储蓄是收入的增函数，从而随着利息率的下降和投资的增加，收入必须上升，才能保证储蓄与投资的相等。因而为了保持商品市场的均衡，利息率与收入是按相反的方向变动的。

16.2.2　IS 曲线的斜率(特点)

(一) IS 曲线向右下方倾斜，斜率为负。

(二) 影响 IS 曲线斜率因素：

IS 曲线的方程为：$y=(\alpha+e-\mathrm{d}r)/1-\beta$ 或 $r=(\alpha+e)/d-(1-\beta)y/d$。

可见，IS 曲线的斜率为$[-(1-\beta)/d]$。IS 曲线的斜率取决于投资函数和储蓄函数的斜率。说明影响 IS 曲线斜率的因素不是唯一的。具体说：

1. d 值的大小，即投资对利率的敏感性。d 值越大，说明投资对利率越敏感；反之则不敏感。从曲线形状来看，d 值越大，IS 曲线的斜率的绝对值越小，曲线越平坦；反之，d 值越小，IS 曲线的斜率的绝对值越大，曲线越陡峭，见图 16-5。

2. 边际消费倾向 β 值的大小。β 越大，IS 曲线斜率越小，IS 曲线越平缓。

β 值越大，IS 曲线的斜率的绝对值越小，曲线越平坦；反之，β 值越小，IS 曲线的斜率的绝对值越大，曲线越陡峭，见图 16-6。

3. t 值的大小。(三部门经济中，IS 曲线的方程为：$r=(\alpha+e)/d-[1-\beta(1-t)]/d$ 斜率为$-[1-\beta(1-t)]/d$)。t 值越小，IS 曲线斜率越小，IS 曲线越平缓，见表 16-2。

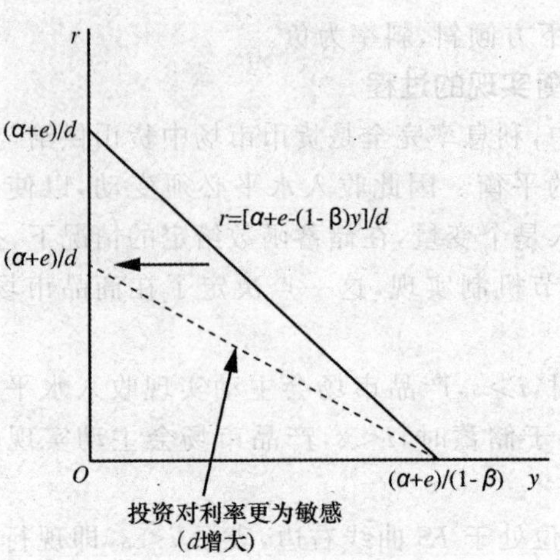

图 16-5 d 对 IS 曲线的影响

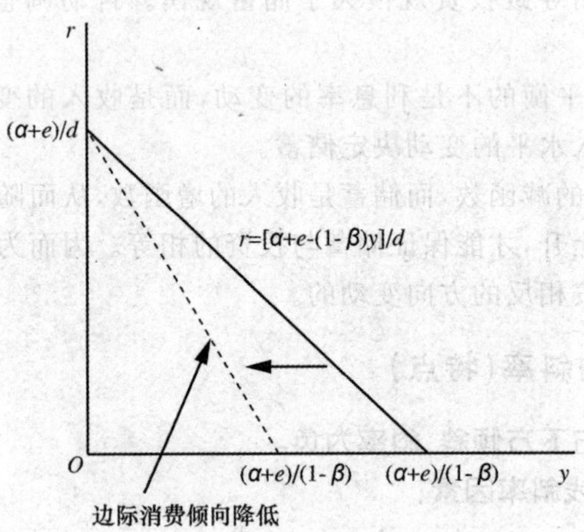

图 16-6 β 对 IS 曲线的影响

表 16-2 **β、d 值与 IS 曲线斜率的关系**

β 和 d	变化	IS 曲线的形状	IS 曲线的斜率	经济含义
β 值	变大	更为平坦	变小	y 对 r 的变化反应更灵敏
($\beta>0$)	变小	更为陡峭	变大	y 对 r 的变化更不灵敏
d 值	变大	更为平坦	变小	y 对 r 的变化反应更灵敏
($d>0$)	变小	更为陡峭	变大	y 对 r 的变化反应更不灵敏

16.2.3 IS 曲线的移动

如果投资函数或储蓄函数变动，IS 曲线就会变动。

(一) 投资需求变动

如果由于种种原因(例如,投资边际效率提高,或出现了技术革新,或企业家对经济前景预期乐观等),在同样利率水平上投资需求(自主投资)增加了,即投资需求曲线向右上移动,于是,IS 曲线就会向右上移动,其移动量等于投资需求曲线移动量乘以乘数。反之,若投资需求下降,则 IS 曲线向左移动,移动量等于投资需求曲线移动量乘以乘数。

(二) 储蓄函数变动

假定人们的储蓄意愿增加了,即人们更节俭了;这样,储蓄曲线就要向左移动,如果投资需求不变,则同样的投资水平现在要求有的均衡收入水平就要下降,因为同样的这一储蓄,现在只要有较低的收入就可以提供出来了,因此 IS 曲线就会向左移动。其移动量等于储蓄增量乘以乘数。

(三) 政府购买支出变动

在三部门经济中,IS 曲线则是根据国民收入均衡的条件从 $i+g=s+t$ 的等式推导出来的,因此,不仅 i 曲线和 S 曲线移动会使 IS 曲线移动,而且 i、g、S、T 中任何一条曲线的移动或几条曲线同时移动,都会引起 IS 曲线移动。如果考虑到开放经济情况,则引起 IS 曲线移动因素还要包括进出口的变动。总之,一切自发支出量变动、都会使 IS 曲线移动。

增加政府购买性支出,在自发支出量变动的作用中等于增加投资支出,因此,会使 IS 曲线向右平行移动。IS 曲线移动的幅度取决于两个因素:政府支出增量和支出乘数的大小;即均衡收入增加量 $\Delta y = kg \cdot \Delta g$。

(四) 政府税收变动。

政府增加一笔税收,则会使 IS 曲线向左移动,这是因为,一笔税收的增加,如果是增加了企业的负担,则会使投资相应减少,于是这笔增税无疑是减少投资需求,从而会使 IS 曲线向左移动;同样,一笔税收的增加,如果是增加了居民个人的负担,则会使他们可支配收入减少,从而使他们消费支出相应减少,因此也会使 IS 曲线向左移动。相反,如果政府减税,则会使 IS 曲线右移,移动幅度为 $\Delta y=-kt \cdot \Delta T$。

证明:关于增加或减少税收及政府支出如何使 IS 曲线移动,也可以从下面公式中得到说明,假定 T 和 g 分别代表税收和政府支出额,则国民收入等于:

$$y=c+i+g=\alpha+\beta(y-T)+e-\mathrm{d}r+g$$
$$=\alpha+e+g-\beta T+\beta y-\mathrm{d}r,$$
$$y=(\alpha+e+g-\beta T)/(1-\beta)-\mathrm{d}r/(1-\beta)。$$

可见,当政府支出(g)增加或减少 Δg 时,国民收入增加或减少量为 $\Delta y=\Delta g/(1-\beta)$,即 IS 曲线右移或左移 $\Delta g/(1-b)$;而当税收(T)增加或减少 ΔT 时,国民收入减少或增加量为 $\Delta y=\beta \cdot \Delta T/(1-\beta)$,即 IS 曲线左移或右移 $\beta \cdot \Delta T/(1-\beta)$。

增加政府支出和减税,都属于增加总需求的膨胀性财政政策,而减少政府支出和增税,都属于降低总需求的紧缩性财政政策。因此,政府实行膨胀性财政政策,就表

现为 IS 向右上方移动，实行紧缩性财政政策，就表现为 IS 向左下方移动。实际上西方经济学家提出 IS 曲线的重要目的之一，就在于分析财政政策如何影响国民收入变动。

16.3 *IS-LM* 模型

16.3.1 两个市场同时均衡的利率和收入

（一）*IS-LM* 模型建立的历史背景

凯恩斯在《就业、利息和货币通论》中说明了(1)总收入决定于与总供给相等的总有效需求；(2)有效需求决定于消费支出和投资支出；由于消费倾向在短期是稳定的，因而有效需求主要决定于投资引诱；(3)投资量又决定于资本边际效率和利率的比较，若资本边际效率为一定，则投资决定于利率；(4)利率决定于货币数量和流动性偏好即货币需求；(5)货币需求由货币的交易需求（包括预防需求）和投机需求构成。交易货币需求决定于收入水平，而投机需求决定于利率水平。可见，在商品市场上，要决定收入，必须先决定利率，否则投资水平无法确定；而利率是在货币市场上决定的，在货币市场上，如果不先确定一个特定的收入水平，利率又无法确定；而收入水平又是在商品市场上决定的，因此利率的决定又依赖于商品市场。这样，凯恩斯的理论就陷入了循环推论：利率通过投资影响收入，而收入通过货币需求又影响利率；或者反过来说，收入依赖于利率，而利率又依赖于收入。凯恩斯的后继者发现了这一循环推论的错误，并把商品市场和货币市场结合起来，建立了一个商品市场和货币市场的一般均衡模型，即 IS-LM 模型，以解决循环推论的问题。

（二）产品市场和货币市场的一般均衡（*IS-LM* 模型）

在 IS 曲线上，有一系列利率与相应收入的组合可使产品市场均衡；在 LM 曲线上，又有一系列利率和相应收入的组合可使货币市场均衡。但能够使商品市场和货币市场同时达到均衡的利率和收入却只有一个。这一均衡的利率和收入可以在 IS 曲线和 LM 曲线的交点上求得，其数值可通过求解 IS 和 LM 的联立方程得到。

1. 产品市场均衡

储蓄函数：$s=s(y)$；

投资函数：$i=i(r)$；

IS 曲线：$s(y)=i(r)$。

2. 货币市场均衡

货币供给：$m=m_0 l$

货币需求函数：$L=L_1(y)+L_2(r)$；

LM 曲线：$L=m$ 即 $L_1(y)+L_2(r)=m$。

3. 两个市场同时均衡：

$$\left.\begin{array}{l} s(y)=i(r) \\ L_1(y)+L_2(r)=m \end{array}\right\} \xrightarrow{\text{联立方程求解}} \boxed{r=f(y)}$$

由于货币供给量 M 被假定为既定，因此，在这个二元方程组中，变量只有利率(r)和收入(y)，解出这个方程组，就可得到 r 和 y 的一般解。上述一般解可在图16-7中 IS 曲线和 LM 曲线的交点 E 上获得。

把 IS 与 LM 曲线放在同一个图形中，得到 IS-LM 模型。二者交点 E 点代表均衡利率(r_1)与均衡产出(Y_1)，即 E 点对应的利率与产出水平表示产品市场与货币市场同时处于均衡状态。E 点以外任何点代表的利率与产出组合，都不满足两个市场同时均衡条件。

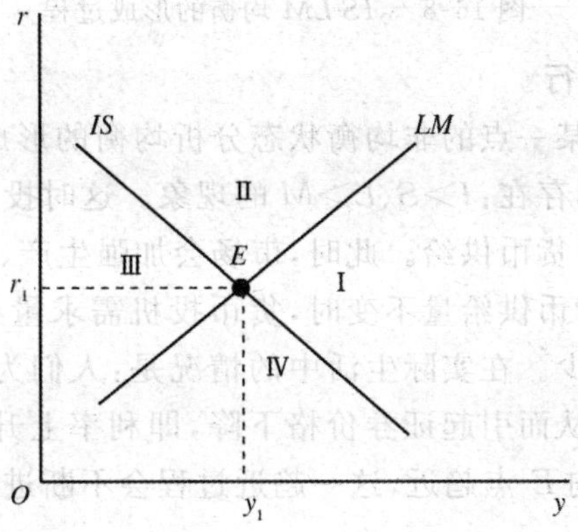

图 16-7　IS-LM 反映的均衡与不均衡状态

4. 不均衡状态

(1) 完全不均衡区：Ⅰ、Ⅱ、Ⅲ、Ⅳ

在第Ⅰ区间：$I<S$，收入(供给)有下降的压力；$L>M$，利率有上升的压力；

在第Ⅱ区间：$I<S$，$L<M$，利率有下降的压力；

在第Ⅲ区间：$I>S$，收入(供给)有上升的压力；$L<M$，利率有下降的压力；

在第Ⅳ区间：$I>S$，$L>M$，利率有上升的压力。

(2) 局部均衡区域：除 E 点以外的 IS、LM 曲线。

被 E 点分割为四个线段的 IS、LM 曲线，分别表现了产品市场(IS)或货币市场(LM)的均衡状态。与前述四种状态不同的是，这四个部分只有其中某一个市场是不均衡的，另一个市场是均衡的。在这种情况想，实现一般均衡需要调整的只是一个市场。

(三) 产品市场和货币市场从不均衡到均衡的调整即均衡的实现过程

在 E 点，由于同时实现了两个市场的均衡，因为，只要投资、储蓄、货币需求和供给的关系不变，任何失衡情况的出现也都是不稳定的，最终会趋向均衡，见图 16-8。

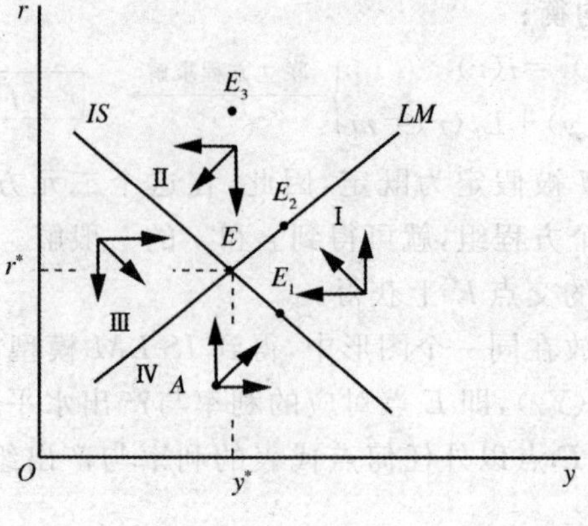

图 16-8　*IS-LM* 均衡的形成过程

1. 完全不均衡的运行

我们从第Ⅳ区域上某一点的非均衡状态分析均衡的形成过程。在 *A* 点，货币市场和产品市场都不均衡，存在：$I>S$、$L>M$ 的现象。这时投资大于储蓄，即总需求大于总供给；货币需求大于货币供给。此时，市场会加强生产、提高收入。收入增加时，货币交易需求增加，在货币供给量不变时，货币投机需求量必减少，而投机需求量只有在利率上升时才会减少。在实际生活中的情况是：人们为获得更多从事交易的货币，只能出售有价证券，从而引起证券价格下降，即利率上升。收入上升和利率上升二者结合起来，使 *A* 点向 *E* 点趋近，这一趋近过程会不断进行，一直到利率和收入均衡时才会停止。

如果处于 *IS* 线右上方，投资小于储蓄，如 E_3 点。此时可知：$I<S$、$L<M$。基于这种情况，产品市场就会选择减少生产以降低收入，货币市场选择购买证券以促使利率下降。这样，从图中可见：E_3 点会沿对角线方向向 *E* 点趋近。

2. 局部均衡的运行

若产品市场均衡即投资和储蓄是相等的，但货币市场不均衡。比如在 *E* 点所处的线段上。此时货币需求大于货币供给量，这样会引起利率会上升，进而由于利率上升而抑制了投资，使收入下降。利率上升和收入下降相结合，使非均衡点进一步向均衡点 *E* 靠拢，一直持续到与 *E* 点重合。

这四个区域中的非均衡关系可见表 16-3 所示。

表 16-3　　产品市场和货币市场的非均衡

区域	产品市场	货币市场
Ⅰ	$i<s$ 有超额产品供给	$L>M$ 有超额货币供给
Ⅱ	$i<s$ 有超额产品供给	$L<M$ 有超额货币需求
Ⅲ	$i>s$ 有超额产品需求	$L<M$ 有超额货币需求
Ⅳ	$i>s$ 有超额产品需求	$L>M$ 有超额货币供给

各个区域中存在的各种不同的组合的 IS 和 LM 非均衡状态，会得到调整，IS 不均衡会导致收入变动：投资大于储蓄会导致收入上升，投资小于储蓄会导致收入下降；LM 不均衡会导致利率变动：货币需求大于货币供给会导致利率上升，货币需求小于货币供给会导致利率下降。这种调整最终都会趋向均衡利率和均衡收入。

16.3.2 均衡收入和利率的变动

(一) 产品市场和货币市场的同时均衡不一定是充分就业的均衡

IS 和 LM 曲线的交点上同时实现了产品市场和货币市场的均衡。然而，这一均衡不一定是充分就业的均衡。

在这种情况下，仅靠市场的自发调节，无法实现充分就业均衡，这就需要依靠国家用财政政策或货币政策进行调节。财政政策是政府变动支出和税收来调节国民收入，如果政府增加支出，或降低税收，或二者双管齐下，IS 曲线就会向右上移动。当 IS 上移到 IS_1 时和 LM 线相交于 E_1 点，就会达到充分就业的收入水平。货币政策是政府货币当局(中央银行)用变动货币供应量办法来改变利率和收入，当中央银行增加货币供给时，LM 曲线向右下方移动。如果移动到 LM_1 时和 IS 曲线相交于 E_1 点，也会达到充分就业的收入水平。当然，国家也可以同时改变税收(t)、政府支出(g)和货币供给量(M)来同时改变 IS 和 LM 位置，使二者相交于 yf 垂直线上，以实现充分就业。

(二) 促使均衡变动的因素

1. IS 曲线的移动。从图中可以看到，IS 曲线和 LM 曲线移动时，不仅收入会变动，利率也会变动。当 LM 曲线不变而 IS 曲线向右上方移动时，则不仅收入提高，利率也上升。这是因为，IS 曲线右移是由于投资、消费或政府支出增加(上面分析的只是政府支出增加)，一句话，是总支出增加，总支出增加使生产和收入增加，收入增加了，对货币交易需求增加。由于货币供给不变(假定 LM 不变)，因此，人们只能出售有价证券来获取从事交易增加所需货币，这就会使证券价格下降，即利率上升。同样可以说明，LM 不变而 IS 曲线向左下移动时，收入和利率都会下降。

2. LM 曲线移动。当 IS 曲线不变而 LM 曲线向右下移动时，则收入提高，利率下降。这是因为，LM 曲线右移，或者是因为货币供给不变而货币需求下降，或者是因为货币需求不变，货币供给增加。在 IS 曲线不变，即产品供求情况没有变化的情况下，凡 LM 曲线右移，都意味着货币市场上供过于求，这必然导致利率下降。利率下降刺激消费和投资，从而使收入增加。相反，当 LM 曲线向左上方移动时，则会使利率上升，收入下降。

3. IS 曲线和 LM 曲线同时移动。如果 IS 曲线和 LM 曲线同时移动，收入和利率的变动情况，则由 IS 和 LM 如何同时移动而定。如果 IS 向右上移动，LM 同时向右下移动，则可能出现收入增加而利率不变的情况。这就是所谓扩张性的财政政策和货币政策相结合可能出现的情况。

(三)图形分析

1. *IS* 曲线的移动

在两部门经济中，均衡条件为 $i=s$，所以 i 和 s 的变动会引起 *IS* 曲线的移动。

在三部门经济中，均衡条件变为 $i+g=s+t$，此时，i、g、s 和 t 中任何一个变量发生变动都会引起 *IS* 曲线移动。

(1) 投资变动引起的 *IS* 曲线移动

投资增加是指投资水平增加，也就是在不同利率下投资都等量增加。因此，投资增加 Δi 则投资曲线 $i(r)$ 向右移动 Δi，这将使 *IS* 曲线向右移动，其向右移动量等于 $i(r)$ 的移动量乘以投资乘数 k，即 *IS* 曲线的移动量为 $k\Delta i$，见图 16-9。

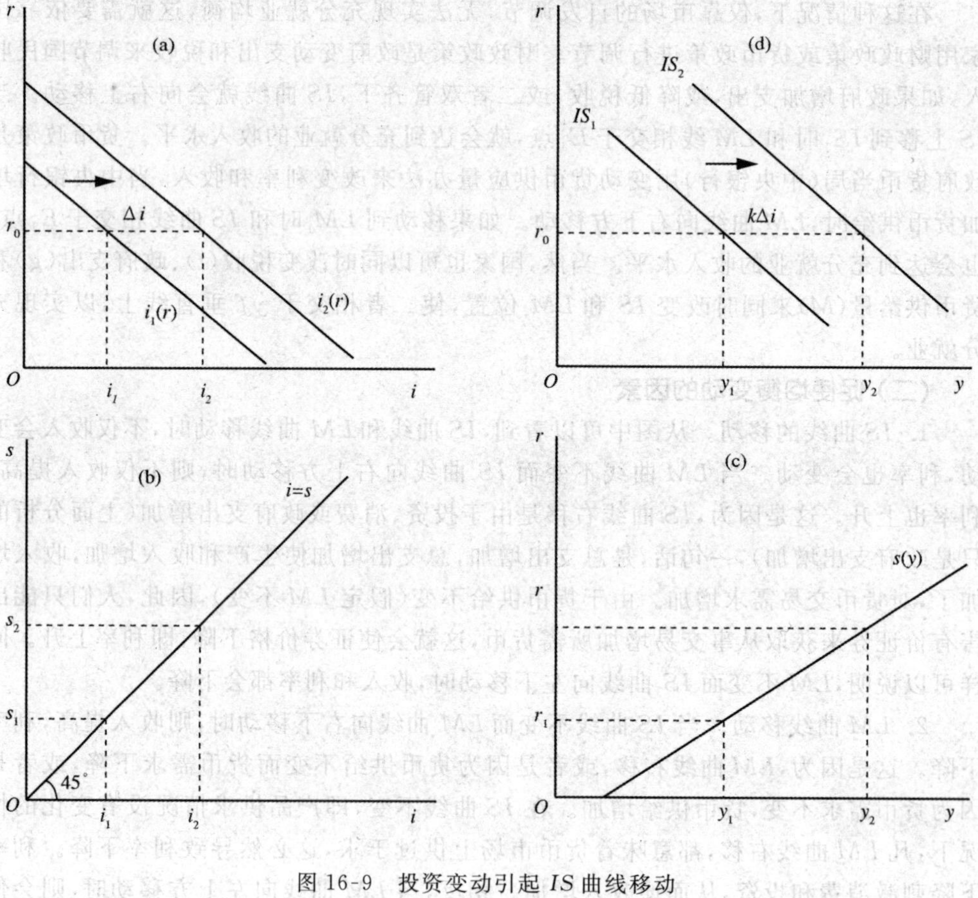

图 16-9　投资变动引起 *IS* 曲线移动

(2) 储蓄变动引起的 *IS* 曲线移动

设投资保持不变，若储蓄水平增加 Δs，则消费水平就会下降 Δs，*IS* 曲线会向左移动，移动量为 $k\Delta s$。

类似地，储蓄减少使 *IS* 曲线右移，其移动量也是 $k\Delta s$。

(3) 政府购买变动引起的 IS 曲线移动

增加政府购买支出对国民收入的作用与增加投资类似,因而会使 IS 曲线平行右移,移动量为政府购买支出增量与政府购买支出乘数之积,即 $kg\Delta g$。

(4) 税收变动引起的 IS 曲线移动

税收增加类似于投资或消费减少,税收减少类似于投资或消费增加。因此,税收增加会使 IS 曲线平行左移,税收减少会使 IS 曲线平行右移,移动量为税收乘数与税收变动量之积,即 $kt\Delta t$。

总之,无论是投资、储蓄、政府购买支出还是税收的变动都会引起 IS 曲线的移动,若 LM 曲线不变,IS 曲线右移会使均衡收入增加,均衡利率上升;IS 曲线左移会使均衡收入减少,均衡利率下降,如图 16-10 所示.

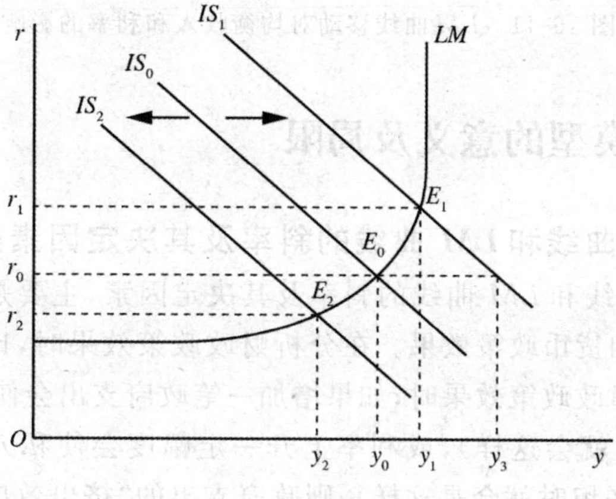

图 16-10 IS 曲线移动对均衡收入和利率的影响

2. LM 曲线的移动

货币市场的均衡条件为 $m=L$,所以货币需求水平和货币供给水平的变动都会引起 LM 曲线的移动(图 16-11)。

(1) 货币需求变动引起的 LM 曲线移动:

货币需求增加,均衡利率水平上升,而利率上升又使投资和消费减少,从而使国民收入减少,故 LM 曲线向左移动。

货币需求减少,均衡利率水平下降,投资和消费增加,从而使国民收入增加,故 LM 曲线向右移动。

(2) 货币供给变动引起的 LM 曲线移动:

m 增加,r 就下降,使投资和消费增加,从而使 y 增加,故 LM 曲线右移;

m 减少,r 就上升,使投资和消费减少,从而使 y 减少,故 LM 曲线左移;

m 变动对 LM 曲线的影响值得特别注意,因为 m 是可以控制的。

若 IS 曲线不变,LM 曲线右移,使均衡收入增加,均衡利率下降;LM 曲线左移,使均衡收入减少,利率上升。

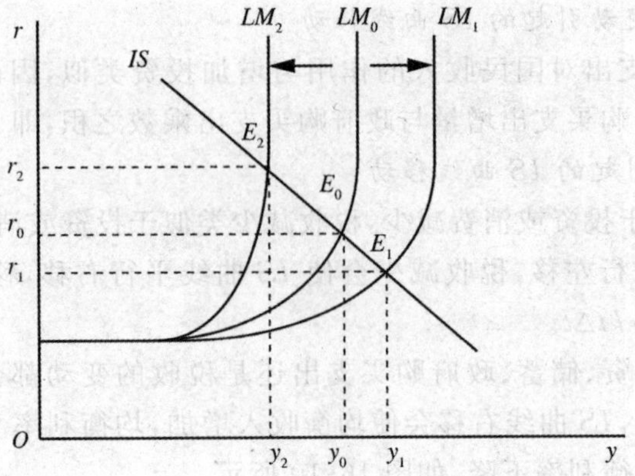

图 16-11　*LM* 曲线移动对均衡收入和利率的影响

16.4　*IS-LM* 模型的意义及局限

16.4.1　研究 *IS* 曲线和 *LM* 曲线的斜率及其决定因素的意义

分析研究 *IS* 曲线和 *LM* 曲线的斜率及其决定因素，主要是为了分析有哪些因素会影响财政政策和货币政策效果。在分析财政政策效果时，比方说分析一项增加政府支出的扩张性财政政策效果时，如果增加一笔政府支出会使利率上升很多（这在 *LM* 曲线比较陡峭时就会这样），或利率上升一定幅度会使私人部门投资下降很多（这在 *IS* 曲线比较平坦时就会是这样），则政府支出的“挤出效应”就大，从而扩张性财政政策效果较小，反之则反是。可见，通过分析 *IS* 和 *LM* 曲线的斜率以及它们的决定因素就可以比较直观地了解财政政策效果的决定因素：使 *IS* 曲线斜率较小的因素（如投资对利率较敏感，边际消费倾向较大从而支出乘数较大，边际税率较小从而也使支出乘数较大），以及使 *LM* 曲线斜率较大的因素（如货币需求对利率较不敏感以及货币需求对收入较为敏感），都是使财政政策效果较小的因素。在分析货币政策效果时，比方说分析一项增加货币供给的扩张性货币政策效果时，如果增加一笔货币供给会使利率下降很多（这在 *LM* 曲线陡峭时就会是这样），或利率上升一定幅度会使私人部门投资增加很多（这在 *IS* 曲线比较平坦时就会是这样），则货币政策效果就会很明显，反之则反。可见，通过分析 *IS* 和 *LM* 曲线的斜率以及它们的决定因素就可以比较直观地了解货币政策效果的决定因素；使 *IS* 曲线斜率较小的因素以及使 *LM* 曲线斜率较大的因素，都是使货币政策效果较大的因素。

16.4.2　*IS-LM* 模型的缺陷

（一）后凯恩斯主义者对 *IS-LM* 模型提出了以下三方面的批评

1. *IS-LM* 模型过于机械化，没有表示出不确定性的重要作用，特别是对投资函数的重要作用。这个模型低估了宏观经济的潜在不稳定性。罗宾逊夫人早就多次强调过不确定性是凯恩斯理论的真正本质。沙考尔(G. L. S. Shackle)批评了 *IS-LM* 模型分析的均衡架构,他认为:“凯恩斯关于经济活动最核心的观念就是不确定性预期,而不确定性预期和均衡的概念是不相容的、完全矛盾的。”

2. *IS-LM* 模型是静态的同步均衡分析,因此不适合于用来表达凯恩斯的宏观经济动态学的观点,需要用一个动态的序列分析来替代 *IS-LM* 模型。罗宾逊夫人曾经反复强调,凯恩斯的分析是建立在一个不可逆的过去和不可知的未来的历史时间中,而不是一个逻辑时间中。莱荣赫夫德(A. Leijonhufvud)认为,凯恩斯主义 *IS-LM* 模型分析的问题在于它是运用静态(完全信息)的同步均衡框架来研究不完全信息条件下的动态调整。

3. *IS-LM* 模型缺少其微观基础。齐克(V. Chick)认为,价格固定的 *IS-LM* 模型只有在厂商正确地预期到总需求的情况下才有效。一些后凯恩斯主义者主张运用卡莱茨基(M. Ka-leeki)提出的垄断厂商采用成本加成定价法的分析方法来为凯恩斯理论提供微观基础。

(二) 新近的批评意见有以下几方面

1. *IS* 曲线是不同流量均衡的轨迹,它是一个时期概念;而 *LM* 曲线表示不同存量的均衡,它是一个时点概念。如果 *IS* 曲线与 *LM* 曲线相交,那就意味着在某个时期内,存量均衡始终存在。但是,如果存量均衡可以维持一个整个时期的话,不确定性似乎就不存在了,基于投机动机的流动偏好似乎就大大减弱了。在 *IS-LM* 模型中,人们已经看不出凯恩斯在《就业、利息和货币通论》中反复强调的“不确定性”。

2. *IS* 线与 *LM* 曲线的移动是由名义冲击引起的还是由实际冲击引起的,在 *IS-LM*模型中是含糊不清的。

3. 根据 *IS-LM* 模型得出的产品市场和货币市场的一般均衡是短期均衡,但是,这种均衡是完全信息条件下的均衡,还是不完全信息条件下的均衡,这一点并不清楚。

4. 这个模型强调总需求的决定因素分析,不重视供给和供给的微观基础分析。

5. 经济学家们争论的焦点问题的改变使得这个模型的重要性大大降低。大卫·罗默(David Romer)认为:“凯恩斯主义者和货币主义者关于货币政策和财政政策相对有效性的争论在 20 世纪 60 年代和 70 年代是宏观经济学中的一个中心问题,但是现在这个问题在短期波动分析中只起很小的作用。”

6. 经济环境的变化凸现了这个模型的缺陷:这个模型的基本假定之一是中央银行的控制目标是货币供应量,但是,包括美联储在内的大多数国家的中央银行现在不怎么关注货币总量了。

16.5 凯恩斯的基本理论框架

上述介绍的产品市场均衡、货币市场均衡及两个市场的同时均衡，实际上是西方经济学家对凯恩斯经济理论整个体系所作的标准阐释。凯恩斯的经济理论奠定了现代西方宏观经济学的基础，这一理论发表于他的《就业、利息和货币通论》中，由于该书写得晦涩难懂，因此不少西方学者对它做了不少诠释工作。

凯恩斯经济理论纲要，包括以下几点：

1. 国民收入决定于消费和投资。

2. 消费由消费倾向和收入决定。

消费倾向分平均消费倾向和边际消费倾向。边际消费倾向大于0而小于1，因此，收入增加时，消费也增加。但在增加的收入中，用来增加消费的部分所占比例可能越来越小，用于增加储蓄部分所占比例可能越来越大。

3. 消费倾向比较稳定。

因此，国民收入波动主要来自投资的变动。投资的增加或减少会通过投资乘数引起国民收入的多倍增加或减少。投资乘数与边际消费倾向有关。由于边际消费倾向大于0而小于1，因此，投资乘数大于1。

4. 投资由利率和资本边际效率决定，投资与利率呈反方向变动关系，与资本边际效率成正方向变动关系。

5. 利率决定于流动偏好与货币数量。

流动偏好是货币需求，由L_1和L_2组成，其中L_1来自交易动机和谨慎动机，L_2来自投机动机。货币数量m是货币供给，由满足交易动机和谨慎动机的货币和满足投机动机的货币组成。

6. 资本边际效率由预期收益和资本资产的供给价格或者说重置成本决定。

凯恩斯认为，形成资本主义经济萧条的根源是由于消费需求和投资需求所构成的总需求不足以实现充分就业。消费需求不足是由于边际消费倾向小于1，即人们不会把增加的收入全用来增加消费，而投资需求不足来自资本边际效率在长期内递减。为解决有效需求不足，必须发挥政府作用，用财政政策和货币政策来实现充分就业。财政政策就是用政府增加支出或减少税收以增加总需求；通过乘数原理引起收入多倍增加。货币政策是用增加货币供给量以降低利率，刺激投资从而增加收入。由于存在“流动性陷阱”，因此货币政策效果有限，增加收入主要靠财政政策。

凯恩斯经济理论的要点还可以用上面说过的表示产品市场和货币市场同时均衡的数学模型来表示。

(1) $s=s(y)$　　储蓄函数；

(2) $i=i(r)$　　投资函数；

(3) $s=i$ 或 $s(y)=i(r)$　　产品市场均衡条件；

(4) $L=L_1+L_2=L1(y)+L_2(r)$ 货币需求函数;
(5) $M/P=m=m_1+m_2$ 货币供给函数;
(6) $m=L$ 货币市场均衡条件。

根据(1)(2)(3)可求得 IS 曲线。例如,设 $s=-a+(1-b)y, i=e-dr$,则 $i=S$ 时,得 IS 曲线为:$r=(a+e)/d-(1-b)y/d$ 或 $y=(a+e-dr)/(1-b)$。

根据(4)(5)(6)可求得 LM 曲线。例如 M、P 为已知,则 $m=M/P, L=kyhr$,则 $m=L$ 时,得 LM 曲线为:$r=ky/h-m/h$ 或 $y=m/k+hr/k$。

求解 IS 和 LM 的联立方程,即可求得产品市场和货币市场同时均衡的利率和收入。

也可用图表就是对凯恩斯理论做出的一种通俗化的概括和阐述。

16.6 经济学小知识

IS-LM 模型是反映产品市场和货币市场同时均衡条件下,国民收入和利率关系的模型。"IS-LM"模型是由英国现代著名的经济学家约翰·希克斯(John Richard Hicks)和美国凯恩斯学派的创始人汉森(AlvinHansen)在凯恩斯宏观经济理论基础上概括出的一个经济分析模式,即"希克斯-汉森模型",也称"希克斯-汉森综合"或"希克斯-汉森图形"。

按照希克斯的观点,灵活偏好(L)和货币数量(M)决定着货币市场的均衡,而人们持有的货币数量既决定于利率(i),又决定于收入(y)的水平。由此,在以纵轴表示利率、横轴表示收入的坐标平面上,可以作出一条 LM 曲线。

希克斯认为,社会储蓄(S)和投资(I)的愿望决定资本市场的均衡,而储蓄和投资又必须同收入水平和利率相一致。由此,在纵轴表示利率、横轴表示收入的坐标平面上,又可作出一条 IS 曲线,曲线上的每一点都表示储蓄等于投资,并且同既定的利率和收入水平相适应。通过以上分析,希克斯对收入的决定作出了新的解释,认为收入(Y)的均衡水平是由 IS 曲线与 LM 曲线的交点决定的,即凯恩斯体系的四大根基--消费函数、资本边际效率、灵活偏好和货币数量同时决定收入的均衡水平。在收入均衡点上,同时存在着以 LM 表示的货币市场的均衡和以 IS 表示的资本市场的均衡。

16.7 本章小结

本章的主要内容包括:

一、投资的决定

1. 资本的边际效率(MEC)与投资的边际效率(MEI)。
2. 投资的线性函数:$i=e-$dr。

二、*IS* 曲线推导及性质

1. 产品市场一般均衡的条件。

2. 影响 *IS* 曲线的因素分析：斜率。

3. *IS* 曲线的位置移动及非均衡点的讨论。

三、*IS-LM* 模型及其分析

1. *IS-LM* 均衡点解的含义。

2. 非均衡的 *IS-LM* 模型分析。

3. 一般均衡的变动及影响因素。

四、*IS-LM* 模型的局限

五、凯恩斯理论的基本框架

本章课后同步思考题及参考答案

一、名词解释

1. 资本的边际效率：

资本边际效率是凯恩斯提出的一个概念，按照他的定义，资本边际效率是一种贴现率，这种贴现率正好使一项资本物品的使用期内各预期收益的现值之和等于这项资本品的供给价格或者重置资本。

2. 投资的边际效率：

当利率 r 下降时，如果每个企业都增加投资，资本品的供给价格 R 上涨，由于 R 价格增加而被缩小的资本边际效率的值。

3. *IS-LM* 模型的非均衡区域：

把 *IS* 与 *LM* 曲线放在同一个坐标中，得到 *IS-LM* 模型。曲线交点代表均衡利率(R_0)与均衡产出(Y_0)，即 E 点对应的利率与产出水平表示产品市场与货币市场同时处于均衡状态。E 点以外任何点代表的利率与产出组合，都不满足两个市场同时均衡条件。有以下四种状态：

Ⅰ区间：$I<S$，利率有下降的压力；$L>M$，利率有上升的压力；

Ⅱ区间：$I<S, L<M$，利率有下降的压力；

Ⅲ区间：$I>S$，利率有上升的压力；$L<M$，利率有下降的压力；

Ⅳ区间：$I>S, L>M$，利率有上升的压力。

二、简答题

1. 什么是 *IS-LM* 模型

答：*IS-LM* 模型是描述产品市场和货币市场之间相互联系的理论。在产品市场上，实现均衡的条件是 $i=s$，在货币市场上，实现均衡的条件是 $m=L$。当产品市场和货币市场同时均衡时，必须同时满足上述两个条件。描述和分析这两个市场相互联系的理论结构，就称为 IS-LM。将 IS-LM 移至同一图上，二者交点便反映了产品市场和货币市场同时达到均衡时的利率水平和收入水平，对于分析宏观经济问题很有意义。

2. IS 曲线向右下方倾斜及 LM 曲线向右上方倾斜的假定条件是什么

答：IS 曲线向右下倾斜的假定条件是投资需求是利率的减函数，以及储蓄是收入的增函数。即利率上升时，投资要减少，利率下降时，投资要增加；以及收入增加时，储蓄要随之增加，收入减少时，储蓄要随之减少。如果这些条件成立，那么，当利率下降时，投资必然增加。由于西方经济学家一般认为投资随利率下降而增加，储蓄随收入下降而减少，因此一般可假定 IS 曲线是向右下倾斜的。

LM 曲线向右上倾斜的假定条件是货币需求随利率的上升而减少，随收入上升而增加。如果这些条件成立，则当货币供给既定时，若利率上升，货币投机需求量减少(即人们认为债券价格下降时，购买债券从投机角度看风险变小，因而愿买进债券而减少需要持币)。为保持货币市场上供求平衡，货币交易需求量必须相应增加，而货币交易需求又只能在收入增加时才会增加。于是较高的利率必须和较高的收入相结合，才能使货币市场均衡。如果这些条件不成立，则 LM 曲线不可能向右上倾斜。由于西方经济学家一般认为人们对货币的投机需求一般既不可能是零，也不可能是无限大，是介于零和无限大之间，因此，LM 曲线一般是向右上倾斜的。

3. 消费函数中的自发性消费支出和边际消费倾向变动时，IS 曲线会有什么变动

答：自主消费支出变化会影响 IS 曲线在纵轴的截距，边际消费倾向变化会使 IS 曲线斜率发生变化。

4. 研究 IS 曲线和 LM 曲线的斜率及其决定因素有什么意义？

答：是为了便于了解影响财政政策和货币政策效果的因素。在分析财政政策效果时，当政府采用增加政府支出的扩张性财政政策时，如果利率上升很多导致“挤出效应”增大，从而抵消了扩张性财政政策的效果。可见，通过分析 IS 和 LM 曲线的斜率以及它们的决定因素就可以比较直观地了解财政政策效果的决定因事。

5. 简述凯恩斯经济理论的基本纲要。

答：通过利率把储蓄转化为投资和借助于工资的变化来调节劳动供求的自发市场机制，并不能自动地创造出充分就业所需要的那种有效需求水平；在竞争性私人体制中，三大心理规律(边际消费倾向递减、资本边际效率递减和流动偏好)使有效需求往往低于社会的总供给水平，从而导致就业水平总是处于非充分就业的均衡状态。因此，要实现充分就业，就必须抛弃自由放任的传统政策，政府必须运用积极的财政与货币政策，以确保足够水平的有效需求。

6. 如何得出资本的边际效率曲线？

答：凯恩斯的资本边际效率，指的是预期增加一个单位投资可以得到的利润率。

简单地说，资本边际效率是指厂商计划一项投资时预期可赚得的按复利方法计算的利润率。MEC 取决于预期的未来收益 R 和购置投资资产的成本 C。由于资本边际效率 I=(收益 R－成本 C)/成本 C＝净收益/成本，所以资本边际效率是一个百分率，可以直接与利息率相比较。

三、计算题

1. 设在一个经济体系中，货币需求函数为 $L=1.5y-100r$；储蓄函数为 $s=0.2y$；投资函数为 $i=4-40r$；货币供给量和价格水平之比为 $M/P=6$。试求：

(1) 请求实际收入和利率。

(2) 若货币供给量 $M=24$，请求出产品市场总需求函数 y_d

答：(1)根据 $m=L$ 和 $L=1.5y-100r$、$M/P=6$ 可得：$1.5y-100r=6$

根据 $i=s$ 和 $s=0.2y$、$i=4-40r$ 可得：$0.2y=4-40r$

解联立方程，可得：$y=8$　$r=6\%$

(2)根据 $i=s$ 和 $s=0.2y$、$i=4-40r$ 可得：$0.2y=4-40r$

产品市场总需求函数：$y=20-200r$

2. 设某国经济可以表示为：$c=90+0.9yd$；$i=200-1000r$；$L=y-1000r$；$t=y/3$；$g=710$；$M/p=2220$。求：

(1) IS 曲线和 LM 曲线的表达式。

(2) 均衡国民收入，均衡利率为多少？

(3) 私人消费及投资各为多少？政府预算是赤字还是盈余？其值为多少？

答：(1)根据 $c=90+0.9yd$、$t=y/3$ 可得：$c=90+0.9(y-y/3)c=90+0.6y$

又据：$y=c+i+g$　可得：$y=90+0.6y+200-1000r+710$

$y=2500-2500r$

根据 $L=m$，$L=y-1000r$，$M/p=2220$ 可得：$y-1000r=2220$

$y=2220+1000r$

(2) 解联立方程　$2220+1000r=2500-2500r$，可得：$y=2300$　$r=8\%$

(3)$t=y/3=2300/3\approx 767$。此时 $g=710$，政府预算 $=t-g=767-710\approx 57$，大于 0。说明此时存在盈余，政府预算盈余≈57。

3. 假设一经济体的消费函数为 $c=600+0.8y$，投资函数为 $i=800-50r$，政府购买为 $g=200$，货币需求函数为 $L=250+0.5y-125r$，货币供给为 $M/p=1250$，单位均是亿美元，价格水平是 $P=1$，试求：

(1) IS 和 LM 方程。(2)均衡收入和利率。

答：(1)$y=c+i+g=600+0.8y+800-50r+200$，得：$y=8000-250r$

$250+0.5y-125r=1250$，得：$y=250r+2000$

(2) $y=5000$，$r=12$

配套思考题及参考答案

一、单项选择题

1. 在收入—支出模型中,(　　)会使总支出曲线向上移动并使均衡产量提高。
   A. 政府支出或税收的增加　　B. 政府支出的削减或税收的增加
   C. 政府支出的增加或税收的削减　　D. 政府支出和税收的等量削减
2. 如果经济低于充分就业水平,价格水平固定,(　　)能使经济更接近于充分就业。
   A. 政府支出的削减或税收的增加　　B. 政府支出或税收的削减
   C. 政府支出或税收的增加　　D. 政府支出的增加或税收的削减
3. 货币供给增加使 LM 曲线右移,若要均衡收入变动接近于 LM 曲线的移动量,则必须(　　)
   A. LM 曲线陡峭,IS 曲线也陡峭　　B. LM 曲线和 IS 曲线一样平缓
   C. LM 曲线陡峭,而 IS 曲线平缓　　D. LM 曲线平缓而 IS 曲线陡峭
4. 政府购买增加 IS 曲线右移,若要均衡收入变动接近于 IS 曲线的移动量,则必须(　　)
   A. LM 曲线平缓,IS 曲线陡峭　　B. LM 曲线垂直,IS 曲线陡峭
   C. LM 曲线和 IS 曲线一样平缓　　D. LM 曲线陡峭,而 IS 曲线平缓
5. 经济学家一致认为(　　)
   A. 货币供给的迅速变化对总需求具有重大影响
   B. 在稳定经济中货币政策的作用大于财政政策
   C. 在稳定经济中货币政策的作用小于财政政策
   D. 货币政策和财政政策的作用都不大
6. 假定货币需求不变,紧缩货币政策将导致(　　)
   A. 利率和货币存量都下降　　B. 利率下降,货币存量增加
   C. 利率上升,货币存量下降　　D. 利率和货币存量都上升
7. 如果目前存在通胀缺口,应取的财政政策是(　　)
   A. 增加税收　　B. 减少税收
   C. 增加政府支出　　D. 增加转移支出
8. 若实行削减个人所得税率和增加实际国防开支的政策,在短期内将导致(　　)
   A. 总供给减少,物价上涨
   B. 增加总需求从而增加国民收入
   C. 总需求减少从而减少国民收入
   D. 因政策相互矛盾而使结果不确定

9. 货币政策比财政政策更为有利,这是因为(　　)

A. 货币政策的效果比财政政策更容易预期

B. 货币政策比财政政策有更直接的影响

C. 货币政策能够均衡地影响经济的各个方面

D. 货币政策比财政政策实行起来更快

10. 假设封闭经济中,家庭所增加的可支配收入的80%开支掉。那么,在收入支出分析中,税收减少1亿美元(每个家庭的减税额相同),这将使国民产出的均衡水平改变(　　)

A. 0.8亿美元　　B. 1亿美元

C. 4亿美元　　D. 5亿美元

参考答案:CDCAA　CABDC

二、判断题

1. 不论挤出效应为多少,财政支出政策的效力都要大于财政收入政策。(　　)

2. 转移支付增加一美元对总需求的影响总是与政府支出增加一美元相同。(　　)

3. 假如挤出效应等于100%,财政支出政策十分有效。(　　)

4. 只要挤出效应小于100%,政府支出的增加就能刺激国民收入的增加。(　　)

5. 在长期的通货膨胀期间,相对于社会商品来说,补偿性的财政政策将造成私人产品的生产过剩。(　　)

6. 凯恩斯学派认为,要对付经济萧条,宏观财政政策比宏观货币政策更有效。(　　)

7. 紧缩货币政策的有效与否主要取决于这一政策是否减少总支出。(　　)

参考答案:

1. ×　2. ×　3. ×　4. √　5. √　6. √　7. √

三、简答题

1. 假定经济起初处于充分就业状态,现在政府要改变总需求构成,增加私人投资而减少消费支出,但不改变总需求水平,试问应当实行一种什么样的政策配合?

答:

经济处于充分就业状态,政府的政策目标是:私人投资增加,消费支出减少,国民收入水平 y 不变。由于投资是利率的减函数,因而应该采取扩张性货币政策来降低利率,刺激投资需求。如图所示,充分就业时的国民收入水平位 y_0,当货币供给增加时,导致 LM 曲线向右平移至 LM',结果均衡利率下降,因而对利率具有敏感性的私人投资支出将增加,进而总需求水平上升。为了维持国民收入水平位 y_0 不变,政府应该配合以增加税收的紧缩性财政政策。因为税收增加时,人们的可支配收入将减少,从而消费支出相应减少,这将导致 IS 曲线向左平移至 IS',总需求水平下降,从而使国民收入水平下降。政府增加税收的幅度应以使国民收入的减少幅度等于扩张性货币政策导致的国民收入增加幅度，最终使国民收入维持在充分就业水平。

2. 假定政府要削减税收，试用 *IS-LM* 模型表示以下两种情况下减税的影响：(1)用适应性货币政策保持利率不变；(2)货币存量不变。说明两种情况下减税的经济后果有什么区别。

答：

(1)当政府削减税收时，个人可支配收入增加，因而消费支出增加，从而总需求增加，表现为 *IS* 曲线向右平移至 IS'，结果是利率上升至 r_1，均衡收入增至 y_1。这时，如果要保持利率不变，应采取增加货币供给的扩张性货币政策，使 *LM* 曲线向右平移至 LM'，利率水平下降，汇到原水平，使国民收入进一步增加到 y_2。

(2)货币存量不变，意味着没有相应的货币政策，*LM* 曲线不发生变化。当税收减少时，扩张性财政政策使 *IS* 曲线向右平移至 IS'。这时，新的均衡点为 IS'曲线和 *LM* 曲线的交点。均衡利率为 r_1，均衡收入为 y_1。均衡收入 y_1 明显要比第一种情况下的 y_2 要小，原因在于利率上升($r_1 > r_0$)导致私人投资支出减少。

第 17 章 宏观经济政策

本章学习目标：

1. 了解政府宏观调控的目标。
2. 学习运用 IS-LM 模型分析宏观经济政策的效果。
3. 明白具体的财政和货币政策工具是什么。
4. 了解现代经济条件下货币政策的衍生工具。

导入案例：鞋业危机

在 20 世纪八九十年代，邻近香港并拥有一流港口的广东省，对于想要摆脱本币升值和本岛成本上涨压力的台湾出口厂商来说，可以算是不二之选。

在向大陆转移的产业中，其中一个关键产业就是制鞋业，而广东也对从“鞋业王国”转移而来的新就业机会敞开怀抱。在 2008 年出版的《工厂女孩》一书中记录了在这些工厂里工作的年轻农民工们的个人坚持和梦想。

时间快进到 2014 年 4 月：在制造业中心东莞，成千上万的工人走上街头，对台湾宝成集团进行抗议，原因是该公司未依法为他们缴纳社会保险。

宝成集团由今年台湾富豪榜上第二十七位的蔡其瑞及其家族执掌。而台湾雇主们则表示，这么些年来，政府并未要求他们缴纳这笔钱。

出乎意料的是，宝成集团的大客户耐克公司在国际商业新闻节目上表达了对东莞用工条件的担忧。

自此台湾企业有所妥协，但这可能会导致台商的利润率进一步下滑，需要应用自动化技术或者是把工厂迁移到中国其他地方。

同时，也一直存在另一种选择，即提高在越南的产量。但就在今年春天大约同一时间，宝成集团在越南的工厂以及其他一些台资企业遭到暴民的袭击，据称这些袭击行为是出于对中越两国海上领土纠纷的不满而导致。宝成集团在台湾上市的股票起初出现下跌，但现在已经收复失地，并且和一年前相比还上涨了三分之一，这得益于美国市场出货量预期的提升。

对这些企业主来说，广东方面的问题还没有结束。该省正在寻求对员工罢工进行立法，规定如果资方拒绝劳方的加薪请求，劳方有权在 60 天的协议期内进行合法罢工。与此同时，资方必须向劳方披露企业经营状况。这也就意味着，如果企业员工离职可能会导致商业秘密被竞争对手获知。

"如果通过,那是一场灾难。"当地台商投资企业协会的会长翟所领如此警告说。该协会拥有3000家会员企业,现在有一半正在撤出广东。省政府不久前跟台资企业就这些问题进行了磋商,但翟所领表示,事态仍然在向通过提案的方向发展。

(来源:《福布斯》中文版,2014年07月30日)

本章主要讲述国家宏观经济政策及财政政策、货币政策与经济增长。

在市场经济条件下,国家用以宏观调控经济的财政政策和货币政策,将会影响到经济增长的速度和企业经济效益,进而对经济产生影响。

我国实施积极财政政策有以下几个方面:减少税收,降低税率,扩大财政支出,减少国债发行,增加财政补贴。

货币政策是政府为实现一定的宏观经济目标,所制定的关于货币供应和货币流通组织管理的基本方针和基本准则。

扩大内需,改善税制结构,提高企业竞争力,促进出口,改善出口环境,这些都是我国目前财政政策的目标。

17.1　国家宏观调控政策的目标

17.1.1　宏观(调控)经济政策目标

国家合理地制定各项经济政策和措施,科学地编制各项经济计划,使经济计划建立在有充分科学根据的基础上,使其在中长期的资源配置中发挥应有的作用,弥补完全依靠市场配置资源的不足。

1. 促进经济增长

经济增长是经济和社会发展的基础。持续快速的经济增长是实现国家长远战略目标的首要条件,也是提高人民生活水平的首要条件。因此,促进经济增长是宏观调控的最重要的目标。促进经济增长是在调节社会总供给与社会总需求的关系中实现的。因此,为了促进经济增长,政府必须调节社会总供给与社会总需求的关系,使之达到基本平衡。

2. 稳定物价

在市场经济中,价格的波动是价格发挥调节作用的形式,但价格的大幅度波动对经济生活是不利的。如果物价大幅上升和通货膨胀,会刺激盲目投资,重复建设,片面追求数量扩张,经济效益下降;如果物价下降和通货紧缩,则会抑制投资,生产下降,失业增加。在社会主义市场经济条件下,绝大多数商品和服务的价格由市场决定,但政府可以运用货币等经济手段对价格进行调节,必要时也可以采用某些行政手段(如制止乱涨价、打击价格欺诈),以保持价格的基本稳定,避免价格的大起大落。

3. 保持国际收支平衡

国际收支平衡,指一国国际收支净额即净出口与净资本流出的差额为零。即:国际收支净额＝净出口－净资本流出。当一国国际收入等于国际支出时，称为国际收支平衡。一国国际收支的状况主要取决于该国进出口贸易和资本流入流出状况。

政府作为宏观经济的管理者，在很多情况下要实施不同的宏观经济政策以弥补市场对国际收支平衡调节力度的不足。

4. 增加就业

就业是民生之本，是人民群众改善生活的基本前提和基本途径。促进充分就业是我国政府的责任。就业的增加取决于经济增长速度和经济增长的就业弹性。要增加就业，首先要促进经济持续快速增长，这是增加就业的基础。同时还必须提高就业弹性。为了提高就业弹性，要积极发展劳动密集型产业、第三产业、中小企业和非公有制企业，要大力推进城镇化，加快小城镇建设。

17.1.2　宏观调控政策各目标间的关系

1. 稳定物价与充分就业

事实证明，稳定物价与充分就业两个目标之间经常发生冲突。若要降低失业率，增加就业人数，就必须增加货币工资。若货币工资增加过少，对充分就业目标就无明显促进作用；若货币工资增加过多，致使其上涨率超过劳动生产率的增长，必然造成物价与就业两项目标的冲突。如西方国家在20世纪70年代以前推行的扩张政策，不仅无助于实现充分就业和刺激经济增长，反而造成“滞胀”局面。即多一点失业，物价上涨率就低；相反，少一点失业，物价上涨率就高。因此，失业率和物价上涨率之间只可能有以下几种选择：

(1) 失业率较高的物价稳定；

(2) 通货膨胀率较高的充分就业；

(3) 在物价上涨率和失业率的两极之间实行组合，即所谓的相机抉择，根据具体的社会经济条件选出正确的组合。

2. 稳定物价与经济增长

就现代社会而言，经济的增长总是伴随着物价的上涨。世界上许多国家近100年来经济增长过程中，除经济危机和衰退时期外，在经济正常增长时期，物价水平都呈上升趋势，特别是第二次世界大战以后，情况更是如此。没有哪一个国家在经济增长时期，物价水平不是呈上涨趋势的。就我国而言，几十年的社会主义经济建设的现实也说明了这一点。70年代资本主义经济进入滞胀阶段以后，有的国家甚至处在经济衰退或停滞阶段，物价水平也呈现上涨的趋势。因此，政府要考虑经济发展，追求经济增长的高速度，其结果必然造成物价上涨，使物价稳定与经济增长之间出现矛盾。

3. 经济增长与平衡国际收支

在一个开放的经济社会中，进出口贸易和引进外资都能使一国的国际收支发生变化。

(1) 经济增长引起进口增加。国内经济的增长,伴随着国民收入的增加及支付能力的增加,通常会引发进口商品需求的上升。如果该国的出口贸易不能随进口贸易的增加而相应增加,必然会使得贸易收支状况变坏。

(2) 引进外资。要促进国内经济增长,就要增加投资,提高投资率。在国内储蓄不足的情况下,必须借助于外资。这种外资的流入,必然带来国际收支中资本项目的差额。尽管这种外资的流入可以在一定程度上弥补贸易逆差而造成的国际收支失衡,但并不一定就能确保经济增长与国际收支平衡的齐头并进。

(3) 利用外资促进经济增长,不能忽视国内资金的配置能力和外汇还款能力,否则必然会导致国际收支状况恶化,最终会使经济失衡,反而不能维持长久的经济增长。

所以,必须在平衡国际收支和促进经济增长两个目标之间做合理的选择。国际收支出现逆差,通常压缩国内总需求,随着总需求的下降,国际收支逆差可能被消除,但同时会带来经济的衰退。

4. 充分就业与经济增长

一般而言,经济增长能够创造更多的就业机会,但在某些情况下两者也会出现不一致,例如,以内涵型扩大再生产所实现的高经济增长,不可能实现高就业。再如,片面强调高就业,硬性分配劳动力到企业单位就业,造成人浮于事,效益下降,产出减少,导致经济增长速度放慢,等等。

上述四大目标之间相互影响、相互作用,既存在互补关系,也有交替关系。互补关系是指一个目标的实现对另一个的实现有促进作用。如为了实现充分就业水平,就要维护必要的经济增长。交替关系是指一个目标的实现对另一个有排斥作用,如物价稳定与充分就业之间就存在两难选择。为了实现充分就业,必须刺激总需求,扩大就业量,这一般要实施扩张性的财政和货币政策,由此就会引起物价上升。而为了抑制通货膨胀,就必须紧缩财政和货币,由此又会引起失业率上升。经济增长与物价稳定之间也存在着排斥的关系。

17.1.3 宏观经济调控的手段

国家宏观调控,应该以经济手段和法律手段为主,辅之以必要的行政手段,形成有利于科学发展观的宏观调控体系,充分发挥宏观调控手段的总体功能。

1. 经济手段

这是指政府在自觉依据和运用价值规律的基础上借助于经济杠杆的调节作用,对国民经济进行宏观调控。经济杠杆是对社会经济活动进行宏观调控的价值形式和价值工具,主要包括价格、税收、信贷和工资等。

经济手段中的政策:税收政策、信贷政策、利率政策、汇率政策、产品购销政策、价格政策、扶贫政策及产业政策等。

2. 法律手段

这是指政府依靠法制力量，通过经济立法和司法，运用经济法规来调节经济关系和经济活动，以达到宏观调控目标的一种手段。通过法律手段可以有效地保护合法财产，维护合法权益；调整各种关系，以保证经济运行的正常秩序。

3. 行政手段

这是依靠行政机构，采取强制性的命令、指示、规定等行政方式来调节经济活动，以达到宏观调控目标的一种手段。行政手段具有权威性、纵向性、无偿性及速效性等特点。计划手段有相对稳定性，不能灵活地调节经济活动；经济手段具有短期性、滞后性和调节后果的不确定性。当计划、经济手段的调节都无效时，就只能采取必要的行政手段。尤其当国民经济重大比例关系失调或社会经济某一领域失控时，运用行政手段调节将能更迅速地扭转失控，更快地恢复正常的经济秩序。

> 思考：你认为应该把哪个目标作为我国宏观经济调控的首要目标呢？

17.1.4 国家宏观经济政策

宏观经济政策可分为需求管理和供给管理政策，前者包括财政政策和货币政策，后者包括人力政策和收入政策等，但主要是需求管理政策，即财政政策和货币政策。

17.2 财政、货币政策对 GDP 的影响

要说明国家如何运用财政政策和货币政策调节经济，先要说明一下什么是财政政策和货币政策的作用和影响。

17.2.1 财政、货币政策的具体内容

1. 财政政策

财政政策(Fiscal policy)是指政府通过对财政收入和支出总量的调节来影响总需求，使之与总供给相适应的经济政策。它包括财政收入政策和财政支出政策。财政政策效果是指政府收支变化(包括变动税收、政府购买和转移支付等)使 IS 曲线变动，从而对国民收入变动产生的影响。

(1) 变动税收是指改变税率和税率结构。税收是政府收入中最主要的部分，与政府购买支出、转移支付一样，税收同样具有乘数效应，即税收的变动对国民收入的变动具有倍增作用。例如：在经济萧条时，降低税率或提高纳税门槛，符合纳税条件的个人和企业数量减少，个人和企业的可支配收入增加，可以刺激消费从而增加生产和就业。虽然这种方式会增加货币需求，导致利率上升，会抑制私人投资，进而削弱了税收效用，但从宏观角度来看，国民收入还是会增加的。改变税收结构，可以增加高收入群体的税收、减少低收入者的税负，也可以起到刺激社会总需求的作用。

(2) 变动政府支出是指改变政府对商品与劳务的购买支出以及转移支付。

具体有两种形式:其一是政府购买,指的是政府在物品和劳务上的花费——购买军备、修建道路、支付公务员的薪水等;其二是政府转移支付,例如,政府在社会福利、保险、贫困救济和补助方面的支出,目的是提高某些群体(如老人或失业者)的收入。

2. 货币政策

货币政策(Monetary Policy)是指政府货币当局即中央银行通过银行体系变动货币供给量以及利率,来调节社会总需求的各项政策措施。

主要包括信贷政策、利率政策和外汇政策。货币政策是通过政府对国家的货币、信贷及银行体制的管理来实施的。货币政策的性质是宏观经济学中最吸引人、最重要、也最富争议的领域之一。

其特点是通过利息率的中介,间接对宏观经济发生作用。例如:在经济萧条时,中央银行采取措施降低利率,由此引起货币供给增加,刺激投资和净出口,增加总需求,称为扩张性货币政策。反之就是紧缩性货币政策。

17.2.2　宏观经济政策的不同类型

1. 财政政策类型

根据财政政策在调节国民经济总量和结构中的不同功能进行划分,财政政策可分为:扩张性财政政策、紧缩性财政政策和中性财政政策。

扩张性财政政策,又称积极的财政政策,是指通过财政分配活动来增加和刺激社会总需求。主要措施有:增加赤字、降低税率、提高政府购买和转移支付。

紧缩性财政政策,又称适度从紧的财政政策,是指通过财政分配活动来减少和抑制社会总需求。主要措施有:减少赤字、提高税率、减少政府购买和转移支付。

中性财政政策,又称稳健的财政政策,是指财政的分配活动对社会总需求的影响保持中性。

2. 货币政策类型

货币政策分为扩张性的和紧缩性的两种

(1) 扩张性或积极的货币政策是通过提高货币供应增长速度来刺激社会总需求,在这种政策下,取得信贷更为容易,利息率会降低。因此,当社会总需求与经济的生产能力相比很低时,使用扩张性的货币政策最合适。

(2) 紧缩性或消极的货币政策是通过削减货币供应的增长率来降低社会总需求水平,在这种政策下,取得信贷较为困难,利息率也随之提高。因此,在通货膨胀较严重时,采用消极的货币政策较合适。

思考:为什么2010年我国要提高个人所得税的起征点?同时期我国的货币政策发生变化了吗?

17.2.3 财政、货币政策与经济增长

财政政策与货币政策都是国家宏观调控的重要手段，无论是财政政策还是货币政策，都是通过影响利率、消费、投资等具体内容，进而影响社会总需求，使就业和国民收入得到调节。但两者又有不同。

(1) 财政政策和货币政策的影响：从 *IS-LM* 模型看，财政政策的效果是政府通过变动收支以使 *IS* 曲线左右移动，从而对国民收入产生影响。

货币政策的效果是通过变动货币供给量来对社会总需求产生影响，从而使国民收入发生变动。从 *IS-LM* 模型看，货币供给量的变动会使 *LM* 曲线左右移动，改变货币在不同使用途径中的分配，进而影响国民收入。

例：当 *LM* 曲线不变时，政府实行扩张型财政政策，会使 *IS* 曲线向右移动，它与 *LM* 曲线相交所形成的均衡利率和收入都高于原来的利率和收入；而实行紧缩型财政政策，则会使 *IS* 曲线向左移动，降低利率和收入；当 *IS* 曲线不变时，政府实行扩张型货币政策，会使 *LM* 曲线向右移动，它与 *IS* 曲线相交所形成的均衡利率低于原来的利率，而收入则都高于原来的收入；而实行紧缩型货币政策，则会使 *LM* 曲线向左移动，使利率上升，收入减少。

现实中的 *IS* 曲线和 *LM* 曲线有着不唯一的斜率。因此，我们在利用 *IS-LM* 模型分析政策效果的实际大小时，要考虑到 *IS* 曲线和 *LM* 曲线不同的斜率对政策效果的影响。事实上，倾斜程度不同的 *IS* 曲线和 *LM* 曲线，在 *IS* 曲线或 *LM* 曲线移动时对利率和收入的影响差别是非常大的。

(2) 上述政策效用的结果见表 17-1。

表 17-1　财政政策、货币政策效果

国家政策干预类型		利率变动方向	对消费的影响	对投资的影响	对 GDP 的影响
财政政策	减税：$T\downarrow$	上升：$r\uparrow$	增加：$c\uparrow$	减少：$i\downarrow$	增加：$Y\uparrow$
	增加政府开支：$G\uparrow$	上升：$r\uparrow$	增加：$c\uparrow$	减少：$i\downarrow$	增加：$Y\uparrow$
	政府转移支付：$TR\uparrow$	上升：$r\uparrow$	增加：$c\uparrow$	增加：$i\uparrow$	增加：$Y\uparrow$
货币政策	扩大货币供给：$M\uparrow$	下降：$r\downarrow$	增加：$c\uparrow$	增加：$i\uparrow$	增加：$Y\uparrow$

(3) 财政政策与货币政策的对比见表 17-2。

表 17-2　财政政策和货币政策的对比

	财政政策	货币政策
调节经济的手段	运用收入和支出调节	调节货币的供应量和需求量
制定政策的机关	人大的批准	中国人民银行
影响途径	直接性	间接性
具体作用	促进经济增长、优化结构和调节收入	保持币值稳定和总量平衡

17.3　财政政策及其效果

财政政策是国家干预经济的主要政策之一。财政政策在实践方面的一般定义是:为促进就业水平提高,减轻经济波动,防止通货膨胀,实现经济稳定增长而对政府支出、税收和借债水平所进行的选择,或对政府收入和支出水平所作的决策。

17.3.1　经济实例分析

美国财政赤字迎46年最大转折:GDP占比降至2.8%

美国强劲的经济复苏帮助财政赤字规模大降至2008年以来最低水平。美国商务部的数据显示,截止到2014年9月30日,美国财政赤字规模为4 834亿美元,仅占到同期GDP规模的2.8%,该比率是2009年12月以来最低。彭博表示,这是至少46年以来美国财政状况的最大改变。

其他经济学家也有类似的担忧。Potomac Research Group首席政治策略师Gregory Valliere认为赤字减少可能只是短期现象,对财政紧缩持厌恶态度的政治家们很有可能会在国防或者其他项目上扩大开支。前国会预算委员会主席Douglas Holtz-Eakin表示,"我觉得这没有理由值得庆祝,我们已经浪费了5年时间。在该采取行动的时候,我们并没有当机立断"。

评级机构标准普尔曾在2011年8月将美国的3A评级下调至AA+。因当时美国赤字比例过高,且奥巴马政府的减赤措施无法保证美国中长期的债务平衡[①]。

国家是否需要赤字?财政政策是国家干预经济的主要政策之一。财政政策的一般定义是:为促进就业水平提高,减轻经济波动,防止通货膨胀,实现稳定增长而对政府支出、税收和借债水平所进行的选择,或对政府收入和支出水平所作的决策。对财政政策的了解,要先了解现代西方财政的基本构成。

17.3.2　财政的构成与财政政策工具

早期的资本主义国家,一般实行简政轻税、预算平衡的财政政策,以利于自由资本主义的发展。到了国家垄断资本主义时期,生产社会化与资本主义私有制的矛盾日益激化,政府的经济职能逐渐增强,财政政策不仅为实现国家政治职能服务,而且成为政府干预和调节社会经济生活的重要工具。

特别是20世纪30年代凯恩斯主义产生,财政政策成为调节经济、挽救经济危机的重要手段:常常在经济萧条时期实行扩张性财政政策,以刺激社会总需求,加快经济复苏;在经济高涨时期,则实行紧缩性财政政策,以减少社会总需求,延缓经济危机的来临。

---

① 来源:新浪网-国内财经 2014-11-05)

1. 财政政策的构成

财政政策包括财政收入和财政支出两个部分。

(1) 财政支出即为政府支出:是指整个国家中各级政府支出的总和,由具体的支出项目构成。主要可以分为政府购买和政府转移支付两种形式。

政府购买性支出是指政府对商品和劳务的购买,例如购买军备、修建道路、支付公务员的薪水等等。该项支出是决定国民收入大小的主要因素之一,其规模直接关系到社会总需求的增减。购买支出对整个社会总支出水平具有十分重要的调节作用。对市场运行而言,一定时期内政府购买性支出的规模与结构,对物价、有关产业发展都具有重要调控作用。一般而言,发展中国家社会生产力水平低,基础设施落后,国民经济面临工业化的繁重任务,政府财政支出中购买性支出占较大比重。这部分政府支出计入 GDP。

政府转移支付是指政府在社会福利保险、贫困救济和补助等方面的支出,其目的是提高某些群体(如老人或失业者)的收入,是预算资金单方面无偿转移支出。例如,政府无偿提供的社会福利、保险、贫困救济和补助等。该支出不计入 GDP,不能算作国民收入的组成部分,它所做的仅仅是通过政府将收入在不同社会成员之间进行转移和重新分配。与购买性支出相比,转移性支出的重点在于体现社会公平,而对市场经济运行的影响是间接的。在经济发达国家,市场发育程度高,社会基础设施比较完善,政府一般不直接参与经济活动,财政分配政策重点倾向于体现社会公平,因而转移性支出占较大比重。

(2) 财政收入:主要来源于税收。税收是政府收入中最主要的部分,它是国家为了实现其职能按照法律预先规定的标准,强制、无偿地取得财政收入的一种手段。财政收入政策的主要内容是对税种和税率的调整。

政府收入的另一构成是公债。当政府税收不足以弥补政府支出时,就会发行公债,使公债成为政府财政收入的又一组成部分。公债是政府对公众的债务,或公众对政府的债务。它不同于税收,是政府运用信用形式筹集财政资金的特殊形式,包括中央政府的债务和地方政府的债务。中央政府的债务称国债。政府借债一般有短期债、中期债和长期债三种形式。短期债一般通过出售国库券取得,主要进入短期资金市场(货币市场),利率较低,期限一般为三个月、六个月和一年三种。中长期债一般通过发行长期债券取得,期限一年以上五年以下的为中期债券,5 年以上为长期债权。美国的长期债券最长的为 40 年。中长期债券利息率也因为时间长、风险大而较高。中长期债券是西方国家资本市场(长期资金市场)上最主要的交易品种之一。因此,政府发行公债,一方面能增加财政收入,影响财政收支,属于财政政策;另一方面又能对包括货币市场和资本市场在内的金融市场的扩张和紧缩起重要作用,影响货币的供求,从而调节社会的总需求水平。

2. 财政政策工具

财政支出性工具:

(1) 购买性支出。从最终用途看，行政管理支出、国防支出、文教科卫等财政支出是必不可少的社会公益性事业的开支，政府的投资能力和投资方向对社会经济结构的调整和经济的发展起着关键性的作用。

(2) 政府投资支出。是指财政用于资本项目的建设性支出，它最终将形成各种类型的固定资产。政府的投资项目主要是指那些具有自然垄断特征、外部效应大、产业关联度高，具有示范和诱导作用的基础性产业、公共设施，以及新兴的高科技主导产业。这种投资是经济增长的推动力，而且具有乘数作用。

(3) 转移性支出。是政府进行宏观调控和管理，特别是调节社会总供求平衡的重要工具。例如，社会保障支出和财政补贴在现代社会里发挥着"安全阀"和"润滑剂"的作用，在经济萧条失业增加时，政府增加社会保障支出和财政补贴，增加社会购买力，有助于恢复供求平衡；反之，则减少相应这两种支出，以免需求过旺。

财政收入性工具：

(1) 税收。税赋有不同的分类标准，税收政策主要通过：第一，设置税种和税目，形成税收体系，确定税收调节的范围和层次；第二，税率，明确税收调节的数量界限；第三，规定必要的税收减免和加成等内容完成对社会经济的调节。

(2) 公债。是政府信用或财政信用的主要形式，是政府以债务人身份来取得收入、或以债权人身份来安排支出的一种行为。政府可以运用公债进行宏观调控，是一种重要的宏观调控手段。

公债按发行期限，可分为短期公债、中期公债和长期公债；按发行地域，可分为国家公债和国外公债；按可否自由流通，可分为上市公债和不上市公债；按发行主体，可以分为中央政府公债和地方政府公债，即称国债和地方债。公债具有有偿性和自愿性特点。

17.3.3　财政政策工具的具体使用及其作用

(一) 自动稳定器与斟酌使用的财政政策

政府的财政收支及其变动会直接或间接的影响宏观经济运行。根据财政政策调节经济周期的作用，将财政政策分为自动稳定财政的政策和斟酌使用或相机抉择财政的政策。

1. 自动稳定财政政策

财政制度本身存在一种内在的、不需要的政府采取其他干预行为就可以随着经济社会的发展，自动调节经济运行机制。这种机制被称为财政自动稳定器。

(1) 自动稳定器定义：是指经济系统本身存在的一种会减少各种干扰对国民收入冲击的机制，能够在经济繁荣时期自动抑制通胀，在经济衰退时期自动减轻萧条，无需政府采取任何行动。

(2) 主要表现在：①税收的自动变化。在经济扩张和繁荣阶段，随着生产扩大就业增加，国民收入 GDP 和居民收入增加，政府税收会相应增加，特别是实行累进税制的情况下，税收的增长率超过国民收入增长率。税收增加意味着居民可支配收入减少，因而具有遏制总需求扩张和经济过热的作用。当经济处于衰退和萧条阶段时，国民收入GDP下降，税收相应减少。可见，在税率既定（给定）不变的条件下，税收随经济周期自动地同方向变化，起着抑制经济过热或缓解经济紧缩的作用。②政府转移支出的自动变化。财政转移支付（包括失业救济金和各种福利支出）有助于稳定可支配收入，进而稳定消费需求。在经济繁荣阶段，失业率下降，失业人数减少，失业救济金和其他福利的支出会随之自动下降，从而抑制可支配收入和消费需求增长；反之，在经济萧条阶段，失业率上升，失业人数增加，失业救济金和其他福利的支出会随之自动上升，从而抵消可支配收入和消费需求下降。③政府维持农产品价格的政策。这实际上是以政府财政补贴这一政府转移支付形式，保证农民和农场主的可支配收入不低于一定水平。在经济繁荣阶段，对农产品的需求增加，农产品价格上升，政府根据农产品价格维持方案，抛售库存的农产品，吸收货币，平抑农产品价格，以减少农民和农场主的可支配收入；而在经济萧条阶段，对农产品的需求减少，农产品价格下降，政府根据农产品价格维持方案，增加政府采购农产品的数量，向农民和农场主支付货币或价格补贴，增加他们的可支配收入。④个人和企业储蓄的自动变化。由于边际储蓄倾向是递增的而边际消费倾向是递减的，所以，在经济恢复及繁荣阶段，随着个人和企业的收入增加，他们的储蓄增长的幅度会更大而消费需求增加得较少；相反，在经济衰退和萧条阶段，随着个人和企业的收入减少，他们的储蓄也会减少得更多而消费减少得较少。

2. 斟酌使用的财政政策

指政府要审时度势，主动采取一些财政措施，变动支出水平或税收以稳定总需求水平，使之接近物价稳定的充分就业水平。当认为总需求非常低，出现经济衰退时，政府应该通过削减税收、降低税率、增加支出或双管齐下以刺激总需求。反之，当认为总需求非常高，出现通货膨胀时，政府应该增加税收或者削减开支，以抑制总需求。前者成为扩张型财政政策，后者成为紧缩性财政政策。这种交替使用扩张型财政和紧缩性财政政策，被称为补偿性财政政策。

究竟什么时候使用扩张型财政政策，什么时候使用紧缩性财政政策，应由政府根据一定时期的经济社会状况，主动灵活地选择不同类型的反经济周期的财政政策工具，干预经济运行行为，实现财政政策目标。因此，补偿性财政政策运用的基本原则是“逆经济风向行事”，即经济衰退时实行扩张性财政政策，通货膨胀时实行紧缩性财政政策。由于这种财政政策的运用是政府审时度势，根据经济形势的变化而主动采取的行为，所以，又称为斟酌使用的或权衡性的财政政策。这一套经济政策就是凯恩斯的“相机抉择”的需求管理。由于凯恩斯分析的是需求不足型的萧条经济，因此他认为调节经济的重点要放在总需求管理上。在经济萧条时期，为缓解通货紧缩影响，政府通过增加支出、减少收入政策来增加投资和消费需求，增加社会有效需求，刺激经济增长；反之，经济繁荣时期，为抑制通货膨胀，政府通过财政增加收入、减少支出等政策来抑制和减少社会过剩需求，稳定经济波动。

（二）功能财政和预算盈余

1. 定义

根据权衡性财政政策，政府在财政方面的积极政策主要是为了实现无通货膨胀的充分就业水平。当实现这一目标时，预算可以是盈余，也可以是赤字，不能以预算平衡为目的。这样的财政称为功能财政。

功能财政思想是凯恩斯主义者的财政思想。他们认为，不能机械地用财政预算收支平衡的观点来对待财政赤字和财政盈余，而应从反经济周期的需要来利用预算赤字和预算平衡。

当国民收入低于充分就业的收入水平（即存在通货膨胀紧缩缺口）时，政府有义务实行扩张性的财政政策，增加政府支出和减少税收，以实现充分就业。如果起初存在财政盈余，政府有责任减少盈余甚至不惜出现更大赤字，坚定地实行扩张政策。反之，当存在通货膨胀缺口时，政府有责任减少政府支出，增加税收。如果起初存在财政预算赤字，就应该通过紧缩减少赤字，甚至出现盈余。

总之，功能财政思想认为，在一个功能存在缺口的经济中，政府不能以平衡预算为目标来对待预算盈余和赤字，而应从反经济周期的需要来利用预算赤字和盈余，否则就不能在总支出不足时避免衰退，也不能消除过度支出带来的物价水平上涨。

2. 预算盈余

预算盈余是政府收入超过支出的余额。实行紧缩性财政政策，即增税和减少政府支出，会产生预算盈余。预算赤字是政府财政支出大于收入的差额。实行扩张型财政政策，即减税和扩大政府支出就会造成预算赤字。

3. 年度平衡预算与周期平衡预算

年度平衡预算要求每个财政年度的收支平衡。这是20世纪30年代大危机以前普遍采取的政策原则，后来这个原则遭到了凯恩斯主义者的攻击。他们认为，衰退时，税收必然会随收入的减少而减少。如果坚持年度平衡预算的观点，那么为了减少赤字，只有减少政府支出或者提高税率，其结果会加深衰退；当经济过热，出现通货膨胀时，税收必然会随收入的增加而增加，为了减少盈余，只有增加政府支出或者降低税率，其结果反而会加剧通货膨胀。这样，坚持年度平衡预算只会使经济波动更加严重。

周期平衡预算是指财政收支在一个经济周期内由经济繁荣时的盈余来抵补经济衰退时的赤字，从而在一个经济周期内实现收支平衡。由经济高涨时的财政盈余清偿经济衰退时的债务是实现财政收支周期平衡的必然要求和最佳选择。

在市场经济条件下，财政收支的周期平衡不以年度平衡为标准，也就是说，周期平衡允许某些年份财政出现赤字。只是政府应通过实施“逆经济风向行事”来实现周期内的平衡，使经济衰退年份产生的债务利用经济高涨时的盈余来偿还。但是，在现实经济生活中，繁荣和萧条持续的时间和达到的程度并不是相等的，因而繁荣阶段所形成的财政盈余与萧条阶段所形成的财政赤字也不可能相等。因此,力图在一个经济周期内通过"以丰补歉"的方式来实现财政平衡是非常困难的。

17.3.4 充分就业预算盈余与财政政策方向

财政政策的首要目标是充分就业问题。那么,以充分就业为目标来确定预算规模,进而确定究竟使用何种财政政策。虽然"充分就业预算"这一概念存在一定缺陷,但还是为政策的制定者提供了一个趋近于实际情况的量化依据。

1. 定义

"充分就业预算盈余"的概念是美国经济学家布朗(Brown)在1956年提出的,是指既定的政府预算在充分就业的国民收入水平即潜在的国民收入水平上所产生的政府预算盈余,也称作周期性调整的盈余、高就业盈余、标准化预算盈余与结构盈余。它不受经济周期的特殊形势(繁荣或衰退)的影响,是作为衡量财政政策措施优劣的指标。而且它还消除了经济中收入水平周期性波动对预算盈余的影响,从而能更准确地反映财政政策对预算状况的影响。

2. 结果

一般来讲,当实际国民收入水平高于充分就业国民收入水平时,则充分就业预算盈余小于实际预算盈余;若实际国民收入水平低于充分就业的国民收入水平,则充分就业预算盈余大于实际预算盈余。当然,也会出现实际国民收入和潜在的国民收入相等,因而充分就业预算盈余与实际预算盈余相等的情况。

需要注意的是,充分就业预算盈余不同于实际的预算盈余。实际的预算盈余是以实际的国民收入水平来衡量预算状况的,二者的差别就在于充分就业的国民收入与实际的国民收入水平的差额。

3. 计算公式

设:t=税率,$\overline{G}$=既定的政府购买支出,$\overline{TR}$=既定的政府转移支付支出,y=实际收入,y^*=潜在的收入,

则有:充分就业预算盈余:$BS^* = ty^* - \overline{G} - \overline{TR}$, (17-1)

实际预算盈余:$BS = ty - \overline{G} - \overline{TR}$, (17-2)

二者的差额为:$BS^* - BS = t \cdot (y^* - y)$ (17-3)

17.3.5 赤字与公债

积极的财政政策导致了巨大的财政赤字和债务危机。按照功能财政的思想,战后西方国家普遍实行了干预经济的积极的财政政策。这种政策从理论上说是逆经济风向行事的"相机抉择",但是事实上多数是搞扩张性财政政策,结果是财政赤字的上升和国家债务的积累。财政赤字是预算开支超过实际收入的结果。

弥补赤字的途径有:借债和出售政府资产。政府借债又可以分为两类,一类是向中央银行借债,这实际上就是叫中央银行增发货币,其结果是通货膨胀。另一类借债

是向国内公众和外国举债。一般说来，向国内公众举债，不过是购买力向政府部门转移，并不立即直接引起通货膨胀，因为基础货币并没有增加。然而，当政府发行公债时，往往会引起利率上升，银行如果想稳定利率，则必然要通过公开市场业务买进债务，从而增加货币供给。这样，预算赤字增加也会引起通胀。

公债作为政府取得收入的一种形式可以为预算赤字融资，使赤字得到弥补。然而，政府发行了公债要还本付息，一年年未清偿的债务会逐渐积累成巨大的债务净存量，这些债务净存量所要支付的利息又构成政府预算支出中一个十分庞大的支出。

> 思考：2008 年以来我国的财政政策发生了怎样的变化？

17.3.6　财政政策效果的 *IS-LM* 图形分析

从 *IS-LM* 模型看，财政政策效果的大小是政府收支变动（税率、政府购买和转移支付等）使 *IS* 曲线移动，从而对国民收入变动产生影响。显然，从 *IS-LM* 图形分析，这种影响的大小随 *IS* 曲线和 *LM* 曲线斜率的不同而有所不同。

1. 假定 *LM* 曲线不变时，IS 曲线斜率对财政政策效果的影响

如图 17-1、图 17-2 所示在 *LM* 曲线假定不变，*IS* 曲线斜率的绝对值越大，即 *IS* 曲线越陡峭，则移动 *IS* 曲线时收入变化就越大，即财政政策效果越大；反之财政政策效果越小。

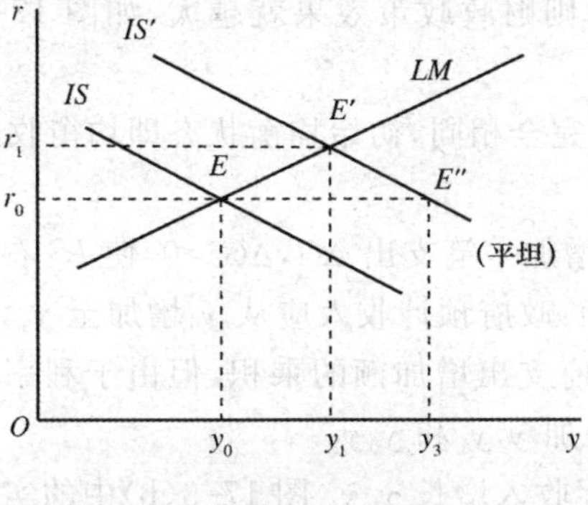

图 17-1　财政政策效果小

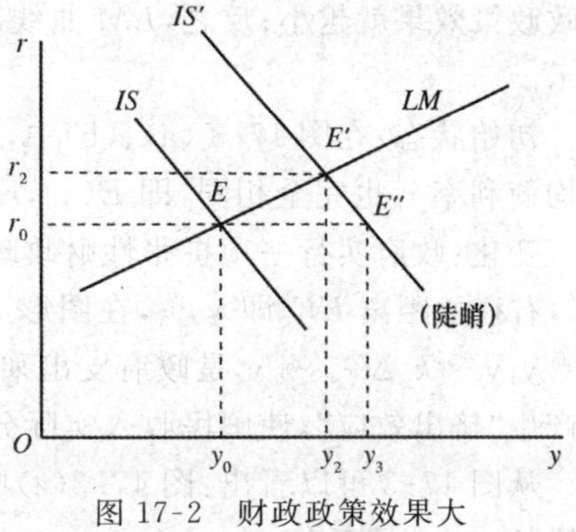

图 17-2　财政政策效果大

下面用 *IS-LM* 模型来分析政府实行一项扩张性财政政策的效果。

初始状态：在图 17-1、图 17-2 中，*LM* 曲线完全相同，初始均衡状态即均衡收入 y_0 和均衡利率 r_0 也完全相同，即 $E(y_0, r_0)$。

变化：政府实行一项扩张性财政政策，即增加一笔支出 ΔG，$\Delta G>0$。这样 *IS* 曲线右移到 IS'，右移的距离是 EE''，EE'' 为政府支出乘数和政府支出增加额的乘积，$EE''=K_g\Delta G$。在图形上就是指政府预计收入应从 y_0 增加至 y_3，$\Delta y=k_g\Delta G$。但实际上收入不可能增加到 y_3。

从图 17-1 上可见，*IS* 曲线向右上移动时我们假设货币供给并没有发生变化（即

LM 曲线不动）。所以，均衡利率上升了，而利率的上升抑制了私人投资，从而使政府的实际收入达不到预期的效果。这就是所谓"挤出效应"。

由于政府支出对私人投资的"挤出"，新的均衡点只能处于 E'，收入不可能从 y_0 增加到 y_3，而只能分别增加到 y_1 和 y_2。实际收入 EE'，$= y_0y_1$，图 17-2 中的实际收入 $EE'=y_0y_1$，明显的，$y_0y_1<y_0y_2$。也就是图 17-1 中表示的政策效果小于图 17-2，原因在于图 17-1 中 IS 曲线比较平缓，而图 17-2 中 IS 曲线较陡峭。IS 曲线斜率大小主要由投资的利率敏感度所决定，即 D 的大小：IS 曲线越平缓，表示投资对利率敏感度越大，即利率变动一定幅度所引起的投资变动的幅度越大。若投资对利率变动的反映较敏感，一项扩张性财政政策使利率上升时，就会使私人投资下降很多，就是挤出效应较大。因此 IS 曲线越平坦，实行扩张性财政政策时被挤出的私人投资就越多，从而使得国民收入增加较少。

图 17-1 中的 y_1y_3 即是由于利率上升而被挤出的私人投资所减少的国民收入，y_0y_1 是这项财政政策带来的收入。

图 17-2 中 IS 曲线较陡峭，说明私人投资对利率变动不敏感，所以挤出效应较小，政策效果也较前者大。

2. IS 曲线不变时，LM 曲线斜率对财政政策效果的影响

在 IS 曲线的斜率不变时，财政政策效果因 LM 曲线斜率不同而变得不同。LM 曲线斜率越大，即 LM 曲线越陡峭，则移动 IS 曲线时收入变动就会越小，也就是说财政政策效果就越小；反之，LM 曲线越平坦，则财政政策效果就越大，如图 17-3 中所示。

初始状态：在图 17-3 (a)、(b) 中，IS 曲线完全相同，初始均衡状态即均衡收入 y_0 和均衡利率 r_0 也完全相同，即 $E(y_0,r_0)$。

变化：政府实行一项扩张性财政政策，即增加一笔支出 ΔG，$\Delta G>0$，使 IS 右移到 IS'，右移的距离 EE_2 即 y_0y_3，在图形上表示为：政府预计收入应从 y_0 增加至 y_3，

$y_0y_3=k_g\Delta G$。y_0y_3 是政府支出乘数和政府支出增加额的乘积，但由于利率上升会产生"挤出效应"，使国民收入实际分别只增加 y_0y_1 和 y_0y_2。

从图 17-3 可以看出：图 17-3(a) 中的实际收入增长 y_0y_1，图 17-3(b) 中的实际收入增长 y_0y_2，且存在：$y_0y_1<y_0y_2$。

显然，政府同样增加一笔支出，在 LM 曲线斜率较大、即曲线较陡时，引起国民收入变化较小，也即财政政策效果较小；而 LM 曲线较平坦时，引起的国民收入变化较大，即财政政策效果较大。

其原因是：当 LM 曲线斜率较大时，表示货币需求的利率敏感性较小，这意味着一定的货币需求增加将使利率上升较多，从而对私人部门投资产生较大的"挤出效应"，结果使财政政策效果较小。相反，当货币需求的利率敏感性较大（从而 LM 曲线较平坦）时，政府由于增加支出，即使向私人借了很多钱（通过出售公债），也不会使利率上升很多，从而不会对私人投资产生很大影响，这样，政府增加支出就会使国民收

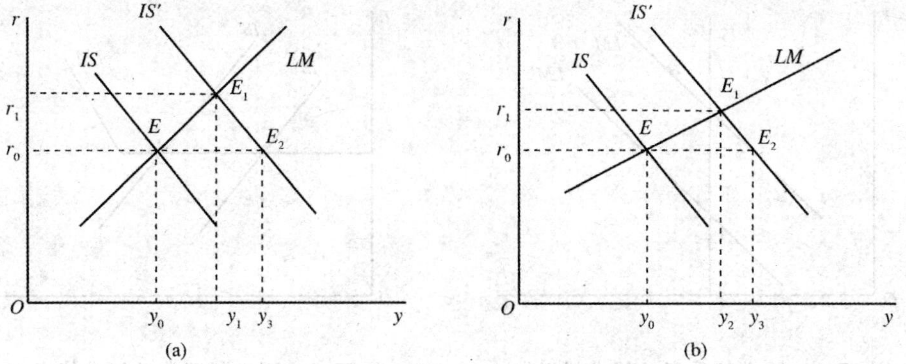

图 17-3　财政政策效果因 *LM* 曲线的斜率而异

入增加较多,即财政政策效果较大。

17.3.7　凯恩斯主义的极端情况

1. 定义

凯恩斯主义极端(Keynesianism extreme)是指政府进行宏观政策调控时的一种极端情况。在 *IS-LM* 模型分析中,*LM* 越平坦,或 *IS* 越陡峭,财政政策效果越大,货币政策效果越小。如果出现一种 *IS* 曲线为垂直线而 *LM* 曲线为水平线的情况,则财政政策将十分有效,而货币政策将完全无效。这种情况被称为凯恩斯主义的极端情况。

2. 原因

在凯恩斯极端情况下,货币需求利率系数 h 为无限大,而投资需求的利率系数 d 等于 0。因此政府挤出效应为 0,财政政策效果极大。反之,在古典主义极端情况下,货币需求利率系数为 0,而投资需求的利率系数为无限大,政府行为导致的挤出效应是完全的,因而财政政策完全无效。

3. 类型

凯恩斯主义极端表现为三种可能的形式:

(1) *LM* 曲线水平,表示人们的货币需求为无限大,即对货币需求量无限增加。扩张性货币政策只会引起货币沉淀,而不会增加消费和投资,因而是无效的。

(2) *IS* 曲线为垂直,表示私人投资对利率的变化非常不敏感,即私人投资与利率变化无关。此时,政府增加支出就不会存在挤出效应,所以财政政策的效果是完全。因此,凯恩斯主义极端在以下三种情况下将会发生。

第一种情况:当 *IS* 曲线垂直与 *LM* 曲线正常同时发生时,如图 17-4 所示。

第二种情况:当 *IS* 曲线正常和 *LM* 曲线水平同时发生时,如图 17-5 所示。

第三种情况:当 *IS* 曲线垂直的和 *LM* 曲线水平同时发生时,如图 17-6 所示。

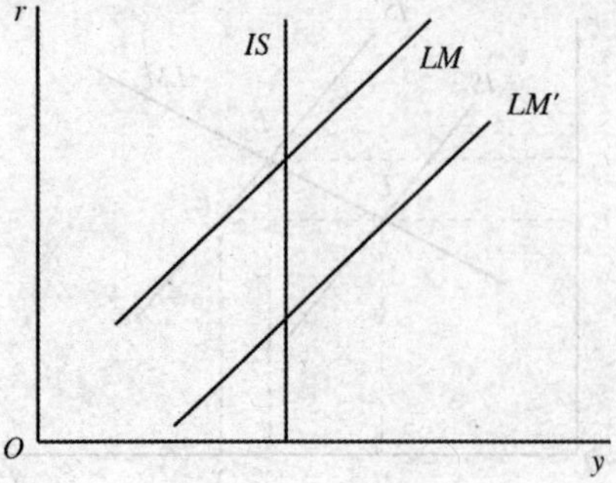

图 17-4 IS 曲线垂直,LM 曲线正常

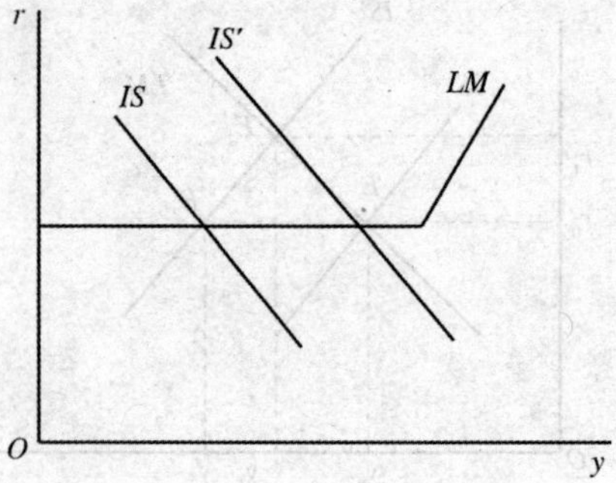

图 17-5 IS 曲线正常,LM 曲线水平

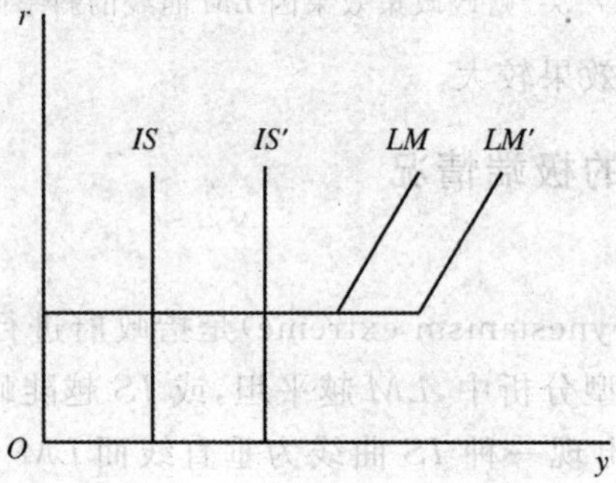

图 17-6 IS 曲线垂直,LM 曲线水平

17.3.8 挤出效应

1. 定义

指政府支出增加所引起的私人消费或投资降低的经济效应。在 IS-LM 模型中,若 LM 曲线不变,向右移动 IS 曲线,两种市场同时均衡时会引起利率的上升和国民收入的增加。但是,这一增加的国民收入小于不考虑货币市场的均衡(即 LM 曲线)或利率不变条件下的国民收入的增量,这两种情况下的国民收入增量之差,就是利率上升而引起的"挤出效应"。如图 17-7。

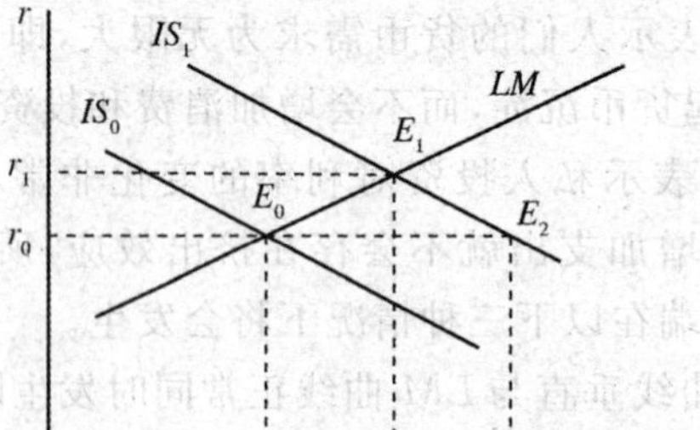

图 17-7 挤出效应图

“挤出效应”的大小取决于支出乘数的大小、货币需求对收入变动的敏感程度、货币需求对利率变动的敏感程度及投资需求对利率变动的敏感程度等。其中，货币的利率敏感程度和投资的利率敏感程度是“挤出效应”大小的决定性因素。“挤出效应”与货币的利率敏感程度负相关；与投资的利率敏感性正相关。

2. 影响挤出效应的因素

根据 *IS-LM* 模型的理论，影响挤出效应的因素有：支出乘数的大小、投资需求对利率的敏感程度、货币需求对产出水平的敏感程度以及货币需求对利率变动的敏感程度等。其中：投资需求的利率弹性、货币需求的利率弹性是影响挤出效应大小的主要因素，支出乘数、货币需求对产出水平的敏感程度及投资需求时利率变动的敏感程度与挤出效应成正比，货币需求对利率变动的敏感程度与挤出效应成反比。在这四因素中，支出乘数主要取决于边际消费倾向，而边际消费倾向一般较稳定；货币需求对产出水平的敏感程度主要取决于支付习惯，也比较稳定。因此影响挤出效应的决定性因素是货币需求及投资需求对利率的敏感程度。

(1) 支出乘数的大小：政府支出增加会使利率上升，乘数越大，利率提高使投资减少所引起的国民收入减少也越多，挤出效应越大。

(2) 货币需求对产出水平的敏感程度：即货币需求函数 $L=ky-hr$ 中 k 的大小，k 越大，政府支出增加引起的一定量产出水平增加所导致的对货币的交易需求增加越大，使利率上升的越多，挤出效应越大。

(3) 货币需求对利率变动的敏感程度：即货币需求函数中 h 的大小，h 越小，货币需求稍有所变动，就会引起利率的大幅度变动。因此，当政府支出增加引起货币需求增加所导致的利率上升就越多，因而挤占效应越多；反之，h 越大，挤出效应越小。

(4) 投资需求对利率变动的敏感程度：敏感程度越高，一定量利率水平的变动对投资水平的影响就越大，因而挤出效应就越大；反之越小。

17.4　货币政策及其效果

17.4.1　商业银行和中央银行

为了了解货币政策，有必要介绍一下金融机构的基础知识。金融机构主要包括中央银行、商业银行、信托公司、金融资产管理公司、保险公司、证券公司及小额贷款公司等。其中最主要的是商业银行和中央银行。

商业银行最初因为只承做商业短期放贷业务，而且放贷对象为商人和进出口贸易商，所以才称之为“商业”银行。商业银行的主要业务包括负债业务、资产业务和中间业务。负债业务即吸收存款业务；资产业务即贷款和投资业务，投资业务就是银行购买有价证券赚取利息；中间业务即帮助客户办理委托事项，以收取手续费。

中央银行是对金融机构进行监管的特殊金融机构，是一国的最高货币金融管理机构，它制定和执行货币政策及金融监管政策以进行宏观的国民经济调控。美国的央行是联邦储备体系简称美联储，英国是英格兰银行，法国是法兰西银行，瑞士是瑞士国家银行，韩国是韩国银行，日本是日本银行，中国是中国人民银行。中央银行的主要业务包括：货币发行；为商业银行和其他金融机构提供贷款，保管存款准备金，办理全国结算业务；代理国库、为政府提供资金，代理政府债券的发行，保管外汇和黄金储备，制定和执行货币政策，对金融机构进行领导、管理、监督。

当中央银行实行扩张性或紧缩性的货币政策时，货币供给量是如何增加的呢？

17.4.2 存款创造和货币供给

为了讲清楚货币供给过程，首先介绍一下什么是存款准备金。存款准备金，是指金融机构为保证客户提取存款和资金清算需要而准备的在中央银行的存款，中央银行要求的存款准备金占其存款总额的比例就是法定存款准备金率。实行存款准备金的目的是为了确保商业银行在遇到突然大量提取银行存款时，能有相当充足的清偿能力。比如法定存款准备金率是20%，当甲客户将100万元美元存入A商业银行账户时，A银行需将20万美元存入其在中央银行的存款准备金账户，其余80万美元可以放贷。接下来就进入了存款创造过程。

假定A银行将这80万美元放贷给一家企业乙，乙企业将所有贷款存入另一家银行B，B银行将其中的20%存入自己在中央银行的存款准备金账户，剩余64万美元又放贷给了丙企业，同理，丙企业将64万美元存入C银行，C银行留下存款准备金12.8万美元，再放贷给丁企业51.2万美元，……

这个过程中，银行的存款总和可以用算式计算出来：

$$100+80+64+51.2+\cdots$$
$$=100+100\times0.8+100\times0.8\times0.8+100\times0.8\times0.8\times0.8+\cdots$$
$$=100\times(1+0.8+0.8\times0.8+0.8\times0.8\times0.8+\cdots)$$
$$=\frac{100}{1-0.8}=500\text{ 万美元。}$$

银行的贷款总和是：

$$80+64+51.2+\cdots=100\times(0.8+0.8\times0.8+0.8\times0.8\times0.8+\cdots)$$
$$=400\text{ 万美元。}$$

用D代表存款总和，R代表原始存款，r_d代表法定存款准备金率，则有：

$$D=\frac{R}{r_d}。$$

其中$\frac{1}{r_d}$就是货币创造乘数，用k来表示，$k=\frac{1}{r_d}$，r_d越大，k越小，r_d越小，k越大。当中央银行新增加一笔原始货币供给R（货币供给量）时，将使商业银行的存款总和D（社会货币供给增加量）扩大为R的$\frac{1}{r_d}$（货币创造乘数）倍。

并且存款准备金率 r_d 越大时，货币创造乘数 k 越小，这是因为 r_d 越大商业银行可放贷的数额越少，转化的存款也就越少。

17.4.3　债券价格和市场利息率的关系

债券的价格和市场利息率呈反方向变化关系。例如，2015 年 1 月 1 日有一张一年到期的有价债券，票面值为 100 元，即 2015 年 12 月 31 日到期时持该债券可拿到的本金为 100 元。若票面利息率为 10%，则到期时可拿到本金 100 元、利息 10 元，共计 110 元。

如果今天这张债券在市场上售价是 105 元，因为一年后拿到 110 元，所以可以算利息率为 $\frac{110-105}{105}=4.76\%$；

如果今天这张债券在市场上售价是 95 元，因为一年后拿到 110 元，所以可以算利息率为 $\frac{110-95}{95}=15.8\%$，由此可知，债券价格与利息率成反比。

17.4.4　货币政策工具

前面我们已经学习过：货币政策是中央银行通过调整货币供给量的方式，以影响利息率及经济中的信贷供应程度来间接影响社会总需求，从而达到总需求与总供给趋于均衡的目的。

1. 货币政策内容

与财政政策一样，货币政策也分为扩张性和紧缩性两种。扩张性的货币政策是通过提高货币供应增长速度来刺激总需求，在这种政策下，取得信贷更为容易，利息率会降低。因此，当总需求与经济的生产能力相比很低时，使用扩张性的货币政策最合适。紧缩性的货币政策是通过削减货币供应的增长率来降低总需求水平，在这种政策下，取得信贷较为困难，利息率也随之提高。因此，在通货膨胀较严重时，采用紧缩性的货币政策较合适。

2. 货币政策工具

根据我国央行的定义，货币政策工具主要包括公开市场业务、法定存款准备金率、再贷款或贴现以及利率政策和汇率政策等。从学术角度，它大体可以分为数量工具和价格工具。价格工具集中体现在利率或汇率水平的调整上。数量工具则更加丰富，如公开市场业务的央行票据、准备金率调整等，它聚焦于货币供应量的调整。

再贴现政策。贴现是指票据持有人在票据到期日前，为融通资金而向银行或其他金融机构贴付一定利息的票据转让行为。通过贴现，持票人得到低于票面金额的资金，贴现银行及其他金融机构获得票据的所有权。再贴现是商业银行及其他金融机构将买入的未到期的贴现票据向中央银行办理的再次贴现。从形式上看，再贴现与贴现并无区别，都是一种票据和信用相结合的融资方式，但从职能上看，再贴现是中央银行执行货币政策的重要手段之一。

所谓再贴现政策(rediscount rate),就是中央银行通过制定或调整再贴现利率来干预和影响市场利率及货币市场的供应和需求,从而调节市场货币供应量的一种金融政策。再贴现政策分为两种。一种是长期的再贴现政策,这又包括两种:一是"抑制政策",即中央银行较长期地采取再贴现率高于市场利率的政策,提高再贴现成本,从而抑制资金需求,收缩银根,减少市场的货币供应量;二是"扶持政策",即中央银行较长期地采取再贴现率低于市场利率的政策,以放宽贴现条件,降低再贴现成本,从而刺激资金需求,放松银根,增加市场的货币供应量。另一种是短期的再贴现政策,即中央银行根据市场的资金供求状况,随时制定高于或低地市场利率的再贴现率,以影响商业银行借入资金的成本和超额准备金,影响市场利率,从而调节市场的资金供求。

再贴现政策的作用过程实际上就是通过变更再贴现率来影响商业银行的准备金及社会的资金供求的过程。当中央银行提高再贴现率,使之高于市场利率时,商业银行向中央银行借款或再贴现的资金成本上升,这就必然减少向中央银行借款或再贴现,这使商业银行的准备金相应缩减。如果准备金不足,商业银行就只能收缩对客户的贷款和投资规模,从而也就缩减了市场的货币供应量。随着市场货币供应量的缩减,银根紧俏,市场利率也相应上升,社会对货币的需求也就相对减少。而当中央银行降低再贴现利率,使其低于市场利率时,商业银行向中央银行借款或再贴现的资金成本降低,这就必然增加其向中央银行的借款或再贴现,商业银行的准备金相应增加,这就必然会使其扩大对客户的贷款和投资规模,从而导致市场货币供给量的增加。随着市场货币供给量的增加,银根松动,筹资较易,市场利率相应降低,社会对货币的需求也会相应增加。

虽然再贴现政策作用明显,但其局限性也十分明显。首先,中央银行的地位被动。商业银行是否愿意再贴现,或再贴现多少,取决于商业银行本身。其次,如果商业银行大量依赖中央银行再贴现,中央银行压力增加,就会削弱央行控制货币供应量的能力。最后,再贴现率高低有限度。在经济繁荣或经济萧条时期,再贴现率无论高低,都无法限制或阻止商业银行向中央银行再贴现,这也使得中央银行难以有效地控制货币供应量。

因此,再贴现工具的弹性相对较大,作用力度相对也缓和。

公开市场业务。公开市场业务(open market operation)是比较灵活的金融调控工具,通过中央银行在金融市场上买卖有价证券和外汇的活动进行基础货币的吞吐,以达到增减货币供应量的目的。它是中央银行的一项主要业务,是货币政策的基本工具之一。

中央银行买进或卖出有价证券或外汇意味着当金融市场上资金缺乏时,中央银行就通过公开市场业务买进有价证券,向社会投入一笔基础货币。这些基础货币如果是流入社会大众手中,则会直接地增加社会的货币供应量,如果是流入商业银行,则会引起信用的扩张和货币供应量的多倍增加。相反，当金融市场上游资泛滥、货币过多时，中央银行就可以通过公开市场业务卖出有价证券，无论这些证券是由商业银行购买，不定期是由其他部门购买，总会有相应数量的基础货币流回，引起信用规模的收缩和货币供应量的减少。中央银行就是通过公开市场上的证券买卖活动，以达到扩张或收缩信用、调节货币供应量的目的。

根据中央银行在公开市场买卖证券的差异，可分为广义的和狭义的公开市场。所谓广义的公开市场，是指在一些金融市场不发达的国家，政府公债和国库券的数量有限，因此，中央银行除了在公开市场上买卖政府公债和国库券之外，还买卖地方政府债券、政府担保的债券、银行承兑汇票等，以达到调节信用和控制货币供应量的目的。所谓狭义的公开市场，是指主要买卖政府公债和国库券。因为在一些发达国家，大量发行政府公债和国库券，且流通范围广泛，中央银行在公开市场上只需要买进或卖出政府公债和国库券，就可以达到调节信用、控制货币供应量的目的。

公开市场政策已成为许多国家中央银行最重要的货币政策工具。

(3) 法定存款准备金率政策。法定存款准备金率是指存款货币银行按法律规定存放在中央银行的存款与其吸收存款的比率。

法定存款准备金率政策(Reserve Requirement ratio)的真实效用体现在它对存款货币银行的信用扩张能力、对货币乘数的调节。由于存款货币银行的信用扩张能力与中央银行投放的基础货币存在乘数关系，而乘数的大小与法定存款准备金率成反比。因此，若中央银行采取紧缩政策，中央银行提高法定存款准备金率，则限制了存款货币银行的信用扩张能力，降低了货币乘数，最终起到收缩货币供应量和信贷量的效果，反之亦然。

但是，法定存款准备金率政策存在三个缺陷：一是当中央银行调整法定存款准备金率时，存款货币银行可以变动其在中央银行的超额存款准备金，从反方向抵消法定存款准备金率政策的作用；二是法定存款准备金率对货币乘数的影响很大，作用力度很强，往往被当作一剂“猛药”；三是调整法定存款准备金率对货币供应量和信贷量的影响要通过存款货币银行的辗转存、贷，逐级递推而实现，成效较慢、时滞较长。因此，法定存款准备金政策往往是作为货币政策的一种自动稳定机制，而不将其当作适时调整的经常性政策工具来使用。

3. 其他工具

上述传统的三大货币政策都属于对货币总量的调节。此外，中央银行还可以通过道义劝告、窗口指导等办法间接影响存款货币银行的信用创造。

道义劝告是指中央银行利用其声望和地位，对存款货币银行及其他金融机构经常发出通告或指示，或与各金融机构负责人面谈，劝告其遵守政府政策并自动采取贯彻政策的相应措施。

窗口指导是指中央银行根据产业行情、物价趋势和金融市场动向等经济运行中出现的新情况和新问题，对存款货币银行提出信贷的增减建议。若存款货币银行不接受，中央银行将采取必要的措施，如可以减少其贷款的额度，甚至采取停止提供信用等制裁措施。窗口指导虽然没有法律约束力，但影响力往往比较大。

这类工具均属于间接信用指导，其优点是较为灵活。但是要起作用，必须是中央银行在金融体系中有较高的地位，并拥有控制信用的足够的法律权利和手段。

4. 货币政策起作用的其他途径

上述的是凯恩斯理论的基本观点。其他经济学家并不完全认同这种观点。

17.4.5 货币政策的时滞及货币政策的"逆经济风向行事"

货币政策从制定到获得主要的或全部的效果，必须经过一段时间，这段时间称为时滞。

货币政策在实施时也遵循"逆经济风向行事"的特征。当经济增长过快、通胀压力加大时，就实行从紧的货币政策，提高利率或者法定存款准备金率，紧缩货币供给与信贷，给过热的经济降温，抑制过高的通胀率；反之，当经济增长率下滑，或者有衰退风险的时候，货币政策则要降低利率，增加货币供应量和信贷总量，保障流动性供给，刺激投资和消费。在经济下行阶段，尤其是在金融危机冲击下，金融机构或企业等面临短期资金供给不足时，中央银行要为金融机构提供融资便利，促进货币信贷合理平稳增长，改善融资环境，维护投资者的信心，为经济增长提供相对宽松的金融环境。货币政策反经济周期调节的应用，旨在调节经济的周期性波动。

17.4.6 货币政策的效果的 *IS-LM* 图形分析

从 *IS-LM* 模型看，货币政策效果的大小是变动货币供给量的政策对总需求的影响，从而对国民收入变动产生影响。

货币政策的效果指假定增加货币供给能使国民收入有较大增加，则货币政策效果就大；反之则小，见图 17-8。显然，从 *IS-LM* 图形分析可见，这种影响的大小，随 *IS* 曲线和 *LM* 曲线斜率的不同而有所区别。

1. *LM* 曲线不变时，*IS* 曲线斜率对货币政策效果的影响

在 *LM* 曲线形状基本不变时，*IS* 曲线越平坦，*LM* 曲线移动（由于实行变动货币供给量的货币政策）对国民收入变动的影响就越大；反之，*IS* 曲线越陡峭，*LM* 曲线移动对国民收入变动的影响就越小。当 *IS* 曲线斜率不变时，*LM* 曲线越平坦，货币政策效果就越小；反之，则货币政策效果就越大。

下面用 *IS-LM* 模型来分析政府实行扩张性货币政策的效果。

在图 17-8 中，假定初始的均衡收入 y_0 和利率 r_0 都相同。政府货币当局实行增加同样一笔货币供给量 ΔM 的扩张性货币政策时，*LM* 都右移相同距离 EE''，$EE''=y_0y_3=\Delta M/k$，这里 k 是货币需求函数 $L=ky-hr$ 中的 k，即货币交易需求量与收入之比率，y_0y_3 等于利率 r_0 不变时因货币供给增加而能够增加的国民收入。

但实际上收入并不会增加那么多，因为利率会因货币供给增加而下降，因而增加的货币供给量中一部分要用来满足增加了的投机需求，只有剩余部分才用来满足增

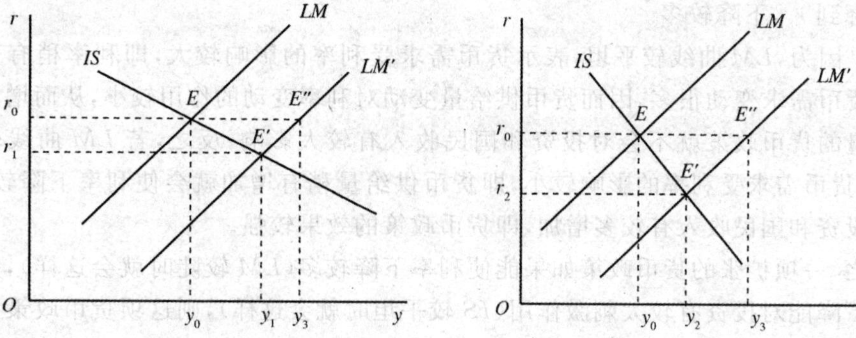

(a) 政策效果大　　　　(b) 政策效果小

图 17-8　*IS* 曲线斜率对货币政策的影响

加的交易需求。究竟要有多少货币量用来满足增加的交易需求，这决定于货币供给增加时国民收入能增加多少。从图 17-8(a)和(b)的图形看，*IS* 曲线较陡峭时，收入增加较少，*IS* 曲线较平坦时，收入增加较多。这是因为 *IS* 曲线较陡，表示投资的利率系数较小(当然，支出乘数较小时也会使 *IS* 较陡，但 *IS* 曲线斜率主要决定于投资的利率系数)。因此，当 *LM* 曲线由于货币供给增加而向右移动使利率下降时，投资不会增加很多，从而国民收入水平也不会有较大增加；反之，*IS* 曲线较平坦，则表示投资利率系数较大。因此，货币供给增加使利率下降时，投资会增加很多，从而使国民收入水平有较大增加。

2. *IS* 曲线不变，*LM* 曲线变动

从图 17-9 看，由于货币供给增加量相等，因此 *LM* 曲线右移距离相等(两个图形中的 EE'' 亦即 y_0y_3 的长度相等)。

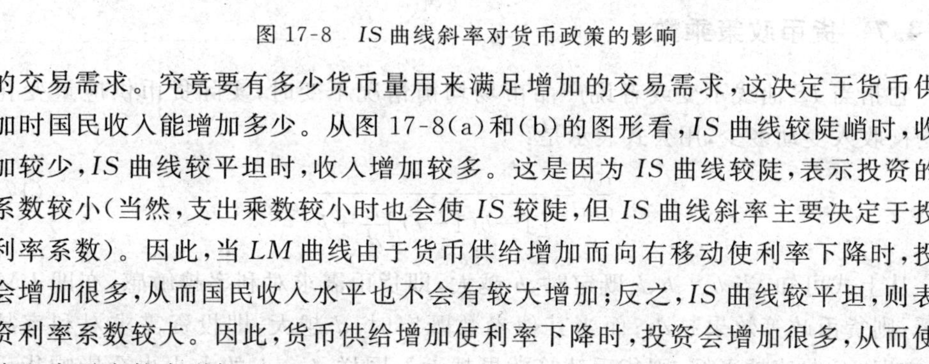

(a) 政策效果小　　　　(b) 政策效果大

图 17-9　货币政策效果因 *LM* 曲线的斜率而异

但图 17-9(a)中 y_0y_1 小于图 17-9(b)中 y_0y_2，其原因是同样的货币供给量增加时，若货币需求关于利率的系数较大，则利率下降较少，若利率系数较小，则利率下降较多。因而在图 17-9(a)中，利率只从 r_0 降到 r_1，下降较少；而在图 17-9(b)中，利率

则从 r_0 降到 r_2，下降较多。

这是因为，*LM* 曲线较平坦，表示货币需求受利率的影响较大，即利率稍有变动就会使货币需求变动很多，因而货币供给量变动对利率变动的作用较小，从而增加货币供给量的货币政策就不会对投资和国民收入有较大影响；反之，若 *LM* 曲线较陡峭，表示货币需求受利率的影响较小，即货币供给量稍有增加就会使利率下降较多，因而使投资和国民收入有较多增加，即货币政策的效果较强。

总之，一项扩张的货币政策如果能使利率下降较多（*LM* 较陡时就会这样），并且利率的下降能对投资有较大刺激作用（*IS* 较平坦时就会这样），则这项货币政策的效果就较强；反之，货币政策的效果就较弱。

17.4.7 货币政策乘数

它指当 *IS* 曲线不变或者说产品市场均衡情况不变时，实际货币供应量变化能使均衡收入变动多少，用公式表示是：

$$\frac{\mathrm{d}y}{\mathrm{d}m}=\frac{1}{[1-b(1-t)]\frac{h}{d}+k} \tag{17-4}$$

从上式可知，当 b、t、h、k 既定时，h 越大，即货币需求对利率越敏感，亦即 *LM* 越平缓，则货币政策效果越小；而当其他参数既定时，d 越大，即投资需求对利率越敏感，亦即 *IS* 曲线越平缓，则货币政策效果越大。同样，b、t、k 的大小也会影响货币政策效果。

17.4.8 古典主义的极端情况

与凯恩斯极端情况相反，如果水平的 *IS* 和垂直的 *LM* 相交，则出现了所谓古典主义的极端情况。

1. 定义

古典主义极端（Classicalism extreme）是指财政政策完全无效，而货币政策十分有效的情况。

一般而言，*IS* 越平坦，或 *LM* 越陡峭，则财政政策效果越小，货币政策效果越大。如果出现一种 *LM* 曲线为垂直线而 *IS* 曲线为水平线的情况，则财政政策将完全无效，而货币政策将完全有效。这就是古典主义的极端现象。

古典主义极端在以下三种情况下发生：

（1）当水平的 *IS* 曲线与 *LM* 曲线中的古典区域并存时，见图 17-10。

（2）当正常的 *IS* 曲线与 *LM* 曲线中的古典区域相交时，见图 17-11。

（3）当水平的 *IS* 曲线与 *LM* 曲线中的中间区域并存时，见图 17-12。

2. 古典主义极端的原因

一方面，*LM* 垂直，说明货币需求的利率系数等于零，就是说，利率已如此之高，

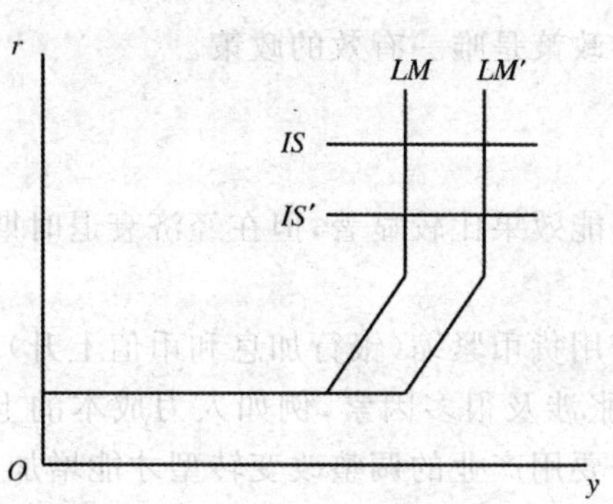

图 17-10　水平的 IS 曲线财政政策效果

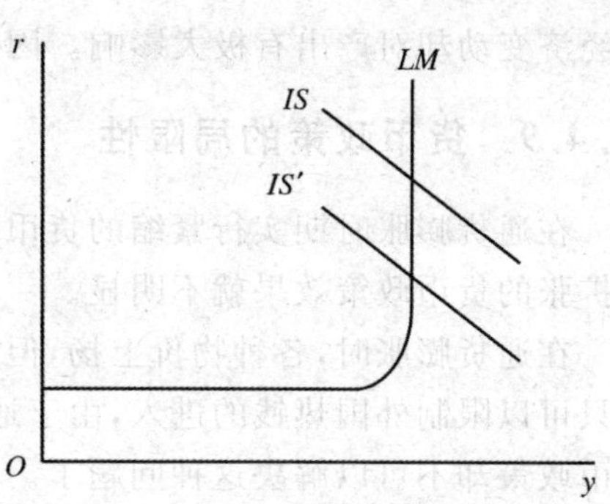

图 17-11　正常的 IS 曲线的财政政策效果

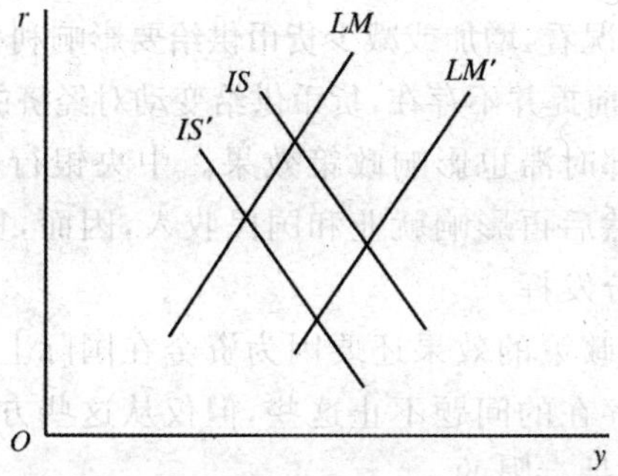

图 17-12　水平的 IS 曲线与 LM 曲线中的中间区域并存

一方面使人们持有货币的成本极大；另一方面又使人们看到债券价格低到只会上涨而不会再跌的程度。因此，人们再不愿为投机而持有货币。这时，政府如推行一项增加支出的扩张性财政政策而要向私人部门借钱的话，由于私人部门没有闲置货币，所以只有在私人部门认为把投资支出减少到一个等于政府借款数目是合算的时候，政府才能借到这笔款项。为此政府利用(政府借款利率)一定要上涨到足以使政府公债产生的收益大于私人投资的预期收益。于是，政府支出的任何增加都将伴随着私人投资的等量减少。政府支出对私人投资的"挤出"是完全的，扩张性财政政策并没有使收入水平有任何改变。

另一方面，*IS* 呈水平状，说明投资需求的利率系数达到无限大，利率稍有变动，就会使投资大幅度变动。因此，政府因支出增加或税收减少而需要向私人部门借钱时，利率只要稍有上升，就会使私人投资大大减少，使"挤出效应"达到完全的地步。

3. IS 呈水平状

IS 呈水平状可用来说明货币政策效果极大，*IS* 的斜率为零，说明投资对利率极为敏感，因此，当货币供给增加使利率稍有下降，就会使投资极大地增加，从而使国民收入极大增加。

古典学派认为，货币需求只同产出水平有关，同利率没有多大关系。货币需求对利率极不敏感，货币需求的利率系数几乎为零。因此，*LM* 是一垂直线，货币供应量的经济变动却对产出有极大影响。因此货币政策是唯一有效的政策。

17.4.9 货币政策的局限性

在通货膨胀时期实行紧缩的货币政策可能效果比较显著，但在经济衰退时期，实行扩张的货币政策效果就不明显。

在通货膨胀时，各种物价上扬，但是政府用货币紧缩(银行加息和币值上升)政策却只可以限制外国热钱的进入，由于通货膨胀涉及很多因素，例如人力成本的上升，货币政策却不可以解决这种问题了。这时需要用产业的调整改变转型才能增加企业利润。即使从反通货膨胀看，货币政策的作用也主要表现于反对需求拉上的通货膨胀，而对成本推进的通货膨胀，货币政策效果就很小。

从货币市场均衡的情况看，增加或减少货币供给要影响利率的话，必须以货币流通速度不变为前提。如果这一前提并不存在，货币供给变动对经济的影响就要打折扣。

货币政策作用的外部时滞也影响政策效果。中央银行变动货币供给量，要通过影响利率，再影响投资，然后再影响就业和国民收入，因而，货币政策作用要经过相当长一段时间才会得到充分发挥。

在开放经济中，货币政策的效果还要因为资金在国际上流动而受到影响。

货币政策在实践中存在的问题不止这些，但仅从这些方面看，货币政策作为平抑经济波动的手段，作用也是有限的。

17.5 两种政策的混合使用

扩张性的财政政策表现为 *IS* 曲线右移，在使收入增加的同时会带来利率的上升，反之亦然。扩张性的货币政策表现为 *LM* 曲线右移，在使收入增加的同时会带来利率的下降，反之亦然。由此可见，通过两种政策的搭配，可实现收入和利润的不同组合。

为了实现经济总量平衡的目标，财政政策与货币政策组合方式灵活多样，在具体的操作中，准确的形势判断是财政政策与货币政策能够成功协调配合以维护经济平稳增长的首要条件。财政政策与货币政策协调配合的内容也是全方位的。

第一，政策目标上的配合与平衡。就总量目标而言，财政与货币政策的最终目标应该是一致的。但从短期看，当经济面临某种冲击时，它对产出、通胀率和就业的作用方向并不是一致的，此时，宏观经济政策在稳定产出、通胀率和就业上存在平衡问题。在这种情况下，恰当的政策配合，就可能会实现低失业、低通胀的经济增长，促进全社会的福利最大化。

第二，政策方向的配合。由于财政、货币政策具有不同的作用机制和特点，可能出现财政、货币政策效果的相互抵消。例如，当经济出现“滞胀”时，刺激经济增长的财政政策会增加通货膨胀的压力，货币政策在抑制通货膨胀时又会阻碍经济增长。它们之间的配合就是要避免这种现象。可见，在宏观调控中，必须构建一个有效的财政货币政策组合。

第三，政策工具的配合。财政、货币政策都是通过一定的政策工具来实现的。财政政策可选择的工具有：公共投资、税收、财政补贴和转移支付等。货币政策可供选择的工具有存款准备金制度、再贷款和再贴现和公开市场操作等总量控制工具，以及窗口指导、房地产信用比率控制等选择性政策工具。财政货币政策在其工具的选择上也应相互搭配，不仅财政政策工具和货币政策工具要相互配合，而且财政、货币政策内部的各种工具之间也要相互配合。

第四，政策力度的配合。政策力度是指政策对其调控对象作用力的大小，不同政策工具的作用力度是不同的。从具体政策工具来看：财政政策中，预算政策的“自动稳定器”功能对稳定经济的力度较强，但对调节经济总量来说，力度则较小，如果采取补偿性的财政政策，人为地通过预算政策来调节经济的话，预算政策的力度就会较大；货币政策中，法定存款准备金率的变动对经济总量的调控力度一般较强，准备金率的变动会直接影响商业银行的准备金结构和货币乘数的变化，从而引起银行信贷和货币总量成倍地变化，而公开市场业务的力度则要小一些。它是微调的货币政策工具。

第五，政策时间的配合。时间配合一是指政策选择的时机；二是指政策的持续期。解决财政货币政策的时间问题的难点在于政策时滞的确定和政策持续时间的把握。二者的配合在时间问题上应注意对宏观经济运行态势的考察，在准确判断宏观经济运行态势的基础上，科学选择财政、货币政策的组合，同时需要对财政、货币政策工具时滞的长短进行仔细研究，根据需要选择时滞长短相匹配的政策工具组合。

政府可以根据经济的不同情况采取不同的财政政策和货币政策，具体情况，如表17-3所示。例如在经济萧条不太严重的时期，用扩张性的财政政策刺激总需求，用紧缩性货币政策控制通货膨胀。

表 17-3　　财政和货币政策的不同组合和适用条件

	政策组合	产出	利率	适用条件
Ⅰ	扩张性财政 紧缩性货币	不确定	上升	经济萧条不严重，扩张性财政政策刺激总需求，紧缩性货币政策控制通货膨胀
Ⅱ	紧缩性财政 紧缩性货币	下降	不确定	严重通货膨胀，紧缩性货币提高利率，降低总需求。紧缩财政，以防止利率过高
Ⅲ	紧缩性财政 扩张性货币	不确定	下降	不严重的通货膨胀，紧缩性财政压缩总需求，扩张性货币降低利率，以免财政过度紧缩而衰退
Ⅳ	扩张性财政 扩张性货币	上升	不确定	经济严重萧条，膨胀性财政增加总需求，扩张性货币降低利率

17.6 关于总需求管理政策的争论

17.6.1 宏观经济政策到底要不要实施

看不见的手到底要不要进行干预，经济学家们一直持有不同的看法。一些经济学家认为，市场经济能够自己进行内部调节，消化吸收外部冲击和干扰，如外部因素造成失业时(可能是技术进步、战争、自然灾害等)，有劳动能力的人可以降低自己的薪酬水平期望来获得收入偏少的工作，因此政府不要马上进行干预，让市场自动调节。还有一些经济学家认为政府干预会带来一些副作用，其原因主要有：

第一，政府预测经济变化的能力有限。虽然政府机构、金融机构或私人企业建立了一些宏观计量经济模型，但是影响经济发展的变量太多，并且都难以琢磨，很难准确的估计出哪些变量会发生变化，变化幅度如何，所以宏观经济预测是受限的。

第二，宏观调控政策具有时滞性。我国宏观经济调控的主要目标是：促进增长，也即政府必须调节社会总供给与社会总需求的关系，使之达到基本平衡；增加就业，因就业是民生之本；稳定物价；保持价格的基本稳定，避免价格的大起大落；保持国际收支平衡。但是当市场经济出现问题时，认识问题，找到解决方案，实施方案到产生效果都是需要时间的。经济政策尤其是货币政策，其影响力一般是先弱再逐渐变强，越往后效果往往越明显，因此在制定经济政策时还要注意政策的时滞性。时滞主要分为两种，内部时滞和外部时滞，前者是指着手制定政策所需要的时间，后者是说政策对经济行为影响的时间。财政政策的外部时滞较短，而内部时滞较长，因为财政政策通常要有一个较长的批准过程，因此使用起来一般比较谨慎。而货币政策的内部时滞很短，因此运用得较多，然而它的外部时滞较长，这是由于货币政策工具在影响有效需求时所经历的传导环节较多。因此，经济政策尤其是货币政策，它的影响力一般是由弱渐强，往往越往后效果越明显，而对当期的影响并不显著，各项经济指标可能在短期内不降反升，让人会误解当前的政策效果很小，应该加大力度调控。因此，在制定宏观调控政策时需要注意政策的时滞性，不能够机械化、简单化的针对当前的经济指标，逢高便疾呼紧缩政策，逢低便呼吁扩张政策，而是应该理性地分析影响这些经济指标波动的深层次原因。

第三，政府无法完全掌握公众对实施的政策的反应。例如，若央行决定增加货币供应量时，如果公众是理性人，即已经掌握有关的经济知识并且运用这些知识形成对未来价格和其他经济变量的正确预期并采取正确的对策(如提前要求提高工资等)，那么央行的扩张性货币政策效果就会大打折扣。

虽然这些经济学家主张政府不要干预市场经济，但是也有经济学家主张干预。凯恩斯主义认为宏观经济调控是必要的，是有效的，因为市场的自身调节需要很长一段时间，这个过程中经济的低迷会持续一段时间，政府采取刺激的宏观财政政策或货币政策会促进经济的迅速恢复，宏观调控是有效的。

这种干预还是不干预的争论还会一直持续下去，但是实际上，各国经济出现较大问题时，都会实施一定的宏观调控政策。

17.6.2　按什么规则对经济进行干预

由于各国政府都实施过宏观调控，有必要讨论一下要按照什么规则对经济进行干预。

以货币政策为例，经济学家们主要主张如下：

(1) 单一规则。单一规则货币政策是指将货币供应量作为唯一的政策工具，并制定货币供应量增长的数量法则，使货币增长率同预期的经济增长率保持一致。是货币当局或中央银行按一个稳定的增长比率扩大货币供应，又叫作稳定货币增长率规则。单一规则是弗里德曼根据生命周期理论得出的，因为居民长期平均消费是稳定的，其货币需求也必然是稳定的，那么政府发行的货币也应该保持和货币需求一样稳定，即保持定量的货币发行规模，施行单一的稳定的货币政策。

(2) 以名义 GDP 的某个数值为目标来制定政策，支持者认为设置名义 GDP 有助于宏观经济稳定。央行宣布一个明确的名义 GDP 目标，当超过目标时，就抑制总需求，采取紧缩的经济政策；反之，刺激总需求，采取扩张的经济政策。这可以允许政府在短期内采取更加积极的货币政策，而对于长期经济带来更多的确定性。

(3) 以名义通胀率的某个数值为目标来制定政策。央行宣布一个适当的稍低的通胀率，与实际通胀率相比较，当名义通胀率高于实际通胀率时就刺激总需求，反之就抑制总需求。

(4) 泰勒规则，即以调整实际利率作为对经济实施宏观调控的主要手段。20 世纪 80 年代后，美联储主要使用单一规则，但 90 年代后新的财政运作框架下，美联储无法再扩大开支、减少税收来刺激经济，所以货币政策成为主要手段。新局面下，美联储决定以调整实际利率作为对经济实施宏观调控的主要手段，这就是泰勒规则。泰勒认为，保持实际短期利率稳定和中性政策立场，当产出缺口为正(负)和通胀缺口超过(低于)目标值时，应提高(降低)名义利率。

17.7　供给管理的政策

宏观经济理论除了需求管理理论外，还有供给管理理论。

17.7.1　短期供给管理政策的含义

供给管理是通过对总供给的调节来达到宏观经济目标，其中包括对劳动力、工资、价格及产量增长等的管理与调节。供给管理政策包括收入政策、人力政策、指数化政策和经济增长政策等。

17.7.2 收入政策和人力政策

收入政策是后凯恩斯主流学派提出的政策主张之一，指政府为了影响货币收入或物价水平而采取的措施，其目的通常是为了降低物价的上涨速度。是政府为降低一般价格水平上升的速度而采取的强制性或非强制性的限制工资和价格的政策。目的在于影响或控制价格、货币工资和其他收入的增长率，是货币政策和财政政策以外的一种政府行为。收入政策可以采取以下形式：

工资—物价指导线，即由政府根据长期劳动生产率来确定工资和物价的增长限度，要求把工资—物价增长限制在劳动生产率平均增长幅度内。

对特定工资或物价进行“权威性劝说”或施加政府压力。

实行工资—物价管制，即由政府颁布法令对工资和物价实行管制，甚至实行硬性冻结。

以税收政策对工资增长率进行调整

人力政策通过解决劳动市场问题，来解决失业和通胀同时存在的问题的。主要措施包括增加服务部门以吸收劳动力，由政府训练和培养难就业的劳动力，使他们成为熟练工人以找到正式工作，注重劳动力的再培训，增加劳动力的空间或地域流动性等。

17.7.3 供给学派的政策主张

与凯恩斯的财政政策相对立，供给学派的财政政策主张降低累进所得税率，主张以激励和鼓舞为主，改革社会福利制度，实现预算平衡。

供给学派认为减税的财政政策，尤其是降低边际税率，可以产生诸多积极影响，包括鼓励人们加班，积极经营，推迟退休，缩短待业期，从而提高收入，进而支出更多，储蓄更多，当储蓄更多时，投资又受到鼓励。并且减税政策的制定要以鼓励储蓄、工作和投资为方向来设计，例如事项累进税和削减公司税。供给学派认为，当高额累计税率组织企业家积累财富时，社会遭受的损失远远高于税收。

供给学派还认为，在财政支出方面对经济增长起窒息作用的时社会福利开支。他们认为所得转移——福利、社会保险、失业补助等，对个人进取心的消极影响和高累进所得税率相同。这是由于救济金的水平并不比个人从工作中得到的净所得低多少，在发放救济、津贴前对申请人作家庭调查以后所公开课征的实际税率，使领救济金变成一些人赚取另一些人个人所得的行为。因此这种制度鼓励的是那些不想干活的人，而挫伤的则是积极进取的人。

供给学派反对赤字财政政策。他们认为，预算赤字的增加只能剥夺私营企业所需要的资本，并且造成金融市场的挤出效应；或者当政府所发生的亏空是用增加货币发行量去弥补时，就会造成通货膨胀。如果说税收和政府开支等量增加，那么私营企业的积极性受到挫伤又会使经济进一步萧条。他们虽然反对赤字财政，却不赞成把平衡预算作为实行减税的前提条件。他们把主张现有财政盈余再实行减税的人称作传统的预算平衡论者加以抨击。他们认为,对付大手大脚花钱的自由主义者的最好办法,就是把减税置于优先地位。供给学派还反对赤字财政造成通货膨胀的见解。他们指出,通货膨胀基本上是一种货币现象。如美国联邦储备系统不适当地增加货币供应量,那么不管预算是否平衡也会发生通货膨胀。如果财政部向公众出售自己的全部债券以弥补赤字,那只不过是把等量的私人储蓄吸收过来并且提高利息率。把私人投资者从市场上排挤出去肯定不是一种合适的做法,但它不是通货膨胀的根本原因。不超额增加货币数量,就不会有物价水平的普遍上涨。

17.8 本章小结

1. 宏观(调控)经济政策目标:促进经济增长、稳定物价、保持国际收支平衡、增加就业。

2. 宏观调控政策各目标间的关系:稳定物价与充分就业、稳定物价与经济增长、经济增长与平衡国际收支、充分就业与经济增长。

3. 宏观经济调控的手段:经济手段、法律手段、行政手段。

4. 财政政策:是指政府通过对财政收入和支出总量的调节来影响社会总需求,使之与总供给相适应的经济政策。它包括财政收入政策和财政支出政策。

5. 货币政策:指政府货币当局即中央银行通过银行体系变动货币供给量以及利率,来调节社会总需求的各项政策措施。主要包括信贷政策、利率政策和外汇政策。货币政策是通过政府对国家的货币、信贷及银行体制的管理来实施的。

6. 宏观经济政策的不同类型:①财政政策类型:根据财政政策调节国民经济总量和结构中的不同功能进行划分,财政政策可分为:扩张性财政政策、紧缩性财政政策和中性财政政策。②货币政策类型:货币政策分为扩张性的和紧缩性的两种。

7. 财政政策的效果的 *IS-LM* 图形分析。

8. 凯恩斯主义的极端情况。

9. 挤出效应:指政府支出增加所引起的私人消费或投资降低的经济效应。

10. 两种政策的混合使用:全方位的财政政策与货币政策协调配合。包括:政策目标的配合与平衡;政策方向的配合;政策工具的配合;政策力度的配合;政策时间的配合。

11. 自动稳定器:是指经济系统本身存在的一种会减少各种干扰对国民收入冲击的机制,能够在经济繁荣时期自动抑制通胀,在经济衰退时期自动减轻萧条,无需政府采取任何行动。

12. 充分就业预算盈余与财政政策方向。

13. 赤字与公债:弥补赤字的途径有:借债和出售政府资产。

14. 古典主义的极端情况古典主义极端:是指财政政策完全无效,而货币政策十分有效的情况。

15. 货币供给。货币供给可以分为狭义的货币供给和广义的货币供给。从层次上看,货币供给分为:流通中现金(M_0),狭义货币供应量(M_1),广义货币供应量(M_2),最广义的货币供应量(M_3)。

16. 货币政策工具。

17. 供给管理的政策包括收入政策、人力政策和供给学派的以减税为和新的攻击政策,与需求政策形成对立。

本章课后同步思考题及参考答案

一、名词解释

1. 财政政策:

是指国家根据一定时期政治、经济、社会发展的任务而规定的财政工作的指导原则,通过财政支出与税收政策的变动来影响和调节总需求进而影响就业和国民收入的政策。财政政策是国家整个经济政策的组成部分。

2. "挤出效应":

指政府支出增加所引起的私人消费或投资降低的效果。

3. 再贴现:

是中央银行通过买进商业银行持有的已贴现但尚未到期的商业票据,向商业银行提供融资支持的行为。

4. 公开市场业务:

是指中央银行通过买进或卖出有价证券,吞吐基础货币,调节货币供应量的活动。与一般金融机构所从事的证券买卖不同,中央银行买卖证券的目的不是为了盈利,而是为了调节货币供应量。

5. 存款准备金率:

是指一国中央银行规定的商业银行和存款金融机构必须缴存中央银行的法定准备金占其存款总额的比率。调节法定存款准备金率,是国家调节货币政策的有效方法。

二、简答题

1. 挤出效应的内容是什么?

答:挤出效应是指增加政府投资对私人投资产生的挤占效应,从而导致增加政府投资所增加的国民收入可能因为私人投资减少而被全部或部分地抵消。

2. 所得税降低对产出和利率有何影响?

答:因为所得税降低之后,企业的利润率就会升高,同时,也就有了更多的项目具有了更好的利润水平值得企业去投资，为了对这些项目进行融资，企业或者向银行借款或者发行债券，就有了更多借款需求，进而推高了整个经济体的利率水平。

"所得税减少会提高利率"这个的表述符合美国欧洲等绝大部分西方国家，他们的利率由市场决定，而非国家调控的结果。在我国，因为国家对商业银行的强力控制权，使得利率主要有央行指定，会产生一个扭曲。

三、计算题

1. 计算下列每种情况时的货币乘数。

(1) 货币供给为 5000 亿元，货币基础为 2000 亿元

(2) 存款为 5000 亿元，通货为 1000 亿元，准备金为 500 亿元

(3) 准备金为 500 亿元，通货为 1500 亿元，准备金与存款的比率为 0.1。

答：(1)$D_r=M/H=5000/2000=2.5$

(2)准备金率 $r=500/5000=0.1$　现金一存款比 $C_u=1000/5000=0.2$，则

$D_r=(C_u+1)/(C_u+r)=(0.2+1)/(0.2+0.1)=4$

(3) $r=0.1\rightarrow 500/D=0.1\rightarrow D=5000$　现金一存款比 $C_u=1500/5000=0.3$，则：

$D_r=(C_u+1)/(C_u+r)=1.3/0.4\approx 3$

2. 假定货币需求为 $L=0.2y$，货币供给 $m=200$，消费 $c=90+0.8y_d$，税收 $t=50$，投资 $i=140-50r$，政府支出 $g=50$，求：

(1) 均衡收入、利率和投资；

(2) 若其他条件不变，政府支出 g 增加 20，那么收入、利率和投资有什么变化？

(3) 是否存在"挤出效应"？

答：(1)由三部门的均衡产出 $y=c+i+g$，$y_d=y-T-Tr$，由题意知：

$c=90+0.8y_d$，$i=140-500r$，$t=50$，$g=50$，$t_r=0$，可知：

$y=90+0.8y_d+140-500r+g=90+0.8(y-50)+140-500r+50$?

从而导出 IS 方程：$y=1200-2500r$

由 $M=L$，$L=0.2Y$，$M=200$　可知：$200=0.2Y$，所以可导出 LM 方程：$y=1000$

联立 IS 方程和 LM 方程：$1200-2500i=1000$，可得：均衡收入 $y=1000$，利率 $r=0.08$

把 $r=0.08$ 带入投资函数 $i=140-500r$，可得：投资 $i=100$，所以均衡收入为 1000，利率为 0.08，投资为 100

(2) 由政府支出增加 20，可知 $g=70$

同(1)的推导方法：可得 $y=1000$，$r=0.12$，$i=80$，所以收入不变，利率变大，投资变少。

(3)挤出效应：指政府支出增加所引起的私人消费或投资降低的效果。本题就是政府支出增多挤占投资，从而投资降低。

3. 假定一两部门经济中，消费 $c=100+0.8y$，投资 $i=150-6r$，货币供给 $m=$

150,货币需求 $L = 0.2y - 4r$,求:

(1) IS 和 LM 曲线;

(2) 求产品市场和货币市场同时均衡时的利率和收入。

答:(1) IS 曲线:IS 曲线的意义是投资=储蓄 :$s = y - c$ 即 $s = y - (100 + 0.8y) = 0.2y - 100$

$i = s$ 即 $0.2y - 100 = 150 - 6r$,得到:$r = 250/6 - 1/30y$

LM 曲线:LM 曲线的意义是货币需求=货币供给:$L_1 = L_2$ 即 $0.2y - 4r = 150$

得到:$r = -37.5 + 0.05y$

(2) 商品市场和货币市场同时均衡时 $250/6 - 1/30y = -37.5 + 0.05y$

得到:$y = 950$ $r = 10\%$

4. 假定某经济中的消费函数为:$c = 0.8(1-t)y$,税率 $t = 0.25$,投资 $i = 900 - 50r$,政府支出 $g = 800$,货币需求 $L = 0.25 - 62.5r$,实际货币供给 $M/p = 500$,求:

(1) IS 和 LM 曲线;

(2) 两个市场同时均衡时的利率和收入。

答:(1) $Y = C + I + G = 0.8(1-t)Y + 900 - 50r + 800 = 0.8Y - 0.8tY - 50r + 1700$ 将 $t = 0.25$ 带入并化简得到:IS $Y = -125r + 4250$

(2) $L = M/P$ 得到 LM $Y = 250r + 2000$

(3) 同时均衡解出:$r = 6$ $Y = 3500$

5. 设 IS 曲线为:$y = 5600 - 40r$;LM 曲线 $r = -20 + 0.01y$。求:

(1) 均衡产出和均衡利率;

(2) 若产出为 3000,经济将怎样变动?

答:(1)联立得:$r = 25.7$,$Y = 4572$;

(2) 产出 3000 高出均衡收入,此时利率也高于均衡利率,利率将会下降。进而引起产品市场求大于供,产出趋于增加。又引起利率提高。最终经济趋于均衡水平。

6. 设有下列经济模型:$y = c + i + g$,$i = 20 + 0.15y$,$c = 40 + 0.65y$,$g = 60$,求:

(1) 边际消费倾向和边际储蓄倾向;

(2) 均衡的 y, c, i。

答:(1) 边际消费倾向为 0.65;边际储蓄倾向为 $1 - 0.65 = 0.35$。

(2)$Y = C + I + G$ 得:$Y = 600$,$C = 430$,$I = 110$。

7. 已知某经济 IS 方程为 $y = 550 - 1000r$,边际储蓄倾向 $MPS = 0.2$,利率 $r = 0.05$。

(1) 如果政府购买支出增加 5 单位,则均衡收入将如何变化?

(2) 如果政府购买支出增加 5 单位,则 IS 曲线将如何移动?

答:(1)因为 $r = 0.05$ 时,则 $Y = 550 - 1000r = 550 - 50 = 500$.

又因为 $MPS = 0.2$,则 $MPC = 0.8$,因此政府支出乘数为:$K_g = 5$

当政府支出增加 $\Delta G = 5$ 时,$\Delta Y = 5 \times 5 = 25$,故新的均衡收入为:$Y' = 550 + 25 =$

575(2)IS 曲线水平右移 $\Delta Y=KG\cdot\Delta G=5\times5=25$,新的 IS 曲线为:

$Y'=550-1000r+25=575-1000r$

8. 假定 $y=c+i+g$,消费需求为 $c=800+0.63y$,投资需求为:$i=7500-20000r$,货币需求 $L=0.1625y-10000r$,价格水平为 $p=1$,试计算当名义货币供给是 6 000 亿美元,政府支出为 7500 亿美元时的 GDP 值,并证明所求的 GDP 值等于消费,投资和政府支出的总和。

答:均衡条件为 $Y=C(Y-T)+I(r)+G$,其中消费函数也可表示成:$C=a+b(Y-T)$;投资函数也可表示成:$I=c-dr$。其中 c 为自生性投资,d 为投资的利率弹性(也就是投资曲线的斜率)。G 为政府购买。这样,可得 $Y=800+0.63Y+7500-20000r+7500$,即

$$0.37Y=15800-20000r \quad ①$$

货币需求等于供给:$0.1625Y-10000r=$ 货币名义供给/价格水平 $=6000/1$ 可得:

$$0.1625Y=6000+10000r \quad ②$$

解方程组①②,得 $Y=40000$,$r=0.05$,

即 GDP=40000 亿美元。

9. 两部门经济中,如果在初始年份是均衡的,国民收入为 1500 亿元,现在:

(1) 每期投资增加 100 亿元,国民边际消费倾向为 0.9,试问国民收入要达到多少亿元才能使国民经济恢复平衡?

(2) 如果不是每期投资都增加 100 亿元,而是每期消费增加 100 亿元,上题答案是否会变?如果每期消费增加 150 亿呢?

答:(1)国民收入增加额 $=100\times1/(1-0.9)=1000$ 亿元,即国民收入要达到 2500 亿元才能恢复国民经济均衡;

(2)不会变。如果消费增加 150 亿元国民收入增加额为 1500 亿元,即国民收入要达到 3000 亿元才能恢复国民经济均衡。

四、绘图分析题

1. 以货币政策为中间变量的调控。中央银行可以以名义货币供给量 M 及存款利率 R 等货币中间变量来达到调节经济的目的。在哪种情况下,中央银行会采取哪个政策?并用图形来说明在每种情况下的政策作用。

2. 用 IS—LM 模型简要说明财政政策和货币政策变动对经济的影响。

3. 用简单的国民收入决定模型分析“节俭的悖论”。

答:在两部门经济中,储蓄增加将会导致国民收入减少,储蓄减少能使国民收入增加,这是凯恩斯主义的观点。由此得出一个自相矛盾的推论:节制消费增加储蓄会增加个人财富,对个人是件好事,但由于会减少国民收入,引起经济萧条,对整个社会来说却是坏事;增加消费或减少储蓄会减少个人财富,对个人来说是件坏事,但由于

会增加国民收入，使经济繁荣，对整个社会却是好事。这就是所谓的"节俭的悖论"。

配套思考题及参考答案

一、单项选择题

1. 引起 IS 曲线向左移动的原因是(　　)。
   A. 政府决定降低个人所得税
   B. 政府决定通过中央银行减少货币供给
   C. 政府决定取消原有的冬季采暖补贴
   D. 政府将原计划用于进口设备的资金投入到公路修建中
2. 所谓"凯恩斯陷阱区"一般产生于债券价格的(　　)。
   A. 高位区　B. 低位区　C. 中位区　D. 无法判断
3. 比例税率提高会使 IS 曲线(　　)。
   A. 斜率的绝对值变大　B. 斜率的绝对值变小
   C. 右移　D. 左移
4. 封闭经济中，定额税和政府购买以相同的数量增加，会使 IS 曲线(　　)。
   A. 保持不变　B. 向右平移　C. 向左平移　D. 改变斜率
5. 假定名义货币供给量不变，价格总水平上升将导致一条向右上方倾斜的 LM 曲线上的一点(　　)。
   A. 沿原 LM 曲线向上方移动　B. 沿原 LM 曲线向下方移动
   C. 向右移动到另一条 LM 曲线上　D. 向左移动到另一条 LM 曲线上
6. 在 IS－LM 模型中，货币供给的增加使 LM 曲线移动了 100 亿元，货币交易需求量为收入的一半，可推知货币供给增加了(　　)。
   A. 100 亿元　B. 50 亿元　C. 200 亿元　D. 70 亿元
7. 如果利率和收入都能按照供求状况自动调整，那么当利率和收入的组合点处于 IS 线右上方 LM 线左上方时，下面哪种情况会发生？(　　)
   A. 利率上升收入下降　B. 利率上升收入增加
   C. 利率下降收入增加　D. 利率下降收入减少
8. 由政府支出增加所导致的挤出效应来自于(　　)。
   A. 货币供给量的下降　B. 货币需求量的提高
   C. 境外利率的下降　D. 通货膨胀的恶化

参考答案：BAABD　BDB

二、判断题(以下哪种说法是正确的)

1. 财政政策是指政府货币当局即中央银行通过银行体系变动货币供给量以及

利率，来调节社会总需求的各项政策措施。

2. 均衡利率上升了，而利率的上升抑制了消费，从而使政府的实际收入达不到预期的效果。这就是所谓"挤出效应"。

3. 古典主义的极端情况是指财政政策完全有效，而货币政策十分无效的情况 。

4. LM 曲线斜率越大，即 LM 曲线越陡峭，则移动 IS 曲线时收入变动就会越小，也就是说财政政策效果就越小。

5. 再贴现是商业银行及其他金融机构将买入的未到期的贴现票据向中央银行办理的再次贴现。

6. 公开市场业务是通过中央银行在金融市场上买卖有价证券和外汇的活动进行基础货币的吞吐，以达到增减货币供应量的目的。

7. 一项扩张的货币政策如果能使利率下降较多(LM 较平坦时就会这样)，并且利率的下降能对投资有较大刺激作用(IS 较平坦时就会这样)，则这项货币政策的效果就较强。

8. 中央银行降低法定存款准备金率，则限制了存款货币银行的信用扩张能力，降低了货币乘数，最终起到收缩货币供应量和信贷量的效果。

参考答案：

1. ×　2. √　3. ×　4. √　5. √　6. √　7. ×　8. ×

三、简答题

1. 用 *IS-LM* 模型简要说明财政政策和货币政策变动对经济的影响。

参考答案：

IS 曲线和 *LM* 曲线移动时，不仅收入会变动，利率也会变动。

① 当 *LM* 曲线不变而 *IS* 曲线向右上方移动时，不仅收入提高，利率也上升。这是因为，*IS* 曲线右移是由于投资、消费或政府支出增加，一句话是总支出增加。总支出增加使生产和收入增加，收入增加了，对货币交易需求增加。由于货币供给不变(假定 *LM* 不变)，所以，人们只能出售有价证券来获取从事交易增加所需货币，这就会使证券价格下降，即利率上升。

② 当 *LM* 不变而 *IS* 曲线向左下移动时，收入和利率都会下降。

③ 当 *IS* 曲线不变而 *LM* 曲线向右下移动时，收入提高，利率下降。这是因为，*LM* 曲线右移，或是因为货币供给不变而货币需求下降，或者是因为货币需求不变，货币供给增加。在 *IS* 曲线不变，即产品供求情况没有变化的情况下，凡 *LM* 曲线右移，都意味着货币市场上供过于求，这必然导致利率下降。利率下降刺激消费和投资，从而使收入增加。

④ 当 *IS* 曲线不变而 *LM* 曲线向左上方移动时，会使利率上升，收入下降。

⑤ 如果 *IS* 曲线和 *LM* 曲线同时移动，收入和利率的变动情况，则由 *IS* 和 *LM* 如何同时移动而定。如果 *IS* 向右上移动，*LM* 同时向右下移动，则可能出现收入增

加而利率不变的情况。这就是所谓扩张性的财政政策和货币政策相结合可能出现的情况。

2. 以货币政策为中间变量的调控。中央银行可以以名义货币供给量 M 及存款利率 R 等货币中间变量来达到调节经济的目的。在哪种情况下，中央银行会采取哪个政策？并用图形来说明在每种情况下的政策作用。

参考答案：

中央银行在执行货币政策时，以货币政策工具首先影响利率或货币供给量等货币变量。通过这些变量的变动，中央银行的政策工具间接地影响产出、就业、物价和国际收支等最终目标变量。中央银行选择以名义货币供给量 M 及存款利率 R 作为货币政策中间变量的主要原因有以下三个：

一是可测性，央行能对这些作为货币政策中介目标的变量加以比较精确的统计。二是可控性，央行可以较有把握地将选定的中介目标控制在确定的或预期的范围内。三是相关性，作为货币政策中介目标的变量与货币政策的最终目标有着紧密的关联性。

基于此，一般情况下：当货币政策最终目标强调的是充分就业、经济？增长，一般以利率作为货币政策调控的中间目标；当货币政策最终目标以稳定通货为主，中间目标是货币供应量的调整。滞涨问题出现以后，当中央银行以反通胀为唯一目标制定货币政策时，则会放弃以货币供应量作为中间目标的调控方法以控制通货膨胀。有些中央银行建立了以短期利率为主要操作手段、实现通货膨胀目标的货币政策体系，货币政策操作直接盯住通货膨胀目标，不再依赖其他中间目标。

第 18 章 国民收入的决定：总需求—总供给模型

本章学习目标：

1. 知道消费对经济增长的作用。
2. 掌握总需求曲线的定义、推导、斜率和平移。
3. 知道短期总生产函数和曲线；劳动力需求曲线。
4. 了解劳动力供给曲线和劳动力市场的均衡。

导入案例：区别消费与浪费

在全社会正在形成反对铺张浪费良好风气的当下，关于"浪费"与"消费"的不同含义和行为方式需要切实区分开来。混淆消费的概念，把浪费当消费的行为需下大力气制止；而因为反对浪费，连一些正常的消费也刻意收缩的方式也不可取。

近期不断被曝光的一些浪费现象触目惊心，特别是公款浪费行为更是为老百姓深恶痛绝。一些人打着"扩大消费"的幌子，搞超标准、超规格的宴请活动，极尽奢靡之风。一道菜动辄数百元甚至上千元，名酒、名烟样样不缺。酒足饭饱了甚至还要再来点儿高档的娱乐和健身。一些个人，豪华车辆、昂贵手表、名牌皮包等奢侈品不断"更新换代"，攀比和炫富的心态扭曲了自己的实际需求。

诚然，内需不振是当前的一个难题，但绝不能过度消费而造成浪费。所谓人无俭不立，家无俭不旺。对于一个国家、一个民族也是如此。

浪费是对资源和产品的过度挥霍，而消费则是正常需要的满足。提高生产力的目的也正是满足社会的消费需求。反浪费并非反正常消费和理性消费。

（来源：《瞭望》2013 年第 5 期）

18.1 总需求曲线

18.1.1 经济波动与总需求、总供给

经济活动每年都有波动。在大多数年份，物品与劳务的生产是增长的。由于劳动力增加、资本存量增加以及技术知识进步，能生产的东西就会越来越多。这种增长使每一个人都享有更高的生活水平。

但是,在一些年份经济经历了紧缩而不是增长。企业无法把它们提供的所有物品与劳务都卖出去,因此它们削减生产,结果工人被解雇,失业增加,工厂被闲置。随着企业生产的物品与劳务的减少,真实 GDP 和收入的其他衡量指标下降了。如果这种收入减少和失业增加较为缓和,这一现象就被称为衰退;如果较为严重,就被称为萧条。

什么因素引起了经济活动的短期波动呢?如果可能的话,能够用什么公共政策来防止收入减少和失业增加呢?当衰退和萧条发生时,决策者如何缩短其持续时间以及减轻其严重性呢?这些正是我们要论述的问题。我们所研究的变量主要是在前几章已经说明的变量。这些变量包括 GDP、失业、利率以及物价水平。政策工具也是我们所熟悉的政府支出、税收和货币供给。

虽然经济学家对于如何分析短期波动仍然存在一些争论,但大多数经济学家都使用总需求与总供给模型。学会如何运用这个模型来分析各种事件和政策的短期效应是首要任务。本章介绍这个模型的两个部分—总需求曲线与总供给曲线。

18.1.2　总需求曲线的含义

总需求是经济社会对物品和劳务的需求总量,这一需求总量通常以产出水平来表示。总需求由消费需求、投资需求、政府需求和国外需求构成。

在宏观经济学中,总需求是指整个社会的有效需求:它不仅指整个社会对物品和劳务需求的愿望,而且指该社会对这些物品和劳务的支付能力。因此,总需求实际上就是经济社会的总支出。由总支出的构成可知,在封闭经济条件下,总需求由经济社会的消费需求、投资需求和政府需求构成。

总需求函数被定义为产量(国民收入)所表示的需求总量和价格水平之间的关系,它表示在某个特定的价格水平下,经济社会需要多高水平的收入。它一般同产品市场与货币市场有关,可以从产品市场与货币市场的同时均衡中得到。总需求函数的几何表示称为总需求曲线。总需求曲线告诉我们在任何一种既定的物价水平时经济中所有物品与劳务的需求量。

18.1.3　总需求曲线的图形

根据上述观点,总需求曲线的图形如图 18-1 所示。

总需求曲线通常向右下方倾斜,说明在其他条件相同的情况下,经济中的价格下降,会导致商品和劳务的增加,如图所示:P 从 P_1 下降到 P_2,需求量从 y_1 增加到 y_2;反之,价格的上升会导致商品和劳务的减少。

价格和需求量的反方向的原因如下:

根据总产出(GDP)的核算的支出等式 $y=C+I+G+NX$,等式的右边四个部分中的每一部分都对经济做了贡献,但我们只说明价格的变化是如何影响个人消费和企业投资的,就可以解释曲线向右下方倾斜的原因。

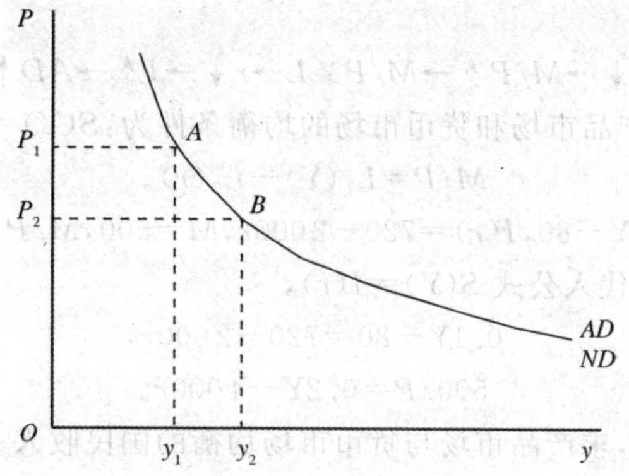

图 18-1　总需求曲线

从个人的消费需求方面，当价格下降时，提高了货币的真实价值，使得消费者更富有而加大消费支出，从而增加了对商品的需求，相反则使得消费者减少对商品的消费需求。这种价格的变化对消费的影响被称为财富效应。所以在上式中，P 与 C 是反方向变动，所以总需求与价格也是反方向变动。

从企业的投资需求方面，价格降低，人们购买商品与劳务需要持有的货币量就减少，根据货币市场理论，这种货币的需求量下降会使利率下降，利率下降会鼓励企业增加投资，从而使总需求增加。反之，则抑制了投资需求，降低了经济的总需求。这种价格变化通过影响利率进而影响企业投资的效应成为利率效应。所以上式中，P 与 I 是反方向变动，所以总需求与价格也是反方向变动。

从汇率方面，当美国物价水平下降引起美国利率下降时，美元在外汇市场上的真实价值下降了，这种贬值刺激了美国的净出口从而增加了物品与劳务的需求量。相反，当美国物价水平上升并引起美国利率上升时，美元的真实价值就会上升，而且这种升值减少了美国的净出口以及物品与劳务的需求量。

18.1.4　总需求曲线的导出

总需求曲线表明了在产品市场和货币市场同时实现均衡时国民收入与价格水平的结合，描述了与每一物价总水平相适应的均衡支出或国民收入的关系的图形。总需求曲线可由下述方法导出：从同时满足产品市场和货币市场的均衡条件出发，寻求国民收入与价格水平的关系。

在 *IS-LM* 模型中，假设其他条件都不变，唯一变动的是价格水平。价格水平的变动并不影响产品市场的均衡，即不影响 *IS* 曲线。但是，价格水平的变动却要影响货币市场的均衡，即要影响 *LM* 曲线。这是因为，*LM* 曲线中所说的货币供给量是实际货币供给量，如果以 M 代表名义货币供给量，M/P 就是实际货币供给量。当名义货币供给量不变，而价格水平变动时，实际货币供给量就会发生变动。实际货币量的变动会影响货币市场的均衡，引起利率的变动，而利率的变动就会影响总需求变

动，即

$$P\downarrow\rightarrow M/P\uparrow\rightarrow M/P>L\rightarrow r\downarrow\rightarrow I\uparrow\rightarrow AD\uparrow。$$

例题：同时满足产品市场和货币市场的均衡条件为：$S(Y)=I(r)$，

$$M/P=L_1(Y)+L_2(r)。$$

假定 $S(Y)=0.1Y-80$，$I(r)=720-2000r$，$M=500$，$M/P=0.2_Y-4000r$。

把上述给定数值代入公式 $S(Y)=I(r)$，

$$0.1Y-80=720-2000r,$$

$$500/P=0.2Y-4000r。$$

把以上两式联立，求产品市场与货币市场均衡的国民收入 Y：

$$Y=4000+1250/P。$$

以上公式即为总需求曲线的公式，它反映了国民收入 Y 与物价水平 P 反方向变化关系，这说明需求曲线的斜率为负数值。

也可以用图 18-2(a)、(b)说明如何从 *IS-LM* 模型图中得出总需求曲线：

从图上关于总需求曲线推导中看到，总需求曲线表示社会的需求总量和价格水平之间反方向的关系，即总需求曲线是向右下方倾斜的。向右下方倾斜的总需求曲线表示，价格水平越高，需求总量越小；价格水平越低，需求总量越大。总需求曲线向下倾斜的经济解释是，在名义货币供给量保持不变时，价格水平上升使实际货币供给量减少，使货币市场出现超额货币需求，从而使利率提高。伴随着利率的提高，投资支出下降，进而导致产出下降。相反，较低的价格水平使货币市场出现超额货币供给，从而使利率下降。伴随着利率的下降，投资支出提高，进而导致产出提高。

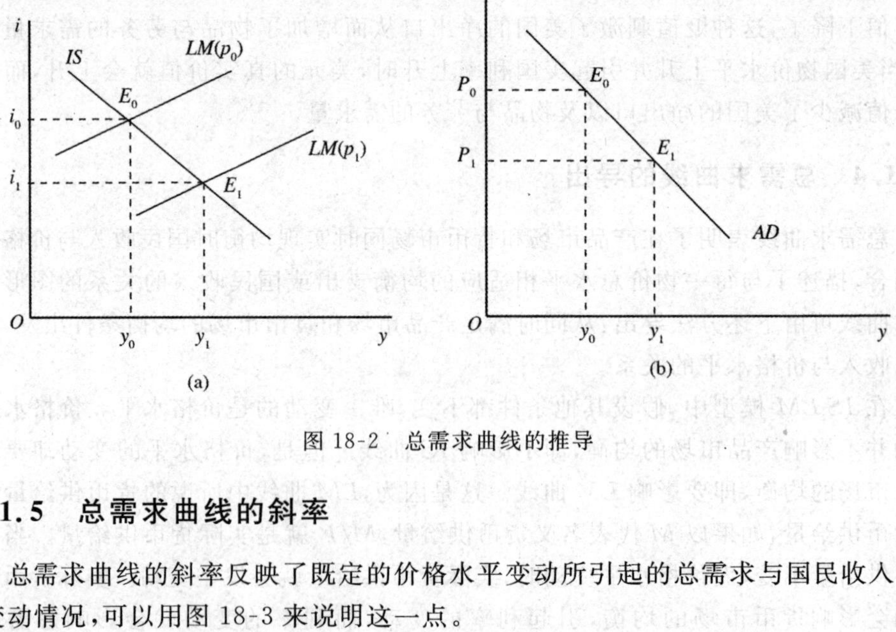

图 18-2 总需求曲线的推导

18.1.5 总需求曲线的斜率

总需求曲线的斜率反映了既定的价格水平变动所引起的总需求与国民收入的不同变动情况，可以用图 18-3 来说明这一点。

为什么物价水平变动引起物品与劳务的需求量反方向变动？为了问答这个问题，回忆一下一个经济中的 GDP（我们用 Y 表示）是其消费（C）、投资（I）、政府购买（G）和净出口（NX）之和是有用的：$Y=C+I+G+NX$。

这四个组成部分的每一部分都对物品与劳务的总需求做出了贡献。现在我们假设政府支出是由政策决定的。支出的其他三个组成部分——消费、投资和净出口——取决于经济状况，特别是取决于物价水平。因此，为了了解总需求曲线为什么向右下方倾斜，我们必须考察物价水平如何影响用于消费、投资和净出口的物品与劳务需求量。

1. 物价水平与消费：财富效应

由于物价水平下降提高了货币的真实价值，并使消费者更富有，这又鼓励他们更多地支出。消费者支出增加意味着物品与劳务需求量更大。相反，物价水平上升降低了货币的真实价值，并使消费者变穷，这就减少了消费者支出以及物品与劳务的需求量。

2. 物价水平与投资：利率效应

物价水平下降，消费者对货币的需求下降，从而对货币的供给增加，导致市场利率下降，鼓励更多的用于投资品的支出，从而增加了物品与劳务的需求量。相反，物价水平上升提高了利率，抑制了投资支出，并降低了物品与劳务的需求量。

3. 物价水平与净出口：汇率效应

当美国物价水平下降引起美国利率下降时，美元在外汇市场上的真实价值下降了，这种贬值刺激了美国的净出口从而增加了物品与劳务的需求量。相反，当美国物价水平上升并引起美国利率上升时，美元的真实价值就会上升，而且这种升值减少了美国的净出口以及物品与劳务的需求量。

综上所述，有这样三个不同但相关的原因说明了为什么物价水平下降会增加物品与劳务的需求量：

(1) 消费者更富有了，这刺激了消费品需求；

(2) 利率下降，这刺激了投资品需求；

(3) 通货贬值，这刺激了净出口需求。

同样的，这三种效应也在相反的方向起作用：当物价水平上升时，财富减少抑制了消费支出，高利率抑制了投资支出，而且通货升值抑制了净出口。

重要的是要记住，总需求曲线（和所有需求曲线一样）是在假设“其他条件相同”的情况下画出来的。特别是，我们对向右下方倾斜的总需求曲线的三个解释都假定货币供给是固定的。这就是说，我们是在假设经济中货币供给不变的情况下来考虑物价水平的变动如何影响物品与劳务的需求的。正如我们将要说明的货币量的变动会使总需求曲线移动，现在只要记住，总需求曲线是根据一个既定的货币供给量做出的。

当总需求曲线斜率小时，既定的价格变动所引起的总需求与国民收入的变动大，这就是如图 18-3 当总需求曲线为 AD_0 时，总需求与国民收入的变动为 Y_0Y_2；当总需求曲线斜率大时，既定的价格变动所引起的总需求与国民收入的变动小，这就是当总需求曲线为 AD_1 时，总需求与国民收入的变动为 Y_0Y_1。

上文解释了总需求曲线的三种效应，即财富、利率、汇率效应。同样的这三种效应在相反的方向起作用：当物价水平上升时，财富减少抑制了消费支出，高利率抑制了投资支出，而且通货升值抑制了净出口。

下面我们继续分析斜率对国民收入 $y=C+I+G+NX$ 的影响因素。

当总需求曲线斜率小时，既定的价格变动所引起的总需求与国民收入的变动大，这就是如图 18-3 当总需求曲线为 AD_0 时，总需求与国民收入的变动为 Y_0Y_2；当总需求曲线斜率大时，既定的价格变动所引起的总需求与国民收入的变动小，这就是当总需求曲线为 AD_1 时，总需求与国民收入的变动为 Y_0Y_1。

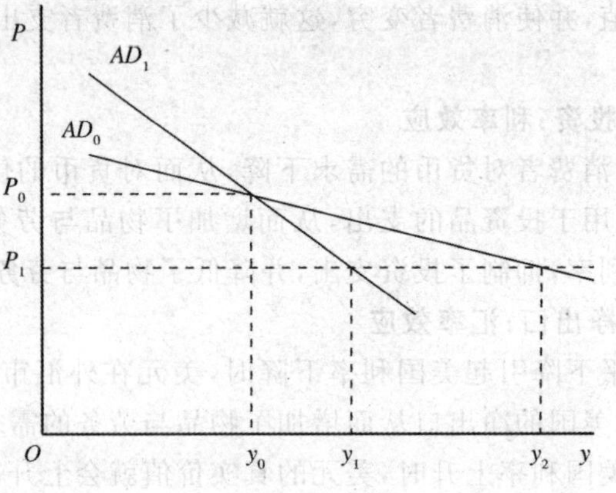

图 18-3　总需求曲线的斜率

因此，总需求曲线的斜率越大，一定价格水平变动所引起的总需求与国民收入变动越小；总需求曲线的斜率越小，一定的价格水平变动所引起的总需求与国民收入变动越大。

总需求曲线的斜率取决于这样一些因素：

第一，货币需求的利率弹性。货币需求的利率弹性越小，价格变动所引起的实际货币供给量的变动对利率和总需求的影响就越大，从而总需求曲线的斜率也就越小（即总需求曲线越平坦）。相反，货币需求的利率弹性越大，价格变动所引起的实际货物币供给量的变动对利率和总需求的影响就越小，从而总需求曲线的斜率也就越大（即总需求曲线越陡峭）。

第二，投资需求的利率弹性。投资需求的利率弹性越大，既定的利率变动所引起的投资与总需求的变动越大，从而总需求曲线的斜率也就越小。相反，投资需求的利率弹性越小，既定的利率变动所引起的投资与总需求的变动越小，从而总需求曲线的斜率也就越大。

第三，货币需求的收入弹性。货币需求的收入弹性越小，既定的实际货币供给量变动所引起的总需求的变动就越大，从而总需求曲线的斜率就越小。相反，货币需求的收入弹性越大，既定的实际货币供给量变动所引起的总需求的变动就小，从而总需求曲线的斜率就越大。

第四，乘数。乘数越大，既定实际货币供给量变动所引起的最终总需求（与国民收入）的变动越大，从而总需求曲线的斜率就越小。相反，乘数越小，既定实际货币供给量变动所引起的最终总需求（与国民收入）的变动越小，从而总需求曲线的斜率就越大。

因此，总需求曲线的斜率与货币需求的利率弹性和货币需求的收入弹性同方向变动，与投资需求的利率弹性和乘数反方向变动。

根据总需求曲线斜率的决定还可以推导出两种特例：第一种是古典特例。在这种情况下，货币需求的利率弹性为零，*LM* 曲线是一条垂线，实际货币供给量的变动对总需求有最大的影响，从而总需求曲线也就是一条水平线（其斜率为零）。第二种是凯恩斯陷阱。在这种情况下，货币需求的利率弹性无限大，即在既定的利率之下，公众愿持有任何数量的货币供给量，*LM* 曲线是一条水平线。因此，价格变动所引起的实际货币供给量变动对总需求没有什么影响，总需求曲线就是一条垂线（其斜率为无限大），即总需求不会对价格变动作出反应。

> 思考：解释总需求曲线向右下方倾斜的原因并指出影响总需求曲线斜率的因素。

18.1.6　总需求曲线的移动

总需求曲线是由 *IS-LM* 模型决定的，所以，*IS* 曲线和 *LM* 曲线的位置也就决定了总需求曲线的位置，*IS* 曲线和 *LM* 曲线的移动也会改变总需求曲线的位置。当物价水平不变时，仍有许多影响总需求曲线的因素，可以用把这些因素总结如表 18-1 所示。

表 18-1　　　总需求曲线的移动

引起总需求增加的因素	引起总需求减少的因素
利率下降	利率上升
预期的通货膨胀率上升	预期的通货膨胀率下降
汇率下降	汇率上升
预期的未来利润增加	预期的未来利润减少
货币量增加	货币量减少
总财产增加	总财产减少
政府对物品与劳务的支出增加	政府对物品与劳务的支出减少
税收增加或转移支付增加	税收减少或转移支付减少
国外收入增加	国外收入减少
人口增加	人口减少

以上各种因素对总需求的影响会使总需求曲线的位置移动。以上只是就一般而言的总需求曲线位置的移动。我们知道,财政政策的变动会改变 *IS* 曲线的位置,货币政策的变动会改变 *LM* 曲线的位置,因此,总需求曲线位置的决定与变动就要受财政政策与货币政策的影响。下面再分别说明财政政策与货币政策是如何决定总需求曲线的位置移动的。

财政政策并不直接影响货币市场的均衡,从而也就不影响 *LM* 曲线的位置。但财政政策影响产品市场的均衡,从而也就要影响 *IS* 曲线的位置。这样,财政政策就通过对 *IS* 曲线位置的影响而影响总需求曲线的位置。

货币政策并不直接影响产品市场的均衡,从而也就不影响 *IS* 曲线的位置。但货币政策影响货币市场的均衡,从而也就要影响 *LM* 曲线的位置。这样,货币政策就通过对 *LM* 曲线位置的影响而影响总需求曲线的位置。

应该指出的是,在价格不变的情况下,名义货币供给量增加所引起的总需求曲线的移动与名义货币供给量的增加是同比例的。由于实际货币供给量度取决于名义货币供给量和价格水平,所以,如果价格水平的上升与名义货币供给量和价格的增加是同比例的,那么,名义货币供给量的变动就不会引起实际货币供给量的变动。

18.2 总供给曲线

总供给(Aggregate supply)是经济社会的总产量(或总产出),它描述了经济社会的基本资源用于生产时可能有的产量。一般而言,总供给主要是由生产性投入(最重要的是劳动与资本)的数量和这些投入组合的效率(即社会的技术)决定的。

总供给函数(Aggregate supply function)是指总供给(或总产出)和价格水平之间的关系。在以价格为纵坐标,总产出(或总收入)为横坐标的坐标系中,总供给函数的几何表示为总供给曲线。

总供给曲线(Aggregate supply curve)表明了价格与产量的相结合,即在某种价格水平时整个社会的厂商所愿意供给的产品总量。所有厂商所愿意供给的产品总量取决于它们在提供这些产品时所得到的价格,以及它们在生产这些产品时所必须支付的劳动与其他生产要素的费用。因此,总供给曲线反映了要素市场(特别是劳动市场)与产品市场的状态。各派经济学家对总供给有不同的分析。这里,我们只从说明总需求-总供给模型的角度,对总供给曲线进行简单说明。

18.2.1 凯恩斯主义总供给曲线

凯恩斯主义总供给曲线是一条水平的总供给曲线,这表明,在既定的价格水平时,厂商愿意供给社会所需求的任何数量产品。从图 18-4 中可以看出,此时总供给曲线 *AS* 是一条水平线。水平的总供给曲线表明,在现行的价格水平下,企业愿意供给任何有需求的产品数量。

之所以存在这种情况是因为，凯恩斯认为，当社会上存在较为严重的失业时，厂商可以在现行工资水平之下得到它们所需要的任何数量的劳动力。当仅仅把工资作为生产成本时，这就意味着生产成本不会随产量的变动而变动，从而价格水平也就不会随产量的变动而变动，厂商愿意在现行价格之下供给任何数量的产品。隐含在凯恩斯主义总供给曲线背后的思想是，由于存在着失业，企业可以在现行工资下获得他们需要的任意数量的劳动力。他们生产的平均成本因此被假定为不随产量水平的变化而变化。这样，在现行价格水平上，企业愿意供给任意所需求的产品数量。

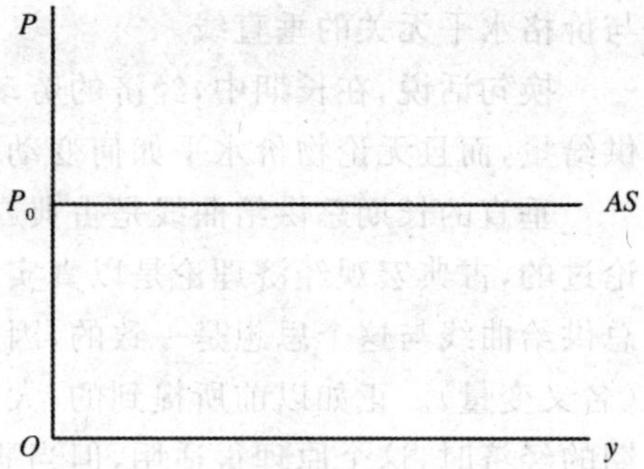

图 18-4　凯恩斯主义总供给曲线

应该指出的是，这种情况仅仅存在于失业较为严重时，例如，1930 年代大危机时期的情况。因此，它仅仅是一种特例。凯恩斯提出这种观点与他的理论产生于 1930 年代大危机时期和运用了短期分析方法是相关的。

> 思考：为什么凯恩斯主义总供给曲线是一条水平的总供给曲线？

18.2.2　古典总供给曲线

如果说凯恩斯主义总供给曲线显示的是一种极端情形，那么图 18-5 所给出的所谓古典总供给曲线则是另外一种极端情形。

可以看出，古典总供给曲线是一条位于充分就业产量水平上的垂线。这表明，无论价格水平如何变动，总供给量都是固定不变的。

古典总供给曲线基于下面的假定：货币工资具有完全的伸缩性，它随劳动供求关系的变化而变化。当劳动市场存在超额劳动供给时，货币工资就会下降。反之，当劳动市场存在超额劳动需求时，货币工资就会提高。简单地说，在古典总供给理论的假定下，劳动市场的运行毫无摩擦，总能维护劳动力的充分就业。既然在劳动市场，在工资的灵活调整下充分就业的状态总能被维持，因此，无论价格水平如何变化，经济中的产量总是与劳动力充分就业下的产量即潜在产量相对应。这也就是说，因为全部劳动力都得到了就业，即使价格水平再上升，产量也无法增加，即国民收入已经实现了充分就业，无法再增加了。故而总供给曲线是一条

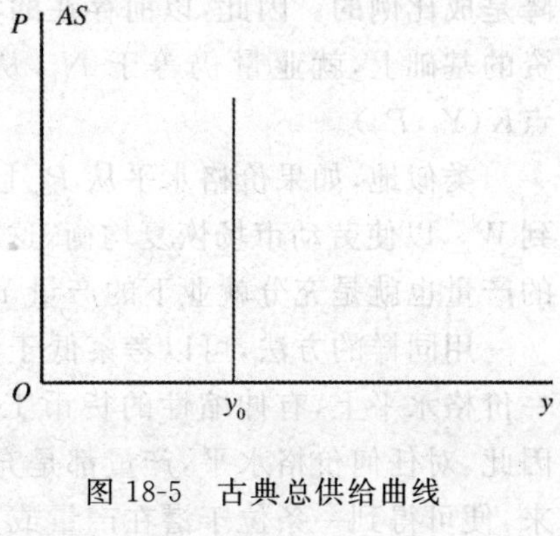

图 18-5　古典总供给曲线

与价格水平无关的垂直线。

换句话说，在长期中，经济的劳动、资本、自然资源和技术决定了物品与劳务的总供给量，而且无论物价水平如何变动，供给量都是相同的。

垂直的长期总供给曲线是古典二分法与货币中性的图形表示。正如我们已经讨论过的，古典宏观经济理论是以真实变量不取决于名义变量的假设为基础的。长期总供给曲线与这个思想是一致的，因为它意味着产量(真实变量)不取决于物价水平(名义变量)。正如以前所提到的，大多数经济学家认为在研究包含许多年的一个时期的经济时，这个原理很适用，但当研究逐年的变动时就不适用了。因此，只有在长期中总供给曲线才是垂直的。

从长期来看，经济是可以实现充分就业的，因此，古典总供给曲线也称为长期总供给曲线。但在短期中，经济并不一定总处于充分就业状态，因此，这种古典总供给曲线也是一种特例。

值得指出的是，虽然垂直的总供给曲线所依赖的假设，即货币工资具有完全的伸缩性受到凯恩斯及其追随者们的指责，但现在大多数西方学者都认为，这条垂直的总供给曲线可以作为长期的总供给曲线。于是垂直的总供给曲线在宏观经济学中又被称为长期总供给曲线。下面用图 18-6 来说明长期总供给曲线较严格的推导。

假定使劳动市场达到均衡时的价格水平和货币工资分别为 P_0 和 W_0，相应地，均衡的实际工资为 $(W/P)f$，按照“古典”经济理论的说法，此时均衡的就业量就是充分就业下的就业量 N_f。将 N_f 代入生产函数，在(a)图中就可得到产出量 Y_f，这一产量正是前面所说的充分就业产量。由于产量度 Y_f 对应于价格水平 P_0，从而在(d)图中可以得到点 $J(Y_f, P_f)$。

如果价格水平从 P_0 下降到 P_1，在货币工资可变的假定下，货币工资将不能维持在原来的 W_0 水平上，因为在货币工资为 W_0 下，价格水平的下降使得实际工资提高。这将导致对劳动的过剩供给，而可变的货币工资因劳动的过剩供给将会下降。因为工人们为了得到工作而互相竞争。于是，在图 18-6 的(c)图中，货币工资曲线将从 W_0 下降到 W_1。为了使得劳动市场恢复均衡，货币工资的这种下降同价格水平的下降是成比例的。因此，以前存在的实际工资 $(W/P)f$ 得以维持不变。在这一实际工资的基础上，就业量仍等于 N_f，从而 Y 仍等于 Y_f，在图 18-6 中的(d)图，可得到点 $K(Y_\mathrm{f}, P_1)$。

类似地，如果价格水平从 P_0 上升到 P_2，则有伸缩性的货币工资就会从 W_0 上升到 W_2，以使劳动市场恢复均衡，这时就业量仍为充分就业下的就业量 N_f，从而相应的产量也就是充分就业下的产量 Y_f，于是在 18-6 的(d)图中又得到点 $R(Y_\mathrm{f}, P_2)$。

用同样的方法，可以考察低于 P_1 和高于 P_2 的其他所有价格水平的情况。在每一价格水平上，有伸缩性的货币工资都会调整到充分就业的实际工资确定时为止。因此，对任何价格水平，产量都是充分就业的产量。将图 18-6 中(d)图的各点连接起来，便可得到一条位于潜在产量或充分就业产量 Y_f 上的垂线 LAS，这就是长期总供

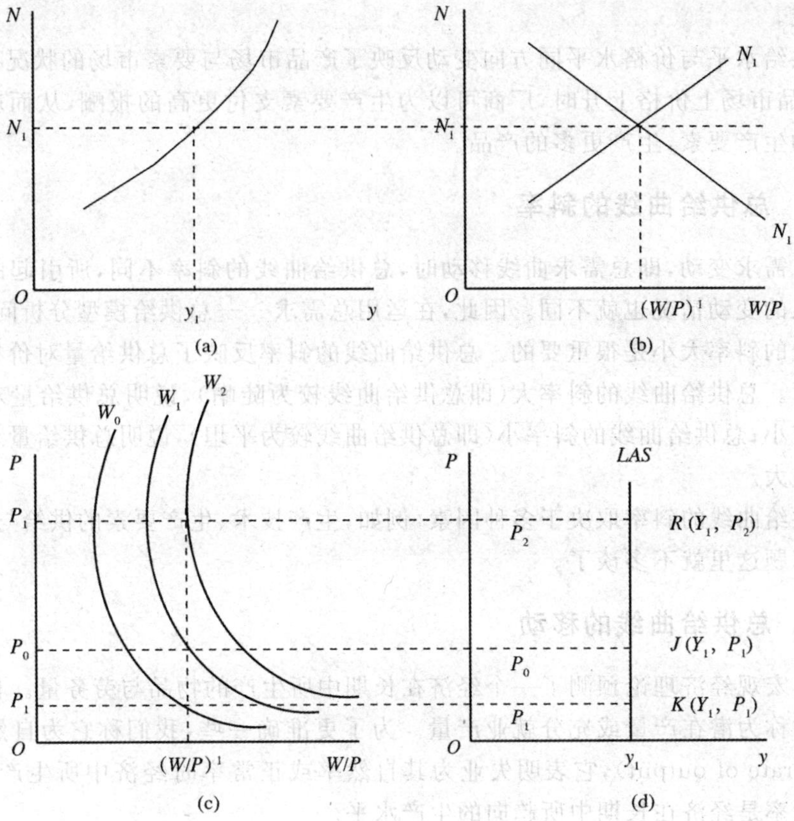

图 18-6　长期总供给曲线的推导

给曲线。

以上两种特殊的总供给曲线的差别在于所根据的假设不同。凯恩斯主义总供给曲线所根据的假设是，当存在失业时，工资变动不大或根本不能变（即工资具有刚性），从而失业会持续一段时期。古典总供给曲线所根据的假设是，工资具有完全的伸缩性，可以适应劳动供求关系的变动而迅速变动，从而通过工资的调节可以使劳动市场总处于充分就业的均衡状态。这两种情况实际上都不多见，所以，正常的总供给曲线介于这两种特例之间，是一条向右上方倾斜的线。

> 思考：凯恩斯主义总供给曲线与古典总供给曲线的区别是什么？

18.2.3　正常的总供给曲线

对于总供给，西方学者大都同意存在总供给曲线的说法，但是对于总供给曲线的形状，却有着不同的看法。水平的总供给曲线和垂直的总供给曲线都被认为是极端的情形。很多经济学家认为，在短期现实的总供给曲线更多地表现为是向右上方倾斜的曲线。

总供给水平与价格水平同方向变动反映了产品市场与要素市场的状况。具体来说，当物品市场上价格上升时，厂商可以为生产要素支付更高的报酬，从而就可以使用更多的生产要素，生产更多的产品。

18.2.4 总供给曲线的斜率

当总需求变动，即总需求曲线移动时，总供给曲线的斜率不同，所引起的价格与国民收入的变动情况也就不同。因此，在运用总需求——总供给模型分析问题时，总供给曲线的斜率大小是很重要的。总供给曲线的斜率反映了总供给量对价格变动的反应程度。总供给曲线的斜率大（即总供给曲线较为陡峭），说明总供给量对价格变动的反应小；总供给曲线的斜率小（即总供给曲线较为平坦），说明总供给量对价格变动的反应大。

总供给曲线的斜率取决于多种因素，例如，生产技术、生产要素的供给与价格等。对这些问题这里就不多谈了。

18.2.5 总供给曲线的移动

古典宏观经济理论预测了一个经济在长期中所生产的物品与劳务量。长期生产水平有时称为潜在产量或充分就业产量。为了更准确一些，我们称它为自然产量率(natural rate of output)，它表明失业为其自然率或正常率时经济中所生产的东西。自然产量率是经济在长期中所趋向的生产水平。

经济中任何改变自然产量率的变动都会使长期总供给曲线移动。因为古典模型中的产量取决于劳动、资本、自然资源和技术知识，所以我们可以把长期总供给曲线的移动划分为这四个原因引起的移动。

劳动变动引起的移动：设想一个经济中移民的增加使工人的数量增多了，因而物品与劳务的供给量也增加了。结果，长期总供给曲线将向右移动。相反，如果许多工人离开这个经济去了国外，那么长期总供给曲线将向左移动。因为长期总供给曲线的位置还取决于自然失业率，所以自然失业率的任何一种变动都会使长期总供给曲线移动。例如，如果国会大幅度提高最低工资，自然失业率就会上升，从而经济生产的物品与劳务量就会减少。结果，长期总供给曲线将向左移动。相反，如果失业保险制度改革鼓励失业工人更努力地寻找新工作，自然失业率就会下降。长期总供给曲线将向右移动。

资本变动引起的移动：经济中资本存量的增加提高了生产率，从而增加了物品与劳务的供给量。结果，长期总供给曲线将向右移动。相反，经济中资本存量的减少降低了生产率，从而减少了物品与劳务的供给量，会使长期总供给曲线向左移动。

要注意的是，无论我们讨论的是机器和工厂这类物质资本，还是大学生这类人力资本，同样的逻辑都适用。无论哪种类型资本的增加都将提高经济生产物品与劳务的能力，因此都会使长期总供给曲线向右移动。

自然资源变动引起的移动：经济的生产取决于自然资源，包括土地、矿藏和天气。新矿藏的发现使长期总供给曲线向右移动；使农业减产的天气变化使长期总供给曲线向左移动。在许多国家，重要的自然资源是从国外进口的，这些资源的可获得性的变动也会使总供给曲线移动。正如我们将在本章后面讨论的，在历史上，世界石油市场所发生的事件是美国和其他石油进口国总供给曲线移动的一个主要原因。

技术知识变动引起的移动：今天的经济较之上一代产量更高的最重要原因也许是我们技术知识的进步。例如，电脑的发明已经使我们可以用任何既定量的劳动、资本和自然资源生产出更多的物品与劳务。随着电脑应用在经济中的普及，它已经使长期总供给曲线向右移动。

18.3　总需求—总供给模型

将总需求与总供给结合在一起，考察价格变化的原因以及社会经济如何实现总需求与总供给的均衡。

18.3.1　经济萧条与繁荣分析

西方主流学派经济学家试图用总供给曲线和总需求曲线来解释宏观经济波动。他们把向右上方倾斜的总供给曲线称为短期总供给曲线，把垂直的总供给曲线称为长期总供给曲线。根据长期总供给曲线、短期总供给曲线以及其与总需求曲线的相互关系，对经济波动做出如下的解释：

从短期总供给曲线不变，总需求曲线变动来看，总需求水平的高低决定了一国经济的萧条和繁荣状态下的均衡水平，如图 18-7 所示.

在图中，Y^* 为充分就业条件下的国民收入，在此点垂直的曲线 LAS 就是长期总供给曲线。SAS 为短期总供给曲线，AD 为总需求曲线。假设经济的初始均衡状态为 E 点，即 AD 与 SAS 的交点，这时国民收入为 OY，价格水平为 OP，显而易见，国民收入 OY 小于充分就业的产量 Y^* 。这意味着国民经济处于萧条状态。

但是，如果政府采取刺激总需求的财政政策，则 AD 曲线会向右方移动到 AD'。在商品、货币和劳动市场经过一系列调整后，经济会移动到新的短期均衡点，比如随着 AD 曲线的右移会使 SAS、LAS、AD_1 三条曲线相交于同一点，即达到充分就业的均衡点。如果在政府采取扩张性宏观经济政策的同时，市场上另有强烈刺激总需求扩张的因素，则 AD 曲线有可能移动到充分就业的 Y^* 的长期总供给曲线右方的某一点与 SAS 曲线相交于 E'点。这时，均衡的国民收入为 OY'，大于 OY^* 点，表示经济处于过热的繁荣状态。这说明引起国民经济由 E 点移动到 E'点的原因是需求的变动方面。这时市场价格上升到 OP'点，出现了通货膨胀与经济增长同时出现的状况。总之，经济的总需求的扩张可以使社会就业水平和总产出水平提高，但经济扩张一旦超过潜在的充分就业的国民收入时,则会产生经济过热和通货膨胀。

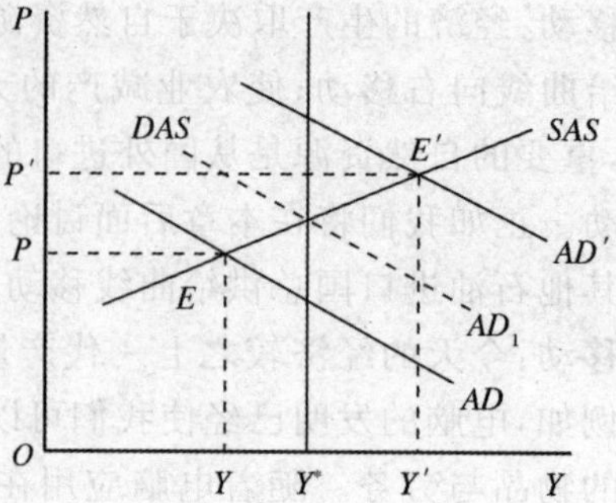

图 18-7　经济繁荣与萧条情况下的总需求曲线、总供给曲线的变动

18.3.2　*IS-LM* 模型与总供求模型关系

1. *IS* 或 *LM* 线移动导致总需求线移动,见图 18-8。

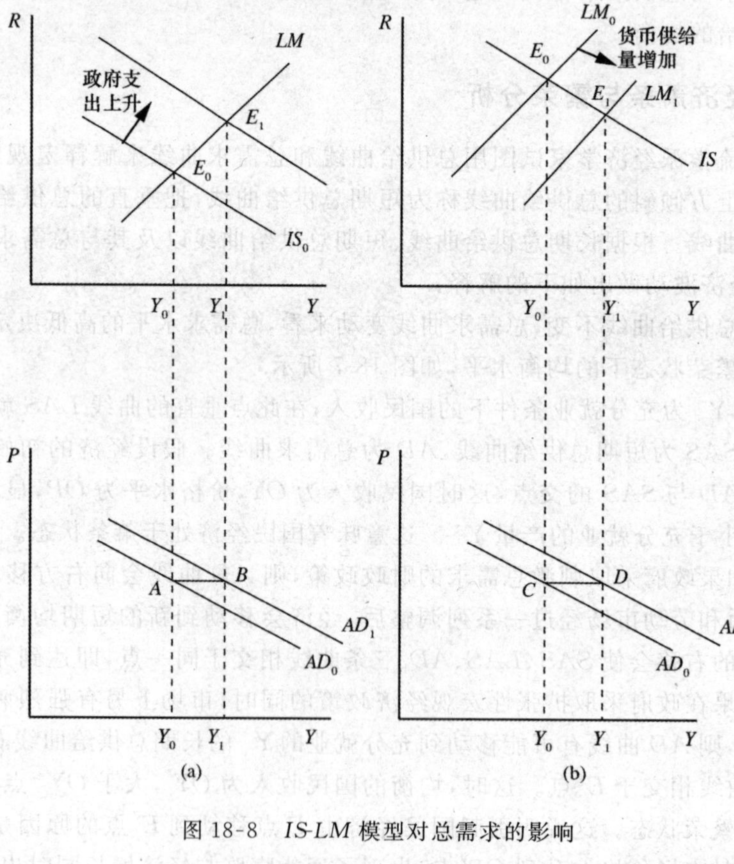

图 18-8　*IS-LM* 模型对总需求的影响

以政府支出、货币供给增加为例进行分析。

从图 18-8(a)可见，当政府支出增加时，意味着政府采用扩张性政策，其目的是为了提高就业。IS 曲线从 IS_0 移动到 IS_1，同时伴随着利率和国民收入的增加。此时总需求增幅与国民收入增幅一致。

从图 18-8(b)可见，当政府货币供给增加时，同样采用的是扩张性政策。LM 曲线从 LM_0 移动到 LM_1，同时伴随着利率下降和国民收入的增加。此时总需求同样增加，且增幅与国民收入增幅一致。

2. 总需求扩张对真实产出和价格影响：对总供给的影响，见图 18-9.

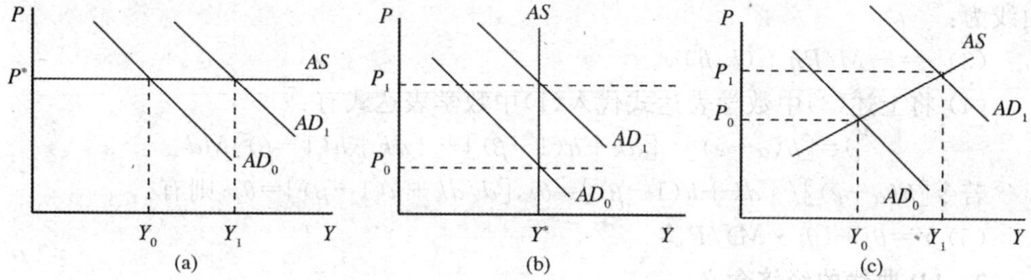

图 18-9　IS-LM 模型对总需求的影响

当总需求增加时，对于水平的总供给取消而言，其增长是完全的，增幅与总需求的增加负担保持一致，如图 18-9(a)。反之，对于垂直的总供给曲线来说，总需求的增加对总供给的影响则是提高价格、而不能增加产出，如图 18-9(b)。对于正常的总供给曲线而言，向右上方倾斜的特征导致实际产出的增幅总是小于总需求的增幅。差异的大小取决于两个因素：其一是总需求曲线 AD 的斜率，其二是总供给曲线 AS 的斜率。一般来说，总需求曲线越陡峭，总供给的增幅与总需求的增幅约区域一致，差异越小；总供给曲线则是越平缓产出增幅越大。

18.4　总需求和总供给模型的数学小结

本节以数学方程的形式对过去的全部宏观理论进行总结，数学形式的总结可能便于我们掌握过去学习过内容的轮廓。

总需求总供给模型存在着四个方程：

产品市场均衡条件：$y=c(y-t)+i(r)+g$　(1)

货币市场均衡条件：$M/P=L_1(y)+L_2(r)$　(2)

劳动市场的均衡条件：$f(N)=W/P;h(N)=W/P$　(3)

总量生产函数：$y=y(N,K)$　(4)

由式(1)与式(2)消去 r，可得 y 与 P 的关系，这一关系即为总需求曲线；由式(3)与式(4)消去 N，可得另一个 y 与 P 的关系，这一关系即为总供给曲线；总需求曲线与总供给曲线结合在一起，可以决定供求均衡时的 y 与 P 的数值。

18.5 本章小结

(一) 总需求函数与 AD 曲线

1. 总需求函数或 AD 曲线的推导

(1) IS 曲线的数学表达式为：$r=[(\alpha+e)/d]-[(1-\beta)/d]y$。

(2) LM 曲线的数学表达式为：$r=-m/h+(k/h)y$ 。

以前我们假定物价水平 $P=1$，即 $M=m$；若 $P\neq1$，则 $M=Pm$，或 $m=M/P$；LM 曲线为：

(3) $r=-M/Ph+(k/h)y$。

(4) 将上述(3)中数学表达式代入(1)中数学表达式有：

$$y=[h(\alpha+e)]/[dk+h(1-\beta)]+[dk+h(1-\beta)]Md。$$

若令$[h(\alpha+e)]/[dk+h(1-\beta)]=\theta_1$，$[d/dk+h(1-\beta)]=\theta_2$；则有：

(5) $Y=\theta_1+(\theta_2\cdot M)/P$。

2. AD 曲线的经济含义

(1) AD 曲线是一条描述总需求达到宏观均衡即 $IS=LM$ 时，一个国家总产出水平与价格水平之间关系的曲线。

(2) AD 曲线表明总产出 y 与价格水平 P 之间存在着成反向变化的关系。

(3) AD 曲线反映了价格水平影响实际货币供给，实际货币供给影响利率水平，利率水平影响投资水平，投资水平影响产出水平或收入水平这样一个复杂而迂回的传导机制。

3. AD 曲线的变动

(1) AD 曲线的水平移动

如果价格水平不变，由其他原因导致总产出水平的变化，可以看作是 AD 曲线在坐标内的水平移动。AD 曲线水平移动的主要原因是政府的财政政策和货币政策。

(2) AD 曲线的旋转移动

AD 曲线的旋转移动涉及 AD 曲线的斜率。AD 曲线的斜率表示总产出对价格水平变动的敏感程度。斜率(绝对值)越大，总产出对价格水平变动的反应越迟钝。反之，则越敏感。影响 AD 曲线斜率的主要因素是 β、k、h、b 等参数。

(二) 总供给函数与 AS 曲线

1. AS 曲线的经济含义

(1) AS 曲线是一条描述总供给达到宏观均衡时，一个国家总产出水平与价格水平之间关系的曲线。

(2) AS 曲线表明总产出 y 与价格水平 P 之间存在着成正向变化的关系。

(3) AS 曲线反映了价格水平影响实际工资，实际工资供给影响就业水平，就业水平影响投资水平，投资水平影响产出水平或收入水平这样一个复杂而迂回的传导机制。

2. AS 曲线的变动

AS 曲线的水平移动：如果价格水平不变，由其他原因导致总产出水平的变化，可以看作是 AS 曲线在坐标内的水平移动，见图 18-10。

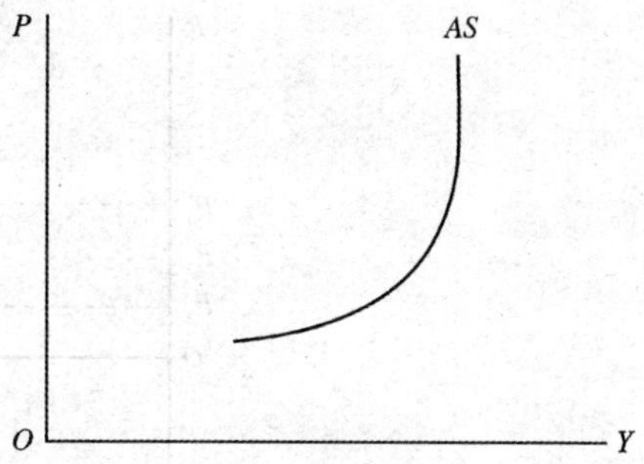

图 18-10　AS 曲线的变动

3. 不同性质的总供给曲线

(1) 短期总供给曲线：短期总供给曲线具有正斜率，是一条向右上方倾斜的曲线。

(2) 长期总供给曲线：长期总供给曲线的斜率无穷大，是一条与纵轴平行的直线。

(3) AS 曲线的一般形状。

(三) 总需求与总供给的均衡(AD- AS 模型)，见图 18-11。

1. 宏观均衡的决定

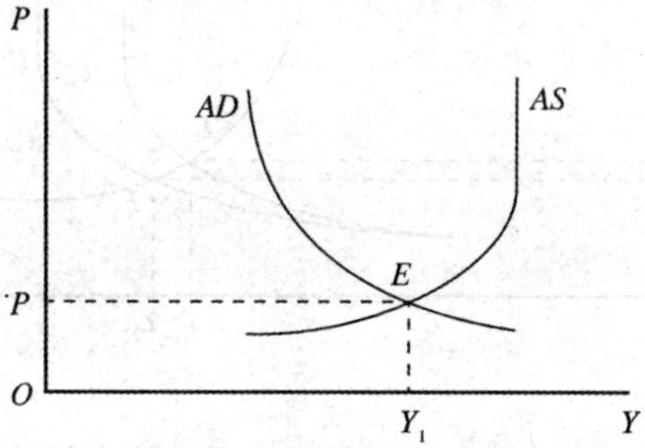

图 18-11　AD - AS 模型

2. 宏观均衡的变动

(1) AD 曲线的右移与通货膨胀，见图 18-12。

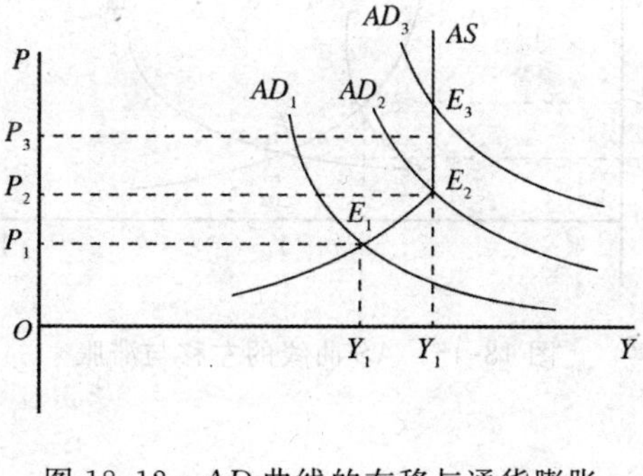

图 18-12　AD 曲线的右移与通货膨胀

(2) AD 曲线的左移与通货紧缩(经济衰退),见图 18-13。

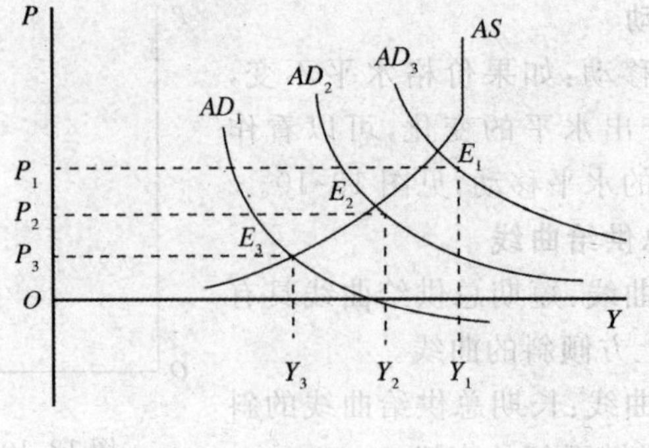

图 18-13　AD 曲线的左移与通货紧缩

(3) AS 曲线的右移与技术创新,见图 18-14。

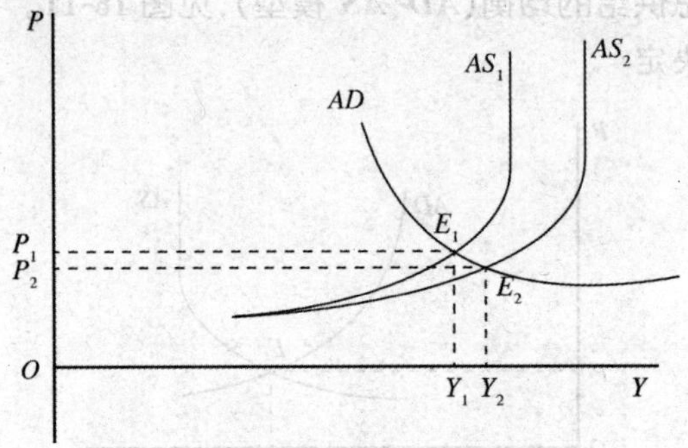

图 18-14　AS 曲线的右移与技术创新

(4) AS 曲线的左移与滞胀,见图 18-15。

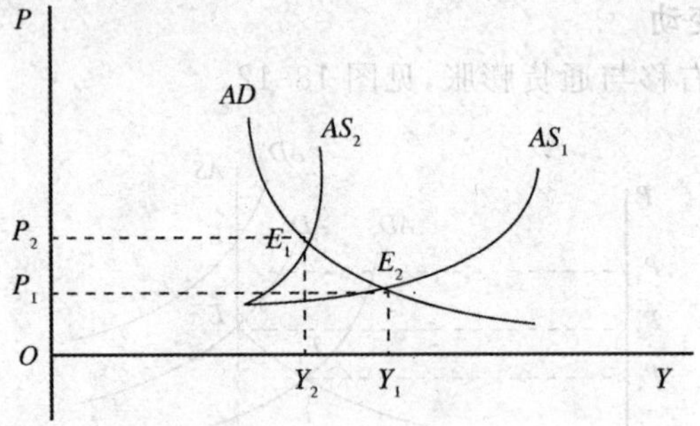

图 18-15　AS 曲线的左移与滞胀

本章课后同步思考题及参考答案

一、简答题

1. 总需求曲线与单个商品的需求曲线有何不同?

答:个体需求曲线 $q=f(p,y)$ 是微观经济学的研究对象,目的是揭示个体商品需求量 q 与价格体系 p 及个体收入 y 之间的关系,其理论基础是理性人假设.总需求曲线 $Y=F(P)$ 是宏观经济学的研究对象,目的是从需求的角度揭示总产出 Y 与物价总水平 P 之间的关系,其理论基础是国民经济账户理论和三大社会心理规律假设。

2. 对总需求和总供给曲线的研究,涉及了"三个市场和一个总量函数"。请就此分别作简要说明。

答:对总需求和总供给曲线的研究涉及了三个市场和一个总量函数,即产品市场、货币市场、劳动市场和总量生产函数。

以短期总供给模型而论,存在着四个方程,即:产品市场均衡条件:

$$i(r)+g=s(y-t)+t$$

式中,g 和 t 分别为政府购买和税收;

货币市场均衡条件:$\frac{M}{P}=L_1(y)+L_2(r)$;

劳动市场均衡条件:$f(N)=\frac{W}{P}, W=\overline{W}$;

总量生产函数:$y=y(N,\overline{K})$。

从上面四个方程可以确定 y、N、r 和 P。

以长期总供给模型而论,也存在着四个方程:

产品市场均衡条件:$i(r)+g=s(y-t)+t$

货币市场均衡条件:$\frac{M}{P}=L_1(y)+L_2(r)$

劳动市场均衡条件:$f(N)=\frac{W}{P}, h(N)=\frac{W}{P}$

式中,f 和 h 分别为劳动的需求函数和供给函数。

总量生产函数:$y=y(N,\overline{K})$

通过四个联立方程,可以求得 y、N、r 和 P 的数值。

3. 价格上升往往和总需求充足联系在一起,这也是为什么我们有时希望看到温和的通货膨胀的原因。但总需求曲线又告诉我们,一般物价水平的上升会导致总需求量的减少。上述说法有没有问题?你怎样理解?

答:上述说法没有问题,价格上升往往和总需求充足联系在一起,这也是为什么我们有时希望看到温和的通货膨胀的原因。这句话是说,当其他因素不变时,需求增加，供给不变，价格会上升，导致厂商的收入增加，利润增加，就会扩大生产，导致就业增加，形成良性循环，所以我们有时希望看到温和的通货膨胀的原因。但总需求曲线又告诉我们，一般物价水平的上升会导致总需求量的减少。这句话是说价格变动的财富效应，当价格上升时，会导致居民的实际收入下降，进而减少需求。

4. 为什么长期中总供给曲线是垂直的而短期中总供给曲线是向右上方倾斜的。

答：长期总供给曲线是一条垂直的直线。这是因为，在长期中，货币工资对价格有充分的时间进行反应，及工资和价格都具有灵活的伸缩性，使得工资处于劳动力市场均衡的水平。既然在劳动市场，在工资的灵活调整下，充分就业的状态总能被维持，因此，经济中的产量总是与劳动力充分就业下的产量即潜在产量相对应。即使价格水平再上升，产量也无法增加。因而长期总供给曲线是一条与价格水平无关的垂线。长期总供给曲线说明，在长期中，经济稳定在潜在的产出水平上，此时，价格变动对总供给量不会产生影响。

短期总供给曲线向右上方倾斜，是因为黏性工资、黏性价格和错觉理论。①黏性工资：名义工资的调整慢于劳动供求的变化。物价上升，实际工资减少，利润增加，就业增加，总供给增加。②黏性价格：短期中价格的调整不能随着总需求的变动而迅速变化。由于企业调整价格存在菜单成本。物价上升时，企业产品的相对价格下降，销售增加，生产增加，总供给增加；反之，总供给减少。③错觉理论：物价水平的变动，会使企业在短期内对其产品市场变动发生错误，做出错误的决策。当物价上升时，增加供给；反之，减少供给。以上三个理论表明，短期总供给与物价水平同方向变动，即短期总供给曲线向右上方倾斜。

5. 财政政策调节总需求的主要途径与效应是什么？

答：财政政策是指国家根据一定时期政治、经济、社会发展的任务而规定的财政工作的指导原则，通过财政支出与税收政策来调节总需求。增加政府支出，可以刺激总需求，从而增加国民收入，反之则压抑总需求，减少国民收入。税收对国民收入是一种收缩性力量，因此，增加政府税收，可以抑制总需求从而减少国民收入，反之，则刺激总需求增加国民收入。它由国家制定，代表统治阶级的意志和利益，具有鲜明的阶级性，并受一定的社会生产力发展水平和相应的经济关系制约。

目前中国实行的是：积极的财政政策和稳健的货币政策。

二、分析题

1. 运用总需求—总供给模型说明宏观经济的短期波动及其政策调整。

答：宏观经济学用总需求—总供给模型对经济中的萧条、高涨和滞胀状态的说明，主要是通过说明短期的收入和价格水平的决定来完成的。如图 18-16 所示。

从图 18-16 可以看到，短期的收入和价格水平的决定有两种情况。

第一种情况是，AD 是总需求曲线，ASS 是短期总供给曲线，总需求曲线和短期总供给曲线的交点 E 决定的产量或收入为 y，价格水平为 P，二者都处于很低的水平，第一种情况表示经济处于萧条状态。

第二种情况是，当总需求增加，总需求曲线从 AD 向右移动到 AD' 时，短期总供给曲线 ASS 和新的总需求曲线 AD' 的交点 E' 决定的产量或收入为 y'，价格水平为 P'，二者都处于很高的水平，第二种情况表示经济处于高涨状态。

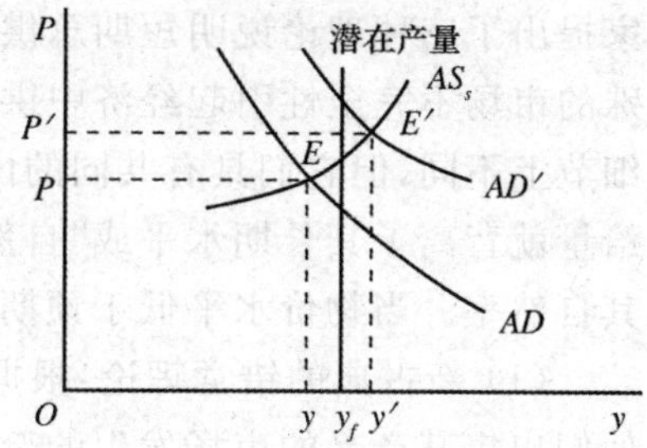

图 18-16　萧条状态与高涨状态的说明

现在假定短期总供给曲线由于供给冲击（如石油价格和工资等提高）而向左移动，但总需求曲线不发生变化。在这种情况下，短期收入和价格水平的决定可以用图 18-17 表示。

在图 18-17 中，AD 是总需求曲线，ASS 是短期总供给曲线，两者的交点 E 决定的产量或收入为 y，价格水平为 P。现在由于出现供给冲击，短期总供给曲线向左移动到 $AS'S$，总需求曲线和新的短期总供给曲线的交点 E' 决定的产量或收入为 y'，价格水平为 P'，这个产量低于原来的产量，而价格水平却高于原来的价格水平，这种情况表示经济处于滞胀状态，即经济停滞和通货膨胀结合在一起的状态。

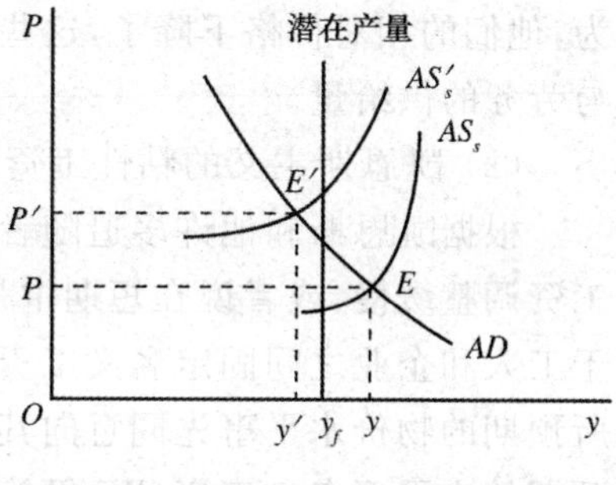

图 18-17　滞胀状态的说明

2. 利用总需求曲线说明物价与国民收入的关系。

答：总需求是指对应于既定的价格总水平的社会总支出水平或总需求量，表示经济中的需求总量与价格水平之间关系的曲线就是总需求曲线。总需求曲线是向右下方倾斜的。说明总需求曲线表示社会的需求总量和价格水平之间反方向的关系，即总需求曲线是向右下方倾斜的。向右下方倾斜的总需求曲线表示，价格水平越高，需求总量越小；价格水平越低，需求总量越大。总需求曲线向下倾斜的经济解释是，在名义货币供给量保持不变时，价格水平上升使实际货币供给量减少，使货币市场出现超额货币需求，从而使利率提高。伴随着利率的提高，投资支出下降，进而导致产出下降。相反，较低的价格水平使货币市场出现超额货币供给，从而使利率下降。伴随着利率的下降，投资支出提高，进而导致产出提高。

3. 根据短期总供给曲线向右上方倾斜的三种理论中的每一种理论，认真解释以下的情况：

a. 在没有任何政策干预时，经济如何从衰退中复苏，并回到长期均衡。

b. 什么因素决定复苏的速度。

答：在短期中，总供给曲线向右上方倾斜，也就是说，在一个一两年的时期中，经济中物价总水平的上升增加了物品与劳务的供给量，而物价水平下降倾向于减少物品与劳务供给量。什么因素引起物价水平与产量之间的正相关关系呢？宏观经济学家提出了三种理论说明短期总供给曲线的向右上方倾斜。在每一种理论中,一种特殊的市场不完全性引起经济中供给一方的短期状况与长期不同。虽然每一种理论在细节上不同,但它们具有共同的内容:当物价水平背离了人们预期的物价水平时,供给量就背离了其长期水平或"自然水平"。当物价水平高于预期水平时,产量就高于其自然率。当物价水平低于预期水平时,产量就低于其自然率。

(1) 新古典的错觉理论:根据这种理论,物价总水平的变动会暂时误导供给者对他们出售其产品的市场发生的变动的看法。由于这些短期的错觉,供给者对物价水平的变动作出了反应,而这种反应引起了向右上方倾斜的总供给曲线。假设物价总水平降到低于预期水平,当供给者看到他们产品的价格下降时,他们可能会错误地认为,他们的相对价格下降了,这些错觉引起供给者对较低物价水平的反应是减少物品与劳务的供给量。

(2) 凯恩斯主义的粘性工资理论

根据凯恩斯和他许多追随者的看法,短期总供给曲线向右上方倾斜是因为名义工资调整缓慢,或者说在短期中是"粘性的"。在某种程度上,名义工资调整缓慢是由于工人和企业之间固定名义工资的长期合约,有时这种长期为3年。设想企业根据所预期的物价水平事先同意向其工人支付某种名义工资。如果物价水平会降到低于预期的水平而名义工资(W)仍然在原来的水平上,那么实际工资(W/F)就上升到企业计划支付的水平之上。由于工资是企业生产成本的主要部分,较高的工资意味着企业的实际成本增加了,企业对这些较高成本的反应是少雇佣劳动,并生产较少的物品与劳务量。换句话说,由于工资不能根据物价水平迅速调整,较低的物价水平就使就业与生产不利,这就引起企业减少物品与劳务的供给量。

(3) 凯恩斯主义的粘性价格理论

根据这种理论,一些物品与劳务的价格对经济状况变动的调整也是缓慢的。这种价格的缓慢调整的产生,部分是因为调整价格有成本,即所谓的菜单成本。这些菜单成本包括印刷和分发目录的成本和改变价格标签所需要的时间。由于这些成本,短期中价格可能都是粘性的。假设经济中每个企业都根据它所预期的经济状况事先宣布了它的价格。在价格宣布之后,经济经历了未预期到的货币供给紧缩,这将降低长期的物价总水平。虽然一些企业根据经济状况的变动迅速降低了自己的价格,但还有一些企业不想引起额外的菜单成本,因此暂时不调整价格。由于这些滞后,企业价格如此之高,所以它们的销售减少了,销售减少了又引起企业削减生产和就些。换句话说,由于并不是所有价格都根据变动的状况而迅速调整,未预期到的物价水平下降使一些企业的价格高于合意水平,而这些高于合意水平时价格压低了销售,并引起企业减少它们生产的物品与劳务量。

所有这三个理论都表明,当物价水平背离人们预期的物价水平时,产量就背离其自然率。

a. 根据新古典主义的错觉理论,物价水平下降到预期水平之下时,经济就处于衰退之中。经过一段时间之后，当注意到物价水平低于预期之后，人们就会调整预期，经济逐渐恢复到总供给曲线上。

根据凯恩斯的黏性工资理论，经济陷入衰退之中是因为物价水平下降，真实工资过高，使企业减少雇工和产量。经过一段时间之后，名义工资也会随着物价的下降而调整，使真实工资下降，企业对雇工需求增加，经济逐渐恢复到长期均衡上。

根据新凯恩斯的黏性价格理论，经济陷入衰退之中是由于并不是所有的价格都根据变动的状况而迅速调整。经过一段时间之后，每个企业都对价格进行了调整，经济逐渐回到长期均衡上。

b. 在新古典主义的错觉理论中，复苏的速度取决于价格预期调整的快慢；在凯恩斯的黏性工资理论中，复苏的速度取决于工资的调整速度；在新凯恩斯的黏性价格理论中，复苏的速度取决于价格的调整速度。

三、案例解析

假设企业对未来的经济状况极为乐观，并大量投资于新的资本设备。

a. 用总需求与总供给图说明这种乐观主义对经济的短期影响。标出新的物价水平与实际产量。用文字解释为什么供给的总产量变了。

b. 用(a)中的图说明经济新的长期均衡(现在假设长期总供给曲线未变)。用文字解释为什么需求的总产量在短期与长期之间变动。

c. 投资高潮会如何影响长期总供给曲线？作出解释。

答：a. 图略。当企业大量投资于新设备时，增加了经济中的资本存量，资本存量增加提高了生产率，并增加了物品与劳务的供给量。

b. 现在用 a 中的图说明经济新的长期均衡(现在假设长期总供给曲线未发生变动)。用文字解释为什么总需求量在短期与长期之间会发生变动。在新的长期均衡点时，产量回到其自然率 Y_1，物价水平上升为 P_3。尽管企业对未来经济状况的乐观情绪在短期内增加了总需求，总需求曲线从 AD_1 右移到 AD_2，产量从 Y_1 增加为 Y_2，

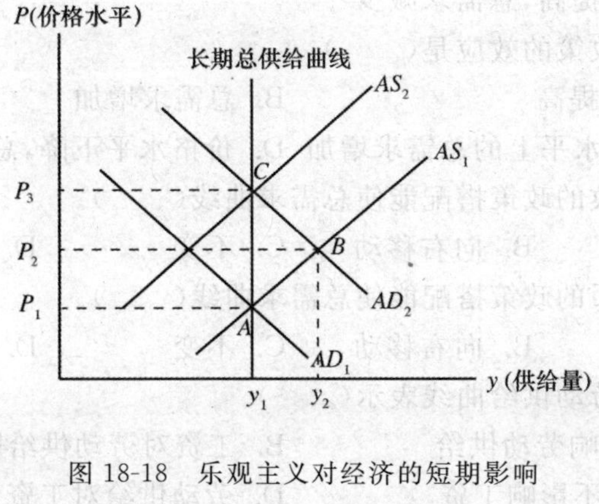

图 18-18　乐观主义对经济的短期影响

物价水平从 P_1 上升到 P_2。但随着时间推移，人们的感觉、工资和价格会随着物价调整，短期总供给曲线向左从 AS_1 移到 AS_2，经济达到新的长期均衡点。这时物价水平继续上升到 P_3，产量恢复到其自然率 Y_1。

c. 投资高潮会使长期总供给曲线右移。因为投资高潮增加了经济中的资本存量，资本存量的增加提高了生产率，从而增加了物品与劳务的供给量。结果，长期总供给曲线向右移动。

配套思考题及参考答案

一、单项选择题

1. 当(　　)时，总需求曲线更平缓。

A. 投资支出对利率变化较敏感　　B. 支出乘数较小

C. 货币需求对利率变化敏感　　D. 货币供给量较大

2. 当其他条件不变时，以下有关总需求曲线的移动正确的是(　　)。

A. 政府支出减少时会右移　　B. 价格水平上升会左移

C. 税收减少会左移　　D. 名义货币供给增加会右移

3. 若价格水平下降，则总需求(　　)。

A. 增加　　B. 减少　　C. 不变　　D. 难以确定

4. 当价格水平上升时总需求曲线(　　)

A. 向左移动　　B. 向右移动　　C. 不变　　D. 难以确定

5. 扩张性财政政策对总需求的影响是(　　)。

A. 同一价格水平对应的总需求增加

B. 同一总需求水平对应的价格提高

C. 价格水平提高，总需求增加

D. 价格水平提高，总需求减少

6. 扩张性货币政策的效应是(　　)。

A. 价格水平提高　　B. 总需求增加

C. 同一价格水平上的总需求增加　　D. 价格水平下降，总需求增加

7. 松货币紧财政的政策搭配能使总需求曲线(　　)。

A. 向左移动　　B. 向右移动　　C. 不变　　D. 难以确定

8. 松财政紧货币的政策搭配能使总需求曲线(　　)。

A. 向左移动　　B. 向右移动　　C. 不变　　D. 难以确定

9. 水平区域的劳动供给曲线表示(　　)。

A. 工资不影响劳动供给　　B. 工资对劳动供给影响最大

C. 劳动供给不影响工资　　D. 劳动供给对工资影响最大

10. 总供给曲线向上移动的原因是(　　)。

A. 工资提高　B. 价格提高　C. 技术进步　D. 需求增加

11. 在水平总供给曲线区域,决定产出增加的主导力量是(　　)。

A. 供给　B. 需求　C. 工资　D. 技术

12. 在水平总供给曲线区域,决定价格的主导力量是(　　)。

A. 供给　B. 需求　C. 产出　D. 以上均正确

13. 在垂直总供给曲线区域,决定价格的主导力量是(　　)。

A. 供给　B. 需求　C. 产出　D. 以上均正确

14. 根据总供求模型,扩张性财政政策能使价格水平(　　)。

A. 提高　B. 减少　C. 不变　D. 难以确定

15. 根据总供求模型,扩张性货币政策能使价格水平(　　)。

A. 提高　B. 减少　C. 不变　D. 难以确定

16. 若扩张总需求政策的产出效应最大,则表明总供给曲线是(　　)。

A. 水平的　B. 向右方倾斜　C. 垂直的　D. 难以确定

17. 若扩张总需求政策的价格效应最大,则表明总供给曲线是(　　)。

A. 水平的　B. 向右方倾斜　C. 垂直的　D. 难以确定

18. 扩张总需求政策使价格提高的区域是总供给曲线的(　　)。

A. 水平区域　B. 向右方倾斜区域

C. 垂直区域　D. 难以确定

参考答案:ADACA　CDDCA　BBBAD　ACB

二、简答题

1. 为什么说总需求曲线是向右下方倾斜的?

参考答案:

总需求曲线向右下方倾斜的原因有四个:第一,利率效应。价格水平上升时,实际货币供给下降,货币供给小于货币需求,导致利率上升,投资下降,总需求量减少;第二,实际余额效应。价格总水平上升时,资产的实际价值下降,人们实际拥有的财富减少,人们的消费水平下降;第三,税收效应。价格总水平上升时,人们的名义收入水平增加,会使人们进入更高的纳税等级,从而增加人们的税收负担,减少可支配收入,进而减少消费;第四,净出口效应。国内物价水平上升,在汇率不变条件下,使进口商品的价格相对下降,出口商品的价格相对上升,导致本国居民增加对国外的商品购买,外国居民购买本国商品减少。因此,净出口减少。

2. 简述有关总供给曲线的各种理论及其政策含义。

参考答案:

(1) 凯恩斯的供给曲线:

假设:a. 货币工资 W 和价格 P 具有"刚性"——不能调整.即货币工资不会轻易

变动。提出背景:经济大萧条,劳动力和资本大量闲置;存在大量失业人口和生产能力;当产量增加时,对劳动的需求增加,但是货币工资和价格水平均不发生变化。

b. 凯恩斯研究的是短期的情况:没有时间来调整货币工资和价格。

政策含义:财政政策有效,货币政策无效。

(2) 古典的供给曲线:

假定:货币工资具有完全的伸缩性,它随劳动供求关系的变化而变化。当劳动市场存在超额劳动供给时,货币工资就会下降。反之,当劳动市场存在超额劳动需求时,货币工资就会提高政策含义。

政策含义:货币政策有效,财政政策无效。

(3) 正常的供给曲线:短期现实的总供给曲线更多地表现为是向右上方倾斜的曲线。

政策含义:政策效果与曲线的斜率有关。

3. 总需求曲线右移的原因有哪些?运用 AD-AS 模型说明总需求曲线右移的情况?

参考答案:

总需求曲线(AD 曲线)是一条向右下方倾斜的曲线,它反映产品市场和货币市场同时达到均衡时,价格水平 P 和同民收入(产量)水平 y 之间的一一对应关系。总需求曲线向右下方倾斜表示均衡国民收入与一般价格水平呈反方向变动关系。在任一既定物价水平上对商品和服务的需求增加,总需求增加,AD 曲线向右移动;反之,总需求减少,AD 线向左移动。无论是扩张性财政政策还是扩张性货币政策都会使总需求增加,因而都会使总需求曲线向右移动。具体来说,影响总需求曲线变动的因素有如下五个:①家庭消费需求的变化;②企业投资需求的变化;③政府购买支出和税收的变化:④净出口的变化;⑤货币供给的变化。假如经济处于萧条阶段,政府实施扩张性财政政策导致总需求曲线向右移动,比如由 AD_1 移动到 AD_2,此时国民收入增加而物价不上升;在经济处于复苏阶段,政府实施扩张性财政政策和货币政策导致总需求曲线向右移动,比如由 AD_2 移动到 AD_3,此时国民收入增加而物价轻微上升;在经济繁荣(充分就业)阶段,政府实施扩张性财政政策导致总需求曲线向右移动,比如由 AD_3 移动到 AD_4,此时国民收入不再增加,而物价大幅上升。

4. 简析古典总供给一总需求模型与凯恩斯主义总供给一总需求模型的区别。

参考答案:

(1) 在古典总需求—总供给模型中,总供给曲线是一条位于充分就业产出水平的垂直线。因此,总需求曲线移动只能导致价格水平的变动,对就业量和国民收入不发生影响。

(2) 在凯恩斯主义的总需求—总供给模型中,总供给曲线由于名义工资具有刚性,向右上方倾斜,就业量和国民收入水平的变化主要取决于总需求水平。当总需求扩大时,实际工资下降会增加就业量,从而扩大产出水平。

*第19章 开放的宏观经济模型

本章学习目标：

1. 理解外汇、国际收支、实际汇率、固定汇率制度及浮动汇率制度等的定义。

2. 明确一价定律的内容，了解国际收支曲线移动的影响因素。

3. 认识和把握浮动汇率制度下三重均衡自动实现机制。

4. 了解固定汇率制度下资本流动机制。

5. 学习并掌握两种汇率制度下财政政策和货币政策的效应。

导入案例：新世纪世界经济的发展趋向是全球化

近年来，美国与加拿大、澳大利亚与新西兰、巴西和阿根廷纷纷签订自由贸易区协定；20世纪90年代欧洲将最终形成单一市场；亚洲东北亚经济圈、东南亚经济圈乃至环太平洋经济圈向单一市场发展的势头也都十分强劲。亚洲太平洋地区人口占世界总人口的一半，到公元2000年将占世界人口的2/3。亚洲市场每星期就将增加30亿美元的购买力，增长速度比西方工业革命时期快5倍，以至一些西方人士也指出：500年前世界贸易中心从地中海移到大西洋，今后又将从大西洋移到太平洋。

谋求共同发展，已是全球的呼声。

当今任何一个国家，它的发展都不是孤立的。譬如中国，改革开放后，与很多国家贸易往来，一旦别的国家有经济波动，中国必然要受到一定程度的影响。

各国都已认识到，要想谋求世界共同发展，各国首先要搞好自身的发展。尤其是广大发展中国家，更要认真研究和制定符合本国国情的发展战略，在自力更生的基础上积极争取外援，才能实现自己的发展和繁荣。那种完全照搬外国模式或完全依赖外援已历史地注定行不通了，只有当主权国家，特别是广大发展中国家得到了进一步发展，世界的发展和繁荣才有坚实的基础。

南南合作将有所加强。南南合作是共同发展的又一途径，是发展中国家之间的经济技术合作，是战后发展中国家在争取建立国际新秩序的斗争中发展起来的一种新型的经济合作关系。在即将过去的世纪，南南合作已取得了长足的发展。他们在合作中建立了各种区域、次区域和跨区域的经济合作组织，合作规模不断扩大，内容日益丰富。多边形式的合作在迅速发展，特别是在区域经济组织内部，原料生产与出口、贸易、金融和技术等方面的合作,都取得了引人注目的成果。在新世纪,南南合作将进一步加强,把广大发展中国家分散的有限的力量集合成一股巨大的整体力量,这是促进共同发展的又一重要途径。

人类经历了农业革命、工业革命两次文明浪潮之后,正在迎接新技术革命——信息革命的到来。人类社会将从工业社会转入信息社会或知识、智力社会,国家的财富将依靠信息、知识和智力。以计算机为主要目标的新技术革命,无论从广度和深度上来说都是空前的。新技术革命的一个内容是解放人的智力,为建立、控制和利用高效率的智能系统寻找理论基础和物质技术条件。它不仅把人们从繁重的体力劳动中解放出来,而且也从繁琐的脑力劳动中解放出来,从而有力地推动社会从机械化—工业社会向信息化—工业社会过渡,形成知识工业。

目前互联网、电脑电话等的发展,使国家之间、人与人之间的联系更为快捷,现代、未来经济的发展借助这些工具将获得巨大的动力。

进行国际贸易有显而易见的好处:贸易使人们生产自己最优势的商品,并消费其他国家生产的各种商品或劳务。实际上,经济学原理之一就是,贸易可以使每个人的状况都变得更好。国际贸易可以使每个国家专门生产自己具有比较优势的物品与劳务,从而提高所有国家的整体生活水平。

实际上,为了使分析简化,宏观经济学家经常假设一个封闭经济(closed economy)、一个不与其他经济相互交易的经济,而忽略了一个经济与世界其他经济之间的相互交易。对宏观经济学的大部分问题而言,国际问题是非实质性的。例如,当我们讨论自然失业率和通货膨胀的原因时,可以忽略国际贸易的影响。但是,某些新的宏观经济问题产生于开放经济(open economy)——一个与世界上其他经济自由交易的经济。因此,本章将介绍开放经济的宏观经济学。我们从讨论描述一个开放经济在世界市场上相互交易的基本宏观经济变量开始。当你阅读新闻报道或观看晚间新闻时,也许已经注意到了这些变量——出口、进口、贸易余额和汇率。我们的第一项工作就是要理解这些数据的含义,然后学习这些变量如何决定以及它们如何受各种政府政策影响的经济模型。

19.1 开放经济的宏观经济学

一个开放经济以两种方式和其他经济相互交易:在产品市场上购买并出售物品与劳务;在金融市场上购买并出售股票和债券这类虚拟性的资本资产。

下面我们就讨论这两种活动以及它们之间的密切关系。

19.1.1 2012年中国进出口总值成世界第一

海关总署:2012年进出口总值38 667.6亿美元,增长6.2%,2012年,中国的进出口总值已超越美国,成为全球最大货物贸易国。这是继2009年中国成为世界第一大出口国和第二大进口国之后，中国对外贸易发展的又一个象征性节点。美国2012年全年货物进出口总值达到38 559.7亿美元，也仍然略低于中国海关总署公布的2012年中国全年货物进出口总值38 667.6亿美元。

然而，虽然这一超越具有积极的象征性意义，但结构和利润分配方面的软肋决定了，中国离“贸易强国”还有相当的差距。

总值超美的可持续性。出口的复苏和进口的持续扩大意味着，中国在货物贸易总值上对美国的超越可能具有可持续性。2009年，中国的货物出口和进口双双超越德国，成为当年世界第一大出口国和第二大进口国。2010年、2011年，中国、美国分别保持出口第一、进口第二和出口第二、进口第一的位置，而美国则保持着进出口总值第一的“桂冠”。但随着2012年贸易数据的陆续披露，总值排位很可能发生改变。

从中国和美国近5年的数据来看，两国出口、进口发展态势趋近：2009年受金融危机影响均有显著下降，2010年、2011年得到较快复苏，而2012年虽有增长但增速放缓。不过，自2010年起，中国的复苏势头均比美国更强。

针对中国货物进出口总值超美，经济、贸易专家多持谨慎积极态度。对外经贸大学中国WTO学院副院长屠新泉对评论称，这个超越还是有积极意义的，至少反映了中国在世界经济中地位的提升，速度、规模以及实力的增强。与其他具有人口优势的国家相比，中国至少用好了人口红利。

19.1.2　世界上最大的债务国

你可能听到过新闻上称美国是“世界上最大的债务国”。因为在过去20年间，美国通过在世界金融市场上大量借款来为巨额贸易赤字筹资。美国为什么要这样做？这件事是使美国人担忧的原因吗？

20世纪80年代初美国经济开始急剧变化。在1980年以前，国民储蓄和国内投资是非常接近的，而且资本净流出是很少的。但是1980年以后，国民储蓄降到大大低于国内投资，而且资本净流出变为较大的负数。这就是说，存在资本净流入：外国人在美国购买的资本资产多于美国人购买的国外资本资产，美国陷入了债务中。

历史表明，资本流动的变动有时产生于储蓄的变动，有时产生于投资的变动。从1980年到1987年，流入美国的资本占GDP的0.5%～3.1%，这2.6个百分点的变动主要是由于储蓄减少了3.2%。国民储蓄的这种减少经常被认为是由于公共储蓄的减少，也就是说，政府预算赤字的增加。

不同的情况解释了以后10年间的事件。从1991年到2000年，流入美国的资本从占GDP的0.5%上升到3.9%。这3.4个百分点的变动不能归因于储蓄的减少；实际上，在这一时期，随着政府预算从赤字转变为盈余，储蓄增加了。但是随着经济在信息技术领域中出现了繁荣以及许多企业热衷于进行高科技投资，投资从占GDP的13.4%上升到17.7%。

从2000年到2006年，流入美国的资本又进一步增加了，创下了占GDP 5.8%的纪录。2000 年以后投资潮减弱，但联邦政府又一次开始有预算赤字，而且按历史标准，国民储蓄降到了极低水平。

贸易赤字对美国经济来说是一个问题吗？为了回答这个问题，重要的是要密切关注一国的储蓄和投资。

首先考虑储蓄减少引起的贸易赤字，比如 20 世纪 80 年代和 21 世纪初期出现的情况。低储蓄意味着一国收入中用于未来的减少了。但是，一旦国民储蓄减少了，就没有理由为所引起的贸易赤字而遗憾。如果国民储蓄减少而又没有引起贸易赤字，美国的投资就会减少。投资减少又会对资本存贮、劳动生产率和真实工资的增长产生不利影响。换句话说，在美国储蓄减少的情况下，有外国人投资于美国经济比完全没有要好。

现在考虑投资高涨引起的贸易赤字，比如 20 世纪 90 年代的贸易赤字。在这种情况下，该经济向国外借款来为购买新资本品筹资。如果这种增加的资本以更多的物品与劳务生产的形式提供了良好的收益，那么经济就应该能够应对累积的债务。而如果投资项目没有产生预期的收益，那么这些债务看起来就不太合意，至少事后的认识是这样。

对以此为题目的案例研究提出的问题并没有一个简单且正确的答案。正如个人既可能由于精打细算而负债也可能由于挥霍浪费而负债一样，国家也会这样。贸易赤字本身并不是一个问题，但有时它可能是某个问题的征兆。

19.1.3 iPod 是谁生产的

苹果公司是 iPod 的发明人，但不是生产者，这个产品是许许多多公司、许许多多国家一起生产出来的。

从公司角度看，涉及的公司就包括亚洲的华硕、富士康、英华达等大公司，但是这些公司多数只负责组装。真正生产那 451 个零件的是谁呢？

美国加州大学的几位学者就此进行了一次调查研究，为我们展开了一幅世界经济的画卷。他们发现要想搞清楚这些零件的来龙去脉，划分到国家或公司都是几乎不可能的，其复杂程度远远超出了传统贸易统计方法的范畴。

30G 版本的 iPod 售价约 299 美元。最昂贵的部件就是那个硬盘，它是日本东芝公司生产的，价格为 73 美元；其次就是显示模块，约 20 美元；视频及多媒体处理芯片 8 美元；控制芯片 5 美元；最后的组装是在中国完成的，价值不到 4 美元。

但是这种按公司来分析的方法显然是不科学的。就拿东芝公司来说吧，虽然它是一个日本公司，但是它的主要生产线都在菲律宾和中国，所以也许应该把部分财富算到这些国家头上。而芯片厂商博通的主要生产基地其实是在台湾，这样分来分去也搞不清楚。

比较科学的方法就是按产品的生产工序来计算，每经手一个厂商就会增加一部分价值的，这样看增加出的那部分价值的分配去向就可以判断出到底财富是怎么分配的。

螺丝螺母这些零件基本上是没什么价值可增加的，因为生产它们的公司太多了，而且随处可以生产。而那些越高精的零件，如硬盘、芯片等，它们的价值却增加了许多。

加州大学的分析认为东芝硬盘的73美元中，原材料和工资的开支有53美元，所以东芝公司增加的价值是19美元。这19美元都到了日本手中。按此方法，经过复杂的计算，最后得出了财富在全世界的分配情况，果然和大家的预期一致，绝大部分到了美国。

299美元的iPod美国拿到了163美元的价值，这其中有75美元是运输和销售渠道的价值，80美元是苹果公司的价值，还有8美元是各种本土芯片商的价值。日本获得了26美元的价值(大部分是硬盘获得的)，韩国不到1美元。

未计入计算范围的劳务和原材料费用为110美元，这些部分过于复杂，无法区分。最后负责组装的中国分得的价值不到1%，但是出口到美国却计算到对中国的贸易逆差中去了，每部逆差150美元。

苹果的iPod是一个世界产品，说不清到底是哪些国家生产的。它的价值最大的部分就是设计和概念，苹果公司获得的价值是80美元，这超过其他整个供应链的总和。他们不是生产者，但他们是发明者，其实最终最重要的就是这点。

19.1.4　出口、进口以及净出口

出口(exports)是在国内生产而在国外销件的物品与劳务；进口(imports)是在国外生产而在国内销件的物品与劳务。当美国飞机制造商波音公司制造了一架飞机并把它卖给法国航空公司时，这种销售对美国而言是出口，对法国而言是进口。当瑞典汽车制造商沃尔沃公司生产了一辆汽车并把它卖给一个美国居民时，这种销售对美国而言是进口，对瑞典而言是出口。

任何一国的净出口(net exports)是其出口值与其进口值的差额：

净出口＝该国的出口值－该国的进口值。

波音公司的销售增加了美国的净出口，而沃尔沃公司的销售减少了美国的净出口。由于净出口告诉我们一国在总量上是世界物品与劳务市场中的卖者还是买者，所以净出口又称为贸易余额(trade balance)。如果净出口是正的，即出口大于进口，则表明一国向国外出口的物品与劳务多于它向其他国家购买的。在这种情况下，可以说该国有贸易盈余(tradesurplus)。如果净出口是负的，即出口小于进口，则表明一国向国外出售的物品与劳务少于它向其他国家购买的。在这种情况下，可以说该国有贸易赤字(trade deficit)。如果净出口为零，即它的出口与进口完全相等，可以说该国贸易平衡(balanced trade)。

19.1.5 金融资源的流动:资本净流出

一个开放经济的居民还可以参与世界金融市场。一个有 20 万元的中国居民可以用这些钱买一辆丰田汽车,但他也可以用这些钱买丰田公司的股票。第一种交易代表物品流动,而第二种交易则代表资本流动。

资本净流出(net capital outflow)指本国居民购买的外国资产与外国人购买的国内资产之间的差额:

资本净流出=本国居民购买的外国资产-外国人购买的国内资产。

当一个中国居民购买了一家韩国电话公司的股票时,这种购买增加了等式右边的第一项,因此增加了中国的资本净流出。当一个日本居民购买了中国政府的债券时,这种购买增加了等式右边的第二项,因此,减少了中国的资本净流出。

中国和世界各国之间的资本流动采取了两种形式。一种形式,如果老兰州卤肉在俄罗斯开了一家快餐店,这是商品交易的例子。另一种形式,如果一个中国人购买了一家俄罗斯公司的股票,这就是有价证券投资的例子。在第一种情况下,中国所有者(老兰州卤肉公司)主动管理投资;而在第二种情况下,中国所有者(股东)起了较为消极的作用。在这两种情况下,中国居民都购买了位于另一个国家的资产,因此,这两种购买都增加了中国的资本净流出。

资本净流出既可以是正的,也可以是负的。当它是正的时,国内居民购买的外国资产多于外国人购买的国内资产,此时可以说资本流出一国。当资本流出是负的时,国内居民购买的外国资产少于外国人购买的国内资产,此时可以说资本流入一国。也就是说,当一国的资本净流出是负的时,该国有资本流入。

19.1.6 净出口与资本净流出相等

我们已经说明了一个开放经济以两种方式与世界其他经济相互交易——在世界物品与劳务市场上和世界金融市场上,净出口和资本净流出分别衡量了在这两个市场上的不平衡类型。净出口衡量一国出口与其进口之间的不平衡;资本净流出衡量本国居民购买的外国资产量与外国人购买的国内资产量之间的不平衡。

一个重要但又微妙的核算事实表明,对整个经济而言,资本净流出(NCO)必然总是等于净出口(NX):

$$NCO=NX。$$

这个等式之所以成立,是因为影响这个等式一方的每一次交易也必然完全等量地影响另一方。这个等式是一个恒等式——根据等式中各变量定义与衡量的方法,这个等式必然成立。

我们来举一个例子。设想你是一个居住在中国的游戏程序员。有一天,你编了一个游戏并将其以 1 万日元卖给一个日本消费者。软件销售是中国的出口,因此它增加了中国的净出口。为了确保这个恒等式成立会出现什么情况?答案取决于你用你得到的1万日元做什么。

首先,我们假设你简单地把日元放在你的家里,在这种情况下,你将一些收入投资于日本经济。也就是说,国内居民(你自己)得到了外国资产(日本通货)。中国净出口增加与中国资本净流出的增加相当。

如果你想投资于日本经济,你不会持有日本通货。更可能的是,你会用1万日元去购买一家日本公司的股票,或者你会购买日本政府的债券。但你决策的结果是极为相同的,国内居民最终都获得了一种外国资产。中国资本净流出(购买日本股票或放券)的增加完全等于中国净出口(出售软件)的增加。

现在我们再改变这个例子。假设你不是用1万日元去购买日本资产,而是用它去购买日本生产的一种物品,例如游戏机。由于购买这种游戏机,中国的进口增加了。软件出口和游戏机进口代表贸易平衡。由于出口和进口等额增加,净出口没有变化。在这种情况下,没有一个中国人最终获得外国资产,也没有一个外国人最终获得中国资产,因此对中国资本净流出没有影响。

最后,还有一种可能是,你到当地一家银行把你的1万日元兑换为人民币。但这并没有使情况发生改变,因为现在银行可以用这1万日元可以购买日本资产(中国的资本净流出),也可以购买日本的物品(中国的进口),还可以把日元卖给另一个想进行这种交易的中国人。结果中国的净出口必定等于中国的资本净流出。

这个例子开始时是中国的游戏程序员把一些软件卖到国外,但这件事和中国人购买其他国家的物品与劳务几乎一样。例如,苏宁从美国购买了5000万美元的电器并将其出售给中国消费者,这5000万美元一定会发生点事情。一种可能是,美国可以把这5000万美元投资于中国。这种来自中国的资本流入采取的形式是中国人购买美国政府债券。在这种情况下,出售电器减少了美国的净进口,而出售债券又减少了美国的资本净流出。另一种可能是,美国可以用5000万美元购买中国皮鞋制造商生产的皮鞋。在这种情况下,美国的皮鞋进口与电器出口平衡,因此净出口和资本净流出都未发生变化。在这所有情况下,交易对净出口和资本净流出的影响相同。

我们可以对整个经济概括如下结论:

当一国有贸易盈余时($NX>0$),它出售给外国人的物品与劳务多于外国人购买的。用它从国外的物品与劳务的净销售中得到的外国通货做什么呢?它必定用它购买外国资产。因此,资本从一国流出($NCO>0$)。

当一国有贸易赤字时($NX<0$),它从外国人那里购买的物品与劳务多于向外国人出售的。在世界市场上它如何为这些物品与劳务的净购买筹资呢?它必定在国外出售资产。因此,资本流入国内($NCO<0$)。

国际物品与劳务的流动和国际资本流动是同一个问题的两个方面。

19.1.7 储蓄、投资及其与国际流动的关系

一国的储蓄和投资是其长期经济增长的关键。正如前面所说明的，在一个封闭经济中储蓄与投资是相等的，但在开放经济中，事情并不是这么简单的。现在考虑储蓄和投资如何与用净出口和资本净流出衡量的物品与资本的国际流动相关。

一个经济的国内生产总值(Y)分为四个组成部分：消费(C)、投资(I)、政府购买(G)和净出口(NX)，即为：

$$Y=C+I+G+NX。$$

对经济中物品与劳务产出的总支出是用于消费、投资、政府购买和净出口的支出之和。因为支出的每一美元都可以归入这四个组成部分之一，所以这个等式是一个会计恒等式：它必然正确是因为这些变量定义和衡量的方法。

国民储蓄是在支付了现期消费和政府购买之后剩下的国民收入。国民储蓄(S)等于$Y-C-G$。重新整理上式来说明这个事实，得出：

$$Y-C-G=I+NX,$$

$$S=I+NX。$$

因为净出口(NX)也等于资本净流出(NCO)，所以这个式子可写为：

$$S=I+NCO,$$

储蓄＝国内投资＋资本净流出。

这个式子表明，一国的储蓄必定等于其过内投资加资本净流出。换句话说，当某国公民为未来储蓄了共收入中的1美元时，这1美元既可以用于为国内资本积累筹资，也可以用于为国外资本的购买筹资。

当我们分析金融体系的作用时，我们考虑了封闭经济这一特殊情况下的这个恒等式。在一个封闭经济中，资本净流出是零($NCO=0$)，因此，储蓄等于投资($S=I$)。相比之下，在一个开放经济中，储蓄有两种用途：国内投资与资本净流出。

我们认定金融体系处于这个恒等式的两边之间，储蓄、投资和国际资本流动错综复杂地相互关联。当一国的储蓄大于其国内投资时，它的资本净流出就是正的，这表明该国用它的一些储蓄购买外国资产。当一国的国内投资大于其储蓄时，它的资本净流出就是负的，这表明外国人正通过购买国内资产为一部分国内投资筹资。

19.1.8 总结：开放经济的三种可能

开放经济的三种可能：有贸易赤字的国家、贸易平衡的国家以及有贸易盈余的国家。

先考虑有贸易盈余的国家。根据定义，贸易盈余意味着出口值大于进口值。因为净出口等于出口减进口，所以净出口(NX)大于零。结果，收入($Y=C+I+C+NX$)必定大于国内支出($C+I+G$)。但是，如果收入(Y)大于国内支出($C+I+G$)，那么储蓄($S=Y-C-G$)必定大于投资(I)，因为该国储蓄大于投资，所以它必定把一些储蓄输出到国外。这就是说，资本净流出必定大于零。

相反的逻辑适用于有贸易赤字的国家(比如近年来的美国经济)。

根据定义,贸易赤字意味着出口额小于进口额。因为净出口等于出口减进口,所以净出口(NX)是负的。因此,收入($Y=C+I+G+NX$)必定小于国内支出($C+I+G$)。但是,如果收入(Y)小于国内支出($C+I+G$),那么储蓄($S=Y-C-G$)必定小于投资(I),因为该国投资大于储蓄,所以它必定通过在国外的一些资产来为一些国内投资筹资。这就是说,资本净流出必定是负的。

贸易平衡的国家介于这两种情况之间。出口等于进口,因此净出口为零。收入等于国内支出,并且储蓄等于投资。资本净流出等于零。

19.2 汇率和对外贸易

19.2.1 汇率和对外贸易是如何互相影响的

任何事物的影响都是相互的。汇率会直接影响对外贸易,影响一国对另一国的进口和出口的量;翻过来,当对外贸易受到影响,贸易量变化,会导致一国货币持有对方国货币的变化,自然影响到汇率变化了。

比如:我国和美国的贸易。当人民币对美元汇率上升的时候,由于出口货物的收益下降,导致出口量的下降,会导致我国换取的美元减少;而相反的是进口收益增大,所以进口也会增加,导致花掉更多美元。这样,一定时间后,导致我国持有美元总量减少,导致我国对美元的需求增加,所以会导致美元的增值,也就是人民币对美元的汇率下降。

同理,如果人民币对美元下降的时候,由于进出口的作用,调节了我国持有美元的总量上升,而导致对美元的需求下降,这样反而会导致人民币的升值。

19.2.2 国际交易的价格:真实汇率与名义汇率

正如任何一个市场上的价格在协调该市场上买者与卖者中所起的重要作用一样,国际价格也有助于协调消费者与生产者在国际市场上进行交易时的决策。这里我们讨论两种重要的国际价格——名义汇率与真实汇率。

1. 名义汇率

名义汇率(nominal exchange rate)是一个人可以用一国通货交换另一国通货的比率。如果你到银行,你就会看到标出的汇率是 80 日元兑 1 美元。如果你给银行 1 美元,银行就给你 80 日元;如果你给银行 80 日元,银行就给你 1 美元。

一种汇率总可以用两种方法来表示。一种是 1 美元兑 80 日元,另一种是 1 日元兑 1/80(即 0.0125)美元。在本书中,我们用 1 美元兑外国通货的单位来表示名义汇率,即 1 美元兑 80 日元。

如果汇率的变动使 1 美元能买到更多的外国通货,那么这种变动称为美元升值(appreciation)。如果汇率的变动使 1 美元能买到的外国通货减少,那么这种变动称为美元贬值(depreciation)。例如,当汇率从1美元兑80日元上升到90日元时,就可以说美元升值了。同时,因为现在1日元购买的美国通货少了,所以可以说日元贬值了。当汇率从1美元兑80日元下降为70日元时,可以说美元贬值了,而日元升值了。

对于任何一个国家来说,存在许多名义汇率。可以用美元来购买日元、英镑、墨西哥比索等。当经济学家研究汇率的变动时,他们通常使用将这许多汇率平均的指数。正如消费物价指数把经济中的许多价格变为物价水平的一种单一衡量指标一样,汇率指数也把这许多汇率变为国际通货价似的一种单一衡量指标。因此,当经济学家谈论美元升值或贬值时,他们通常是指一种考虑到许多单个汇率的汇率指数。

2. 实际汇率

实际汇率(real exchange rate)是一个人可以用一国的物品与劳务交换另一国的物品与劳务的比率。例如,假设你到商店购物,发现一磅瑞士奶酪的价格是一磅美国奶酪的2倍,真实汇率是一磅美国奶酪对1/2磅瑞士奶酪。要注意的是,和名义汇率一样,真实汇率也可以用一单位国内东西的外国东西单位量来表示。但在这种情况下,东西是物品,而不是通货。

真实汇率与名义汇率是紧密相关的。为了说明它们如何相关,我们来看一个例子。假设蒲式耳美国大米卖100美元,而每蒲式耳日本大米卖16 000日元。美国大米与日本大米之间的真实汇率是多少呢?为了回答这个问题。我们首先必须用名义汇率把价格转换为一种共同的通货。如果名义汇率是1美元兑80日元,那么每蒲式耳美国大米100美元的价格等于每蒲式耳8000日元。我们得出,美国大米价格是日本大米的一半。真实汇率是每蒲式耳美国大米兑1/2蒲式耳日本大米。

我们可以用以下公式总结真实汇率的计算:

$$真实汇率=\frac{名义汇率\times 国内价格}{国外价格}。$$

因此,真实汇率取决于名义汇率和用本国通货衡量的两国物品的价格。

为什么真实汇率至关重要呢?因为真实汇率是一国出口与进口多少的关键决定因素。假设你要决定是在海南度假还是在菲律宾度假。你一定会问你的旅行社海南和菲律宾的房价以及人民币和菲律宾元之间的汇率。如果你通过比较成本来决定在哪里度假,那么你就要基于真实汇率做出决策。

当研究整个经济时,宏观经济学家关注的是物价总水平,而不是个别东西的价格。这就是说,为了衡量真实汇率,我们使用物价指数。例如衡量一篮子物品与劳务价格的消费物价指数。通过使用美国一篮子物品与劳务的消费物价指数(P)、国外一篮子物品与劳务的消费物价指数(P')以及美元和外国通货之间的名义汇率(e),我们可以用以下公式计算美国和其他国家之间的总体真实汇率:

$$真实汇率=(e\times P)/P'。$$

这个真实汇率衡量国内得到的一篮子物品与劳务相对于国外得到的一篮子物品与劳务的价格。

一国的真实汇率是其物品与劳务净出口的关键决定因素。中国真实汇率的下降意味着相对于外国物品而言,中国物品变得便宜了。这种变化鼓励国内与国外消费者更多地购买中国物品,而更少地购买外国物品。结果中国出口增加而进口减少,这两种变化都增加了中国的净出口。相反,中国真实汇率的上升意味着与外国物品相比,中国物品变得昂贵了。因此,中国的净出口减少了。

19.3　外汇市场与国际收支

在国际商品贸易中,一国的进口商为了购买外国商品,必须用本国货币去兑换外国的货币。例如:英国的进口商要买美国商品,就必须用英镑去购买美元。国际间的金融交易也是如此,当英国人购买美国的金融资产(债券、股票等)时,也同样需要用英镑去购买美元。这样,国际间商品和资产的交易产生了各国货币之间的交易,形成了外汇市场。而一国与国外的商品交易和金融资产的流动形成了该国的国际收支。

国际收支是指一国在一定时期内从国外收进的全部货币资金和向国外支付的全部货币资金的对比关系。

19.3.1　国民收入在国际间的流动

当一国的公民购买外国的商品、服务和金融资产时,该国国民收入的一部分就流往国外;相反,当一国的产品、服务和金融资产出口(被外国人购买)时,外国的国民收入就流向本国。

我们利用国际收支平衡表可以清楚地表明国民收入的流出和流入,见表 19-1。

借方(减方):都是本国对外国的支付,表示本国国民收入流往国外的运动,因此也表示本国的货币供给(对外币的需求)。一国国际收支平衡表的借方项目总是表示该国货币在外汇市场上的供给。

贷方(增方):都是外国对本国的支付,是本国国民收入的注入量。一国国际收支平衡表的贷方总是表示外汇市场上对本国货币的需求。

表 19-1　　一国国际收支平衡项目表

<table>
<tr><th colspan="2">借方(减方)</th><th colspan="2">贷方(增方)</th></tr>
<tr><td rowspan="5">国民收入流出,形成外汇市场上的对外汇的需求(或本国货币的供给)</td><td>本国购买国外产品和服务的支付</td><td>外国购买本国产品和服务的支付</td><td rowspan="5">国民收入流入,形成外汇市场外汇的供给(或对本国货币的需求)</td></tr>
<tr><td>本国购买国外实际资产和金融资产的支付</td><td>外国购买本国实际资产和金融资产的支付</td></tr>
<tr><td>本国人在国外旅游的支付</td><td>外国人在本国旅游的支付</td></tr>
<tr><td>本国的对外援助和捐赠</td><td>本国接受的外援和捐助</td></tr>
<tr><td>向外国汇出的利息和红利支付</td><td>汇回本国的利息和红利</td></tr>
</table>

(此表只是列出了国际收支的一些基本项目)。

国际收支平衡项目可分为三大类:经常项目(或经常账户)、资本项目(或资本账户)、官方储备项目。下表19-2是1994年美国国际收支账户简化表。

表 19-2　　1994年美国国际收支账户

	贷方(增方)	借方(减方)	借贷差额
一、经常项目(经常账户)	8329	9885	−1556
(1) 出口	8329		8329
(2) 进口		9544	−9544
(3) 单方面价值转移		341	−341
二、资本项目(资本账户)	2757	1310	1447
(4) 美国在外国持有的资产(国民收入的流出)		1310	−1310
(5)外国在美国持有的资产(国民收入的流入)	2757		2757
三、官方储备	442		442
1. 货币黄金			
2. 外汇储备	442		442
3. 特别提款权			
四、统计误差		333	−333

国际收支逆差=−1556+1447=−109(亿美元)。

经常项目收支差额+资本项目收支差额=ORT官方储备差额。

上表中,第三项则是用来填补国际收支差额的。当前两项(经常项目和资本项目)出现国际收支逆差的时候,即支付给国外的收入大于外国支付给本国的收入时,官方的储备就要减少(特别是外汇储备),使官方储备项目出现赤字。这一项目的差额通常称为"官方储备交易差额"(official reserve transaction balance),用*ORT*表示。如果官方储备的外汇和黄金以及特别提款权等国际支付手段不足以弥补经常项目和资本项目的逆差,通常会向其他国家的中央银行贷款来弥补国际收支逆差。不难看出,官方储备项目的状况,反映着经常项目和资本项目的变化,因此,*ORT*差额便是国民经济对外收支状况的晴雨表。只要知道*ORT*差额,就可以了解国际收支的总状况。

看一个国家国际收支状况,主要是看该国当年经常项目和资本项目借贷差额之和。如果两个项目借贷差额之和大于0,则该国国际收支为顺差,那么该国货币存在升值压力;如果两个项目借贷差额之和小于0,则该国国际收支为逆差,那么该国货币存在贬值压力。

19.3.2　外汇市场的供求和汇率

(一) 汇率及其标价

1. 汇率(exchange rate)的概念

汇率是指两种不同的货币之间的兑换比率。用 ER 表示。

2. 汇率的两种标价方法：

(1) 直接标价法：以外国货币为单位货币，以本国货币为计价货币(外国货币的本币价格)。

(2) 间接标价法：以本国货币为单位货币，以外国货币为计价货币(本国货币的外币价格)。

(二) 外汇市场的供求与汇率的关系

外汇一词泛指外币。外汇市场是指包括本币在内的各种货币进行交易的场所。西方经济学家认为，汇率是由外汇市场上该国货币的供求关系决定的。(求大于供，汇率上升，反之则下降。)

一国货币在外汇市场上的供求关系取决于该国的国际收支状况。本国对外国的各种支付一般要用本国货币兑换外国货币，所以国际收支项目表的借方(减方)就表示本国货币的供给和对外汇(外币)的需求。相反，外国对本国的各种支付，需要用外币来兑换本国货币，因此国际收支项目表中的贷方就表示对本国货币的需求和外汇的供给。

如果一国国际收支出现顺差，就意味着本国货币的需求(外汇的供给)大于本国货币的供给(外汇的需求)，则本国货币汇率上升(本国货币升值)，外汇汇率下降(外币贬值)。

如果一国国际收支出现逆差，则意味着本国货币的需求(外汇的供给)小于本国货币的供给(外汇的需求)，则本国货币汇率将下降(本币贬值)，外汇汇率将上升(外汇升值)。

那么，汇率与外汇(本币)数量之间的关系见图 19-1 所示。

其中，纵轴 P 表示人民币的价格，横轴 Q 表示人民币的数量(下同)。

从上面的均衡汇率的形成过程可以看出：一方面均衡汇率是由本国货币在外汇市场上的供求决定的；另一方面，汇率又调节着本国的贸易收支和其他国际收支。但是，国际收支却不是仅仅由汇率调节的。除汇率以外，还存在着许多影响国际收支从而影响本国货币供求数量的因素。

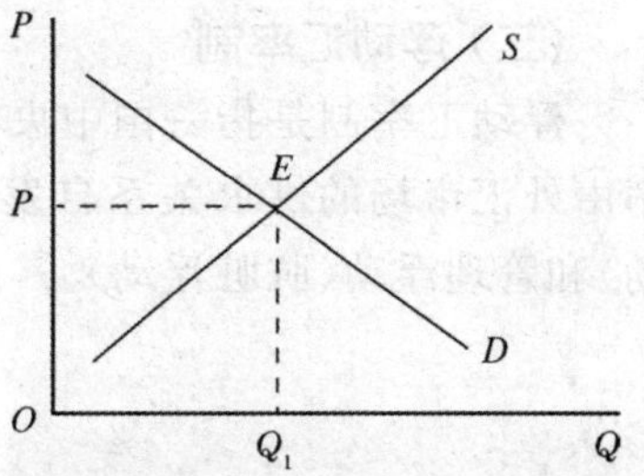

图 19-1　汇率与外汇的数量关系

凡汇率(人民币价格)以外的因素引起国际收支变化，都可以导致外汇供求曲线发生移动。

如下图，以下因素造成对人民币需求的增加：

(1) 想买中国的商品和服务；

(2) 想到中国投资；

(3) 投机(外国人认为人民币未来会升值)。

以上三个因素，都可以造成人民币需求曲线向右移动，从而改变均衡的汇率和均衡货币量(图 19-2)均衡汇率上升，即人民币升值，外汇贬值。

相反，如果中国人想到外国，比如到美国投资或投机于美元，想买美国的商品和服务，则会造成人民币供给曲线右移，见图 19-3。

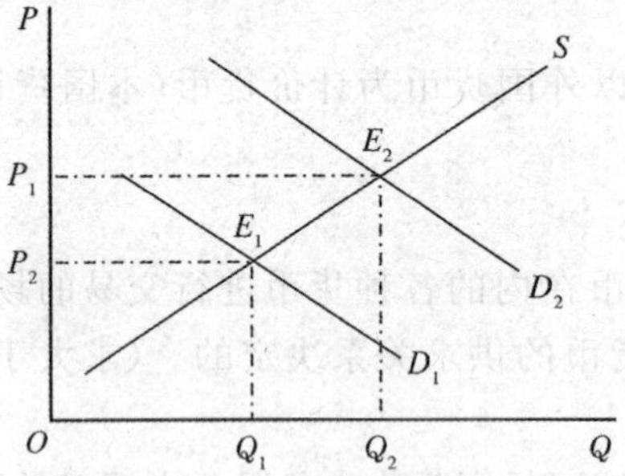

图 19-2 汇率与外汇(本币)的关系

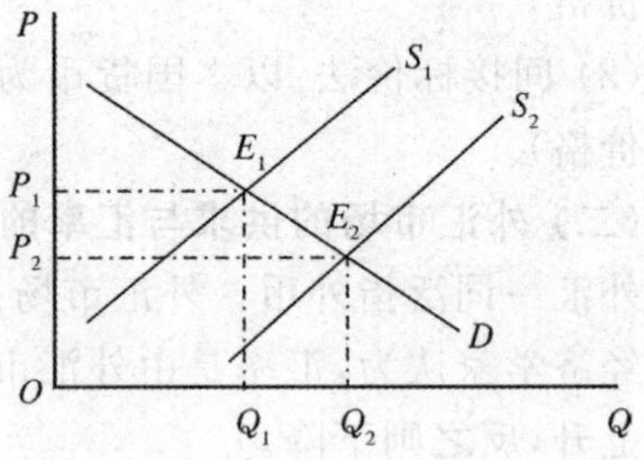

图 19-3 汇率与外币的数量关系

均衡汇率由 E_1 移到 E_2，汇率下降，即人民币贬值，美元升值。

由以上分析我们可以得知，在汇率由本国货币(外汇)供求关系自由决定的情况下，外汇市场具有自动的均衡机制，使汇率达到均衡汇率的水平。

例如：当国际收支出现逆差时，意味着本国货币的供给大于本国货币的需求，本国货币汇率会因此下跌。本国货币的汇率下降(即本币贬值，外币升值)，会促进出口，限制进口，导致逆差消失，进出口相等，汇率达到均衡水平。

19.3.3 汇率制度

世界上的汇率制度主要有两种：

(一) 固定汇率制度

固定汇率制度是指一国货币同他国货币的汇率基本固定，或者其波动限于较小幅度之内。

(二) 浮动汇率制

浮动汇率制是指一国中央银行不规定本国货币与他国货币的官方汇率，听任汇率由外汇市场的供求关系自发的决定。浮动汇率制又分为两种：自由浮动(清洁浮动)和管理浮动(肮脏浮动)。

浮动汇率制度	自由浮动(清洁浮动):指中央银行对外汇市场不采取任何不干预措施,汇率完全由外汇市场的供求力量自发地决定。这是纯理论上的划分,事实上并不存在。	
	管理浮动(肮脏浮动):指中央银行对外汇市场进行各种形式的干预活动,根据外汇市场的供求情况售出或购入外汇,以通过对外汇供求的影响来影响汇率。	

19.3.4 购买力平价理论和实际汇率

汇率的变动一直很大。1991—1993 年黑市为 1 美元兑 10 元人民币,银行兑换为 1 美元兑 8.3 人民币。1998 年 1 美元兑 8.28 人民币。2013 年 5 月 8 日银行间外汇市场人民币汇率中间价为:1 美元对人民币 6.1980 元。

什么因素可以解释这些幅度大且反方向的变动呢?经济学家建立了许多模型来解释汇率是如何决定的,每一种模型都强调了一些因素的作用。这里,我们提出一种最简单和常见的,称为购买力平价(purchasing-power parity)的汇率理论。这种理论认为:任何一单位通货应该能在所有国家买到等量的物品。许多经济学家认为,购买力平价描述了长期中决定汇率的因素。现在我们考虑这种长期汇率理论所依据的逻辑以及这种理论的含义与局限性。

(一) 购买力平价理论(The Theory of Purchasing Power Parity,故有时又称为"三 P"说)

1. 相关概念

(1) 什么叫平价:

平价(Parity)是指一国金融当局为其货币定的价值,常以黄金或另一个国家的货币来表示。

(2) 一价定律(Low of one price):同一种商品在两个国家的货币购买力应相同。

2. 购买力平价理论的主要内容

(1) 货币的"巨无霸"标准

国际新闻杂志《经济学家》定期收集由两块煎牛肉饼、特殊调味品、葛昔叶、奶酪、泡菜、洋葱和时鲜面包,组成的一篮子物品的价格数据。这一篮子物品被称为"巨无霸",并在全世界的麦当劳店中销售。

一旦我们有了在两个国家用各自通货表示的巨无霸价格,我们就可以计算购买力平价理论所预期的汇率了,这种预期的汇率是使两个国家巨无霸的成本相同的汇率。例如,如果在美国一个巨无霸的价格是 3 美元,而在日本是 300 日元,那么购买力平价将预期汇率是每 1 美元兑 100 日元。

当把购买力平价理论运用于巨无霸时,这种理论如何起作用呢?下面是 2007 年 7 月的一些例子,这时巨无霸在美国的价格是 3.41 美元。

你可以看到,预期的汇率与真实汇率并不完全相同。最终,巨无霸的国际套利是不容易进行的。然而,两种汇率通常又是十分相近的。虽然购买力平价不是一种精确的汇率理论,但它经常能够提供一个最合理的近似值。

(2) 购买力平价理论的基本逻辑

购买力平价理论根据一价定律的原理得出。这个定律认为,一种物品在所有地方都应该按同样的价格出售,否则就有未被利用的可以获取利润的机会。如果1美元(或任何一种其他通货)在美国可以买到的咖啡比在日本多,国际贸易者就会通过在美国购买咖啡并将其在日本出售而获得利润。这种从美国到日本的咖啡出口会使美国的咖啡价格上升,使日本的咖啡价格下降。相反,如果1美元在日本能买到的咖啡比在美国多,贸易者就会在日本购买咖啡并将其在美国出售。这种从日本到美国的咖啡的进口会使美国的咖啡价格下降而日本的咖啡价格上升。最后,一价定律告诉我们,在所有国家,1美元都必定能买到等量的咖啡。

这就是购买力平价理论。根据这个理论,一种通货必然在所有国家具有相同的购买力。这就是说1美元在美国和日本能购买的物品量必然相等,并且1日元在日本和美国能购买的物品量也必然相等。实际上,这种理论的名称就恰当地描述了它的内容。平价意味着平等,而购买力是指用它能购买到的物品量衡量的货币价值。购买力平价说明,一单位通货在每个国家都应该有相同的真实价值。

(3) 购买力平价理论的含义

购买力平价理论对汇率的含义是什么呢?它告诉我们,两国通货之间的名义汇率取决于这两个国家的物价水平。如果1美元在美国(用美元衡量价格)和在日本(用日元衡量价格)能买到等量物品,那么每1美元兑日元的数量必然反映了该物品在美国和日本的价格。例如,如果1磅咖啡在日本值500日元而在美国值5美元,那么名义汇率必然是1美元兑100日元(500日元/5美元=100日元/美元)。否则。1美元的购买力在这两个国家就不相同。

(4) 购买力平价决定汇率

所谓购买力平价就是说货币的价值由货币购买力决定。根据一价定律,两个国家不同货币购买力的比率就构成了相互间汇率的基础。那么,又怎样来衡量两国货币的购买力呢?货币购买力的衡量有两种方式,一是看一单位货币所购买的商品和劳务的数量,二是看同一商品所花货币数量的多少(即商品价格的高低)。而两种货币购买力的比较只能采取后一种方法。

即两国货币的汇率由两国的商品价格水平决定,价格水平的变化就会导致汇率的变动。例如:同一种小麦,在美国的价格为2美元,在英国的价格为1英镑,那么,按照购买力平价理论,美元与英镑的汇率应为2美元/1英镑=2,即1英镑=2美元。根据购买力平价理论,一国的价格水平上升,该国的货币就会贬值,反之则升值。或者说,通货膨胀率高的国家的货币会贬值,通胀率低的国家的货币会升值。

一国货币的汇率即为外国(别国)的一般物价水平与该国一般物价水平之比。

(5) 购买力平价理论的局限性

购买力平价理论提供了一个有关汇率如何被决定的简单模型。对于理解许多经济现象，这种理论是很有用的。然而购买力平价理论并不是完全正确的，这就是说，汇率的变动并不总能保证美元在所有国家始终都具有同样的真实价位。购买力平价理论在实践中并不总能成立有如下两个原因：

第一个原因是，许多物品是不容易进行贸易的。例如，设想在巴黎理发比纽约贵。国际旅游者可以避免在巴黎理发，一些理发师也可以从纽约转移到巴黎。但这种套利是如此有限，以至于无法消除价格差。因此与购买力平价的背离会存在下去，而美元(或欧元)在巴黎购买的理发服务会继续少于纽约。

第二个原因是，即使是可贸易物品，当它们在不同国家生产时，也并不总能完全替代。例如，一些消费者偏爱德国汽车，而另一些则偏爱美国汽车，而且随着时间的推移，消费者对汽车的嗜好也在变化。如果德国汽车突然变得更受欢迎，需求的增加会使德国汽车的价格相对于美国汽车价格上升。尽管两个市场上有这种价格差，可是并不存在有利可图的套利机会。

因此，由于一些物品是不可贸易的，以及一些可贸易物品并不能完全替代国外的相应物品，所以购买力平价不是一种完美的汇率决定理论。

> 思考：如何理解汇率的决定？

(二) 实际汇率

前面我们讲的汇率是没有考虑两国价格因素的所谓名义汇率。而宏观经济学更注重考虑到价格因素的实际汇率。

所谓实际汇率，是指用同一种货币来度量的国外与国内价格水平的比率。其定义公式为：

$$e_r = \frac{ER * P_f}{P} \quad \text{（在直接标价法下）}$$

或

$$e_r = \frac{\frac{1}{ER} * P_f}{P} \text{。（在间接标价法下）}$$

e_r 为实际汇率，ER 为名义汇率，P_f 为外国的物价水平，P 为国内物价水平。

(三) 外汇市场

开放经济模型中的第二个市场是外汇市场。这个市场的参与者用美元兑换外国通货。为了了解外汇市场，我们从上一章的另一个恒等式开始，这个恒等式表明，国外资本资产的购买与出口之间的不平衡(NCO)等于物品与劳务的出口和进口之间的不平衡(NX)。例如，当美国有贸易盈余($NX>0$)时，外国人购买的美国物品与劳务多于美国人购买的外国物品与劳务。美国人用他们从这种物品与劳务的国外净销售中得到的外国通货做什么呢？他们必定购买外国资产，因此，美国资本流向国外($NCO>0$)。相反，如果美国有贸易赤字($NX<0$)，那么美国人用于购买外国物品与

劳务的支出就多于他们从国外销售中得到的收入。因此部分支出必定通过出售美国人的国外资产来筹资，因此外国资本流入美国($NCO<0$)。

开放经济模型假设，这个恒等式的两边代表外汇市场上的双方。资本净流出代表为购买国外资产而供给美元。例如，当一个美国共同基金想购买日本政府债券时，它就需要把美元兑换为日元，因此它在外汇市场上供给美元。净出口代表为了购买美国物品与劳务的净出口而需要的美元量。例如，当一家日本航空公司想购买波音公司制造的飞机，日本需要把日元兑换成美元，因此，它在外汇市场上需要美元。

使外汇市场供求平衡的价格是什么呢？答案是真实汇率。真实汇率是国内物品与国外物品的相对价格，从而也是净出口的关键决定因素。当美国真实汇率上升时，美国物品相对于国外物品变贵了，这使美国物品对国内外消费者的吸引力变小了。结果，美国的出口减少，而进口增加。由于这两个原因，美国的净出口减少了。因此，真实汇率上升减少了外汇市场上美元的需求量。

前文供需图显示了外汇市场的供给与需求。需求曲线向右下方倾斜，即较高的真实汇率使美国的物品更加昂贵，并减少了为购买这些物品而需求的美元量。供给曲线是垂直的，因为为资本净流出而供给的美元量并不取决于真实汇率。

资本净流出并不取决于汇率似乎是奇怪的。毕竟较高的美元兑换价值不仅使外国物品对美国购买者来说便宜了，而且也使外国资产便宜了。人们会猜测，这会使外国资产更有吸引力。但是要记住，一个美国投资者最终想把外国资产，以及从这种资产中赚到的任何利润转变回美元。例如，美元的高价值使美国人购买日本公司的股票便宜了，但当股票分红时，这些红利是日元。当把这些日元兑换为美元时，美元的高价值就意味着红利买的美元少了。因此，汇率变动既影响购买外国资产的成本，又影响拥有这些资产的收益，而且这两种影响相互抵消。由于这些原因，我们的开放经济模型假定资本净流出并不取决于真实汇率。

真实汇率变动以确保这个市场均衡。这就是说，其调整使美元的供求平衡，这正如任何一种物品的价格调整使该物品的供求平衡一样。如果真实汇率低于均衡水平，那么美元供给量将小于需求量，所引起的美元短缺将使美元的价值上升。相反，如果真实汇率高于均衡水平，那么美元供给量将大于需求量，美元过剩将使美元的价值下降。在均衡的真实汇率时，由美国物品与劳务净出口所引起的外国人对美元的需求正好与由美国资本净流出所引起的来自美国人的美元供给相平衡。

19.4 开放的宏观经济模型

在这一节，我们将建立一个包括国际收支关系在内的宏观经济模型，即开放的宏观经济模型。

19.4.1 外部均衡 EB(External Balance)

(一) 外部均衡的含义

外部均衡又称对外均衡，是指一国国际收支的平衡，即该国官方储备差额 ORT 等于零。而官方储备差额等于经常项目收支差额和资本项目收支差额之和。

即外部均衡条件为：

$$经常项目收支差额+资本项目收支差额=0$$

(二) 净出口函数

净出口 X=出口(EX)－进口(IM)，(X 表示净出口)。

1. 出口函数 *EX*

出口 EX，我们说它是外国国民收入的函数，但它受本币汇率的影响，本币汇率越高，本国产品在国际市场上的价格越高，竞争越不利，出口量就会越少。所以出口 EX 是本币汇率的减函数。

$$EX=f_{ex}(ER)。$$

【注意】本教案与教材上的不一样，教材里是直接标价法下的汇率，本教案采用间接标价法。

2. 进口函数 *IM*

进口量的大小主要取决于本国实际国民收入的高低和本币汇率的水平。当本国实际国民收入提高时，进口会增加，即 $Q\uparrow$，$IM\uparrow$。

当本币的汇率提高时，意味着同量本国货币购买的外国商品量增加，从而引起进口增加，即本国货币 $ER\uparrow$，$IM\uparrow$。

这样，进口 IM 就可以看作是本国实际国民收入和本币汇率的增函数：

即： $$IM=f_{im}(ER,Q)。$$

3. 净出口函数 X

(1) 净出口函数：$X=EX-IM=f_{ex}(ER)-f_{im}(ER,Q)=X(ER,Q)$。

在宏观经济学中，西方经济学家也常将净出口函数简化地表示为：

$$X=q-MPM*Q+n*\frac{ER*P_f}{P}\quad(ER\text{ 为直接标价法的汇率})$$

或 $$X=q-MPM*Q+n*\frac{P_f}{ER*P}。\quad(ER\text{ 为间接标价法的汇率})$$

式中，MPM 为边际进口倾向(进口增量占国民收入增量的比例，即$\frac{\Delta IM}{\Delta Q}$)，$q$、$n$ 为参数。

(2) 净出口函数曲线：

在净出口函数 $X=f_{ex}(ER)-f_{im}(ER,Q)$ 中，当 ER 一定时，$Q\uparrow$，$X\downarrow$；$Q\downarrow$，$X\uparrow$。

净出口 X 与国内实际国民收入 Q 成反向变化，其曲线图 19-4.

图中，纵轴 X 表示净出口，横轴 Q 表示国民收入。

(3) 关于马歇尔-勒纳条件

从 $X=q-MPM*Q+n*\frac{P_f}{ER*P}$（间接标价法下）中可知：

当本币汇率下降（即本国货币贬值）时，$n\cdot\frac{P_f}{ER*P}$变大，则 X 增加。

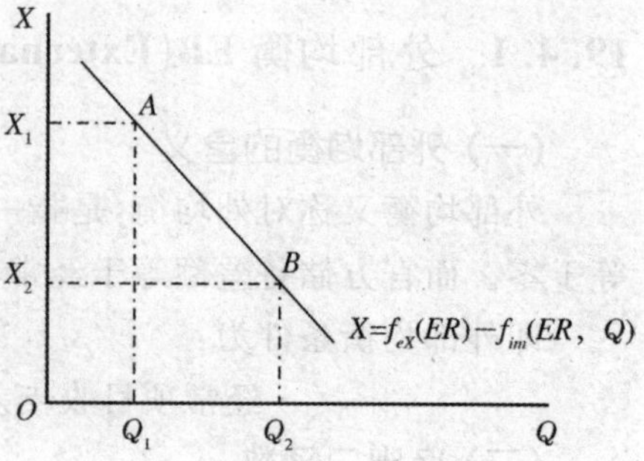

图 19-4　净出口与国民收入

但是，本国货币贬值能在多大程度上增加出口，减少进口，从而改善国际收支，这取决于该国出口商品在世界市场上的需求弹性和该国国内市场对进口商品的需求弹性。也就是说要符合马歇尔—勒纳条件。

马歇尔—勒纳条件是指：货币贬值后，只有出口商品的需求价格弹性和进口商品的需求价格弹性之和大于 1，贸易收支才能改善，即贬值取值成功的必要条件是

$$E_m+E_x>1。$$

式中，E_x 表示出口商品在国际市场上的需求价格弹性，E_m 表示进口商品在国内市场上的需求价格弹性。

(4) J 曲线效应

如果：$E_m+E_x>1$，则贸易收支状况才能改善。但改善的过程是呈 J 曲线状况。即：一国货币贬值或升值时，该国贸易收支状况往往并不能立即改善或恶化，见图 19-5。

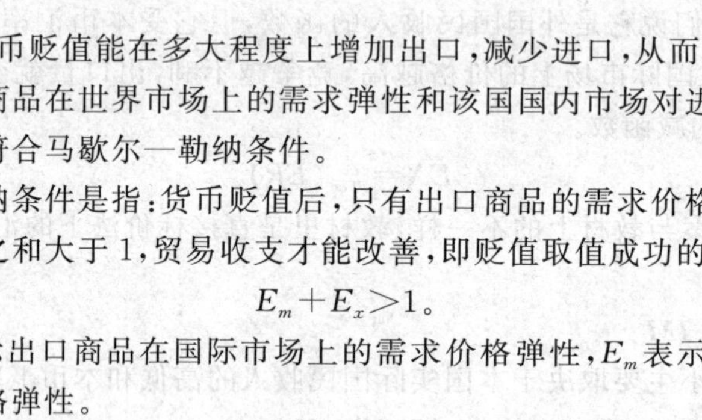

图 19-5　J 曲线效应

(三) 净资本流出函数

1. 金融资产 Assets 的进出口(或资本的流出与流入)

我们已经分析了经常账户差额，经常账户差额就是净出口。现在我们再来分析

资本账户差额。

资本账户主要反映金融资产(即国际投资和借贷)的进口和出口。金融资产的进口,意味着本国资本流向外国;金融资产的出口,意味着外国资本流入本国。

用 AX(Assets Export)表示金融资产的出口,用 AM(Assets Import)表示金融资产的进口,资本账户的收支差额便可写成:

资本项目的收支差额 $=AX-AM=$ 流向本国的外国资本量－流向外国的本国资本量。

2. 国际收支差额 *EB*(External Balance)

经常项目收支差额和资本项目收支差额的和,即为国际收支差额,即:

$$EB=(EX-IM)+(AX-AM)=ORT。$$

如果:$EB>0$,国际收支顺差;

$EB<0$,国际收支逆差;

$EB=0$,国际收支平衡,即外部均衡。

因此,一国的外部均衡状态,即国际收支平衡状态,可以写成:

$$EB=EX-IM+AX-AM=0,$$

即:$EX-IM=AM-AX$。

$\because$ $EX-IM=X$(净出口),

$AM-AX=$ 流向外国的本国资本量－流向本国的外国资本量＝净资本流出量。

我们用 F 表示净资本流出量,即:

$\therefore$ $F=AM-AX$,

$\therefore$ $EB=X-F$。

3. 净资本流出函数及其曲线

金融资产的进出口变化与什么因素有关呢?

如果本国利率 r 高于国外利率 r_w,有利于本国的金融资产出口,外国的资本量就会流入本国;反之,如果本国利率低于国外利率,则有利于外国金融资产的进口,本国的资本量就会流向国外。

即:当 $r>r_w$,$F\downarrow$;

当 $r<r_w$,$F\uparrow$。

(其中 F 为净资本流出量,$F=$ 流向外国的资本量-流入本国的资本量)。

因此,净资本流出量 F 是本国利率与国外利率之差的函数,写成:

$$F=\delta(r_w-r)。$$

式中,$\delta>0$,且 δ(xikema)为常数,表示国家间资本流动的难易程度。δ 越大表示国内与国外的极小的利率差都会引起大量的资本流动。反之,如果 δ 值越小,则表示该国的资本流动的限制和困难就会越大,从而国内利率与国外利率即使不相等也不会造成很大的资本流动。

在 $F=\delta(r_w-r)$ 中,在国外利率水平 r_w 既定时,本国利率越高,流出的资本就越少，流入的资本就越多，即净资本流出越小，反之越大。

当 r_w 既定时：

$r\uparrow, F\downarrow$；

$r\downarrow, F\uparrow$。

所以，F 是本国利率 r 的减函数。其函数曲线如下图 19-6。

4. 国际收支均衡函数(简称国际收支函数)

因为：$EB=X\text{-}F$，所以，当 $EB=0$ 时，即 $X=F$ 时，国际收支均衡。

$\because\quad X=q\text{-}Mpm\cdot Q+n\cdot\dfrac{P_f}{ER*P}$，(间接标价法)

$$F=\delta(R\text{-}r),$$

$\therefore$ 国际收支均衡函数为：

$$q-Mpm\times Q+n\times\frac{P_f}{ER*P}=\delta(r_w-r),$$

化简为：$r=\dfrac{Mpm}{\delta}\times Q+\left(r_w-\dfrac{n}{\delta}\times\dfrac{P_f}{ER*P}-\dfrac{q}{\delta}\right)$。

式中，q、n 均为正参数，P_f 为外国物价，P 为本国物价。

此式表示：当国际收支均衡时，实际国民收入 Q 和本国利率 r 的相互关系，见图 19-6。

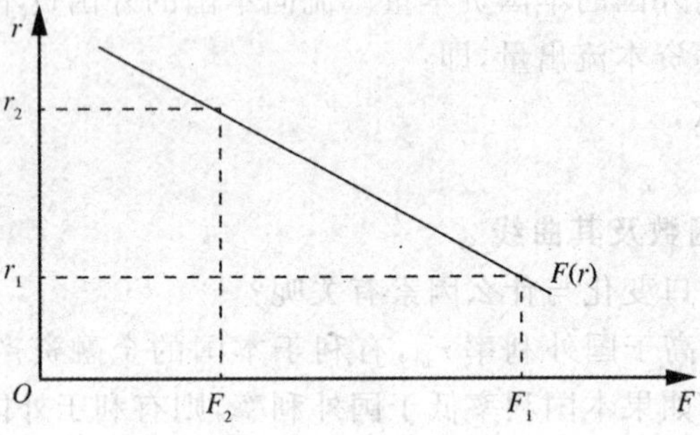

图 19-6　净资本流出函数曲线

5. *EB* 曲线(国际收支均衡曲线)：

(1) EB 曲线的推导，见图 19-7。

图 19-7(a)为净资本流出量的曲线，图 19-7(b)为转换坐标，图 19-7(c)为净出口函数曲线，图 19-7(d)为以利率为纵轴，实际国民收入为横轴的坐标系。

EB 曲线的推导过程：

图 19-7(a)中，当利率 r 从 r_1 上升到 r_2 时，净资本流出量 F 从 F_1 减少到 F_2；

图 19-7(b)中，45 度角平分线上所有的点都表示净资本流出量 F 和净出口 X 相等，即国际收支平衡，那么，$F_2=X_2$，$F_1=X_1$；

图 19-7(c)中，在净出口函数曲线上，净出口 X_1 对应于实际国民收入 Q_1，净出口

X_2对应于实际国民收入Q_2；

图19-7(d)中，r_1与Q_1组合，r_2与Q_2组合，形成C、D两点，连接C、D形成国际收支平衡曲线EB。

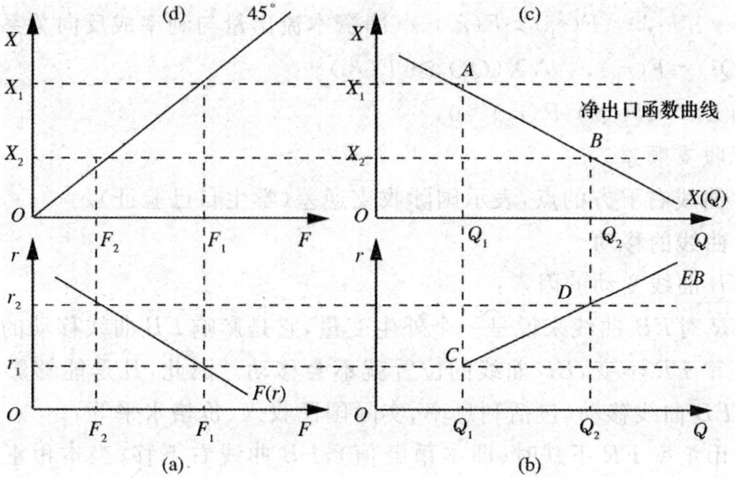

图19-7 国际收支均衡曲线的推导

(2) EB 曲线的含义

EB曲线表示所有可以使国际收支平衡(从而达到均衡汇率)的利率和实际国民收入组合点的轨迹。

(3) EB 曲线以外的点

不在EB曲线上的每一点都是使国际收支失衡的利率和收入的组合，见图19-8。

① EB曲线左上方的点，表示国际收支顺差，即$EB=X-F>0$。

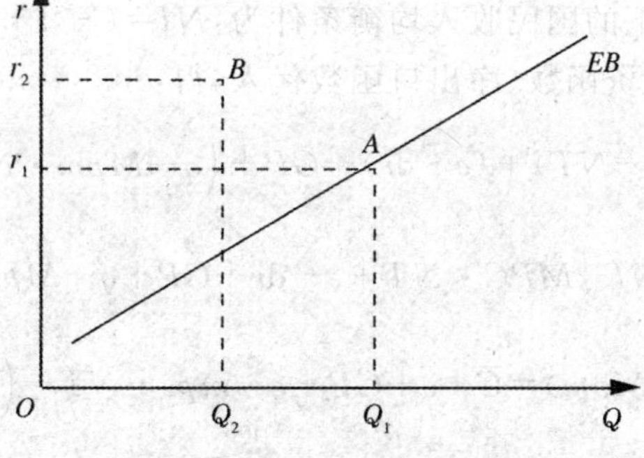

图19-8 国际收支顺差的情况

验证：已知，A是EB曲线上的一点，A点的净出口为$X(Q_1)$，净资本流出量为$F(r_1)$，则$X(Q_1)=F(r_1)$。

现在假设 EB 曲线左上方有任意一点 B，设 B 点的净出口 $X(Q_2)$，净资本流出量为 $F(r_2)$.

由于 $Q_2<Q_1$，$\therefore X(Q_2)>X(Q_1)$。（净出口与实际国民收入 Q 成反向关系）

$\because r_2>r_1$，　$\therefore$　$F(r_1)>F(r_2)$。（净资本流出量与利率成反向关系）

而 $X(Q_1)=F(r_1)$，　$\therefore X(Q_2)>F(r_2)$。

B 点的 $EB=X(Q_2)\text{-}F(r_2)>0$，

$\therefore$国际收支顺差。

② EB 曲线右下方的点，表示国际收支逆差（学生自己验证）。

6. EB 曲线的移动

影响 EB 曲线变动的因素：

汇率 ER 对 EB 曲线来说是一个外生变量，它是影响 EB 曲线移动的一个基本因素。只要汇率 ER 不变，EB 曲线的位置就不会移动。因此，凡是能够影响汇率的因素，都会使 EB 曲线移动（包括利息率、实际国民收入、价格水平等）。

(1) 本币汇率 ER 下跌时（即本币贬值），EB 曲线右下移；当本币汇率 ER 上升（本币升值）时，EB 曲线左上移。

本币 ER 下降，意味着净出口增加，在图(C)中，净出口函数曲线 $X(Q)$ 向右上方移动，那么在图(d)中，EB 曲线向右移动。

(2) 一国一般物价水平 P 上升，其货币的汇率就会下降，从而引起 EB 曲线右下移；反之，一般物价水平下降，则其货币的汇率上升，引起 EB 曲线左上移。

19.4.2　*IS-LM-EB* 模型

(一) 开放经济中的 *IS* 曲线

1. 在开放经济条件下，总支出 $AE=C+I+GP+X$。

2. 开放经济条件下的国民收入均衡条件为：$NI=C+I+GP+X$。

3. 将消费函数、投资函数、净出口函数代入，得：

$$NI=\bar{C}+mpc(NI-NT)+(e-\mathrm{d}r)+GP+\left(q-Mpm\cdot NI+n\cdot\frac{P_f}{ER\cdot P}\right),$$

$$NI=\bar{C}+MPC\cdot NI-MPC\cdot NT+e-\mathrm{d}r+GP+q-Mpm\cdot NI+n\cdot\frac{P_f}{ER\cdot P},$$

$$NI\cdot(1-MPC+Mpm)=\bar{C}+e+GP+q-mpc\cdot NT-\left(\mathrm{d}r-n\cdot\frac{P_f}{ER\cdot P}\right),$$

$$NI=\frac{\bar{C}+e+GPq-mpc\cdot NP}{1-mpc+mpm}-\frac{dr-n*\dfrac{P_f}{ER\cdot P}}{1-mpc+mpm}$$

$(\bar{C}+e=GP+q-MPC\cdot NT)/(1-MPC+MPM)-(\mathrm{d}r-n\cdot p/ER\cdot P)/(1-MPC+MPM)$。

或者：根据 $NI\cdot(1-mpc+mpm)=\bar{C}+e+q+GP-mpc\cdot NT-\mathrm{d}r+n\cdot\frac{P_f}{ER\cdot P}$，

整理得：$\mathrm{d}r=\left(\bar{C}+e+q+GP-MPC\cdot NT+n\cdot\frac{P_f}{ER\cdot P}\right)-(1-MPC+MPM)\cdot NI$，

$$r=\frac{1}{d}(\bar{c}+e+q+GP-MPC\cdot NT+n\cdot\frac{P_f}{ER\cdot P})-\frac{1}{d}(1-MPC+MPM)\cdot NI。$$

以上两式都可以作为开放经济中的 IS 曲线的方程（这里的 $NI=Q$）。

4. *IS* 曲线的截距为：

$$b=\frac{1}{d}(\bar{c}+e+q+GP-MPC\cdot NT+n\cdot\frac{P_f}{ER\cdot P})。$$

其中，b 与 ER（本币汇率）成反向关系，与外汇汇率成正向关系。

在其他条件不变时，$ER\downarrow$，$n\cdot\frac{P_f}{ER\cdot P}\uparrow$，$b\uparrow$，$IS$ 曲线右移；

$ER\uparrow$，$n\cdot\frac{P_f}{ER\cdot P}\downarrow$，$b\downarrow$，$IS$ 曲线左移。

（二）*IS-LM-EB* 模型（内外均衡）：内部均衡与外部均衡同时实现

就是说，在开放经济条件下，内部均衡与外部均衡的同时实现所需要满足的条件，见图 19-9。

1. *IS-LM* 这两条曲线的交点表示国内产品市场和货币市场同时达到均衡，我们称之为国内均衡。

2. *EB* 曲线表示国际收支平衡，即外部均衡。

IS-LM-EB 三条曲线相交于一点 E，则意味着国内均衡与国外均衡同时实现。

其中，*IS* 曲线表示在现行的汇率下使总支出与总收入（或储蓄与投资）相等时的利率与收入水平的组合：

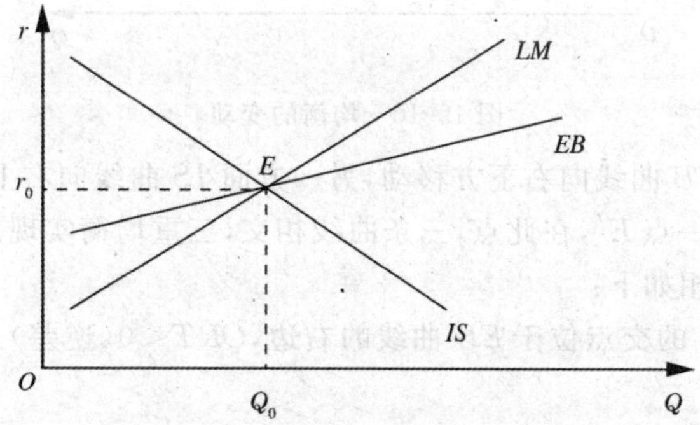

图 19-9　*IS-LM-EB* 模型

上图中：*LM* 曲线表示使货币需求与货币供给相等的利率与收入水平的组合，

EB 曲线表示在既定汇率水平下使国际收支相等的利率与收入的组合。

三条曲线的交点，就是三条曲线方程的唯一的解，也就是一般均衡需要的条件。

3. 三个方程联立求解，求出三个未知数 Q、r 和实际汇率 $\frac{P_f}{ER \cdot P}$。

$$\begin{cases} Q=\dfrac{\bar{c}+e+q+GP-mpc \cdot NT}{1-mpc+mpm}-\dfrac{dr-n \cdot \dfrac{P_f}{ER \cdot P}}{1-mpc+mpm}, \\ Q=\dfrac{h \cdot r}{k}+\dfrac{1}{k}\left(\dfrac{ms}{p}\right), \\ r=\dfrac{mpm}{\delta} \cdot Q+\left(r_w-\dfrac{n}{\delta} \cdot \dfrac{P_f}{ER \cdot P}-\dfrac{q}{\delta}\right)。 \end{cases}$$

(三) 浮动汇率制度下三重均衡(产品市场、货币市场、国际收支)的自动实现

在浮动汇率制度下，三重均衡是可以依靠市场机制自动实现的。

如图 19-10：假定最初 IS 曲线与 LM 曲线的交点 E 位于外部均衡曲线 EB 的右边。这时，存在着国际收支逆差(EB 曲线右下方的点表示国际收支逆差)，本国货币汇率将下跌，导致 EB 曲线向右下方移动。同时，由于本币汇率下跌，有利于本国产品和劳务出口，不利于进口，所以出口增加，进口减少，刺激国内生产和需求，总支出 AE 会增加，导致 IS 曲线右上移。

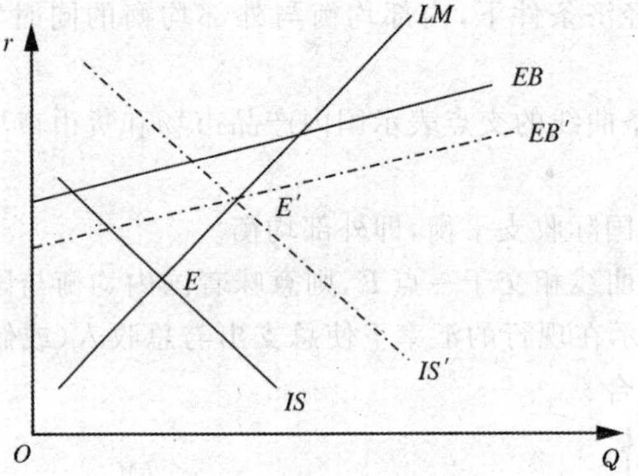

图 19-10　均衡的变动

这样：一方面 EB 曲线向右下方移动，另一方面 IS 曲线向右上方移动，结果总会在 LM 曲线上找到一点 E'，在此点，三条曲线相交，三重均衡实现。

上述均衡机制相如下：

如果 IS 与 LM 的交点位于 EB 曲线的右边，$ORT<0$(逆差)，$ER\downarrow$，EB 曲线右下移动。

同时，$ER\downarrow$，$X\uparrow$，$AE\uparrow$，IS 曲线右上移。

结果：$r\uparrow$，$Q\uparrow$，$ER\downarrow$，曲线 IS、LM、EB 交于一点。

思考：如果 IS 曲线与 LM 曲线的交点位于 EB 曲线的左边呢？

19.4.3　资本完全流动下的 *IS-LM-EB* 模型

（一）资本完全流动时的 *EB* 曲线

在净资本流出函数 $F=\delta(r_w-r)$ 中，δ 是一个大于零的常数，他表示一个国家资本流出和流入的难易程度。δ 值越大，表示国内与国外极小的利差 (r_w-r) 都会引起大量的资本流动；反之，如果 δ 值越小，则表示该国的资本流出和流入受到了管制，流动困难，从而国内利率与国外利率不相等也不会造成很大的资本流动。

现在我们来分析在资本完全流动的假定条件下，EB 曲线的变化。

注意：如果资本完全流动，意味着 $\delta\to\infty$，

在 EB 曲线方程：$r=\dfrac{mpm}{\delta}*Q+\left(r_w-\dfrac{n}{\delta}*\dfrac{P_f}{ER*P}-\dfrac{q}{\delta}\right)$ 中，

当 $\delta\to\infty$ 时，$r=r_w$，

即 EB 曲线的方程为一条位于国外利率水平 r_w 上的水平线（图 19-11）

如图 19-11：如果国外利率 r_w 位于 r_0 时，则 EB 曲线为一条 $r=r_0$ 的水平线。

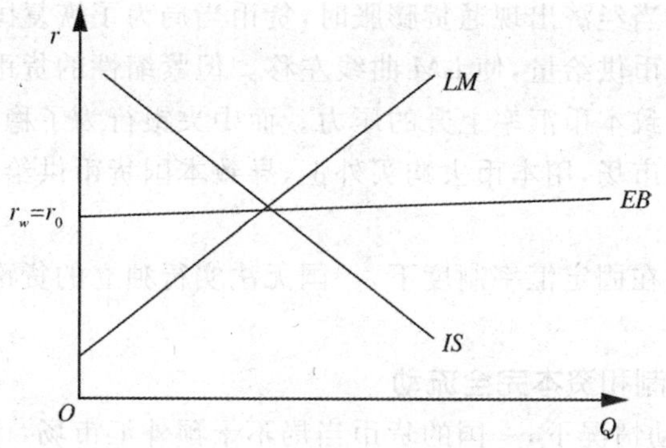

图 19-11　资本完全流动情况下的利率变动

（二）固定汇率制度下的资本完全流动

我们已经知道，在资本完全流动条件下，极小的利率差异也会引起巨大的资本流动。那么，我们现在来分析：在固定汇率制度下，资本完全流动对一国宏观经济政策的影响。

如图 19-12：由于资本的完全流动，EB 曲线为一条水平线，这意味着，只有在本国利率水平等于国外利率水平，即 $r=r_w$（r_w 表示国外利率）时，该国才能实现国际收支平衡。在任何其他利率水平上，资本流动都很剧烈，以至该国的国际收支无法实现均衡。

假设 IS-LM-EB 曲线最初相交于 A 点，内外均衡实现。但假设内部均衡并不是充分就业水平的均衡，经济中还存在着失业。为了消除失业，政府采取扩张性货币政

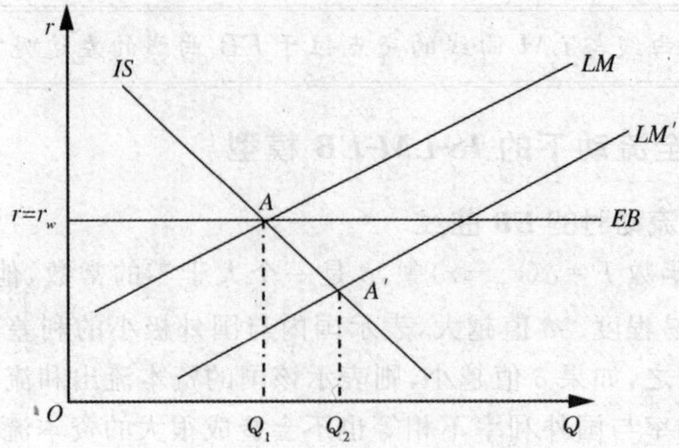

图 19-12　本国国际收支的变动

策，LM 曲线右移到 LM'，内部均衡点移到 A'。

但是，在 A' 点，发生大规模的国际收支逆差，外汇市场存在着本币汇率下跌的压力，即本币供给过多(外汇需求过多)。为了稳定汇率，中央银行必须干预，出售外汇，回笼本国货币。因此，央行为稳定汇率而减少本国货币供给量又使 LM 曲线向左移动。这一过程会持续到最初在 A 点的均衡得到恢复为止。

同样可以说明，当经济出现通货膨胀时，货币当局为了恢复国内均衡而采取紧缩性货币政策，减少货币供给量，使 LM 曲线左移。但紧缩性的货币政策又导致大规模的国际收支顺差，导致本币汇率上升的压力。而中央银行为了稳定汇率，维持外部均衡，又必须干预外汇市场，用本币去购买外汇，导致本国货币供给增加，最初的货币紧缩被抵消了。

以上分析表明：在固定汇率制度下，一国无法实行独立的货币政策(顾此失彼，相互矛盾)。

(三) 浮动汇率制和资本完全流动

在汇率完全浮动情况下，一国的货币当局不干预外汇市场，市场机制会自动使内外均衡得以实现。

19.5　经济政策和事件对开放经济的影响

在提出了一个解释开放经济中关键宏观经济变量如何决定的模型之后，我们就可以用它来分析政策和其他事件的变动如何改变经济的均衡。当我们进行这种分析时要牢记：我们的模型仅仅是两个市场(可贷资金市场和外汇市场)的供给与需求。当用这个模型来分析任何一个事件时，我们可以运用在第 4 章中所概括的三个步骤：第一确定该事件影响供给曲线和需求曲线中的哪一条；第二，确定曲线以什么方式移动；第三，用供求图考察这些移动如何改变经济的均衡。

19.5.1　政府预算赤字

在本书的前面当我们第一次讨论可贷资金的供给与需求时，我们考察了政府预算赤字的影响：当政府支出大于政府收入时，赤字就出现了。由于政府预算赤字代表负的公共储蓄，所以它减少了国民储蓄(公共储蓄与私人储蓄之和)。因此，政府预算赤字减少了可贷资金的供给，使利率上升并挤出了投资。

现在我们考虑开放经济中预算赤字的影响。第一步，我们的模型中哪一条曲线移动？与封闭经济中的情况一样，预算赤字最初是影响国民储蓄，从而影响可贷资金的供给。第二步，这条供给曲线以什么方式移动？又与封闭经济中的情况一样，预算赤字代表负的公共储蓄，因此它减少了国民储蓄，并使可贷资金供给曲线向左移动。如图 19-13(a)所示，这条曲线从 S_1 移动到 S_2。

第三步，比较新 IN 均衡。图 19-13(a)　表示了美国预算赤字对其可贷资金市场的影响。随者美国金融市场上借款者得到的资金减少，利率从 r_1 上升到 r_2，以使供求平衡。而对较高的利率，可贷资金市场上的借款者选择少借贷。这种变化反映在图中是沿着可贷资金需求曲线从 A 点移动到 B 点。特别是，家庭和企业减少了它们对资本品的购买。如同在封闭经济中一样，预算赤字挤出了国内投资。

但是，在开放经济中，可贷资金供给的减少还有额外的影响。图 19-13(b)显示了利率从 r_1 上升到 r_2 减少了资本净流出。由于现在在国内储蓄赚到了较高的收益率，国外投资的吸引力就小了，国内居民购买的外国资产也少了。较高的利率还吸引

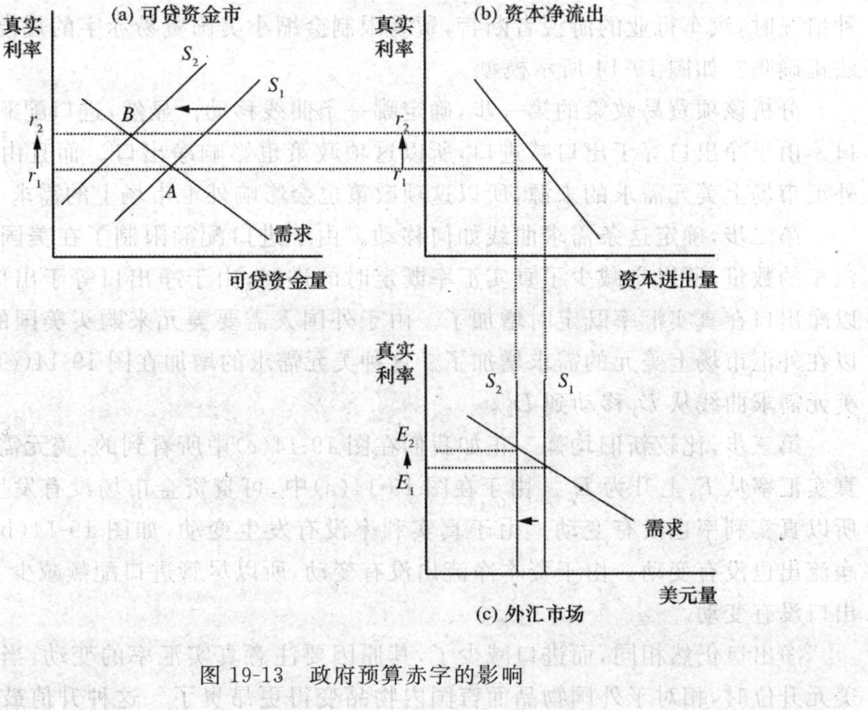

图 19-13　政府预算赤字的影响

了外国投资者，因为他们想赚取美国资产的较高收益。因此，当预算赤字提高了利率时，国内与国外的行为都使美国资本净流出减少。

图 19-13(c)显示了预算赤字如何影响外汇市场。由于资本净流出减少，人们可用于购买外国资产的外国通货少了，因此外汇市场上美元的供给也减少了。这使美元供给曲线从 S_1 向左移动到 S_2，美元供给减少使真实汇率从 E_1 上升为 E_2，与外国通货相比美元变得更值钱了。这种升值又使美国物品与外国物品相比变得更加昂贵了。由于人们不再购买美国物品，美国的出口减少了。并且进口增加了。由于这两个原因，美国净出口减少了。因此在一个开放的经济中，政府预算赤字提高了真实利率，挤出了国内投资，引起美元升值，并使贸易余额倾向于赤字。

19.5.2 贸易政策

贸易政策(trade policy)是直接影响一国进口或出口的物品与劳务数量的政府政策。贸易政策采取了多种形式，其中一种常见的贸易政策是关税，即对进口物品征收的税；另一种是进口配额，即对在国外生产而在国内销售的物品数量的限制。贸易政策在全世界是普遍存在的，尽管有时是隐蔽的。例如，美国政府有时迫使日本汽车制造商减少它们在美国出售的汽车数量。这些所谓的“自愿出口配额”实际上并不是自愿的，它在本质上是进口配额的一种形式。

现在我们考虑贸易政策的宏观经济影响。假设美国汽车行业关注来自日本汽车制造商的竞争，他们说服了美国政府对从日本进口的汽车数量实行配额。在促成这种情况时，汽车行业的游说者断言，贸易限制会缩小美国贸易赤字的规模。他们的说法正确吗？如图 19-14 所示模型。

分析该项贸易政策的第一步，确定哪一条曲线移动。显然，进口配额最初影响进口。由于净出口等于出口减进口，所以这项政策也影响净出口。而且由于净出口是外汇市场上美元需求的来源，所以这项政策也会影响外汇市场上的需求曲线。

第二步，确定这条需求曲线如何移动。由于进口配额限制了在美国销售的日本汽车的数量，所以它减少了真实汇率既定时的进口，由于净出口等于出口减进口，所以净出口在真实汇率既定时增加了。由于外国人需要美元来购买美国的净出口，所以在外汇市场上美元的需求增加了。这种美元需求的增加在图 19-14(c)幅中表示为美元需求曲线从 D_1 移动到 D_2。

第三步，比较新旧均衡。正如我们在图 19-14(c)中所看到的，美元需求增加引起真实汇率从 E_1 上升为 E_2。由于在图 19-14(a)中，可贷资金市场没有发生任何变动，所以真实利率也没有变动。由于真实利率没有发生变动，如图 19-14(b)所示，资本净流出也没有变动。由于资本净流出没有变动，所以尽管进口配额减少了出口，但净出口没有变动。

净出口仍然相同，而进口减少了，其原因要注意真实汇率的变动：当外汇市场上美元升位时，相对于外国物品而言国内物品变得更昂贵了。这种升值鼓励进口而抑

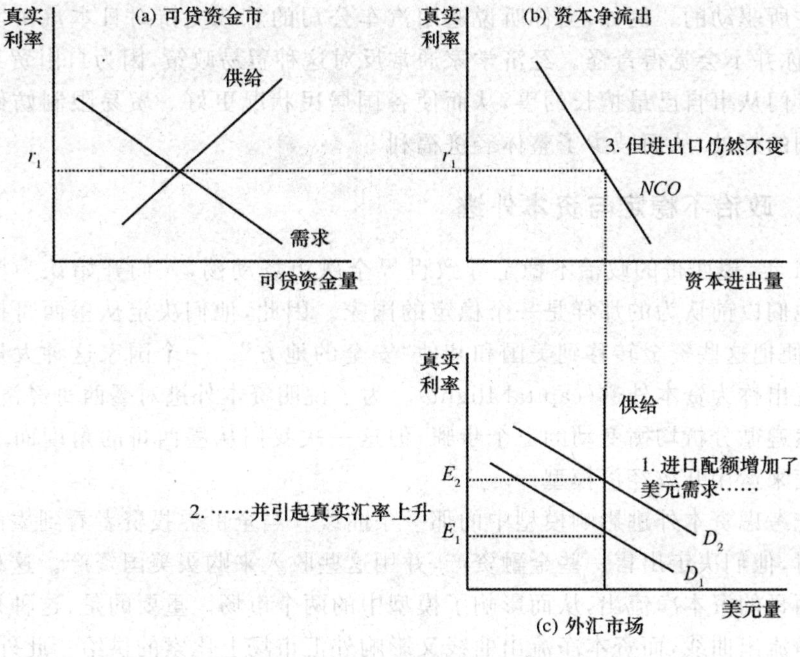

图 19-14　进口配额的影响

制出口，并且这两种变动的作用抵消了由于进口配额直接增加的净出口。结果是：进口配额既减少了进口，也减少了出口，但净出口（出口减进口）并没有改变。

因此，我们可以得出一个结论：贸易政策并不影响贸易余额。这就是说，直接影响出口或进口的政策并没有改变净出口。如果我们回忆一下会计恒等式，这个结论看来就不那么令人惊讶了：

$$NX=NCO=S-I。$$

净出口等于资本净流出，资本净流出又等于国民储蓄减国内投资。贸易政策并没有改变贸易余额，因为这些政策并没有改变国民储蓄和国内投资。在国民储蓄和国内投资水平既定时，无论政府实行什么贸易政策，真实汇率的调整都使贸易余额保持不变。

虽然贸易政策并不影响一国的总体贸易余额，但这些政策确实影响着某些企业、行业和国家。当美国政府对日本汽车实行进口配额时，通用汽车公司面临的来自国外的竞争就不那么激烈了，并将卖出更多的汽车。同时，由于美元升值，美国飞机制造商波音公司将发现，与欧洲飞机制造商空中客车公司相竞争更加困难了。美国的飞机出口将减少，而美国的飞机进口将增加。在这种情况下，对日本汽车的进口配额将增加汽车的净出口而减少飞机的净出口。此外，它将增加美国对日本的净出口，而减少美国对欧洲的净出口，但美国经济的总体贸易余额仍然保持不变。

因此，贸易政策的微观经济影响大于宏观经济影响。虽然贸易政策的支持者有时声称，这些政策可以改变一国的贸易余额，但他们通常更多的是受对某些企业或行业的关注所驱动的。例如，当你听说通用汽车公司的总裁支持对日本汽车实行进口配额时，你并不会觉得奇怪。经济学家通常反对这种贸易政策，因为自由贸易使各个经济能专门从事自己最擅长的事，从而使各国居民状况更好。贸易限制妨碍了从贸易中获利的好处，从而减少了整体经济福利。

19.5.3 政治不稳定与资本外逃

1994 年，墨西哥的政治不稳定导致世界金融市场动荡，人们开始认为墨西哥远远不像他们以前认为的那样是一个稳定的国家。因此，他们决定从墨西哥撤出一些资产，以便把这些资金转移到美国和其他“安全的地方”。一个国家这种大量且突然的资金流出称为资本外逃(capital flight)。为了说明资本外逃对墨西哥经济的影响，我们仍然遵循分析均衡变动的三个步骤，但这一次我们从墨西哥的角度而不是从美国的角度来运用开放经济模型。

首先考虑资本外逃影响模型中的那一条曲线。当全世界投资者看到墨西哥的政治问题时，他们决定出售一些金融资产，并用这些收入来购买美国资产。这种行动增加了墨西哥的资本净流出，从而影响了模型中的两个市场。重要的是，这种行动影响了资本净流出曲线，而资本净流出曲线又影响外汇市场上比索的供给。此外，由于可贷资金需求既来自国内投资又来自资本净流出，所以资本外逃影响可贷资金市场的需求曲线。

现在考虑这些曲线如何移动。当资本净流出增加时，为了给购买国外资本资产筹资，可贷资金的需求更大了。因此，正如图 19-15(a)所示，可贷资金需求曲线从 D_1 向右移动到 D_2。此外，由于在利率既定时资本净流出更多了，资本净流出曲线也如图 19-15(b)所示，从 NCO_1 向右移动到 NCO_2。

为了说明资本外逃对墨西哥经济的影响，我们比较新旧均衡。图 19-15(a)显示了可贷资金需求增加使墨西哥的宾实利率从 r_1 上升到 r_2。图 19-15(b)表示墨西哥的资本净流出增加了。

图 19-15(c)表示资本净流出的增加使外汇市场上比索的供给从 S_1 增加到 S_2，这就是说，由于人们试图抛出墨西哥资产，要兑换为美元的比索的供给是大量的。这种供给增加使比索从 E_1 贬值为 E_2。因此。墨西哥的资本外逃提高了其真实利率，并降低了外汇市场上墨西哥比索的价值，这正是我们在 1994 年所看到的情况。从 1994 年 11 月到 1995 年 3 月墨西哥政府短期证券的利率从 14%上升到 70%，而比索的价值从 1 比索兑 29 美分下降到 15 美分。

这些资本外逃引起的价格变动影响了一些关键宏观经济数量。通货贬值使出口更廉价而进口更昂贵，这使贸易余额向盈余方向变动。同时，利率上升减少了国内投资，这放慢了资本积累和经济增长的速度。

尽管资本外逃对资本流出国的影响最大，但它也影响其他国家。例如，当资本从墨西哥流入美国时，它对美国经济的影响与对墨西哥经济的影响相反。特别是，墨西

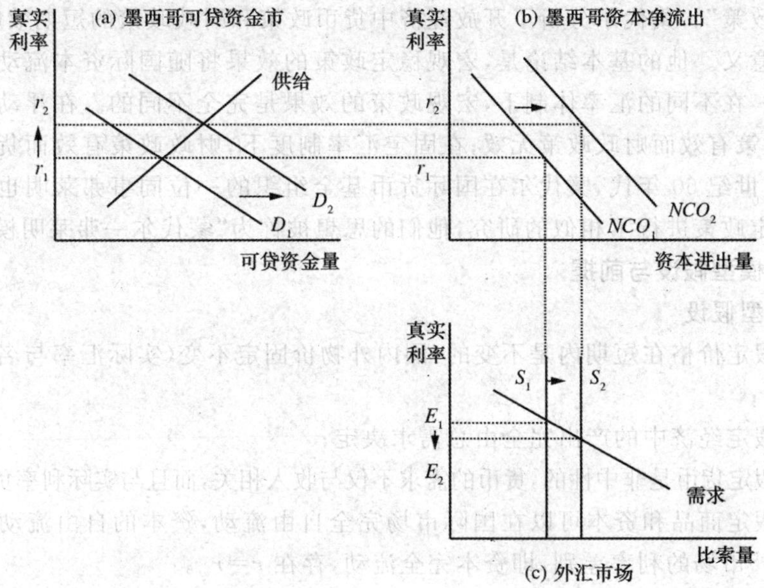

图 19-15　资本外逃的影响

哥资本净流出的增加与美国资本净流出的减少是一致的。随着比索价位下降和墨西哥利率上升,美元价格上升而美国利率下降。但是,这对大国经济的影响并不大,因为与墨西哥经济相比,美国经济的规模大得多。

墨西哥的事件可以发生在世界上任何一个经济中,事实上这种情况也不时地在发生。全世界都知道,1997 年一些亚洲经济包括泰国、韩国和印度尼西亚的银行体系曾处于或接近破产,这个消息使资本纷纷逃离这些国家。1998 年,俄罗斯政府拖欠其债务,致使国际投资者撤走了他们所有的资金。类似的事件 2002 年出现在阿根廷。在这种资本外逃的情况下,结果都与模型所预期的差不多:利率上升而通货贬值。

19.6　蒙代尔——弗莱明模型

19.6.1　蒙代尔——弗莱明模型的建立

前面我们对外部均衡的分析都是在以纵轴表示利率、横轴表示实际国民收入的模型里进行的,通过三条曲线的相交来说明三重市场的均衡。现在我们要进行模型转换,建立以纵轴表示汇率、横轴表示实际国民收入的模型,而且在这个模型里我们只通过 IS 和 LM 两条曲线来分析三重市场的均衡。这个模型就是我们要学习的蒙代尔——弗莱明模型。

(一) 模型的由来

1963 年,蒙代尔在《加拿大经济学杂志》上发表了"固定和浮动汇率下的资本流动和稳定政策”。蒙代尔分析了开放经济中货币政策和财政政策的短期效应，其观点有划时代意义。他的基本结论是，宏观稳定政策的效果将随国际资本流动的程度而发生变化。在不同的汇率体制下，宏观政策的效果是完全不同的。在浮动汇率制度下，货币政策有效而财政政策无效；在固定汇率制度下，财政政策有效而货币政策无效。在20世纪60年代，蒙代尔在国际货币基金组织的一位同事弗莱明也对开放经济中的稳定政策进行了相似的研究，他们的思想被称为“蒙代尔—弗莱明模型”。

(二) 模型假设与前提

1. 模型假设

(1) 假定价格在短期内是不变的：国内外物价固定不变(实际汇率与名义汇率是同比例的)；

(2) 假定经济中的产出完全由总需求决定；

(3) 假定货币是非中性的，货币的需求不仅与收入相关，而且与实际利率负相关；

(4) 假定商品和资本可以在国际市场完全自由流动，资本的自由流动可以消除任何国内外市场的利率差别，即资本完全流动，存在 $r=r_w$。

2. 总支出公式：在上述假设条件下，总支出 $AE=C+I+GP+X$ 可以写成如下形式：

$$AE=C(DI)+I(r_w)+GP+X(ER)。$$

而我们在前面已经知道，IS 曲线是由总支出曲线 AE 转化而来的，所以我们可以把 $AE=C(DI)+I(r_w)+GP+X(ER)$ 看成是国内利率等于世界利率的 IS 曲线方程式。

3. 本币汇率与净出口之间的关系

本币汇率上升(即本币升值)有利于进口，不利于出口，则净出口减少；本币汇率下降(即本币贬值)有利于出口，不利于进口，则净出口增加。所以本币汇率 ER 与净出口 X 之间的关系可以用下图来表示(纵轴表示本币汇率 ER，横轴表示净出口 X)，见图 19-16。

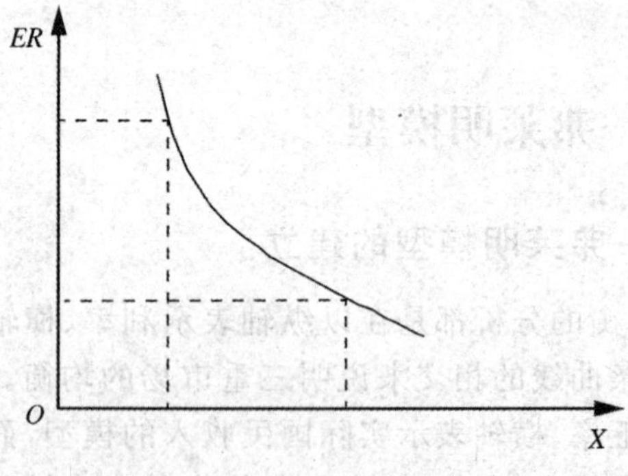

图 19-16　净出口函数曲线

4. 加入汇率因素的总支出曲线 *AE*

在前面我们已经学过的 NI-AE 模型中，总支出曲线 AE 是一条向右上方倾斜的曲线(图 19-17)。

在 $AE=C(DI)+I(r_w)+GP+X(ER)$ 中，当本币汇率 ER 上升时，净出口 X 减少，AE 也会减少。

图中，总支出曲线 $AE_1(ER_1)$ 为本币汇率为 ER_1 时的总支出曲线。当本币汇率由 ER_1 上升到 ER_2 时($ER_2>ER_1$)，总支出曲线 $AE_1(ER_1)$ 向下平行移动到 $AE_2(ER_2)$，与 45 度角平分线相交于 B 点。

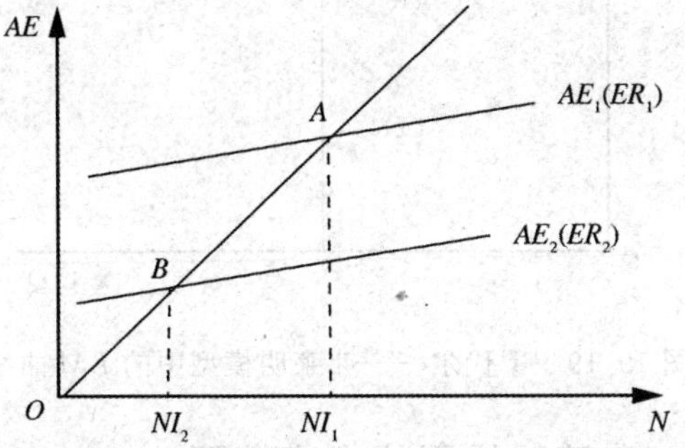

图 19-17　总支出曲线

5. 蒙代尔——弗莱明模型中的 *IS* 曲线(图 19-18)

在建立了图 19-16 和图 19-17 以后，我们利用这两个图来建立蒙代尔——弗莱明模型。

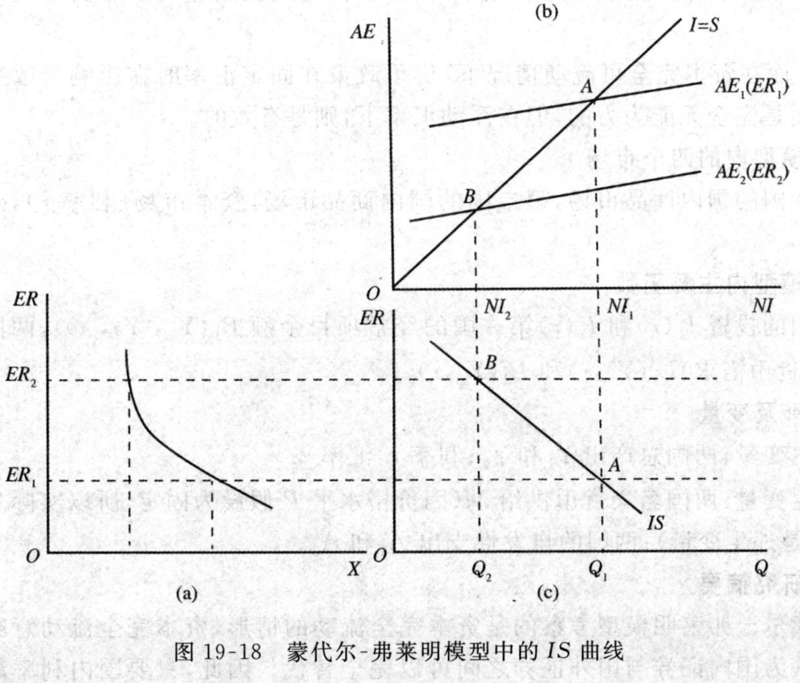

图 19-18　蒙代尔-弗莱明模型中的 *IS* 曲线

6. 蒙代尔——弗莱明模型中的 LM 曲线(图 19-19)

由于 LM 曲线表示货币供给,而一国货币供给量是由该国中央银行控制的,不受本国汇率的影响,所以它是一条垂直于横轴的直线。

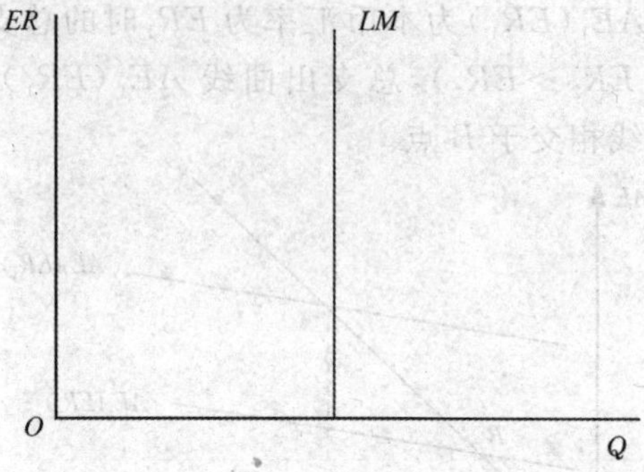

图 19-19　蒙代尔——弗莱明模型中的 LM 曲线

19.6.2　蒙代尔——弗莱明模型的内容摘要

1. 两国模型(一般讨论两国模型为例)

(1) 在没有资本流动的情况下,货币政策在固定汇率下在影响与改变一国的收入方面短期是有效的,但长期来看是无效的,在浮动汇率下则更为有效;

(2) 在资本有限流动情况下,整个调整结构与政策效应与没有资本流动时基本一样;

(3) 而在资本完全可流动情况下,货币政策在固定汇率时在影响与改变一国的收入方面是完全无能为力的,但在浮动汇率下,则是有效的。

2. 模型内的四个市场

第一国的国内商品市场,第二国的国内商品市场,资本市场(利率 r),外汇市场(汇率 w)。

3. 模型内主要函数

两国的投资 $I_1(r)$ 和 $I_2(r)$ 第一国的经常项目余额 $B_1(Y_1, Y_2, w)$,两国的流动性偏好(货币需求)$L_1(Y_1, r)$ 和 $L_2(Y_2, r)$。

4. 涉及变量

内生变量:两国总产出 Y_1 和 Y_2;利率 r,汇率 w。

外生变量:两国名义货币供给 M(因价格水平 P 假设为固定,所以实际货币供给 M/P 也是外生变量);两国的自发性支出 A_1 和 A_2。

5. 研究摘要

蒙代尔一弗莱明模型考察的是资本完全流动的情形,资本完全流动意味着资产所有者认为国内证券与国外证券之间可以完全替代。因此,只要国内利率超过国外利率就会吸引资本大量流入;或者只要国内利率低于国外利率,就会使资产所有者抛售国内资产，引起大量资本外流。蒙代尔－弗莱明模型着重分析了在资本完全流动的前提之下财政、货币政策的不同效应。

6. 核心结论

固定汇率制下的情形：在固定汇率制下，资本完全流动的条件使得货币政策无力影响收入水平，只能影响储备水平；而财政政策在影响收入方面则变得更有效力，因为它所造成的资本流入增加了货币供给量，从而避免了利率上升对收入增长的负作用。

7. 蒙代尔——弗莱明模型(图 19-20)

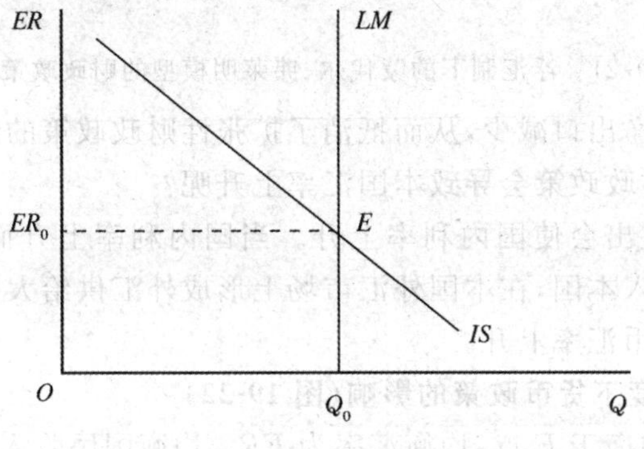

图 19-20　蒙代尔-弗莱明模型

19.6.3　不同汇率制下的蒙代尔——弗莱明模型

(1) 货币政策——无论在哪种资本流动性假设下，货币政策在提高收入方面都比固定汇率制下更加有效。

(2) 财政政策——在资本完全不流动的情形下，浮动汇率下收入的增长大于固定汇率下的收入增量；在有限资本流动性的情形下，财政政策的扩张性影响仍然有效，但是收入的增长幅度小于固定汇率制下情形；在资本具有完全流动性的情形下，财政政策对于刺激收入增长是无能为力的。

(一) 浮动汇率制度下的财政政策与货币政策

1. 浮动汇率制度下的财政政策的影响(图 19-21)

假设最初 IS_1 与 LM 曲线相交于 E 点，三重均衡实现。均衡的汇率为 ER_1，均衡的国民收入为 Q_0。

现在假设政府采取扩张性财政政策，增加政府支出 GP。那么 IS_1 曲线将向右上方移动到 IS_2，与 LM 曲线相交于 E' 点，形成新的均衡状态。均衡的汇率为 ER_2，均衡的国民收入仍然为 Q_0。扩张性财政政策对经济没有产生影响。

因此在浮动汇率制度下，扩张性财政政策无效。

为什么扩张性财政政策对收入没有影响呢？

这是因为，扩张性财政政策抬高了本国货币汇率，本国汇率的提高有利于进口，

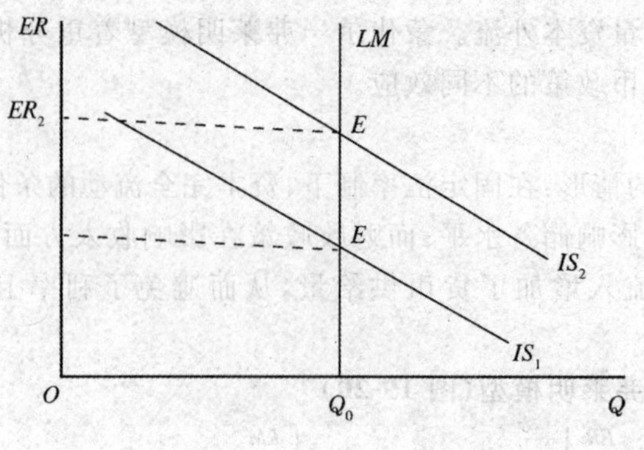

图 19-21　浮汇制下的蒙代尔-弗莱明模型的财政政策效果

不利于出口,使本国净出口减少,从而抵消了扩张性财政政策的影响。

为什么扩张性财政政策会导致本国汇率上升呢?

因为政府增加支出会使国内利率上升。当国内利率上升而高于国际市场利率时,国外大量资金流入本国,在本国外汇市场上形成外汇供给大于外汇需求,所以,外汇汇率下降,本国货币汇率上升。

2. 浮动汇率制度下货币政策的影响(图 19-22)

假设经济三重均衡于 E 点,均衡汇率为 ER_1,均衡国民收入为 Q_1。

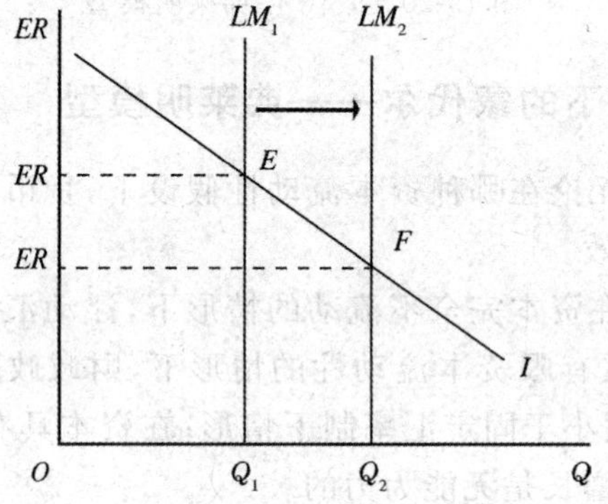

图 19-22　浮汇制下的蒙代尔-弗莱明模型的货币政策效果

现在假定央行采取扩张性货币政策,增加货币供给量,使 LM 曲线由 LM_1 右移到 LM_2,与 IS 曲线相交于 F 点,重新实现三重均衡。新的均衡汇率为 ER_2,均衡国民收入为 Q_2。

结果,在蒙代尔——弗莱明模型中,扩张性货币政策通过降低本国货币汇率来促进国民收入的增加。

【注意】小国开放经济状态下,扩张性货币政策是通过降低本国汇率来促进净出口,从而使总需求增加来拉动国民收入增长的。而在封闭经济状态下,扩张性货币政策是通过增加货币供给量,降低利率,刺激投资从使总需求增加来拉动国民收入增长的。

在蒙代尔——弗莱明模型中，货币供给量增加，本国利率存在着下降的压力，但由于资本能够自由地大规模地在国际间流动，所以资金从本国流向国外，造成外汇市场上本国货币供给大于需求，外汇需求大于外汇供给，本国货币汇率下降，外汇汇率上升。本国货币汇率下降有利于出口，不利于进口，所以净出口增加，从而总支出 AE 增加，均衡国民收入也增加。

(二) 固定汇率制度下的财政政策和货币政策

1. 固定汇率制度下的财政政策的影响(图 19-23)

假设经济最初三重均衡于 E 点，均衡汇率为 ER_1，均衡国民收入为 Q_1。

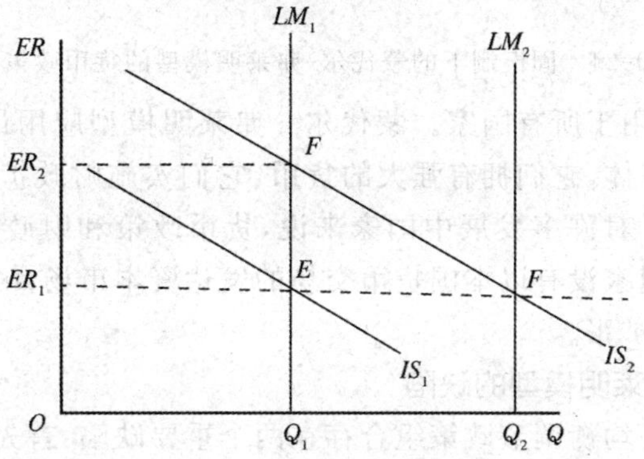

图 19-23　固汇制下的蒙代尔-弗莱明模型的财政政策效果

现在假设政府采取扩张性财政政策，增加政府购买支出 GP，使 IS 曲线由 IS_1 右移到 IS_2，与 LM_1 曲线相交于 F 点。汇率将会由 ER_1 上升到 ER_2。但由于实行的固定汇率制度，央行要保持本国货币汇率水平不变，汇率应仍然处于 ER_1 水平。要使汇率仍然处于 ER_1 水平不变，央行必须增加货币供给量，使 LM_1 右移到 LM_2，交 IS_2 于 F'。

结果，在固定汇率制度下，扩张性财政政策增加了国民收入。

2. 固定汇率制度下货币政策的影响(图 19-24)

假设最初三重均衡于 E 点，ER_1 为均衡的汇率，Q_1 为均衡的国民收入。

现在央行要采取扩张性货币政策，增加货币供给量，LM 曲线向右移动，从 LM_1 移动到 LM_2，与 IS 曲线相交于 F 点，F 点为新的三重均衡点，新的均衡国民收入为 Q_2，新的均衡汇率应该降为 ER_2。但由于该国实行的是固定汇率制度，中央银行必须保持汇率稳定在 ER_1 水平。

央行为了保持 ER_1 水平的汇率不变，又不得不减少货币供给量，使 LM 曲线从 LM_2 重新回到 LM_1。这样，货币供给又回到其初始水平。

因此，在固定汇率制度下货币政策通常是无效的。

(三) 蒙代尔-弗莱明模型的适用范围

蒙代尔自己认为，要对蒙代尔—弗莱明模型的应用有所限定，模型的结论并非不

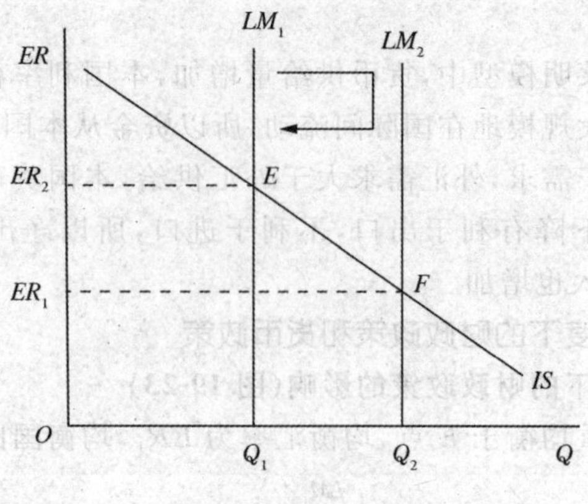

图 19-24 固汇制下的蒙代尔-弗莱明模型的货币政策效果

可避免,它们并不适用于所有国家。蒙代尔—弗莱明模型应用最好的三个国家是世界上最大的三个经济体,它们拥有强大的货币,它们实施财政扩张时的各种条件,都能够保持货币紧缩。对许多发展中国家来说,货币政策和财政政策没有多大区别。原因是:第一,这些国家没有以本国货币交易的发达资本市场;第二,紧跟财政赤字之后,很快就出现货币扩张。

(四) 蒙代尔-弗莱明模型的缺陷

蒙代尔关于内外均衡调节政策组合存在两个重要缺陷:首先,它遗漏了关于国际资本市场中存量均衡的讨论。因为在模型中,蒙代尔认为国际资本流动是利率差别的唯一函数,因而只要存在利差,资本就会一贯的流动从而弥补任何水平的经常项目不平衡,而在现实中各国间的利率差别普遍存在。其次,在外部均衡的标准上蒙代尔非常强调资本账户,而国际资本流动是利率差别的唯一函数,因此如果一国出现国际收支逆差,只有通过提高国内利率以吸引资本流入,但是这既是一个挤出私人投资,又是依靠对外债台高筑的取得外部均衡的政策。

19.6.4 蒙代尔-弗莱明模型的数理分析

蒙代尔与弗莱明进一步扩展了米德对外开放经济条件下不同政策效应的分析,说明了资本是否自由流动以及不同的汇率制度对一国宏观经济的影响,见图 19-25。

蒙代尔-弗莱明模型的目的是要证明固定汇率制度下的“米德冲突”可以得到解决。在该模型中,经常项目净差额是实际收入(Y)和汇率(E)的函数;资本项目净差额是本国与外国利差(r)的函数;实际收入(Y)是货币政策和财政政策的函数,它随政府支出(G)的增加而增加,随利率的提高而减少。

19.6.5 蒙代尔-弗莱明模型基本结论

蒙代尔—弗莱明模型的基本结论是:货币政策在固定汇率下对刺激经济毫无效果,在浮动汇率下则效果显著;财政政策在固定汇率下对刺激机经济效果显著,在浮

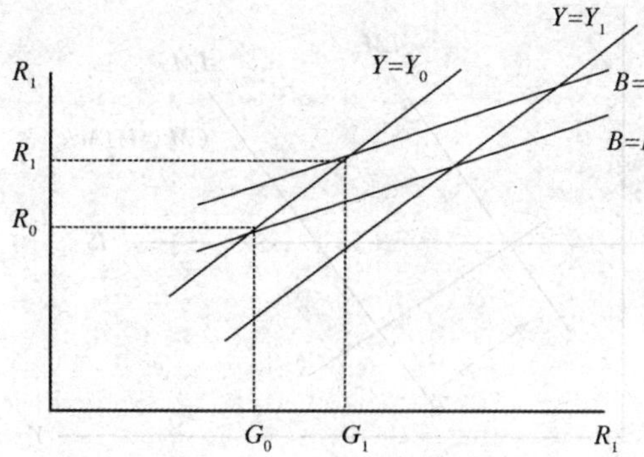

图 19-25　蒙代尔-弗莱明模型

动汇率下则效果甚微或毫无效果。

蒙代尔在后来的一篇文章"资本流动和国家相对大小"中将数学模型推广到整个世界经济，首先证明了在固定汇率下货币政策的效果并没有完全丧失，相反，货币政策效果传递到国外；其次证明了在浮动汇率下（以及资本完全流动）财政政策效果并没有丧失，而是传递到世界其他地区。

蒙代尔自己认为，要对蒙代尔—弗莱明模型的应用有所限定，模型的结论并非不可避免，它们并不适用于所有国家。

蒙代尔—弗莱明模型应用最好的三个国家是世界上最大的三个经济体：美国、日本和德国，它们拥有强大的货币。这绝非偶然。三国不仅是世界上最大的三个经济体，而且是最富裕的三个经济体，拥有最发达的资本市场。它们实施财政扩张时的各种条件，都能够保持货币紧缩。

M-F 模型认为，固定汇率制度下货币政策之所以无效，是由于在这种制度下，当央行企图通过增加货币供应量，使得 *LM* 曲线从 LM_1 向 LM_2 方向右移的方式来降低利率、刺激总需求时，本国利率水平下一旦下降到 *CM* 曲线之下，在资本自由流动的条件下，会引起资本外流，并对外汇汇率产生升值压力。在固定汇率制度下，央行为了维持汇率的稳定，会被迫向外汇市场卖出外汇，买入本币，这会使货币供应量减少，使 *LM* 曲线反过来向左上方位移，并返回其初始位置，从而使央行增加货币供应量、降低利率、刺激总需求和增加产出的努力发生逆转，并最终失败。因此，在固定汇率下，货币当局不能自主决定货币供应量和 *LM* 曲线的位置，也不能有效地影响利率水平，所以货币政策是无效的，见图 19-26。

19.6.5　蒙代尔-弗莱明模型在中国的应用

蒙代尔-弗莱明模型研究的是开放的小国的内外部均衡，在中国，情况有所不同：首先，中国是经济规模小国；其次，中国对资本流动实行严格管制，因此在理论上短期资本流动不受利率变化影响；再次，中国资本市场不发达，投资机会缺乏，对货币的投机需求少，货币需求对利率变化不敏感；第四，即使在达到充分就业之前，物价水

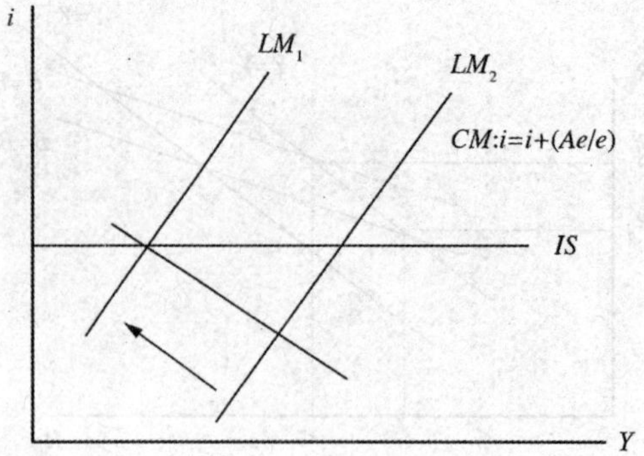

图 19-26　固定汇率制度下货币政策的无效性

平也是有变化的；第五，由于中央银行采取对冲措施，国际收支平衡与货币供给量从而与利率之间不存在必然联系。第六，当前中国的情况不是要在新的均衡点上实现更高的国民收入水平，而是要争取以较小的代价实现贸易收支的相对平衡。

但是从另一个角度看，中国当前的内外部均衡关系仍可在一定程度上由蒙代尔—弗莱明模型解释。尽管中国经济规模相当大，但是近年来外贸依存度大幅上升，2013 年达到 62%，国民经济通过对外贸易与国际市场的联系越来越紧密，这一点与开放的小国是类似的。中国确实存在资本管制，但事实上管制无法完全限制资本跨国流动，相当数量的短期资本可以在贸易收支、直接投资或收益等国际收支项下跨境转移，因而短期资本流动仍具有一定利率弹性。

如图 19-27 所示，为中国国际收支调节的蒙代尔—弗莱明模型。由于存在资本管制，资本流动对利率变化极不敏感，BP 曲线接近垂直；货币投机需求不足使得 LM 曲线也具有较高的斜率。当前的现状是，中国贸易收支和国际收支长期顺差，商品市场和货币市场的均衡点 E 远离国际收支均衡曲线 BP。在国际收支顺差中，相当一部分集中在金融项目下，主要是外商在华直接投资。由于外资流入的主要决定因素是预期的长期投资收益率，对利率变动并不敏感，因而在模型中无法体现。这样，模型中的国际收支就基本代表了贸易收支，见图 19-27。

为了从更加宽泛的角度考虑中国的国际收支调节，模型中的 IS 曲线和 LM 曲线不再单纯对应财政政策和货币政策，而是对应可以实现国内吸收扩张或收缩的任何政策选择或结构调整。同时参考现实中的情况，固定汇率制度下的汇率水平也可以由政府加以主动调整。根据模型，为实现国际收支平衡，可以有以下几种选择：

(1) 扩张国内吸收，使得 IS 曲线右移至 IS'，在 E' 点达到新的均衡。扩张国内吸收的手段，可以是扩张性的财政政策，也可以是进一步提高投资率，或者增加私人消费。由于此时国内吸收的变动不会对货币供给量产生影响，因此 LM 曲线不发生变化。

(2) 扩张货币供给，使得 LM 曲线右移至 LM'，在 E 点达到新的均衡。基于与上面相同的原因，在货币供给增加后，由于央行不需要因为贸易平衡的变化而回调货币

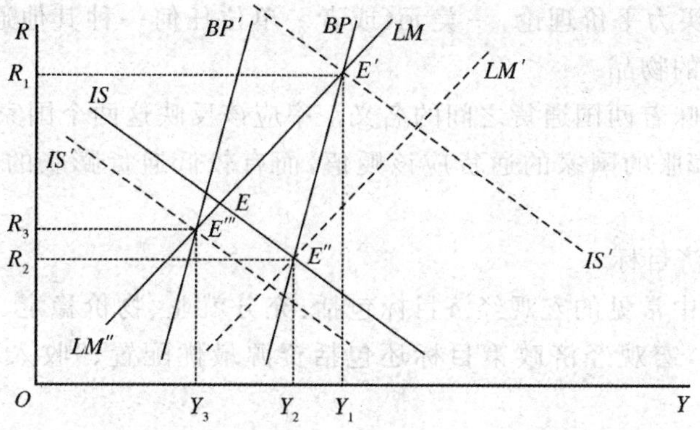

图 19-27　中国国际收支的蒙代尔—弗莱明模型

供给量，LM 曲线不会回到以前的状态。

(3) 调整汇率水平，对人民币进行一次性较大幅度升值，BP 曲线左移。人民币升值将导致净出口减少，国民收入下降，国内吸收萎缩，IS 曲线左移。最终 BP 曲线左移至 BP'，IS 曲线左移至 IS，在 E'点达到新的均衡。

(4) 放开资本管制，资本流动对利率变化敏感程度将因此提高，BP 曲线斜率减小，新的 BP 曲线与 IS 曲线和 LM 曲线交于 E 点，达到均衡。此项选择并不能根本改变中国的贸易失衡，但是可以通过私人对外投资的扩张，实现整个国际收支的良性平衡，消除贸易失衡带来的部分消极影响，例如对人民币升值的压力和针对中国的贸易摩擦等。

> 思考：为什么经济中的总产出完全由需求方面决定？

19.7　本章小结

1. 净出口

在国外销售的国内生产的物品与劳务的价值(出口)减去在国内销售的国外物品与劳务的价值(进口)。资本净流出是国内居民获得的国外资产(资本流出)减去外国人获得的国内资产(资本流入)。由于每一次国际交易都包括资产与物品或劳务的交换，所以一个经济的资本净流出总是等于其净出口。

2. 一个经济的储蓄既可以用于为国内投资筹资，又可以用于购买国外资产。因此国民储蓄等于国内投资加资本净流出。

3. 名义汇率

两国通货的相对价格，而真实汇率是两国物品与劳务的相对价格。当名义汇率变动致使每美元能购买更多的外国通货时，可以说美元升值或者坚挺。当名义汇率变动致使每美元只能购买较少的外国通货时，可以说美元贬值或者疲软。

(1) 根据购买力平价理论，一美元(或者一单位任何一种其他通货)应该能在所有国家购买等量的物品。

这种理论意味着两国通货之间的名义汇率应该反映这两个国家的物价水平。因此，有较高通货膨胀的国家的通货应该贬值，而有较低通货膨胀的国家的通货应该升位。

(2) 宏观经济目标

西方经济学中常见的宏观经济目标包括：充分就业、物价稳定、经济增长和国际收支平衡。此外，宏观经济政策目标还包括资源最优配置、“收入均等化”、环境保护等。

(3) 经济政策工具

宏观财政政策和宏观货币政策。具体来说，宏观财政政策包括税收政策和政府支出政策，宏观货币政策则包括调整银行的法定准备率、调整中央银行的贴现率、公开市场政策(中央银行在证券市场上买卖政府债券)和调整货币供给量等。

(4) 丁伯根模型

荷兰经济学家丁伯根(Jan Tinbergen)采用线性模型对经济政策的有效性进行了分析。他以经济政策工具作为自变量，以宏观经济目标作为因变量。

(5) 财政政策的效力

财政政策的效力是指一定的财政扩张或收缩政策引起的均衡产出增加或减少的大小。增加或减少得大，其效力就强；增加或减少得少，其效力就弱。在 *IS-LM* 模型中，财政政策的变化反应在曲线的移动上，财政政策扩张或收缩的强弱通常用既定斜率曲线在横轴上移动的距离的大小来衡量。在产品市场和货币市场同时均衡模型中，影响财政政策的效力的因素可以归纳为两类，即 *IS* 曲线的斜率和 *LM* 曲线的斜率。

(6) 货币政策的效力

货币政策效力是指一定的货币扩张或收缩政策引起的均衡国民收入增加或减少。增加或减少得大，货币政策的效力就强；增加或减少得小，其效力就弱。*IS-LM* 模型中，货币政策的扩张或收缩反映在 *LM* 曲线的移动上。货币政策的扩张或收缩的强弱通常用既定斜率的 *LM* 曲线在横轴上移动的距离来衡量。在产品市场和货币市场同时均衡模型中，影响货币政策的效力的因素也可以归纳为两类，即 *IS* 曲线的斜率和 *LM* 曲线的斜率。

10. 两个市场是开放经济的宏观经济学的中心：可贷资金市场和外汇市场。在可贷资金市场上，真实利率的调整使可贷资金的供给(来自国民储蓄)和可贷资金的需求(来自国内投资和资本净流出)平衡。在外汇市场上，真实汇率的调整使美元供给(来自资本净流出)和美元的需求(用于净出口平衡)。因为资本净流出是可贷资金需求的一部分，并以它为外汇市场提供了美元，所以它是关系这两个市场的变量。

11. 减少国民储蓄的政策，例如政府预算赤字减少了可贷资金的供给，并使利率上升。较高的利率减少了资本净流出，但又减少了外汇市场上的美元供给而导致美元升值及净出口减少。

12. 虽然限制性贸易政策，例如进口关税或进口配额，有时因被视为一种改变贸易余额的方法而得到支持，但这些政策并不一定有这种效果。贸易限制增加了汇率既定时的净出口，从而也提高了外汇市场上的美元需求。因此，美元的价值上升，这就使国内物品相对于国外物品更昂贵。这种升值抵消了贸易限制对净出口的最初彭响。

13. 当投资者改变他们对持有一国资产的态度时，这对该国经济的后果可能是严重的。特别是，政治上的不稳定会引起资本外逃，资本外逃往往又会提高利率，并引起通货贬值。

本章课后同步思考题及参考答案

一、简答题：评价货币主义学派的政策建议。

答：货币学派在理论上和政策主张方面，强调货币供应量的变动是引起经济活动和物价水平发生变动的根本的和起支配作用的原因，布伦纳于 1968 年使用“货币主义”一词来表达这一流派的基本特点，第二次世界大战后，美英等发达资本主义国家，长期推行凯恩斯主义扩大有效需求的管理政策，虽然在刺激生产发展、延缓经济危机等方面起了一定作用，但同时却引起了持续的通货膨胀。弗里德曼从 20 世纪 50 年代起，以制止通货膨胀和反对国家干预经济相标榜，向凯恩斯主义的理论和政策主张提出挑战。他在 1956 年发表《货币数量论—重新表述》一文，对传统的货币数量说作了新的论述，为货币主义奠定了理论基础。弗里德曼强烈反对国家干预经济，主张实行一种“单一规则”的货币政策。这就是把货币存量作为唯一的政策工具，由政府公开宣布一个在长期内固定不变的货币增长率，这个增长率应该是在保证物价水平稳定不变的条件下，与预计的实际国民收入在长期内会有的平均增长率相一致。

二、计算题

根据如下资料，按支出法计算国内生产总值。

项目	金额(亿元)	项目	项目金额(亿元)
耐用品支出	318.4	劳务	1165.7
厂房与设备支出	426	进口	429.9
政府购买支出	748	公司利润	284.5
工资和其他补助	2172.7	出口	363.7
所得税	435.1	居民住房支出	154.4
非耐用品支出	858.3	企业存货净变动额	56.8

答:$GDP = C + I + G + (X - M) = C$(耐用品支出 318.4 +非耐用品支出 858.3)$+I$(厂房与设备支出 426 +居民住房支出 154.4+企业存货净变动额 56.8)$+G$ 政府购买支出 748+(X 出口 363－M 进口 429.9)= 2495

三、分析题

蒙代尔—弗莱明模型把世界利率 r^* 作为外生变量。让我们考虑当这一变量变动时会发生什么。

(1) 什么导致世界利率上升?

(2) 在浮动汇率的蒙代尔-弗莱明模型中,当世界利率上升时,总收入、汇率和贸易余额会发生什么变动?

(3) 在固定汇率的蒙代尔-弗莱明模型中,当世界利率上升时,总收入、汇率和贸易余额会发生什么变动?

答:(1) 蒙代尔-弗莱明模型把世界利率作为外生变量。然而我们没有理由认为世界利率恒定不变。在第三章封闭经济模型中,均衡的储蓄和投资决定实际利率。在长期开放经济中,实际世界利率等于均衡的世界储蓄和投资需求所决定的利率。无论是减少世界储蓄还是增加世界投资需求都会使世界利率增加。另外在短期固定价格水平下,世界范围无论是对商品需求的增加还是货币供给减少都会使世界利率上升。

(2) 由于较高的利率导致投资下降,因此 IS^* 曲线向左移动;由于较高的利率降低了货币需求,因此 LM 曲线向右移动。由于实际货币余额供给固定,较高的利率导致实际货币余额的超额供给。为了恢复货币市场的均衡:收入必须增加;这将增加货币需求直到不存在超额货币供给。从图中我们可以看到,产出增加汇率下降。因此贸易余额增加。

(3) 如同(2),显示在固定汇率的蒙代尔—弗莱明模型中当世界利率上升时的影响。由于较高的利率导致投资需求下降,IS^* 曲线向左移动。然而,LM^* 曲线也向左移动而不是向右,这是由于汇率贬值的压力使中央银行收购美元抛出外汇。这减少了货币供给,使 LM^* 曲线向左移动,一直移动到 LM_2^*,即固定汇率线与新的 IS^* 曲线的焦点处。

配套思考题及参考答案

一、单项选择题

1. LM 线上的每一个点都表示使(　　)

　A. 货币供给等于货币需求的收入和利率的组合

　B. 货币供给大于货币需求的收入和利率的组合

C. 产品需求等于产品供给的收入和利率的组合
D. 产品需求大于产品供给的收入和利率的组合
E. 货币供给小于货币需求的收入和利率的组合

2. 假如经济处于充分就业,总供给曲线斜率为正,减税会使(　　)
A. 价格上升,产量增加　　B. 价格上升,产量不变
C. 产量增加,价格不变　　D. 价格下降,产量减少

3. 利用 *IS-LM* 模型分析,如果其他条件不变,提高法定准备金率将会出现(　　)
A. *LM* 曲线向右移动,利率上升国民收入增加
B. *LM* 曲线向右移动,利率下降国民收入增加
C. *LM* 曲线向左移动,利率上升国民收入减少
D. *LM* 曲线向左移动,利率下降国民收入减少

4. 引起 *IS* 曲线向左移动的原因是(　　)
A. 政府决定降低个人所得税
B. 政府决定通过中央银行减少货币供给
C. 政府决定取消原有的冬季采暖补贴
D. 政府将原计划用于进口设备的资金投入到修建公路中

5. 由政府支出增加所导致的挤出效应来自于(　　)
A. 货币供给量的下降　　B. 货币需求量的提高
C. 境外利率的下降　　D. 通货膨胀的恶化

6. 在一个有家庭、企业、政府和国外的部门构成的四部门经济中,GDP 是(　　)的总和?
A. 消费、总投资、政府购买支出和净出口
B. 消费、净投资、政府购买支出和净出口
C. 消费、总投资、政府购买支出和总出口
D. 工资、地租、利息和折旧

7. 在两部门经济中,均衡发生于(　　)之时。
A. 实际储蓄等于实际投资
B. 实际的消费加实际的投资等于产出值
C. 计划储蓄等于计划投资
D. 总支出等于企业部门的收入

8. 属于国民收支平衡表中经常项目的是(　　)
A. 国外政府在本国的存款　　B. 本国在外国发行股票的收入
C. 外国居民在本国旅游的支出　　D. 外国居民在本国的投资支出

9. 下列(　　)命题不正确。
A. NDP 减直接税等于 NI
B. NDP 加折旧等于 GNP

C. 总投资等于净投资加折旧

D. 个人收入等于个人可支配收入加直接税

10. 下列哪一项措施有利于遏制人民币升值的压力(　　)。

A. 提高国内利率,扩大出口　　B. 降低国内利率,扩大出口

C. 提高国内利率,扩大进口　　D. 降低国内利率,扩大进口

11. 以下关于中国的对外经济,说法正确的是(　　)。

A. 因为中国的外贸依存度(进口和出口占 GDP 的比重)大于美国,所以中国的经济肯定比美国开放

B. 中国大量向美国出口使得美国某些产业的工人失业,同时又大量从美国引入资本导致美国的投资不足,正是这双重威胁使得美国政府严重关切中国对美国的经济关系

C. 由于中国的汇率基本上保持不变,则中国的外汇供求一般不会平衡

D. 中国人均收入的提高,有利于增加中国的进口

12. 美国的预算赤字减少导致了美国利率下降,对于日本投资者来说,他将(　　)

A. 增加对美国的净国外投资,因为到美国投资的相对成本下降了

B. 不改变对美国的净国外投资,因为日本本国的利率没有变化

C. 减少对美国的净国外投资,因为到美国投资的相对收益下降了

D. 减少对美国的间接投资,而增加直接投资

13. 凯恩斯曾经建议,在经济衰退时,政府"雇人挖沟,再把沟填上"。如果这一想法付诸实施,则:

A. 导致产出在短期内增加,且增加的数量可能超过此项行动的政府支出

B. 导致产出在短期内增加,且增加的数量恰好等于此项行动的政府支出

C. 不可能导致产出的任何增加,因为这是做无用功

D. 导致长期的自然产出率增加

14. 美国学生购买了一个电脑。电脑厂在瑞士,但是老板是韩国人(　　)。

A. 美国的净出口减少,美国的 GDP 和 GNP 都没有变化,韩国的 GDP 增加,瑞士的 GNP 增加

B. 美国的净出口减少,美国的 GDP 和 GNP 都下降,韩国的 GNP 增加,瑞士的 GDP 增加

C. 美国的净出口、GDP 和 GNP 都不变,韩国的 GNP 增加,瑞士的 GDP 增加

D. 美国的净出口减少,美国的 GDP 和 GNP 不变,韩国的 GNP 增加,瑞士的 GDP 增加

参考答案:AACCB　ACCAD　DCAB

二、计算题

假如某经济社会的消费函数为 $C=100+0.8Y$ 投资为50单位。试计算均衡的收入、消费和储蓄。

参考答案：

两部门经济根据 $I=S$ 恒等式有 $50=Y-100-0.8Y$ 得到 $Y=750, C=700, S=50$

三、简答题

1. 试比较凯恩斯主义和货币主义对通货膨胀与就业之间关系分析的异同。

参考答案：

凯恩斯主义认为失业率和通货膨胀率成反向变动，所以他们主张以一定范围的通货膨胀率去换取失业率的下降。货币主义认为长期，持续的通货膨胀随时随地都是一种货币现象，是由于货币数量的增长超过总产量的增长所引起的。所以有可能通货膨胀与失业并存。

2. 均衡国民收入是怎样变化的？

参考答案：

(1) 先分析 IS 曲线：增加，会使得 IS 曲线水平向右移动，由于 LM 曲线是由货币市场决定的，所以不会移动，使得均衡的国民收入增加，反之减少。

(2) 再分析 LM 曲线：$R=M/hP+kY/h$，主要决定于货币市场，货币供给量增加会使 LM 曲线竖直向下移动，而由产品市场决定的 IS 曲线不会发生移动，使得均衡国民收入增加，反之减少；再分析货币需求（交易需求，投机需求）增加，使得 LM 曲线竖直向上移动。

3. 对总产出的衡量为什么需要三个指标？

参考答案：

宏观经济分析的目的是追求社会福利最大化。而作为宏观经济分析工具的国民收入核算指标，只反映一定时期的产出情况，它们是衡量社会福利水平的最重要标准，但并不最完美的标准，因为社会福利水平还包括人们享受的闲暇、优美的环境、人口寿命和受教育程度等因素指标的高低，而所有这些非经济性的因素是无法在现行国民收入核算指标中反映出来。

第20章 失业与通货膨胀

本章学习目标：

1. 弄清通货膨胀和失业的原因。
2. 明确通货膨胀的变动和失业率的变动之间存在着密切的联系。
3. 弄清通货膨胀率和失业率的关系，即所谓的菲利浦斯曲线理论。
4. 知道物价的稳定和充分就业两者都是政府主要的宏观经济政策目标。

导入案例：21世纪初的美日经济

2001年3月，在讨论《月例经济报告》的阁僚会议上，日本政府的经济财政大臣麻生太郎公开认定："现在的日本经济正处在缓慢的通货紧缩之中。"

在美国经济减速、股市暴跌已对日本经济造成严重冲击的情况下，政府越来越强烈地感受到物价下跌对经济持续回升的恶劣影响，并逼日本银行进一步采取金融缓和措施以制止物价持续下跌。根据日本官方的观点，日本经济中出现的这种通货紧缩状态在战后还是第一次，并且在此际的整个西方世界中也只有日本处于这种状态。

战后日本也曾出现过多次物价下跌现象，但都因仅具有局部性和短期性的特点，未被日本政府视为通货紧缩。而此次日本的物价下跌却具有全面性和持续性特征，全面性体现在几乎全部或绝大部分商品的价格都同时呈下跌态势。比如，1999年和2000年，不仅综合批发物价指数分别比上年下跌了3.3和0.1个百分点，而且综合消费物价指数分别下跌了0.3和0.7个百分点。此外，从各种商品和服务的分类统计看，物价下跌所涉及的商品范围也极其广泛。持续性表现在物价下跌已成为一种长期态势；从1991年到2000年这个10个年份中，有8个年份的综合批发物价指数呈下跌态势，尤其是综合消费者物价指数在1999年和2000年出现了战后从未有过的连续两年下降的情况。

对于通货紧缩的成因，学术界历来有争论，概括起来大致有合理说、外部冲击说、货币主义说、供给说以及政策失误说等几种观点。合理说认为，通货紧缩的出现是经济运行对前期高通货膨胀的矫正中出现我的必然结果，因此不应对形势估计过重，调控政策的力度也不宜太强；外部冲击说则认为，一国的通货紧缩应同全球性的紧缩趋势联系起来，强调全球性供大于求的矛盾以及亚洲金融危机等外部冲击的影响，而不能局限于单个国家或地区的经济因素；货币理论说偏重于强调货币特征，认为货币供应增长的放慢是通货紧缩的原因所在。以上观点基本上都是把通货紧缩的原因归结于短期因素的影响;供给说的观点是从供给方的角度探求通货紧缩形成的原因和机制,认为企业大面积亏损特别是亏损企业未退出市场竞争是导致通货紧缩的根源;政策失误说则把造成通货紧缩的原因归结于经济政策的失误,即在经济出现衰退时没有采取相应的扩张性政策,甚至采用的是紧缩性政策,从而导致和加重了需求不足和物价下跌。

不管是哪一种理论都是基于这样一种结论:政府部门需要通过宏观调控来治理国家。

宏观调控或者宏观经济政策有三个主要目标:高 GDP 增长、低失业率、低通货膨胀。这三个目标之间有什么数量关系,是宏观经济学要研究的重大问题。

通货膨胀是一个老问题,也是世界各国的一个经常性问题。新中国成立以来,我国经历了 8 次通货膨胀。

按照弗里德曼货币主义的观点,通货膨胀是一个货币现象,是更多的货币追逐不变或更少的商品和服务。当前我国的通胀趋势尽管具有货币主义的通胀表征,但其性质上已经发生了根本变化,已经不再是一个单纯的货币现象。因此,防治通货膨胀必须跳出传统思维,以与时俱进的态度寻求新的求解之策。

在人的一生中,失去工作可能是最悲惨的经济事件。大多数人依靠他们的劳动收入来维持生活水平,而且许多人也从工作中获得了个人成就感。失去工作意味着生活水平降低,对未来的担忧以及自尊心受到伤害。因此,毫不奇怪,西方政治家在竞选时,往往谈到他们提出的政策将如何有助于创造工作岗位。

通货膨胀的变动和失业率的变动之间存在着密切的联系,即所谓的菲利浦斯曲线理论。同时,我们要分析各种控制通货膨胀和减少失业的政策建议。

20.1 失业的描述及其经济学解释

在经济学范畴中,一个人愿意并有能力为获取报酬而工作,但尚未找到工作的情况,即认为是失业。失业率是劳动人口里符合“失业条件”者所占的比例。实际上,确定确实在找工作的失业人员数量是非常困难的,特别是在找到工作前失业救济金已经过期的那些人的数量。

一国生活水平更明显的决定因素是它正常情况下所存在的失业量。那些想工作但又找不到工作的人对经济中物品与劳务的生产没有做出贡献。虽然某种程度的失业在一个有成千上万家企业和数百万工人的复杂经济中是不可避免的,但在不同时期和不同国家,失业率差别很大。当一国尽可能使其工人充分就业时,它所达到的 CDP 水平高于使许多工人赋闲在家时的水平。

本节开始研究失业。我们要考察三个问题:政府如何衡量经济中的失业率?在解释失业数据时出现了什么问题?一般情况下失业者没有工作的时间会有多长?然后，我们转向经济中总是存在某种失业的原因以及决策者可以帮助失业者的方式。

20.1.1 失业的确认

我们从更准确地考察失业这个术语的含义开始。

1. 如何衡量失业

由于我国的失业统计还不完善，因此，以美国为例来说明失业。

美国的失业率是指失业人口占劳动力人口的比例。其计算公式为：

失业率＝劳动力人口中的失业人数/劳动力总人数×100％

衡量失业是美国统计局的工作。统计局每个月提供有关失业和劳动市场其他方面的数据，包括失业类型、平均工作周的长度以及失业的持续时间。

美国的失业数据来自于对美国大约 6 万个家庭的定期调查，这种调查称为当前人口调查。

根据对调查问题的回答，劳工统计局把每个受调查家庭中的每个成年人(16 岁以上)分别划为三个类别：

就业者。这类人包括作为得到报酬的员工而工作的人，在自己的企业里工作得到报酬的人，以及在家族企业里工作但拿不到报酬的人。无论全职工作还是兼职工作的工人都计算在内。这类人还包括现在不工作但有工作岗位，只是由于度假、生病或天气恶劣等原因暂时不在工作岗位的人。

失业者。这类人包括能够工作且在之前 4 周内努力找工作但没有找到工作的人，还包括被解雇正在等待重新被招回工作岗位的人。

非劳动力。这类人包括不属于前两个类别的人，如全日制的学生、家务劳动者和退休人员。

2. 失业率衡量了我们想要衡量的内容吗

衡量经济中的失业量看似容易，实际上，情况并非如此。区别全职工作的人与完全不工作的人很容易，然而区分失业者与非劳动力就要难得多。

实际上，进入与退出劳动力队伍是极为常见的，1/3 以下的失业者是最近进入劳动力队伍的。这些进入者包括第一次找工作的年轻工人，如最近的大学毕业生，还包括相当多的以前离开劳动力市场，但现在又回来找工作的老工人。而且，并不是所有失业都以求职者找到工作而结束。在整个失业队伍中，几乎有一半失业最后是以失业者离开劳动力队伍而结束。

由于人们如此频繁地进入和离开劳动力队伍，所以很难解释失业统计数字。一方面，一些报告中已失业的人事实上并没有努力去找工作。他们称自己为失业者，可能是因为他们想使自己符合为失业者提供经济帮助的政府计划的资格要求，或者是因为他们实际上在工作并且暗中获得了报酬，从而避免就其收入纳税。把这些人视为非劳动力或者在某种情况下视为就业者更为真实。另一方面，一些报告是非劳动力的人实际上想工作，这些人可能已经努力地找工作，但在求职失败之后放弃了努力，这些人称为丧失信心的工人，尽管他们实际上是没有工作的工人，但在失业统计中并没有显示。

由于这些和其他问题，就业局除了计算官方失业率之外，还计算其他几种劳动力利用不足的衡量指标。最后，我们最好把官方失业率作为有用的、但不完善的失业的衡量指标。

3. 失业者没有工作的时间有多长

在判断失业问题的严重性时，要考虑的一个问题是正常情况下失业是一种短期状态还是一种长期状态。如果失业是短期的，那么就可以得出这不是一个大问题的结论。因为在变换工作时工人需要几周时间找到一个最适合自己技能与嗜好的空缺。如果失业是长期的，就可以得出这是一个严重问题的结论。因为失业了许多个月的工人可能要承受更大的经济与心理痛苦。由于失业时间长短会影响我们关于失业问题严重性的观点，所以，经济学家将很多精力用于研究有关失业时间长短的数据。从这项工作中，他们得出了一个重要的而又似乎矛盾的结论：大多数失业是短期的，而在任何一个既定时间所观察到的大多数失业又是长期的。

为了说明这种表述是正确的，我们来看一个例子。假设你一年中每周去一次政府失业机构以调查失业者的状况，你发现每周有 4 个失业工人，这 4 个人中的 3 个在整个一年中都是相同的，而第 4 个人每周换一次。根据这种情形，你认为失业是短期的还是长期的？

一些简单的计算有助于回答这个问题。在这个例子中，你在一年中总计会见到 55 个失业工人，其中 52 人失业 1 周，3 人失业 1 年。这意味着，52/55 即 95%的失业在 1 周内结束。但是，无论你什么时候去失业机构，你见的 4 个工人中有 3 个全年是失业者。因此，尽管 95%的失业在 1 周内结束，但任一时刻我们所观察到的 75%的失业是由全年失业的人引起的。在这个例子中，与全世界一样，美国的大多数失业是短期的，但在任何一个既定时间所观察到的大多数失业却是长期的。

这种微妙的结论意味着，在解释失业数据以及在设计帮助失业者的政策时，经济学家和决策者一定要谨慎行事。那些成为失业者的大多数人将很快找到工作，而经济中的大部分失业问题是由少数长期没有工作的工人所造成的。

> 思考：如何理解失业率？失业率如何可能高估了失去工作的人的数量？又如何可能低估了失去工作的人的数量？

20.1.2　自然失业率和自然就业率

经济社会在任何时期总存在一定比率的失业人口。自然失业率为经济社会在正常情况下的失业率，它是劳动市场处于供求稳定状态时的失业率，这里的稳定状态被认为是：既不会造成通货膨胀也不会导致通货紧缩的状态。

为了更好地理解自然失业率，我们设 N 代表劳动力，E 代表就业者人数，U 代表

失业者人数则有 $N=E+U$，相应地，失业率为 U/N。假定劳动力总数 N 不变，并重点考察劳动力中的人数在就业与失业之间的转换。

记 L 代表离职率，即每个月失去自己工作的就业者比例；f 代表就职率，即每个月找到工作的失业者的比例。

失业率既没有上升也没有下降，说明劳动市场处于稳定状态，那么找到工作的人数必定等于失去工作的人数。而找到工作的人数是 fU，失去工作的人数是 LE，因此，劳动市场达到稳定状态的条件就是

$$FU=LE。$$

又因为 $E=N-U$，上式变为

$$FU=L(n-u),$$

解得

$$U/N=L/(L+f)。$$

上式给出的失业率就是自然失业率，因为在正常时期失业率是稳定的。上式表明，自然失业率取决于离职率 L 和就职率 f。离职率越高，自然失业率越高；就职率越高，自然是失业率越低。当然通过上式可以估计自然失业率。

与自然失业率相联系的一个概念是自然就业率，其含义是与自然失业率相对应的就业率，即充分就业量除以劳动力总量所得到的比率。显然，一个经济的自然失业率与自然就业率之和为 100%。这意味着知道两者中的一个，就可以推知另一个。从这个意义上说，自然失业率和自然就业率两者是一枚硬币的两面。

自然失业率不仅在理解充分就业和潜在产量(或充分就业量)方面发挥作用，也在理解宏观经济学和宏观经济政策方面发挥着重要作用。

20.1.3 经济学家对失业的解释

1. 失业定义见仁见智

失业的定义经济学者有争议。我接受的是：一个可以工作而又愿意工作的人，找不到自己愿意接受的待遇或薪酬，也不愿意独自生产。这是自愿的选择性失业。经济学传统喜欢以非自愿来给失业下定义，这没有意义，因为非自愿是说没有选择，而没有选择的行为经济学是无从处理的，不管局限怎样约束着工作的选择，不工作还是在局限约束下的选择结果。

2. 两个现象需要解释

有失业这回事吗？政府的统计有两个现象我们不能漠视。其一是所有国家或地区的失业率一般是跟经济的增长率变动呈反方向走，这不难解释。

非常难解释的是其二：同样的高失业率，有时只持续了一两年或更短的时日，但有时持续的高居不下。后者可见于 2008 年起自美国金融风暴之后，到今天(2013)五年多，美国的失业率急升后下降很慢，欧洲一些国家的失业率升至 25%而还有继续上升的迹象。

很高的失业率持久不下，是很难解释的。以劳工法例或福利经济作解释不容易，因为这些人为的局限约束历来存在，基本上没有变，但为什么高的失业率有时下降得快有时顽固呢？

据说20世纪30年代的经济大萧条的高失业率曾经下跌又再上升。希克斯(J. Hicks)健在时给我们的解释是保护主义使国际贸易大幅地收缩了；弗理德曼说货币政策频频出错也有道理。但30年代的资料我们今天不是那么清楚，政府的统计没有今天那么先进，真实的失业数据为多少有争议。今天欧美的情况就在眼前，统计的方法没有变动过。为什么高企的失业率顽固难下呢？说是因为有讯息费用近于定义性，说了等于没有说。更正确地说是讯息费用一定是上升了，但为什么这些费用会上升呢？

3. 社会同情工人失业不同情业主破产

随意的观察，是出租房子的空置率往往不比工人的失业率低，但市场租金的下调显然远比时间工资的下调容易。另一方面，社会人士非常关心工人的失业率，很少关心出租房子的空置率，虽然有些业主穷得要命，或房子欠着银行不少钱，租金下跌过甚要宣告破产。社会不同情后者，可能因为业主挂着有钱人的招牌，遭利益团体仇视久矣。但我认为社会"同情"失业工人的主要原因，是合约串联的扩散，一方面对社会整体的祸害可以很严重，另一方面失业的扩散会使利益团体成为大输家。

4. 一般失业不难解释

上述可见，在通常的情况下，失业的解释不怎么困难。讯息费用及偶尔出现的供过于求的情况可以解释出租房子的空置。另一方面，员工或劳动力不参与公司组织一定要自食其力，所以失业要遭公司解雇才出现。在公司的合约安排下，失业主要源于没有自动下调机能的以时间算工资的合约。员工被解雇后在一段时期找不到自己愿意接受的工作称失业，其实是在有讯息费用的局限下自己这样选择。加进了政府法定的最低工资与福利等是增加了选择的约束，可算进讯息费用——包括自食其力的讯息——找工作当然更困难了。

5. 防守策略难倒凯恩斯

这里要解释的不是为何失业，而是高的失业率为何顽固难下。人民的收入预期不容易上调得快是一个原因，另一个原因是投资者采取防守性的投资策略。

凯恩斯学派主张政府大手花钱来振兴经济，五年前美国的经验是有着零的效果——这边增产带来那边减产，加起来是零。该学派忽略了的还有另一个要点：虽说投资有振兴经济之效，但不同的投资对雇用员工或劳动力是有着很不相同的效果。购买政府债券或购买黄金等，也属投资，但对工人的就业效应是零甚或负值。好些其他投资，例如购买土地或做小生意，需要雇用的人手不多，而凡是多用员工的投资或行业，需要的合约组织或瓦解牵涉到的费用高，不是防守的好去处。

另一方面，工厂很难做。不要被偶有发达的厂家误导。一般而言，开工厂是天下最困难的行业。天天看着成功的老板们，动不动需要防守。前景不妥，他们最方便的选择是解雇部分员工，因为机械设备一般是覆水难收的投资，而解雇员工当然是最佳选择。

20.1.4 失业的经济学理论解释

失业现象从表面上看就是过多的劳动力去追逐过少的工作岗位。为了更好地理解失业问题，我们用供给-需求分析框架解释不同类型的失业。见图 20-1。

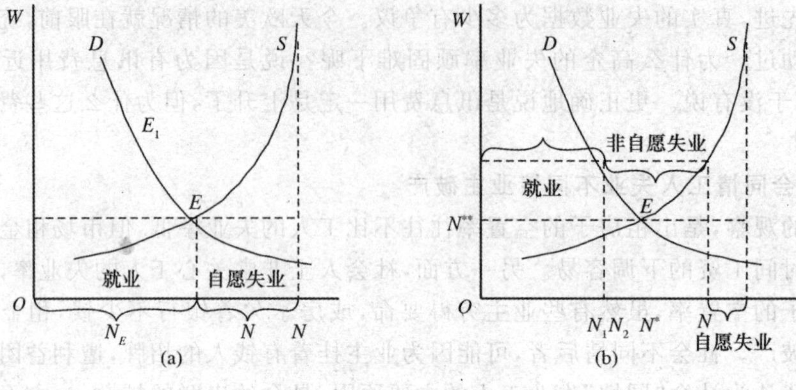

图 20-1 失业的解释图

图中，横轴为劳动力数量，纵轴为劳动力价格，即工资率。曲线 D 为劳动需求曲线，曲线 S 为劳动供给曲线。图 20-1(a)描述的是竞争性的劳动力供给需求的一般情况。市场的均衡点在 E 点，工资水平为 W^*。在竞争性的、市场出清的均衡状态之下，厂商愿意雇佣接受市场工资水平位 W^* 的合格工人，雇佣的数量为 N_E。在 W^* 的工作水平上，另有数量为(N^*-N_E)的工人，他们虽愿意工作，但却要求较高的工资，现行的市场工资率不能满足他们，所以他们被认为是自愿失业的。在现行工资率下，自愿失业者可能更偏好闲暇或其他活动。他们可能属于摩擦性失业，也可能正在寻找第一份工作，也可能是生产率较低的劳动力，相对于较低收入的工作，他们更愿意享受福利和失业保险。

图 20-1(b)显示的是非出清的劳动市场情况，该图说明没有伸缩性的工资怎样导致非自愿失业。一次经济波动使劳动市场工资过高，劳动的价格是 W^{**} 而不是均衡工资或市场出清的工资 W^*。

在过高的工资率下，寻找工作的合格工人的数量大于提供的工作职位数。愿意在工资 W^{**} 下工作的工人数量是 N_2，而企业愿意雇佣的数量则为 N_1。由于工资高于市场出清水平，于是出现劳动价格供给过剩，(N_2-N_1)表示的是这部分非自愿失业的失业者的数量。在劳动供给过剩的情况下，企业雇佣劳动力时将会提出更严格的技能要求，雇佣最有资格、最有经验的劳动者。

图 20-1(b)所说明的非自愿失业理论假定工资是刚性的，由此引出进一步的问题：为什么工资不上下浮动以便实现市场出清？为什么劳动市场不像谷物、玉米和普

通股票那样的市场？这些问题还存在争议，经济学家没有形成共识。

20.2　失业的原因

为考察失业的原因，我们把失业分为摩擦性失业、结构性失业和周期性失业三种类型，其中，周期性失业是由于整体经济的周期变化而引起的，即经济的需求下降而造成的失业，我们在前文已经对周期性失业的原因作出了解释。本节重点分析摩擦性失业和结构性失业的原因。

20.2.1　摩擦性失业的原因

在现实中，工人的偏好与能力不同，工作也有不同的属性，而且求职者和职位需求的信息流动也是不对称的，工人在不同地区间的流动也不是迅速能实现的。所以找一份合适的工作需要时间和努力，这往往会降低入职率。从这一点上说，摩擦性失业又可描述为工人在工作搜寻过程中所引起的失业。

一般地说，一些摩擦性失业是难以避免的。在现实中，企业和家庭需要的产品类型随着时间变化。随着产品需求的变动，对生产这些产品的劳动力需求也在改变。例如，个人电脑的发明减少了对打字机的需求和对打字机的劳动力的需求。类似地，由于不同地区生产不同产品，可能一国某个地方的劳动力需求在增加而另一个地方的劳动力需求在下降。人们把需求在不同行业和地区之间的构成变动称为部门转移。由于部门转移总在发生，且工人改变部门需要时间；此外，当工人所在的企业倒闭了，或由于主观和客观的原因，工人离职了，工人们找到新工作都需要花费时间和努力。所有这些就意味着产生了摩擦性失业。

在劳动市场上，企业和工人都在搜寻，但两者的搜寻目标也不相同。工人想得到令人愉快并且体面的高薪工作，而企业则搜寻能够胜任特定工作且索要的工作水平合理的好员工。而工作匹配需要时间，同时自愿或被迫离开工作岗位的工人在找到新工作之前，都将会经历一段失业的时间。

20.2.2　结构性失业的原因

结构性失业是指劳动力的供给和需求不匹配所造成的失业，其特点是既有失业，又有职位空缺。失业者因为没有合适的技能或者居住地点不当，所以无法填补现有的职位的空缺。

结构性失业的一个来源是工作刚性（Wage rigidity），即工资不能调整到使劳动市场供给等于需求从而消除失业的水平。本章的第一节的图 20-1(b)已经说明了没有伸缩性的工资，即工资刚性如何导致失业，在那里只是解释非自愿失业。由于结构性失业与非自愿失业会有重合和交叉，因此该图形也可以解释结构性失业。在工资刚性的情况下，工人失业并不是因为他们积极寻找最适合于他们个人技能的工作，而是因为愿意工作的人数与可以得到的工作人数之间存在根本性的不匹配。在现行工资水平下，劳动供给量超过劳动需求量，所以许多工人只是在等待招工。

既然工资刚性是结构性失业的一个来源，那么工资刚性的原因又是什么呢？西方学者给出了三个原因：最低工资法、效率工资和工会的垄断力量。下面说明前二者。

为了减少贫困和降低收入不平等，一些国家先后颁布了最低工资法案。以美国为例，美国政府在1938年通过了该国的最低工资法《公平劳动标准法案》，该法案的最低工资一般为制造业平均工资的30％～50％，现在是每小时7.25美元。对大多数工人来说，最低工资约束不起作用，因为他们的小时工资高于这一水平。但对一些不熟练的工人和缺乏经验的工人来说，最低工资将他们的工资提高到均衡水平之上。因此，最低工资减少了企业对劳动的需求。

效率工资理论认为，高工资使工人的生产效率更高。所以企业一般不会消减工资，因为尽管消减工资减少了企业的工资总额，但它还会降低工人的生产率和企业利润。

西方学者提出了各种理论来解释工资如何影响工人的生产率。一种理论认为，高工资减少了劳动的更替。在现实中，员工有很多原因辞职，如接受了其他企业更好的职位、改变职业或迁移到另一个地方。企业给工人支付的工资越高，工人留在企业的激励就越大。企业通过支付高工资减少了工人辞职的频率，不仅减少了用于雇佣和培训新工人所花费的时间和金钱，而且保证了企业各项业务工作的连续性。另一种理论认为，高工资提高了工人的努力程度。一般来说，企业不可能完全监督其员工的努力程度，员工必须自己决定工作的努力程度。员工可以努力工作，也可以选择偷懒及冒着被发现和被解雇的风险，这便是微观经济学所提出的道德风险的例子。在这种情况下，企业通过支付高工资减少道德风险问题。工资越高，工人被解雇的代价越大。通过支付高工资，企业可以促使更多的员工不偷懒，从而提高了生产效率。

20.3　失业的影响与奥肯定律

20.3.1　长期失业的消极影响

美国经济的疲软促使经济学家研究失业对个人和整个经济的影响，研究结果令人失望，因为失业的影响是灾难性的，并且长时间存在。

居民失业，即使最后能够重新就业，但是失业对潜在收入、健康和对孩子前途的消极影响是持续性的。并且，找到新工作越迟，对他们的打击就越大。

2009年的一份研究报告显示，20世纪80年代经济危机时失业的人20年后的收入是没有失业的人的80％。该研究报告关注大规模的裁员限制了选择性裁员的结果。

失业对健康也有消极的影响。2009年的研究报告显示，在20世纪80年代失业的40岁的宾夕法尼亚工人，其平均寿命至少比没有失业的人减少1年。

2008年发布的文章显示了更加糟糕的结果，该文章说，家长失业对孩子的消极影响是永久的。该研究报告从1970年就跟踪了39000名加拿大家庭，结果显示失业家庭的孩子比没有失业家庭的孩子的收入减少9%。但是该研究并没有考虑到失业的持续时间对收入、健康、孩子的影响，比如家长失业一年的消极影响是否就比失业3个月的影响较大，这个问题并没有被考虑进去。

20.3.2　奥肯定律的含义

奥肯定律(Okun'slaw)失业意味着生产要素的非充分利用，失业率的上升会伴随着实际GDP的下降，描述失业率和GDP之间的这一关系的经验规律称为奥肯定律。

由美国经济学家阿瑟·奥肯提出的，用来近似地描述失业率和实际GDP之间的交替关系。其内容是，失业率每高于自然失业率1%，实际GDP便低于潜在GDP2%。例如，假定失业率为8%，比自然失业率高2%，那么按照奥肯定律，实际GDP就比潜在GDP低4%。

然而，这条定律如今在中国似乎不灵了。因为，当中国正在为经济增长欢呼时，却发现失业率也在增长。中国经济增长，有很大一部分得益于先进科学技术的大面积运用。机器代替了人力，导致了失业率的上升。

20.3.3　奥肯定律操作实务——中国

从中国的实际情况看，虽然经济增长无疑是就业增长的前提，但是，高经济增长并没有创造出人们期望的那么多的就业岗位。中国20世纪80年代以来经济保持了较高速度的增长率，年平均达到9.4%，但并没有带来就业的相应增长。1985—1990年，中国GDP年平均增长率为7.89%，同期就业人口年平均增长率为2.61%；1991—1995年，中国GDP年平均增长率为11.56%，同期就业人口年平均增长率为1.23%；1996—1999年，中国GDP年平均增长率为8.30%，同期就业人口年平均增长率为0.96%。数据显示，1991年以来，中国GDP增长对就业的拉动作用与前期相比有较大幅度的降低，奥肯定律在中国出现变异。

20.3.4　奥肯定律变异的原因分析

首先，中国经济距离长期的良性发展还有一定差距。中国长期以来一直坚持“增长优先论”，经济在改革开放以来出现了飞速增长的势头。但中国的经济增长在很大程度上只是表现在GDP的大幅增长，还没有实现真正的经济全面发展。因为经济发展不仅意味着产出的增加，还意味着随着产出增加而出现的投入与产出在结构上的变化，即经济结构、经济制度和运行机制变化在内的经济进步。在中国经济快速增长的这段时期，经济中的深层次问题并没有随着 GDP 的增长而得到全面解决，中国国民生产总值中农业的比重还相当大；第三产业的比重和同阶段的发达国家相比比重偏低；国有企业的诸多问题还没有彻底解决；劳动力教育和培训水平还跟不上形势的需要。

其次，中国国有企业改革加大了当前的就业压力。中国的国有企业在国民经济中占有相当大的比重，而且普遍存在冗员数量庞大、效率低下的问题。在市场经济改革中，相当多的人员离岗或下岗，但由于这些被释放出的劳动力普遍年龄偏大，所拥有的技能有限，在市场竞争中没有优势，而经济增长对过剩劳动力的吸收能力又远小于市场供给，导致相当多的人员在下岗后不能重新就业。因此反映在统计中的数据是国有企业效率得到提高，盈利能力增强，GDP 逐年增长，但失业率却处于上升趋势。

再次，农村剩余劳动力大量向城镇转移是另一原因。据统计，目前中国农村劳动力有 4.5 亿，剩余劳动力有近两亿人，每年有 1000 余万人转入城镇现代部门就业，而这些就业人员一般没有列入到统计中的从业人数中去，但占据了计入统计中的城镇需就业、再就业人员的岗位，使得这些年尽管经济增长较快，但城镇登记失业率却在不断上升。

20.4 通货膨胀的描述

今天，如果你想买一斤猪肉，你需要 9～15 元人民币。但情况也并不总是这样，在 20 世纪 70 年代，一斤猪肉只需要 0.9 元人民币。

对猪肉价格的上升你也许不会感到奇怪。在我们的经济中，大多数价格往往一直在上升。在过去的 70 年间，美国的物价平均每年上升 4%左右，这些年来每年 4%～7%的通货膨胀率的积累，使物价水平上升了 16 倍。公众往往把这种高通货膨胀率看作一个主要的经济问题。

20.4.1 通货膨胀的定义

通货膨胀(Inflation)指因货币供给大于货币实际需求，也即现实购买力大于产出供给，导致货币贬值而引起的一段时间内物价持续而普遍的上涨现象。其实质是社会总需求大于社会总供给，纸币、含金量低的铸币、信用货币的过度发行都会导致通胀。

经济学界对于通货膨胀的解释并不完全一致，一般定义为：在信用货币制度下，流通中的货币数量超过经济实际需要，而引起的货币贬值和物价水平全面而持续的上涨。

定义中的物价上涨不是指一种或几种商品的价格上升，也不是物价水平一时的上升，一般指物价水平在一定时期内持续普遍的上升过程，或者是货币价值在一定时期内持续的下降过程。

可见，通货膨胀不是指这种或那种商品及劳务的价格上涨，而是物价总水平的上升。

20.4.2　通货膨胀的表现形式

一般来说，通货膨胀必然引起物价上涨，但不能说凡是物价上涨都是通货膨胀。影响物价上涨的因素是多方面的。

1. 纸币的发行量必须以流通中所需要的数量为限度，如果纸币发行过多，引起纸币贬值，物价就会上涨。

2. 商品价格与商品价值成正比，商品价值量增加，商品的价格就会上涨。

3. 价格受供求关系影响，商品供不应求时，价格就会上涨。

4. 政策性调整，理顺价格关系会引起物价上涨。

5. 商品流通不畅，市场管理不善，乱收费、乱罚款，也会引起商品价格的上涨。

可见，只有在物价上涨是因纸币发行过多而引起的情况下，才是通货膨胀。

20.4.3　通货膨胀的类型

1. 按发生原因分

需求拉动型。总需求过度增长引起的通货膨胀。

成本推进型。由于工会力量或行业垄断引起工资水平或利润水平的提高超过物价上涨水平而推动通货膨胀。

结构型。由于部门性经济结构不均衡引起的通货膨胀。

混合型。需求、成本和社会经济结构共同作用引起的通货膨胀。

财政赤字型。因财政出现巨额赤字而滥发货币引起的通货膨胀。

信用扩张型。指由于信用扩张，即由于贷款没有相应的经济保证，形成信用过度创造而引起的通货膨胀。

输入型，指由于进口商品的物价上升、费用增加而引起的通货膨胀。

2. 按表现状态划分

开放型。也称公开的通货膨胀，即物价可随货币供给量的变化而自由浮动。

抑制型。也称隐蔽的通货膨胀，即国家控制物价，主要消费品价格基本保持人为平衡，但表现为市场商品供应紧张、凭证限量供应商品、变相涨价、黑市活跃和商品走后门等的一种隐蔽性的一般物价水平普遍上涨的经济现象。

3. 按通货膨胀程度划分

低通货膨胀。低通货膨胀(Low Inflation)的特点是，价格上涨缓慢且可以预测。我们或许可以将其定义为年通货膨胀率为 1 位数，即小于 10%的通货膨胀。

此时的物价相对来说比较稳定，人们对货币比较信任。

急剧通货膨胀。当总价格水平(a stander of price level)以每年 10%到 100%的

比率上涨时，即产生了这种通货膨胀。

这种通货膨胀局面一旦形成并稳固下来，便会出现严重的经济扭曲。

恶性通货膨胀。恶性通货膨胀（Hyperinflation）的特点是，总价格水平以高于每年100%的比率上涨，货币几乎无固定价值，物价时刻在增长，其灾难性的影响使市场经济变得一无是处。

20.4.4 通货膨胀的成本

从20世纪70年代后期开始，通货膨胀日益影响着我们的生活。为什么通货膨胀以及通货膨胀率会如此受关注呢？其原因是通货膨胀在多数人眼中是一个严重影响生活质量的经济问题，并且他们切身感受到了通货膨胀对生活的影响。

1. 通货膨胀对居民购买力的影响

在街上随便找个路人问他：多数商品涨价了，你觉得是好事还是坏事啊？估计100%的答案是：坏事。因为涨价直接抢走了他好不容易赚到的钱，能够买到的东西越来越少了，这种变相的剥削怎么能是好事呢？显然，普遍物价上涨或者我们称为"通货膨胀"的现象，直接降低了人们的物质生活水平。

表面上的确是这样的。可是深究其理，却发现其中实在有一个谬误存在。

当商品价格上涨时，购买者为他们的消费行为支付了更多的货币，而此时商品和劳务的所有者却从他们所售卖的东西中得到了更多。这种购买与支付的现象存在于流通的每一个环节。于是，家庭（或个人）因其转让劳动、资本或者土地而形成的收入也会由于通货膨胀的出现而增加，可见收入的增加与物价的上涨是同步的。所以，通货膨胀其实并没有降低人们的实际购买力。

既然如此，即名义收入与物价上升具有一致性，为什么通货膨胀还是一个困扰我们生活的大问题呢？其实，经济学家也不知道答案。相反的，经济学家们给出了几种通货膨胀的成本。每一种成本都说明了一个经济社会持续的货币供给增长，实际上是以某种方式对真实价格或收入变量产生的某种影响。

2. 皮鞋成本

也称作"鞋底成本"，是指在通货膨胀发生时，人们必然频繁地出入银行去存钱或取钱，以保证自有资金的市值。频繁光顾银行必然使鞋底磨损得较快，人们为此付出的代价称为鞋底成本。鞋底成本是一种形象化的说法，其内涵是说个人为了减少货币持有量而产生的成本。

为什么通货膨胀了我们就要频繁地出入银行呢？

简单地说，由于通货膨胀吞噬着我们口袋中货币的实际购买力，所以我们可以通过减少货币持有量来避免通货膨胀的影响。在这里，因减少货币持有量而形成的成本称为通货膨胀的皮鞋成本。当然，减少货币持有量的实际成本不是鞋的磨损，而是为了使手头保留的钱少于没有通货膨胀时的数量，我们必须牺牲的时间与便利。

3. 菜单成本

是指零售商对商品价格进行调整时所形成的成本。因调整价格所形成的成本称为菜单成本，它源于餐馆印刷新菜单的成本。如果细分菜单成本的话，它应该包括：定价成本、印制新清单及目录成本、递送客户成本和宣传变价的广告成本等，更有甚者，还应该包括处理变价所形成的纠纷的成本。

菜单成本的出现也与通货膨胀紧密相连。这部分支出不仅增加了企业的负担，还会加剧人们对通货膨胀的不良认知。

4. 相对价格变动与资源配置不当

在市场经济条件下资源配置的基本方式是相对价格机制。也就是说消费支出的确定，是通过不同的具有可替代性的商品和劳务之间的价格和质量的对比来完成的，即我们通常所说的"性价比"。消费者的这些决策，最终决定了稀缺的生产要素如何进行配置。但是价格调整往往需要一定的时间，而通货膨胀使相对价格常常是扭曲的，导致资源配置不当。

假设：年初时牛肉面的价格是 5 元/碗，牛肉是 6 元/两，小菜 1 元/份，卤鸡蛋 1 元/个。于是牛肉面馆的菜单在每年的 1 月份印制完成，并在一年中保持不变。如果没有通货膨胀，牛肉面的相对价格——与其他同类商品价格相比的价格也会在一年中固定不变。与此相反，假设年通货膨胀率为 12%，这就意味着牛肉面的相对价格每个月会自动下降 1%。那么，对于牛肉面馆而言，在刚刚印了新菜单后的最初几个月，由于牛肉面的价格相对较高，通货膨胀的影响并不明显，但是随着时间的推移，通货膨胀的影响日益明显，也日益干扰着牛肉面经营者的利益。而且，通货膨胀率越高，这种影响就越大。但是由于菜单成本的存在，产品价格在一段时期内只变动一次，所以通货膨胀引起的相对价格的变动就比没有通货膨胀时大。于是，当他们决定进行资源配置时，通货膨胀实际上已经扭曲了相对价格，消费者的决策也被扭曲了，市场也就不能把资源配置到其最好的用途中去。

5. 混乱与不方便

通货膨胀还会扰乱货币作为价值尺度的职能，引起交易的混乱与不便。

众所周知，货币的基本职能之一就是价值尺度，是用来表示商品价格和进行日常交易记录、统计债权债务关系的。而且，现代经济生活中，货币不仅承担着国内交易职能，还担负着国际贸易结算工具的职能。

中央银行的工作之一就是保证常用货币计量单位的可靠性。当央行增加货币供给并引起通货膨胀时，就等于侵蚀了单位货币的真实价值，导致货币初始购买水平发生变化。但是要判断通货膨胀引起的混乱和不方便以及形成的成本是困难的。当价格一直在上升时，会计师会错误地衡量企业的收入。因为通货膨胀使不同时期的货币有不同的真实价值，所以，在存在通货膨胀的经济中计算企业利润要更复杂。因此，在某种程度上，通货膨胀使投资者不能区分成功与不成功的企业，这又抑制了金融市场在把经济中的储蓄配置到不同类型投资中的作用。

6. 未预期到的通货膨胀的特殊成本:任意的财富再分配

当通货膨胀的发生出乎意料时,还会发生额外的成本。未预期到的通货膨胀以一种既与才能无关又与需要无关的方式重新分配财富,这种再分配的发生是因为经济中许多贷款是按计价单位——货币来规定贷款条件的。

来看一个例子。假设学生杰克以 7%的利率从银行贷款 2 万美元用于上大学,10 年后贷款将到期。这笔债务按 7%的复利计算,10 年后杰克将欠银行 4 万美元。这笔债务的真实价值将取决于这 10 年间的通货膨胀。如果 10 年间发生超速通货膨胀,工资和物价将会升高,杰克只用一点儿零钱就可以偿还这 4 万美元的债务。与此相反,如果经济中发生了严重的通货紧缩,杰克的 4 万美元的债务负担比他预期的要大得多。

这个例子说明,未预期到的物价变动会在债务人和债权人之间进行财务再分配。超速通货膨胀以损害银行的利益为代价使杰克变得更富有,因为这种通货膨胀减少了债务的真实价值,杰克可以用不如他预期的那样值钱的美元来偿还贷款。通货紧缩使银行以损害杰克的利益为代价变得更富有,因为债务的真实价值增加了。

7. 结论

当中央银行创造了大量货币时,货币的价值就迅速下降。为了维持物价稳定,中央银行必须保持对货币供给的严格控制。

通货膨胀的成本是较为隐蔽的。这种成本包括皮鞋成本、菜单成本、相对价格变动的加剧、混乱与不方便以及任意的财富再分配。这些成本在总量上是大还是小呢?所有经济学家一致认为,在超速通货膨胀时期这些成本是巨大的。但温和通货膨胀时(上升小于 10%时),这些成本的大小则尚无定论。

20.5 通货膨胀的衡量—消费价格指数(CPI)

在宏观经济学中,常用消费价格指数、生产者价格指数、GDP 折算指数对通货膨胀进行度量。关于生产者价格指数和 GDP 折算指数,本书其他章节已介绍,这里不再赘述。现简要介绍一下消费价格指数。

为了比较 10 年前和今天的猪肉价格,我们需要找到一种把美元或者人民币数字变成有意义的购买力衡量指标的方法。这正是被称为消费价格指数的统计数字的工作。

消费价格指数是用来监测生活费用随着时间的推移而发生的变动的。当消费物价指数上升时,一般家庭必须支出更多的钱才能维持同样的生活水平。

20.5.1 消费价格指数(CPI)

CPI 反映一定时期内居民所消费商品及服务项目的价格水平变动趋势和变动程度。居民消费价格水平的变动率在一定程度上反映了通货膨胀(或紧缩)的程度。通俗地讲，CPI 就是市场上的商品和劳务价格增长百分比。

一般市场经济国家认为 CPI 增长率在 2%～3%属于可接受范围内，当然还要看其他数据。CPI 过高始终不是好事，因为高速经济增长率会拉高 CPI，当物价指数增长速度快过居民平均收入的增长速度时，居民的实际收入就开始下降。

20.5.2　中国的消费价格指数(CPI)构成

1. 2015 年 CPI 构成和各部分比重

(1) 食品 31.79%；

(2) 烟酒及用品 3.49%；

(3) 居住 17.22%；

(4) 交通通信 9.95%；

(5) 医疗保健个人用品 9.64%；

(6) 衣着 8.52%；

(7) 家庭设备及维修服务 5.64%；

(8) 娱乐教育文化用品及服务 13.75%。

2. 中国社科院于 2015 年 12 月 7 日发布 2012 年《经济蓝皮书》

蓝皮书指出，2011 年，我国 *CPI* 上涨率持续高位运行，2011 年前三个季度居民消费价格平均上涨 5.6%。随着翘尾因素的逐步减弱，*CPI* 涨幅在第四季度有所回落。10 月份，*CPI* 从 9 月的 6.1%下降到 5.5%。

根据全年的情况，蓝皮书预测，2011 年全年的 *CPI* 涨幅可能达到 5.5%左右。2012 年物价总水平增长呈回落态势，预计 2012 年 *CPI* 上涨 4.6%。

20.5.3　*CPI* 的计算公式

CPI 的计算公式是：

$$CPI=\frac{\text{一组固定商品按当期价格计算的价值}}{\text{一组固定商品按基期价格计算的价值}}\times 100\%$$

采用的是固定权数按加权算术平均指数公式计算，即 $K=\sum KW/\sum W$，固定权数为 W，其中公式中分子的 K 为各种销售量的个体指数。

CPI 表示对普通家庭的支出来说，购买具有代表性的一组商品，在今天要比过去某一时间多花费多少。例如，若 1995 年某国普通家庭每个月购买一组商品的费用为 800 元，而 2000 年购买这一组商品的费用为 1 000 元，那么该国 2000 年的消费价格指数为(以 1995 年为基期)：

$$CPI=\frac{1\,000}{800}\times 100\%=125\%$$

也就是说上涨了：(125%－100%)＝25%。

20.5.4 通货膨胀率

在日常生活中我们更关心的是通货膨胀率，它被定义为从一个时期到另一个时期价格水平变动的百分比，其计算公式为：

$$\pi_t = \frac{P_t - P_{t-1}}{P_{t-1}}$$

式中，π_t 为 t 时期的通货膨胀率；P_t 和 $P_{(t-1)}$ 分别表示 t 时期（代表报告期）和 t-1 时期（代表基期）的价格水平。

如果用上面介绍的消费价格指数来衡量价格水平，则通货膨胀率就是不同时期的消费价格指数变动的百分比。

假如一个经济体的消费价格指数，从去年的 100 增加到今年的 112，那么这一时期的通货膨胀率就为：

$\frac{112-100}{100} \times 100\% = 12\%$ 就是说通货膨胀率为 12%，表现为消费品物价上涨 12%。

现期中国的 *CPI* 指数是以上年为基期（100）计算得出的，而不是以历史某一确定时点作为基期，详情可参照国家统计局的网站。

20.5.5 核心 *CPI*

所谓核心 *CPI*，是指将受气候和季节因素影响较大的产品价格剔除之后的居民消费价格指数。目前，我国对核心 *CPI* 尚未明确界定，美国是将燃料和食品价格剔除后的居民消费价格指数为核心 *CPI*。

20.6 通货膨胀的原因及经济效应

关于通货膨胀的原因，西方经济学家提出了种种解释，可分为三个方面：第一个方面为货币数量论的解释，这种解释强调货币在通货膨胀过程中的重要性；第二个方面是用总需求与总供给来解释，包括从需求的角度和供给的角度的解释；第三个方面是从经济结构因素变动的角度来说明通货膨胀的原因。下面依次加以说明。

20.6.1 古典主义、货币主义和理性预期学派的解释

古典主义对通货膨胀的原因的解释可以用交易方程式来说明。我们知道，交易方程式是 $MV=PY$，于是有

$$\ln M + \ln V = \ln P + \ln Y \Rightarrow \frac{dM}{M} + \frac{dV}{V} = \frac{dP}{P} + \frac{dY}{Y} \Rightarrow \frac{dP}{P} = \frac{dM}{M} + \frac{dV}{V} - \frac{dY}{Y}。$$

这说明，通货膨胀率等于货币供给的增长率加上货币流通速度的增长率，再减去实际国民收入的增长率。

根据古典主义的假定，货币的流通速度保持不变，即 dV/V 等于零。古典主义认

为充分就业是经济中的正常状态，随着时间的推移，总供给会随着技术进步，资本积累和劳动力供给的增加而增加。如果货币供给的增长率和实际产出（实际国民收入）的增长率相同，在古典主义模型中，这意味着总需求和总供给以相同的速度在增长，结果，价格水平的上涨率，即通货膨胀率为零。如图 20-2 所示。原来的价格水平是 P_0，总供给曲线向右移动，货币供给的增加使总需求曲线也以相同的速度向右移动，结果价格水平保持不变。当货币供给的增长率高于经济增长率时，将会发生通货膨胀。而且，货币供给增长得越快，通货膨胀率也就越高。因此，在古典主义看来，通货膨胀是一种货币现象。

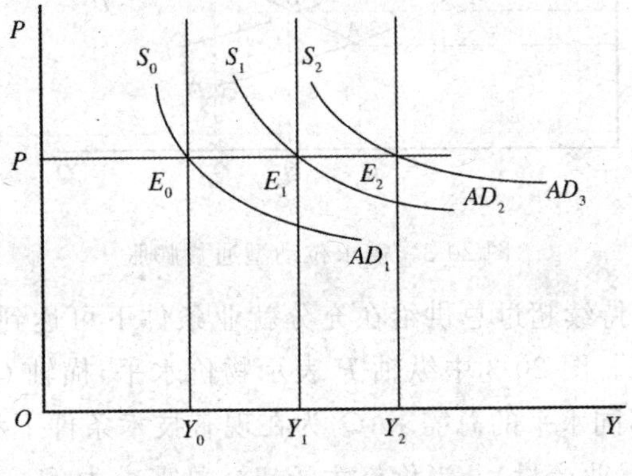

图 20-2　总供给、总需求与通货膨胀

货币主义关于通货膨胀的原因的解释与古典主义非常相似。他们也认为通货膨胀是一种货币现象。与古典主义不同之处是货币主义认为，在短期，货币供给的增长既会引起价格水平上升，又会导致实际产出增加。但是在长期，货币供给的主要效果是价格水平的上升，即通货膨胀。

理性预期学派关于通货膨胀原因的解释与古典主义基本相同。他们也认为通货膨胀是一种货币现象。而且他们认为，被公众预期到的货币供给的增加只对价格水平产生影响。

20.6.2　需求拉动型通货膨胀

需求拉动型通货膨胀又叫超额需求拉动通货膨胀，又称菲利普斯曲线型通货膨胀。是凯恩斯先提出来的，认为总需求超过了总供给，拉开"膨胀性缺口"，造成物价水平普遍持续上涨，即以"过多货币追求过少商品"。

需求拉动型通货膨胀是当经济中实现了充分就业时，表明资源已得到充分利用，在此条件下，如果总需求继续增加，闲置的机器设备由于已全部使用上了。过度的需求不仅不会促使产量增加反而引起物价上涨，产生通胀。此处，特别强调是超额需求（区别于成本推动型通胀，成本推动型通胀是在无超额需求的情况下，由于供给方面成本的上升所导致）。后来又有人补充，当经济中未实现充分就业时，由于需求增加后，总供给的增加无法迅速满足总需求的要求便产生了暂时的供给短缺，从而推动了价格水平，产生通胀。由于经济尚未达到充分就业，价格水平的上涨仍会刺激总供给逐渐增加，从而也使国民收入随之增加。

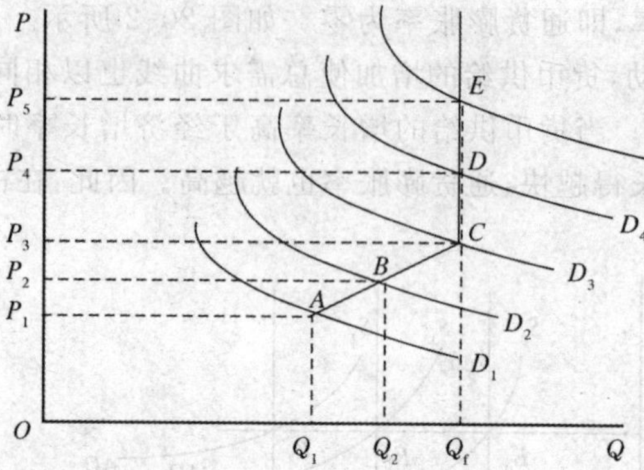

图 20-3　需求拉动型通货膨胀

因总需求的增长持续超过总供给在充分就业条件下可达到的水平，而导致的价格总水平的持续上涨。图 20-3 中纵轴 P 表示物价水平，横轴 Q 表示产量水平；D_1、D_2、D_3、D_4、D_5表示不同水平的总需求；Q_f 为在现有技术条件下利用现有资源所能生产的最大产量（充分就业产量）。当价格为 P_1时，总需求为 D_1，产量为 Q_1；当价格为 P_2时，总需求为 D_2，产量为 Q_2；当价格为 P_3时，总需求为 D_3，产量为 Q_f。这时在现有资源和技术条件约束下的产量已达到最大，因此，总需求继续增大（由 D_3分别上升为 D_4、D_5），将不可能引起产量增加（仍为 Q_f），而价格则由 P_3分别上升到 P_4、P_5。

把 A、B、C、D、E 连成一线，可以得到通货膨胀轨迹。其中，CE 段意味着过度需求的存在，所以 CE 段被称为真正的通货膨胀。

引起需求拉动型通货膨胀的实际因素主要有：

第一，政府财政支出超过财政收入而形成财政赤字，并主要依靠财政透支来弥补；

第二，国内投资总需求超过国内总储蓄和国外资本流入之和，形成所谓的“投资膨胀”；

第三，国内消费总需求超过消费品供给和进口消费品之和，形成所谓的“消费膨胀”。

上述三个因素中任何一个发生作用，在其他条件不变时都会导致总需求与总供给的缺口，这种缺口只能通过物价上涨才能弥合，这就引起了通货膨胀。

需求拉动型通货膨胀还可能由货币因素引起。经济学意义上的需求都是指有支付能力的需求。上述实际因素引起的过度需求虽然最初在非金融部门中产生，但若无一定的货币量增长为基础，便不可能形成有支付能力的需求。换言之，过度的需求必然表现为过度的货币需求。从货币因素考虑，需求拉动型通货膨胀可以通过两条途径产生：

(1) 经济运行对货币需求大大减少，于是，即使货币供应无异常增长，原有货币存量也会相对过多；

(2) 在货币需求量不变时，货币供应增加过多。一般情况下，后者是货币因素造成需求拉动型通货膨胀的主要因素。

根据过度需求形成的机制，需求拉动型通货膨胀还可以进一步区分为：

(1) 自发性通货膨胀，由总需求的扩张独立于实际的或预期的成本变动而造成。

(2) 诱发性通货膨胀，由成本增加带动收入和工资增加，进而导致高消费支出所造成。由于厂家在成本上升时或减少持有的现金余额，或需要更多的银行贷款，因此，这时导致总需求扩张的成本上升，必然与货币供应增加相联系。

(3) 支持性通货膨胀，表现为政府利用财政政策、货币政策扩大总需求或补偿成本膨胀引起的总需求下降，因此，又称政策性需求拉动型通货膨胀。

20.6.3 成本推动型通货膨胀

成本推动通货膨胀又称成本通货膨胀或供给通货膨胀，是指在没有超额需求的情况下由于供给方面成本的提高所引起的一般价格水平持续和显著的上涨。来自供给方面的冲击主要是受国际市场供给价格和数量的变化，农业的丰欠以及劳动生产率变化而造成的“工资推动”或“利润推动”。

总需求水平不变。假定总需求不变，成本推动型的通货膨胀，在促使价格上涨的同时，会引起供给水平的下降，具体情况如图 20-4 所示。

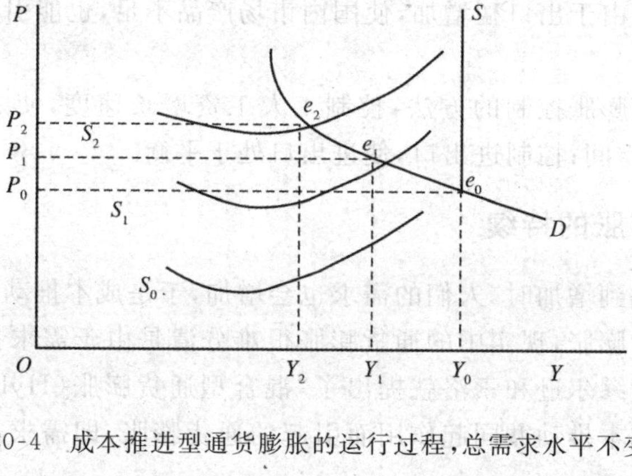

图 20-4 成本推进型通货膨胀的运行过程，总需求水平不变时

在图 20-4 中，S 为总成本曲线，D 曲线表示总需求曲线(此处假定不移动)，OY_0 为资源充分利用时的产量(最大潜在供给)。最初的状态是，总需求曲线 D 与总成本曲线 S_0 相交于 e_0 点，e_0 对应的价格水平或通货膨胀率为 P_0，产量为 Y_0(最大产量)。当现实经济运行中出现了货币工资率的增长超过边际劳动生产率的增长，和企业为追逐更大利润而大幅度提高价格时，总成本曲线会从 S_0 移到 S_1 或 S_2，总成本增加。在总需求曲线不动的条件下，随着总成本曲线向左上方的移动，价格水平或通货膨胀

也就从 P_0不断上升到 P_1或 P_2，实际产量由 Y_0降到 Y_1或 Y_2。

成本推动通货膨胀由于成本上升时的原因不同，可以分为三种类型：工资推动、利润推动、进口和出口推动。

1. 工资推进通货膨胀

总需求不变的条件下，如果工资的提高引起产品单位成本增加，便会导致物价上涨。在物价上涨后，如果工人又要求提高工资而再度使成本增加，便会导致物价再次上涨。这种循环被称为工资—物价"螺旋"。许多经济学家将欧洲大多数国家在20世纪60年代末70年代初经历的通货膨胀认定为工资推动的通货膨胀。如，在联邦德国，工时报酬的年增长率从1968年的7.5%跃居到1970年的17.5%。在同一时期，美国的工时报酬年增长率由7%上升到15.5%。

主要原因：工会或某些非市场因素压力的存在，会使工人货币工资增长率超过劳动生产率的增长。

2. 利润推进通货膨胀

寡头企业和垄断企业为保持利润水平不变，依靠其垄断市场的力量，运用价格上涨的手段来抵消成本的增加；或者为追求更大利润，以成本增加作为借口提高商品价格，从而导致价格总水平上升。其中最为典型的是，在1973至1974年，石油输出国组织(OPEC)历史性地将石油价格提高了4倍，到1979年，石油价格又被再一次提高，引发"石油危机"。

3. 进口和出口推动通货膨胀

进口和出口推动通货膨胀，由于进口品价格上涨，特别是进口原材料价格上涨，引起的通货膨胀。由于出口猛增加，使国内市场产品不足，也能引起物价上涨和通货膨胀。

成本推动通货膨胀控制的方法：控制工人工资增长速度，使之与生产率增长同步；压缩企业利润空间；控制进出口，使进出口处于平衡。

20.6.4 通货膨胀的持续

由于当工资得到增加时，人们的需求也会增加，于是成本推动型通货膨胀也会启动需求拉动型通货膨胀，现实中的通货膨胀很难分清是由于需求拉动的还是成本推动的。经济学家萨缪尔逊和索洛就提出了"混合型通货膨胀(Hybrid Inflation)"，是指由需求拉上和成本推动共同起作用而引起的通货膨胀，即需求与成本因素混合的通货膨胀。

在一般情况下，供给型通货膨胀会得到需求扩张的支持。因为，如果出现了单一的供给型通货膨胀，政府是不会容忍实际产量的下跌和失业率的大幅度上升的。所以政府迟早会通过扩张性的宏观经济政策去增加需求。此时，供给型通货膨胀也就演化成供给——需求混合型的通货膨胀了。为了分析的方便，我们将混合型的通货膨胀分为"螺旋式"混合型通货膨胀和"直线式"混合型通货膨胀。

1. “螺旋式”混合型通货膨胀

这种混合性通货膨胀生成的初始动因来自于生产领域，它与供给型通货膨胀相比有四个基本的特征：一是起因于成本推动；二是总需求不断扩张；三是实际产量不会下降；四是价格水平是“螺旋式”上升。图 20-5 说明的就是这种情况。

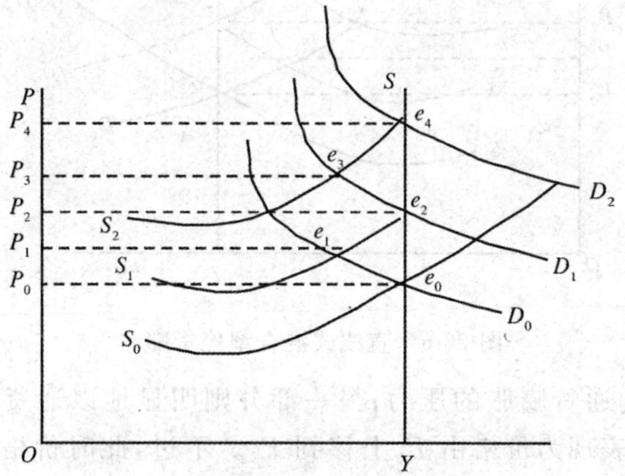

图 20-5　螺旋式混合型停货膨胀

图 20-5 中，随着总成本曲线从 S_0 向 S_1 再向 S_2 移动时，为了不减少实际产出和就业率，政府常常会通过增发货币的办法来拉动需求和扩大投资规模。这样总需求曲线就会由 D_0 向 D_1 移动，接着向 D_2 移动。在总需求曲线和总供给曲线分别向右上方和左上方移动的过程中，价格水平沿着 $e_0 \rightarrow e_1 \rightarrow e_2 \rightarrow e_3 \rightarrow e_4$ 这样的路径盘旋着向上攀升。在此过程中，价格由 P_1 上升到 P_4，在经济体中出现了明显的持续性通货膨胀。

2. “直线式”混合型通货膨胀

与螺旋形通货膨胀不同的是这种通货膨胀的初始动因发端于流通领域而非生产领域，这就使得“直线型”通货膨胀的生成路径不同于“螺旋形”通货膨胀。

“直线式”混合型通货膨胀是需求拉上型通货膨胀，开始于流通领域。有四个基本要点：一是需求的过度扩张；二是要求价格的上升引起成本的上升；三是在一般情况下，产量不会下降；四是价格呈“直线”上升状态。如图 20-6 所示。

它的生成路径是：由于政府发行过多的货币和过大的投资规模，导致了商品市场的过度需求。这种过度需求一方面表现为非意愿性的需求沉淀增加，这将对商品市场形成潜在的压力；另一方面表现为价格指数的攀升，这将会使生产要素价格和工资双双出现上扬势态。此时，政府为了不使实际产量下降和物价上升，必然要采取扩张需求的措施，这又将会进一步加剧商品市场的压力，如此循环会形成“直线型”的通货膨胀。

其形成过程可以用图 20-6 表示，这种通货膨胀是从总需求曲线向右上方移动开始的。当需求曲线 D_0 向 D_1 再向 D_2 移动时，一部分增加的需求以非自愿的形式沉淀

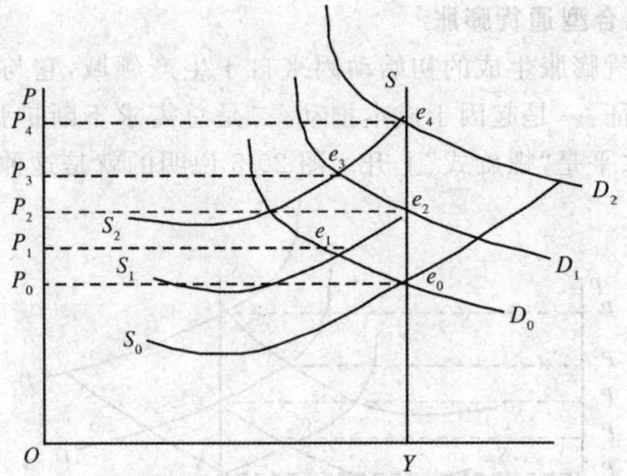

图 20-6　直线式混合型停货膨胀

下来，形成了潜在的通货膨胀的压力；另一部分则明显地以通货膨胀的形式表现出来，在图 20-6 中就表现为价格由 P_0 上移到 P_2。不过，此时价格的增长率要小于通货膨胀率，因为价格水平的增长诱发了包括工资在内的供给价格成本的提高，成本曲线由 S_0 移动到 S_1 再向 S_2 移动。商品市场的短缺均衡点由 E_0 向 E_1 和 E_2 方向移动，价格水平上升的路径呈现出直线状，即 $E_0 \to E_1 \to E_2$。

这两种混合性通货膨胀除了生成的原因不同以外，虽然还有一些重要的区别，不过，在现实经济生活中，很难将二者明确地区分开来，它们往往相互交织在一起，这就给治理和预防通货膨胀带来了很大的困难。

20.6.5　结构型通货膨胀

结构性通胀是指，在没有需求拉动和成本推动的情况下，只是由于经济结构因素的变动，也会出现一般价格水平的持续上涨。

结构性通货膨胀是指物价上涨是在总需求并不过多的情况下，而对某些部门的产品需求过多，造成部分产品的价格上涨的现象，如钢铁、猪肉、楼市及食用油等。如果结构性通胀没有有效抑制就会演变成成本推动型通胀，造成全面通胀。

结构性通胀理论把通胀起因归结为经济结构本身特点。

从生产率提高的速度看，社会经济结构特点是，一些部门生产率提高速度快，一些提高速度慢；从经济发展过程看，社会经济机构特点是，一些部门发展迅速，另一些则渐趋衰落；从同世界市场关系看，一些部门（开放部门）同世界市场联系十分密切，另一些（非开放部门）同世界市场没有紧密联系。

现代社会经济结构不容易使生产要素从生产率低的部门转移到生产率高的部门，从渐趋衰落的部门转移到正在迅速发展的部门，从非开放部门到开放部门。但是生产率提高慢的部门、正在趋向衰落的部门以及非开放部门在工资价格问题上都要求“公平”，要求向生产率提高速度快的部门、发展迅速的部门、同世界市场联系十分密切的部门看齐，结果导致一般价格水平的上涨。

西方学者通常用生产率提高快慢不同的两个部门来说明结构性通胀。

> 思考：通货膨胀就是商品价格的上涨，原因是流动性过剩，是指市场中的广义货币(M_2)过多，各学派对通货膨胀的原因是怎么解释的？

20.6.6　通货膨胀对经济的影响

1. 通货膨胀税

一般来说，政府是通货膨胀的受益者。第一，政府是净的债务人。在通货膨胀时期，财富从债权人向债务人转移，这会给政府带来好处。第二，通货膨胀还会使政府在累进的税收制度中获得受益。这是因为，在一般情况下，税收的基础是名义值，见图 20-7。

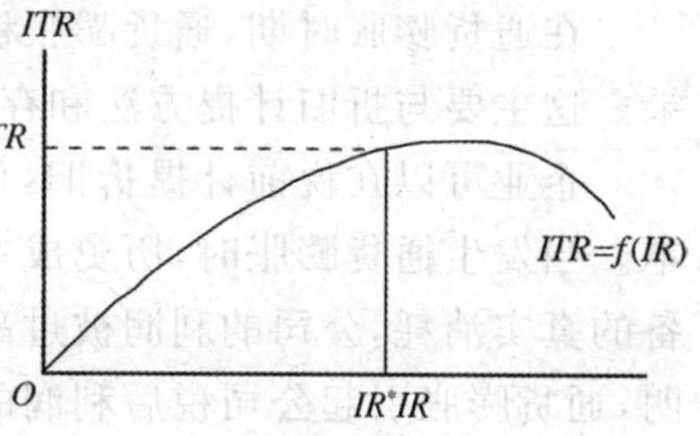

图 20-7　最优通货膨胀税

发生通货膨胀以后，即使家庭和厂商的实际收入没有改变，但名义收入的增加，也使得他们当中一部分人名义上成为高收入者。于是，这些人适用的收入所得税税率提高了，这就使得实际收入的更大比重以税收的形式转移到政府手中。由此可见，在通货膨胀时期，政府支配的资源增加，而公众支配的资源减少，因此通货膨胀有一种和政府增加税收相同的效果。这也就是所谓的通货膨胀税的含义。通货膨胀税是通货膨胀率与实际基础货币的乘积，即：

$$ITR = IR \times RMB。$$

其中，ITR 代表通货膨胀税收额，IR 代表通货膨胀率，RMB 代表实际货币基数。

如果政府的目标是使通货膨胀税总额最大化，那么就存在一个最优通货膨胀率的问题。如图 20-7 所示，横轴代表通货膨胀率，纵轴代表通货膨胀税收。当通货膨胀率为零时，通货膨胀税收也为零。随着通货膨胀率的上升，货币的购买力下降，公众必须增加名义货币余额的持有量以保持实际货币余额水平不变。虽然实际基础货币没有变化，但是由于通货膨胀率的上升，通货膨胀税收就在增加。然而，当通货膨胀率超过一定程度以后，公众发现持有货币的机会成本过大，因此他们持有的实际货币余额就会下降，这会引起实际基础货币的减少。结果，虽然通货膨胀率很高，但是由于实际基础货币的减少，政府可以获得的通货膨胀税也就下降了。这意味着图中的 IR^* 所对应的通货膨胀率就是一个最优的通货膨胀率水平。

2. 通货膨胀与名义利率

费雪曾经指出，预期的实际利率等于名义利率减去预期的通货膨胀率，即：

$$R^e = R - P^e。$$

其中 R^e 代表预期的实际利率，R 代表名义利率，P^e 代表预期的通货膨胀率。这也被称作费雪方程，在长期中，人们预期的通货膨胀率 P^e 和实际的通货膨胀率 P 是相等的，实际利率和经济系统实现充分就业的利率水平 R^* 也是相等的。因此，在长期，通货膨胀率的变化只改变名义利率水平，即：

$$R=R^*+P。$$

当然，在调整过程中，人们的通货膨胀预期是不准确的，实际利率也不等于充分就业的利率水平，因此，名义利率的变动与通货膨胀的变动不一定同步。

3. 通货膨胀对投资的影响

在通货膨胀时期，通货膨胀税收效应会起到抑制投资和扭曲投资时期结构的效果。这主要与折旧计提方法和存货利润有关。

企业可以在税前计提折旧，但是计提折旧时依据的不是重置成本，而是历史成本。当发生通货膨胀时，历史成本就小于重置成本，所以，折旧计提没有反映厂房设备的真实消耗，公司的利润被过高地估计，企业也就被迫上缴比较多的收入税。这说明，通货膨胀引起公司税后利润的下降，结果企业缺乏投资的积极性。

同时，由于在通货膨胀时期，厂房设备的历史成本与重置成本的差额随着时间的推移而增加，因此，即使厂商投资，也会倾向于投资那些短期项目，从而使投资的时期结构受到扭曲，给未来的经济成长带来不利的影响。

存货价值的会计处理方法对企业的利润水平，进而对企业的税收负担具有明显的影响。在通货膨胀时期，当企业采用先进先出法时，利润就会被高估，引起税后利润的下降；当企业采用后进先出法时，利润就会被低估，从而使税后利润上升。从先进先出法向后进先出法转变要发生调整成本，而且会引起报告的利润水平下降，因此许多企业继续采用先进先出法。

4. 增加交易成本

通货膨胀还会带来不确定性。通货膨胀率越高，不确定性也随着增大。因此，同不发生通货膨胀的时期相比，在通货膨胀时期，经济资源更多地被用于预期方面。同时，人们也不愿意签订长期的合同。结果，经济中交易费用上升。这都会给社会的产出水平带来不利的影响。另外，在发生通货膨胀时，人们会尽量减少货币的持有。因此，家庭和厂商都会在资产管理等方面浪费比较多的经济资源。这会对社会的产出水平带来不利的影响。

思考：各国政府和中央银行如何制定货币政策才能促进本国经济的繁荣与发展？近几年理论界提出了一种新的制定货币政策的方法：公开宣布并长期坚持明确的通货膨胀目标。请问通货膨胀的效应有哪些？

20.6.7 通货膨胀经济效应

1. 通货膨胀的经济效应

通货膨胀的经济效应是指通货膨胀对经济增长的影响,可以具体从以下方面进行分析:首先,短期内,通货膨胀能否刺激经济增长取决于经济系统中是否存在一定量的可以利用的闲置资源。其次,长期中,经济系统中的生产能力通常是不断提高的,当生产能力得到扩大时,总需求也会相应地扩张,带动实际产出水平的提高和通货膨胀率的提高。最后,通货膨胀预期会削弱通胀的经济增长效应。如果通货膨胀成为一种经常的现象,社会公众都会对通货膨胀形成预期。此时,通货膨胀对经济的增长效应会减弱。原因:导致货币工资率变动滞后过程的缩短和积累能力的削弱;有可能导致发生临时性的过度购买行为,这在短期内虽会促进经济增长,但会被后续的经济滑坡所抵消。

2. 通货膨胀经济效应的内容

通货膨胀经济效应。主要有两个方面:

(1) 通货膨胀的再分配效应。通货膨胀对收入与财富再分配的影响与通货膨胀是否被预期到有关,如果人们预期的通货膨胀率和实际的通货膨胀率相同,那么这种通货膨胀称为预期的通货膨胀(expected inflation)。如果人们预期的通货膨胀率小于实际的通货膨胀率,那么这种通货膨胀称为非预期的通货膨胀。

非预期的通货膨胀会引起实际收入的重新分配。那些名义收入的增长快于价格水平上升的人就会从通货膨胀中获益;而那些名义收入增长慢于价格水平上升的人就会因为通货膨胀而受损。假定某一个行业的工人接受了一个每年工资增长率比较低的长期合同,而实际的通货膨胀率高于工人预期的通货膨胀率,这些工人的实际收入的增长就会慢于价格水平的上升,于是他们的实际收入就会因为通货膨胀而相对下降。

非预期的通货膨胀也会引起财富的再分配效应。财富可以分为两类:货币资产和非货币资产。如果资产本身或者其收益的名义值是固定的,那么这种资产就是货币资产,如现金、活期存款、定期存款和债券。如果资产本身或者其收益的名义值不是固定的,那么这种资产就是所谓的非货币资产,如房产、股票等。在通货膨胀时期,货币资产或者其收益的名义值保持不变,而非货币资产的名义值会随着价格水平的上升而上升。因此,非货币资产在通货膨胀时期能够保值,货币资产在通货膨胀时期不能保值。由于通货膨胀会同时减少货币资产和货币债务的实际值,所以,拥有货币资产的债权人在通货膨胀中受损,而拥有货币债务的债务人在通货膨胀中受益。

如果通货膨胀是预期的通货膨胀,人们将会采取保护自己的措施,从而使通货膨胀对收入和财富的再分配效应降低到最小程度。当工人预期到通货膨胀时,他们将会在签订工资合同时要求与通货膨胀率相同的货币工资增长率,或者要求在合同中包含生活费用指数化条款,把货币工资的增长和消费价格指数联系起来,从而抵消通货膨胀对实际收入的不利影响。厂商预期到通货膨胀会带来比较高的产品价格水平,因此他们也会接受工人的要求。当人们预期到通货膨胀时,会用货币资产来购买实际资产进行保值。同时,名义利率会上升,而名义利率是实际利率与预期通货膨胀率的和,于是,通货膨胀对财富再分配的影响也会被降低到最小程度。当然,在短期,通货膨胀对实际收入和财富的再分配效应还是存在的。这是由于发生通货膨胀时,有一部分工人还在执行以前签订的工资合同,这使得这部分工人的实际收入没有得到相应的补偿。同样,在发生通货膨胀时,有一些贷款的名义利率还没有包括预期的通货膨胀率,这使得一部分债权人蒙受了通货膨胀的损失。

(2) 通货膨胀的产出效应。在短期,需求拉动的通货膨胀可促进产出水平的提高,成本推进的通货膨胀却会导致产出水平的下降。需求拉动的通货膨胀对就业的影响是清楚的,它会刺激就业、减少失业;成本推进的通货膨胀在通常情况下,会减少就业。在长期,上述影响产量和就业的因素都会消失。

在通货膨胀期间,债权人要求债务人补偿其出借款项的购买力下降而遭受的损失,从而市场利率或名义利率水平中包含了通货膨胀率。在货币市场达到均衡时,通货膨胀率等于名义货币增长率减去实际货币需求增长率。如果货币在长期内持续高速增长,通货膨胀与名义货币增长就会紧密相关,通过发行货币来弥补预算赤字会导致通货膨胀。

20.7 本章小结

1. 失业的确认。失业者包括能够工作且在之前4周内努力找工作但没有找到工作的人,还包括被解雇正在等待重新被招回工作岗位的人。

2. 自然失业率和自然就业率。自然失业率为经济社会在正常情况下的失业率,它是劳动市场处于供求稳定状态时的失业率,这里的稳定状态被认为是:既不会造成通货膨胀也不会导致通货紧缩的状态。自然就业率是与自然失业率相对应的就业率,即充分就业量除以劳动力总量所得到的比率。

3. 摩擦性失业的原因。在现实中,工人的偏好与能力不同,工作也有不同的属性,而且求职者和职位需求的信息流动也是不对称的,工人在不同地区间的流动也不是迅速能实现的。所以找一份合适的工作需要时间和努力,这往往会降低入职率。从这一点上说,摩擦性失业又可描述为工人在工作搜寻过程中所引起的失业。

4. 结构性失业的原因。结构性失业是指劳动力的供给和需求不匹配所造成的失业,其特点是既有失业,又有职位空缺,失业者因为没有合适的技能或者居住地点不当,所以无法填补现有的职位的空缺。

5. 奥肯定律的含义。奥肯定律失业意味着生产要素的非充分利用,失业率的上升会伴随着实际GDP的下降,描述失业率和GDP之间的这一关系的经验规律称为奥肯定律。

6. 通货膨胀的定义。通货膨胀指因货币供给大于货币实际需求,也即现实购买力大于产出供给,导致货币贬值而引起的一段时间内物价持续而普遍的上涨现象。其实质是社会总需求大于社会总供给。纸币、含金量低的铸币、信用货币,其过度发行都会导致通胀。一般来说,通货膨胀必然引起物价上涨,但不能说凡是物价上涨都是通货膨胀。影响物价上涨的因素是多方面的。

7. 通货膨胀的成本。通货膨胀对居民购买力带来影响,还会增加皮鞋成本、菜单成本、相对价格变动与资源配置不当、混乱与不方便、任意的财富再分配等。

8. 消费价格指数(CPI)。CPI 反映一定时期内居民所消费商品及服务项目的价格水平变动趋势和变动程度。居民消费价格水平的变动率在一定程度上反映了通货膨胀(或紧缩)的程度。通俗地讲,CPI 就是市场上的商品和劳务价格增长百分比。

9. 通货膨胀率。在日常生活中我们更关心的是通货膨胀率,它被定义为从一个时期到另一个时期价格水平变动的百分比。

10. 核心 CPI。所谓核心 CPI,是指将受气候和季节因素影响较大的产品价格剔除之后的居民消费价格指数。目前,我国对核心 CPI 尚未明确界定,美国是将燃料和食品价格剔除后的居民消费价格指数为核心 CPI。

11. 需求拉动型通货膨胀。需求拉动型通货膨胀又叫超额需求拉动通货膨胀,又称菲利普斯曲线型通货膨胀。是凯恩斯先提出来的,认为总需求超过了总供给,拉开"膨胀性缺口",造成物价水平普遍持续上涨,即以"过多货币追求过少商品"。

12. 成本推动型通货膨胀。成本推动通货膨胀又称成本通货膨胀或供给通货膨胀,是指在没有超额需求的情况下由于供给方面成本的提高所引起的一般价格水平持续和显著的上涨。来自供给方面的冲击主要是受国际市场供给价格和数量的变化,农业的丰欠以及劳动生产率变化而造成的"工资推动"或"利润推动"。

13. 通货膨胀的持续。总需求水平变动。当总需求水平变动时,上面所分析的成本推进型通货膨胀最终演化成供给混合型通货膨胀。从运行过程所表现出的动态特征看,供求混合型通货膨胀有两种类型:一种是"螺旋式",另一种是"直线式"。

14. 结构型通货膨胀。结构性通胀是指,在没有需求拉动和成本推动的情况下,只是由于经济结构因素的变动,也会出现一般价格水平的持续上涨。结构性通货膨胀是指物价上涨是在总需求并不过多的情况下,而对某些部门的产品需求过多,造成部分产品的价格上涨的现象,如钢铁、猪肉、楼市和食用油等。如果结构性通胀没有有效抑制就会演变成成本推动型通胀,造成全面通胀。

15. 通货膨胀对经济的影响。主要通过以下几方面产生影响:通货膨胀税、通货膨胀与名义利率、通货膨胀对投资的影响和增加交易成本。

16. 通货膨胀经济效应。通货膨胀经济效应主要有两个方面:(1)通货膨胀的再分配效应。(2)通货膨胀的产出效应。

17. 菲利普斯曲线。菲利普斯曲线描述了通货膨胀与失业之间的短期关系。1958 年,英国经济学家菲利普斯发现,在过去的近一个世纪中,英国的失业率和货币工资率之间存在着一种反方向变化的关系。

18. 短期菲利浦斯曲线的政策含义。短期的菲利浦斯曲线的政策含义是，如果政府要把失业率降低到一个比较低的水平，就必须容忍比较高的通货膨胀率。反之，如果政府要把通货膨胀率降低到一个比较低的水平，就必须容忍比较高的失业率。换言之，通货膨胀率和失业率之间存在着一种交替关系。在政府选择失业率和通货膨胀率的组合时，要考虑整个社会对失业和通货膨胀的厌恶程度或者说是社会福利函数的形式。

19. 附加预期的菲利浦斯曲线。早期的短期菲利普斯曲线和工人具有完全的货币幻觉情况相对应，即就业量只同货币工资率有关，而与实际工资以及与对价格水平的预期无关，这不符合实际情况。当失业率水平既定时，如果工人预期的价格水平增长率越高，他们对货币工资要求的增长就越快。换言之，当货币工资增长率既定时，如果工人预期的通货膨胀率越高，工人预期的实际工资将会下降或者是增长速度减慢，从而引起失业率的上升。

20. 降低通货膨胀率的对策。凯恩斯主义的观点是紧缩性的货币政策可以降低通货膨胀率。货币主义的观点是虽然用紧缩性的货币政策来控制通货膨胀会产生产出成本，但是这种成本并不像凯恩斯主义所认为的那样巨大。在中央银行实施紧缩性货币政策时，应该遵循渐进主义的方针，采取逐渐降低货币供给量的方法，否则会加剧产出损失。理性预期学派的主张是通货膨胀和失业之间的交替关系即使在短期也是不存在的，失业率总是处于长期均衡水平上。因此，假定中央银行降低货币供给的增长率，人们立即就会意识到通货膨胀率将会相应降低，于是工资水平和价格水平都会做出相应的调整。供给学派的观点认为通货膨胀率和失业率之间的交替即使在短期也是不存在的。而且他们认为，如果采用供给学派的政策主张，有可能在短期使通货膨胀率和失业率同时下降。这是因为减税可以增强人们工作和储蓄的积极性，同时也会增强厂商投资的积极性。指数化与通货膨胀认为降低通货膨胀率的政策会引起产出和就业成本，因此应该使用指数化(indexation)的方法来解决通货膨胀问题。指数化是指在通货膨胀时期，货币支付应该与某种价格指数，如消费者价格指数联系起来，以保证实际购买力不受损失。

21. 降低失业率的政策:自然失业率的上升趋势;人力培训计划;失业保障制度;公共就业服务机构和公共部门就业。

本章课后同步思考题及参考答案

一、简答题

1. 菲利普斯曲线的含义?

答:1958 年，新西兰经济学家菲利普斯根提出了一条用以表示失业率和货币工资变动率之间交替关系的曲线。这条曲线表明:当失业率较低时,货币工资增长率较高;反之,当失业率较高时,货币工资增长率较低,甚至是负数。根据成本推动的通货膨胀理论,货币工资可以表示通货膨胀率。因此,这条曲线就可以表示失业率与通货膨胀率之间的交替关系。即失业率高表明经济处于萧条阶段,这时工资与物价水平都较低,从而通货膨胀率也就低;反之失业率低,表明经济处于繁荣阶段,这时工资与物价水平都较高,从而通货膨胀率也就高。失业率和通货膨胀率之间存在着反方向变动的关系。

2. 联系实际说明菲利普斯曲线在我国的应用。

答:菲利浦斯曲线是一条向右下方倾斜的曲线,它显示了失业率和通货膨胀率之间存在的反相关关系,即如果失业率较低,通货膨胀率就会较高;如果通货膨胀率较低,失业率就会较高。因此,一个国家要保持较低的通货膨胀率,就必须接受较低的经济增长率。要保持较高的经济增长速度,就必须付出高通货膨胀的代价。因此了解菲利普斯曲线对观察和发现许多经济事件中的发生原因和发展趋势是至关重要的。特别是决策者在运用各种政策工具时,会经常需要考虑并利用到这种交替关系。因为在短期决策中政府可以通过改变财政支出量、税收量和货币的发行量来影响经济发展中的通货膨胀与失业量的结合时期。

二、案例分析题

2007 年上半年居民消费价格(CPI)涨幅达到了 3.2%。专家预测,中国下半年的物价将继续缓慢上升,上升幅度取决于以下几个因素:首先,肉价尤其是猪肉价格的继续上升。从 2006 年底,猪肉价格上涨以来,母猪存栏量已开始恢复,但受到时间制约,本轮肉价偏高和供应偏紧至少将持续至 2008 年 5 月。其次,中国粮食价格上涨。中国今年不少地区遭受洪涝灾害,对夏粮作物生长产生一定影响,粮食价格出现上涨。受到粮价上涨因素影响,下半年秋粮耕种面积将有所增长,按此趋势,中国粮食价格上涨势头在 2007 年秋季便可稍获缓解,但由于粮食价格上涨到肉蛋等食品价格上涨之间存在滞后期,中国 2007 年全年食品价格将保持较快上涨幅度。再次,近年来持续上涨的房地产售价正逐渐向租赁价格传递。今年第一季中国普通住宅租赁价格较去年同期上涨 2.3%,达到近年来的最高涨幅,由于房地产销售价格不直接计入消费价格,但租赁价格计入消费价格,租赁价格的上涨将会对消费价格产生一定的推动作用。最后,价格预期的因素也将促使 CPI 维持上涨态势。根据中国央行所作调查显示,44.3%的受访者认为中国物价会继续上涨,较去年同期提高 15.6 个百分点,国内外理论和实践经验表明,在居民和企业对价格上涨预期心理未消除的情况下,价格上涨势头极可能再持续一段时间。

(1) 从物价上涨的因素来看,你认为我国经济领域的通货膨胀是何种类型的?为什么?

(2) 通货膨胀和经济增长的关系如何?其关系由何种因素决定?

(3) 防止通货膨胀可采取那些经济手段?

答:(1)属于温和型的通货膨胀。根据通货膨胀的划分方式,以物价普遍上涨的幅度来判断,低于10%的物价上涨属于温和型的通货膨胀。

(2)通货膨胀一般是指商品和劳务价格水平的普遍、持续上升。从目前CPI的涨幅来看,已经达到了3.2%,可以判定我国经济领域存在通货膨胀现象。从物价上涨的因素来看,目前的通货膨胀属于混合型通货膨胀,即由成本推动和需求拉动共同作用造成的通货膨胀。这是因为构成居民消费价格指数的肉价和粮食价格的上涨,势必引起以其作为原料的食品成本上升,而食品成本的上升又引起食品销售价格的全面上涨;同时,居民上涨的住房需求不断推动房地产租赁价格的升高;再加上消费者对价格上升的预期,又引起他们对现实消费的强烈需求。这样,成本推动和需求拉动的共同作用导致了通货膨胀的产生。从世界范围来看,通货膨胀和经济增长的关系有两种:正向关系和反向关系。当然,从经济发展角度分析,理想的状态是无通货膨胀的经济增长,但这一点是几乎不可能做到的。从资源配置的角度看,经济的持续增长取决于社会上是否有充足的资源可供配置,例如,原材料和能源等,如果资源出现短缺,产生供给不足,势必引起资源价格的上涨。那么,经济增长就会伴随着通货膨胀,反之亦然。

(3) 防止通货膨胀可采取货币政策和财政政策手段,如果通货膨胀严重,可以二者双管齐下,政策的效果就更加及时和明显。

配套思考题及参考答案

一、单项选择题

1. 抑制需求拉动的通货膨胀,应该(　　)。

A. 控制货币供应量　　B. 降低工资

C. 解除托拉斯组织　　D. 减税

2. 菲利普斯曲线说明(　　)。

A. 通货膨胀导致失业　　B. 通货膨胀是由行业工会引起的

C. 通货膨胀与失业率负相关　　D. 通货膨胀与失业率正相关

3. 关于充分就业下列说法正确的是(　　)

A. 所有有劳动能力的人都有工作才是充分就业

B. 当经济只存在自然失业率时的失业

C. 结构性失业较小的时候

D. 以上说法都不对

4. 按照凯恩斯的观点下面哪些失业是可以消除的(　　)。

A. 结构性失业　　B. 摩擦性失业

C. 有效需求不足引起的失业　D. 以上的失业均不可消除

5. 国内生产的工业机器人价格上涨会反映在(　)。

A. GDP 平减指数和 CPI 中

B. 既不反映在 GDP 平减指数也不反映在 CPI 中

C. 反映在 GDP 平减指数但不反映在 CPI 中

D. 反映在 CPI 但不反映在 GDP 平减指数中

6. 改革开放以来,由于分割城乡的政策逐渐放宽,大量农民进城务工。这对城市劳动市场的影响是(　)。

A. 均衡工资下降,就业量上升;农民工和雇主受益,城市工受损,但社会总体上受益

B. 均衡工资下降,就业量上升;农民工、雇主和城市工都受益

C. 均衡工资上升,就业量下降;农民工和城市工受益,雇主受损,但社会总体受益

D. 均衡工资下降,就业量上升;对农民工、城市工和雇主的福利影响不能确定

7. 以下哪一项不是我国经济中的货币:(　)

A. 人们持有的中国工商银行发行的牡丹结算卡

B. 人们持有的中国银行发行的长城信用卡

C. 人们手中持有的现金

D. 人们在银行开设的活期存款账户

8. 下列哪一事件没有导致我国货币供给的减少(　)。

A. 中央银行发行大量的央行票据(一种向商业银行借款的收据)

B. 中央银行限制商业银行发放新的贷款

C. “非典”期间人们为了减少了去银行的次数,而持有更多的现金

D. 商业银行增加了自动取款机(ATM)的数量

9. 中央银行通过提高法定准备金率来减少货币供给量,对此陈述错误的是(　)。

A. 主要是减少了货币中现金的数量

B. 主要是通过控制银行创造货币来减少货币数量

C. 货币供给减少可以提高利率,抑制总需求

D. 如果银行留有大量的超额储备,则增加法定准备金率的效果相对不明显

10. 中国在 90 年代末经历了一个低通货膨胀的时期,以下哪一个说法不能用以解释这一事实(　)。

A. 中央银行降低通胀的政策获得了人们的信任

B. 东亚危机带来了不利的需求冲击

C. 石油等重要进口商品的价格维持在低水平

D. 政府通过发行国债推行了扩张性的财政政策

11. 明朝初期,政府(皇帝)发行了一种货币——宝钞,请问以下哪个做法可能有利于提高宝钞作为货币的价值( )。

A. 皇帝将宝钞以赏赐的方式送给大臣们

B. 皇帝用宝钞大量购买粮食,或分发宝钞进行赈灾

C. 皇帝批准了民间贸易中铜钱(不同于宝钞的另一种货币)合法化的奏请

D. 皇帝制定新税种,要求用宝钞而不是其他实物或者货币来完税

12. 以下哪一项属于经济学意义上的"宏观调控"政策( )。

A. 政府为了遏制投资过热而勒令一些投资项目停工

B. 中央银行调高了利率

C. 政府集中建设一批"经济适用房"以遏制房价上涨

D. 政府部门开展物价大检查,严防不法商贩哄抬物价

13. 以下哪一项是实际变量( )。

A. 人民银行公布的一年期定期存款的利率

B. 以现价计算的农村居民家庭人均纯收入

C. 失业率

D. 名义 GDP

14. 考虑一个由两个人组成的经济——鲍伯和瑞塔,二人分别是种黄豆和大米的农民。他们俩总是消费等量的大米和黄豆。在 2000 年,黄豆的价格是 1 美元,大米的价格是 3 美元。而在 2001 年,黄豆的价格是 2 美元,而大米的价格是 6 美元。

A. 虽然经济中有 100%的通货膨胀率,但两人的实际福利都没有改变

B. 因为经济中没有通货膨胀,所以两人的实际福利都没有改变

C. 因为经济中有 100%的通货膨胀,所以两人的实际福利都下降了

D. 虽然两人的实际福利都下降了,但经济中没有通货膨胀

15. 用短期和长期菲利普斯曲线的变化来表示自然失业率的上升,其结果是( )。

A. 短期和长期菲利普斯曲线均右移

B. 只有短期菲利普斯曲线右移,同时沿着长期菲利普斯曲线移动

C. 只有长期菲利普斯曲线右移,同时沿着短期菲利普斯曲线移动

D. 短期和长期菲利普斯曲线都不移动,只是沿着短期菲利普斯曲线移动

16. 以下哪个不是"政策的时间不一致性"的例子?( )

A. 中央银行通常宣布其目标是零通货膨胀,但他们很少能实现物价稳定

B. 政府安全部门通常宣布"不与劫机犯谈判"的政策以防止劫机事件的发生,但劫机事件照样会发生

C. 政府在人们税负沉重、生产激励下降时宣布降税的政策,但人们的税收负担很难真正减下来(这在中国有时被称为"黄宗羲定律")

D. 以上都是这样的例子

参考答案:ACBCC　　ABDAD　　DBCAA　　D

二、简答题

国防、钢铁厂的污染、特大企业的存在都会引起市场失灵,它们各自引起市场失灵的原因是什么?应该如何解决?

参考答案:

(1) 国防之所以会引起市场失灵,是因为它是一种公共物品。

(2) 钢铁厂的污染之所以会引起市场失灵,是由于外部性的存在。

(3) 特大企业会引起市场失灵,是由于垄断的存在。

(4) 用政府干预来解决这些问题。

国防——由政府提供;

污染——可以使用立法或行政手段,或者采用经济或市场手段;

垄断——政府可以用价格管制、反垄断法或国有化来消除垄断。

三、案例分析题

全球金融危机重压之下,2008 年中国已有 67 万家小企业被迫关门。国务院参事陈全生 2008 年 12 月 18 日在北京一论坛上表示,约有 670 万个就业岗位蒸发,主要集中在出口基地广东,使得失业人数远远高于官方统计的 830 万。失业率攀升更是加剧了人们对社会稳定的担忧,而中国明年的经济增长率预计不到 8%,这一数字被认为是维持社会稳定的最低值。陈全生敦促大力发展劳动密集型产业,以创造就业机会,弥补因出口萎缩及政府过去控制增长所流失的就业机会。为拉动内需,北京 2008 年 11 月出台价值 5860 亿美元的经济刺激方案,重点投资基础设施建设。根据上述材料回答问题:

1. 什么是失业?衡量失业的主要指标是什么?

2. 上述材料中的失业属于什么类型的失业?为什么?

3. 根据上述材料,失业对中国经济的影响是什么?体现了宏观经济学的什么定律?

4. 为了治理失业,政府采用了什么宏观经济政策?其原理是什么?

案例分析

1. 答:广义的失业,是指社会总供给大于总需求时,经济社会的各种经济资源(包括劳动力资源)未能以其意愿价格参与社会生产的状态。狭义的失业仅指劳动力资源未能以其意愿价格参与社会生产的状态。衡量失业的主要指标是失业率,是社会失业人数与社会有劳动能力的人口之比。

2. 答:上述材料中的失业属于周期性的失业。因为周期性失业是指经济处于周期中的危机与萧条阶段时所引起的失业。上述材料反映恰恰是全球金融危机导致的事业现象。

3. 答:失业对中国经济的影响是就业率下降,国民收入减少,经济增长的步伐放缓。体现了奥肯定律。

4. 答:政府采用了大力发展劳动密集型产业,并出台了价值 5860 亿美元的经济刺激方案,重点投资基础设施建设,以提高就业率。原理是凯恩斯的需求决定理论中的增加政府购买支出。

第 21 章　经济增长与经济周期

本章学习目标：

1. 理解经济增长与经济发展的含义以及它们之间的关系。
2. 掌握资本深化和资本广化的定义。
3. 能够运用模型说明经济实现均衡增长需要满足的条件。
4. 了解经济增长与经济发展的含义。
5. 知道经济实现均衡增长需要满足的条件。
6. 了解新古典经济增长模型。

导入案例：亚洲“四小龙”

战后的日本在 20 世纪 70 年代率先实现工业化，并通过海外直接投资向东亚地区转移劳动密集型和资金密集型产业，造就了“四小龙”的腾飞。随后“四小龙”从 80 年代开始产业转型，加入日本对东盟国家投资的队伍，把劳动密集型的组装加工业大规模转移到马来西亚、泰国和印度尼西亚，从而在时间上形成东亚排浪式的工业化追赶浪潮。

从 1984—1996 年间，东亚在世界进口总额中的比重由 18.5%上升到 25%，在世界出口总额中的比重由 19%上升到 27%。与此同时，东亚的贫困人口由 4 亿减少到 1 亿多人。8 个国家和地区的平均寿命由 1960 年的 56 岁增加到 1990 年的 71 岁。

20 世纪 80 年代以来日本对东亚直接投资迅速增加，有力地推动了东亚各国地区的产业结构升级，促进了重化工业在东亚的移植和发育，同时也使东亚国家的产业发展严重依赖于日本的技术。据 1995 年日本贸易振兴会调查，“四小龙”70%的日本企业、东盟 78%的日本企业都主要从日本本土筹措、调配零部件和其他资本货物。日本经济研究中心有关统计则表明，在韩国和中国台湾省经济起飞和高速增长中，技术供给的 54.6%和 65.3%来自于日本，其他东亚国家和地区技术引进的 1/5 以上也来自于日本。这种技术依赖使东盟国家的产业发展严重依赖于外资企业，只有少数本国当地企业能够为跨国公司提供协作配套生产。同时，由于跨国公司与当地企业的技术差距、管理差距悬殊，导致当地企业进入外资主导产业的壁垒极高。在这种配套不成、进入不可的双重挤压下，本国当地资本只好大量涌入房地产市场、证券市场，虚拟经济过度膨胀导致经济的泡沫化，同时也导致金融市场的更加不稳定。日本和

“四小龙”对东盟自然资源的直接投资，还进一步加剧了东盟初级产品的输出。一项产品的开发、设计定型及关键零部件生产在日本本土进行，一般零部件转移到“四小龙”生产，而在东盟完成最后组装，产成品一部分在当地销售，一部分返销日本，一部分销往欧美市场。从事设计、零部件生产的先进国家和地区虽没有最终产品生产国和出口国的名分，但却获得全部增值中的绝大部分。比如在韩国，每辆轿车总技术成本的30%要以专利费形式付给外国精密技术供给商，每台摄像机总技术成本的50%、每生产一个DRAM半导体总技术成本的30%、每台笔记本电脑技术成本的70%要以技术专利费的形式支付给外厂商。

另外，东亚国家外资导向下的经济增长还导致外债迅速增加。泰国外债从1992年底的396亿美元增到1996年底的900亿美元，相当于GDP的50%。为偿付外债，只能依靠增加出口和外资流入。1996年出口大幅下降，为了维持固定汇率，把利率提高到13.8%的水平，使大量资本流入，其中短期资本占53.2%。泰国730亿美元私人外债中，三分之一是流向房地产的。印尼放宽金融管理后，银行增至240间。印尼央行不知道私营部门大约800个贷款户，借了外债680亿～690亿美元。泰国91家财务证券公司总资产占全国金融资产的四分之一，这91家公司1993—1996年在房地产、证券方面的投资和贷款高达50%以上，其中相当部分已成为坏账。

经济增长理论是现代宏观经济学的又一重要基本理论。现代经济增长理论是从英国经济学家哈罗德(R. F. Harrod)和美国经济学家多马(E. D. Domar)的研究开始的。哈罗德和多马在凯恩斯宏观经济理论的基础上，各自对国民收入的增长进行了长期动态化的研究，分别提出了关于经济增长的哈罗德模型和多马模型，被称为“哈罗德—多马”模型。20世纪50年代以后，一些经济学家对于经济增长也分别提出了各自的观点和模型，论述经济增长的原因及条件。现代主要的经济增长模型比较有名的除了我们所说的“哈罗德—多马”模型外，还有以美国经济学家索洛、斯旺为代表的新古典模型和以英国经济学家卡尔多、意大利经济学家帕西内蒂为代表的新剑桥学派模型。现代经济增长理论的一个特点，就是把理论模型化，即通过建立增长模型来阐明国民收入的增长同有关的各经济因素之间的因果关系。

21.1 经济增长及其决定因素

21.1.1 经济增长与经济发展

1. 经济增长(Economic Growth)的概念

经济增长是指一国生产能力(Capacity)的增长，或者实际产量的增加。它有两个衡量指标，一是以实际国民生产总值的增长率来表示，二是以人均实际国民生产总值的增长率来表示。

2. 经济发展(Economic Development)的含义

经济发展不仅包括经济增长，而且还包括了社会制度、经济结构的变化。经济发展是反映一个经济社会总体发展水平的综合性概念。

21.1.2　经济增长的源泉——索罗.斯旺模型的研究

关于经济增长的源泉，宏观经济学通常借助于生产函数来研究。而我们已经知道，宏观生产函数把一个经济中的产出与生产要素的投入及技术状况联系在一起的。

设宏观生产函数为：

$$Q_t = A_t f(L_t, K_t)。$$

式中，Q_t，L_t和K_t依次代表t时期的总产量(或实际国民收入)、投入的劳动量和投入的资本量，A_t代表t时期的技术状况。

对$Q_t = A_t f(L_t, K_t)$求全导数，得：

$$\frac{dQ_t}{dt} = \frac{dA_t}{dt} \cdot f(L_t, K_t) + A_t \cdot f'(L_t, K_t)$$

$$= \frac{dA_t}{dt} \cdot f(L_t, K_t) + A_t \cdot \left[\frac{\partial f(L_t, K_t)}{\partial L_t} \cdot \frac{dL_t}{dt} + \frac{\partial f(L_t, K_t)}{\partial K_t} \cdot \frac{dK_t}{dt}\right]。$$

$\because Q_t = A_t \times f(L_t, K_t)$，即 $f(L_t, K_t) = \frac{1}{A_t} \cdot Q_t$，

两端同除以Q_t：　$\because Q_t = A_t f(L_t, K_t)$，

$$\frac{dQ_t}{dt} \cdot \frac{1}{Q_t} = \frac{dA_t}{dt} \cdot \frac{1}{A_t} + \left(\frac{dQ_t}{dL_t} \cdot \frac{dL_t}{dt} + \frac{dQ_t}{dK_t} \cdot \frac{dK_t}{dt}\right) \cdot \frac{1}{Q_t}。$$

令α为劳动的产出弹性，β为资本的产出弹性，即$\alpha = \frac{dQ_t}{dL_t} \cdot \frac{L_t}{Q_t}$，$\beta = \frac{dQ_t}{dK_t} \cdot \frac{K_t}{Q_t}$，

$$\therefore \frac{dQ_t}{dt} \cdot \frac{1}{Q_t} = \frac{dA_t}{dt} \cdot \frac{1}{A_t} + \left(\alpha \cdot \frac{Q_t}{L_t} \cdot \frac{dL_t}{dt} + \beta \cdot \frac{Q_t}{K_t} \cdot \frac{dK_t}{dt}\right) \cdot \frac{1}{Q_t},$$

$$\frac{dQ_t}{dt} \cdot \frac{1}{Q_t} = \frac{dA_t}{dt} \cdot \frac{1}{A_t} + \alpha \cdot \frac{dL_t}{dt} \cdot \frac{1}{L_t} + \beta \cdot \frac{dK_t}{dt} \cdot \frac{1}{K_t}。$$

当时间间隔Δt较小时，则有：$\frac{\frac{\Delta Q}{\Delta t}}{Q} = \frac{\frac{\Delta A}{\Delta t}}{A} + \alpha \cdot \frac{\frac{\Delta L}{\Delta t}}{L} + \beta \cdot \frac{\frac{\Delta K}{\Delta t}}{K}$。

当Δt为一年时，那么方程式可写为年增长率形式：

$$\frac{\Delta Q}{Q} = \frac{\Delta A}{A} + \alpha \cdot \frac{\Delta L}{L} + \beta \cdot \frac{\Delta K}{K}。$$

令$G_Q = \frac{\Delta Q}{Q}$(产出增长率)，G_A为技术增长率，G_L和G_k分别为劳动和资本的增长率，

即：$G_A = \frac{\Delta A}{A}$　，$G_L = \frac{\Delta L}{L}$，$G_k = \frac{\Delta K}{K}$，则有

$$G_Q = G_A + \alpha \cdot G_L + \beta \cdot G_k。(增长率分解式)$$

从以上增长率的分解式可知：经济增长的源泉可以归结为劳动和资本的增长以

及技术进步。

$G_A(\frac{\Delta A}{A})$有时被称为索洛余量。

有时候，为了强调教育和培训对经济增长的潜在贡献，经济学家们还把人力资本作为一种单独的投入写入生产函数。所谓人力资本是体现在个人身上的获取收入的潜在能力的价值，它包括天生的能力和才华以及通过后天教育训练获得的技能。当把人力资本作为一种单独的投入时，生产函数可被写为：

$$Q_t = A_t f(L_t, K_t, H_t)。$$

式中：H_t为t时期的人力资本。

21.1.3 经济增长的决定因素

对于造成经济增长的因素，不同的经济学家有不同的看法和分类，但是概括起来可分为如下五大类：

1. 生产要素的数量

生产要素可分为土地、劳动和资本三大类。为了简单起见，暂时把企业家才能(微观经济学中的第四种生产要素)归到劳动一类。土地要素包括所有的自然资源。

2. 人力资本

西方经济学家通常将劳动者掌握的知识和技能称为人力资本。劳动者的知识和技能可以通过教育、培训和经验的积累而增长。随着人力资本的增长，劳动生产率会提高，这会使所有生产要素的利用率提高。日本和德国在战后的经济增长，都与其普及教育制度分不开。教育是人力资本增长的强有力的和持久的支柱。

3. 技术进步

技术进步是内涵经济增长的最主要因素。

4. 经济组织

当工业部门及其市场发展的时候，会出现一些生产方法、分配方式和销售方式的变化。这些变化会提高总的投入—产出率，导致生产力的提高。例如，当工业部门和市场扩大的时候，所有的生产者都可以扩大其生产规模，而在生产规模扩大的初期，通常会引起劳动和生产的专业化，提高生产率，造成规模经济。在企业规模达到一定水平后，规模经济会消失。但是，新的工业部门是不断出现和不断发展的，这一部门规模经济消失的同时，其他部门却在产生新的规模经济。

5. 制度因素

制度因素包括政治制度、经济制度、社会和文化上的传统。许多经济学家认为，当人们发现一些国家在资源、人力资本以及经济组织方面差别不很大，而经济增长的速度差别很大时，最好的解释就是制度上的差异。有些经济增长缓慢的国家，主要还不是缺乏资源、人力资本或较好的经济组织，而是在制度方面存在着一些阻碍经济增长的因素。这些制度上的障碍使得这些国家的其他四个因素无法发挥应有的作用。

21.2　新古典增长理论

一些西方经济学家在 20 世纪 50 年代提出了不同的增长模型，其中以新古典综合学派的索洛和斯望（英国人）提出的新古典增长理论最为有名。

21.2.1　新古典增长理论的假定条件

1. 全社会只生产一种产品

(1) 社会储蓄函数为：$S=sQ$。

式中，Q 表示总收入或总产量，s 为储蓄率，s 为常数，且 $0<s<1$。

(2) 劳动力 N 按一个不变的比率 n 增长

(3) 生产的规模报酬不变（产量的增加比例等于各种生产要素增加比例，称为规模收益不变）。如果不考虑技术进步，在假设(3)下，经济中的生产函数可以表示为人均形式：

$$y=f(k)。$$

式中，y 为人均产量，即 $y=\frac{Q}{L}$；K 为人均资本，即 $k=\frac{K}{L}$。

（因为 $Y=f(N,K)\Rightarrow y=f(\frac{N}{N},\frac{K}{N})\Rightarrow y=f(k),k=K/N$）。那么，生产函数的人均形式的曲线如图 21-1 所示。

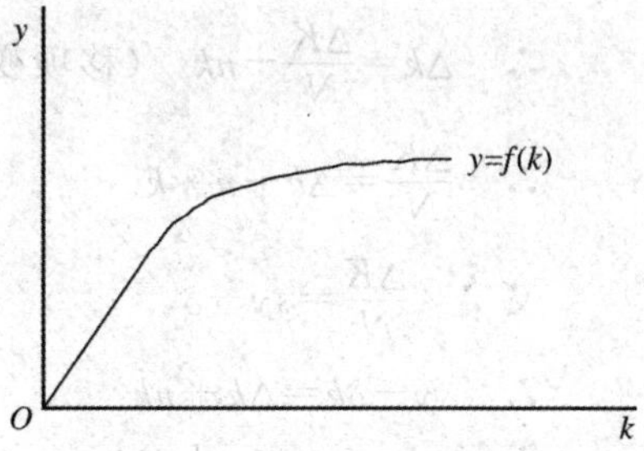

图 21-1　人均形式的生产函数

随着人均资本量 k 的增加，人均产量 y 也增加，但由于边际报酬递减规律，人均产量增加的速度是递减的。

根据增长率分解式 $G_Q=G_A+aG_L+\beta G_K$. 在假定(3)和不考虑技术进步（即 G_A 不变，为常量）的情况下，产出增长率就唯一地由资本增长率来解释。

2. 资本与产量的关系

一般地，资本增长由储蓄（或投资）决定，而储蓄又依赖于收入，收入或产量又要视资本而定。于是，资本、产量和储蓄之间形成了相互依赖的体系。

21.2.2　新古典增长模型的基本方程

在简单的"NI—AE"模型中，经济均衡的条件是：

$$I=S。$$

而资本存量 K 的改变量：ΔK＝投资 I－折旧（ΔK 表示净投资）。

假定折旧是资本存量 K 的一个固定比率，即：折旧＝$\delta K(0<\delta<1)$，

那么，$\Delta K = I - \delta K$。

因为　$I = S = sQ$，（s 为储蓄率，Q 为实际国民收入）

则，$\Delta K = sQ - \delta K$。

上式两边同时除以劳动数量 N，则有：

$$\frac{\Delta K}{N} = sy - \delta k。$$

式中，y 表示人均国民收入，k 表示人均资本量。

由于人均资本量 $k = \frac{K}{N}$，对于 $k = \frac{K}{N}$ 求关于时间 t 的微分，得：

$$\frac{dk}{dt} = \frac{N * \frac{dK}{dt} - K * \frac{dN}{dt}}{N^2} = \frac{1}{N} * \frac{dK}{dt} - \frac{K}{N} * \frac{dN}{dt} * \frac{1}{N}。$$

因为 $k = \frac{K}{N}$，　$n = \frac{\Delta N}{N} = \frac{\frac{dN}{dt}}{N}$，

$\therefore$　$\frac{dk}{dt} = \frac{1}{N} * \frac{dK}{dt} - n * k$。

$\because$　$\Delta k = \frac{dk}{dt}$，　$\Delta K = \frac{dK}{dt}$，

$\therefore$　$\Delta k = \frac{\Delta K}{N} - nk$　（移项变形），

$\therefore$　$\frac{\Delta K}{N} = \Delta k + n * k$。

又 $\because$　$\frac{\Delta K}{N} = sy - \delta$，

$\therefore$　$sy - \delta k = \Delta k + nk$

$\therefore$　$\Delta k = sy - (n + \delta)k$。

这就是新古典经济增长模型的基本方程

上式也可写成：$sy = \Delta k + (n + \delta)k$。

式中 s 为储蓄率，sy 为人均储蓄。

此式说明：一个社会的人均储蓄 sy 可以被用于两个部分，第一部分为人均资本的增加 Δk，即为每一个人配备更多的资本设备，这被称为资本的深化；第二部分的储蓄一方面要用 δk 数量的储蓄替换折旧资本，另一方面要用 nk 的数量为新生的每一人口提供平均数量的资本设备，第二部分被称为资本的广化。

因此，新古典增长模型的基本方程可以表述为：

人均储蓄＝资本深化＋资本广化。

21.2.3　稳态分析

什么叫稳态呢？

新古典增长模型认为：所谓稳态指的是一种长期均衡状态。在稳态实现时，人均资本达到均衡值并维持在均衡水平不变，即 $k=\lambda$（λ 为常数），也就是说，稳态实现时，$\Delta k=0$。

在不考虑技术进步的条件下，人均产量 y 也达到稳定状态。

即新古典增长理论中的稳定的条件为：

$$sy=(n+\delta)k。$$

需要注意的是，稳态虽然意味着 y 和 k 的值固定，但总产量和资本存量都还是在增长。由于 $k=\frac{K}{N}$ 固定，所以总资本存量 K 必须与劳动力按同比率 n 增长；又由于 $y=\frac{Q}{N}$，在稳态时 y 也固定，因此总产量 Q 也必须按比率 n 增长。

因此，新古典增长理论的稳态意味着：

$$\frac{\Delta Q}{Q}=\frac{\Delta N}{N}=\frac{\Delta K}{K}=n。$$

新古典增长模型的稳态可用图形来分析。

见图 21-2，建立坐标系，横轴表示人均资本量，纵轴表示人均收入和人均储蓄。

（1）$f(k)$ 表示人均生产函数曲线

（2）$sf(k)$ 为人均储蓄，其曲线形状与人均生产函数曲线一样，但由于 $0<s<1$，故人均储蓄函数曲线位于人均生产函数 $f(k)$ 曲线的下方。

（3）$(n+\delta)k$ 表示资本的广化曲线，由于 n 和 δ 为常数，故 $(n+\delta)k$ 为一条通过原点，且斜率为 $(n+\delta)$ 的直线。

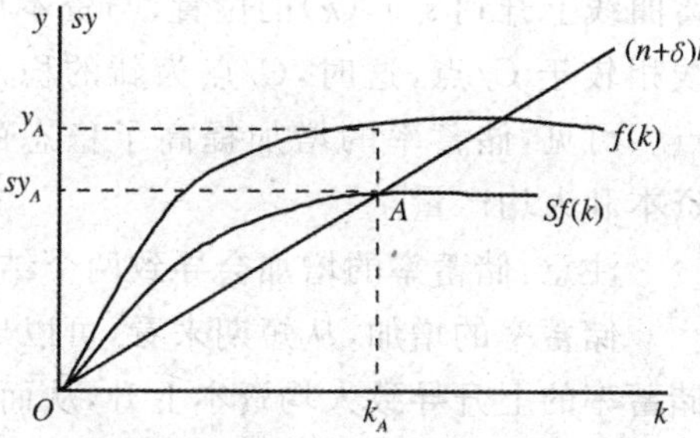

图 21-2　新古典增长模型的稳态分析

根据新古典增长理论，在经济增长稳态时，$sy=(n+\delta)k$，因此 $(n+\delta)k$ 直线与 sy 曲线必相交于 A 点。

交点 A 所对应的人均资本为 k_A，人均产量为 y_A，这时人均储蓄刚好等于资本广化的需要，即：$sy_A=(n+\delta)k_A$。

也可以这样说，人均储蓄恰好能够为不断增长的人口提供资本（设备）和替换折旧资本而不会引起人均资本的变化。

在图中，在 A 点以左，$sf(k)$ 曲线比 $(n+\delta)k$ 曲线高，这表明人均储蓄高于资本广化的需要。那么就意味着，当经济运行在 A 点左侧时，存在着资本深化。资本深化意味着每个工人占有的资本存量上升，即 $\Delta k>0$。因此，在 A 点以左，经济中的人均资本 k 有上升的趋势，从 $0\rightarrow k_A$ 上升。

在 A 点以右，情况正好相反，人均储蓄不能满足资本广化的需要，这时的 $\Delta k<0$。所以在 A 点以右，人均资本 k 有下降的趋势。

只有达到 A 点后，经济处于稳定状态，k_A 点为均衡点。

以上的结论表明，：当经济偏离稳定状态时，无论人均资本 k 过多还是过少，都存在着某种力量，使其恢复到长期的均衡。这就是新古典经济增长理论要告诉我们的一个结论：

经济增长是一个稳定的动态增长过程，即资本主义可以在充分就业的情况下，保持长期的稳定增长。

21.2.4 储蓄率的增加

如果储蓄率增加了，会对产量增长产生什么样的影响呢？

如图 21-3 建立坐标系，以人均资本量 k 为横轴，以人均产量 y 为纵轴。人均储蓄曲线与资本广化直线相交于 C 点，经济在 C 点实现了稳态均衡。

现在假设人们的储蓄增加了，使人均储蓄曲线上升到 $s/f(k)$ 的位置，与资本广化直线相较于 $C/$点，这时，$C/$点为新的稳态均衡点。可见，储蓄率的增加提高了稳态的人均资本和人均产量。

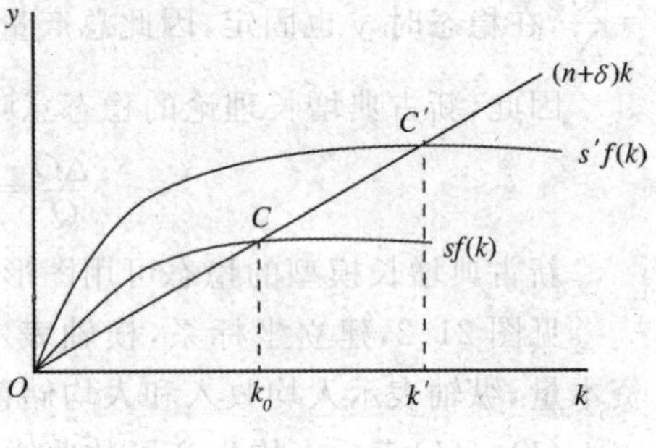

图 21-3　储蓄率增加对稳态的影响

注意：储蓄率的增加会导致两个结果：一个是短期结果，一个是长期结果。

储蓄率的增加，从短期来看，可以导致总产量和人均产量(或人均收入)的增加。储蓄率的上升导致人均资本上升，从而人均产量上升，直到达到新的稳态为止。从长期来看，储蓄率的增加导致资本积累，从而带动了产量的一个暂时性的较高增长，但随着资本积累，产量的增长率最终会回落到人口增长率(n)的水平上。

新古典增长理论在这里得到的结论是：储蓄率的增加不能影响到稳态增长率，但能够提高收入的稳态水平。

21.2.5　人口增长

新古典增长理论虽然假设劳动力按一个不变的比率 n 增长，但当把 n 作为参数时，就可以分析人口增长对产量增长的影响(图 21-4)

如下图建立坐标系：横轴表示人均资本量，纵轴表示人均收入(或产量)。

资本广化直线$(n+\delta)k$ 与人均储蓄曲线交于 A 点，经济在 A 点实现了稳态均衡。

现在假定人口增长率从 n 增长到 $n/$，资本广化直线从$(n+\delta)k$ 移到$(n/+\delta)k$，与人均储蓄曲线交于 $A/$点，$A/$点为新的稳态均衡点。

从图上我们来分析，人口增长率的增加会产生什么影响呢？

影响如下：

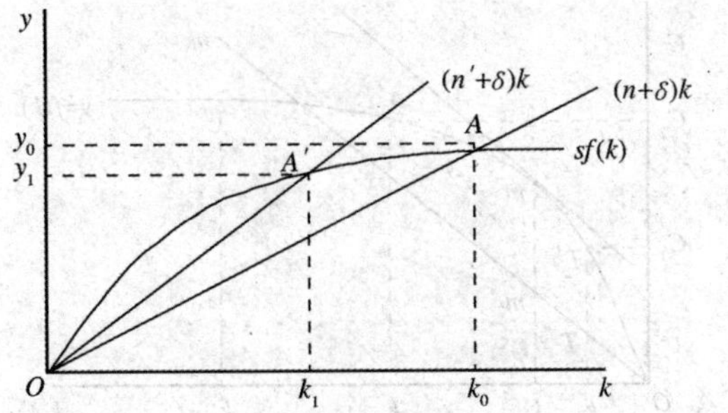

图 21-4　人口增加对稳态的影响

(1) 降低了人均资本的稳态水平(从 k_0减少到 k_1);

(2) 降低了人均产量(或人均收入)的稳态水平(从原来的 y_0下降到 y_1)。这是许多发展中国家面临的问题;

(3) 增加了总产量的稳态增长率(曲线从 0 到 A'的变化率比曲线从 0 到 A 的变化率陡)。

21.2.6　资本的黄金率水平

(一) 消费与积累的关系及经济发展目标

根据以上分析,我们知道,储蓄率可以影响稳态的人均资本水平,而人均资本水平又决定人均产量,即 $y=f(k)$。

从全社会来看,总产出(或国民收入)可用于两个方面:消费和积累(或储蓄),即:$NI=$消费$+$积累(或储蓄)。

当 NI(或产出)一定时,消费多了,积累就少了,反之亦然。因此,一个社会就存在着如何处理积累与消费的关系问题,而这个问题取决于社会对经济发展目标(或目的)的认识。

西方经济学家们认为:一个国家经济发展的根本目的是提高一个国家的人均消费水平。根据这一目的要求,经济学家费尔普斯对人均资本需要满足什么条件才能使人均消费最大化这一问题进行了研究,并提出了"黄金分割律"。如图 21-5 所示。

建立一个坐标系,用横轴表示人均资本 k,纵轴表示人均收入 y、人均储蓄 s 和人均消费 C。

假定不存在折旧,即参数 $\delta=0$,则资本广化直线为 $sy=nk$(稳态的条件);$y=f(k)$为人均收入曲线。

图中,A 点以左,$y=f(k)$曲线比 nk 曲线高,表明产出或收入高于资本广化需要,产出(或收入)有剩余用于消费。A 点以右,表示根本就没有任何产出(或收入)可用之于消费了。那么,人均消费在图上可表示为曲线 $f(k)$与直线 nk 之间的距离。在图中:

(1) 如果选定一个较低的稳态人均资本水平 k_1,那么,人均消费水平 $C_1=TT'$

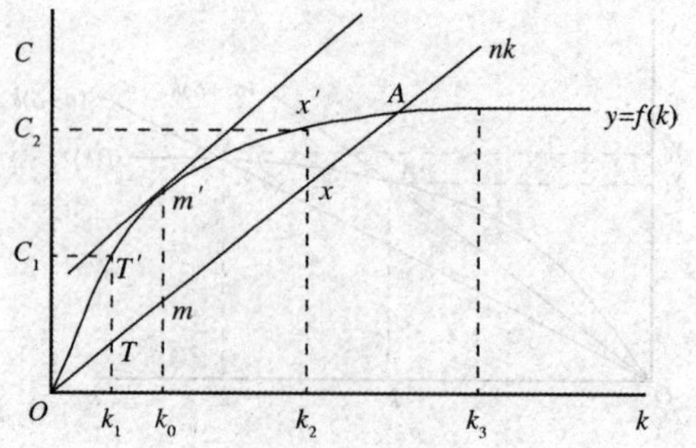

图 21-5　黄金分割率

(2) 如果选定一个较高的稳态人均资本水平 $k_2(k_2>k_1)$，这时人均产出(或收入)较高$[f(k_2)>f(k_1)]$，但人均储蓄的需要量也很大，$sf(k_2)>sf(k_1)$，因而人均消费仍不变，人均消费水平 $C_2=XX'$

(3) 如果选定很高的稳态人均资本水平 k_3，则根本没有任何产出用于消费

既然西方经济学家们认为：提高人均消费水平是一个社会经济发展的根本目的，那么，要使人均消费水平最大，应如何选定人均资本水平 k 呢？

从图中可知，当 $k=k_0$ 时，曲线 $f(k)$ 与直线 nk 之间的正向距离 mm' 最大，即当 $k=k_0$ 时，最大的人均消费水平 $C_0=mm'$。

从图中可知，当 $k=k_0$ 时，曲线 $f(k)$ 在点 m' 处的切线的斜率与直线 nk 的斜率应相等。由于直线 nk 的斜率为 n，曲线 $f(k)$ 在 k_0 处的斜率为 $f'(k_0)$，所以：

$$f'(k_0)=n。$$

而 $f'(k_0)$ 表示人均资本的边际产出，n 为劳动的增长率。

因此费尔普斯的黄金分割律为：若使稳态人均资本达到最大，稳态人均资本量的选择应使资本的边际产出等于劳动的增长率，即 $f'(k_0)=n$。k_0 表示稳态的人均资本量。

21.3　经济增长因素的分析

影响经济增长的因素很多，正确地认识和估计这些因素对经济增长的贡献，对于理解和认识现实的经济增长和制定促进经济增长的政策都是至关重要的。因此，经济增长因素分析就成为现代经济增长理论的重要研究部分，很多西方学者都投入到这一研究中来。在这里，我们简要地介绍两位美国经济学家丹尼森和库兹涅茨对经济增长因素的分析。

21.3.1　丹尼森对经济增长的实证分析

(一) 丹尼森对经济增长因素的分类

根据上图标示的内容，丹尼森把影响经济增长的因素综合归结为 6 个：

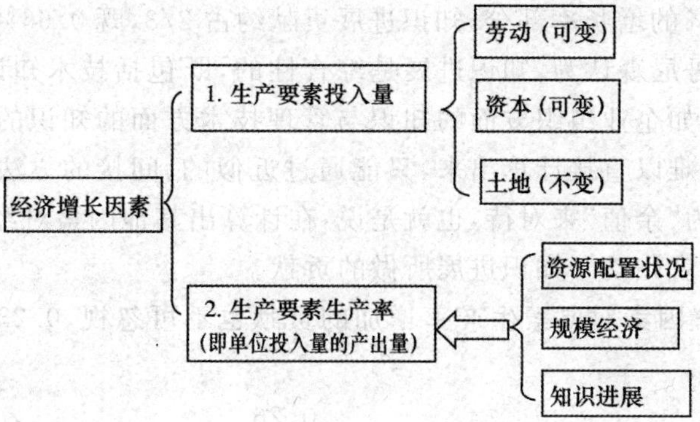

① 劳动。

② 资本存量的规模(包括资本和土地)。

③ 资源配置状况。

④ 规模经济。

⑤ 知识进展。

⑥ 其他影响单位投入量的产量的因素。

(二) 各因素对经济增长贡献大小的量的测定

丹尼森进行经济增长因素分析的目的,就是测量各因素对经济增长贡献的大小。通过测量各因素对经济增长贡献的大小,来比较长期经济增长中各个因素的相对重要性。丹尼森考察了美国 1929—1982 年长达半个多世纪的经济增长的历史过程,得出了相关数据,见表 21-1。

表 21-1　　国民收入增长源泉(1929—1982)

增长因素	增长率(%)
1. 总生产要素投入量:	1.90
其中:①劳动	1.34
②资本	0.56
2. 生产要素生产率(或单位投入量的产量)	1.02
其中:①知识进展	0.66
②资源配置	0.23
③规模经济	0.26
④其他	−0.03
国民收入	2.92

(1) 国民收入总的年增长率为 2.92%,其中,1.90%的增长率归功于生产要素投入量,1.02%的增长率归功于生产要素生产率。

(2) 在 1.90%的增长率中,1.34%的增长率归功于劳动,因为劳动的产生弹性相对较大。0.56%的增长率归功于资本,资本的产生弹性相对较小。

(3) 在1.02%的增长率部分，知识进展贡献约占2/3，既0.66%的经济增长率归功于知识进展。丹尼森认为：知识进展是综合性的，既包括技术知识的进展，也包括管理知识的进展，如企业组织方面的知识与管理技术方面的知识的进展等。但他指出，知识进展状况难以直接计算出来，只能通过近似的、间接的方法加以计算。丹尼森把知识进展作为"余值"来对待，也就是说，在计算出其他因素对经济增长所做的贡献之后，其"余值"就归功于知识进展所做的贡献。

(4) 资源配置因素对要素生产率增加的贡献也不可忽视，0.23%的增长率归功于资源配置。

(5) 国民收入年平均增长的将近10%($\frac{0.26}{2.92}*100\%=8.9\%$)部分归功于规模经济。

丹尼森的结论：知识进展是发达资本主义国家最重要的增长因素。

21.3.2 库兹涅茨对经济增长的实证分析

库兹涅茨是美国经济学家，早年从事国民经济核算体系方面的研究，20世纪50年代末以后，他发表了一系列论著，利用统计方法对一百多年来发达资本主义国家的经济增长和国民收入构成进行了历史的分析比较，论述了现代经济增长的特点和趋势。他把总量分析与经济结构的分析结合起来，从各国经济增长的差异中探索影响经济增长的因素。他认为现代经济增长的因素主要有以下几种。

(一) 经济增长的因素

库兹涅茨(kuzents)认为，经济增长的因素主要是：

1. 知识存量的增加。

知识存量包括技术知识和社会知识的存量，知识存量是随着社会的发展和进步而迅速增加的。当这种知识存量被利用时，知识存量就成为现代经济高速的总量增长和迅速的结构变化的源泉。

但库兹涅茨认为，知识存量本身不是直接生产力，知识最终变为现实的生产力，需要经过一系列的转化过程。

2. 劳动生产率的提高

库兹涅茨(kuzents)认为，现代经济增长的特征是人均国民生产总值的提高，究竟是什么因素导致人均国民生产总值增长呢？为了弄清这个问题，库兹涅茨(kuzents)经过大量计算和分析得出一个结论：在人均国民生产总值增长的结构中，25%归因于生产要素投入量的增长，75%归因于投入生产要素的生产率的提高。因此，他认为，经济增长主要是靠生产效率的提高推动的，而不是主要依靠资源投入数量的增加推动的，也就是说，现代经济增长的主要原因是劳动生产率的提高。

3. 结构的变化

库兹涅茨(kuzents)认为，现代经济增长的一个重要因素就是结构变化，库兹涅茨(kuzents)把总量分析与经济结构的分析结合起来,这也是他与凯恩斯学派宏观经济研究者们的重要区别。

库兹涅茨(kuzents)指出:一方面,经济增长过程中产业结构将发生变化;另一方面,产业结构的变化又对经济总量的增长产生重要影响,经济增长与产业结构变化是相互影响的,但必须先有一定的经济增长才能有产业结构的变化,在经济停滞条件下,产业结构是不会发生变化的。

在库兹涅茨(kuzents)看来,现代经济增长过程,就是各个产业部门在总产值和总资源中比重的变化过程。他把经济划分为三个部分,农业、工业、服务业。其中农业包括渔业、林业等部门;工业分为矿业、制造业、建筑业和电力电灯等公用事业及交通通讯;服务业分贸易、金融、不动产以及个人的、企业的、家庭的、专业的和政府的服务。库兹涅茨(kuzents)根据英美法等 14 个发达国家的统计资料,得出,产业结构在现代经济增长过程中呈下述变化趋势:

从产值看:农业产值在生产总值中的比重趋于下降;

工业产值在生产总值中的比重趋于上升;

服务业产值在生产总值中的比重没有明显的变化趋势。

从劳动力看:农业劳动力的比重趋于下降,下降幅度与农业产值比重的下降幅度相当,工业劳动力的比重趋于上升,但上升幅度低于工业产值比重的上升幅度(说明其劳动生产率的提高);

服务业劳动力在总劳动力中比重在一些国家中持续稳定,在另一些国家中则显著上升,但由于服务业产值的比重变化不大,所以服务业劳动力所占比重的上升大于服务业产值比重的变化。

4. 为什么经济增长过程中各产业部门的结构会发生上述变化

库兹涅茨(kuzents)分析认为,从需求方面来看,农产品(尤其是食物)的需求收入弹性与工业产品和某些服务业的产品相比,是较低的。因此,当收入增加的时候,对工业品和某些服务业产品的需求就会大于对农产品的需求,从而使各部门的结构发生变化。从供给方面看,主要是技术进步影响着生产成本及相对价格,影响着资源的分配,从而对产业结构发生影响。

(二) 经济增长与收入分配的关系——库兹涅茨(kuzents)的倒"U"曲线

库兹涅茨对 14 个发达国家经济增长过程中收入分配状况进行分析,得出了收入分配结构在现代经济增长中呈现这样一种规律性变化趋势。

在经济未充分发展阶段,收入分配将随着经济的发展而趋于不平等。其后,经历收入分配暂时无多大变化的时期,到达经济充分发展的阶段,收入分配将趋于平等。

我们把这一变化规律可以通过直观模型反映出来。建立一个坐标,用横轴表示人均产值,纵轴表示收入分配不平等程度,见图 21-6。

库兹涅茨认为,国民收入分配的变化,主要由以下因素造成:

(1) 劳动质量的改善引起劳动相对价格提高,后者又引起劳动收入在国民收入中比重上升，从而使财产收入在国民收入中的比重下降。而劳动的相对价格的提高，则应归因于教育投资的增加和劳动效率的改善。这样，教育事业的发展既提高了劳动力的质量，又引起了平均单位投入的产出量的增加，从而增加了劳动的收入。

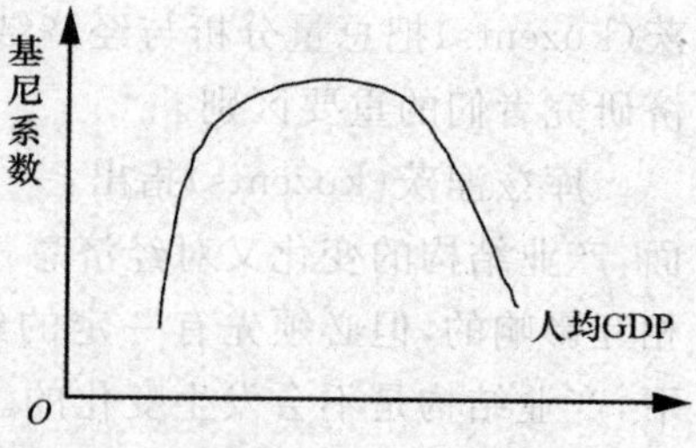

图 21-6　基尼系数

(2) 随着现代经济增长和工业化，主要产业部门平均每个劳动力的产值差距缩小了。其中尤其值得注意的是，农业劳动力比重的下降会缩小部门间平均每个劳动力产值的差距，因而缓和了收入的不平等。

(3) 劳动力结构的变化。如蓝领工人在劳动力中所占比重的下降和白领工人在劳动力中所占比重的上升，意味着低收入者的比重趋于下降，这同样促使收入不平等程度的缩小。

(4) 社会保险、公共保健服务、义务教育、累进的遗产税和所得税及社会保险措施等，也有助于缩小收入的不平等。

21.3.3　收入分配公平性的衡量：洛伦斯曲线与基尼系数

洛伦斯曲线是用来衡量社会收入分配（或财产分配）平均程度的曲线。

如果把社会上的人口分为五个等级，各占人口的 20%，按他们在国民收入中所占份额的大小见表 21-2。

表 21-2　　某经济社会的人口-收入百分比

等级	占人口的百分比	合计	占收入的百分比	合计
1	20	20	6	6
2	20	40	12	18
3	20	60	17	35
4	20	80	24	59
5	20	100	41	100

根据表 21-2 的数据作图 21-7。

如图，横轴 OP 表示人口百分比，纵轴 OI 表示收入百分比。OY 为 45 度角平分线，在这条线上，每 20% 的人口得到 20% 的收入，表明收入分配绝对平等，成为绝对平等线。opy 表示收入绝对不平等，是绝对不平等线。

根据上表所做的反映实际收入分配状况的洛伦斯曲线介于两线（绝对平等线 OY 和绝对不平等线 opy）之间，洛伦斯曲线与 OY 越接近，收入分配越平等；洛伦斯曲线与 OPY 越接近，收入分配越不平等。图中实际收入线与绝对平均线 OY 之间的面积用 A 表示，实际收入线与绝对不平等线 opy 之间的面积用 B 表示。

基尼系数$=\frac{A}{A+B}$。

当 $A=0$ 时，基尼系数等于 0，这时收入绝对平等。

当 $B=0$ 时，基尼系数等于 1，这时收入绝对不平等。

实际基尼系数总是大于 0 而小于 1，基尼系数越小，收入分配越平等。基尼系数越大，收入分配越不平均。

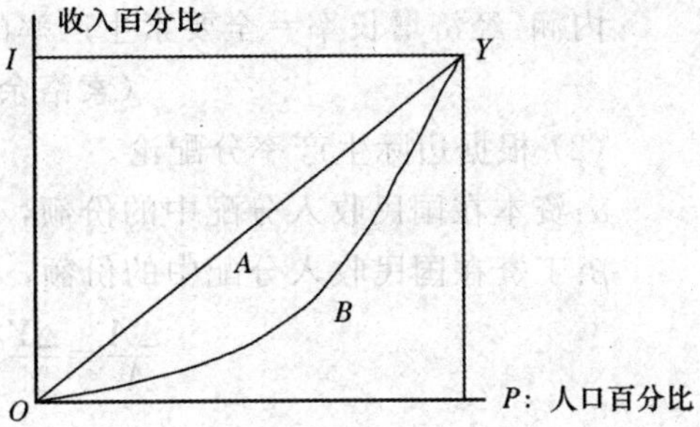

图 21-7　洛伦茨曲线

一般来说，当基尼系数 $M<0.2$ 时，高度平等；

当 $0.2\leqslant M\leqslant 0.4$ 时，低度不平等；

当 $M\approx 0.3$ 时，最佳状态；

当 $M>0.4$ 时，高度不平等（国际警戒线为 0.4）。

或：当基尼系数 $M=0.3$ 时，最佳状态；

当 $0.3<M<0.4$ 时，正常状态；

当 $M>0.4$ 时，警戒状态；

当 $M\geqslant 0.6$　，危险状态。

21.4　本章小结

经济增长与经济周期理论是宏观经济的两个重要专题，二者既有联系又有区别，增长的过程中伴随着波动，是一个问题的两个方面。掌握这两方面的有关理论，有利于我们理解在经济发展过程中存在的一系列问题。本章内容主要包括两个方面：

一、经济增长

（一）索洛模型（Sollow Model）

1. $Y=F(K,L,A)$。分别是：资本、劳动、技术。

(1) 柯布-道格拉斯生产函数（Cobb-Douglas）：$Y=AK^{\alpha}L^{\beta}$，

其中：$\alpha+\beta=1$。

α——资本对产出的贡献率；

β——劳动对产出的贡献率；

A——全要素生产率（TFP）。

两边取对数：$\ln Y=\ln A+\alpha\ln K+\beta\ln L$，

对时间求导：$\frac{\Delta Y}{Y}=\frac{\Delta A}{A}+\alpha\frac{\Delta K}{K}+\beta\frac{\Delta L}{L}$。

内涵:经济增长率=全要素生产率的提高+资本增长率+劳动增长率。

（索洛余值）　（资本贡献）（劳动贡献）

(2) 根据边际生产率分配论。

α:资本在国民收入分配中的份额,

β:工资在国民收入分配中的份额,

$$\frac{\Delta A}{A}=\frac{\Delta Y}{Y}-\alpha\frac{\Delta K}{K}-\beta\frac{\Delta L}{L}$$

经验提示:对经济增长的贡献最大的是$\frac{\Delta A}{A}$,且由于技术进步而日益上升;其次是$\beta\frac{\Delta L}{L}$,最后才是资本积累$\alpha\frac{\Delta K}{K}$。

2. 资本积累在经济增长中的作用(有限性)

(1) 资本积累的条件:$\Delta k=sy-(n+d)k$。

(2) 平衡增长路径(Balance Growth Curve)。

假定:资本的边际生产力是递减的,sy为人均储蓄,$(n+d)k$表示维持再生产的最低资本量。则:存在

$$sy>(n+d)k\to\Delta k>0\to k\uparrow\to y\uparrow$$

$$sy=(n+d)k\to\Delta k=0\to k\to y$$

(3) 含义:$sy<(n+d)k\to\Delta k<0\to k\downarrow\to y\to$

① 在E点之前,$k\uparrow\to y\uparrow$,Δy变得递减→资本积累推动经济增长;

② 在E点时,$sy=(n+d)k$,即$k*\Delta k=0\to$即$y*\Delta y=0$,经济增长达到稳态,此时?$\frac{\Delta Y}{Y}=\frac{\Delta K}{K}=\frac{\Delta L}{L}=n$;

③ 经济增长率、资本增长率、劳动增长率三个总量都按自然率增长(人口增长率)。

(4) 结论:

资本积累对经济增长有作用,但是是递减的,有极限的;资本积累对产出的增长只有水平效应(level effect),无增长效应(Growth Effect)。

3. 政策含义

一个国家要推动经济增长,对策有:

(1) 推动技术进步,即生产率提高,人均k^*、y^*增长(外生的增长理论)

(2) 提高储蓄率$s\to k^*$、$y^*\uparrow$(资本积累)

(3) 降低人口增长率$n\downarrow\to k^*$、$y^*\uparrow$(绝对值提高)

(二) 新古典增长模型(内生增长理论)

1. 假定:资本的边际生产率是不变的,或递增的

2. 内生增长理论:

(1) 因为投资的过程具有内在的技术进步,即生产力的提高包含在K和L的增

加之中；

(2) 只要储蓄率 s 足够高，使 $sy>(n+d)k$，则 k 一直增长→y 一直增长→持续增长（Even-increasing）。

3. 政策含义：

(1) 技术进步（生产率的提高）取决于研发部门（R&D）的投资，是知识生产部门生产出来的；

(2) 技术进步还取决于人力资本（Human Capital）积累，来自于教育投资（高素质的工人）；

(3) 更重要的取决于鼓励技术创新的制度环境：收入分配激励制度、知识产权保护制度、风险投资的环境制度。

二、经济周期

1. 经济周期的含义。

2. 经济周期的特征。

3. 经济增长的因素及度量。

本章课后同步思考题及参考答案

1. 设实际储蓄率为0.4，实际资本—产量比率为3，合意储蓄率为0.5，合意的资本—产量比率为4，自然增长率为8%，请计算：

A：(1)实际增长率；(2)有保证的增长率；(3)最适宜的储蓄率

B：(1)在以上的假设时，短期中经济中会出现累积性扩张，还是累积性收缩，或稳定增长？(2) 长期中是长期停滞，或是长期繁荣，或稳定增长？

C：如果实际的和合意的资本—产量比率都为4时，实际储蓄率和合意储蓄率为多少时，才能实现长期的稳定增长？

答：A：(1)实际增长率 $G=S/C=0.4/3\approx13.3\%$

(2)有保证增长率 $Gw=Sd/Cr=0.5/4=12.5\%$

(3) 最适宜的储蓄率：

自然增长率 $Gn=S0/Cr$→最适宜的储蓄率 $=S0=Gn*Cr=8\%\times4=32\%$

B：(1) 在以上的假设时，短期中经济中会出现累积性扩张。

(2) 长期中是长期停滞。

C：经济要能够实现长期的稳定增长，必须满足 $G=Gw=Gn=8\%$，即：$S/C=Sd/Cr=8\%$

而 $C=Cr=4$，所以 $S=Sd=0.32$

故实际的和合意的储蓄率应为0.32时，经济能够实现长期的稳定增长。

2. 设资本量为100，资本增量为20，劳动量为150，劳动增量为30，资本在经济增长中所作的贡献为0.25，技术进步率为0.02，试根据新古典经济增长模型计算经济增长率。

答：已知 $K=100$，$\Delta K=20$，$L=150$，$\Delta L=30$，$a=0.25$，$\Delta A/A=0.02$。根据新古典经济增长模型：

$$G=a(\Delta K/K)+b(\Delta L/L)+\Delta A/A$$
$$=0.25\times(20/100)+(1-0.25)\times(30/150)+0.02$$
$$=22\%。$$

配套思考题及参考答案

一、单项选择题

1. 宏观经济学研究的中心理论是：（　　）
   A. 失业与通货膨胀理论　　B. 国民收入决定理论
   C. 经济周期理论　　D. 经济增长理论
2. 下面哪一项会增加货币的预防需求（　　）
   A. 估计股票价格会上涨　　B. 害怕政府倒台
   C. 职工减少工资　　D. 物价普遍上涨
3. 当利率降得很低时，人们购买债券的风险将会（　　）
   A. 变得很小　　B. 变得很大
   C. 可能很大，也可能很小　　D. 不发生变化
4. 人们在（　　）情况下倾向于减少手持货币。
   A. 债券价格趋于下降　　B. 债券价格趋于上升
   C. 债券收益率不变　　D. 债券价格不变
5. 经济波动的周期的四个阶段依次为（　　）
   A. 扩张、峰顶、衰退、谷底　　B. 峰顶、衰退、谷底、扩张
   C. 谷底、扩张、峰顶、衰退　　D. 以上各项均对
6. 朱格拉周期是一种（　　）
   A. 短周期　　B. 中周期
   C. 长周期　　D. 不能确定
7. 经济之所以会发生周期性波动，是因为（　　）
   A. 乘数作用　　B. 加速数作用
   C. 乘数和加速数的交织作用　　D. 外部经济因素的变动
8. 乘数原理和加速原理的关系是（　　）
   A. 乘数原理说明国民收入的决定，加速原理说明投资的决定
   B. 两者都说明投资的决定
   C. 乘数原理解释经济如何走向繁荣，加速原理说明经济怎样陷入萧条

D. 只有乘数作用时国民收入的变动比乘数、加速数作用相结合时的变动更大一些

9. 经济增长的最基本特征是(　　)

A. 国民生产总值的增加　　B. 技术进步

C. 制度与意识的相应调整　　D. 城市化速度加快

10. 在经济增长中起着最大作用的因素是(　　)

A. 资本　B. 劳动　C. 技术进步　D. 人口增加

11. 假定资本量为 100 万,所生产的产量为 50 万,则资本一产量比率为(　)

A. 0.5　B. 2　C. 0.67　D. 1

12. 根据哈罗德模型,当资本一产量比率为 4,储蓄率为 20%时,则经济增长率为(　)

A. 5%　B. 80%　C. 20%　D. 10%

参考答案:BBBAD　BCAAC　BA

二、填空题

1. 经济周期的中心是________________的波动。

2. 经济周期是指资本主义市场经济__________和__________过程中出现的、周期性出现的经济扩张与经济衰退交替更迭循环往复的一种现象。

3. 针对单纯经济增长造成的问题,罗马俱乐部的第一个报告"麦都斯的《增长的极限》"提出________________。

参考答案:

1. 国民收入　2. 生产　再生产　3. 零经济增长

三、判断并说明

1. 可持续发展就是经济的持续增长。

1. 错。一般认为,经济增长与就业目标是一致的。经济增长通常用一定时期内实际国内生产总值年均增长率来衡量。经济增长会增加社会福利,但并不是增长率越高越好。这是因为经济增长一方面要受到各种资源条件的限制,不可能无限地增长,尤其是对于经济已相当发达的国家来说更是如此。另一方面,经济增长也要付出代价,如造成环境污染,引起各种社会问题等。因此,经济增长就是实现与本国具体情况相符的适度增长率。

2. 可持续发展强调经济发展与环境保护的互动互补。

2. 对。(同上)

四、名词解释

1. 经济增长:

经济增长通常是指在一个较长的时间跨度上，一个国家人均产出（或人均收入）水平的持续增加。经济增长率的高低体现了一个国家或地区在一定时期内经济总量的增长速度，也是衡量一个国家或地区总体经济实力增长速度的标志。

2. 索洛模型：

索洛的新古典增长理论是现代增长理论的基石。索洛模型描述了一个完全竞争的经济、资本和劳动投入的增长引起产出的增长。索洛模型强调资源的稀缺性，强调单纯物质资本积累带来的增长极限，思想的主旨是说明在人口增长率不变和技术进步不变条件下，经济实现的稳态零增长。

3. 内生增长理论：

内生增长理论是西方宏观经济理论分支，其核心思想是认为经济能够不依赖外力推动实现持续增长，内生的技术进步是保证经济持续增长的决定因素。强调不完全竞争和收益递增。

4. 经济周期：

也称商业周期、景气循环，经济周期一般是指经济活动沿着经济发展的总体趋势所经历的有规律的扩张和收缩。是国民总产出、总收入和总就业的波动，是国民收入或总体经济活动扩张与紧缩的交替或周期性波动变化。过去把它分为繁荣、衰退、萧条和复苏四个阶段，表现在图形上叫衰退、谷底、扩张和顶峰更为形象，也是现在普遍使用的名称。

第 22 章　宏观经济学的相关背景知识

本章学习目标：

1. 了解宏观经济学的产生和发展历程。
2. 学习对微观经济理论的借鉴和延伸。
3. 看到目前经济学对新的热点问题的探讨研究。
4. 了解宏观经济学对我们生活的影响。
5. 看看不同的经济学家对相同问题的解释。

导入案例：莫衷一是的经济学观点

当你打开电视时，要想听不到一些政治家或经济学家建议改变经济政策的讲话是很难的。就目前而言，广大民众最为关心的房子问题就已经听得我们一头雾水，难辨东西了。

郎咸平说：房地产业是中国最后一个支柱产业。政府出台了一系列政策打压楼价，要是打压成功了，房价降下来了，会是什么样的情况？那就是中国完了！

谢国忠说：利息上升的话，房价不跌是不可能的，世界上没有例外。

茅于轼说：2013 年房价还会温和上涨，小面积、低配置的房产将是未来的机会。保障性住房建设在今年将迎来一个高潮，但是政府参与保障房建设是过多地干预了市场。

诸如此类，莫衷一是。我们究竟该不该买房子呢？说到底，也没有一个准确的答案。那么，单个家庭该如何决策？其实，略微了解一些宏观经济学的知识就可以做出一个适合自己的判断。

前些章提出了经济学家用来分析整体经济的行为和政策对经济的影响的工具，这一章讨论宏观经济政策的一些经典问题。经济学家一直争论这些问题，而且他们很可能要继续争论很多年。你在这门课程中所积累的知识为我们讨论这些重要且尚待解决的问题提供了背景知识。它可以帮助你在这些争论中选择支持一方，或者至少可以让你知道，为什么选择支持一方如此困难。

从宏观经济学的研究角度来看，宏观经济理论和实践的着眼点在于保证国家宏观管理目标的实现，解决大多数人的问题。那么，宏观经济学是如何保证宏观经济模型中的总体行为变量同众多家庭和企业的基本行为相吻合呢？换言之，就是说宏观经济理论赖以支撑的理论基础在哪儿?准确地说,就是宏观经济学的微观理论基础在哪里?

22.1 宏观经济学的产生和发展

22.1.1 宏观经济学的萌芽阶段

时间段:17世纪中叶—19世纪中叶;

经济背景:自由资本主义时期。

宏观经济理论核心:私人经济具有内在稳定性;市场机制使劳动市场永远处于供求均衡的充分就业状态;因此,市场会自动实现经济均衡;政府不应该干预任何市场和经济活动。

这也是萨伊定律的核心主张。萨伊是18世纪末和19世纪初的法国著名经济学家。

他认为,商品的买卖实际上只是商品和商品的交换;在交换中,货币只是在一瞬间起了媒介作用;卖者得到了货币,马上又会购买商品,所以卖者同时又是买者。

一种产品的生产给其他产品开辟了销路,供给会创造自己的需求,不论产量如何增加,产品都不会过剩,至多只是暂时的积压,市场上商品的总供给和总需求一定是相等的,这就是著名的萨伊定律。

古典宏观经济模型是对萨伊定律的全面论证。其基本观点是:由于价格机制是健全的,资本主义市场经济经常处于充分就业的状态。该模型主要内容包括:总产出等于总供给,总供给主要取决于劳动力市场的供求状况;工资的灵活变动使劳动力市场实现充分就业均衡,从而使总产出量达到最大;利息率的灵活变动使投资与储蓄趋于一致;货币数量决定总需求,并在总供给不变的情况下,直接影响价格水平。

对宏观经济学的研究部分,古典经济学着重经济总量研究,涉及到经济增长、国际贸易、货币经济和财政问题等方面。这与1870年以后盛行的研究个人利益最大化的经济学是有所不同的。古典经济学关心的是国家经济问题,理论核心是经济增长产生于资本积累和劳动分工相互作用的思想,即资本积累进一步推动了生产专业化和劳动分工的发展,而劳动分工反过来通过提高总产出使得社会可生产更多的资本积累,让资本流向最有效率的生产领域,就会形成这种发展的良性循环。因此古典经济学似乎是想告诉人们,顺从市场对资源的配置,保持资本积累的良性循环,会更好地促进经济增长。

在国际贸易领域,著名的古典经济学家大卫·李嘉图在争取自由贸易时提出了"比较成本理论"。该理论指出,一个国家能够从进口甚至那些它以具有竞争优势的商品中获益,只要它在生产其他商品上具有更大的竞争优势。所以,按照这一理论,一个国家应该将其生产能力更多地集中在比较起来优势更大的产业上。休谟研究的国际收支问题的成果为这方面理论研究的发展打下了基础。他认为，国际收支逆差将通过黄金的流出来减少货币供给，从而也降低物价水平，使得出口具有竞争力而进口的吸引力减少，这一均衡机制将持续地发生作用，直到黄金外流暂停，收支进入平衡为止。而李嘉图等人的看法是，当黄金外流时，作为货币供应的一部分纸币发行必须收缩，因为黄金外流是物价水平太高的一种征兆。这些思想至今不无启发意义。

综上所述，我们可以看出这一时期的宏观经济理论研究室片面的，只是针对某个领域、某个问题而提出，还不能成为独立的理论体系。

22.1.2　宏观经济学产生的准备时期

时间段：19 世纪末——20 世纪 30 年代

经济背景：资本主义逐渐进入垄断时期，开始出现周期性经济危机，市场不能自动均衡；经济波动明显，实际产出与潜在产出明显不一致，经济资源有时没有得到充分利用。

宏观经济理论核心：工人大规模失业是因为工人对工资和工作条件要求太高所致；经济危机是因为资本投资过度引起；利息率的自动调整能使储蓄永远等于投资；货币数量只影响一般物价水平而对经济增长没有作用；因此，不赞成国家干预私人经济活动。

这一时期，针对宏观经济理论的研究主要有：

1. 维克塞尔的“累积过程理论”（货币利率与自然利率的不一致将自动调整经济过程）。

作为瑞典学派的创始人维克塞尔，建立了第一个现代宏观经济均衡体系。根据累积过程理论，当货币利率低于自然利率时，投资大于储蓄，总需求大于总供给，经济处于膨胀阶段；反之，总需求小于总供给，经济处于紧缩阶段。由此，威克塞尔建立的累积过程学说是一个宏观经济均衡体系。因此，他是宏观经济均衡体系的最早创始人。

2. 熊彼特的“创新理论”（创新成为生产函数的自变量从而使生产具有周期性）。

熊彼特认为：周期性的经济波动正是起因于创新过程的非连续性和非均衡性，不同的创新对经济发展产生不同的影响，由此形成时间各一的经济周期；资本主义只是经济变动的一种形式或方法，它不可能是静止的，也不可能永远存在下去。当经济进步使得创新活动本身降为“例行事物”时，企业家将随着创新职能减弱，投资机会减少而消亡，资本主义不能再存在下去，社会将自动地、和平地进入社会主义。当然，他所理解的社会主义与马克思恩格斯所理解的社会主义具有本质性的区别。因此，他提出，“创新”是资本主义经济增长和发展的动力，没有“创新”就没有资本主义的发展。

这一阶段的宏观研究仍然是局部的、片面的。

22.1.3 宏观经济学的产生和发展:时间:20 世纪 30 年代—60 年代

经济背景:1929—1933 年经济大危机,造成经济增长下降 30%,失业率高达 25%,物价水平持续下降,国际经济环境恶化;

这一阶段,又可以分为两个时期:凯恩斯理论产生时期和凯恩斯主义理论形成时期。

1. 凯恩斯理论产生

1936 年《就业、利息和货币通论》一书标志着宏观经济学的正式产生,称为"凯恩斯革命"。

核心内容:经济危机和大量失业是由有效需求不足所致;有效需求不足是由于三大基本心理规律所致;政策选择:实行国家干预和调节;实施扩张性财政政策和膨胀性货币政策,以刺激有效需求,促进经济增长。

20 世纪 30 年代的大危机是当代资本主义经济和经济学的转折点。严重的失业、史无前例的衰退宣告了自由放任政策的失败。人们在自觉或不自觉地寻求摆脱这种困境的另一条出路——国家干预经济。新的时期需要新的理论。新的理论应该从整个经济的角度探讨其运行规律,证明国家干预的必要性,并为这种干预出谋划策。这样,宏观经济学的建立就成为一种历史的必然,而这一任务由凯恩斯来完成也许只是一种偶然。现代宏观经济学是作为国家干预经济的结果出现的。

现实经济的发展要求宏观经济学的建立,而经济学本身的发展也为宏观经济学提供了条件。托宾认为:"四个不同而又相关的发展奠定了现代宏观经济学的基础。"这四种发展是:国民收入核算理论与方法的建立;凯恩斯《通论》的发表;经济计量学的建立;以及数学的发展及其在经济学上的运用。

国民收入核算理论与方法是也二三十年代形成的,美国经济学家米契尔,库兹涅茨,以及他们所主持的国民经济研究所,和美国商务部对国民收入核算体系的建立做出了重大贡献。他们把以前对国民收入的研究系统化、理论化,解决了有关国民收入核算的定义、概念和衡量方法等基本问题,确立了现代国民收入核算体系的基本结构,并将这一体系运用于实际。宏观经济学要研究经济中总量的决定及其变化,国民收入核算正是提供了这些总量的决定及其变化。而国民收入核算正是提供了这些总量的数值,因此,没有国民收入核算体系的建立,现代宏观经济学就是不可想象的。

凯恩斯的《通论》被称为现代宏观经济的"大宪章"。这就是因为《通论》在以下这些方面为现代宏观经济学奠定了基础:第一,突破了传统的充分就业均衡理论,建立了一种以失业为特点的经济均衡。第二,把国民收入的决定与变动作为宏观经济学的中心。第三,用总供给与总需求的均衡分析来说明国民收入的决定与变动。第四,建立了以总需求分析为中心的宏观经济学体系,并把总需求分为消费与投资,提出了消费函数理论与投资理论。第五,把货币分析与经济分析融为一体,彻底抛弃了传统的二分法。第六,论述了国家干预经济的必要性与具体做法。现代宏观经济学正是在凯恩斯这些贡献的基础之上发展起来的。从这一意义上看，说凯恩斯是现代宏观经济学之父并不是夸大其词。

经济计量学也是在二三十年代形成的，与此相关的则是数学较广泛地运用到经济学中。这种发展为以后宏观经济模型的建立，以及运用宏观经济模型来进行经济预测和政策制定有着重大的意义。

2. 凯恩斯主义理论形成时期

凯恩斯理论形成后，在资本主义国家得到了广泛的运用。但是，随着社会和经济发展条件的不断进步，需要对宏观经济学的理论进行相应的创新。因此，相当一部分经济学家以凯恩斯理论为基础，对宏观经济学进行修正和完善。其中比较突出的如包括萨缪尔森、R.哈德、A.汉森等人的新古典综合派和以罗宾逊夫人、希克斯等人为代表的新剑桥学派的“两个剑桥之争”。特别是美国经济学家萨缪尔森的那部至今还十分畅销的《经济学》教科书，可以说集中体现了这一时期的凯恩斯主义宏观经济学的发展和完善。

22.1.4　现代宏观经济学形成

现代宏观经济学主要是指 20 世纪 70 年代以后，非凯恩斯主义宏观经济学形成和发展时期。

如果说 20 世纪 70 年代以前是凯恩斯主义一统天下，那么，70 年代以后，由于资本主义经济发展出现诸如滞胀等许多新问题，使得凯恩斯主义宏观经济学开始走下神坛，并且引发了一大批新的经济学家重新认识和分析宏观经济问题。

在这样的一个过程中，形成了一些非凯恩斯主义宏观经济学派，其中包括以弗里德曼为首的货币主义学派、卢卡斯为代表的理性预期学派、以蒙代尔等人为代表的供给学派，等等。

当然，这一时期的凯恩斯主义宏观经济学派为了保持其曾经有过的统治地位，也在继续修改自己的理论，并吸收了其他非凯恩斯主义学派的观点，这就是一般所称的现代主流经济学。

特别是到了 20 世纪 80 年代以后，以曼丘、罗默等一批年轻的美国教授经济学家们，力主宏微合流，同时试图把现代主流经济学和非凯恩斯主义宏观经济学派整合起来，形成全新的新凯恩斯主义经济学，使宏观经济学的发展又到了一个重要的分化期。

22.2　宏观经济学的微观基础

现代西方经济学划分为两个部分：微观经济学和宏观经济学。

多数西方经济学家认为：微观经济学是宏观经济学的理论基础，即：总体经济行为的出现是个体经济行为的必然结果。

居民消费与企业投资一直是宏观经济学的核心问题。在前面对三大市场(产品市场、货币市场、劳动力市场)的学习中,我们只是就总量问题在研究总量,并没有深入分析总量背后的决定机制,即微观经济学对于宏观经济学的基础作用。

现在我们将从微观经济学中居民或家庭、厂商或企业的"最优决策"出发,来寻找宏观经济变量的微观基础,并利用其理论分析现阶段我国居民需求和企业投资中存在的问题,以及解决该问题的途径。

22.2.1 问题的提出

一直以来,宏观经济学是否以微观经济理论为基础都是个争论不休的问题。但是,如果从宏观经济政策要实现多数人福利增加的角度来看的话,宏观经济模型中的总体行为变量就应该同众多家庭和企业的基本行为相吻合。换言之,可以认为宏观经济理论是以微观经济内容为基础的。

1. 微观基础的基本含义

所谓宏观经济学的微观基础,是指对于构成宏观经济模型基础的单个经济行为人(家庭和厂商)的行为规律的理论分析,或者说,是指宏观经济模型中对于单个经济行为人行为规律的明显的或隐含的假设。

具体地说,宏观经济学的微观基础一般具有以下三个基本含义:

(1) 宏观经济理论应该具有微观个体的行为基础,即微观个体行为应当具有一定的行为规则,包括预期行为、优化行为、决策行为和风险行为等。一般经常假设微观个体极大化生命期间的效用现值,厂商极大化生产过程中的利润,政府极大化一定意义上的社会福利函数;对待不确定性,经常假设一些经济个体可能是风险中性、风险偏好或者是风险厌恶的,不同的风险态度,对应着不确定性下经济个体的不同行为方式;经济个体的预期形式可以是前瞻性的(对将来各个时期经济行为结果的预期,决定当期经济行为),也可以是后顾性的(对过去各个时期已经发生的经济行为结果的总结,决定当期经济行为);预期形式可以是理性预期,也可以是适应性预期等。在进行微观层次分析时,有时无法限定个体行为的具体理性标准,但仍要求个体行为满足一定的规则。只有微观层次上个体行为具有规则性和协同性,才可能避免在宏观层次上出现随机化的相机选择。

(2) 宏观经济理论应该具有合理的微观结构基础,它由描述个体行为、市场结构和信息结构等重要理论假设组成。例如经常使用的一般均衡分析模式、完全竞争假设和完全信息假设等,它们是宏观经济理论的发展基础和参照标准。这种微观基础直接成为判断市场是否具有瓦尔拉斯特征、货币变量是否中性等宏观结论的关键。

(3) 宏观经济分析模式和方法应该同微观经济行为个体的表述方式密切相关,即不仅要求微观个体行为之间具有一定的协同性和相似性,而且宏观分析模式应该保证累积以后,微观个体和宏观总体之间依然相互联系。

2. 宏观经济学微观基础研究的两种思路

宏观经济学的微观基础的研究,可以理解为是研究用微观经济学方法来研究宏观经济现象的可能性,也可以理解为是研究宏观经济学与微观经济学相容的可能性。格林沃尔德和斯蒂格利茨认为,研究宏观经济学与微观经济学相容的可能性的方式可以有两种:要么是宏观理论适应微观理论,即采用新古典方法;要么是微观理论适应宏观理论,即采用新凯恩斯主义方法。因此,对于宏观经济学微观基础的研究,实际上存在着各种不同的思路,其中主要的是新古典主义思路和新凯恩斯主义思路。

(1) 新古典主义思路

新古典宏观经济学致力于把宏观经济学完全建立在市场出清和经济行为者追求最大化的基础上,并以宏观经济学的理性预期均衡分析方法而著称。所以,新古典宏观经济学也常被称作理性预期宏观经济学或者宏观经济学的均衡理论。

新古典宏观经济学派认为价格和工资都能自由伸缩以至市场出清,主张把完全竞争的瓦尔拉斯一般均衡理论和方法作为统一的宏微观经济学的基础,并作为分析各种宏观经济问题的一般方法。他们认为一般均衡理论的原理是普遍真理,也能解释宏观的经济现象(如失业、经济波动等)。但是,既然市场是连续出清的,经济总是均衡于充分就业水平,那么经济为何周期性地波动呢?怎样在一般均衡理论的框架内解释经济的周期性波动,成为考验新古典宏观经济学微观基础的一个理论难点。为了解决这一难题,新古典宏观经济学家经过两代学者的努力,先后提出了货币经济周期理论和实际经济周期理论。

以卢卡斯为代表的第一代新古典宏观经济学家在20世纪70年代就经济周期问题的一系列研究中指出,人们在现实生活中观察到的价格变化既可认为是总体价格水平的变化,又可认为是相对价格的变化。由于货币供给的不完全信息,那么具有不完全信息的工人和生产者就会把价格水平的变化,错误地认为是他们的实际工资和产品价格的暂时上涨,从而诱使他们增加劳动力和产品的供给,结果是总产出和就业都暂时地高于它们的自然水平。一旦当事人意识到相对价格没有变化,总产出和就业就又回到其长期均衡水平,这样就引起产出和就业的周期性波动。卢卡斯等人提出的这种理论被称为货币经济周期理论。

货币经济周期理论将经济周期看成是一种竞争性的均衡现象,认为未预期到的货币供给对总需求的意外冲击是经济周期性波动的主要原因。因此凯恩斯主义的宏观经济政策是无效的,甚至是经济不稳定的根源。

然而,大多数经验证据并不支持货币经济周期理论。经济数据表明,产出和就业的变化具有惯性,并不是随机的,货币变化是适应产出变化的结果,而不是变化的原因。

第二代新古典宏观经济学家巴罗等人经过深入思考后,试图引入实际因素来分析经济周期,在20世纪80年代形成了实际经济周期理论。实际经济周期理论认为,技术冲击(又叫实际冲击)是经济周期性波动的最终源泉。货币对产量没有重要影响,引起经济波动的不是货币因素,而是实际因素。实际因素包括生产技术的革新、新产品的开发、气候的变化及原材料和能源价格的变化等。实际冲击通过改变了生产函数,引起相对价格的波动,理性的经济行为人通过改变他们的劳动供给和消费来对相对价格的波动作出反应,从而引起产出和就业的周期性波动。实际经济周期理论仍然将经济周期看成是一种竞争性的均衡现象。

新古典宏观经济学的优势在于,它保持了微观经济学和宏观经济学的一致性和相容性,并为分析宏观经济问题提供了新的理论依据。但它也存在严重的不足,它假设市场出清的微观分析不具有现实性。

(2) 新凯恩斯主义思路

新凯恩斯主义吸取了新古典综合派在理论上遭到惨败的教训,接受了新古典宏观经济学的挑战,试图在微观经济个体追求最大化行为并具有理性预期的前提下,为凯恩斯主义宏观经济学构造坚固的微观基础。新凯恩斯主义同新古典宏观经济学一样认为,宏观经济学应建立在一般均衡模型的基础上。不过,新凯恩斯主义又认为,完全竞争的一般均衡理论是微观经济理论家们所设想的一种理想状态,不适于用来研究宏观经济现象,需要对它进行修正。现实的市场中存在许多不完全的地方,如不完全信息、不完全竞争等。因此,新凯恩斯主义者从非市场出清、最大化行为和理性预期这些假定出发,试图为凯恩斯的宏观理论建立一个

不完全竞争的微观基础(这里的不完全竞争不仅指传统意义上的市场上只有少数企业,而且包括不完全信息、市场的不完全性等)。

新凯恩斯主义宏观经济学内部存在着两种研究思路。

一种研究思路强调工资和价格刚性的重要性,它解释为什么名义工资和价格在面临总需求冲击或其他冲击时通常具有不易变动的性质,并通过这种名义工资和价格的刚性来解释总需求冲击的数量调整效应,从而解释就业量和产量的波动以及非自愿失业的存在。这种研究思路被称为"弱的新凯恩斯主义经济学"。另一种研究思路则被称为"强的新凯恩斯主义经济学",它认为工资和价格刚性不是主要问题,即使工资和价格具有完全的伸缩性,但不完全信息和不完全竞争的存在,也会对宏观经济产生不稳定的影响。

22.2.2 微观基础——需求与消费

1. 消费

指居民消费,是一个经济社会(国家)内的居民对本国和外国生产的最终产品和劳务的支出。一般来说,居民消费需求占宏观经济总需求的60%左右,因此深入分析消费者的个人消费决策和消费行为是宏观经济学的重要内容之一。

所谓消费决策其实就是消费者收入中多少用于当前消费、多少用于储蓄的决策。

从我们的学习历程来看,这是属于微观经济学的内容。然而作为总需求构成之一的个人消费(C),势必会对宏观经济运行和宏观经济决策产生影响。

所谓消费行为是指消费者在个人消费决策的指导下做出的具体购买行为，或者事实需求内容。消费行为形成最终产品的购买，是真实的产品需求状态。只有最终的消费行为才会成为社会总需求的组成部分。

可以说，消费决策先于消费行为出现，并决定着消费行为。但消费行为会由于客观情况的变化而发生变化，不是完全按照消费决策进行的。

2. 居民消费理论

(1) 欧文·费雪的跨期消费决策理论

凯恩斯的消费函数认为现期消费是现期收入的函数 $c=f(y)$。在现实的消费情况中，人们在做出消费决策时不仅会考虑现在，还会考虑过去和未来。往期的储蓄和当期的收入以及未来的预期，都会成为当期消费参照。1930 年，美国经济学家费雪提出跨期消费决策模式，该模型划分了不同收支时期，对消费者面临的约束条件及偏好进行了假设，分析了理性的消费者如何在现期消费与未来消费之间所进行的选择。费雪认为：人们在消费时会受到一些限制或约束，这些约束包括：预算约束（即人们可以为自己进行消费所支出的数额大小）和跨期预算约束（即人们可以为自己在当前消费和未来消费所支付的数额大小）。

跨期消费决策理论的基本内容。

第一，假设条件。

① 某消费者的消费决策只针对两个时期：第一个时期是青年时期，第二个时期是老年时期。

② 第一个时期：消费者收入$=y_1$，消费$=c_1$；第二个时期，消费者收入$=y_2$，消费$=c_2$。同时假设没有通货膨胀，并且消费者会同时进行借贷或储蓄，所以消费者在任一时期的消费，都可以存在：$c<y$ 或 $c>y$。

第二，分析内容。

消费者两个时期的收入如何约束这两个时期的消费。

在第一个时期，储蓄＝收入－消费，

即：$s=y_1-c_1$。式中，s 为储蓄。

在第二个时期，消费＝积累的储蓄，

包括：储蓄所获得的利息＋第二个时期的收入，

即：$c_2=(1+r)s+y_2$。

式中，r 为实际利率。由于没有第三个时期，消费者在第二个时期既不储蓄，也不借贷，只是花光所有实际收入。

需要注意的是：变量 s 可以大于 0 也可以小于 0，

即 s 可以代表储蓄，也可以代表借贷或负储蓄。

当第一时期消费小于收入，消费者储蓄 $s>0$；

当第一时期消费大于收入，则消费者借贷 $s<0$。

为简单起见，我们假定贷款的利率和储蓄的利率相同，

将上述二式结合在一起可得：$c_2=(1+r)(y_1-c_1)+y_2$

经整理，有：$c_1+c_2/(1+r)=y_1+y_2/(1+r)$。

该式把两个时期的消费与收入结合起来，即表示为消费者跨期预算约束。如果利率为 0，预算约束表明二个时期的总消费等于二个时期的总收入：在利率大于 0 的正常情况下，未来消费和未来收入用$(1+r)$这个因子进行贴现，贴现后的数值被称作现值，贴现产生于储蓄所获得的利息。

也就是说，消费者将现期收入存入银行，可以获得一定比例的利息，所以未来收入的价值低于现期收入的价值。同样，未来消费由赚到利息的储蓄支付，所以未来消费的成本低于现期消费的成本。

因子 $1/(1+r)$是用第一期消费衡量的第二期消费的价格：是消费者为得到一单位第二期消费所必须放弃的第一期消费的数量。

其中，c_1、c_2、y_1、y_2、r 分别为第一期消费、第二期消费、第一期收入、第二期收入、相等的实际借贷利率和储蓄的利率。因此，可得：

$$C_1+C_2/(1+r)=y_1+y_2/(1+r)。$$

如图 22-1 所示，消费者的预算约束可用一条向右下方倾斜的直线表示。由于消费者可以在两期之间借贷，预算约束线表示通过两期消费花光两期收入的所有组合点的轨迹。

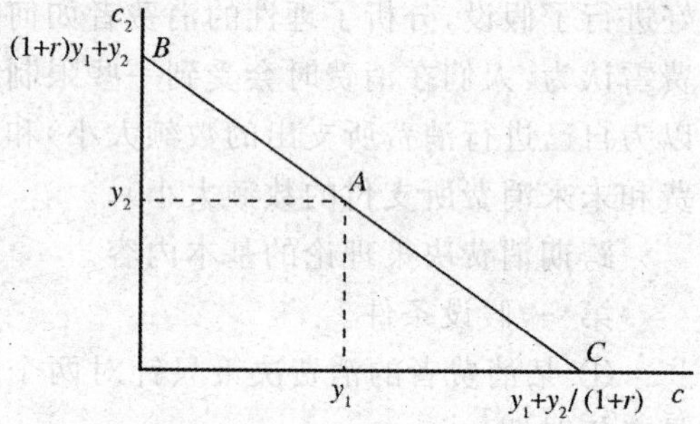

图 22-1　跨期预算约束线

在约算约束线上标出 ABC 三个点，表示三种特殊情况：

A 点，消费者的每期消费正好等于每期收入，两个时期之间既无储蓄也无借贷；

B 点，消费者在该期完全不消费$(c_1=0)$，将所有收入用于储蓄，因此，消费者在第二期的消费等于两期收入加上储蓄得到的利息$(c_2=(1+r)y_1+y_2)$；

C 点，消费者计划第二期不消费，把第二期的收入完全借贷到第一期。

因此，第一期的消费等于二期收入减去借贷需要支付的利息

$$(c_1=y_1+y_2/(1+r))。$$

由此可以计算得出预算约束线的斜率为 $(-(1+r))$。

涉及跨期消费的消费者偏好同样可以用无差异曲线来表示。此时，无差异曲线表示消费者获得同样满足的第一期与第二期消费的组合。消费者对同一条无差异曲线上的所有点的偏好都是无差异的。

涉及跨期消费的消费者偏好可以用效用函数或无差异曲线来表示，无差异曲线表示使消费者获得同样满足的第一期与第二期消费的组合。

也就是说，对同一条无差异曲线的所有两期消费的不同组合，消费者的偏好程度是完全相同的。如图 22-2。

于是，理性消费者在跨期预算约束下追求效用的最大化，即：

$$\max U(c_1,c_2)$$

$$\text{s.t.}\ c_1+\frac{c_2}{1+r}=y_1+\frac{y_2}{1+r}$$

据此，我们可以求出消费者跨期消费最优决策的条件为：$MRS=1+r$。

它的经济含义是，跨期最优选择必须满足两个时期的边际效用之比等于实际收益。换句话来说，在消费者跨期均衡点上，当前消费对未来消费的相对价格正好等于消费者心目中当期消费对未来消费的边际替代率。这个条件也可以通过图形来表示。

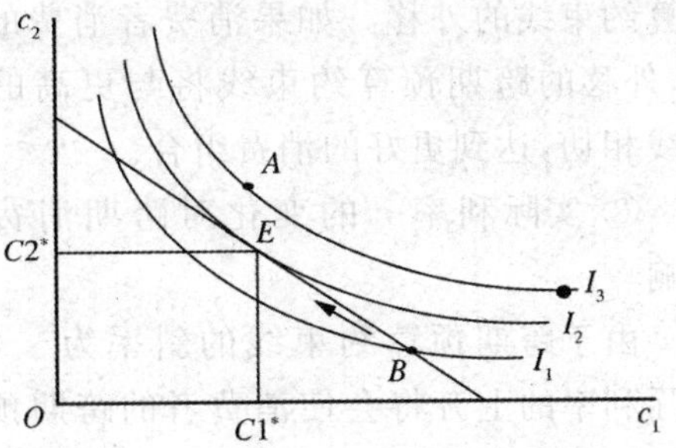

图 22-2　跨期消费的无差异曲线以及预算约束线

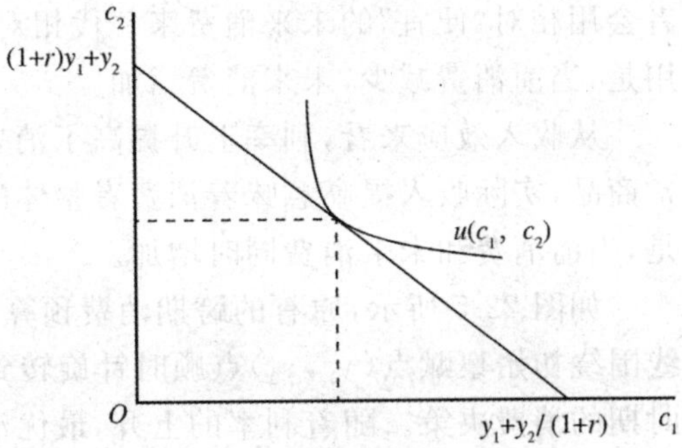

图 22-3　跨期消费的最优选择

如图 22-3 所示，两个时期消费的最优组合，一定是出现在无差异曲线和跨期预算约束线的切点上，此时无差异曲线的斜率等于跨期预算约束线的斜率。

定义：跨期预算约束。

消费者总是希望消费更多和更好的商品和服务，但他们想象中消费水平和现之间总是存在着差距，这是因为他们的主观消费意愿受到了客观条件的限制，也就是我们通常所说的“预算约束”(Budget consraint)，这种约束是由收入和价格两方面构成的。

当消费者考虑的不是在不同商品组合中进行选择，而是在不同时期的消费中进行选择时，他们面临的客观限制条件就是由一生有限总收入构成的“跨期预算约束”(Intertemporal budget constraint)。

第三，收入和实际利率变动对消费的影响

① 收入变动对消费决策的影响：

当消费者的收入增加时，无论是现期收入还是未来收入的增加，如果消费者消费的是正常品，跨期预算约束线将向外移动，从而与更高的无差异曲线相切，达到更好的消费组合。

由此可以看出，不同于凯恩斯的绝对收入假说，费雪的跨期消费理论指出，消费不只是取决于当期收入，而是取决于收入的现值，即消费者预期到的他一生的收入。这个观点是后来生命周期假说和持久收入假说的理论基础。

如图 22-4 所示，收入增加而不考虑增加的是现期收入还是未来收入，都会导致预算约束线的外移。如果消费者消费的是正常品，外移的跨期预算约束线将与更高的无差异曲线相切，达到更好的消费组合。

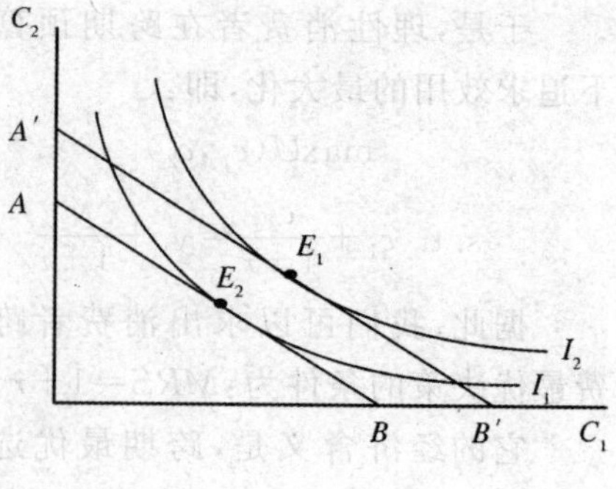

图 22-4　收入变动对消费决策的影响

② 实际利率 r 的变化对跨期消费选择的影响

由于跨期预算约束线的斜率为 $-(1+r)$，实际利率的上升将会使消费者的跨期预算约束线发生转动，从而改变跨期最优消费选择，这种变化就是微观经济学所分析的替代效应(Substitution effect)和收入效应(Income effect)。

从替代效应来看，利率上升意味着当前消费相对于未来消费的价格上升了，消费者会用相对"便宜"的未来消费来替代相对"昂贵"的当前消费。因此，替代效应的作用是，当前消费减少，未来消费增加。

从收入效应来看，利率上升提高了消费者的实际收入，如果消费者消费的一种正常商品，实际收入提高意味着消费者整体的消费水平同时提高，因此收入效应的作用是，当前消费和未来消费同时增加。

如图 22-5 所示，原有的跨期消费预算约束线为 H_1，利率的上升会使得预算约束线围绕初始禀赋点(y_1, y_2)点顺时针旋转到 H_2，变得更陡峭，从而影响消费者在两个时期的消费决策。随着利率的上升，最优消费组合由 A 点移动到 B 点。

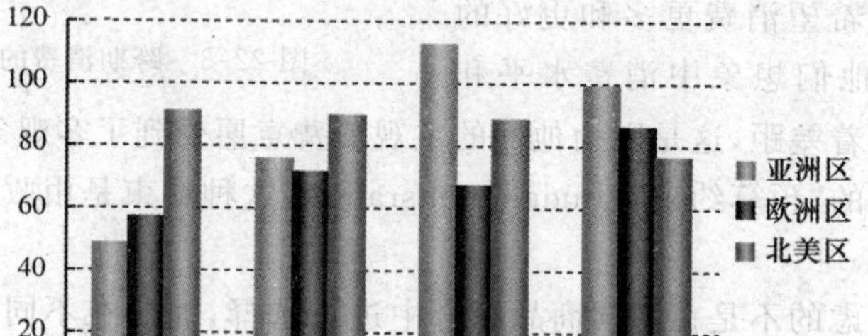

即第一期消费减少，第二期消费增加。因此，提高利率的替代效应和收入效应都会提高第二个时期的消费。而对第一个时期，则取决于两个效应作用的相对大小。一般说来，在低利率水平时，利率上升的收入效应要小于替代效应，因此利率水平上升会带来当前消费的增加，而图 22-5 中正是反映了收入效应小于替代效应的这一情况。

第四，借贷约束对跨期消费的影响

借贷会使消费者的现期消费大于现期收入，但这是以减少未来收入和消费为代价的。另外，人们是否能够借到贷款在现实中也是受限制的。

现实中，由于借贷的限制使得现期消费不能大于现期收入，即：$c_1 \leqslant y_1$。

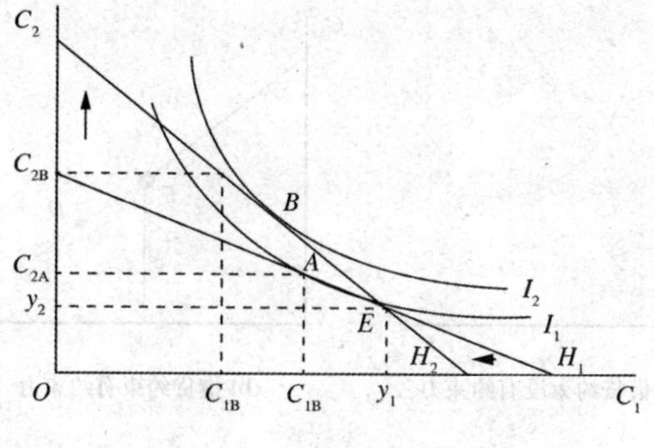

图 22-5　利率变化的影响

这种对消费者附加的约束被称为借贷约束或流动性约束。

借贷约束(borrowing constraint)制约了消费者的消费选择,因为他的消费既要满足跨期预算约束,也要满足借贷限制。这种情况下,消费者的跨期最优消费也发生了变化,出现了两种消费选择的可能性,见图 22-6 和图 22-7。

(1) 一种是消费者期望的 $c_1 \leqslant y_1$,此时借贷约束没有约束力。

(2) 另一种是消费者期望的第一期消费大于当期收入,此时由于借贷约束,消费者能实现的最好选择是 $c_1 = y_1$。

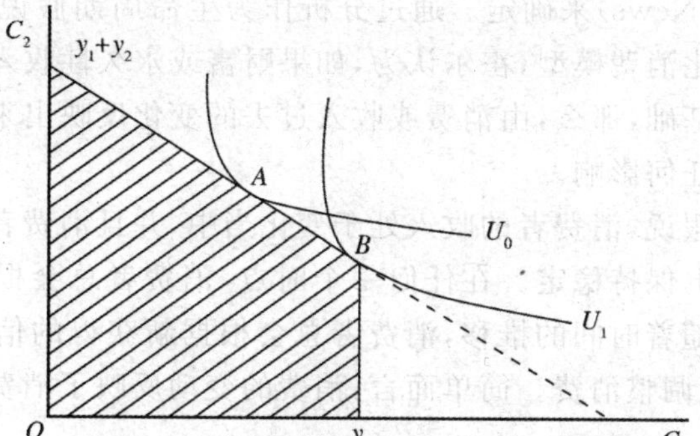

图 22-6　借贷约束下的跨期消费

通过对借贷约束的分析,可得出两种消费函数的结论:没有约束力,两期消费取决于两期收入的现值 $y_1 + y_2/(1+r)$;借贷约束有约束力,消费函数为 $c_1 = y_1$,$c_2 = y_2$。

上述内容也可以简单地用下图表示。

借贷约束时,消费者的跨期最优消费存在两种情形。在图 22-7 中,第一种情形:消费者希望青年时期的消费小于收入,借贷限制没有发生作用,此时无差异曲线 U_0 与跨期预算约束线相切于 A 点。第二种情形:消费者希望青年时期的消费大于收入,这时他最多只能将第一期的收入 y_1 全部花光,但借贷限制使得他不能消费更多,此时无差异曲线 U_1 与跨期预算约束线相切于 B 点。

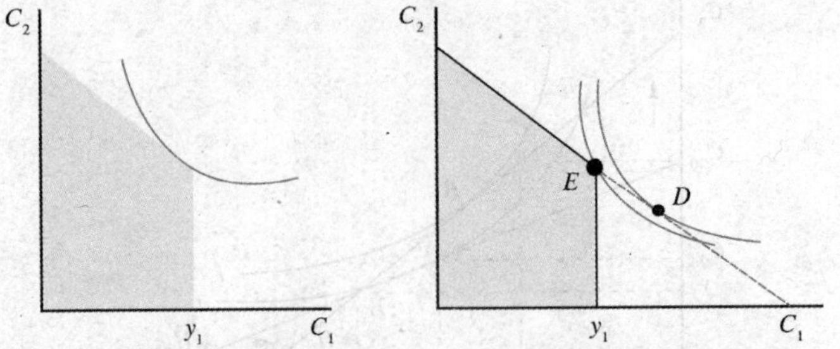

(a) 借贷约束没有约束力　　(b) 借贷约束有约束力

图 22-7　借贷约束下跨期最优消费:两种情形

(2) 罗伯特·霍尔的消费随机游走假说

由美国经济学家罗伯特·霍尔首次提出的随机游走假说(Random-walk Hypothesis)是研究在不确定的情况下,把理性预期方法论应用到生命周期假说和永久收入假说之上,认为持久收入假说与理性预期的结合意味着消费的变动遵循随机游走方式。霍尔的设想直接来源于对生命周期假说和永久性收入假说研究的不满意。为了回避前者测量财富市场价格时遇到的实际性资料问题,同时避开弗里德曼的适应性预期的永久性收入估算的问题,霍尔提出的取代办法是,把消费的变化经验地类比为通过"新信息"(News)来确定。通过分析作为生命周期假说和永久性收入假说之基础的跨时最优化消费模型,霍尔认为,如果财富或永久性收入的估计和今后的消费都以理性预期为基础,那么,由消费或收入过去的变化反映出来的过时资讯对现期的消费变化不应有任何影响。

根据永久收入假说,消费者的收入处于变化当中,并且消费者总是尽最大努力使自己的消费在时间上保持稳定。在任何一个时点,消费者总会根据当下对一生收入的预期选择消费。随着时间的推移,消费者总会根据新获得的信息修正其对一生收入的预期,并相应地调整消费。简单而言,消费的变动反映了消费者一生收入的意外变动。

理性预期假设表示,人们运用所有可以得到的信息来作出对未来的最优预期。

因此,如果消费遵循随机游走(random walk)方式,则决策者不仅可以通过自己的行为影响经济发展,还可以通过影响公众对政策行为的预期来影响公众消费,进而影响整个经济发展。然而,预期是无法直接观察到的。因此,往往难以知道财政政策的变动如何改变和何时改变总需求。

霍尔的随机游走假说意味着消费的变动是不可预测的,因为消费者未预期到的政策变动才能影响消费。

22.2.3 微观基础——需求与投资

宏观经济学中,投资是指一定时期内使社会资本存量发生变动的行为,是个流量概念。投资本身是一种购置物质资本的过程,是构成社会总需求的一部分。具体来说，投资可以分为固定投资与存货投资，其中固定投资又可分为企业固定资产投资和住房建设投资两部分。

1. 企业固定投资

企业固定投资指企业购买的机器、设备、厂房等固定资本，包括净投资和重置投资。这种划分方式主要考虑的是投资资金的来源。其中，净投资资金来源于企业利润、新增投资、银行贷款等渠道，是使资本存量增加的活动；重置投资资金来源于企业资产折旧，是用于购置新机器设备以替代经磨损而丧失生产能力的机器设备的投资活动，它不会使资本存量发生变化。

(1) 最优资本存量的决定

最优资本存量是指实际使用资本量的边际成本等于该资本的边际收益时决定的全部投资量。对于竞争性企业而言，资本的边际收益等于资本的边际产品乘以产品价格，而资本的边际成本可以认为是资本的租赁成本，即租赁价格。

(2) 最优资本存量的动态调整

在现实中，企业实际的资本存量通常与最优资本存量不相符。由于迅速调整投资的成本较高，企业通常会逐步调整实际的资本存量，以便达到最优资本存量，见图 22-8。

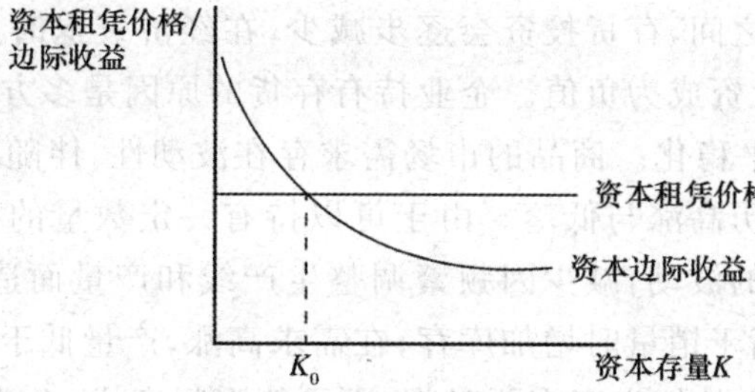

图 22-8 最优资本存量的决定

2. 住房投资

住房投资是指个人为自己居住或者出租而购买新住房进行的投资。现实中，人们购买住房主要有三种目的：一是为了自己居住，二是为了向他人出租以收取租金，三是为了获取其由于价值增加而产生的利润。

存量均衡与流量供给模型分析认为：第一，现有住房存量市场决定了均衡的住房价格；第二，住房价格决定了住房投资的流量。住房投资的决定需要经过以下两个步骤：

(1) 假定现有住房的供给不变，利用住房需求曲线就可以求出均衡的住房数量和价格。

(2) 假设任何因素发生变动，使住房需求曲线发生移动，就可以推出住房投资函数。

如图 22-9(a)中，纵轴代表住房相对价格 P_H/P，横轴代表住房资本存量 K_H，住

宅供给曲线为 S_S，用垂直线表示某一时点上住房存量保持不变，住房需求曲线为 D，均衡的住房价格由住房的需求曲线和供给曲线的交点确定。在图 22-9(b)中，纵轴表示住房的相对价格 P_H/P，横轴代表住房投资，住房价格越高，新住房的供给就越大，所以住房投资曲线向右上倾斜。

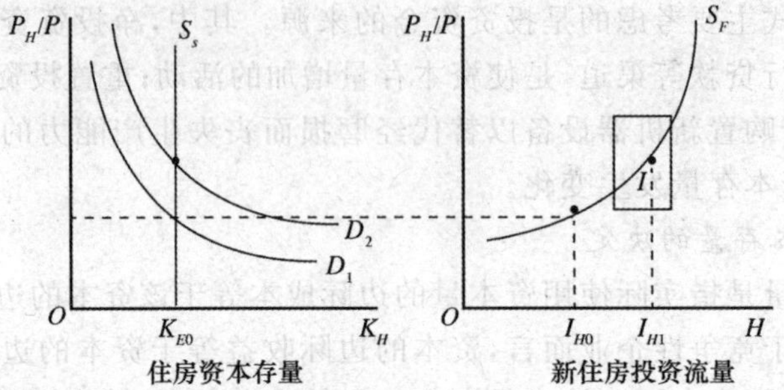

图 22-9　住房市场

3. 存货投资

存货投资主要包括三部分：生产准备过程中的原材料存货、生产过程中的半成品存货和产成品存货。存货的变动是经济周期波动的一个重要标志。一般而言，在经济周期的繁荣与萧条之间，存货投资会逐步减少，在经济衰退时期，企业会大量削减存货，甚至使得存货投资成为负值。企业持有存货的原因是多方面的，主要包括：

(1) 保证生产的平稳化。商品的市场需求存在波动性，伴随市场需求的波动，企业的产品销量也会经历高涨与低落。由于可以持有一定数量的存货，企业不必随时调整生产以适应销售的波动，减少因频繁调整生产线和产量而造成的损失。企业可以在需求低落，产量高于销量时增加库存；在需求高涨，产量低于销量时，削减存货。

(2) 避免脱销。产品的生产需要时间，不可能瞬间完成，企业常常需要在了解顾客需求水平之前作出生产决策，为了避免产品销量意外高涨而脱销，企业需要持有一定数量的存货。

(3) 提高经营效率。与频繁少量订货相比，企业大量订货以持有库存的成本更低一些。

(4) 一部分存货是生产过程中的产品。有些库存是生产过程中不可避免的，因为有的产品在生产中要求多道工序，当一种产品仅仅部分完成时，会被作为企业存货的一部分。

22.2.4　微观基础——货币需求与国民收入

货币需求指人们在投资组合中所选择持有的现金、支票账户等货币资产的数量。鉴于货币的两个基本特征，即最强的流动性和较低收益，人们对货币的需求取决于他们如何在流动性偏好与持有货币的机会成本之间进行权衡。

1. 影响货币需求的主要因素

货币需求量的决定受多方面因素影响，其中价格水平、实际收入和利率这三个宏观经济变量对货币需求具有重大影响。

(1) 价格水平。较高的价格水平提高了流动需求，从而导致货币的名义需求增大。

(2) 实际收入。人们的收入越高，所进行的交易就越多，对持有货币的需求就越大。

(3) 利率。当风险和流动性保持不变时，货币需求取决于货币及其他非货币资产的预期收益。货币预期收益的提高能够增加货币需求，而其他资产预期收益的提高则使得财富所有者将货币转换为其他高收益资产，从而降低货币需求。

其中，价格水平、实际收入和利率对货币需求函数的影响可以表述为：

$$M^d = PL(Y, r)。$$

式中，M^d 为名义货币需求量，P 为价格水平，Y 为实际收入，r 为利率。将上式整理可得

$$M^d / P = L(Y, r)。$$

此即为实际货币需求函数。

2. 影响货币需求的其他因素

现实中，除了影响货币需求的主要宏观经济变量外，还存在影响货币需求的其他因素，包括：预期股票收益、预期债券收益、预期通货膨胀率和实际财富等。

(1) 预期股票收益。股票收益的提高会吸引人们将货币转换为股票，从而减少货币需求。

(2)预期债券收益。与股票一样，债券收益的提高也会吸引人们购买更多的债券，从而减少货币需求。

(3) 预期通货膨胀率。较高的通货膨胀率意味着较高的货币贬值率，在这种情况下，人们会减少货币的持有，降低对货币的需求。

(4) 实际财富。当财富增加时，人们可能会以货币形式持有部分新增财富。当然，如果收入和交易水平保持不变，财富所有者以货币而非其他高收益资产形式持有新增财富的动机较小，因而财富增加对货币需求的影响也比较小。

其中，预期股票收益、预期债券收益、预期通货膨胀率和实际财富对货币需求的影响可以表述为：$M^d / P = L(r_s, r_b, \pi^e, W)$。

式中，r_s 为预期股票收益、r_b 为预期债券收益，π^e 为预期通货膨胀率，W 为实际财富。

3. 货币需求的交易理论

鲍莫尔-托宾模型在20世纪50年代由经济学家威廉·鲍莫尔和詹姆斯·托宾提出，是对凯恩斯交易动机的货币需求理论的发展。根据凯恩斯的理论，交易动机的货币需求只是收入的函数，而与利率无关。鲍莫尔和托宾通过分析，发现即使是交易动机的货币需求，也同样是利率的函数，而且同样是利率的减函数。鲍莫尔-托宾模型具有以下假设：

(1) 人们定期地获得一定的收入。

(2) 人们的支出是连续的或均匀的。

(3) 贷出现金余额的方式是购买政府短期债券，因为这种贷款最安全，其流动性也最高。

(4) 每次变现额(即出售债券从而换回现金的数额)都相等。

(5) 每次变现与前一次变现的间隔期都相等。

在以上假设的基础上，鲍莫尔和托宾指出，持有现金余额的总成本包括两项：一项是持有现金余额的机会成本；另一项则是因变现而支付的佣金。人们平均持有的现金余额应是每次变现额的一半，同时，在一定期间内，变现的次数为交易总额与每次变现额之商。

设 C 为持有现金余额的总成本，T 为一定时期的交易总额，K 为每次变现额(即出售债券的数额)，b 为每次变现的佣金，r 为市场利率，则持有现金余额的总成本函数为：$C=\frac{rK}{2}+\frac{bT}{K}$。求总成本最少时的 K，得到：$K^*=\sqrt{\frac{2bT}{r}}$，人们平均持有的现金余额是每次变现额的一半，即$\frac{K^*}{2}$，所以现金余额应该为：$M=\frac{K^*}{2}=\frac{1}{2}\sqrt{\frac{2bT}{r}}$。这就是著名的平方根公式。由此平方根公式可知，人们出于交易动机而持有的货币量(即现金余额)，不仅是收入的递增函数，而且是利率的递减函数。

4. 20 世纪 30 年代的银行倒闭与货币供给

在 1929 年 8 月到 1933 年 5 月间，货币供给减少了 28%。一些经济学家认为，这种货币供给的大幅度减少是大萧条的主要原因。但是，我们并没有讨论为什么货币供给减少会如此之多。表 22-1，表示 1929 年和 1933 年决定货币供给的三个变量——基础货币、准备金－存款比率以及通货－存款比率。你可以看出，货币供给的减少并不能归咎于基础货币的减少。实际上，在这一时间，基础货币增加了 18%；相反，货币供给减少是由于货币乘数下降了 38%。货币乘数下降是因为通货－存款比率和准备金－存款比率都大幅度上升了。

表 22-1　货币供给及其决定因素

	1929 年 8 月	1933 年 5 月
货币供给	26.5	19.0
通货	3.9	5.5
活期存款	22.6	13.5
基础货币	7.1	8.4
通货	3.9	5.5
准备金	3.2	2.9
准备金－存款比率	0.14	0.21
通货－存款比率	0.17	0.41

大多数经济学家把货币乘数的下降归咎,20世纪30年代初的银行大量倒闭。从1930年到1933年,9000多家银行停止营业,拖欠了存款人的存款。银行倒闭通过改变了存款人和银行家的行为而引起货币供给减少。

银行倒闭降低了公众对银行的信心而提高了通货一存款比率。人们担心银行倒闭会持续下去,他们开始把通货而不是活期存款作为更合意的货币形式。当他们提取自己的存款时,他们就用尽了银行的准备金。当银行对准备金减少的反应是减少自己未被偿还的贷款余额时,货币创造过程就反过来了。

此外,银行倒闭使银行家更为谨慎而提高了准备金一存款比率。在看待许多银行的经营之后,银行家对用少量准备金经营感到担忧。因此,它们把自己准备金的持有量提高到法定最低限之上。正如家庭对银行危机的反应是相对于存款持有更多通货一样,银行的反应是相对于贷款持有更多准备金。

尽管解释货币供给减少的原因是容易的,但要决定是否应该归罪于美联储却是较为困难的。有人认为,基础货币并没有减少,因此不应该归罪于美联储。对美联储这个时期政策的批评提出了两种观点。第一,批评者们认为,美联储应该通过在银行经营中需要现金时起到最后贷款者的作用,而在防止银行倒闭中起更积极的作用,这将有助于维持对银行体系的信心。第二,他们指出,美联储可以通过比它所做的更多地增加基础货币。这两种行为都可以阻止货币供给的这种大幅度减少,而这又会降低大萧条的严重程度。

自30年代以来,已实行了许多政策,最重要的是联邦存款保险制,它维持了公众对银行体系的信心,从而防止了通货一存款比率的大幅度波动。但是,存款保险也是一项费用很高的政策。在80年代末期和90年代初期,联邦政府为了紧急援救许多无偿还能力的储蓄与机构而有大量支出。但存款保险有助于稳定银行体系和货币供给。

思考:宏观经济学的微观基础是什么?货币供给对经济的影响。

22.3　宏观经济学在目前的争论和共识

22.3.1　宏观经济政策的五个争论问题

1. 货币政策与财政政策决策者应该试图稳定经济吗?

赞成:衰退无益论——为什么要放任衰退的发生呢?经济本身不稳定,政府可以解决这个问题。

反对:时滞问题——不管是货币政策——利率改变物品和劳务总需求需要时间——还是财政政策——政府改变支出和税收需要漫长的政治程序。在这个过程当中,经济可能已经变化,反倒会更加的恶化。

思考：解释为什么货币政策与财政政策的作用存在时滞？为什么在积极与消极的政策选择中这些时滞至关重要？

2. 货币政策应该按规则还是相机选择

赞成规则：相机选择可能用货币政策来影响大选的结果——政治性经济周期。所引起的通货膨胀会高于合意的水平。

反对规则：相机选择可能带来无能、滥用职权、和时间的不一致。

思考：举出一个货币政策规则的例子。为什么你的规则可能会比相机抉择的政策更好？为什么可能更糟？

3. 中央银行应该把零通货膨胀作为目标么

赞成：通货膨胀没有好处。由于预期的调整，长期中通货膨胀与失业之间并没有权衡取舍。降低通货膨胀的暂时的成本和长期的好处相比要大，而且降低的代价没有想象当中的大，并且提供了比其他的数字自然的基点。

反对：降低通货膨胀是需要代价的。反通货膨胀的衰退会在经济当中造成长久性的伤害。温和的通货膨胀实际上是有好处的，因为他的代价很小。比如：感冒了就要去做大手术？理性人都不会这样，吃点药就行了。

思考：说明把通货膨胀降为零的成本与好处。其中，哪些是暂时的？哪些是持久的？

4. 政府应该平衡其预算么

赞成：今天的债，明天的人来还…预算赤字会造成国民储蓄的减少。平衡的预算意味着更大的国民储蓄、投资和经济增长。

反对：债务的问题被夸大了。只要保证一定的比率——比如每年增加的债务小于或者等于国名经济增长的速度。那么，政府就不会瘫痪。况且，一些债务的是来自于教育、收入再分配等支出。更有甚者——父母可以给子女遗产，这样他们就可以承受更大的债务。

思考：解释减少政府预算赤字会如何使子孙后代状况变好。哪一种财政政策能比减少政府预算赤字更好地改善子孙后代的生活？

5. 应该为了鼓励储蓄而修改税法么

赞成：高储蓄率有很大的好处——可以增加投资——提高生产能力。但是美国的税制对储蓄课以重税，包括遗产也是。而如果改税法从所得税为消费税之后就好了。所得税——赚到钱就收税。消费税——花钱才收税。

反对：税收的目的不仅仅是增加税收，还要保证税收平均的负担，目前的税收主要针对富人，他们并不需要减税。高收益率能否增加税收不一定——因为替代效率和收入效益的存在。他们可能相互抵消。替代效益增加税收,收入效益增加当今的消费,减少税收。另外,减少税收必须满足增加的私人储蓄大于公共储蓄的减少才合意。

疑问:中国的消费税最近(2006年4月1日)正在改革,改革的结果是国家肯定是要增加通过消费税得到的收入。随着储蓄税、消费税、个人所得税税法的改革,国家对我们征收的税收越来越多。那么,作为纳税人,我们是否有权利去要求国家给我们更多的权益保证呢?中国的问题不是储蓄不足,而是储蓄过多。这个原因其实有很多的论述都加以过分析,最根本的基础,是我们信赖于我们的银行。那么,当银行对小额账户征收管理费用——其实是一种变相的税收——因为基本上这些银行都是国家所有——我们(中国国民)对储蓄的兴趣是否会有所改变?

对于消费的态度,也许就和菲利普斯曲线的高位向低位改变一样——需要很高的成本去改变。其实,中国曾经的低通胀,是多么多个国家所期待的啊……当然,它是以国内消费的相对不旺盛为代价的。

22.3.2　宏观经济学在目前的其他争论问题

1. 新古典宏观经济学政策与凯恩斯主义宏观经济政策的争论

新古典宏观经济学在经济政策含义上基本是经济自由主义的倾向,即主张尽可能地实行自由放任的经济政策,让市场机制充分地发挥自行调节的作用,反对政府对经济生活过多干预,特别是反对实行凯恩斯主义的宏观经济政策。一般来说,新古典宏观经济学认为货币政策在理性预期下就完全无效,同时也对财政政策提出了更多的反对意见。

(1) 公债非中性理论

凯恩斯主义经济学家不仅把公债作为弥补财政赤字的一个重要手段,而且也认为公债是政府实施财政政策的一个重要工具。为此,他们还提出了所谓的“公债哲学”,其要点是:第一,公债的债务人是国家,债权人是公众。国家与公众的根本利益是一致的,政府欠公众的债也就是自己欠自己的债。第二,政府的政权是稳定的,这就保证了债务的偿还是有保证的,不会引起信用危机。第三,公债不会对子孙后代构成负担,因为发行公债可以促使资本更多地形成,加快经济增长的速度,从而使子孙后代在偿付公债的负担之后,还能得到更多的财富和消费。由此,凯恩斯主义经济学家把用公债来弥补由于增加支出而造成的政府预算赤字这一办法看作是经济萧条时期刺激总需求的重要途径。总之,在凯恩斯主义经济学家看来,公债的效果是非中性的,即是有益处的。

(2) 李嘉图等价定理

新古典宏观经济学家巴罗利用理性人假说,复兴了19世纪初著名的古典经济学家大卫·李嘉图曾经提出来的一个观点,即:在本质上征税和举债是等价的,因而公债的效果是中性的,既不会带来好处,也不会带来坏处。

李嘉图在《政治经济学及赋税原理》一书中表达了这样一种推测：在某些条件下，政府无论用债券还是用税收筹资，其效果是等价的或相同的。学者把它称为“李嘉图等价定理(Ricardian equivalence)”。按照李嘉图的观点，消费者是向前看的，因此，他们的支出不仅基于其现期收入，而且还基于其预期的未来收入。

新古典宏观经济学不但认为货币政策不能改变产出增长的长期路径，而且认为用公债弥补政府赤字或减税的办法刺激经济都无济于事，因而公债的效果是中性的，即不会带来益处。巴罗认为，不管公债负担落在当代人身上还是后代人身上，李嘉图等价定理仍是成立的。

2. 新凯恩斯主义(New Keynesian Economics)与新古典综合派的争论

新凯恩斯主义(New Keynesian Economics)与新古典综合派同属凯恩斯主义阵营，两者的关键区别在于，新古典综合派的理论倾向于假定一个固定的名义工资，而新凯恩斯主义则试图为解释工资和价格黏性现象提供一个可以接受的微观基础。

新凯恩斯主义者以工资黏性和价格黏性代替原凯恩斯主义工资刚性和价格刚性的概念。以工资黏性、价格黏性和非市场出清的假设取代新古典宏观经济学的工资、价格伸缩性和市场出清的假设，并将其与宏观层次上的产量和就业量等问题相结合，建立起有微观基础的新凯恩斯主义宏观经济学。

新凯恩斯主义在政策主张方面所持有的观点是，由于价格和工资的黏性，经济在遭受到总需求冲击后，从一个非充分就业的均衡状态回复到充分就业的均衡状态，是一个缓慢的过程，因此用政策来刺激总需求是必要的，不能等待工资和价格向下的压力带来经济恢复，因为这是一个长期的痛苦的过程。

3. 新货币主义学派与凯恩斯学派的争论

根据新货币数量论和自然失业率假说，货币主义形成以下几个主要观点：

(1) 货币供给对名义收入变动具有决定性作用；

(2) 在长期中，货币数量的作用主要在于影响价格以及其他用货币表示的量，而不能影响就业量和实际国民收入；

(3) 在短期中，货币供给量可以影响实际变量，如就业量和实际国民收入；

(4) 私人经济具有自身内在的稳定性，国家的经济政策会使它的稳定性遭到破坏。

货币主义者根据其理论和对经验资料所做的分析，提出了自己的政策主张，主要包括三点。

(1) 反对凯恩斯主义的财政政策。认为，过度的政府开支也会带来通货膨胀，因此财政政策不但无效，反而对经济有害。

凯恩斯主义的财政政策：以需求管理为宗旨的财政政策，是通过货币量的扩张和收缩来实现其经济调节作用的。但是由于扩张性财政政策存在“挤出效应”，私人投资会随着政府支出的增加而减少，从而影响了政府投资支出的乘数效应，其后果往往是用非生产性的投资去代替生产性的投资，从而影响劳动生产率的改善。

(2) 反对"斟酌使用(根据情况变化而制定和执行)"的货币政策;

(3) 力主单一政策规则,尽力避免国家干预。

货币主义提出,在没有通货膨胀的情况下,按平均国民收入的增长率再加上人口增长率来规定并公开宣布一个长期不变的货币增长率,是货币政策唯一的最佳选择。货币主义的这一以货币供给量作为货币政策的唯一控制指标,而排除利率、信贷流量、准备金等因素的政策建议被称为单一的政策规则。

4. 理性预期学派与凯恩斯学派的争论

理性预期是在有效地利用一切信息的前提下,对经济变量作出的在长期中平均说来最为准确的,而又与所使用的经济理论、模型相一致的预期。

用通俗的语言来说,理性预期的意思是:在长期中,人们会准确地或趋向于预期到经济变量所应有的数值。

以卢卡斯为代表的理性预期学派,根据市场出清和自然率假说得到的总供给函数为:

$$y = y^* + \gamma(P - P^{\#})。$$

式中 y 为总产出,y^* 为经济的潜在产量,P 为价格水平,该社会中的有关机构预测并公布的价格预测值 $P^{\#}$,γ 为参数。

上式表明,经济的总产出与未被预期到的价格上升之间具有正相关关系,且预期价格与实际价格的偏离会导致实际产出与经济正常产出的偏离。

据此,理性预期学派得出结论:一是能预期到的货币供给的变化将只改变价格水平而对实际产量和就业没有影响,二是只有未预期到的货币供给的变化才影响实际产量。于是,理性预期学派认为政策是无效的,该主张对关于宏观经济稳定政策的作用及实施的争论有重要意义。

第一,如果货币供给是由政府依照一些"已知"的规则决定的,那么即使在短期,政府也不可能通过系统性货币政策影响产量和就业,因为这可能被当事人预见到。

第二,政府可能通过反馈规则(例如对失业和产出变化的反映)来决定货币供给。同样,众所周知的反馈政策规则引起的货币增长率的变化也会被当事人预见到,这使反馈政策规则失效。

第三,只有对货币规则的未被预见的偏离才会影响产量。换句话说,宏观经济政策要想有效,必须具有欺骗性质。但是,按照新古典宏观经济学的说法,具有理性预期的当事人不会在长期中系统地和持续地犯认识上的错误,因此,宏观经济政策的有效性值得怀疑。

22.3.3　宏观经济学在目前的共识

1. 在长期,一国生产物品和劳务的能力决定着该国居民的生活水平。

在长期,GDP 依赖于劳动、资本和技术在内的生产要素。当生产要素增加和技术水平提高时,GDP 增长。

2. 在短期，总需求能够影响一国生产的物品和劳务的数量。

在短期，GDP 依赖于经济的总需求，进而所有影响总需求的变量的变化都能够引起经济波动。

3. 预期在决定经济的行为方面发挥着重要作用。

居民和企业如何对政策的变化作出反应决定了经济变化的规模，甚至有时还决定着经济变动的方向。

4. 在长期，总产出最终会回复到其自然水平上。

这一产出水平取决于自然失业率、资本存量和技术的状态。

无论是新古典宏观经济学，还是新凯恩斯主义经济学都承认，经济的长期总供给曲线是一条位于潜在产量水平上的垂直线。

菲利普斯曲线和总供给曲线实际上是同一枚硬币的两面。一般认为，当研究产出与价格水平时，使用总供给曲线比较方便；当研究失业与通货膨胀时，使用菲利普斯曲线比较方便。从这个意义上说，关于菲利普斯曲线的讨论实际上补充和深化了总供给的分析。

22.4 本章小结

1. 消费函数(理论)

宏观经济学中，消费是指一国居民对本国和外国生产的最终产品和服务的支出，它是总支出的最大组成部分。

(1) 跨期消费决策：美国经济学家欧文·费雪在 20 世纪 30 年代提出了关于理性消费者在消费时如何进行跨期选择的理论模型，说明消费者所面临的限制和具有的偏好怎样共同决定了他们的消费和储蓄方面的选择。

(2) 消费的随机游走假说：美国经济学家罗伯特·霍尔首次提出的消费的随机游走假说，认为持久收入假说与理性预期的结合意味着消费的变动遵循随机游走方式，决策者不仅可以通过自己的行为影响经济发展，还可以通过影响公众对政策行为的预期来影响公众消费，进而影响整个经济发展。然而，预期是无法直接观察到的。因此，往往难以知道财政政策的变动如何改变和何时改变总需求。

霍尔的随机游走假说意味着消费的变动是不可预测的，因为消费者未预期到的政策变动才能影响消费。

2. 投资

宏观经济学中，投资就是资本存量的增加，是个流量概念。投资是购置物质资本的活动，是总需求的一部分。投资可以分为固定投资与存货投资，其中固定投资又可分为企业固定投资和住房投资两部分。

(1) 企业固定投资

企业固定投资指企业购买的机器、设备、厂房等固定资本，包括净投资和重置投资。净投资是资本存量的净增加，重置投资则是用于购置新机器设备以替代已经磨损而丧失生产能力的机器设备的资本。

(2) 住房投资

住房投资是指个人为自己居住或者出租而购买新住房进行的投资。现实中，人们购买住房主要有三种目的：一是为了自己居住，二是为了向他人出租以收取租金，三是为了获取其由于价值增加而产生的利润。

(3) 存货投资

存货投资主要包括三部分：生产准备过程中的原材料存货、生产过程中的半成品存货和产成品存货。存货的变动是经济周期波动的一个重要标志。一般而言，在经济周期的繁荣与萧条之间，存货投资会逐步减少，在经济衰退时期，企业会大量削减存货，甚至使得存货投资成为负值。

3. 货币需求

货币需求指人们在投资组合中所选择持有的现金、支票账户等货币资产的数量。鉴于货币的两个基本特征，即最强的流动性和较低收益，人们对货币的需求取决于他们如何在流动性偏好与持有货币的机会成本之间进行权衡。

4. 宏观经济学在目前的争论和共识

争论：

(1) 货币政策与财政政策决策者是否应该试图稳定经济。

(2) 货币政策应该按规则制定还是相机抉择。

(3) 中央银行是否应该把零通货膨胀作为目标。

(4) 政府应该实现年度预算平衡还是应该“依经济方向行事”。

(5) 应该为了鼓励储蓄而修改税法吗。

共识：

(1) 在长期，一国生产物品和劳务的能力决定着该国居民的生活水平。

(2) 在短期，总需求能够影响一国生产的物品和劳务的数量。

(3) 预期在决定经济的行为方面发挥着重要作用。

(4) 在长期，总产出最终会回复到其自然水平上。这一产出水平取决于自然失业率、资本存量和技术的状态。

(5) 关于菲利普斯曲线的讨论实际上补充和深化了总供给的分析。

本章课后同步思考题及参考答案

1. 为什么价格在短期具有黏性，宏观经济学是如何利用价格黏性来说明短期供给曲线的？

答：在短期中，当物价水平背离了人们的预期时，由于错觉、黏性工资或黏性价格的作用，供给量就背离了由各类生产要素所决定的自然水平。当物价高于预期水平时，供给量就高于其自然率；当物价低于预期水平时，供给量就低于其自然率。因此，短期总供给曲线向右上方倾斜。一般来说，短期内价格的黏性主要可用黏性工资和菜单成本等理论来解释。

2. 新凯恩斯主义，“新”在何处，说明新古典主义和新凯恩斯主义的主要观点。

答：新凯恩斯主义学派出现于20世纪80年代，新凯恩斯主义产生的客观条件是原凯恩斯主义的理论缺陷和新古典宏观经济学在解释现实问题时效微力乏。新凯恩斯的“新”体现在下两个方面：(1)对新古典学派观点的肯定和吸收，包括理性预期和微观基础；(2)对原凯恩斯主义的吸收和修正。

3. 假定在完全竞争市场中，某企业的生产函数 $Q=AK^{\alpha}L^{1-\alpha}$，产量 $Q=100$，$\alpha=0.3$，资本的租金率 $R=0.1$，企业产品价格 $P=1$：

(1) 计算最优资本存量。

(2) 假设 Q 预期上升到120，最优资本存量是多少？

(3) 假定最优资本存量在5年内保持不变，现有的资本存量为100，企业会逐步调整资本存量使其接近于最优值，设 $\lambda=0.3$。第一年的投资量是多少？第二年的资本存量是多少？

答：(1)当 $a=0.3$ 时，由 $Q=AK^{0.3}L^{1-0.3}$ 得，$MPK=0.3AK^{-0.7}L^{0.7}$。

根据最优资本存量条件 $MP_K=R/P$，得：$0.3AK^{-0.7}L^{0.7}=0.1$；

同时根据产量限制条件，有

$100=Q=AK^{0.3}L^{1-0.3}$

将上边两等式联立，可求得当产量为100时的最优资本存量 $K=300$。

(2)如果 $Q=120$，则联立 $0.3AKL=0.1$ 与 $120=AKL$，可得最优资本存量 $K'=360$。

(3)由于 $K_0=100$，$K=300$，所以

第一年投资量为 $I_1=\lambda(K^*-K_0)=0.3\times(300-100)=60$。

第一年资本存量为 $K_1=100+60=160$。

第二年投资量为 $I_2=\lambda(K^*-K_1)=0.3\times(300-160)=42$。

第二年资本存量为 $K_2=160+42=202$。

4. 假定住房存量供给函数 $S_s=100$，需求函数 $D=Y-0.5P$，住房流量供给函数 $S_f=2P$，式中，P 为住房价格，Y 为收入。当 $Y=200$ 元时，住房的均衡价格是多少？当收入增加到300元，并且假定住房能在瞬间造好，则短期住房价格为多少？新建住房价格为多少？

答：(1)当 $Y=200$ 元时，需求函数为 $D=200-0.5P$。

根据住房存量供给函数与住房流量总供给函数得，住房总供给函数为 $S=100+2P$。

住房市场均衡时，根据均衡条件 $D=S$，求得住房均衡价格 $P^*=40$。

(2) 收入增加到300元时，需求函数为

$$D=300-0.5P$$

短期内住房价格将不变，即

$$P=40$$

此时住房需求量为 300－0.5×40＝280，而短期住房存量供给量只有 180，因此存在 100 单位的住房差额需求，需要由新房来提供。

根据住房流量供给函数 $SF=2P$，可得当 $SF=100$ 时，新建房价格为 50。

配套思考题及参考答案

一、名词解释

1. 卢卡斯批评：

卢卡斯批判是新古典宏观经济学对凯恩斯主义理论批判的主要代表和集中体现。认为传统政策分析没有充分考虑到政策变动对人们预期的影响的观点。

2. 菜单成本

调整价格的成本被称为菜单成本，菜单成本包括印刷新清单和目录的成本、把这些新价格表和目录送给中间商和顾客的成本、为新价格做广告的成本、决定新价格的成本，甚至还包括处理顾客对价格变动怨言的成本。

3. 理性预期：理性预期是在有效地利用一切信息的前提下，对经济变量作出的在长期中平均说来最为准确的，而又与所使用的经济理论、模型相一致的预期。

二、简答题

说明新古典主义和新凯恩斯主义的主要观点。

参考答案：

(1) 新古典主义是新古典宏观经济学对理性预期学派经济理论的发展和引申，它承接了新古典经济理论的基本思想，以理性预期、市场出清和自然率假说为基本假设。

(2) 新古典宏观经济学的主要理论观点集中于对经济周期问题的分析。在这方面，新古典主义宏观经济学又分为货币经济周期学派和实际经济周期学派。货币经济周期理论认为，如果政府改变总需求的政策是被公众预期到的，那么总供给曲线就随着总需求曲线提高而提高，从而抵消总需求对产吃的影响。因此，预期到的货币冲击只影响价格水平而不影响实际产出。如果货币供给冲击是未被预期到的，在人们对价格预期既定的条件下，来自于货币增加导致的总需求增加可以对产出和就业产生影响，人们对价格水平的预期不能随时调整，是因为市场不完全和信息不完备。因此，货币因素是经济波动的根源。因此，新古典经济学派认为政府的政策一般来说是无效甚至有害的。实际经济周期理论从实际因素变动来解释经济波动。该理论认为，货币数量是适应产量的变化而调整的，产量的变化引起货币存量的变化，从而引起经济波动。关于经济政策，新古典宏观经济学反对政府支持的相机抉择的财政政策和货币政策。尽管该理论也承认政府政策对产出和就业的影响，但是由于经济人理性预期的作用，这种影响的效果也难以确定。因此该理论主张借鉴货币主义的单一规则。

(3) 新凯恩斯主义沿袭凯恩斯主义的传统，同时强调对市场失灵的微观原因的探讨。其基本假定是：非市场出清和经济人最大化和理性预期。关于非市场出清，新凯恩斯主义主要是从工资和价格的黏性来加以说明。相应于来自需求的各种冲击，工资和价格调整相对缓慢，使得经济回到实际产量等于正常产量的状态需要很长的过程，从而市场出现非均衡。至于工资和价格粘性，新凯恩斯主义从菜单成本论、交错调整价格、交错调整工资、不完全竞争论、市场协调论、劳动市场论和信贷配给论等作出解释。在价格和工资黏性基础上，新凯恩斯主义用短期总供给曲线对经济波动进行了解释。在价格总水平上升时，厂商的生产可以尽快地进行调整，而由于工资粘性的作用，以预期价格决定的劳动供给则不能进行迅速调整，因而与原有的凯恩斯理论一样，新凯恩斯主义的短期总供给曲线向右上方倾斜，因此，总需求的变动不仅影响价格也影响实际产出量。基于上述分析，新凯恩斯主义不仅认为短期内总需求管理的政策仍然是有效的，而且主张政府在市场失灵方面发挥更大的作用，以便在经济受到总需求冲击后能迅速恢复到充分就业的均衡状态。

(4) 比较新古典宏观经济学和新凯恩斯主义不难发现，两流派在理论和政策方面的分歧可谓是自由主义和政府干预主义的延续。具体来说，从假定条件来看，市场出清与否是最初的分水岭。新古典主义强调市场机制的作用，而新凯恩斯主义重视市场不完全的方面。在政策主张上，新凯恩斯主义认为从非充分就业的均衡到充分就业均衡时一个缓慢的过程，刺激总需求是必要的，因此需求政策有效。新古典主义认为政府应按稳定的政策规则行事，以避免因政策的突然变动引起的经济波动。

第四篇　西方经济学与中国

学习目标：

1. 知道西方经济学在我国的具体运用。
2. 批判的接受西方经济学理论。
3. 知道现阶段我国对西方经济学的运用。

对西方经济学的学习和借鉴，不仅带给我们思想的变化，更带来了策略性的启示：

首先我们看到了：不论东西方，“摸着石头过河”都是英明而明智的策略。

从西方经济学产生的历史背景可以看出：对西方国家本身的经济发展方向，对经济病症的诊断和疗法，西方经济学家有时本身也是十分没有把握，并不比中国人面对经济问题时好到哪里去。从西方历次的经济波动，到面对马克思主义思潮时曾经的惊慌失措、谈虎色变，到包括美国在内时不时也会面临类似20世纪30年代大危机、70年代的“滞胀”以及最近波及全球的次级债这样的种种大风波、大矛盾。毕竟经济社会运行轨迹绝不会是一成不变的。从大的历史视角看，任何社会、任何国家都是走在不曾走过的路上。前路茫茫，迷障重重，对于任何国家及国家的精英、民众来说是一致的。正是实践的不确定性造就了西方经济学的不断发展与更新。每一次危机和矛盾的产生都是一种经济学理论的终结，而伴随危机和矛盾的解决、经济的再度繁盛又会出现另一种或几种经济学的创新和形成。

反观于己，中国也是走在一条未曾走过的路，假如西人能在众多矛盾之上自信前行，中国人便没有理由不自信。假如传统的中国经济学伴随着中国经济曾经经历危机，随着中国经济的兴盛，中国经济学也必可实现创新，并用于指导中国经济。

其次，西方资产阶级经济学家能够结合实践中的问题，不断的补充和修缮着西方经济学的内容，虽然这一群体并不能以一己之力挽救资本主义必然灭亡的颓势，但是我们也应该看到不断发展的经济理论，对资本主义经济的推动作用。

在我们学习和借鉴西方经济学说的同时，也应该看到理论结合实践的重要性，看到理论不仅可以指导实践，让我们在实践中少走弯路，实现跨越式发展，也能够在实践中完善理论的不足，真正实现“洋为中用”的目的。

*第 23 章　西方经济学与中国

本章学习目标：

1. 知道宏观经济学其实就在我们身边。
2. 批判的接受西方经济学理论。
3. 知道现阶段我国对西方经济学的运用。
4. 了解什么是“科学主义”。
5. 了解当前的金融现状对经济学理论的挑战。
6. 明白西方经济学中的隐含内容。

前面的学习让我们了解产品市场、货币市场和劳动市场达到短期均衡时的状态，并通过 *AD-AS* 模型中对凯恩斯主义“需求管理理论”的学习，看到财政和货币政策在稳定经济运行、实施宏观调控中的重要作用。

事实上，大量的西方国家以凯恩斯理论为依据、以“政府干预经济”的模式缓解经济危机带来的压力。

我国自改革开放以来，先后经历了 1978 年到 1994 年之前的三次经济过热、20 世纪 90 年代中后期的经济“软着陆”和“通货紧缩”、1997 年 7 月的东南亚金融危机和 2007 年的次贷危机。

……

开放的中国不仅在经济建设上急起直追，在应对危机的策略上，也开始借鉴西方经济学的相关理论。

23.1　我们身边的宏观经济学

经济实例 1：利率上调是遏制经济过热的最好工具

中国人民银行决定，从 2006 年 4 月 28 日起上调金融机构贷款基准利率。金融机构一年期贷款基准利率由 5.58%提高到 5.85%。对于央行上调贷款利率的决定，大多数居民是拍手称快的。虽然存款利率没有上调并且有削减民众财富于无形之嫌，但是，如果任由我国目前的经济趋势持续，不仅会丧失两年来的宏观经济调控成果，也会使得中国经济持续稳定的发展难以进行。

事实证明，宏观调控的成效并非如预期那样顺利。特别东南亚金融危机以来，国内一片欢欣鼓舞，认为中国不会成为下一个受东南亚金融危机冲击的国家。于是，宏观经济过热又死灰复燃。

那么宏观经济调控从根本意义上说究竟是什么？其实就是对经济总量的控制，并力图以这种对总量控制的方式来抚平经济周期波动对经济的负面影响。而要对经济总量进行控制可以使用货币和财政政策工具，具体来说，有利率政策、汇率政策、政府支出以及税收政策等。

纵观国内近年来宏观经济调控更多的是中观及微观方面的动作，而真正的宏观调控工具使用很少。

以中国人民银行不断地小幅降息为例，直接导致实质利率过低，利率效应不仅使人民财富减少，而且弱化了银行、民众及企业对利率风险的预期，从而使银行、民众及企业均不能够把利率风险考虑到其行为决策中，因此银行信贷快速增长。对于政府而言，由于名义利率和实质利率都过低，而使政府管制方式也从债权人利益向债务人利益转移，即债主获利。于是，公众的思维被误导：只要借到钱就是盈利，企业无需拼搏，只要借到钱即可。于是企业不仅会想方设法地借钱，也会不遗余力地把从银行或者是其他金融机构借到的钱进行投资，投资如滚雪球一般，越滚越大，经济过热自然形成。

如何改变这种趋势呢？从标题可知：利率上调是遏制经济过热的最好工具。

经济实例 2：从短缺到过剩的转换是我国经济的运行态势

从已有的政策决策以及从各方面的专家论证意见看，人们对下述判断已具有相当的共识，即：在我国国民经济的运行过程中，供求关系已处于普遍性的供大于求的失衡状态之中。

根据 20 世纪 90 年代末内贸部对 610 种主要商品的调查，供求基本平稳的为 403 种，供大于求的为 206 种，供不应求的只有棕榈油一种。除商品供给过剩外，生产能力过剩、资金供给过剩以及劳动力过剩在我国也表现得十分突出。

经济过剩的出现是社会总供给大于总需求的必然结果。

从我国 1981—1997 年这 16 年需求结构变化趋势看，最终消费率基本上以平均每年 0.6 个百分点的幅度持续下降，由 1981 年的 67.5%降至 1997 的 54.8%，与 70%的国际平均水平相比，显然偏低。最终消费率过低，必然导致国内总需求不足，从而使经济运行中出现过剩。这是我国经济增长中面临的一个突出问题。

这一事实准确无误的告诉我们：经济过剩不再是资本主义国家的专利。在我国进行社会主义市场经济建设的今天，商品和劳务的供给与居民需求之间的脱节已日益凸显。

自改革开放以来，随着社会主义市场经济体制的逐步形成，市场体系的日益完善，价格杠杆的渐次启动，经济政策的制定者、市场管理者、产品制造者以及各类消费者的市场心理日趋成熟和理性化，解决社会主义市场经济条件下的经济过剩问题越来越迫切摆在了我们的党和政府面前。

从供给方面看：现阶段我国的经济过剩主要表现为有效供给缺乏、无效供给过多。所谓有效供给是指能创造需求且适应需求的供给，无效供给是指抑制需求的供给。无效供给不能满足消费者的需求，在市场交换活动中，必然不能实现由“商品——货币”(W—G)的“惊险一跃”，其结果则表现为过剩。

从需求方面看：有效需求不足是困扰我国经济高速发展的主要瓶颈。几年前，很多经济学家指出：应在我国培育新的消费热点。这些新型消费热点主要包括：轿车、住房、旅游等，但“热点”并未热起来，原因在于使用成本太高，令消费者望而却步。单以住房而言，目前全国大约有 331 万缺房户，但据国家统计局提供的资料，我国商品房累计空置率很高，中心城市、沿海开放城市商品房空置更为严重。过高的房屋价格，使消费者发出了“我连当房奴的资格都没有”的喟叹。尽管政府多次出台政策，三令五申力图控制疯涨的房价，但是收效甚微。其他产品的价格，也伴随着成本推动、利润推动、心理预期等诸多因素，一路走高。事实上，从 1997 年以后，高通货膨胀率、高失业率一直伴随着我国经济的高速增长，滞涨现象已经客观存在于我们的生活之中，已经不容回避了。

即问即答：里根经济学对美国的意义是否适用于中国？

23.2 对西方经济学理论的评判

西方经济学，在西方国家也叫作“经济学原理”，在西方被称为“社会科学的皇后”。

所谓当代西方经济学，一般是指 1929—1933 年世界经济大危机以后产生并流行于当今西欧、北美和受其直接影响的国家及地区的经济学说，它是以往西方经济学说的继续和进一步发展。学习“西方经济学”不仅可以使我们更准确的了解西方国家，同时也有利于我国经济理论快速赶上西方国家经济学的发展水平。

经济学的研究对象涵盖了人与自然以及人与社会这两个关系层面，涉及自然世界和生活世界两大领域。因此，经济学本身具有人文性和科学性的双重特性。但是，不管在对经济学性质的认知上存在何等的不同，经济学都不能直接归入自然科学的范畴。因为无论是在科学的内涵、研究的目的还是研究的方法上，经济学与自然科学都存在很大差异：经济学注重思辨性，其理论也带有强烈的主观性和规范性。因此，尽管我们强调经济学要朝科学化的方向发展，但其科学性并非就是以物理学为代表的自然科学。

自 20 世纪 30 年代以来，西方经济学就极力模仿自然科学而加速走上了数量化的道路，并在特定的引导假定下试图运用一些一般性的工具来演绎分析绝大部分的经济学问题；于是，现代经济学逐渐将社会现象中“人”的因素放弃，不再对人及其相关行为进行探究和思辨，而演化成一门基于理性选择的数学。特别是 20 世纪 90 年代西方主流经济学被引进到中国以来，国内从事经济学研究的学者不断强调经济学的科学性和客观性，坚持认为经济学应使用数理模型和实证分析进行解释，而过度忽视了经济学的思辨性和伦理学。但是，如果经济学中没有了人，它还可以称作经济学吗？因此，尽管经济学家们不断地追求客观精确性，我们也必须对这种客观性进行重新审视。

23.2.1　西方经济学理论体系的科学性

1. 西方经济学作为对西方市场经济运行经验和教训的总结有许多东西值得我国参考。例如：关于价格可以调节市场供求矛盾的理论、关于用 GDP 核算国民经济成果的理论、关于用财政政策和货币政策调节国民经济波动的理论等。

2. 西方经济学是西方经济学家的一整套关于西方市场经济运行与发展的理论。发展历史悠久，内容涉及从生产到消费、分配等各个环节，具有学科的完整性特征。

3. 在开放的经济环境下，西方经济学对于国际贸易、国际金融和国际投资等领域的研究成果，可以减少经济活动盲目性，提高社会资本的利用率。

23.2.2　西方经济学理论体系的不足

西方经济学的整个理论体系在科学性上存在不少问题。

1. 西方经济学的理论体系不完全符合科学的要求

根据实践是判别真理的标准，西方经济学的理论体系不完全符合科学的要求。第一，西方经济学的理论体系却尚未通过实践的检验。正是由于缺乏实践的基础，许多西方经济学的论点不是由实践，而是由学者的“权威”所论证。第二，作为“范式”的西方经济学仅仅被“一个学科的成员共同认可”，而并不要求“实践检验”，且这一“整体内容”所包括的“信念”、“价值”等范畴是不可能为实践所验证的。因而，西方经济学既不符合马克思主义的，也不符合西方实证主义的对科学这一范畴必须通过实践验证的规定。因此，它不符合科学的要求。

2. 西方经济学还缺乏科学所应有的内部一致性

这点主要是指在理论体系之中，不能同时存在两种或两种以上的相互抵触的说法。在西方经济学中，相互矛盾的说法大量存在。当然，在科学研究中，不同学说的暂时存在是可以容许的，资料的积累和分析的深入最终能对正确与错误的说法加以判别。然而，经济学却很难，甚至永远做不到这一点。像西方经济学中长期存在的大量而又往往无法加以消除的理论矛盾却不是科学研究的正常现象。

3. 西方经济学研究的成果不具有积累性

科学研究的进展所取得的成果往往是积累性的，而西方经济学却不是如此。

在一般的科学领域中，随着研究的进展，新的理论不断建立，而原有的正确理论会被保留起来，因此，一门科学所积累的正确知识越来越多。然而，西方经济学则是新的理论往往完全排斥掉旧的学说，新旧理论不是相互补充而是相互排斥，因此，正确的理论(如果存在的话)并不能随着时间的进展而被积累起来，从而得以增加其数量。换言之，学说的流行不取决于其内在的正确性，而要看历史发展的条件而定。这种随着历史条件的变迁而改变其基本内容的理论体系显然谈不上什么永恒的科学真理。

4. 西方经济学的假设条件苛刻

假设条件是为科学的研究所必需的。假设条件越宽松，越能符合现实生活，则由此而导致的成果会具有越大的一般性和较宽广的应用范围。然而，西方的基本理论体系的假设条件是异常苛刻的。建筑在这种违反现实的假设条件之上的西方经济学的理论体系或整体倾向性大体上可以说是人为制造出来的乌托邦，甚至被相当多的西方学者称之为神话。西方学者把根据苛刻的假设条件而得到的乌托邦和神话应用于资本主义的现实，这显然违反科学的原则。

5. 西方学者也承认西方经济学不完全是科学

一些西方学者自己也承认，西方经济学不完全是科学。当然，说西方经济学并不完全是科学并不是要全盘否定它。

即问即答：举例说明宏观经济学的缺陷。

23.3　西方经济学在我国的具体运用

对西方经济学的运用要紧密结合国情才可以发挥其现实作用。我国是以公有制为主体、多种所有制并存的社会主义国家，目前处于并将长期处于社会主义发展的初级阶段。我国现阶段经济建设的首要任务是逐步建立和不断完善社会主义市场经济体制。为应对在新时期社会主义经济体制改革与建设方面出现的新问题，我们必须紧密结合国情，借鉴西方经济学的相关观点、理论和政策措施，制定出相应的对策，使我国的市场化改革和经济发展不断实现新跨越。

案例：以 1978 年党的十一届三中全会为标志，开始进行的中国经济体制改革取得举世瞩目的成就，并对中国经济增长产生了具有深远历史意义的影响，主要体现在农村实施的家庭联产承包责任制改革和企业改制重组，建立现代企业制度等一系列改革之中。

从农村改革方面来看，由家庭联产承包责任制的逐步建立和完善，彻底取代传统的“三级所有制为基础”的集中统一管理的体制，给农民自主经营权利，极大地激发了广大农民的创造性和生产积极性，纠正了过去盲目追求超越生产力水平的“一大二公”的生产体制，使生产关系适应现阶段农村生产力发展水平，解放了农业生产力。连续几年我国农业生产出现快速增长，农业收入持续提高，农业人均纯收入年均增长率均达到历史较高水平。农村体制改革的深入展开，不仅提高了农业生产力，巩固了农业在国民经济的基础地位，而且有力地支持了城市经济体制改革的顺利展开。

从以国有企业改革为主的经济体制改革来看，二十多年来，国有企业改革一直是我国经济体制改革的中心环节。计划经济体制下的传统国有企业具有多重身份：是一个生产单位，也是一个行政单位，又是一个社区单位。政企不分是传统国有企业制度的根本弊端。传统国有企业的种种问题都是由政企不分产生出来的。因此，国有企业改革也就是将政企不分作为改革对象，将政企分开作为改革目标。经过扩权让利，全面推行承包经营责任制，转换企业经营机制与建立现代企业制度及综合改革四个阶段的探索，确立了建立现代企业制度的改革方向，使我国国有企业管理体制发生了深刻变化，尽管在现实经济生活中，国有企业改革仍然存在许多难点问题有待通过深化改革来解决，但是以国有企业为中心的经济体制改革，对我国经济增长的影响是巨大的。改革开放以来，我国经济总量年均保持在8%～9%的增长速度，就是最好的证明。

案例分析：正确评价和有效发挥政府的作用，是推动经济增长的重要因素之一。从以上案例可以看出：政府干预经济取得了明显的成效。一般认为政府和市场在经济发展的不同阶段和不同时期的作用各有侧重。在市场经济条件下，市场行为的盲目性是客观存在的。因此政府补充市场、规范市场、稳定市场，进而形成对经济运行的积极恰当的干预，不仅对于培育市场、维护市场秩序、促使市场繁荣作用明显，而且在保持经济运作的效率、推动市场顺利健康地发展、促进社会公平方面更加发挥积极的作用。

23.3.1　西方经济学对我国的有用之处

1. 在微观经济学中，均衡价格理论中的需求弹性和供给弹性理论对我们做好经济工作是有参考价值的

比方说，对于一些如煤、电、水、粮食等生活必需品，涨价时由于它们的需求价格弹性较小，为了尽量少影响普通居民生活，政府不但要努力控制涨价的节奏和幅度，还要考虑在一定时期内给予适当补贴。另外如机会成本、变动成本、固定成本及边际收益与边际成本等概念与理论都有用武之地。又如，关于垄断和竞争的理论、外部性的理论、信息不对称的理论等，在我们制定经济政策和企业作经济决策时，都很有参考价值。

2. 在宏观经济学中，关于国民收入核算的理论和方法，事实上也已被我国采用

关于总需求调节主要靠财政政策和货币政策的理论和主张，同样也日益为我国政府所运用。在经济发展遇到较大困难，从而可能使经济增速严重受阻甚至面临下行压力时，政府就会实行积极的财政政策和宽松的货币政策来对经济加以刺激，以稳定经济发展和劳动就业。相反，如果经济出现过热，通货膨胀加剧势头时，政府就会用紧缩财政和货币的政策加以抑制。

3. 在国际经济学中，由于我国要和西方市场经济国家往来

因此，更要运用国际金融、国际贸易和国际投资的许多理论，遵循一些国际惯例，才能使我们和这些国家打交道过程中做到互利互惠，维护本国利益。例如，我国在实行外汇体制改革的时候，既要迈向市场化改革的大方向，又要运用一些经济手段控制人民币升值的节奏和幅度，以保持我国进出口贸易和国际收支差额在一个合理的限度内。

23.3.2 在应用西方经济学时应加以考虑的我国国情的特殊性

1. 我国是一个发展中国家，目前尚不具备足够的市场赖以运行的机制

中国至今还处于转轨时期，从原来的计划经济体制向市场经济体制过渡，市场机制赖以运行的制度框架尚不完善，在这些制度条件具备以前，市场机制的作用程度和范围就要受到限制。

2. 我国是一个有13亿多的人口的大国，人口压力也会使我国市场经济作用的程度和范围受到限制

在人口较少的国家，个体经济行为轻微变动的集合效应可能不甚显著，而在我国则可能形成巨大冲击。比如农村劳动力向城市的转移、失业量巨大、春运等，决定了我国不可能什么事都照市场原则去办。

3. 我国特有的文化传统也是我们要考虑的国情之一

例如，我国"中庸之道"、"不患寡而患不均"的观念依然存在。因此，在实行收入分配制度改革时，尽管也要按市场化改革方向拉开差距，但差距要适当，高低不能过分悬殊，应当照顾左邻右舍关系，以构建一个有活力、又和谐的收入分配模式。

23.4 科学主义

23.4.1 科学主义的含义

科学主义系指一门学科中的成员虽然在表面上使用了科学的研究方法，却未能得到科学的结果使该学科成为科学，从而科学方法仅使该学科貌似科学，而在事实上却不是。

23.4.2 作为科学主义例子的数学的误用和滥用

1. 经济学需要数学

经济学对经济问题的研究，不但要作定性分析，也要作定量分析，经济规律也需要统计数字和经验加以揭示和证明。再说，人们从事经济活动总要求优化其活动的决策，而优化在数字上就是求极大、极小问题。研究经济变量之间的均衡关系也需要运用数学工具。这些都说明研究经济学需要运用数学作为工具和方法，但这种运用应当是正确和恰当的，而不能误用和滥用。

2. 数学仅仅是一种科学方法，与西方经济学的内容无关

数学可以对正确的内容进行论证，也可给错误的内容披上一层科学的外衣。一门学科是否为科学取决于其内容，而不是它是否使用数学方法。例如，生物学、解剖学等并不大量使用数学，但没有人怀疑它们还是科学。由于西方经济学的部分内容并不正确，而又使用大量数学方法加以论证，所以西方经济学含有大量的科学主义的成分。

3. 西方经济学存在大量误用和滥用数学的现象

现在有一种不良倾向，即不管研究什么经济问题，都要求搞一套数学模型，弄一个目标函数，列几点约束条件，然后再作一些数学推导，从中引申出几点结论，便大功告成。至于结论是否正确，约束条件是否从实际中来，则不必追究。只要数学公式成立，推导的步骤正确，就是科学的了；而且数学公式越多，推导越复杂，科学性就越强，理论也越深。这实在是对数学的误用和滥用。

4. 除了误用数学以外，滥用数学也可以造成不良的后果

为了片面地追求研究的精确性，一部分西方学者往往把不能用数学来解决的课题排除在外，而社会迫切需要解决的经济问题又经常是数学无法解决的，如贫穷、污染、货币金融危机等。这种滥用数学的后果是经济学者所致力于研究的只能是一些数学方法所能涉及的一些无关宏旨的细枝末节问题，从而使经济研究和社会的现实日益远离，成为没有实践作用的东西。

23.5 对意识形态问题的隐讳*

23.5.1 西方经济学具有隐瞒自身所表现出来的意识形态倾向

西方经济学者对意识形态问题持有尽量加以隐讳的态度，特别是在教科书中，他们往往以科学著作自居，很少、甚至根本不谈意识形态问题。西方学者尽量讳言意识形态的说法往往使初学者产生误解，误以为西方经济学只从事经济变量之间的关系的实证研究，并不涉及意识形态问题。

23.5.2 西方经济学隐讳意识形态的错误

第一，实证研究本身并不能摆脱意识形态的影响，因为实证研究牵涉到对资料、数据和事实的选择，而选择何种资料、数据和事实作为研究或分析的对象又取决于研究者的目的、价值判断和意识形态。

第二，即使是同一事实，也可以对它施加不同的解释。“经济学正在越来越多地含有科学成分，而越来越少地含有艺术成分。尽管如此，经济学者仍然可以对同一数据作出不同解释。”

第三，西方经济学并不全然进行实证研究，福利经济学便是一个显著的例子。

第四，西方经济学不可避免地要涉及政策建议，而西方学者公开承认，政策建议与意识形态有关。由此可见，虽然西方学者企图尽量远离意识形态，但是，要想完全做到这一点,是不可能的。

23.5.3 西方经济学隐讳意识形态导致的后果

第一,如果有人误以为西方经济学完全是科学而把它毫无保留地全盘接受下来,那么,他也就在实际上顺从了西方资本主义意识形态。这就是说,他会用西方社会的标准来判别某一个社会事物的正确与错误,这便是西方学者隐讳西方经济学中的意识形态的手段对个人所可能导致的后果。

第二,如果一个社会中存在着一定数量的人,用外国社会标准来判别自己社会的事物的正确与错误,那么,该社会就会失去凝聚力,而失去凝聚力又意味着社会将会瓦解和走向混乱。这就是毫无保留地全盘接受包括意识形态在内的西方经济学所可能导致的社会后果。

23.6 金融危机对西方经济理论的挑战

案例:美国次贷危机

在 2006 年之前的 5 年里,由于美国住房市场持续繁荣,加上前几年美国利率水平较低,美国的次级抵押贷款市场迅速发展。随着美国住房市场的降温尤其是短期利率的提高,次级抵押贷款的还款利率也大幅上升,购房者的还贷负担大为加重。同时,住房市场的持续降温也使购房者出售住房或者通过抵押住房再融资变得困难。这种局面直接导致大批次级抵押贷款的借款人不能按期偿还贷款,进而引发"次贷危机"。2007 年 2 月 13 日,美国新世纪金融公司(New Century Finance)发出 2006 年第四季度盈利预警。同时,汇丰控股为在美次级房贷业务增加 18 亿美元坏账准备。与此同时,面对来自华尔街 174 亿美元逼债,作为美国第二大次级抵押贷款公司——新世纪金融(New Century Financial Corp)在 2007 年 4 月 2 日宣布申请破产保护、裁减 54%的员工;8 月 2 日,德国工业银行宣布盈利预警,后来更估计出现了 82 亿欧元的亏损,因为旗下的一个规模为 127 亿欧元为"莱茵兰基金"(Rhineland Funding)以及银行本身少量的参与了美国房地产次级抵押贷款市场业务而遭到巨大损失;8 月 6 日,美国第十大抵押贷款机构——美国住房抵押贷款投资公司正式向法院申请破产保护,成为继新世纪金融公司之后美国又一家申请破产的大型抵押贷款机构;8 月 8 日,美国第五大投行贝尔斯登宣布旗下两支基金倒闭;8 月 9 日,法国第一大银行巴黎银行宣布冻结旗下三支基金,此举导致欧洲股市重挫;8 月 13 日,日本第二大银行瑞穗银行的母公司瑞穗集团宣布与美国次贷相关损失为 6 亿日元,日、韩银行已因美国次级房贷风暴产生损失,其规模已超过一万亿日元。至此,次贷危机全面爆发。

名词解释:次贷危机(subprime crisis)是一场发生在美国,因次级抵押贷款机构破产、投资基金被迫关闭、股市剧烈震荡引起的风暴。美国"次贷危机"是从 2006 年春季开始逐步显现的。美国次级抵押贷款市场通常采用固定利率和浮动利率相结合的还款方式,即购房者在购房后头几年以固定利率偿还贷款,其后以浮动利率偿还贷款。

23.6.1 经济危机的频繁爆发是资本主义固有矛盾激化的必然结果,是资本主义制度失灵的现实表现

马克思在《资本论》第一卷对资本运行的分析中指出:资本运动的起点是借贷行为的出现,金融资本家是货币成为资本的源头。在《资本论》第三卷第五篇中再次对借贷资本与信用关系做了透彻的分析,认为:借贷资本反映着债权人与债务人的信用关系,即资本主义的信用关系。信用制度加速了资本的聚集和集中,促进了资本主义经济的发展,同时也加剧了资本主义固有的各种矛盾。信用制度一方面把资本主义生产发展的原动力——榨取剩余价值,发展成为越来越纯粹的赌博制度,另一方面又滋生出新的生产方式。自2004年以来,美联储为抑制通货膨胀,采取连续加息的货币政策,加剧了次贷购房者的还款压力,违约率不断上升,因而引发了信用危机。和资本主义制度与生俱来的经济危机,是一种制度病、基因病,是资本主义发展过程中无法摆脱的梦魇。

23.6.2 经济危机实际上是政府干预下的市场失灵,这是现代西方经济学家无法回避、也无法解释的问题

西方国家政府多年来一直奉行凯恩斯主义政府干预经济的理论主张,不断清除市场上的各种行政或政治障碍,给追求个人利润最大化的资本所有者提供保障,将追求个人利益最大化变成一种理性的行为模式。但是频频出现的金融危机,特别是2007年底出现的美国次贷危机,直接原因就是金融衍生品在经济活动中过度膨胀的过程中造成的。可见,无论是属于发展中国家的资本主义国家,还是拥有所谓最发达金融制度的美国,实际的经济结果都说明资本主义本身客观存在的矛盾才是危机的根源。

23.6.3 作为西方经济学起点的"经济人"假设,不仅是西方经济学存在的基本前提,也是西方资本主义国家文化价值观的真实体现

西方国家一直标榜拥有所谓"民主权利、人道主义"的"软实力",可是亚当·斯密的"经济人"假设,一语道破天机,反映了资本主义制度下赤裸裸的"功利第一、唯利是图"的价值理念。危机面前,美国的金融霸权严重受损,各种救市措施如杯水车薪无济于事,于是力图以军事行为来挽救经济的困窘。这一系列的行为无疑向世人宣布:资本主义已经无力解决自己的问题了。

23.7 本章小结

通过对本章内容的学习,我们应该知道,对于西方经济学的学习要建立在消化、

吸收的基础上，利用西方经济学的基本原理，并结合我国经济实践，创新并发展中国经济学以解决我国经济发展面临的重大问题。

西方经济学是根植于资本主义国家、以资产阶级制度为基础的西方经济社会产物，西方国家的经济实际本身与中国的实际就有许多不同。对于西方经济学中适合中国国情的部分，我们应该加以运用；对于不适合中国国情的部分，我们应加以摒弃。既不能因为它是西方世界的而拒之门外，也不能把它当作“灵丹妙药”而生搬硬套。

西方经济学理论体系的科学性与不足、西方经济学在我国的具体运用、科学主义、西方经济学对意识形态问题的隐讳、当前金融危机对现行西方经济理论的挑战以及当前国内、国际的经济热点问题。

本章课后同步思考题及参考答案

案例分析：美国债务危机与“悬崖财政”问题的出现

“财政悬崖”一词由美联储主席本-伯南克（Ben Bernanke）最初使用，用以形容2013年1月1日这一“时间节点”。在这一日期，小布什政府的税收优惠减免政策以及奥巴马政府的2%薪资税减免和失业补偿措施延长等政策将同时到期，政府财政开支减少，从而令支出曲线上看上去状如悬崖，故得名“财政悬崖”。从理论角度而言，财政悬崖指的是政府财政支出的骤然减少，增税和减支两项政策的叠加，会改善政府的财政状况。

但是对美国而言，增税与减支这两项政策叠加在一起，却使得政府财政状况面临崩溃。也就是说，如今美国政府面对最为棘手问题就是财政悬崖，其威力是将形成高达8000亿美元的债务问题。如果美国未能及时解决其债务危机，财政悬崖的出现必将导致美国的经济活动陷入极度萎缩。

美国民主、共和两党在2012年12月31日达成解决“财政悬崖”的妥协议案，该议案2013年1月1日在国会参众两院投票获得通过。主要内容包括从2013年开始，美国将调高年收入45万美元以上富裕家庭的个税税率，失业救济金政策在2013年延长一年，把将在2013年年初启动的约1100亿美元政府开支削减计划延后两月再执行等。

根据上述材料回答问题：

1. 什么是“悬崖财政”？它提出的背景是什么？

2. “悬崖财政”对世界经济会产生什么样的影响？

3. 根据上述材料，“悬崖财政”对中国经济的影响是什么？我们该怎么办？

答：1. “财政悬崖”一词由美联储主席伯南克在2012年2月7日的国会听证会上首次提出，用以形容在2013年1月1日这一“时间节点”上，自动削减赤字机制的启动，会使政府财政开支被迫突然减少，使支出曲线看上去状如悬崖，故得名“财政悬崖”。

2.“财政悬崖”将使美国即将面临总额约6000亿美元的税收增加和支出减少的局面，这将导致美国经济陷入衰退。

国际金融危机的爆发使美国政府财政赤字大幅度上升，债务记录屡创新高。2011年初，美国即将触及债务上限。但政府内部并未就债务问题达成一致，故在2011年5月国债触顶，导致美国可能发生债务违约。这就是曾经的“美国债务危机”。

面对债务危机，提高债务上限显然是必需的。目前，问题的关键在于如何减少赤字。经过各方面的协调磋商，最终于2013年1月日起，美国启动“自动削减赤字机制”，自动上调税率，并同时减少社会福利和军费开支。从长远来看，显然不能用一个政策来挽救经济的颓势。但就目前来看，虽然“悬崖财政”起到了缓解债务危机的作用，但是无疑会对美国经济带来严重打击，极大地打击了全球经济的复苏进程，甚至可能带来新一轮的全球性经济危机。

3. 不建议继续持有。原因有：

(1) 悬崖财政会引发经济的“二次衰退”。

(2) 悬崖财政会加大企业和消费者的悲观预期，引起储蓄的扩大和需求的进一步下降。

(3) 悬崖财政会恶化美国的就业局势，加剧失业。

综上所述，继续持有美国债券至少在短期内美国没有偿债能力的情况下，会占用大量的我国资金，阻碍我国经济的复苏和发展。因此不能继续持有。

配套思考题及参考答案

1. 你认为西方经济学是科学吗？为什么？

答：西方经济学的整个理论体系在科学性上存在不少问题。第一，西方经济学的理论体系尚未通过实践的检验，因此西方学者目前还只是把西方经济学的理论体系称为“共同认可的理论结构”或“模式”。

第二，西方经济学还缺乏科学应有的内部一致性，在理论体系中同时存在两种或两种以上相互抵触的说法。

第三，西方经济学在发展演变中所取得的成果缺乏积累性，新理论往往完全排斥旧学说，新旧学说之间不是相互补充而是相互排斥。

第四，西方经济学理论体系的假设条件常常是异常苛刻的，往往难以应用于现实生活。

第五，一些西方学者自己也承认，西方经济学不完全是科学。当然，说西方经济学并不完全是科学，并不是全盘否定它。

2. 举出三个西方经济学宣传资本主义的事例。

答：西方经济学是西方经济学家的一整套关于西方市场经济运行与发展的理论。

西方国家的市场经济制度就是资本主义经济制度，因此，西方经济学必然要宣传资本主义，这样的事例可谓数不胜数。例如，西方经济学家总说资本主义经济制度是永恒的制度，资本主义经济是最有效率的，资本主义的经济危机是可以用政策加以消除的等。

3. 举出三个西方经济学对我国有用的地方。

答：西方经济学作为对西方市场经济运行经验和教训的总结，有许多东西值得我国参考。例如，关于价格可以调节市场供求矛盾的理论，关于用 GDP 核算国民经济成果的理论，关于用财政政策和货币政策调节国民经济波动的理论等。

4. 你认为我们应用西方经济学时应考虑哪些特殊国情？

答：第一，考虑我国是一个发展中国家，至今还处在传统计划经济向市场经济的转轨时期，市场机制赖以运行的一些制度框架尚不完善，人们的契约意识也比较差，这使许多在发达市场经济国家行得通的办法在我国也发挥作用需要有一个过程。

第二，我国是一个有十多亿人口的大国，人口压力也会使我国市场经济作用的程度和范围受到限制。

第三，我国特有的文化传统也是要考虑的国情之一，许多中国传统观念也是我们应用和参考西方经济理论时要注意的。

5. 除了本章所列出的四个事实以外，你能否举出其他的容易使初学者误解的事实？请说明理由。

答：西方经济学容易使初学者误解的事实颇多。例如，西方经济理论中许多模型和习题例子，其实有许多严格的假设条件，但不少初学者往往忽视这些条件，以为这些模型和例子就是可以拿来套用的。再如，目前我国国内的西方经济学教材中介绍的理论，其实主要是美国的主流经济学，而初学者往往认为是世界各国可以通用的理论。

6. 英国著名经济学家罗宾逊夫人说："马克思是在设法了解这个制度（即资本主义制度——引者）以加速它的倾覆。马歇尔设法把它说得可爱，使它能为人们接受。凯恩斯是在力求找出这一制度的毛病所在，以便使它不致毁灭自己。"你是否同意这一说法？为什么？

答：我同意这一说法，因为马克思是无产阶级革命家，他研究资本主义制度，是为了消灭这个制度，解放全人类。马歇尔是自由主义经济学家，他相信资本主义自由竞争制度是一架美妙的机器，通过自由竞争，能实现资源的最优配置，达到社会经济自然的均衡与和谐。凯恩斯面对资本主义经济大萧条，认为资本主义制度有毛病，需要医治，否则免不了要走向毁灭，由于他的资产阶级利益捍卫者的立场，因此，他力求找出资本主义制度的缺陷在哪里，以便通过国家调节，使资本主义经济制度的毛病得到医治。可见，这三位经济学家的根本立场和观点决定了他们研究资本主义制度的不同目的、态度、方法和结论。

7. 在学习西方经济学以前，你对"理性的人"和"效率"有着何种理解？

答:在学习西方经济学以前,我们通常不会按西方经济学理论那样去理解“理性的人”和“效率”这类概念。比方说,可能把“理性的人”理解为“有头脑思考的人”,把“效率”理解为“做事或办事快不快”,而不可能像西方经济学理论那样把“理性的人”理解为追求利益最大化的经济活动主体,是按最优化原则办事的经济活动主体,更不会把“效率”理解为达到帕累托最优状态。

8. 你是否认为2008年的次贷危机是对西方的市场有效理论的挑战?

答:2008年起,一场由美国次贷危机引发的金融危机席卷了全球,不仅使西方发达国家经济遭受了一次重创,也对现行西方经济理论提出了很大挑战:彻底粉碎了自由的市场经济机制总能有效配置资源的神话。

“有效市场”理论宣称,给定所有公众可获知的信息,金融市场总能正确定价,投资者都会理性地权衡收益和风险这一假设所建立起来的所谓资产定价模型,该模型会指导人们如何正确选择投资组合,如何对有价证券包括金融衍生品及其收益的索取权正确定价。在自由化的经济学和金融学理论不断占据上风的同时,美国经济和金融业在实践上也不断走向自由化。传统的西方经济理论总认定,由理性投资者构成的“有效市场”发出的价格信号,通常是正确的。然而,这场由美国次贷危机引发的严重的金融危机告诉我们,事实不是这样。

由次贷危机引发的这场金融危机告诉我们,由于过分相信了经济自由化,所以放弃了应有的监管,而由理性投资者构成的“有效”市场发出的价格信号并不完全可靠。包含次贷债券在内的金融资产被一次次打包化妆后实际上已面目全非,购买者即投资者已根本弄不清这样的资产的真实价格应是多少,只知道大家去买的东西一定是好东西。由于资产评级公司是根据评估业务量收费,债券卖得越多,收人会越高,因此在利益驱动下,他们甚至会指点金融机构如何把不同级别的债券打包,以使债券评级更高。正是由于放松了监管,债券价格过高评估,才使得大量次贷债券获得安全评价,被保险公司和退休基金这样谨慎的投资机构大量购买。至于那些金融巨头的高管人员,为了获得高额报酬不惜冒任何风险,对他们来说,如果公司破产了自己最多是被解雇,而业绩好时拿的高额奖金并不会追回。在这些情况下,金融衍生品价格怎么会不失灵呢?传统的西方经济理论总假定,金融机构总会自己把握住风险,从而金融崩溃的概率被严重低估。金融危机的事实表明,经济学家关于经济人具有完全理性的假定是多么脱离实际。理性预期的经济学穿上了外表华丽的数字外衣,但那只不过是一种浪漫化的和经过净化的经济现象。这种幻想迷住了人们的双眼,使他们忽视了那些可能出错的事情。

9. 为什么必须正确理解和处理虚拟经济和实体经济的关系?虚拟经济的过度膨胀可能会带来什么问题?

解答:虚拟经济指资本以脱离实体经济的价值形态,以票据方式持有权益,按特定规律运动以获取价值增值所形成的经济活动,而实体经济则指物质产品和精神产品的生产、销售以及提供相关服务的经济活动,既包括工、农、交通运输、邮电、建筑等物质生产活动，也包括商业、教育、文化、艺术等精神产品生产和服务。虚拟经济产生于实体经济发展的内在需要，建立在实体经济基础上，为实体经济服务。虚拟经济对实体经济的促进作用表现在金融的自由化和深化可提高社会资源配置的效率和实体经济运行的效率。资本证券化和金融衍生工具提供的套期保值等服务，可为实体经济提供稳定的经营环境，为企业分散风险，降低实体经济波动引致的不确定性，并且虚拟经济自身发展也能促进 GDP 的增长，为社会提供就业机会。但是，虚拟经济的发展是与投机活动共存的，因为虚拟经济提供的资本配置效率取决于虚拟资本的高度流动性，而这种流动性要靠投机活动来实现，虚拟经济提供的风险规避功能如套期保值业务，其风险也靠投机者来分摊。与实体经济相比，虚拟经济所具有的高风险、高收益特征，很容易吸引大批资金从事这类投机活动，而投机活动过度又会使虚拟经济过度膨胀而形成泡沫经济。泡沫经济主要是一种资产价格过分高于其价值的现象。货币政策失误和金融监管不当是泡沫经济产生的体制性因素。泡沫破裂后所形成的金融危机会对实体经济的发展产生多方面的危害。近几年来拉美地区和东南亚地区的新兴工业化国家在金融自由化中监管失当而引致泡沫经济就提供了深刻教训。这次美国次贷危机引发的金融危机同样是由于放松了金融监管，任虚拟经济中的泡沫随意膨胀。从虚拟经济和实体经济关系的角度看，这次危机的发生，根源还在于过去 60 年间美国的经济增长和消费超越了本国生产力的承受能力：一方面在实体经济虚拟化、虚拟经济泡沫化过程中实现了不堪重负的增长，另一方面美国又把这种沉重负担通过美元的世界储备货币地位和货币市场的价值传导机制分摊给全世界。美国过度消费所造成的贸易逆差主要靠印刷美元“埋单”。中国、日本和石油生产国居民的过度储蓄和贸易顺差所积累起来的大量美元储备为华尔街金融衍生品的创造提供了条件，并促使其资产泡沫化。看起来美国经济一时异常繁荣，但实际上美国经济已进入 IT 产业周期波段的末尾，缺乏投资机会，大量制造业还已转移到国外，短期内也不可能有大量科技创新项目吸纳资金。因此，这种“繁荣”其实已是泡沫，缺乏实体经济增长作为支撑。于是，虚拟经济过度膨胀形成的泡沫经济终于导致了这场危机。

参考资料

［1］ 米尔顿·弗里德曼.弗里德曼的货币理论结构—与批评者商榷［M］.北京：中国财政经济出版社，1989.货币稳定方案［M］.上海：上海人民出版社，1991.

［2］ 弗里德曼：历史终于向他低头，www. macrochina. com. cn/eco/xjrw/20010111024225. shtml

［3］ Todd G. Buchholz：New Ideas From Dead Economists-An Introduction To Modern Economic Thought，Plume［M］. Penguin Books USA Inc. 1989.

［4］ John Mayaynard Keynes：. The Collected Writings of John Maynard Keynes，vol. xxi［M］. London，Macmillan/St. Martin's Press for the Royal Economic Society，1973.

［5］ Ramesh Mishra. The Welfaare State in Capitalist Society，Harvester Wheatsheaf，1990.

［6］ William Niskanen：. Reaganomics［M］. New York，Oxford University Press，1988.

［7］ G. J. 斯蒂格勒.经济学家和说教者［M］.上海：上海三联书店，1990.

［8］ 高鸿业.垄断经济学［M］.北京：商务印书馆，1964.

［9］ 罗宾逊.不完全竞争经济学［M］.北京：商务印书馆，1964.

［10］ 高鸿业，范家骧，罗志如当代资产阶级经济学说［M］.北京：商务印书馆，1964.

［11］ 凯恩斯.就业、利息和货币通论［M］.北京：商务印书馆，1981.

［12］ 卡什博特.新剑桥学派、凯恩斯学派、货币学派关于宏观经济对策的争论［M］.北京：中国经济出版社，1988.

［13］ 吴易风.从新古典学派和新凯恩斯学派的论战看市场经济与政府干预［M］.北京：中国社会科学出版社，1996.

［14］ 高鸿业.西方经济学与我国经济体制改革［M］.北京：中国社会科学出版社，1996.

［15］ Bator，F M . The Anatomy of Market Failure［J］. Quarterly Journal of Economics，1958(8)：121-125.

［16］ Todd G. Buchholz：. New Ideas From Dead Economists-An Introduction To Modern Economic Thought，A Plume［M］. Penguin Books USA Inc. 1989.

［17］ 张旭. 20 世纪经济学解析［M］.北京：中国社会科学出版社，2000.

［18］ 斯蒂格利茨.经济学［M］.北京：中国人民大学出版社，2000.

［19］ 斯蒂格利茨.政府在市场经济中的角色［M］.郑秉文等译.北京：中国物资出版

社,1998.
[20] 引自斯蒂格利茨:《我从世界经济危机中学到了什么》,www.csdn.net.cn/century/wencui/010108200/0101082019.htm
[21] 马克·布劳格.经济学方法论[M].北京:北京大学出版社,1990.
[22] 张旭.20世纪经济学解析[M].北京:中国社会科学出版社,2000.
[23] 张建伟.现实主义、制度主义与中国经济学发展[J].中国社会科学,2000(4):7-88.
[24] 郑秉文.市场缺陷分析[M].沈阳:辽宁人民出版社,1993.
[25] 杨春学.20世纪经济学的重大发展[J].经济学动态,1999(10).
[26] Mary S. Morgan. The History of Econometric Ideas,[M]. New York: Cambridge University Press,1990.
[27] 参见《2000年度诺贝尔经济学奖得主揭晓》:http://pds.henanews.org.cn/news/2000.htm
[28] Mary S. Morgan. The History of Econometric Ideas[M]. New York: Cambridge University Press,1990.
[29] 张维迎.博弈论与信息经济学[M].上海:上海三联书店,1996.
[30] 朱绍文.经典经济学与现代经济学[M].北京:北京大学出版社,2000.
[31] George J Stigler. Economics-Imperial Science? [J]. Scandinavian Journal of Economics.,1984,86(3):301-314.
[32] 加里·S.贝克尔.人类行为的经济分析[M].上海:上海三联书店,1995.
[33] 亨利·勒帕日.美国新自由主义经济学[M].北京:北京大学出版社,1985.
[34] 罗·哈里·科斯.企业、市场与法律[M].盛洪、陈郁译.上海:上海三联书店,1990.
[35] 道格拉斯·C.诺思.经济史中的结构与变迁[M].上海:上海三联书店,1994.
[36] 余永定,张宇燕,郑秉文.西方经济学[M].北京:经济科学出版社,1997.
[37] Bruce Greenwald,. Joseph Stiglitz:"New and Old Keynesians"[J]. Journal of Economics Perspectives, 1993(7):23-44.
[38] H. W. Arndt: Economic Development: The History of An Idea Chicago [M]. University of Chicago Press,1987.
[39] 阿尔弗雷德·S.艾克纳.经济学为什么还不是一门科学[M].北京:北京大学出版社,1990.
[40] 特伦斯·S.哈奇森.经济学的革命与发展[M].北京:北京大学出版社,1992.
[41] 亨利·威廉·斯波格尔.经济思想的成长(上、下册)[M].北京:中国社会科学出版社,1999.
[42] J·斯蒂格利茨.政府在市场经济中的作用[M].郑秉文等译.北京:中国物资出版社,1998.

[43] 吴易风，王健，方松英.政府干预和市场经济——新古典宏观经济学和新凯恩斯主义经济学研究[M].北京：商务印书馆，1998.

[44] 高鸿业，吴易风，丁冰等.西方经济学与我国经济体制改革[M].北京：中国社会科学出版社，1994.

[45] 胡代光，吴易风，丁冰.当前外国经济学的新动向与我国经济学的发展[M].北京：经济科学出版社，1998.

[46] 张旭.20 世纪经济学解析[M].北京：中国社会科学出版社，2000.

[47] 杨春学.20 世纪经济学的重大发展[J].经济学动态，1999(10 月)：40-58.

[48] 郑秉文.市场缺陷分析[M].沈阳：辽宁人民出版社，1993.